NJW Praxis

Im Einvernehmen mit den Herausgebern der NJW
herausgegeben von
Rechtsanwalt Felix Busse

Band 55

D1662169

IT-Recht

von

Dr. Helmut Redeker

Rechtsanwalt und Fachanwalt für Informationstechnologierecht und
Fachanwalt für Verwaltungsrecht in Bonn

5., neubearbeitete Auflage

Verlag C. H. Beck München 2012

Zitierweise: Redeker, IT-Recht, 5. A., Rn.

www.beck.de

ISBN 978 3 406 62488 9

© 2012 Verlag C. H. Beck oHG
Wilhelmstraße 9, 80801 München
Druck und Bindung: Druckhaus Nomos
In den Lissen 12, 76547 Sinzheim

Satz: Druckerei C. H. Beck, Nördlingen
(Adresse wie Verlag)

Gedruckt auf säurefreiem, alterungsbeständigem Papier
(hergestellt aus chlorfrei gebleichtem Zellstoff)

Vorwort zur 5. Auflage

Das IT-Recht ist nach wie vor ein sehr dynamisches Rechtsgebiet. Insbesondere die dauernde Entwicklung neuer Internetnutzungen führt dazu, dass sich immer wieder neue Rechtsfragen aufwerfen. Darüber hinaus werden früher aufgeworfene Rechtsfragen durch die höchstrichterliche Rechtsprechung entschieden. Auch der Gesetzgeber ist immer wieder tätig. Allerdings hat sich der Elan des Gesetzgebers – glücklicherweise – in letzter Zeit etwas gedämpft. Es gibt nicht mehr im Halbjahresrhythmus neue Regeln. Dennoch gibt es immer wieder an verschiedenen Stellen neue Regelungen zu beachten.

Insbesondere die Teile zu den Internet- und Telekommunikationsdiensten und zu den Rechtsfragen geistigen Eigentums im Internet sind gründlich überarbeitet und umfangreich ergänzt worden. Dabei war insbesondere auch die zunehmende Konvergenz von Medien ebenso zu beachten. Einführende Bemerkungen zum Datenschutzrecht bei Telekommunikations- und Internetdiensten sind hinzugekommen. Demgegenüber ist im Software-Urheberrecht und Software-Vertragsrecht eine nur ruhige Entwicklung zu verzeichnen. Hier wurden nur neue Literatur und Rechtsprechung eingearbeitet. Einzig ein Kapitel über agile Softwareentwicklung ist ergänzt worden. Das Rechtsgebiet ist mit seinen mittlerweile mehr als 30 Jahren Entwicklung für das IT-Recht schon fast ein Dinosaurier.

Bonn, im Dezember 2011
Helmut Redeker

Inhaltsübersicht

Inhaltsverzeichnis

Abkürzungsverzeichnis

a. A. .... anderer Ansicht
abl. .... ablehnend
ABl . ... Amtsblatt
Abs. .... Absatz
Abschn. .... Abschnitt
AcP .... Archiv für civilistische Praxis
ADSp .... Allgemeine Deutsche Spediteurbedingungen
a. F. .... Alte Fassung
AG .... Amtsgericht
AGB .... Allgemeine Geschäftsbedingungen
AGBG .... Gesetz über Allgemeine Geschäftsbedingungen
AK .... Alternativ-Kommentar
Anm. .... Anmerkung
AnwBl. .... Anwaltsblatt
AnwGH .... Anwaltsgerichtshof
APS L .... Apple Public Source License
ArbErfG .... Arbeitnehmererfindungsgesetz
ASP .... Application Service Providing
BAG .... Bundesarbeitsgericht
BAnz .... Bundesanzeiger
BauR .... Baurecht
BB .... Betriebsberater
BDSG .... Bundesdatenschutzgesetz
Beil. .... Beilage
Beschl. .... Beschluss
BGB .... Bürgerliches Gesetzbuch
BGB-InfoV .... BGB-Informationspflichten-Verordnung
BGH .... Bundesgerichtshof
BGHZ .... Entscheidungen des Bundesgerichtshofs in Zivilsachen
BIOS .... Basic Input Output System
Bl. .... Blatt
BL .... Baumbach/Lauterbach
Blatt für PMZ ..... Blatt für Patent-, Muster- und Zeichensachen
BPatG .... Bundespatentgericht
BRAK-Mitt. .... Mitteilungen der Bundesrechtsanwaltskammer
BSD .... Berkeley State Distribution
Btx .... Bildschirmtext
BVB .... Besondere Vertragsbedingungen
CAD .... Computer Aided Design
CAM .... Computer Aided Manufacturing
CD .... Compact Disc
CD-ROM .... Compact Disc Read-Only
c. i. c. .... culpa in contrahendo
CMI .... Comité Maritime International
CPU .... Central Processing Unit
CR .... Computer und Recht
CRInt. .... Computer und Recht international
DB .... Der Betrieb
DENIC .... Deutsches Network Information Center
DIN .... Deutsche Industrienorm
Dok. .... Dokument
DÖV .... Die Öffentliche Verwaltung

DuD .... Datenschutz und Datensicherung
DV .... Datenverarbeitung
DVBl. .... Deutsches Verwaltungsblatt
DVD .... digital versatile disc
DZWiR .... Deutsche Zeitschrift für Wirtschaftsrecht
ECR .... Entscheidungen zum Computerrecht
EDI .... Electronic Data Interchange
EDV .... Elektronische Datenverarbeitung
EGBGB .... Einführungsgesetz zum Bürgerlichen Gesetzbuch
Einl. .... Einleitung
EPA .... eventuell
EWG .... Europäische Wirtschaftsgemeinschaft
FS .... Festschrift
gew. .... gewerblich
GewO .... Gewerbeordnung
GPL .... General Public License
GRUR .... Gewerblicher Rechtsschutz und Urheberrecht
GRURInt. .... Gewerblicher Rechtsschutz und Urheberrecht international
GWG .... Gesetz gegen Wettbewerbsbeschränkungen
H. .... Heft
HalbSchG .... Halbleiterschutzgesetz
HGB .... Handelsgesetzbuch
HOAI .... Honorarordnung für Architekten und Ingenieure
Hrsg. .... Herausgeber
HTML .... HyperText Markup Language
IBA .... International Bar Association
IBL .... International Business Lawyer
ICANN .... Internet Corporation for Assigned Names and Numbers
i. d. R. .... in der Regel
i. E. .... im Ergebnis
InsO .... Insolvenzordnung
ISO .... International Standards Organization
IT .... Informationstechnik
ITRB .... Der IT-Rechtsberater
IuR .... Informatik und Recht
i. V. .... in Verbindung
JR .... Juristische Rundschau
JuS .... Juristische Schulung
JZ .... Juristenzeitung
KB .... Kilobyte
KG .... Kammergericht
KO .... Konkursordnung
K&R .... Kommunikation und Recht
krit. .... kritisch
LG .... Landgericht
LGPL .... Lesser General Public License
LS .... Leitsatz
m. .... mit
MarkenG .... Markengesetz
MB .... Megabyte
MDR .... Monatsschrift für Deutsches Recht
MDStV .... Mediendienstestaatsvertrag
MedR .... Medizinrecht
MMR .... MultiMedia und Recht
mwN .... mit weiteren Nachweisen
NJW .... Neue Juristische Wochenschrift
NJW-CoR .... NJW Computerreport
NJWE WettbR .... NJW Entscheidungsdienst Wettbewerbsrecht
NJW-RR .... NJW Rechtsprechungs-Report Zivilrecht

No. .... Number
Nr. .... Nummer
NStZ .... Neue Zeitschrift für Strafrecht
NVwZ .... Neue Zeitschrift für Verwaltungsrecht
NZA .... Neue Zeitschrift für Arbeitsrecht
OEM .... Original Equipment Manufacturer
OLG .... Oberlandesgericht
p. .... page
PatG .... Patentgesetz
PC .... Personal Computer
PD .... Public Domain
PIN .... Persönliche Identifizierungsnummer
POS .... Point-of-Sale-System
ProdHaftG .... Produkthaftungsgesetz
RAK .... Rechtsanwaltskammer
RAM .... Random Access Memory
RDV .... Recht der Datenverarbeitung
RG .... Reichsgericht
RGZ .... Entscheidungen des Reichsgerichts in Zivilsachen
Rn. .... Randnummer
Rspr. .... Rechtsprechung
RZ .... Rechenzentrum
S. .... Seite
s. a. .... siehe auch
SET .... Secure Electronic Transaction
SGB .... Sozialgesetzbuch
SHAP .... Software House Assistant Programm
SigG .... Signaturgesetz
SigV .... Signaturverordnung
SIM .... Subscriber Identity Module
sms .... short message service
sog. .... sogenannt
StGB .... Strafgesetzbuch
StPO .... Strafprozessordnung
str. .... streitig
StV .... Staatsvertrag
SWIFT .... Society for Worldwide Interbank Financial Telecommunication
TDDSG .... Teledienstedatenschutzgesetz
TDG .... Teledienstegesetz
TDS V .... Telekommunikations-Datenschutzverordnung
TKG .... Telekommunikationsgesetz
TKV .... Telekommunikations-Kundenschutzverordnung
TMG .... Telemediengesetz
TRIPs .... Trade Related Aspects on Intellectual Property Rights (Übereinkommen)
u. ä. .... und ähnliches
UFITA .... Archiv für Urheber-, Film-, Funk- und Theaterrecht
UKlaG .... Unterlassungsklagengesetz
UNCITRAL ...... United Nations Commission on International Trade Law
UNIX .... Uniplexed Information and Computing System
UrhG .... Urhebergesetz
Urt. .... Urteil
usw. .... und so weiter
u. U. .... unter Umständen
UWG .... Gesetz gegen unlauteren Wettbewerb
VAR .... Value Added Resale
Vbdg. .... Verbindung
VerbrKrG .... Verbraucherkreditgesetz
VersR .... Versicherungsrecht
vgl. .... vergleiche

VOB .... Verdingungsordnung Bau
Vol. .... Volume
VwGO .... Verwaltungsgerichtsordnung
WM .... Wertpapiermitteilungen
WRP .... Wettbewerb in Recht und Praxis
WuM .... Wohnungswirtschaft und Mietrecht
z. B. .... zum Beispiel
ZBB .... Zeitschrift für Bankrecht und Bankwirtschaft
ZfBR .... Zeitschrift für deutsches und internationales Baurecht
ZIP .... Zeitschrift für Wirtschaftsrecht und Insolvenzpraxis
ZPO .... Zivilprozessordnung
ZUM .... Zeitschrift für Urheber- und Medienrecht
ZZP .... Zeitschrift für Zivilprozess

Literaturverzeichnis

Abel, Stefan: Der Millenium-Bug und der lange Arm der Produzentenhaftung, CR 1999, 680

Albrecht, Florian/Hatz, Andreas: Fliesharing-Abmahnung gegenüber Privatpersonen – Anmerkung zu OLG Köln, Beschl. v. 20. 05. 2001 – 6 W 30/11, JurPC Web.-Dok. 124/2011

Albrecht, Friedrich: Technizität und Patentierbarkeit von Computerprogrammen, CR 1998, 694

ders.: Telefax in der Rechtsprechung des Bundespatentgerichts, GRUR 1999, 649

Ackermann, Frank/Ivanov, Ivo: Zwischen „OPT-IN", „OPT-OUT" und „NO-OPT", DuD 2005, 643

Allgaier, Edwin: Anbietervergütung und Fernmeldegebühren im Btx-Dienst, CR 1990, 762

Alpert, Frank: Kommerzielle Online-Nutzung von Computerprogrammen, CR 2000, 345

ders.: Befehlssätze für Computersoftware, CR 2003, 718

Altenstein, Petra: Signaturgesetz und Signaturverordnung – eine erste Einführung, in: Rechtsfragen der digitalen Signatur, herausgegeben von Hoeren und Schüngel, Berlin 1999, S. 1

Althammer, Werner/Ströbele, Paul/Klaka, Rainer: Markengesetz, 6. Aufl. 2000, Köln/Berlin/Bonn/München 2000

Anders, Wilfried: Aus der Rechtsprechung des Bundespatentgerichts im Jahre 1999, Teil I: Patentrecht, Gebrauchsmusterrecht und Geschmacksmusterrecht, GRUR 2000, 257

ders.: Wieviel technischen Charakter braucht eine computerimplementierte Geschäftsmethode, um auf erfinderischer Tätigkeit zu beruhen?, GRUR 2001, 555

ders.: Erfindungsgegenstand mit technischen und nicht-technischen Merkmalen, GRUR 2004, 461

Arnold, Dirk: Verbraucherschutz im Internet, CR 1997, 526

ders./Dötsch, Wolfgang: Ersatz von „Mangelfolgeaufwendungen", BB 2003, 2250

Auer-Reinsdorff, Astrid: Der Besichtigungsanspruch bei Rechtsverletzungen an Computerprogrammen, ITRB 2006, 82

dies.: Haftung bei Werbe-Affiliate-Programmen, ITRB 2008, 164

dies.: Feststellung der versprochenen Leistung beim Einsatz agiler Projektmethoden, ITRB 2010, 93

dies.: Social Media Marketing, ITRB 2011, 81

dies./Conrad, Isabell (Hrsg.): IT-Recht, München 2011

Augenhofer, Susanne: Gewährleistung und Werbung, Wien 2002

Ayad, Patrick: E-Mail-Werbung – Rechtsgrundlagen und Regelungsbedarf, CR 2001, 533

Bachofer, Thomas: Der VAR-Vertrag, CR 1988, 809

ders.: Der OEM-Vertrag, CR 1988, 1

ders.: Der SHAP-Vertrag, CR 1989, 89

Backu, Frieder: Kundenschutzklauseln mit Subunternehmern/freien Mitarbeitern, ITRB 2002, 193

ders./Karger, Michael: Online-Games, ITRB 2007, 13

ders./Hertneck, Daniela: Haftung der Access-Provider, ITRB 2008, 35

Baetge, Dietmar: Unverlangte E-Mail-Werbung zwischen Lauterkeits- und Deliktsrecht, NJW 2006, 1037

Banner, Pamela J.: Business Method Patent Update – an US Perspective, Technology and e-commerce Newsletter, IBA, Vol. 19 No. 1 (June 2001), p. 19

Bartl, Harald: Hardware, Software und Allgemeine Geschäftsbedingungen, CR 1985, 13

Bartsch, Michael: Weitergabeverbote in AGB-Verträgen zur Überlassung von Standardsoftware, CR 1987, 8

ders.: Das BGB und die modernen Vertragstypen, CR 2000, 3

ders.: Computerviren und Produkthaftung, CR 2000, 721

ders.: Softwarepflege nach neuem Schuldrecht, NJW 2002, 1526

ders.: Themenfelder einer umfassenden Regelung der Abnahme, CR 2006, 7

ders. (Hrsg.): Softwareüberlassung und Zivilprozess, Gewährleistung und Urheberschutz in der prozessualen Durchsetzung, Im Auftrag der Deutschen Gesellschaft für Informationstechnik und Recht e. V., Köln 1991

ders.: Software und das Jahr 2000, Baden-Baden 1998

ders.: Rechtsmängelhaftung bei der Überlassung von Software, CR 2005, 1

ders.: Software als Rechtsgut, CR 2010, 553

Bauer, Klaus-Albert: Rechtsschutz von Computerprogrammen in der Bundesrepublik Deutschland eine Bestandsaufnahme, CR 1985, 5

Baum, Florian v.: Gestaltung von Software-Maintenance-Verträgen in der internationalen Praxis, CR 2002, 705

Baumbach, Adolf/Lauterbach, Wolfgang: Zivilprozessordnung, mit Gerichtsverfassungsgesetz und Nebengesetzen, bearbeitet von Peter Hartmann, 68. Auflage, München 2010

Baums, Theodor: Wettbewerbsrechtlicher Schutz von Computerprogrammen, DB 1988, 429

Baun, Christian/Kunze, Marcel/Kurze, Tobias/Mauch, Victor: Private Cloud-Infrastrukturen und Cloud-Plattformen, Informatik Spektrum 34 (2011), 242

Bausch, Stephan: Das Recht des Verkäufers auf Versendung beim Internetkauf, ITRB 2007, 193

Becker, Helmut/Horn, Wolfgang: Der Schutz von Computersoftware in der Rechtspraxis, DB 1985, 1274

Becker, Ralf/Föhlisch, Carsten: Von Quelle bis ebay:Reformausarbeitung im Versandhandelsrecht, NJW 2005, 3377

dies.: Von Dessous, Deorollern und Diabetesstreifen – Zum Ausschluss des Widerrufrecht im Fernabsatz, NJW 2008, 3751

Beckmann, Heiner: EDV-Anwenderdokumentation, CR 1998, 519

ders.: Computerleasing, Köln 1993

Belli, Fevzi/Echtle, Klaus/Görke, Winfried: Methoden und Modelle der Fehlertoleranz, Informatik Spektrum 1986, 68

Belli, Fevzi/Grochtmann, Matthias/Jack, Oliver: Erprobte Modelle zur Quantifizierung der Software-Zuverlässigkeit, Informatik Spektrum 1998, 131

Bennicke, Marcel/Hofmann, Alexander/Lewerentz, Claus/Wichert, Karl-Heinz: Software-Controlling, Informatik Spektrum 31 (2008), 556

Benzler, Hartwig: Authentisierverfahren mit Assoziation, DuD 1996, 723

Berberich, Matthias: Absolute Rechte an der Nutzung einer Domain – eine zentrale Weichenstellung für die Rechtsentwicklung, WRP 2011, 543

Berger, Christian: Zum Erschöpfungsgrundsatz beim Vertrieb von sog. „OEM"-Software, NJW 1997, 300

ders.: Rechtliche Rahmenbedingungen anwaltlicher Dienstleistungen über das Internet, NJW 2001, 1530

ders.: Softwarelizenzen in der Insolvenz des Softwarehauses, CR 2006, 505

Bergfelder, Martin/Nitschke, Tanja/Sorge, Cristoph: Signaturen durch elektronische Agenten, Informatik Spektrum 28 (2005), S. 210

Bergmann, Margarethe/Pötter, Godehard/Streitz, Siegfried: Handbücher für Softwareanwender, CR 2000, 555

Bergmann, Margarethe/Streitz, Siegfried: Beweiserhebung in EDV-Sachen – Insbesondere: Anforderungen an die Gestaltung von Beweisbeschlüssen, NJW 1992, 1726

Betten, Jürgen: Patentschutz von Computerprogrammen, GRUR 1995, 775

ders.: Titelschutz von Computerprogrammen, GRUR 1995, 5

Bettinger, Torsten/Scheffel, Michael: Application Service Providing: Vertragsgestaltung und Konflikt-Management, CR 2001, 729

Beutelspacher, Albrecht/Gundlach, Michael: Datenschutz und Datensicherheit in Kommunikationsnetzen, DuD 1988, 189

Beutelspacher, Albrecht/Hueske, Thomas/Pfau, Axel: Kann man mit Bits bezahlen? Informatik Spektrum 1993, 99

Beyer, Jochen: ASP- Zweckmäßige Gestaltung von Service-Level-Agreements aus Sicht des Anwenders, ITRB 2005, 287

ders.: ASP- Zweckmäßige Gestaltung von Service-Level-Agreements aus Sicht des Providers, ITRB 2006, 20

Bierekoven, Christiane: Rechtssichere Widerrufsbelehrung im Onlinehandel, ITRB 2007, 73

dies.: Lizenzmanagement und Lizenzaudits, ITRB 2008, 84

Bieser, Wendelin/Kersten, Heinrich: Elektronisch unterschreiben, 2. Aufl. 1999

Bischof, Elke/Witzel, Michaela: Vertragliche Vereinbarungen zu Performancekriterien, ITRB 2009, 257

Bisges, Marcel: Grenzen des Zitatrechts im Internet, GRUR 2009, 730

Bizer, Johann: Digitale Dokumente im elektronischen Rechtsverkehr, in: Internet-Handbuch für Steuerberater und Wirtschaftsprüfer, herausgegeben von Detlef Kröger und Dietrich Kellersmann, Neuwied 1998

ders.: Der gesetzliche Regelungsbedarf digitaler Signaturverfahren, DuD 1995, 459

ders.: Elektronische Kommunikationsdienste, DuD 2003, 372

ders.: Sicherheit durch Interaktion, DuD 2002, 276

ders.: Elektronische Signatur im Rechtsverkehr, in: Handbuch zum Internet-Recht, herausgegeben von Detlef Kröger u. Marc A. Gimmy, Berlin/Heidelberg/New York, 2. Aufl. 2002, S. 39

Bischof, Elke/Witzel, Michaela: Softwarepflegeverträge – Inhalte und Problemstellungen, ITRB 2003, 31

dies.: Vereinbarungen zu Test- und Abnahmeverfahren, ITRB 2006, 95

Bizer, Johann/Hammer, Volker: Elektronisch signierte Dokumente als Beweismittel, DuD 1993, 619

Blasek, Katrin: Kostenfallen im Internet – ein Dauerbrenner, GRUR 2010, 396

Boecker, Dominik: Der Löschungsanspruch in der registerkennzeichenrechtlich motivierten Domainstreitigkeit, GRUR 2007, 370

Bode, Arndt: Multicore-Architekturen, Informatik Spektrum 2006, 349

Bogdandy, Armin v.: Die Überlagerung der ZPO durch WTO-Recht, NJW 1999, 2088

Bodewig, Theo: Die neue europäische Richtlinie zum Fernabsatz, DZWiR 1997, 447

Bohne, Daniel: Zum Erfordernis eines gewerblichen Ausmaßes der Rechtsverletzung in § 101 Abs. 2 UrhG, CR 2010, 104

Bollack, Gert: Die Rechtsstellung des Urhebers im Dienst- oder Arbeitsverhältnis, GRUR 1976, 74

Bollweg, Hans-Georg/Hellmann, Mathias: Das neue Schadensersatzrecht, Köln 2002

Bonke, Jörg/Gellmann, Nico: Die Widerrufsfrist bei eBay-Auktionen, NJW 2006, 3169

Bons, Heinz: Fehler und Fehlerauswertung in:Computersoftware und Sachmängelhaftung, herausgegeben von Peter Gorny und Wolfgang Kilian, Stuttgart 1985

Borges, Georg: Pflichten und Haftung beim Betrieb privater WLAN, NJW 2010, 2624

ders.: Rechtsscheinhaftung im Internet, NJW 2011, 2400

Bork, Reinhard: Effiziente Beweissicherung für den Urheberverletzungsprozess – dargestellt am Beispiel raubkopierter Computerprogramme, NJW 1997, 1665

Bornkamm, Joachim; Seichter, Dirk: Das Internet im Spiegel des UWG, CR 2005, 747

Borsum, Wolfgang/Hoffmeister, Uwe: Bildschirmtext und Vertragsrecht, Hannover 1984

dies.: Bildschirmtext und Bankgeschäfte, BB 1983,1441

dies.: Rechtsgeschäftliches Handeln unberechtigter Personen über Bildschirmtext, NJW 1985, 1205

Bosse, Rolf/Richter, Thomas; Schreier, Michael: Abrechnung mit IP-Adressen, CR 2007, 79

Bourseau, Frank/Fox, Dirk/Thiel, Christoph: Vorzüge und Grenzen des RSA-Verfahrens, DuD 2002, 84

Bovenschulte, Andreas/Eifert, Martin: Rechtsfragen der Anwendung technischer Produkte nach Signaturgesetz, DuD 2002, 76

Bräutigam, Peter: SLA: In der Praxis alles klar?, CR 2004, 248

ders. (Hrsg.): IT-Outsourcing, Berlin 2003

ders./Rücker, Daniel: Softwareerstellung und § 651 BGB – Diskussion ohne Ende oder Ende der Diskussion, CR 2006, 361

ders./Wiesemann, Hans Peter: Der BGH und der Erschöpfungsgrundsatz bei Software, CR 2010, 215

Brandi-Dohrn, Anselm/Lejeune, Matthias (Hrsg.): Recht 2.0 – Informationsrecht zwischen virtueller und realer Welt, Köln 2008

Brandi-Dohrn, Anselm/Heckmann, Dirk (Hrsg.): Jahrbuch 2008, Köln 2009

Brandi-Dohrn, Matthias: Gewährleistung bei Hard- und Softwaremängeln, München 1988

ders.: Vertragsgestaltung zur Haftung bei Softwaremängeln. Insbesondere bei Wandelung, CR 1990, 312

ders.: Softwareschutz nach dem neuen deutschen Urheberrechtsgesetz, BB 1994, 658

ders.: Zur Reichweite und Durchsetzung des urheberrechtlichen Softwareschutzes, GRUR 1985, 179

ders.: Die Verfolgung von Software-Verletzungen mit den Mitteln des Zivilrechts, CR 1986, 63

ders.: Das Risiko im Entwicklungsvertrag, CR 1998, 645

Brandt, Jochen C.: Bewertungskriterien für Anwenderhandbücher, CR 1998, 571

Braun, Heiko: Die Zulässigkeit von Service Level Agreements – am Beispiel der Verfügbarkeitsklausel, München 2006

Braun, Johann: Widerrufsrecht und Haftungsausschluss bei Internetauktionen, CR 2005, 113

Braun, Manfred: Die Sachkunde des Richters in EDV-Prozessen, in: Softwareüberlassung und Zivilprozeß, herausgegeben von Michael Bartsch, Köln 1991, S. 83

Breidenbach, Stephan: Computersoftware in der Zwangsvollstreckung (1), CR 1989, 873

Bremer, Diana: Möglichkeiten und Grenzen des Mobile Commerce, CR 2009, 12

Brinkmann, Werner: Zivil- und presserechtliche Fragen bei der Nutzung von Bildschirmtext, ZUM 1985, 387

ders.: Vertragliche Probleme bei Warenbestellungen über Bildschirmtext, BB 1981, 1183

Britz, Jörg W.: Urkundenbeweisrecht und Informationstechnologie, München 1996

Bröhl, Georg M./Bender, Rolf/Roder-Mesell, Ernst: Das neue E-Commerce-Recht, Köln 2002

Brömmelmeyer, Christoph: E-Mail-Werbung nach der UWG-Reform, GRUR 2006, 285

Brumme, Sabine: Abrechnung, in: Taeger, Jürgen/Wiebe, Andreas (Hrsg.) Mobilität.Telematik.Recht, 2005, S. 173

Brunel, André: Trademark Protection for Internet Domain Names, IBL 1996, 174

Buchner, Benedikt: Generische Domains, GRUR 2006, 984

Buckenberger, Hans-Ulrich: Fernschreiben und Fernkopieren – Formerfordernisse, Absendung und Zugang, DB 1980, 289

Büchner, Wolfgang/Dreier, Thomas (Hrsg.): Von der Lochkarte zum globalen Netzwerk – 30 Jahre DGRI, Köln 2007

ders./Briner, Robert (Hrsg.): DGRI Jahrbuch 2009, Köln 2010

Bücking, Jens: Internet-Domains – Neue Wege und Grenzen des bürgerlich-rechtlichen Namensschutzes, NJW 1997, 1886

Büscher, Mareille/Müller, Judith: Urheberrechtliche Fragestellungen des Audio-Video-Streamings, GRUR 2009, 558

Bullinger, Winfried/Czychowski, Christian: Digitale Inhalte: Werk und/oder Software, GRUR 2011, 19

Busch, Thomas: Zur urheberrechtlichen Einordnung der Nutzung von Streamingangeboten, GRUR 2011, 496

Canaris, Claus Wilhelm: Bankvertragsrecht, Band 1, Berlin/New York, 3. Aufl. 1988

Cichon, Caroline: Zur Anwendbarkeit des HwiG auf im Internet geschlossene Verträge, CR 1998, 773

Clemens, Rudolf: Die elektronische Willenserklärung, Chancen und Gefahren, NJW 1985, 1998

Clift, Jenny: Electronic Commerce:the UNCITRAL Model Law and Electronic Equivalents to Traditional Bill of Lading, IBL Vol. 27 (1999), No. 7, p. 311

Computerrechtshandbuch, Computertechnologie in der Rechts- und Wirtschaftspraxis, Herausgegeben von Wolfgang Kilian und Benno Heussen, Stand:Februar 2011

Conrad, Isabell (Hrsg.): Inseln der Vernunft. Liber Amicorum für Jochen Schneider, Köln 2008

Czychowski, Christian/Nordemann, Jan: Die Entwicklung der Gesetzgebung und Rechtsprechung zum Urheberrecht in den Jahren 2006 und 2007, NJW 2008, 1571

dies.: Vorratsdaten und Urheberrecht – zulässige Nutzung gespeicherter Daten, NJW 2008, 3095

Dästner, Christian: Neue Formvorschriften im Prozessrecht, NJW 2001, 3469

Decker, Andreas: Ähnlichkeit von Waren und Dienstleistungen im Rahmen der Privilegierung von E-Mail-Dienstleistungen nach § 7 III UWG, GRUR 2011, 774

Degenhardt, Christoph: Verfassungsfragen der Internet-Kommunikation, CR 2011, 231

Demmel, Annette/Skrobotz, Jan: Rechtsfragen der Nutzung von Premium Rate Diensten (0190er Nummern), CR 1999, 561

Deville, Rainer: Quellcode und Dekompilierung als Vertragsinhalt, NJW-CoR 1998, 108

Diedrich, Kay: Typisierung von Softwareverträgen nach der Schuldrechtsreform, CR 2002, 473

Diegmann, Heinz/Kuntz, Wolfgang: Praxisfragen bei Online-Spielen, NJW 2010, 561

Dietrich, Florian/Hofmann, Ruben: 3 . . . Gerichte, 2 . . . Wochen, 1 . . . Monat, CR 2007, 318

Dilger, Petra: Verbraucherschutz bei Vertragsabschlüssen im Internet, München 2002

Ditscheid, Alexander: Unterschiedliche Abrechnungssysteme in Zusammenschaltungsverhältnissen im Wandel, CR 2006, 316

Domke, Frank: Das Widerrufsrecht des Verbrauchers bei Fernabsatzverträgen über Finanzdienstleistungen, BB 2007, 341

Dörner, Heinrich: Rechtsgeschäfte im Internet, AcP 202 (2002), 363

Dörner, Heinrich/Jersch, Ralf: Die Rechtsnatur der Software-Überlassungsverträge, IuR 1988, 137

Dorn, Günther: Lehrerbeurteilung im Internet, DuD 2008, 98

Dreier, Thomas: Rechtsschutz von Computerprogrammen, CR 1991, 577

ders.: Verletzung urheberrechtlich geschützter Software nach der Umsetzung der EG-Richtlinie, GRUR 1993, 781

ders./Vogel, Rupert: Software- und Computerrecht, Frankfurt a. M. 2008

Dreyer, Gunda/Kotthoff, Jost/Meckel, Astrid: Urheberrecht. Heidelberg 2004 (zitiert: Bearbeiter in: Heidelberger Kommentar)

Dueck, Günther: Cloud – über die Wolke des IT-Himmels, Informatik Spektrum 32 (2009), 260

Ebel, Hans-Rudolf: Kartellrechtlicher Anspruch auf Abschluß eines EDV-Wartungsvertrages, CR 1987, 273

Ebert, Ina: Das Recht des Verkäufers zur zweiten Andienung und seine Risiken für den Käufer, NJW 2004, 1761

Ebnet, Peter: Rechtsprobleme bei der Verwendung von Telefax, NJW 1992, 2985

Eckert, Jörn: Zivilrechtliche Fragen des Kreditkartengeschäfts, WM 1987, 161

ECR: Entscheidungen zum Computerrecht, zusammengestellt von Christoph Zahrt, Köln, Loseblatt-sammlung, Stand:Oktober 1999

Eidenmüller, Horst: Die Verjährung beim Rechtskauf, NJW 2002, 1625

Eisele, Raymond: Sicherheit und elektronische Unterschriften – Smart Disk, DuD 1995, 401

Ellbogrn, Klaus/Saerbeck, Andreas: Kunde wider Willen – Vertragsfallen im Internet, CR 2009, 131

Ellenberger, Martin H./Müller, Claus-Dieter: Zweckmäßige Gestaltung von Hardware-, Software- und Projektverträgen, 2. Auflage, Köln 1984

Emmert, Reinhold: Vereinbarte Beschaffenheit der Kaufsache und Haftungsausschluss des Verkäufers, NJW 2006, 1765

Engel, Friedrich Wilhelm: Mängelansprüche bei Software-Verträgen, BB 1985, 1159

ders.: Über „Computerprogramme als solche", GRUR 1993, 194

Ensthaler, Jürgen/Möllenkamp, Heinz T.: Reichweite des urheberrechtlichen Softwareschutzes nach der Umsetzung der EG-Richtlinie zum Rechtschutz der Computerprogramme, GRUR 1994, 151

Erben, Meinhardt/Günther, Wolf/Kubert, Michael/Zahrnt, Christoph: It-Verträge, 4. Auflage, Heidelberg/München/Landsberg/Berlin 2007

Erd, Rainer: Auftragsdatenverarbeitung in sicheren Drittstaaten, DuD 2011, 275

Erdmann, Willi: Der wettbewerbsrechtliche Schutz von Computerprogrammen, in: 175 Jahre OLG Oldenburg, 1989, S. 639

Erman: Handkommentar zum Bürgerlichen Gesetzbuch, herausgegeben von Harm Peter Westermann, 13. Aufl., Münster/Köln 2011

Ernestus, Justus: Nutzung und Vervielfältigung eines Computerprogramms, CR 1989, 784

Ernst, Stefan: Internet und Recht, JuS 1997, 776

ders.: Wirtschaftsrecht im Internet, BB 1997, 1057

ders.: Deutsche Städte im Internet und das Namensrecht, NJW-CoR 1997, 426

ders.: Nur nichts vergessen – Informationspflichten Online, ITRB 2002, 265

ders.: Beweisprobleme bei E-Mail und anderen Online-Willenserklärungen, MMR 2003, 1091

ders.: Rechtliche Probleme mobiler Ad-hoc-Netze – Pervasive Computing und die Selbstbestimmung des Kunden, in: Taeger, Jürgen/Wiebe, Andreas (Hrsg.) Mobilität.Telematik.Recht, 2005, S. 127

ders.: Rechtliche Probleme des Suchmaschinenmarketing, ITRB 2005, 91

ders.: Trojanische Pferde und die Telefonrechnung, CR 2006, 590

Ernst, Stefan/Vassilaki, Irini/Wiebe, Andreas: hyperlinks, Köln 2002

Escher, Markus: Bankrechtsfragen des elektronischen Geldes im Internet, WM 1997, 1173

Esswein, Werner/Zumpe, Sabine: Realisierung des Datenaustauschs im elektronischen Handel, Informatik Spektrum 25 (2002), 251

Fangerow, Kathleen/Schul, Daniela: Die Nutzung von Angeboten auf www.kino.to, GRUR 2010, 677

Faustmann, Jörg/Ramsperger, Gabriel: Abmahnkosten im Urheberrecht, MMR 2010, 662

Fehl, Norbert: Computerrechtsrelevante höchstrichterliche AGB-Rechtsprechung (III), CR 1990, 508

ders.: Gewährleistungsprobleme beim Finanzierungsleasing. Zu den Wandlungsfolgen für das Leasing, CR 1988, 198

Feil, Thomas/Leitzen, Werner: Die EVB-IT nach der Schuldrechtsreform, CR 2002, 407

dies.: EVB-IT Pflege 5, CR 2003, 161

Feldmann, Thorsten: Die Unterlassungsverpflichtung des Access-Providers als Störer, K&R 2011, 214

Feldmann, Thorsten/Heidrich, Joerg: Rechtsfragen des Ausschlusses von Usern aus Internetforen, CR 2006, 406

Feuerborn, Andreas: Abnahme technischer Anlagen, CR 1991, 1

Feuerborn, Andreas/Hoeren, Thomas: Abnahme und Ablieferung von DV-Anlagen, CR 1991, 513

Fezer, Karl-Heinz: Markenrecht, 4. Aufl., München 2009

Fischer, Andreas: Wartungsverträge, 3. Aufl., Berlin 2011

Fischer, Hartmut: Zertifizierungsstellen für digitale Signaturen und das öffentlich-rechtliche Genehmigungsverfahren nach dem Signaturgesetz, NVwZ 1999, 1284

Fischl, Thomas: Softwarekauf mit Kündigungsklausel, ITRB 2004, 286

ders.: Kollision von Urheberrecht und Geheimnisschutz – Zu möglichen Wertungswidersprüchen in Softwareüberlassungsverträgen, ITRB 2005, 265

Fox, Dirk: Eine kritische Würdigung des SigG, DuD 1999, 508

ders.: E-Mail-Sicherheit, DuD 2000, 452

Freischem, Stephan/Claessen, Rolf: Computerimplementierte Erfindungen in Deutschland, Europa den U. S. A., ITRB 2010, 186

Freitag, Andreas: Wettbewerbsrechtliche Probleme im Internet, in: Handbuch zum Internet-Recht, herausgegeben von Detlef Kröger u. Marc A. Gimmy, Berlin/Heidelberg/New York, 2. Aufl. 2002, S. 413

ders.: Marken- und kennzeichenrechtliche Probleme im Internet, in: Handbuch zum Internet-Recht, herausgegeben von Detlef Kröger u. Marc A. Gimmy, Berlin/Heidelberg/New York, 2. Aufl. 2002, S. 459

Frey, Dieter/Rudolph, Matthias: Zugangserschwerungsgesetz:Schnellschuss mit Risiken und Nebenwirkungen, CR 2009, 644

Fringuelli, Pietro Graf/Wallhäuser, Matthias: Formerfordernisse beim Vertragsschluß im Internet, CR 1999, 93

Fritzemeyer, Wolfgang/Schoch, Sonja: Übernahme von Softwareüberlassungsverträgen beim IT-Outsourcing, CR 2003, 793

ders./Splittgerber/Andreas: Verpflichtung zum Abschluss von Softwarepflege- und Hardwarewartungsverträgen?, CR 2007, 209

Fülbier, Ulrich: Web 2.0 – Haftungsprivilegierungen bei *MySpace und YouTube,* CR 2007, 515

Fumy, Walter: Sicherheitsstandards für offene Systeme, DuD 1991, 288

ders.: Authentifizierung und Schlüsselmanagement, DuD 1995, 607

Funk, Axel: Informationspflichten unter den Bedingungen mobiler Kommunikation, in: Taeger, Jürgen/Wiebe, Andreas (Hrsg.) Mobilität.Telematik.Recht, 2005, S. 145

ders./Zeifang, Gregor: SMS-Vertragsschluss und Widerrufsbelehrung, ITRB 2005, 121

dies.: Die GNU General Public License, Version 3, CR 2007, 617

Gabel, Detlev: Internet:Die Domain-Names, NJW-CoR 1996, 322

Gajek, Sebastian/Schwenk, Jörg; Wegener, Cristoph: Identitätsmissbrauch im Onlinebanking, DuD 2005, 639

Gassen, Dominik: Digitale Signaturen in der Praxis, Köln 2003

Gaucher, Cyrille: Yahoo! Local law rides 2000, Technology and e-commerce Newsletter, IBA, Vol. 19, No. 1 (June 2001), p. 10

Gaul, Björn: Standardsoftware: Veränderung von Gewährleistungsansprüchen durch AGB, CR 2000, 570

Geis, Ivo: Die digitale Signatur, NJW 1997, 3000

ders./Geis, Esther: Rechtsaspekte des virtuellen Lebens, CR 2007, 721

Gennen, Klaus: Die Software-Entwicklergemeinschaft, ITRB 2006, 161

ders.: „Auseinandersetzung" von Miturhebergemeinschaften, ITRB 2008, 13

ders./Schreiner, Anne: Neue Anforderungen für das Outsourcing im Finanzdienstleistungssektor, CR 2007, 757

Gercke, Marco: Zugangsprovider im Fadenkreuz der Urheberrechtsinhaber, CR 2006, 210

Gerlach, Carsten: Praxisprobleme der Open-Source-Lizenzierung, CR 2006, 649

Giesen, Thomas: Das Grundrecht auf Datenverarbeitung, JZ 2007, 918

Gietl, Andreas/Mantz, Reto: Der IP-Adresse als Beweismittel im Zivilprozess, CR 2008, 810

Glatt, Christoph: Vertragsschluss im Internet, Baden-Baden 2002

Glaus, Alexander/Gabel, Detlev: Praktische Umsetzung der Anforderungen zu Pflichtangaben in E-Mails, BB 2007, 1744

Gloger, Boris: Scrum, Informatik Spektrum 33 (2010), 195

Goebel, Jürgen W.: Verständigungsprobleme im Dialog zwischen Richter und EDV-Sachverständigen, CR 1987, 571

Goebel, Jürgen W./Scheller, Jürgen: Elektronische Unterschriftsverfahren in der Telekommunikation, Braunschweig 1991

Gößmann, Claudia: Electronic Commmerce, MMR 1998, 88

Götting, Horst-Peter/Meyer, Justus/Vormbrock, Ulf: Gewerblicher Rechtsschutz und Wettbewerbsrecht, Baden-Baden 2011

Götz, Heinrich: Schadensersatzanspruch wegen Nichtbenutzbarkeit eines Werks während der Nachbesserung? – BGH, NJW 1985, 381, JuS 1986, 381

Gorny, Peter: Kategorien von Softwarefehlern, CR 1986, 673

Großkommentar zum Handelsgesetzbuch, begründet von Hermann Staub, 3. Aufl., neubearbeitet von Dieter Brüggemann, Claus-Wilhelm Canaris, Robert Fischer u. 3. Band, 3. Teil, Berlin/New York 1981

Gottschalk, Sabine: Vertragsgestaltung bei Content und Access-Providern, in:Handbuch zum Internet-Recht, herausgegeben von Detlef Kröger u. Marc A. Gimmy, Berlin/Heidelberg/New York, 2. Aufl. 2002, S. 245

Gounalakis, Georgios/Klein, Catherine: Zulässigkeit von personenbezogenen Bewertungsplattformen, NJW 2010, 1566

Grabe, Olaf: Das „Dialer-Problem" und was zu klären übrig blieb ..., CR 2004, 262

Graf, Thorsten: Die Impressumspflicht des § 6 TDG im Lichte der §§ 3,4 Nr. 11 UWG, ITRB 2007, 45

Gramlich, Ludwig: Zahlungsverkehr im Internet, in: Handbuch zum Internet-Recht, herausgegeben von Detlef Kröger u. Marc A. Gimmy, Berlin/Heidelberg/New York, 2. Aufl. 2002, S. 195
Grapulin, Sabine: Vertragsschluss bei Internet-Auktionen, GRUR 2001, 713
Gravenreuth, Günter Frhr. von: Urheberrechtsschutz für Computerspiele unter Berücksichtigung der BGH-Rechtsprechung, DB 1986, 1005
ders.: Probleme im Zusammenhang mit der Minderung oder Wandelung mangelhafter Software, BB 1989, 1925
Greulich, H.: Der Fernschreiber – Rechtsfragen bei der Verwendung im Geschäftsverkehr, BB 1954, 491
Grigoleit, Hans Christoph: Besondere Vertriebsformen im BGB, NJW 2002, 1151
Grimm, Rüdiger: Kryptoverfahren und Zertifizierungsinstanzen, DuD 1996, 27
Grönfors, Kurt: The legal Aspects and Practical Implications of Non-Documentary (Paperless) Cargo Movement, BIMCO Bulletin III, 1981, S. 6180
Große Ruse-Khan, Henning/Klass, Nadine/v. Lewinski, Silke (Hrsg.): Nutzergenerierte Inhalte als Gegenstand des Privatrechts, Heidelberg 2010
Gruber, Stephan: Internationaler Markenschutz von Computerprogrammen, CR 1991, 10
Grützmacher, Malte: Open-Source-Software – die GNU General Public License, ITRB 2002, 84
ders.: Das Rechts des Softwarevertriebs, ITRB 2003, 199
ders.: Softwarelizenzen und CPU-Klauseln, ITRB 2003, 279
ders.: Unternehmens- und Konzernlizenzen, ITRB 2004, 204
ders.: Vertragliche Ansprüche auf Herausgabe von Daten gegenüber dem Outsourcing-Anbieter, ITRB 2004, 260
ders.: Herkunftslandprinzip und ausländische Anbieter – Was bleibt vom deutschen Recht?, ITRB 2005, 34
ders.: Insolvenzfeste Softwarelizenz- und Softwarehinterlegungsverträge – Land in Sicht, CR 2006, 289
ders.: Gebrauchtsoftwarehandel mit erzwungener Zustimmung – eine gangbare Alternative?, CR 2010, 141
ders.: Lizenzgestaltung für neue Nutzungsformen im Lichte von § 69 d UrhG, CR 2011, Teil 1: 485, Teil 2: 697
ders.: Datenschutz und Outsourcing, ITRB 2011, 183
ders.: Teilkündigungen bei Softwarepflege- und Softwarelizenzverträgen, ITRB 2011, 133
ders.: Software-Urheberrecht und Virtualisierung, ITRB 2011, 193
ders./Schmidt-Bogatzky, Florian: Kompatibilitätshinweise bei Computersoftware und ihre kennzeichenrechtlichen Grenzen, CR 2005, 545
Gsell, Beate: Schuldrechtsreform: Die Übergangsregeln für die Verjährungsfristen, NJW 2002, 1297
Günther, Andreas: Auktionen im Internet, ITRB 2002, 93
ders.: Produkthaftung für Informationsgüter, Köln 2001
Haberstumpf, Helmut: Grundsätzliches zum Urheberrechtsschutz von Computerprogrammen nach dem Urteil des Bundesgerichtshofs v. 9. Mai 1985, GRUR 1986, 222
ders.: Der Handel mit gebrauchter Software und die Grundlagen des Urheberrechts, CR 2009, 345
Hackemann, Martin: Fragen des Austauschverhältnisses beim Online-Vertrag, CR 1987, 660
ders.: Zivilrechtliche Aspekte des Informationsabrufs via Bildschirmtext, in: GRVI (Hrsg.): Neue Medien für die Individualkommunikation, 1984, S. 43
Hackemann, Martin/Scheller, Jürgen: Rechtliche Aspekte bei Bildschirmtextangeboten, Nachrichten für Dokumentationen, 1984, 21
Hadidi, Haya; Mödl, Robert: Die elektronische Einreichung zu den Gerichten, NJW 2010, 2097
Häde, Ulrich: Die Zahlung mit Kredit- und Scheckkarte, ZBB 1994, 33
Härting, Niko: Internetrecht, 4. Aufl. Köln 2010
ders.: Referentenentwurf für neues Fernabsatzgesetz, CR 1999, 507
ders.: Webdesign- und Provider-Verträge, ITRB 2002, 218
ders.: Domainrecht – Eine Zwischenbilanz, BB 2002, 2028
ders.: Die Gewährleistungspflichten von Internet-Dienstleistern, CR 2001, 37
ders.: Datenschutz zwischen Transparenz und Einwilligung, CR 2011, 169
ders./Golz, Robert: Rechtsfragen des eBay-Handels, ITRB 2005, 137
ders.: Providerverträge und Telekommunikationsgeheimnis, ITRB 2007, 242
ders.: E-Mail und Telekommunikationsgeheimnis, CR 2007, 311
ders.: Kennzeichenrechtliche Ansprüche im Domainrecht, ITRB 2008, 38
ders.: Datenschutz im Internet, CR 2009, 743
ders.: Schutz von IP-Adressen, ITRB 2009, 35
ders.: „Prangerwirkung" und „Zeitfaktor", CR 2009, 21

ders./Schätzle, Daniel: Music-Download-Plattformen, ITRB 2006, 186

dies.: Rechtsverletzungen in Social Networks, ITRB 2010, 39

ders./Schirmbacher, Martin: Internetwerbung und Wettbewerbsrecht, ITRB 2005, 16

Häublein, Martin: Der Beschaffenheitsbegriff und seine Bedeutung für das Verhältnis der Haftung aus culpa in contrahendo zum Kaufrecht, NJW 2003, 388

Hagemann, Hagen/Schaup, Sonja/Schneider, Markus: Sicherheit und Perspektiven elektronischer Zahlungssysteme, DuD 1999, 5

Hammel, Frank A./Weber, Frauke: AGB. Notwendige Änderungen nach der Schuldrechtsreform in Online-Verträgen, Berlin 2002

Hanloser, Stefan: „opt-in" im Datenschutzrecht und Wettbewerbsrecht, CR 2008, 711

Hammer, Volker: Gateway „Elektronische Signaturen, DuD 1993, 636

ders.: Sicherungsinfrastrukturen und rechtliche Rahmenbedingungen, DuD 1996, 147

Hammer, Volker/Bizer, Johann: Beweiswert elektronischer signierter Dokumente, DuD 1993, 689

Harbecke, Christof: Die POS-Systeme der deutschen Kreditwirtschaft, Sonderbeilage 1 zu WM 1994, 3

Harte-Bavendamm, Henning: Wettbewerbsrechtlicher Schutz von Computerprogrammen, CR 1986, 615

Hartmann, Alexander: Unterlassungsansprüche im Internet, München 2009

Hartmann, Matthias/Koch, Philip: Datenbankschutz gegen Deep-Linking, CR 2002, 741

Hartmann, Matthias/Thier, Andreas: Typologie der Softwarepflegeverträge, CR 1998, 581

Hartung, Jürgen/Stiemerling, Oliver: Effektive Service-Level-Kriterien, CR 2011, 617

ders./Basche, Angela: Datenschutz- und arbeitsrechtliche Grenzen des Lizenzmanagements, CR 2011, 705

Hartwig, Oskar: Sphären der Darlegungslast von Software-Mängeln, in: Softwareüberlassung und Zivilprozeß, herausgegeben von Michael Bartsch, Köln 1991. S. 1

Hecht, Florian/Becker, Thomas: Unberechtigte Mängelrügen bei IT-Projekten, ITRB 2009, 59

Heckmann, Dirk: E-Commerce:Flucht in den virtuellen Raum, NJW 2000, 1370

ders.: E-Commerce im Ordnungsrahmen des Gewerberechts, in:Grauf/Paschke/Stober (Hrsg.): Das Wirtschaftsrecht vor den Herausforderungen des E-Commerce, Köln/Berlin/Bonn/München 2002

Heide, Nils: Softwarepatente im Verletzungsprozess, CR 2003, 165

Heidemann, Julia: Online Social Networks, Informatik Spektrum 33 (2010), 263

Heiderhoff, Bettina: Die Pflicht des Verkäufers zur Aufklärung über Mängel der Sache beim Kauf im Internet, BB 2005, 2533

Heidrich, Joerg: Rechtliche Fragen bei der Verwendung von DNS-Blacklisting zur Spam-Filterung, CR 2009, 168

Heim, Andreas: Zur Markenbenutzung durch Meta-Tags, CR 2005, 2000

Heinrichs, Helmut: Die Entwicklung des Rechts der Allgemeinen Geschäftsbedingungen im Jahre 1997, NJW 1998, 1447

Henning-Bodewig, Frauke: Herkunftslandprinzip im Wettbewerbsrecht: Erste Erfahrungen, GRUR 2004, 822

Hennrich, Thorsten: Compliance in Clouds, CR 2011, 546

Hering, Wolfgang: Erfolgsorientierte Softwarewartung; Gewährleistung und Haftung, CR 1991, 398

Herresthal, Carsten/Riehm, Thomas: Die eigenmächtige Selbstvornahme im allgemeinen und besonderen Leistungsstörungsrecht, NJW 2005, 1457

Heun, Sven-Erik (Hrsg.): Handbuch Telekommunikationsrecht, Köln 2002

Heussen, Benno: Vertragsgestaltung und Vertragsabwicklung beim EDV-Einsatz in der Anwaltskanzlei 2. Teil, AnwBl. 1986, 371

ders.: Technische und rechtliche Besonderheiten von Mängeln bei Computerleistungen, CR 1988, 894 (1), 986 (II)

ders.: Computerleistungen und kaufmännische Rügepflichten, BB 1988, 1835

Heussen, Benno/Damm, Maximilian: Millenium Bug: Manager- und Beraterhaftung bei unterlassener Systemprüfung und Notfallplanung, BB 1999, 481

Heydn, Truiken J.: Deep Link: Feuerprobe bestanden – Das Aus für den Schutz von Web Content oder die Rettung des World Wide Web, NJW 2004, 1361

ders.: Identitätskrise eines Wirtschaftsguts: Software im Spannungsfeld zwischen Schuldrecht und Urheberrecht- Eine grundsätzliche Betrachtung, CR 2010, 765

ders./Schmidt, Michael: Dealing With Used Software: Ingenious Business Model or Piracy?, World Intellectual Property Report, Vol. 20, No. 3 (March 2006), 28

Heymann, Thomas: Gesetzliches Leitbild des Wartungsvertrages, CR 1991, 525

ders.: Haftung des Softwareimporteurs, CR 1990, 176

ders.: Outsourcing in Deutschland – eine Bestandsaufnahme zur Vertragsgestaltung, CR 2005, 706

ders.: Das Gesetz zur Verbesserung der Durchsetzung von Rechten des geistigen Eigentums, CR 2008, 568

Heyms, Sybille/Prieß, Christiane: Werbung Online, Berlin 2002

Hilber, Marc: Die Übertragbarkeit von Softwarerechten im Kontext einer Outsourcingtransaktion, CR 2008, 749

Hilberg, Söntje Julia: Das neue UN-Übereinkommen zum E-Commerce, CR 2006, 859

Hilbig, Steffen: Informationsabruf aus Datenbanken, ITRB 2007, 170

Hildebrand, Dietmar: Das Jahr-2000-Problem, CR 1998, 248

Hoene, Thomas: Software und das Jahr-2000-Problem, CR 1999, 281

Hoeren, Thomas: Rechtsfragen des Internet, Köln 1998

ders.: IT-Vertragsrecht, Köln 2007

ders.: Internet- und Kommunikationsrecht, Köln 2008

ders.: Softwareüberlassung als Sachkauf – Konsequenzen aus dem Urteil des BGH vom 4. November 1987, RDV 1988, 115

ders.: Softwareüberlassung als Sachkauf, Ausgewählte Rechtsprobleme des Erwerbs von Standardsoftware, München 1989

ders.: „Look and Feel" im deutschen Recht. Schutzfähigkeit des Bildschirmdisplays, CR 1990, 22

ders.: Grundzüge des Internetrechts, München 2002

ders.: Keine wettbewerbsrechtlichen Bedenken mehr gegen Hyperlinks? – Anmerkungen um BGH-Urteil „Paperboy", GRUR 2004, 1

ders.: Die Pflicht zur Überlassung des Quellcodes, CR 2004, 721

ders.: Bewertungen bei eBay, CR 2005, 498

ders.: Der urheberrechtliche Erschöpfungsgrundsatz bei der Online-Übertragung von Computerprogrammen, CR 2006, 573

ders.: Die Kündigung von Softwareerstellungsverträgen und deren urheberrechtliche Auswirkungen, CR 2005, 773

ders.: Das Telemediengesetz, NJW 2007, 801

ders.: Softwareauditierung, CR 2008, 409

ders.: 100 € und Musikdownloads – die Begrenzung der Abmahngebühren nach § 97 a UrhG, CR 2009, 378

ders.: Der Erschöpfungsgrundsatz bei Software, GRUR 2010, 665

ders.: AnyDVD und die Linkhaftung, GRUR 2011, 503

ders.: Google Analytics – datenschutzrechtlich unbedenklich?, ZD 2011, 3

ders./Sieber, Ulrich (Hrsg.): Handbuch Multimedia-Recht, München, Loseblatt, Stand: Februar 2011

ders./Welp, Kai: Vertragsrechtliche Probleme bei der Inanspruchnahme von Mehrwertdiensten, JuS 2006, 389

ders./Eustergerling, Sonja: Die Haftung des Admin-C, MMR 2006, 132

Hörl, Bernhard: Aufklärung und Beratung beim Computer-"Kauf", München 1999

ders.: Nachbesserung und Gewährleistung für fehlende Jahr-2000-Fähigkeit von Software, CR 1999, 605

ders.: Softwarenutzung erst nach vollständiger Zahlung, ITRB 2002, 142

ders.: Klauselgestaltung bei IT-Outsourcingverträgen nach der InvMaRisk, ITRB 2010, 264

ders./Häuser, Markus: Service Level Agreements in IT-Outsourcingverträgen, CR 2003, 713

Hössle, Markus: Dynamische Softwarepatente, CR 2010, 559

Hövel, Daniel/Hansen, Hauke: Download-Fallen im Internet aus der Perspektive der Software-Hersteller, CR 2010, 252

Hoffmann/Leible/Sosnitza (Hrsg.): Vertrag und Haftung im Internet, Stuttgart (München usw. 2006

Hohlneger, Christoph/Tauschik, Stefan: Rechtliche Problematik digitaler Signaturverfahren, BB 1997, 1541

Hohmann, Harald: Haftung der Softwarehersteller für das „Jahr 2000"-Problem, NJW 1999, 521

Holzhauer, Heinz: Die eigenhändige Unterschrift, Frankfurt 1973

Holzinger, Ernst: Rechtliche Einordnung von Software nach deutschem und österreichischem Recht, DuD 1991, 121

Hoppen, Peter: Die technische Seite der Softwarelizenzierung, CR 2007, 129

ders.: Software-Besichtigungs-Ansprüche und ihre Durchsetzung, CR 2009, 407

ders./Streitz, Siegfried: Die Tätigkeit des IT-Sachverständigen, CR 2007, 270

ders./Victor, Frank: ITIL – Die IR Infrastructure Library, CR 2008, 199

ders./Thalhofer, Thomas: Der Einbezug von Open Source Software bei der Erstellung kommerzieller Software, CR 2010, 275

Horns, Axel H.: Anmerkungen zu begrifflichen Fragen des Softwareschutzes, GRUR 2001, 1

Hornung, Gerrit: Die Haftung von W-LAN Betreibern, CR 2007, 88

ders.: Ein neues Grundrecht, CR 2008, 299

ders.: Informationen über „Datenpannen" – Neue Pflichten für datenverarbeitende Unternehmen, NJW 2010, 1841

Hoß, Dirk: Berufs- und wettbewerbsrechtliche Grenzen der Anwaltswerbung im Internet, AnwBl. 2002, 377

Howard, Anthony: Patentatbility of Computer-Implemented Inventions, CRInt. 2002, 97

Huber, Peter: Der Nacherfüllungsanspruch im neuen Kaufrecht, NJW 2002, 1004

Hubmann, Heinrich/Götting, Horst-Peter: Gewerblicher Rechtsschutz, 7. Aufl., München 2002

Hübner, Claudia: Zum Schutz für sofware-bezogene Erfindungen in Deutschland, GRUR 1994, 883

Hübner u. a. Rechtsprobleme des Bildschirmtextes, 1986

Hüsch, Moritz: Thumbnails in Bildsuchmaschinen, CR 2010, 452

Hullen, Nils: Illegale Steaming-Filmportale im Internet, ITRB 2008, 230

Humm, Bernhard/Hess, Andreas/Voß, Markus: Regeln für serviceorientierte Architekturen hoher Qualität, Informatik Spektrum 2006, 395

Huppertz, Peter: Handel mit Second Hand-Software, CR 2006, 145

ders.; Fritzsche, Benjamin: Titelschutz für Software, ITRB 2011, 86

ders./Ohrmann, Christoph: Wettbewerbsvorteile durch Datenschutzverletzungen?, CR 2011, 449

Ihde, Rainer: Das Pflichtenheft beim Softwareerstellungsvertrag, CR 1999, 409

IfrOSS (Institut für Rechtsfragen der Freien und OPEN Source Software): Die GPL kommentiert und erklärt, Beijing u. a. 2005

Imhof, Ralf: Wettbewerbsrechtliche Frage des E-Commerce, in: Graf/Paschke/Stober (Hrsg.): Herausforderungen des E-Commerce, Köln/Berlin/Bonn/München 2002

Intveen, Michael: Software-Pflegeverträge im Lichte der AGB-rechtlichen Inhaltskontrolle nach § 307 BGB, ITRB 2004, 138

ders.: Möglichkeiten der Hersteller und Lieferanten von Siftware zur Nutzungseinschränkung und Weitergabebeschränkung bei dauerhafter Software-Überlassung, ITRB 2005, 234

ders.: Geheimhaltungsvereinbarungen bei IT-Projekten, ITRB 2007, 239

ders.: Verträge über die Anpasusng von Standardsoftware, ITRB 2008, 237

ders.: Einzelheiten zu Verträgen über die Erstellung von IT-Pflichtenheften, ITRB 2010, 238

ders.: Beraterverträge in IT-Projekten aus Auftraggebersicht, ITRB 2011, 68

ders./Lohmann, Lutz: Die Haftung des Providers bei ASP-Verträgen, ITRB 2002, 210

dies.: Das IT-Pflichtenheft, CR 2003, 640

Jacobs, Reiner: Werktitelschutz für Computerspiele und Computerprogramme, GRUR 1996, 601

Jaeger, Lothar: Haftung bei Eintritt eines Schadens durch einen Jahr-2000-Fehler, OLG Report Köln 1999, H. 17, K 9

ders.: Grenzen der Kündigung von Softwarepflegeverträgen über langjährige Industrie-Software, CR 1999, 209

Jaeger, Michelle/Kussel, Stephanie: Der Beweiswert digital signierter Dokumente, in: Rechtsfragen der digitalen Signatur, herausgegeben von Hoeren und Schüngel, Berlin 1999, S. 241

Jaeger, Till/Koglin, Olaf: Der rechtliche Schutz von Fonts, CR 2002, 169

Jaeger, Till/Metzger, Axel: Open Source Software, 3. Auflage München 2011

dies.: Die neue Version 3 der GNU General Public License, GRUR 2008, 130

Jaeschke, Lars: Zur markenmäßigen Benutzung beim Keyword-Advertising, CR 2008, 375

Janal, Ruth: Abwehransprüche im elektronischen Markt der Meinungen, CR 2005, 873

dies.: Profilbildende Maßnahmen: Möglichkeiten der Unterbindung virtueller Mund-zu-Mund-Propaganda, NJW 2006, 870

dies.: Lauterkeitsrechtliche Betrachtungen zum Affiliate-Marketing, CR 2009, 317

Jansen, Günther: Die dreißigjährige Gewährleistung des Werkunternehmers wegen Organisationsverschuldens, OLG Report Köln 1999, H. 14, K 5

Janson, Phil/Waidner, Michael: Electronic Payment Systems, DuD 1996, 350

Jessnitzer Kurt/Friebing, Günter: Der gerichtliche Sachverständige, Köln/Berlin/Bonn/München, 10. Aufl. 1992

Jobke, Nils: Produktaktivierung und Registrierung bei Software für den Massenmarkt, Hamburg 2010

Jürgens, Uwe: Von der Provider- zur Provider- und Medienhaftung, CR 2006, 188

ders./Veigel, Ricarda: Zur haftungsminimierenden Gestaltung von „User Generated Content" – Angeboten, AfP 2007, 181

Jungermann, Sebastian: Der Beweiswert elektronischer Signaturen, DiD 2003, 69

Junker, Abbo: Die Entwicklung des Computervertragsrechts in den Jahren 1988 und 1989, NJW 1990, 1575

ders.: Die Entwicklung des Computerrechts im Jahre 1998, NJW 1998, 1294

Junker, Abbo/Benecke, Martina: Computerrecht, 3. Aufl., Baden-Baden 2003

Kaeding, Nadja: Haftung für Hot Spot Netze, CR 2010, 164

Kamlah, Dietrich: Softwareschutz durch Patent- und Urheberrecht, CR 2010, 485

Kamp, Johannes: Personenbewertungsportale, München 2011

Karger, Michael: Beweisermittlung im deutschen und U.S.-amerikanischen Softwareverletzungsprozeß, Köln 1996

ders.: Rechtseinräumung bei Software-Erstellung, CR 2001, 357

ders.: Download im Rahmen bestehender Softwareüberlassungs- und Pflegeverträge, ITRB 2003, 134

ders.: Desorganisierte Leistungsänderungen in IT-Verträgen, ITRB 2009, 18

Karl, Christof: Der urheberrechtliche Schutzbereich von Computerprogrammen, München 2009

Kast, Christian R./Meyer, Stephan/Wray, Bea: Software Escrow, CR 2002, 379

ders./Schneider Jochen/Siegel, Volker: Software Escroe, K&R 2006, 446

Katko, Peter; Maier, Tobias: Computerspiele – die Filmwerke des 21. Jahrhunderts, MMR 2009, 306

Kaufmann, Mario: Kündigung langfristiger Softwarepflegeverträge oder Abschlusszwang, CR 2005, 841

Kaufmann, Noogie C.: Das Online-Widerrufsrecht im Spiegel der Rechtsprechung, CR 2006, 764

Kazemi, Robert; Leopold, Anders: Datenschutzrecht, Bonn 2011

Kellerer, Leonhard: Aus der Rechtsprechung des Bundespatentgerichts im Jahre 2001, Teil I:Patentrecht, Gebrauchsmusterrecht und Geschmacksmusterrecht, GRUR 2002, 289

Kessel, Christian; Schwedler, Christian: Preisanpassungsklauseln in AGB und ihre Bewertung durch die Rechtsprechung, BB 2010, 585

Kiesewetter-Köbinger, Swen: Über die Patentprüfung von Programmen für Datenverarbeitungsanlagen, GRUR 2001, 185

Kilian, Wolfgang: Datenverarbeitungsprogramme als Gegenstand des Rechtsverkehrs, in: Datenverarbeitungsprogramme als Gegenstand des Rechtsverkehrs. Herausgegeben von Hans-Leo Weyers, Baden-Baden 1992

ders.: Haftung für Mängel der Computer-Software, Heidelberg 1986

ders.: Möglichkeiten und zivilrechtliche Probleme eines rechtswirksamen elektronischen Datenaustauschs, DuD 1993, 606

ders.: Vertragsgestaltung und Mängelhaftung bei Computersoftware, CR 1986, 187

Kind, Michael/Werner, Dennis: Rechte und Pflichten im Umgang mit PIN und TAN, CR 2006, 353

Kiranas, Agiris: Neue Sicherheitskonzepte von Point-of-Sale (POS)-Systemen, 1. Teil: DuD 1994, 707, 2. Teil:DuD 1995, 35

ders.: Point-of-Sale (POS)-Systeme, DuD 1996, 94

Kirchhoff, Guido: Rechtsschutz bei Sperrung eines Internet-Zugangs, NJW 2005, 1548

Kirmes, Raoul André: Elektronischer Rechtsverkehr im Intermediärmodell, K&R 2006, 438

Klamt, Angelika/Koch, Christian: Das neue Überweisungsgesetz, NJW 1996, 2776

Kleespies, Mathias: Die Domain als selbständiger Vermögensgegenstand in der Einzelzwangsvollstreckung, GRUR 2002, 764

Klees, Andreas: Vertragsverhältnisse bei der Nutzung von Mehrwertdiensten, CR 2003, 331

Klett, Detlef/Hilberg, Söntje Julia: Die neue DIN-Spezifikation für das Outsourcing – Inhalt und praktische Anwendung, CR 2010, 417

Klimke, Dominik: Korrekturhilfen beim Online-Vertragsschluss, CR 2005, 582

Klinger, Guido: Die gewerberechtliche Beurteilung von sog. Internet-Auktionen, DVBl. 2002, 810

Kloos, Bernhard/Wagner, Axel-Michael: Vom Eigentum zur Verfügbarkeit, CR 2002, 865

Knopp, Michael: Fanfiction – nutzergenerierte Inhalte und das Urheberrecht, GRUR 2010, 28

Knorr, Michael/Schläger, Uwe: Datenschutz bei elektronischem Geld, DuD 1997, 396

Koch, Frank A.: Zivilprozeßpraxis in EDV-Sachen, Köln 1988

ders.: Urheberrechte an Computerprogrammen im Arbeitsverhältnis, CR 1985, 86

ders.: Aktuelle Rechtsprobleme der Jahr-2000-Konformität von Software und Systemen, NJW-CoR 1999, 423

ders.: Rechtsfragen der Nutzung elektronischer Kommunikationsdienste, BB 1996, 2049

ders.: Neue Rechtsprobleme der Internetnutzung, NJW-CoR 1998, 45

ders.: Begründung und Grenzen des urheberrechtlichen Schutzes objektorientierter Software, GRUR 2000, 191

ders.: Urheber- und kartellrechtliche Aspekte der Nutzung von Open-Source-Software, CR 2000, I: 273; II: 333

ders.: Nacherfüllung – Hat der Kunde eine Wahl?, ITRB 2003, 87

ders.: Vertragsgestaltung für die Werklieferung eines Webdesigns, ITRB 2003, 281

ders.: Zugänglichmachung von Werken im Internet, ITRB 2004, 131

ders.: Gesamtrücktritt bei Mangel eines Leistungsteils, ITRB 2004, 157

ders.: Annahme als Erfüllung – neue Rechtsunsicherheit in der Vertragspraxis, ITRB 2002, 221

ders.: Computer-Vertragsrecht, 6. Aufl., Berlin 2002

ders.: Weltweit verteiltes Rechnen im Grid Computing, CR 2006, 42

ders.: Grid Computing im Spiegel des Telemedien-, Urheber- und Datenschutzrechts, CR 2006, 112

ders.: Rechtsrisiko Open Source Software, Informatik Spektrum 2004, 55

ders.: Von Blogs, Podcasts und Wikis – telemedienrechtliche Zuordnung und Haftungsfragen der neuen Dienste im Internet (Teil 2), ITRB 2006, 282

ders.: Web Services als neue IT-Vertragsleistung, ITRB 2007, 71

ders.: Probleme beim Wechsel zur neuen Version der General Public License, ITRB 2007, Teil 1: 261; Teil 2: 285

ders.: IT-Change Management nach ITIL und ISO/IEC 20000, ITRB 2008, 61

ders.: Schlechtleistung bei softwarebezogener Nacherfüllung, ITRB 2008, 131

ders.: Kundenrechte beim Online-Erwerb von Software-Vollversionen, ITRB 2008, 209

ders.: Requirements Mangement, ITRB 2008, 160

ders.: Updatibg von Scherheitssoftware – Haftung und Beweislast, CR 2009, 485

ders.: Agile Softwareentwicklung – Dokumentation, Qualitätssicherung und Kundenmitwirkung, ITRB 2010, 114

ders.: Der Content bleibt im Netz – gesicherte Werkverwertung durch Streaming-Verfahren, GRUR 2010, 574

ders.: Schutz der Persönlichkeitsrechte im Internet: spezifische Gefährdungen, ITRB 2011, 158

ders.: Werknutzung durch Streaming, ITRB 2011, 266

Koch, Frank A./Schnupp, Peter: Expertensysteme als Gegenstand von Entwicklungsverträgen und Schutzrechten, CR 1989, 776 (1), 893 (II), 975 (III)

dies.: Software-Recht, Band 1, Berlin/Heidelberg usw., 1991

Koch, Robert: Geltungsbereich von Internet-Auktionsbedingungen, CR 2006, 502

Köhler, Helmut: Die Problematik automatisierter Rechtsvorgänge, insbesondere von Willenserklärungen, AcP 182 (1982), 129

ders.: Die Rechte des Verbrauchers beim Teleshopping (TV-Shopping, Internet-Shopping), NJW 1998, 185

Köhler, Helmut/Bornkamm, Joachim: Wettbewerbsrecht, 29. Auflage, München 2011

Köhler, Markus/Arndt, Hans-Wolfgang/Fetzer, Thomas: Recht des Internet, 5. Aufl., Heidelberg 2006

König, Michael: Zur rechtlichen Bewertung der Überlassung von Quellprogrammen (-codes), NJW 1992, 1731

ders.: Zur Zulässigkeit der Umgehung von Software-Schutzmechanismen, NJW 1995, 3293

König, M. Michael: Das Computerprogramm im Recht, Köln 1991

König, Reimar: Patentfähige Datenverarbeitungsprogramme – ein Widerspruch in sich, GRUR 2001, 577

Körner, Marita: Gleichnamigkeitskonflikte bei Internet-Domain-Namen – Die „shell.de"-Entscheidung des BGH, NJW 2002, 3442

Koglin, Olaf: Die Nutzung von Open Source Software unter neuen GPL-Versionen nach der „any later version" –Klausel, CR 2008, 137

Kohl, Helmut: Telematikdienste im Zivilrecht: Rechtsgeschäfte – allgemeine Geschäftsbedingungen – unlauterer Wettbewerb und Urheberrecht, in: Telekommunikation und Wirtschaftsrecht, herausgegeben von Joachim Scherer, Köln 1988, 5. 91 ff.

Kolle, Gert: Der angestellte Programmierer, GRUR 1985, 1016

Koreng, Ansgar: Zensur im Internet, Baden-Baden 2010

ders.: Meinungsmarkt und Netzneutralität, CR 2009, 758

Kort, Michael: Fehlerbegriff und Produkthaftung für medizinische Software. Einordnung im deutschen und US-amerikanischen Recht, CR 1990, 251

Koutses, Inge/Lutterbach, Sabine: Auswirkungen des Produkthaftungsgesetzes auf Informations- und Steuerungstechnologien, RDV 1989, 5

Krasemann, Henry: Identitäten in Online-Spielen, DuD 2008, 194

Krebber, Sebastian: Die vertragliche Pflicht des Verkäufers zur Übergabe der Gebrauchsanweisung, AcP 201 (2001), 333

Kremer, Sascha: Gestaltung von Verträgen für die agile Softwareerstellung, ITRB 2010, 283

Kreutzer, Till: Schutz technischer Maßnahmen und Durchsetzung von Schrankenbestimmungen bei Computerprogrammen, CR 2006, 804

ders.: Computerspiele im System des deutschen Urheberrechts, CR 2006, 1

Kubicek, Herbert: Akzeptanzprobleme sicherer elektronischer Medien, DuD 2011, 43

Kronke, Herbert: Electronic Commerce und Europäisches Verbrauchervertrags-IPR, RIW 1996, 985

Kühn, Ulrich: Technische Grundlagen digitaler Signaturverfahren, in: Rechtsfragen der digitalen Signatur, herausgegeben von Hoeren und Schüngel, Berlin 1999, S. 65

ders.: Aktuelle Entwicklungen bei RSA-Signaturen

Kühnel, Wolfgang/Ulbrich, Thomas: Instandhaltung und das Jahr 2000 im Maschinen- und Anlagenbau, BB 1998, 2585

Kühnen, Thomas: Die Besichtigung im Patentrecht, GRUR 2005, 185

ders./Claessen, Rolf: Praxisleitfaden Düsseldorfer Besichtigungspraxis, IPRB 2011, 83

Kümpel, Siegfried: Elektronisches Geld (cyber coins) als Bankgarantie, NJW 1999, 313

ders.: Rechtliche Aspekte der neuen Geldkarte als elektronischer Geldbörse, WM 1997, 1037

ders.: Rechtliche Aspekte des elektronischen Netzgeldes (Cybergeld), WM 1998, 365

Kuhlmann, Dirk: Digital Rights Management versus Open Source? Überlegungen am Beispiel Trusted Computing, in: Wem gehört die Information im 21. Jahrhundert?, herausgegeben von Alfred Büllesbach und Thomas Dreier, Köln 2004, S. 75

Kuhlmann, Jan: Kein Rechtsschutz für den Kopierschutz? Standardsoftware in rechtlicher Sicht, CR 1989, 177

Kuhn, Matthias: Rechtshandlungen mittels EDV und Telekommunikation, München 1991

Kulartz, Hans-Peter/Steding, Ralf: IT-Leistungen, Köln 2002

Kullmann, Hans Josef: Die Rechtsprechung des BGH zum Produkthaftpflichtrecht in den Jahren 1989/90, NJW 1991, 675

Kumbruck, Christel: Der „unsichere Anwender" – vom Umgang mit Signaturverfahren, DuD 1994, 20

Kunczik, Niclas: Haftungsfalle Admin-C?, ITRB 2010, 63

Kuner, Christopher: Signaturgesetze und „Political Correctnes", DuD 1999, 227

Kuper, Ernst-Stephan: § 101 UrhG: Glücksfall oder Reinfall für Rechteinhaber?, ITRB 2009, 12

Ladeur, Karl-Heinz: Der Auskunftsanspruch aus § 101 UrhG und seine Durchsetzung, NJW 2010, 2702

Lam, Chung Nian: Internet keyword advertising and trademark infringement – the Singapore position, Intellectual Property and Entertainment Law Committe Newsletter, August 2010, p.11

Lambrecht, Arne: Der urheberrechtliche Schutz von Bildschirmspielen, Baden-Baden 2006

Lapp, Thomas: E-Business mit digitalen Signaturen, ITRB 2001, 67

ders.: Transparenzgebot bei Online-AGB, ITRB 2004, 187

ders.: § 326 a. F. in Anbieter-AGB: Alte Liebe rostet nicht, ITRB 2004, 262

ders.: Projektvertrag als Werkvertrag gestalten, ITRB 2006, 166

ders.: Vertragsrechtlicher Schutz der Netzneutralität?, CR 2007, 774

ders.: Interaktion und Kooperation bei IT-Projekten, ITRB 2010, 69

ders.: Twitter im geschäftlichen Umfeld, ITRB 2010, 213

Lauer, Jörg: Verträge über Software-Leistungen in der Praxis, BB 1982, 1756.

Lehmann, Michael (Hrsg.): Rechtsschutz und Verwertung von Computerprogrammen, 2. Aufl. Köln 1993

ders.: Portierung und Migration von Anwendersoftware, Kartell- und AGB-rechtliche Probleme, CR 1990, 700

ders.: Freie Schnittstellen („interfaces") und freier Zugang zu den Ideen („reverse engineering"). Schranken des Urheberrechtsschutzes von Software, CR 1989, 1057

ders.: Der neue Europäische Rechtsschutz von Computerprogrammen, NJW 1991, 2112

ders.: Die Europäische Richtlinie über den Schutz von Computerprogrammen, GRUR 1991, 327

ders.: Produkt- und Produzentenhaftung für Software, NJW 1992, 1721

ders.: Der wettbewerbsrechtliche Titelschutz für Computerprogramme, CR 1986, 373

ders.: Das neue Software-Vertragsrecht, Verkauf und Lizenzierung von Computerprogrammen, NJW 1993, 1822

ders.: Titelschutz für Software, CR 1998, 2

ders.: Titelschutz von Computerprogrammen – eine Erwiderung, GRUR 1995, 250

ders./Schneider, Jochen: Computerspiele – Prüfungskriterien für die Schutzfähigkeit gem. § 2 UrhG, RDV 1990, 68

ders./Meents, Jan Geert: Handbuch des Fachanwalts Informationstechnologierecht, Köln 2008 *ders./Rein, Cristian A.:* ebay: Haftung des globalen Basars zwschen Gemeinschaftsrecht und BGH, CR 2008, 97

Leible, Stefan/Sosnitza, Olaf: Neues zur Störerhaftung von Internet-Auktionshäusern, NJW 2004, 3225

dies.: Versteigerungen im Internet, Heidelberg 2004

dies.: Haftung von Internetauktionshäusern – reloaded (BGH, NJW 2007, 2636), NJW 2007, 3324

dies. (Hrsg.): Onlinerecht 2.0: Alte Fragen – neue Antworten?, Stuttgart/München/Hannover/Berlin/ Weimar/Dresden 2011

Leistner, Matthias: Störerhaftung und mittelbare Schutzrechtsverletzung, Beilage zu GRUR 2010, H. 1

ders./Bettinger, Torsten: Creating Cyberspace, Beilage zu CR 12/1999

ders./Stang, Felix: Die Bildersuche im Internet aus urheberrechtlicher Sicht, CR 2008, 499

Leitzen, Werner/Intveen, Michael: IT-Beschaffungsverträge der öffentlichen Hand, CR 2001, 493

Lejeune, Matthias: Rechtsprobleme bei der Lizenzierung von Open Source Software nach GNU GPL, ITRB 2003, 10

Lement, Cornelis: Haftung von Internet-Auktionshäusern, GRUR 2005, 210

Lenckner, Theodor/Winkelbauer, Wolfgang: Computerkriminalität – Möglichkeiten und Grenzen des 2. WiKG (1), CR 1986, 483

Lensdorf, Lars: Aspekte der Software-Hinterlegung, CR 2000, 80

ders: DerEVB-IT Systemvertrag – was lange währt, wird endlich gut?, CR 2008, 1

Lenhard, Frank: Vertragstypologie von Softwareüberlassungsverträgen, München 2006

Lepperhoff, Niels/Petersdorf, Björn: Datenschutz bei Webstatistiken, DuD 2008, 266

Lesshaft, Karl/Ulmer, Detlef: Softwarefehler und Gewährleistung, CR 1988, 813

dies.: Urheberschutz von Computerprogrammen nach der Europäischen Richtlinie, CR 1991, 519

Lettl, Tobias: Rechtsfragen des Direktmarketings per Telefon und e-mail, GRUR 2002, 977

Leupold, Andres/Glossner, Silke (Hrsg.): IT-Recht (Münchener Anwaltshandbuch), 2. Aufl., München 2011

Lewinski, Kai v.: Privacy Policies: Unterrichtung und Einwilligung im Internet, DuD 2002, 395

Libertus, Michael/Schneider, Axel: Die Anbieterhaftung bei internetspezifischen Kommunikations-plattformen, CR 2006, 626

Lienhard, Ulrich: Missbräuchliche Internet-Dialer – eine unbestellte Dienstleistung, NJW 2003, 3593

Liggesmeyer, Peter/Rothfelder, Martin/Rettelbach, Michael/Ackermann, Thomas: Qualitätssicherung software-basierter technischer Systeme – Problembereiche und Lösungsansätze, Informatik Spektrum 1998, 249

Linke, Thomas: Das Recht der Namensgleichen bei Domains, CR 2002, 271

Lober, Andreas/Weber, Olaf: Money for Nothing? Der Handel mit virtuellen Gegenständen und Charakteren, MMR 2005, 653

dies.: Den Schöpfer verklagen – Haften Betreiber virtueller Welten ihren Nutzern für virtuelle Güter, CR 2006, 837

Löhnig, Martin: Die Einbeziehung von AGB bei Internet-Geschäften, NJW 1997, 1688

Loewenheim, Ulrich: Urheberrechtlicher Schutz von Videospielen, in: FS Hubmann, S. 307 ff.

ders. (Hrsg.): Handbuch des Urheberrechts, München 2003

Lorenz, Stephan: Rücktritt, Minderung und Schadensersatz wegen Sachmängeln im neuen Kaufrecht: Was hat der Verkäufer zu vertreten?, NJW 2002, 2497

ders.: Zur Abgrenzung von Teilleistung, teilweiser Unmöglichkeit und teilweiser Schlechtleistung im neuen Schuldrecht, NJW 2003, 3097

ders.: Sachmangel und Beweislastumkehr im Verbrauchsgüterkauf – Zur Reichweite der Vermutungs-regelung in § 476 BGB, NJW 2004, 3020

ders.: Voreilige Selbstvornahme der Nacherfüllung im Kaufrecht, NJW 2005, 1321

ders.: Fünf Jahre „neues" Schuldrecht, NJW 2007, 1

Luckey, Jan: Das Schiedsgerichtsverfahren der ICANN – Lösung der Domain Disputes?, NJW 2001, 2527

Ludyga, Hannes: Ansprüche gegen die Bewertung eines Anbieters einer Online-Auktion, DuD 2008, 277

Lütcke, Jens: Fernabsatzrecht, München 2002

Mack, Holger: Sperren von Zertifikaten in der Praxis – eine Fallanalyse, DuD 2001, 464

Malzer, Hans Michael: Der Softwarevertrag, Köln 1991

Mankowski, Peter: Wie problematisch ist die Identität des Erklärenden bei E-Mails wirklich?, NJW 2002, 2822

ders.: Fernabsatzrecht: Information über das Widerrufsrecht und Widerrufsbelehrung bei Internetauf-tritten, CR 2001, 767

ders.: Für einen Anscheinsbeweis hinsichtlich der Identität des Erklärenden bei E-Mails, CR 2003, 44

ders.: Die Beweislastverteilung in „0190er"-Prozessen, CR 2004, 185

ders.: Kein eigener Vergütungsanspruch für dem Kunden unbekannte Verbindungsnetzbetreiber, NJW 2005, 3614

ders.: Das Zusammenspiel der Nacherfüllung mit den kaufmännischen Untersuchungs- und Rügeobliegenheiten, NJW 2006, 865

Marly, Jochen P.: Praxishandbuch Softwarerecht, 5. Aufl. München 2009

ders.: Zur Dekompilierung von Computerprogrammen – Das Recht in den USA und in Europa, NJW-CoR 1994, 40

ders.: Der Urheberrechtsschutz grafischer Benutzeroberflächen von Computerprogrammen, GRUR 2011, 204

Martinek, Michael/Stoffels, Markus; Wimmer-Leonhardt, Susanne (Hrsg.): Leasinghandbuch, 2. Aufl., München 2008

Masuch, Andreas: Neufassung des Musters für Widerrufsbelehrungen, BB 2005, 344

Matthes, Jens: Der Herstellerregress nach § 478 BGB in Allgemeinen Geschäftsbedingungen – ausgewählte Probleme, NJW 2002, 2505

Maultzsch, Felix: Der Ausschluss der Beweislastumkehr gem. § 476 BGB a. E., NJW 2006, 3091

Maurer, Hermann: Google – Freund oder Feind, Informatik Spektrum 30 (2007), 273

Mayen, Thomas: Geheimnisschutz im Gerichtsverfahren, AnwBl. 2002, 495

McGuire, Mary-Rose: Nutzungsrechte an Computerprogrammen in der Insolvenz, GRUR 2009, 13

Meder, Stephan: Die Kreditkartenzahlung als Anweisungsgeschäft, AcP 198 (1998), 72

Meents, Jan Geer: Ausgewählte Probleme des Fernabsatzgesetzes bei Rechtsgeschäften im Internet, CR 2000, 610

Megede, zur, Ekkehard: Bemerkungen zu Rechtsfragen im Bereich der EDV, NJW 1989, 2581

Mehrings, Josef: Computersoftware und Mängelhaftung, GRUR 1985, 189

ders.: Zum Wandlungsrecht beim Erwerb von Standardsoftware, NJW 1988, 2438

ders.: Computersoftware und Gewährleistungsrecht, NJW 1986, 1904

ders.: Vertragsschluß im Internet. Eine Herausforderung für das „alte" BGB, MMR 1998, 30

ders.: Verbraucherschutz im Cyberlaw: Zur Einbeziehung von AGB im Internet, BB 1998, 2373

ders.: Im Süd-Westen wenig Neues: BGH zum Vertragsabschluss bei Internet-Auktionen, BB 2002, 469

Meier, Klaus/Wehlau, Andreas: Produzentenhaftung des Softwareherstellers, CR 1990, 95

Melullis, Klaus-J.: Zur Patentfähigkeit von Programmen für Datenverarbeitungsanlagen, GRUR 1998, 843

Menke, Fabiano: Die elektronische Signatur im deutschen und brasilianischen Recht, Baden-Baden 2009

Merveldt, Christina Gräfin v.: Zulässigkeit langfristiger Laufzeiten für Softwareüberlassungsverträge, CR 2006, 721

Merz, Michael/Tu, Tuan/Lamersdorf, Winfried: Electronic Commerce – Technologische und organisatorische Grundlagen, Informatik Spektrum 1999, 328

Metternich, Hans-Christian: Rechtsfragen im Zusammenhang mit der elektronischen Anmeldung, GRUR 2001, 647

Metzger, Axel: Erschöpfung des urheberrechtlichen Verbreitungsrechts bei vertikalen Vertriebsbindungen, GRUR 2001, 210

ders.: Zur Zulässigkeit von CPU-Klauseln in Softwarelizenzverträgen, NJW 2003, 1994

ders.: Der neue § 651 BGB – Primat des Kaufrechts oder restriktive Auslegung?, AcP 204 (2004), 231

Meyer, Julia: Identität und virtuelle Identität natürlicher Personen im Internet, Baden-Baden 2011

Meyer, Oliver/Harland, Hanno: Haftung für softwarebezogene Fehlfunktionen technischer Geräte am Beispiel von Fahrerassistenzsystemen, CR 2007, 689

Meyer, Stephan T.: Miturheberschaft und Aktivlegitimation bei freier Software, CR 2011, 560

Michalski, Lutz/Bösert, Bernd: Vertrags- und schutzrechtliche Behandlung von Computerprogrammen, Stuttgart 1992

Micklitz, Hans-W./Reich, Norbert: Umsetzung der EG-Fernabsatzrichtlinie, BB 1999, 2093

Micklitz, Hans-W./Ebers, Martin: Der Abschluss von privaten Versicherungsverträgen im Internet: VersR 2002, 641

Micklitz, Hans-W./Tonner, Klaus: Vertriebsrecht, Baden-Baden 2002

Möller, Mirko: Das Ende der urheberrechtlichen Massenabnahmungen, NJW 2011, 2560

Möschel, Wernhard: Dogmatische Strukturen des bargeldlosen Zahlungsverkehrs, AcP 1986, 187

Moos, Flemming: Datenschutz im Internet, in: Handbuch zum Internet-Recht, herausgegeben von Detlef Kröger u. Marc A. Gimmy, Berlin/Heidelberg/New York, 2. Aufl. 2002, S. 497

ders.: Softwarelizenz-Audits, CR 2006, 797

ders./Gosche, Anna: Datenspeicherung auf Zuruf, CR 2010, 499

Moon, Ken: Internet Patents: Classification and Judification, Technology and E-Commerce Law Newsletter, IBA, Vol. 19, No. 1 (June 2001), p. 27

Morgenstern, Holger: Zuverlässigkeit von IP-Adressen-Ermittlungssoftware, CR 2011, 203

Moritz, Hans-Werner: Softwarepflegevertrag – Abschlußzwang und Schutz vor Kündigung zur Unzeit, CR 1999, 541

Moritz, Hans-Werner/Dreier, Thomas (Hrsg.): Rechts-Handbuch zum E-Commerce, 2. Aufl. Köln 2005

Moritz, Hans-Werner/Hütig, Stefan: Fortbildung des Computerrechts von 1998 bis heute, Beil. 10 zu BB 2000, H. 48, S. 2

Moritz, Hans-Werner/Tybussek, Barbara: Computersoftware. Rechtsschutz und Vertragsgestaltung, Eine systematische Darstellung nach deutschem und EG-Recht, 2. Auflage, München 1992

Müglich, Andreas: Auswirkungen des EGG auf die haftungsrechtliche Behandlung von Hyperlinks, CR 2002, 583

ders.: Datenschutzrechtliche Anforderungen an die Vertragsgestaltung beim eShop-Hosting – Anspruch, Wirklichkeit und Vollzugsdefizit, CR 2009, 479

ders./Lapp, Thomas: Mitwirkungspflichten des Auftraggebers beim IT-Systemvertrag, CR 2004, 801

Mühlberger, Sven J.: Die Haftung des Internetanschlussinhabers bei Filesharing-Konstellationen nach den Grundsätzen der Störerhaftung, GRUR 2009, 1022

Müller, Harald: Erwerb und Nutzung von Software und Datenträgern in Bibliotheken, Berlin 1990

Müller-Hengstenberg, Claus-Dieter: BVB/EVB-IT-Computersoftware, Besondere Vertragsbedingungen für die Überlassung, Erstellung und Pflege von DV-Programmen, sowie Ergänzende Vertragsbedingungen für IT-Überlassung Typ A und B und IT-Dienstleistungen, 6. Auflage, Berlin 2003

ders.: Bemerkungen zum Software-Gewährleistungsrecht, CR 1986, 441

ders.: BVB-Planung, CR 1988, 633

ders.: Vertragstypologie der Computersoftwareverträge, CR 2004, 161

ders./Krcmar, Helmut: Die Verwendung von Gattungsbegriffen in Internet-Domains, OLG Report Köln 2002, K 39

ders./Wild, Hans Jochen: Abnahme von Computerprogrammen, CR 1991, 327

ders./Kirn, Stefan: Vertragscharakter des Application Service Providing-Vertrags, NJW 2007, 2370

dies.: Die technologischen und rechtlichen Zusammenhänge der Test- und Abnahmeverfahren bei IT-Projekten, CR 2008, 755

dies.: Welche Bedeutung haben Prototyp und Pilot bzw. Prototyping- und Pilotierungsphase bei IT-Projekten?, CR 2010, 8

Müller-Piepenkötter, Roswitha: Probleme der praktischen Durchsetzung des Unternehmerpersönlichkeitsrechts im Internet, ITRB 2011, 162

Müller-ter Jung, Mario/Kremer, Sascha: Die Visualisierung von Kundeninformationen im M-Payment – Der Rahmenvertrag als Ausweg, BB 2010, 1874

Münchener Kommentar, Münchener Kommentar zum Bürgerlichen Gesetzbuch, herausgegeben von Kurz Rebmann und Franz-Jürgen Säcker Band 2 a: Schuldrecht. Allgemeiner Teil, Redakteur: Wolfgang Krüger, 2003; Band 3: Schuldrecht, Besonderer Teil I, Redakteure: Wolfgang Krüger, Harm Peter Westermann, 2004; Band 4, Schuldrecht, Besonderer Teil, Teil II, Redakteur Peter Ulmer, 3. Auflage München 1997

Münchener Kommentar, Münchener Kommentar zum Handelsgesetzbuch, herausgegeben von Karsten Schmidt, Band 4: §§ 373–406, CISG, München 2004

Münzberg, Wolfgang: Die Abhängigkeit der Vollstreckungsreife eines Zahlungstitels von der Herausgabe bestimmter Software, BB 1990, 1011

Nauroth, Dieter: Leistungsbeschreibung: Notwendiges Instrument zur Konkretisierung vertraglicher Leistungen hei Softwareverträgen, CR 1987, 153

Neumann, Heike: Anonyme Zahlungssysteme, DuD 2003, 270

Neurauter, Sebastian: Internetfernsehen Internetfernsehen & Co. – das Urheberrecht unter dem Druck des Medienwandels, GRUR 2011, 691

Nickels, Sven: Neues Bundesrecht für E-Commerce, CR 2002, 302

Niedermeier, Robert/Damm, Maximilian: Rechtliche Folgen des Cloning eines Betriebssystems, CR 1999, 737

Nieland, Holger: Störerhaftung bei Meinungsforen im Internet, NJW 2010, 1494

Niemann, Fabian/Hennrich, Thorsten: Kontrollen in den Wolken?, CR 2010, 686

Nöcker, Gregor: Urkunden und EDI-Dokumente, CR 2000, 176

Nolte, Norbert: Benchmarking in IT-Outsourcingverträgen, CR 2004, 81

ders./Hecht, Florian: Plattformverträge, ITRB 2006, 188

Nord, Jantina/Manzel, Martin: „Datenschutzerklärungen" – misslungene Erlaubnisklauseln zur Datennutzung (BGH, NJW 2010, 864), NJW 2010, 3756

Nordemann, Axel: Internet-Domains und zeichenrechtliche Kollisionen, NJW 1997, 1991

Nordemann, Jan Bernd: Störehaftung für Urheberrechtsverletzungen – Welche konkreten Prüfpflichten haben Hostprovider (Contentprovider)?, CR 2010, 653

Nordemann, Wilhelm: Bildschirmspiele – eine neue Werkart im Urheberrecht, GRUR 1981, 891

Odutola, Bayo: What's in a domain name?, IBL 1999, 38

Oechsler, Jürgen: Anwendungsprobleme des Nacherfüllungsanspruchs, NJW 2004, 1825

Ohly, Ansgar: Software und Geschäftsmethoden im Patentrecht, CR 2001, 809

ders.: Keyword Advertising auf dem Weg zurück von Luxemburg nach Paris, Wien, Karlsruhe und Den Haag, GRUR 2010, 776

Omsels, Hermann-Josef: Die Kennzeichenrechte im Internet, GRUR 1997, 328

Orthwein, Matthias/Bernhard, Jens: Mangelhaftigkeit von Software aufgrund Gesetzesänderung?, CR 2009, 354

Osterloh-Konrad, Christine: Der allgemeine vorbereitende Informationsanspruch, München 2007

dies.: „Quelle" und die Folgen: kein Nutzungsersatz bei Ersatzlieferung, CR 2008, 545

Ott, Stephan: Verlinkung notwendiger Preisangaben, ITRB 2005, 64

Paefgen, Thomas Christian: Bildschirmtext aus zivilrechtlicher Sicht, Weinheim/Basel/Cambridge/ New York 1988

Palandt (Bearbeiter), Kommentar Bürgerliches Gesetzbuch, bearbeitet von Peter Bassenge, Gerd Brudermüller, Uwe Diederichsen, Jürgen Ellenberger, Christian Grüneberg, Hartwig Sprau, Karsten Thorn, Walter Weidenkaff, 70. Auflage, München 2011

Paukus, Sachar: Standards für Trusted Clouds, DuD 2011, 317

ders./Tegge, Andreas: 10 Prinzipien für sichere Softwareentwicklung, DuD 2006, 623

Pausch, Manfred: Die Sicherheit von Magnetstreifenkarten im automatischen Zahlungsverkehr, CR 1997, 174

Perrey, Elke: Das Namensrecht der Gebietskörperschaften im Internet – Umfang und Durchsetzung, CR 2002, 349

Peter, Markus: PowerSeller als Unternehmer, ITRB 2007, 18

Peter, Stephan: Verfügbarkeitsvereinbarungen beim ASP-Vertrag, CR 2005, 404

Petershagen, Jörg: Rechtsschutz gegen Negativkommentare im Bewertungsportal von Internetauktionshäusern, NJW 2008, 953

ders.: Der Schutz des eigenen Bilds vor Hyperlinks, NJW 2011, 705

Peuckert, Heribert: Sicherheit in Netzen und Systemen, DuD 1991, 393

Pfeiffer, Axel: Zur Diskussion der Softwareregelungen im Patentrecht, GRUR 2003, 581

Pfeiffer, Tim: Cyberwar gegen Cybersquatter, GRUR 2001, 92

Pichler, Rufus: Kreditkartenzahlung im Internet, NJW 1998, 3234

ders.: Rechtsnatur, Rechtsbeziehungen und zivilrechtliche Haftung beim elektronischen Zahlungsverkehr im Internet, Münster 1998

Picot, Arnold/Fiedler, Marina: Ökonomische Implikationen von Digital Rights Management für Open-Source-Software, in: Wem gehört die Information im 21. Jahrhundert?, herausgegeben von Alfred Büllesbach und Thomas Dreier, Köln 2004, S. 37

Pieper, Helmut: Richter und Sachverständiger im Zivilprozeß, ZZP 84 (1971), 1 ff.

Pilny, Karl H.: Die „Schnittstelle" zwischen Technik und Recht – Probleme bei der juristischen Beurteilung von „lnterfaces" und „Reverse engineering", DuD 1990, 442 f.

Piltz, Burghard: Der Anwendungsbereich des UN-Kaufrechts, AnwBl. 1991, 57

Plath, Kai-Uwe: Abnahme bei Individualsoftwareverträgen, ITRB 2002, 98

ders.: Nießbrauch an Software, CR 2005, 613

ders.: Pfandrechte an Software, CR 2006, 217

Pohle, Jan/Dorschel, Joachim: Entgeltnachweis und technische Prüfung, CR 2007, 153

dies.: Verantwortlichkeit und Haftung für die Nutzung von Telekommunikationsanschlüssen, CR 2007, 628

Pohle, Jan/Ammann, Thorsten: Über den Wolken... – Chancen und Risiken des Cloud Computing, CR 2009, 273

Polenz, Sven: Neues zum Subunternehmervertrag im IT-Recht, CR 2008, 685

Poll, Günter: Neue internetbasierte Nutzungsformen, GRUR 2007, 476

Pordesch, Ulrich: Elektronische Unterschrift im Zahlungsverkehr, DuD 1993, 561

Pordesch, Ulrich/Roßnagel, Alexander: Elektronische Signaturverfahren rechtsgemäß gestalten, DuD 1994, 82

Prasch, Hermann: Technische Problemlösungen mit Datenverarbeitungssystemen aus patentrechtlicher Sicht, CR 1987, 337

Pres, Andreas: Gestaltungsformen urheberrechtlicher Softwarelizenzverträge, Köln 1994

Probandt, Wolfgang: Zivilrechtliche Probleme des Bildschirmtextes, UFITA 98 (1984), 9

Prütting, Hanns/Wegen, Gerhard; Weinreich, Gerd (Hrsg.): BGB, 2. Aufl., Neuwied 2007; zitiert PWW-Bearbeiter

Pszolla, Jan-Peter: Virtuelle Gegenstände als Objekte der Rechtsordnung, JurPC Web.-Dok. 17/2009

Püttner, Paul Stefan: Maschinelle Authentifizierung im Zahlungsverkehr, DuD 1987, 67

Ranke, Johannes/Fritsch, Lothar/Rossnagel, Heiko: M-Signaturen aus rechtlicher Sicht, DuD 2003, 95

Raßmann, Steffen: Elektronische Unterschrift im Zahlungsverkehr, CR 1998, 36

Raubenheimer, Andreas: Die jüngste Rechtsprechung zur Umgehung/Beseitigung eines Dongles, NJW-CoR 1996, 174

Raue, Peter; Hegemann, Jan: Münchener Anwaltshandbuch Urheber- und Medienrecht, München 2011

Rawolle, Joachim/Lassahn, Claus/Schumann, Matthias: Wege zur Absicherung eines Intranets, Informatik Spektrum 1999, 181

Recker, Wilfried: Schadensersatz statt der Leistung – oder: Mangelschaden und Mangelfolgeschaden, NJW 2002, 1247

Recknagel, Einar: Vertrag und Haftung beim Internet-Banking, München 2005

Redeker, Helmut: Die Ausübung des Zurückbehaltungsrechts im Wartungs- und Pflegevertrag, CR 1995, 385

ders.: Handel mit personenbezogenen Daten (1), CR 1989, 670

ders.: Der Abruf von Informationen im Bildschirmtextsystem als Rechtsgeschäft, DB 1986, 1057

ders.: Vertragsgestaltung für die Benutzer privater Telematikdienste, in:Telekommunikation und Wirtschaftsrecht, herausgegeben von Joachim Scherer, Köln 1988, 5, 111 ff.

ders.: Geschäftsabwicklung mit externen Rechnern im Bildschirmtextdienst, NJW 1984, 2300

ders.: Vollstreckungsfähige Titel über die Herausgabe von Programmträgern, CR 1988, 277

ders.: Vollstreckung im Softwareverletzungsprozess, in: Softwareüberlassung und Zivilprozess, herausgegeben von Michael Bartsch, Köln 1991, S. 105

ders.: Der Rechtsbegriff des Mangels beim Erwerb von Software, CR 1993, 193

ders.: Gestaltung von Subunternehmerverträgen, CR 1999, 137

ders.: Abgrenzung zwischen Werk- und Dienstvertrag, ITRB 2001, 109

ders.: Softwareerstellung im neuen Schuldrecht, ITRB 2002, 119

ders.: Change Request, ITRB 2002, 190

ders.: Provider-Verträge – ihre Einordnung in die Vertragstypen des BGB, ITRB 2003, 82

ders.: Softwareerstellung und § 651 BGB, CR 2004, 88

ders.: Eigentumsvorbehalte und Sicherungsklauseln in Softwareverträgen, ITRB 2005, 70

ders.: Allgemeine Geschäftsbedingungen und das neue Schuldrecht, CR 2006, 433

ders.: Auf ein Neues: Software in der Insolvenz des Softwarelieferanten, CR 2006, 212

ders.: Softwarelieferung durch Bereitstellung im Internet, ITRB 2008, 65

ders.: Datenschutz und Internethandel, ITRB 2009, 204

ders.: Information als eigenständiges Rechtsgut, CR 2011, 634

ders.: Haftung für Hot Spots, ITRB 2011, 186

ders. (Hrsg.): Handbuch der IT-Verträge, Loseblatt (Stand August 2011)

Reese, Nicole: Vertrauenshaft und Risikoverteilung bei qualifizierten elektronischen Signaturen, Köln/Berlin/München 2006

Rehm, Stephanie/Sassenberg, Thomas: Ansprüche gegen den Verbindungsnetzbetreiber bei nichtigen Mehrwertdienstentgelten, CR 2009, 290

Rehmann, Wolfgang A.: Substantiierungspflicht im Softwareprozess, CR 1990, 575

Reinholz, Fabian: Domainserviceverträge im Licht der BGH-Entscheidung grundke.de, ITRB 2008, 69

ders./Härting, Niko: Umlaute und Unlaute, CR 2004, 602

Renck, Andreas: Kennzeichenrechte versus Domain-Namen – Eine Analyse der Rechtsprechung, NJW 1999, 3587

Revell, Stephen: Round Table on the Year 2000, IBL Vol. 26, No. 10 (Nov. 1998), p. 468

Rihaczek, Karl: OSIS – Open shops für information services, DuD 1983, 116

ders.: Der Stand von OSIS, DuD 1985, 213

ders.: The Chipcard as 5 bill of lading, Manuskript 1985

ders.: Der elektronische Beweis – eine Lücke bei der Umsetzung von Technik zum Rechtsgebrauch, DuD 1994, 127

Rinkler, Axel: AGB-Regelungen zum Rückgriff des Unternehmers und zu Rechtsmängeln auf dem Prüfstand, ITRB 2006, 68

ders.: BGH – Vorlagebeschluss – Lizenz – bis zur Erschöpfung, ITRB 2011, 2

Röhl, Klaus F.: Fehler in Druckwerken, JZ 1979, 369

Röhrborn, Jens/Sinhart, Michael: Application Service Providing – eine juristische Einordnung und Vertragsgestaltung, CR 2001, 69

Rösler, Hannes: Zur Zahlungspflicht für heimliche Dialereinwahlen (BGH, NJW 2004, 1590), NJW 2004, 2566

Rössel, Markus: Haftung für Computerviren, ITRB 2002, 214

ders.: Patentierung von Computerprogrammen, ITRB 2002, 90

ders.: Stellvertretende Domain-Inhaberschaft des Providers, CR 2004, 754

ders.: Transparenzgebote im M-Commerce, ITRB 2006, 235

ders.: Der Dispute-Eintrag, CR 2007, 376

ders.: Filterpflichten des Providers im Lichte des EuGH, CR 2011, 589

ders.: Prioritätssicherung durch Domaintreuhand, ITRB 2007, 255

ders./Rössel, Martina: Filterpflichten des Providers, CR 2005, 809

ders./Kruse, Wilhelm: Schadensersatzhaftung be der Verletzung von Filterpflichten, CR 2008, 35

Röttinger, Moritz: Patentierbarkeit computerimplementierter Erfindungen, CR 2002, 616

Rohnke, Christian: Die Preisangabenverordnung und die Erwartungen des Internetnutzers, GRUR 2007, 381

Rombach, Wolfgang: Killer-Viren als Kopierschutz für Computerprogramme. Vertragliche und deliktische Anspruchsgrundlagen der Betroffenen. Haftungsbegrenzung, Rechtfertigung und Kausalität (1), CR 1990, 101

Rossa, Caroline Beatrix: Mißbrauch beim electronic cash. Eine zivilrechtliche Betrachtung, CR 1997, 219

Roßnagel, Alexander: Digitale Signaturen im Rechtsverkehr, NJW-CoR 1994, 96

ders.: Das Signaturgesetz nach zwei Jahren, NJW 1999, 1591

ders.: Das neue Recht elektronischer Signaturen, NJW 2001, 1817

ders.: Recht der Multimedia-Dienste. Kommentar zum IuKDG und zum MDStV, München 1999

ders.: Das De-Mail-Gesetz, NJW 2011, 1473

ders./Fischer-Dieskau, Stefanie: Elektronische Dokumente als Beweismittel, NJW 2006, 806

Roth, Birgit: Verträge zur Netznutzung – wichtige Regelungsinhalte, in:Praxis des Online-Rechts, herausgegeben von Ulrich Loewenheim und Frank A. Koch, Weinheim/NewYork/Chichester/Brisbane/Singapore/Toronto 1998, S. 57

dies.: Vertrieb von Dienstleistungen im Internet, ITRB 2002, 248

dies.: Rechtsmängelhaftung, ITRB 2003, 231

dies.: Wege zum Quellcode II, ITRB 2005, 283

dies./Haber, Marc: VPN-Verträge, ITRB 2004, 19

dies./Haber, Marc: Verträge über Server-Housing, ITRB 2007, 21

dies./Dorschel, Joachim: Das Pflichtenheft in der IT-Vertragsgestaltung, ITRB 2008, 189

Rott, Peter: Die Auswirkungen des Signaturgesetzes auf die rechtliche Behandlung von elektronischem Datenmanagement und Datenaustausch – eine Prognose, NJW-CoR 1998, 420

Rudolph, Matthias: E-Mails als Marketinginstrumente im Rahmen neuer Geschäftskontakte, CR 2010, 257

Rücker, Daniel: Notice and take down-Verfahren für die deutsche Providerhaftung?, CR 2005, 347

Ruess, Peter: „Just google it?" – Neuigkeiten und Gedanken zur Haftung der Suchmaschinenbetreiber für Markenverletzungen in Deutschland und den USA, GRUR 2007, 198

Ruland, Christoph: Vertrauenswürdigkeit und Vertraulichkeit elektronischer Dokumente, RDV 1990, 168

Runkel, Kai: Domainfreigabe bei „Cybersquatting", IPRB 2010, 229

ders.: Domainfreigabe bei „Cybersquatting" – Wettbewerbsrechtliche Ansprüche, IPRB 2010, 261

Runte, Christian: Produktaktivierung, CR 2001, 657

ders.: Vergütung für Softwarepflege bei laufender „Gewährleistung", ITRB 2003, 253

Rupp, Wolfgang: Verstößt die unbefugte Benutzung eines urheberrechtlich geschützten Computerprogramms gegen §§ 97 ff., 106 UrhG?, GRUR 1986, 147

Sachs, Michael (Hrsg.): Grundgesetz, 5. Aufl. 2009

Sahin, Ali/Haines, Alexander: Einräumung von Nutzungsrechten im gestuften Vertrieb von Standardsoftware, CR 2005, 241

Sailer, Rita: Die Schadensersatzlieferung des Verkäufers bei Schlechtlieferung und ihre Grenzen, Baden-Baden, 2003

Salje, Peter: Buchbesprechung:Kilian, Haftung für Mängel der Computer-Software, JZ 1987, 342

Samson-Himmelstjerna, Fabian v.: Haftung von Internetauktionshäusern, München 2008

Sandor, René: Eltern haften für ihre Kinder?, ITRB 2010, 9

Schack, Haimo: Die Zusicherung beim Kauf, AcP 1985, 333

ders.: Rechtsprobleme der Online-Übermittlung, GRUR 2007, 639

Schaefer, Matthias: Die Kennzeichnungspflicht der Tele- und Mediendienste im Internet, DuD 2003, 348

Schafft, Thomas: Die systematische Registrierung von Domain-Varianten, CR 2002, 434

ders.: „Reverse Auctions" im Internet, CR 2001, 393

ders.: Streitigkeiten über „eu"-Domains, GRUR 2004, 986

Scheller, Jürgen: Vertrieb und Zahlungsverkehr im Netz, in: Praxis des Online-Rechts, herausgegeben von Ulrich Loewenheim und Frank A. Koch, Weinheim/New York/Chichester/Brisbane/Singapore/ Toronto 1998, S. 199

Scherer, Joachim (Hrsg.): Telekommunikation und Wirtschaftsrecht, Zivilrecht und Vertragsgestaltung, Unlauterkeitsrecht, Kartellrecht, Fernmelderecht, Datenschutz, Europa- und Völkerrecht, mit Beiträgen von Franz Arnold, Michael Bothe, Hans-Willi Hefekäuser u. a., Köln 1988

Schieferdecker, Alexander: Die Haftung der Domainvergabestelle, Köln/Berlin/Bonn/München 2003

Schimansky, Herbert/Bunte, Hermann-Josef (Hrsg.): Bankrechts-Handbuch, München, Bd. 1:1997

Schimmer, Klaus: Bewusst sicher programmieren, DuD 2006, 616

Schirmbacher, Martin: Von der Ausnahme zur Regel: Neue Widerrufsfristen im Online-Handel?, CR 2006, 673

ders.: Vertragsgestaltung nach der Affiliate-Entscheidung, IPRB 2010, 41

ders./Ihmor, Markus: Affiliate Werbung – Geschäftsmodell, Vertragsgestaltung und Haftung, CR 2009, 245

Schlömer, Uwe; Dittrich, Jörg: eBay & Recht – Bilanz der Rechtsprechung, BB 2007, 2129

Schmidl, Michael: Softwareerstellung und § 651 BGB – ein Versöhnungsversuch, MMR 2004, 590

Schmidt, Burkhard: Zur unberechtigten Kündigung aus wichtigem Grund im Werkvertrag, NJW 1995, 1313

Schmidt, Detlef: Die Beschaffenheit der Kaufsache, BB 2005, 2763

Schmidt, Hubert: Einbeziehung von AGB im Verbraucherverkehr, NJW 2011, 1633

Schmidt, Markus/Pruß, Michael/Kast, Christian: Technische und juristische Aspekte zur Authentizität elektronischer Kommunikation, CR 2008, 267

Schmidt, Michael: Die elektronische Signatur, CR 2002, 508

Schmidt, Reimer: Rationalisierung und Privatrecht, AcP 166 (1966), 1

Schmidt-Bogatzky, Florian: Die Verwendung von Gattungsbegriffen als Internet-Domains, GRUR 2002, 941

Schmieder, Hans-Heinrich: Die Entwicklung des Markenrechts seit Ende 1997, NJW 1999, 3088

Schmitz, Heribert/Schlatmann, Arne: Digitale Verwaltung – Das Dritte Gesetz zur Änderung verwaltungsverfahrensrechtlicher Vorschriften, NVwZ 2002, 1281

Schmitz, Peter: Rückforderung von Mehrwertdienstentgelten gegen inkassierende Verbindungsnetzbetreiber, CR 2006, 170

ders./Dierking, Laura: Inhalte- und Störerverantwortlichkeit bei Telekommunikations- und Telemediendiensten, CR 2005. 420

ders./Eckhardt, Jens: Vertragsverhältnisse und CRM bei Mehrwertdiensten, CR 2006, 323

dies: Vertragsverhältnisse und Fakturierung bei Mehrwertdiensten nach dem BGH im Online- und Offline-Billing, CR 2007, 560

Schnauder, Franz: Risikozuordnung bei unbefugter Kreditkartenzahlung, NJW 2003, 849

ders.: Missbrauch von Kreditkartendaten im Mail-Order-Verfahren, OLG Report Köln 2004, 183

Schneider, Jochen: Handbuch des EDV-Rechts, 4. Aufl. Köln 2009

ders.: Neues zu Vorlage und Herausgabe des Quellcodes, CR 2003, 1

ders.: Softwareerstellung und Softwareanpassung – Wo bleibt der Dienstvertrag?, CR 2003, 317

ders.: Die Beschreibung des Vertragsgegenstandes bei Standardsoftware-Beschaffung, ITRB 2004, 41

ders.: Synchronisierung von Pflege- und Beschaffungsvertrag, ITRB 2005, 191

ders.: Verschuldensunabhängige Einstandspflicht bei IT-Leistungen, ITRB 2006, 42

ders.: Verschuldensunabhängige Einstandspflicht bei IT-Verträgen, ITRB 2006, 42

ders.: Nacherfüllung bei IT-Verträgen, ITRB 2007, 24

ders.: Mitwirkungspflichten des Auftraggebers bei der Softwareanpassung, ITRB 2008, 261

ders.: Bestimmung und Berücksichtigung der „gewöhnlichen Verwendung" bei IT-Verträgen, ITRB 2010, 241

ders./Bischof, Elke: Das neue Recht für Softwareerstellung/-anpassung, ITRB 2002, 273

ders./Günther, Andreas: Haftung für Computerviren, CR 1997, 389

ders./Hartmann, Matthias: Haftungsklauseln in CD-ROM-Nutzungsbedingungen, CR 1998, 517

ders.: Risikobereiche des Pflege-Vertrags, CR 2004, 241

ders.: „Neue" IT-Projektmethoden und „altes" Vertragsrecht, ITRB 2010, 18

Schneider, Jörg: Softwarenutzungsverträge im Spannungsfeld von Urheber- und Kartellrecht, München 1989

ders.: Vervielfältigungsvorgänge beim Einsatz von Computerprogrammen, Vorrang urheberrechtlicher Grundwertungen gegenüber technischen Zufälligkeiten, CR 1990, 503

Schneider, Michael: Message-Handling-Systeme. Im Spannungsfeld zwischen technischer, gesellschaftlicher und juristischer Evolution (II), CR 1988, 868

Schnupp, Peter: Von virtuellen Wahrheiten, NJW-CoR 1999, 217

Schölch, Günther: Softwarepatente ohne Grenzen, GRUR 2001, 16

ders.: Patentschutz für computergestützte Erfindungen – ein Kulturbruch, GRUR 2006, 969

Schön, Wolfgang: Prinzipien des bargeldlosen Zahlungsverkehrs, AcP 198 (1998), 401

Schönberger, Katja: Der Schutz des Namens von Gerichten gegen die Verwendung als oder in Domain-Namen, GRUR 2002, 478

Schoengarth, Anita: Application Service Providing, Köln 2005

Schöniger, Franz-Josef: Patentfähigkeit von Software, CR 1997, 598

Scholz, Matthias/Haines, Alexander: Hardwarebezogene Verwendungsbeschränkungen in Standardverträgen zur Überlassung von Software, CR 2003, 393

Schramm, Marc: Pflicht zur Anbieterkennzeichnung, DuD 2004, 472

Schreibauer, Marcus/Taraschke, Klaus: Service Level Agreements für Softwarepflegeverträge, CR 2003, 557

Schricker, Gerhard (Hrsg.): Urheberrecht. Kommentar, München 3. Aufl. 2006

Schröder, Detlef/Mütter, Günter: Potentiale und Hürden des Electronic Commerce, Informatik Spektrum 1999, 252

Schubert, Werner: Klageantrag und Streitgegenstand bei Unterlassungsklagen, ZZP 1985, 29

Schützle, Kai: Fernabsatzrechtliche Informationsverstöße immer „spürbar", CR 2009, 443

Schulte, Martin; Schröder, Rainer (Hrsg.): Handbuch des Technikrechts, Heidelberg/Berlin 2. Aufl. 2011

Schulz, Sönke E.: Datenschutz beim E-Postbrief, DuD 2011, 263

Schulz, Carsten/Rosenkranz, Timo: Cloud Computing – Bedarfsorientierte Nutzung von IT-Ressourcen, ITRB 2009, 232

Schulz, Wolfgang: Von der Medienfreiheit zum Grundrechtsschutz für Intermediäre?, CR 2008, 470

Schulze, Gernot: Urheberrechtsschutz von Computerprogrammen – geklärte Rechtsfrage oder bloße Illusion?, GRUR 1985, 997

ders.: Beweislast und Bestimmtheitsgebot im Software-Verletzungsprozeß, CR 1986, 779

Schumacher, Dirk: Wirksamkeit von typischen Klauseln in Softwareüberlassungsverträgen, CR 2000, 641

Schumacher, Stephan: Digitale Signaturen in Deutschland, Europa und den U.S.A. – Ein Problem, zwei Kontinente, drei Lösungen, CR 1998, 758

Schumacher, Ulrich: Schuldrechtsreform: Neuregelungen im AGB-Recht, MDR 2002, 973

Schumacher, Volker N.: Die Gestaltung von IP-VPN-Verträgen, CR 2006, 229

Schuppert, Stefan/Greissinger, Christian: Gebrauchthandel mit Softwarelizenzen, CR 2005, 81

Schuster, Fabian: Grundsatzfragen des TK-Vertragsrechts, CR 2005, 730

ders.: Der Telekommunikationsvertrag (Festnetz, Internet, Mobilfunk), CR 2006, 444

ders.: Die Störerhaftung von Suchmaschinen bei Textausschnitten („Snippets"), CR 2007, 441

ders.: Rechtsnatur der Servicel Level bei IT-Verträgen, CR 2009, 205

ders.: Haftung, Aufwendungsersatz und Rückabwicklung bei IT-Verträgen, CR 2011, 215

ders./Reichl, Wolfgang: Cloud Computing & SaaS: Wo sind wirklich neuen Fragen?, CR 2010, 38

Schwamb, Thomas: Haftungsausschlüsse bei EDV-Miete. Gleichzeitig Anmerkung zu dem Urteil des LG Essen, CR 1987, 428, CR 1987, 500

Schwartmann, Rolf (Hrsg.): Praxishandbuch Medien-, IT- und Urheberrecht, 2. Aufl., Heidelberg/München/Landsberg, Frechen, Hamburg 2011

Schwarz, Mathias/Reschel-Mehner, Andreas (Hrsg.): Recht im Internet, Frankfurt, Loseblatt (Stand 29. Lieferung, 2010)

Schwarze, Jochen/Schwarze, Stephan: Electronic Commerce.Grundlagen und praktische Umsetzung, Hemer/Berlin 2002

Schweinoch, Martin: Geänderte Vertragstypen in Softwareprojekten, CR 2010, 1

ders. /*Roas, Rudolf:* Paradigmenwechsel für Projekte: Vertragstypologie der Neuerstellung von Individualsoftware, CR 2004, 326

Schwintowski, Hans Peter/Schäfer, Frank A.: Bankrecht, 1997

Seffer, Adi: Gestaltung von Softwarelizenzverträgen, ITRB 2002, 244

Seffer, Adi/Horter, Carsten: Nebenleistungspflichten des Erstellers von Individualsoftware, ITRB 2005, 169

Eidel, Janine/Nink, Judith: Personensuchmaschinen, CR 2009, 666

Sester, Peter: Open-Source-Software: Vertragsrecht, Haftungsrisiken und IPR-Fragen, CR 2000, 797

ders.: Vertragsschluss und Verbraucherschutz beim Einsatz von Software-Agenten, Informatik-Spektrum 2004, 311

ders./Mutschler, Sibylle; Neue Kooperationen und rechtliche Entwicklungen im Kampf gegen Spam, Informatik Spektrum 2006, 14

Sieber, Ulrich: Bilanz eines „Musterverfahrens". Zum rechtskräftigen Abschluß des Verfahrens BGHZ 94, 276 (Inkassoprogramm), CR 1986, 699

Siegel, Volker: Software Escrow, CR 2003, 941

Simitis (Hrsg.): Bundesdatenschutzgesetz, Baden-Baden, 7. Aufl. 2011

Singer, Margarete/Stauder, Dieter: Europäisches Patentübereinkommen, 4. Aufl., Köln/Berlin/München 2007

Sneed, Harry M./Jungmayr, Stefan: Produkt- und Prozessmetriken für den Softwaretest, Informatik Spektrum 2006, 23

Sobola, Sabine: Homepage, Domainname, Meta-Tags – Rechtsanwaltswerbung im Internet, NJW 2001, 1113

dies.: Preisangaben bei Geschäften im Internet, ITRB 2009, 165

dies.: Haftungs- und Gewährleistungsregelungen in Open Source Software-Lizenzbedingungen, ITRB 2011, 168

dies./Kohl, Kathrin: Haftung von Providern für fremde Inhalte, CR 2005, 443

Sodtalbers, Axel: Softwarehaftung im Internet, Frankfurt a. M. 2006

Söbbing, Thomas: Backuplizenz vs. Sicherheitskopie, ITRB 2007, 50

ders.: Service Level Agreements, ITRB 2004, 257

ders.: Rechtsfragen bei der Softwareentwicklung nach dem Prototyping-Verfahren, ITRB 2008, 212

ders.: Handbuch IT-Outsourcing, 3. Aufl., Heidelberg 2006

ders.: F&E – Vertragsgestaltung in der Informationstechnologie, ITRB 2009, 260

ders.: Auswirkungen der BDSG-Novelle II auf Outsourcingprojekte, ITRB 2010, 36

Söder, Stefan: Schutzhüllenverträge und Shrink-Wrap Licens,Wirksamkeit nachgeschobener Herstellervereinbarungen im Massenmarkt für digitale Information in Deutschland und denn USA, München 2006

Sorge, Christoph: Zum Stand der Technik in der WLAN-Sicherheit, CR 2011, 273

Speichert, Horst: Praxis des IT-Rechts, Wiesbaden 2004

Spindler, Gerald: Das Jahr 2000-Problem in der Produkthaftung: Pflichten der Hersteller und Softwarenutzer, NJW 1999, 3737

ders.: Inhaltskontrolle von Internet-Provider-Verträgen – Grundsatzfragen, BB 1999, 2037

ders.: Haftungsklauseln in Provider-Verträgen. Probleme der Inhaltskontrolle, CR 1999, 626

ders. (Hrsg.): Vertragsrecht der Internet-Provider, 2. Aufl., Köln 2004

ders.: Das Gesetz zum elektronischen Geschäftsverkehr – Verantwortlichkeit der Diensteanbieter und Herkunftslandprinzip, NJW 2002, 921

ders.: Herkunftslandprinzip und „Rear to the Bottom", in: Ladeur (Hrsg.): Innovationsoffene Regulierung des Internet, Baden-Baden 2003, S. 227

ders.: Hyperlinks und ausländische Glücksspiele – Karlsruhe locuta causa finita, GRUR 2004, 724

ders.: IT-Sicherheit und Produkthaftung – Sicherheitslücken, Pflichten der Hersteller und der Softwarenutzer, NJW 2004, 3145

ders.: Haftungsrisiko und Beweislast bei ec-Karten, BB 2004, 2766

ders.: Neues im Vertragsrecht der Internet-Provider, CR 2004, 203

ders.: Ausgewählte urheberrechtliche Probleme von Open Source Software unter GPL, in: Wem gehört die Information im 21. Jahrhundert?, herausgegeben von Alfred Büllesbach und Thomas Dreier, Köln 2004, S. 115

ders.: Der Handel mit Gebrauchtsoftware – Erschöpfunggrundsatz quo vadis?, CR 2008, 69 *ders.*: Bildersuchmaschinen, Schranken und konkludente Einwilligung im Urheberrecht, GRUR 2010, 785

ders.: Haftung für private WLAN's im Delikts- und Urheberrecht, CR 2010, 592

ders.: Präzisierung der Störerhaftung im Internet – Besprechung des BGH-Urteils „Kinderhochstühle im Internet", GRUR 2011, 101

ders.: Präzisierungen der Störerhaftung im Internet – Besprechung des BGH-Urteils „Kinderhochstühle im Internet", GRUR 2011, 101

ders./Volkmann, Christian: Störerhaftung für wettbewerbswidrig genutzte Mehrwertdienste- Rufnummern und Domains, NJW 2004, 808

ders./Klöhn, Lars: Fehlerhafte Informationen und Software – Die Auswirkungen der Schuld- und Schadensrechtsreform, Teil II:Deliktische Haftung, VersR 2003, 410

ders./Prill, Aileen: Keyword Advertising – eine europäische Rechtsprechungslinie beginnt, CR 2010, 303

ders./Wiebe, Andreas: Open Source Vertrieb, CR 2003, 873

dies. (Hrsg.): Internet-Auktionen und Elektronische Marktplätze, 2. Aufl., Köln 2005

Splittgerber, Andreas/Rockstroh, Sebastian: Sicher durch die Cloud navigieren – Vertragsgestaltung beim Cloud Computing, BB 2011, 2179

Sponeck, Henning: Beweiswert von Computerausdrücken, CR 1991, 269

Stadler, Andreas: Garantien in IT-Verträgen nach der Schuldrechtsmodernisierung, CR 2006, 77

Stadler, Thomas: Haftung für Informationen im Internet, Berlin 2002

ders.: Die Haftung des Admin-C und des Tech-C, CR 2004, 521

Staudinger: Kommentar zum Bürgerlichen Gesetzbuch,
Einleitung zum Schuldrecht; §§ 241–243, bearbeitet von Dirk Looschelders, Dirk Olzen, Gottfried Schiemann, Redaktor: Michael Martinek, Berlin 2009
§§ 255–304, bearbeitet von Claudia Bittner, Georg Caspers, Cornelia Feldmann, Manfred Löwisch, Hansjörg Otto, Roland Schwarze; Redaktor: Manfred Löwisch, Berlin 2009
§§ 305–310; UklaG, bearbeitet von Michael Coester, Dagmar Coester-Waltjen, Peter Schlosser, Redaktor: Michael Martinek, Berlin 2006
§§ 311, 311 a, 312, 312a-f, bearbeitet von Manfred Löwisch, Gregor Thüsing; Redaktor: Dieter Reuter, Berlin 2005
§§ 315–326, bearbeitet von Hansjörg Otto, Volker Rieble, Roland Schwarze; Redaktor: Manfred Löwisch, Berlin 2009
§§ 433–487; Leasing, bearbeitet von Roland Michael Beckmann, Peter Mader, Michael Martinek; Annemarie Matusche-Beckmann; Markus Stoffels; Redaktur: Michael Martinek, Berlin 2004
§§ 535–562 d, HeizkostenV; BetrKV), bearbeitet von Volker Emmerich, Christian Rolfs, Birgit Weitemeyer; Redaktor: Dieter Reuter, Berlin 2011
§§ 611–613, bearbeitet von Philpp S. Fischinger, Reinhard Richardi, Redaktor: Dieter Reuter, Berlin 2011
§§ 631 – 651, bearbeitet von Florian Jacoby, Frank Peters; Redaktor: Dieter Reuter, Berlin 2008
§§ 812 – 822, bearbeitet von Stephan Lorenz; Redaktor: Norbert Horn, Berlin 2007

Staudinger, Ansgar/Schmidt-Bendun, Rüdiger: Kein Ausschluss des Widerrufsrechts des Verbrauchers im Rahmen einer Internetauktion – eBay, BB 2005, 732

Sternel, Friedemann: Mietrecht, 3. Auflage, Köln 1988

Stiemerling, Oliver: Software Usability, ITRB 2011, 154

Stickelbrock, Barbara: „Impressumspflicht" im Internet – eine kritische Analyse der neueren Rechtsprechung zur Anbieterkennzeichnung nach § 6 TDG, GRUR 2004, 111

Stockmar, Kendra/Wittwer, Alexander: Die Pflicht zur Empfangsbestätigung von elektronischen Bestellungen im Spiegel der Rechtsprechung, CR 2005, 118

Stöber, Michael: Der Gerichtsstand des Erfüllungsorts nach Rücktritt des Käufers vom Kaufvertrag, NJW 2006, 2661

Stögmüller, Thomas: Vertraulichkeit und Integrität informationstechnischer Systeme in Unternehmen, CR 2008, 435

Störmer, Werner: Elektronische Kartensysteme, Heidelberg 1997

Stopp, Ulrich: Die Systematik der Haftungsregeln in §§ 8–11 TDG und ihre prozessuale Bedeutung, ITRB 2005, 186

Stratmann, Holger: Internet domain names oder der Schutz von Namen, Firmenbezeichnungen und Marken gegen die Benutzung durch Dritte als Internet-Adresse, BB 1997, 689

Streitz, Siegfried: Beweisführung, NJW-CoR 1996, 309

Sutschet, Holger: Haftung für anfängliches Unvermögen, NJW 2005, 1404

Swoboda, Michael: Der Btx-Staatsvertrag und zivilrechtlichen Aspekte bei Bildschirmtextanwendungen, Manuskript, Vortrag auf dem Btx-Kongress Berlin, 30. November 1983

Syndikus, Bernhard: Computerspiele und Urheberrecht, CR 1988, 819

Sczesny, Michael/Holthusen, Christoph: Aktuelles zur Unternehmereigenschaft im Rahmen von Internet-Auktionen, NJW 2007, 2586

Taeger, Jürgen: Außervertragliche Haftung für fehlerhafte Computerprogramme, Tübingen 1995

Taschner, Hans Claudius/Fritsch, Edwin: Produkthaftungsgesetz und EG – Produkthaftungsrichtlinie, 2. Aufl., München 1990

Tauchert, Wolfgang: Zur Patentierbarkeit von Programmen für Datenverarbeitungsanlagen, GRUR 1999, 965

ders.: Zur Beurteilung des technischen Charakters um Patentanmeldungen aus dem Bereich der Datenverarbeitung unter Berücksichtigung der bisherigen Rechtsprechung, GRUR 1997, 149

ders.: Patentschutz für Computerprogramme – Sachstand und neue Entwicklungen, GRUR 1999, 829

Tellis, Nikolaus: Gewährleistungsansprüche bei Sachmängeln von Anwendersoftware, BB 1990, 500

Tempel, Otto: Der Bauprozeß, JuS 1979, 492

Thalmair, Peter: Kunden-Online-Postfächer: Zugang von Willenserklärungen und Textform, NJW 2011, 14

Thamm, Michael: Die Mängelrüge nach Gesetz, Rechtsprechung und AGB-Praxis, BB 1994, 2224

Thot, Norman B./Gimmy, Marc A.: Vertragsschluss im Internet, in: Handbuch zum Internet-Recht, herausgegeben von Detlef Kröger u. Marc A. Gimmy, Berlin/Heidelberg/New York, 2. Aufl. 2002, S. 3

Thürmann, Dagmar: Der Ersatzanspruch des Käufers für Aus- und Einbaukosten einer mangelhaften Kaufsache, NJW 2006, 3457

Tiedtke, Klaus/Schmitt, Marco: Der Anwendungsbereich des kaufrechtlichen Schadensersatzes statt der Leistung nach §§ 437 Nr. 3, 280 Abs. 1 u, 3, 281 Abs. 1 BGB, BB 2005, 616

Tiling, Johann: Software-Güteprüfung und Rechtsproblematik, CR 1987, 80

Tilmann, Winfried/Schreibauer, Marcus: Die neueste BGH-Rechtsprechung zum Besichtigungsanspruch nach § 809 BGB, GRUR 2002, 1015

Towle, Holly/Bruggemann, Alan: Service Level Agreements, CRInt 2002, 75

Tröndle, Herbert/Fischer, Thomas: Strafgesetzbuch und Nebengesetze, 54. Aufl., München 2007

Ubber, Thomas: BB-Kommentar (zu BGH, shell.de), BB 2002, 1167

ders.: Markenrecht im Internet, Heidelberg 2002

Ufer, Frederic: Netzneutralität im Spannungsfeld zwischen Wettbewerb und Regulierung, CR 2010, 634

Ulbricht, Johannes: Unterhaltungssoftware: Urheberrechtliche Bindungen bei Projekt- und Publishingverträgen, CR 2002, 317

Ullmann, Eike: Sachverhalt und Beweisbeschluss zur Urheberrechtsschutzfähigkeit von Software, in: Softwareüberlassung und Zivilprozess, herausgegeben von Michael Bartsch, Köln 1991, S. 96

ders.: Die Störerhaftung im Internet, in: Hoffmann/Leible/Sosnitza (Hrsg.): Vertrag und Haftung im E-Commerce, 2006, S. 121

ders.: Wer sucht, der findet Kennzeichenverletzung im Internet, GRUR 2007, 633

Ullrich, Hanns/Lejeune, Mathias (Hrsg.): Der internationale Softwarevertrag nach deutschem und ausländischem Recht, 2. Aufl., Frankfurt a. M. 2006

Ulmer, Detlef: Der Bundesgerichtshof und der moderne Vertragstyp „Softwareüberlassung", CR 2000, 493

ders.: Der Anspruch auf Rückgewähr eines Computerprogramms, ITRB 2003, 276

ders.: Darlegungslast im Prozess um Urheberrecht an Software, ITRB 2006, 63

ders.: Online-Bezug von Software, ITRB 2007, 68

ders./Hoppen, Peter: Was ist das Werkstück des Software-Objektcodes?, CR 2008, 681

Ulmer, Peter/Brandner, Hans Erich/Hensen, Horst-Dieter: AGB-Gesetz, 11. Aufl., Köln 2011

Ulrich, Jürgen: Grundzüge des selbständigen Beweisverfahrens im Zivilprozess, AnwBl. 2003, Teil 1: 26, Teil 2: 78, Teil 3: 144

Ulrici, Bernhard: Zum Vertragsschluss bei Internet-Auktionen, NJW 2001, 1112

Ultsch, Michael L.: Zugangsprobleme bei elektonischen Willenserklärungen, NJW 1997, 3007

Vander, Sascha: Urheberrechtliche Implikationen des EDV-Leasings – „Rental Rights" im Blickpunkt, CR 2011, 77

Varadinek, Brigitta: Trefferlisten im Internet als Werbeplatz für Wettbewerber, GRUR 2000, 279

Vehsage, Thorsten: Entwurf eines Fernabsatzgesetzes, DuD 1999, 639

Vianello, Mirko: Abruf und Aufzeichnung von Video- und Audiostreams zum privaten Gebrauch, CR 2010, 728

Vogl, Thorsten: Vertragsschluss im Internet-Handel, ITRB 2005, 145

Vogt, Stefan: Die Entwicklung des Wettbewerbsrechts in den Jahren 1997–1999, NJW 1999, 3601

Voigt, Paul/Heilmann, Stefan: Hinweise zur rechtssicheren Ausgestaltung gewerblicher Warenangebote bei eBay, ITRB 2010, 107

Volkmann, Christian: Haftung für fremde Inhalte: Unterlassungs- und Beseitigungsansprüche gegen Hyperlinksetzer im Urheberrecht, GRUR 2005, 200

Waas, Bernd: Verjährungsunterbrechung von Gewährleistungsansprüchen bei erfolglosen Nachbesserungsversuchen des Schuldners, BB 1999, 2472

Waechter, Michael: Die „komplementäre" Nutzung von Standardsoftware bei Inanspruchnahme von Rechenzentrumsleistungen, NJW-CoR 1999, 292

Wagner, Edgar: Datenschutz bei Kundenkarten, DuD 2010, 30

Waldenberger, Arthur: Grenzen des Verbraucherschutzes beim Abschluß von Verträgen im Internet, BB 1996, 2365

Waltl, Peter: Der mehrfache Nachbesserungsversuch, CR 1998, 449

ders.: Elektronischer Geschäftsverkehr und EDI, in: Praxis des Online- Rechts, herausgegeben von Ulrich Loewenheim und Frank A. Koch, Weinheim/New York/Chichester/Brisbane/Singapore/Toronto 1998, S. 179

Wandtke, Artur-Axel/Bullinger, Winfried (Hrsg.): Praxiskommentar zum Urheberrecht, 2. Auflage, München 2006

Weber, Caroline: Zahlungsverfahren im Internet, Köln 2002

Weckbach, Susanne: Der Anspruch auf Löschung und Übertragung von Domains, Baden-Baden 2011

Weis, Rüdiger/Lucks, Stefan/Geyer, Werner: Stand der Faktorisierungsforschung, DuD 2000, 150

Weis, Ruediger/Lucks, Stefan/Bogk, Andreas: Sicherheit von 1024 bit RSA-Schlüsseln gefährdet, DuD 2003, 360

Welp, Kai: Die Auskunftspflicht von Access-Providern nach dem Urheberrechtsgesetz, München 2009

Werner, Stefan: Rechtsprobleme im elektronischen Zahlungsverkehr, Beil. Nr. 12 zu BB 1999, S. 21

ders.: Geldverkehr im Internet, Heidelberg 2002

ders.: Mailorderverfahren: Verschuldensunabhängige Rückbelastungsklausel in AGB von Kreditkartenunternehmen ist unwirksam, BB 2002, 1382

Werner, Ulrich/Pastor, Walter: Der Bauprozeß, Prozessuale und materielle Probleme des zivilen Bauprozesses, 11. Aufl., Düsseldorf 2005

Westphalen, Friedrich Graf von: Allgemeine Verkaufsbedingungen, München 1990

ders.: Allgemeine Einkaufsbedingungen nach neuem Recht, 3. Aufl., München 2002

ders.: Das neue Produkthaftungsgesetz, NJW 1990, 83

ders.: Rechtsprobleme des Computerleasing, CR 1987, 477

ders.: Der Software-Entwicklungsvertrag – Vertragstyp – Risikobegrenzung, CR 2000, 73

ders.: AGB-Recht im BGB – eine erste Bestandsaufnahme, NJW 2002, 12

ders.: Die Entwicklung des AGB-Rechts im Jahr 2001, NJW 2002, 1688

ders. (Hrsg.): Vertragsrecht und AGB-Klauselwerke, Loseblatt (Stand: Januar 2002)

Westphalen, Friedrich Graf von/Seidel Ulrich: Aktuelle Rechtsfragen der Software-Vertrags- und Rechtspraxis, 2. Auflage, Köln 1989

Westphalen, Friedrich Graf von/Langheid, Theo/Streitz, Siegfried: Der Jahr 2000 Fehler, Köln 1999

Weyer, Wolfgang: Wartung gekaufter Informationstechnikprodukte, CR 1988, 711

Wichard, Johannes Christian: Domain-Names-Streitbeilegung durch das WIPO Arbitration and Mediation Center, Beil. Nr. 7 zu BB 46/2002, S. 13

Wiebe, Andreas: Rechtsschutz für Software in den neunziger Jahren, BB 1993, 1094

ders.: Vertragsschluss durch elektronische Agenten, in: Hoffmann/Leible/Sosnitza (Hrsg.): Vertrag und Haftung im E-Commerce, 2006, S. 29

ders.: Softwarepatente und Open Source, CR 2004, 881

ders.: Vertrauensschutz und geistiges Eigentum am Beispiel der Suchmaschinen, GRUR 2011, 888

ders./Heidinger, Roman: Ende der Technizitätsdebatte zu programmbezogenen Lehren, GRUR 2006, 177

Wielsch, Dan: Die Zugangsregeln der Intermediäre: Prozedualisierung von Schutzrechten, GRUR 2011, 665

Wilmer, Thomas: Rechtliche Probleme der Online-Auktionen, NJW-CoR 2000, 94

ders.: Überspannte Prüfpflichten für Host-Provider, NJW 2008, 1845

Wimmers, Jörg/Schulz, Carsten: Stört der Admin-C?, CR 2006, 754

dies.: Wer nutzt – Zur Abgrenzung zwischen Werknutzer und technischem Vermittler im Urheberrecht, CR 2008, 170

Winterfeldt, Volker: Aus der Rechtsprechung des Bundespatengerichts im Jahre 2003; Teil II: Patent-recht, Gebrauchsmusterrecht und Geschmacksmusterrecht, GRUR 2004, 361

Witte, Andreas: Online-Vertrieb von Software, ITRB 2005, 86

ders.: Änderungsvorbehalte in IT-Verträgen, ITRB 2005, 237

ders.: Zur Schadensberechnung bei der Verletzung von Urheberrechten an Software, ITRB 2006, 136

ders.: AGB-Klauseln zur Vermeidung des Insolvenzrisikos bei Softwareüberlassung, ITRB 2006, 263

ders.: Agiles Programmieren und § 651 BGB, ITRB 2010, 44

ders.: Rückruf von Softwarerechten, ITRB 2011, 93

Witzel, Michaela: Gewährleistung und Haftung im Application Service Providing – Verträgen, ITRB 2002, 183

dies.: Vertragsgestaltung bei Standardsoftware im Vertrieb, ITRB 2004, 180

dies.: Organisatorische Pflichten beim Outsourcing im Bankbereich, ITRB 2006, 286

dies.: Abnahme und Abnahmekriterien im IT-Projektvertrag, ITRB 2008, 161

dies.: Projektvorbereitung, ITRB 2011, 164

dies./Stern, Lena: Mitwirkungspflichten des Auftraggebers im Softwareprojekt, ITRB 2007, 167

dies.: Weiterentwicklungspflicht für Softwarehersteller, ITRB 2007, 215

Wohlgemuth, Michael: Computerwartung, München 1999

Woitke, Thomas: Das „Wie" der Anbieterkennzeichnung gemäß § 6 TDG, NJW 2003, 871

ders.: Informations- und Hinweispflichten im E-Commerce, BB 2003, 2469

Wolf, Manfred/Lindacher, Walter F./Pfeiffer, Thomas: AGB-Recht, 5. Aufl. München 2009

Wolff, Stephan: Erreichen Gutachten ihre Adressaten?, NJW 1993, 1510

Wuermeling, Ulrich/Deike, Thies: Open Source Software. Eine juristische Risikoanlage, CR 2003, 87

Wüstenberg, Dirk: Das Namensrecht der Domainnamen, GRUR 2003, 109

Wulf, Hans Markus: Serververträge und Haftung für Serverausfälle, CR 2004, 43

Zadra-Symes, Lynda: Keyword advertising and United States Trademark Law, Intellectual Property and Entertainment Law Committe Newsletter, August 2010, p. 9

Zahn, Herbert: Der kaufrechtliche Nacherfüllungsanspruch – ein trojanisches Pferd im Leasingrecht, DB 2002, 983

Zagouras, Georgios: Eltern haften für ihre Kinder? – R-Gespräche zwischen Anscheinsvollmacht, Widerruf und Wucher, NJW 2006, 2368

ders.: Mehrwertdienste und Verbraucherschutz im TKG, NJW 2007, 1914

Zahrnt, Christoph: Abschlußzwang und Laufzeit beim Softwarepflegevertrag, CR 2000, 205

ders.: Beweislast bei Fehlen, insbesondere bei Softwarefehlern, IuR 1986, 301

ders.: Erstellung von DV-Programmen – geschuldete Leistung bei Pauschalpreis, DB 1986, 157

ders.: Gewährleistung bei Überlassung von Standardprogrammen, IuR 1986, 252

ders.: Die Kreditkarte unter privatrechtlichen Gesichtspunkten, NJW 1972, 1077

ders.: Titelschutz für Software-Produkte – ein Irrtum?, BB 1996, 1570

ders.: Die Rechtsprechung zur Beweislast bei Fehlen in Standardsoftware, NJW 2002, 1531

ders.: Vollpflege von Standardsoftware, CR 2004, 408

ders.: Projektmanagement von IT-Verträgen, Heidelberg 2002

ders.: VOC, Teil 1, 2. Auflage 1982; Teil 2, 1981

Zehender, Eberhard: Funktionsweise und Einsatzmöglichkeiten elektronischer Agenten, in: Hoff-mann/Leible/Sosnitza (Hrsg.):Vertrag und Haftung im E-Commerce, 2006, S. 29

Zehentmeier, Ursula: Unaufgeforderte E-Mail-Werbung – Ein wettbewerbswidriger Boom im Inter-net, BB 2000, 940

Zekoll, Joachim/Bolt, Jan: Die Pflicht zur Vorlage von Urkunden im Zivilprozess – Amerikanische Verhältnisse in Deutschland?, NJW 2002, 3129

Zitzelsberger, Ralf/Hogen, Guido: Die Chipkarte der Deutschen Kreditwirtschaft, DuD 2002, 271

Zöller, Richard: Zivilprozessordnung, 26. Auflage, Köln 2007

Zuther, Ingo Arnd: Die Auswirkung der Rationalisierung im Rechtsverkehr auf die Abgabe und Anfechtung von Willenserklärungen, Diss., Hamburg 1968

Zwißler, Sonja: Secure Electronic Transaction – SeT, (1): DuD 1998, 711, (2): DuD 1999, 13

A. Der Schutz von Software

I. Vorbemerkung

Software als geistiges Produkt bedarf wie auch andere geistige Produkte speziellen 1
Schutzes. Technische Maßnahmen sind zwar wichtig, reichen aber nicht. Es sind daher
auch rechtliche Schutzmöglichkeiten nötig. Hierzu bieten sich verschiedene juristische
Ansätze. In der Folge sollen der urheberrechtliche (Rn. 2 ff.), patentrechtliche (Rn. 126 ff.),
markenrechtliche (Rn. 162 ff.), wettbewerbsrechtliche (Rn. 178 ff.) und strafrechtliche
Schutz (Rn. 202 ff.) erläutert werden. Hinzu kommen vertragsrechtliche Schutzmöglichkeiten (Rn. 203) sowie der spezielle Schutz von Mikrochips durch das Halbleiterschutzgesetz (Rn. 158 ff.). In weiteren Abschnitten werden sodann die Probleme der prozessualen Durchsetzung von Ansprüchen (Rn. 204 ff.) und Vollstreckungsprobleme (Rn. 271 ff.)
dargestellt.

II. Rechtliche Grundlagen

1. Urheberrecht

a) Schutzobjekte und Schutzanforderungen

Eine erste Schutzmöglichkeit bietet der **urheberrechtliche Schutz** von Software. Aus 2
§ 2 Abs. 1 Nr. 1 des UrhG ergibt sich, dass Programme für die Datenverarbeitung grundsätzlich zu den urheberrechtlich geschützten Werken zählen.

Prinzipiell ist die Software damit urheberrechtlich schutzfähig. Was im Einzelnen
geschützt ist, ist in einem besonderen Abschnitt des UrhG geregelt, der im Wesentlichen
die Übernahme einer entsprechenden EU-Richtlinie[1] darstellt.

Der **Schutzgegenstand** wird zunächst in § 69a Abs. 1 und 2 UrhG beschrieben. 3
Danach sind Computerprogramme im Sinne des UrhG Programme in jeder Gestalt, einschließlich des Entwurfsmaterials. Programme sind dabei Folgen definierter Befehle, die
eine Maschine (Hardware) in die Lage versetzen, eine bestimmte Funktion zu erfüllen
oder eine bestimmte Aufgabe auszuführen. Dieser Begriff ist umfassend gemeint.

Damit sind sowohl das **Quellprogramm** als auch das **Objektprogramm** geschützt. 4
Daneben können auch sämtliche Vorformen, die im Rahmen der Softwareentwicklung
nicht nur gedanklich entwickelt, sondern in irgendeiner Weise festgehalten worden sind,
urheberrechtlich geschützt sein.[2] Zum **Entwurfsmaterial,** das in § 69a Abs. 1 UrhG
ausdrücklich genannt wird, gehören insbesondere Flussdiagramme und andere Dokumentationen von Vor- und Zwischenstufen. Dabei kommt es nicht darauf an, ob sie in
gedruckter, digitaler oder grafischer Form niedergelegt sind.[3] Daher sind z. B. auch Grob-
und Feinkonzept i. S. d. BVB nach § 69a Abs. 1 UrhG geschützt. Auch Lastenheft und
Pflichtenheft sind Entwurfsmaterial, egal, ob sie vom Auftraggeber oder vom Auftragnehmer erstellt werden. Dies wird oft anders gesehen und für diese Gegenstände auf den

---

[1] Richtlinie 91/250/EWG, ABl. Nr. 122 v. 17. 5. 1991, S. 42; abgedruckt z. B. CR 1991, 382 ff.
[2] *Schricker/Loewenheim,* § 69a Rn. 10.
[3] *Schricker/Loewenheim,* § 69a Rn. 5.

Schutz nach § 2 Abs. 1 Nr. 1 u. 7 UrhG verwiesen.[4] Dem kann aber nicht gefolgt werden, weil ohne solche Unterlagen Programme gar nicht geschaffen werden können und diese Materialien daher zum Entwurfsmaterial gehören. Allerdings kann es insbesondere bei allgemeinen Vorgaben an der notwendigen Schöpfungshöhe fehlen. Nicht geschützt sind reine Datensammlungen.[5] Jedenfalls geschützt sind auch vorgefertigte **Klassen** bei der **objektorientierten Programmierung.**[6] Demgegenüber sind Befehlssätze einer Programmiersprache kein Ausdruck eines konkreten Programms und daher nicht nach § 69a UrhG geschützt.[7] In Einzelfällen mögen sie freilich als Sprachwerk schutzfähig sein.

5   Völlig unerheblich ist, zu welchem Zweck die Programme eingesetzt werden. Textverarbeitungsprogramme sind ebenso geschützt wie Grafikprogramme, Betriebsprogramme oder auch Programme, die Computerspielen zugrunde liegen. Aus § 69 Abs. 2 UrhG könnte man entnehmen, dass auch Schnittstellen geschützt sein können, sind doch nur die ihnen zu Grunde liegenden Strukturen vom Schutz ausgenommen. Nach der Rechtsprechung des EuGH sind Schnittstellen auch als Ausdrucksformen des Programmes geschützt, jedoch nur, wenn ihre Vervielfältigung auch eine Vervielfältigung des Programms zur Folge hat.[8] Dies sei bei Benutzerschnittstellen nicht der Fall, so dass sie nicht schutzfähig seien.[9] Die bloße Vervielfältigung einer Schnittstelle führt freilich nie zu einer Vervielfältigung des Programms, so dass Schnittstellen nach dieser Entscheidung praktisch nie schutzfähig sein dürften. Allerdings können z. B. grafische Elemente von Schnittstellen, insbesondere von Benutzerschnittstellen, als Grafik oder in anderer Weise nach anderen Schutzregimen des UrhG geschützt sein.[10] **Benutzeroberflächen** können dabei als Sprachwerk oder als wissenschaftlich technische Darstellung geschützt sein.[11] Insbesondere bei Computerspielen,[12] aber auch z. B. bei Internetdarstellungen kommt darüber hinaus ein Schutz als Kunst- oder Filmwerk in Betracht.[13]

Bei digitalisierten Schriften ist jedenfalls das ihnen zugrundeliegende Programm geschützt, wenn es ein solches gibt.[14] Ob auch die Schriften selbst geschützt sind, hängt vom Einzelfall ab.

Auch Parametrisierungen oder Customizing-Leistungen können im Einzelfall urheberrechtlich geschützt sein.[15]

6   Einzelne **Internetpräsentationen** sollen nach der Rechtsprechung nicht als Computerprogramme geschützt sein.[16] Dies mag für Präsentationen, die rein statisch durch HTML-

---

[4] OLG Köln, CR 2005, 624; *Wandtke/Bullinger-Grützmacher*, § 69a UrhG Rn. 9.

[5] *Wandtke/Bullinger-Grützmacher*, § 69a UrhG, Rn. 16; *Jaeger/Koglin*, CR 2002, 169 (173 f.).

[6] *Wandte/Bullinger-Grützmacher*, § 69a Rn. 19.

[7] *Alpert*, CR 2003, 718.

[8] EuGH, GRUR 2011, 220; zustimmend *Marly*, GRUR 2011, 204.

[9] I. E. ebenso die h. M.: *Schricker/Loewenheim*, § 69a, Rn. 7; *Wandtke/Bullinger-Grützmacher*, § 69a UrhG, Rn. 14; *Alpert*, CR 2003, 718; *Kotthoff*, in: Heidelberger Kommentar, § 69a, Rn. 9; OLG Düsseldorf, MMR 1999, 602; *Dreier/Meyer-van Raay*, in: Schulte/Schröder (Hrsg.): Handbuch des Technikrechts, S. 821; LG Frankfurt/M., CR 2007, 424; für einen Schutz dagegen OLG Karlsruhe, CR 1994, 607 ff.; aufgegeben aber in Urt. v. 7. 4. 10, 6 U 46/09, JurPC Web-Dok. 91/2010; prinzipiell auch *Lehmann*, GRUR Int. 1991, 327 (329).

[10] EuGH, GRUR 2011, 220; dazu umfangreich *Lambrecht*, Der urheberrechtliche Schutz von Bildschirmspielen, S. 72 ff.

[11] Vgl. insoweit *Schricker/Loewenheim*, § 69a, Rn. 7; *Wandtke/Bullinger-Grützmacher*, § 69a UrhG, Rn. 14.

[12] Dazu unten Rn. 116 ff.

[13] OLG Hamm, ZUM 2004, 927.

[14] Zu platt LG Köln, NJW-RR 2000, 1150; a. A. *Wandtke/Bullinger-Grützmacher*, § 69a UrhG, Rn. 15; wie hier: *Jaeger/Koglin*, CR 2002, 169 (171 ff.).

[15] *Brandi-Dohrn*, in: Redeker (Hrsg.): Handbuch der IT-Verträge, Abschn. 1.2, Rn. 88.

[16] OLG Düsseldorf, NJW-CoR 1999, 501 (LS); *Wandtke/Bullinger-Grützmacher*, § 69a UrhG, Rn. 18; *Sodtalbers*, Softwarehaftung im Internet, Rn. 11 ff.; *Alpert*, CR 2003, 718.

Beschreibungen dargestellt werden, zutreffen, weil die HTML-Beschreibungen nur unfreie Bearbeitungen der Vorgaben für die Präsentationsgestaltungen darstellen. Die HTML-Beschreibung ist zwar ein Computerprogramm[17], es fehlt aber an der für das den urheberrechtlichen Schutz notwendigen Individualität. Möglicherweise ist die Präsentation aber als andere Werkart oder als Datenbank geschützt.[18] Falsch ist die Annahme von Grützmacher,[19] es handele sich bei diesen Beschreibungen nur um Daten. Vielmehr enthalten die Beschreibungen Anweisungen zur Herstellung einer Bildschirmdarstellung und sind daher Programme. Für Seiten, die dynamische Darstellungen enthalten und damit über reine HTML-Beschreibungen hinausgehen, ist ein Schutz der ihnen zugrunde liegenden Software als Computerprogramme gemäß § 69 a UrhG im Prinzip nicht zweifelhaft.[20]

Festzuhalten ist, dass Computerprogramme in jeder Gestalt geschützt sind. Dies gilt auch für die in Hardware integrierte Programme.

Als Sprachwerk geschützt ist auf jeden Fall **Begleitmaterial** wie Handbücher, Bedienungsanleitungen oder Wartungshandbücher. Diese unterfallen damit nicht dem speziellen Softwareschutz nach § 2 Abs. 1 Nr. 1 UrhG i. V. m. §§ 69 a ff. UrhG, sondern den allgemeinen Regeln des Schutzes von Sprachwerken. Sie können auch als wissenschaftlich technische Darstellung geschützt sein (§ 2 Abs. 1 Nr. 7 UrhG).[21]   7

Geschützt sind nach § 69 a Abs. 2 UrhG zwar alle Ausdrucksformen eines Computerprogramms, nicht jedoch **Ideen und Grundsätze,** die dem Computerprogramm zugrunde liegen.   8

Hintergrund dieser Überlegung ist, dass zum einen nicht das geschützt ist, was schon vorgegeben ist, weil es Allgemeingut oder zumindest Stand der Technik und/oder Wissenschaft ist. Zum anderen sind aber auch neue abstrakte Gedanken und Ideen nicht geschützt und zwar deswegen, weil sie im Interesse der Allgemeinheit prinzipiell frei bleiben sollen und nicht durch das Urheberrecht monopolisiert werden dürfen. Dies ist ein Grundprinzip des Urheberrechts, das in § 69 a Abs. 2 UrhG nur ausdrücklich formuliert ist.[22] Konkret heißt dies für die Computerprogramme, dass Algorithmen und Programmiersprachen insoweit nicht schutzfähig sind, als sie allgemeine Ideen enthalten. Unter Algorithmus versteht man in der Informatik eine Vorschrift, die für ein Verfahren eindeutig vorbestimmt, welche Schritte bei welchen Vorfällen durchgeführt werden müssen.[23] In diesem Sinne ist auch jedes Computerprogramm ein Algorithmus. Diese Tatsache steht seinem Schutz nicht entgegen. Nicht jeder Algorithmus scheidet aus dem Schutzbereich des § 69 a UrhG aus. Nicht schutzfähig sind nur allgemeine Algorithmen höherer Stufe, die für die Lösung bestimmter Arten von Aufgaben grundsätzlich geeignet und daher als wissenschaftliche Lehren zu behandeln sind.[24] Ihre konkrete Ausgestaltung in einem Programm kann jedoch geschützt werden. Worin die nicht schutzfähigen allgemeinen Algorithmen und worin die schutzfähigen Einzellösungen zu sehen sind, lässt sich abstrakt nicht näher definieren. Es bedarf der jeweiligen Abwägung der verschiedenen Interessen im Einzelfall.[25] Dabei kann

---

[17] *Ott,* Urheber- und wettbewerbsrechtliche Probleme, S. 248.

[18] Vgl. *Dreier,* in: Moritz/Dreier (Hrsg.): Rechts-Handbuch zum E-Commerce, Abschn. E Rn. 4.

[19] *Wandtke/Bullinger-Grützmacher,* § 69 a UrhG, Rn. 18; *Kotthoff,* in: Heidelberger Kommentar, § 69 a, Rn. 13; *Dreier/Meyer-van Raay,* in: Schulte/Schröder (Hrsg.): Handbuch des Technikrechts, S. 821.

[20] Näher *Leistner/Bettinger,* Beil. zu CR 12/1999; vgl. auch LG Düsseldorf, DuD 1999, 236.

[21] So *Schricker/Loewenheim,* § 69 a, Rn. 6; *Wandtke/Bulllinger-Grützmacher,* § 69 a UrhG, Rn. 13.

[22] *Schricker/Loewenheim,* § 69 a, Rn. 9; ausführlich *Ensthaler/Möllenkamp,* GRUR 1994, 151 ff.

[23] Näher *Horns,* GRUR 2001, 1 (7); *Lambrecht,* Der urheberrechtliche Schutz von Bildschirmspielen, S. 27 f.

[24] Ähnlich *Schricker/Loewenheim,* § 69 a Rn. 12; ausführlich *Wiebe* BB 1993, 1094 (1096); *Wandtke/Bulllinger-Grützmacher,* § 69 a, Rn. 27 ff.; ähnlich auch *Karl,* Der urheberrechtliche Schutzbereich von Computerprogrammen, S. 117 f.

[25] So auch *Lambrecht,* Der urheberrechtliche Schutz von Bildschirmspielen, S. 95 ff.

z. B. die Zusammenstellung und Anordnung an sich gemeinfreier Elemente in einem Programm als ein „Gewebe" des Werks angesehen werden.[26] Aber auch dieser Gedanke stellt allenfalls eine Argumentationshilfe dar, bildet aber kein Entscheidungskriterium.

9 Immer wieder wird allerdings in der Literatur Kritik an diesem Ansatz geübt und versucht, andere, möglichst klarere **Abgrenzungskriterien** zu finden.[27] Mit Ausnahme des Kriteriums einer Trennung von Inhalt von Form, das in der urheberrechtlichen Literatur und Rechtsprechung seit langem verwendet wird, gelingt es aber nicht, auch nur ansatzweise Kriterien für grobe Leitlinien für die Entscheidung des Einzelfalls zu erarbeiten, die in sich stimmig sind. Der sehr weitgehende Anspruch auf Freihaltung von Algorithmen, den z. B. *Ensthaler/Möllenkamp*[28] formulieren, führt – konsequent durchgehalten – dazu, dass besonders hochwertige Programme weniger geschützt werden als Alltagsprogramme, weil bei ihnen mehr ungeschützte wichtige grundsätzliche Algorithmen entstehen, die freihaltebedürftig sind. Dieses Kriterium ist daher abzulehnen. Umgekehrt kann man auch nicht jede Konzeptidee durch Urheberrecht schützen lassen, weil sonst die Entwicklung der Technik massiv behindert wird.[29] Die oben erwähnte Abgrenzung von Inhalt und Form ist – so nützlich sie im allgemeinen oft ist – im Bereich der Programmierung praktisch schwer zu treffen,[30] so dass sie auch praktisch kaum verwendbar ist. Die Abgrenzung von allgemeinen Algorithmen, die nicht schutzfähig sind und spezifischen, die geschützt werden können, ist damit letztendlich das einzig geeignete Abgrenzungskriterium im Bereich des Programmschutzes. Dieses Kriterium ist auch in § 69a Abs. 2 UrhG formuliert. Man sollte es daher heranziehen.

10 In § 69a Abs. 3 UrhG wird als weitere Schutzvoraussetzung vom Gesetz formuliert, dass Computerprogramme geschützt werden, wenn sie **individuelle Werke** in dem Sinne darstellen, dass sie das Ergebnis der eigenen geistigen Schöpfung ihres Urhebers sind. Weitere Kriterien dürfen für die Bestimmung der Schutzfähigkeit nicht angelegt werden.

Demgemäß müssen Programme zunächst einmal individuell sein, sie müssen gegenüber den bekannten Gestaltungen individuelle Eigenart aufweisen.

11 Mehr darf aber auch nicht verlangt werden. Diese sehr ungewöhnliche Formulierung des § 69a Abs. 3 UrhG ist darauf zurückzuführen, dass der BGH in seiner älteren Rechtsprechung[31] in Abweichung zu anderen Bereichen des Urheberrechts bei Programmen mehr als eine individuelle Gestaltung als Schutzvoraussetzung verlangt hat. Er formulierte nämlich, dass ein schutzfähiges Programm nur dann vorliege, wenn es in seiner Formgestaltung so ausgeprägt sei, dass es weit oberhalb des Könnens eines Durchschnittprogrammierers läge. Erst dann beginne die Schutzfähigkeit.

Diese stark einschränkende, in der Literatur weitgehend abgelehnte[32] und in der Praxis unbrauchbare Rechtsprechung sollte durch § 69a Abs. 3 UrhG, die eine entsprechende Formulierung der EG-Richtlinie übernahm, ausdrücklich abgeschafft werden. Es besteht heute Einigkeit auch darüber, dass diese zusätzlichen Anforderungen an die Software nicht mehr gestellt werden können.[33]

---

[26] So *Lambrecht*, Der urheberrechtliche Schutz von Bildschirmspielen, S. 95 f.

[27] Namentlich *Ensthaler/Möllenkamp*, GRUR 1994, 151 ff.

[28] GRUR 1994, 151 ff.

[29] Zu weitgehend *Hübner*, GRUR 1994, 883 ff.; *Pres*, Gestaltungsformen, S. 31 ff.

[30] Ebenso *Pres*, Gestaltungsformen, S. 30 f.

[31] BGHZ 94, 276 ff.; 112, 264 ff.

[32] Seinerzeit zusammengefasst bei *Haberstumpf*, in: Lehmann (Hrsg.), Rechtsschutz und Verwertung von Computerprogrammen, 1. Aufl., S. 7 (26); sehr früh schon *Bauer*, CR 1985, 5 ff.; *Schulze*, GRUR 1985, 997.

[33] So BGHZ 123, 208 (210) („Buchhaltungsprogramm"); OLG Karlsruhe, GRUR 1994, 726; OLG Düsseldorf, CR 1995, 730; CR 1997, 337 f.; OLG Karlsruhe, CR 1996, 341; OLG Celle, CR 1994, 749 f.; *Wandtke/Bullinger-Grützmacher*, § 69a, Rn. 33; *Schricker/Loewenheim*, § 69a Rn. 17; *Brandi-Dohrn*, BB 1994, 658 (659); *Wiebe*, BB 1993, 1094 (1096 f.); LG Oldenburg, GRUR 1996, 481.

Dies bedeutet, dass auch die sogenannte „**kleine Münze**" geschützt wird. Schutzfähig   12
ist alles, was nicht banal ist.[34] Man kann daher davon ausgehen, dass der Urheberrechtsschutz von Computerprogrammen die Regel und fehlende Schöpfungshöhe die Ausnahme
ist.[35] Dies bedeutet freilich umgekehrt nicht, dass bei Computerprogrammen das Schutz-
rechtsniveau niedriger liegt als bei anderen Werken.[36]

Nicht schutzfähig sind damit insbesondere kleine und kurze Programme, die jedermann in kurzer Zeit herstellen kann und an deren Vertrieb daher kaum ein ökonomisches
Interesse besteht. Normale Programme, die kommerziell vertrieben werden können, sind
in aller Regel schutzfähig.

In der Praxis hat es allerdings relativ wenige Entscheidungen gegeben, die sich mit der   13
Frage der **Schutzfähigkeit** überhaupt noch beschäftigen. Die wenigen Formulierungen in
der Entscheidung „Buchhaltungsprogramm"[37] geben als Anhaltspunkte, wann denn die
für die Schutzfähigkeit notwendige Eigenart vorliegt, nicht viel her. Allerdings geht der
BGH von einer tatsächlichen Vermutung der Schutzfähigkeit komplexer Programme aus.[38]
Die Praxis insbesondere der Instanzgerichte hat die Urheberrechtsfähigkeit der jeweils
streitbefangenen Programme oft unproblematisch angenommen. Es gibt aber auch abweichende Entscheidungen, die eine umfangreiche Darlegung der Individualität verlangen.[39]

Was das **Begleitmaterial** sowie die **Handbücher** betrifft, so muss sowohl für das   14
Begleitmaterial als auch für die Handbücher selbstständig entschieden werden, ob ein
Urheberrechtsschutz eingreift. Dabei kommt es auf die Form der Darstellung im jeweiligen Begleitmaterial bzw. im jeweiligen Handbuch an. Auf den Schutz des zugrunde
liegenden Programms kann in diesem Zusammenhang nicht zurückgegriffen werden.

b) Sonderprobleme: Software-Generatorprogramme, Programmbibliotheken

Die Weiterentwicklung der Programmiertechnik hat auch zum Einsatz von **Beschrei-**   15
bungssprachen und **Software-Generatoren** geführt.

Stellt ein Entwickler mit Hilfe einer Beschreibungssprache wie zum Beispiel UML eine
Problemstellung strukturiert dar, kann der Programmgenerator aus dieser Beschreibung
betriebsfertige Programme erzeugen. Hier kann das fertige Programm nur dann Urheberrechtsschutz erlangen, wenn die Problemdarstellung urheberrechtlich schutzfähig ist. Nur
bei ihrer Erstellung werden ja noch Menschen tätig. Nach der Problembeschreibung gibt
es keine menschlichen und damit keine urheberrechtlich relevanten Schöpfungshandlun-
gen mehr. Die urheberrechtliche Schutzfähigkeit der Problemstellung richtet sich dabei
nach den angegebenen Kriterien. Oft scheidet aufgrund der gegebenen Sondersituation
Urheberrechtsschutz aus.

Das Generatorprogramm selbst kann selbstverständlich nach den üblichen Regeln
schutzfähig sein.

In der Praxis kann es darüber hinaus so sein, dass in das vom Generator erzeugte
Programm wiederum unmittelbar von Programmierern eingegriffen wird. Dann können
diese Programmierer wiederum schöpferisch tätig werden und urheberrechtlich geschützte

---

[34] So ausdrücklich OLG Düsseldorf, *Zahrnt*, ECR OLG 254; OLG Frankfurt/Main, *Zahrnt*, ECR
OLG 266; OLG München, NJW-RR 2000, 1211; OLG Hamburg, CR 2001, 434 (435); *Karger*,
Beweisermittlung, S. 25; zur EU-Richtlinie: *Lehmann*, GRUR Int. 1991, 327 (329).

[35] *Schricker/Loewenheim*, § 69 a Rn. 19; *Lehmann*, NJW 1993, 1822; OLG Düsseldorf, CR 1997,
337; *Pres*, Gestaltungsformen, S. 27.

[36] *Haberstumpf*, in: Lehmann (Hrsg.): Rechtsschutz und Verwertung von Computerprogrammen,
S. 69 (119); **a. A.** OLG Karlsruhe, *Zahrnt*, ECR OLG 165.

[37] BGHZ 123, 208 (210) („Buchhaltungsprogramm").

[38] BGH, GRUR 2005, 560; vgl. unten Rn. 219 ff.

[39] Namentlich LG München I, CR 1998, 655; zu den Einzelheiten unten Rn. 219 ff.

Software erzeugen. Praktisch dürfte es allerdings schwierig werden, ihren Beitrag vom automatisch erzeugten Code abzugrenzen.

16   Werden im Rahmen der Programmherstellung Programme aus **Programmbibliotheken** herausgenommen und in das neu entwickelte Programm statisch eingebunden, so werden damit Programme kopiert und ggf. überarbeitet. Am Gesamtprogramm bestehen daher auch Urheberrechte derjenigen, die das Bibliotheksprogramm geschaffen haben.[40]

c) Urheberschaft

aa) Ausgangslage

17   Ist ein Computerprogramm oder auch die gesamte Software urheberrechtlich schutzfähig, stellt sich die Frage, wer eigentlich **Urheber** ist. Urheber können nach deutschem Recht nur **natürliche Personen** und keine Unternehmen sein. Dies gilt trotz § 69 b UrhG auch für Software. Das Urheberrecht als solches ist außerdem nicht übertragbar.

18   Software wird aber in aller Regel **nicht** durch **Einzelne**, sondern durch **Teams** qualifizierter Fachleute geschaffen, deren Besetzung möglicherweise im Laufe der Programmentwicklung wechselt. In der Regel arbeiten diese Teams auf vertraglicher Basis für ein Unternehmen, das die Software vertreiben oder im eigenen Betrieb einsetzen will. Dabei können einzelne Teammitglieder auch Inhaber dieses Unternehmens sein. Es dürfte aber nur selten vorkommen, dass sämtliche Programmentwickler Mitinhaber des auftraggebenden Unternehmens sind. Urheber der Software können aber in aller Regel nur die Mitglieder des Teams gemeinsam sein.

19   Das Gesetz sieht nun mehrere Formen solcher gemeinsamer Urheberschaft an einem Werk vor. Für Programmmierteams kommt in aller Regel die sogenannte **Miturheberschaft** im Sinne des § 8 UrhG in Frage. Auch diese Vorschrift ist im Rahmen des Softwarerechts anwendbar.[41] Eine solche Miturheberschaft an der gesamten Software setzt zunächst voraus, dass sich das geschaffene Werk nicht in einzelne, gesondert verwertbare Teile zerlegen lässt, die den einzelnen beteiligten Personen jeweils als Werk zugewiesen werden können, für das die jeweiligen Personen also allein einzelne Urheber sind.[42] Dies ist bei Software in aller Regel nicht der Fall, da man meist nur die gesamte Software verwerten kann und auch die einzelnen, möglicherweise abtrennbar verwertbaren Teile selten allein von einem Urheber geschaffen werden. Weiterhin wird verlangt, dass alle Urheber sich bei der Schaffung des Werks einer **Gesamtidee** unterwerfen und ihre Beiträge auf diese Gesamtidee abstimmen. Nur dann ist gewährleistet, dass das Werk im Sinne von § 8 Abs. 1 UrhG gemeinsam geschaffen wird. Auch dies ist bei der Softwareerstellung der Fall. Ohne eine solche Unterordnung der einzelnen Beiträge unter einer Gesamtidee lässt sich ein brauchbares Programm nicht erstellen. Dies gilt auch im Hinblick auf in laufenden Softwareentwicklungsprozessen hinzukommende neue Mitarbeiter in den Teams. Auch diese müssen sich in die vorgegebene Aufgabenstellung des Teams einordnen und ihre Beiträge auf die Aufgabenstellung abstellen.[43]

20   Insgesamt bleibt festzuhalten, dass bei der Erstellung von Software in der Regel Miturheberschaft aller im Laufe der Zeit der Entwicklung Beteiligten am Werk vorliegen wird.[44] Eine Schwierigkeit könnte allenfalls darin liegen, dass jeder Miturheber eine **eigene**

---

[40] Vgl. detailliert *Koch*, GRUR 2000, 191.

[41] *Schricker/Loewenheim*, § 69 a Rn. 23; ausführlich *Gennen*, ITRB 2006, 161.

[42] OLG Düsseldorf, CR 2009, 214 zu einem Computerspiel.

[43] Ebenso *Haberstumpf*, in: Lehmann (Hrsg.), Rechtsschutz und Verwertung von Computerprogrammen, S. 69 (126).

[44] *Becker/Horn*, DB 1985, 1274 (1275); *Harte-Bavendam/Wiebe*, in: Computerrechtshandbuch, Abschn. 51, Rn. 47; zur Rechtslage bei der Entwicklung von Expertensystemen *Koch/Schnupp*, CR 1989, 975 (978); vgl. auch BGHZ 123, 208 (210) („Buchhaltungsprogramm").

schöpferische Leistung erbringen muss.[45] Dies müsste bei einem Streit zwischen den Urhebern über ihre Beteiligung an der Softwareerstellung von jedem einzelnen dargelegt werden, wenn er sich auf seine eigene Urheberstellung berufen will.[46] Es kann im Einzelfall auch für den Auftraggeber bzw. Arbeitgeber von Bedeutung sein, nämlich dann, wenn er entscheiden muss, wer ihm Rechte übertragen muss, damit er die Nutzungsrechte ausüben und eventuell auch weitergeben kann und wer eventuell Urheberpersönlichkeitsrechte hat.[47] Techniken wie Wasserzeichen können im Einzelfall erleichtern, die Anteile einzelner Programmierer an der entwickelten Software zu bestimmen.[48] Dennoch wird man wegen der engen Zusammenarbeit aller Teammitarbeiter in der Regel von Miturheberschaft der Mitarbeiter im Team ausgehen können.

In diesem Falle ist es so, dass über Veröffentlichung und Verwertung des Werks **21** prinzipiell von den Urhebern gemeinsam entschieden werden muss und auch Änderungen des Werks nur mit Einwilligung aller Miturheber zulässig sind (§ 8 Abs. 2 Satz 1 UrhG). Außerdem gebühren die Erträgnisse aus der Nutzung des Werkes den Miturhebern nach dem Umfang ihrer Mitwirkung an der Schöpfung des Werks, soweit nichts anderes vereinbart ist (§ 8 Abs. 3 UrhG). Bei größeren Miturhebergemeinschaften kann zu erheblichen Komplikationen bei der Verwertung führen. Vertragliche Regelungen über Geschäftsführungsbefugnisse sind daher dringend anzuraten.[49] Darüber hinaus ist eine Konzentration der Verwertungsrechte auf einen oder nur wenige Miturheber durch Verzichtserklärungen gem. § 8 Abs. 4 UrhG möglich. Allerdings ist streitig, ob von einem solchen Verzicht auch Vergütungsansprüche erfasst sind und überhaupt erfasst werden können.[50] Im Bereich von Software ist § 69 b UrhG oft hilfreich, erfasst aber häufig nicht alle Teammitglieder.[51] Eine Auseinandersetzung der Gemeinschaft insgesamt ist nicht möglich.

Gerade im Bereich der **Open Source Software**[52] kann es – anders als in den bisher **22** betrachteten Fällen – vorkommen, dass verschiedene Programmierer weltweit einzelne Softwaremodule unabhängig voneinander entwickeln und dann zusammen in Form einer **Werkverbindung** gemäß § 9 UrhG verbreiten.[53] Darüber hinaus ist dort die Abgrenzung der **Miturheberschaft** an der im Wege eines Schneeballsystems entstandenen Software von einem **Bearbeitungsrecht** eines später hinzukommenden Entwicklers schwierig und von den Umständen des Einzelfalls abhängig.[54]

Neben dieser Miturheberschaft sind auch bei der Softwareentwicklung Fälle der **23** **Bearbeitung** denkbar, in denen der Bearbeiter das Werk unabhängig vom Originalurheber vollendet, verändert oder weiterentwickelt. Dies ist insbesondere dann der Fall, wenn komplette Teams gewechselt werden, nachdem bestimmte Abschnitte bei der Softwareentwicklung wie z. B. die Erstellung des Pflichtenheftes abgeschlossen sind.[55] Die Bearbeiter erhalten eigene Urheberrechte freilich nur, wenn auch sie eigenschöpferische Leistungen erbracht haben. Wann dies der Fall ist, kann man generell kaum

---

[45] *Schulze*, GRUR 85, 997 (1000); ausgiebig *Kolle*, GRUR 85, 1016 (1019 f.).

[46] Die Möglichkeit von Diskrepanzen bei großer Arbeitsteilung zeigt *Schulze*, GRUR 1985, 997 (1000) auf.

[47] *Kolle*, GRUR 1985, 1016 (1020).

[48] *Ulbricht*, CR 2002, 317 (319).

[49] *Gennen*, ITRB 2006, 161 (162).

[50] Näher *Gennen*, ITRB 2008, 13

[51] Dazu gleich Rn. 24 ff.

[52] Dazu unten Rn. 90 ff.

[53] *Jaeger/Metzger*, Open Source Software, Rn. 144.; a. A. *Lenhard*, Vertragstypolgie, S. 304.

[54] *Lenhard*, Vertragstypologie, S. 304 f.; *Jaeger/Metzger*, Open Source Software, Rn. 145 f.; *Spindler*, in: Büllesbach/Dreier : Wem gehört die Information im 21. Jahrhundert, S. 115 (116 ff.).; *Meyer*, CR 2011, 560

[55] Für den Fall von Expertensystemen vgl. *Koch/Schnupp*, CR 1989, 975 (978).

sagen.[56] Neben den oben genannten Beispielen kommt eine solche Bearbeitung bei Software insbesondere bei der Anpassung des Programms an konkrete Kundenumgebungen[57] oder der Einbindung von Bibliotheksprogrammen in Frage. In all diesen Fällen dürfte es so sein, dass sowohl die Ausgangsschöpfer als auch die Bearbeiter Teams sind, deren Mitglieder wieder Gesamturheber des jeweils von ihnen hergestellten Werkes sind.

Alle hier dargestellten Formen (Miturheberschaft, Bearbeitung, Werkverbindung) können bei komplexer Software, die über Jahre weiterentwickelt wurde, auch gleichzeitig vorkommen.

bb) Übertragung

24   Die bis jetzt geschilderte gesetzliche Regelung der gemeinschaftlichen Verwertungsbefugnis der Urheber entspricht im Bereich der proprietären Software, d. h. außerhalb des Bereichs der Open-Source-Software, im Ergebnis nicht der Situation in der Praxis. Da es sich bei den Teams in der aller Regel um Mitarbeiter bzw. Auftragnehmer von Firmen handelt, sollen nicht die Urheber selbst, sondern die Firmen die wirtschaftliche Rechte haben und die urheberrechtlichen Ansprüche geltend machen. Gelegentlich kommt es natürlich auch zum Streit über die Urheberstellung zwischen Firma und Auftragnehmer. In diesem Fall kann die Inhaberschaft von Rechten umstritten und von erheblicher Bedeutung sein. Ansonsten kommt es darauf an, dass die Firmen die **Verwertungsrechte** erhalten.

Dass Firmen als solche keine Urheber sein können, ist bereits ausgeführt worden.[58] Die Stellung als Urheber kann ihnen auch nicht übertragen werden. Allerdings lassen sich alle kommerziellen interessanten Nutzungsrechte auf sie übertragen. Wie und in welchem Umfang dies geschieht, ist im Einzelfall unterschiedlich zu beurteilen.

25   **aaa) Arbeitnehmer.** Ist der jeweilige Programmierer als **Arbeitnehmer** für den Auftraggeber tätig, so gilt nach § 69 b UrhG folgendes: Wird ein Computerprogramm von einem Arbeitnehmer in Wahrnehmung seiner Aufgaben oder nach den Anweisungen seines Arbeitgebers geschaffen, ist ausschließlich der **Arbeitgeber** zur **Ausübung aller vermögensrechtlichen Befugnisse** an dem Computerprogramm berechtigt. Abweichendes muss ausdrücklich vereinbart werden. Diese Regelung gilt freilich nur für die Urheberrechte an der Programmiererleistung. Soweit Urheberrechte an anderen Werkarten in Betracht kommen, was insbesondere im Bereich der Computerspiele der Fall ist, gilt die Vorschrift nicht. In diesem Bereich müssen die Rechte des Arbeitnehmers vertraglich übertragen werden, soweit hier nicht andere Vorschriften eingreifen.[59]

26   § 69 b UrhG ist anwendbar auf jeden Fall dann, wenn der Arbeitnehmer im Rahmen seiner **arbeitsvertraglichen Tätigkeit** Software erstellt. Hier gehen die Rechte auf den Arbeitgeber über. Dies gilt auch, wenn der Arbeitnehmer eigentlich nicht zur Erstellung von Software verpflichtet ist, aber im Rahmen seiner dienstlichen Tätigkeit etwa zur Erleichterung seiner Aufgaben Software geschrieben hat.[60]

---

[56] *Haberstumpf,* in: Lehmann (Hrsg.), Rechtsschutz und Verwertung von Computerprogrammen, S. 69 (143 ff.).

[57] *Haberstumpf,* in: Lehmann (Hrsg.), Rechtschutz und Verwertung von Computerprogrammen, S. 69 (148).

[58] Anders teilweise im Ausland, vgl. *Kolle,* GRUR 85, 1016 (1018).

[59] *Ulbricht,* CR 2002, 317 (318); *Karger,* CR 2001, 357 (361); *Lambrecht,* Der urheberrechtliche Schutz von Bildschirmspielen, S. 217; vgl. auch unten Rn. 122, 125.

[60] *Wandtke/Bullinger-Grützmacher,* § 69 b, Rn. 11 ff.; *Schricker/Loewenheim,* § 69 b UrhG, Rn. 6; KG, CR 1997, 612 = NZA 1997, 718 = NJW-RR 1997, 145 = Zahrnt, ECR OLG 247; i. E. ebenso LG

Was zu den Aufgaben des Arbeitnehmers gehört, ergibt sich im Einzelnen aus dem Arbeitsvertrag, aus der betrieblichen Übung, tarifvertraglichen Regelungen, dem Berufsbild und der Üblichkeit. Abstrakte Regeln kann man dazu nicht aufstellen.

Es kommt auch nicht primär darauf an, ob das Programm in der Arbeitszeit oder in der Freizeit geschaffen worden ist. Wichtig ist der Bezug zu den arbeitsvertraglichen Aufgaben.[61]

Auch Anweisungen können sich sowohl auf die Programmgestaltung als auch auf die Tatsache der Programmierung richten.

Keine Rechte erwirbt der Arbeitgeber an Programmen, die der Arbeitnehmer **vor dem**   27
Arbeitsvertrag geschaffen hat und dann dienstlich nutzt. Hier fehlt es an dem Bezug zwischen Erstellung des Programms und Arbeitsvertrag.[62]

Nicht unter § 69 b UrhG fallen auch Programme, die der Arbeitnehmer **ohne Beziehung zu seiner Arbeitstätigkeit** unter Verwendung von Arbeitsmitteln und Kenntnissen aus dem Betrieb des Arbeitgebers geschaffen hat. Es kann nur eine Andienungspflicht bestehen.[63]

Dies ergibt sich daraus, dass für den entsprechenden Fall der Arbeitnehmererfindung § 4 ArbErfG eine ausdrückliche Gleichstellung vorsieht, was aber im Bereich des Urheberschutzes von Software nicht geschehen ist. Hier gibt es auch keine gesetzgeberische Lücke.[64] Der Gesetzgeber hat offenkundig nur die Rechte an den Programmen übertragen, die in Ausübung aller arbeitsvertraglichen Pflichten entstanden sind.[65] Dafür spricht auch der Ausnahmecharakter dieser Vorschrift im Urhebergesetz. Eventuelle Probleme zwischen Arbeitnehmer und Arbeitgeber müssen vertragsrechtlich gelöst werden.

Nicht in den Bereich des § 69 b UrhG fallen auch Computerprogramme, die für **rein private Zwecke** erstellt worden sind.

Allerdings gehen die Rechte an den Programmen schon während der Durchführungen   28
der Arbeiten auf den Arbeitgeber über und nicht erst nach deren Abschluss. Auch ein Programmierer, der im Laufe eines Projekts **ausscheidet**, hat keine wirtschaftlichen Verwertungsrechte an den von ihm verwirklichten Teilen des Programms. Jede andere Auslegung ist mit Sinn und Zweck des § 69 b UrhG nicht vereinbar.[66]

Die Vorschrift des § 69 b UrhG gilt auch für Dienstverhältnisse. Gemeint sind damit   29
sämtliche öffentlich-rechtliche Dienstverhältnisse. Dazu gehören in aller Regel Beamte, Soldaten, Richter, Lehrer u. a. Für diese Berufsgruppen gelten die gleichen Regeln wie sie oben für das Arbeitsrecht geschildert worden sind.[67]

Die Vorschrift soll nach einer in der Literatur vertretenen Meinung auch für arbeitnehmerähnliche Personen gelten.[68] Sie gilt aber nicht für Organe der Gesellschaft.[69]

Arbeitgeber und Dienstherr erwerben gem. § 69 b UrhG ein **ausschließliches Recht**   30
zur Ausübung aller vermögensrechtlichen Befugnisse. Es handelt sich insoweit um eine

---

München I, CR 1997, 351, aber über eine analoge Anwendung des § 4 ArbErfG; a. A. BGH, CR 2000, 429.

[61] OLG Köln, CR 2005, 557.

[62] *Schricker/Loewenheim*, § 69 b UrhG, Rn. 8; *Wandtke/Bullinger-Grützmacher*, § 69 b UrhG, Rn. 10.

[63] *Schricker/Loewenheim*, § 69 b UrhG, Rn. 9; *Wandtke/Bullinger-Grützmacher*, § 69 b UrhG, Rn. 7; Kotthoff, in: Heidelberger Kommentar, § 69 b, Rn. 6.

[64] Teilweise **a. A.** LG München I, CR 1997, 351.

[65] So auch OLG München, CR 2000, 429 = NJW-RR 2000, 1212.

[66] *Wandtke/Bullinger-Grützmacher*, § 69 b UrhG, Rn. 10; **a. A.** zum alten Recht OLG Celle, *Zahrnt*, ECR OLG 132 m. krit. Anm. *Zahrnt*.

[67] *Wandtke/Bullinger-Grützmacher*, § 69 b UrhG, Rn. 3; Kotthoff, in: Heidelberger Kommentar, § 69 b, Rn. 3; teilweise **a. A.** lediglich für Professoren, *Schricker/Loewenheim*, § 69 b UrhG, Rn. 6.

[68] *Götting*, VersR 2001, 410; **a. A.** *Wandtke/Bullinger-Grützmacher*, § 69 b UrhG, Rn. 3.

[69] *Schmid*, ITRB 2007, 59; *Wandtke/Bullinger-Grützmacher*, § 69 b Rn. 3.

gesetzliche Lizenz. In urheberrechtlicher Terminologie erhält der Arbeitgeber ein aus dem Urheberrecht des Arbeitnehmers abgeleitetes umfassendes ausschließliches Nutzungsrecht im Hinblick auf sämtliche denkbaren Nutzungsarten. Das ausschließliche Nutzungsrecht ist sachlich, räumlich und zeitlich nicht beschränkt. Für die Anwendung der **Zweckübertragungslehre,** die eine solche Rechtsübertragung üblicherweise begrenzt, ist in diesem Zusammenhang kein Raum.[70] Insbesondere erhält der Arbeitgeber auch das Bearbeitungsrecht, er kann die Software also auch weiterentwickeln und anderen Erfordernissen anpassen. Er kann das Nutzungsrecht übertragen, weitere Nutzungsrechte einräumen usw. Diese Möglichkeiten bestehen nicht nur während, sondern auch nach Beendigung der Arbeits- und Dienstverhältnisse.

Dagegen erwirbt der Arbeitgeber nicht die urheberpersönlichkeitsrechtlichen Befugnisse, über die unten[71] noch zu sprechen sein wird. Allerdings sind auch diese urheberpersönlichkeitsrechtlichen Befugnisse dahingehend beschränkt, dass der Zweck der vollständigen Zuordnung der vermögensrechtlichen Befugnisse an den Arbeitgeber bzw. Dienstherrn durch die Urheberpersönlichkeitsrechte nicht beschränkt werden kann.

31   Die Rechtsfolgen des § 69 b UrhG können abbedungen werden. Dies ist auch konkludent möglich.[72]

32   **bbb) Freie Mitarbeiter.** Möglich ist natürlich auch, dass die Software durch **freie Mitarbeiter** erstellt wird.

33   § 69 b UrhG ist auf solche Verträge nicht anwendbar, auch wenn sie Dienstverträge sind. Allerdings dürfte sich aus den üblichen Vertragsregeln solcher Dienstverträge oft ergeben, dass wirtschaftliche Verwertungsrechte am geschaffenen Programm in gleichem Umfang übertragen werden, wie dies sich für Arbeitnehmer aus § 69 b UrhG ergibt.

Allerdings ist in diesem Zusammenhang die **Zweckübertragungslehre** nicht auszuschließen. Dies begrenzt die Übertragung insbesondere im Hinblick auf die zum Zeitpunkt der Programmerstellung nicht absehbare Nutzung. Wer also als freier Mitarbeiter Programme erstellt, die lediglich zur Eigennutzung durch den Auftraggeber gedacht sind, weil dieser zum Zeitpunkt der Programmerstellung Software nicht vertreibt und auch gar nicht beabsichtigt, diese zu vertreiben, kann dann, wenn der Auftraggeber später die Software doch vertreiben will, für die Übertragung weiterer Rechte eine Zusatzvergütung verlangen oder den Vertrieb der Software verbieten.[73] Werden Nutzungsrechte für Verwertungsformen übertragen, die im Zeitpunkt der Rechtseinräumung noch nicht absehbar waren, bedürfen der Schriftform und sind widerruflich (§ 31 a Abs. 1 S. 1, 3 UrhG). Angesichts der kurzen Verwertungszeit für Software dürfte dieser Fall in der Praxis selten auftreten.

34   Schwieriger ist die Situation dann, wenn kein Dienst- sondern ein **Werkvertrag** vorliegt, weil ein konkretes Programm geschuldet ist.[74]

In diesem Fall gilt die **Zweckübertragungstheorie** uneingeschränkt. Wird der Werkunternehmer für ein Softwarehaus tätig, das die erstellte Software vertreiben will, so ergibt sich allein aus dieser Zweckvereinbarung eine vollständige Übertragung aller Rechte einschließlich des Bearbeitungsrechts an das Softwarehaus.[75] Dem Auftragnehmer ist ja bekannt, dass das erstellte Produkt an Dritte vertrieben werden soll. Auch in dieser

---

[70] *Schricker/Loewenheim,* § 69 b UrhG, Rn. 12.

[71] Rn. 38 ff.

[72] *Schricker/Loewenheim,* § 69 b UrhG, Rn. 18.

[73] So *Wandtke/Bullinger-Grützmacher,* § 69 a UrhG, Rn. 64; zur früheren Rechtslage auch für Arbeitnehmer *Bollak,* GRUR 76, 74 (77); *Koch,* CR 1985, 96 (89); wohl auch *Kindermann,* GRUR 185, 1008 (1013).

[74] Zur Abgrenzung vgl. unten Rn. 296.

[75] Wie hier *Karger,* CR 2001, 357 (363); *Wandtke/Bullinger-Grützmacher,* § 69 a UrhG, Rn. 63 f.; **a. A.** OLG Frankfurt, *Zahrnt,* ECR OLG 195 m. abl. Anm. *Zahrnt.*

Situation ist allerdings eine ausdrückliche vertragliche Regelung sinnvoll, weil man sonst vor einer überraschenden Auslegung durch etwa entscheidende Gerichte nicht gesichert[76] ist.

Anders sieht dies möglicherweise dann aus, wenn **Individualsoftware** für reine **An-** 35 **wender** hergestellt wird. Diese haben im Rahmen des Vertrages an sich nur ein Interesse an einem einfachen Nutzungsrecht eventuell mit einer Bearbeitungserlaubnis.[77] Da sie das Programm nicht vertreiben wollen, benötigen sie kein ausschließliches Nutzungsrecht und keine Erlaubnis, Dritten ein weiteres Nutzungsrecht einzuräumen, vielleicht mit Ausnahme des Falls einer endgültigen Abgabe des Programms, wenn sie selbst die Software nicht mehr benötigen. Ohne entsprechende Vereinbarung wird man daher kaum von der Übertragung eines ausschließlichen Nutzungsrechts ausgehen können. Zu beachten ist aber, dass eine solche Klausel in allgemeinen Geschäftsbedingungen unwirksam sein kann, wenn sie zu weit von § 31 Abs. 5 UrhG abweicht, weil § 31 Abs. 5 UrhG Maßstab der Inhaltskontrolle nach § 307 Abs. 2 Nr. 1 BGB ist.[78]

Grund für die Annahme, es solle ein ausschließliches Nutzungsrecht übertragen 36 werden, könnte sein, zu verhindern, dass die Konkurrenz zu eventuell günstigeren Bedingungen das gleiche Programm erhält. Außerdem soll der Auftraggeber, der die Entwicklung bezahlt, auch volle Rechte erhalten. Diese Gründe sind allerdings nicht geeignet, ein über die Einräumung eines einfachen Nutzungsrechts hinausgehende Rechtsübertragung im Wege ergänzender Vertragsauslegung zu konstruieren. Weitergehende Rechte so einzuschränken, dass der jeweilige Anwender nur im Hinblick auf die bei Vertragsabschluss bestehende Konkurrenz geschützt ist und nicht weitergehende Rechte erhält, ist kaum möglich. Ein über den Konkurrenzschutz hinausgehende Übertragung lässt sich aber mit der gesetzlichen Wertung des **§ 31 Abs. 5 UrhG** nicht vereinbaren. Auch der bloße Gesichtspunkt des Erhalts der Verwertungsrechte im Gegenzug zur vollständigen Bezahlung genügt nicht, um den Zweckübertragungsgrundsatz auszuschalten. Demgemäß ist eine stillschweigende, über die Einräumung eines einfachen Nutzungsrechts hinausgehende Rechtsübertragung nicht anzunehmen. Will der Anwender einen weitergehenden Schutz erreichen, muss er ihn explizit vereinbaren (und eventuell zusätzlich bezahlen). Tut er dies nicht, kann seinem Konkurrenzschutzbedürfnis und seinen Interessen am endgültigen Erhalt des Produkts jedenfalls nicht im Rahmen der Einräumung zusätzlicher urheberrechtlicher Verwertungsbefugnisse geholfen werden. Möglicherweise lässt sich dem Vertrag gelegentlich im Wege ergänzender Vertragsauslegung eine schuldrechtliche Konkurrenzschutzklausel entnehmen. Dies bedeutet, dass auch der Ersteller möglicherweise die Software ohne Zustimmung des Auftraggebers nicht vertreiben kann. Ein Vertrieb muss dann ausdrücklich zwischen den Parteien vereinbart werden. Aber auch ein Konkurrenzschutz dürfte ohne ausdrückliche Vereinbarung selten gelten.

Auch hier empfiehlt sich dringend eine vertragliche Gestaltung, damit Unklarheiten vorgebeugt wird.

d) Die Rechte aus dem Urheberrecht

aa) Urheberpersönlichkeitsrechte

Dem Rechtsinhaber erwachsen aus dem Urheberrecht verschiedene Rechte. 37

Eine erste Gruppe von Rechten sind die sog. **Urheberpersönlichkeitsrechte**. Dazu 38 gehören das **Veröffentlichungsrecht** (§ 12 UrhG) und das **Entstellungsverbot** (§ 14

---

[76] *Wandtke/Bullinger-Grützmacher*, § 69 a UrhG, Rn. 63 f.

[77] Vgl. unten Rn. 38, 61 f.

[78] OLG Hamburg, Urt. v. 1. 6. 2011, 5 U 113/09.

UrhG). Diese Rechte verbleiben auch nach der Regelung des § 69 b UrhG grundsätzlich bei den Arbeitnehmern[79]. Allerdings muss er Einschränkungen hinnehmen, die sich aus dem Zweck der vollständigen Zuordnung der vermögensrechtlichen Befugnisse an den Arbeitgebern (Dienstherrn) ergeben. Dies ist insbesondere beim Entstellungsverbot wichtig, weil die Weiterentwicklung der Programme dem Arbeitgeber möglich sein muss. Insoweit ist das Entstellungsverbot eingeschränkt. Wieweit diese Einschränkung geht, ist noch weitgehend ungeklärt[80]. Allerdings dürfte das Entstellungsverbot bei Software selten eingreifen[81].

Ein weiteres Urheberpersönlichkeitsrecht ist das **Änderungsverbot** des § 39 UrhG. Der Erwerber eines Nutzungsrechts ist im allgemeinen Urheberrecht nicht zur Änderung des Werks befugt, er kann es nur unverändert nutzen. Anderes gilt nur, wenn der Urheber Änderungen gestattet oder die Änderungen nach Treu und Glauben dulden muss (§ 39 Abs. 2 UrhG). Für Software allgemein und für Computerprogramme speziell ist diese Regelung insgesamt wenig praxisgerecht. Programme (und auch Handbücher) sind keinesfalls immer fehlerfrei. Die Behebung von Fehlern ist eine Änderung des Werkes.

Sinngemäß ist in § 69 d Abs. 1 UrhG auch die Fehlerberichtigung durch jeden zur Verwendung eines Vervielfältigungsstücks des Programms Berechtigten als Ausnahme von den zustimmungsbedürftigen Handlungen vorgesehen. Insoweit ist das Änderungsverbot generell eingeschränkt.

Etwas anderes mag nur dann gelten, wenn individuell insbesondere etwas anderes vereinbart ist und darüber hinaus der Urheber jederzeit zur Fehlerbeseitigung bereit ist und sich auch dazu verpflichtet hat.

39   Überträgt freilich der Urheber ein ausschließliches Nutzungsrecht, übergibt er gar den Quellcode, so räumt er damit auf jeden Fall weitergehende Bearbeitungsrechte ein. Der Vertrieb von Software bedingt sowohl die individuelle Anpassung als auch die generelle Weiterentwicklung des Produkts, jedenfalls dann, wenn es sich um den Alleinvertrieb aufgrund eines ausschließlichen Nutzungsrechts handelt. Wird der Quellcode übergeben (oder entsprechendes vereinbart), so ist branchentypisch klar, dass die für solche Anpassungen und Weiterentwicklungen notwendigen Änderungen oder gar Bearbeitungen im Sinne von § 23 UrhG erlaubt sind.

Dies gilt insbesondere dann, wenn ein Fall des § 69 b UrhG vorliegt. Es ist für den Arbeitgeber notwendig, dass er das Programm weiterentwickelt und anpasst.[82]

Das Änderungsverbot des § 39 UrhG gilt daher in aller Regel nicht.

40   Ein weiteres Urheberpersönlichkeitsrecht ist das **Recht auf Urheberbezeichnung** (§ 13 UrhG). Es ist allerdings im Bereich der Software allgemein nicht üblich, den Namen der persönlichen Urheber im Programm bei Programmaufruf oder in den Handbüchern vollständig zu nennen.[83] Allerdings wird in der Literatur davon ausgegangen, dass das Recht auf Namensnennung den Arbeitgeber in seinen Rechten üblicherweise nicht beschränkt. Im Bereich von Computerspielen werden Namen auch oft im Einzelnen genannt. Dort dürfte daher ein Namensnennungsrecht bestehen, das auch in allgemeinen Geschäftsbedingungen nicht abbedungen werden kann.[84] In anderen Bereichen werden die einzelnen Namen der Urheber üblicherweise nicht genannt. Dies gilt auch für den Bereich der freien Mitarbeiter und von Subunternehmen. Dieser Branchenbrauch ist bei der Auslegung des § 13 UrhG zu beachten.

---

[79] Statt aller *Schricker/Loewenheim*, § 69 d Rn. 14.
[80] Vgl. *Schricker/Loewenheim*, § 69 b UrhG Rn. 14.
[81] *Wandtke/Bullinger-Grützmacher*, § 69 b UrhG Rn. 42.
[82] So auch *Schricker/Loewenheim*, § 69 b UrhG, Rn. 14.
[83] *Harte-Bavendamm/Wiebe*, in: Computerrechtshandbuch, Abschn. 51, Rn. 112.
[84] *Ulbricht*, CR 2002, 317 (318); *Lambrecht*, Der urheberrechtliche Schutz von Bildschirmspielen, S. 222; vgl. auch OLG Hamm, OLG Report Hamm/Düsseldorf/Köln 2008, 400.

Nach § 41 UrhG steht dem Urheber ein **Rückrufrecht** hinsichtlich eines ausschließ- 41
lichen Nutzungsrechts zu, wenn dessen Inhaber dieses nicht oder nur unzureichend aus-
übt und dadurch berechtigte Interessen des Urhebers erheblich verletzt werden. Dies
dürfte im Bereich der angestellten Programmierer selten von Bedeutung sein, da diese
Bezüge für die erbrachten Leistungen erhalten haben und durch eine Nichtausübung der
Rechte seitens des Arbeitgebers ihre Interessen kaum verletzt sein können.[85]
Ähnlich dürfte die Interessenlage auch dann sein, wenn die Übertragung der Rechte
durch eine Einmalzahlung endgültig abgegolten werden sollte. Ein Rückrufsrecht könnte
aber bestehen, wenn als Entgelt für den Urheber eine Beteiligung an den Umsätzen des
Nutzungsinhabers vereinbart ist. Man wird aber in der Regel die Situation des Einzelfalls
zu betrachten haben. Jedenfalls muss eine Schonfrist von zwei Jahren beachtet werden
(§ 41 Abs. 2 UrhG). Ggf. muss der Urheberrechtsinhaber eine Billigkeitsentschädigung
leisten.
Der Rückruf eines ausschließlichen Nutzungsrechts lässt allerdings die vom Nutzungsberechtigten eingeräumten einfachen Nutzungsrechte seiner Kunden unberührt.[86]
Ein Rückrufrecht gem. § 42 UrhG, das dem Urheber wegen **gewandelter Über-** 42
zeugung zusteht, scheidet im Bereich der Software schon deshalb in aller Regel aus, weil
die Software den sich wandelnden politischen, religiösen und künstlerischen Überzeu-
gungen ihren Urhebern üblicherweise neutral gegenübersteht.[87] Ob dies allerdings auch
dann gilt, wenn etwa ein Programmierer eine Software zur Steuerung einer Nuklearwaffe
mit entwickelt hat und später überzeugter Pazifist wird, ist fraglich. Ob die in der
Literatur vertretene Überzeugung zutrifft, dass auf keinen Fall der Arbeitgeber (Dienstherr) an der Benutzung des Computerprogramms gehindert werden kann, erscheint
zumindest bei so gravierenden Fällen problematisch, ist aber von der Rechtsprechung
bislang nicht entschieden worden.[88] Allerdings muss der Urheber bei einem Rückruf gem.
§ 42 UrhG den Rechteinhaber voll entschädigen. Mindestschaden sind dessen nutzlose
Aufwendungen (§ 42 Abs. 3 UrhG). Dies kann einen Rückruf wirtschaftlich ausschließen.[89]
Des weiteren gibt es ein **Recht auf Zugang zu Werkstücken** gemäß § 25 Abs. 1 UrhG. 43
Nach dieser Vorschrift kann der Urheber vom Besitzer des Originals oder eines Ver-
vielfältigungsstückes seines Werkes verlangen, dass er ihm das Original oder das Vervielfältigungsstück zugänglich macht, soweit dies zur Herstellung von Vervielfältigungsstücken oder Bearbeitung des Werkes erforderlich ist und nicht berechtigte Interessen des
Besitzers entgegenstehen.
Insbesondere bei Übertragung des ausschließlichen Nutzungsrechts an den Auftraggeber und im Arbeitsverhältnis ist dieses Recht **eingeschränkt**. Ein Interesse des ausschließlich Nutzungsberechtigten und des Arbeitgebers besteht ja gerade darin, dass der
Arbeitnehmer bzw. frühere Auftraggeber kein Vervielfältigungsstück nutzt. Hier wird in
aller Regel ein überwiegendes Interesse an einer Verhinderung einer weiteren Vervielfältigung bestehen, zumal ja oft sogar das Behalten eines Vervielfältigungsstücks – insbeson-
re im Arbeitsverhältnis – verboten wird. Dennoch wird man im Einzelfall immer eine
Interessenabwägung zu tätigen haben.[90]

---

[85] Schon zum alten Recht *Kindermann,* GRUR 1985, 1008 (1012); *Kolle,* GRUR 1985, 1016 (1024);
Koch, CR 1985, 86 (92); teilweise **a. A.** für die Zeit nach Ende des Arbeitsverhältnisses *Bollack,* GRUR
1976, 74 (76); vgl. auch zu allg. Regelungen *Schricker/Rojahn,* § 43 Rn. 88.
[86] LG Köln, CR 2006, 372; OLG Köln, CR 2007, 7 m. Anm. Scherenberg, der die Situation der
Softwarenutzung vollständig ignoriert; Hocren, CR 2005, 771; *Witte,* ITRB 2011, 93.
[87] *Kindermann,* GRUR 1985, 1008 (1012); *Kolle,* GRUR 1985, 1016 (1024).
[88] Vgl. dazu *Schricker/Loewenheim,* § 69 b UrhG, Rn. 14.
[89] *Witte,* ITRB 2011, 93 (95)
[90] *Schricker/Loewenheim,* § 69 b UrhG, Rn. 14.

bb) Verwertungsrechte

44   Wirtschaftlich interessanter als die Urheberpersönlichkeitsrechte sind die **Verwertungsrechte.** Diese sind für Software in § 69 c UrhG ausdrücklich geregelt. Diese Regelung geht den Regelungen der §§ 16, 17, 19 und 23 UrhG im Hinblick auf Vervielfältigungsrecht, Umarbeitungsrecht, Verbreitungsrecht und Recht der öffentlichen Zugänglichmachung vor.[91]

45   **aaa) Vervielfältigungsrecht.** Für den Bereich von Software von zentraler Bedeutung ist das zunächst **Vervielfältigungsrecht** des Urhebers. Dieses Recht umfasst die Befugnis, die dauerhafte oder vorübergehende Vervielfältigung, ganz oder teilweise, eines Computerprogramms mit jedem Mittel und in jeder Form zu erstellen. Des weiteren führt § 69 c Abs. 1 Nr. 1 UrhG aus, dass auch das Laden, Anzeigen, Ablaufen, Übertragen oder Speichern des Computerprogramms einer Erlaubnis des Rechtsinhabers bedürfen, wenn dieses eine Vervielfältigung erfordert. Dies bedeutet, dass das Erzeugen von Kopien eines Programms auf irgendeinem Speicher unter dieses Recht fällt. Diesem Recht kommt damit entscheidende Bedeutung für den Vertrieb von Softwareprodukten zu. Dabei kann auch die Übernahme von bloßen Teilen des Programms oder Änderungen anderer Teile eine Vervielfältigung sein, wenn die Veränderungen nur mechanische Routinearbeiten betreffen und keine eigenschöpferische Leistung darstellen.[92]

46   Das Vervielfältigungsrecht ist im **Softwarebereich** besonders geschützt. Auch private Kopien sind verboten. Dies war früher in § 53 Abs. 4 UrhG geregelt. Nach der Novellierung soll sich dies aus § 69 c Abs. 1 Nr. 1 i. V. m. § 69 a Abs. 4 UrhG ergeben. Es ist wohl auch unstrittig, obwohl der Wortlaut der Vorschriften dafür relativ wenig ergibt.[93]

47   Streitig ist allerdings, ob auch eine eigentlich nur vorübergehende Speicherung dadurch, dass das Programm in den **Arbeitsspeicher eingelesen** wird, eine Vervielfältigungshandlung im Sinne von § 16 UrhG ist. Dies ist in der Praxis von großer Bedeutung, weil die Benutzung urheberrechtlich unzulässiger Kopien als solche ja im Urheberrecht prinzipiell erlaubt ist. Im Softwarebereich wäre eine solche Nutzung immer dann untersagt, wenn sie bedingt, dass man dabei vorübergehend eine Vervielfältigung durch Laden in den Arbeitsspeicher erzeugt. Darüber hinaus kann auf diesem Wege urheberrechtlich der Umfang der Nutzung etwa in einem Netzwerk begrenzt werden, weil ohne einen solchen Schutz von Vervielfältigungshandlungen in aller Regel mehrere Benutzer das urheberrechtliche Werkstück gleichzeitig benutzen können. Die herrschende Meinung nimmt auch an, dass das Einlesen das Vervielfältigungsrecht berührt, weil das Programm kopiert und auf einen physikalischen Träger gespeichert wird.[94]

48   Die Gegenmeinung wendet dagegen ein, dass die Kopie im Arbeitsspeicher nur der Ausführung, nicht aber der Verbreitung oder dem Genuss des Werkes diene und der Gesetzgeber durch das absolute Vervielfältigungsverbot keine Kontrolle über Nutzungshandlungen des berechtigten Benutzers erreichen wolle. Im Übrigen fehle es bei der Abspeicherung im Arbeitsspeicher an einer hinreichend dauerhaften Verkörperung der

---

[91] *Schricker/Loewenheim,* § 69 c UrhG, Rn. 1.
[92] *Rupp,* GRUR 1986, 147 (150).
[93] *Schricker/Loewenheim,* § 53, Rn. 10 unter Berufung auf die amtliche Begründung.
[94] *Becker/Horn,* DB 1985, 1274 (1278); *Rupp,* GRUR 1986, 147 (148 ff.); *Ernestus,* CR 1989, 784 (789), alle zum alten Recht; zum neuen Recht: *Pres,* Gestaltungsformen, S. 110 ff.; *Haberstumpf,* in: Lehmann (Hrsg.): Rechtsschutz und Verwertung von Computerprogrammen, S. 69 (133 ff.); *Lehmann,* GRUR Int. 1991, 327 (331); *Wiebe,* BB 1993, 1094 (1097); *Brandi-Dohrn,* BB 1994, 658 (659); *Marly,* Praxishandbuch Softwarerecht, Rn. 139; *Moritz/Hütig,* Beil. 10 zu BB 2000, H. 48, S. 2 (8); *Wandtke/Bullinger-Grützmacher,* § 69 c UrhG Rn. 5; *Kotthoff,* in: Heidelberger Kommentar, § 69 c, Rn. 9.

Kopie, weil diese nur der Abarbeitung des Programms diene und danach gelöscht werde.[95]

Man wird aber letztendlich der herrschenden Meinung folgen müssen. Diese hat **49** insoweit schon den Wortlaut des § 69 c Abs. 1 Nr. 1 UrhG für sich, als dort ausdrücklich auch eine vorübergehende Vervielfältigung als Inhalt des Vervielfältigungsrechts festgehalten ist. Insoweit ist der früher fehlende Hinweis auf die Art der Verkörperung durch einen ausdrücklichen Verweis darauf gesetzt worden, dass es nicht auf die Dauer der Verkörperung ankommt. Außerdem spricht für diese Auslegung auch die Interessenlage. Immerhin wäre es sonst urheberrechtlich gestattet, mit einem Datenträger mehrere Datenverarbeitungsanlagen zu laden und gleichzeitig laufen zu lassen oder in irgendeiner Weise mehrere virtuelle Prozessoren zu unterstützen[96], obwohl nur die Benutzung auf einer Anlage gestattet und nur dafür Entgelt gezahlt wurde. Gegen die herrschende Meinung spricht auch nicht das Interesse des berechtigten Benutzers, das Programm ablaufen zu lassen. Er ist unmittelbar aus § 69 d UrhG berechtigt, die dafür notwendige Vervielfältigung anzufertigen. Dies gilt sogar ohne explizite Vereinbarung. Selbst wenn – was in der Praxis nie geschieht – das Gegenteil vereinbart werden sollte, ist eine solche Vereinbarung unter dem Gesichtspunkt einer widersprüchlichen Handlungsweise unwirksam.

Aus dem Vorstehenden ergibt sich, dass das **Ablaufenlassen des Programms** immer **50** dann mit einer Vervielfältigung verbunden und daher urheberrechtlich von Belang ist, wenn dabei das Programm in den Arbeitsspeicher eingelesen wird. Auch diese Konsequenz ist wohl Grundlage der ansonsten tautologischen Regelung des § 69 c Abs. Nr. 1 Satz 2 UrhG. In der Praxis ist diese Voraussetzung in den meisten Fällen gegeben. Eine Ausnahme gibt es nur dann, wenn das Programm im Festspeicher des Rechners dauernd vorhanden ist, weil dann normalerweise die Befehle des Programms bei Programmablauf ohne Umspeicherung direkt abgerufen und verarbeitet werden.[97]

Das bloße Ablaufenlassen des Programms im Rechner als solches ist keine urheberrechtlich relevante Handlung.[98]

bbb) Verbreitungsrecht. Das **Verbreitungsrecht** ist in § 69 c Abs. 1 Nr. 3 Satz 1 **51** UrhG geregelt. Danach ist jede Form der Verbreitung des Originals eines Computerprogramms oder von Vervielfältigungsstücken einschließlich der Vermietung eine zustimmungsbedürftige Handlung. Diese Rechte stehen dem Urheber zu. Was Verbreitung ist, definiert auch im Rahmen des § 69 c UrhG § 17 Abs. 1 UrhG. Danach ist das Verbreitungsrecht die ausschließliche Befugnis, das Original oder Vervielfältigungsstück des Werkes der Öffentlichkeit anzubieten oder in den Verkehr zu bringen.[99] Ein Angebot an die Öffentlichkeit liegt vor, wenn der Anbieter einer nicht abgegrenzten oder durch keine persönlichen Beziehungen miteinander verbundenen Mehrheit von Personen seinen Willen kund tut, das Original oder ein Vervielfältigungsstück entgeltlich oder unentgeltlich zu veräußern, zu vermieten, zu verleihen oder sonst zu überlassen. Dabei reicht auch das Angebot an eine Einzelperson, die zu einem solch unbestimmten Personenkreis gehört, aus.[100] Inverkehrbringen ist jede Handlung, durch die das Werkstück aus einem abge-

[95] *Brandi-Dohrn,* GRUR 1985, 179 (185); *Müller,* Erwerb und Nutzung, S. 29 f.; *Schneider,* CR 1990, 503 (504 f.); ausführlich *Schneider,* Softwarenutzungsverträge, S. 26 ff.; *Hoeren,* Softwareüberlassung, S. 43 ff. (Rn. 103 ff.); *König,* Das Computerprogramm, S. 144 ff.

[96] Dazu *Grützmacher,* ITRB 2011, 193.

[97] *Rupp,* GRUR 1986, 147 (150), *Haberstumpf,* in: Lehmann (Hrsg.) Rechtsschutz und Verwertung von Computerprogrammen, S. 69 (136 ff.).

[98] *Haberstumpf,* GRUR 1986, 222 (234 f.); *Pres,* Gestaltungsformen, S. 112; LG Mannheim, NJW-CoR 1999, 54 (LS).

[99] So auch *Schricker/Loewenheim,* § 69 c, Rn. 21.

[100] *Schricker/Loewenheim,* § 69 c Rn. 23; BGH, *Zahrnt,* ECR BGH 12.

schlossenen persönlichen oder betrieblichen Bereich an die Öffentlichkeit gebracht wird.[101]

52   Das Verbreitungsrecht kann einem oder mehreren Dritten jeweils **räumlich, zeitlich oder inhaltlich beschränkt eingeräumt** werden. Wann was getrennt eingeräumt werden kann, ist allerdings streitig.

53   Das Verbreitungsrecht kann nach der Rechtsprechung nur für solche **Verwertungsformen** aufgespalten und getrennt eingeräumt werden, die nach der Verkehrsauffassung klar abgrenzbar sind und eine wirtschaftlich und technisch einheitliche und selbstständige Nutzungsart darstellen.[102] Insoweit besteht Einigkeit. Einigkeit dürfte heute auch darin bestehen, dass der Vertrieb über Diskette, CD und DVD eine einzige Nutzungsart darstellt.[103] Darüber hinaus dürfte das Vermietungsrecht eine eigene Nutzungsart darstellen.[104] Der Urheber kann also die Verbreitung durch Vermietung unabhängig von der Verbreitung durch Verkauf regeln – eine Möglichkeit, von der Unternehmen insbesondere im Leasingbereich zunehmend Gebrauch machen. Angesichts des Finanzierungszwecks vieler Leasinggeschäfte (Finanzierungsleasing) stellt sich freilich die Frage, ob man solche Formen des Leasing überhaupt dem Vermietrecht unterstellen sollte.[105] Will man hier aber einzelne Erscheinungsformen der Vermietung dem Vermietrecht entziehen, so sind die Abgrenzungen notwendigerweise einzelfallbezogen und unklar. Daher muss einen solchen Weg ablehnen. Leasing unterliegt dem Vermietrecht. Was aber über die genannten Beispiele hinaus klar abgrenzbare, wirtschaftlich und technisch einheitliche und selbstständige Nutzungsarten sind, ist streitig.

54   Das **Kammergericht**[106] und das **OLG Frankfurt** (6. Senat)[107] haben entschieden, dass die Beschränkung des Rechts dergestalt, dass Programme nur in Verbindung mit dem Kauf eines Computers vertrieben werden dürfen, eine zulässige Beschränkung des Verbreitungsrechts darstelle und damit mit dinglicher Wirkung auch Dritte und nicht nur den Vertragspartner des einschränkenden Unternehmens binde, auch wenn die Programme auf einem Datenträger übergeben und nicht auf dem Rechner vorinstalliert sind. Demgegenüber haben **OLG München**[108] und **OLG Frankfurt** (11. Senat)[109] entschieden, dass eine solche selbstständige Nutzungsart nicht darin bestehe, vorhandene Software zu einem geringen Preis nur als Update-Version zu vertreiben.

Das dahinter stehende Problem ist, dass in beiden Fällen die Software, um die es geht, technisch exakt der Vollversion entspricht, die zu wesentlich höheren Preisen an Ersterwerber und Erwerber ohne Computererwerb vertrieben werden sollte. Die Abgrenzung des jeweils ausgegrenzten Softwarerechts diente zur Sicherung eines besonderen Vertriebswegs. Der Software als solcher sah man – von der Aufmachung der Datenträger abgesehen – die Beschränkung nicht an. Sie unterschied sich in keiner Weise von der zu wesentlich höheren Preisen verbreiteten Vollversion. Unter diesem Aspekt wird man wohl sagen müssen, dass eine Abspaltung nicht möglich ist, zumal die Veräußerung nur zusammen mit einem Computer oder die bloße Veräußerung der Vollversion als Update weder nach der Verkehrsanpassung klar abgrenzbar ist noch sich als wirtschaftlich und technisch

---

[101] *Schricker/Loewenheim*, § 69 c Rn. 24.
[102] *Schricker/Loewenheim*, § 69 c Rn. 29.
[103] I. E. so schon OLG Hamburg, *Zahrnt*, ECR OLG 151.
[104] *Dazu Vander*, CR 2011, 77.
[105] *Vander*, CR 2011, 77 (83).
[106] NJW 1997, 330 = CR 1996, 531 m. Anm. *Witte* und *Erben/Zahrnt* = *Zahrnt*, ECR OLG 227; KG, CR 1998, 137.
[107] CR 2000, 581.
[108] NJW 1998, 1649 = CR 1998, 265 m. Anm. *Erben/Zahrnt* = *Zahrnt*, ECR OLG 273; ebenso LG München I, CR 1998, 141; zustimmend auch *Leistner*, MMR 2000, 751 (752).
[109] *Zahrnt*, ECR OLG 291.

einheitliche und selbstständige Nutzungsart darstellt.[110] Dies haben Gerichte aber unterschiedlich gesehen. Der BGH hat den Streit auf anderem Weg entschieden.[111]

Wichtig ist die oben erörterte Frage insbesondere im Hinblick auf den **Erschöpfungs-** 55 **grundsatz,** der in § 69 c Abs. 3 Satz 2 UrhG geregelt ist. Es handelt sich um zwingendes Recht. Der Erschöpfungsgrundsatz besagt, dass Werkstücke, die mit Zustimmung des Berechtigten in den Verkehr gebracht worden sind, ohne weitere Zustimmung weiter veräußert werden können. Dies gilt allerdings nur bei einer endgültigen Veräußerung, nicht bei einer bloßen zeitweisen Nutzungsüberlassung. Veräußerung bedeutet dabei die endgültige Überlassung des Werkstücks. In welchen zivilrechtlichen Formen dies geschieht, ist unwesentlich. Wann eine solche endgültige Veräußerung vorliegt, ist im Einzelfall gerade bei Software schwer zu entscheiden. Der Zweck des Erschöpfungsgrundsatzes, nämlich dem Urheber zwar den wirtschaftlichen Wert seiner Schöpfung zu überlassen, ihn aber daran zu hindern, den Verkehr mit geschützten Werken übermäßig zu behindern, gebietet eine wirtschaftliche Betrachtung. Eine endgültige Veräußerung liegt danach vor, wenn der Urheber eine marktkonforme Vergütung für seine schöpferische Leistung erhalten hat.[112]

Hat der Veräußerer daher für ein einmaliges Entgelt dem Erwerber ein zeitlich unbegrenztes Nutzungsrecht an der Software eingeräumt, wird man von einer endgültigen Überlassung der Software ausgehen können.[113]

Außerdem muss das Werkstück innerhalb der EU oder einem Vertragsstaat des Abkommens über den europäischen Wirtschaftsraum in den Verkehr gebracht werden.[114] Eine Verbreitung von Werkstücken, die etwa in den USA oder in Japan verbreitet wurden, ist nicht erlaubt.[115]

Der Erwerber darf das Werkstück nach einer solchen Veräußerung weiter veräußern, 57 d. h. selbst auf die Benutzung verzichten und sie einem Dritten einräumen. Dieses Recht kann ihm vom Urheber nicht genommen werden. Der Erschöpfungsgrundsatz ist allerdings dahingehend eingeschränkt, dass eine Weitervermietung des Werkstücks nicht zulässig ist. Wird eine vorinstallierte Software verbreitet, ist das Vervielfältigungsstück die Festplatte des PC.[116]

Den oben[117] dargestellten Streit über die Unwirksamkeit der Einschränkung des Vertriebs einer Softwarekopie auch den Vertrieb nur in Verbindung mit dem Verkauf eines PC hat der **BGH**[118] mit Hilfe des Erschöpfungsgrundsatzes gelöst. Im Ergebnis ist der BGH dabei den Entscheidungen des OLG München und des 11. Senats des OLG Frankfurt gefolgt – die Begründung ist aber anders. Jedenfalls dann, wenn der Erstvertreiber der Rechte sich an die Vorgaben des Urheberrechtsinhabers gehalten habe und das Programm zusammen mit einem PC vertrieben habe, sei eine Erschöpfung des Vertriebsrechts eingetreten mit der Folge, dass ein unzulässiger Vertrieb durch einen in der Vertriebskette weiter unten befindlichen Händler keine Verletzung des Urheberrechts darstelle und gegen Dritterwerber nichts unternommen werden könne. Ob die Beschränkung des Vertriebs

---

[110] So auch *Schricker/Loewenheim,* § 69 c Rn. 29; *Berger,* NJW 1997, 300; **a. A.** *Junker,* NJW 1999, 1294 (1295).
[111] Dazu gleich Rn. 58 f.
[112] Näher *Schneider,* Softwarenutzungsverträge, S. 132 f; wie hier i. E. *Hoeren,* RDV 1987, 115 (117).
[113] Wie hier *Breidenbach,* CR 1989, 873 (876); *Schricker/Loewenheim,* § 69 c Rn. 34.
[114] OLG Hamburg, *Zahrnt,* ECR 45 (noch zum alten Recht).
[115] LG Mannheim, NJW-CoR 1996, 120 (LS).
[116] OLG Düsseldorf, CR 2009, 566.
[117] Rn. 54.
[118] BGH, NJW 2000, 3571 = CR 2000, 651 = GRUR 2001, 153; im Ergebnis zustimmend: *Metzger,* GRUR 2001, 120; ebenso OLG Düsseldorf, CR 2006, 17 (18).

auf den Verkauf nur in Verbindung mit dem Kauf eines Computers ursprünglich dinglich wirksam sei oder nicht, sei dabei unerheblich.

59   Ob diese Rechtsprechung des BGH auch für eine zeitliche Einschränkung des Nutzungsrechts in einer Demo-Version gilt,[119] ist fraglich, nach der Begründung aber denkbar. Praktisch muss bei einem solchen Programm freilich die Zeitsperre ausgebaut oder umgangen werden, um es nutzbar zu machen. Eine solche Änderung ist jedenfalls unzulässig.

60   Allerdings ergibt sich aus dem **Erschöpfungsgrundsatz** und der sich daraus ergebenden Berechtigung zur Veräußerung des Werkstücks noch keine Berechtigung des Erwerbers, urheberrechtliche **relevante Nutzungshandlungen** an der erworbenen Software durchzuführen. Im Gegensatz zu sonstigen urheberrechtlich geschützten Werken sind solche urheberrechtlich relevanten Nutzungshandlungen bei Software zum sinnvollen Einsatz in aller Regel nötig. Das Lesen eines Buches z. B. ist urheberrechtlich unerheblich, das für die Nutzung notwendige Speichern eines Programms auf den Arbeitsspeicher greift in das **Vervielfältigungsrecht** ein.[120] Dennoch wird in aller Regel ausgeführt, dass das Vervielfältigungsrecht durch den Erschöpfungsgrundsatz nicht beeinträchtigt ist.[121]
Nimmt man diesen Satz ernst, liefe der Erschöpfungsgrundsatz im Bereich der Software praktisch leer. Hier greift die Regelung des § 69 d Abs. 1 UrhG ein. Danach bedarf ein berechtigter Besitzer eines Computerprogramms für Vervielfältigungen und vergleichbare Handlungen nicht der Zustimmung des Rechtsinhabers, wenn sie lediglich der bestimmungsgemäßen Benutzung des Computerprogramms einschließlich der Fehlerberichtigung dienen. Man wird diese Vorschrift auch auf ein Werkstück anwenden können, dass in Übereinstimmung mit dem Erschöpfungsgrundsatz weiterverbreitet worden ist. Der jeweilige Besitzer kann daher die notwendigen Handlungen zum Ablaufenlassen des Programms nach § 69 d Abs. 1 UrhG auch ohne ausdrückliche Zustimmung des Urhebers durchführen.[122] Dabei darf er freilich die Software nur in dem Umfang nutzen, in dem der Veräußerer dies auch darf, also z. B. nicht eine Einzelplatzlizenz als Mehrplatzlizenz.[123]
Auch die Weitergabe nur eines Teils der erworbenen Lizenzen oder eines Ausschnitts der erworbenen Lizenz ohne Weitergabe und Löschung der Software ist vom Erschöpfungsgrundsatz nicht gedeckt.[124]

61   **ccc) Umarbeitungsrecht.** Der Urheber des Softwareprogramms hat über die genannten Rechte hinaus gemäß § 69 c UrhG auch das ausschließliche Recht zur Vornahme von **Übersetzungen, Bearbeitungen, Arrangements und anderen Umarbeitungen** eines Computerprogramms. Hier verwendet der deutsche Gesetzgeber abweichend von der allgemeinen urheberrechtlichen Terminologie als Oberbegriff den Begriff der Umarbeitung, während sonst im wesentlichen der Begriff der Bearbeitung (vgl. § 23 UrhG) verwendet wird.
Eine wesentliche sachliche Änderung ist darin nicht zu sehen. Der deutsche Gesetzgeber passt sich damit nur an den internationalen urheberrechtlichen Sprachgebrauch und den Sprachgebrauch der EU-Richtlinie an.

---

[119] Dafür jedenfalls KG, NJW-RR 2001, 185.

[120] Vgl. dazu näher oben Rn. 45 ff.

[121] *Schricker/Loewenheim*, § 69 c Rn. 39; *Wiebe*, BB 1993, 1094 (1097); *Bräutigam/Wiesemann*, CR 2010, 215 (216).

[122] *Wandtke/Bullinger-Grützmacher*, § 69 c UrhG, Rn. 37; *Wiebe*, BB 1993, 1094 (1097); *Huppertz*, CR 2006, 145 (147 f.); *Dreier/Meyer-van Raay*, in: Schulte/Schröder (Hrsg.): Handbuch des Technikrechts, S. 826; wohl auch *Lehmann*, NJW 1993, 1822 (1825); *Haberstumpf*, in: Lehmann (Hrsg.): Rechtsschutz und Verwertung von Computerprogrammen, S. 69 (141 f.) fingiert eine Zustimmung des Urhebers; vgl. auch den Vorlagebeschluss des BGH, CR 2011, 223 m. Anm. *Rössel* und *Wolff/Rojczyk/Hansen.*

[123] *Huppertz*, CR 2006, 145 (148).

[124] *Huppertz*, CR 2006, 145 (148 f.).

Der Begriff der Umarbeitung ist ein weiter Begriff, der grundsätzlich jede Abänderung eines Computerprogramms umfasst. Eine eigene schöpferische Leistung muss bei der Umarbeitung nicht vorliegen.[125] Jede Änderung des Programms bedarf der Erlaubnis des Urhebers.

Hat freilich die **Umarbeitung schöpferische Qualitäten**, kann auch für den Umarbeiter ein weiteres eigenes Urheberrecht an der Umarbeitung entstehen. Hier greift der Gesetzgeber in § 69 c Nr. 2 Satz 2 UrhG den Begriff der Bearbeitung des § 23 UrhG auf und bestimmt, dass dieses Bearbeiterurheberrecht durch die Rechte des Urhebers des bearbeiteten Programms nicht berührt wird. Es entstehen damit in dem Falle einer eigenschöpferischen Umarbeitung zwei Urheberrecht, nämlich das des ursprünglichen Urhebers und das des Bearbeiters.

Will man die bearbeitete Version verwenden, muss man die Zustimmung beider Urheber haben.

Darüber hinaus ist zu beachten, dass die sogenannte **freie Benutzung** eines Programms **62** zulässig bleibt (§ 24 UrhG). Diese liegt dann vor, wenn die dem geschützten älteren Werk entnommenen individuellen Züge gegenüber der Eigenart des neu geschaffenen Werkes verblassen.[126] Was freie Benutzung ist, ist allerdings oft schwer zu entscheiden. Die Interessenlage der Parteien, die Schöpfungshöhe des benutzten Werkes und auch die Frage des wissenschaftlich-technischen Fortschritts werden bei der Abwägung eine Rolle spielen.[127]

ddd) Recht der öffentlichen Zugänglichmachung. Ein weiteres wichtiges Recht ist **62a** das **der öffentlichen Zugänglichmachung** (§§ 69 c Nr. 4, 19 a UrhG). Dies ist das Recht, das Programm zum Einsehen oder zum Herunterladen der Öffentlichkeit drahtgebunden oder drahtlos zur Verfügung zu stellen. In erster Linie gehört dazu das Recht, die Software im Internet zum Abruf bereitzustellen. Auch das Anbieten von Application Service Providing[128] als Dienstleistung fällt unter § 19 a UrhG. Das Gleiche dürfte auch für die Verbreitung durch gleichzeitiges Zusenden des Programms an viele Kunden durch sog. Push-Dienste, auch in Form an viele Kunden verschickter e-mail-Anhänge gelten.[129] Das bloße Versenden einzelner E-Mails gehört nicht hierher.

Auch ein Bereitstellen des Programms in einem Intranet , einem WAN oder LAN kann **62b** unter das hier diskutierte Recht fallen.[130] Notwendig ist dazu lediglich, dass die Teilnehmer des Intranet **Öffentlichkeit** im Sinne der Vorschrift sind. Eine Vielzahl von Personen ist in diesem Sinne nur dann nicht Öffentlichkeit, wenn die Teilnehmer untereinander oder mit dem Verbreiter des Programms in persönlichen Beziehungen stehen (§ 15 Abs. 3 UrhG). Dazu ist es zwar nicht nötig, dass zwischen diesen Personen familiäre oder freundschaftliche Beziehungen bestehen. Notwendig ist aber, dass die Art der Beziehung das Bewusstsein der Betroffenen hervorruft, persönlich miteinander verbunden sein.[131] Dies ist zwischen Mitarbeitern eines größeren Betriebs[132] oder den Beteiligten eines File-Sharing-Systems[133] oder eines öffentlichen W-LAN´s[134] nicht der Fall, wohl aber bei Mitgliedern

---

[125] *Schricker/Loewenheim*, § 69 c Rn. 13.

[126] *Schricker/Loewenheim*, § 69 c Rn. 15.

[127] *Haberstumpf*, in: Lehmann (Hrsg.), Rechtsschutz und Verwertung von Computerprogrammen, S. 69 (145 f.).

[128] Dazu unten Rn. 1124 ff.

[129] *Dreier*, in: Dreier/Schulze, § 19 a Rn. 10; a. A.: *Schack*, GRUR 2007, 639 (643): Senderecht; *Bullinger*, in: Wandtke/Bullinger, § 19 a Rn. 30.

[130] *Dreier*, in: Dreier/Schulze, § 19 a Rn. 6.

[131] *Dreier*, in: Dreier/Schulze, § 15 Rn. 43.

[132] BGH, GRUR 1955, 549; *Witte*, in: Conrad (Hrsg.): Inseln der Vernunft, S. 96 (97).

[133] Amtl. Begründung BT-Drs. 15/38, S. 17.

[134] *Witte*, in: Conrad (Hrsg.): Inseln der Vernunft, S. 96 (97).

einzelner Arbeitsgruppen in einem Betrieb[135] oder auch Mitgliedern eines gemeinsamen Projektteams mehrerer Firmen.

62c   Beim Recht der öffentlichen Zugänglichmachung gilt der **Erschöpfungsgrundsatz nicht.**[136] Dies gilt auch dann, wenn der Empfänger selbst ein Exemplar des Werks herunter lädt und bei sich speichert oder ausdruckt. Allerdings ersetzt dieses selbst erzeugte Werkstück zunehmend gerade auch bei Programmen das Werkstück, das im klassischen Vertrieb körperlich übergeben wurde. Software wird nicht mehr mittels Datenträger vertrieben, sondern dadurch, dass der Kunde das Recht erhält, sie herunter zu laden und selbst ein Werkstück herzustellen, bei dessen Herstellung der Lieferant sogar mitwirkt.[137] Diese wirtschaftliche Realität zwingt zu einer **Modifikation** des oben dargestellten Grundsatzes: Hinsichtlich des Werkstücks, das der Kunde mit Zustimmung des Lieferanten **selbst hergestellt** hat, ist das **Verbreitungsrecht erschöpft** – und zwar auch dann, wenn der Lieferant dem widerspricht. Es handelt sich ja bei Erstellung der Kopie nicht nur um eine Vervielfältigungs-, sondern auch um eine Verbreitungshandlung.[138] Der Kunde kann das von ihm hergestellte Werkstück weitergeben, wenn er selbst die Nutzung einstellt und alle Kopien löscht. Andernfalls ergäbe sich die systemwidrige Konsequenz, dass der Erwerber von Software auf elektronischen Weg schlechter gestellt wäre als der Erwerber auf klassischem Weg. Dass der Gesetzgeber diesen Fall nicht explizit so geregelt hat, steht diesem Weg nicht entgegen. Allerdings muss auch hier das konkrete Werkstück, das mit der herunter geladenen Software hergestellt wurde, weitergegeben und nicht etwa öffentlich zugänglich gemacht werden.[139] Im Übrigen gilt dies oft auch für die Weitergabe des aktuellen Werkstücks bei per Datenträger übergebener Software, ist sie doch durch Updates, die meist elektronisch übermittelt werden, bei der Weiterveräußerung in einem anderen Zustand als bei Erwerb.[140] Auch hier kann, wenn nicht die Festplatte übergeben wird, nur ein extra angefertigtes Werkstück übergeben werden.[141] Dies alles gilt unabhängig davon, ob das hergestellte Werkstück eine bloße Kopie der beim Hersteller vorhandenen Software oder eine mit ihrer Hilfe hergestellte, von ihr abweichende Software ist. Die Erschöpfung tritt an dem vom Kunden erworbenen Softwareexemplar ein.[141a] Die bloße Weitergabe eines Zugangscodes ohne Weitergabe des Werkstücks reicht (ebenso wie beim klassischen Vertrieb) nicht aus, auch wenn dieser Vorgang der Weitergabe von Werkstücken ökonomisch gleichwertig ist. Es fehlt jeder tatsächliche Anknüpfungspunkt für die Anwendung des Erschöpfungsgrundsatzes.[142] Auch die Aufspaltung von Volumenlizen-

---

[135] KG, ZUM 2002, 828 (830 f.).

[136] *Dreier,* in: Dreier/Schulze, § 19 a Rn. 11.

[137] *Hoppen,* CR 2007, 129 (133).

[138] *Lenhard,* Vertragstypologie, S. 63 ff.; ähnlich auch *Ulmer/Hoppen,* CR 2008, 680.

[139] *Dreier,* in: Dreier/Schulze, § 19 a Rn. 11; *Wandtke/Bullinger*-Grützmacher, § 69 c Rn. 31; *Spindler,* GRUR 2002, 105 (109 f.); *Koch,* ITRB 2004, 131 (133); ausführlich *Witte,* ITRB 2005, 86; *Hoeren,* ITRB 2006, 573 (574); *Ulmer,* ITRB 2007, 68 ff.; *Leistner,* CR 2011, 209 (211 f.); *Jobke,* Produktaktivierung, S. 93 ff.; *Beckmann,* in: Martinek/Stoffels/Wimmer-Leonhardt (Hrsg.): Leasinghandbuch, § 62, Rn. 40; a. A. LG Berlin, Urt. v. 14. 7. 2009, 6 O 67/08, JurPC Web-Dok. 240/2009; LG Frankfurt/M., Urt. v. 6. 1. 2010, 2–06 O 556/09, JurPC Web-Dok. 110/2010 = IPRB 2010, 132 m. Anm. Grosskopf; *Spindler/Wiebe,* GRUR 2003, 873 (876); *Schuppert/Greissinger,* CR 2005, 81 (82); *Heydn/Schmidt,* World Intellecgual Property Report Vol. 20. Nor. 3 (March 2006), p. 28; *Koch,* ITRB 2007, 140 (141 f.); ITRB 2008, 209 (210); *Schack,* GRUR 2007, 639 (643 f.); *Wiebe,* in: Spindler/Schuster (Hrsg.), Recht der elektronischen Medien, § 69 c UrhG, Rn. 18 ff.; *Wimmers,* in: Büchner/Dreier (Hrsg.): Von der Lochkarte zum globalen Netzwerrk, S. 168 (182 f.); *Spindler,* CR 2008, 69; *Haberstumpf,* CR 2009, 345 (350 f.); *Bartsch,* CR 2010, 553 (559).

[140] Dazu *Koch,* ITRB 2008, 209.

[141] Vgl. *Schneider,* Handbuch des EDV-Rechts, Rn. C 141.

[141a] A. A. wohl *Rinkler,* ITRB 2011, 234; zum Gesamtkonzept *Redeker,* CR 2011, 634.

[142] *Jobke,* Produktaktivierung, S. 105; dieser Fall lag den Entscheidungen LG München I, CR 2006. 159 m. Anm. *Haines/Schmidt* und CR 2007, 356 m. Anm. *Dieselhorst;* OLG München, CR 2006,

zen (z. B. einer Unternehmenslizenz) oder gar einer Netzwerklizenz[143] in mehrere ist vom Erschöpfungsgrundsatz nicht gedeckt.[144] Die hier dargestellten sehr streitigen Fragen sind vom BGH weitgehend dem EuGH zur Entscheidung vorgelegt worden.[145] Dabei geht es insbesondere um die Frage, ob der Erschöpfungsgrundsatz auch bei heruntergeladener Software und evtl. sogar dann eingreift, wenn der Erwerber statt des heruntergeladenen Exemplars nur das Recht erwirbt, die Software herunterzuladen.

Über die diskutierten Frage hinaus ergibt sich aus dem Erschöpfungsgrundsatz nicht, dass der Erwerber einen Anspruch auf Update-Lieferung erhält – für die Praxis ein schwer zu lösendes Problem.[146]

e) Die generelle Beschränkung der Urheberrechte gem. § 69 d UrhG

Als spezifisch softwarebezogene Norm begrenzt § 69 d UrhG die soeben geschilderten 63 umfassenden Rechte des Urhebers.

Gemäß dieser Norm sind Handlungen ohne Zustimmung des Rechtsinhabers zulässig, wenn sie für eine **bestimmungsgemäße Benutzung** des Computerprogramms einschließlich der Fehlerberichtigung durch einen zur Verwendung eines Vervielfältigungsstücks des Programms Berechtigten notwendig sind. Diese Norm stellt sich als eine Schrankenbestimmung dieser Urheberrecht dar.[147] Es handelt sich gleichzeitig um eine gesetzliche Lizenz[148]. Der Verwendungsberechtigte erhält die entsprechenden Nutzungsrechte auch ohne eine entsprechende Nutzungsrechtseinräumung seitens des Urhebers.[149] Verwendungsberechtigt sind alle Personen, die urheberrechtliche Nutzungsbefugnisse z. B. auf Grund des Erschöpfungsgrundsatzes wirksam erworben haben[150], unabhängig davon, von wem sie sie erworben haben, sowie Personen, die ihre Nutzungsbefugnisse von Nutzungsrechtsinhabern ableiten können wie z. B. Mitarbeiter oder Angehörige[151].

Welche Befugnisse sich im Einzelnen aus § 69 d UrhG ergeben, bestimmt der Gesetzgeber nicht näher. Es ist vertraglicher Regelung zugänglich; allerdings gibt es einen zwingenden Kern von Benutzerbefugnissen, die nicht abbedungen werden können.

Zunächst ist es auf jeden Fall zulässig, dass der berechtigte Benutzer das Programm 64 zunächst in den Arbeitsspeicher lädt und auch während des Ablaufenlassens **die notwendigen Vervielfältigungshandlungen** vornimmt. Diese Handlung gehört auch zum Kernbereich der dem Benutzer zustehenden Rechte, der vertraglich nicht abbedungen werden kann.[152] Vertraglich geregelt werden kann allerdings, in welchem Umfang und wie eine solche Vervielfältigung erfolgt. So bleibt es unter diesem Gesichtspunkt sicher zulässig, zu bestimmen, dass das Programm nur auf einer Zentraleinheit gleichzeitig benutzt wird und

---

655 m. Anm. *Lehmann* = K&R 2006, 469 und dem Vorlagebeschluss des BGH, CR 2011, 223 zu Grunde; zu Kopien bei Volumenlizenzverträgen LG Frankfurt, CR 2011, 428; 566, jeweils in teilweiser Verkennung der Vorlagefragen des BGH; a. A. LG Hamburg, CR 2006, 812 m. Anm. *Grützmacher.*

[143] OLG Karlsruhe, Urt. v. 27. 7. 2011, 6 U 18/10, JurPC Web-Dok. 129/2001.

[144] A. A. LG München I, CR 2008, 416 m. Anm. *Huppertz;* offengelassen von *Hoeren,* GRUR 2010, 665.

[145] BGH, CR 2011, 223 m. Anm. *Rössel* und *Wolff/Rojczyk/Hansen.*

[146] Vgl. *Leistner,* CR 2011, 209 (215).

[147] *Schricker/Loewenheim,* § 69 d Rn. 1; str.: vgl. die bei Rn. 148 zitierte Literatur.

[148] Zur Doppelnatur der Vorschrift vgl. *Grützmacher,* in: Wandtke/Bullinger (Hrsg.), § 69 d UrhG, Rn. 4; *Wiebe,* in Leupold/Glossner: IT-Recht, Teil 3, Rn. 50; zu Widersprüchen s. auch *Hoeren,* IT-Vertragsrecht, Rn. 87.

[149] *Sahin/Haines,* CR 2005, 241; *Grützmacher,* in: Wandtke/Bullinger (Hrsg.), § 69 d UrhG, Rn. 26. m. w. N. str., Nachweise zur Gegenmeinung bei *Grützmacher,* in: Wandtke/Bullinger (Hrsg.), § 69 d UrhG, Rn. 25.

[150] I. E. so auch BGH, CR 2011, 223 (225).

[151] *Schricker/Loewenheim,* § 69 d Rn. 4.

[152] *Pres,* Gestaltungsformen, S. 129; *Schumacher,* CR 2000, 641 (645 f.).

auch im Netzwerk nur mit einer bestimmten Begrenzung von Benutzern benutzt werden kann. Auch ähnliche Regelungen, die dem Partizipationsinteresse des Urhebers dienen, sind zulässig.[153] Ist nichts bestimmt, sind die Vervielfältigungen erlaubt, die nötig sind, um die von der Softwareüberlassung beabsichtigten Zwecke zu erreichen. Ist auch hieraus nichts Näheres zu erkennen, ist im Zweifel eine Nutzung an einem Arbeitsplatzrechner erlaubt, bei nur im Netzwerk einsetzbarer Software der Einsatz im Netzwerk.[154] Gibt ein berechtigter Nutzer die Software im Rahmen des Erschöpfungsgrundsatzes weiter, kann der Erwerber nicht mehr Rechte erwerben als der Veräußerer hat.[155] Diese erwirbt er auf Grund von § 69 d UrhG in dem Umfang, in dem sie ihm von berechtigten Nutzer übertragen werden.[156]

65   Zu den letztendlich auch nicht abdingbaren Rechten gehört auch das **Recht auf Fehlerberichtigung**. Dieses ist im Text ausdrücklich erwähnt. Da es um Mangelbeseitigung geht, wird dieses Recht letztendlich nicht wirksam vollständig ausgeschlossen werden können.[157] Das Recht auf Fehlerbeseitigung kann möglicherweise dahingehend eingeschränkt werden, dass zunächst Nachbesserungsversuche durch den zur Nacherfüllung berechtigten und verpflichteten Urheber durchgeführt werden. Dies gilt jedenfalls dann, wenn die entsprechende Verjährungsfrist noch nicht abgelaufen ist oder ein Pflegevertrag besteht. Sollte diese Handlung allerdings nicht zum Erfolg führen, ist es nicht zulässig, eine weitergehende Beschränkung zu vereinbaren.[158] Damit sind pauschale Änderungsverbote unzulässig[159]. Nur in diesem Rahmen dürfen auch Programmsperren und andere Sicherungsmechanismen eingesetzt werden.[160] Zur Fehlerberichtigung dürfen Programmsperren auch umgangen werden.[161]

66   **Programmverbesserungen,** Erweiterungen des Funktionsumfangs, Anpassung an neue gesetzliche Lagen u. ä. mögen in gewissem Umfang ebenfalls notwendige Umarbeitungshandlungen sein. Dies gilt insbesondere dann, wenn durch andere zumutbare Maßnahmen die bestimmungsgemäße Benutzung des Programms nicht mehr ermöglicht werden kann.[162]

Man wird hier aber eine gewisse Vorsicht walten lassen müssen. Jedenfalls lassen sich diese Rechte durch vertragliche Beschränkungen ausschließen, soweit es nicht um Mangelbeseitigung geht und solange Pflegeverträge bestehen.

67   Änderungen des Programms, die etwa dazu führen, eine **Dongle-Anfrage** zu umgehen, sind nach § 69 d Abs. 1 UrhG nicht zulässig.[163] Stellt der Einbau eines Dongles freilich eine mangelhafte Lieferung dar, gelten die obigen Ausführungen: Prinzipiell kann der Dongle umgangen werden. Vertragliche Einschränkungen des Rechts sind möglich. Es gibt keinen Grund, Mängel, die durch einen Dongle verursacht werden, anders zu behandeln als andere Mängel.[164]

---

[153] *Schricker/Loewenheim,* § 69 d Rn. 12. f.

[154] *Wiebe,* in: Spindler/Schuster (Hrsg.), Recht der elektronischen Medien, § 69 d, Rn. 12; in Leupold/Glossner: IT-Recht, Teil 3, Rn. 54.

[155] *Dreier/Vogel,* Software- und Computerrecht, S. 65; *Huppertz,* CR 2006, 145 (148 f.).; s. o. Rn. 60.

[156] Falsch OLG München, CR 2008, 551 m. Anm. *Bräutigam.*

[157] *Haberstumpf,* in: Lehmann (Hrsg.), Rechtsschutz und Verwertung von Computerprogrammen, S. 69 (130); *Schneider,* Handbuch des EDV-Rechts, Rn. C 232.

[158] *Wiebe,* in: Leupold/Glossner: IT-Recht, Teil 3, Rn. 59.

[159] *Wiebe,* in: Spindler/Schuster (Hrsg.), Recht der elektronischen Medien, § 69, Rn. 39.

[160] Vgl. dazu *Koch,* CR 2002, 629 (634 f.).

[161] Näher *Kreutzer,* CR 2006, 804 ff.

[162] *Schricker/Loewenheim,* § 69 d Rn. 11.

[163] OLG Karlsruhe, CR 1996, 341 = *Zahrnt,* ECR OLG 221; OLG Düsseldorf, CR 1997, 337 = *Zahrnt,* ECR OLG 254, *Raubenheimer,* NJW-CoR 1996, 174 (175 ff.); etwas differenzierend *Zahrnt,* Anm. zu ECR OLG 221.

[164] Wie hier *König,* NJW 1995, 3293 (3294); LG Mannheim, NJW 1995, 3322; i. E. wohl auch *Wandtke/Bullinger-Grützmacher,* § 69 d UrhG, Rn. 19; *Wiebe,* in: Spindler/Schuster (Hrsg.), Recht

Nicht vom Recht nach § 69 d Abs. 1 UrhG umfasst ist die **Dekompilierung.**[165] Diese 68
Konsequenz ist allerdings vom Wortlaut her nicht zwingend. § 69 d Abs. 1 UrhG gestattet
alle zur Fehlerbehebung notwendigen Handlungen, soweit diese in § 69 c Nr. 1 und 2
UrhG genannt werden. Ein Ausschluss der Dekompilierung ist dort nicht geregelt. Dagegen betrifft § 69 e UrhG einen Fall, der mit Fehlerbeseitigung nichts zu tun hat. Diese
Gedanken sprechen dafür, ggf. auch die **Dekompilierung zur Fehlerbeseitigung** zuzulassen.[166] Dennoch spricht die sehr detaillierte Regelung über die Verwendung des dekompilierten Codes in § 69 e UrhG dafür, eine weitergehende Dekompilierung nicht zuzulassen. Auch Erwägungsgründe der EU-Richtlinie sprechen für ein Verbot der Dekompilierung zu Fehlerbeseitigungszwecken.

Sehr viel differenzierter ist die Frage zu beantworten, ob nach § 69 d UrhG oder 69
anderen Befugnissen eine **Portierung** von Software erlaubt ist. Dabei geht es um die
Übertragung der Software auf einen neuen Rechner.[167]

Dabei dürfte es auf jeden Fall zulässig sein, eine unveränderte Software auf einen
Rechner zu übertragen, dessen Leistungsfähigkeit letztendlich nicht größer ist als die des
früheren.[168] Hier muss zwar möglicherweise eine Neuinterpretation der Software durchgeführt werden und dabei eine zusätzliche teilweise Vervielfältigung erfolgen. Dies dürfte
aber im Rahmen des § 69 d Abs. 1 UrhG zulässig sein, soweit nicht ausdrücklich und
wirksam etwas anderes vereinbart ist.

Das Gleiche dürfte dann gelten, wenn die Software mittels geeigneter Hilfsprogramme
nur in eine andere Sprache übersetzt wird, damit sie genutzt werden kann. Auch insoweit
geht es um eine Veränderung, die zum bestimmungsmäßigen Nutzen der Software nötig
ist. Auch hier kann es im Einzelfall andere Vereinbarungen geben, die primär individuell
vereinbart werden müssen.

Sobald es um ernsthafte Änderungen geht, dürften die Grenzen des § 69 d UrhG relativ
rasch überschritten sein. Prinzipiell sind ja Änderungen auch dann zulässig, wenn sie über
die Beseitigung von Fehlern hinaus zur bestimmungsmäßigen Nutzung der Software
erlaubt sind. Dies mag dann auch Anpassungen an Gesetzesänderungen beinhalten. Eine
Portierung, die gleichzeitig eine Veränderung umfasst, dürfte aber von der Änderungs-
befugnis nach § 69 d UrhG nicht umfasst sein.

Nicht zu den nach § 69 d Abs. 1 UrhG zulässigen Handlungen gehört es auch, die 70
Software, statt sie selbst zu nutzen, durch ein **Rechenzentrum** nutzen zu lassen. Dabei
wechselt ja der Nutzer, was von § 69 d UrhG nicht gedeckt ist. Im Übrigen wird oft vom
Softwareersteller für Rechenzentren eine besondere Lizenz vergeben.[169] Ähnliches dürfte
auch für eine Nutzung im Rahmen von Application Software Providing (ASP),[170] im
Rahmen von Grids[171] oder beim Cloud Computing[172] gelten. Die Verwendung von Software für ein ASP- oder Cloud-Computing-Angebot dürfte auch das Recht der öffent-

---

der elektronischen Medien, § 69 d UrhG, Rn. 16; einschränkend *Hoeren,* IT-Vertragsrecht, Rn. 86;
a. A. *Raubenheimer,* NJW-CoR 1996, 194 (175); OLG Karlsruhe, CR 1996, 341.

[165] *Schricker/Loewenheim,* § 69 d Rn. 3; *Wandtke/Bullinger-Grützmacher,* § 69 d UrhG, Rn. 22; .
Wiebe, in: Spindler/Schuster (Hrsg.), Recht der elektronischen Medien, § 69 d UrhG, Rn. 28; *Hoeren,*
IT-Vertragsrecht, Rn. 96.

[166] *Wohlgemuth,* Computerwartung, S. 212 ff.; *Kotthoff,* in: Heidelberger Kommentar, § 69 d, Rn. 6;
wohl auch *Koch,* NJW-CoR 1999, 423 (428).

[167] Vgl. auch die ausführliche Darstellung bei *Schneider,* Handbuch des EDV-Rechts, Rn. C 241.;
Wandtke/Bullinger-Grützmacher, § 69 d UrhG, Rn. 21.

[168] Ähnlich *Wiebe,* in: Spindler/Schuster (Hrsg.), Recht der elektronischen Medien, § 69 d UrhG,
Rn. 18.

[169] *Wandtke/Bullinger-Grützmacher,* § 69 d UrhG, Rn. 13; vgl. auch *Erben/Günther/Kubert/
Zahrnt,* IT-Verträge, S. 122.

[170] *Bettinger/Scheffelt,* CR 2001, 729 (735); *Wandte/Bullinger-Grützmacher,* § 69 d UrhG, Rn. 13.

[171] *Koch,* CR 2006, 112 (117).

[172] *Bierekoven,* ITRB 2010, 42.

lichen Zugänglichmachung beeinträchtigen.[173] Hat der Nutzer allerdings die Software endgültig erworben und überträgt sie dem Rechenzentrum im Rahmen des Outsourcing zur Nutzung nur für ihn, dürfte die Weitergabe aufgrund des Erschöpfungsgrundsatzes zulässig sein[174]. Allerdings ist dabei zu beachten, dass der Outsourcing-Dienstleister dem ursprünglichen Nutzer keine eigenen Nutzungsrechte einräumt, weil das Vermietrecht bei Software vom Erschöpfungsgrundsatz nicht umfasst ist.

71 Ob eine **Rechenzentrumsnutzung** auch eine Nutzung im Rahmen von **ASP** umfasst, bedarf noch der Diskussion. Wird ASP dabei allerdings öffentlich für jedermann im Internet angeboten, ist auch das Recht der öffentlichen Zugänglichmachung (§ 19 a UrhG) berührt. Ein solches Angebot dürfte aber auf jeden Fall von einer Lizenz zur Rechenzentrumsnutzung nicht umfasst sein. Im Übrigen dürften Rechenzentrumsnutzung und ASP-Nutzung jeweils eine eigene wirtschaftliche Nutzung darstellen[175].

72 Weiterhin zwingend und nicht veränderbar ist das Recht des rechtmäßigen Nutzers auf Herstellung einer **Sicherungskopie** und zur Durchführung von **Programmtestläufen.** Zum Beobachten, Untersuchen und Testen der Funktion des Programms darf also gehandelt werden, allerdings nur mit Handlungen, zu denen der Benutzer ohnehin berechtigt ist.[176] Kann der rechtmäßige Benutzer eine Sicherungskopie nicht selbst herstellen (z. B. wegen eines Dongles), muss ihm der Hersteller diese nach einer Literaturmeinung sogar liefern.[177] Dies dürfte aber nur dann zutreffen, wenn es vertraglich vereinbart ist. Aus der Befugnis zur eigenen Herstellung von Kopien lässt sich kein vertraglicher Anspruch auf Kopienherstellung durch den Vertragspartner herleiten. Ebenso wenig ergibt sich aus § 69 d Abs. 2 UrhG ein Anspruch auf Beseitigung einer Kopiersperre.[178]

73 Eine **Sicherungskopie** darf im Übrigen nur gefertigt werden, wenn der Hersteller keine liefert. Ob die Lieferung eines Programms auf einer nicht überschreibbaren **CD** die Lieferung einer Sicherheitskopie darstellt, ist streitig. Die Entscheidung hängt von der Frage ab, wie sicher die Speicherung auf der CD ist. Da bei einer (bei Sicherheitskopien auch sonst nötigen) vorsichtigen Aufbewahrung die CD lange hält, dürfte die Lieferung eines Programms auf einer CD im Regelfall die Lieferung einer Sicherheitskopie darstellen.[179] Dagegen dürfte die Möglichkeit, bei Verlust eine Kopie des Programms beim Hersteller neu zu bestellen, nicht ausreichen. Ein solches Vorgehen ist zu umständlich und verlagert das Insolvenzrisiko auf den Nutzer.[180]

Das Recht zur Sicherheitskopie umfasst nicht den Einsatz dieser Kopie in **Back-up-Systemen,** weil sie nur ein Archiv für die Software sein, nicht aber ein Ersatzsystem vorhalten soll.[181]

Zum Kernbereich gehört unabhängig vom Recht auf Sicherungskopie auch das Recht, die Datensicherung nach dem Stand der Technik durchzuführen und die dafür notwendigen Kopien der Software anzufertigen.[182] Im Übrigen dürfte es heute in aller Regel zur Durchführung der täglichen Datensicherung erlaubt sein, in ihrem Rahmen Kopien der

---

[173] OLG München, CR 2009, 500 (501 f.).

[174] So wohl auch *Wandte/Bullinger-Grützmacher,* § 69 d UrhG, Rn. 13.

[175] *Wandte/Bullinger-Grützmacher,* § 69 d UrhG, Rn. 13.

[176] *Schricker/Loewenheim,* § 69 d Rn. 22.

[177] *Lehmann,* NJW 1993, 1822 (1823).

[178] So aber *Haberstumpf,* in: Lehmann (Hrsg.), Rechtsschutz und Verwertung von Computerprogrammen, S. 69 (146); wohl auch Kreutzer, CR 2006, 804 (807 f.); *Wiebe,* in Leupold/Glossner: IT-Recht, Teil 3, Rn. 61.

[179] *Koch,* Computer-Vertragsrecht, Rn. 1328; *Marly,* Praxishandbuch Softwarerecht, Rn. 1564; a. A.: *Wandtke/Bullinger-Grützmacher,* § 69 d UrhG, Rn. 55; *Werner,* CR 2000, 807; *Kreutzer,* CR 2006, 804 (809); *Wiebe,* in: Spindler/Schuster (Hrsg.), Recht der elektronischen Medien, § 69 d UrhG, Rn. 24.

[180] **A. A.** *Marly,* Praxishandbuch Softwarerecht, Rn. 1561 ff.

[181] *Söbbing,* ITRB 2007, 50.

[182] *Bartsch,* CR 2005, 1 (7).

auf der Festplatte gespeicherten Programme zu erzeugen. Eine solche tägliche Datensicherung ist ja sogar Obliegenheit der EDV-Nutzer.

Wer **berechtigter Benutzer** ist, bestimmt sich nach allgemeinen Regeln. Insbesondere 74 gehört derjenige dazu, dem das Programm zulässigerweise übertragen worden ist. Wie oben schon erwähnt, gehört dazu auch derjenige, dem das Programm erlaubt zur Nutzung überlassen worden ist, und derjenige, der ein Werkstück benutzt, für das der **Erschöpfungsgrundsatz** eingreift. Wegen der Weite des Anwendungsbereichs dürfte die Regelung des § 69 d UrhG eine gesetzliche Lizenz und nicht eine Interpretationsrichtlinie für einen eventuellen Überlassungsvertrag sein.[183] Problematisch ist, wenn vertraglich bestimmt wird, dass ein Stück Software ohne Nutzungsbefugnis übertragen wird, also vertraglich gerade geregelt wird, dass keine Nutzungsbefugnis eingeräumt wird. Hier wird ja gerade geregelt, dass keine Verwendungsbefugnis besteht. § 69 d UrhG greift dann nicht ein – der Erwerber erhält hier keine Verwendungsbefugnis. Ob eine solche Vereinbarung freilich wirksam getroffen wurde, muss vertragsrechtlich beurteilt werden.

f) Nutzungsrechtsübertragungen an Endnutzer

Unabhängig von den eben geschilderten gesetzlichen Regelungen werden in Software- 75 verträgen **Nutzungsrechtsübertragungen** meist explizit geregelt. Die Vielfalt der Klauseln ist praktisch unübersehbar.[183a] Anknüpfungspunkte sind meist Nutzerzahlen oder Prozessorengröße. Dabei kann auf die Zahl der gleichzeitig angeschlossenen („concurrent user") oder die Zahl konkret benannter Nutzer („named user") abgestellt werden. Wird ein übliches PC-Netzwerk eingesetzt, ist die Anzahl der angeschlossenen PC's oft der maßgebliche Gesichtspunkt. Ähnliches kann auch für virtuelle Netzwerke oder virtuelle Mehrprozessorumgebungen gelten.[184] Bei Lizenzen, die pro einzelne PC's erteilt werden, gibt es gelegentlich auch das Recht, die Software zusätzlich auf einem tragbaren Gerät oder zu Hause zu nutzen.[185] Daneben gibt es auch Unternehmens- und Konzernlizenzen, die ein Softwareunternehmen aber möglichst auch mit einer Höchstgrenze von erlaubten Nutzern versehen sollte.[186] Rechtsprechung zu solchen Klauseln ist eher selten.

So hat das OLG Düsseldorf[187] entschieden, dass eine **Generallizenz** zur Nutzung eines 76 Computerprogramms durch eine Vielzahl von Mitarbeitern des Lizenznehmers die Zustimmung des Lizenzgebers umfasst, dass die Mitarbeiter des Lizenznehmers von Dritten mit Hilfe von deren Computern geschult werden. Das LG Düsseldorf[188] entschied, dass die Klausel, nach der das Nutzungsrecht auch die Übertragung auf ein „Computersystem mit einem anderen Betriebssystem" umfasse, auch die Übertragung auf ein geändertes Betriebssystem auf einem anderen Rechner umfasse. Diese Klausel gestatte auch die im Rahmen des Übertragungsvorgangs zwangsweise erforderliche vorübergehend doppelte Nutzung der Software auf beiden Computersystemen. Eine andere Entscheidung des OLG Düsseldorf besagt, dass die Einschränkung der Nutzung der Software auf Dienstleistungen des Erwerbers im Rahmen eines Konzerns nicht die Erlaubnis umfasst, die gleichen Dienstleistungen nach Veräußerung des Softwareerwerbers an einen anderen Konzern für diesen zu erbringen.[189] Diese Entscheidungen zeigen, dass selbst konkret ausgehandelte Nutzungsregeln in Einzelfällen durchaus Probleme erzeugen können.

---

[183] *Köhler/Fritzsche*, in: Lehmann (Hrsg.) Rechtsschutz und Verwertung von Computerprogrammen, S. 513 (540, 546 f.); **a. A.** *Pres*, Gestaltungsformen, S. 120 f.; näher dazu ob Rn. 63.
[183a] Vgl. zum Folgenden *Grützmacher*, CR, 2011, 627.
[184] Dazu *Grützmacher*, ITRB 2011, 193.
[185] Eine Übersicht bei *Hoppen*, CR 2007, 129.
[186] Ausführlich *Grützmacher*, ITRB 2004, 204.
[187] NJW-RR 2002, 1049.
[188] CR 2002, 326.
[189] OLG Düsseldorf, CR 2006, 656.

77   Im Vordergrund der literarischen Diskussion und einzelnen Entscheidungen stehen jedoch übliche Standardklauseln.

Eine Klausel, nach der die Nutzungsübertragung von der vollständigen Zahlung des Kaufpreises abhänge, ist zulässig, allerdings nur dann, wenn der Lieferant nicht vorleistungspflichtig ist.[190] „Named User" – Klauseln sind nach einer im Schrifttum vertretenen Auffassung unwirksam.[191]

78   Sehr problematisch sind Klauseln, die die Weitergabe **endgültig gegen einmalige Zahlung** erworbener Software nach Abschluss des Gebrauchs an Dritte regeln. Hier könnte ein entsprechendes **Weitergabeverbot**, das in zahlreichen allgemeinen Geschäftsbedingungen der Softwarehersteller und -vertreiber vorgesehen ist und mittlerweile teilweise technisch realisiert wird,[192] mit dem urheberrechtlichen Erschöpfungsgrundsatz nicht vereinbar und damit nichtig sein. Ein generelles Weitergabeverbot ist außerdem wohl mit dem wohl nur für Urheber und nicht für Rechteinhaber geltenden § 34 Abs. 1 UrhG nicht vereinbar.[193] Nach dieser Vorschrift ist für die Weitergabe von Nutzungsrechten die Zustimmung des Urhebers erforderlich, die dieser jedoch nicht wider Treu und Glauben verweigern darf. Ist ein Softwareexemplar endgültig veräußert worden, dürfte eine Ablehnung der Zustimmung zur Weiterveräußerung kaum denkbar sein, wenn man in einer solchen Veräußerung nicht sogar eine konkludente Zustimmung sieht.[194]

79   Damit ist das Weitergabeverbot dinglich unwirksam.[195] Es ist aber auch **schuldrechtlich unwirksam**, soweit es die Weitergabe der Software auch bei Verzicht auf weitere eigene Nutzung durch allgemeine Geschäftsbedingungen verbietet. Insoweit stimmt es mit eindeutigen gesetzgeberischen Wertungen nicht überein. Dies ergibt sich unabhängig vom Urheberrecht aus § 307 Abs. 2 Nr. 1 BGB, in dem Fall, in dem der zugrunde liegende Vertrag als Vertrag über eine endgültige dauernde Überlassung der Nutzung zu werten ist.[196] Dies ist in vielen Fällen durchaus der Fall, insbesondere dann, wenn eine Software zur Nutzung auf Dauer ohne Rückgabeverpflichtung überlassen wird.[197] Da in diesem Fall ein Vermögenswert endgültig überlassen wird und nicht wieder zurückgegeben werden soll, ist es mit den Grundzügen der Vertragsgestaltung nicht vereinbar, ein entschädigungsloses Weitergabe-

---

[190] Vgl. unten Rn. 544.

[191] *Brandi-Dohrn*, in: Redeker (Hrsg.): Handbuch der IT-Verträge, Abschn. 1.2, Rn. 62; unten Rn. 83, 206.

[192] Dazu *Koch*, CR 2002, 629.

[193] *Haberstumpf*, CR 2009, 345 (349 f.); *Grützmacher*, CR 2010, 141 (144).

[194] *Harte-Bavendamm/Wiebe*, Computerrechtshandbuch, Abschn. 51, Rn. 89.

[195] A. A. *Bräutigam*, CR 2010, 215 f.

[196] Wie hier *Hoeren*, RDV 1988, 115 (118) und Softwareüberlassung, Rn. 162 ff.; *Bartsch*, CR 1987, 8 (9); *Schneider*, Handbuch des EDV-Rechts, Rn. C 255; *Brandi-Dohrn*, BB 1994, 658 (660); *Lehmann*, NJW 1993, 1822 (1825); *Haberstumpf*, in: Lehmann (Hrsg.) Rechtsschutz und Verwertung von Computerprogrammen, S. 69 (141 f.); *Wandtke-Bullinger-Grützmacher*, § 69 c UrhG, Rn. 38; *Huppertz*, CR 2006, 145 (150); *Schuppert/Greisinger*, CR 2005, 81 (83); *Fritzemeyer/Schoch*, CR 2003, 793 (797); *Intveen*, ITRB 2005, 234; *Kotthoff*, in: Heidelberger Kommentar, § 69 c, Rn. 27; *Lehmann*, in: Loewenheim (Hrsg.): Handbuch des Urheberrechts, § 76, Rn. 15; *Koch*, CR 2002, 629 (630 f.); *Schumacher*, CR 2000, 641 (648 f.); *Ulmer/Brandner/Hensen-H. Schmidt*, Bes. Vertragstypen: Softwareverträge, Rn. 17; OLG Bremen, *Zahrnt*, ECR OLG 248; *Wiebe*, in: Spindler/Schuster (Hrsg.), Recht der elektronischen Medien, § 69 d UrhG, Rn. 37; einschränkend auf den Fall der Betriebssoftware, die mit der Hardware veräußert werden soll: *Schmidt*, in: Lehmann (Hrsg.), Rechtsschutz und Verwertung von Computerprogrammen, S. 433 (487 f., Rn. 63); für diesen Fall genauso OLG Nürnberg, NJW 1989, 2634 f. = *Zahrnt*, ECR OLG 40; das OLG Frankfurt, Beil. Nr. 24 zu BB 1990, S. 8 (9 f.) mit krit. Anm. *Zahrnt* = *Zahrnt*, ECR OLG 36 , das LG Berlin, Urt. v. 14. 7. 2009, 6 O 67/08, JurPC Web-Dok. 240/2009 und *Bräutigam/Wiesemann*, CR 2010, 215 (216) halten die Klausel für wirksam; *Erben/Günther/Kubert/Zahrnt*, IT-Verträge, S. 104 f. differieren zwischen Überlassung von Object-Code, Überlassung von Quellcode und zahlreichen weiteren Fällen.

[197] OLG Nürnberg, NJW 1989, 2634 (2635) = *Zahrnt*, ECR OLG 40.

verbot durch allgemeine Geschäftsbedingungen einzuführen. Dies ergibt sich auch daraus, dass gerade dieses entschädigungslose Weitergabeverbot vom Gesetzgeber für urheberrechtlich geschützte Gegenstände generell ausgeschlossen worden ist. Es gibt auch kaum ein schützenswertes Interesse der Hersteller, die Weitergabe eines endgültig überlassenen Programms unter Verzicht auf eigene Nutzung zu unterbinden.[198] Diese Wertung gilt auch dann, wenn in den allgemeinen Geschäftsbedingungen eine **Rückgabeverpflichtung bei Einstellung der Nutzung** formuliert wird. Auch eine solche Klausel wäre unwirksam, da sie dem Grundcharakter des Vertrages widerspricht. Sie dürfte im Übrigen auch überraschend sein.

Notwendig ist für die Übertragung an einen Dritten immer die Weitergabe eines Werkstücks. Wird die Software auf einem Datenträger geliefert, muss dieses weitergegeben und die Software beim Veräußerer vollständig gelöscht werden. Wird die Software aus dem Internet herunter geladen oder in sonstiger Weise über Telekommunikation übertragen wurde, gilt der Erschöpfungsgrundsatz für dieses Werkstück ebenfalls.[199]

Unzulässig ist wohl auch eine Klausel, die die Weiterverbreitung an die **Zustimmung des Herstellers** bindet.[200] Allenfalls, wenn zugesichert wird, dass die Zustimmung immer erteilt wird, wenn keine sachlichen Gründe dagegen sprechen, mag die Klausel zulässig sein. Sie entspricht dann auch der Regelung des § 34 Abs. 1 UrhG. Ob die von Koch[201] erwähnten Bedenken wegen mangelnder Klarheit der Klausel nicht auch dann eingreifen, ist jedoch offen.   80

Ebenso dürfte eine Klausel in allgemeinen Geschäftsbedingungen unwirksam sein, die die **Nutzung** der Software **nur auf einer konkreten Anlage** zulässt.[202] Wirksam dagegen ist auch im Kaufvertrag eine Klausel, die zwar einen Wechsel der benutzten Anlage zulässt, aber nur, wenn dadurch der Benutzungsumfang nicht erhöht wird und bei erhöhtem Nutzungsumfang eine Mehrvergütung festlegt. Dies entspricht vernünftigen wirtschaftlichen Interessen beider Parteien.[203] Wirksam ist eine Beschränkung, nach der die Software nur auf einer Anlage gleichzeitig genutzt werden kann, weil durch sie eine doppelte wirtschaftliche Ausnutzung der erworbenen Software verhindert wird.[204]   81

Anders ist die Situation bei **Mietverträgen** und ähnlichen Vertragsgestaltungen. Hier sind Weitergabeverbote und CPU-Klauseln zulässig.[205] Allerdings wird ein Vertrag nicht   82

---

[198] Ebenso *Malzer*, Der Softwarevertrag, S. 130 ff.

[199] Oben Rn. 62 c.

[200] *Koch*, CR 2002, 629 (632 f.); *Erben/Günther/Kubert/Zahrnt*, IT-Verträge, S. 110; *Haberstumpf*, CR 2009, 345 (349 f.); *Huppertz*, CR 2006, 145 (150); *Intveen*, ITRB 2005, 235 (236); *Fitzemeyer/Schoch*, CR 2003, 793 (797); wohl auch *von dem Bussche/Schelinski*, in: Leupold/Glossner (Hrsg.): IT-Recht, Teil 1, Rn. 210.

[201] *Koch*, CR 2002, 629 (632 f.).

[202] Ebenso *Wandtke/Bullinger-Grützmacher*, § 69 d UrhG, Rn. 42; *Grützacher*, ITRB 2003, 279 (281); *Dreier/Vogel*, Software- und Computerrecht, S. 127 f.; *Brandi-Dohrn*, BB 1994, 658 (660); OLG Frankfurt, CR 1991, 345; *Zahrnt*, ECR OLG 156 = CR 1994, 398; CR 2000, 146 (149 f.); *Erben/Günther/Kubert/Zahrnt*, IT-Verträge, S. 115; *Bartsch*, CR 2005, 1 (7); *Wiebe*, in: Spindler/Schuster (Hrsg.), Recht der elektronischen Medien, § 69 d UrhG, Rn. 35; leicht einschränkend *Scholz/Haines*, CR 2003, 393 (397); a. A. *Lehmann*, in: Loewenheim (Hrsg.): Handbuch des Urheberrechts, § 76, Rn. 28; *Metzger*, NJW 2003, 1994; *Ulmer/Brandner-Hensen-H. Schmidt*, Bes. Vertragstypen: Softwareverträge, Rn. 16.

[203] Ebenso *Zahrnt*, Anm. zu ECR OLG 156; LG Arnsberg, Beil. Nr. 7 zu BB 1997, S. 3 m. krit. Anm. *Zahrnt*; *Scholz/Haines*, CR 2003, 393 (395 ff.); a. A. *Gennen*, in: Schwartmann (Hrsg.): Praxishandbuch Medien-, IT- und Urheberrecht, Kap. 20, Rn. 134; *Wiebe*, in: Leupold/Glossner (Hrsg.): IT-Recht, Teil 3, Rn. 79.

[204] Zu weiteren Klauseln mit ähnlichen und vergleichbaren Inhalten *Erben/Günther/Kubert/Zahrnt*, IT-Verträge, S. 117 ff.

[205] *Wiebe*, in: Spindler/Schuster (Hrsg.), Recht der elektronischen Medien, § 69 d UrhG, Rn. 36; A. A. für CPU-Klauseln: *Scholz/Haines*, CR 2003, 393 (398); einschränkend *Grützmacher*, ITRB 2003, 279 (280).

schlichtweg dadurch Mietvertrag, dass er als solcher bezeichnet wird. Er wird auch nicht dadurch Mietvertrag, dass in allgemeinen Geschäftsbedingungen bei einem Vertrag, der ganz offenkundig eine dauernde Überlassung gegen Einmalzahlung beinhaltet, eine Rückgabepflicht eingeführt wird, wenn der Benutzer die Software nicht weiterbenutzen will. Diese Klausel ist vielmehr – wie schon gesagt[206] – unwirksam. Das gleiche gilt für eine Klausel, nach der bei einem als Kaufvertrag einzuordnenden Vertrag nur ein zeitlich begrenztes Nutzungsrecht übertragen wird[207]. Auch die bloße Bezeichnung eines Vertrages als Lizenzvertrag ist zur Annahme eines Mietvertrages nicht ausreichend. Es kommt entscheidend auf den Vertragsinhalt an.

83   Grundsätzlich zulässig sind Klauseln, die die Nutzung von Software in einem Netzwerk abhängig von der Benutzerzahl regeln.[208] Für solche Klauseln gibt es ein legitimes Interesse des Herstellers, zumal es sich meist auch um Preisvereinbarungen handelt. Auch ein Vertragsmodell, dass die Vergütung an namentlich genannte Nutzer („named user") bindet, ist zulässig.[209] Zulässig dürften auch Klauseln sein, die für gemeinsam gekaufte (und damit insgesamt billigere) Softwareprodukte vorschreiben, dass diese nur gemeinsam eingesetzt werden dürfen.[210] Das gleiche gilt für ein Verbot der Aufspaltung von nutzerbezogenen Lizenzen für die Nutzung einer Software.[211]

84   Allerdings sind im Einzelfall bei **individuell ausgehandelten Verträgen** alle oben genannten Verwendungsbeschränkungen zulässig. Sie können allerdings auch kartellrechtlich verboten sein.[212]

85   Gelegentlich wird im Rahmen der Nutzungsüberlassungsvereinbarung dem Kunden auch die Verpflichtung auferlegt, das Programm **Dritten nicht zugänglich zu machen.** Diese Vereinbarung hindert den Kunden aber nicht daran, Dritte mit der Fehlerbeseitigung zu beauftragen und diesen das Programm zugänglich zu machen.[213] Hat der Kunde auch Änderungsrechte, darf er auch die Pflege Dritten übertragen und diesen das Programm zugänglich zu machen.

86   Klauseln, die **Vervielfältigungsverbote** vorsehen, sind zulässig, soweit sie nicht den Kernbereich der Nutzungsrechte nach § 69 d UrhG einschränken. Solche Rechte müssen also vorbehalten bleiben.[214]

Zulässig ist auch eine Klausel, die den Einsatz der Software nur auf vom Lieferanten freigegebenen IT-Anlagen ermöglicht[215] – allerdings nur, wenn die Leistungsbeschreibung nichts anderes ergibt. Unzulässig ist es, die Nutzung nur auf Anlagen zuzulassen, die vom Softwarelieferanten vermittelt werden.

87   Ferner gibt es eine ganze Reihe weiterer **Nutzungsvereinbarungen,** die an die technischen Möglichkeiten vernetzter Rechner **im Internet** anknüpfen.[216] So wird z. B. verlangt, dass die Nutzung nur auf einem Rechner erfolgt, der an das Internet angebunden ist. Ferner wird vereinbart, dass der **Hersteller** den **Rechner** auf das Vorhandensein illegaler Kopien **überprüfen** kann oder auch alle Updates über das Internet liefert. Teilweise wird

---

[206] Oben Rn. 79.
[207] A. A. LG Köln, Cr 2010, 576 m. krit. Anm. Redeker.
[208] Teilweise einschränkender: *Schumacher,* CR 2000, 641 (649 f.).
[209] *Erben/Günther/Kubert/Zahrnt,* IT-Verträge, S. 118; a. A. *Brandi-Dohrn,* in Redeker (Hrsg.): Handbuch der IT-Verträge, Abschn. 1.2, Rn. 62.
[210] *Erben/Günther/Kubert/Zahrnt,* IT-Verträge, S. 116 ff.
[211] OLG Karlsruhe, Urt. v. 27. 7. 2011, 6 U 18/10, JurPC Web-Dok. 129/2011.
[212] Dazu noch zum früheren Recht *Lehmann,* CR 1990, 700; *Schneider,* Softwarenutzungsverträge, S. 184 ff.
[213] BGH NJW 2000, 3213 = CR 2000, 656 = GRUR 2000, 866 = BB 2000, 2227.
[214] *Kreutzer,* CR 2006, 804 (808 ff.).
[215] *Erben/Günther/Kubert/Zahrnt,* IT-Verträge, S. 129 f.
[216] Näher zum Folgenden: *Koch,* CR 2002, 629 (636 ff.); vgl. auch *Runte,* CR 2001, 657; unten Rn. 328.

dabei als Vergütungssystem eine Vergütung pro Nutzung vereinbart oder auch eine Nutzung des lokalen Programms nur gleichzeitig mit der Aktivierung eines beim Hersteller vorhandenen Programms möglich gemacht. Oft kann die Software auch lokal auf Dauer nur genutzt werden, wenn sie durch eine sog. „Aktivierung" einer konkreten Hardware zugeordnet wird. Bei einem Hardwarewechsel muss die Software neu aktiviert werden.[217] In anderen Fällen ist eine Registrierung beim Hersteller Nutzungsvoraussetzung.

Fast alle diese Klauseln können individualvertraglich vereinbart werden. Als allgemeine Geschäftsbedingungen sind sie nur wirksam, wenn die Software nicht endgültig überlassen wird, weil sie andernfalls die versprochene Leistung des Veräußerers zu sehr einschränken. Die Klausel, die ein jederzeitiges Besichtigungsrecht des Herstellers im Kundenrechner vorsieht, sie auch bei bloß zeitweiliger Überlassung der Software gem. § 307 Abs. 2 Nr. 1 BGB unzulässig, weil sie die Voraussetzungen des Besichtigungsrechts nach §§ 101 UrhG, 140 c PatG[218] zu Lasten des Kunden massiv verschiebt und dem Hersteller die voraussetzungsfreie Möglichkeit gibt, den Rechner des Kunden zu besichtigen. In vielen Fällen führt dies auch zu gravierenden Verstößen gegen datenschutzrechtliche Normen.[218a] Dies führt dazu, dass diese Klausel auch durch individuellen Vertrag kaum wirksam vereinbart werden kann.

Möglich ist freilich im Unternehmensverkehr eine Klausel, die den Hersteller berechtigt, **87a** beim Kunden nach Vorankündigung auch ohne konkreten Verdacht die Lizenzsituation durch einen zur Verschwiegenheit verpflichteten Sachverständigen unter Wahrung der Datenschutzvorschriften überprüfen zu lassen **(Lizenzaudit)**. Im Gegensatz zu einem Prüfungsrecht nach den o. g. Vorschriften[219] ist ein solches Prüfungsrecht zwar voraussetzungslos, die beiderseitigen Interessen sind aber hinreichend gewahrt.[220] Im Verbraucherbereich ist die Klausel wegen des Schutzes der Privatsphäre wohl unwirksam. Sie ist dort auch praktisch kaum einsetzbar. Die Einhaltung von zwingenden Datenschutzregeln[221] kann aber praktisch zu einer deutlichen Beschränkung der Prüfmöglichkeiten führten.

g) Public-Domain (PD)-Software und Shareware

In der Literatur und gelegentlich auch in der Rechtsprechung taucht auch das Problem **88** der sogenannten **Public-Domain-Software** und **Shareware** auf.[222]

Im Gegensatz zu häufig in der Praxis herrschenden Vorstellung ergibt insbesondere auch die Auswertung der Rechtsprechung, dass es hier keine einheitlichen Begriffsbildungen gibt.

Grob gesprochen ist bei **Public-Domain-Software** die Nutzung prinzipiell erlaubt und **89** zwar kostenfrei und primär ohne Grenzen. Auch die Bearbeitung ist zulässig.[223] Demgegenüber ist bei Shareware eine Benutzung für eigene Zwecke erlaubt, wobei diese oft auf eine bestimmte Zeit begrenzt wird. Wer das Programm länger benutzen will, muss eine Vollversion erwerben. Eine Bearbeitung ist unzulässig.[224] Der gewerbliche Weitervertrieb

---

[217] Umfassend dazu *Jobke,* Produktaktivierung.

[218] Dazu unten Rn. 155.

[218a] Dazu *Hartung/Busche,* CR 2011, 705 (707 ff.).

[219] Dazu unten Rn. 113 f. 155.

[220] *Moos,* CR 2006, 797; *Erben/Günther/Kubert/Zahrnt,* IT-Verträge, S. 134; *Bierekoven,* ITRB 2008, 84 (87 f.); *Brandi-Dohrn,* in: Redeker (Hrsg.): Handbuch der IT-Verträge, Abschn. 1.2, Rn. 128 a hält die Klausel sogar ohne den Vorbehalt der Untersuchung durch den unabhängigen Sachverständigen für wirksam; a. A. unwirksam: *Hoeren,* CR 2008, 409 ff.; *Marly,* Praxishandbuch Softwarerecht, Rn. 1757 ff.; *von dem Bussche/Schelinski,* in: Leupold/Glossner (Hrsg.): IT-Recht, Teil 1, Rn. 215.

[221] Dazu unten Rn. 924 ff.

[222] Dazu auch *Wandtke/Bullinger-Grützmacher,* § 69 c UrhG, Rn. 68 ff.

[223] *Von dem Bussche/Schelinski,* in: Leupold/Glossner (Hrsg.): IT-Recht, Teil 1, Rn. 16.

[224] *Von dem Bussche/Schelinski,* in: Leupold/Glossner (Hrsg.): IT-Recht, Teil 1, Rn. 15.

ist aber in aller Regel verboten.[225] Das OLG Stuttgart hat dazu[226] ausgeführt, der Vertrieb von Public-Domain-Software führe dazu, dass der Urheber auf die Geltendmachung etwaiger Ansprüche wegen unerlaubter Vervielfältigung gegen eine Person, welche das Programm vervielfältigt und weiter vertreibt, von vornherein verzichtet. Dies dürfte auch dem US-amerikanischen Ursprung dieser Vertriebsform entsprechen. Dennoch ist der Ansatz des OLG Köln[227] richtiger, hier auf die Bestimmungen abzuheben, die ein jeweiliger **Autor** dem Programm im **Einzelfall** beigegeben hat. Dies geschieht insbesondere bei Shareware in großem Umfang. Ist nichts beigefügt, dürfte primär eine Nutzung für eigene Zwecke sowie ein kostenloser gewerblicher Weitervertrieb zulässig sein[228] und letztlich auch der ursprünglichen Vorstellung von Public-Domain-Software entsprechen. Ein gewerblicher Weitervertrieb, bei dem die Programmvervielfältigung selbst noch Gewinne abwerfen soll, dürfte allerdings auch bei Public-Domain-Software nicht zulässig sein. In aller Regel müssen die Beteiligten in solchen Fällen bemüht sein, die konkreten Umständen des Einzelfalls aufzudecken, um den Umfang der Rechtsübertragung zu ermitteln. Ist einmal Public-Domain-Software oder Shareware unter bestimmten Bedingungen in den Vertrieb gelangt, kann nicht ohne **Aufbrauchfrist** der Weitervertrieb in der Zukunft verboten werden, weil diejenigen, die im Hinblick auf die Erlaubnisse in der Vergangenheit Aufwendungen getroffen haben, die getätigten Investitionen noch abarbeiten können (z. B. den Vertrieb schon gepresster CDs zum Erstehungspreis dieser CDs).[229]

h) Open-Source-Software

90   Auf den ersten Blick ähnlich der Public-Domain-Software ist die **Open Source Software** – ein immer weiter verbreitetes Lizenzmodell. Auch diese kann ohne Kosten genutzt werden. Dennoch ist der Ansatz der Verbreiter solcher Software rechtlich und tatsächlich ein anderer als der der Verbreiter von Public-Domain-Software. Open Source Software soll in der Tat ohne Zahlung von Lizenzgebühren für die Nutzungsrechte von jedermann genutzt und weiterentwickelt werden können. Gerade die Möglichkeit der freien Weiterentwicklung zusammen mit der Offenlegung des Quellcodes ist ein wichtiger Gesichtspunkt für Open-Source-Software, die auch ihren Anspruch auf gesteigerte Zuverlässigkeit gerade daraus ableitet. Zu Erreichung dieses Zwecks wird nicht nur die Weitergabe, sondern auch die Veränderung der Software erlaubt. Außerdem wird der Quellcode zur Nutzung durch Jedermann freigegeben.[230] Allerdings geschieht dies in den im Bereich der Open Source Software weit verbreiteten sog. **Copy-Left-Lizenzen** nicht bedingungsfrei. Nach diesen Lizenzen muss sich der Nutzer dazu verpflichten, sich beim Weitervertrieb der von ihm vorgenommenen Änderungen den Regeln der jeweiligen Lizenz zu unterwerfen. Diese Verpflichtung des Benutzers wird dadurch erreicht, dass die freie Nutzung der Open Source Software urheberrechtlich unter die Bedingung[231] gestellt wird, dass der

---

[225] Zu Einzelfällen vgl. OLG Stuttgart, *Zahrnt*, ECR OLG 145; OLG Hamburg, *Zahrnt*, ECR OLG 151 und OLG Köln, *Zahrnt*, ECR OLG 239 = OLG-Report Köln 1997, 5; BGH GRUR 2000, 76; ausführlich alles dargestellt bei *Schneider*, Handbuch des EDV-Rechts, Rn. J19 ff.; vgl. auch *Lenhard*, Vertragstypologie, S. 291.

[226] *Zahrnt*, ECR OLG 145; ähnlich auch *Lenhard*, Vertragstypologie, S. 288 ff.

[227] *Zahrnt*, ECR OLG 239 = OLG-Report Köln 1997, 5.

[228] *Wandtke/Bullinger-Grützmacher*, § 69 c, Rn. 68, 71; *Haberstumpf*, in: Lehmann (Hrsg.): Rechtsschutz und Verwertung von Computerprogrammen, S. 69 (153) hält nur die Nutzung für eigene Zwecke für zulässig.

[229] So ausdrücklich OLG Köln, *Zahrnt*, ECR OLG 239.

[230] Zur Definition vgl. *Picot/Fiedler*, in: Büllesbach/Dreier (Hrsg.): Wem gehört die Information im 21. Jahrhundert?, S. 37 (40); *Jaeger/Metzger*, Open Source Software, Rn. 2.

[231] Näher *Jaeger/Metzger*, Open Source Software, Rn. 152 ff.; *Spindler/Wiebe*, CR 2003, 873 (874 ff.); *Wiebe*, in: Spindler/Schuster (Hrsg.), Recht der elektronischen Medien, § 69 c UrhG. Rn. 38 f.

Nutzer seine Weiterentwicklungen in gleicher Weise freigibt. Andere Bedingungswerke sehen weniger strenge Auflagen vor. Urheberrechtliche Regelungen werden damit zur Erreichung der Ziele der Open Source Bewegung eingesetzt. Die Software wird eben nicht bedingungslos freigegeben, vielmehr muss ihr Nutzer urheberrechtliche Beschränkungen beachten. Zu beachten ist, dass einem berechtigten Benutzer auch bei Eintritt der Bedingung die Rechte nach § 69 d UrhG verbleiben. Dies gilt insbesondere dann, wenn er ein Werkstück erworben hat, an dem schon Erschöpfung eingetreten ist.[232]

Zur Erreichung dieses Zweckes sind verschiedene Lizenzbedingungen entwickelt worden. Am bekanntesten ist die **GNU Public License (GPL)**, mittlerweile in Version 3. Diese wird in Deutschland von den Gerichten als Vertragswerk prinzipiell anerkannt,[233] auch wenn unklar bleibt, mit wem welcher Vertrag geschlossen wird.[234] Die GPL erlaubt in der immer noch häufig verwendeten Version 2 ebenso wie in Version 3 neben der bloßen Nutzung auch die Bearbeitung der Software, ferner ist ihre Vervielfältigung und Verbreitung an alle erlaubt – allerdings nur unter der Bedingung, dass ein entsprechender Copyrightvermerk, ein (AGB-rechtlich unwirksamer) Haftungsausschluss und eine Kopie der GPL-Bedingungen beigefügt werden. Bei Verwendung der Version 2 muss die Einräumung der Rechte unentgeltlich erfolgen, für den Vertrieb können Entgelte verlangt werden, die aber keine Nutzungsentgelte sein dürfen. Dazu gehören Kosten für die Erstellung des Vervielfältigungsstücks und Entgelte für Zusatzleistungen. Version 3 sieht demgegenüber unbegrenzte Preisgestaltungsmöglichkeiten vor, so dass von einer (rechtlichen) Pflicht zum kostenfreien Vertrieb nicht mehr gesprochen werden kann. Erlaubt ist der kostenfreie Vertrieb aber auch bei Verwendung von GPL v.3.[235] Bei der Weitergabe von Veränderungen müssen diese mit einem auffälligen Vermerk gekennzeichnet werden. Auch die Veränderung muss der GPL unterstellt werden. Kommerzielle Anbieter müssen die Software zusammen mit dem Quellcode weitergeben, alle anderen Anbieter müssen sich jedenfalls bereiterklären, den Quellcode zur Verfügung zu stellen. Wichtig ist noch, dass Software, die Open Source Software ergänzt oder nutzt, durchaus entgeltlich und ohne Offenlage vertrieben werden kann. Die dargestellten Lizenzbedingungen gelten nur für das Ursprungsprogramm selbst und seine Weiterentwicklungen, nicht aber für Ergänzungen, wenn sie klar getrennt erstellt und vermarktet werden. Wann dieser Fall vorliegt, ist nach den Klauseln der GPL, auch der Version 3[236], , allerdings sehr unklar.[237] Wichtig ist eine technische Trennung[238], die z. B. bei embedded Software kaum möglich ist.[239] Hinzu kommen muss außerdem, dass jedes Programm auch ohne das andere einsetzbar ist.[240] Demgemäß dürfte im Normalfall auch der Zugriff eines Programms auf eine **Bibliotheksroutine** aus einer Bibliothek, die unter GPL steht, nicht dazu führen, dass dieses Programm unter GPL gestellt werden muss. Um hier Probleme zu vermeiden, ist aber speziell die **Lesser General Public License (LGPL)** entwickelt wor-

---

[232] *Wiebe*, in: Spindler/Schuster (Hrsg.), Recht der elektronischen Medien, § 69 d UrhG, Rn. 41 f.

[233] LG München, CR 2004, 774; LG Frankfurt/M., CR 2006, 728 (731 f.) m. Anm. *Grützmacher* = ITRB 2006, 271 (Roessel); LG Berlin, CR 2006, 735; ebenso LG Bochum, Urt. v. 20. 1. 2011, 80 293/09, Jur PC Web-Ddl. 189/2011.

[234] Stark differenzierend *Lenhard*, Vertragstypologie, S. 333 ff.; vgl. auch *Jaeger/Metzger*, Open Source Software, Rn. 173 ff.

[235] *Koch*, ITRB 2007, 261 (262 f.).

[236] Vgl. dazu *Funk/Zeifang*, CR 2007, 617 (620 ff.); *Jaeger/Metzger*, GRUR 2008, 130 (135 f.).

[237] Näher: *Lejeune*, ITRB 2003, 10; *Wuermeling/Deike*, CR 2003, 87; *Wiebe*, in: Spindler/Schuster (Hrsg.), Recht der elektronischen Medien, § 69 c UrhG. Rn. 43 f.; *Dreier/Vogel*, Software- und Computerrecht, S. 215 f.

[238] *Hoppen/Thalhofer*, CR 2010, 275.

[239] Dazu *Grützmacher*, in: Büchner/Dreier (Hrsg.): Von der Lochkarte zum globalen Netzwerk, S. 87 (97 ff.).

[240] *Jaeger/Metzge*, Open Source Software, Rn. 51 ff., *ifross-Jaeger*, Ziff. 2 GPL, Rn. 14 ff.

den.[241] Aber auch hier dürfen Bibliotheks- und aufrufendes Programm nicht, z. B. durch statisches Verlinken, zu einem ausführbaren Programm verbunden werden, wenn sie getrennt lizenziert werden sollen[242]. Da der Copyleft-Effekt auch zu Unverträglichkeiten verschiedener Open Source-Lizenzen führte, hat Ziff. 7 GPL v.3 Erleichterungen einge-führt, die zumindest manche der anderen Lizenzen kompatibel machen.[243] Die beschrie-benen Effekte gelten auch für verschiedene Versionen der GPL untereinander. Stellt ein Anbieter eine Software unter GPL v.3, verwendet aber Teile, die unter GPLv.2 fallen, fällt die gesamte Software unter GPL v.2.[244] Ein Wechsel von GPL v.2 zu GPL v.3 ist vor allem dann möglich, wenn eine Software der GPL der jeweils neuesten Version unterstellt ist.[245]

91a   Die unklaren Regelungen in GPL und LGPL mahnen zur Vorsicht bei der Verbreitung und dem Erwerb von Softwarepaketen, in denen auch Software enthalten ist, die unter GPL steht[246]. Ein sicherer Erwerb ist für den Kunden nur möglich, wenn er diese Pakete insgesamt unter GPL erwirbt. Ansonsten kann der Rechtserwerb daran scheitern, dass die Bedingungen der GPL (bzw. LGPL) zur Weiterverbreitung nicht eingehalten sind. Da bei der Weiterverbreitung von Software, die GPL und LGPL unterliegt, auch der Erschöp-fungsgrundsatz wegen der speziellen Konstruktion der Nutzungsübertragung nicht greift,[247] ist auch der Erwerb des einfachen Nutzungsrechts fraglich. Auch § 69 d UrhG hilft nicht, weil der Erwerber ja über kein zulässig übertragenes Werkstück verfügt. Dies gilt insbesondere bei veränderter Software, für die der Erschöpfungsgrundsatz nicht greift. In diesem Fall hilft aber u. U. ein Direkterwerb der ursprünglichen Rechte durch den Erwerber von der Entwicklergemeinschaft, die das Werkstück entwickelt hat, das sein Lieferant geliefert hat. Ob er damit auch die Rechte an der vom Lieferanten hinzugefügten Software erwirbt und dieser Zusatzerwerb beständig ist, ist aber – wie vieles andere – noch ungeklärt. Ungeklärt ist auch, ob Arbeitnehmer Software unter GPL weiterentwickeln dürfen, obwohl sie vergütet werden. Dies dürfte aber möglich sein, auch wenn die dogmatische Begründung noch unklar ist.[248] Zu beachten ist ferner, dass der Begriff der Verbreitung in der GPL nicht definiert ist. Legt man ihn allein nach deutschem Urheber-recht aus, ist auch der Einsatz der Software in einem größeren Unternehmen Verbrei-tung.[249] Dies zwingt zur Vorsicht beim Einsatz von GPL-Software innerhalb eines Unter-nehmens. Allerdings ist zu beachten, dass die GPL als Vertragswerk nach US-amerika-nischem Recht entwickelt wurde, so dass zu ihrer Auslegung auch auf amerikanisches Recht zurückzugreifen ist. Danach könnte es so sein, dass Verbreitung nur beim Vertrieb an andere Rechtspersönlichkeiten vorliegt. Verbreitung wäre dann beim Einsatz im eige-nen Unternehmen nicht gegeben, wohl aber beim Einsatz im Konzern.[250] Bei Einsatz der Version 3 ist nach einer in der Literatur vertretenen Auffassung die Auslegung nach deutschem Recht notwendig, so dass die Weitergabe im Unternehmen Verbreitung ist[251].

---

[241] Näher dazu *Jaeger/Metzger,* Open Source Software, Rn. 90 ff.

[242] *Jaeger/Netzger,* Open Source Software, Rn. 57 ff.; *ifross-Jaeger,* Ziff. 2 GPL, Rn. 46.

[243] Dazu *Jaeger/Metzger,* GRUR 2008, 130 (132).

[244] *Koch,* ITRB 2007, 285 (287); *Jaeger/Metzger,* GRUR 2008, 130 (137) halten die Versionen sogar für nicht kompatibel.

[245] Zum Wechsel *Koglin,* CR 2008, 137.

[246] *Gerlach,* CR 2006, 649 (652).

[247] So jedenfalls *Lenhard,* Vertragstypologie, S. 324 f.; allerdings zweifelhaft, weil das Nutzungs-recht unbeschränkt eingeräumt wird; a. A. *Spindler/Wiebe,* CR 2003, 873 (876 ff.).

[248] Vgl. *Koch,* Informatik Spektrum 2004, 55 (58); *Spindler,* in: Wem gehört die Information im 21. Jahrhundert, herausgegeben von Alfred Büllesbach und Thomas Dreier, S. 115 (121 ff.); *Jaeger/Metzger,* Open Source Software, Rn. 148.

[249] Oben Rn. 50.

[250] So *Jaeger/Metzger,* Open Source Software, Rn. 46; *ifross-Jaeger,* Ziff. 1 GPL, Rn. 25 ff.

[251] *Funk/Zeifang,* CR 2010, 617 (620).

Die Wirksamkeit der urheberrechtlichen Regelungen ist von verschiedenen Gerichten angenommen worden[252] und wird weitgehend auch in der Literatur vertreten.[253]

Andere Bedingungswerke für Open Source Software stellen andere Bedingungen. Nicht immer müssen Veränderungen des Programms auch den Ursprungsbedingungen unterstellt werden. Teilweise reicht ein bloßer Urheberhinweis.[254] Teilweise behalten sich die Ersteller des Erstcodes auch Sonderrechte vor. So lässt sich Apple in der Apple Public Source License Version 1.2 (APSL) das Recht zubilligen, Weiterentwicklungen Dritter selbst proprietär vermarkten zu dürfen.[255] Manchmal muss der Lizenzgeber bei einzelnen Regelungen auch darauf Rücksicht nehmen, dass er ihm nicht gehörende Drittsoftware verwendet hat.[256] Was konkret verlangt wird, richtet sich nach der konkreten Lizenz.   92

Eine Wirkung der Lizenzbedingungen gegenüber jedermann ergibt sich freilich nur, wenn es sich bei der **Open Source Software** um eine **eigenständige Nutzungsform** handelt.[257] Davon wird man freilich angesichts der sehr detaillierten Regelungen der einzelnen Bedingungswerke nicht ohne weiteres ausgehen können.[258] Möglicherweise ist aber das Grundprinzip „Open Source Software" eine durchaus abgrenzbare Nutzungsart, so dass Dritten gegenüber, die aus irgendeiner Quelle die Software ohne Lizenzbedingungen erhalten haben, zumindest die Grundprinzipien gelten, wie es z. B. die Pflicht zur Offenlage des Quellcodes und zur unentgeltlichen Weitergabe darstellen. Dafür spricht insbesondere das eigenständige Marktsegment, das die Open Source Software mittlerweile erreicht hat und das deutlich anderen Nutzungsprinzipien als der Markt der proprietären Software unterfällt. Dafür spricht auch die spezielle Anerkennung, die das Open Source Model durch § 32 Abs. 3 S. 3 UrhG von Seiten des Gesetzgebers erfahren hat.   93

Besondere Probleme stellen sich hinsichtlich der Urheberschaft an der Software und der Aktivlegitimation. Diese werden an anderer Stelle erörtert.[259]   94

i) Die Dekompilierung nach § 69 e UrhG

Eine weitere explizite, auf Softwareprodukte beschränkte Begrenzung des Urheberrechts ergibt sich aus **§ 69 e UrhG.**   95

Danach ist die Zustimmung des Rechtsinhabers nicht erforderlich, wenn die Vervielfältigung des Codes oder die Übersetzung der Code-Form unerlässlich ist, um die erforderlichen Informationen zur Herstellung der Interoperabilität eines unabhängig geschaffenen Computerprogramms mit anderen Programmen zu erhalten. Diese Erlaubnis ist an drei weitere Bedingungen geknüpft, nämlich daran, dass die Handlungen von dem Lizenznehmer oder von einer anderen zur Verwendung eines Vervielfältigungsstücks des Programms berechtigten Person oder in deren Namen von einer hierzu ermächtigten Person vorgenommen werden, die für die Herstellung der Interoperabilität notwendigen Informationen für diese Person nicht ohne weiteres zugänglich gemacht sind und die Handlungen sich auf die Teile des ursprünglichen Programms beschränken, die zur Herstellung der Interoperabilität notwendig sind.

---

[252] Z. B. LG Frankfurt, CR 2006, 733 m. Anm. *Grützmacher.*

[253] Eine Ausnahme bei *Czychowski/Nordemann*, NJW 2008, 1571 (1575), die kartellrechtliche Zweifel haben.

[254] So in der BSD (Berkeley State Distribution-)License: *Jaeger/Metzger*, Open Source Software, Rn. 99 ff.

[255] *Jaeger/Metzger*, Open Source Software, Rn. 113.

[256] Vgl. näher *Jaeger/Metzger*, Open Source Software, Rn. 82 zu den Gründen für die Mozilla Public License 1.1 im Zusammenhang mit der Freigabe des Codes des Netscape Navigators.

[257] Vgl. oben Rn. 53.

[258] So *Grützmacher*, ITRB 2002, 84 (87).

[259] Oben Rn. 22 und unten Rn. 230, 245.

96   Der Begriff der **Dekompilierung** taucht nur in der Überschrift auf. Gemeint ist damit
das, was in Absatz 1 zunächst beschrieben worden ist. Es geht um die Rückübersetzung
eines Programms aus dem Objektcode in den Quellcode.[260]
       Die Vorschrift erlaubt also zunächst eine solche **Rückübersetzung.** Nicht nach dieser
Vorschrift erlaubt sind weitere Techniken des sog. **Reverse Engeneering,** nämlich Testläu-
fe, Speicherabzüge und die Protokollierung der Signalkommunikation.[261] Diese können
u. U. in anderen Vorschriften erlaubt sein, nicht jedoch nach § 69 e UrhG.
       Allerdings erlaubt die Vorschrift nach ihrem Text ausdrücklich nicht nur die Rücküber-
setzung und damit die Dekompilierung, sondern jede Form der Übersetzung oder Vervielfältigung, die unerlässlich ist, um die Interoperabilität möglich zu machen. Man kann
also dann den erzeugten Quellcode auch wiederum in den Sourcecode rückübersetzen
und hinreichend zahlreiche Vervielfältigungen erzeugen.
       Notwendige Voraussetzung für eine Erlaubnis nach der hier fraglichen Vorschrift ist
freilich, dass die durch die Maßnahmen erworbene Informationen notwendig sind, um die
Interoperabilität von Programmen herzustellen. Zu anderen Zwecken darf nicht dekompiliert werden, also auch nicht zu Wartungszwecken.[262]

97   Es geht dabei nicht nur um **Herstellung der Interoperabilität** eines Programms zum
dekompilierten Programm. Ein solcher Zweck steht zwar oft im Vordergrund, wenn der
Hersteller des neuen Programms ein Programm herstellen will, das mit dem dekompilierten Programm zusammenarbeiten soll, und er dazu die notwendigen Kenntnisse über die
Schnittstellen des Programms erwerben will. Zulässig ist die Dekompilierung aber auch,
um ein Produkt herzustellen, das wiederum seinerseits mit dem dekompilierten Programm
konkurrieren will und deswegen die Schnittstelleninformationen braucht, um nämlich für
Programme nutzbar zu sein, die mit dem dekompilierten Programm zusammen arbeiten.
Es wäre also nicht nur zulässig, Schnittstellenspezifizierungen eines PC-BIOS durch
Dekompilierung zu gewinnen, um ein Programm herzustellen, das mit diesem PC-BIOS
arbeiten kann, sondern auch, um ein konkurrierendes BIOS herzustellen.[263] Vergleichbares
gilt selbstverständlich auch für Betriebssysteme von größeren Rechnern.
       Darüber hinaus ist eine Einschränkung auch dahingehend notwendig, dass die Informa-
tionen für die Herstellung der Interoperabilität unerlässlich sind. Sie dürfen damit auf
anderem Wege nicht zu beschaffen sein. Weiterhin dürfen nur Personen eine Dekompilierung durchführen, die zur Nutzung des jeweiligen Werkstücks berechtigt sind.[264] Wer also
ein Werkstück analysieren will, muss es zunächst erwerben.

98   Eine weitere wichtige Voraussetzung ist, dass die **Informationen nicht auf anderem
Wege zugänglich sind.** Sie sind ohne weiteres zugänglich, wenn sie veröffentlicht, in der
Begleitdokumentation zum Programm enthalten oder vom Programmhersteller auf An-
forderung zu erhalten sind.[265]

99   Im Übrigen dürften nur die notwendigen Programmteile dekompiliert werden. Diese
Einschränkung ist im Begriff der Unerlässlichkeit ohnehin enthalten und daher an sich
überflüssig.

100   Die nach der Vorschrift des § 69 e UrhG gewonnenen Informationen dürfen, auch
wenn sie erlaubterweise gewonnen worden sind, nur begrenzt benutzt werden.
       § 69 e Abs. 2 UrhG enthält ein **Verwertungsverbot,** das besagt, dass die Informationen
zum einen nur zur Herstellung der Interoperabilität des unabhängigen geschaffenen Programms verwendet werden dürfen. Die erlaubtermaßen gewonnene Informationen dürfen

---

[260] *Schricker/Loewenheim,* § 69 e Rn. 4.
[261] *Schricker/Loewenheim,* § 69 e Rn. 6.
[262] *Schricker/Loewenheim,* § 69 e Rn. 10; *Lehmann,* GRUR Int. 1991, 327 (333).
[263] *Schricker/Loewenheim,* § 69 e Rn. 12; *Wandtke/Bullinger-Grützmacher,* § 69 e UrhG, Rn. 8.
[264] *Wandtke/Bullinger-Grützmacher,* § 69 e UrhG, Rn. 12 f.
[265] So *Schricker/Loewenheim,* § 69 e Rn. 15.

also auch nicht weiteren Zwecken, z. B. der Programmwartung oder der Erweiterung des analysierten Programms zugrunde gelegt werden. Auch die Befriedigung wissenschaftlicher Neugier ist nicht erlaubt.[266] Darüber hinaus dürfen sie an Dritte nur dann weitergegeben werden, wenn dies für die Interoperabilität des unabhängig geschaffenen Programms notwendig ist. Sie dürfen des Weiteren nicht für urheberrechtlich verletzende Handlungen verwendet werden.

Darüber hinaus enthält **§ 69 e Abs. 3 UrhG** noch eine weitere Klausel, nach der die   101
Absätze 1 und 2 so auszulegen sind, dass ihre Anwendung weder die normale Auswertung des Werkes beeinträchtigt noch die berechtigten Interessen des Rechtsinhabers unzumutbar verletzt.

Aus dieser Vorschrift kann man bei dem ohnehin sehr engen Anwendungsbereich der Vorschrift kaum weitere Einschränkungen der Dekompilierung entnehmen. Insbesondere kann sich aus dieser Vorschrift nicht ergeben, dass etwa ein Verbot zur Herstellung von Konkurrenzprodukten aus ihr herausgelesen werden kann. Diese Konkurrenzprodukte sollten gerade mit Hilfe der durch die Dekompilierung eventuell gewonnenen Schnittstellen Informationen hergestellt werden können.

Insgesamt ist die Vorschrift sehr umfassend und relativ kompliziert. Praktisch spielt sie kaum eine Rolle, weil die Dekompilierung ein sehr aufwändiges Verfahren ist.

j) Ansprüche bei der Verletzung von Urheberrechten

Bei der Verletzung von Urheberrechten gelten zunächst die allgemeinen Vorschriften.   102
Darüber hinaus gibt es in § 69 f UrhG einige kleine Erweiterungen im Bereich von bestimmten Ansprüchen.

Der Verletzte kann zunächst gem. § 97 Abs. 1 S. 1 UrhG **Unterlassung** der Verletzungshandlungen verlangen. Dazu ist Wiederholungsgefahr erforderlich, die bei einer schon vorliegender Verletzungshandlung vermutet wird und nur durch Abgabe einer strafbewehrten Unterlassungserklärung ausgeschlossen werden kann.[267]

Die Situation ist hier nicht anders als sonst im gewerblichen Rechtsschutz.

Es gibt auch die Möglichkeit, diesen Unterlassungsanspruch vorbeugend geltend zu machen, wenn nur die Begehung einer Rechtsverletzung ernsthaft droht. Wann dies der Fall ist, richtet sich nach den im allgemeinen im gewerblichen Rechtsschutz geltenden Kriterien.[268]

Gegebenenfalls kann auch die Beseitigung der Störung verlangt werden. All diese Ansprüche sind verschuldensunabhängig.

Daneben ist bei **Verschulden** ein **Schadensersatzanspruch** gegeben. Für das Verschul-   103
den reicht auch Fahrlässigkeit. Die Fahrlässigkeit kann auch in einer falschen Beurteilung der Rechtslage bestehen. Wer irrtümlich meint, das von ihm verwendete Programm sei nicht urheberrechtlich geschützt, kann schuldhaft handeln. Nach heutigen Kriterien dürfte dieses Verschulden nahezu immer gegeben sein. Softwareprogramme sind heute im Zweifel urheberrechtlich geschützt. Bestehen dennoch entsprechende Zweifel, muss sich der Handelnde nach der Rechtslage erkundigen. Die falsche Auskunft eines Rechtsanwalt soll ein Verschulden freilich nicht immer ausschließen.[269] Es reicht u. U. auch nicht, sich auf die vorhandene Rechtsprechung der Instanzgerichte zu verlassen.[270] Nur wer sich auf die Rechtsprechung des BGH verlässt, ist wirklich sicher. Allerdings ist zu beachten, dass der Umfang der Erkundungs- und Prüfpflichten sehr davon abhängt, wer der Verletzer ist.

---

[266] *Marly,* NJW-CoR 1994, 40 (42).
[267] *Schricker/Wild,* § 97 Rn. 42 f. mwN.
[268] Vgl. *Schricker/Wild,* § 97 Rn. 43 mwN.
[269] BGH NJW 1980, 2810 (2811).
[270] BGHZ 8, 88 (97, „Magnettonbänder").

Jeder muss nur die Sorgfalt beachten, die die Verkehrskreise zu beachten haben, denen er angehört. Ein großes Softwarehaus muss daher grundsätzlich mehr prüfen als ein Jugendlicher, der Kopien für seinen PC fertigt.[271] Aber auch bei Jugendlichen ist bekannt, dass Software in aller Regel nicht kopiert werden darf.[272]

104   Was die **Schadenshöhe** betrifft, so kann im Urheberrecht der Geschädigte seinen Schaden entweder konkret oder anhand einer angemessenen Lizenzgebühr abstrakt berechnen.[273]

Die letztere Möglichkeit beseitigt häufig auftretende Darlegungs- und Beweisschwierigkeiten. Angemessen ist die Lizenzgebühr, die verständige Vertragspartner zum Zeitpunkt des Eingriffs vereinbart hätten.[274] Zugrunde zu legen für Bestellungen für vergleichbare Waren, bei OEM-Software also für OEM-Produkte.[275] Auch auf frühere Vereinbarungen der Parteien kann zurückgegriffen werden.[276]

Außerdem kann anstelle der beiden genannten Berechnungsmöglichkeiten nach § 97 Abs. 1 Satz 2 UrhG auch die Herausgabe des vom Verletzer erzielten Gewinns verlangt werden. Welcher dieser drei Berechnungsarten gewählt wird, steht im Belieben des Geschädigten, der die Berechnungsart auch im Prozess noch ändern kann.[277]

105   Geht der Anspruch auf **Herausgabe des Gewinns**, kommt gem. § 97 Abs. 1 Satz 2 UrhG noch ein Anspruch auf Auskunft und Rechnungslegung hinzu. Dieser Anspruch ist aber auch sonst generell gegeben.[278]

Er geht aber nur so weit, wie er zur Berechnung des Schadensersatzes erforderlich ist. Dabei sind auch die Geschäftsinteressen des Verletzers zu berücksichtigen. Die Ausgestaltung im Einzelnen ist Sache des Einzelfalls. Gegebenenfalls müssen spezielle Angaben nur gegenüber einem vereidigten Wirtschaftsprüfer gemacht werden, der auch dem Verletzten gegenüber zur Geheimhaltung verpflichtet ist.[279]

106   Wer im geschäftlichen Verkehr durch die Herstellung oder Verbreitung von Vervielfältigungsstücken Urheberrechtsverstöße begeht, kann vom Verletzten ohne weitere Voraussetzungen nach § 101 a Abs. 1 u. 2 UrhG auf **Auskunft** in Anspruch genommen werden. Der Verpflichtete muss hier Angaben machen über Namen und Anschrift des Herstellers, des Lieferanten und andere Vorbesitzer der Vervielfältigungsstücke, des gewerblichen Abnehmers oder Auftraggebers sowie über die Menge der hergestellten, ausgelieferten, erhaltenen oder bestellten Vervielfältigungsstücke.

107   Die ursprünglichen Urheber, nicht jedoch ein Lizenznehmer kann daneben noch ein **Schmerzensgeld** als Ersatz immateriellen Schadens geltend machen (§ 97 Abs. 2 S. 1 UrhG).[280] Dieser Anspruch dürfte im Softwarerecht allerdings eine Ausnahme darstellen.

108   Für die Verjährung gelten die allgemeinen Vorschriften des BGB.

109   Neben den genannten Ansprüchen sind noch **Bereicherungsansprüche** nach § 812 BGB wichtig. Sie werden durch § 97 UrhG nicht ausgeschlossen (§ 97 Abs. 3 UrhG). Sie setzten vor allem **kein Verschulden** voraus. Erlangt ist vom unberechtigt Nutzenden die Nutzungsmöglichkeit am urheberrechtlich geschützten Gegenstand. Die Nutzung kann nicht mehr herausgegeben werden, so dass Wertersatz in Höhe der üblichen Lizenzgebüh-

---

[271] Viele Einzelnachweise bei *Schricker/Wild*, § 97 Rn. 52 ff.

[272] Vgl. dazu auch LG Frankfurt, Urt. v. 13. 1. 2011, 2–03 O 340/10, JurPC Web-Dok. 146/2011 zu Verschuldensmaßstäben in Tauschbörsen.

[273] Dazu *Schricker/Wild*, § 97 Rn. 57 ff.; ausführlich *Witte*, ITRB 2006, 136.

[274] *Schricker/Wild*, § 97 Rn. 61.

[275] OLG Düsseldorf, CR 2006, 17 (18).

[276] BGH, GRUR 2009, 407.

[277] Dazu *Schricker/Wild*, § 97 Rn. 58 mwN; *Wandtke/Bullinger-v. Wolff*, § 97 Rn. 57.

[278] *Schricker/Wild*, § 97 Rn. 81.

[279] So z. B. BGH, GRUR 1981, 517 (518 „Rollhocker").

[280] *Schricker/Wild*, § 97 Rn. 75 ff.

ren zu leisten ist. Der BGH[281] hat eine Entreicherung dabei in einer älteren Entscheidung abgelehnt, da es sich um einen rein rechnerischen Vermögensvorteil handele.[282] Jedenfalls können die Erwerbskosten für die urheberrechtswidrig vervielfältigte oder verbreitete Software nicht als Entreicherung abgesetzt werden.[283] Sie müssen beim Veräußerer zurückgeholt werden, der ja wegen Rechtsmangel haftet. Das Insolvenzrisiko trägt der Erwerber des urheberrechtswidrigen Vervielfältigungsstücks.

Neben den dargestellten Ansprüchen kommt noch ein Anspruch auf **Vernichtung** rechtswidrig hergestellter oder vertriebener Kopien in Betracht. Dieser Anspruch ergibt sich im allgemeinen Urheberrecht aus § 98 Abs. 1 UrhG. Diese Vorschrift ist aber durch die Vorschrift des § 69 f UrhG überlagert. Nach dieser Vorschrift kann nämlich der Rechtsinhaber von dem Eigentümer oder Besitzer einer rechtswidrig hergestellten und verbreiteten oder zur rechtswidrigen Verbreitung bestimmten Vervielfältigungsstücks die Vernichtung dieses Vervielfältigungsstücks verlangen. Dabei ist es nicht notwendig, dass der Eigentümer oder Besitzer selbst Verletzer im Sinne des Urheberrechts ist. Da der bloße Besitz rechtswidrig hergestellter Kopien keine Verletzungshandlung darstellt, ist dieser Anspruch eindeutig weiter als der nach allgemeinem Urheberrecht. Dies ist angesichts der leichten Vervielfältigungsmöglichkeit und der Tatsache, dass eine Benutzung der Softwarestücke auch durch den Nichtverletzer nur möglich ist, wenn wiederum Vervielfältigungen angefertigt und damit eine Verletzungshandlung begangen wird, zu verstehen und gerechtfertigt.[284] Theoretisch kann der Rechtsinhaber anstelle der Vernichtung auch Herausgabe der Kopie gegen Zahlung einer angemessenen Gebühr verlangen. Diese Vorschrift des § 98 Abs. 2 UrhG ist ausdrücklich in § 69 f UrhG genannt. In der Praxis dürfte ein solches Interesse in aller Regel nicht bestehen. 110

In § 69 f Abs. 2 UrhG ist außerdem vorgesehen, dass der Rechtsinhaber die **Vernichtung von Mitteln** verlangen kann, die allein dazu bestimmt sind, die unerlaubte Beseitigung oder Umgehung technischer Programmschutzmechanismen zu erleichtern. In der Praxis ist diese Vorschrift im wesentlich benutzt worden, um Programme vernichten zu lassen, die der Umgehung von Dongles und damit der Umgehung von hardwaremäßigen Kopierschutzmechanismen dienen. Ob diese Rechtsprechung bezüglich der Umgehung von Dongleanfragen zutrifft, wenn die Entfernung des Dongles eine Mangelbeseitigung ist, ist freilich fraglich.[285] Sicher ist, dass **CD-oder DVD-Brenner** aufgrund dieser Vorschrift nicht vernichtet werden können, weil diese z. B. der auch für private Zwecke erlaubten Vervielfältigungen von Musik-CD's, der Anfertigung von Archivkopien oder einfach der Speicherung von Daten dienen. Auch diese Vorschrift geht weiter als die entsprechende Vorschrift des § 99 UrhG, weil es auch hier nicht darauf ankommt, dass der Besitzer oder Eigentümer der zu vernichtenden Programme selbst Rechtsverletzer ist. Nach § 69 f Abs. 5 UrhG sind die §§ 95 a–95 d UrhG auf Software nicht anwendbar.[286] 111

Alle vorstehenden Rechte können gem. § 100 UrhG auch gegen den **Unternehmensinhaber** geltend gemacht werden, wenn das jeweils geschützte Recht von einem Arbeitnehmer oder Beauftragten dieses Unternehmens widerrechtlich verletzt worden ist. Eine Ausnahme gilt hier für den Schadensersatzanspruch. Diese Vorschrift hat den Zweck, den Inhaber eines Unternehmens daran zu hindern, sich bei ihm zugute kommenden Urheberrechtsverletzungen hinter abhängigen Dritten zu verstecken.[287] Diese Vorschrift ist in § 69 f UrhG nicht ausgedehnt worden. 112

---

[281] BGHZ 56, 317 (322).
[282] Zustimmend *Schricker/Wild*, § 97 Rn. 87.
[283] *Staudinger-Lorenz*, § 818 Rn. 37.
[284] *Wandtke/Bullinger-Grützmacher*, § 69 f. UrhG, Rn. 2.
[285] Dafür: *Dreier*, in: Dreier/Schulze, § 69 f. Rn. 12; dagegen *König*, NJW 1995, 3293 (3294 f.).
[286] Ausführlich *Kreutzer*, CR 2006, 804.
[287] *Schricker/Wild*, § 100 Rn. 1.

113   Neben den genannten Ansprüchen steht als Hilfsanspruch dem Verletzten ggf. auch ein
Anspruch auf **Besichtigung eines Programmplagiats** gem. § 101 a UrhG, insbesondere
eines Quellcodeplagiats, zur Verfügung. Der Anspruch geht aber in allen praktisch relevanten Fällen nur auf Besichtigung durch einen zur Verschwiegenheit auch seinem Auftraggeber gegenüber verpflichteten Sachverständigen, weil nur so die Interessen der Parteien gewahrt bleiben.[288] Der Anspruch setzt nämlich nur einen begründeten Verdacht auf
eine Urheberrechtsverletzung voraus, nicht das Vorliegen einer solchen Verletzung. Wegen
dieser erleichterten Voraussetzungen sind im Rahmen der Durchführung der Besichtigung
die Interessen des Anspruchsgegners zu wahren (§ 101 a Abs. 3 S. 2 UrhG).[289] Dies fordert
in der Regel, die Besichtigung nur durch einen zur Verschwiegenheit verpflichteten Sach-
verständigern durchführen zu lassen, der seine Erkenntnisse nur in dem Umfang weitergibt, wie sie zur Durchsetzung eines Anspruch des Verletzten notwendig sind, wenn
sich der Verdacht erhärtet.

114   Der Besichtigungsanspruch wirft allerdings im Bereich der Software besondere Probleme auf. Die Besichtigung von Software, die z. B. auf einer CD oder einem anderen
Datenträger gespeichert ist, ist ohne Benutzung technischer Hilfsmittel nicht möglich.
Die Gewährung eines bloßen Besichtigungsrechts hilft daher dem potentiell Verletzten
nicht weiter. Dem Sachverständigen müsste schon gestattet werden, die technischen
Hilfsmittel zur Lesbarmachung der Software, eventuell auch zu einem Lauf der Programme, zu verwenden. Dies dürfte auch zulässig sein, da der Besichtigungsanspruch
alles umfassen kann, was Inaugenscheinnahme gem. § 371 ZPO ist.[290] Dazu dürften auch
diese Tätigkeiten zählen. Auch dies kann aber oft nicht reichen, weil dem Sachverständigen die technischen Mittel, die er benötigt, nicht ohne weiteres so zur Verfügung stehen,
dass er sie unmittelbar benutzen kann. Dies gilt jedenfalls immer dann, wenn die Software nicht auf leicht transportablen PCs abläuft. In diesen Fällen müsste der Sachverständige die Software entweder zu einer geeigneten Anlage transportieren oder die
Anlage des potentiellen Verletzers benutzen.[291] Jedenfalls letzteres muss der potentielle
Verletzter aber nach dem Inhalt des Besichtigungsanspruchs dulden. Immerhin richtet
sich der Anspruch auf die Besichtigung seiner Sachgesamtheit. Dazu gehört auch die
Hardware, auf der die Software gespeichert ist und ohne die die Software nicht lauffähig
ist. Jedenfalls der BGH hat hier keine Probleme gesehen.[292] Im Übrigen darf der Sachverständige nicht mehr als der Berechtigte auch, d. h. insbesondere wohl nicht Dekom-
pilieren oder Verändern.[293]

115   Allerdings muss sich der Verletzte sich seiner Ansprüche schon ziemlich sicher sein,
bevor er einen Besichtigungsanspruch geltend machen kann. Auch die Geltendmachung
des Besichtigungsanspruchs kann nämlich, wenn keine Urheberrechtsverletzung vorliegt, **Schadensersatzansprüche wegen unberechtigter Schutzrechtsverwarnung** auslösen.[294]

---

[288] OLG München, CR 1987, 761; KG NJW 2001, 233 = CR 2001, 80; vgl. schon RGZ 69, 401
(405 f.); *Moritz/Tybussek*, Computersoftware, Rn. 167; ausführlich *Karger*, Beweisermittlung, S. 62 ff.
[289] Zum früheren Recht (§ 809 BGB): BGH, CR 2002, 791 m. Anm. *Grützmacher* = GRUR 2002,
1046; insofern weitergehend als BGH, GRUR 85, 512 („Druckbalken"); ausführlich *Tilmann/Schrei-
bauer*, GRUR 2002, 1015; *Osterloh-Konrad*, Informationsanspruch, S. 30 ff., 185 ff.; kritisch *Schneider*,
CR 2003, 1; vgl. hier auch die Abwägung BGH GRUR 2006, 962 zu § 142 ZPO.
[290] BGH, GRUR 1985, 512 (516, „Druckbalken"); näher *Auer-Reinsdorff*, ITRB 2006, 82 (85).
[291] Zu den Problemen vgl. *Dreier*, GRUR 1993, 781 (789 f.) mit einer Tendenz zu einer erweitern-
den Auslegung des Besichtigungsanspruchs; vgl. auch BGH, CR 2002, 791 m. Anm. *Grützmacher* =
GRUR 2002, 1046; *Tilmann/Schreibauer*, GRUR 2002, 1015 (1019).
[292] CR 2002, 791 m. Anm. *Grützmacher* = GRUR 2002, 1046.
[293] Vgl. unten Rn. 232; näher *Schneider*, Handbuch des EDV-Rechts, Rn. P 142.
[294] Zu diesen Ansprüchen *Hefermehl/Köhler/Bornkamm*, § 4 UWG, Rn. 10.172 ff.

k) Besonderheiten des Urheberschutzes von Computerspielen

Bei **Computerspielen** kommt für das ihnen zugrunde liegende Programm zunächst ein **116** Softwareschutz nach den oben genannten Kriterien in Frage. Computerspiele können aber auch unabhängig davon einen besonderen Schutz genießen.[295] Unter Umständen können schon **Spielidee,**[296] **Spielkonzept**[297] und **Spielbeschreibung**[298] (heute meist „Game Design Document" und „Design-Skript" genannt)[299] geschützt sein.[300] Zu berücksichtigen ist dabei, dass viele Spielmuster altbekannt oder der gesellschaftlichen Realität entnommen sind und daher keinen urheberrechtlichen Schutz begründen können. Nur wirklich neue Ideen oder ungewöhnliche Kombinationen bekannter Muster können einen urheberrechtlichen Schutz für Spielkonzept oder Spielidee zur Folge haben. Bei der Spielbeschreibung kann darüber hinaus auch die sprachliche Gestaltung Urheberrechtsfähigkeit begründen.

Ob eine konkrete Spielbeschreibung allerdings geschützt ist, kann nur im Einzelfall entschieden werden. Entscheidend ist auch hier die eigenschöpferische Gestaltung dieser Beschreibung. Modernen Computerspielen liegen sehr detaillierte Beschreibungen vonn Charakteren und möglichen Spielszenen zu Grunde. Diese Beschreibungen bieten sehr viel Spielraum für Kreativität und schöpferische Entwicklungen. Die Beurteilung, ob bei Ihnen Urheberrechtsschutz eingreift oder nicht, richtet sich nach den allgemeinen urheberrechtlichen Kriterien ohne Besonderheiten des Softwareschutzes.[301] Sollte die Spielbeschreibung ein geschütztes Werk sein, ist unter Umständen das Spiel selbst eine Bearbeitung der Beschreibung und unterliegt als solche urheberrechtlichem Schutz, da eine solche Bearbeitung vom Urheber der Spielbeschreibung erlaubt werden muss.[302]

Ähnliches wie für die Spielbeschreibung gilt im Übrigen auch für während des Spielverlaufs auf dem Bildschirm erscheinende Texte.[303] Angesichts der lapidaren Kürze der meisten dieser Texte dürfte ein Urheberrechtsschutz hier eher selten vorliegen.

Computerspiele verwenden in der Regel **grafische Gestaltungen,** insbesondere **117** menschliche oder tierische Phantasiegestalten. Diese können Schutz als Werke der bildenden Kunst im Sinne von § 2 Abs. 1 Nr. 4 UrhG erlangen.[304] Dies gilt um so mehr, je mehr durch die technische Weiterentwicklung differenzierte Gestaltungsmöglichkeiten eröffnet werden. Sollte ein Computerspiel Standbilder aufweisen, käme auch für diese ein Schutz in Betracht, wenn die erforderliche Gestaltungshöhe gewährleistet ist. Zu beachten ist freilich, dass manche der grafischen Gestaltungen zwar sehr schön sind, aber wiederum ihrerseits auf alte Vorbilder zurückgehen, die in aller Regel wegen Zeitablauf längst nicht mehr geschützt sind. Streitig ist, ob die grafischen Gestaltungen bei mangelnder Schöpfungshöhe Lichtbildschutz nach § 72 UrhG genießen können. Die Rechtsprechung lehnt dies ab, weil der Lichtbildschutz die Auswahl und Abbildung des Motivs durch den Fotografen schützen soll und diese Elemente bei der Grafik von

---

[295] Näher dazu *Schlatter,* in: Lehmann (Hrsg.), Rechtsschutz und Verwertung von Computerprogrammen, S. 169 (178 f.; *Bullinger/Czychowski,* GRUR 2011, 19.

[296] Dazu *Loewenheim,* FS Hubmann, S. 307 (310 ff.); **a. A.** OLG Hamburg, GRUR 1983, 436 (437, „Puckmann"); *Harte-Bavendamm/Wiebe,* in: Computerrechtshandbuch, Abschn. 51, Rn. 36; eher ablehnend *Lambrecht,* Der urheberrechtliche Schutz von Bildschirmspielen, S. 161 f., 171 ff.

[297] Vgl. *Lambrecht,* Der urheberrechtliche Schutz von Bildschirmspielen, S. 176 f.

[298] OLG Frankfurt, GRUR 1983, 753 (754, „Pengo").

[299] Vgl. *Lambrecht,* Der urheberrechtliche Schutz von Bildschirmspielen, S. 33.

[300] Kriterien bei *Lambrecht,* Der urheberrechtliche Schutz von Bildschirmspielen, S. 174 ff.

[301] *Lambrecht,* Der urhcbcrrechtliche Schutz von Bildschirmspielen, S. 94.

[302] *Schlatter,* in: Lehmann (Hrsg.), Rechtsschutz und Verwertung von Computerprogrammen, S. 169 (178 ff.); *Lambrecht,* Der urheberrechtliche Schutz von Bildschirmspielen, S. 164.

[303] *V. Gravenreuth,* DB 1986, 1005 (1007).

[304] *Schricker/Katzenberger,* Vor §§ 88 ff. Rn. 44.

Computerspielen nicht vorliegen.[305] Teilweise wird dies in der Literatur anders gesehen.[306]

118 Streitig ist, ob die **Computerspiele** insgesamt als **Filmwerke** im Sinne von § 2 Abs. 1 Nr. 6 UrhG Schutz genießen oder zumindest dem Leistungsschutz für Laufbilder gem. § 95 UrhG i. V. mit § 94 UrhG unterfallen. Insbesondere das OLG Frankfurt[307] hat dies abgelehnt, weil der Verlauf des Spieles nicht endgültig feststehe, er vielmehr vom Spieler beeinflusst werde. Im Hinblick auf die Eingriffe des Spielers gäbe es auch keinen feststehenden Bildablauf. Außerdem hätte das Filmwerk keinen über die Software hinausgehenden eigenschöpferischen Inhalt, Laufbilder seien nur die Wiedergabe natürlicher Dinge, keinesfalls aber die Darstellung von Ergebnissen von Software.

Mit der überwiegenden Rechtsprechung und der Literatur ist dem aber entgegenzuhalten, dass zum einen ein absolut feststehender Bildverlauf für den Schutz nach § 2 Abs. 1 Nr. 6 bzw. §§ 95, 94 UrhG nicht erforderlich ist und zum anderen die Spiele durch ihre Tätigkeit ja keine neuen graphischen Abfolgen erzeugen. Sie bestimmen lediglich, welche schon abgespeicherten Bildabfolgen in welcher Reihenfolge gezeigt werden. Demgemäß ist davon auszugehen, dass Computerspiele prinzipiell als Filmwerk bzw. Laufbilder geschützt werden können.[308] Ob es um einen Schutz nach § 2 Abs. 1 Nr. 6 oder nur nach §§ 95, 94 UrhG gibt, wird im Wesentlichen anhand der Schöpfungshöhe der audiovisuellen Gestaltung des Computerspiels entschieden.[309] Es geht dabei wieder um eine einzelfallbezogene Entscheidung.

119 Voraussetzung für einen **Schutz als Filmwerk** im Sinne von § 2 Abs. 1 Nr. 6 UrhG ist allerdings wieder, dass es sich bei dem Computerspiel um eine **persönlich-schöpferische Leistung** im Sinne von § 2 Abs. 2 UrhG handelt. Angesichts der mittlerweile doch sehr fortgeschrittenen technischen Entwicklung, die insbesondere die jeweils neuste Entwicklung der Hardware an PCs ausnutzt, dürfte dies in einer ganzen Reihe von Spielen mittlerweile der Fall sein, soweit nicht die Spiele selbst in ihrer grafischen Gestaltung und in ihren Laufbildern wiederum auf anderweitig geschützte Vorbilder zurückgehen, die teilweise nicht selbst geschützt sind. Allerdings gibt es nach wie vor auch Spiele, bei denen eine persönlich-schöpferische Leistung nicht vorliegt.

120 Einen **Laufbildschutz** erhalten Computerspiele unabhängig von der Schöpfungshöhe. Dieser Schutz ist allerdings insbesondere deswegen eingeschränkt, weil es beim Laufbildschutz keinen Schutz vor Bearbeitungen gibt.[310] Der praktisch sehr wichtige Schutz gegen unerlaubte Vervielfältigungen ist aber auch für Laufbilder gegeben. Zu beachten ist, dass

---

[305] OLG Hamm, ZUM 2004, 927 (928); ebenso *Wandtke/Bullinger-Thum*, § 72 Rn. 18.

[306] *Lambrecht*, Der urheberrechtliche Schutz von Bildschirmspielen, S. 116; *Dreier/Schulze*, § 95 Rn. 9.

[307] GRUR 1983, 757 (758, „Donkey-Kong-Junior"); 1983, 753 (756, „Pengo"); ebenso OLG Düsseldorf, CR 1990, 394 (396 ff.), später offen gelassen in OLG Frankfurt, CR 1993, 29 f.; § 95 Rn. 12 f.; *Dreier/Schulze*, § 95 Rn. 9.

[308] OLG Hamburg, GRUR 1983, 436 (437 f., „Puckmann"); CR 1990, 770 (771, „Super Mario III"); OLG Karlsruhe, CR 1986, 723 (725); OLG Hamm, *Zahrnt*, ECR OLG 74; OLG Köln, *Zahrnt*, ECR OLG 85 = Beil. Nr. 10 zu BB 1992, S. 7; BayObLG, DuD 1993, 364; *Schricker/Loewenheim*, § 2 Rn. 183; *Schricker/Katzenberger*, § 95, Rn. 7, 12; *v. Gravenreuth*, DB 1986, 1005 (1006 f.); AGKaufbeuren, NStZ 1985, 180; LGKöln, zitiert bei *v. Gravenreuth*, DB 1986, 1005 (1007); *Loewenheim*, FS Hubmann, S. 307 (318 ff.); *Nordemann*, GRUR 1981, 891 (893 f.); *Erdmann*, in: FS für das OLG Oldenburg, S. 639 (645); vgl. auch *Lehmann/Schneider*, RDV 1990, 68 (71 f.); *Syndikus*, CR 1988, 819; *Harte-Bavendamm/Wiebe*, in: Computerrechtshandbuch, Abschn. 51, Rn. 36 ff; ausgiebig *Lambrecht*, Der urheberrechtliche Schutz von Bildschirmspielen, S. 72 ff., insbesondere, S. 120 ff.; *Wandtke/ Bullinger-Manegoldt*, Vor §§ 88 ff., Rn. 17; *Katko/Maier*, MMR 2009, 306 (307 f.); *Katko*, in: Büchner/Briner (Hrsg.): DGRI Jahrbuch 2009, S. 167 (170 f.)

[309] Näher dazu *Lambrecht*, Der urheberrechtliche Schutz von Bildschirmspielen, S. 151 ff.

[310] *Loewenheim*, FS Hubmann, S. 307 (322); *Nordemann*, GRUR 1981, 891 (894).

der Laufbildschutz für ausländische Werke wegen teilweise fehlender internationaler Abkommen nur eingeschränkt eingreift.[311]

Der **Produzent von Computerspielen** erhält darüber hinaus für seine organisatorische Leistung noch ein eigenes, vom Schutz nach § 2 Abs. 1 Nr. 6 UrhG unabhängiges Leistungsschutzrecht für das Laufbildwerk, das sogar dann besteht, wenn die für § 2 Abs. 1 Nr. 6 erforderliche Schöpfungshöhe nicht erreicht wird (§§ 94, 95 UrhG). Dieses Recht ist allerdings gegenüber dem Urheberrecht im Schutzumfang wie in der Zeitdauer deutlich begrenzt. 121

Soweit ein Computerspiel ein **Filmwerk** darstellt, erwirbt der **Filmhersteller** im Zweifel von den an der **Herstellung** des Spiels **Beteiligten** die ausschließlichen Rechte an evtl. entstandenen Urheberrechten am Gesamtwerk und zwar dahingehend, dass er das Filmwerk sowie Übersetzungen und andere filmische Bearbeitungen oder Umgestaltungen des Spiels auf alle bekannten Nutzungsarten nutzen darf (§ 89 Abs. 1 UrhG). Ferner entfallen verschiedene Rechte der an der Herstellung Beteiligten, insbesondere auch das Rückrufsrecht wegen gewandelter Überzeugung (§ 90 UrhG). Die Stellung des Spielproduzenten ist also dann stark, wenn es sich bei ihnen um Filmwerke handelt. Heute übliche Computerspiele werden wegen ihrer graphischen Gestaltung, der komplexen Spielideen und der vielfältigen Spielmöglichkeiten in der Regel als Filmwerke angesehen.[312] 122

§§ 88 ff. UrhG gelten allerdings nur für das filmische Gesamtwerk, nicht für einzelne integrierte Werke wie z.B. eine Spielfigur, die als graphische Gestaltung geschützt ist. Hinsichtlich dieser Werke gelten die allgemeinen Vorschriften.[313] 123

Die bloße Abspeicherung und Vervielfältigung von **Spielständen** verletzt allerdings keine Rechte der Ersteller.[314] 123a

Bei der Frage, wer der **Schöpfer eines Computerspiels** ist und welches Verhältnis die einzelnen Urheber zueinander haben, muss deutlich zwischen der Spielidee, -konzeption und -beschreibung einerseits und der Software andererseits unterschieden werden, die das Spiel realisiert. Die Realisierung dürfte in der Regel eine Bearbeitung der Konzeption sein (vgl. §§ 88, 89 UrhG). Miturheberschaft kann es nur an der Spielidee, -konzeption und/oder -beschreibung einerseits und der Software andererseits geben. In aller Regel werden auch unterschiedliche Personen Urheber sein.[315] Neben diese beiden Ebenen treten noch das Filmurheberrecht oder der Laufbildschutz am Spiel. Auf allen der drei Ebenen wirken meist mehrere, aber auf jeder Ebene verschiedene Personen mit, die – soweit sie auf einer Ebene tätig werden – in der Regel Miturheber[316] sind.[317] Bei neuen Online-Spielen kommt angesichts der Möglichkeiten, die die einzelnen Spieler bei der Gestaltung ihrer Spielidentitäten haben, noch die Frage hinzu, ob die Spielidentitäten nicht geschützte Werke der Spieler sind.[318] 124

Bei Rechtsverletzungen ergeben sich auch für die Rechte nach §§ 94, 95 UrhG die Ansprüche aus §§ 97 ff. UrhG. Die Spezialregelungen in §§ 69 f. UrhG gelten nur für den Softwareschutz. Auf die obigen Ausführungen[319] ist zu verweisen. 125

---

[311] So soll nach OLG Frankfurt/M., Beil. Nr. 13 zu BB 1993, S. 7 = *Zahrnt*, ECR OLG 110 für Videospiele aus Japan kein Laufbildschutz bestehen.

[312] *Ulbricht*, CR 2002, 317 (320).

[313] *Ulbricht*, CR 2002, 317 (320).

[314] OLG Hamburg, CR 1998, 332; OLG Düsseldorf, MMR 2003, 602; *Lambrecht*, Der urheberrechtliche Schutz von Bildschirmspielen, S. 70.

[315] *Lambrecht*, Der urheberrechtliche Schutz von Bildschirmspielen, S. 205.

[316] Dazu oben Rn. 19 f.

[317] *Lambrecht*, Der urheberrechtliche Schutz von Bildschirmspielen, S. 212 ff. insbesondere zu den Miturhebern am Filmwerk.

[318] Dazu unten Rn. 1365.

[319] Rn. 102 ff.

Für den **Umgehungsschutz** gilt prinzipiell das Gleiche. Für die nicht softwarebezoge-
nen Rechte gilt § 95 a UrhG, für den Softwareschutz nur § 69 f Abs. 2 UrhG. Allerdings
werden technische Kopierschutzmittel in der Regel so eingerichtet sein, dass sie das sie
primär das Programm und nicht den Spielablauf schützen. In aller Regel kommt daher für
den Umgehungsschutz nur § 69 f Abs. 2 UrhG in Betracht.[320]

Ein Problem ist auch die Anfertigung von **Sicherungskopien.** Diese ist nach § 69 d
UrhG für Software generell erlaubt, bei anderen Werken nach § 53 UrhG allenfalls für
Privatkopien. Auch hier gilt: Soweit die Kopie schwerpunktmäßig das Computerpro-
gramm erfasst, ist sie als Sicherungskopie erlaubt, auch wenn sie anderweitig geschützte
Werke umfasst.[321] Privatkopien sind dann unzulässig. Liegt der Schwerpunkt anders, sind
Privatkopien erlaubt, nicht aber Sicherungskopien.[322]

Schließlich stellt sich die Frage, ob die wirtschaftlichen Verwertungsrechte nach § 69 b
UrhG auf den Arbeitgeber übergehen. Dies wird man für die Softwarerecht so sehen
müssen. Allerdings entsteht hier bei den Mitarbeitern, die keine Arbeitnehmer sind, eine
Regelungslücke. Bei Filmen wird dagegen über die Auslegungsregel des § 89 Abs. 1
UrhG[323] ein Rechteübergang auf den Filmhersteller erreicht. Diese Regel gilt im Zweifel
für alle Schöpfer außer den Programmierern. Da es aber um ein einheitliches Werk geht,
bei dem die Softwarerechte für die Verwertung einen Schwerpunkt bilden, sollte man hier
vorrangig § 89 Abs. 1 UrhG anwenden.[324] Im Zweifel sind vertragliche Regelungen wichtig.

Abschließend sei darauf hingewiesen, dass die Verwendung bekannter literarischer
Figuren oder Fabeln die Urheberrechte von deren Schöpfern verletzen kann. Bei der
Verwendung bekannter Persönlichkeiten in einem Computerspiel sind deren **Persönlich-
keitsrechte** zu beachten.[325]

2. Patentrecht

a) Die Patentierbarkeit von Software

126   Ein weiteres absolutes Schutzrecht, das für den Schutz von Software herangezogen
werden kann, ist das Patentrecht. Ein Patentinhaber kann jedermann die gewerbliche
Herstellung der geschützten Erzeugnisse oder die gewerbliche Nutzung des geschützten
Verfahrens untersagen (§ 9 PatG). Allerdings sind nach § 1 Abs. 2 Ziffer 3 PatG Programme für Datenverarbeitungsanlagen vom Patentschutz ausgenommen. Sie stellen nach
der ausdrücklichen Regelung des Gesetzes keine schutzfähigen Erfindungen dar. Dieser
Ausschluss gilt allerdings gem. § 1 Abs. 3 PatG nur für **Programme als solche,** also nicht
für Erfindungen, die neben anderen Bestandteilen auch ein Programm enthalten.

Aus diesen Vorschriften ergibt sich, dass ein normales Programm ohne weiteres keinen
Patentschutz erhalten kann. Umgekehrt ergibt sich aber, dass Programme in bestimmten
Zusammenhängen durchaus patentierbar sind.

127   Die Auslegung der vorgenannten Bestimmungen hat zu einer Vielfalt unterschiedlicher
gedanklicher Ansätze geführt. Festzuhalten ist zunächst, dass Schutzgegenstand eines

---

[320] *Lambrecht,* Der urheberrechtliche Schutz von Bildschirmspielen, S. 240 f.; i. E. ebenso *Kreutzer,*
CR 2007, 1.
[321] *Kreutzer,* CR 2007, 1 ff.
[322] Ausführlich *Bullinger/Czychowski,* GRUR 2011, 19 (25); *Katko/Maier,* MMR 2009, 306.
[323] Dazu oben Rn. 122.
[324] *Bullinger/Czychowski,* GRUR 2011, 19 (25 f.); vgl. auch *Katko,* in: Büchner/Briner (Hrsg.):
DGRI Jahrbuch 2009, S. 167 (175).
[325] LG Hamburg, CR 2004, 225 ff.; OLG Hamburg, CR 2004, 459; *Lambrecht,* Der urheberrechtliche Schutz von Bildschirmspielen, S. 193.

Patents immer entweder ein Verfahren, also ein Algorithmus, oder ein technischer Gegenstand (z. B. eine in bestimmter Weise programmierte DV-Anlage) ist.[326] Dadurch unterscheidet sich die Schutzrichtung des Patentschutzes von der des Urheberschutzes, bei der das konkrete Programm und nicht die zugrunde liegenden Algorithmen geschützt werden.[327] Über diese allgemeine Aussage hinaus vermag aber keiner der Ansätze dahingehend zu überzeugen, dass er eine auch nur halbwegs klare Abgrenzung von patentierfähiger und nicht patentierfähiger Software gefunden hat. Dies ist auch nicht verwunderlich, weil schon der Grund der gesetzlichen Regelung nur schwer erkennbar ist.

Zu bemerken ist zunächst, dass die oben genannte Bestimmung durch ein Gesetz von   **128**
1976 mit Wirkung ab dem 1. 1. 1978 im Zuge der Anpassung des Patentgesetzes an das EPÜ in das Patentgesetz aufgenommen wurde.[328] Die ganz herrschende Lehre sieht sie allerdings auch als Ausdruck der früher geltenden Rechtslage an.[329] Damit wird die Begründung, die die Rechtsprechung und Lehre zum Ausschluss von Computerprogrammen aus dem Patentschutz vor der neuen Rechtslage gegeben hat, auch für die neue Rechtslage fruchtbar zu machen sein. Nach der ganz herrschenden Meinung geht der Ausschluss der Programme als solche aus dem Patentschutz im deutschen Recht auf den herkömmlichen Begriff der **patentrechtlich geschützten Erfindung** zurück. Erfindungen im Sinne des Patentrechts dürfen nämlich nur **technische Neuerungen** sein, nicht technische Neuerungen sind – anders als in den USA – vom Patentschutz von je her ausgenommen gewesen. Dabei verstehen Rechtsprechung und Literatur trotz mancher unterschiedlicher Formulierungen im Einzelnen unter Technik mehr oder minder die Beherrschung der Natur, wobei der BGH diese Anforderung so konkretisiert, dass eine Erfindung nur dann technisch ist, wenn sie beherrschbare Naturkräfte planmäßig ausnutzt und dadurch unmittelbar kausal einen Erfolg erzielt. Dabei gehört die menschliche Verstandestätigkeit nicht zu den beherrschbaren Naturkräften. Anweisungen an den menschlichen Geist sind nicht technisch und nicht patentierbar.[330] Computerprogramme als solche werden als spezielle Form der oben genannten Anweisungen an den menschlichen Geist angesehen und damit für nicht patentierbar gehalten.[331]

Verstärkt wird diese Argumentation dadurch, dass auch die anderen Ausnahmen vom Patentschutz, die in § 1 Abs. 2 PatG geregelt sind, sich im wesentlichen gerade auf den Ausschluss solcher nicht-technischen Erfindungen beziehen. Daher geht die ganz herrschende Meinung davon aus, dass der Ausschluss der Computerprogramme von der Patentierbarkeit vom Gesetzgeber als ein Ausdruck ihres nicht technischen Charakters angesehen wurde und keine Änderung der Rechtslage beabsichtigt war.[332]

Vom tatsächlichen Sachverhalt her ist freilich die **Begründung kaum nachvollziehbar.**   **129**
Programme stellen nicht etwa eine Anweisung an den menschlichen Geist, sondern Steuerungen des Ablaufs technischer Zustände dar. Ihr technischer Charakter liegt daher eigentlich auf der Hand.[333] Es dürfte daher rechtstheoretisch kaum begründbar sein, auch den Ausschluss der Computerprogramme vom Patentschutz lediglich darauf zurück-

---

[326] Dazu *Pfeiffer*, GRUR 2003, 581.

[327] *Heide*, CR 2003, 165 (167).

[328] Zur Vorgeschichte, auch des EPÜ, vgl. insb. *Gall*, in: Lehmann (Hrsg.), Rechtsschutz und Verwertung von Computerprogrammen, 1. Aufl., S. 135 (142 ff., Rn. 10 ff.).

[329] Vgl. *Kraßer*, in: Lehmann (Hrsg.), Rechtsschutz und Verwertung von Computerprogrammen, S. 221 (225); *Schneider*, Softwarenutzungsverträge, S. 36; kritisch *Horns*, GRUR 2001, 1 ff.

[330] Zum Erfindungsbegriff im Einzelnen vgl. *Hubmann/Götting*, Gewerblicher Rechtsschutz, § 8 Rn. 1 ff.; BGH, GRUR 1977, 152 f. m. Anm. *Müller-Börner*.

[331] *Hubmann/Götting*, Gewerblicher Rechtsschutz, § 8 Rn. 9; vgl. dazu auch BGH, CR 1986, 325 = GRUR 1986, 531 („Flugkostenminimierung").

[332] *Tauchert*, GRUR 1999, 829 (830).

[333] Zu Recht so *Melullis*, GRUR 1998, 843, 844; auch BPatG, GRUR 1999, 1078 (1079) („Automatische Absatzsteuerung"); kritisch auch *Horns*, GRUR 2001, 1 (7 f.).

zuführen, dass es sich um Anweisungen an den menschlichen Geist handele und daher eine nicht technische Erfindung vorliege. Die gesetzgeberische Entscheidung, Programme als solche vom Patentschutz auszuschließen, muss trotz dieser Bedenken ohne weiteres hingenommen werden. Dem Gesetz lässt sich nämlich die oben genannte Systematisierung der Ausschlüsse auf den Ausschluss nicht technischer Erfindungen schlichtweg nicht entnehmen. Das Gesetz enthält eine Liste von Dingen, die nicht patentierbar sind. Dazu gehören auch Computerprogramme als solche.[334] Ebenso muss hingenommen werden, dass dennoch Erfindungen auch dann als patentfähig anerkannt werden, wenn ein Programm Teil der Erfindung ist. Der bloße Einschluss eines Programms durch eine Erfindung schließt diese nicht vom Patentschutz aus.[335]

130   Nimmt man die **gesetzgeberische** Wertung ernst, die auch Ausdruck des europäischen Rechts ist, stellt sich die Frage, welche zusätzlichen Kriterien ein Programm erfüllen muss, um patentierbar zu sein.

131   In der **Literatur** wird häufig die Meinung vertreten, der Ausschluss von Programmen als solchen von der Patentierbarkeit bedeute, dass Programme grundsätzlich nicht patentierbar seien, aber Teil einer patentfähigen Erfindung sein könnten, wobei bei einer solchen Erfindung der erfinderische Beitrag auch in dem an sich nicht patentfähigen Programm liegen könne.[336]

132   Die **Rechtsprechung** ist diesem Ansatz nicht gefolgt. Vielmehr fällt auf, dass sie bei der Entscheidung über die Patentierbarkeit angemeldeter softwarebezogener Erfindungen über viele Jahrzehnte praktisch überhaupt **nicht auf § 1 Abs. 2 Nr. 3 PatG** eingegangen ist. Lediglich eine einzige Entscheidung des BPatG[337] sowie eine Entscheidung des BGH[338] beschäftigten sich mit dieser Frage. Danach ist ein Programm als solches lediglich der als nichttechnisch anzusehende Programmcode und dessen Aufzeichnung auf einem beliebigen Speichermedium, nicht jedoch die zugrundeliegenden Algorithmen und Verfahren[339]. Die bloße Darstellung einer nichttechnischen Lehre als Programm machen diese nicht patentierbar. Neuerdings formuliert der BGH anders: Ein Programm als solches liegt dann nicht vor, wenn die Erfindung der Lösung eines konkreten technischen Problems mit technischen Mitteln dient[340].

Die meisten **früheren Entscheidungen** beschäftigen sich losgelöst von § 1 Abs. 2 Nr. 3 PatG mit der Frage, ob das jeweils konkret untersuchte Programm einen **technischen Beitrag** leistet oder nicht. Seit einigen Jahren wird mit ähnlichen Argumenten die Frage diskutiert, ob das angemeldete Patent auf erfinderischer Tätigkeit beruht (§ 4 PatG).[341] Die neue Rechtsprechung führt zum gleichen Ergebnis, greift aber erstmals konsequent auf § 1 Abs. 2 Nr. 3 PatG zurück.

133   Früher hat der BGH früher im Wesentlichen darauf abgestellt, ob bei einem angemeldeten Patent der als neu und erfinderisch beanspruchte Kern der angemeldeten Lehre technischen Charakter hat, nicht jedoch danach, ob das gesamte angemeldete Verfahren technisch ist oder nicht (sog. **Kerntheorie**).[342] Diese Kerntheorie führte nicht nur dazu, dass in Deutschland sehr viel weniger Software patentfähig war als in weiten Bereichen des Aus-

---

[334] *Kiesewetter-Köbinger,* GRUR 2001, 185 (187).

[335] Vgl. dazu grundlegend BGH, GRUR 1980, 849 („ABS").

[336] So *König,* GRUR 2001, 577; ähnlich auch *Kiesewetter-Köbinger,* GRUR 2001, 185 (187).

[337] CR 2001, 155.

[338] Beschl. v. 17. 10. 2001 – X ZB 16/00, JurPC Web-Dok. 253/2001.

[339] Ähnlich *Hössle,* CR 2010, 559 (561).

[340] BGH, CR 2010, 493; GRUR 2011, 610; dazu *Hössle,* CR 2010, 559 (561 f.); *Freischem/Claessen,* ITRB 2010, 186 (187); vgl. auch schon BPatG, GRUR 2008, 330.

[341] Vgl. *Betten/Esslinger,* in: Moritz/Dreier (Hrsg.): Rechts-Handbuch zum E-Commerce, Abschn. E Rn. 30.

[342] Grundlegend BGHZ 78, 98 (= GRUR 1981, 39; „Walzstabteilung"); bestätigt durch BGH, CR 1986, 325 = GRUR 1986, 531 („Flugkostenminimierung").

landes, sondern war auch in sich unschlüssig, weil sie die Frage der Patentierbarkeit mit der Frage der Neuheit vermischte.[343]

Demgemäß wird diese Lehre – soweit in den Formulierungen erkennbar – vom BGH seit geraumer Zeit auch nicht mehr aufrecht erhalten. Durchgesetzt hat sich wohl auch beim BGH[344] die von den Beschwerdekammern des europäischen Patentamtes getragene Abgrenzung, dass ein **Computerprogramm** dann **patentfähig** ist, wenn es **als ganzes betrachtet einen technischen Beitrag zum Stand der Technik liefert.**[345] Dabei reicht die bloße Tatsache, dass das Programm Anweisungen an die Maschine gibt, für die Technizität nicht aus.[346] Vielmehr muss ein weiterer Beitrag zur Technik geleistet werden.[347]

Übereinstimmend – auch im Bereich der Literatur, die teilweise andere Abgrenzungs-   **134** kriterien verwendet[348] – werden als **patentfähige Softwareprogramme** immer solche **Programme** aufgenommen, die unmittelbar einen **technischen Effekt auslösen.** Vor allen Dingen technische Anwendungsprogramme, die Messergebnisse aufarbeiten, den Ablauf technischer Einrichtungen überwachen oder auch sonst in technische Systeme eingreifen, sind patentfähig.

Schon die grundlegende Entscheidung „ABS"[349] betraf ein solches Antiblockiersystem, das programmgesteuert den Bremsvorgang eines Autos optimierte. In diesem Bereich gibt es eine ganze Reihe von Entscheidungen, mit denen entsprechende Programme für patentfähig gehalten wurden. **Beispielhaft** seien genannt:

- ein Programm, das die beim Betrieb eines Röntgengeräts auftretenden relevanten Daten automatisch auswertete und das Röntgengerät aufgrund dieser Auswertung ansteuerte, um das Gerät insgesamt zu optimieren.[350]
- ein Programm, das eine Schaltung elektrischer Geräte und Verbraucher auf Grundlage von unmittelbar erkannten und unterschiedenen Informationen steuerte.[351]
- Programme, die Leiterbahnen oder Verdrahtungen einer integrierten Halbleiterschaltung optimierten, in dem sie diese zunächst simulierten und anschließend intensiv ermittelten.[352]

Ähnlich werden auch Programme für **patentierbar** gehalten, die **Datenverarbeitungshardware unmittelbar steuernd** optimieren.[353] Dazu gehören etwa das Betriebssystem sowie Programme, die die aktuelle Speicherbelastung erfassen und durch eine darauf

---

[343] Ähnlich die Kritik bei *Tauchert,* GRUR 1999, 829 (830).

[344] BGHZ 115, 11 = GRUR 1992, 33 („Seitenpuffer"); BGHZ 115, 23 = GRUR 1992, 36 („chinesische Schriftzeichen"); BGH, GRUR 1992, 430 („Tauchcomputer").

[345] EPA, GRUR Int. 1987, 175 = CR 1986, 193 („Vicom"), CR 1987, 671 = GRUR Int. 1988, 585, 586 („Röntgeneinrichtung"); so auch Ziff. 4.3.3 der Richtlinien für das Prüfungsverfahren von Patentanmeldungen v. 2. 6. 1995, veröffentlicht Blatt für PMZ, 1995, S. 269; vgl. auch *Betten,* GRUR 1995, 775; *Albrecht,* CR 1998, 694 sowie die umfassende Darstellung bei *Melullis,* GRUR 1998, 843 (848); ausdrücklich so BPatG, GRUR 2002, 869 (870) und BGH, GRUR 2005, 749 = CR 2005, 619: zum europäischen Recht: *Singer/Stauder,* Art. 52 EPÜ, Rn. 27 ff.

[346] A. A. *Wiebe/Heidinger,* GRUR 2006, 177.

[347] Kritisch neuerdings *Scholch,* GRUR 2006, 969: dies geht schon zu weit.

[348] *Wiebe,* BB 1993, 1094 (1098 f.); *Tauchert,* GRUR 1997, 149 (153 ff.); *Engel,* GRUR 1993, 194; *Pres,* Gestaltungsformen, S. 37 ff.

[349] BGH GRUR 1980, 849.

[350] EPA ABl. 1988, („Röntgeneinrichtung").

[351] EPA, GRUR 1989, 42 („Rolladensteuerung"); GRUR 1991, 195 („Temperatursteuerung"); GRUR 1987, 799 (800) („elektronisches Stellwerk").

[352] BPatG Bl. f. PUZ, 1997, 37.

[353] Ziff. 4.3.5 der Richtlinien für das Prüfungsverfahren von Patentanmeldungen v. 2. 6. 1995, veröffentlicht Blatt für PMZ 1995, S. 269; BPatG, GRUR 1997, 617 („Vorbereitung von Musterdaten").

aufbauende Ladestrategie eine optimierte Speicherausnutzung erreichen.[354] Die Anzahl der Beispiele lässt hier noch länger fortsetzen.[355]

135 Demgegenüber werden als **nicht patentfähig** Programme angesehen, die mehr oder minder **Verwaltungstätigkeiten** steuern.

So ist weitgehend unstreitig, dass **Buchhaltungsprogramme nicht patentierbar** sind. Das gleiche gilt für Programme, die etwa Schriftzeichen zwischen verschiedenen Schriftarten übersetzen.[356] Ähnliches gilt z. B. für ein Programm, in dem ein Rechner in ihm gespeicherte Dokumente sortiert und wiederfindet,[357] vom Kunden vorgenommene Bedienungshandlungen auswertet[358], Daten für eine betriebswirtschaftliche Auswertung erfasst[359] oder zur Optimierung von Zugabständen dient.[360]

136 Dennoch bleiben eine ganze Reihe von **Grenzfällen und Widersprüchen,** die die auf ersten Blick relativ klare Abgrenzung schwierig machen.

Dies gilt zunächst dann, wenn es um die Analyse technischer, nicht verwaltungsmäßiger Daten und eine sich daraus ergebende Steuerung technischer Geräte geht. Auch hier hat das BPatG die Patentierbarkeit abgelehnt, weil das Programm keine unmittelbar technischen Auswirkungen habe.[361] Probleme gibt es auch dann, wenn das Verwaltungsprogramm letztendlich auch noch eine technische Steuerung beinhaltete. Insbesondere ist die Frage, ob die ablehnende Entscheidung im Fall Flugkostenminimierung, die seinerzeit noch auf die Kerntheorie zurückzuführen ist und darauf beruhte, dass die Steuerung des Flugbenzinverbrauchs im wesentlichen unter betriebswirtschaftlichen Gesichtspunkten geschah,[362] auch heute noch aufrechtzuerhalten wäre.

137 Darüber hinaus gibt es durch die sog. Form der **Produktkategorie** noch Versuche, eine Patentfähigkeit dadurch zu erreichen, dass an sich nicht neue Teile einer DV-Anlage mit neuen Programmen in der Patentanmeldung verknüpft werden und so Technizität und Neuheit erreicht werden sollen.[363] Ob dies erreichbar sein wird, bleibt abzuwarten. Das BPatG hat in zwei Entscheidungen[364] ausdrücklich ausgeführt, dass dann, wenn das Programm als Verfahren oder Produkt nicht schutzfähig ist, auch kein Schutz des ablaufenden oder gespeicherten Programms besteht. Dies muss dann auch für einen evtl. begehrten Schutz der Produktkategorie gelten. Im Übrigen ist der Schutzumfang begrenzt.[365]

138 Das BPatG hat des Weiteren formuliert, dass eine **Absatzsteuerung,** die rein betriebswirtschaftliche Daten (z. B. Umsatzhöhe) automatisch erfasst, auswertet und darauf aufbauend automatisch Schritte wie z. B. eine Preissenkung einleitet, um Zielumsätze zu erreichen, keine Zwischenschaltung menschlicher Verständnistätigkeit beinhalte und daher als Verfahren technisch sei.[366] Der Ansatz geht weiter als alle früheren Entscheidungen des

---

[354] BGHZ 115, 11 (21) = GRUR 1992, 33 („Seitenpuffer").

[355] Umfassend dargestellt bei *Melullis,* GRUR 1998, 843 (847 ff.); vgl. z. B. auch BPatG CR 1997, 532; GRUR 1996, 866 = DuD 1997, 228 („Viterbi-Algorithmus").

[356] BGHZ 115, 23 = GRUR 1992, 36 („Chinesische Schriftzeichen").

[357] EPA ABl. 1990, 12 („Zusammenfassen und Wiederauffinden von Dokumenten").

[358] BGH; GRUR 2005, 141 = CR 2005, 93.

[359] BGH, GRUR 2005, 143 = CR 2005, 95.

[360] BPatG, CR 2006, 85.

[361] BPatG, CR 1997, 296; CR 1998, 651; kritisch zu dieser Rechtsprechung *Schöniger,* CR 1997, 598; zustimmend *Scholch,* GRUR 2006, 969; *Winterfeldt,* GRUR 2004, 361.

[362] BGHZ 1986, 325 = GRUR 1986, 531.

[363] Dazu *Tauchert,* GRUR 1999, 829 (832); so auch BGH, BB 2000, 1696 = CR 2000, 500 = NJW 2000, 3282 = GRUR 2000, 1007 m. Anm. *Betten; vgl .auch BPatG,* GRUR 2005, 75.

[364] GRUR 2002, 869 (871) = CR 2002, 716 m. krit. Anm. *Sedlmaier;* GRUR 2002, 871 (874) = CR 2002, 796; GRUR 2005, 105.

[365] Vgl. *Betten/Esslinger,* in: Moritz/Dreier (Hrsg.): Rechts-Handbuch zum E-Commerce, Abschn. E Rn. 34.

[366] BPatG, GRUR 1999, 1078 („Automatische Absatzsteuerung"); ähnlich auch CR 2002, 559 („cyber-cash") = GRUR 2002, 791.

BGH, entspricht aber vom Wortverständnis her auch den oben schon zitierten Richtlinien des Bundespatent- und Markenamtes. Ähnlich wird einem Verfahren für die Ausgabe von Postgebühren technischer Charakter zugesprochen, weil es sich nicht in einer bloßen Organisationsregel für gedankliche Tätigkeiten erschöpfe, sondern auf dem Gebiet des Postversands für die Erstellung von Adresslisten für Poststücke diene.[367] Keinen technischen Charakter hatte ein Verfahren zur Einstellung und Aktualisierung von Adresslisten für Mailingaktionen.[368] Auch mehreren Verfahren mehr mathematischen Charakters wurde die Technizität abgesprochen.[369] Ähnliches gilt für ein Verfahren zur Satzanalyse nach grammatikalischen Gesichtspunkten[370] oder eine Implementierung einer geschäftlichen Methode.[371]

Auch der **BGH** hat seine Rechtsprechung im dogmatischen Ansatz mehrfach geändert.[372] Zunächst hat er entschieden, dass ein Patent für eine in bestimmter Weise programmtechnisch eingerichtete DV-Anlage technischen Charakter haben kann[373], auch wenn die Anlage nur der Bearbeitung von Texten dient. Damit verschob sich die Frage der Technizität von einer Voraussetzung der Patentierbarkeit zu einem Kriterium, ob eine erfinderischen Tätigkeit vorliegt (§ 4 PatG). Der frühere Ausschluss der Patentfähigkeit wegen mangelnder Technizität wurde häufig mit gleichen Argumenten und gleichem Ergebnis an diesem Kriterium festgemacht.[374] I. E. blieb es also bei der oben skizzierten Abgrenzung, auch wenn der Schwerpunkt dogmatisch sauberer bei der Beurteilung der erfinderischen Tätigkeit lag.[375] Möglicherweise wurde der Begriff der Technik in diesem Zusammenhang auch dahingehend erweitert, dass auch computerunterstützte Entwurfsmethoden für technische Geräte patentierbar sind, während die gleichen Entwurfsmethoden nicht patentierbar sind, wenn sie nicht durch eine IT-Anlage, sondern durch den Menschen realisiert werden. Jedenfalls ging die Tendenz der Rechtsprechung in diese Richtung.[376] In der neuesten Entscheidung greift der BGH allerdings nur noch am Rande auf die Frage der erfinderischen Tätigkeit zurück. Er prüft an systematisch früherer Stelle, ob die Erfindung Software als solche und daher gem. § 1 Abs. 2 Nr. 3 PatG vom Patentschutz ausgenommen ist. Dieser Ausschluss greift nach dem BGH nur dann nicht ein, wenn die Erfindung der Lösung eines technischen Problems mit technischen Mitteln dient und dabei nicht auf dem Fachmann bekannte Formen zurückgreift.[377] Letztlich wechselt hier erneut nur die dogmatische Einordnung. Im Ergebnis dürfte sich nichts ändern.

139

---

[367] Beschl. v. 15. 3. 2001 – 17 W (pat) 4/00, zitiert bei *Kellerer*, GRUR 2002, 289 (290).

[368] Beschl. v. 13. 11. 2001, CR 2002, 248.

[369] BPatG, GRUR 2003, 139; GRUR 2005, 1027; vgl. auch die Beispiele bei *Kellerer*, GRUR 2002, 289 (290 f.).

[370] BPatG, GRUR 2003, 413.

[371] BPatG, GRUR 2003, 1033; weitere Entscheidungen sind dargestellt bei *Winterfeldt*, GRUR 2004, 361.

[372] CR 2000, 281 = GRUR 2000, 498 m. Anm. *Betten* = NJW 2000, 1953.

[373] BGH, BB 2000, 1696 = CR 2000, 500 = NJW 2000, 3282 = GRUR 2000, 1007 m. Anm. *Betten*; kritisch *Schölch*, GRUR 2001, 16; tendenziell kritisch auch *Gölting/Röder-Hitschke*, in: Schulte/Schröder (Hrsg.): Handbuch des Technikrechts, S. 751.

[374] Ganz klar BGH, GRUR 2011, 125 = CR 2011, 144 m. Anm. *Hössle* (für ein Navigationssystem); vgl. z. B. BGH, GRUR 2009, 479; BPatG GRUR 2002, 791 = CR 2002, 559 m. Anm. *Sedlmaier*; *Ohly*, CR 2001, 809 (813); BGH, GRUR 2004, 607 = CR 2004, 648; zustimmend *Anders*, GRUR 2004, 461; *Meisinger*, in: Götting/Meyer/Vormbrock (Hrsg.): Gewerblicher Rechtsschutz, § 8, Rn. 34 ff.; i. E. so auch *Wiebe/Heidinger*, GRUR 2006, 177; *Hössle*, CR 2010, 559 (561 f.).

[375] *Rössel*, ITRB 2000, 90 (92); vgl. auch BGH, Beschl. v. 17. 10. 2001, X ZB 16/00, JurPC Web-Dok. 253/2001; BPatG, GRUR 2003, 138; ebenso *Ohly*, CR 2001, 809 (817); ähnlich *Moafang*, in: Ullrich/Lejeune (Hrsg.): Der internationale Softwarevertrag, Rn. 111 ff.; kritisch zu diesem Ergebnis *Hössle* CR 2011, 148

[376] Kritisch *Scholch*, GRUR 2006, 969.

[377] BGH, GRUR 2011, 610.

140   Die Rechtsprechung widerspricht klar den Stimmen, die für bestimmte Bereiche die Tatsache, dass etwas nur mit dem Computer realisiert werden kann, als Grund für den technischen Charakter der Erfindung ansehen. So wird die Ansicht vertreten, dass **Geschäftsmethoden** dann patentierbar sind, wenn sie nur mit Hilfe eines Computers realisiert werden können.[378] Angesichts der Tatsache, dass Software nur dann patentierbar ist, wenn sie zur Technik beiträgt und eine Geschäftsmethode als solche nicht technisch ist, folgt der BGH dieser Auffassung zu Recht nicht. Im Gegensatz zum amerikanischen Recht,[379] bei dem die Technizität nicht Voraussetzung der Patentfähigkeit ist, sind Geschäftsmethoden gem. § 1 Abs. 2 Nr. 3 PatG in Deutschland nicht patentfähig.[380] Das gilt auch dann, wenn sie durch Software realisiert werden. Auch bei technischen Entwurfsmethoden ist die Frage, wie weit sie nicht gem. § 1 Abs. 3 Nr. 1 PatG als mathematische Methoden von der Patentierbarkeit auch dann ausgenommen werden müssen, wenn sie als Programme realisiert sind.[381]

141   Auf ähnlicher Basis wie die eben beschriebene Rechtsprechung der Beschwerdekammern des Europäischen Patentamtes und der neueren BGH-Entscheidung beruhen auch die **Richtlinien des Bundespatent- und Markenamtes (DPMA) für die Prüfung von Patentanmeldungen**.[382]

Diese führen aus, dass bei der Prüfung, ob eine Erfindung technischen Charakter hat oder nicht, vom angemeldeten Gegenstand der Erfindung in seiner Gesamtheit auszugehen sei. Die einzelnen Merkmale seien nicht isoliert zu betrachten, vielmehr seien alle Merkmale, die zur Lösung der Aufgabe beitrügen, in die Betrachtung einzubeziehen. Dabei müsse eine wertende Betrachtung stattfinden. Einzelne Anspruchsmerkmale könnten bei Vorliegen sachlicher Gründe unterschiedlich zu bewerten sein. Bei der Frage, ob der gemeldete Gegenstand technisch sei oder nicht, dürfe es nicht darauf ankommen, was an ihm neu und erfinderisch sei (Nr. 4.3.3). Bei programmbezogenen Erfindungen sei der technische Charakter nicht davon abhängig, dass eine feste Schaltungsanordnung (Spezialschaltung) vorliege. Der selbe Erfindungsgedanke, der einer solchen technischen Anordnung zugrunde liege, könne auch als Verfahren und unter Zusammenwirken von Software mit programmierbarer Hardware patentfähig sein (Nr. 4.3.4). Programmbezogene Erfindungen könnten auch dann technischen Charakter haben, wenn die zur Lösung erforderliche Datenverarbeitungsanlage bzw. die erforderlichen Rechner, Schalt- und Steuerelemente bereits bekannt seien (Nr. 4.3.4). Hiernach sei z. B. eine programmbezogene Erfindung für eine Steuerungsvorrichtung technisch, wenn es zur Lösung der Aufgabe des Einsatzes der nach einer programmartigen Anweisung arbeitenden Schaltelemente bedürfe. Unschädlich sei, dass die Elemente für sich genommen jeweils in bekannter Weise arbeiten (Nr. 4.3.4). Ein Programm weise insbesondere dann eine technische Lehre auf, wenn es in technische Abläufe eingebunden sei. Weiter könne eine programmbezogene Erfindung für eine Datenverarbeitungsanlage technisch sein, wenn sie die Funktionsfähigkeit der DV-Anlage als solche betrifft und damit das unmittelbare Zusammenwirken ihrer Elemente ermöglicht (Nr. 4.3.4). Eine Datenverarbeitungsanlage, die in bestimmter Weise programmtechnisch ausgerichtet sei, sei grundsätzlich technisch, unabhängig davon, ob die Technik durch sie bereichert werde oder ob sie einen bestimmten Beitrag zum Stand der Technik leiste (Nr. 4.3.5). Allerdings werde eine vom Patentierungsverbot erfasste Lehre nicht schon

---

[378] *Anders,* GRUR 2001, 555.

[379] Dazu z. B. *Banner,* Technology and E-Commerce Newsletter, IBA, Vol. 19 No. 1 (June 2001), p. 19; *Moon,* Technology and E-Commerce Newsletter, IBA, Vol. 19 No. 1 (June 2001), p. 27; *Swinson,* Technology and E-Commerce Newsletter, IBA, Vol. 19 No. 1 (June 2001), p.23; *Betten/Esslinger,* in: Moritz/Dreier (Hrsg.): Rechts-Handbuch zum E-Commerce, Abschn. E Rn. 38 ff.

[380] *Hubmann/Götting,* Gew. Rechtsschutz, § 8 Rn. 9.

[381] Dafür *Scholch,* GRUR 2006, 969.

[382] Zugänglich unter www.dpma.de/formulare/p2796.doc (Stand 6. 12. 2006).

dadurch patentierbar, dass sie in einer auf einem herkömmlichen Datenspeicher gespeicherten Form zum Patentschutz angemeldet werde (Nr. 4.3.5). Sprächen gute Gründe dafür, dass die Erfindung technisch sei, reichten verbleibende Zweifel zu einer Verneinung des technischen Charakters nicht aus (Nr. 4.3.6).

In der Literatur gibt es eine ganze Reihe **weiterer Abgrenzungskriterien,** die teilweise 142 allerdings nicht weiterführen. Interessant ist der Ansatz von Melullis,[383] nach der die Grundzüge der Ideen, die dem Programm zugrunde liegen, als letztlich wissenschaftliche und technische Lehren nicht schutzfähig seien, die konkreten Programme aber schutzfähig seien, weil sie Anweisungen an den Computer darstellten. Dieser Ansatz widerspricht aber der Ansicht des BPatG,[384] genau dieser Code sei das nicht schutzfähige Programm als solches.

Dieser Ansatz hat ferner zwar manche Abgrenzungsvorteile für sich, hat aber Schwierigkeiten bei der Erfindungshöhe, weil bei ihm sich die Erfindungshöhe nur bei der Umsetzung der entwickelten Ideen in Programmen zeigen kann. Hier dürfte bei Durchführung des Ansatzes zwar nahezu jedes Programm grundsätzlich patentfähig, letztendlich aber eine erfinderische Leistung praktisch nie gegeben sein.[385]

Auffällig ist auch, dass die Anmeldepraxis wohl genau gegenteilig verfährt und als 143 Anmeldegegenstände in aller Regel Probleme und abstrakte Lösungsansätze annimmt.[386] Konsequenterweise wird auch die Vorlage des Quellcodes eines Programmes nicht verlangt, sondern nur die Darlegung der Lösungsstrukturen.[387] Eine solche Praxis läuft freilich Gefahr, zu viel und vor allem mathematische Methoden zu schützen, die wieder nach § 1 Abs. 2 Nr. 1 PatG nicht schutzfähig sind.[388] Dennoch hat sich hier wohl ein praktisch funktionsfähiger Kompromiss durchgesetzt, der auch nicht allzu viele Streitverfahren hervorgerufen hat.

Generell ist es nämlich so, dass dann, wenn eine Software grundsätzlich patentfähig ist, 144 sie, um patentiert werden zu können, die weiteren Voraussetzungen für ein Patent erfüllen muss. Sie muss **gewerblich anwendbar** sein, was in der Regel der Fall sein dürfte und darf weder zum Stand der Technik gehören, der vor dem für den Zeitpunkt der Patentanmeldung maßgeblichen Tag vorhanden war (§ 3 PatG), noch darf sie sich für den Fachmann in naheliegender Weise aus dem Stand der Technik ergeben (§ 4 PatG).[389]

Diese Voraussetzungen verhindern u. a. die Patentierung einer Software, die wie **Open** 145 **Source Software**[390] schon vorher veröffentlicht war. Sowohl diese Software als auch die ihr zugrundeliegenden Verfahren sind bei Antragstellung ja bereits bekannt. Möglich ist es freilich, zunächst ein Patent anzumelden und erst danach die Software als Open Source Code zu veröffentlichen.[391]

Praktisch schwierig ist freilich oft die Prüfung solcher Vorveröffentlichungen, weil es 146 im Softwarebereich entsprechende Dokumentations- und Nachweissysteme nur in Ansätzen gibt.[392] Niemand ist freilich gehindert, Verfahrensweiterentwicklungen patentieren zu lassen, die in der ursprünglich Software nicht enthalten waren und sich auch nicht für den Fachmann naheliegender Weise aus ihr ergeben. Dies ist auch durch keine Open Source

---

[383] GRUR 1998, 843 (850 ff.).

[384] CR 2001, 155.

[385] Kritik auch bei *Tauchert,* GRUR 1999, 965.

[386] So jedenfalls *Kiesewetter-Köbinger,* GRUR 2001, 185 (189 ff.).

[387] BPatG, GRUR 2004, 934.

[388] Eingehende Kritik bei *Kiesewetter-Köbinger,* GRUR 2001, 185 (189 ff.).

[389] Näher zu diesen Erfordernissen mit zahlreichen Nachweisen *Hubmann/Götting,* Gewerblicher Rechtsschutz, § 8 Rn. 19, § 9 Rn. 1 ff.

[390] Dazu oben Rn. 90 f.

[391] *Wiebe,* CR 2004, 881 (886).

[392] *Jaeger/Metzger,* Open Source Software, S. 115 ff.

Lizenz verboten. Verwendet man zur Realisierung dieser weiterentwickelten Verfahren freilich Teile einer Open Source Software, die unter GPLv2 steht,[393] muss man die Nutzung auch des patentierten Teils freigeben, weil man sonst gegen die urheberrechtlichen Auflage für die Weiterverwendung der Open Source Software verstößt.[394] Die GPLv3 sieht sogar eine Pflicht zur patentrechtlichen Lizensierung vor, enthält aber bei weiterentwickelter Software eine widersprüchliche Regelung[395].

147   Die Probleme der §§ 3 und 4 PatG haben in den veröffentlichten Entscheidungen im Bereich der Software bis vor kurzem selten eine Rolle gespielt. Sie können aber bei dem sehr weiten Ansatz patentfähiger Programme, den das BPatG und auch die Richtlinien des DPMA neuerdings hinsichtlich der Technizität verfolgt,[396] durchaus wichtig werden. So scheiterte die Patentfähigkeit schon[397] daran, dass es nur um eine für den Fachmann naheliegende Automation vorher manuell durchgeführter Tätigkeiten ging. Ähnlich entschied das BPatG, dass ein bestimmtes Verfahren zum Ausstellen individueller Chipkarten nicht patentierbar war, weil es auf für den Fachmann naheliegende Wünsche der Nutzer zurückgehe und sich daher für einen solchen ohne weiteren Nachweis aus dem Stand der Technik ergebe.[398] Das Gleiche galt für das Cyber-Cash-Verfahren, weil dort alles einen evtl. neuen kaufmännischen Hintergrund hat.[399] Wichtig ist, dass die Neuheit nur auf der Weiterentwicklung der Technik und nicht auf Überlegungen aus einem nicht technischen Bereich beruhen kann.[400]

148   Liegen alle Voraussetzungen für die Patentierbarkeit vor, muss das Bundespatent- und -markenamt das Patent erteilen. Der Erteilung geht ein aufwendiges Prüfverfahren voran, das hier nicht weiter erörtert werden kann.[401] In diesem Verfahren muss die Erfindung relativ früh offengelegt werden, so dass sich Patentschutz und Geheimhaltung ausschließen.

149   Trotz häufiger Erwähnung in der Literatur[402] hat **Art. 27 TRIPS** in der Rechtsprechung noch keine Rolle gespielt. Nach dieser Vorschrift müssen Patente für Erfindungen auf allen Gebieten der Technik erhältlich sein, vorausgesetzt, sie sind neu, beruhen auf einer erfinderischen Tätigkeit und sind gewerblich anwendbar. Diese Vorschrift spricht freilich in Deutschland schon immer entscheidende Kriterien an, so dass verständlich ist, dass sie nicht zu Änderungen in der Rechtsprechung führt.

b) Die Rechte des Patentinhabers

150   Welche Rechte ein Patentinhaber hat, hängt von der Art des erteilten Patentes ab. Wird ein **Erzeugnis patentiert,** darf niemand ohne Zustimmung des Patentinhabers ein Erzeugnis mit Merkmalen herstellen, anbieten, in Verkehr bringen, gebrauchen oder zu diesen Zwecken einführen oder besitzen, wenn dieses Erzeugnis dem durch das Patent geschützten Erzeugnisses entspricht (§ 9 Satz 2, Nr. 1 PatG). Hier geht der Schutz des Patentes wesentlich weiter als der des Urheberrechts, weil im Urheberrecht gleiche Erzeugnisse, die ohne Kenntnis des urheberrechtlich geschützten Produktes von anderen neu erarbeitet worden sind, grundsätzlich zulässig sind. Ist Gegenstand des Patentes ein **Verfahren,** so

---

[393] Dazu oben Rn. 91.
[394] Zu Vorveröffentlichungen vgl. *Jaeger/Metzger,* Open Source Software, Rn. 285 ff.
[395] *Funk/Zeifang,* CR 2007, 617 (623 f.).
[396] Seit BPatG, GRUR 1999, 1078 („Automatische Absatzsteuerung").
[397] BPatG, GRUR 1999, 1078 („Automatische Absatzsteuerung").
[398] BPatG GRUR 2002, 418.
[399] BPatG CR 2002, 559 m. Anm. *Sedlmaier* = GRUR 2002, 791.
[400] BPatG, GRUR 2006, 43.
[401] Dargestellt z. B. bei *Hubmann/Götting,* Gewerblicher Rechtsschutz, § 29.
[402] Z. B. *Betten/Esslinger,* in: Moritz/Dreier (Hrsg.): Rechts-Handbuch zum E-Commerce, Abschn. E, Rn. 28.

darf niemand ohne Zustimmung des Patentinhabers das patentierte Verfahren anwenden oder anbieten (§ 9 Satz 2 Nr. 2 PatG). Das Anbieten ist nur verboten, wenn der Anbietende weiß, dass die Anwendung des Verfahrens ohne Zustimmung des Patentinhabers verboten ist oder dies offensichtlich ist. Auch hier geht der Schutz weiter als im Urheberrecht. Insbesondere schützt das Urheberrecht nicht vor der Anwendung von Verfahren, die in einem urheberrechtlich geschützten Werk dargestellt sind, sondern nur vor der Kopie dieser Darstellung.[403] Der Patentschutz gilt allerdings nicht für Handlungen im privaten Bereich zu nicht gewerblichen Zwecken. Hier könnte das Urheberrecht möglicherweise weiter gehen. Diese Einschränkung ist Ausdruck des rein gewerblichen Charakters des Patentrechts und Kehrbild des ansonsten sehr weitgehenden Schutzes.[404]

Beim Patentschutz von Software kommt oft **ein Verfahrensschutz** in Betracht. In **151** diesem Falle ist allerdings das bloße Kopieren im Gegensatz zum Urheberrecht nicht verboten, wohl aber die Ausführung des Programms. Allerdings gibt es **auch einen Vorrichtungsschutz** für mit Software geladene Hardware, der insbesondere bei embedded software wichtig ist.[405] In diesem Fall wäre auch das Besitzen der geladenen Datenverarbeitungsanlage nach § 9 Satz 2 Nr. 1 PatG verboten, weil man davon ausgehen kann, dass die Anlage gebraucht werden soll. In beiden Fällen kann der Vertrieb von Software, die bei Anwendung das Patent verletzt, als mittelbare Patentverletzung Ansprüche auslösen.

c) Ansprüche bei Rechtsverletzung

Wird ein Recht des Patentinhabers verletzt, kann er vom Verletzter (vorbeugend) **152** **Unterlassung** verlangen (§ 139 Abs. 1 PatG). Daneben kommt auch ein Beseitigungsanspruch bei fortwährender Störung in Betracht, der sich aus § 1004 BGB analog ergibt. Dieser Anspruch kann soweit gehen, dass die Vernichtung des patentverletzenden Gegenstandes verlangt werden kann. Wie im Urheberrecht ist aber auch hier eine Interessenabwägung erforderlich. Beide Ansprüche setzen kein Verschulden des Störers voraus.

Verschuldensabhängig ist dagegen der **Schadensersatzanspruch** des § 139 Abs. 2 PatG. **153** Der Verletzer muss also vorsätzlich oder fahrlässig handeln. Zum Verschulden gilt im Prinzip das zum Urheberrecht Gesagte. Dabei sind insbesondere an große Unternehmen hohe Anforderungen im Hinblick auf die Prüfung eventueller Patentverletzungen zu stellen. Ob und inwieweit eine Stellungnahme eines Patentanwalts oder anderer Sachverständiger sie zu entlasten vermag, kann nur im jeweiligen Einzelfall entschieden werden. Diese Prüfungspflicht gilt ganz besonders nach dem Erhalt von Verwarnungen. Die Schadenshöhe kann wie im Urheberrecht nach dem konkreten Schaden des Verletzten, im Wege der **Lizenzanalogie** oder nach dem vom Verletzter gezogenen Gewinn berechnet werden. Im Falle der leichten Fahrlässigkeit können die Gerichte statt des Schadensersatzes auch eine Entschädigung festlegen, die zwischen dem Schaden des Verletzten und dem Vorteil des Verletzers liegt (§ 139 Abs. 2 Satz 2 PatG). Die Vorschrift wird praktisch nur selten angewandt. Schadensersatzansprüche *verjähren* nach den allgemeinen Regeln (§ 141 PatG).

Neben dem Schadensersatzanspruch kommt auch ein **Bereicherungsanspruch** in Betracht, der auf Zahlung einer Lizenzgebühr als Wertersatz gem. § 818 Abs. 2 BGB geht. **154** Dieser Anspruch ist verschuldensunabhängig und verjährt nach den allgemeinen Regeln. Darüber hinaus gibt es für die Zeit zwischen Offenlegung der Patentanmeldung und

---

[403] Plastisch *Prasch,* CR 1987, 337 f.; vgl. auch *Heide,* CR 2003, 165.
[404] Skeptisch *Betten/Esslinger,* in: Moritz/Dreier (Hrsg.): Rechts-Handbuch zum E-Commerce, Abschn. E Rn. 34.
[405] *Heide,* CR 2003, 165 (166); vgl. auch Beschwerdekammer des EPA, GRUR Int. 1987, 173 („Vicom") = CR 1986, 193.

Patenterteilung einen Entschädigungsanspruch nach § 33 PatG, wenn der Nutzer wusste oder wissen musste, dass die von ihm benutzte Erfindung Gegenstand der Anmeldung war.[406]

155   Zur Vorbereitung der Durchsetzung der hier geschilderten Ansprüche kommt auch im Patentrecht ein **Besichtigungsanspruch** (§ 140 c PatG) in Betracht. Er setzt allerdings voraus, dass ein erheblicher Grad an Wahrscheinlichkeit für die Verletzung des Patents vorliegt.[407] Ob die im Urheberrecht vom BGH reduzierten Voraussetzungen[408] auch im Patentrecht gelten, ist noch offen. Der Anspruch richtet sich im Übrigen in der Regel nur auf Besichtigung durch einen zunächst zur Verschwiegenheit verpflichteten Sachverständigen (§ 140 c Abs. 3 S. 2 PatG). Dieser darf Informationen nur weitergeben, wenn eine Patentverletzung auch vorliegt. Auch im Patentrecht gelten die im Urheberrecht für die Software geschilderten Probleme.

Ferner gibt es einen Vernichtungsanspruch nach § 140 a PatG.

156   Zur Vorbereitung von Schadensersatzansprüchen hat der Verletzte darüber hinaus einen **Auskunfts- und Rechnungslegungsanspruch** gegen den Verletzer. Auch bei diesem Anspruch kann es sein, dass Auskunft und Rechnungslegung nur einem zur Verschwiegenheit verpflichteten Dritten erteilt werden müssen.

157   Hat der Patentverletzer freilich die Erfindung schon zum Zeitpunkt der Anmeldung benutzt, steht ihm ein **Vorbenutzungsrecht** nach § 12 PatG zu. Er kann nicht als Patentverletzer in Anspruch genommen werden.

3. Der Schutz von Halbleitern

158   Ein speziell auf den Schutz von EDV-Elementen ausgerichtetes Schutzrecht ist das **Halbleiterschutzrecht**.[409] Geschützt werden dadurch Topographien von Mikrochips. Gemeint ist damit die innere Struktur, sozusagen die Architektur der Halbleiterchips. Nicht geschützt sind die dieser Architektur zugrunde liegenden Überlegungen, Schaltungen, Schaltpläne, Pflichtenhefte usw.. Halbleiterchips sind dabei dreidimensional aufgebaute Systeme von Transistoren und ihren Verbindungen, die sehr komplexe Schaltungen realisieren können. Solche Schaltungssysteme können prinzipiell auch patentierbar sein oder Gebrauchsmusterschutz erlangen. Sogar das Layout kann patentierbar sein.[410] Dafür fehlt es aber in der Mehrheit der Fälle an der für beide Schutzrechte notwendigen erfinderischen Höhe. Die Entwicklung der Chips ist in der Regel gerade nicht auf eine neue Erfindung, sondern auf eine systematische Weiterentwicklung bekannter Umstände ausgerichtet.[411] In Einzelfällen greift u. U. auch ein urheberrechtlicher Schutz ein, jedenfalls für eine zeichnerische Darstellung dieser Topographien. Dies ist aber angesichts der schon erörterten Probleme der eigenschöpferischen Neubildung, die auch für die zeichnerische Darstellungen von Schaltungen geltend dürften, keinesfalls sicher. Außerdem wäre es urheberrechtlich nicht untersagt, Schaltbilder oder Lay-outs zur Produktion von Chips zu verwenden. Unzulässig wäre nur die Kopie der Lay-outs.[412] Da auch das Wettbewerbsrecht nur begrenzten Schutz bietet und insbesondere die USA Druck in Richtung auf eine

---

[406] *Heide*, CR 2003, 165 (168).

[407] BGH, GRUR 1985, 512 ff. („Druckbalken").

[408] Dazu oben Rn. 113.

[409] Gesetz über den Schutz der Topographien von mikroelektronischen Halbleitererzeugnissen (Halbleiterschutzgesetz) v. 22. 10. 1987 (BGBl. I, 2294).

[410] BPatG, CR 1998, 12 (LS).

[411] Näher dazu *Koch*, in: Lehmann (Hrsg.), Rechtsschutz und Verwertung von Computerprogrammen, S. 333 (337).

[412] Näher dazu *Koch*, in: Lehmann (Hrsg.), Rechtsschutz und Verwertung von Computerprogrammen, S. 333 (337).

Entwicklung eines eigenständigen Schutzrechts für Halbleiterschaltelemente ausübten, kam es zur Verabschiedung einer entsprechenden EG-Richtlinie[413] und des entsprechenden deutschen Gesetzes.[414] Die praktische Bedeutung des neuen Schutzrechts blieb aber gering und nimmt ab.[415]

Schutz wird gewährt dagegen, dass andere die **Topographie nachbilden** oder sie 159 oder das sie enthaltende **Halbleitererzeugnis anbieten,** in Verkehr bringen, verbreiten oder zu den genannten Zwecken einführen (§ 6 Abs. 1 HalbSchG). Der Schutzumfang ist damit gegenüber absoluten Schutzrechten begrenzt und auch zeitlich auf zehn Jahre beschränkt. Diese Schutzdauer beginnt mit dem Zeitpunkt, in dem die Topographie entweder erstmals geschäftlich verwendet oder beim Deutschen Patentamt angemeldet wird (§ 5 Abs. 1 HalbSchG). Ansprüche gegen eine unbefugte Nutzung im oben bezeichneten Sinne können aber nur gestellt werden, wenn die Topographie nach dem In-den-Verkehr-Bringen binnen zwei Jahren beim Deutschen Patentamt angemeldet wurde (§ 5 Abs. 2 HalbSchG). Außerdem gibt es keine Ansprüche gegen Gutgläubige, die allerdings ab dem Zeitpunkt, zu dem sie bösgläubig werden, eine Lizenzgebühr zahlen müssen (§ 6 Abs. 3 HalbSchG).[416] Im Gegensatz zum Patentrecht prüft das Patentamt bei der Registrierung der Halbleiter die materielle Berechtigung des Anmelders nicht (§ 4 Abs. 1 HalbSchG).

Schutzrechtsinhaber ist der, der die Topographien geschaffen hat (§ 2 Abs. 1 Halb-SchG). Wird die Topographie allerdings in einem Arbeits- oder Auftragsverhältnis geschaffen, steht das Schutzrecht dem Arbeit- oder Auftraggeber zu (§ 2 Abs. 2 HalbSchG).

Zwei Problemkreise werden diskutiert:

Zum einen muss auch eine Topographie, um geschützt zu werden, eine **Eigenart** 160 aufweisen (§ 1 HalbSchG). Sie soll keine bloße Nachbildung sein, geistige Eigenart aufweisen und nicht alltäglich sein. Dieses Erfordernis soll aber wesentlich geringere Anforderungen stellen als etwa die Erfindungshöhe im Patentrecht oder die schöpferische Eigenart im Urheberrecht. Sie soll nur solche Topographien vom Schutz ausschließen, die nachgebildet oder in der Halbleiterindustrie alltäglich sind.[417] Rechtsprechung liegt zu diesem Merkmal nicht vor, man wird also abwarten müssen, wie weit dieses Merkmal Topographien vom Topographienschutz ausschließt. Es spricht manches dafür, für die Auslegung dieses Begriffs die zur Frage der wettbewerblichen Eigenart ergangene wettbewerbsrechtliche Rechtsprechung heranzuziehen.[418] Teilweise wird auf die Eigentümlichkeit im Sinne des Geschmacksmusterrechts verwiesen.[419]

Das zweite Problem ist das des „**reverse engineering**". Aus dem US-amerikanischen 161 Recht hat das HalbSchG in § 6 Abs. 2 Nr. 2 die Regel übernommen, dass es zulässig ist, eine geschützte Topographie zu analysieren und die dabei gewonnenen Erkenntnisse in eine eigene Topographie umzusetzen. Da die einer Topographie zugrunde liegenden Schaltungen, logischen Strukturen usw. ohnehin nicht geschützt sind und daher eine nachschöpfende Entwicklung, die nur diese Konzepte verwendet, zulässig ist, egal, wie nahe das Ergebnis der Ursprungstopographie kommt, muss diese Ausnahme wohl erlauben,

---

[413] Richtlinie Nr. 87/54 EWG v. 16. 12. 1986, ABl. MR. L 24 v. 27. 1. 1987, S. 36–40.

[414] Zu dieser Entwicklung näher *Koch,* in: Lehmann (Hrsg.), Rechtsschutz und Verwertung von Computerprogrammen, S. 333 (338 ff.).

[415] *Röder-Hitschke,* in: Götting/Meyer/Vormbrock (Hrsg.): Gewerblicher Rechtsschutz, § 17, Rn. 6.

[416] Näher *Koch,* in: Lehmann (Hrsg.), Rechtsschutz und Verwertung von Computerprogrammen, S. 333 (352); *v. Falck,* in: Computerrechtshandbuch, Abschn. 53, Rn. 9.

[417] *Koch,* in: Lehmann (Hrsg.), Rechtsschutz und Verwertung von Computerprogrammen, S. 333 (354).

[418] Vgl. dazu näher unten Rn. 181.

[419] *Schneider,* Handbuch des EDV-Rechts, Rn. C 514; anders aber ein Merkblatt des DPA, hier zit. nach *Schneider,* a. A. O., Rn. C 520.

Teile einer Topographie vollständig zu kopieren.[420] Wie weit das erlaubt ist und wann eine unerlaubte Nachbildung vorliegt, bedarf noch der richterlichen Entscheidung. Dabei ist auch darauf zu achten, dass die im EDV-Bereich recht strengen Grenzen, die § 4 Nr. 9 UWG einer Verwendung fremder Ergebnisse setzt,[421] beachtet werden.

4. Der Schutz durch Marken

a) Allgemeines

162   Praktisch bedeutsam kann auch der Schutz von Software durch **Marken** werden.[422] Dieser Schutz ist nur begrenzt, in vielen Fällen aber nützlich und prozessual leicht durchzusetzen. Die Grenze dieses Schutzes liegt darin, dass nicht etwa die Programme als solche geschützt werden. Geschützt wird nur die Marke, unter der sie vertrieben werden. In vielen praktischen Fällen ist dies ein wichtiger Schutz. Eine Marke ist ein Zeichen, unter dem eine Person, die am Geschäftsleben teilnimmt, ihre Waren und Dienstleistungen kennzeichnen will, um sie von den Waren anderer zu unterscheiden. Daneben hat die Marke in der geschäftlichen Praxis weitere, oft auch durch das Gesetz geschützte Funktionen.[423] Was als Marke benutzt wird, ist im Prinzip gleichgültig. Es gibt **Wortzeichen, Bildzeichen** und **Zeichen, die aus Worten und Bildern zusammengesetzt** sind. Selbst dreidimensionale Gestaltungen können Marken sein. Dies dürfte für Software uninteressant sein. Markenschutz erwirbt man durch eine Eintragung eines Zeichens als Marke in das vom Deutschen Patent- und Markenamt geführte Register (§ 4 Nr. 1 MarkenG). Marken können auch durch Benutzung entstehen, wenn die Marke Verkehrsgeltung erwirbt (§ 4 Nr. 2 MarkenG) oder durch notorische Bekanntheit im Sinne des Art. 6bis der Pariser Verbandsübereinkunft.[424]

163   Nicht jedes Wort oder jedes Bild kann als Zeichen eingetragen werden. Sogenannte **absolute Schutzhindernisse** sind in § 8 MarkenG geregelt. Wichtig ist insbesondere der Ausschluss für Marken, denen für die Waren oder Dienstleistungen jegliche Unterscheidungskraft fehlt, die ausschließlich aus Zeichen oder Angaben bestehen, die im allgemeinen Sprachgebrauch zur Bezeichnung der Waren oder Dienstleistungen üblich geworden sind oder die ausschließlich aus Zeichen oder Angaben bestehen, die im Verkehr zur Bezeichnung der Art, der Beschaffenheit, der Menge, der Bestimmung, des Wertes, der geografischen Herkunft, der Zeit der Herstellung der Waren oder Erbringung der Dienstleistung oder zur Bezeichnung sonstiger Merkmale der Waren oder Dienstleistungen dienen können (§ 8 Abs. 2 Nr. 1, 3, 2 MarkenG).

Sinn dieser Bestimmungen ist es, nicht durch den Markenschutz den Konkurrenten die Beschreibung ihrer Ware rechtlich unmöglich zu machen. Bestimmte Zeichen sollen daher vom Schutz freigehalten werden. Sowohl die Frage der Unterscheidungskraft (§ 8 Abs. 2 Nr. 1 MarkenG) als auch die Frage des Freihaltebedürfnisses beurteilen sich letztendlich nach der Verkehrsauffassung. Sie bezieht sich dabei nur auf die von der Marke bezeichneten Waren oder Dienstleistungen. Worte, die eine bestimmte Ware beschreiben, können zwar nicht für diese Ware, wohl aber für andere Waren als Marken eingetragen werden. Ein Zeichen, das an sich nicht unterscheidungskräftig ist oder an dem ein Freihaltebedürf-

---

[420] So auch *Koch,* in: Lehmann (Hrsg.), Rechtsschutz und Verwertung von Computerprogrammen, S. 333 (354 f.); eher einschränkend *Röder-Hitschke,* in: Götting/Meyer/Vormbrock (Hrsg.): Gewerblicher Rechtsschutz, § 17, Rn. 21.

[421] Vgl. dazu LG Hamburg, CR 1989, 697.

[422] So ausgiebig dargelegt von *Harte-Bavendamm,* in: Computerrechtshandbuch, Abschn. 56; zum internationalen Schutz vgl. *Gruber,* CR 1991, 10.

[423] *Hubmann/Götting,* Gew. Rechtsschutz, § 37, Rn. 1 ff.

[424] Dazu *Hubmann/Götting,* Gew. Rechtsschutz, § 44 Rn. 1.

nis besteht, kann dann geschützt werden, wenn es sich im Verkehr als Marke durchgesetzt hat (§ 8 Abs. 3 MarkenG). Diese Formulierung bedeutet, dass sich das Zeichen zumindest bei der Mehrheit der beteiligten Verkehrskreise, d. h. insbesondere bei der Mehrheit der Verbraucher oder Benutzer der von ihm gekennzeichneten Ware durchgesetzt haben muss.[425] Was dies im Einzelnen bedeutet, muss im Einzelfall entschieden werden und hängt u. a. auch von der Frage ab, wie stark der Mangel an Unterscheidungskraft oder das Freihaltebedürfnis sind.

Weitere **Eintragungsvoraussetzung** ist, dass die Marke die **Waren** oder **Dienstleis-** **164** **tungen** bezeichnen soll. Es muss also einen Geschäftszweig geben, auf den sich die Anmeldung bezieht. Es muss klar sein, dass der Schutz für den Vertrieb bestimmter Waren und/oder bestimmter Dienstleistungen begehrt wird. Diese sind systematisch in verschiedenen Waren- bzw. Dienstleistungsklassen erfasst. Ist das Zeichen für eine den Geschäftsbetrieb nicht entsprechende Waren- und/oder Dienstleistungsklasse eingetragen, so kann es sein, dass es gegenüber einer Verletzung nicht geschützt ist. Ein genereller Schutz einer Marke unabhängig von Waren oder Dienstleistungen existiert nicht.[426] Bei der Softwareherstellung kann es dabei sowohl um den Schutz von Waren als auch um den Schutz von Dienstleistungen gehen. In der Regel wird man beim Vertrieb von Standardprogrammen wohl von Waren sprechen können, während man bei der Herstellung von Individualsoftware von Dienstleistung sprechen muss.[427] In Frage kommen insbesondere die Warenklassen 9 und 42 aus der internationalen Qualifikation von Waren und Dienstleistungen. Im Übrigen muss das Zeichen innerhalb von fünf Jahren nach der Eintragung in Benutzung genommen werden, um nicht Gefahr zu laufen, die Ansprüche aus der Marke zu verlieren (§ 25 MarkenG).

Dem **Inhaber einer Marke** steht ein **ausschließliches Recht** zu (§ 14 Abs. 1 MarkenG). **165** Dritten ist es untersagt, im geschäftlichen Verkehr Marken so zu benutzen, dass Verwechslungsgefahr besteht. Das Recht verbietet auch nur die den markenmäßigen Gebrauch verwechslungsfähiger Kennzeichen,[428] d. h. eines Gebrauchs, der auf ein Produkt, ein Unternehmen oder ein Werk abstellt. Dies bedeutet zunächst, dass ein Verbot besteht, mit der eingetragenen Marke identische Zeichen für Waren oder Dienstleistungen zu benutzen, die mit denjenigen identisch sind, für die die Marke eingetragen ist (§ 14 Abs. 2 Nr. 1 MarkenG).

Ferner ist verboten, auch **ähnliche Marken** zu benutzen, wenn **Verwechslungsgefahr** besteht. Die Verwechslungsgefahr muss sowohl dahingehend bestehen, dass mit der eingetragenen Marke eine Verwechslung möglich ist, als auch dahingehend, dass die Waren oder Dienstleistungen, für die die Marke benutzt wird, marktmäßig den Waren oder Dienstleistungen, für die die Marke eingetragen ist, so nahe stehen, dass eine Verwechslung droht (§ 14 Abs. 2 Nr. 2 MarkenG). Wann Verwechslungsgefahr besteht, hängt im Einzelnen zum einen von der Nähe der jeweils betroffenen Waren oder Dienstleistungen untereinander ab. Wer eine Marke für Software eingetragen hat, kann die Verwendung der gleichen Marke für den Vertrieb von Getränken schwerlich verhindern. Zum anderen müssen auch Verwechslungsgefahren sowohl beim Lesen als auch beim Hören oder Sehen bestehen können. Wie stark die Verwechslungsgefahr sein muss, hängt auch von der Unterscheidungskraft der Marken ab. Eine sehr prägnante und unterscheidungskräftige Marke genießt größeren Schutz als eine Marke, die von sich aus nicht

---

[425] Vgl. dazu *Hubmann/Götting*, Gewerblicher Rechtsschutz, § 38, Rn. 9.

[426] *Hubmann/Götting,* Gewerblicher Rechtsschutz, § 37 Rn. 25.

[427] So auch *Schweyer,* in: Lehmann (Hrsg.), Rechtsschutz und Verwertung von Computerprogrammen, S. 357 (361); die Möglichkeit, dass Standardsoftware eine Ware sein kann, wurde v. BGH ausdrücklich anerkannt, BGH, CR 1986, 130.

[428] BGH, GRUR 2005, 583 (584); *Althausen,* in: Götting/Meyer/Vormbrock (Hrsg.): Gew. Rechtsschutz, § 22, Rn. 777; detailliert *Fezer,* MarkenG, § 14 Rn. 81 ff.

besonders unterscheidungskräftig ist und nur soeben noch als eintragungsfähig bezeichnet wurde.

Auch der **Hinweis,** die eigene Software sei mit einer anderen Software **kompatibel,** kann einen **Markenverstoß** darstellen, wenn der Name der Fremdsoftware als Marke geschützt ist. § 23 MarkenG lässt zwar die Benutzung der Marke zur Beschreibung eines Produkts zu, hilft aber nicht in allen Fällen.[429]

166   Für **bekannte Marken** gibt es darüber hinaus gem. § 14 Abs. 2 Nr. 3 MarkenG noch ein besonderes Recht des Verbots verwechslungsfähiger oder identischer Zeichen auch für fremde Waren, wenn dadurch die Unterscheidungskraft oder die Wertschätzung der bekannten Marke ohne rechtfertigen Grund in unlauterer Weise ausgenutzt oder beeinträchtigt wird.

167   Wird eine **Markenware** vertrieben, ist es auch **unzulässig,** ihre **Beschaffenheit zu verändern** und die Marke weiter zu benutzen. Wird eine mit einer Marke versehene CD-ROM vom Hersteller nur zusammen mit dem Handbuch, einem Lizenzvertrag und sonstigen Unterlagen vertrieben, ist es auch markenrechtlich unzulässig, die Bestandteile der einzelnen Lieferung aufzuteilen und sie getrennt zu vertreiben.[430]

168   Wird eine Marke widerrechtlich in Gebrauch genommen, hat der Markeninhaber **Unterlassungsansprüche** (§ 14 Abs. 5 MarkenG). Bei schuldhaften Verstößen gibt es darüber hinaus **Schadensersatzansprüche** (§ 14 Abs. 6 MarkenG). Die Schadensberechnung kann wieder nach den bei Urheber- und Patentverletzungen üblichen drei Methoden vorgenommen werden.[431] Im Hinblick darauf gibt es auch wieder **Auskunftsansprüche,** die jedenfalls teilweise auch im Gesetz geregelt sind (§ 19 Abs. 1 MarkenG). Ein Besichtigungsanspruch ist nicht gegeben, weil es dafür an einem Bedarf fehlt.

169   Eine besondere Schutzvorkehrung beinhaltet § 146 MarkenG. Danach kann die Zollbehörde auf Antrag widerrechtlich gekennzeichnete ausländische Waren bei ihrer Einfuhr oder Durchfuhr **beschlagnahmen** und einziehen. Der Antragsteller kann die Sachen nach Beschlagnahme besichtigten. Führt er dann innerhalb einer Frist von zwei Wochen eine gerichtliche Entscheidung herbei, die die Beschlagnahme oder eine Verfügungsbeschränkung anordnet, kann er diese gerichtliche Entscheidung in die beschlagnahmten Waren vollstrecken. Tut er dies nicht, wird die Ware wieder freigegeben.

170   Bei Programmen für Datenverarbeitungsanlagen ist der **Markenschutz** insbesondere gegen solche **Raubkopien** von Bedeutung, bei denen die Marke mit kopiert wird, sei es, um tatsächlich den Wert der Marke auszunutzen, sei es, weil der Kopierer nicht in der Lage ist, die Marke (bzw. die Programmteile, die ihr Erscheinen auf dem Bildschirm auslösen) zu löschen.[432] Wer für sein Programm Markenschutz in Anspruch nehmen will, sollte es so erstellen, dass die Entfernung der Marke aus dem Programm schwierig oder sogar unmöglich ist. Gegen den vertragswidrigen Verkauf einer einmal in den Verkehr gebrachten Softwarekopie hilft der Markenschutz aber auch nicht, da auch im Markenrecht der **Erschöpfungsgrundsatz** gilt (§ 24 MarkenG). Dies gilt freilich nur dann, wenn die Softwarekopie in der EU in den Verkehr gebracht wurde.

171   Auch **Begleitmaterialien** können mit der **Marke** versehen und geschützt werden. Wichtig ist, dass sowohl im Programm als auch bei den Begleitmaterialien die Marke als Marke, also als Kennzeichen verwendet wird. Dies gilt insbesondere für Angaben, die einen beschreibenden Charakter haben, dennoch aber als Marke eingetragen sind. Am besten ist ein Hinweis darauf, dass es sich um eine eingetragene Marke handelt. Wer

---

[429] Näher *Grützmacher/Schmidt-Bogatzky,* CR 2005, 545.
[430] OLG Karlsruhe, Urt. v. 23. 2. 2000 – 6 U 204/99, JurPC Web-Dok. 204/2000.
[431] *Hubmann/Götting,* Gew. Rechtsschutz, § 47 Rn. 4.
[432] *Schweyer,* in: *Lehmann,* (Hrsg.), Rechtsschutz und Verwertung von Computerprogrammen, S. 357 (377); OLG Frankfurt, GRUR 1983, 753 (756 f.) „Pengo"; *Schneider,* Softwarenutzungsverträge, S. 42; LG Berlin, IuR 1986, 24.

Markenschutz auch als Kopierschutz einsetzen will, muss diese Voraussetzung sorgfältig im Auge haben.

b) Titelschutz

In das Markenrecht ist auch der Schutz sogenannter geschäftlicher Bezeichnungen 172
integriert. Interessant im Zusammenhang mit Software ist der **Schutz von Werktiteln,** die gemäß § 5 Abs. 1 MarkenG zu den geschäftlichen Bezeichnungen gehören. Nach § 5 Abs. 3 sind Werktitel die Namen oder besonderen Bezeichnungen von Druckschriften, Filmwerken, Tonwerken, Bühnenwerken oder sonstigen vergleichbaren Werken. Es war lange streitig, ob die Namen von Computerprogrammen auch solche Werktitel sein können. Dabei ging es insbesondere um die Frage, ob es sich bei Computerprogrammen um sonstige vergleichbare Werke im Sinne von § 5 Abs. 3 MarkenG handelt. Dafür spricht, dass es sich um unkörperliche geistige Werke handelt, die insbesondere auch einem Urheberrechtsschutz zugänglich sind.[433] Dagegen spricht insbesondere, dass die sonstigen Werke im Sinne von § 5 Abs. 3 künstlerische Werke sind, deren Titel traditionell nur begrenzt dem Markenschutz unterliegen und die deswegen eines besonderen Schutzes bedürfen. Historisch passt aus Sicht dieser Auffassung der Werktitelschutz nicht zu Computerprogrammen.[434] Diese Meinung ist sachlich zutreffend.

Der Bundesgerichtshof hat Computerprogrammen aber **Werktitelschutz gewährt** mit 173
der Erwägung, dass es sich um geistige Werke handelt, die auch Urheberschutz genießen und in dieser Hinsicht den anderen Werktiteln vergleichbar sind. Im Übrigen ist es auch möglich, selbst Buchtitel, jedenfalls aber Zeitungstitel als Marken einzutragen. Ähnliches dürfte auch für Filmtitel gelten, so dass die Tatsache, dass Computernamen als Marken eingetragen werden können und auch eingetragen sind, einen Werktitelschutz nicht ausschließen.[435] Angesichts der Rechtsprechung ist für die Praxis davon auszugehen, dass Computerprogramme Werktitelschutz genießen. Werktitelschutz gibt es in der Regel nur dann, wenn hinsichtlich des geschützten Werks eine konkrete Verwechslungsgefahr besteht.[436]

Wichtig ist die Frage des **Werktitelschutzes** insbesondere dann, wenn die Marken- 174
anmeldung für Computerprogramme später als die Benutzung einsetzt und durch den Werktitelschutz die **Priorität** auch gegenüber später eingetragenen verwechslungsfähigen Marken Dritter besteht. Werktitelschutz gem. § 15 Abs. 1 MarkenG gewährt nämlich auch dem Inhaber einer geschäftlichen Bezeichnung, d. h. auch dem Inhaber eines Werktitels, ein ausschließliches Recht. Dritten ist es gemäß § 15 Abs. 2 MarkenG untersagt, die geschäftliche Bezeichnung oder ein ähnliches Zeichen im geschäftlichen Verkehr unbefugt in einer Weise zu benutzen, die geeignet ist, Verwechslungen mit der geschützten Bezeichnung hervorzurufen. Demgemäß kann ein erworbener Werktitelschutz auch gegenüber einer neu eingetragenen Marke eingewandt werden und sogar zur Löschung dieser Marke führen.

Der **Erwerb des Werktitelschutzes** geschieht üblicherweise durch Benutzung. Ein 175
Eintragungsverfahren ergibt sich nicht.

---

[433] Für Werktitelschutz: *Lehmann*, CR 1986, 373 (375 ff.); GRUR 1995, 250; *Jacobs*, GRUR 1996, 601 (603 ff.); *Huppertz/Fritzsche*, ITRB 2011, 86.

[434] *Betten*, GRUR 1995, 5; *Zahrnt*, BB 1996, 1570.

[435] BGH, CR 1998, 5 („Power Point") = NJW 1997, 3313 = GRUR 1998, 155 m. krit. Anm. *Betten*; 6 („FTOS") = NJW 1997, 3315 = GRUR 1997, 902; zustimmend *Lehmann*, CR 1998, 2; ebenso schon vorher OLG Hamburg, *Zahrnt*, ECR OLG 188 („Power Point") = NJW-RR 1995, 430; OLG München, *Zahrnt*, ECR OLG 196 („Wincad").

[436] *Huppertz/Fritzsche*, ITRB 2011, 86 (87).

Allerdings ist die **öffentliche Ankündigung** eines Werkes unter dem zu schützenden Titel üblicherweise geeignet, den Werktitelschutz zum Zeitpunkt der Ankündigung entstehen zu lassen, wenn das Werk in angemessenem zeitlichem Abstand unter diesem Titel in den Verkehr gebracht wird.[437] Für die übliche Veröffentlichung stehen dafür geeignete und eingeführte Organe zur Verfügung.

176   Diese Frage der Vorveröffentlichung hat in der Rechtsprechung eine wichtige Rolle gespielt. Wer Titelschutz in Anspruch nehmen will, sollte die Vorveröffentlichung systematisch betreiben.[438] Im Nachhinein die Priorität auf Ankündigungen in Fachzeitschriften abstützen zu wollen, ist ausgesprochen schwierig. Es reicht im Normalfall auch nicht aus, nur die ausländische Version des Programms anzukündigen und dann lediglich die deutsche zu vertreiben.[439] Auch der Probelauf beim Kunden reicht nicht aus.[440] Das gleiche gilt für den Vertrieb von Testsoftware wie z. B. Beta-Versionen. Allerdings kann der Vertrieb von Beta-Versionen auch schon ein Vollvertrieb mit dem Versuch einer Haftungsbegrenzung sein und dann auch Titelrechte begründen.[441]

177   Im Übrigen gibt es auch **titelschutzunfähige Bezeichnungen,** wie z. B. reine Gattungsbezeichnungen. Eine Software mit der Bezeichnung „Textverarbeitung" kann keinen Werktitelschutz erlangen.

Solche Gattungsbezeichnungen könnten nur dann Schutz erlangen, wenn sie aufgrund von Verkehrsgeltung Unterscheidungskraft als Werktitel erlangen. Dieser Fall dürfte im Softwarebereich angesichts des raschen Wechsels von Programmen eher selten sein.

Ist Titelschutz entstanden, gibt es **Unterlassungsansprüche** (§ 15 Abs. 4 MarkenG) und bei schuldhafter Begehung auch **Schadensersatzansprüche** (§ 15 Abs. 5 MarkenG). Die Schadensberechnung richtet sich nach den auch im Markenbereich üblichen Regeln.

5. Der wettbewerbsrechtliche Schutz von Software

a) Der Schutz vor Kopien und Nachahmungen

178   Nach den bisherigen Ausführungen ist ein relativ umfangreicher Schutz der Software vor unberechtigten Kopien und anderen Nachahmungen durch insbesondere das Urheberrecht gegeben. Dennoch ist kann es nach wie vor interessant sein, **Kopierschutz unter wettbewerbsrechtlichen Gesichtspunkten** zu erhalten. Er hatte eine sehr große Bedeutung in der Zeit, wo der Urheberschutz von Software wegen der Rechtsprechung des BGH nur schwer erreichbar war. Die Bedeutung liegt auch weiterhin noch darin, dass die Schutzvoraussetzungen im Wettbewerbsrecht unabhängig von dem Urheberschutz leichter darlegbar sind.[442] Allerdings wird zunehmend die Ansicht vertreten, dass Urheberschutz wettbewerblichen Leistungsschutz ausschließe.[443] Außerdem geht der Schutz im Wettbewerbsrecht nicht so weit wie ein Schutz aus einem absoluten Leistungsschutz recht. Er umfasst z. B. nicht Handlungen Privater zu persönlichen Zwecken, da diese Handlungen dem Wettbewerbsrecht nicht unterliegen. Insgesamt ist die praktische Bedeutung des wettbewerblichen Leistungsschutz im Softwarebereich nur noch gering.

179   Anspruchsgrundlage für einen **wettbewerbsrechtlichen Unterlassungsanspruch** ist § 3 in Verbindung mit §§ 4 Nr. 9, 8 Abs. 1 UWG. Danach kann jeder Wettbewerbsteil-

---

[437] *Hubmann/Götting,* Gew. Rechtsschutz, § 45 Rn. 9; LG Düsseldorf, CR 2001, 438 (439).

[438] *Lehmann,* CR 1998, 2 f.

[439] BGH, CR 1998, 457 („WINCAD") = GRUR 1998, 969.

[440] BGH, CR 1998, 6 (7 f.) („FTOS") = NJW 1997, 3315 = GRUR 1997, 902; zum Ganzen vgl. auch OLG Hamburg, Beschl. v. 15. 2. 2001 – 3 U 200/00, JurPC Web-Dok. 165/2002.

[441] *Huppertz/Fritzsche,* ITRB 2011, 86.

[442] Einschränkend *Hubmann/Götting,* Gew. Rechtsschutz, § 50 Rn. 1.

[443] *Hefermehl/Köhler/Bornkamm,* § 4 UWG Rn. 9.6.

nehmer (und auch verschiedene Verbände) von einem Mitwettbewerber die Unterlassung von Handlungen verlangen, die mit den im Wettbewerb üblichen guten Sitten nicht vereinbar sind. Dazu gehört in bestimmten Fällen auch die Leistungsübernahme.

aa) Sittenverstoß durch unmittelbare Leistungsübernahme

Ein Unterlassungsanspruch nach §§ 3, 4 Nr. 9, 8 Abs. 1 UWG setzt besondere Umstände voraus, die das Vertreiben nachgeahmter Leistung ausnahmsweise unzulässig machen. Grundsätzlich ist es so, dass die Nachahmung, sei sie auch noch so sklavisch, erlaubt ist. Verboten ist eine Nachahmung nur, wenn sich aus besonderen Umständen die Sittenwidrigkeit ergibt.[444] In Frage kommt hier in erster Linie der Fall, dass der Nachgeahmte daran gehindert wird, seine Entwicklungsleistungen am Markt zu amortisieren, weil sich ein Mitbewerber das Ergebnis fremder Anstrengungen ohne nennenswerte Eigenleistung aneignet und den Preis des Originals deutlich unterbietet.[445] Dass diese Fallgruppe bei Vertrieb von Schwarzkopien von Computersoftware eingreifen kann, liegt auf der Hand[446].

Grundsätzlich ist allerdings nur eine solche Leistung vor einer Übernahme durch Dritte geschützt, die eine **wettbewerbliche Eigenart** aufweist. Dieses Kriterium besagt, dass als wettbewerbswidrig nur eine solche Übernahme angesehen kann, die eine fremde, mit erheblichen Kosten entwickelte, wettbewerblich nicht unbedeutende Leistung ohne nennenswerte Eigenleistung übernimmt und so den Entwickler um die „Früchte seiner Arbeit" bringt.[447] Es geht nur um den Schutz dieses Ergebnisses, nicht um den Schutz von Ideen, die ihm zugrunde liegen. So sind z. B. Werbeideen oder die **Spielidee eines Computerspiels**[448] in diesem Sinne nicht schutzfähig.

Für Software heißt dies, dass auch hier der dem Programm zugrunde liegende allgemeine **Algorithmus** nicht schutzfähig ist, wohl aber das entwickelte Programm und die entwickelten Begleitmaterialien. Darüber hinaus muss ein gewisser Entwicklungsaufwand vorliegen. Kleine Trivialprogramme unterliegen auch diesem Leistungsschutz nicht. Für Wettbewerbszwecke übernommene Software dürfte in aller Regel keine Dutzendware sein, die keinen Wettbewerbsschutz genießt. Dass Software wettbewerblich eigenartig ist, kann man in der Regel auch schon daraus ableiten, dass die Software überhaupt kopiert wurde – ein unbrauchbares und nicht eigenartiges Programm hätte der Mitbewerber schon nicht kopiert.

Geschützt sind ferner u. U. auch Benutzeroberflächen.[449]

Da eine Raubkopie darüber hinaus praktisch überhaupt keinen Eigenaufwand des Kopierers erfordert, ist im Kopierfall die unmittelbare Übernahme ohne nennenswerten eigenen Aufwand in aller Regel offenkundig. In der Anfertigung einer 1 : 1-Kopie und dem anschließenden preiswerten Vertrieb liegen auch die besonderen wettbewerblichen Umstände, die das Sittenwidrigkeitsurteil im Hinblick auf die Übernahme rechtfertigen. Demgemäss dürfte in diesen Fällen in aller Regel ein Wettbewerbsverstoß vorliegen.[450]

180

181

182

183

---

[444] Statt aller *Hefermehl/Köhler/Bornkamm*, § 4 UWG, Rn. 9.40.

[445] *Hefermehl/Köhler/Bornkamm*, § 4 UWG, Rn. 9. 65 f.

[446] *Dreier/Meyer-van Raay*, in: Schulte/Schröder (Hrsg.): Handbuch des Technikrechts, S. 836

[447] *Lehmann*, in: Lehmann (Hrsg.), Rechtsschutz und Verwertung von Computerprogrammen, S. 383 (391).

[448] OLG Hamburg, GRUR 1983, 436 („Puckman").

[449] *Junker/Benecke*, Computerrecht, Rn. 115.

[450] *Loewenheim*, FS Hubmann, S. 307 (30); *Hefermehl/Köhler/Bornkamm*, § 4 UWG, Rn. 9.65; LG München I, CR 1986, 332 mit Anm. *Brandi-Dohrn;* LG Berlin, IuR 1986, 24; LG Oldenburg, GRUR 1996, 481; *Wiebe*, BB 1993, 1094 (1100 f.); wohl auch *Michalski/Böset*, Vertrags- und schutzrechtliche Behandlung, S. 133 ff.

184   Allerdings ergibt sich aus dem Vorstehenden, dass ein Schutz nur so lange besteht, wie der Investitionsaufwand sich nicht amortisiert und der Entwickler einen angemessenen Gewinn erwirtschaftet hat. Dies bedeutet insbesondere, dass der **Schutz zeitlich begrenzt** ist.[451] Wo diese Zeitgrenze liegt, hängt vom jeweiligen Softwareprodukt ab – bei Computerspielen ist schon von einer Grenze von einem Jahr die Rede,[452] bei komplexen Betriebssystem ist die Schutzdauer länger. Sachlich geht es um die Zeit, die gebraucht wird, um den Entwicklungsaufwand bei einem normalen Marktverhalten zu amortisieren.

bb) Andere Unlauterkeitsmerkmale

189   Neben dem Gesichtspunkt der Behinderung durch aufwandfreies oder aufwandarmes Übernehmen kann die Unlauterkeit einer Übernahme einer fremden Leistung auch unter dem Gesichtspunkt der **Irreführung** von Bedeutung sein (§ 4 Nr. 9 Buchst. a UWG). Dies gilt dann, wenn nicht unerhebliche Teile des Verkehrs beim nachgemachten Produkt annehmen, es handele sich um ein Originalprodukt des Ursprungsherstellers. Der Nachahmer hat alles ihm Zumutbare zu tun, um solche Täuschungen zu vermeiden.[453] Im Bereich der Software, deren Gestaltung ja sehr frei ist, lassen sich solche Täuschungen eigentlich immer vermeiden, so dass hier eine Irreführung immer zu Unlauterkeit führen dürfte.

In der Praxis bekannt geworden sind auch eher Fälle, in denen bewusst und gezielt etwa durch täuschende Nachahmung von Originalzertifikaten oder gar durch die Verwendung gestohlener Originalzertifikate Echtheit vorgespiegelt wurde. Darüber hinaus gibt es natürlich die Fälle, in denen auch der Käufer weiß, dass es sich nicht um das Originalprodukt handelt und dies ganz offen dargestellt wird. Diese Fälle gehören nicht in den Bereich der Täuschung durch Irreführung.

Eine Irreführung kann auch vorliegen, wenn ein Händler-Testprogramm vertrieben und dabei die entsprechenden Hinweise des Herstellers auf den Testcharakter entfernt werden, weil dem Kunden für dieses Programm keine Updates geliefert werden.[454]

190   Ein weiteres Unlauterkeitskriterium kann auch darin liegen, dass bei der Herstellung einer Kopie ein **Kopierschutz überwunden** wird (§ 4 Nr. 9 Buchst. c UWG). Dadurch wird ja eine Art „geistiger Einbruch" durchgeführt. Es wird eine bewusste Schutzmaßnahme des Erstellers überwunden.[455]

191   Sittenwidrig kann es auch sein, wenn die Kopie nur durch einen **Vertragsbruch** eines Dritten erlangt wurde und er zu diesem Vertragsbruch verleitet oder dieser Vertragsbruch ausgenutzt wurde.[456]

192   **Sittenwidrig ist es auch,** wenn Hard- oder Software verbreitet wird, deren Zweck es ist, den **Kopierschutz von anderen Programmen zu entfernen.** Dies gilt insbesondere auch für Programme, die einen Dongle-Schutz umgehen. Praktisch sind diese Programme fast nur dazu bestimmt, das wettbewerbs- oder gar urheberrechtswidrige Kopieren oder die Nutzung solcher unerlaubter Kopien zu ermöglichen. Dass sie auch zur Anfertigung

---

[451] Grundsätzlich dazu *Hefermehl/Köhler/Bornkamm,* § 9 UWG, Rn. 9.70; ebenso LG München, I, CR 1986, 332 (333) mit Anm. *Brandi-Dohrn; Schneider,* Softwarenutzungsverträge, S. 49 f.

[452] Z. B. *Lehmann,* in: Lehmann (Hrsg.), Rechtsschutz und Verwertung von Computerprogrammen, S. 383 (400); OLG München, CR 1987, 298 reduziert auf sechs Monate; vgl. *Loewenheim,* FS Hubmann, S. 306 (309).

[453] Stdg. Rspr. z. B.BGH, GRUR 81, 517 (519, „Rollhocker"); näher dazu *Hefermehl/Köhler/Bornkamm,,* § 4 UWG, Rn. 9.45.

[454] OLG München, GRUR 2000, 339 = CR 2000, 211.

[455] *Brandi-Dohrn,* CR 1986, 333 (334); *Freitag,* in: Kröger/Gimmy (Hrsg.): Handbuch zum Internet-Recht, S. 413 (437); *Junker/Benecke,* Computerrecht, Rn. 120 ff.

[456] Näher *Harte-Bavendamm,* in: Computerrechtshandbuch, Abschn. 57, Rn. 22; zu weiteren Unlauterkeitskriterien vgl. *Harte-Bavendamm,* CR 1986, 615 (621).

erlaubter Kopien (etwa von Sicherungskopien) bestimmt sind, ist in aller Regel vorgeschoben. Der Vertrieb solcher Hilfsmittel ist daher sittenwidrig. Da in diesen Fällen auch die Wettbewerbssituation des Softwareherstellers betroffen wird, greifen auch in solchen Fällen die wettbewerbsrechtlichen Ansprüche ein.[457] Der wettbewerbsrechtliche Anspruch dürfte angesichts der Regelung des § 69 f Abs. 2 UrhG[458] nur noch von untergeordneter Bedeutung sein. Darüber hinaus können sich über § 202 c StGB auch deliktsrechtliche Ansprüche ergeben.

Offen ist die Frage, ob der Vertrieb von Produkten wettbewerbswidrig ist, bei denen die Umgehungsmechanismen nur eine von vielen Funktionen darstellen.[459]   **193**

Interessant kann auch ein Verstoß gegen **§ 5 Abs. 2 UWG** sein. Danach liegt eine irreführende und daher unlautere Maßnahme auch dann vor, wenn durch eine geschäftliche Handlung bei der Vermarktung von Waren oder Dienstleistungen eine Verwechslungsgefahr mit einer fremden Marke oder einem anderen fremden Kennzeichen hervorgerufen wird. Danach bestehen wettbewerbliche Ansprüche auch bei Markenverletzungen, wenn durch die Verwendung eines fremden Kennzeichen der Eindruck erweckt wird, dass das Werk von einem anderen Hersteller stamme.[460] Dieser Anspruch steht prinzipiell neben den markenrechtlichen Ansprüchen, kann aber Ansprüche dort nicht begründen, wo dem Markenrechtsinhaber keine markenrechtlichen Ansprüche zustehen, weil er z. B. nur über eine prioritätsjüngere Marke verfügt.[461] Der Anspruch steht allerdings nicht nur dem Inhaber des verletzten Kennzeichens, sondern jedem Wettbewerber zu.

cc) Anspruchsziel

Der wettbewerbsrechtliche Anspruch geht primär auf das **Unterlassen** der wettbewerbs-   **194**
widrigen Handlung. Daneben kann bei Verschulden Schadensersatz gefordert werden. Auch ein Anspruch auf **Beseitigung** oder Herausgabe der durch wettbewerbsverletzenden Handlungen erstellten Kopien gem. § 8 Abs. 1 UWG kann in Betracht kommen.[462]

Beim **Schadensersatzanspruch** richtet sich das Verschulden nach den beim Urheber-   **195**
recht geschilderten Maßstäben.[463] Bei 1 : 1-Kopien dürfte das Verschulden danach in der Regel vorliegen.

Bei der **Schadenshöhe** kommt auch hier die dreifache Schadensberechnung wie im Urheberrecht in Betracht.[464]

dd) Anspruchsinhaber und Anspruchsgegner

Anspruchsinhaber ist jeder Wettbewerber desjenigen, der unlauter tätig ist, nicht nur   **196**
derjenige, dessen Software kopiert wurde. Der Wettbewerber muss nur Waren oder gewerbliche Leistungen gleicher oder verwandter Art vertreiben (§ 8 Abs. 3 Nr. 1 UWG).[465]

---

[457] Heute ganz überwiegende Meinung wie hier: LG Düsseldorf, CR 1990, 46 f. mit zust. Anm. *v. Gravenreuth;* LG München I, NJW-CoR 1993, 193 (LS); OLG Stuttgart, NJW 1989, 2633 f. = CR 1989 685 (687) mit zust. Anm. *Lehmann;* BGH, *Zahrnt,* ECR BGH 27; OLG München, *Zahrnt,* ECR OLG 176; ECR OLG 202; OLG Düsseldorf, CR 1991, 352 f.; OGH, CR 1990, 113 zum österreichischen Recht, kritisch dazu *Röttinger* in der Anm. CR 1990, 116 ff.; a. A. OLG Düsseldorf, CR 1990, 394 (397); *Kuhlmann,* CR 1989, 177 (182 f.), *König,* NJW 1995, 3293.

[458] Oben Rn. 111.

[459] *Junker/Benecke,* Computerrecht, Rn. 122.

[460] So *Huppertz/Fritzsche,* ITRB 2011, 86 (88).

[461] Dazu *Köhler/Bornkamm,* § 5 UWG, Rn. 4.240.

[462] *Lehmann* in: Lehmann (Hrsg.) Rechtsschutz und Verwertung von Computerprogrammen, S. 383 (403).

[463] Dazu oben Rn. 103.

[464] *Hefermehl/Köhler/Bornkamm,* § 4 UWG, Rn. 9.83.

[465] *Hefermehl/Köhler/Bornkamm,* § 2 UWG, Rn. 59.

Je nach Art der Software können daher alle in der Softwarebranche Tätigen oder nur bestimmte Softwareproduzenten oder -händler klagebefugt sein. Daneben sind gem. § 13 Abs. 2 Nr. 2–4 UWG unter den dort genannten einschränkenden Voraussetzungen verschiedene Verbände klagebefugt.

197   **Anspruchsgegner** ist jeder, der irgendwie wettbewerbswidrig handelt, in welcher Form auch immer, d. h. jeder, der sich an der Herstellung und dem Vertrieb der unerlaubt gezogenen Kopien beteiligt. Gem. § 8 Abs. 2 UWG haftet dabei jeder Betriebsinhaber für seine Angestellten, eine Vorschrift, die § 100 UrhG entspricht. Da der Unterlassungsanspruch kein Verschulden voraussetzt, gibt es gerade bei ihm also einen großen Kreis von möglichen Anspruchsgegnern.

198   Beim verschuldensabhängigen Schadensersatzanspruch ergibt sich eine Einschränkung allerdings daraus, dass ein Händler hinsichtlich der Marktbeobachtung und sonstigen Überprüfungen von Wettbewerbsverletzungen eine geringere Sorgfaltspflicht hat als ein Hersteller,[466] so dass ein Verschulden bei ihm seltener vorliegen wird. Diese Einschränkung gilt allerdings nicht, wenn der Hersteller zugleich Importeur ist.[467]

Im Übrigen ist zu beachten, dass ein Schadensersatzanspruch nach Lizenzanalogie nur für denjenigen gegeben ist, dessen Software nachgeahmt wurde.

b) Geheimnisschutz

199   Das Kopieren und auch das Nachschöpfen von Software können auch deshalb sittenwidrig sein, weil das dabei verwendete Programm unter Verletzung **von §§ 17 und 18 UWG erlangt wurde** (§ 4 Nr. 9 Buchst. c UWG). Wichtig dabei ist, dass die verwendete Software ein Betriebsgeheimnis[468] darstellt. Bei im Verkehr befindlicher Software trifft dies auf den Objektcode nicht zu, da dieser verbreitet wird. Es kann aber bei entsprechend guter Geheimhaltung auf den Quellcode zutreffen, da dieser meist nicht mitverbreitet wird[469]. Wird er, wie bei interpretierten Programmen nötig und heute häufiger üblich, mit verbreitet, unterliegt er keinem Geheimnisschutz. Der Quellcode kann allerdings dann ein Geheimnis darstellen, wenn er an eine geringe Zahl von Abnehmern unter strengen Geheimhaltungsvereinbarungen weitergegeben wird. Geheimnisschutz kann darüber hinaus auch das Know-how genießen, das einem Programm zugrunde liegt.

Außerdem kann in speziellen Fällen auch der Object Code ein Betriebsgeheimnis darstellen, wenn aus ihm (oder auch beim Vorführen des Programms) geheimhaltungsbedürftige Tatsachen offenbart werden.[470]

Denkbar ist auch, dass der Objectcode vertraglich als Geheimnis behandelt und Vertraulichkeit vereinbart wird.[471] Soweit diese Klauseln in allgemeinen Geschäftsbedingungen enthalten sind, dürften sie aber jedenfalls dann unwirksam sein, wenn die Software entgültig überlassen wird. Die Klausel untersagen ja die Weiterveräußerung der Software, was aber unzulässig ist.[472]

200   § 18 UWG stellt allerdings nicht allgemein auf Betriebsgeheimnisse ab, sondern auf **Vorlagen technischer Art.** Man könnte im Hinblick auf den patentrechtlichen Technikbegriff.[473] Zweifel haben, ob auch Programme solche technischen Vorlagen sein können.

[466] BGH, GRUR 1957, 347 („Underberg").

[467] BGH, GRUR 1981, 517, 520 („Rollhocker"); vgl. auch LG Hamburg, Urt. v. 7. 9. 1983 – 15 O 1285/81 – „Centipede".

[468] Zum Begriff vgl. *Harte-Bavendamm*, CR 1986, 615 (618) mwN; vgl. auch *Karger*, Beweisermittlung, S. 45.

[469] A. A. wohl *Fischl*, ITRB 2005, 265 (266).

[470] *Rosenberger*, Verträge über Forschung und Entwicklung, Kap. 7, Rn. 104 ff.

[471] Klauseln bei *Fischl*, ITRB 2005, 265 (266).

[472] Oben Rn. 78 ff.; zweifelnd auch *Fischl*, ITRB 2005, 265 (267).

[473] Vgl. oben Rn. 128.

Der Technikbegriff in § 18 UWG ist aber mit dem des PatG nicht identisch, so dass man § 18 UWG auch auf Computerprogramme anwenden kann.

Täter kann nach § 17 Abs. 1 UWG im wesentlichen nur ein Angestellter eines Unter- **201** nehmens sein. §§ 17 Abs. 2, 18 UWG gelten auch für Dritte. Insbesondere werden die möglichen Täter auf Geschäftspartner ausgedehnt, allerdings nur, wenn diesen eine Geheimhaltungspflicht auferlegt wurde. Darüber hinausgehende Dritte sind nur betroffen, wenn sie sich bei der Mitteilung oder Verwertung des Wissens beteiligt haben oder unbefugte Ausspähungs- oder Verschaffungshandlungen begangen haben.[474] Ob ein „**Reverse-Engineering**" eine unbefugte Verwertungshandlung darstellt, ist streitig. Allerdings sollte im Rahmen der Befugnis zur Durchführung von Handlungen die Vorschrift des § 69 e UrhG beachtet werden. Was urheberrechtlich zulässig ist, kann nicht nach § 17 UWG verboten sein.[475]

Sollten §§ 17 oder 18 UWG verletzt sein, ergeben sich die üblichen wettbewerbsrechtlichen Ansprüche des Verletzten. Hinzu kommt, dass die §§ 17, 18 UWG auch Schutzgesetze im Sinne des § 823 Abs. 2 BGB sind. In diesem Bereich sind Ansprüche auch denkbar, wenn die unlauter erlangte Kopie nicht dem Handel zugeführt, sondern nur im eigenen Unternehmen eingesetzt wird.[476] Die bloß private Benutzung reicht allerdings auch in diesem Bereich nicht aus, weil dann wieder kein Verstoß gegen §§ 17, 18 UWG vorliegt.

6. Ansprüche aus Deliktsrecht

Neben den bislang geschilderten Ansprüchen sind auch **Ansprüche aus §§ 823 und** **202** **826 BGB** denkbar. Möglich sind insbesondere Ansprüche, die auf einem Eingriff in den eingerichteten und ausgeübten Gewerbebetrieb oder auf einer vorsätzlichen sittenwidrigen Schädigung beruhen. Solche Ansprüche dürften angesichts der vorhandenen wettbewerbsrechtlichen Ansprüche praktisch Ausnahmen bleiben.

Wichtiger könnte ein Anspruch aus § 823 Abs. 2 BGB in Verbindung mit §§ 202 a, 202 b, 202 c StGB sein. Dieser Anspruch ist auch gegen Private zu richten, die sich die Programme durch **Überwindung von Schutzvorrichtungen** beschafft haben. Zur Durchsetzung dieser Ansprüche braucht man nicht nachzuweisen, dass das Programm urheberrechtlich geschützt ist. Wichtig ist nur, dass ein Unbefugter Schutzvorrichtungen überwunden hat, die zur Sicherung der Programme vorhanden waren. Derjenige, der die Schutzvorrichtungen überwindet, muss zum Zeitpunkt der Überwindung der Schutzvorrichtungen ein Unbefugter gewesen sein. Gegen den Missbrauch von Daten und Programmen durch Befugte richtet sich § 202 a StGB nicht.[477]

7. Ansprüche aus Vertrag

Neben den bisher geschilderten Ansprüchen kommen selbstverständlich auch **Ansprü-** **203** **che aus Vertrag** in Betracht. Jedermann kann sich vertraglich verpflichten, Software nicht zu kopieren oder auch nicht an Dritte weiterzugeben, wobei die oben[478] genannten Einschränkungen für solche Vereinbarungen insbesondere in allgemeinen Geschäftsbedingun-

---

[474] Näher dazu *Schneider*, Softwarenutzungsverträge, S. 43 ff.; *Junker/Benecke*, Computerrecht, Rn. 123 ff.
[475] I. E. ebenso *Wiebe*, BB 1993, 1094 (1102).
[476] *Baums*, DB 1988, 429 (431).
[477] *Tröndle/Fischer*, § 202 a Rn. 7; *Lenckner/Winkelbauer*, CR 1986, 483.
[478] Rn. 78 ff.

gen zu beachten sind. Er kann auch Dritten den Alleinvertrieb seines Programm übertragen und ist dann auch selbst vom Vertrieb ausgeschlossen.[479]

III. Die prozessuale Durchsetzung von Ansprüchen im Softwarever-
letzungsprozess

1. Zuständigkeit

204   Die rechtlichen Grundlagen von eventuellen Ansprüchen im Hinblick auf verletzte
        Rechte an Software sind vorstehend im wesentlichen dargestellt worden. Im folgenden
        Abschnitt ist die prozessuale Durchsetzung entsprechender Ansprüche Thema.

205   Solche Ansprüche können nicht nur am allgemeinen Gerichtsstand des Verletzers,
        sondern auch am Gerichtsstand des Delikts (§ 32 ZPO) geltend gemacht werden. Danach
        befindet sich bei Delikten, zu denen auch Urheber- oder Patent- oder Markenverstöße
        gehören, ein Gerichtsstand am Ort der deliktischen Handlung. Dies ist z. B. bei Verlet-
        zungshandlungen im Internet zum einen der Ort, wo Software ins Internet gestellt wird,
        aber auch der Ort, wo sie heruntergeladen werden kann. Damit dürften deutsche Gerichte
        – wie die Gerichte anderer Staaten – in fast allen Fällen zuständig sein, in denen es um
        Delikte im Internet geht.[480]

2. Unterlassungsansprüche

a) Der Antrag im Unterlassungsprozess

206   Will man eine Klage vorbereiten, so muss zunächst ein **konkreter Antrag** formuliert
        werden. Dies ist von Bedeutung sowohl im Hinblick auf die prozessualen Vorausset-
        zungen des Erkenntnisverfahrens als auch im Hinblick auf die eventuell notwendige spätere
        Vollstreckung. Die Formulierung solcher Ansprüche erfordert erhebliche Sorgfalt und
        wirft gerade im Bereich der Softwareverletzungen ganz erhebliche Probleme auf.
            Zunächst muss im Antrag die **verletzende Handlung** genau bezeichnet werden. Geht
        es darum, das Anfertigen von Kopien einer bestimmten Software sowie das Nutzen
        solcher Kopien oder Nachahmungen zu verbieten, musste die verletzte Software genau
        bezeichnet werden.[481] Im Patentrecht muss der geschützte Gegenstand bezeichnet werden.
        Ohne eine solche Bezeichnung dürfte es schon schwerfallen, den prozessualen Anforde-
        rungen des § 253 Abs. 2 Nr. 2 ZPO zu genügen. Ganz sicher lässt sich ohne eine solche
        genaue Bezeichnung der Software eine Vollstreckung nicht durchführen.
            Geht es nicht um unerlaubtes Kopieren, sondern darum, einem Wettbewerber den
        Vertrieb einer nachgeahmten, veränderten oder unveränderten, gleich oder anders bezeich-
        neten Software zu untersagen, muss diese **nachgeahmte Software** genau bezeichnet
        werden.[482] Ähnlich muss im Patentrecht bei einer äquivalenten Verletzung das den patent-
        geschützten Gegenstand verletzende abgewandelte Lösungsmittel beschrieben werden.[483]
        Das Gleiche gilt auch dann, wenn es um die unerlaubte Nutzung einer solchen Software
        geht.

---

[479] Vgl. z. B. LG Berlin, CR 1989, 816.
[480] *Jaeger/Metzger,* Open Source Software, Rn. 259.; vgl. auch die Hinweise in Teil D, Rn. 1369 ff.
[481] Zu ähnlichen Problemen vgl. BAG, CR 1990, 336 mit Anm. *Schulze;* BGHZ 112, 264 (267 f.);
BGH, GRUR 2003, 786.
[482] BGH, GRUR 2003, 786.
[483] *Heide,* CR 2003, 165 (168).

Darüber hinaus Situationen denkbar, in denen beide Softwarepakete beschrieben werden müssen.

Dabei dürfte es in der Regel nicht ausreichen, die Software nur durch eine Namensbezeichnung zu kennzeichnen. Dies wäre nur dann ausreichend, wenn dadurch die Software eindeutig, auch für den Fall der Vollstreckung, gekennzeichnet wäre.[484] Dies dürfte nur dann der Fall sein, wenn es um eine häufig verbreitete Standardsoftware geht. Sonst müssen in der Regel sämtliche Programmbestandteile aufgeführt werden, soweit sie einen Namen haben und getrennt erstellt und vertrieben werden.[485]   **207**

Es müssen außerdem auch **andere Bestandteile** der Software wie Dokumentationen, Benutzungsanleitungen u. ä. **aufgeführt werden,** wenn es um diese im Streitfall geht. Reicht die Bezeichnung mit Namen nicht aus, muss die Software noch detaillierter, ggf. unter Darlegung von Befehlsstrukturen, bezeichnet werden. Möglicherweise reicht auch eine Bezugnahme auf in einer Anlage beigefügter DVD oder andere Datenträger.[486] Allenfalls in Ausnahmefällen muss das verletzte Programm bereits im Antrag in jeder Einzelheit dargelegt werden.[487] Jedenfalls muss aber nicht in jedem Prozess bereits im Antrag jede Einzelheit des Programms genannt werden, um den Anforderungen des § 253 Abs. 2 Nr. 2 ZPO zu genügen. Dies gilt im Übrigen im Unterlassungsprozess auch im Hinblick auf die Vollstreckung. Hier ist es ja so, dass alle Vollstreckungsmaßnahmen durch das Prozessgericht angeordnet werden, das den Streitstoff ohnehin kennt. Es werden daher nicht so hohe Anforderungen an die Präzision des Titels gestellt, wie in den Fällen, wo das Vollstreckungsorgan nicht das Prozessgericht ist.[488] Es ist hier insbesondere zu berücksichtigen, dass das Prozessgericht auch als Vollstreckungsgericht einen Titel auslegen kann und muss.[489]

Neben der Bezeichnung der Software muss aber auch die **zu unterlassene Handlung genau bezeichnet werden.** Diese Bezeichnung darf nicht zu abstrakt sein, um einerseits nicht Rechtsschutzbedürfnis und Wiederholungsgefahr entfallen zu lassen und andererseits auch die Anforderungen eines bestimmten Antrages gem. § 253 ZPO zu erfüllen.[490] Auf keinen Fall reicht die Wiederholung des Gesetzestextes.[491] Die Bezeichnung darf aber auch nicht zu konkret sein, um möglichst keine Ausweichmöglichkeiten für den Verletzer zu ermöglichen. Ein von der konkret begangenen Verletzungshandlung etwas abstrahierender, den wesentlichen Inhalt dieser Verletzungshandlung aber wiedergebender Antrag ist dabei auch im Hinblick auf die Bestimmtheit zulässig.[492] Die Oberlandesgerichte stellen hier allerdings sehr unterschiedliche Anforderungen.   **208**

Im Bereich der Vollstreckung hilft allerdings auch noch die sogenannte **Kerntheorie,** nach der mit einem Unterlassungstitel auch das Unterlassen von Handlungen verboten ist, die dem Kern des konkret verbotenen Handelns entsprechen, auch wenn sie sich im Einzelfall äußerlich von ihm unterscheiden.[493] Eine nicht so konkrete Fassung des Antrages ist insbesondere dann erforderlich, wenn es darum geht, den Vertrieb oder die Vervielfältigung von Software zu unterbinden.   **209**

---

[484] Vgl. dazu OLG Hamm, CR 1989, 592; *Schulze,* CR 1989, 799 (800).

[485] *Schulze,* CR 1986, 779 (788); weniger verlangt von OLG Karlsruhe, CR 1986, 807 (808).

[486] *Schulze,* CR 1989, 799 (800); BGH, CR 1991, 81 (82); *Karger,* Beweisermittlung, S. 51; BGH, GRUR 2003, 786 (787); GRUR 2008, 357; *Harte-Bavendamm/Wiebe,* in: Computerrechtshandbuch, Abschn. 51, Rn. 126.

[487] Vgl. *Redeker,* in: Bartsch (Hrsg.), Softwareüberlassung und Zivilprozess, S. 105 (110).

[488] *Schulze,* CR 1986, 779 (788).

[489] BGH, GRUR 1958, 346 (350, „Spitzenmuster"); BGHZ 109, 275 (279 f.).

[490] Plastisch BGH, GRUR 1979, 859 (860, „Hausverbot II"); ausführlich *Schubert,* ZZP 85, 29.

[491] OLG Düsseldorf, CR 2001, 571.

[492] BGH, GRUR 1961, 288 (290, „Zahnbürsten").

[493] Dazu näher unten Rn. 271.

210   Software kann **in ganz verschiedener Weise,** auf verschiedenen Datenträgern, ggf. auch über das Internet, **vertrieben werden.** Sie kann auch auf ganz unterschiedliche technische Art vervielfältigt werden. Beschränkt man den Antrag auf nur eine dieser Vervielfältigungsarten, besteht die Gefahr, dass der Verletzer auf andere Vervielfältigungsarten oder Vertriebsarten ausweicht. Allerdings kann man in den Unterlassungsantrag nur solche Vervielfältigungs- bzw. Vertriebsarten aufnehmen, die der schon begangenen oder kurz bevorstehenden Verletzungshandlung zumindest äquivalent sind. Liegen diese Voraussetzungen nicht vor, wird es in der Regel an einer **Wiederholungsgefahr** fehlen.[494] Dabei dürfte dann, wenn die Verbreitung des Software auf einem Speichermedium erfolgt, die Verbreitung jedenfalls durch jedes andere Speichermedium als „**äquivalent**" angesehen werden können. Die Verbreitung über das Internet stellt demgegenüber einen anderen Markt dar. Dafür spricht schon, dass es um unterschiedliche urheberrechtliche Verwertungsrechte geht (Verbreitungsrecht bzw. Recht der öffentlichen Zugänglichmachung). Ohne weiteren Hinweis dürfte daher in aller Regel keine „Äquivalenz" zwischen dem Vertrieb von etwa CD-ROMs und der Verbreitung im Internet gegeben sein.

211   Keine Äquivalenz besteht im Übrigen zwischen dem professionellen Vertrieb von Software und der bloßen Kopie für die eigene Verwertung. Daher kann dann, wenn bislang nur Kopien gefertigt wurden, die der Verletzer im eigenen Betrieb verwendet, kein Antrag gestellt werden, der das Unterlassungsgebot über das Kopieren der Software hinaus auch auf den Vertrieb unerlaubter Kopien erstreckt.

   Kommt es dann doch zum Vertrieb, muss ggf. ein neuer Titel erwirkt werden, da auch die Kerntheorie dann nicht dazu führen kann, den ersten Titel auch auf Vertriebshandlungen zu beziehen. Das Anfertigen jeder für den Vertrieb notwendigen Kopie ist allerdings durch den ersten Titel untersagt.

212   Sollte eine präzise Formulierung eines Antrages noch nicht möglich sein, weil es etwa an Wissen über die verletzenden Programme oder die verletzende Software fehlt, kommt – neben solchen Mitteln wie Testkäufen – primär ein **Auskunfts-** oder **Besichtigungsanspruch** in Betracht. Gerade im Hinblick auf die Besichtigungsansprüche dürften die Anforderungen an die Bezeichnung der verletzenden Software nicht so groß sein wie bei Unterlassungsansprüchen. Ein Besichtigungsanspruch kann daher im Bereich der Software nicht nur im Hinblick auf die Begründetheit einer Unterlassungsklage von Bedeutung, er kann auch schon im Hinblick auf die Formulierung von Anträgen in solchen Unterlassungsklagen wichtig sein. Bei Auskunftsansprüchen ergeben sich aus § 101 a UrhG bzw. § 19 MarkenG erweiterte Möglichkeiten.

b) Besonderheiten der Darlegungslast

aa) Grundsätzliche Bemerkungen, Abmahnung

213   Auch in Unterlassungsprozessen muss der Verletzte die Voraussetzungen seiner Ansprüche darlegen und ggf. beweisen. Demgemäß richtet sich der Umfang der **Darlegungs- und Beweislast** nach den Voraussetzungen der einzelnen Ansprüche. Will man seinen Anspruch auf mehrere Anspruchsgrundlagen abstützen, sollte man dies ausdrücklich darlegen und einen für alle Anspruchsgrundlagen geeigneten Lebenssachverhalt vortragen.[495]

   Am einfachsten dürften im Zweifel **Vertragsansprüche** sein. Hier muss nur dargelegt werden, dass die verletzte Software mit der Vertragssoftware identisch ist und die Verletzungshandlung zu den vertraglich untersagten Handlungen gehört. Dies mag im Einzelfall schon zu Schwierigkeiten führen, beide Voraussetzungen sind aber in sämtlichen

---

[494] *Schulze,* CR 1989, 799 (800).
[495] Vgl. BGH, Urt. v. 7. 12. 2000 – I ZR 146/98 – JurPC Web-Dok. 134/2001.

anderen Unterlassungsprozessen ebenfalls notwendige Voraussetzung. Bei allen anderen Ansprüchen kommen weitere Erfordernisse hinzu.

Weiterhin wäre generell vorzutragen, dass der gerichtlichen Geltendmachung von An-   **214** sprüchen eine **Abmahnung** vorangegangen ist. Dies gilt aber für Softwareverletzungsprozesse im Gegensatz zur allgemeinen Praxis nicht immer.[496] Im Bereich unerlaubter Softwarekopien ist eine Abmahnung vor Erlass einer einstweiligen Verfügung oft **entbehrlich.** Durch eine fehlende Abmahnung kann weder ein Rechtsschutzinteresse im Hinblick auf die einstweilige Verfügung entfallen noch belastet sich der Verfügungskläger mit einem Kostenrisiko. Dies ergibt sich daraus, dass ein Überraschungseffekt in den vorliegenden Fällen häufig zwingend erforderlich ist. Bei bösgläubigen Gegnern ist dies offenkundig, weil eine erhebliche Gefahr dahingehend besteht, dass diese (z. B. durch Unbenennung von Dateien) die Vollstreckung erschweren oder vereiteln. Dies ist im Softwarebereich recht einfach und nachträglich nur schwer nachzuweisen. Der Verfügungskläger wird in aller Regel nicht wissen, ob der Gegner gutgläubig oder bösgläubig ist. Im Übrigen ergibt sich aus der Lebenserfahrung, dass ursprünglich gutgläubige Verfügungsbeklagte möglicherweise Maßnahmen zur Vereitelung der Vollstreckung aus einer absehbaren einstweiligen Verfügung treffen, insbesondere dann, wenn sie erhebliche wirtschaftliche Investitionen getroffen haben. Es muss aber darauf hingewiesen werden, dass die Praxis der Gerichte im Hinblick auf die Entbehrlichkeit der Abmahnung sehr unterschiedlich ist. Die einschlägige Rechtsprechung des zuständigen Oberlandesgerichts sollte daher in jedem Einzelfall eingehend geprüft werden.

bb) Wettbewerbsansprüche

Neben den Unterlassungsansprüchen aus Vertrag dürften die Unterlassungsansprüche   **215** aus **Wettbewerbsrecht** am einfachsten dazulegen sein. Hier muss als Anspruchsvoraussetzung primär die **wettbewerbliche Eigenart** des Softwareprodukts dargelegt werden. Es muss also dargelegt werden, dass die verletzte Software mit einer gewissen Mühe und einem Investitionsaufwand entwickelt wurde und gewisse Eigenarten aufweist. Dies dürfte im Normalfall zu keinen größeren Schwierigkeiten führen.

Des Weiteren muss naturgemäß dargelegt werden, dass der Verletzer §§ 3, 4 Nr. 9, 8 Abs. 1 UWG dadurch verletzt hat, dass er eine fremde Leistung entweder sklavisch kopiert oder nachgeahmt hat. Sollte die kopierte Software bekannt sein, dürfte dies nicht weiter schwierig sein. Sowohl die eigene als auch die kopierte Software müssen dann vorgelegt und die Übereinstimmungen dargetan werden. Diese können sich z. B. durch Übereinstimmung struktureller Eigenarten ergeben.[497] Größere Schwierigkeiten könnten sich bei nicht bekannter Software ergeben. Hier wären ggf. wieder **Besichtigungsansprüche** zu berücksichtigen. Die bloße Darlegung, dass ein fremdes Programm sich in vielen Punkten an den Benutzerschnittstellen wie das eigene verhält, kann zur Begründung einer Verletzungshandlung im Hinblick auf die Kopie von Software in aller Regel nicht ausreichen. Es mag allerdings sein, dass dadurch die unzulässige Kopie fremder Schnittstellen dargelegt wird.[498] Auch dann kann es Unterlassungsansprüche geben, dies setzt aber voraus, dass die Schnittstellen alleine schon wettbewerbliche Eigenschaften aufweisen.

Liegt eine **weitgehende Übereinstimmung** beider Programme vor, so wird in aller   **216** Regel vermutet, dass eine Nachahmung oder ein Kopiervorgang zugrunde liegt. Die bloße Abweichung in nicht wesentlichen Programmteilen widerlegt diese Vermutung nicht. In Einzelfällen kann es sie sogar bestärken, weil angenommen wird, dass die Veränderungen zur Vertuschung der Vervielfältigungshandlung durchgeführt worden sind. Diese Kopier-

---

[496] Zu der Situation im Allgemeinen vgl. *Hefermehl/Köhler/Bornkamm*, § 12, Rn. 1.48.
[497] Ausführlich *Karger*, Beweismittlung, S. 26 ff.
[498] LG Hamburg, CR 1989, S. 627 (629).

vermutung kann widerlegt werden. Dies gilt insbesondere dann, wenn beide Programme auf eine gemeinsame Quelle zurückgeführt werden können.[499] In diesem Fall wird aus der Übereinstimmung nicht die Vermutung der Kopie hergeleitet. Vielmehr bedarf es weiterer Darlegungen seitens des Klägers, um das Nachahmen oder Vervielfältigen zu beweisen.

217   Neben diesen beiden Punkten muss auch das **weitere Unlauterkeitskriterium** dargelegt werden, das die an sich erlaubte Nachahmung zu einer wettbewerbswidrigen Handlung macht. Im Bereich der Datenverarbeitung dürfte dies in aller Regel deswegen einfach sein, weil man von einem relativ aufwandsarmen Kopiervorgang ausgehen kann, der im Verhältnis zur Neuprogrammierung ganz erhebliche Kosten spart, so dass in der Regel der Fall der Preisunterbietung vorliegt.[500]

218   Soll der Anspruch auf andere Unlauterkeitskriterien, wie z. B. das der unerlaubten Herkunftstäuschung, gestützt werden, so müssen diese vom Kläger dargelegt werden. Das gleich gilt dann, wenn der Unterlassungsanspruch auf die Verletzung von Betriebsgeheimnissen (§§ 17, 18 UWG) abgestützt werden soll.

cc) Urheberrecht

219   Nach wie vor dürfte es aufwendiger sein, im **Urheberrechtsprozess** Unterlassungsansprüche geltend zu machen als im Wettbewerbsprozess.[501]

Der Verletzte muss darlegen, dass die Software überhaupt urheberrechtsfähig ist.[502] Ob und in welchem Umfang dafür Listen der verletzten Programme, möglichst zusammen mit weiteren Unterlagen wie Pflichtenheft, Datenschutzpläne usw. vorzulegen sind, ist im Einzelnen umstritten.[503] Es muss nämlich eine für den Richter verständliche Darlegung erfolgen, die beschreibt, was das Programm tut. Von sich aus kann das Gericht nämlich durch das bloße Sehen des Programms nicht entscheiden, ob ein Urheberrechtsverstoß vorliegt. Da das Programm für die normalen Richter jedenfalls unverständlich ist, reicht auch nicht die Bezugnahme auf ein Sachverständigengutachten als Beweis für die Erfüllung der Darlegungslast aus. Es muss dargestellt werden, was das Programm leistet. Die Beschreibung muss außerdem eine konkrete Darstellung der schöpferischen Elemente enthalten, die das Programm urheberrechtsfähig machen.

220   Dabei ist es insbesondere wichtig, **Gestaltungsspielräume darzulegen,** die bei der Erfüllung der dem Programm gestellten Aufgabe vorhanden waren.[504] Demgemäß sollte man möglichst verständlich darlegen, um welche Aufgabenstellung es ging und welche softwaretechnischen, sonstigen technischen, betrieblichen, organisatorischen und sonstigen Bedingungen gegeben waren und inwieweit trotz dieser Bedingungen und Grenzen Wahlfreiheit bei der Realisierung des Programms existierte.[505] Darüber hinaus sollte natürlich dargelegt werden, wie das Programm realisiert ist und in welcher Art und Weise etwa Bildschirme gestaltet und Funktionen in das Programm in Teilfunktionen aufgegliedert ist.[506]

221   Der Umfang der Programmierarbeiten oder die Komplikation der Programmgestaltung sind ein wichtiges Indiz dafür, dass ein Spielraum besteht, der auch ausgenutzt

---

[499] OLG Frankfurt, CR 1989, 905 (907 f., „PAM-Crash").

[500] Dazu oben Rn. 180, 183.

[501] Zum folgenden vgl. auch die Darlegung bei *Schneider,* Handbuch des EDV-Rechts, Rn. P 124 ff.

[502] Früher so schon LG Berlin, CR 1989, 989; insbesondere LG München I, CR 1998, 655 f.; vgl. auch OLG Celle, *Zahrnt,* ECR OLG 148.

[503] Vgl. insbesondere *Haberstumpf,* in: Lehmann (Hrsg.), Rechtsschutz und Verwertung von Computerprogrammen, S. 69 (122).

[504] Vgl. auch *Karl,* Der urheberrechtliche Schutzbereich von Computerprogrammen, S. 122 ff.

[505] *Haberstumpf,* in: Lehmann (Hrsg.), Rechtsschutz und Verwertung von Computerprogrammen, S. 69 (122 f.).

[506] Insoweit LG München I, CR 1998, 656.

wurde.[507] Der BGH sieht bei komplexen Softwareprogrammen sogar eine tatsächliche Vermutung dafür gegeben, dass das Programm urheberrechtsfähig ist[508]. Diese Vermutung ist zwar prinzipiell widerleglich, Zu hohe Anforderungen sind aber nicht zu stellen, da auch die „kleine Münze" der Programmierung urheberrechtlich geschützt ist.[509] Dennoch sollte hier sorgfältig vorgetragen werden.

Die **Rechtsprechung** hat die oben genannten Darlegungsanforderungen sehr unter- **222** schiedlich ausgelegt. So hat es das OLG Düsseldorf[510] als überwiegend wahrscheinlich bezeichnet, dass ein besonders schnelles Übersetzungsprogramm für die englische Sprache schutzfähig im Sinne des Urheberrechtsgesetzes ist. In einer anderen Entscheidung hat es das Vorliegen aufwendiger technischer Sicherungsmaßnahmen gegen unerlaubtes Kopieren als Indiz für die Schutzfähigkeit angesehen.[511] Das OLG Frankfurt/Main hat die Auszeichnung eines Programms als „Software-Innovation" des Jahres als Indiz für mangelnde Banalität angesehen.[512] Demgegenüber hat das Landgericht München I[513] nach wie vor eine Darlegung der Individualität im Einzelnen verlangt. Das OLG Celle[514] verlangt genauere Darlegungen, äußert sich zu einzelnen Anforderungen aber nicht. Das OLG Hamburg[515] hält es nicht für ausreichend, dass einem Programm hohe Komplexität und Variabilität bescheinigt wird.

Dabei hängt der **Umfang der Darlegungslast** auch davon ab, ob Urheberrechtsschutz **223** für das Programm und alle seine Vorstufen insgesamt oder nur für einzelne Teile des Programm oder nur für einzelne Stufen der Programmerstellung verlangt wird und inwieweit als Verletzungshandlung die Übernahme des gesamten Programms oder lediglich einzelner Teile dargelegt wird. Geht es um die Komplettübernahme des gesamten Programms, dürfte es ausreichen, Individualität nur für bestimmte Teile des Programms oder der Vorstufen darzulegen, weil dann auf jeden Fall eine Verletzung gegeben ist. Je spezieller der Eingriff bzw. der begehrte Urheberrechtsschutz ist, desto umfangreicher wird die Darlegungslast, weil in den speziellen Fällen dargelegt werden muss, dass das schöpferische Element gerade in dem betreffenden Programmteil oder in der betreffenden Stufe der Programmerstellung liegt.[516] Ohne Analyse des Quellcodes wird in solchen Fällen eine Übernahme geschützter Teile der Software nicht dargelegt werden können[517]. Bei weitgehender Übernahme des gesamten Programms ist die Darlegungslast insgesamt vergleichsweise geringer.[518] Weitergehende Anforderungen sind wohl heute nicht mehr zu erheben. Insbesondere ist es nicht nötig, im Einzelnen darzulegen, dass das Programm von früheren Formgestaltungen abweicht.[519]

---

[507] *Haberstumpf*, in: Lehmann (Hrsg.), Rechtsschutz und Verwertung von Computerprogrammen, S. 69 (123); *Dreier*, GRUR 1993, 781 (788 f.); BGH, NJW-RR 2005, 1403 = GRUR 2005, 860; *Ulmer*, ITRB 2006, 63; eher **a. A.** OLG Hamburg, CR 2002, 484; widersprüchlich *Lambrecht*, Der urheberrechtliche Schutz von Bildschirmspielen, S. 109 (allgemein) und 110 (Computerspiele).

[508] NJW-RR 2005, 1405 = GRUR 2005, 860.

[509] So ausdrücklich OLG München, CR 1999, 658 f. gegen das LG München I; auch CR 2000, 429 = NJW-RR 2000, 1212; ebenso OLG Hamburg, CR 2002, 474, das aber im entschiedenen Fall den grundsätzlich richtigen Ansatz extrem urheberrechtsfeindlich auslegt.

[510] CR 1995, 730.

[511] CR 1997, 337 (338); zweifelnd: *Wandtke/Bullinger-Grützmacher*, § 69 a UrhG, Rn. 37.

[512] *Zahrnt*, ECR OLG 266.

[513] CR 1998, 655 f.

[514] *Zahrnt*, ECR OLG 148.

[515] CR 2002, 485.

[516] vgl. *Karl*, Der urheberrechtliche Schutzbereich von Computerprogrammen, S. 125 ff.

[517] KG, CR 2010, 424 m. Anm. Redeker.

[518] So schon BGHZ 112, 264 (270 f.); ebenso *Haberstumpf*, in: Lehmann (Hrsg.), Rechtsschutz und Verwertung von Computerprogrammen, S. 69 (122).

[519] Wie hier *Haberstumpf*, in: Lehmann (Hrsg.), Rechtsschutz und Verwertung von Computerprogrammen, S. 69 (123).

224   Ist insoweit vorgetragen, ist es Sache des **Beklagten,** darzulegen, dass der Kläger bei seiner Werkschöpfung auf **vorbekannte Formgestaltungen** zurückgegriffen habe. Allerdings kann dann, wenn das Programm des Klägers nicht näher beschrieben wird, auch von Seiten des Beklagten relativ pauschal vorgetragen werden. Dabei hat er die vorbekannten Formen darzulegen und zu beweisen. Nur dann, wenn der Beklagte hier vorgetragen hat, muss der Kläger im Hinblick auf diesen Einwand weiterhin vortragen.[520] Hier hat insbesondere das OLG Hamm[521] sehr viel weitergehende Anforderungen aufgestellt, die der BGH aber zu Recht zurückgewiesen hat.

225   Trotz aller Erleichterungen gibt es nach wie vor **erhebliche Schwierigkeiten** bei diesen Darlegungsanforderungen insbesondere dann, wenn sie so weit gehen, wie beim LG München I. Insbesondere der Zeitaufwand für eine Erarbeitung der für den Urheberprozess notwendigen Unterlagen ist sicherlich groß. Die Probleme werden noch dadurch verstärkt, dass immer abzuwägen ist, inwieweit Einzelheiten der Programmgestaltung und der ihr zugrunde liegenden Formgestaltung überhaupt in einem Prozess dargelegt werden sollen. Die Darlegung beendet ja das darüber bestehende Geschäftsgeheimnis und erleichtert möglicherweise anderen Raubkopierern und Schmarotzern den Zugang zu den Programmen. Angesichts der Unsicherheiten des Prozessausgangs muss hier sehr sorgfältig geprüft werden, ob man diese Risiken eingehen will.

226   Es hat in der Rechtsprechung Versuche gegeben, die hier dargelegten ganz erheblichen **Schwierigkeiten für den Kläger zu reduzieren.** Insbesondere das OLG Nürnberg hat die Probleme der **Geschäftsgeheimnisse** aufgegriffen und es für die Substantiierung einer Klage ausreichen lassen, dass die Details des verletzten Programms in den klägerischen Schriftsätzen nicht genannt wurden, vielmehr nur einem Sachverständigen bekannt gemacht wurden, dessen tatsächliche Feststellung dem Beklagten offenbar teilweise auch nicht bekanntgegeben wurden.[522] Das OLG Nürnberg beruft sich für seine Entscheidung auf die entsprechenden Einschränkungen im Bereich der Auskunfts- und Besichtigungsansprüche.

227   Es ist nicht zu verkennen, dass das OLG Nürnberg mit seiner Entscheidung den Geschäftsinteressen des Klägers und damit des Verletzten stark entgegenkommt. Dennoch ist die Entscheidung unhaltbar. Sie beschränkt die Verteidigungsmöglichkeiten des Beklagten erheblich. Er kann ja zum Sachverständigenguten selbst nur ungenügend Stellung nehmen, weil er es nicht im Detail kennt. Ihm wird praktisch ein Geheimprozess gemacht. Der Grundsatz des rechtlichen Gehörs ist verletzt. Es ist vor Ausgang des Prozesses ja nicht sicher, ob der Kläger wirklich verletzt ist. Auch Sachverständigengutachten können falsch sein. Dem Beklagten muss die Möglichkeit gegeben werden, in allen Punkten zu dem Gutachten des Sachverständigen Stellung nehmen zu können. Eine Einschränkung dieses Rechts kann durch die klägerischen Interessen nicht gerechtfertigt werden. Der Kläger muss sich letztendlich entscheiden, ob er sein Geschäftsgeheimnis schützt oder den Prozess durchführen will[523]. Insoweit ist die Situation auch anders als im öffentlichen Recht, wo das BVerfG[524] ein solches Verfahren im Ausnahmefall für den Beklagten zugelassen hat, allerdings mit dem Ziel, den Kläger zu begünstigen (vgl. mittlerweile auch § 99 Abs. 2 VwGO).

228   Die Situation ist auch **nicht** mit der von **Auskunfts- und Besichtigungsansprüchen** vergleichbar. Dort betreffen die Einschränkungen nur den Kläger, das Geheimhaltungs-

---

[520] BGH, GRUR 1981, 820 (822, „Stahlrohrstuhl II"); BGHZ 112, 264 (273); beide zum alten Recht; *Haberstumpf,* in: Lehmann (Hrsg.), Rechtsschutz und Verwertung von Computerprogrammen, S. 69 (123); *Ulmer,* ITRB 2006, 63 (64).
[521] CR 1989, 592 (594).
[522] OLG Nürnberg, BB 1984, 1252.
[523] Teilweise a. A. *Ulmer,* ITRB 2006, 63 (64).
[524] DÖV 2000, 287.

bedürfnis aber den Beklagten.[525] Der Kläger aber kann sein Verhalten entsprechend einrichten und erhält in der Regel im Laufe des Prozesses auch alle für ihn wichtigen Erkenntnisse des Sachverständigen. Es wird im Einzelfall nach Treu und Glauben ja abgewogen, ob und in welcher Weise dem Kläger Informationen zugänglich gemacht werden. Der Beklagte kennt in diesen Prozessen alles, was der Sachverständige weiß und kann sich ggf. verteidigen, indem er bei aus seiner Sicht falschen Darstellungen des Sachverständigen seine Geschäftsgeheimnisse offenbart und dadurch den Sachverständigen widerlegt. Er kann darauf auch verzichten und die entsprechenden prozessualen Konsequenzen tragen. Die Möglichkeit der Entscheidung verbleibt aber bei ihm. Eine solche Entscheidung kann der Beklagte im Fall des OLG Nürnberg nicht treffen, weil ihm nicht alle Informationen gegeben werden, auf deren Grund der Sachverständige entscheidet.

Der Weg, den das OLG Nürnberg zur Verringerung der Darlegungslast des Klägers auch im Interesse des Geschäftsgeheimnisses eingeschlagen hat, ist daher nicht gangbar.[526]

Hat man die Urheberrechtsfähigkeit des Werkes dargelegt, muss man ebenfalls die **Rechtsinhaberschaft** des Klägers darlegen. Dies dürfte erfahrungsgemäß wenig Schwierigkeiten machen, wenn die Software von Arbeitnehmern des Klägers geschaffen wurde. Auch bei Auftragsnehmern dürfte das selten ein Problem darstellen. Auch die Vorschrift des § 10 Abs. 1 UrhG kann hilfreich sein. Danach wird eine Urheberschaft desjenigen vermutet, der auf dem Werkstück als Urheber angegeben wird.[527] Diese Vorschrift soll analog auch hinsichtlich des für Computerspiele wichtigen Laufbildschutzes gelten.[528]   **229**

Schwierig wird dies freilich bei **Open Source Software**. An der Erstellung haben meist zahlreiche Programmierer als Miturheber, Teilurheber oder Bearbeiter mitgewirkt. Für Miturheber gilt, dass sie nach **§ 8 Abs. 2 S. 3 UrhG** allein klagen können, Leistung aber nur an alle Miturheber verlangen können.[529] Dies löst die Probleme für Miturheber bei Unterlassungsklagen.[530] Für Bearbeiter und für den Fall der Werkgemeinschaft fehlt es an einer entsprechenden Regelung. In der Literatur wird eine analoge Anwendung des § 8 Abs. 2 S. 3 UrhG vorgeschlagen.[531] Folgt man dem nicht, so können Bearbeiter und Ersteller einzelner Softwareteile in Werkgemeinschaft Unterlassung nur hinsichtlich der von ihnen geschaffenen Teile bzw. Bearbeitungen verlangen. Dies macht es dem Verletzer leichter, ihm entstehende Probleme zu umgehen. Es spricht daher viel für eine analoge Anwendung. Nach Ansicht des OLG Frankfurt kann außerdem § 8 Abs. 2 S. 3 UrhG nur eingreifen, wenn ein Miturheber persönlich klagt. Sind seine Nutzungsrechte auf den Arbeitgeber übergegangen, gilt diese Vorschrift nicht.[532] Werden Softwarebestandteile nacheinander von mehreren geschaffen, verlangt die Darlegung der Miturheberschaft insbesondere die Darlegung, dass auch die späteren Tätigkeiten untergeordneter Teil eines Gesamtplans sind.[533]   **230**

Des Weiteren muss dargelegt werden, dass eine **unerlaubte Vervielfältigungshandlung** durchgeführt wurde. Dies ist bei einer unmittelbaren weitgehenden Übernahme des Programms relativ leicht möglich, weil man ja die beiden ausführbaren Codes miteinander   **231**

---

[525] So auch der Fall BGH, NJW 2005, 3718.

[526] Ebenso *Heymann*, CR 1990, 9 (11); BGH, MDR 1992, 466; teilweise **a. A.** *Mayen*, AnwBl. 2002, 495 (502).

[527] BGHZ 123, 208 (212 f., „Holzhandelsprogramm").

[528] OLG Köln, *Zahrnt*, ECR OLG 85; tendenziell auch OLG Hamm, *Zahrnt*, ECR OLG 74.

[529] einschränkend OLG Düsseldorf, CR 2009, 214: kine Aktivilegitimation auch für Auskunftsanspruch.

[530] *Spindler*, in: Wem gehört die Information im 21. Jahrhundert, herausgegeben von Alfred Büllesbach und Thomas Dreier, S. 115 (127 f.); *Jaeger/Metzger*, Open Source Software, Rn. 166; *Gennen*, ITRB 2006, 161 (163).

[531] *Jaeger/Metzger*, Open Source Software, Rn. 167 mwN.

[532] OLG Frankfurt, CR 2003, 50 (53).

[533] BGH, GRUR 2005, 860 = NJW-RR 2005, 1403.

vergleichen kann. Bei Änderungen wird dies schwieriger. Der Quellcode des verletzenden Programms wird für den Kläger in aller Regel nicht zugänglich sein.

Es können sich sogar im Rahmen von Anpassungen, vor allem zur Verdeckung von Übernahmen, erhebliche Eingriffe im ausführbaren Code ergeben, so dass eine Übereinstimmung an dieser Stelle nicht mehr dargelegt werden kann. Möglicherweise lassen sich aber strukturelle Übereinstimmungen darlegen.[534] Dies ist im Einzelnen aber schwierig und ohne Kenntnis des Quellcodes kaum möglich.

232   Man kann dann nur noch auf einer im Entwicklungsprozess früher anzusiedelnden Stufe eine Übereinstimmung feststellen. Eine entsprechende Übernahme schlägt sich allerdings auch im ausführbaren Code nieder, weil es sich insoweit sicherlich um eine Bearbeitung handelt. Dies darzulegen, bedarf eines **Privatgutachtens.** Für die Anfertigung eines solchen Privatgutachtens müssen möglicherweise intensive Untersuchungen des erworbenen angeblich verletzenden Codes stattfinden. Dabei ist das Laden, Anzeigen, Ablaufen, Neuübertragung und Speichern des Programms im Rahmen der Befugnisse nach § 69 d Abs. 3 UrhG sicher zulässig. Darüber hinausgehende Untersuchungen sind oft nicht zulässig.[535]

Sie können allenfalls durch ein besonders berechtigtes Interesse des Klägers gerechtfertigt sein. Hier sind Abwägungen zu treffen, die insbesondere deswegen schwer fallen, weil Verletzungen bei Beginn der Untersuchung keinesfalls sicher feststehen, möglicherweise noch nicht einmal halbwegs sicher vermutet werden können. In vielen Fällen ist daher auf den Besichtigungsanspruch zurückzugreifen.[536]

233   Rein sachlich müsste es für den Kläger ausreichen, seinerseits alles Erforderliche, möglicherweise einschließlich des Quellcodes, vorzulegen und die Anhaltspunkte für die Verletzungen vorzutragen. Es müsste dann Sache des Beklagten sein, ggf. substantiiert zu bestreiten, dass eine Übernahme stattgefunden hat und dabei selbst wieder Unterlagen vorzulegen. Die Darlegungslasten in diesen Prozessen im Einzelnen abstrakt zu bestimmen, ist schwierig. Hier wird viel von den Umständen des Einzelfalls abhängen.[537] Beruft sich der Beklagte auf den Erschöpfungsgrundsatz, muss er die Voraussetzungen dafür darlegen und beweisen.[538]

dd) Ansprüche aus Patentverletzungen

234   Was die Ansprüche aus **Patentverletzungen** betrifft, so sind diese eher leichter nachzuweisen als die Urheberrechtsansprüche. Ist das Patent einmal eingetragen, besteht es zunächst. Die Berechtigung des Patents wird in Verletzungsprozessen ohne eine entsprechende Rüge des Beklagten nicht gesondert geprüft. Dafür müsste der Verletzter einen gesonderte Vernichtungsprozess anstrengen, der auch zu einer Aussetzung des Patentverletzungsprozesses nach § 148 ZPO führen kann.[539] Naturgemäß muss auch hier die Verletzungshandlung näher dargelegt und nachgewiesen werden. Dafür dürfte in aller Regel die bloße Übernahme von Software nicht ausreichen, weil die Software ja nur Teil des patentierten Verfahrens oder des patentierten Produkts ist. Es müssten sicher noch weitere Teile übernommen werden. Sollte eine reine Software geschützt sein, ist natürlich auch ihre Nutzung patentrechtlich untersagt.

---

[534] Zu vielen Details: *Karl,* Der urheberrechtliche Schutz von Computerprogrammen, S. 214 ff.

[535] Vgl. im Einzelnen *Schneider,* Handbuch des EDV-Rechts, Rn. P 142.

[536] Vgl. Rn. 113 ff.

[537] Vgl. auch insoweit *Schneider,* Handbuch des EDV-Rechts, Rn. P 143 f.; ein Beispiel OLG Hamburg, CR 2001, 434 (435 f.).

[538] BGH, Urt., v. 3. 3. 2005, I ZR 133/02, JurPC Web-Dok. 48/2005.

[539] *Heide,* CR 2003, 165 (170).

Die Verletzungshandlung muss allerdings sorgfältig dargelegt werden. Dabei ist insbesondere auch genau darzulegen, in welcher Weise die Verletzungshandlung in den geschützten Bereich der angemeldeten Erfindung eingreift. Diese Situation verlangt eine sorgfältige Sachaufklärung und genaue Analyse des angemeldeten Patents vor Antrags- oder Klageeinreichung. Dazu müssten unter Umständen auch Besichtigungsansprüche zu Hilfe genommen werden. Das mögliche Vorgehen und seine Probleme ergeben sich sehr deutlich aus der Druckbalkenentscheidung des BGH.[540] Die mangelnde Sachaufklärung geht bei einer Entscheidung zu Lasten des Patentinhabers. Für ein Vorbenutzungsrecht nach § 12 PatG ist der Beklagte darlegungs- und beweispflichtig.

ee) Ansprüche aus Verletzung von Halbleiterschutzrechten

Bei der **Verletzung von Halbleiterschutzrechten** stellt sich zunächst als spezielle Frage schon die des Antrages. Es geht ja hier nicht um eine Unterlassung von Softwareverletzungen, sondern um die Verletzung von Topographien. Auch hier verlangt der Klageantrag bereits eine exakte Darlegung der verletzenden Handlung, da anderenfalls weder das Erfordernis der Bestimmtheit des Klageantrags gemäß § 253 ZPO erfüllt wird noch ein vollstreckungsfähiger Titel entsteht. Im Prinzip stellen sich ähnliche Probleme wie bei den Anträgen im Softwareverletzungsprozess. Sollte die verletzte Topographie im Klageantrag exakt bezeichnet werden müssen, dürfte in der Regel die Beifügung der auch im Registrierungsverfahren gem. § 3 Abs. 2 HalbSchG dem Patentamt vorgelegten Unterlagen ausreichen. Insoweit stellen sich keine zusätzlichen Probleme, da auch diese beim Verletzten ja immer vorhandenen Unterlagen der Individualisierung der angemeldeten Topographie dienen. Weit schwieriger dürfte es sein, die verletzende Topographie oder das verletzende Halbleitererzeugnis zu beschreiben. Ob die Bezeichnungen nur mit dem Namen ausreicht, wenn der Gegenstand in den Vertrieb gelangt ist, dürfte in vielen Fällen zweifelhaft sein. Hier dürfte möglicherweise eine wesentlich detailliertere Darlegung erforderlich sein. 235

In der Klagebegründung muss dann zunächst substantiiert dargestellt werden, dass die verletzte **Topographie Eigenart** im Sinne von § 1 HalbSchG aufweist. Dies wird im Registrierungsverfahren des Patent- und Markenamtes nicht geprüft, so dass es im Verletzungsprozess einer selbstständigen Prüfung durch das angerufene Gericht bedarf. Nun ist freilich § 7 Abs. 1 HalbSchG so formuliert, als wäre das Nichtvorliegen der Eigenart eine Ausnahme, die vom Verletzer dargelegt werden müsste, so dass man zumindest im Verfahren über den Antrag auf einstweilige Verfügung über dieses Erfordernis hinweggehen könnte, da ein entsprechender Einwand jedenfalls bei einer Entscheidung ohne mündliche Verhandlung nicht erhoben werden kann. Angesichts der grundlegenden Bedeutung des Merkmals Eigenart für die Konstituierung des Schutzumfangs ist ein solches Vorgehen aber nicht möglich. Es gehört zur Pflicht des Antragstellers, darzulegen, dass eine Topographie auch eigenartig ist. 236

Neben der Eigenart muss insbesondere die **Verletzungshandlung** genau dargestellt werden. Hier geht es insbesondere darum, nachzuweisen, dass der Dritte eine Topographie nachgebildet hat oder eben das von ihm im Verkehr angebotene, verbreitete oder vorbereitend eingeführte Produkt entweder die Topgraphie oder ein Halbleitererzeugnis ist, dass die verletzte Topographie enthält. Dies dürfte auch vorgerichtlich ohne Sachverständigengutachten gar nicht möglich sein. Die bloße Vorlage zweier Topographien mit der Behauptung, sie seien identisch, dürfte nicht ausreichen, da das Gericht selbst keinerlei Einblick in diese Topographien hat. Vielmehr muss eine dem Gericht verständliche Darlegung der Übereinstimmung erfolgen. Dies dürfte hier technisch ähnlich schwierig sein wie 237

---

[540] GRUR 1985, 512 ff.

im Urheberrecht. Der Aufwand für die Vorbereitung eines solchen Prozesses ist demgemäß hoch.

Es stellt sich im Übrigen auch die Frage, in welchem Grad Identität zwischen den Topographien erforderlich ist. Der Wortlaut des Gesetzes ist eng, so dass man ein hohes Maß an Übereinstimmung zwischen Original und Kopie verlangen muss. Allerdings sind sicher auch Teilübernahmen denkbar, die allerdings eine entsprechende Teilidentität aufweisen müssen.

238   Es ist Sache des Beklagten, vorzutragen, dass die angeblich verletzende Topographie im Wege **des Reverse Engineering** entstanden und damit nicht verletzend ist (vgl. § 6 Abs. 2 Nr. 2 und 3 HalbSchG). Wie sich aus der Formulierung des § 6 Abs. 2 HalbSchG ergibt, handelt es sich insoweit um einen Einwand.

In diesem Bereich ist prozessual noch vieles unklar, da angesichts der geringen praktischen Bedeutung des Topographienschutzes keine Entscheidungen vorliegen.

ff) Ansprüche aus Markengesetz

239   Eine letzte Gruppe von Unterlassungsansprüchen kann sich aus der **Verletzung** von **Marken** und dem **Werktitelschutz** ergeben.

Bei der Verletzung von Marken ist zunächst darzulegen, dass eine verletzte Marke vorliegt. Des weiteren muss die Verletzungshandlung dargelegt werden..

240   Bei einem Anspruch aus einer eingetragenen Marke muss die Schutzfähigkeit der Marke selbst nicht mehr näher dargelegt werden. Ein Problem könnte sich nur daraus ergeben, dass eine Marke zwar eingetragen ist, aber nicht für die Warenklasse, für die Schutz begehrt wird. Hier können sich Ansprüche nur bei nahegelegenen Warenklassen ergeben.

Dargelegt werden muss, dass die Marke oder ein mit ihr ähnliches Zeichen so verwandt wird, dass Verwechslungsgefahr besteht.

241   Die Verwechslungsgefahr kann sowohl beim Lesen als auch beim Hören oder Sehen gegeben sein.

242   Ein weiterer Rechtsanspruch kann sich hier aus der Bezeichnung der **Software als Werktitel** ergeben. Hier muss man zunächst darlegen, dass der Titel, dessen Schutz begehrt wird, vom Anspruchsinhaber benutzt wird. Ferner ist darzulegen, dass er unterscheidungskräftig ist. Dies ist bei von Natur aus unterscheidungskräftigen Titeln ohne weiteres möglich.

Bei weniger unterscheidungskräftigen Titeln oder solchen, die nur durch Verkehrsgeltung Schutz erlangen können, sind umfangreichere Darlegungen notwendig, insbesondere zur Verkehrsdurchsetzung. Des weiteren muss eine Benutzung des Titels dargelegt werden, der zur Verwechslung Anlass gibt.

c) Beweisfragen

243   Neben der Vernehmung von Zeugen wird bei Unterlassungsansprüchen oft der Sachverständigenbeweis notwendig, auch zur Feststellung der Urheberrechtsfähigkeit.[541]

Zum Sachverständigenbeweis wird unten[542] ausführlich Stellung genommen. Auf die dortigen Ausführungen ist zu verweisen. Besondere Probleme gibt es im Unterlassungsprozess insoweit nicht.

---

[541] Dazu *Ullmann*, in: Bartsch (Hrsg.), Softwareüberlassung und Zivilprozeß, S. 96 ff.
[542] Rn. 743 ff.

3. Schadensersatzansprüche

Die Formulierung eines Antrags bei **Schadensersatzansprüchen** wirft keine Probleme   **244**
auf, da eine Zahlungsklage erhoben wird. Im üblichen Umfang ist daneben auch eine Klage
auf Feststellung, dass Schadensersatz geschuldet wird, möglich.[543]

Im Falle der **Miturheberschaft** bei **Open Source Software** stellen sich in vielen   **245**
Fällen[544] schwer lösbare Probleme. Es müsste Zahlung an alle Miturheber verlangt werden
(§ 8 Abs. 2 S. 3 UrhG). Diese müssten auch namentlich benannt werden. Sie sind aber in
der Regel größtenteils dem Kläger unbekannt und können oft mangels entsprechender
Dokumentation nur schwer gefunden werden, so dass ein Schadensersatzantrag nicht
gestellt werden kann.[545]

Sachlich müssen zunächst alle Voraussetzungen vorgetragen werden, die auch für einen   **246**
Unterlassungsanspruch vorgetragen werden müssen, also insbesondere ein verletztes
Recht und eine rechtsverletzende Handlung.

Hinzu kommt hier, dass Schadensersatzansprüche in allen hier vorliegenden Fällen
verschuldungsabhängig sind. Es muss also ein **Vortrag zum Verschulden** erfolgen. Dafür
reicht im Zivilrechtsbereich **Fahrlässigkeit** aus. Wie schon erwähnt wurde,[546] ist hier ein
objektiver Maßstab anzusetzen, wobei darauf abgestellt wird, welche Sorgfalt die dem
jeweiligen Verletzer vergleichbaren Verkehrskreise aufwenden müssen.[547] Je nach Umständen des Einzelfalls ist hier ein detaillierter Vortrag erforderlich. Bei 1 : 1 Kopien
dürfte sich ein Vortrag nahezu erübrigen, da in diesen Fällen das Verschulden offenkundig
ist.

Neben dem Verschulden ist ein Vortrag zur **Schadenshöhe** erforderlich. Was hier   **247**
vorgetragen werden muss, hängt davon ab, welche Berechnungsmethode für die Schadensberechnung gewählt wird. Am einfachsten dürfte der Vortrag bei der Lizenzanalogie
sein. Hier ist nur darzulegen, welche Lizenzgebühr für das verletzte Programm üblicherweise gezahlt wird und in welchem Umfang Verletzungshandlungen durchgeführt wurden.

Bei den anderen Schadensberechnungsmethoden ist ein konkreter, auf den Einzelfall
bezogener Vortrag erforderlich. Soll die Berechnung nach dem Gewinn des Verletzten
erfolgen, müsste angegeben werden, welchen Verkaufserlös dieser erzielt hat und welche
Selbstkosten er davon abziehen kann. Dazu gehören Materialkosten, Löhne, Verwaltungs-
kosten, Vertriebsgemeinkosten, Sonderkosten des Vertriebes und möglicherweise weitere
andere Kosten. Sollte der entgangene Gewinn dargelegt werden, muss ausgeführt werden,
welcher Gewinn durchschnittlich mit dem Vertrieb des verletzten Programm erzielt wurde
und in welcher Weise dieser Gewinn entgangen ist. Dabei kann gem. § 251 BGB in
gewisser Weise abstrakt gerechnet werden. Es müssen aber schon konkrete Angaben zum
Betrieb des Verletzten und dem Anteil des verletzten Programms daran gemacht werden.
Dies gilt trotz der Möglichkeit des Gerichts, den Schaden gem. § 287 Abs. 1 ZPO zu
schätzen.

Spezielle Probleme, die nur den Softwarebereich betreffen, treten in diesem Zusammenhang nicht auf.

---

[543] LG Hamburg, Urt. v. 7. 9. 1983, 15 O 1285/81 „Centipede".
[544] Ein Sonderfall LG Frankfurt/M., CR 2006, 729 (730).
[545] *Jaeger/Metzger,* Open Source Software, Rn. 166; *Spindler,* in: Büllesbach/Dreier (Hrsg.): Wem
gehört die Information im 21. Jahrhundert?, S. 115 (127).
[546] Vgl. oben Rn. 103.
[547] Nachweise im Einzelnen bei *Hefermehl/Köhler/Bornkamm,* § 9, Rn. 1.17 ff. und speziell zum
Urheberrecht bei *Schricker/Wild,* § 97 Rn. 52 ff.

4. Ansprüche aus ungerechtfertigter Bereicherung

248   Bei Ansprüchen aus **ungerechtfertigter Bereicherung** stellen sich letztendlich gegenüber den vorgenannten Ansprüchen keine wesentlich neuen Probleme. Was den Antrag betrifft, so geht es hier immer um Zahlungsanträge. Darzulegen wäre im wesentlichen der Eingriff in ein Schutzrecht, die dafür angemessenen Lizenzgebühren und der Umfang der Verletzung.

5. Beseitigungsansprüche

249   Prozessuale Probleme wirft die Durchsetzung der **Beseitigungsansprüche** auf.

Dies betrifft zunächst den **Antrag**. Hier ist zunächst wie beim Unterlassungsanspruch genau das zu bezeichnen, dessen Beseitigung verlangt wird. Da es hier allerdings um einen Anspruch geht, bei dem das Vollstreckungsorgan in aller Regel nicht das Prozessgericht ist, ist die Präzision, die für den Antrag erforderlich ist, jedenfalls im Hinblick auf die Vollstreckung deutlich höher als im Bereich der Unterlassungsanträge. Es muss genau dargelegt werden, welches Programm bzw. welcher Programmteil beseitigt werden soll. Sollen körperliche Gegenstände beseitigt werden, müssen auch diese ganz genau bezeichnet werden. Es muss insbesondere bezeichnet werden, welche Kopien des Programms beseitigt werden sollen. Das bloße Verlangen, alle Kopien, die beim Gegner vorhanden sind, zu vernichten, dürfte in aller Regel nicht ausreichend sein.[548] Vielmehr sind auch die möglichen Programmträger, auf denen sich Kopien befinden, präzise zu bezeichnen. Es dürfte ausreichen, im Antrag die Löschung aller beim Antragsgegner (Beklagten) vorhandenen Kopien einer bestimmten Software zu verlangen und zusätzlich noch die Speichermedien anzugeben, auf denen sich Kopien befinden und auf denen sie gelöscht werden sollen.

Selbstverständlich kann der Antrag auf Löschung konkreter Kopien beschränkt werden, vor allem dann, wenn es nur einen so eingeschränkten materiellen Anspruch gibt. Dabei muss sorgfältig darauf geachtet werden, dass sämtliche Teile der streitbefangenen Software exakt erfasst und auch sämtliche möglichen Datenträger genau beschrieben werden. Allerdings ist dabei nicht auf technische Details wie die Dateiorganisation oder die Art der physikalischen Verkörperung oder Codierung der Daten und Programme einzugehen. Trotz dieser Unterschiede liegen immer wieder Kopien gleicher Programme vor. Es dürfte ausreichen, dass im Antrag die Software exakt beschrieben wird und die Löschung aller entsprechenden Kopien verlangt wird. Unter Kopien ist dann jede Abschrift oder Vervielfältigung des ursprünglichen Programms zu verstehen, die semantisch oder pragmatisch den gleichen Inhalt wie das Ursprungsprogramm hat. Die Gleichheit muss nur im Vollstreckungsverfahren ggf. durch Sachverständigengutachten nachgewiesen werden.[549]

Die eben genannten Anforderungen gelten auch dann, wenn nicht Kopien des verletzten Programms beseitigt werden sollen, sondern etwa dabei verwandte Programme zur Umgehung von Kopiersicherungsmechanismen.

250   Soweit die **Vernichtung von Datenträgern** oder ähnlichen körperlichen Gegenständen verlangt wird, ist darauf zu achten, dass auch diese körperlichen Gegenstände unverwechselbar bezeichnet werden. Dies dürfte bei Datenträgern recht schwierig werden. Hier lässt sich eine Konkretisierung oft nur über die auf dem jeweiligen Datenträger gespeicherten

---

[548] Ähnlich KG, *Zahrnt*, ECR OLG 155; vgl. auch OLG Naumburg, NJW-RR 1995, 1149.

[549] Zum Einsatz von Sachverständigen im Vollstreckungsverfahren vgl. BL-*Hartmann*, § 756, Rn. 3; *Zöller-Stober*, § 756 Rn. 7, jeweils mwN.

Programm vornehmen. Dazu muss man genau wissen, um welche Programme es geht und welchen Inhalt sie haben. Insbesondere muss man darauf achten, in seiner Beschreibung nicht die falsche Version des Programms zu wählen.[550]

Andere Möglichkeiten der Bezeichnung bieten sich meist nicht an, da unverwechselbare Nummern wie etwa die Fahrgestellnummer bei Pkws in der Regel nicht vorhanden sein dürften.

Es muss nicht schon im Antrag schon dargelegt, welche Maßnahmen für die **Durch-** **251** **führung der Vernichtung** notwendig sind. Für eine hinreichende Bestimmtheit des Klageantrages reicht es aus, darzulegen, was beseitigt werden soll. Auch für die Vollstreckung ist eine genaue Bezeichnung der notwendigen Handlung bereits im Klageantrag nicht erforderlich. Die Vollstreckung richtet sich nach § 887 ZPO, da es um vertretbare Handlungen geht. Dann kann im Rahmen eines Antrags nach § 887 ZPO die vorzunehmende und vom jeweiligen Schuldner zu duldende Handlung genauer bezeichnet werden.[551] Es ist überflüssig, dies schon vorher im Erkenntnisverfahren zu tun. Im Übrigen würde eine solche genauere Antragsformulierung die im Vollstreckungsverfahren sonst bestehende Möglichkeit, verschiedene Vollstreckungsanträge mit verschiedenen Maßnahmen zu stellen, verhindern, da der Klagegegenstand von vornherein viel zu weit eingeschränkt würde. Der Beseitigungsanspruch geht ja nicht nur auf Beseitigung durch bestimmte Maßnahmen, sondern beschäftigt sich mit der Beseitigung als solcher. In diesem Bereich ist eine zu starke Präzisierung des Klageantrags also weder erforderlich noch sinnvoll.

Ist der Antrag formuliert, müssten die **Voraussetzungen eines Beseitigungsanspruchs** **252** im Einzelnen genau dargelegt werden. Dies macht im Bereich des Urheberrechts hinsichtlich rechtswidrig hergestellter oder vertriebener Kopien gem. § 98 Abs. 1 UrhG keine über die Darlegung der Schutzfähigkeit des Programms[552] hinausgehenden Schwierigkeiten. In allen anderen Fällen sind aber Interessenabwägungen notwendig. Bei der Vernichtung von Hilfsmitteln zur Herstellung unerlaubter Kopien ist aber auch im Urheberrecht genauer dazulegen, dass es um Gegenstände geht, die ausschließlich der Herstellung unerlaubter Kopien dienen. Dies kann im Einzelfall schwierig sein. Mehr als dies musst der Verletzte allerdings in keinem Fall darlegen.

Freilich kann der Verletzter gem. § 98 Abs. 3 UrhG darlegen, dass der durch die Rechtsverletzung verursachte Zustand auch auf andere Weise als durch die Beseitigung der Gegenstände beseitigt werden kann. In diesem Fall greift der Vernichtungsanspruch nicht durch. Insoweit handelt es sich aber um einen prozessualen Einwand. Es ist nicht Aufgabe des Klägers, Darlegungen zu machen, aus denen sich ergibt, dass eine andere Art der Lösung nicht möglich ist. Vielmehr muss die konkrete andere Art der Lösung durch den Beklagten dargelegt werden.[553]

6. Hilfsansprüche

a) Auskunfts- und Rechnungslegungsansprüche

Was die **Auskunfts- und Rechnungslegungsansprüche** betrifft, so stellt die Formulie- **253** rung des Antrags keine über die üblichen Auskunfts- und Rechnungslegungsklagen hinausgehenden Schwierigkeiten. Allerdings muss auch in diesem Zusammenhang die verletzte Software präzise bezeichnet werden, damit klar ist, über welche Gewinne, Geschäfte usw. Auskunft gegeben und Rechnung gelegt werden soll.

---

[550] Näher dazu *Redeker*, CR 1988, 277 (278).
[551] BL-*Hartmann*, § 887 Rn. 12.
[552] Dazu oben Rn. 219 ff.
[553] *Schricker/Wild*, § 98/99, Rn. 8.

Bei der **Begründetheit** ist zunächst auf die Ausführungen zum Schadensersatzanspruch bzw. dem Anspruch auf ungerechtfertigte Bereicherung zu verweisen. Das mögliche Vorliegen solcher Ansprüche ist Voraussetzung für die meisten Auskunfts- und Rechnungslegungsansprüche. Diese setzen voraus, dass ein anderer Anspruch dem Grunde nach besteht, aber nicht hinreichend präzisiert werden kann, weil noch Informationen fehlen, die der Anspruchsinhaber aus eigener Kenntnis nicht haben kann. Des weiteren ist präzise darzulegen, warum eine Auskunft bzw. eine Rechnungslegung erforderlich ist. Dies dürfte dann, wenn es um Informationen geht, die im Geschäftsbetrieb des Verletzers anfallen, nicht sonderlich schwierig sein, da der Umfang des Geschäftsbetriebs des Verletzers dem Verletzten nicht bekannt sein kann.

Weitergehende Anforderungen stellen sich hier nicht.

Weniger Vortrag ist erforderlich, wenn es um Auskunftsansprüche nach §§ 101 UrhG, 19 MarkenG geht. Hier ist im wesentlichen eine Verletzungshandlung und das gewerbliche Ausmaß dieser Verletzung darzulegen.

b) Besichtigungsansprüche

254   Ein weiterer Hilfsanspruch ist der **Besichtigungsanspruch.** Die mit dem Besichtigungsanspruch verbundenen materiellen Probleme sind im Bereich des Urheberrechts schon dargelegt worden.[554]

Hier stellt sich die Problematik der Präzision des Klageantrags. Insbesondere müsste auch hier im Klageantrag schon bezeichnet werden, was denn der jeweilige Sachverständige tun darf und was der jeweils Verletzte dulden muss. Es reicht allerdings eine klare generelle Aussage dazu. Größere Anforderungen an die Präzision des Klageantrags sind nicht zu stellen. Allerdings kann die Klagebegründung zur Interpretation des Antrags herangezogen werden.[555]

Dies gilt auch für die Bezeichnung der Software.

255   Im Übrigen müssen die **Voraussetzungen des Besichtigungsanspruchs** klar und deutlich dargelegt werden. Probleme gibt es hier insbesondere dahingehend, dass dargelegt werden muss, dass der Besichtigungsanspruch sozusagen das letzte Hilfsmittel zur Erforschung einer feststehenden Verletzungshandlung ist. Das Problem besteht darin, den Besichtigungsanspruch von einem Ausforschungsanspruch, der nicht besteht, abzugrenzen. Allerdings können äußerliche Übereinstimmungen in Maskengestaltung, Datenstruktur und Programmablauf als Grundlage für einen Besichtigungsanspruch eine ausreichende Darstellung sein, auch wenn sie als Grundlage für die Darlegung anderer Ansprüche nicht ausreichen. Für einen vorgelagerten Hilfsanspruch dürften starke Indizien für eine Rechtsverletzung als Vortrag hinreichend sein, auch wenn dies für den Hauptanspruch nicht gilt. Der BGH hat für den Bereich des Urheberrechts relativ wenig Indizien ausreichen lassen. Er verlangt aber eine Abwägung dieser Indizien mit dem Geheimhaltungsbedürfnis des Beklagten.[556]

256   Die **Kosten des Sachverständigen,** der aufgrund des Besichtigungstitels tätig geworden ist, sind keine Prozesskosten. Der Sachverständige ist zwar zur Geheimhaltung verpflichtet, aber nicht vom Gericht beauftragt worden. Es liegt auch kein selbständiges Beweisverfahren vor. Allerdings wird dieses selbständige Beweisverfahren in der Gerichtspraxis zunehmend mit dem Titel über den Besichtigungsanspruch kumuliert.[557] Da der Sachverständige auch nicht im Wege der Zwangsvollstreckung tätig wird, handelt es sich auch

---

[554] Vgl. oben Rn. 113 f.

[555] BGH, CR 2002, 791 m. Anm. *Grützmacher* = GRUR 2002, 1046.

[556] BGH, CR 2002, 791 m. Anm. *Grützmacher* = GRUR 2002, 1046; näher dazu *Tilmann/Schreibauer,* GRUR 2002, 1015.

[557] Dazu unten Rn. 262.

nicht um Vollstreckungskosten. Die Kosten des Sachverständigen hat daher zunächst der Verletzte zu tragen.[558]

Liegt freilich eine Schutzrechtsverletzung bzw. ein wettbewerbswidriges Verhalten vor, können diese Kosten eine Schadensposition des Schadensersatzanspruchs darstellen.

Befinden sich maßgebliche Unterlagen bei einer Drittpartei, kann deren Vorlage vom Gericht nach § 142 ZPO angeordnet werden. Dabei sind die Interessen des Klägers und die Belange des Dritten, insbesondere sein Geheimhaltungsbedürfnis und der ihm entstehende Aufwand abzuwägen. An die Darlegungen des Klägers zur Wahrscheinlichkeit der Rechtsverletzung sind ähnliche Anforderungen wie im Rahmen des § 809 BGB zu stellen.[559]

7. Einstweilige Verfügung

In vielen Fällen wird sich gerade bei der **Verletzung von absoluten Schutzrechten**   257
oder bei Wettbewerbsverletzungen der Erlass einer einstweiligen Verfügung als Rechtsverfahren aufdrängen. Dabei kommen in den vorliegenden Fällen sowohl Sicherungsverfügungen gem. § 935 ZPO als auch Regelungsverfügungen gem. § 940 ZPO in Betracht. Ein denkbarer Fall für eine Sicherungsverfügung wäre das Unterlassen einer noch nicht durchgeführten, aber geplanten unzulässigen Verwendung einer Marke. Ein Beispiel für eine Regelungsverfügung wäre das Einstellen des wettbewerbs- bzw. urheberrechtswidrigen Vertriebs von Computerprogrammen.

Im **Antrag auf Erlass einer einstweiligen Verfügung** muss sowohl der Verfügungs-   258
anspruch als auch der Verfügungsgrund dargelegt und glaubhaft gemacht werden. Was im Hinblick auf die Verfügungsansprüche darzulegen ist, entspricht den Darlegungspflichten im Hauptsacheprozess. Die Darlegungspflicht geht allerdings in den Fällen, in denen keine mündliche Verhandlung durchgeführt wird, oft auch noch weiter. In diesen Fällen muss auch das Fehlen von Einwendungen und Einreden dargelegt und glaubhaft gemacht werden. Dies gilt jedenfalls dann, wenn sich aus dem vorgetragenen Sachverhalt Anhaltspunkte für vermutliche Einwände und Einreden ergeben.[560] Nach dem oben Gesagten gibt es im Hinblick auf den Verfügungsanspruch nach wie vor erhebliche Probleme im Bereich des Urheberrechts. Auch nach dem neuen Recht dürften für die Darlegung und Glaubhaftmachung erhebliche Ausführungen von Sachverständigen einfließen müssen. Jedenfalls ist dies im **Urheberrechtsverletzungsfall** nach wie vor eher der Regelfall. Dies erfordert nicht nur ganz erhebliche Aufwendungen, sondern auch viel Zeit, da auch ein beauftragter Privatsachverständiger ein in vielen Fällen nicht ganz einfaches Gutachten über die besondere Formgestaltung des verletzten Programms und die sich daraus ergebende Urheberrechtsfähigkeit nicht in ganz kurzer Zeit abfassen kann. Die **Gerichte** stellen nach wie vor gerade im Bereich der einstweiligen Verfügung **relativ hohe Anforderungen**.[561] Oft erlassen sie einstweilige Verfügungen nur dann, wenn der Anspruch des Antragstellers offenkundig ist. Diese dogmatische Einschränkung ist möglicherweise mit Artikel 50 TRIPS nicht vereinbar.[562] Auch im Patentrecht gibt es entsprechende Einschränkungen. Dort kommt noch hinzu, dass das Verfügungspatent bereits in einem Einspruchs- bzw. Nichtigkeitsverfahren standgehalten haben muss.[563] Zum Bereich des Halbleiterschutzes

---

[558] OLG München, CR 1987, 761 (762 f.); *Schneider*, Handbuch des EDV-Rechts, Rn. P 171.

[559] BGH, GRUR 2006, 962.

[560] *Hefermehl/Köhler/Bornkamm*, § 12 UWG, Rn. 3.21 mwN.

[561] OLG Celle, *Zahrnt*, ECR OLG 148; GRUR 1998, 50; KG, *Zahrnt*, ECR OLG 157; skeptisch zur einstweiligen Verfügung auch *Karger*, Beweisermittlung, S. 58.

[562] *Von Bogdandy*, NJW 1999, 2088 (2089).

[563] *Heide*, CR 2003, 165 (170).

fehlen entsprechende Entscheidungen; eine Übertragung der Einschränkung des einstweiligen Rechtsschutzes auf dieses Gebiet ist aber in der Praxis nicht auszuschließen.

259   Diese Schwierigkeiten dürften sich im Bereich des **Wettbewerbsrechts** in aller Regel nicht stellen. Dass ein Verfügungsgrund besteht, wird bei Wettbewerbsverstößen gem. § 25 UWG vermutet. Diese Vermutung ist aber widerleglich, wobei sich die Widerlegung auch aus Umständen ergeben kann, die vom Verfügungskläger vorgetragen werden. Dies gilt insbesondere für den Zeitablauf. Dabei kommt es sehr auf die Umstände des Einzelfalls an. Bemüht sich insbesondere der Antragsteller während längerer Zeit um Mittel zur Glaubhaftmachung seines Anspruchs, so kann auch eine längere Zeit, die er seit Kenntnis vom Wettbewerbsverstoß verstreichen lässt, bevor er das Verfügungsverfahren einleitet, nicht zu einem Wegfall des Verfügungsgrundes führen.[564] Dies kann wiederum anders sein, wenn durch den Zeitablauf bereits die **Zeitgrenze für die Vollamortisation** des Produktes erreicht ist. Dies ist namentlich im Bereich der Computerspiele zu berücksichtigen. Bemüht sich der Antragsteller freilich nicht um Mittel zur Glaubhaftmachung, führt auch keine Testkäufe durch, entfällt die Dringlichkeitsvermutung.[565] Die Rechtsprechung ist insbesondere bei der Frage, inwieweit die volle Ausnutzung von Rechtsmittel- und Rechtsmittelbegründungsfristen einschließlich der üblicherweise gegebenen Verlängerungsmöglichkeiten sowie die Zustimmung zu Vertagungsanträgen die Dringlichkeit ausschließt, widersprüchlich.[566] Im Zweifel ist hier Eile geboten. Einstweilige Verfügungsverfahren sind in aller Regel rascher zu bearbeiten als übliche Prozesse.

260   **Außerhalb** des **Wettbewerbsrechts** stellen sich vergleichbare Probleme bei der **Darlegung des Verfügungsgrundes**. Hier muss aber zusätzlich immer noch dargelegt werden, warum im konkreten Fall besondere Eile droht. Dazu kann etwa darauf hingewiesen werden, dass durch die drohende weitere Verwertung einer unzulässig kopierten Software Vertriebschancen unwiederbringlich verloren gehen. Auch auf die Darlegung dieser Umstände sollte große Sorgfalt gelegt werden. Ein Verfügungsgrund liegt z. B. dann nicht vor, wenn die eigene Software jetzt oder in absehbarer Zeit überhaupt nicht vertrieben werden kann. Zu bemerken ist, dass im Bereich des Markenrechts von den meisten – aber nicht allen – Oberlandesgerichten § 25 UWG analog angewandt wird.[567]

Im Übrigen ist hier in vielen Fällen noch darzulegen, warum eine besondere Dringlichkeit besteht, so dass eine Entscheidung ohne mündliche Verhandlung erfolgen soll. Hier ist vor allem darauf hinzuweisen, dass der Überraschungseffekt bei der Sicherstellung unzulässig gezogener Kopien von ganz großer Bedeutung sein kann, weil aller Erfahrung nach bei Kenntnis drohender einstweiliger Verfügung solche Kopien rasch entfernt und versteckt werden.

Auch hier ist darauf zu verweisen, dass die langwierige Vorbereitung etwa einer einstweiligen Verfügung aufgrund von Urheberrechtsverletzungen den Verfügungsgrund nicht entfallen lassen kann.

261   Der die Verfügung beantragende Schriftsatz muss einen **konkreten Antrag** enthalten. Daran ist das Gericht zwar nicht im Einzelnen gebunden, es kann auch in anderer Form Verfügungen erlassen. Der Antrag bezeichnet aber den Rahmen, den das Gericht für seine Entscheidung hat.[568] Dabei ist zu beachten, dass in der Regel weniger beantragt werden kann als im Hauptsacheprozess. Im Bereich der Softwareverletzung dürfte eine Leistungsverfügung, bei der dieser Grundsatz nicht gilt, nicht in Betracht kommen.

---

[564] Beispiele bei *Hefermehl/Köhler/Bornkamm*, § 12 UWG, Rn. 3.15.

[565] OLG Hamm, *Zahrnt*, ECR OLG 106.

[566] Zahlreiche Einzelheiten bei *Hefermehl/Köhler/Bornkamml*, § 12 UWG, Rn. 3.15.; sehr großzügig OLG Hamburg, GRUR 1983, 436 („Puckman").

[567] Streitstand dargestellt bei OLG Düsseldorf, Urt. v. 13. 11. 2001, 20 U 114/01, JurPC Web-Dok. 123/2002.

[568] BL-*Hartmann*, § 938 Rn. 4.

In der Regel wird man die **vorläufige Unterlassung bestimmter Handlungen** und/ oder die **Sicherstellung konkreter Gegenstände** (Softwarekopien usw.) verlangen können. Dabei geht es um eine Sicherstellung durch den Gerichtsvollzieher. Die sicherzustellenden Gegenstände sind genau zu bezeichnen. Dies gilt insbesondere deshalb, weil mit dem Gerichtsvollzieher ein am Erkenntnisverfahren nicht beteiligtes Vollstreckungsorgan für die Vollstreckung zuständig ist. Eventuell ist es hilfreich, wenn der Antragsteller oder ein sachkundiger Mitarbeiter bei der Vollstreckung anwesend ist. Die Anforderungen der einzelnen Gerichte an die Konkretisierung des Antrags sind übrigens unterschiedlich. Zu den Einzelheiten ist auf die Ausführungen zum Beseitigungsanspruch zu verweisen.[569]

Eine einstweilige Verfügung ist auch für den **Besichtigungsanspruch**, in der Regel **262** durchzuführen durch, **einen zur Geheimhaltung verpflichteten Sachverständigen** möglich. Die vorläufige Überprüfung der Sache ist in der Regel eilbedürftig ist, wenn der Verstoß andauert und eine Sicherstellung entweder wegen fehlenden Beweismaterials noch nicht durchsetzbar oder dem Verfügungsgegner wegen der Größe des Eingriffs nicht zumutbar ist. Dann kommt es auf die sonstige Eilbedürftigkeit nicht an.[570] Das Gesetz sieht dies seinem Wortlaut nah auch nicht mehr vor.[571] Immerhin hat das KG betont, dass Verfügungen mit diesem Inhalt auch dann erlassen werden können, wenn nur eine gewisse Wahrscheinlichkeit der Urheberrechtsverletzung dargelegt und glaubhaft gemacht ist.[572] Allerdings musste das Gutachten früher nach der Rechtsprechung einzelner Obergerichte dann zunächst bei Gericht hinterlegt werden.[573] Ob diese Rechtsprechung noch gültig ist, bleibt abzuwarten. Die meisten Gerichte kombinieren nach dem Vorbild des LG Düsseldorf diese Verfügung mit einem selbständigen Beweisverfahren, das den nach §§ 101 a UrhG, 140 c PatG vom Antragsteller zu beauftragenden Sachverständigen durch einen gerichtlichen Gutachter ersetzt.[574] Dies Verfahren ist aber problematisch, weil zwar anerkannt wird, dass die einstweilige Verfügung ohne vorherige mündliche Anhörung des Gegners ergehen muss, um Verschleierungen vorzubeugen, § 493 Abs. 2 ZPO aber u. U. Schwierigkeiten bei der Gutachtenverwertung erzeugt.

Im Softwarebereich dürfte eine **Aufhebung der einstweiligen Verfügung** nach § 939 **263** ZPO nicht in Betracht kommen. Nach dieser Vorschrift kann eine einstweilige Verfügung in besonderen Fällen aufgehoben werden, wenn eine Sicherheitsleistung geleistet wird. Diese Sicherheitsleistung muss den Zweck der einstweiligen Verfügung ebenfalls sichern.[575] Dies bedeutet, dass die Nachteile, die dem Verfügungskläger bei Aufhebung der Verfügung drohen, durch die Sicherheitsleistung abgesichert sein sollen. Bei einer Softwareverletzung heißt dies, dass der dem Verfügungskläger möglicherweise durch die unerlaubte Verwertung von Software entstehende Schaden bis zur Entscheidung in der Hauptsache abgesichert werden muss. Die Höhe dieses Schadens dürfte sich in aller Regel nicht bestimmen lassen, so dass für eine Aufhebung nach § 939 ZPO die Grundlage fehlt.[576]

Gemäß §§ 936, 921 Abs. 2 ZPO kann eine einstweilige Verfügung auch erlassen wer- **264** den, wenn zwar der Verfügungsgrund nicht glaubhaft gemacht ist, aber eine **entsprechen-**

---

[569] Oben Rn. 249 ff.

[570] OLG Düsseldorf, Beschl. v. 30. 3. 2010, I – 20 W 32/10 20 W 32/10; a. A. OLG Köln, OLG Report Hamm/Düsseldorf/Köln 2009, 259.

[571] *Heymann*, CR 2008, 568 (572).

[572] KG, NJW 2001, 233 = CR 2001, 80.

[573] OLG Frankfurt, NJW-RR 2006, 1344 = CR 2007, 1445; **a. A.** *Auer-Reinsdorff*, ITRB 2006, 82 (84 f.).

[574] Ausführlich dazu *Kühnen*, GRUR 2005, 186 (auch mit ausführlichem Antrag); *Kühnen/Claesen*, IPRB 2010, 83 mit vielen praktischen Hinweisen; zum Vorgehen im Einzelnen *Hoppen*, CR 2009, 407; vgl auch *Heymann*, CR 2008, 568 (572).

[575] BL-*Hartmann*, § 939 Rn. 3.

[576] Allgemein ähnlich BL-*Hartmann*, § 939, Rn. 3.

de Sicherheit geleistet wurde. Dabei ist auch hier der Nachteil abzusichern, der dem Verfügungsbeklagten aus einer ungerechtfertigten einstweiligen Verfügung entstehen kann. Dieser Schaden kann im Bereich des Urheberrechts z. B. sehr hoch sein. Von daher dürfte sich auch diese Möglichkeit in aller Regel nicht anbieten. Es ist zu betonen, dass die Sicherheitsleistung nicht etwa eine fehlende Schlüssigkeit des Verfügungsgrundes ersetzen kann. Sie kann nur eine fehlende Glaubhaftmachung in bestimmten Fällen ersetzen.[577] Da vornehmlich im Bereich des Urheberrechts Substantiierung und Glaubhaftmachung oft ineinander übergehen, dürfte sich das Mittel dort kaum einsetzen lassen. Dies gilt aber im Prinzip auch im Bereich des Wettbewerbsrechts, weil schwerlich Fälle denkbar sind, in denen eine so gravierende Maßnahme wie eine einstweilige Verfügung auf Unterlassung des Vertriebs erlassen werden kann, ohne dass deren Voraussetzungen glaubhaft gemacht sind.

265   Alles in allem ergibt sich, dass die einstweilige Verfügung sehr wohl ein sehr **wichtiges Mittel zur Durchsetzung von Ansprüchen** sein kann, dass aber wohl der Bereich des Wettbewerbsrechts und der Bereich der verletzten Warenzeichen das eigentliche Einsatzfeld für einstweilige Verfügungen sein dürften. Zunehmend kommen auch Besichtigungsansprüche, verbunden mit einem selbständigen Beweisverfahren hinzu. In allen anderen Rechtsgebieten dürfte es angesichts der restriktiven Rechtsprechung mühselig sein, die Voraussetzungen einer einstweiligen Verfügung so substantiert darzulegen, dass eine einstweilige Verfügung auch erlassen wird.

Hinzuweisen ist allerdings darauf, dass bei Aufhebung einer einstweiligen Verfügung ein **verschuldensunabhängiger Schadensersatzanspruch** entsteht. Der Antragsteller muss sich seiner Sache also sicher sein, bevor er einen Verfügungsantrag stellt. Er sollte auch schon im Verfügungsantrag Dinge, die eventuell erst im Widerspruchsverfahren relevant werden, vortragen.

266   Hinzuweisen ist noch darauf, dass nach **Artikel 50 VI TRIPS** eine einstweilige Verfügung auf Antrag des Antragsgegners ohne Sachprüfung aufzuheben ist, wenn nicht binnen einer Frist von 20 Arbeitstagen oder 31 Kalendertagen, wobei der längere der beiden Zeiträume gilt, Klage zur Hauptsache erhoben ist. Diese Regelung ist bislang in die ZPO nicht übernommen worden. § 926 ZPO sieht ein anderes Verfahren (Fristsetzung nur auf Antrag) vor. Angesichts des klaren Wortlauts verbietet sich auch eine Auslegung dieser Vorschrift im Sinne von Artikel 50 VI TRIPS.[578] Hier ist also der Gesetzgeber gefordert. Derzeit gilt das ZPO-Verfahren.

8. Praktische Hinweise

267   Besteht in der Praxis der **Verdacht einer unerlaubten Kopie** oder einer sonstigen Wettbewerbs- oder Schutzrechtsverletzung oder des Verstoßes gegen eine vertragliche Abmachung, empfiehlt sich das folgende Vorgehen:

Zunächst muss versucht werden, die **verletzende Software** oder sonstige Ware **zugänglich zu machen,** um zu überprüfen, ob wirklich eine Rechtsverletzung vorliegt. Will oder kann man dies nicht durch Testkäufe und Beobachtung der Software allein tun und muss Ansprüche geltend machen, muss man sich wegen eventueller Schadensersatzansprüche aus unerlaubter Schutzrechtsverletzung bereits zu diesem Zeitpunkt ziemlich sicher sein, dass eine Verletzung vorliegt.[579]

---

[577] BL-*Hartmann,* § 921 Rn. 9; die Frage ist streitig.
[578] Vgl. *v. Bogdandy,* NJW 1999, 2088 (2089 f.).
[579] *Schneider,* Handbuch des EDV-Rechts, Rn. P. 173 f.; vgl. auch *Bork,* NJW 1997, 1665, *Brandi-Dohrn,* BB 1994, 658 (662).

Zivilprozessual lässt sich die Software normalerweise durch eine **einstweilige Ver-** 268
fügung sicherstellen. Darüber hinaus können auch Besichtigungsansprüche durch einstweilige Verfügungen durchgesetzt werden. Nur wenn schon hinreichend Beweismaterial
vorliegt, lässt sich auch ein Unterlassungsanspruch schon im ersten Anlauf durch eine
einstweilige Verfügung durchsetzen.

Im **Markenrecht** steht neben dem zivilprozessualen Weg bei Importen noch die Möglichkeit offen, Software **durch die Zollbehörden** beschlagnahmen zu lassen. Nach der
Beschlagnahme durch die Zollbehörden ist aber kurzfristig auch der Erlass eines zivilprozessualen Titels nötig.

Im Bereich von Urheber- und Patentrechtsverletzungen ist außerdem die Zuhilfenahme 269
strafrechtlicher Ermittlungsverfahren denkbar.[580] Allerdings können die Strafverfolgungsbehörden das Strafverfahren nach § 154 d StPO einstellen und zunächst den Ausgang des Zivilverfahrens abwarten. Deshalb ist diese Möglichkeit eher skeptisch einzuschätzen.

Ist die Software bzw. die andere Ware einmal sequestriert oder auf anderem Wege 270
zugänglich, muss festgestellt werden, ob ein Verstoß wirklich vorliegt. In vielen Fällen ist
dazu ein **selbstständiges Beweisverfahren** möglich.[581] Will man einen Besichtigungsanspruch durchsetzen, sollte ein entsprechender Antrag nach der Praxis der meisten
Gerichte mit einem selbständigen Beweisverfahren kombiniert werden. In anderen Fällen
kann es sinnvoll sein, sich sowohl aus Zeitgründen als auch wegen der noch nicht konkret
formulierbaren Beweisfragen auf ein privates Sachverständigengutachten zu beschränken.

Nach Vorliegen des Gutachtens kann man dann über das weitere Vorgehen entscheiden.
Insbesondere muss danach Klarheit darüber herrschen, ob ein Verstoß vorliegt und welche
Ansprüche man geltend machen will. Diese sind dann wie üblich durchzusetzen.

IV. Vollstreckungsprobleme

1. Unterlassungstitel

Die **Vollstreckung aus Unterlassungstiteln** unterscheidet sich im hier fraglichen Be- 271
reich nicht wesentlich von der allgemeinen Unterlassungsvollstreckung gemäß § 890 ZPO.
Unterlassungsansprüche werden mit Hilfe von Ordnungsgeldern durchgesetzt. Die Androhung des Ordnungsgeldes sollte möglichst schon im Urteil erfolgen. Interessant ist
auch die Vorschrift des § 890 Abs. 3 ZPO. Der Schuldner kann auf Antrag des Gläubigers
zur Bestellung einer Sicherheit für den durch die fernere Zuwiderhandlung entstehenden
Schaden auf bestimmte Zeit verurteilt werden.

Zu beachten ist hier die **Kerntheorie,** die allgemein für alle Unterlassungstitel gilt, im
Wesentlichen aber im Wettbewerbsrecht entwickelt worden ist. Nach dieser Theorie ist es
so, dass nicht nur die in einem Unterlassungstitel konkret verbotene Handlung vom
Schuldner unterlassen werden muss. Das Unterlassungsgebot richtet sich vielmehr über
diese Handlung hinaus auch auf das Unterlassen zunächst praktisch identischer Handlungen und darüber hinaus auf das Unterlassen aller Handlungen, die im Kernbereich dem
verbotenen Handeln entsprechen. Was dazu gehört, ist anhand der Urteilsgründe aus-
legend zu ermitteln.[582] Aufgrund dieser Theorie kann man in vielen Fällen eine Unterlassung auch dann verlangen, wenn etwa die Art und Weise der Kopie leicht von dem

---

[580] *Sieber,* CR 1986, 699 (701); *Moritz/Tybussek,* Computersoftware, Rn. 166.
[581] Einzelheiten dazu unten Rn. 762 ff.
[582] Grundlegend BGHZ 5, 189 (192 ff.); BL-*Hartmann,* § 890, Rn. 4; aus der Rspr.: OLG Celle,
MDR 1972, 521; OLG Hamburg, GRUR 1989, 458 (nur LS); kritisch *Schubert,* ZZP 85, 29 ff.

verbotenen Kopieren abweicht und eventuell auch verdeckende Änderungen in etwas anderer Form als ursprünglich vorgenommen wurden. Dem Schuldner wird so ein Ausweichen auf formal unterschiedliche, im Kernbereich aber gleiche Verletzungshandlungen unmöglich gemacht.

Mit Hilfe dieser Theorie ist die Vollstreckung in den Bereichen, wo die Verletzungshandlung praktisch öffentlich stattfindet, etwas vereinfacht. Dies ist vor allem im Bereich der Wettbewerbsverletzung sehr häufig der Fall. Allerdings erfordert auch hier die Vielfalt des Wettbewerbs eine sorgfältige Beobachtung.

272   **Schwieriger** dürfte die Vollstreckung von Unterlassungstiteln dann sein, wenn **Verstöße nicht in der Öffentlichkeit** stattfinden. Im Rahmen des Vollstreckungsverfahrens ist bei Bestreiten der Verletzungshandlung diese nicht nur glaubhaft zu machen, sondern vollständig zu beweisen, bevor ein Ordnungsgeld festgesetzt werden kann.[583] Dies kann im Bereich nichtöffentlicher Verletzungshandlungen zu recht langwierigen und teuren Vollstreckungsverfahren führen. Interessant dürften solche Verfahren demgemäß primär bei der unerlaubten Nutzung sehr umfangreicher und teurer Programm im eigenen Betrieb des Verletzenden sein. Der bloße private Weitervertrieb weniger teurer Programme dürfte den Aufwand für das Vollstreckungsverfahren oft nicht lohnen. Hier macht die leichte Kopierbarkeit von Software die Verfolgung von Verletzungshandlungen schwer.

Außer dieser praktischen Überlegung gibt es allerdings wenig spezielle Probleme bei der Unterlassungsvollstreckung im Softwarebereich im Verhältnis zu den allgemeinen Problemen der Unterlassungsansprüche.

Bei der Durchsetzung von Schadensersatz- und Bereichungsansprüchen stellen sich keine speziellen Probleme, da es um die Vollstreckung von Zahlungstiteln geht.

2. Beseitigungstitel

273   Spezielle EDV-Probleme stellen sich bei der **Durchsetzung von Beseitigungsansprüchen**. Bei diesen Ansprüchen ist zunächst davon auszugehen, dass ohne anderweitige Formulierungen im Antrag bei einem titulierten Anspruch auf Beseitigung von Kopien deren physikalische Löschung, nicht die bloß logische Löschung durch Anbringung von Sperrvermerken und ähnlichem, verlangt werden kann. Gelöscht werden müssen darüber hinaus sämtliche beim Schuldner vorhandenen Kopien der Programme, die vom jeweiligen Titel umfasst sind.

Dieser Anspruch geht grundsätzlich auf eine vertretbare Handlung, da die Löschung außer durch den Schuldner auch durch jeden entsprechend sachkundigen Dritten durchgeführt werden kann. Dies mag in extremen Einzelfällen bei besonderen Umständen anders sein, im Normalfall wird man aber von vertretbaren Handlungen ausgehen können. Die **Vollstreckung** richtet sich daher nach § 887 ZPO. Das Gericht kann den Gläubiger ermächtigen, auf Kosten des Schuldners die geschuldete Leistung vornehmen zu lassen.

274   Bei der **Durchführung dieser Vollstreckungsmaßnahmen** kann das Gericht in seinem Beschluss im Einzelnen genau angeben, was der Dritte tun darf und welche Maßnahmen etwa der Schuldner zur Unterstützung des Dritten erbringen oder dulden muss. Das letztere ist insbesondere wichtig für den ohne Mithilfe des Schuldners für jeden kaum möglichen Zugang zum Rechner und zu den Kopien. Gerade bei der Vorbereitung einer solchen genauen Beschreibung der vom Dritten zu treffenden und vom Schuldner zu erbringenden Handlung durch das Gericht ist der Gläubiger gefordert. Das Gericht wird ohne seine Mithilfe nicht hinreichend präzise beschreiben können, was notwendig ist. Der Gläubiger muss dann, wenn er die einzelnen Schritte aufgrund z. B. mangelnder Kenntnis

---

der Datenverarbeitungsanlage des Verletzers nicht kennt, umgekehrt darauf achten, dass die Schritte nicht zu präzise beschrieben werden, damit die Anordnung nicht ins Leere läuft. Eine zu präzise Formulierung kann auch vermieden werden, da die gerichtliche Ermächtigung nicht jeden einzelnen Arbeitsschritt detailliert erwähnen muss.[584] Teilweise wird sogar die Meinung vertreten, die Beschreibung müsse nicht detaillierter sein als die Angaben im zugrunde liegenden Titel.[585]

Bei mangelnden eigenen Fachkenntnissen des Gläubigers dürfte der sachkundige Dritte, der bei der Durchführung der Vollstreckung eingeschaltet werden soll, bei der Formulierung dieser Punkte sicher mitarbeiten können. Ohne eine Mindestkenntnis der Anlage des Verletzers ist allerdings eine Antragstellung oft schwer.

Zu bemerken ist noch, dass bei den Beseitigungsansprüchen eine der Kerntheorie 275 vergleichbare erweiternde Auslegung des Titels nicht möglich ist. Hier kann nur das beseitigt werden, was im Titel bezeichnet ist. Dies ergibt sich schon daraus, dass die Beseitigung von Gegenständen ein gravierender Eingriff in die Rechte des Schuldner ist, der der Prüfung im Erkenntnisverfahren bedarf und nicht im vereinfachten Vollstreckungsverfahren noch erweitert werden kann, auch wenn wie hier im Unterlassungsbegehren das Prozessgericht das Vollstreckungsorgan ist. Der Beseitigungsanspruch kann aber in gewisser Weise umfassend formuliert werden.[586]

3. Herausgabetitel

Bei **Herausgabeansprüchen** muss man für die Vollstreckung zwischen den echten 276 Herausgabeansprüchen unterscheiden, die auf die Herausgabe von CD´s, USB-Sticks oder anderen Datenträgern hinauslaufen und den Titeln, die so formuliert sind, dass die Herausgabe einer noch zu ziehenden Kopie eines Programms nebst Löschung dieses Programms auf dem ursprünglichen Datenträger geschuldet ist. Die ersteren sind nach § 883 ZPO zu vollstrecken, weil es um die Herausgabe vertretbarer Sachen geht. Besondere Probleme außer der Frage der Identifizierung der Datenträger stellt sich dabei nicht. Die zweite Form von Titeln unterliegt nicht der Vollstreckung nach § 883 ZPO, sondern der Vollstreckung nach § 887 ZPO. Es handelt sich nämlich um zwei vertretbare Handlungen, das Kopieren eines Programms und das Löschen der Ausgangsversion. Für beide Fälle gilt sinngemäß das, was soeben zu den Beseitigungsansprüchen gesagt worden ist. Jeweils nach Ziffern getrennt sind sicher unterschiedliche Maßnahmen vom Vollstreckungsgericht anzuordnen. Dazu kann aber generell wenig gesagt werden. Welche Maßnahmen für ein Kopieren erforderlich sind, hängt von den im Spiel befindlichen Datenverarbeitungsanlagen, Programmträgern und Dateien ab.

4. Titel im Hinblick auf Hilfsansprüche

Im Bereich der Hilfsansprüche werfen EDV-spezifische Vollstreckungsprobleme nur 277 die **Besichtigungsansprüche** auf. Auskunfts- und Rechnungslegungstitel sind im Bereich der EDV genauso zu vollstrecken wie auch sonst.

Bei **Besichtigungsansprüchen** ist darauf hinzuweisen, dass hier schon im **Titel präzise bezeichnen muss,** was der jeweilige Sachverständige tun darf und was der jeweilige Schuldner dulden muss. Die Vollstreckung richtet sich bei Duldungsansprüchen nach § 890 ZPO, wobei bei den Besichtigungsansprüchen auch auf die Vorschrift des § 892

---

[584] BL-*Hartmann*, § 887 Rn. 12.
[585] OLG Hamm, MDR 1984, 591, allerdings str.
[586] Vgl. oben Rn. 249.

ZPO zu verweisen ist. Hinsichtlich der Duldungspflichten ist ein Widerstand des Schuldners gegen die Vornahme einer Handlung des Sachverständigen ggf. durch einen **Gerichtsvollzieher** zu überwinden. Damit der Gerichtsvollzieher hier tätig wird, müssen die Duldungspflichten aber im jeweiligen Titel präzise beschrieben werden. Anderenfalls droht die Gefahr, dass der Gerichtsvollzieher nicht genau weiß, was er durchsetzen muss und deshalb ein Tätigwerden unterlässt. Auch der dann mögliche Rechtsbehelf der Erinnerung wird nicht viel weiterführen, da das dafür zuständige Amtsgericht im Hinblick auf die komplexen Vorgänge, die im Prinzip nur in einem Erkenntnisverfahren ordnungsgemäß aufgeklärt werden können, im Zweifel nicht hinreichend sachkundig ist, um letztendlich beurteilen zu können, was denn nun der Schuldner unterlassen muss. Dies zeigt deutlich, wie wichtig eine Präzisierung des Titels gerade auch in diesem Bereich ist.

Über die Duldungsansprüche hinaus dürfte eine Vollstreckung bei Besichtigungsansprüchen nicht in Betracht kommen, da insbesondere eine **Mitwirkungspflicht des Schuldners nicht besteht.**

B. Der Erwerb von Soft- und Hardware

I. Einige Vorbemerkungen

1. Zur Rechtsnatur von Software[1]

Eine intensive Auseinandersetzung hat es insbesondere in der Literatur in den vergangenen Jahren über die Frage gegeben, ob **Software eine Sache** ist oder nicht. Der BGH hat ohne irgendeine Begründung Software in einem vertragsrechtlichen Urteil zur Sache erklärt,[2] in einem urheberrechtlichen Urteil aber einen Eigentumsvorbehalt bei Software zwanglos als entsprechende urheberrechtliche Rechtseinräumung behandelt.[3] Diese beiden Entscheidungen widersprechen sich. Der Urheberrechtssenat geht offenkundig davon aus, dass ein Eigentumsvorbehalt an Software umgedeutet werden muss, während der Vertragssenat davon ausgeht, dass Software eine Sache ist.   **278**

Schon dieser Widerspruch zeigt deutlich, dass eine saubere Durchdringung des Rechtsproblems insoweit jedenfalls beim BGH nicht erfolgt ist. In einer kurz vor Inkrafttreten der Schuldrechtsreform ergangenen Entscheidung hat der BGH diese Frage ausdrücklich offen gelassen,[4] während ein anderer Senat später wieder zur alten Linie der Vertragsrechtssenate zurückgekehrt ist.[5] Bei Durchsicht der Literatur kann man sich des Eindrucks nicht erwehren, dass die Verfechter der **Sacheigenschaft** von der Software[6] im wesentlichen vertragsrechtliche Konsequenzen erreichen wollen, nämlich insbesondere die Anwendung des kaufrechtlichen Sachmängelrechts.[7] Dafür ist aber die Sacheigenschaft von Software gar nicht erforderlich, wie die entsprechende Anwendung des Sachmängelrechts schon in der Vergangenheit auch beim Unternehmenskauf und beim Kauf anderer immaterieller Güter zeigt.[8] Heute ergibt sich diese Rechtsfolge unmittelbar aus § 453 Abs. 1 BGB. Dafür hat der Gesetzgeber durch die Neufassung des § 651 BGB eine neue Diskussion eröffnet.[9]   **279**

Analysiert man das Problem näher, so muss man insbesondere das **Programm als Werk** im urheberrechtlichen Sinn von seinen (möglicherweise zahlreichen) Vervielfältigungen auf Festspeichern, DVD oder einem anderen Speichermedium unterscheiden. Davon ist trotz der in der Literatur[10] geübten Kritik festzuhalten. Programme existieren unabhängig von ihrer jeweils gehandelten konkreten Verkörperung und ändern sich bei dem (nicht   **280**

---

[1] Zum Folgenden ausführlich *Redeker,* in: Schneider/v. Westphalen (Hrsg.): Software-Erstellungsverträge, Rn. D 71 ff.; vgl. auch die interessanten Bemerkungen von *Bartsch,* CR 2010, 553.

[2] CR 1993, 681.

[3] BGH GRUR 1994, 363 = Beil. Nr. 7 zu BB 1994, S. 2 = DuD 1994, 518 (Holzhandelsprogramm).

[4] BGH CR 2002, 93 (94 f.).

[5] BGH, CR 2007, 75.

[6] Insbesondere *Marly,* Praxishandbuch Softwarerecht, Rn. 674 ff.; *Hoeren,* Softwareüberlassung, S. 21 ff.

[7] *Heydn,* CR 2010, 765 (768 ff.); *Schneider,* Handbuch des EDV-Rechts, Rn. D 510 ff. erörtert das Problem auch konsequent bei der Frage der vertragstypologischen Einordnung von Softwareverträgen.

[8] *Köhler/Fritzsche,* in: Lehmann (Hrsg.): Rechtsschutz und Verwertung von Computerprogrammen, S. 513 (519); *Kort,* DB 1994, 1505 (1506 f.).

[9] Dazu unten Rn. 296 ff.

[10] *Marly,* Praxishandbuch Softwarerecht, Rn. 681.

seltenen) Wechsel der Verkörperung nicht. Dies gilt auch für die einzelne Vervielfältigungen, die z. B. beim Erwerb oder der Nutzung der Software entstehen.[11]

Wer eine **Software in Auftrag** gibt, um umfassende Rechte an ihr zu erwerben und diese ggf. weiter zu betreiben, braucht Rechte an dem Programm als Werk unabhängig von seiner Verkörperung genauso wie ein Verlag Rechte an einem Manuskript unabhängig davon braucht, ob es gedruckt, geschrieben oder auf einem Datenträger gespeichert ist. Ein solcher Besteller ist jedenfalls in einer anderen Lage als derjenige, der ein einziges Exemplar einer Software z. B. auf einer CD erwirbt.

Jedermann behandelt die CD und die auf ihr verkörperte Software als Sache. Streit herrscht darüber, ob die auf der CD gespeicherte Vervielfältigung der Software unabhängig von der CD eine Sache im Sinne von § 90 BGB ist.

Wer diese Vervielfältigung als Sache behandelt, muss allerdings auch den Entwicklungsvertrag für Software zum Zwecke des Erwerbs aller Rechte mit Weitervermarktungsabsicht als Herstellung einer Sache qualifizieren. Außerdem müsste er auch Pfändungsvorgänge in das dann hergestellte Werk, nämlich die Software mit umfassenden Vermarktungsrechten, im Wesentlichen als Sachpfändung ansehen. An dieser Software müsste auch Eigentum und nicht nur ein umfassendes Nutzungsrecht erworben werden. Schon eine genaue Analyse dieser Art zeigt deutlich, dass dem so nicht sein kann. Solche Konsequenzen will letztendlich auch niemand ziehen.[12]

281   Wer eine **Software auf einem Datenträger** als vorgefertigtes Exemplar eines Programms erwirbt, erwirbt natürlich Eigentum an dem Datenträger. Er erwirbt darüber hinaus ein einfaches Nutzungsrecht an der Software. Dies ist ein Kaufvertrag. Sieht man wie bei Büchern in dem Datenträger die Hauptsache, geht es ohnehin um einen Sachkauf. Sieht man dies wegen des weit größeren Werts der mit übertragenen Nutzungsbefugnis anders, ergibt sich wie auch beim Download von Software aus § 453 Abs. 1 BGB, dass die Vorschriften über den Sachkauf Anwendung finden. Zweifelhaft ist freilich, ob dann auch die Vorschriften über den Verbrauchsgüterkauf gelten. Aber auch dies ist der Fall.[13]

282   Ein wesentlicher Unterschied ist freilich, dass die Software in der Tat nur mit Hilfe von weiteren Gegenständen, nämlich einer Rechenanlage genutzt werden kann und bei ihrer Nutzung auf der Rechenanlage physikalische Änderungen an verschiedenen Teilen vorgenommen werden. Insbesondere muss die Software eingespeichert werden, aber auch der Bildschirm verändert natürlich bei Nutzung der Software seine jeweils konkrete Gestalt. Klar ist, dass Festplatten, Prozessoren, Motherboards und andere Bestandteile der Hardware Sachen sind. Diese verändern im Laufe der Bearbeitung ihre Gestalt, in dem ummagnetisiert wird und möglicherweise auch andere Änderungen vorgenommen werden. Dadurch allein wird Software nicht zu einer Sache. Die Software wird nach entsprechender Implementierung im Rechner dort physikalisch gespeichert und erhält dadurch eine neue, zusätzliche physikalische Ausprägung. Diese physikalische Ausprägung selbst kann von der Festplatte, auf der sie gespeichert wird, nicht getrennt werden. Schon deshalb ist sie keine Sache.[14] Bei einer Umorganisation einer Festplatte, wie sie z. B. bei Windows durch eine Defragmentierung vorgenommen wird, wird diese physikalische Ausprägung z. B. wieder abgeändert, ohne dass dies irgendeine Auswirkung auf die Nutzbarkeit des Programms hat. Auch dem BGH[15] ist zu widersprechen, wenn er Software unabhängig vom Träger als Sache behandelt, weil sie immer – wenn auch auf wechselnden Trägern – verkörpert sei.

---

[11] Zu diesen Differenzierungen für alle informationellen Gegenstände *Redeker*, CR 2011, 634.
[12] Ausführlich gegen solche Schlüsse *König*, NJW 1992, 1731 ff.
[13] Näher dazu Rn. 531 f.
[14] Zu dem vergleichbaren Problem einer Skiloipe BayObLG NJW 1980, 132.
[15] CR 2007, 75.

Bei den verschiedenen Ausprägungen der immer gleichen Software handelt es sich – soweit sie nicht auf nicht änderbaren Datenträgern installiert sind – um unterschiedliche Repräsentationen dieser Software, nicht um unterschiedliche Sachen. Wirtschaftlich gesehen geht es bei all diesen Vervielfältigung um wechselnde Verkörperungen des immer gleichen Exemplars eines informationellen Gutes.

Software kann auch **ohne Übergabe einer konkreten** Sache übertragen werden. Das   283
Herunterladen von Software auf einen Rechner, die gezielte Übertragung auf einen Rechner von einem anderen Rechner aus, all dies sind eindeutig Vorgänge, in denen nicht eine vorhandene Sache auf eine dritte Sache übertragen wird, sondern mit Hilfe elektrischer Signale die Magnetisierung von Festplatten u. ä. Dingen geändert werden. Dies macht deutlich, dass Software nicht getrennt vom Träger eine Sache sein kann. Hätte der BGH Recht, wäre der Traum vieler „Trekkies" Wirklichkeit. Wird die „Sache" Software per Funkwellen übertragen, wird eine Sache gebeamt.

Gehandelt wird bei diesen Vorgängen nicht mit Sachen, sondern mit nutzbaren Exem-   284
plaren der Software und mit ihnen verbundenen Nutzungsrechten, ohne dass es auf die Verkörperung der Software ankommt. Ob der zugrunde liegende Vertrag als Kaufvertrag zu behandeln ist oder nicht, ist eine getrennt davon zu entscheidende Frage.

Würde man Software darüber hinaus als Sache ansehen, so käme dann, wenn die   285
Nutzungsrechte an der Software einem anderen zustehen als das Eigentum am jeweiligen Rechner, die Frage auf, ob durch Einspeicherung der Software etwa die Regeln der §§ 947 und 948 BGB über Verbindung und Vermischung eingreifen. **Niemand** kommt auf die Idee, dass durch Einspeicherung einer Software der Inhaber der Nutzungsrechte an dieser Software **Miteigentümer an der Festplatte würde**.

All die Beispiele zeigen deutlich, dass Software als solche keine Sache sein kann. Dies entspricht auch der natürlichen Anschauung, die im Rahmen der Interpretation des § 90 BGB eine wichtige Rolle spielt. Sachen sind dabei im Raum abgegrenzte, sinnlich wahrnehmbare Gegenstände. Dies ist Software nicht.

Es bleibt daher festzuhalten, dass **Software keine Sache ist**.[16]   286

2. Vertragliche Gestaltungsmöglichkeiten

Der Erwerb von Hard- und Software kann sich in ganz unterschiedlichen Formen   287
vollziehen.[17]

Zunächst gibt es die Möglichkeit, sich **Hard- oder Software** oder beides gemeinsam sozusagen **von der Stange zu besorgen**. Daneben kann man sich Software auch für den **individuellen Fall** erstellen lassen. Theoretisch denkbar ist auch die Erstellung von Hardware. Dieser Fall kommt praktisch am häufigsten bei der individuellen Zusammenstellung von Laptops vor und hat mehr mit Anlagenbau als mit Datenverarbeitungsproblematiken zu tun. Er soll daher hier nicht näher betrachtet werden. Heute ist freilich auch die vollständig neue Erstellung von Software ein Ausnahmefall. In der Mehrheit der Fälle werden schon vorhandene Standard- und Bibliotheksprogramme für die individuellen Bedürfnisse des Kunden angepasst und/oder kombiniert und nur kleine Teile der Software neu programmiert. Dabei wird die individuelle Konzeption der IT-Landschaft eines Unternehmens immer wichtiger. Die richtige innere Struktur und das abgestimmte Verhalten

---

[16] Ebenso *Köhler/Fritzsche*, in: Lehmann (Hrsg.): Rechtsschutz und Verwertung von Computerprogrammen, S. 513 (517 f.); *Pres*, Gestaltungsformen, S. 21; *Diedrich*, CR 2002, 473 (475); *Günther*, Produkthaftung, S. 633 ff.; *Lenhard*, Vertragstypologie, S. 22 ff.; *Schoengarth*, Application Service Providing, S. 49 ff.

[17] Dazu auch *von dem Bussche/Schelinski*, in Leupold/Glossner (Hrsg.): IT-Recht, Kap. 1, Rn. 48 ff.

der (externen und internen) Software muss systematisch entwickelt werden. Ein gut konzipiertes System bietet erhebliche Vorteile für den Nutzer. Dies gilt ganz besonders für neuere Entwicklungen wie service-orientierte Architekturen (SOA).[18] Aber auch unabhängig davon ist eine genaue Konzeption der Software wichtig.

288   Die Erwerbsgeschäfte können so vollzogen werden, dass die jeweiligen Produkte (Hard- und/oder Software) gegen eine **Einmalzahlung** endgültig überlassen werden. Sie können aber auch so abgewickelt werden, dass eine oder beide Komponenten nur gegen **regelmäßige Zahlungen** für eine bestimmte Zeit oder vorübergehend auf unbestimmte Zeit mit der Möglichkeit der Kündigung überlassen werden. Eine besondere Ausgestaltung des letzten Falls, bei der allerdings eine dritte Vertragspartei einbezogen wird, ist die Möglichkeit, Datenverarbeitungsanlagen und/oder Software auch zu leasen. Schließlich stellt sich sowohl hinsichtlich der Hardware als auch hinsichtlich der Software das Problem der Aufrechterhaltung der Funktionsfähigkeit. Bei der Software kommt das Problem hinzu, diese an im Lauf der Zeit geänderte Anforderungen, z. B. neue Gesetze oder Verordnungen oder auch geänderte Betriebssystemumgebungen, anpassen zu müssen. Aber auch unabhängig davon wird das jeweils zugrunde liegende Programm meist durch Erstellung neuer Versionen verbessert und weiterentwickelt. Die Übernahme dieser neuen Programmentwicklungen im laufenden Betrieb ist für den Erwerber wirtschaftlich interessant. Auch diese Betreuung während der Nutzungszeit kann vertraglich geregelt werden. Dabei wird in der Praxis zwischen der Aufrechterhaltung der Funktionen und der Anpassung und Weiterentwicklung nicht penibel unterschieden. Verträge über solche Betreuungsleistungen nennt man im Bereich der Hardware Wartungsverträge. Im Bereich der Software wird in Anlehnung an die besonderen Vertragsbedingungen der öffentlichen Hand (BVB) von Pflegeverträgen gesprochen. Allerdings wird diese terminologische Unterscheidung in der Praxis nicht konsequent durchgehalten.

289   Allen Erwerbsverträgen für Software ist gemeinsam, dass der Erwerber zumindest sowohl ein nutzbares Exemplar der jeweils geschuldeten Software (bzw. der neuen Version dieser Software) als auch entsprechende Nutzungsrechte erhalten muss. Es geht also um die Übertragung zweier Leistungsgegenstände. Die meisten Softwareerwerbsverträge enthalten Regelungen zu beiden Gegenständen. Insbesondere bei der Übertragung von Nutzungsrechten gibt es eine Vielzahl sehr unterschiedlicher Regelungsmöglichkeiten, die oben[19] näher dargestellt worden sind. Bei der Übertragung der Software geht es meist nur um die Frage, ob sie auf einem Datenträger geliefert oder heruntergeladen werden soll. Die muss auch nicht direkt vom Veräußerer auf den Erwerber erfolgen. Möglich ist es auch, dass der Veräußerer die Nutzungsrechte zur Erfüllung seiner Verbindlichkeit unmittelbar von einem Dritten auf den Erwerber überträgt[20]. Vertragspartner des Erwerbers bleibt dabei aber hinsichtlich beider Vertragsgegenstände der Veräußerer, der Dritte überträgt nur Nutzungsrechte.

290   In der Praxis tauchen zunehmend Fallgestaltungen auf, in denen das nutzbare Softwareexemplar unabhängig von Nutzungsrechten entgeltlich übertragen und die Nutzungsbefugnis getrennt erworben werden[21] soll. Zivilrechtlich kann dies in einer individuellen Vereinbarung zulässig sein. Solche Vereinbarungen sind auch mit § 69 d UrhG vereinbar[22]. Allerdings erhält der Erwerber bei ihnen trotz Zahlung eines Entgelts wirtschaftlich nichts. Eine solche Gestaltung ist deswegen in allgemeinen Geschäftsbedingungen schon wegen des Transparenzgebots nicht möglich. Eine unentgeltliche Überlassung sozusagen

---

[18] Dazu *Hamm/Voss/Hess*, Informatik Spektrum 2006, 395.
[19] Rn. 75 ff.
[20] Heydn, CR 2010, 765 (775 f.).
[21] Ulmer/Hoppen, CR 2008, 681 (684); Heydn, CR 2010, 765 (771).
[22] Näher dazu oben Rn. 63 ff.

im Vorgriff auf eine noch abzuschließende Vereinbarung über den Softwareerwerb einschließlich der Nutzungsrechte ist aber denkbar.

Denkbar ist es darüber hinaus auch, das nutzbare Exemplar der Software mit einem Erwerbsvertrag von einem Veräußerer und die Nutzungsrechte mit einem anderen Erwerbsvertrag von einem anderen zu erwerben. Ein solches Vorgehen führt aber zu erheblichen Komplikationen, wenn es zu Leistungsstörungen kommt. Insbesondere muss sichergestellt werden, dass beide Verträge so voneinander abhängig sind, dass nicht ein Vertrag wirksam ist und der andere nicht.[23] In der Praxis tauchen solche Vertragskonstruktionen bislang noch selten auf.

In der Folge soll zunächst die Herstellung von Software (Rn. 296 ff.), sodann der **291** Erwerb von Hardware (Rn. 503 ff.) und der Erwerb von Software (Rn. 523 ff.) gegen Einmalzahlung behandelt werden. Der nächste Abschnitt betrifft den Hard- und Softwareerwerb auf Zeit (Rn. 596 ff.), im Anschluss daran werden Wartungs- und Pflegeverträge betrachtet (Rn. 631 ff.). Ein weiteres Kapitel behandelt den gemeinsamen Erwerb von Hard- und Software (Rn. 680 ff.). Abgeschlossen werden die Betrachtungen durch eine Darstellung der prozessualen Probleme (Rn. 699 ff.).

Bei Betrachtung der einzelnen Probleme wird in aller Regel auf verschiedene denkbare vertragliche Gestaltungsmöglichkeiten eingegangen. Besondere Aufmerksamkeit wird dabei den durch §§ 305 ff. BGB gezogenen Grenzen der Verwendung allgemeiner Geschäftsbedingungen gewidmet.

Als **Beispiel solch allgemeiner Geschäftsbedingungen** werden in der Folge immer **292** wieder Klauseln aus Bedingungen herangezogen, die die öffentliche Hand als ein Großabnehmer von Leistungen im Bereich der Datenverarbeitung als einheitliche Vertragsbedingungen entwickelt hat und die teilweise mit Vertretern der Hersteller ausgehandelt worden sind. Meist geht dabei um die **EVB-IT** (ergänzende Vertragsbestimmungen Informationstechnik). Es handelt sich um ergänzende vertragliche Regelungen zur VOL/B. Bislang gibt es EVB-IT Kauf (nebst Kurzfassung), EVB-IT Dienstleistung, EVB-IT Überlassung Typ A (nebst Kurzfassung), EVB-IT Überlassung Typ B, EVB-IT Instandhaltung[24], EVB-IT Pflege, EVB-IT System[25] und EVB-IT Systemlieferung. Namentlich im Bereich der Softwareerstellung werden noch Beispiele aus einem älteren Bedingungswerk, der BVB Erstellung herangezogen, weil dieses ältere Klauselwerk im Bereich der EVB-IT noch keine wirkliche Entsprechung gefunden hat, auch wenn sie nicht mehr als gültig behandelt wird. Früher galten gab es für den Bereich der Hardware drei Regelwerke: BVB-Kauf, BVB-Miete und BVB-Wartung, und für den Bereich der Software vier Regelwerke: BVB-Erstellung, BVB-Überlassung, BVB-Pflege und BVB-Planung.[26] Alle noch gültigen Klauselwerke können im Internet aufgerufen und heruntergeladen werden.[27]

Die jeweiligen Auftraggeber aus dem Bereich der öffentlichen Hand sind aufgrund von **292** Verwaltungsvorschriften gehalten, diese Vertragswerke ihren Vertragsabschlüssen zugrunde zu legen.

Zivilrechtlich gesehen handelt es sich bei den EVB-IT und den **BVB um allgemeine** **293** **Geschäftsbedingungen,** da sie im konkreten Einzelfall mit dem jeweiligen Hersteller bzw. Lieferanten nicht mehr ausgehandelt werden. Die Bedingungen sind zwar meist mit den Vertretern der Hersteller ausgehandelt, nicht aber jeweils im Einzelfall mit dem konkreten Vertragspartner. Ihre Einbeziehung in den Vertrag unterliegt daher den Vorschriften über allgemeine Geschäftsbedingungen. Die Rechtsprechung ist dabei sogar so weit gegangen, dass dann, wenn der Lieferant im Wissen darum, dass der Auftraggeber nur mit BVB

---

[23] Dazu unten Rn. 694 ff.
[24] *Kulartz/Steding,* IT-Leistungen, S. 126; *Leitzen/Intveen,* CR 2001, 493.
[25] Dazu *Lensdorf,* CR 2008, 1.
[26] Zur Letzteren *Müller-Hengstenberg,* CR 1988, 633.
[27] Verfügbar im Internetauftritt der Beauftragten der Bundesregierung www.cio.bund.de.

abschließt, diese von sich aus in die Vertragsverhandlungen einführt, die Bedingungen als Bedingungen des Bestellers behandelt werden.[28] Sie unterliegen also auch in diesem Fall den Regeln über allgemeine Geschäftsbedingungen in der Weise, dass ihre Wirksamkeit sozusagen als Einkaufsbedingungen geprüft werden. Einzelne Urteile haben die BVB in früheren Zeiten generell als ausgewogenes Vertragswerk angesehen[29] mit der möglicherweise beabsichtigten Konsequenz, die einzelnen Bedingungen von der Inhaltskontrolle gemäß §§ 307–309 BGB ebenso freizustellen wie dies bei VOB/B und ADSp der Fall ist. Diese Rechtsprechung ist aber vom BGH[30] ausdrücklich abgelehnt worden. Auch bei dem BVB müsse jede einzelne Klausel an den Anforderungen der Regelungen über allgemeine Geschäftsbedingungen gemessen werden. Hinsichtlich verschiedener Klauseln wird dies in der Folge auch exemplarisch vorgenommen.

294   Weder EVB-IT noch BVB sind auch keinesfalls so verbreitet wie etwa die VOB im Bereich der Bauleistung. Dennoch dürften sie – schon wegen der Bestellermacht der öffentlichen Hand – zu den verbreitetsten Klauselwerken zählen.[31] Sie sind schon deswegen ein gutes Beispiel für denkbare Regelungsinhalte. Darüber hinaus sind sie von sachkundigen Herstellern und Abnehmern ausgehandelt worden und stellen auch deswegen ein gutes Beispiel für mögliche, aber auch für problematische Regelungen dar. Ob sie im Einzelfall insgesamt brauchbare allgemeine Geschäftsbedingungen für konkrete Verträge sind, soll hier nicht beurteilt werden.[32] Es fällt allerdings auf, dass EVB-IT als Einkaufsbedingungen so herstellerfreundlich sind, dass sie teilweise als Verkaufsbedingungen unwirksam sind.[33]

II. Herstellung von Software

1. Rechtscharakter

296   Wird zwischen den Parteien vereinbart, dass die eine Partei der anderen Software **erstellt,** so handelt es sich um eine Vereinbarung, nach der eine Partei ein Produkt herstellen muss. Es kommt auf die Herstellung dieses Produktes an, nicht etwa auf die zur Herstellung geleisteten Dienste, mit anderen Worten: Die Leistung ist erfolgsorientiert. Es handelt sich daher um Werkverträge.[34]

297   Qualifiziert man freilich Programme als Sachen, würde die Herstellung von Software nach **§ 651 BGB** die Herstellung von Software weitgehend dem Kaufrecht unterliegen.

---

[28] BGH, NJW 1997, 2043 (2044).

[29] LG München I, CR 1990, 465 (467).

[30] BB 1991, 373 = CR 1991, 273 = NJW 1991, 976.

[31] So auch *Schneider,* Handbuch des EDV-Rechts, Rn. D 193.

[32] Zu den BVB und EVB-IT vgl. die ausführlichen Darstellungen von *Zahrnt,* VOC, Teil 1, 2. Auflage 1982, Teil 2, 1981 sowie von *Müller-Hengstenberg,* BVB/EVB-IT-Computersoftware.

[33] Vgl. z. B. Rn. 389.

[34] Grundlegend BGH, WM 1971, 615 (616); BGH, CR 1990, 708 (709); *Junker/Benecke,* Computerrecht, Rn. 166; ebenso *Engel,* BB 1985, 1159 (1161); *Bartl,* CR 1985, 13 (15); *Unger,* CR 1986, 85; *Mehrings,* NJW 1986, 1904 (1907); *Brandi-Dohrn,* CR 1986, 63 (64); *zur Megede,* NJW 1989, 2581 (2582); *Moritz/Tybussek,* Computersoftware, Rn. 515; *Kilian,* in: Weyers (Hrsg.): Datenverarbeitungsprogramme als Gegenstand des Rechtsverkehrs, 1992, S. 77 (92); *Köhler/Fritzsche,* in: Lehmann (Hrsg.), Rechtsschutz und Verwertung von Computerprogrammen, S. 513 (527); *Malzer,* Der Softwarevertrag, S. 256; LG Berlin, CR 1987, 295 (296); *Tellis,* BB 1990, 500 (504); LG Oldenburg, CR 1990, 201 (202); a. A. *v. Westphalen,* CR 1987, 477 (487): Lizenzvertrag; *v. Westphalen/Seidel,* Aktuelle Rechtsfragen, S. 2 ff.: Mischung aus Werkvertrag und Pacht-(Lizenz-)vertrag; *König,* Das Computerprogramm, S. 196 ff.: Werklieferungsvertrag, allerdings aufgrund der Bewertung von Programmen als Sachen.

Daneben gelten für die Herstellung von Software als Herstellung einer vertretbaren Sache nur wenige Regeln des Werkvertragsrechts, insbesondere solche, die die Mitwirkungs-obliegenheiten betreffen. Hält man Software nicht für eine bewegliche Sache, gilt Werk-vertragsrecht. Diese Unterscheidung hat gravierende Konsequenzen. So ist die Verjäh-rungsfrist für Sachmängel im Werkvertragsrecht weit länger als im Kaufrecht. Im Kauf-recht ist auch keine Abnahme vorgesehen. Im Kaufrecht fehlt auch das Recht, die Sache selbst nachzubessern (§ 637 BGB). Im Werkvertragsrecht ist darüber hinaus der Kunde mit Mängelansprüchen ausgeschlossen, wenn er den Mangel bei Abnahme kannte, sich aber die Rechte nicht vorbehielt (§ 640 Abs. 2 BGB). Im Kaufrecht gilt dies nur dann, wenn der Kunde die Mängel bei Vertragsabschluss kannte (§ 442 Abs. 1 S. 1 BGB) – eine Vorschrift, die im Rahmen des § 651 BGB kaum eingreifen dürfte.[35] Nach hier ver-tretener Meinung ist Software keine Sache. Es gilt daher grundsätzlich Werkvertrags-recht.[36] Auch die Rechtsprechung geht zunehmend davon aus, dass ein Vertrag über die Herstellung von Software ein Werkvertrag sei und § 651 BGB allenfalls in Ausnahme-fällen Anwendung findet.[37] Eine nähere Begründung enthält freilich keine der Entschei-dungen.

§ 651 BGB dient freilich auch der Umsetzung der **EU-Verbrauchsgüterrichtlinie**[38] Bei   **297a**
der Auslegung des § 651 BGB ist daher auch diese Richtlinie zu beachten. Dies hätte dann Konsequenzen, wenn Software als Verbrauchsgut im Sinne der Richtlinie anzusehen ist. Dann müsste § 651 BGB europarechtskonform so ausgelegt werden, dass auf Software-erstellungsverträge Kaufrecht Anwendung findet. Man kann aber nicht davon ausgehen, dass die Richtlinie Software, insbesondere solche, die nicht verkörpert ist, als Verbrauchs-gut ansieht.[39] Ganz im Gegenteil: Der Begriff des Verbrauchsguts ist im Zuge der Dis-kussion von einer sehr weiten ursprünglichen Fassung der Kommission bis zum endgültig verabschiedeten Text so eingeengt worden, dass er dem Begriff der Sache im Sinne des § 90 BGB entsprechen dürfte. Der Einordnung von Softwareerstellungsverträgen als reinen Werkverträgen steht daher auch europarechtlich nichts entgegen.

Zu beachten ist freilich, dass im Rahmen der **Softwareerstellungsverträge** sehr **unter-**   **297b**
schiedliche Fallgestaltungen existieren. Dies gilt zunächst hinsichtlich der Rechtsüber-tragungen. Das klassische Leitbild ist das, in dem der Besteller das Softwareprodukt einschließlich **aller Rechte vollständig erhält** und damit machen kann, was er will. Dem Hersteller verbleiben außer den unveräußerlichen Urheberpersönlichkeitsrechten keine Rechte mehr. In diesem Fall ist die Anwendung reinen Werkvertragsrechts auch inhaltlich geboten. Gerade dann, wenn eine lange variable Nutzung der Software beim Kunden (z. B. einem Softwarehaus) vorgesehen ist und evtl. sogar ein Weitervertrieb beabsichtigt ist, bedarf es auch langer Verjährungsfristen.

Anders ist dies dann, wenn der Kunde, weil er nicht mehr braucht und Geld sparen   **297c**
will, nur ein **einfaches Recht** an der Software in dem Umfang erhält wie es auch der Käufer von Standardsoftware erhält. Dieser Fall ist dem Fall der Veräußerung von Stan-

---

[35] Näher zum ganzen *Thewalt,* Der Software-Erstellungsvertrag nach der Schuldrechtsreform, S. 82 f.; *Witzel,* in: Schneider/v.Westphalen (Hrsg.): Softwareerstellungsverträge, Rn. F 69 f.; *Lenhard,* Vertragstypologie, S. 154 ff.; *Schmidl,* MMR 2004, 590; OLG München, NJW-RR 2010, 789; differen-zierend mit ganz anderer Argumentation *Marly,* Praxishandbuch Softwarerecht, Rn. 625 ff.

[36] Ebenso *Diedrich,* CR 2002, 473; a. A. wohl *Härting,* ITRB 2002, 218 (219).

[37] BGH, CR 2010, 327 (329) = NJW 2010, 1449; CR 2010, 422 m. krit. Anm. Bartsch; CR 2010, 777 = NJW 2010, 2200; früher schon OLG Hamm, CR 2006, 442; OLG Report Hamm/Düsseldorf/Köln 2007, 694; ähnlich Bamberger/Roth-*Faust,* § 474 Rn. 9; *Beckmann,* in: Martinek/Stoffels/Wimmer-Leonhardt (Hrsg.): Leasinghandbuch, § 63, Rn. 21 f. vgl. auch *Gennen,* in: Schwartmann (Hrsg.): Praxishandbuch Medien-, It- und Urheberrecht, Kap. 19, Rn. 232 ff..; a. A. *Schweinoch,* CR 2010, 1.

[38] Richtlinie 1999/44/EG v. 25. 5. 1999, Abl. EG L 171 v. 7. 7. 1999, S. 12.

[39] Näher *Redeker* in: Schneider/v. Westphalen (Hrsg.): Software-Erstellungsverträge, Rn. D 88 ff.; wie hier auch: *Thewalt,* Der Software-Erstellungsvertrag nach der Schuldrechtsreform, S. 90 ff.

dardsoftware so nahe, dass man hier § 651 BGB (analog) anwenden muss. Dies gilt umso mehr deswegen, weil der Softwarehersteller die Software später u. U. als Standardsoftware einsetzt und deshalb den Preis reduziert.[40]

Allerdings kann man nur in diesem Fall von einer planwidrigen Lücke des Gesetzes sprechen, so dass auch nur hier eine analoge Anwendung in Betracht kommt. In allen anderen Fällen muss man von einer Einordnung des Softwareerstellungsvertrages als reinem Werkvertrag ausgehen.[41]

297d   Eine andere Differenzierung ergibt sich daraus, dass Softwareerstellungsverträge oft nur in der Form auftreten, dass der Softwareersteller **Standardsoftware** liefert und diese an die Bedürfnisse des Kunden **anpasst.** Bei einer nur geringen Anpassungsleistung wird man von einem Kaufvertrag mit Nebenpflichten ausgehen können.[42] Bei größeren – heute durchaus üblichen – Anpassungen dürfte aber oft ein Werkvertrag vorliegen.[43] Dabei erhält der Kunde oft auch an den Anpassungen nur ein einfaches Nutzungsrecht in gleichem Umfang wie die der Standardsoftware. In diesem Fall kann dann auf den Vertrag einheitlich über § 651 BGB Kaufrecht angewandt werden. Ähnliches dürfte auch bei Verträgen gelten, bei denen verschiedene Bibliotheksprogramme kombiniert und nur wenig angepasst wird. Auch dann erhält der Kunde nur einfache Nutzungsrechte.[44]

Werden freilich einzelne unabhängige Stücke Software erstellt und dem Besteller daran die umfassenden Nutzungsrechte eingeräumt, dürfte für diesen Vertragsteil wieder reines Werkvertragsrecht gelten. Wie der Gesamtvertrag beurteilt wird, wird an anderer Stelle erörtert.[45]

297e   Die Frage der Anwendung des § 651 BGB ist freilich in der Literatur heftig umstritten. Während der überwiegende Teil der allgemeinen und Teile der softwarerechtlichen Literatur von reinen Werkverträgen ausgehen und § 651 BGB nicht anwendet,[46] wird insbesondere in der softwarerechtlichen Literatur häufig davon ausgegangen, dass Software eine Sache ist und § 651 BGB daher angewandt.[47]

298   Für die Bearbeitung von Software, die dem Besteller gehört oder von diesem von Dritter Seite beschafft wird, gilt auch dann Werkvertragsrecht, wenn man Software als Sache ansieht, weil bei diesem Geschäft keine bewegliche Sache erzeugt oder hergestellt wird. Auch sonst gilt ja, dass die Bearbeitung beweglicher Sachen Werkvertrag ist.

299   Neben den hier geschilderten Vertragsgestaltungen kommen allerdings auch Vertragsgestaltungen vor, in denen **nur Programmierarbeiten,** aber keine fertigen Programme

---

[40] Ähnliche Differenzierung bei *Schmidl*, MMR 2004, 590; vgl. auch *Lejeune*, in: Ullrich/Lejeune (Hrsg.): Der internationale Softwarevertrag, Rn. 294 f.

[41] Zu dieser Differenzierung näher *Redeker*, CR 2004, 88; in: Schneider/v. Westphalen (Hrsg.): Software-Erstellungsverträge, Rn. D 83 ff.

[42] Näher dazu unten Rn. 527.

[43] OLG Hamm, CR 2006, 442; OLG Karlsruhe, CR 2003, 95; OLG Köln, CR 2006, 440.

[44] Ebenso *Witzel* in: Schneider/v. Westphalen, Softwareerstellungsverträge, Rn. 86 f.

[45] Unten Rn. 680 ff.

[46] *Palandt/Heinrichs*, § 90 BGB Rn. 2; *Palandt/Sprau*, Einf. v. § 631 BGB Rn. 22; *Staudinger/ Peters*, § 651 BGB Rn. 16; *MünchKomm/Busche*, § 631 BGB Rn. 254; *PWW-Wirth*, § 651 Rn. 9; *Derleder/Zänker*, NJW 2003, 2777(2781); *Metzger*, AcP 204 (2004), 231 (247); *Bartsch*, CR 2001, 649 (653); *Dietrich*, CR 2002, 473 (475); *Spindler/Klöhn*, CR 2003, 81 (83); *Stichtenroth*, K&R 2003, 105; *Heussen*, CR 2004, 1 (7); *Junker/Benecke*, Computerrecht, Rn. 156; *Witte*, in: Redeker (Hrsg.): Handbuch der IT-Verträge, Abschn. 1.4, Rn. 14; *Moritz*, in: Computerrechtshandbuch, Abschn. 31, Rn. 56; *Müller-Hengstenberg*, CR 2004, 161 (164 f.); *Thewalt*, Der Software-Erstellungsvertrag nach der Schuldrechtsreform, S. 96 f.; *Lenhart*, Vertragstypologie, S. 164 ff.; *Lapp*, ITRB 2006, 166; *Hoeren*, IT-Vetragsrecht, Rn. 131; i. E. auch *Bräutigam/Rücker*, CR 2006, 361.

[47] *Schweinoch/Roas*, CR 2004, 326; *Zahrnt*, Vertragsrecht für IT-Fachleute, S. 237; *Schneider*, CR 2003, 317 (321); wohl auch *von dem Bussche/Schelinski*, in: Leupold/Glossner (Hrsg.): IT-Recht, Teil 1, Rn. 65 ff.

geschuldet sind. In diesem Fall handelt es sich um **Dienst- (möglicherweise um Arbeits-) verträge,** weil kein Erfolg geschuldet wird.[48] Welche Vertragsart eingreift, ist im Einzelfall im Wege der Auslegung gemäß § 133 BGB zu entscheiden.[49] Von einem Werkvertrag kann dabei nur gesprochen werden, wenn der zu erzielende Erfolg, die fertigzustellende Software, einigermaßen nachvollziehbar beschrieben wird. Die bloße Vereinbarung, Programme zu erstellen, die im Einzelnen noch nicht feststehen, reicht dazu nicht aus. Verträge mit einem solchen Inhalt sind Dienstverträge.[50] Umgekehrt ändert die Bezeichnung der Leistungen als „Dienste" und die Bezahlung nach Stundensätzen nichts am Vorliegen eines Werkvertrages, wenn eindeutig ein konkretes Programm geschuldet ist.[51]

In der Folge wird zunächst die – jedenfalls im Bereich veröffentlichte Entscheidungen – häufigere Form des Werkvertrages betrachtet.

2. Leistungsumfang

a) Lastenheft und Pflichtenheft

Bei der Herstellung von Individualsoftware und auch bei der individuellen Anpassung 302 und/oder Kombination von Standardsoftware muss der Leistungsumfang im Einzelnen jeweils bei **Vertragsschluss vereinbart** werden.[52] Dies versteht sich hier wie bei allen anderen Werkverträgen im Prinzip von selbst. In aller Regel wird bei diesen Aufträgen ein sog. **Pflichtenheft** erarbeitet.[53] Die Terminologie ist in diesem Bereich allerdings nicht einheitlich[54]. Oft wird in Anlehnung an VDI 2519 statt von einem Pflichtenheft von einem **Lastenheft** gesprochen; das Pflichtenheft beschreibt dann die EDV-technische Umsetzung des Lastenhefts. Die BVB sprachen von fachlichem Feinkonzept und EDV-technischen Feinkonzept. Sachlich ist die Trennung von Lasten- und Pflichtenheft wohl auch richtiger. In der IT-rechtlichen Rechtsprechung wird allerdings immer der Begriff Pflichtenheft in dem Sinne verwendet, der auch den folgenden Ausführungen zu Grunde liegt. An diese Rechtsprechung soll hier angeknüpft werden.

Im Pflichtenheft wird festgelegt, was das zu erstellende Programm leisten soll. Neben den geschuldeten Funktionen wird in aller Regel vereinbart, in welcher Qualität die Software zur Verfügung gestellt werden muss Die Qualitätsmaßstäbe sind dabei an die konkreten Anforderungen des Auftraggebers anzupassen.[55] Wichtige Kriterien sind z. B. Wartbarkeit, Entwurfsqualität (z. B. Traceability = Durchgängigkeit von Spezifikation, Design und Implementierung), Sicherheit gegen Angriffe, Antwortzeitverhalten,[56] Usability[57] usw.. Bei komplexen Entwicklungen ist auch die Architektur des IT-Systems zu konzipieren. Auch dafür gibt es (einsatzabhängige) Maßstäbe.[58] Ferner werden häufig

---

[48] *Brandi-Dohrn,* in: Schneider/v. Westphalen (Hrsg.): Software-Ersttellungsverträge, Rn. E 251 ff.

[49] Vgl. dazu auch noch unten Rn. 497 ff.

[50] LG München I, Beilage Nr. 7 zu BB 1991, S. 7 ff. mit zust. Anm. *Zahrnt;* vgl. auch ArbG Stuttgart, Beil. Nr. 7 zu BB 1991, S. 13 ff. mit krit. Anm. *Zahrnt;* zur Abgrenzung vgl. auch BGH NJW 2002, 3317 und BB 2002, 2039 = NJW 2002, 3323.

[51] OLG Düsseldorf, NJW-RR 1998, 345.

[52] Zum sachgerechten Vorgehen vgl. im Einzelnen z. B. *Ellenberger/Müller,* Zweckmäßige Gestaltung, S. 37 ff.; *Zahrnt,* Projektmanagement, S. 17 ff.

[53] *Engel,* BB 1985, 1149 (1161); *Schneider,* in: Schneider/v. Westphalen (Hrsg.); Software-Erstellungsverträge, Rn. C 18 ff.

[54] Zum Folgenden näher *Schneider,* , in: Schneider/v. Westphalen (Hrsg.): Software-Erstellungsverträge, Rn. B 139; *Roth/Dorschel,* ITRB 2008, 189.

[55] Dazu auch *Bischof/Witzel,* ITRB 2009, 257.

[56] Dazu *Stiemerling/Schneider,* CR 2011, 345.

[57] Dazu *Stiemerling,* ITRB 2009, 154.

[58] Dazu z. B. *Hamm/Voß/Hess,* Informatik Spektrum 2006, 395 zu SOA.

Entwicklungsmethoden (z. B. Waterfall)[59] und/oder Sicherungskonzepte[60] sowie Testumfänge festgelegt. Denkbar ist es auch, Methoden des Projektmanagements zu vereinbaren.[61] Hinzu kommen Hardware und sonstige Systemumgebungen. Dabei kann die Hardware auch Anforderungen an die Software vorgeben, so z. B. eine Multicorefähigkeit verlangen.[62] Die Erarbeitung all dieser Vertragsgrundlagen ist für den Projekterfolg aller Softwareprojekte von zentraler Bedeutung.[63]

302a   Üblicherweise muss ein dem Pflichtenheft vergleichbares Dokument vom jeweiligen **Auftraggeber erarbeitet** werden.[64] Denn diesem obliegt die Definition des Werkes. Dieses ist allerdings im Bereich der EDV oft nicht möglich, weil es dem Auftraggeber insoweit an Sachkompetenz fehlt. In solchen Fällen bieten sich zwei Möglichkeiten an. Zum einen kann der jeweilige Auftraggeber einen sachkundigen Mitarbeiter oder einen Dritten zur Erstellung eines entsprechenden Pflichtenheftes beauftragen und diesen gesondert bezahlen. Dieser Mitarbeiter hat Aufgaben, die manchen Aufgaben der Architekten im Baubereich entsprechen. Sein Auftrag ist ein Werkvertrag. § 651 BGB gilt nicht.[65] Eine solche Art der Auftragsvorbereitung bzw. Projektbetreuung wie sie durch einen Architekten im Baubereich geschieht, kommt im EDV-Bereich aber nur eingeschränkt vor.[66] Sehr viel häufiger wird die zweite Möglichkeit gewählt: Das Pflichtenheft wird von den Vertragsparteien gemeinsam erarbeitet. Dabei teilt der Auftraggeber seinem Auftragnehmer seine Vorstellungen von der Funktion des zu erwerbenden Programms bzw. der zu erwerbenden EDV-Anlage mit und bringt seine Sachkunde über seinen Betrieb und die im Betrieb üblichen Abläufe ein. Der Auftragnehmer muss seine EDV-Sachkunde einbringen und ggf. auf sachkundige Aufgabenstellungen hinwirken. Unter Umständen muss er auch darauf hinweisen, dass die vom Kunden gewünschte Anwendung auf einer vorhandenen EDV-Anlage oder mit der schon vorhandenen, nicht anzupassenden Standard-, insbesondere Betriebssoftware nicht realisierbar ist.[67] Das **Pflichtenheft** wird dann vom **Auftragnehmer formuliert**[68] Der Auftraggeber überprüft und akzeptiert das Pflichtenheft. Ändern sich im Laufe der Erstellung des Pflichtenheftes Hardwarekonstellationen oder andere Umgebungsbedingungen, hat der Auftragnehmer den Auftraggeber auf eventuelle Konsequenzen für die Gestaltung des Pflichtenheftes hinzuweisen.[69]

303   Leider fehlen oft vertragliche Vereinbarungen über die Verantwortlichkeiten für das Pflichtenheft. In diesem Fall haben die Gerichte teilweise sehr weitgehende **Mitwirkungspflichten** des **Herstellers** bei der Erstellung des Pflichtenhefts angenommen, auch wenn diese vom Auftraggeber erstellt wurde. Dies ist aber nur angemessen, wenn der Hersteller vertraglich zumindest die Miterstellung des Pflichtenhefts übernommen hat. Er übernimmt ja in diesen Fällen quasi Aufgaben eines planenden Architekten mit. In diesem Falle muss er auch die entsprechende Sorgfalt erbringen. Sollte der Hersteller sich dazu etwa aus Gründen der mangelnden Sachkunde über den Betrieb des Auftraggebers nicht in der Lage sehen, müsste er darauf hinwirken, dass entsprechend sachkundige Personen als Mittler

[59] Dazu *Müller-Hengstenberg/Kirn*, CR 2009, 755.
[60] Dazu *Schimmer*, DuD 2006, 616; *Paulus/Tegge*, DuD 2006, 623.
[61] Vgl. z. B. *Benvicker/Hofman/Lewerentz/Wichert*, Informatik Spektrum 31 (2008), 356.
[62] *Bode*, Informatik Spektrum 2006, 349.
[63] Näher *Witzel*, ITRB 2011, 164.
[64] Ebenso OLG Köln, OLG-Report Köln 1992, 150; OLG-Report Köln 1993, 237 = Beil. Nr. 7 zu BB 1994, S. 11; NJW-RR 1993, 1529; *Koch*, Computer-Vertragsrecht, Rn. 20; differenzierend OLG Köln, NJW-RR 1999, 51; *Intveen/Lohmann*, CR 2003, 640 (642); *Intveen*, ITRB 2010, 238 (239).
[65] *Intveen*, ITRB 2010, 238 (239 f.); *Intveen/Lohmann*, CR 2003, 640 (644 ff.).
[66] *Intveen*, ITRB 2010, 238 (240).
[67] OLG Celle, CR 1988, 303 (305); IuR 1986, 311 (313).
[68] Vgl. LG Bamberg, Beilage Nr. 11 zu BB 1989, S. 2; eine andere Form bei OLG Köln, OLG-Report Köln 1993, S. 297 = Beil. Nr. 7 zu BB 1994, S. 11.
[69] OLG Celle, CR 1988, 219 (LS).

eingeschaltet werden. Gibt es keine solche Vereinbarung, muss der Auftraggeber das Pflichtenheft herstellen. Der Softwareersteller muss darauf hinweisen, dass eine ordnungsgemäße Herstellung der Software ohne Pflichtenheft nicht möglich ist. Er muss das Pflichtenheft nicht selbst herstellen und bei seiner Herstellung auch nicht mitwirken.

Aber auch dann, wenn beide Parteien am Pflichtenheft mitwirken, dürfen die **Mit-** **304** **wirkungspflichten** des Softwareerstellers insbesondere bei größeren Unternehmen und sachkundigen Auftraggebern **nicht übertrieben** hoch angenommen werden. Es ist sicherlich nicht Aufgabe des Auftragnehmers, in der Softwarekonstruktion eventuell bestehende Mitwirkungspflichten des Betriebsrats oder die Einhaltung der für den Betrieb des Auftraggebers geltenden gesetzlichen Bestimmungen sicherzustellen. Solche Vorgaben muss der Auftraggeber von sich aus in die Aufgabenstellung mit einbringen. Das Gleiche gilt für Betriebsabläufe, zumal hier ja oft auch Organisationsentscheidungen des Auftraggebers gefragt sind. Der Auftraggeber mag allenfalls auf eventuell mögliche unterschiedliche Organisationsstrukturen hinweisen. Es ist im Normalfall nicht Aufgabe des Softwareerstellers, Organisationsentscheidungen des Unternehmens zu treffen. Im Einzelfall kann man natürlich vertraglich auch solche Aufgaben dem jeweiligen Auftragnehmer übertragen. Ohne spezifische Vereinbarungen muss die Situation so sein, dass der **Auftraggeber** von sich aus die Vorgaben einbringt, die er an die **Organisation** stellt und der Auftragnehmer ggf. Anregungen zur Änderung gibt, wenn sich dies **EDV-technisch** anbieten.[70]

Im Laufe der Entwicklung hat auch die Rechtsprechung wieder stärker betont, dass die **305** **Erstellung des Pflichtenheftes** an sich **Sache des Auftraggebers** ist.[71] Der vor Jahrzehnten bestehende Informationsvorsprung des Auftragnehmers im Hinblick auf Einsatzmöglichkeiten der EDV ist angesichts des breiten Einsatzes dieser Technik auch zunehmend geringer geworden, so dass der Auftraggeber sehr viel stärker als zum Zeitpunkt der ersten gerichtlichen Entscheidungen in der Lage ist, das Pflichtenheft zu erstellen oder zumindest seine Bedeutung einzuschätzen.[72] Anders ist dies nur bei der Anpassung, Parametrisierung oder Ergänzung von spezifischer Standardsoftware des Auftragnehmers. Hier besteht ein Informationsvorsprung hinsichtlich der technischen Gegebenheiten und inhaltlichen Möglichkeiten der Standardsoftware auf Seiten des Auftragnehmers, der bei der Verteilung der Verantwortlichkeiten für das Pflichtenheft auch zu berücksichtigen ist, wenn keine vertraglichen Vereinbarungen der Parteien getroffen wurden. Aber auch hier müssen die betrieblichen Anforderungen vom Auftraggeber vorgegeben werden.

Die **Erstellung des Pflichtenheftes** sollte sorgfältig von der Erstellung des **Programms** **306** **getrennt** werden. In den BVB werden z. B. zunächst die Phasen bis zur Entstehung des Pflichtenheftes (dort fachliches Feinkonzept genannt) von der eigentlichen Programmierung einschließlich ihrer ersten Phase, der Erarbeitung des DV-technischen Feinkonzepts unterschieden. Nur das Letztere fällt überhaupt in den Bereich der BVB-Erstellung (vgl. § 1 Nr. 1 a) BVB-Erstellung). Die vorhergehenden Phasen werden vom Bereich der BVB-Planung[73] umfasst. Darüber hinaus sollen gemäß einer Anmerkung zu § 1 BVB-Erstellung das DV-technische Feinkonzept und die Programmierung nur dann gleichzeitig vergeben werden, wenn Vergütung und Ausführung schon festlegbar, d. h. die Vorarbeiten schon sehr weit fortgeschritten sind. Grundlage dieser Trennung ist ein sehr umfangreiches Phasenkonzept, das bei der Erstellung von Software zugrunde zu legen ist.[74]

Auch außerhalb des Bereichs der öffentlichen Hand ist ein so sorgfältig getrenntes Vorgehen – wie es ja auch im Bereich des Architektenwesens mit den Leistungsphasen der

---

[70] Ebenso schon 1988 der BGH, *Zahrnt* ECR BGH 1.
[71] OLG Köln, CR 1998, 459 = NJW-RR 1999, 51.
[72] Vgl. *Ihde*, CR 1999, 409 (410 f.).
[73] Bekannt gemacht am 24. 10. 1988.
[74] Das Phasenkonzept ist enthalten z. B. in Anlage 2 zu BVB-Erstellung.

HOAI vorgesehen ist – dringend zu empfehlen. In diesem Fall sind auch getrennte Vergütungen für die einzelnen Arbeitsphasen zu vereinbaren.

Selbst bei kleineren Projekten oder der bloßen Anpassung von Software empfiehlt sich prinzipiell eine sorgfältige Trennung.

307   Soll zunächst ein **Pflichtenheft** erstellt werden, wird dieses aber **nicht erstellt,** kann der Auftraggeber vom Auftragnehmer die Softwareerstellung nicht verlangen. Ohne das Pflichtenheft stand nämlich nicht fest, welches Werk geschuldet ist.[75] Der Vertrag ist unvollkommen. Wird das Werk dennoch fertiggestellt und in Betrieb genommen, entfällt nach der Rechtsprechung des BGH die Pflicht zur Erstellung des Pflichtenheftes.[76] Die Instanzgerichte sehen dies teilweise anders.[77]

Letztendlich dürfte die Differenz aber kleiner sein als angenommen. Wird das Programm ohne Pflichtenheft fertiggestellt und abgenommen, macht es wenig Sinn, nachträglich noch die Fertigstellung des Pflichtenheftes zu verlangen. In aller Regel wird ja ein Benutzerhandbuch, ggf. auch weitere Dokumentationsunterlagen, vorliegen, die das Produkt beschreiben. Fehlen sie, ist das Produkt unfertig, der Vertrag kann dann ggf. über § 323 Abs. 1 BGB rückabgewickelt werden.[78] Eine Pflicht zur nachträglichen Erstellung des Pflichtenheftes entfällt.

Wird das Produkt nicht abgenommen, z. B. weil Streit darüber herrscht, was geschuldet ist, weil eben das Pflichtenheft fehlt, muss das Pflichtenheft noch erstellt werden. Es gilt dann folgendes: Musste das Pflichtenheft vom Auftragnehmer erstellt werden, wurde es aber nicht erstellt, wird man wohl in aller Regel davon ausgehen müssen, dass die Erstellung des Pflichtenheftes Hauptleistungspflicht ist, so dass allein schon das **fehlende Pflichtenheft eine teilweise Nichterfüllung** darstellt und damit die Rechte aus § 323 BGB gewährt.[79] Ist demgegenüber das Pflichtenheft Sache des Auftraggebers, kann sich der Auftragnehmer vom Vertrag lösen und Entschädigung nach § 642 BGB verlangen. Allerdings dürfte die Entschädigung seinen Aufwand für die Programmerstellung nicht umfassen, weil er das Programm ohne Pflichtenheft nicht hätte erstellen dürfen.

308   Kann man freilich den geschuldeten Leistungsumfang des Produkts auch ohne Pflichtenheft bestimmen, stellt sich wieder die Frage, ob überhaupt ein Pflichtenheft erstellt werden muss. Ihde[80] geht dann von einer Nebenpflicht aus. Die Differenzierung erscheint aber zu feinsinnig. Gibt es eine Pflicht zur Erstellung des Pflichtenheftes, ist diese Hauptpflicht. Diese Pflicht läuft aber nach Erstellung des Programms ins Leere, so dass in dem Fall, dass das Pflichtenheft für die Feststellung des Leistungsumfangs entbehrlich ist, dieses auch nicht mehr angefertigt werden muss. Dieser Fall dürfte aber eher selten sein.[81]

309   Die Parteien können auch Vereinbarungen über die Herstellung eines Pflichtenheftes treffen. So war in einem vom OLG Köln entschiedenen Fall die Fertigstellung des Pflichtenhefts aufschiebende Bedingung für das Zustandekommen des Hauptvertrages.[82] Die Folgen der Nichterstellung des Pflichtenheftes richten sich dann nach diesen Vereinbarungen.

---

[75] Ähnlich *Zahrnt* DB 1986, 157 (158); OLG Saarbrücken, *Zahrnt,* ECR OLG 173; LG Köln, Urt. v. 16. 7. 2003, 90 O 68/01, JurPC Web-Dok. 62/2004 zu einem Sicherungskonzept für ein Netzwerk.

[76] BGH, Beil. Nr. 3 zu BB 1993, 2.

[77] OLG Düsseldorf, *Zahrnt,* ECR OLG 103; LG Berlin, Urt. v. 12. 11. 1998, 5 O 43/96, zitiert bei *Ihde,* CR 1999, 409 (412).

[78] Vgl. Rn. 388.

[79] *Ihde,* CR 1999, 409 (413).

[80] CR 1999, 409 (412).

[81] A. A. *Hörl,* Aufklärung und Beratung S. 250 ff., der von diesem Fall als Regelfall ausgeht und überhaupt nicht differenziert.

[82] OLG Köln, OLG-Report Köln 1999, 309 = NJW-RR 1999, 1733.

Wird das Programm nicht erstellt, weil das Pflichtenheft fehlt, stellt sich das Problem, **310**
ob der Unternehmer für eventuell von ihm erbrachte **Vorleistungen eine Vergütung**
verlangen kann.[83] Soweit für eine fertig gestellte Leistung eine gesonderte Vergütung
vereinbart ist, ist diese jedenfalls zu zahlen. Ist dies nicht so, ist vielmehr nur eine Gesamtvergütung vereinbart worden, müssen verschiedene Fälle unterschieden werden.

Die Vergütungspflicht hängt zunächst davon ab, ob das Zustandekommen des Pflichtenheftes an der mangelnden Leistung des Unternehmers gescheitert ist oder an der
mangelnden Mitwirkung des Auftraggebers. Im ersten Fall stehen dem Auftraggeber die
Rechte aus § 323 Abs. 1 BGB (bislang §§ 326 bzw. 636 BGB a. F.) zu.[84] Die Erstellung des
Pflichtenheftes ist – wie oben[85] gesagt – jedenfalls Hauptleistungspflicht des Auftragnehmers. Der Auftraggeber kann ggf. auch Schadensersatz verlangen. Im Übrigen dürfen
Vergütungsansprüche des Auftragnehmers nicht fällig werden, weil keine Abnahme erfolgt. Im zweiten Fall kann der Auftragnehmer eine Entschädigung gemäß § 642 BGB
verlangen und den Vertrag durch entsprechende Fristsetzung mit Kündigungsandrohung
gem. § 643 BGB beenden.[86] Diese Vorschriften gelten auch für den Werklieferungsvertrag
(§ 651 S. 3 BGB).[87]

Ist das Scheitern **nicht dem Fehlverhalten einer Partei** zuzuordnen, besteht kein **311**
Vergütungsanspruch, weil weder die Voraussetzungen des § 643 BGB vorliegen noch ein
Schadensersatzanspruch gem. §§ 280 ff. BGB besteht. Vertraglich kann etwas anderes vereinbart werden, wobei eine solche Vereinbarung auch konkludent erfolgen kann.[88] Sollte
im Übrigen ein für den Auftragnehmer brauchbares Zwischenergebnis entstanden sein
und dieser dieses Zwischenergebnis erhalten und nutzen, so ist jedenfalls ein Anspruch aus
ungerechtfertigter Bereicherung gegeben, wenn keine vertraglichen Vergütungsansprüche
bestehen. Vergütungsansprüche können sich u. U. auch aus § 632 a BGB ergeben. Diese
Vorschrift gilt freilich für Werklieferungsverträge nicht.

Wegen der zahlreichen Unsicherheiten im Bereich der Pflichtenheftgestaltung empfehlen sich klare vertragliche Regelungen über das Pflichtenheft in den Verträgen über die
Erstellung von Software.

Das Pflichtenheft kann auch getrennt von der Softwareentwicklung in Auftrag gegeben
werden. Das empfiehlt sich jedenfalls dann, wenn eine Gesamtarchitektur des IT-Einsatzes
entwickelt werden soll. Ein solcher Vertrag ist Werkvertrag. § 651 BGB ist nicht anwendbar.[89]

b) Agile Softwareentwicklung

In letzten Jahren hat sich neben dem hier geschilderten Ablauf von Programmier- **311a**
arbeiten mit der dahinter liegenden Systematik, nach der zunächst ein Lasten- und
Pflichtenheft erstellt und dann erst programmiert wird, auch eine andere Art der Programmentwicklung zunehmend etabliert.[90] Es geht um verschiedene Formen **agiler Softwareentwicklung**. Dabei geht es im Wesentlichen darum, dass die Softwareentwicklung
nicht von einem Pflichtenheft von vornherein gesteuert wird, sondern sich anhand von
Prototypen mit relativ kurzfristigen Zwischenzielen in regelmäßiger Abstimmung mit
dem Kunden entwickelt. Der Kunde beschreibt am Anfang nur grob, was er will. Durch

---

[83] Zum Folgenden vgl. *Zahrnt*, DB 1986, 157 (158).
[84] OLG Köln, OLG-Report Köln 1994, S. 13.
[85] Rn. 307.
[86] *Ihde*, CR 1999, 409 (413).
[87] Zum ganzen auch unten Rn. 311 e
[88] Z. B. OLG Nürnberg, NJW-RR 1993, 760.
[89] Ausgiebig dazu: *Intveen/Lohmann*, CR 2003, 640 (644 ff.); vgl. auch oben Rn. 302 a.
[90] Zum folgenden vgl auch *Söbbing*, ITRB 2008, 212; *Kremer*, ITRB 2010, 283; *Frank*, CR 2011,
138; zu einzelnen Entwicklungsmethoden: *Gloger*, Informatik Spektrum 33 (2010), 195.

Entwicklung von immer wieder neuen Prototypen mit jeweils kurzen einzelnen Entwicklungsphasen („**Sprints**") wird die Software dann zur Projektreife gebracht.[91] Insbesondere bei kleineren Projekten scheint dies eine durchaus erfolgversprechende Methodik zu sein. Hintergrund ist die Erfahrung, dass auch bei großen Projekten sehr viele Änderungswünsche im Laufe der Zeit entstehen, die zu erheblichem Änderungsbedarf und zusätzlichen Kosten führen. Die hier vorhandene Methodik fängt solche Änderungswünsche von vornherein auf.

311b   Das praktische Problem an dieser Methodik besteht darin, dass bei einer solchen Leistungsbeschreibung nicht von vornherein klar definiert werden kann, was denn eigentlich die vom Unternehmer **geschuldete Leistung** ist. Auch der Auffand lässt sich im Vorhinein nur begrenzt abschätzen, so dass eine Budgetierung oder gar ein Festpreis, der vom Auftraggeber ja immer gewünscht wird, nur schwer kalkulierbar sind. Darüber hinaus lässt sich mangels Leistungsbeschreibung auch schlecht feststellen, wann denn Mängel vorliegen.

In den meisten Entwicklungsmethoden wird zwar statt des Pflichtenhefts eine Projektplanung vorgenommen, die aber im Wesentlichen Aktivitäten und Fristenplan enthält und nicht eine genau Beschreibung des Projektergebnisses enthält.

311c   Insgesamt ergibt sich, dass bei diesen Projektmethoden die **Planung** des Entwicklungsprozesses ein **Teil der Leistung** ist und nicht im Vorhinein stattfindet. Änderungsanforderungen sind Bestandteile des Prozesses und keine theoretische Ausnahme. Darüber hinaus treffen den Auftraggeber umfangreiche Mitwirkungspflichten.[92] Nach der Literatur[93] sollen auch **Benutzer- und Entwicklerdokumentationen** nur in erheblich reduziertem Umfang geschuldet sein. Dem letzten kann zumindest im Hinblick auf die Benutzerdokumentation nicht gefolgt werden, weil auch agil erstelle Software von Nutzern genutzt werden können muss, die nicht am Entwicklungsprozess beteiligt waren. Für diese muss es Benutzungsanleitungen geben, wenn die Software nicht selbsterklärend ist.

311d   Wichtig bei all diesen Methoden ist, dass das Projekt von vornherein soweit wie möglich spezifiziert wird. Soweit es bindende Vorgaben etwa im Konzern oder aufgrund gesetzlicher Vorgaben (Datenschutz, IT-Sicherheit, Kommunikationsschnittstellen zu gesetzlichen Krankenkassen usw.) gibt, müssen diese auch für die agile Programmierung als bindende Eckpunkte festgelegt werden. In manchen Fällen kommt dann eine agile Entwicklung nicht in Betracht.[94]

Eine Abnahme der Software ist deswegen schwierig, weil es ja kein Pflichtenheft gibt, mit dem sie vergleichbar ist. Die Literatur empfiehlt hier die Abnahme gegen den Projektplan sowie die erstellen Dokumentationen durchzuführen.[95] Jedenfalls muss dann im Rahmen der agilen Softwareentwicklung auch das **Abnahmeverfahen** jeweils entwickelt werden. Auch ohne solche Vereinbarungen müsste eine Abnahme erfolgen.

311e   Die Abweichung der hier vorliegenden Entwicklungsmethodik von der bisherigen Methodik führt zur Frage, ob man bei ihrer Anwendung auf die Softwareentwicklung hier von einem **Werkvertrag** sprechen kann, weil es an einem konkret beschriebenen fertigzustellenden Werk fehlt. Es gibt aber – wenn auch vage – Beschreibungen dessen, was die Software leisten soll. Dies allein dürfte zur Annahme eines Werkvertrages ausreichen. Ein zweites Problem mit beim Werkvertrag ist, dass der Kunde in großem Umfang mitwirkt. Er bestimmt sehr stark auch den Inhalt des Werks. Dennoch bleibt in den meisten Fällen die letztendliche Herstellungsverantwortung beim Unternehmer, so dass man wohl von einem Werkvertrag ausgehen kann. Ein Dienstvertrag dürfte in aller Regel nicht vor-

---

[91] Dazu *Auer-Reinsdorff*, ITRB 2010, 93.
[92] *Lapp*, ITRB 2010, 69 (71 f.); *Koch*, ITRB 2010, 114 (118 f.).
[93] *Kremer* ITRB 2010, 283 (287); dazu auch *Koch*, ITRB 2010, 114 (117).
[94] *Koch*, ITRB 2010, 114 (119).
[95] *Kremer*, ITRB 2010, 283 (287).

liegen.[96] Dies kann allerdings auch anders geregelt werden. Eine Vertragsgestaltung, die einen mehr dienstvertraglichen Rahmenvertrag mit werkvertraglichen Elementen verbindet, ist ebenso möglich wie eine gesellschaftsrechtliche Gestaltung.[97] § 651 BGB findet in diesem Fall keine Anwendung.[98]

Es empfiehlt sich dringend, in der **Vertragsgestaltung** genaue Regelungen zu treffen, die die Verfahrensabläufe und Verantwortlichkeiten der Parteien festlegen. Auch Fragen wie (Teil-)abnahmen und Qualifikation der Mitarbeiter bedürfen der Regelung.[99] Letztendlich wird man aber bei einem Normalfall agil entwickelter Software von einem Werkvertrag ausgehen können.

Insgesamt besteht im Bereich der agilen Softwareentwicklung noch sehr viel juristischer (und wirtschaftlicher) Diskussionsbedarf.

311f

c) Dokumentation und Quellcode

Neben dem Programm muss der Softwareersteller dem Abnehmer jedenfalls eine **Benutzerdokumentation** liefern, damit dieser in der Lage ist, das Programm zu nutzen.[100] Diese gehört zu den Hauptleistungspflichten bei der Erstellung von Individualsoftware. Bei Nichtlieferung der Dokumentation ist nur eine Teilleistung erfolgt.[101] Die Benutzerdokumentation muss so beschaffen sein, dass sie vom Auftragnehmer und dessen Personal mit dessen EDV-Kenntnissen und einer ggf. spezifischen Systemschulung verstanden werden kann.[102] Zumindest **zentrale Teile** sollten in **deutscher Sprache** gehalten sein.[103] Ist das Programm zweisprachig, ist u. U. auch eine zweisprachige Benutzerdokumentation geschuldet.[104] Die Benutzerdokumentation muss auch **vollständig** sein. Geschuldet ist sie aber nur für das endgültige Programm und nicht etwa auch für Zwischenfassungen[105]. Vorgaben für die Gestaltung der Dokumentation müssen zwischen den Parteien ausgehandelt werden. Generelle Vorgaben gibt es kaum. Die Normens DIN 66 230 (Programmdokumentation), DIN 66 231 (Programmentwicklungs-Dokumentation) und DIN 66 232 (Datenbeschreibung) sind ersatzlos zurückgezogen worden. Allerdings beschrieb keine dieser Normen die Benutzerdokumentation, sondern lediglich Unterlagen, die für eine Wartung und Weiterentwicklung des Programms notwendig sind. Die Benutzerdokumentation, teilweise auch Anwenderhandbuch genannt, benötigt nur einen Teil der in diesen

312

---

[96] Ebenso *Kremer*, ITRB 2010, 283 (287 f.); offengelassen von *Gennen*, in Schwartmann (Hrsg.): Praxishandbuch Medien-, IT- und Urheberrecht, Kap. 19, Rn. 276 ff.; eher Dienstvertrag *Müller-Hengstenberg/Kirn*, CR 2010, 8.

[97] *Frank*, CR 2011, 138; *Söbbing*, ITRB 2008, 212 (214).

[98] Vgl. dazu *Schneider*, ITRB 2010, 18; *Witte*, ITRB 2010, 44; *Lapp*, ITRB 2010, 69; *Koch*, ITRB 201, 114 (119 f.).

[99] *Frank*, CR 2011, 138 (141 ff.).

[100] *Engel*, BB 1985, 1159 (1160); LG Bamberg, Beil. Nr. 11 zu BB 1989, S. 2; OLG Karlsruhe, CR 2003, 95 (96); kritisch *Krebber*, AcP 201 (2001), 333 (341 f.).

[101] BGH, Beil. Nr. 13 zu BB 1993, S. 2; NJW 1993, 1063 = Beil. Nr. 13 zu BB 1993, S. 4; OLG Hamm, *Zahrnt*, ECR OLG 189; OLG Köln, OLG-Report Köln 1997, 121; OLG Köln, OLG-Report Köln 1999, 118; OLG Karlsruhe, CR 2003, 95; *Schneider*, ITRB 2007, 24; a. A. (ohne Diskussion des BGH) OLG Saarbrücken, NJW-RR 1997, 558 = DuD 1998, 48; früher streitig, für die Annahme eines Mangels z. B. OLG Köln, *Zahrnt* ECR OLG 72; OLG Frankfurt a. M., *Zahrnt*, ECR OLG 87; OLG Koblenz, *Zahrnt*, ECR OLG 108.

[102] OLG Hamm, CR 1990, 715 (716).

[103] OLG Karlsruhe, *Zahrnt*, ECR OLG 73; OLG Düsseldorf, GRUR 1994, 902 = DuD 1996, 41; OLG Köln, NJW-RR 1996, 44; OLG München, OLG-Report München 1999, 78 = NJW-CoR 1999, 248 (LS); LG Koblenz, NJW-RR 1995, 942; *Beckmann*, CR 1998, 519 (521 f.).; a. A. *Seffer/Horter*, ITRB 2005, 169 (170).

[104] OLG Köln, CR 2000, 585.

[105] BGH, NJW 1998, 2133; BB 2001, 803 = NJW 2001, 1718 = CR 2001, 367 m. Anm. *Hoene*.

DIN-Normen benötigten Angaben. Sie muss insbesondere allerdings auch für Nichtfachleute verständlich sein.[106] Der EDV-Gerichtstag hat dazu 1999 einen sogenannten Saarbrücker Standard vorgeschlagen, der Kriterien zur Bewertung der Benutzerdokumentation beinhaltet.[107]

313   In den letzten Jahren hat sich eine Praxis entwickelt, nach der die Benutzerdokumentation mehr und mehr durch **Hilfehinweise während des Programmaufrufs** ersetzt wird. Oft wird auch eine **Rundtour** durch das Programm zu Beginn der Programmnutzung angeboten. Zunehmend sind Programme auch selbsterklärend. Aber auch für solche Programme muss zumindest die Installationsanweisung so klar sein, dass eine Installation jederzeit möglich ist. Dies bedingt bei einer entsprechend selbstgesteuerten Installation auch nicht mehr zwangsnotwendig eine gedruckte Anleitung.

Bei komplexeren Programmen erscheint der hier vorgeschriebene Weg allerdings als ungeeignet.

Auch die beste Rundtour kann eine mit Stichwortverzeichnis und Gliederung erschlossene Textfassung nicht ersetzen. Sowohl der Überblick über die gebotenen Möglichkeiten als auch die gezielte Aufarbeitung spezifischer Problemfelder und die Durchsicht, welche der angebotenen Lösungen für das eigene Problem vielleicht besonders geeignet sind, ist praktisch nur mit einem entsprechend ausgestalteten Papierwerk möglich. Weder der Umfang des auf dem Bildschirm lesbaren Textes, noch die Suchfunktionen, die üblicherweise zur Verfügung stehen, reichen dafür aus.

Der Ersatz eines Handbuchs durch elektronische Hilfefunktionen ist daher nicht in allen Fällen möglich.[108] Hinzu kommt, dass in der Praxis in aller Regel die elektronischen Hilfen noch unverständlicher sind als die gedruckten Papiere. Letztendlich geht es darum, dem Nutzer die Benutzung des Programms zu erleichtern oder überhaupt erst zu ermöglichen. Dem dient eine selbsterklärende Programmgestaltung ebenso wie die entsprechenden Hilfsmittel wie Hilfefunktion oder Benutzerdokumentation.[109]

Insgesamt dürfte es in vielen Fällen notwendig sein, eine gedruckte Dokumentation zu liefern. Eine elektronische Hilfeleistung und eine elektronische Übersicht sind oft nicht allein ausreichend. Die Rechtsprechung hält bislang an diesem Erfordernis fest.[110]

314   Es wird aber sicherlich ausreichend sein, wenn ohne große Mühe die **Dokumentation nach Installation des Programms ausgedruckt** werden kann.[111] Sie muss nicht in Papierform mitgeliefert werden. Allerdings setzt auch dies voraus, dass auf einem gängigen Drucker eine hinreichend gegliederte und vernünftig lesbare Dokumentation in nicht zu langer Zeit ausgedruckt wird. Im Bereich der Privatanwendungen, insbesondere der Spiele, dürfte diese Ausnahme nicht gelten. Nicht jeder Private muss auf diesem Wege gezwungen werden, einen Drucker zu installieren, wenn er ihn sonst nicht braucht und/oder allein für den Ausdruck erhebliche Kosten für Patronen und Papier aufzuwenden.

Im Übrigen gelten für eine eventuell vorhandene elektronische Dokumentation und Hilfefunktionen die gleichen Anforderungen wie an die Benutzerdokumentation.

315   Ob auch eine **Herstellungsdokumentation** bzw. ein **Quellcode** zur Verfügung gestellt werden muss, ist im Übrigen streitig. Außer in dem Fall einer ausdrücklichen Vereinbarung dürfte eine solche Pflicht dann bestehen, wenn der Softwareersteller keine weiteren Wartungsaufgaben übernimmt und/oder sämtliche Rechte am Programm dem Auftrag-

---

[106] Vgl. dazu *Lesshaft,* zitiert bei *Zahrnt,* ECR OLG 139; ausführlich *Brandt,* CR 1998, 571.

[107] Dazu *Bergmann/Potter/Streitz,* CR 2000, 555.

[108] Ähnlich *Beckmann,* CR 1998, 519 (521); *Seffer/Horter,* ITRB 2005, 169 (170).

[109] Vgl. hierzu auch *Stiemerling,* ITRB 2009, 154; *Schneider,* ITRB 2010, 241.

[110] Ebenso *Schneider,* ITRB 2010, 241 (243).

[111] LG Heilbronn, Beil. Nr. 7 zu BB 1994, S. 7 m. Anm. *Zahrnt; Brandi-Dohrn,* in: Redeker (Hrsg.): Handbuch der IT-Verträge, Abschn. 1.2, Rn. 25; einschränkend *Beckmann,* CR 1998, 519 (521); *Seffer/Horter,* ITRB 2005, 169 (170); **a. A.** LG Stuttgart, CR 2001, 585.

geber überträgt.[112] In diesem Fall benötigt der Abnehmer Herstellerdokumentation und Quellcode. In anderen als in hier genannten Fällen wird eine Pflicht zur Lieferung von Herstellerdokumentationen und Quellcodes nur selten anzunehmen sein.[113] Die Rechtsprechung hat sehr stark auf die Umstände des Einzelfalls abgestellt.[114]

Ist die Lieferung des Quellcodes geschuldet, gehören dazu auch evtl. benutzte Linkbibliotheken, weil nur so die Wartbarkeit der Software gesichert ist.[115] Die Verwendung von Programmbibliotheken und das Vorgehen nach den Regeln objektorientierter Programmierung kann gerade in diesem Bereich erhebliche praktische Probleme zur Folge haben.

In den **BVB-Erstellung** fehlt eine ausdrückliche Regelung über die Übergabe des **316** Quellcodes.

d) Gescheiterte Vertragsverhandlungen

Oft **scheitern Vertragsverhandlungen,** teilweise, nachdem beide Seiten erheblichen **317** **Aufwand** in die Vertragsvorbereitungen gesteckt haben. Es stellt sich dann die Frage, wer diesen Aufwand tragen soll. Grundsätzlich gilt, dass jede Seite ihren Aufwand selbst trägt. Anspruchsgrundlagen, die einen Anspruch auf Ersatz dieser Aufwendungen durch den potentiellen Vertragspartner beinhalten, gibt es prinzipiell nicht.

Man kann allerdings anderes vereinbaren.[116] Dann gilt die vertragliche Vereinbarung.

Fehlt eine solche, kann es in seltenen Fällen auch einen Anspruch aus **§ 311 BGB** (ehemals culpa in contrahendo) in Verbindung mit §§ 280 ff. BGB geben. Dies setzt aber voraus, dass der Geschädigte begründet darauf vertrauen konnte, dass ein Vertrag abgeschlossen werde, und dass derjenige, der die Vertragsverhandlungen abgebrochen hat, dies ohne zureichenden Grund tat.[117] Man wird bei der Annahme dieser Voraussetzungen sehr vorsichtig sein müssen, weil die Parteien ja gerade noch keinen Vertrag geschlossen haben. Der Grundsatz der Vertragsfreiheit soll nicht durch Schadensersatzansprüche ausgehöhlt werden.

Besteht ein vertraglicher Aufwendungsersatzanspruch oder ein Schadensersatz- **318** anspruch, so sind **nur** die **Aufwendungen zu ersetzen,** die nach Lage des Falles für den Anspruchsteller **notwendig** waren und mit denen die Gegenseite auch rechnen musste. Es kann in aller Regel nur um Aufwendungen gegen, die der Vertragsvorbereitung dienten und nicht um solche, die eigentlich erst nach Vertragsschluss erfolgen sollten.[118] Daher sind Kosten, die der Ermittlung etwa des Mengengerüst dienen, ersetzbar, weil sie für ein realistisches Angebot erforderlich sind, nicht aber Kosten für den Kauf eines Programms durch den Händler, das dem Kunden erst noch verkauft werden soll. Mit dem Kauf eines solchen Programms muss bis zum Vertragsschluss gewartet werden.

---

[112] *Engel,* BB 1985, 1159 (1160); LG München I, DuD 1990, 39 = CR 1989, 990 f. mit Anm. *Malzer* = NJW 1989, 2625; LG Aschaffenburg, CR 1998, 203; LG Köln, CR 2000, 505; *Beckmann,* in: Martinek/Stoffels/Wimmer-Leonhardt (Hrsg.): Leasinghandbuch, § 63, Rn. 49 ff.: ausgiebig *Schneider,* Handbuch des EDV-Rechts, Rn. D 747 ff.; **a. A.** *Wandtke/Bullinger-Grützmacher,* § 69 a UrhG, Rn. 65; *Seffer/Horter,* ITRB 2005, 169 (170 f.).

[113] Sehr zurückhaltend z. B. OLG München, CR 1988, 38 (39 f.); *Pres,* Gestaltungsformen, S. 167; *Karger,* CR 2001, 357 (365); für Herausgabepflicht allerdings OLG Frankfurt/a. M., Beil. Nr. 3 zu BB 1993, S. 4 f.; differenzierend auch *Deville,* NJW-CoR 1997, 108.

[114] BGH, CR 2004, 490; *Lensdorf,* CR 2000, 80 (81); *Hoeren,* CR 2004, 721 (724); *Junker/Benecke,* Computerrecht, Rn. 191.

[115] LG Köln, CR 2000, 505.

[116] So z. B. LG Stuttgart, CR 2002, 644.

[117] Vgl. dazu *Palandt-Grüneberg,* § 311, Rn. 30.

[118] LG Stuttgart, CR 2002, 644 (646).

In einzelnen Fällen kann es auch helfen, statt Schadensersatz den Abschluss eines Vertrages zu verlangen. Dies ist möglich, wenn dem Abbruch der Verhandlungen ein bindender **Vorvertrag** voranging, der zum Abschluss eines Vertrages verpflichtete. Bietet dann eine Vertragspartei den Abschluss des Vertrages zu Konditionen an, die im Rahmen des Vorvertrages liegen und reagiert die andere Vertragspartei nicht mit anderen zulässigen Vorschlägen, kann die anbietende Vertragspartei den Vertragsabschluss zu ihren Konditionen verlangen.[119]

3. Mangelhafte Leistung

a) Mangelbegriff

319 Dass im Werkvertrag der Werkunternehmer nicht vertragsgerecht geliefert hat, wenn die Ware **mangelhaft** ist, ist im Prinzip unbestritten. Im EDV-Bereich herrscht allerdings oft Streit darüber, wann im Einzelfall Mängel vorliegen. Viele Hersteller wenden ein, eine total fehlerfreie Software könne gar nicht hergestellt werden. Diese Aussage ist technisch gesehen sicher richtig. Sie gilt jedoch für viele andere komplexe Werkstücke auch; kundige Baufachleute behaupten für das Bauwesen dasselbe. Gleichwohl muss dort unbestritten ohne Mangel geliefert werden. Rechtlich besagt diese Aussage somit wenig. Wenn Mängel im Rechtssinne vorliegen, kommt es u. U. noch nicht einmal darauf an, ob nach der Erfahrung ein fehlerfreies Werkstück geliefert werden kann oder nicht.[120]

320 Mit diesem generellen Befund muss es aber nicht sein Bewenden haben. Vielmehr muss im Sprachgebrauch aufgepasst werden, dass nicht jeder Fehler, den Techniker als unschön ansehen, einen rechtlichen Mangel darstellen muss. In der Literatur wird diese Frage immer unter der Unterscheidung des **technischen** vom **rechtlichen Mangelbegriffs** diskutiert.[121] Ausgangspunkt ist eine Feststellung von Bons in einem der grundlegenden Werke zur Sachmängelhaftung im EDV-Bereich.[122] Dort ist der Begriff Fehler wie folgt definiert: „Ein Fehler beinhaltet jegliche Abweichung in Inhalt, Aufbau und Verhalten eines Objekts zwischen ermittelten, beobachteten, gemessenen Daten einerseits und den entsprechenden, in den Zielvorgaben spezifizierten oder theoretisch gültigen Daten andererseits".

Wenn man als Zielvorgabe macht, dass technisch ordnungsgemäß programmiert wird und lege artis alle Abläufe ungestört verlaufen, kommt man natürlich bei komplexen Systemen wie größeren EDV-Programmen zu einer Vielzahl von Fehlern. Die meisten dieser Fehler wirken sich im Ablauf des Programms letztendlich nicht aus. Von Mängel im rechtlichen Sinne kann insoweit bei diesen Fehlern nicht die Rede sein. Auch die Informatik untersucht im Übrigen keinesfalls so abstrakt. Schon in der obigen Definition wird ja von Zielvorgaben geredet. Zielvorgaben haben durchaus einen Funktionalitätsbezug. So spricht Belli in einem grundlegenden Aufsatz aus dem Jahre 1986 bei Fehlerbeschreibungen nicht nur davon, dass mitgeteilt werden muss, aus welchem Subsystem der Fehler stammt, sondern auch davon, in welcher Weise die Funktion des Subsystems durch den Fehler beeinträchtigt wird, geht also von der sogenannten funktionellen Fehlerbetrachtung aus.[123] In der weiteren informatischen Literatur wird von Fehlern, bzw. Versagen und dem

---

[119] BGH, NJW 2006, 2843.

[120] *Meier/Wehlau,* CR 1990, 95 (96); *Köhler/Fritzsche,* in: Lehmann (Hrsg.), Rechtsschutz und Verwertung von Computerprogrammen, S. 557; *Marly,* Praxishandbuch Softwarerecht, Rn. 1362 f.; ähnlich für Produkthaftung *Kullmann,* NJW 1991, 675 (678) unter Berufung auf BGH, NJW 1990, 908; *König,* Das Computerprogramm, S. 210 ff.

[121] Dazu ausgiebig *Redeker,* CR 1993, 193 ff..

[122] Fehler und Fehlerauswertung in: *Gorny/Kilian* (Hrsg.), Computersoftware und Sachmängelhaftung, 1985, S. 35.

[123] *Belli/Echtle/Görke,* Informatik Spektrum 1986, 68 (70).

Ausfall von Systemen gesprochen.[124] Andere unterscheiden auch zwischen Fehlverhalten und Fehler und sprechen davon, dass der Fehler die Ursache eines Fehlverhaltens sei.[125] Dabei wird das Versagen und der Ausfall eines Systems in aller Regel als das nicht spezifikationsgemäße Reagieren des Systems auf eine Eingabe aufgrund einer näheren Ursache beschrieben, während die Ursache zu diesem Versagen der Fehler ist. Eine so feine Differenzierung ist dem juristischen Mangelbegriff fremd. Aber auch in den vorliegenden informatischen Aufsätzen wird im Hinblick auf die Fehler immer wieder davon gesprochen, dass ein Fehler die Nichterfüllung eines festgestellten Merkmals ist.[126] Definiert man das Merkmal funktionsbezogen – wie dies oft der Fall ist – weicht man kaum vom juristischen Mangelbegriff ab.

Geht man nämlich jetzt zur juristischen Fragestellung über, wann ein **Mangel** im **Sinne des Werkvertragsrechts** vorliegt, so ist Ausgangspunkt für die Betrachtung dort, dass der jeweilige Programmbenutzer daran interessiert ist, dass das erworbene Programm die bestellten und bezahlten Funktionen ordnungsgemäß erfüllt. Fehler, die die **Funktionsfähigkeit des Programms beeinflussen,** sind dann rechtlich Mängel. Das Gesetz drückt dies so aus, dass das Werk frei von Sachmängeln ist, wenn es eine vereinbarte Beschaffenheit hat. Fehlt es an konkreten Vereinbarungen, so ist das Werk frei von Sachmängeln, wenn es sich für die nach dem Vertrag vorausgesetzte, sonst für die gewöhnliche Verwendung eignet und eine Beschaffenheit aufweist, die bei Werken der gleichen Art üblich ist und die der Besteller nach der Art des Werks erwarten kann (§ 633 Abs. 2 bzw. § 434 Abs. 1 S. 1 u. 2 BGB). Auch hier geht es also um die Abweichung der Software von definierten Vorgaben. Entscheidend ist, ob von der **Soll-Beschaffenheit des Systems nach Pflichtenheft** oder sonstigen Auftragsunterlagen im Hinblick auf die **Ist-Beschaffenheit abgewichen** wird.[127] Die Sollbeschaffenheit kann sich auch aus Unterlagen ergeben, die in einem vertraglich vorgesehenen Verfahren zur Konkretisierung oder Änderung der ursprünglichen Werkbeschreibung oder in anderer Weise zwischen den Parteien vereinbart worden sind. Ist demgegenüber das Pflichtenheft der Aufgabe des Programms nicht adäquat, ist es widersprüchlich oder enthält es andere Fehler, entspricht aber das Programm seinen Vorgaben, so ist das Programm nicht fehlerbehaftet,[128] es sei denn, es geht um so grundlegende Dinge, dass es sich für den Programmersteller von selbst versteht, dass er diese Funktionalität schuldet. Fälle dieser Art liegen z. B. darin, dass ein Schreibprogramm die Buchstaben des Alphabets kennt.[129] Greift diese Ausnahme nicht ein, können sich Ansprüche gegenüber dem Softwarehersteller nicht aus der Mangelhaftigkeit der Software, sondern nur aus Fehlern bei der Erstellung des Pflichtenheftes oder aus dem Gesichtspunkt zu später Aufklärung über die auftretenden Probleme ergeben.

Bei der Beurteilung, ob Mängel vorliegen oder nicht, kommt es nicht darauf an, ob im Normalfall Software, die erstellt wird, mit solchen Mängel behaftet ist oder nicht.[130] Bei Standardsoftware kommt es auch nicht darauf an, ob eine Software mit der geschuldeten

321

322

---

[124] So *Belli/Grochtmann/Jack,* Informatik Spektrum 1998, 131 (133).

[125] So *Liggesmeyer/Rothfelder/Rettelbach/Ackermann,* Informatik Spektrum 1998, 249 (259).

[126] So *Belli/Grochtmann/Jack,* Informatik Spektrum 1998, 131.

[127] *Moritz,* in: Computerrechtshandbuch, Abschn. 31 Rn. 117; *Köhler/Fritzsche,* in: Lehmann (Hrsg.), Rechtsschutz und Verwertung von Computerprogrammen, S. 513 (557); *Engel,* BB 1985, 1159 (1164); *zur Megede,* NJW 1989, 2581 (2585); Beispiele bei LG Stuttgart, CR 1986, 382 und LG Essen, CR 1987, 428 ff.; so z. B. auch § 12 Nr. 1 Abs. 1 BVB-Erstellung.

[128] Ebenso LG Landau, IuR 1986, 496 (497); *Moritz,* in: Computerrechtshandbuch, Abschn. 31 Rn. 124.

[129] Aus dem Baubereich vgl. dazu OLG Frankfurt, NJW 1983, 456 (zu Rissen in Spannbetonbrücken); BGH, NJW 2003, 200 (201) (zu einer Lüftungsanlage in einer Restaurantküche).

[130] Ähnlich auch LG Heidelberg, CR 1989, 197 (198); *Mehrings,* NJW 1986, 1904 (1906); **a. A.** LG Verden CR 1996, 26 mit krit. Anm. *Etter.*

Soll-Beschaffenheit auf dem Markt überhaupt verfügbar ist.[131] Bei einem Bauwerk ist sogar schon entschieden worden, dass ein Mangel in solchen Fällen sogar dann gegeben ist, wenn die geschuldete Funktionalität erst aufgrund späterer technischer Kenntnisse überhaupt erreichbar ist.[132] Auch kommt es u. U. noch nicht einmal darauf an, ob die technischen Regelwerke eingehalten werden.

Dies gilt, obwohl es nach § 633 Abs. 2 S. 2 Nr. 2 bzw. § 434 Abs. 1 S. 2 Nr. 2 BGB auf die Beschaffenheit ankommt, die bei Sachen der gleichen Art üblich ist. Beide Bestimmungen enthalten aber auch die Aussage, dass das Werk die Beschaffenheit aufweisen muss, die der Besteller nach Art des Werkes erwarten kann. Weisen demnach alle üblichen Werke eine Eigenschaft nicht auf, die der Käufer nach der Art des Werkes erwarten kann, weil ihr Nichtvorliegen selbstverständlich ist, sind alle vorhandenen Werke mangelhaft. Schlechter Handelsbrauch vermindert nicht die vertraglichen Pflichten.

323   Sollte im **Pflichtenheft** oder in sonstigen Auftragsunterlagen nichts enthalten sein, wird eine **Beschaffenheitsabweichung** häufig nicht vorliegen.[133] Auch unter diesem Gesichtspunkt ist die Erstellung eines Pflichtenheftes also sehr wichtig.[134] Das Gleiche gilt auch für korrekte und handhabbare Verfahren zur Verfeinerung und Änderung des Projektumfangs. Allerdings ist auch ohne eine Darstellung im Pflichtenheft oder sonstigen Unterlagen selbstverständlich, dass das Programm den üblichen Standards vergleichbarer Programme nach dem jeweiligen Stand der Technik zum Zeitpunkt der Auftragserteilung bzw. zum Zeitpunkt der Ablieferung entspricht, in der Formulierung des Gesetzes zur „gewöhnlichen Verwendung" vergleichbare Programme geeignet ist.[135] Ist also z. B. Stand der Technik, dass sämtliche gängigen Betriebssysteme es ermöglichen, dass Zugang zum System nur demjenigen gestattet wird, der ein Passwort benutzt, so wäre ein Betriebssystem, das diese Möglichkeit nicht vorsieht, auch dann mangelbehaftet, wenn die Möglichkeit des Passwortschutzes im Pflichtenheft nicht ausdrücklich vereinbart ist. Etwas anderes würde nur gelten, wenn im Pflichtenheft ausdrücklich vereinbart wurde, dass eine solche Möglichkeit nicht vorgesehen wird. Bestehen für die zu lösenden Aufgaben gesetzliche Vorgaben, sind auch diese vom Programm einzuhalten.[136] Ebenso ist das geschuldet, was sich im Einzelfall aus den Gesamtumständen als notwendig ableiten lässt.[137] Dies gilt dann, wenn beide Parteien die Einhaltung bestimmter Branchengepflogenheiten bei der Programmerstellung stillschweigend vorausgesetzt haben.

324   Eine **Abweichung vom Stand der Technik** setzt freilich immer voraus, dass ein solcher Stand der Technik überhaupt feststellbar ist. Dies kann insbesondere bei spezieller und neuer Individualsoftware gelegentlich nicht der Fall sein. Es kann aber keineswegs davon die Rede sein, dass ein solcher Stand der Technik im Softwarebereich überhaupt nicht feststellbar ist.[138] Ein Maßstab zur Beurteilung der Mangelhaftigkeit fehlt freilich auch dann, wenn das Pflichtenheft die nur grob skizzierten Zielsetzungen und Zielvorstellungen

---

[131] BGH, NJW 2003, 200 (201); OLG Köln, NJW 1996, 1683 = OLG-Report Köln 1995, 285.

[132] OLG Frankfurt, NJW 1983, 456; dazu auch *Roth/Dorschel,* ITRB 2008, 189 (190).

[133] Vgl. z. B. OLG Koblenz, CR 1990, 41 (43) = WM 1989, 222, 223.

[134] Dazu z. B. *Mehrings,* NJW 1986, 1904 (1906); *Nauroth,* CR 1987, 153; *Michalski/Bosert,* Vertrags- und schutzrechtliche Behandlung von Computerprogrammen, S. 47 f.; *Moritz,* in: Computerrechtshandbuch Abschn. 31 Rn. 121 f. ; vgl. auch OLG München, CR 1990, 646 (647 f.).

[135] BGH, Beil. Nr. 3 zu BB 1993, 2 m. krit. Anm. *Zahrnt;* KG, *Zahrnt,* ECR OLG 178; i. E. so auch *Mehrings,* NJW 1986, 1904 (1906); *Zahrnt,* IuR 1986, 252 (255); *Kilian,* in: Weyers (Hrsg.), Datenverarbeitungsprogramme als Gegenstand des Rechtsverkehrs, 1992, S. 77 (102 f.); vgl. auch LG Landau, IuR 1986, 456 (457).

[136] OLG Koblenz, Beil. Nr. 10 zu BB 1992, S. 4.

[137] OLG Frankfurt/a. M., *Zahrnt,* ECR OLG 128.

[138] Ebenso *Köhler/Fritzsche,* in: Lehmann (Hrsg.), Rechtsschutz und Verwertung von Computerprogrammen, S. 513 (558 f.); **a. A.** OLG Stuttgart, CR 1986, 381; LG Oldenburg, NJW 1992, 1771 f. zu Standardsoftware.

der Parteien konkretisieren sollte und nicht erstellt wurde. Lassen sich dann aus allgemeinen Erwägungen und den Umständen des Einzelfalls Konkretisierungen nicht ableiten, lässt sich nicht feststellen, was geschuldet war.[139]

In einzelnen Fällen kann auch die bloße **Gefahr von Disfunktionalitäten** einen Mangel 325 darstellen, wenn etwa Fertigungstoleranzen bei sicherheitsrelevanten System nicht eingehalten sind. Dieser Mangel relativiert sich auch nicht durch eine längere Zeit störungsfreien Lauf.[140]

In der **Rechtsprechung**[141] ist als Mangel z. B. die fehlende Benutzerfreundlichkeit von 326 Anwendersoftware angesehen worden, die sich daraus ergab, dass Plausibilitätsprüfungen fehlten und Fehleingaben nicht zurückgewiesen wurden;[142] in einem Fall wurden bei Fehleingaben durch Überschreiben von Datenbereichen auch Dateninkonsistenzen erzeugt.[143] In einer älteren Entscheidung wurde freilich bei Billigprodukten das Fehlen von Kontrollen hinsichtlich von Fehlbedienungen nicht als Mangel angesehen.[144] Dies dürfte heute nicht mehr gelten. Eine nicht ordnungsgemäße Fehlermeldung stellt einen Mangel dar.[145] Ebenso können schwer verständliche Fehlermeldungen oder das Abspeichern leerer Sätze aufgrund zu langen Festhaltens einer Taste ohne Warnanzeige Mängel darstellen.[146] Die Notwendigkeit häufigen Wechsels zwischen Anwenderprogramm und Betriebssystemebene kann ebenfalls ein Mangel sein.[147] Auch der Ausdruck von Fragezeichen an Stelle von Umlauten ist jedenfalls bei einem Programm, das Adressen ausdruckt, als Mangel bewertet worden.[148] Für ein Textverarbeitungsprogramm gilt dies freilich entsprechend. Das Gleiche gilt dann, wenn Rechnungen falsch ausgedruckt werden oder eine Auftragsbestätigung nicht erstellt werden kann.[149] Auch zu lange Ausdruckzeiten für Listen können einen Mangel darstellen.[150] Das Gleiche gilt für ein zu langsames Antwortzeitverhalten.[151] Bei Arztprogrammen ist es ein Mangel, wenn die Quartalsabrechnung nicht erstellt wird[152] oder wenn entsprechende Unterlagen von der kassenärztlichen Vereinigung nicht akzeptiert werden – und zwar unabhängig davon, ob die Weigerung der abrechnenden Stellen zu Recht erfolgt.[153] Eine zu geringe Buchungskapazität kann ein Mangel sein, wenn bei Vertragsschluss über den Umfang notwendiger Buchungen gesprochen wurde.[154] Das Gleiche gilt, wenn ein Finanzbuchhaltungsprogramm nicht in der Lage ist, einen Scheckbetrag aus mehreren Rechnungen zusammenzusetzen.[155] Ein Mangel eines Finanzbuchhaltungsprogramms liegt auch dann vor, wenn der Kontenrahmen nicht den

---

[139] Vgl. OLG Düsseldorf, *Zahrnt*, ECR OLG 103; vgl. auch oben Rn. 307.

[140] **A. A.** OLG Düsseldorf, *Zahrnt*, ECR OLG 219.

[141] Zu einer Systematisierung von Fehlern aus Informatiksicht vgl. z. B. *Gorny,* CR 1986, 673; *Heussen,* CR 1988, 894 ff.

[142] LG Heilbronn, CR 1989, 603 (604) mit krit. Anm. *Schnell;* ähnlich LG Flensburg, CR 1988, 132 (133).

[143] LG Flensburg, CR 1988, 132 (133).

[144] OLG Karlsruhe, CR 1986, 549 (550) mit zust. Anm. *Seitz.*

[145] Vgl. OLG Köln, CR 1989, 391 (392).

[146] OLG Hamm, CR 1990, 715 (716).

[147] OLG Hamm, *Zahrnt,* ECR OLG 81.

[148] LG Augsburg, CR 1989, 22 (24); bestätigt von OLG München, CR 1990, 646 (648); ein ähnlicher Fall bei OLG Stuttgart, CR 1988, 296 f.

[149] LG München I, CR 1987, 364 (365).

[150] LG Bielefeld, IuR 1986, 76; KG, CR 1990, 768 (769).

[151] OLG Koblenz, CR 1988, 463 (469 f.); LG Ravensburg, Beil. Nr. 7 zu BB 1991, S. 12 f.

[152] BGH, NJW 1985, 129 (130).

[153] BGH, NJW 1982, 696 f., sehr fraglich; a. A. OLG Hamm, CR 1990, 37 (38) (für nachträgliche Änderungen der Anforderungen bei gemieteter Software).

[154] LG Siegen, zit. Bei *Brandi-Dohrn,* CR 1986, 63 (70); vgl. auch LG Saarbrücken, IuR 86, 358 (359).

[155] LG Bielefeld, Beil. 5 zu BB 1989, S. 6 (7).

Vorschriften des Bilanzrichtliniengesetzes entspricht.[156] Das Fehlen vereinbarter Bild-schirmmasken ist ebenfalls ein Mangel.[157] Zeigt ein Lagerverwaltungsprogramm bei einer Suche nach Artikeln zwar den geforderten Artikel an, aber nicht die Artikelnummer und weist es auch Textfehler auf, ist auch dies ein Mangel.[158] Das Überlaufen von Dateien als solches ist jedenfalls dann als Mangel angesehen worden, wenn die Anlage dies nicht anzeigte oder den Betrieb einstellte und es so zu Folgefehlern kam.[159] Ist ein Programm auf der für seinen Einsatz vorgesehenen DV-Anlage wegen Speicherplatzmangels nicht lauffähig, kann auch dies einen Mangel darstellen.[160] Das Gleiche gilt dann, wenn Siche-rungsläufe nicht durchgeführt und daher Daten nur begrenzt gespeichert werden kön-nen.[161] Ein Programm muss außerdem – soweit nicht anders vereinbart ist – Dateien und Grafiken verarbeiten, die mit gängigen Systemen erstellt worden sind.[162] Wer ein Zeit-erfassungssystem an einen Gastronomiebetrieb veräußert, muss dafür sorgen, dass die geschuldete Funktionen auch am Sonntag zur Verfügung stehen.[163] Ein Mitgliederverwal-tungsprogramm muss Mitglieder nicht nur nach Nachnamen, sondern auch (zusätzlich) nach Vornamen suchen können.[164] Eine Software für die Abwicklung von Zulieferern durch ein Großunternehmen muss den Datenexport für alle Zulieferer korrekt vornehmen können.[165]

327 Möglicherweise stellt auch die Lieferung eines selbstentwickelten Adapters anstelle handelsüblicher Controllerkarten einen Mangel dar, wenn die Lieferung eines Streamer-controllers vereinbart ist.[166] Einen Mangel stellt es jedenfalls dar, wenn ein Rechner ver-einbarungsgemäß ohne Festplatte und Controller geliefert wird, mit einer gängigen Fest-platte und einem hochwertigen Controller aber nicht lauffähig ist.[167] Auch der dauernd vorkommende Ausfall der DV-Anlage oder auch nur von Schnittstellenkarten in einem Rechnersystem kann einen Mangel darstellen.[168] Es bedurfte einer Gerichtsentscheidung, um festzustellen, dass ein System, das überhaupt nicht startet, mangelhaft ist.[169] Ebenso ist es ein Mangel, wenn eine als Mehrplatzsystem bestellte Anlage nur als Einplatzanlage funktioniert.[170] Das Gleiche gilt dann, wenn für ein System, das dreidimensionale Grafiken erstellen soll, eine zweidimensionale Grafikkarte geliefert wird.[171] Auch das Fehlen von Druckersteuerzeichen für einen gängigen Drucker ist schon als Mangel gewertet wor-den,[172] eine Entscheidung, die allerdings nur dann richtig ist, wenn die Treiber nicht mit den Druckern geliefert werden.

Es kann auch einen Mangel darstellen, wenn trotz entsprechender Vereinbarung ein Datensicherungsgerät nicht in der Lage ist, selektiv nur einen Teil der gespeicherten Daten zu sichern[173] oder – auch ohne entsprechende Vereinbarung – dem Programm ein Daten-

---

[156] OLG Hamm, NJW-RR 1995, 941 (942).
[157] OLG Schleswig, ZIP 1982, 457 (458).
[158] OLG Karlsruhe, *Zahrnt*, ECR OLG 78.
[159] LG Duisburg, CR 1989, 494 (495).
[160] OLG Karlsruhe, CR 1988, 921 (allerdings einzelfallabhängig).
[161] LG Frankfurt, CR 1988, 922.
[162] OLG Köln, NJW 1996, 1683 = OLG-Report Köln 1995, 285.
[163] OLG Köln, NJW-RR 1993, 566.
[164] OLG Köln, *Zahrnt*, ECR OLG 256 = CR 1998, 140 = NJW-RR 1998, 1592.
[165] LG Bonn, CR 2007, 767 (768).
[166] BGH, NJW 1997, 1914 (1915) = CR 1997, 462 (463 f.).
[167] OLG Köln, NJW-RR 1997, 557 = OLG-Report Köln 1996, 174.
[168] OLG Köln, NJW-RR 1997, 1415 = OLG-Report Köln 1997, 105 = CR 1997, 412; NJW-RR 1998, 1353 = OLG-Report Köln 1998, 261.
[169] OLG Frankfurt/M., CR 1999, 73 (74).
[170] OLG Köln, NJW-RR 1994, 1204 = OLG-Report Köln 1994, 105.
[171] OLG Köln, NJW-RR 1998, 1591 = BB 1998, 17 = OLG-Report Köln 1997, 346 = CR 1998, 10.
[172] OLG Nürnberg, Beil. 13 zu BB 1993, 14 mit Anm. *Zahrnt*.
[173] OLG Frankfurt, CR 1990, 767.

sicherungskonzept fehlt, obwohl eine Datensicherungskomponente vorhanden ist.[174] Einen Mangel stellt es auch dar, wenn ein Installationsprogramm auf einen Lesefehler beim Kopieren auf die Festplatte nicht reagiert.[175] Die Aussage, ein Programm sei auf IBM-kompatiblen Rechnern lauffähig, führt zu einem Mangel, wenn das Programm auf üblicherweise als IBM-kompatibel zu bezeichnenden Geräten nicht funktionsfähig ist.[176] Selbstverständlich ist auch die Lieferung virenbefallener Programme Lieferung einer mangelhaften Sache[177] und zwar unabhängig davon, ob man diesen Mangel mit einem gängigen Programm korrigieren kann oder nicht, da es für die Erheblichkeit des Mangels nicht darauf ankommt, mit welchem Aufwand er beseitigt werden kann.[178] Eine Software ist auch dann mangelhaft, wenn sie vermeidbare **Sicherheitslücken** enthält, die einen Angriff durch Viren, Trojaner oder andere Schadsoftware ermöglichen.[179] Ein Mangel ist es auch, wenn die Software andere Software beeinflusst und zwar auch dann, wenn der Lieferant auf diesem Wege (vermeintliche oder echte) Schwarzkopien beseitigen will.[180] Das Gleiche gilt für bewusst eingebaute „Trap Doors", die von außen unbemerkt aktiviert werden können. Das Gleiche gilt, wenn ein Teil der geschuldeten Software überhaupt nicht geliefert wird.[181] Ist die Installation einer Datensicherungsroutine geschuldet, muss auch diese so erfolgen, dass sie auch bei naheliegenden Bedienungsfehler funktioniert.[182] Soll Quellcode geliefert werden, so ist er mangelhaft, wenn er für einen Fachmann nicht verständlich und verwertbar kommentiert ist.[183] Wie viele Ausfälle in welcher Zeit die Software trotz erfolgreicher Beseitigung mangelhaft machen, ist Frage des Einzelfalls.[184] In welchem Umfang fehlende oder eingeschränkte Wartbarkeit auch ohne konkrete Beschaffenheitsvereinbarung einen Mangel darstellt, ist offen.

Kein Mangel soll das Vorliegen einer **Programmsperre** zum Schutz vor unbefugter **328** Nutzung sein, wenn dadurch die Nutzbarkeit des Programms nicht beeinträchtigt wird. Allerdings muss auf diese Sperre hingewiesen werden.[185] Wird die Nutzbarkeit durch die Sperre beeinträchtigt, liegt ein Mangel vor.[186] Der Einbau einer Programmsperre, die nur durch eine Registrierung beim Programmhersteller überwunden werden kann, stellt ohne Hinweis jedenfalls einen Mangel dar.[187] Mängel sind auch technische Sicherungsmaßnahmen, die unzulässige Nutzungsbeschränkungen durchsetzen, also z. B. eine Neuinstallation der Software nach Weitergabe an einen Dritten, nach einem Rechnerwechsel oder sogar nach Löschen der Festplatte verhindern oder von einer Handlung des Herstellers abhängig

---

[174] LG Köln, Beil. Nr. 3 zu BB 1993, S. 10 (zu weitgehend).

[175] LG Köln, DuD 1997, 358.

[176] LG Karlsruhe, CR 1990, 719 (LS) zu einer „Speedcard"; einschränkend OLG Köln, DuD 1994, 341.

[177] *Müller*, Erwerb und Nutzung, S. 37; *Schneider/Günter*, CR 1997, 389 (390); *Rössel*, ITRB 2002, 214.

[178] **A. A.** zum konkreten Fall LG Regensburg, NJW-RR 1998, 1353; vgl. auch OLG Celle, *Zahrnt*, ECR OLG 201.

[179] Dazu vgl. z. B. *Schimmer*, DuD 2006, 616; *Paulus/Tegge*, DuD 2006, 623.

[180] *Schneider*, ITRB 2004, 41 (43).

[181] OLG Hamm, CR 1990, 520 f.

[182] OLG Oldenburg, DuD 2004, 436.

[183] AG Pforzheim, CR 1989, 497.

[184] Vgl. z. B. die Nachweise bei *Brandi-Dohrn*, CR 1986, 63 (72).

[185] BGH, NJW 1981, 2684 f.; zustimmend *Lauer*, BB 1982, 1756 (1761); ebenso OLG Köln, OLG-Report Köln 1995, 285; vgl. aber unten Rn. 430 sowie LG Wiesbaden, CR 1990, 651 f. für den Fall, dass auf die Programmsperre nicht hingewiesen wird und OLG Köln, OLG-Report Köln 2000, 21 = CR 2000, 354.

[186] OLG Celle, NJW-RR 1993, 432 (434) für einen Großhändlervertrag; *Beckmann*, in: Martinek/Stoffels/Wimmer-Leonhardt (Hrsg): Leasinghandbuch, § 62, Rn. 51.

[187] Nach LG München I, CR 2000, 506 und OLG München, CR 2001, 11 ist der Vertrieb solcher Programme sogar wettbewerbswidrig.

machen.[188] Ohne ausdrückliche Vereinbarung dürfte es auch einen Mangel darstellen, wenn das Programm auf Dauer nur nach Aktivierung seitens des Herstellers genutzt werden kann.[189] Das Gleiche gilt für die Übergabe eines Codeschlüssels, der keine dauernde Nutzung erlaubt.[190]

329 **Keinen Mangel** stellt es dar, wenn die von einer Scanner-Kasse mittels eines standardisierten Übertragungsprotokolls gelieferten Daten von einem (von dritter Seite bezogenen) Warenwirtschaftsprogramm nicht verarbeitet werden können.[191] Unter bestimmten Umständen stellt auch der nicht abgesprochene Austausch von Hardwarekomponenten keinen Mangel dar.[192] Ob es ein Mangel ist, dass ein hochwertiges PC-System zusammen mit einem minderwertigen, eine sehr viel kürzere Lebenszeit aufweisenden Drucker geliefert wird, ist fraglich. Im Zweifel müssen die vertraglichen Vereinbarungen ausgelegt werden.[193] Auch der Einbau einzelner alter Hardwarekomponenten ist als solcher kein Mangel, wenn die Funktion der Anlage nicht beeinträchtigt ist.[194] Bei Standardprogrammen soll auch ein konzeptionell veraltetes Programm unter Umständen mangelfrei sein.[195] Umgekehrt es einen Mangel darstellen, wenn eine Festplatte nicht von der Firma hergestellt wurde, unter deren Firmenbezeichnung der Computer verkauft wurde, jedenfalls dann, wenn die Firmenbezeichnung als solche einen Wert darstellt.[196] Erscheint auf dem Bildschirm, der zwar eingeschaltet, aber nicht benutzt ist, rechts ein weißer Streifen, der bei Benutzung verschwindet, soll dies kein Mangel sein.[197] Das Gleiche gilt dann, wenn eine Festplatte eine Minderkapazität von 5% aufweist[198] oder die Akkus eines Lap-Tops sich schneller entladen als im Handbuch angegeben.[199] Eine Abweichung in der Speicherkapazität von 640 KB zu geschuldeten 1 MB war aber ein Mangel.[200] Kein Mangel ist auch ein hoher Geräuschpegel innerhalb eines Rechners.[201] Hat der Coprozessor eine niedrigere Taktfrequenz als der Hauptprozessor, liegt ein Mangel vor.[202] Auch die Einsortierung von Umlauten hinter dem Buchstaben „Z" soll kein Mangel sein.[203]

330 Einen Mangel stellt auch das Fehlen einer Online-Hilfe dar, wenn sie geschuldet ist.[204] Demgegenüber ist die Nichtlieferung der Dokumentation teilweise Nichterfüllung.[205] **Mängel in der Dokumentation**, also z. B. das Fehlen von Erläuterungen oder von Teilen in einer umfangreichen Dokumentation,[206] ein unübersichtliches, fremdsprachliches,[207] für Nichtfachleute schwer verständliches oder gar fehlerhaftes[208] Hand-

---

[188] *Koch,* CR 2002, 629 ff.
[189] Näher *Runte,* CR 2001, 657 (660 f.); vgl. dazu auch oben Rn. 87 zu den entsprechenden Klauseln.
[190] OLG Karlsruhe, OLG Report Karlsruhe 2004, 281.
[191] OLG Köln, NJW 1992, 1772.
[192] OLG Köln, OLG-Report Köln 1998, 422.
[193] Dafür aber OLG Schleswig, MDR 1981, 402.
[194] OLG Düsseldorf, CR 1993, 429 = NJW 1993, 3142.
[195] LG Oldenburg, NJW 1992, 1771 (eher abzulehnen).
[196] OLG Köln, *Zahrnt,* ECR OLG 72 (heute eher zweifelhaft).
[197] OLG Köln, NJW-RR 1995, 1077.
[198] LG Stuttgart, Beil. Nr. 7 zu BB 1994, S. 15.
[199] OLG Köln, DuD 1994, 341.
[200] LG München I, Beil. 10 zu BB 1992, S. 10, heute dürften die Speicherkapazitäten entsprechend höher anzusetzen sein.
[201] OLG Köln, NJW 1993, 3143.
[202] OLG Stuttgart, *Zahrnt,* ECR OLG 122.
[203] LG Heilbronn, Beil. Nr. 7 zu BB 1994, S. 7 m. Anm. *Zahrnt* (fraglich).
[204] BGH, CR 2000, 77; Schneider, ITRB 2007, 24.
[205] Vgl. oben Rn. 312.
[206] OLG Celle, *Zahrnt,* ECR OLG 238.
[207] Dazu OLG Köln, NJW-RR 1996, 44 = OLG-Report Köln, 1995, 49.
[208] LG Köln, Beil. 3 zu BB 1993, S. 10.

buch[209] oder die Darstellung nicht mehr aktueller Bildschirmdialoge im Handbuch[210] sind demgegenüber Mängel. Sie sind in aller Regel auch erheblich. Sie berechtigen auch dann zum Rücktritt, wenn der ursprünglich gemeldete Fehler kein Mangel ist, sondern auf einen Bedienungsfehler zurückzuführen ist, der seinerseits wieder auf dem mangelhaften Handbuch beruht.[211]

Mangelhaft war auch immer eine nicht „Jahr 2000"-feste Software, weil der Besteller zu   **331** jeder Zeit erwarten konnte, dass er eine auf Dauer erworbene Software auch nach 1999 noch benutzen konnte.[212]

Ähnliches gilt für die **Euro-Umstellung,** allerdings erst ab dem Zeitpunkt, zu dem klar   **333** war, dass und wann der Euro eingeführt wurde. Jedenfalls im Jahre 2001 musste ein Quellcode zum Auslesen von Geldkarten auch eine Euro-Lesefähigkeit aufweisen.[213] Für eine Branchensoftware für Finanzdienstleistungsunternehmen war es schon Ende 1999 ein Mangel, wenn die Software DM-Beträge nicht in Euro umrechnen konnte.[214] All dies gilt auch für absehbare Gesetzesänderungen. Muss eine Software (auch) gesetzgeberische Vorgaben umsetzen und ist eine Gesetzesänderung absehbar, muss die die Software liefernde Firma diese Gesetzesänderung in der Software berücksichtigen.[215] Ansonsten kommt es für die Frage, ob ein Mangel vorliegt, oder nicht, auf den Zeitpunkt der Abnahme an.[216]

Insgesamt ergibt sich daraus ein **sehr weitgehender Mangelbegriff.** Software ist ein   **334** komplexes Gebilde. Mängel können auch dort auftreten, wo Funktionen nur ganz selten und in ganz ungewöhnlichen Konstellationen genutzt werden. Wenn jeder Fehler in einer selten auftretenden, eher ungewöhnlichen Konstellation ein Mangel ist, der zu Ansprüchen führt, bedeutet dies eine sehr weitgehende Haftung.

Diese ist aber vom Gesetzgeber gewollt. Die meisten Rechte wegen mangelhafter Lieferung gibt es auch bei unerheblichen Mängeln. Lediglich Rücktritt und Schadensersatz statt der Leistung scheiden bei solchen Mängeln aus. Das Gesetz spricht zwar nicht von unerheblichen Mängeln, sondern von einer unerheblichen Pflichtverletzung (§§ 281 Abs. 1 S. 3 bzw. 323 Abs. 5 S. 2 BGB). Dennoch geht die Kommentarliteratur davon aus, dass es auch dabei um die Unerheblichkeit des Mangels geht und die Schwere der Schuld nur sekundär eine Rolle spielt.[217] Unerheblich kann ein funktionsbeeinträchtigender Mangel aber nur dann sein, wenn er das Programm in seiner normalen Funktion praktisch überhaupt nicht beeinflusst.[218] Ein solcher Fall kann nur bei ganz seltenen und ungewöhnlichen Konstellationen, die vertraglich nicht vorausgesetzt wurden oder bei ganz geringfügigen Beeinträchtigungen vorkommen. Bei Individualsoftware dürfte dies nur ganz selten vorkommen. Alle darüber hinausgehenden Mängel sind erheblich.[219] Dies gilt auch für nicht reproduzierbare Fehler.

Teilweise wird einschränkend allerdings die Meinung vertreten, dass Mängel dann   **335** **unerheblich** sind, wenn ein Programm seine Aufgabe im allgemeinen ordnungsgemäß erfüllt und nur ab und zu eine Störung des Programmlaufs oder ein anderer Fehler

---

[209] OLG Hamm, CR 1990, 715 (716); OLG Köln OLG-Report Köln 1996, 54; OLG Celle, NJW-RR 1993, 432 (433 f.); *Zahrnt,* ECR OLG 139; OLG Frankfurt/M., CR 1999, 73 (74).
[210] LG Bonn, Urt. v. 19. 12. 2003, 10 = 387/01, JurPC Web-Dok. 109/2004.
[211] OLG Köln, NJW 1988, 2477.
[212] Ebenso *Hoene,* CR 1999, 281; ähnlich auch LG Leipzig, CR 1999, 620 f. = NJW 1999, 2975 f.; *v. Westphalen,* in: v. Westphalen/Langheid/Streitz, „Der Jahr 2000"- Fehler, Rn. 407 ff., 413 ff.; *Hörl,* CR 1999, 605 (607); näher: Vorauflage, Rn. 331 ff.
[213] LG Coburg, CR 2002, 325.
[214] OLG Köln, OLG Report Köln 2003, 161.
[215] *Orthwein/Bernhard,* CR 2009, 354
[216] LG Freiburg, CR 2009, 556
[217] *Palandt-Heinrichs,* § 281 Rn. 47.
[218] OLG Köln, OLG-Report Köln 1999, 362.
[219] Ähnlich i. E.: *Heussen,* CR 1988, 986 (988 f.).

auftritt.[220] Auch die Rechtsprechung hat z. B. angenommen, dass eine 10%ige fehler-
bedingte Ausfallzeit keinen Mangel darstellt.[221] Dem kann aber nicht gefolgt werden. Auch
ein gelegentlich auftretender Fehler kann sehr wohl den Ablauf des Programms und die
Funktionsfähigkeit der Anlage stören. Einen solchen Fehler muss der Besteller nicht
hinnehmen. Lässt sich eine Nachbesserung nicht durchführen, kann er demgemäss vom
Vertrag zurücktreten. Es gibt keinen Grund, Software hier anders zu behandeln als andere
Waren.

336   Darüber hinaus wird in der Literatur die Meinung vertreten, der **Mangelbegriff** bei
Softwareverträgen müsse unter Bezugnahme auf die Rechtsprechung zu **Patentlizenzverträgen** eingeschränkt werden.[222] Unabhängig von der Frage, wie weit diese Einschränkung
reicht, ist festzuhalten, dass sie schon vom Ansatz her verfehlt ist. Patentlizenzverträge
betreffen Vermarktungsabsprachen, bei denen der Lizenznehmer das Marktrisiko trägt.
Diese sind im Softwarebereich mit Verträgen über Herstellungs- oder Vertriebslizenzen zu
vergleichen. Bei Verträgen über die Lieferung von Software zur Anwendung beim Nutzer
geht es um ein völlig anderen Fall, dessen Interessenlage nicht mit der von Lizenzverträgen
vergleichbar ist. Eine Einschränkung der Gewährleistungsrechte ist daher nicht im Wege
über den Rückgriff auf die Rechtsprechung zu Patentlizenzverträgen zu erreichen.

Allerdings bleibt zu beachten, dass der **Mangelbegriff** vom **vertraglich vorausgesetzten Zweck und dem Inhalt der Vertragsbeziehung** zwischen Softwareersteller und
Softwareabnehmer abhängt. Der hier beschriebene Mangelbegriff ist insbesondere für den
Fall entwickelt, dass der Besteller die Software unmittelbar selbst anwenden will. Will er
sie z. B. weitervertreiben oder gar in ein anderes Programmpaket bzw. DV-System ein-
betten und das Gesamtsystem sodann an Dritte weiterveräußern, kann insbesondere die
Erheblichkeit des Mangels und damit ein evtl. Möglichkeiten, zurückzutreten und Schadensersatz statt der Leistung zu verlangen, anders zu beurteilen sein.[223] In diesem Fall wird
viel von den einzelnen Vertragsumständen abhängen.

337   Auch **Rechtsmängel und Aliudlieferungen** sind mangelhafte Lieferungen im Sinne
von § 633 Abs. 1 BGB. Sie unterliegen damit den gleichen Rechtsfolgen wie die Sachmängel. Diese Fragen spielen aber im Bereich der Softwareerstellung keine sehr große Rolle
und werden daher im Bereich des Erwerbs von Standardsoftware behandelt.[224]

b) Die Rechte im Überblick

aa) Erfüllungs- und Mängelbeseitigungsansprüche

338   Für die Darstellung wird hier von der oben näher dargestellten Rechtsauffassung ausgegangen, nach der ein Vertrag über die Herstellung von Software in den meisten Fällen
ein Werkvertrag ist, auf den Kaufrecht keine Anwendung findet. Diese Rechtslage wird in
der Folge diskutiert. Wendet man demgegenüber § 651 BGB an, gilt für Mängelrechte
Kaufrecht. Seine Systematik und die Abweichungen vom Werkvertragsrecht werden im
Bereich des Hardwarekaufs[225] und in einigen wenigen Punkten im Bereich des Erwerbs
von Standardsoftware[226] dargestellt. Auf diese Darstellungen sei an dieser Stelle verwiesen.

---

[220] *Engel*, BB 1985, 1159 (1165).
[221] OLG Nürnberg, CR 1986, 545; a. A. OLG Hamm, in: Zahrnt, DV-Rspr. 1 K/M 6: 32 Mängelrügen in 1 ½ Jahren führen dazu, dass der Kunde ohne Nachfristsetzung vom Vertrag zurücktreten
kann.
[222] *Moritz/Tybussek*, Computersoftware, Rn. 403.
[223] So zutreffend *Heussen*, CR 1989, 986 (988).
[224] Unten Rn. 561 f.
[225] Unten Rn. 507 ff.
[226] Unten Rn. 545 ff.

Gilt Werkvertragsrecht, gelten bei Mängeln die Regelungen der §§ 633 ff. BGB. Vor **339** Abnahme des Werks gibt es einen Herstellungsanspruch. Solange die Herstellung nicht mängelfrei erfolgt, stehen dem Besteller die Rechte nach §§ 280 ff., 323 ff. BGB zu. Dies bedeutet insbesondere, dass er dem Unternehmer eine Frist zur mangelfreien Herstellung des Werkes setzen kann und nach Verstreichen der Frist der Unternehmer in Verzug gerät, wenn er das Werk nicht abnahmereif fertig stellt. Der BGH hat zum alten Recht entschieden dass die Fristsetzung keinen Hinweis auf konkrete Mängel enthalten muss. Tut sie dies doch, führt auch die fristgerechte Beseitigung dieser Mängel nicht zur Erfüllung, wenn gleichzeitig noch andere, zuvor nicht gerügte Mängel bestehen.[227] Diese Rechtsprechung soll nach einer erst vor kurzem ergangenen Entscheidung auch im neuen Recht weiter gelten. In der gleichen Entscheidung verlangt der BGH aber zumindest eine Darlegung der fehlenden Funktionalität, damit der Lieferant, der seine Leistung nach seiner Ansicht vollständig erbracht hat, weiß, worum es geht.[228] Insoweit greift er die Literaturmeinung auf, nach der § 323 BGB bei jedem Leistungshindernis, das nur einen Teil oder einen qualitativen Aspekt der Leistung betrifft, eine darauf bezogene konkrete Mahnung verlange, die dasjenige, was nach Ansicht des Gläubigers fehlt oder mangelhaft macht, konkret bezeichnet.[229] Diese Begründung spricht dafür, dass Rechtsfolgen nicht auf Mängel gestützt werden können, die nicht zumindest pauschal gerügt wurden[230]. Alles andere wäre für den Unternehmer auch kaum zumutbar. Sonst würden komplexe Softwareprojekte dann, wenn der Besteller sie zum Scheitern bringen wollte, zu einem kaum noch kontrollierbaren Risiko für den Unternehmer, vor allem, wenn keine Abnahmekriterien vereinbart wurden. Eine Entscheidung des BGH zu dieser Frage steht noch aus.

Bei kalendermäßig bestimmten oder anderweitig berechenbaren Terminen kann der Unternehmer allerdings auch ohne Fristsetzung in Verzug geraten. Ferner stehen dem Besteller ein Rücktrittsrecht nach § 323 BGB und Schadensersatzansprüche nach §§ 280 ff. BGB zu.

Die Situation ändert sich mit der Abnahme. Ab diesem Zeitpunkt gelten zwar dem **340** Grunde nach vergleichbare Ansprüche. Sie unterliegen aber wesentlichen Modifikationen.[231] Ein Werk muss allerdings auch dann abgenommen werden, wenn es lediglich unerhebliche Mängel aufweist (§ 640 Nr. 1 S. 3 BGB).

Es bedarf bei Softwareerstellung auch immer dieser **Abnahme**. Dabei kommt es nicht darauf an, ob Software eine körperliche Sache ist oder nicht. Jedenfalls ergibt sich aus ihrer Beschaffenheit, dass eine Abnahme immer erforderlich ist.[232]

Fälle, in denen die Beschaffenheit der Software die Abnahme ausschließt und daher die Vollendung der Software gemäß § 646 BGB an Stelle der Abnahme tritt, sind praktisch nicht denkbar.[233]

Die Abnahme entfällt freilich dann, wenn der Kunde keine Verbesserungen mehr will, weil er z. B. Minderung begehrt. Insbesondere wird ab diesem Zeitpunkt die Vergütung fällig.[234] Das Gleiche gilt dann, wenn der Vertrag nach Ansicht des Kunden gescheitert ist, weil er z. B. den Rücktritt erklärt. Ob und in welcher Höhe ein Vergütungsanspruch

---

[227] BGH, NJW-RR 1988, 310.
[228] BGH, NJW 2010, 2200 = CR 2010, 422 mit krit. Anm. Bartsch, CR 2010, 777;
[229] MünchKomm-Ernst, § 323 Rn. 61.
[230] Die Frage musste im Urteil des BGH nicht entschieden werden.
[231] *Palandt-Sprau*, Vorbem. v. § 633 BGB Rn. 7 f.
[232] OLG Hamburg, CR 1986, 83 (84) mit zust. Anm. *Unger*; OLG Hamm, CR 1989, 385 (386) = NJW 1989, 1041; CR 1989, 1091; OLG Celle, CR 1988, 219 (LS); LG Karlsruhe, CR 1991, 544 (545); *Kilian*, CR 1986, 187 (194).
[233] *Köhler/Fritzsche*, in: Lehmann (Hrsg.), Rechtsschutz und Verwertung von Computerprogrammen, S. 513 (596).
[234] BGH, NJW 2002, 3019; NJW 2003, 288.

besteht, hängt dann nur noch davon ab, ob rechtlich relevante Mängel vorliegen oder nicht.

bb) Abnahme

341   Abnahme bedeutet üblicherweise **körperliche Hinnahme** des Werkes in Verbindung mit der Erklärung des Bestellers, dass er das Werk als vertragsgemäße Leistung im Wesentlichen anerkennt. Einer Abnahme geht in der Regel eine Prüfung der Funktionsfähigkeit der Software voraus. Über die Dauer und den Umfang dieser Prüfung gibt es in vielen Softwareerstellungsverträgen umfangreiche Regelungen zum Verfahren, zur Dauer und auch zu den einzelnen Abnahmekriterien, anhand derer die Software geprüft wird. Oft wird detailliert vereinbart, was zur Abnahme gehört, ob z. B. der Kunde ein Testsystem zur Verfügung stellen muss, wie die Abnahmeprozedur aussehen soll und welche Abnahmekriterien gelten.[235] Dies ist schon deswegen notwendig, weil der Umfang der Tests von der Komplexität der Software und von der Entscheidung darüber abhängt, wie viele der Funktionen der Software im Hinblick auf welche Leistungen getestet werden sollen (Testüberdeckungsgrad).[236] Oft wird auch mehr oder minder präzise vereinbart, welche auftretenden Fehler die Abnahme verhindern und welche nicht. Ist nichts vereinbart, kann der Kunde entscheiden, wie er die Software prüft. Liegen keine oder nur unwesentliche Fehler vor, muss er die Abnahme erklären. Bei den geschilderten Vereinbarungen ist darauf zu achten dass die zu billigenden Abnahmeverfahren nicht einer einseitigen Genehmigung des Kunden unterliegen. Gibt es solche Vereinbarungen, wird der Kunde die Genehmigung nur verweigern können, wenn er damit das Prüfen der Software auf nicht unwesentliche Mängel erreichen will und kann.

342   Tut er dies nicht, ist die Rechtslage umstritten. Zunächst geht es um den Zeitpunkt, zu dem die Abnahme erklärt werden muss. Oft wird bei zu erstellender Individualsoftware ja nicht nur die Erstellung der Software, sondern auch die Installation der Software sowie eine gewisse Einweisung und Schulung des Personals geschuldet. Dann kann die Werkleistung frühestens nach Durchführung auch dieser Zusatzaufgaben abgenommen werden, weil vor der Durchführung dieser Zusatzaufgaben die Software vom Besteller gar nicht auf ihre Ordnungsgemäßheit überprüft werden kann. Darüber hinaus wird man eine nicht ganz unerhebliche Anzahl von Testläufen als notwendig ansehen müssen. Der dabei notwendige Umfang hängt von der Komplexität der erstellten Individualsoftware ab.

Zum zweiten geht es um die Frage, wann eine Abnahme auch ohne eine explizite Erklärung anzunehmen ist. Sicherlich liegt eine Abnahme dann vor, wenn zu irgendeinem Zeitpunkt trotz Mängelrügen die Abnahme des Softwareprodukts als im Wesentlichen vertragsgemäß **ausdrücklich erklärt** wird.[237] § 640 BGB lässt ja gerade Mängelrügen neben der Abnahme zu. Auch in einer vorbehaltlosen Zahlung kann eine solche Abnahmeerklärung liegen.[238] In welchen anderen Fällen die Software abgenommen ist, ist unklar. Die Rechtsprechung tendiert dazu, die Abnahme erst dann anzunehmen, wenn die Software nach einer gewissen **Nutzungs- und Erprobungszeit mängelfrei** gelaufen ist. Solange noch Mängel gerügt werden und Nachbesserungs- und Fehlerbeseitigungswünsche geäußert werden, komme eine Abnahme nicht in Betracht.[239]

---

[235] Dazu *Müller-Hengstenberg/Wild*, CR 1991, 327; *Bartsch*, CR 2006, 7; *Bischof/Witzel*, ITRB 2006, 95; *Witzel*, ITRB 2008, 160.

[236] Für den Testaufwand hat die Informatik schon Messmethoden entwickelt: *Sneed/Jungmayr*, Informatik Spektrum 2006, 23.

[237] Ein Fall bei OLG Saarbrücken, CR 1988, 470 (471); ähnlich OLG Düsseldorf, CR 1999, 689 (LS).

[238] OLG Hamm, CR 1989, 385 (386) = NJW 1989, 1041 (1042).

[239] OLG Hamburg, CR 1986, 83 (84) mit zust. Anm. *Unger*, zust. auch *v. Gravenreuth*, BB 1989, 1925; OLG Celle, IuR 1986, 311 (312); OLG Düsseldorf, CR 1989, 689 (690); LG Heidelberg, CR

Diese Annahmen sind sicher für einen gewissen **Zeitraum der Erprobung** und der 343
entsprechenden Rügen **richtig**. Wenn jedoch über einen Zeitraum von Monaten und
Jahren die Benutzung der Anlage fortgesetzt wird und regelmäßig dennoch Mängelrügen
erhoben werden, muss man zu irgend einem Zeitpunkt von einer Abnahme sprechen.
Möglicherweise kommt es dabei auch auf die Zahlung der vereinbarten Vergütung an.[240]
Jedenfalls kann nicht davon ausgegangen werden, dass über Monate und Jahre hinweg
keine Abnahme erfolgt und deswegen die Vergütung des Auftragnehmers nicht fällig wird,
dem Besteller noch immer die nicht modifizierten Rechte aus §§ 280 ff., 323 ff. BGB
zustehen und die Verjährung der Mängelansprüche nicht zu laufen beginnen, obwohl die
Anlage produktiv läuft. Es dürfte für die Annahme einer konkludenten Abnahmeerklärung ausreichend sein, wenn die Software mehrere Monate nicht nur zu Testzwecken
genutzt wird – auch wenn während dieser Zeit Mängelrügen erhoben werden.[241] Jedoch
beginnt auch diese Frist erst mit Lieferung der gesamten Software zu laufen.[242] Notwendig
ist auch die Lieferung des Handbuchs bzw. der Dokumentation,[243] wobei einzelne Unvoll-
ständigkeiten des Handbuchs eine Abnahme nicht ausschließen.[244] Ist eine Einweisung
geschuldet, muss auch diese erbracht werden.[245] In der Regel wird man auch verlangen
müssen, dass die Software vor Abnahme installiert und in Betrieb genommen wird – auch
wenn dies der Kunde selbst bewirken muss.[246] Muss der Kunde selbst installieren, kann er
sich der Abnahmewirkung auch nicht auf Dauer dadurch entziehen, dass er die Software
nicht installiert.

Ob freilich eine Nutzung über einen oder drei oder gar neun Monate eine konkludente
Abnahme auch bei Mängelrügen zur Folge hat, ist generell nicht zu sagen.

Bei einer langdauernden Nutzung kann auch der Einwand der Nichtlieferung von
Handbüchern **verwirkt** sein.[247]

Lehnt der Kunde eine vom Hersteller angebotene zureichende Mängelbeseitigung ab 344
und war die Software vorher berechtigt nicht abgenommen, so kommt der Kunde mit der
Ablehnung der Mängelbeseitigung in Annahmeverzug. Zu Gunsten des Lieferanten greift
dann § 322 Abs. 2 BGB ein. Er kann auf Zahlung nach Durchführung der Mängelbeseitigung klagen.[248]

Für die Praxis ist aus dieser Situation die Konsequenz zu ziehen, dass zu einem 345
möglichst frühen Zeitpunkt eine **Klärung der Abnahme** herbeigeführt werden muss. Dies
ist nach § 640 Abs. 1 S. 3 BGB auch ohne entsprechende vertragliche Regelung im Wege
einer Fiktion möglich. Es ist allerdings darauf zu achten, dass eine Abnahme vom Kunden
nur verlangt werden kann, wenn die Software im wesentlichen mängelfrei ist. Nur in
diesem Fall kann die Fiktion greifen. Sonst kommt nur eine ausdrückliche Abnahmeerklärung in Betracht. Allerdings kann auch eine solche Erklärung nicht immer als Ab-

---

1989, 197 (199); OLG Hamm, NJW 1990, 1609 f.; OLG Köln, OLG-Report Köln 1999, 337 = CR
1999, 747; tendenziell zust. *Feuerborn*, CR 1991, 1 (3).
[240] Vgl. OLG Karlsruhe, *Zahrnt*, ECR OLG 212; skeptisch *Beckmann*, in: Martinek/Stoffels/
Wimmer-Leonhardt (Hrsg.): Leasinghandbuch, § 63, Rn. 127; vgl. auch BGH, NJW 2009, 580: vor-
behaltlose Zahlung ist kein Anerkenntnis.
[241] Ebenso OLG München, Beil. Nr. 7 zu BB 1991, S. 4 (5 f.) mit insoweit zust. Anm. *Zahrnt*;
OLG Köln, Beil. Nr. 13 zu BB 1992, S. 12, MünchKomm-*Soergel*, § 640 Rn. 11 a; zum Ganzen vgl.
auch *Schneider*, Handbuch des EDV-Rechts, Rn. H 219 ff.; *Hoeren*, IT-Vertragsrecht, Rn. 384.
[242] OLG Nürnberg, Beilage Nr. 7 zu BB 1991, S. 10 (12).
[243] BGH, NJW 1993, 1063 = Beil. Nr. 13 zu BB 1993, S. 4 = DuD 1993, 530; OLG Köln, OLG-
Report Köln 1999, 118; OLG Düsseldorf, CR 2002, 324 (325).
[244] OLG Celle, CR 1997, 150.
[245] OLG Nürnberg, *Zahrnt*, ECR OLG 186.
[246] OLG Düsseldorf, OLG-Report 2002, 41.
[247] OLG Düsseldorf, NJW-RR 1996, 821; OLG Köln, NJW-RR 1995, 1460; NJW-RR 1996, 44;
OLG-Report Köln 1997, 121; vgl. auch BGH, *Zahrnt*, ECR BGH 3.
[248] BGH, BB 2002, 646.

nahme im Rechtssinn betrachtet werden, wenn sie etwa vor einer möglichen Erprobung des Werkes abgeben wird. Zu einem so frühen Zeitpunkt kann der Unternehmer schlechterdings nicht davon ausgehen, dass eine Abnahme des Werkes als im Wesentlichen vertragsgemäß auf Seiten des Bestellers erfolgt. Dies gilt ganz besonders dann, wenn der Besteller lediglich eine vorgefertigte Erklärung des Unternehmens unterzeichnet.

346   Gefährlich sind für den Ersteller auch Klauseln in seinen **allgemeinen Geschäftsbedingungen,** die die Abnahme etwa bei Ingebrauchnahme oder kurze Zeit danach fingieren. Liegt der durch diese AGB-Klauseln festgelegte Zeitpunkt deutlich vor dem von der Rechtsprechung im allgemeinen angenommenen Zeitpunkt der Abnahme, so dürfen die Klauseln mit § 307 Abs. 2 BGB nicht vereinbar sein.[249] Dies gilt auch im Unternehmensverkehr. Bei Verbrauchern ist außerdem § 308 Nr. 5 BGB zu beachten. Danach können fingierte Erklärungen in AGB's meist nur vereinbart werden, wenn dem Kunden eine ausreichende Frist zur Abgabe der Erklärung gewährt wird und zusätzlich der AGB-Verwender bei Beginn der Frist auf die laufende Frist ausdrücklich hinweist. Angesichts der Regelung des § 640 Abs. 1 S. 3 BGB sind solche Regelungen heute entbehrlich. Aus diesen Problemen ergibt sich, dass allgemeine Geschäftsbedingungen individuelle Vereinbarungen über die erfolgte Abnahme oder über die Abnahmeprozedur nicht ersetzen können.[250] Denkbar sind auch in allgemeinen Geschäftsbedingungen Vereinbarungen über eine Testphase und eine Abnahmefiktion, wenn nach Ablauf der definierten Testphase keine Mängel gerügt werden.

347   Eine Klausel, nach der der Ersteller eine förmliche Abnahme verlangen kann, schließt eine konkludente Abnahme nicht aus, wenn ein solches Verlangen unterbleibt.[251] Eine solche Klausel erreicht damit nicht das beabsichtigte Ziel und sollte daher nicht in allgemeine Geschäftsbedingungen aufgenommen werden. Der generelle Ausschluss einer konkludenten Abnahme durch allgemeine Geschäftsbedingungen dürfte auch unwirksam sein.

Werden freilich Mängel gerügt, muss die Testphase von vorne beginnen.[252] Auch bei einer solchen Testphase ist freilich § 308 Nr. 5 BGB zu beachten, wenn an ihre Ablauf fingierte Abnahmen anknüpfen.

348   In **§ 12 EVB-IT System** ist vorgesehen, dass der Abnahme eine Funktionsprüfung voranzugehen hat. Die Abnahme muss erfolgen, wenn die Zeit zur Funkionsprüfung abgelaufen ist und nur unwesentliche Mängel festgestellt wurden. Einzelheiten der Funktionsprüfung können vereinbart werden. Auch eine Abnahme von Teilleistungen ist nach § 12.9 EVB-IT System möglich, aber nur, wenn diese vereinbart werden.

cc) Mängelrechte im Überblick

349   Nach Abnahme des Werkes ergeben sich die Rechte bei mangelhafter Lieferung aus § 634 BGB. Danach kann der Kunde zunächst **Nacherfüllung** verlangen (§ 634 Nr. 1 BGB). Verlangt der Kunde Nacherfüllung, kann der Hersteller nach seiner Wahl den Mangel beseitigen oder ein neues Werk herstellen (§ 635 Abs. 1 BGB). Dies bedeutet, dass sich nach der Gesetzesdogmatik die Leistungspflicht des Herstellers auf das hergestellte Werkstück beschränkt und er entscheiden kann, ob er dieses repariert oder ein neues

---

[249] Vgl. OLG Hamm, CR 1989, 385 (386) = NJW 1989, 1041 (1042); OLG Köln NJW-RR 1992, 1326 = Beil. Nr. 3 zu BB 1993, S. 5; *Schneider,* Handbuch des EDV-Rechts, Rn. H 226 ff.; *Feuerborn,* CR 1991, 1 (3); *Schmidt,* in: Lehmann (Hrsg.), Rechtsschutz und Verwertung von Computerprogrammen, S. 701 (740); *Witte,* in: Redeker (Hrsg.): Handbuch der IT-Verträge, Abschn. 1.4, Rn. 104; *Köhler/Fritzsche,* in: Lehmann (Hrsg.), Rechtsschutz und Verwertung von Computerprogrammen, S. 513 (597).
[250] Ähnlich auch *Brandi-Dohrn,* CR 1990, 312 (314).
[251] OLG Köln, OLG Köln Report 2002, 247.
[252] Vgl. *Lauer,* BB 1982, 1758 (1760).

liefert. Für Software dürfte diese Unterscheidung ohne Bedeutung sein. Auch wenn das gelieferte Programm nachgebessert wird, wird es nach Nachbesserung meist neu installiert, d. h. ein neues Werkstück verwendet und nicht etwa die vorhandene Installation nachgebessert. Nur wenn der Fehler lediglich bei der Installation erfolgt ist, dürfte – gelegentlich – nachgebessert werden. Einen Anspruch des Kunden auf Neuerstellung des Programms gibt es freilich nur dann, wenn der Mangel nur durch eine vollständige Neuprogrammierung beseitigt werden kann.[253]

Neben der Nacherfüllung gibt es **weitere Rechte,** allerdings nur bei Vorliegen weiterer   350
Voraussetzungen. § 634 BGB erwähnt als nächstes in Nr. 2 das **Selbstvornahmerecht.**
Nach § 637 BGB setzt dies Recht voraus, dass der Kunde dem Hersteller eine Frist zur
Nacherfüllung setzt und diese ungenutzt verstreicht. Nach Fristablauf kann der Kunde
dann die Nacherfüllung selbst vornehmen und vom Hersteller die Kosten sowie einen
Vorschuss dafür (§ 637 Abs. 3 BGB) verlangen. Unter den Voraussetzungen des § 323
Abs. 2 BGB ist die Fristsetzung entbehrlich. Das Selbstvornahmerecht scheidet aus, wenn
der Ersteller die Nacherfüllung wegen Unverhältnismäßigkeit nach §§ 275 Abs. 2 oder
635 Abs. 3 BGB verweigern kann

Als weitere Rechte erwähnt § 634 Nr. 3 BGB **Rücktritt** und **Minderung.** Beides sind   351
Gestaltungsrechte.[254] Ihre berechtigte Ausübung ändert daher das Vertragsverhältnis endgültig. Allerdings kann dann, wenn die Minderung mangels Berechenbarkeit fehlschlägt, trotz des ausgeübten Gestaltungsrechtes auf den kleinen Schadensersatz zurückgegriffen werden.[255] Beide Rechte können unter verschiedenen Voraussetzungen ausgeübt werden. Dazu gehört wie im Falle der Selbstvornahme eine erfolglose Fristsetzung (§ 323 Abs. 1 BGB), die unter den Voraussetzungen des § 323 Abs. 2 BGB entbehrlich ist. Die Fristsetzung ist ferner entbehrlich, wenn der Lieferant den Mangel arglistig verschwiegen hat.[256] Ferner kann man mindern oder zurücktreten, wenn der Ersteller die Nacherfüllung verweigert, sei es berechtigt (§ 636 BGB) oder unberechtigt (§ 323 Abs. 2 S. 1 BGB). Eine Weigerung liegt dabei auch dann vor, wenn der Ersteller nur tätig wird, wenn der Kunde zusichert, die Kosten zu übernehmen, wenn kein Mangel vorliegt[257] oder der Mangel nach einer Untersuchung ernsthaft bestritten wird.[258] Hier ist zu beachten, dass dann, wenn die anfänglich verweigerte Mängelbeseitigung vor dem Rücktritt wieder angeboten wird, eine Fristsetzung nachträglich wieder erforderlich werden kann.[259] Beide Rechte kommen auch dann in Betracht, wenn die Nachbesserung fehlschlägt oder dem Kunden unzumutbar ist (§ 636 BGB). Der Rücktritt ist ausgeschlossen, wenn die Pflichtverletzung unerheblich ist(§ 323 Abs. 5 S. 2). Dies ist schon bei einem Reparaturaufwand von unter 3% des Kaufwerts angenommen worden.[260] Diese Entscheidung ist auf den Softwarebereich schon deshalb nicht übertragbar, weil eine Nachbesserung durch Drittfirmen in aller Regel nicht möglich ist. Die Pflichtverletzung ist vielmehr dann unerheblich, wenn der Wert oder die Tauglichkeit der Sache durch den Mangel nur unerheblich beeinträchtigt wird.[261] § 323 Abs. 5 S. 2 BGB kommt jedenfalls dann auch bei einem geringfügigen Mangel nicht zur Anwendung, wenn der Softwareersteller arglistig handelt.[262]

---

[253] *Köhler/Fritzsche,* in: Lehmann (Hrsg.), Rechtsschutz und Verwertung von Computerprogrammen, S. 513 (593).
[254] Zur Minderung vgl. *Palandt/Sprau,* § 638 Rn. 1.
[255] BGH, NJW 2011, 1217.
[256] BGH, BB 2007, 292.
[257] BGH, CR 2011, 92 (LS) m. Anm. Kremer.
[258] OLG Saarbrücken, BB 2011, 1299 m. Anm. Hesse.
[259] BGH, BB 1990, 1662 f.
[260] OLG Düsseldorf, NJW-RR 2004, 1060 zum Gebrauchtwagenkauf.
[261] BGH, NJW 2007, 2111 m. Anm. Reinking.
[262] BGH, NJW 2006, 1960; kritisch Lorenz, NJW 2006, 1925 (1926 f.).

352   Letztendlich gibt es **Schadensersatzansprüche** (§ 634 Nr. 4 BGB). Diese bestehen immer, es sei denn, der Hersteller hat die mangelhafte Softwareerstellung nicht zu vertreten (§ 280 BGB). Schadensersatzansprüche setzen keine Fristsetzung voraus und treten prinzipiell neben die anderen Ansprüche.[263] Dies gilt allerdings nicht für alle Arten von Schadensersatzansprüchen. Schadensersatz statt Leistung kann nur verlangt werden, wenn eine erfolglose Fristsetzung vorangegangen ist (§ 281 Abs. 1 BGB). Diese Fristsetzung kann nach § 281 Abs. 2 BGB entfallen, wenn der Hersteller die Mangelbeseitigung ernsthaft und endgültig verweigert oder besondere Umstände vorliegen. Nach §§ 636 und 283 BGB entfällt die Notwendigkeit der Fristsetzung auch, wenn der Hersteller die Mangelbeseitigung berechtigt verweigert oder die Nachbesserung fehlgeschlagen oder dem Kunden unzumutbar ist. Dies alles gilt nach § 311 a BGB auch dann, wenn eine mangelfreie Lieferung **von Anfang an objektiv oder subjektiv unmöglich** war. Anstelle des Schadensersatzes kann der Kunde nach § 284 BGB auch Ersatz seiner Aufwendungen verlangen.

c) Nacherfüllung und Selbstvornahme

353   Im Falle mangelhafter Lieferung ist primär der Anspruch auf Nacherfüllung gegeben. Dies ist insbesondere bei Individualsoftware auch sachgerecht, weil in aller Regel die mit den Mängeln verbundenen Probleme sich am besten dadurch beseitigen lassen, dass der Ersteller der Software die Mängel beseitigt. Er kann dies am leichtesten und schnellsten, da er allein das Programm kennt.

354   Vor Durchführung der Nacherfüllung müssen ihm die Mängel allerdings ordnungsgemäß **angezeigt** werden. Dazu reicht es aus, dass das Mangelerscheinungsbild genau dargelegt wird.[264] Dies muss allerdings schon verlangt werden. Wieweit im Übrigen beim Auftreten des Fehlers die jeweils benutzte Anlagenkonfiguration einschließlich der Frage, welche Terminals gerade in welchem Zustand sind, beschrieben werden muss, ist im Einzelfall zu entscheiden.[265] Es dürfte im ersten Anlauf zunächst ausreichen, den konkreten Mangel nebst den dabei auftretenden Fehlermeldungen zu dokumentieren und dem Hersteller darzustellen.

355   Welche Erscheinungen wie **genau dargelegt werden müssen,** hängt im Übrigen von der Art und Weise des Fehlers ab. Fehlen bestimmte Funktionalitäten, reicht es schlicht aus, dies zu rügen. Näher detaillierte Angaben sind insbesondere dann erforderlich, wenn es sich um unregelmäßig auftretende Abstürze oder Fehlfunktionen handelt, da nur dann überhaupt überprüft werden kann, worum es dabei geht. Auch die Fehlermeldungen müssen dann dargelegt werden.[266] Mehr als **das Erscheinungsbild des Fehlers** muss aber nie dargelegt werden. Es ist nicht Aufgabe des Kunden, Ursachenforschung zu betreiben und zu überprüfen, aus welchen Gründen die gelieferte Anlage oder das gelieferte Programm nicht funktioniert.[267] Sogar falsche Annahmen über die Mangelursache sind unschädlich.[268] Das Erscheinungsbild der Fehler muss aber immer dargestellt werden. Die bloße Behauptung, die Software oder die Anlage funktioniere nicht, reicht nicht aus.[269] Sind mehrere Gegenstände geliefert worden, muss auch angegeben werden, welche mangelhaft sind.[270] Darüber hinaus ist eine Fehlermeldung auch dann

---

[263] *Palandt/Heinrichs,* § 280 Rn. 18.
[264] Vgl. *Engel,* BB 1985, 1149 (1165); S. a. OLG Hamm, CR 1990, 715 (717); OLG Köln, BB 1998, 17 = NJW-RR 1998, 1274; vgl. auch die Regelung in § 12 Nr. 4 BVB-Erstellung.
[265] Sehr umfangreiche Anforderungen in einem speziellen Fall bei OLG Köln, OLG-Report Köln 1997, 1.
[266] *Gaul,* CR 2000, 570 (572 f.).
[267] BGH, WM 1987, 1492 (1495); *Schneider,* Handbuch des EDV-Rechts, Rn. H 246.
[268] BGH, NJW 2008, 576.
[269] OLG Düsseldorf, CR 1999, 145 f. = NJW-RR 1999, 563.
[270] OLG Köln, NJW 1993, 2627.

ordnungsgemäß, wenn nur ein Teil der dargestellten Probleme wirklich Fehler sind. Der Unternehmer kann sich nicht darauf berufen, dass nur ein Teil der gerügten Fehler wirklich besteht.[271]

Es empfiehlt sich insbesondere bei unregelmäßig auftretenden Problemen, insoweit ein 356 „Logbuch" über die auftretenden Fehler zu führen, das im Detail festhält, welche Fehler wann eingetreten sind. Festzuhalten wäre hier je nach Art der genutzten Software bzw. DV-Anlage, der Zeitpunkt des Fehlerauftritts, Bediener, eingegebene Daten, Menü des Programms, das bearbeitet wird, Fehleranzeigen und eventuelle Fehlerbehebungsversuche.[272]

Sind an einem Produkt **mehrere Produzenten** beteiligt oder kommt als Mangelursache 357 auch ein Hardwarefehler in Betracht, empfiehlt sich, allen Beteiligten entsprechende Fehlermeldungen zukommen zu lassen.

Gerade in diesem Falle muss allerdings die Fehlermeldung ggfs. sehr viel detaillierter sein. Schon im Vorgriff auf eine eventuelle Auseinandersetzung ist hier möglicherweise auch eine Ursachenforschung angezeigt, da der Besteller schon darlegen muss, dass die eingetretenen Fehlererscheinungen im Zusammenhang mit dem Produkt stehen, das der Unternehmer geliefert hat.

Auf eine hinreichend **detaillierte Fehlermeldung** muss der Unternehmer sofort reagie- 358 ren und die notwendigen Maßnahmen ergreifen. Ist die Fehlermeldung zu verschwommen, muss er auf eine Präzisierung hinwirken. Jedenfalls muss er mitteilen, dass er die Beschreibung für nicht ausreichend hält.

Wird die Nacherfüllung trotz Fristsetzung nicht rechtzeitig durchgeführt, kann der 359 Besteller auf Kosten des Unternehmers den Mangel beseitigen lassen und dafür auch einen Vorschuss fordern (§ 637 Abs. 3 BGB, **Selbstvornahme**).[273] Dieser Weg dürfte bei Software selten beschritten werden. Insbesondere eine Selbstbeseitigung des Mangels durch einen dritten Auftragnehmer dürfte nur in seltenen Fällen möglich sein. Jedenfalls gibt es ganz erhebliche Zusatzaufwendungen des jeweiligen Dritten, der sich erst einmal in die Programmstruktur des nicht von ihm erstellten Programms einarbeiten muss.

Die **Nacherfüllungsfrist** muss insbesondere in der Anfangsphase wegen der dort 360 bekanntermaßen häufig auftretenden Schwierigkeiten **recht lang** sein. Die Anfangsphase kann aber – insbesondere dann, wenn der Abnahmezeitpunkt spät liegt – nur wenige Wochen dauern. Im Übrigen richtet sich die Länge der Frist nach den Umständen des Einzelfalls.[274]

In manchen Fällen muss sich auch der **Besteller** teilweise an den **Kosten** der Nach- 361 erfüllung **beteiligen**. Dies gilt z. B. dann, wenn bei einem Aufwandspreis die Herstellungskosten von vornherein höher gewesen wären, wenn mangelfrei geliefert worden wäre („sowieso-Kosten"). In diesem Fall muss der Besteller auf Verlangen des Unternehmers vor Durchführung der Nachbesserung für diese Kosten eine Sicherheitsleistung in angemessener Höhe erbringen.[275]

In einigen Fällen kann der Ersteller die Nacherfüllung **berechtigt verweigern**. In 362 diesen Fällen scheidet das Selbstvornahmerecht des § 637 BGB aus. Dies gilt nach § 636 BGB insbesondere dann, wenn die Nacherfüllung nur mit unverhältnismäßig hohen Kosten möglich ist. Dabei sind die Kosten der Nacherfüllung mit dem Wertverlust durch den Mangel bzw. dem Nutzen der Nacherfüllungsmaßnahme[276] zu vergleichen. Stehen sie außer Verhältnis, kann der Hersteller die Nacherfüllung verweigern. Auf weitere Umstän-

---

[271] LG Hannover, BB 1985, 143 f.
[272] *Schneider*, Handbuch des EDV-Rechts, Rn. P 31.
[273] Erman/*H. C. Schwenker*, § 637 Rn. 11.
[274] Vgl. KG CR 1990, 768 (769 f.).
[275] BGH, NJW 1984, 1676; NJW 1998, 3707; *Mankowski*, NJW 2011, 1026 (1028).
[276] *Lorenz*, NJW 2007, 1 (5).

de kommt es nicht an. Ab welchem Kostenverhältnis ein Leistungsverweigerungsrecht besteht, ist streitig. Einzelne gehen von festen Grenzen (z. B. 20%[277]oder 100%[278] Mehrkosten) aus. Andere[279] wollen keine starren Kriterien, sondern überlassen dies dem Einzelfall. Letztere Meinung ist im Prinzip vorzuziehen, wobei jedoch dann, wenn die Mehrkosten gegenüber der Mängelwirkung extrem hoch werden, sicher auch das Kostenargument immer wichtiger wird. Das Verweigerungsrecht des § 635 BGB dürfte aber nur in Ausnahmefällen bestehen.

Ein Leistungsverweigerungsrecht besteht ferner aufgrund der allgemeinen Unverhältnismäßigkeitsregelungen der § 275 Abs. 2 u. 3 BGB. In der Praxis dürften sie neben § 636 BGB nur selten eine Rolle spielen.

Die Leistungsverweigerungsrechte kann der Unternehmer geltend machen, muss dies aber nicht.[280] Wenn er dies tut, muss er es tun, bevor der Kunde zurücktritt[281] oder Schadensersatzansprüche geltend macht.

d) Minderung/Rücktritt

363   Unter den oben[282] dargestellten Voraussetzungen, insbesondere nach vergeblicher Fristsetzung, erhält der Kunde das Recht auf Rücktritt oder Minderung. Die Rechtsprechung hat die Anforderungen an die Fristsetzung teilweise hoch angesetzt und verlangt z. B., das der Käufer unmissverständlich zum Ausdruck bringen soll, dass es sich um eine letzte Chance handelt.[283] Dies geht aber zu weit. Das Gesetz verlangt dies gerade nicht mehr. Eine einfache Fristsetzung reicht. Eine Zuvielforderung in der Mahnung schadet nicht. Nur in Ausnahmefällen wird dies anders zu sehen sein, insbesondere dann, wenn sich aus der Fristsetzung ergibt, dass der Kunde die vertragsgerechte Ware nicht annehmen, sondern nur eine Mehrleistung akzeptieren wird.[284]Einer Fristsetzung ist auch erforderlich, wenn der Unternehmer ein Leistungsverweigerungsrecht nach § 636 BGB hat, bei dessen Ausübung Minderung oder Rücktritt möglich ist. Der Unternehmer muss ja von diesem Leistungsverweigerungsrecht keinen Gebrauch machen.[285]

Nach dem Rücktritt sind die empfangenen Leistungen zurückzugewähren und die gezogenen Nutzungen herauszugeben (§ 346 Abs. 1 BGB). Soweit gezogene Nutzungen nicht herausgegeben werden können, ist Wertersatz zu leisten (§ 346 Abs. 2 Nr. 1 BGB). Für die Berechnung dieses Wertersatzes ist auf die bisherige Rechtsprechung zur **Nutzungsentschädigung** zurück zu greifen.

364   In Literatur und Rechtsprechung wird in aller Regel von einem **Wertverlust** ausgegangen, der bei einer **Nutzungszeit von 3 bis 5 Jahren** linear oder degressiv berechnet wird. Die relevante Frist bemisst sich nach sogenannten üblichen Nutzungszeiten, die im Einzelfall natürlich eine Schematisierung darstellen, die aber unvermeidlich ist, weil die Höhe der Nutzungsentschädigung nach objektiven Kriterien bemessen sein muss. Minderungen wegen Mängeln werden von den Ausgangspositionen sodann abgezogen.[286] Die Nut-

---

[277] LG Ellwangen, NJW 2003, 517.

[278] AG Menden, NJW 2004, 2171.

[279] *Staudinger/Peters*, § 635 Rn. 13; *MünchKomm/Busche*, § 635 Rn. 38.

[280] BGH, BB 2006, 686 = NJW 2006, 1195.

[281] OLG Celle, NJW 2007, 353.

[282] Rn. 351.

[283] OLG Köln, OLG Report Köln 2003, 319.

[284] BGH, NJW 2006, 769; OLG Köln, CR 2006, 440.

[285] BGH, BB 2006, 686 = NJW 2006, 1195.

[286] Vgl. dazu OLG München, CR 1989, 288; OLG Köln, *Zahrnt*, ECR OLG 72; OLG Koblenz, *Zahrnt*, ECR OLG 100; OLG Nürnberg, *Zahrnt*, ECR OLG 125 (Nutzungsdauer: 10 Jahre!); AG Essen, CR 1998, 309 (310); *Schneider*: Handbuch des EDV-Rechts, Rn. P 57.; *Köhler/Fritzsche*, in: Lehmann (Hrsg.), Rechtsschutz und Verwertung von Computerprogrammen, S. 513 (567).

zungsentschädigung kann allerdings nur für den Zeitraum verlangt werden, der bei der Wertverlustberechnung zugrunde gelegt wird. Anderenfalls würde sie ja den – geminderten – Verkaufspreis übersteigen.

Schon der Gedanke der Nutzungsentschädigung zeigt, dass die bloße Weiternutzung **365** der Software das Rücktrittsrecht nicht verwirken lässt, insbesondere nicht, wenn der Rücktritt gerichtlich durchgesetzt werden muss.[287]

Darüber hinaus muss der Anwender nach dem Rücktritt nicht nur die **Software** **366** **zurückgeben,** sondern auch alle bei ihm verbliebenen **Kopien löschen,** da er ohne eine solche Maßnahme das Programm weiter nutzen kann.[288] Die Rückgabe der Software ist prinzipiell auf dem gleichen Weg wie ihre Übergabe zu vollziehen. Oft werden aber die Datenträger, auf denen die Software übergeben wurde, nicht mehr vorhanden sein, weil die Software auf das System des Anwenders überspielt und danach die Träger vom Unternehmer wieder mitgenommen wurden. In diesem Fall muss der Unternehmer dem Anwender neue Träger überlassen, auf die die Software sodann (auf Kosten des Unternehmers) überspielt wird.[289] Oft wird dem Unternehmer die Löschung ausreichen, weil er über die Software ohnehin verfügt.

Schwierig wird die Rückabwicklung dann, wenn im Rahmen der vertraglichen Beziehungen bei einer oder gar bei beiden Seiten Kenntnisse und/oder Produkte entwickelt worden sind, die im Rahmen der Rücktrittsabwicklung nicht zurückgegeben werden können. Auf sie passen auch die Wertersatzregeln des § 346 Abs. 2 BGB nicht. Hier werden praktische Lösungen aber nur im jeweils konkreten Einzelfall möglich sein.[290]

Nach § 323 Abs. 6 BGB ist der **Rücktritt** dann **ausgeschlossen,** wenn der Kunde für **367** den Umstand, der ihn zum Rücktritt berechtigen würde, allein oder weit überwiegend verantwortlich ist oder wenn ein vom Hersteller nicht zu vertretender Umstand zu einer Zeit eintritt, zu welcher der Kunde im Annahmeverzug ist. Diese Regelung greift Überlegungen auf, nach denen im bisherigen Recht im Rahmen der Wandlung § 254 BGB analog anwendbar sein sollte[291] – eine Überlegung, die sich im alten Recht nicht durchsetzen konnte. Auch die neue Vorschrift berücksichtigt das Mitverschulden nur sehr eingeschränkt. Sie schließt das Rücktrittsrecht wohl nur dann aus, wenn evtl. Schadensersatzansprüche nach § 254 BGB ganz ausgeschlossen sein würden, was eine Mitverantwortungsquote des Rücktrittsberechtigten von mindestens 80% bedeutet.[292] Daneben ist das Rücktrittsrecht auch bei schwerwiegender sonstiger Vertragsuntreue des Rücktrittsberechtigten ausgeschlossen.[293] Dies gilt z. B. bei fehlerhaften oder deutlich verspäteten Mitwirkungshandlungen des Kunden.

Im Bereich der **Minderung** ergeben sich keine besonderen Probleme. Die Vergütung ist **368** gem. § 638 Abs. 3 BGB in dem Verhältnis herabzusetzen, in welchem zur Zeit des Vertragsschlusses der Wert des Werks in mangelfreiem Zustand zu dem wirklichen Wert gestanden haben würde. Notfalls ist zu schätzen. Die Rechtsprechung erlaubt eine Minderung teilweise sogar durch Abzug von Reparaturkosten.[294]

---

[287] OLG Karlsruhe, *Zahrnt,* ECR OLG 199; OLG Köln, OLG-Report Köln 1999, 362; BGH, BB 2003, 128.
[288] *V. Gravenreuth,* BB 1989, 1925 (1926); skeptisch *Köhler/Fritzsche,* in: Lehmann (Hrsg.), Rechtsschutz und Verwertung von Computerprogrammen, S. 513 (567).
[289] Teilweise a. A. *v.Gravenreuth,* BB 1989, 1925 ff., der auch weitere Fallkonstellationen untersucht.
[290] Zu Expertensystem vgl. *Koch/Schnupp,* CR 1989, 393 ff.
[291] Näher dazu *Brandi-Dohrn,* CR 1990, 312 (316).
[292] *Palandt/Grüneberg,* § 323 Rn. 29.
[293] *Palandt/Grüneberg,* § 323 Rn. 29.
[294] LG Düsseldorf, CR 1988, 133 (134); vgl. dazu auch Erman/*H. Grunewald,* § 441, Rn. 4.

e) Schadensersatz

369   Schadensersatzansprüche entstehen nach § 280 BGB bei jeder Pflichtverletzung. Dies gilt nicht, wenn der Schuldner die Pflichtverletzung nicht zu vertreten hat. Die Herstellung einer mangelhaften Software ist eine objektive Pflichtverletzung,[295] so dass Schadensersatzansprüche gegeben sind. Zu den ersatzfähigen Schäden gehören auch Aufwendungen, die der Kunde aufgrund der Lieferung mangelhafter Software im Rahmen der Nacherfüllung zusätzlich erbringen muss.[296] Allerdings gilt diese Aussage nur generell. Für spezielle Schadensersatzansprüche gibt es nämlich besondere Voraussetzungen.

370   Dies gilt zunächst für reine **Verzögerungsschäden.** Hier gibt es Schadensersatzansprüche nur bei Verzug, also in der Regel erst nach einer vergeblichen Fristsetzung. Nur dann, wenn ein konkreter Liefertermin vereinbart ist, tritt Verzug mit Überschreiten dieses Termins ein (§ 286 BGB).[297] Ein Verzögerungsschaden kann neben Rücktritt und Minderung geltend gemacht werden. Auch Schäden, die dadurch entstehen, dass die mangelhafte Sache später als vorgesehen eingesetzt werden kann, müssen entgegen eines Teils von Rechtsprechung und Literatur[298] nur dann ersetzt werden, wenn Verzug vorliegt.[299]

371   Engere Voraussetzungen gelten auch dann, wenn der Gläubiger durch den Schadensersatzanspruch so gestellt werden will, als wäre der Vertrag erfüllt worden, er also **Schadensersatz an Stelle der Erfüllung** haben will (sog. **Schadensersatz statt der Leistung**). Ein solcher Anspruch setzt eine Fristsetzung voraus. Erst wenn in dieser Frist keine erfolgreiche Nacherfüllung durchgeführt wird, gibt es Schadensersatz statt Leistung (§§ 634 Nr. 4, 280, 281 BGB). Nach dem Willen des Gesetzgebers soll dieser Anspruch nur gegeben sein, wenn auch ein Rücktrittsrecht gegeben ist. Er setzt freilich Vertretenmüssen voraus und gibt mehr als das Rücktrittsrecht, weil er auch den entgangenen Gewinn umfasst. Auch er besteht neben dem Rücktrittsrecht. Wird Schadensersatz anstelle der ganzen Leistung verlangt, entfällt der Anspruch auf Gegenleistung. Diese kann sogar zurückgefordert werden (§ 281 Abs. 5 BGB). Ob der Gläubiger, der Schadensersatz wegen der ganzen Leistung verlangt hat, dieses Verlangen aufgeben und auf einen anderen Schadensersatzanspruch zurückgreifen kann, ist offen. Dies sollte freilich möglich sein, solange der Schuldner den Anspruch nicht anerkannt und seinerseits von dem Recht des § 281 Abs. 5 BGB Gebrauch gemacht hat. Schließlich ist die Geltendmachung eines Schadensersatzanspruchs keine Ausübung eines Gestaltungsrechts.

        Sachlich kann man wie bisher den kleinen oder der großen Schadensersatzanspruch wählen. Letzterer scheidet aus, wenn die Pflichtverletzung, die dem Anspruch zugrunde liegt, unerheblich ist (§ 281 Abs. 1 S. 3 BGB).

        Zum Schadensersatz gehört auch der Anspruch auf Ersatz vergeblicher Aufwendungen nach § 284 BGB. Diese können auch neben einem Rücktritt geltend gemacht werden. § 284 BGB schließt nur Schadensersatz an Stelle der Leistung aus, nicht jeden Schadensersatzanspruch.[300] § 284 BGB gilt ferner auch für Aufwendungen, die für kommerzielle Zwecke getätigt wurden.

372   Die Abgrenzung zwischen Schadensersatz statt Leistung und allgemeinem Schadensersatz kann nicht anhand der im alten Recht üblichen Abgrenzung zwischen Mangelschaden und Mangelfolgeschaden erfolgen. Das Gesetz greift diese Terminologie nicht auf.[301]

---

[295] *Lorenz,* NJW 2007, 1 f.; *Tiedtke/Schmitt,* BB 2005, 615.
[296] Im Detail: *Arnold/Dötsch,* BB 2003, 2250; *Sailer,* Die Schadensersatzhaftung, S. 33 f.
[297] **A. A.** wohl *Lorenz,* NJW 2002, 2497 (2502 f.).
[298] OLG Hamm, Urt. v. 23. 2. 2006, BeckRS 2006, 07 007; *Lorenz,* NJW 2007, 1 (2); *Tiedte/Schmitt,* BB 2005, 615 (619 f.).
[299] *Ebert,* NJW 2004, 1761 (1762).
[300] BGH, BB 2005, 2036; ähnlich *Lorenz,* NJW 2004, 36.
[301] Vgl. *Recker,* NJW 2002, 1247.

Geht man von **möglichen Fallgestaltungen** aus, so hat sich ihre Subsumtion unter das 373
Gesetz deutlich geändert. Wird eine mangelhafte Software erstellt und geliefert, können
verschiedene Schäden entstehen. Schäden können schon durch eine verspätete Lieferung
oder eine verzögerte Nacherfüllung entstehen. Diese müssen bei Verzug ersetzt werden.
Weiterhin kann die mangelhafte Software Schäden an anderen Rechtsgütern oder Ver-
mögensschäden verursachen. Auf den Ersatz dieser Schäden gibt es ohne weiteres einen
Anspruch aus § 280 BGB.[302] Zum Schadensersatz gehören auch die Kosten für einen
privaten Sachverständigen, die der Kunde aufgewandt hat, wenn die Einschaltung des
Sachverständigen aus Sicht des Kunden zur Wahrnehmung seiner Rechte erforderlich und
zweckmäßig war, insbesondere dann, wenn sonst Beweisverluste drohen.[303] Ersatzfähig
sind auch Kosten, die durch einen **Datenverlust** verursacht werden, wenn durch die
mangelhafte Software (oder Installationsfehler) Daten verloren gegangen sind. Allerdings
müssen die Daten regelmäßig gesichert werden.[304] Erklärt der Auftragnehmer freilich, die
Daten seien nicht rekonstruierbar, sind sie es aber, kann die falsche Erklärung allein eine
Pflichtverletzung darstellen, die Schadensersatzansprüche auslöst.[305] Außerdem muss die
Datensicherung vom Softwareunternehmen ordnungsgemäß installiert worden sein. Zu-
letzt kann das Geschäft scheitern, weil der Kunde die mangelhafte Software nicht akzep-
tiert oder ihm die Nacherfüllung zu lange dauert. Dann kann er höhere Kosten der
Ersatzbeschaffung oder entgangenen Gewinn als Schaden nach § 281 BGB geltend machen
oder auch nur seine vergeblichen Aufforderungen nach § 284 BGB ersetzt verlangen.
Man wird ferner beachten müssen, dass Kosten einer Selbstvornahme, die nach § 637
BGB nicht ersatzfähig sind, auch keine Schadenspositionen sein können.

Bei **Körper- oder Gesundheitsschäden** kommt auch bei rein vertraglichen Ansprüchen 374
Schmerzensgeld in Betracht (§ 253 Abs. 2 BGB).

Der Besteller muss seinerseits im Rahmen des **§ 254 BGB** Vorkehrungen zur Schadens- 375
begrenzung treffen. Dazu gehört jedenfalls eine regelmäßige Datensicherung.[306] Allerdings
muss der Unternehmer bei der Installation die Funktionsfähigkeit der Datensicherungsroutine fachgemäß überprüfen.[307]

Alle Schadensersatzansprüche setzen im Übrigen **Vertretenmüssen** voraus. In der 376
Regel liegt Vertretenmüssen bei Verschulden vor. Für mangelndes Verschulden muss sich
der Schuldner entlasten. Verschulden ist jedenfalls immer dann gegeben, wenn der Ersteller die Regeln der Technik bei der Erstellung oder dem Testen der Software verletzt.[308]
Hier dürfen insbesondere die Standardisierungen im Hinblick auf Verfahrensabläufe
(DIN 9000 etc.) eine wichtige Rolle spielen. Zu den Pflichten des Auftragnehmers gehört
eine Produktkontrolle vor Ablieferung, zu der z. B. auch eine Kontrolle auf Virenbefall
gehört.[309]

f) Verjährung, Rügepflicht

Die **Verjährung** der Mängelansprüche ist in § 634 a BGB **sehr differenziert** geregelt. 377
Soweit Software vom Ersteller neu hergestellt wird, liegt kein Sonderfall vor. Mängelansprüche verjähren dann gem. § 634 a Abs. 1 Nr. 3 BGB in der regelmäßigen Verjäh-

---

[302] So auch *Lorenz*, NJW 2002, 2497 (2499 ff.).
[303] BGH, WuM 2004, 466.
[304] Dazu gleich Rn. 375.
[305] BGH, CR 2000, 424.
[306] OLG Karlsruhe, NJW-RR 1997, 534 = NJW-CoR 1996, 188 m. Anm. *Völle*; LG Kleve, Beil.
Nr. 10 zu BB 1992, S. 4; AG Kassel, NJW-CoR 1997, 496 (LS); OLG Hamm, DuD 2004, 368 = CR
2004, 654; vgl. auch *Schneider*, Handbuch des EDV-Rechts, Rn. E 195.
[307] BGH, NJW 1996, 2924; OLG Köln, NJW-RR 1994, 1262; NJW-RR 1997, 558.
[308] *Kilian*, CR 1986, 187 (194).
[309] *Schneider/Günter*, CR 1997, 389 (394).

rungsfrist. Diese beträgt nach § 195 BGB drei Jahre und beginnt mit dem Ende des Jahres, in dem der Anspruch entstanden ist und der Gläubiger von den den Anspruch begründenden Umständen und der Person des Schuldners Kenntnis erlangt oder ohne grobe Fahrlässigkeit erlangen musste, längstens in 10 Jahren nach ihrer Entstehung (§ 199 Abs. 1, 3 Nr. 1 BGB). Dies bedeutet, dass Mängelansprüche wegen verborgener Mängel in aller Regel drei Jahre nach Aufdecken des Mangels am Jahresende und spätestens 10 Jahre nach Abnahme verjähren – gegenüber der bisherigen 6monatigen Verjährung eine gravierende Änderung. Schadensersatzansprüche können auch erst nach 30 Jahren verjähren (§ 199 Abs. 3 Nr. 2 BGB)[310]. Dieses klare Ergebnis lässt sich auch nicht im Wege der teleologischen Reduktion ändern.[311]

Wendet man § 651 BGB an, beträgt die Verjährungsfrist nur 2 Jahre ab Ablieferung.[312]

378   **Gehemmt** wird die Verjährung u. a. durch Verhandlungen über den Anspruch (§ 203 BGB). Beginn und Ende solcher Verhandlungen sollten daher genau dokumentiert werden. Zu den Verhandlungen gehört z. B. auch Überprüfung der Software auf das Vorliegen von Mängeln.[313] Wird im Zuge der Nachbesserung eine neue Software geliefert, beginnt die Verjährungsfrist neu, bei reiner Nachbesserung nur im Hinblick auf die Ansprüche aus den reparierten Mängeln.[314]

379   Auf eine **Besonderheit** sei hingewiesen: Selbst wenn man Software als bewegliche Sache ansieht[315] und daher § 651 BGB auf ihre Erstellung anwendet, ist die spätere Bearbeitung fremder Software als Bearbeitung einer Sache Werkvertrag. In diesem Fall beträgt die Verjährungsfrist für Mängelansprüche zwei Jahre ab Abnahme (§ 634 a Abs. 1 Nr. 1 BGB).

Nach Eintritt der Verjährung sind auch Minderung und Rücktritt ausgeschlossen (§ 218 BGB).

Liegt der Fall der Arglist vor, gilt immer die regelmäßige Verjährungsfrist (§ 634 a Abs. 3 BGB). Für den Hauptfall des Softwareerstellungsvertrages ändert dies an der Verjährungsfrist nichts.

380   Sind beide Parteien **Kaufleute**, so ist streitig, ob eine **Rügeobliegenheit** gemäß § 381 Abs. 2 HGB besteht. Nach hier vertretener Ansicht liegt bei der Erstellung von Individualsoftware kein Werklieferungsvertrag über eine bewegliche Sache vor, so dass die Vorschrift nicht anwendbar ist. Sie ist aber zumindest analog anwendbar, weil die Interessenlage im vorliegenden Fall ähnlich wie beim Werklieferungsvertrag über eine bewegliche Sache ist. Immerhin scheitert die Anwendung nur an der Tatsache, dass nach hier vertretener Ansicht Software keine Sache ist.[316] Die überwiegende Meinung tritt für eine Rügeobliegenheit ein.[317] Die **Rügefrist** wird in der Regel auch bei Software kurz angenommen. So ist die Rüge mangelnder Kompatibilität schon nach 13 Tagen verfristet.[318] Die Rüge muss aber nicht sehr spezifisch sein. So soll die Aussage „Der Drucker ist nicht

---

[310] Näher *Redeker,* in: Schneider/v. Westphalen (Hrsg.): Softwareerstellungsverträge, Abschn. D, Rn. 361 ff.

[311] So aber *Lenhard,* Vertragstypologie, S. 178 ff.; mit anderer Begründung auch *Schmidl,* MMR 2004, 590 (590 f.).

[312] Vgl. unten Rn. 515.

[313] *Palandt/Heinrichs,* § 203 Rn. 2.

[314] *Lorenz,* NJW 2007, 1 (5).

[315] Dazu oben Rn. 278 ff.

[316] Dazu oben Rn. 278 ff.

[317] BGH, NJW 1993, 2436 (2437 f.) = BB 1993, 1753 = DB 1993, 1871; zustimmend *Thamm,* BB 1994, 2224 (2225); OLG Celle, IuR 1986, 311 (312) mit insoweit zustimmender Anmerkung *Zahrnt;* a. A. *Junker,* NJW 1990, 1575 (1578).

[318] *Thamm,* BB 1994, 2223 (2224) mit weiteren Beispielen; *Gaul,* CR 2000, 570 (571). A. A. OLG Hamm, OLG Report Hamm/Düsseldorf/Köln 2005, 136: 3 Wochen bei Mangel an Thermodrucker.

zu gebrauchen" ausreichen.[319] Diese Rüge ist aber sicher nicht ausreichend. Insoweit kann man sich an dem oben[320] Gesagten auch im Hinblick auf §§ 377, 381 HGB orientieren.[321]

4. Vergütung und Fälligkeit; Sicherungsrechte

Im Werkvertrag ist die Vergütung prinzipiell erst bei **Abnahme fällig** (§ 641 Abs. 1 Satz 1 BGB). Nach dem Gesetz ist lediglich bei Teilabnahmen und gleichzeitigem Ausweis von Teilzahlungen die Fälligkeit für jede Teilzahlung bei der Teilabnahme fällig (§ 641 Abs. 1 Satz 2 BGB).   381

Auch die Regelung des § 632a BGB ändert hierzu wohl nur in wenigen Fällen etwas, da im Bereich der Softwareentwicklung ihre Voraussetzungen selten vorliegen werden.

Fälligkeit tritt außerdem dann ein, wenn der Kunde trotz berechtigter Abnahmeverweigerung keine Erfüllung des Werkvertrages, sondern Minderung oder Schadensersatz verlangt.[322]

Diese vom Gesetz vorgesehene Nachschüssigkeit der Zahlungspflicht ist insbesondere bei größere Projekten für den Unternehmer nicht hinzunehmen, da er bis zur Abnahme des Werkes sämtliche Kosten tragen muss. Demgemäß wird sie in der Praxis in aller Regel abbedungen. Es werden verschieden **Fälligkeitsregeln** vereinbart. Diese sind in Individualverträgen auch unbegrenzt zulässig.[323]   382

Auch in **allgemeinen Geschäftsbedingungen** lassen sich solche Regelungen treffen. Dabei ist aber darauf zu achten, dass ein nennenswerter Teil der Vergütung jedenfalls erst nach Abnahme gezahlt werden muss, ggf. sogar für Mängelansprüche noch Vorsorge getroffen wird. Die AGB-mäßige Vereinbarung einer Vorfälligkeit der Zahlung in dem Sinne, dass vor Abnahme alles gezahlt werden muss, ist in Allgemeinen Geschäftsbedingungen der Hersteller unzulässig, weil sie einseitig zu Lasten des Bestellers geht.

Wichtig ist, dass bei diesen **Teilzahlungsvereinbarungen** klare Regelungen getroffen werden. Unklarheiten werden in der Rechtsprechung oft zu Lasten der Unternehmer ausgelegt. Jedenfalls ist für alle Parteien die Fälligkeitsregelung unsicher. Wird allerdings eine Teilfälligkeit bei Installation vereinbart, ist entgegen der Rechtsprechung davon auszugehen, dass für die Teilzahlung dieser Art die Abnahme nicht Voraussetzung ist, zumal dann, wenn eine weitere Zahlung erst zu einem deutlich späteren Zeitpunkt, der jedenfalls nach Abnahme liegt, vorgesehen ist.[324] Auch hier lässt sich Klarheit dadurch schaffen, dass eine Teilzahlung bei Installation, eine andere bei Abnahme fällig ist. In diesem Fall ist klar, dass die Zahlung nach Installation nicht die Abnahme voraussetzt. Eine möglichst klare Regelung ist jedenfalls geboten.   383

Eine Teilzahlungspflicht nach Installation kommt allerdings auch nach § 632a BGB in Betracht. Das gesetzgeberische Modell von Teilabnahmen sollte in der Vertragspraxis nicht ganz außer acht gelassen werden, wobei klargestellt sein muss, dass die Teilabnahme sich nur auf die zu diesem Zeitpunkt prüfbaren Eigenschaften beziehen kann.

In manchen Softwareverträgen werden auch **Eigentumsvorbehalte** für Software vereinbart. Wenn dadurch auch die Übertragung einfacher Nutzungsechte bis zur Bezahlung   384

---

[319] So *Thamm*, BB 1994, 2223 (2225) unter Berufung auf OLG Hamm, CR 1994, 290 = NJW-RR 1993, 1527.

[320] Rn. 354 ff.

[321] I. E. ähnlich *Junker/Benecke,* Computerrecht, Rn. 253.

[322] BGH, NJW 2002, 3019; NJW 2003, 288.

[323] BGH, Urt. 29. 1. 2002, X ZR 231/00, JurPC Web-Dok. 168/2002.

[324] **A. A.** OLG Düsseldorf, *Zahrnt,* ECR OLG 208.

ausgesetzt werden sollen, ist dies nur zulässig, wenn keine Vorleistungspflicht des Softwareanbieters vereinbart ist.[325]

5. Leistungsstörungen

a) Verzug

385   Eine häufig eintretende Leistungsstörung bei der individuellen Erstellung von Software ist der **Leistungsverzug.** Sehr oft stellt sich heraus, dass die geplante Software in der vorgesehenen Zeit nicht ordnungsgemäß entwickelt werden kann, sei es, dass unvorhergesehene Hindernisse aufgetreten sind, sei es, dass von vornherein die kalkulierte Zeit zu knapp bemessen war.

War für die Fertigstellung der Software von vornherein ein bestimmter Termin zwischen den Parteien vereinbart, so tritt mit Ablauf dieses Termins ohne weitere Mahnung Verzug ein. Allerdings kann der Hersteller sich damit entlasten, dass er an der Verzögerung kein Verschulden trägt. Dafür ist er aber darlegungs- und beweispflichtig.

386   Sicherlich **nicht ausreichend** ist eine Darlegung, dass die gestellte Aufgabe in der vereinbarten Zeit eigentlich gar nicht lösbar ist. Dies hätte der Hersteller vorher wissen müssen. Er hat sich aber durch die Übernahme der Aufgabe verpflichtet, sie in der angegebenen Zeit zu erledigen. Es dürfte sich auch niemals um eine absolute Unmöglichkeit der Herstellung in der Zeit handeln. Vielmehr kann sie im Zweifel nur der Hersteller mit seiner Kapazität in der angegebenen Zeit nicht erledigen. Mit einem solchen Einwand kann er nicht gehört werden.

Anders ist es, wenn etwa der wesentliche Mitarbeiter des Herstellers zwischenzeitlich erkrankt ist und deswegen für längere Zeit ausfällt. Sollte auf dem Markt keine Ersatzkraft beschaffbar sein, dürfte die Entschuldigung den gesamten Krankheitszeitraum umfassen. Lässt sich eine Ersatzkraft beschaffen, dürfte eine entschuldigte Verzögerung jedenfalls hinsichtlich der Einarbeitungszeit vorliegen. Dabei ist allerdings zu beachten, dass im Hinblick auf Krankheit oder anderen Ausfall der Mitarbeiter jedenfalls ein größeres Softwarehaus auch entsprechende Reserveplanungen unterhalten muss.

387   Problematisch ist der Fall, wenn während der Entwicklungszeit **Auftragsänderungen** einvernehmlich beschlossen werden, die Fertigstellungszeit aber nicht zugleich verlängert wird, und der Unternehmer später argumentiert, durch die geänderten Wünsche des Benutzers eine Fertigstellung innerhalb der gesetzten Zeit sei nicht mehr möglich gewesen.[326] Auch hier wird man letztendlich so entscheiden müssen wie im zuerst genannten Fall. Hat der Unternehmer bei Vereinbarung der Zusatzfunktionen oder der Abänderungen nicht auf die Verzögerung hingewiesen und ist keine andere Leistungszeit vereinbart worden, hat er die Fertigstellung innerhalb der gesetzten Zeit übernommen. Er kann sich nicht nachträglich darauf berufen, dies sei für ihn gar nicht möglich gewesen. Weist der Unternehmer allerdings darauf hin, dass die geänderten Vorstellungen dazu führen, dass eine Zeitverzögerung eintritt und widerspricht daraufhin der Besteller nicht, kann man jedenfalls von einer stillschweigenden **Aufhebung** der ursprünglichen Vereinbarung über den **Fertigstellungszeitraum** ausgehen. Ein neuer fixer Fertigstellungstermin dürfte in aller Regel nicht vereinbart sein, so dass hier eine **bewusste Vertragslücke** entsteht, weil auch eine sofortige Fälligkeit nicht anzunehmen ist. Verzug setzt entweder eine spätere Vereinbarung über den Fertigstellungszeitpunkt und dessen Überschreitung oder eine Mahnung voraus, die dann ausgesprochen wurde, als nach Treu und Glauben mit einer Fertigstellung zu rechnen war. Will der Besteller am ursprünglichen Fertigstellungszeit-

---

[325] Näher *Redeker,* ITRB 2005, 70; vgl. auch unten Rn. 544.
[326] Zu einer ganz ungewöhnlichen Fallgestaltung OLG Düsseldorf, *Zahrnt,* ECR OLG 228.

punkt festhalten, ist ihm im Rahmen der laufenden Vertragsbeziehung zuzumuten, dieses gegenüber dem Unternehmer klar zum Ausdruck zu bringen.

Ein Verzug liegt auch vor, wenn der Unternehmer die Weiterarbeit von unzulässigen Voraussetzungen abhängig macht.[327]

Ein Verzug ist im Einzelfall allerdings dann ausgeschlossen, wenn der Besteller ihm obliegende Mitwirkungshandlungen nicht erbringt.[328]

Kommt der Unternehmer in Verzug, so kann der Besteller zunächst den **Verzugs-** **388** **schaden** geltend machen (§§ 280, 286 BGB). Der Verzugsschaden kann in nutzlos aufgewendeten Mieten für eine Hardware, er kann aber auch im entgangenen Gewinn liegen, wenn etwa eine Produktionsverbesserung erst später eingesetzt werden kann. Er kann auch in sonstigen Mehraufwendungen liegen, die dem Besteller im Zusammenhang mit der Verzögerung der Programmerstellung entstehen.

Bei verspäteter Herstellung kann der Bestellung im Übrigen eine Frist zur Fertigstellung setzen und nach Ablauf der Frist vom Vertrag zurücktreten. Er kann freilich auch nach Ablauf der Frist noch Fertigstellung verlangen und nicht zurücktreten. Das Gesetz setzt keine zeitliche Grenze, binnen derer das Wahrecht ausgeübt werden kann. Fordert der Kunde auch nach Fristablauf Erfüllung, geht das Rücktrittsrecht nicht unter.[329]

Vertraglich wird daher versucht, hier früher Klarheit zu schaffen. Die EVB-IT sieht hier **389** vor, dass der Unternehmer während des Fristverlaufs vom Besteller eine Erklärung verlangen kann, ob dieser zurücktritt oder nicht. Bis zur Beantwortung dieser Frage läuft die Frist weiter.[330] Eine solche Klausel kann von der öffentlichen Hand als Besteller auch als allgemeine Geschäftsbedingung verwendet werden. Ein Softwareersteller kann dies nicht.[331] Faktisch wird ja so eine Art Fristsetzung mit Ablehnungsandrohung verlangt. Eine Frage nach der Reaktion auf eine nicht fristgerechte Leistung noch während des Laufs der Frist mit der Konsequenz der Verlängerung der Frist bis zur Antwort ist eine deutliche Abweichung vom gesetzlichen Normalfall und daher nach § 307 Abs. 2 Nr. 1 BGB unwirksam. Während der gesetzten Frist soll der Unternehmer erfüllen und erst bei Misslingen weiter nachdenken. Reagiert freilich der Besteller nach Fristablauf binnen angemessener Frist nicht, kann eine Klausel vorsehen, dass der Unternehmer nachfragt, was geschehen soll. Als Konsequenz kann dann auch vorgesehen werden, dass der Kunde bei Schweigen auf ein solches Schreiben mit seinem Rücktrittsrecht ohne weitere Fristsetzung ausgeschlossen ist.

Trifft den Unternehmer an der bei Fristablauf nicht erbrachten Leistung ein Ver- **390** schulden, kommt sogar Schadensersatz statt Leistung in Betracht.[332] Zum letzteren Schaden gehören u. a. die vergeblichen Aufwendungen des Bestellers im Zusammenhang mit der Vertragsdurchführung, etwa für die Anmietung von Räumen oder für die Schulung von Mitarbeitern.[333] Möglicherweise sind auch die Mehrkosten für seine Ersatzbeschaffung als Schaden geltend zu machen. Die vergeblichen Aufwendungen können im Übrigen dann, wenn sonst kein Schaden entstanden ist, auch nach § 284 BGB verlangt werden.

---

[327] OLG Celle, *Zahrnt,* ECR OLG 201 a.

[328] Näher dazu unten Rn. 411 ff.; vgl. *Heussen,* CR 1989, 809 (810); BGH, CR 1989, 102 (104); NJW 1996, 1745; OLG Köln, Beil. Nr. 3 zu BB 1993, S. 9; OLG-Report Köln 1993, 150 f. = Beil. Nr. 3 zu BB 1993, S. 8 m. Anm. *Zahrnt;* OLG Stuttgart, *Zahrnt,* ECR OLG 158; *Köhler/Fritzsche,* in: Lehmann (Hrsg.): Rechtsschutz und Verwertung von Computerprogrammen, S. 513 (554).

[329] BGH, NJW 2006, 1198; a. A. OLG Celle, NJW 2005, 2094.

[330] Näher *Feil/Leitzen,* CR 2002, 407 (408).

[331] *Lapp,* ITRB 2004, 262 (263).

[332] Vgl. oben Rn. 371 f.

[333] *Köhler/Fritzsche,* in: Lehmann (Hrsg.), Rechtsschutz und Verwertung von Computerprogrammen, S. 513 (570).

391   Tritt Verzug nur hinsichtlich einer Teilleistung ein, kommen Rücktritt und Schadensersatz statt der Leistung nur in Betracht, wenn der Besteller an der erbrachten Teilleistung
kein Interesse hat (§§ 281 Abs. 1 S. 2, 323 Abs. 5 S. 1 BGB). Bei einer mängelbehafteten
Leistung kommen Rücktritt und Schadensersatz statt der Leistung nur in Betracht, wenn
die Pflichtverletzung nicht unerheblich ist (§§ 281 Abs. 1 S. 3, 323 Abs. 5 S. 2 BGB).[334]
Diese Rechtsfolgen kommen in Betracht, solange die Software nicht abgenommen wurde[335]. Hinsichtlich des Rücktritts sind die Rechtsfolgen bei mängelhafter Leistung vor
und nach der Abnahme daher gleichgestellt. Bei den Voraussetzungen und hinsichtlich der
anderen Rechtsfolgen gibt es Unterschiede.

392   Der Lieferant kann die Rechtsfolgen des Verzugs auch nicht durch Klauseln einschränken, nach denen er zur Teilleistungen berechtigt ist. Gerade diese Rechtsfolge macht solche
Klauseln unwirksam.[336]

b) Nichterfüllung und Unmöglichkeit

393   Möglich ist auch, dass die Software letztendlich überhaupt nicht hergestellt wird und
der Unternehmer irgendwann einmal erklärt, er könne sie auch nicht mehr fertig stellen,
weil er z. B. die erforderlichen Rechte nicht erhalten habe oder die sachkundigen Mitarbeiter ausgeschieden seien. In diesem Fall liegt der Fall der nachträglichen **subjektiven
Unmöglichkeit** vor. In aller Regel wird der Unternehmer hier Schadensersatz zu leisten
haben, da die Unmöglichkeit in aller Regel von ihm zu vertreten ist.

394   In Einzelfällen kommen auch Ansprüche wegen eines **anfänglichen subjektiven Unvermögens** in Betracht. Dies hat das OLG Frankfurt dann angenommen, wenn ein
Datenverarbeitungssystem von vornherein nicht erstellt werden konnte, weil die Hardware und die Betriebssoftware nicht ausreichen, um das beabsichtigte Programmsystem
zu unterstützen.[337] Das geschuldete System war in diesem Fall noch nicht ausgeliefert, so
dass die Vorschriften über das anfängliche Unvermögen anwendbar waren. Nach Abnahme dürften auch in solchen Fällen nur Rechte wegen mangelhafter Lieferung in Betracht
kommen.

Bei **anfänglichem subjektiven Unvermögen** gibt es nach § 311 a Abs. 2 BGB grundsätzlich Schadensersatzansprüche. Diese scheiden nur dann aus, wenn der Ersteller das
Leistungshindernis bei Vertragsschluss nicht kannte und seine Unkenntnis auch nicht zu
vertreten hat. Diese Situation dürfte im hier diskutierten Fall nicht vorliegen, so dass
Schadensersatzansprüche gegeben sind. Nach Abnahme gilt allerdings im Wesentlichen
das Gleiche, weil die an sich nach § 281 Abs. 1 S. 1 BGB erforderliche Fristsetzung nach
§ 281 Abs. 2 BGB entfallen kann, weil es eine sinnlose Förmelei wäre, einen Schuldner zu
einer Leistung aufzufordern, die er nicht erbringen kann.

395   Das Gleiche gilt im Übrigen für den Fall der **objektiven Unmöglichkeit.**
396   Die **bloße Leistungsverweigerung** durch den Unternehmer stellt im Übrigen keine
Unmöglichkeit dar. Vielmehr kann der Unternehmer auch auf Fertigstellung des Programms verklagt werden. In solchen Fällen bietet sich allerdings in aller Regel der Weg
über § 281 BGB an, wobei in solchen Fällen eine Fristsetzung gem. § 281 Abs. 2 BGB
entbehrlich ist. Eine Klage auf Programmerstellung dürfte unpraktikabel sein. Theoretisch
denkbar ist sie. Da es um einen Werkvertrag geht, kommt auch eine Vollstreckung in
Betracht. Die Vollstreckung richtet sich nach § 888 Abs. 2 ZPO.

---

[334] Dazu oben Rn. 351.
[335] Vgl. dazu oben Rn. 341 ff.
[336] OLG Stuttgart, *Zahrnt,* ECR OLG 183.
[337] OLG Frankfurt, BB 1984, 300.

c) Verletzung sonstiger Herstellerpflichten

aa) Beratungspflichten

Unabhängig von den bislang vorgetragenen Leistungsstörungen kommt eine Reihe von **397** weiterer Pflichten des Unternehmers in Betracht, aus deren Verletzung sich Schadensersatzansprüche gemäß § 280 Abs. 1 BGB entweder wegen der Verletzung vertraglicher Nebenpflichten (früher positive Vertragsverletzung) oder wegen der Verletzung von Pflichten aus dem sich aus § 311 BGB ergebenden gesetzlichen Schuldverhältnis durch die Aufnahme von Vertragsverhandlungen (früher culpa in contrahendo) ergeben. Dies gilt zunächst für vorvertragliche **Aufklärungspflichten**.[338]

Werden vor Abschluss des Vertrages zwischen den Parteien Verhandlungen oder Gespräche darüber geführt, ob und in welcher Weise sich eine datenverarbeitungstechnische Lösung der Probleme des Bestellers anbietet, so ist der Hersteller, der in Fällen der vorliegenden Art oft sachkundiger als der Besteller ist, verpflichtet, die EDV-Bedürfnisse des Bestellers sorgfältig zu analysieren und ggf. entsprechende Nachfragen zu stellen.[339] Er muss sodann aus seiner Sachkenntnis korrekte Angaben zu möglichen und geeigneten Lösungen der gegebenen Problemstellungen aus EDV-technischer Sicht geben. Diese Lösungen müssen auch für den dem Hersteller erkennbaren Betriebsablauf beim Kunden geeignet sein. Es dürfen keine Lösungen empfohlen werden, die komplizierte, nur EDV-technisch begründete Abläufe verlangen, die den üblichen Betriebsablauf stören und zu erhöhten Ausfallgefahren der Anlage führen.[340] Auch auf Umweltbedingungen, die eine korrekte Arbeit der DV-Anlage verhindern, muss der Hersteller hinweisen.[341]

Verstößt der Hersteller gegen die eben genannten Pflichten, kommen **Schadensersatz-** **398** **ansprüche** aus Verletzung eines selbständigen Beratungsvertrages[342] oder §§ 311, 280 BGB in Betracht. In Einzelfällen haben die Gerichte daraus auch auf eine Mangelhaftigkeit der gelieferten Software geschlossen. Dies dürfte in der Regel aber fehl gehen, weil durch das Beratungsverschulden die Beschaffenheit der Software nicht korrekt vereinbart wurde.[343]

Wieweit die Beratungs- und Informationspflichten des Unternehmers gehen, hängt **399** sehr stark von den Umständen des Einzelfalls ab. Insbesondere die Sachkunde der Beteiligten,[344] die Komplexität der Software, die von beiden Seiten gestellten Fragen und die sonstigen Umstände des Vertragsschlusses spielen eine ganz wichtige Rolle.[345] Zu beachten ist, dass nach der Literatur und der Rechtsprechung teilweise auch weitere Aufklärungs- und Mitwirkungspflichten nach Übergabe der Software bestehen sollen. Dies gilt insbesondere dann, wenn nachträglich noch Mangelprobleme auftreten oder sonstige Umstände dem Unternehmer bekannt werden, die für die Nutzung der Software relevant sind und zwar unabhängig von der Frage, ob ein Pflegevertrag abgeschlossen ist. Bei den nachvertraglichen Aufklärungspflichten darf man aber keine allzu großen Anforderungen

---

[338] Zu diesen ausgiebig *Redeker*, in: Schneider/v. Westphalen (Hrsg.): Softwareerstellungsverträge, Rn. D 4 ff.; *Marly*, Praxishandbuch Softwarerecht, Rn. 1116 ff.; *Schneider*, Handbuch des EDV-Rechts, Rn. D 226 ff.

[339] Beispielhaft OLG Celle, *Zahrnt*, ECR OLG 175; **a. A.** *Knörzer*, CR 1987, 24 (25).

[340] Plastisch OLG Köln, CR 1988, 723 (727 f.) für Plattenwechsel mit Datensicherung bei jedem Wechsel zwischen zwei Anwendungssoftwarepaketen.

[341] LG Münster, CR 1988, 467 (468) für Staubfreiheit und Netzschwankungen.

[342] Für einen selbstständigen Beratungsvertrag in gewissen Fällen z. B. *Mehrings*, GRUR 1985, 1989 (1995); ebenso BGH, BB 2001, 1602 = NJW 2001, 2630.

[343] Plastisch OLG Düsseldorf, *Zahrnt*, ECR OLG 144.

[344] So OLG Köln OLG Report Hamm/Düsseldorf/Köln 2005, 642.

[345] Ausführlich *Köhler/Fritzsche*, in: Lehmann (Hrsg.), Rechtsschutz und Verwertung von Computerprogrammen, S. 513 (580 f.); *Schneider*, Handbuch des EDV-Rechts, Rn. D 249 ff.

an den Unternehmer stellen, jedenfalls keine größeren, als sie nach dem Produkthaftpflichtgesetz ohnehin bestehen.[346]

400   In der **Rechtsprechung** wird insbesondere davon gesprochen, dass ein Hersteller die Pflicht hat, nach dem Umfang der anfallenden Daten zu fragen, wenn der Kunde erkennbar auf seine Fachkunde vertraut hat und es auf diese Frage ankommen kann.[347] Weitergehend wird dann, wenn ein gesamtes EDV-System gekauft wird, ein Pflicht angenommen, nach der der Hersteller ein Pflichtenheft erstellen bzw. auf seine Erstellung hinwirken muss, wenn der Kunde auf seine Sachkunde vertraut.[348] Er kann auch verpflichtet sein, neben dem Pflichtenheft einen Organisationsvorschlag zu machen, wenn der Besteller eine Umorganisation seines Betriebes beabsichtigt.[349] Bezeichnet er dem Kunden eine Software, die auf dessen individuelle Bedürfnisse abgestimmt werden soll, so ist er verpflichtet, diese Software auf ihre Eignung sorgfältig zu untersuchen.[350] Ebenso muss er dem Kunden dann Hinweise geben, wenn dieser erkennbar einer DV-Anlage oder Software irrtümlich bestimmte Eigenschaften beimisst. Die Hinweise müssen klar und dem Kunden verständlich sein. Setzt er bestimmte Installationsmethoden für die Software ein, die Konsequenzen für die Unterstützung durch den Hersteller des Betriebssystems haben, muss er auf diese Konsequenzen hinweisen.[351] Auch ein Fachhändler muss aber nur über Eigenschaften aufklären, die für den ihm bekannten Verwendungszweck der Software relevant sind und die er kannte oder kennen musste. Hat er freilich Zweifel, ob die Software für den Verwendungszweck geeignet ist, muss er ggfs. beim Hersteller nachfragen.[352] Übernimmt der Kunde Mitwirkungshandlungen und ist dem Unternehmer erkennbar, dass er diese nicht erfüllen kann, muss er den Kunden darauf hinweisen, dass er sachkundiger Hilfe bedarf.[353] Manchmal reicht auch der Hinweis, dass ggf. zum Erfolg des Projekt Dritte mitwirken müssen, nicht aus, wenn nicht insoweit nähere Hinweise gemacht werden. Dies gilt nach der Rspr. z. B. für den Hinweis einer Spezialfirma, ob der geschuldete Datenaustausch erfolgreich durchgeführt werden könne, könne von Änderungen abhängen, die Hersteller der Softwareprodukte durchführen müssten, zwischen denen die Daten ausgetauscht werden sollten.[354]

401   Die **Pflichten des Herstellers** werden hier **teilweise überspannt.**[355] Der Kunde muss sich auch im Rahmen seiner Fähigkeiten bemühen, bei der Vorbereitung und Erstellung des Softwareprodukts mitzuwirken. Dabei werden beim Kunden auch gewisse intellektuelle Grundfähigkeiten vorausgesetzt.[356] Insbesondere kann ein Umorganisationsvorschlag nur dann Pflicht eines EDV-Unternehmens sein, wenn dieses über eine besondere Sachkunde im Hinblick auf die Branche verfügt, der der Kunde angehört, oder wenn es die entsprechende Beratung ausdrücklich übernommen hat. Darüber hinaus muss die Sachkompetenz sich gerade auch auf die Gestaltung innerbetrieblicher Organisationen beziehen. Keine Beratungspflichten bestehen z. B. dann, wenn ein Kunde bereits mit festen Vorstellungen kommt und von sich aus konkrete Bestellungen aufgibt.[357] Die Beratungspflichten sind auch reduziert, wenn der Kunde ein Pflichtenheft selbständig korrigiert und

---

[346] *Hörl,* CR 1999, 605 (608 f.) zum Jahr-2000-Problem.

[347] OLG Koblenz, CR 1990, 41 (43) = WM 1989, 222 (223 f.); vgl. auch LG Bielefeld, IuR 1986, 76.

[348] OLG Koblenz, CR 1990, 41 (43); ergänzend OLG Stuttgart, CR 1989, 598 (599 f.) mit zust. Anm. *Breidenbach;* vgl. auch *Mehrings,* NJW 1986, 1904 (1907).

[349] So z. B. OLG Hamm, CR 1989, 498 (LS) vgl. auch LG Kiel, CR 1987, 22 (24) (sehr zweifelhaft).

[350] LG Augsburg, IuR 1986, 208.

[351] *Niedermeier/Damm,* CR 1999, 737 (742 f.).

[352] BGH; BB 2004, 1987; *Sailer,* Die Schadensersatzhaftung, S. 44.

[353] *Müglich/Lapp,* CR 2004, 801 (803).

[354] OLG Hamm, CR 2007, 76 (zweifehaft).

[355] Kritisch auch *Schneider,* Handbuch des EDV-Rechts, Rn. D 244.

[356] BGH, CR 1989, 102 (104) mit zust. Anm. *Köhler.*

[357] LG München I, CR 1987, 96 (97 f.).

die neue, aufgrund seiner Korrekturen erstellte Version dann unbeanstandet lässt.[358] Es ist auch nicht Aufgabe des Lieferanten, ohne Nachfrage bei Bestellung einer einzelnen Anwendungssoftware durch den Kunden zu prüfen, ob der Speicherplatz des Kunden, der prinzipiell für die Anwendung ausreicht, durch andere Anwendungsprogramme so beschränkt ist, dass das Programm nicht lauffähig ist.[359]

Beratungspflichten kann es auch im Hinblick auf mögliche **rechtliche** Problematiken   402
geben, die datenverarbeitungsspezifischer Natur sind. Man wird aber mit der Annahme solcher Pflichten vorsichtig sein müssen, da die Hersteller von EDV-Anlagen keine allgemeine Rechtsberatungspflicht haben können. Insbesondere eine Beratung in betriebsverfassungsrechtlichen Fragen oder auch in steuerrechtlicher Hinsicht über die Normen hinaus, die sich lediglich mit den DV-technischen Fragen wie der Struktur eventuell zu übergebender Daten oder dem Aufbau eines Datensicherungsverfahrens beschäftigen, ist den Herstellern der EDV-Anlagen nicht zuzumuten. Ihnen dürfte die dafür notwendige Sachkunde fehlen. Insoweit müssen die Beteiligten ggf. die entsprechend fachkundigen Berater mit einschalten. Allerdings kann die Beachtung rechtlicher Aspekte bei der Softwaregestaltung durchaus zu berücksichtigen sein. So sind z. B. bei der Herstellung von Buchhaltungssoftware steuerrechtliche, u. U. auch sozialversicherungsrechtliche Vorschriften zu beachten. Bei einer Software, die in einem entsprechenden Verwendungszusammenhang eingesetzt wird, muss auch darauf hingewiesen werden, dass es der Steuerverwaltung jederzeit möglich sein muss, auf die gespeicherten Daten zuzugreifen.[360]

Ansprüche aus der Verletzung von Beratungspflichten unterliegen einheitlich der regel-   403
mäßigen Verjährungsfrist. Allerdings ist noch unklar, ob es ein Nebeneinander der Ansprüche aus der Verletzung von Beratungspflichten und aus Mängelrechten gibt.[361]

Ist der Hersteller an der Erstellung des **Pflichtenhefts** nicht beteiligt, ist er prinzipiell   404
nicht gezwungen, dieses auf Richtigkeit zu überprüfen. Entdeckt er Fehler und Inkonsistenzen, muss er dies dem Besteller aber sofort mitteilen und Lösungsvorschläge unterbreiten. Tut er dies nicht oder zu spät, können Schadensersatzansprüche entstehen.[362] Diese Situation kann u. U. erst sehr spät im Laufe der Programmierarbeiten entstehen.[363] Das gleiche gilt bei Fehlern sonstiger Vorleistungen.

Bei Verletzung von Beratungspflichten kann ein Schadensersatzanspruch auch auf   405
Rückgängigmachung des Vertrages gerichtet sein.[364] Daneben kommt ein Anspruch auf Ersatz des Schadens in Betracht, der dem Kunden durch Festhalten an dem Vertrag entsteht. Ein Anspruch auf Vertragsanpassung besteht nicht.[365]

bb) Geheimhaltung

Eine zweite Gruppe von Pflichten ist die der **Geheimhaltungspflichten**. Bei der Er-   406
stellung von Individualsoftware muss der Unternehmer in aller Regel zwangsläufig mit Details der Betriebsgestaltung des Bestellers vertraut werden, da er anderenfalls die Software gar nicht erstellen kann. Er erhält so oft Kenntnis von Geschäftsgeheimnissen des Bestellers. Auch ohne ausdrückliche Vereinbarung ist er im Hinblick auf diese Geschäftsgeheimnisse zur vertraulichen Behandlung verpflichtet. Eine darüber hinausgehende und

---

[358] LG Landau, IuR 1986, 456 (457).
[359] **A. A.** OLG Karlsruhe, *Zahrnt*, ECR OLG 174.
[360] Vgl. § 147 Abs. 6 AO in Vbdg. mit den GoBS, Schreiben des Bundesfinanzministeriums an die obersten Finanzbehörden der Länder v. 7. 11. 1995, BStBl. I, 738.
[361] Ausführlich *Häublein*, NJW 2003, 288.
[362] OLG Celle, *Zahrnt*, ECR OLG 71; *Intveen/Lohmann*, CR 2003, 640 (643); vgl. auch OLG Hamm, NJW 2011, 237: Hinweispflichten im Bauvertragsrecht.
[363] Vgl. dazu *Rehmann*, CR 1990, 575 (576).
[364] OLG Koblenz, CR 1990, 41 (43) = WM 1989, 222 (223 f.).
[365] BGH, BB 2006, 1650 = NJW 2006, 3139.

diese Regelung präzisierende vertragliche Regelung ist schon wegen § 18 UWG dringend angezeigt. Insbesondere sollte auch vereinbart werden, in welcher Art und Weise der Unternehmer die Geheimnisse schützt und dass er auch seine Arbeitnehmer selbst zur Einhaltung der Betriebsgeheimnisse verpflichtet.[366]

407 Bei Verletzung der Geheimhaltungspflicht muss der Unternehmer Schadensersatz leisten. Die Höhe des Schadens dürfte in vielen Fällen freilich schwer dazulegen sein, so dass sich in aller Regel im Hinblick auf Geheimhaltungspflichten die Vereinbarung einer **Vertragsstrafe** für den Fall der Verletzung anbietet. Dies ist auch nicht nur in individuellen Verträgen, sondern auch in allgemeinen Geschäftsbedingungen zulässig. Die Höhe muss freilich angemessen sein. Darüber hinaus ist bei einer nachhaltigen Pflichtverletzung die Grundlage für eine vertrauensvolle Zusammenarbeit entfallen, so dass der Hersteller nach § 324 BGB vom Vertrag zurücktreten kann. Er kann dann aber schon erbrachte Teilleistungen auch dann nicht behalten, wenn sie für ihn von Interesse sind.

408 Es stellt sich die Frage, ob er diese Folge dadurch überwinden kann, dass er nicht vom Vertrag zurücktritt, sondern kündigt. Bei **komplexeren Entwicklungsaufträgen** dürfte sich ein solches Kündigungsrecht im neuen Recht aus § 314 BGB ergeben. Auch Werkverträge können im Einzelfall Dauerschuldverhältnisse sein.[367]

cc) Weitere Pflichten

409 Weiterhin sind Fälle bekannt geworden, in denen der Unternehmer in das Programm eine **Sperre** einbaute oder durch sonstige programmtechnische Gestaltungen die Nutzungsmöglichkeit des Programms einschränkte. Soweit Sperren dem Schutz gegenüber unbefugten Dritten dienten und der Abnehmer so unterrichtet und ausgebildet wird, dass seine Benutzungsmöglichkeiten nicht eingeschränkt werden, ist dies zulässig.[368] Werden hingegen die Nutzungsmöglichkeiten des Anwenders durch diese Maßnahmen beeinträchtigt und die Maßnahmen vor Abnahme ergriffen, handelt es sich um Mängel des Werks, so dass die Mängelansprüche eingreifen.[369] Neben diesen Ansprüchen dürfte ein darüber hinausgehender Schadensersatzanspruch nicht gegeben sein.

410 Werden diese Sperren **nach Abnahme** etwa im Zuge von Nachbesserungsarbeiten oder im Zuge der üblichen Wartungsarbeiten eingebaut, so ist dann, wenn ein Wartungs- bzw. Pflegevertrag besteht, die Frage im Zusammenhang mit diesem Vertrag zu erörtern.[370]

Geht es um Nachbesserungsarbeiten, so geht es entweder um einen Mangel in der Nachbesserungsarbeit oder um eine eigenständige Vertragsverletzung, die sich aus weitergehenden Treuepflichten während der Vertragsabwicklung hinsichtlich des ursprünglichen Werkvertrages ergibt. In diesem Fall ist im Zuge des Schadensersatzes der Unternehmer sowohl zur Beseitigung dieser von ihm bewusst eingebauten Mängel verpflichtet als auch zum Ersatz darüber hinausgehender Schäden.

d) Leistungsstörungen auf Seiten des Bestellers

411 Auch der **Besteller** muss bei der Softwareerstellung **mitwirken**. Je nach Komplexität der Aufgabe kann es dabei um sehr umfangreiche Mitwirkungshandlungen gehen.[371] Im Vordergrund stehen Informationen über den Betrieb des Bestellers und dessen Organisation, die notwendig sind, damit die Software ordnungsgemäß erstellt werden kann. Dazu

---

[366] Dazu *Intveen*, ITRB 2007, 259.

[367] *Palandt/Grüneberg*, § 314 Rn. 2.

[368] BGH, NJW 1981, 2684; vgl. oben Rn. 328.

[369] BGH, CR 1987, 358 (360 ff.) = NJW 1987, 2004; OLG Stuttgart, CR 1986, 639; OLG Celle, NJW-RR 1993, 432 (434).

[370] Es dürfte eine Schlechterfüllung dieses Vertrages vorliegen.

[371] Näher *Müller-Hengstenberg/Krcmar*, CR 2002, 549.

gehört u. U. auch der Hinweis auf die Änderung maßgeblicher gesetzlicher Vorschriften oder einschlägiger Normen.[372] Wird Software beim Besteller installiert, muss er auch die dafür notwendige Hardware und Betriebssoftware zur Verfügung stellen. Gegebenenfalls muss der Besteller auch ein Testsystem bereithalten. Sogar eine Organisationsänderung beim Kunden kann Voraussetzung für den Erfolg eines Softwareprojekts sein.[373] Softwareprojektverträge sollten über den Umfang der Pflichten und auch darüber, wie hinsichtlich ihrer Erfüllung kommuniziert werden soll, Vereinbarungen treffen.[374]

Werden die entsprechenden Leistungen vom Besteller trotz Aufforderung seitens des **412** Unternehmers nicht erbracht, handelt es sich in aller Regel um Obliegenheitsverletzungen. Unterlässt der Besteller trotz entsprechender Aufforderung die erforderlichen Mitwirkungshandlungen, kommt er in Annahmeverzug (§ 295 Satz 2 BGB) mit den sich daraus ergebenden Konsequenzen.[375]

So reduziert sich die Haftung des Unternehmers auf grobe Fahrlässigkeit. Der Unternehmer kann außerdem in diesem Fall nach § 642 BGB eine angemessene Entschädigung verlangen. Die Entschädigung soll die durch die verzögerte Mitwirkung entstehenden Belastungen auffangen. Kann Personal und Material zeitweilig nicht eingesetzt werden, muss der Besteller die dem Unternehmer dafür entstehenden Selbstkosten ersetzen[376]. Der Unternehmer kann ferner nach Fristsetzung gemäß § 643 BGB vom Vertrag zurücktreten. In diesem Fall erhält er als Vergütung einen der bis zur Kündigung durchgeführten Arbeit entsprechenden Anteil der vereinbarten Vergütung sowie Aufwendungsersatz für in diesem Anteil nicht enthaltene Aufwendungen (§ 645 Abs. 1 BGB). Er enthält damit im Gegensatz zur Rechtsfolge bei einer Kündigung des Bestellers gem. § 649 BGB nicht seinen der vollen Vergütung entsprechenden Gewinnanteil.[377]

In bestimmten Fällen hartnäckiger Mitwirkungsverweigerung hat die Rechtsprechung sogar entschieden, dass der Unternehmer vor Fertigstellung der Software den vollen Werklohn fordern kann, ohne den Vertrag zu kündigen.[378] Er bleibt dann – sollte die Mitwirkungshandlung nachgeholt werden – auch zur Werkleistung verpflichtet.

Unterlässt der Besteller die Mitwirkung, kommt der Unternehmer ferner nicht in Verzug. Er kann außerdem den Besteller auf Zahlung seiner Vergütung Zug-um-Zug gegen Erbringung der Werkleistung (§ 322 Abs. 1 BGB) bzw. auf Zahlung nach Empfang der Gegenleistung (§ 322 Abs. 2 BGB) verklagen. Wird gleichzeitig der Annahmeverzug im Urteil festgestellt, kann dieses Urteil ohne Erbringung der Gegenleistung vollstreckt werden (§§ 322 Abs. 3, 274 Abs. 2 BGB).[379]

Zu beachten ist allerdings, dass die Mitwirkungsobliegenheiten des Bestellers aus Grün- **413** den seiner **eingeschränkten Sachkunde** von diesem nicht immer einfach zu erfüllen sind. Darauf hat auch der Unternehmer Rücksicht zu nehmen. Er kann nicht etwa mit für den Besteller schwer verständlichen Fragen Informationen heraus verlangen. Er muss die Fragen so stellen, dass der Besteller in der Lage ist, sie ordnungsgemäß zu beantworten. Macht der Unternehmer sich nicht hinreichend verständlich oder fragt er überhaupt nicht,

---

[372] OLG Frankfurt, Urt. v. 22. 3. 1980, zitiert bei *Brandi-Dohrn*, CR 1986, 63 (71).

[373] *Schneider*, ITRB 2008, 261.

[374] Näher *Witzel/Stern*, ITRB 2007, 107.

[375] BGH, NJW-RR 1994, 1469 (1470); *Köhler/Fritzsche*, in: Lehmann (Hrsg.), Rechtsschutz und Verwertung von Computerprogrammen, S. 513 (554 f.); zum folgenden ausführlich: *Redeker*, ITRB 2011, 656.

[376] BGHZ 143, 32 (34); a. A.: volle Vergütung zusätzlich für diese Zeit: *Staudinger/Peters/Jacoby*, § 642, Rn. 25

[377] *Palandt/Sprau*, § 643, Rn. 2; **a. A.** *Staudinger-Peters/Jacoby* § 643, Rz. 19: volle Vergütung abzgl. ersparter Aufwendungen.

[378] BGHZ 50, 175; OLG Köln, *Zahrnt*, ECR OLG 204; ähnlich auch LG Dresden, CR 2011, 200

[379] BGH, NJW 2002, 1262; *Thewalt*, Der Softwareerstellungsvertrag nach der Schuldrechtsreform, S. 205 ff.; Staudinger-Otto/Schwarze, § 322, Rz. 22.

so kann er sich auf eine mangelnde Mitwirkung nicht berufen.[380] Die Mitwirkung des Bestellers muss diesem zumutbar sein. Dies ist sie nicht, wenn er entweder gestellte Fragen überhaupt nicht beantworten kann oder aufgrund seiner mangelnden Sachkenntnis gar nicht erkennen kann, dass bzw. in welcher Hinsicht Fragen beantwortet werden müssen. Ist eine Verständigung auch dem Hersteller wiederum nicht zuzumuten, weil er die notwendigen Darstellungsaufgaben nicht übernehmen kann, muss er zumindest anregen, einen Sachkundigen sozusagen als „Dolmetscher" zu engagieren.

414   In einzelnen Fällen kann sich im Übrigen ergeben, dass die Mitwirkungsobliegenheiten **Mitwirkungspflichten** sind. Dies ist dann vorstellbar, wenn die Entwicklung der Individualsoftware als Pilotprojekt für eine mögliche Nutzung als Standardsoftware dient oder wenn die Individualsoftware beim Unternehmer eine große Anzahl von Arbeitskräften bindet, die in anderer Weise nicht eingesetzt werden können.[381] Denkbar ist auch, dass die fristgerechte Herstellung des Werkes von den Vorausleistungen des Bestellers abhängt und das Werk nach Fristablauf sinnlos wird (z. B. weil es als Messepräsentation gedacht war). Auch in diesem Fall stellt sich die Obliegenheit des Bestellers als Pflicht dar. Ihre verspätete Erfüllung führt zu Schadensersatzansprüchen des Unternehmens.[382] In aller Regel kann sich diese Mitwirkungspflicht des Bestellers allerdings nur aus **ausdrücklichen Vereinbarungen** ergeben.[383]

415   Demgemäß versuchen die meisten Softwareersteller in ihren Verträgen eine entsprechende Vereinbarung einzubauen. In individuellen Vereinbarungen ist dies möglich.[384] Inwieweit dies auch in **allgemeinen Geschäftsbedingungen** möglich ist, ist eine noch weitgehend nicht erörterte Frage. Die Verwandlung sämtlicher Mitwirkungsobliegenheiten in Pflichten dürfte aber weit vom gesetzlichen Leitbild dieses Vertrages abweichen und daher zumindest mit § 307 Abs. 2 BGB auch im Unternehmensverkehr nicht vereinbar sein.

416   Außerdem ist eine **Konkretisierung** dieser Pflichten in **allgemeinen Geschäftsbedingungen** praktisch nicht möglich. Welche Mitwirkung seitens des Bestellers erforderlich ist, ist projektabhängig. Unterschiedliche Projekte stellen unterschiedliche Anforderungen an die Gestaltung und Verfügbarkeit von Informationen, Räumen und Zugang zum Rechner. Unterschiedliche Kunden haben unterschiedliche Kapazitäten und Fähigkeiten zur Mitwirkung. Ein Kunde, der eine umfangreiche eigene EDV-Abteilung mit jahrelanger Erfahrung in der eigenen Durchführung solcher Projekte innerhalb des Unternehmens hat, wird andere Informationen erteilen können und wollen als ein Kunde, der sich bislang mit kleinen PC-Lösungen zufrieden gegeben hat.

In allgemeinen Geschäftsbedingungen können konkrete Pflichten nur festgelegt werden, wenn sie auch der kleinste Kunde im kleinsten Projekt in zumutbarer Weise erfüllen kann und sie auch im Rahmen dieses kleinen Projekts sinnvoll und zumutbar sind. Anderenfalls sind die Geschäftsbedingungen unwirksam. Wenn man mehr Konkretisierungen haben möchte, was in vielen Fällen empfehlenswert ist, muss man individuelle Vereinbarungen im Einzelprojekt treffen. Allgemeine Geschäftsbedingungen können hier nur einen allgemeinen Rahmen setzen, der im Wege der Auslegung im Einzelfall zu konkretisieren ist.

417   Die oben genannten Fälle, in denen eine **Mitwirkungspflicht** sich unabhängig von vertraglichen Vereinbarungen ergibt, setzt in aller Regel einen **sachkundigen Besteller** voraus. Derartige Projekte haben nämlich entweder für die Planung des Auftragnehmers

---

[380] OLG Stuttgart, *Zahrnt,* ECR OLG 168.
[381] Zu weitgehend: *Müller-Hengstenberg/Krcmar,* CR 2002, 549 (554 f.).
[382] OLG Köln, *Zahrnt,* ECR OLG 154; vgl. auch *Schneider,* ITRB 2008, 261 (262 f.).
[383] *Köhler/Fritzsche,* in: Lehmann (Hrsg.), Rechtsschutz und Verwertung von Computerprogrammen, S. 513 (600); *Heussen,* CR 1989, 809 f.; *Müglich/Lapp,* CR 2004, 801 (802).
[384] Dazu *Witzel/Stern,* ITRB 2007, 167 (168).

eine so große Bedeutung, dass er schon deswegen darauf achten muss, dass ihm ein sachkundiger Besteller gegenübersteht oder sie sind von einem solchen Umfang, dass der Besteller von vornherein sachkundige Personen zur Betreuung des Projekts einstellen wird. Ist Letzteres nicht der Fall, kann dies allerdings dem Besteller zugerechnet werden, wenn er erkennen konnte, dass das Projekt eine solche Dimension annimmt, dass ohne sachkundige Betreuung auf seiner Seite eine ordnungsgemäße Abwicklung nicht möglich ist. Er kann die sachkundige Betreuung allerdings auch durch eine entsprechend weitergehende Beauftragung des Unternehmers – gegen Entgelt – sicherstellen.

In vielen Verträgen wird im Übrigen eine **sachkundige Betreuung** seitens des Bestellers **418** von Seiten des Unternehmers als Mitwirkungspflicht verlangt. Auch hier stellt sich die Frage, wie weit eine solche Vereinbarung in allgemeinen Geschäftsbedingungen zulässig ist. Auch diese Frage ist bislang noch nicht entschieden. Es spricht aber auch hier sehr viel dafür, dass solche allgemeinen Geschäftsbedingungen unwirksam sind.

Kommt der Besteller bei vereinbarten oder sich sonst ergebenden Mitwirkungspflichten **419** mit diesen **Pflichten in Verzug**, greifen die Vorschriften der §§ 280, 286 BGB (Schuldnerverzug) ein. Es kommt dann sogar eine Schadensersatzpflicht in Betracht. Es kann sogar sein, dass der Unternehmer sich nach § 323 BGB vom Vertrag lösen kann, wenn diese Mitwirkungspflichten sich als Pflichten im Gegenseitigkeitsverhältnis darstellen. In diesem Falle kann der Besteller bei zu vertretender Nichterfüllung der Mitwirkungspflicht vom Vertrag zurücktreten und den vollen Werklohn abzüglich eventueller Ersparnisse im Wege des Schadensersatzes statt Leistung verlangen.

Im Übrigen muss der Besteller das Werk **abnehmen**. Diese Verpflichtung ist Haupt- **420** leistungspflicht. Nimmt der Besteller das Werk nicht ab, kommt er dadurch in Annahmeverzug und nach Mahnung auch in Schuldnerverzug. Der Unternehmer kann dann sogar nach § 323 BGB vorgehen. Allerdings setzen all diese Pflichten voraus, dass das Werk überhaupt abnahmefähig ist. Dies setzt die im Wesentlichen mangelfreie Erbringung aller vom Unternehmer geschuldeten Leistungen voraus.[385]

Über diese Pflichten hinaus kann es je nach Vereinbarung im Einzelfall weitergehende **421** Verpflichtungen des Bestellers geben, bei deren Verletzung ebenfalls Schadensersatzansprüche denkbar sind.

6. Änderung des Softwareerstellungsvertrages

In vielen Fällen wird bei der Erstellung von Individualsoftware die **Realisierung** im **422** Laufe der Erstellungszeit von der **anfänglich konzipierten Lösung abweichen**.[386] So kann sich während der Laufzeit herausstellen, dass die zunächst gewählte Lösung möglicherweise nicht besonders geeignet ist. Es können sich die gesetzlichen Rahmenbedingungen ändern. Es kann zwischenzeitlich im Betrieb des Unternehmens ein Betriebsrat gebildet worden sein, der Mitbestimmungsrechte geltend macht. Vielleicht will der Kunde auch nur eine komfortablere EDV-Lösung. **Projektänderungen** sind aus vielen Gründen denkbar. Sie werden auch häufig in der Praxis durchgeführt.

Erfahrungsgemäß treten auch bei ordnungsgemäß erstellen Pflichtenheften oft **Inter-** **423** **pretationsspielräume** auf. Insbesondere bei modernen Entwicklungsmethoden stellt das Pflichtenheft oft nur einen ersten Einstieg zur Problemlösung dar.[387] Oft ist es auch so, dass sich im Pflichtenheft Fehler eingeschlichen haben. Es können Vorgaben unzweckmäßig oder gar unausführbar sein. Demgemäß müssen ggf. Aufgabenstellungen nachkor-

---

[385] Näher dazu oben Rn. 345.
[386] Zum Ganzen vgl. auch *Redeker,* ITRB 2002, 190; *Koch,* ITRB 2009, 160.
[387] Vgl. oben Rn. 311 a ff.; auch schon *Koch,* Computer-Vertragsrecht, Rn. 17 b zu Rapid Application Development und Business-Reengineering.

rigiert werden. Dieser Fall lässt sich von einem Änderungsverlangen oft nicht sauber trennen.

424   Für beide Fälle sollten daher die vertraglichen Vereinbarungen bereits ein **Änderungs-verfahren** (sog. Change-Request-Verfahren) vorsehen, wie dies in Ansätzen auch in der BVB-Erstellung vorgesehen ist. In der Praxis haben sich Projektausschüsse, Projektlenkungsausschüsse u. ä. bewährt, die gemeinsam entscheiden. Bei besonderen Streitfällen müssen ggf. auch die Gesamtprojektverantwortlichen oder gar die Geschäftsleitung in das Verfahren mit einbezogen werden. Nur so kann das Projekt in der notwendigen vertrauensvollen Zusammenarbeit fertig gestellt werden. Es sollte auf jeden Fall dafür gesorgt werden, dass die Handelnden die notwendigen Vollmachten haben. Die Aufgaben aller Gremien müssen freilich so definiert werden, dass die Realisierung des Softwareprojekts alleinige Aufgabe des Softwareerstellers bleibt. Andernfalls droht die Gefahr, dass aus einem Werkvertrag ungewollt ein Dienstvertrag wird.

Ein in der Praxis bewährtes Change-Management-Verfahren ist auch in ITIL enthalten.[388]

Es sollte in all diesen Verfahren auch geklärt sein, was denn bei **Nichteinigung** geschieht und wer für die Lösung der dabei auftretenden Probleme verantwortlich ist.[389] Gibt es keine solche Regelungen, wird der Vertrag bei Unklarheiten nach Treu und Glauben unter Berücksichtigung der Interessen beider Parteien auszulegen sein. Der Unternehmer hat dabei insbesondere die betriebliche Situation des Auftraggebers zu beachten, der Kunde kann demgegenüber nicht die optimal denkbare Lösung verlangen, wenn diese gegenüber einer durchaus zumutbaren und branchenüblichen Lösung einen erheblichen Zusatzaufwand für den Unternehmer bedeutet.[390]

425   Oft sind mit den Projektänderungen erhebliche **Zusatzaufwendungen** verbunden. Hier stellt sich die Frage, wer diese Zusatzaufwendungen tragen muss. Auch dies sollte in der geschilderten Weise durch Änderungsvereinbarung geklärt werden Wichtig ist insgesamt, dass die Folgen der Änderungen abgeschätzt und für ein Softwareprojekt beherrschbar geregelt werden.[391] In vielen Softwareentwicklungsverträgen ist vorgesehen, dass Änderungsvereinbarungen der Schriftform bedürfen. Dies ist sachlich sinnvoll, in allgemeinen Geschäftsbedingungen aber unwirksam[392] und in individuellen Vereinbarungen schwierig.[393]

426   Wird **nichts vereinbart** oder wird das vereinbarte Verfahren – wie oft – nicht eingehalten[394], gilt Folgendes: Zunächst ist festzustellen, ob überhaupt eine Änderung vorliegt oder lediglich Mängel beseitigt oder das Pflichtenheft präzisiert wird. Dazu ist ein ordentliches Pflichtenheft nötig.[395] Fehlt es an einem solchen, lässt sich oft nicht einmal feststellen, ob das Projekt überhaupt geändert oder nur schon grob vereinbarte Leistungen jetzt detaillierter verlangt werden. Im letzteren Fall wird ein eventueller Zusatzaufwand vom Unternehmer zu tragen sein. Selbst dann, wenn es sich möglicherweise um Änderungen handelt, kann der Zusatzaufwand bei einer nicht genau beschriebenen Aufgabenstellung vom Unternehmer zu tragen sein, nämlich dann, wenn diese Änderungen vorhersehbar waren, vom Unternehmer aber nicht vorhergesehen wurden.[396]

---

[388] Dazu *Hoppen/Victor,* CR 2008, 199 (201 f.).
[389] Plastisch zu dem Problem OLG München, CR 1989, 803, Anm. *Heussen.*
[390] Näher *Zahrnt,* DB 1986, 157 f.
[391] Dazu ausgiebig *Koch,* ITRB 2008, 61.
[392] BGH Urt. V. 21. 9. 2005, XII ZR 312/02; OLG Rostock, NJW 2009. 3376.
[393] *Karger,* ITRB 2009, 18 (19).
[394] Dazu *Karger,* ITRB 2009, 18.
[395] *Mehrings,* NJW 1986, 1904 (1906); *Zahrnt,* DB 1986, 157.
[396] KG, CR 1990, 768 ff.; die veröffentlichten Urteilsgründe ergeben aber nicht genau, ob es überhaupt um Änderungen geht.

Liegt eine Änderung vor, ist zu unterscheiden: Ist ein **Festpreis** vereinbart und wird 427
eine Änderung der Leistungsbeschreibung vereinbart, ohne am Festpreis etwas zu ändern,
gilt der ursprünglich geschuldete Festpreis. Dies kann freilich nicht unbegrenzt gelten. Die
Rechtsprechung hat im Baurecht bei einer vergleichbaren Problemstellung eine „Schmerzgrenze" anerkannt, bei deren Überschreitung dem Bauunternehmer, bei deren Unter-
schreitung dem Bauherrn ein Festhalten am Pauschalpreis nicht mehr zugemutet wird. Die
Grenze liegt im Bereich von 20% bis 25%.[397] Darüber hinaus ist es so, dass dann, wenn
umfangreiche Zusatzleistungen (z. B. Zusatzfunktionen) vereinbart wurden, der Besteller
auch ohne konkrete Vereinbarung eine angemessene Zusatzvergütung zahlen muss, weil er
nicht erwarten kann, dass er eine deutlich umfangreichere Software zum ursprünglich
vereinbarten Preis erhält.[398]

Ist kein Festpreis vereinbart, sondern ein **Aufwandsentgelt,** muss der Besteller die 428
Kosten für einen eventuell zusätzlichen Aufwand tragen. Umgekehrt muss er bei geringe-
rem Aufwand weniger zahlen. Auf große Abweichungen muss der Unternehmer aber
hinweisen.[399]

Liegt keine Veränderung, sondern eine **Mangelbeseitigung** vor, wird also durch die 429
geänderten Vorgaben ein entstehender oder entstandener Mangel beseitigt, muss der Zusatzaufwand vom Unternehmer getragen werden. Dies gilt freilich wiederum dann nicht,
wenn der Mangel auf fehlerhaften Vorgaben des Bestellers beruht. In diesem Falle muss
der Besteller zumindest die Kosten tragen, die bei ursprünglich richtigen Vorgaben entstanden wären. Nur die eventuellen Zusatzkosten, die durch die nachträgliche Mängelbeseitigung entsteht, müsste der Unternehmer tragen.

Ähnliches gilt, wenn der Zusatzaufwand auf ein **mangelhaftes Projektmanagement** 430
zurückzuführen ist. Solange dies ein Mangel im Projektmanagement des Unternehmers
ist, muss dieser die Zusatzaufwendungen als Schadensersatz tragen. Ähnliches gilt auch
dann, wenn ein Zusatzaufwand dadurch entsteht, dass der Unternehmer zunächst fehlerhaft aufgeklärt hat und jetzt nachträglich die Folgen der mangelnden Aufklärung durch
Projektänderung beseitigt werden müssen. Auch hier ist – wie oben – allerdings zu
beachten, dass dann kein Schaden entstanden ist, wenn die mangelnde Aufklärung letztendlich nicht zu einem Zusatzaufwand führt, weil das, was jetzt zusätzlich erbracht
werden muss, bei rechtzeitiger Aufklärung auch hätte erbracht werden müssen (sog.
Ohnehin-Kosten). In diesem Fall muss der Besteller den Zusatzaufwand tragen. Für die
letztere Tatsache ist allerdings der Unternehmer darlegungs- und beweispflichtig. Weigert
der Unternehmer sich in den hier geschilderten Fällen, die Zusatzleistung zu erbringen,
kann der Besteller u. U. sogar Rechte nach §§ 323, 280, 281 BGB haben. Jedenfalls kann
der Besteller die Bezahlung der Vergütung bis zur Erfüllung durch den Unternehmer
verweigern.[400]

Geht es um eine Projektänderung und können sich die Parteien darüber **nicht ver-** 431
ständigen, hat zunächst prinzipiell der Besteller keinerlei Anspruch auf eine Vertragsänderung. Einmal geschlossene Verträge müssen eingehalten werden.

Ein **Anspruch auf Zustimmung zur Vertragsänderung** kann sich nur aus den Regeln
über die Veränderung der Geschäftsgrundlage (§ 313 BGB) ergeben. Ein solcher Fall ist
insbesondere dann denkbar, wenn Rechtsvorschriften in unvorhergesehener Weise geändert werden. In diesem Falle dürfte eine Vertragsanpassung im Hinblick auf die geänderten

---

[397] BGH, *Schäfer/Finnern,* Z 2, 311 Bl. 5 (Erhöhung um 20% noch zumutbar); OLG Stuttgart,
BauR 1992, 639 (Veränderung unter 20% zumutbar); OLG Düsseldorf, BauR, 1976, 363 (Überschreitung von mehr als 20% erheblich); OLG München, NJW-RR 1987, 598 (Risikorahmen bei etwa 20%);
Tempel, JuS 1979, 494 mwN.
[398] BGH, Urt. v. 8. 1. 2002, X ZR 6/00, BB 2002, 648 (LS) = JurPC Web-Dok. 98/2002.
[399] OLG Köln, OLG-Report Köln 1998, 157 = CR 1998, 600.
[400] So jedenfalls BGH, CR 1991, 86 (88) mit. krit. Anm. *Brandi-Dohrn.*

Rechtsvorschriften möglich und vom Unternehmer auch geschuldet sein – allerdings nur zu den der Änderung angemessenen Bedingungen.

432   Ergibt sich der Zusatzwunsch allerdings nicht aus solchen Änderungen, sondern aus anderen Dingen, die im Verantwortungsbereich des Bestellers liegen, gilt dies nicht. Solches ist zum Beispiel dann der Fall, wenn der Betriebsrat, der zunächst nicht unterrichtet war, nachträglich seine Mitbestimmungsrechte geltend macht und Änderungen der geplanten Programmstruktur verlangt. Hier ist der Unternehmer im Prinzip berechtigt, eine Änderung des Vertrages abzulehnen. Er ist allerdings bei für den Besteller zwingend notwendigen Änderungen verpflichtet, in Verhandlungen über eine Änderung des Auftrages einzutreten. Er darf in diesen Verhandlungen auch keine ganz unangemessenen Forderungen stellen und dabei die Zwangsposition des Bestellers ausnutzen. Verhandelt er ohne triftigen Grund nicht oder macht er überhöhte Forderungen geltend, kann in Einzelfällen eine Kündigung aus wichtigem Grund seitens des Bestellers in Frage kommen. In diesem Fall ist ein Werklohn für noch nicht fertig gestellte Teile der Software nicht geschuldet.[401] In allen anderen Fällen bleibt beim Scheitern der Vertragsverhandlungen dem Besteller nur eine Kündigung nach § 649 BGB, allerdings verbunden mit der Notwendigkeit, dann den vollen Werklohn abzüglich möglicher Ersparnisse des Unternehmers zu zahlen.

Änderungswünsche können sich letztendlich auch ohne zwingende Notwendigkeit im Bereich des Bestellers einfach dadurch ergeben, dass der Besteller gerne zusätzliche Leistungen hätte. Insoweit geht es um Zusatzwünsche, die frei verhandelbar sind. Scheitern die Verhandlungen, bleibt dem Unternehmer nur der Weg nach § 649 BGB.[402]

433   Das soeben Gesagte gilt sinngemäß auch dann, wenn die **Änderungen** des Projektes sich in Wirklichkeit als eine **Einschränkung des Auftrages** darstellen. Auch hier kommt eine Anpassung nur im Rahmen der Veränderung der Geschäftsgrundlage in Betracht. In allen anderen Fällen herrscht Verhandlungsfreiheit. Der ursprünglich vereinbarte Vertrag muss eingehalten werden. Kommt keine einvernehmliche Änderung zustande, bleibt dem Besteller nur der Weg nach § 649 BGB. In diesen Fällen ist jedoch auch eine Teilkündigung denkbar.

434   In vielen Punkten entspricht die hier dargestellte Rechtslage den Vereinbarungen in der **EVB-IT System**. Dort ist vorgesehen, dass der Auftraggeber schriftlich eine Änderung verlangen kann, wenn diese dem Auftragnehmer nicht unzumutbar ist (16.1 EVB-IT System). Es ist vorgesehen, bei entsprechendem Mehraufwand über die neue Vergütung, die geänderten Ausführungsfristen oder eine Abänderung des Abnahmeverfahrens zu verhandeln. Grundlage der Verhandlung ist ein Angebot des Unternehmer (16.3 EVB-IT System). Kommt man bei einer zumutbaren Änderung zu keiner Einigung über notwendige Vertragsänderungen, gilt allerdings als vereinbart, dass der Vertrag mit der geänderten Leistung zu angemessenen Konditionen weiterzuführen ist (16.6 EVB-IT System). Ob eine solche Rechtsfolge als einseitige Leistungsänderungsklausel zu Gunsten des Verwenders wirksam ist, erscheint jedoch offen.

7. Kündigung und Rücktritt

435   Von einem Werkvertrag kann nach den allgemeinen Vorschriften **zurückgetreten** werden, also insbesondere bei Nichtlieferung nach Nachfristsetzung oder wegen Unmöglichkeit oder Verweigerung der Lieferung.

---

[401] *Köhler/Fritzsche,* in: Lehmann (Hrsg.), Rechtsschutz und Verwertung von Computerprogrammen, S. 513 (603).

[402] *Köhler/Fritzsche,* in: Lehmann (Hrsg.), Rechtsschutz und Verwertung von Computerprogrammen, S. 513 (603 f.).

Weiterhin gibt es ein Kündigungsrecht für den Unternehmer gem. § 643 BGB bei **436** mangelnder Mitwirkung des Bestellers. Der Unternehmer hat dann einen Teilvergütungsanspruch für die schon erbrachte Leistung gemäß § 645 Abs. 1 Satz 2 BGB. Einzelheiten sind oben[403] dargestellt.

Der Besteller hat des Weiteren ein **Kündigungsrecht nach § 649 BGB**, ohne dass es **437** irgend eines Grundes bedarf.[404] Allerdings behält in diesem Fall der Unternehmer seinen Vergütungsanspruch. Er muss sich nach der Vorschrift allerdings das anrechnen lassen, was er durch die Aufhebung des Vertrages an Aufwendungen erspart oder durch anderweitige Verwendung seiner Arbeitskraft erwirbt oder zu erwerben böswillig unterlässt. Das Vorliegen dieses Abzugspostens ist vom Besteller darzulegen und zu beweisen.

Bei **Festvergütungsvereinbarungen,** bei denen die Kalkulationsgrundlage des Unter- **438** nehmers dem Besteller nicht dargelegt wird, wird es dem Besteller sehr schwer fallen, hier irgend etwas vernünftiges darzulegen, weil er einfach die Kalkulationsgrundlage nicht kennt. In diesem Falle hat der BGH die **Darlegungs- ggf. auch Beweislast** etwas abgeändert. In diesem Falle muss der Unternehmer nämlich darlegen, wie die Grundlagen seiner Kalkulation sind und welche Ersparnisse oder Nichtersparnisse vorliegen. Gegebenenfalls hat er dazu die maßgeblichen Preisermittlungsgrundlagen nachträglich zusammenzustellen und mit ihnen die ersparten Aufwendungen konkret vorzutragen.[405] Wie weit diese Darlegungspflichten gehen, ist allerdings vom Einzelfall abhängig. Hat der Unternehmer seine Kalkulation konkret dargelegt, müsste dann wiederum der Besteller darlegen, dass die Kalkulation nicht zutrifft oder etwa von der üblichen Kalkulation in vergleichbaren Fällen abweicht.[406] Insbesondere vor Bekanntwerden der zitierten BGH-Entscheidungen waren die Instanzgerichte allerdings gegenüber den Unternehmern relativ großzügig. So wurde teilweise schlicht unterstellt, dass Softwareunternehmen immer an Auftragsüberhang leiden und dadurch überhaupt keine Aufwendungen ersparen, wenn ihnen ein Auftrag entgeht.[407] Diese Rechtsprechung dürfte aber mit der jüngeren BGH-Rechtsprechung nicht übereinstimmen. Eine solche generelle Annahme war und ist auch vom Tatsächlichen her falsch.

Nach § 649 S. 3 BGB wird vermutet, dass dem Unternehmer 5% der auf den noch nicht erbrachten Teil der Vergütung zustehen. Der Gesetzgeber vermutet hier also einen Kostenanteil von 95%, der erspart werden kann. Diese Vermutung trifft möglicherweise auf Bauverträge mit ihrem hohen Kostenanteil zu. Für Softwareverträge gilt dies jedoch nicht. Der Anteil ersparter Aufwendungen dürfte bei Softwareprojekten erheblich niedriger liegen[408]. Die nach Art. 229 § 19 Abs. 1 EGBGB für alle nach dem 1. 1. 2009 abgeschlossenen Verträge gültige Vorschrift ist für Softwareverträge daher verfehlt.

Angesichts der Schwierigkeiten des Nachweises verwenden manche Unternehmen **438a** **Klauseln,** die für den Fall der Kündigung nach § 649 BGB **Pauschalvergütungen** vorsehen. Auf solche Regelungen finden §§ 308 Nr. 7 a und 309 Nr. 5 b BGB Anwendung. Dem Kunden muss der Nachweis geringerer geschuldeter Vergütung offenbleiben. Die Höhe des Prozentsatzes der Pauschalvergütung muss plausibel sein. § 649 Abs. 3 BGB hat dabei keine Leitbildfunktion. Für Bauverträge hat der BGH 10% akzeptiert, 15% aber skeptisch gesehen.[409] Für Softwareverträge dürften eher 50% angemessen sein.

---

[403] Rn. 412
[404] Dazu auch OLG Hamm, CR 2006, 442.
[405] BGHZ 131, 362.
[406] Vgl. dazu BGH, BB 1999, 926; OLG Oldenburg, NJW-RR 1999, 1575; OLG München NJW-RR 2005, 573.
[407] So LG München I, Anlage 3 zu BB 1993, S. 14.
[408] So auch *Staudinger/Peters/Jacoby*, § 649 Rz. 44 zu Architektenverträgen.
[409] BGH, BB 2011, 1873 m. Anm. v. Westphalen.

439   Neben den erörterten, im Gesetz vorgesehenen Kündigungsmöglichkeiten wird im Werkvertragsrecht jedenfalls dann, wenn eine längere Zusammenarbeit für die Durchführung des Werkes notwendig ist, auch ein sonstiges **Kündigungsrecht aus wichtigem Grund** (§ 314 BGB) gewährt.[410] Im Gegensatz zu dem in diesen Fällen meist auch gegebenen Rücktrittsrecht wird der Vertrag durch die Kündigung nur mit Wirkung für die Zukunft beendet. Dies bedeutet, dass die erbrachten Leistungen beim Besteller verbleiben, dieser die erbrachten Leistungen allerdings auch vergüten muss.[411]

Eine solche Vergütungspflicht setzt freilich voraus, dass das erbrachte Werk mangelfrei ist. Der Besteller kann einer solchen Vergütungspflicht auch entgegenhalten, das erbrachte Teilwerk sei für ihn völlig nutzlos. Dies muss er allerdings darlegen und beweisen. Es fragt sich dann allerdings, ob der Besteller in solchen Fällen nicht zurücktreten muss. Eine entsprechende Erklärung kann ggf. umgedeutet werden.

440   Wann eine solche **Kündigung aus wichtigen Grunden möglich und begründet ist,** ist im Einzelnen streitig. In der schon mehrfach zitierten Entscheidung BGH-Entscheidung ging es um eine langfristig verzögerte Lieferung, die sicherlich auch zu einem Rücktritt berechtigt hätte. Auch in einem anderen Fall hat der BGH für das Vorliegen eines wichtigen Grundes für eine Kündigung die Voraussetzungen des seinerzeit noch geltenden § 326 BGB geprüft.[412]

441   Darüber hinaus haben einzelne Gerichte schon den Einbau einer Programmsperre als Kündigungsgrund angesehen.[413] Andere Gerichte haben diesen Kündigungsgrund unter gleichen Voraussetzungen abgelehnt.[414]

Richtig dürfte sein, dass der Einbau einer **Programmsperre,** der die konkrete Gefahr eines Programmabbruchs möglich macht, jedenfalls dann, wenn nach Abmahnung die Programmsperre nicht entfernt wird, eine Kündigung aus wichtigem Grund rechtfertigt. Ohne eine solche Abmahnung dürfte nur in Extremfällen ein Kündigungsgrund vorliegen. Der Kündigungsgrund ist sicherlich dann gegeben, wenn der Eintritt der Sperre kurzfristig zu befürchten ist.

Ist die Sperre entfernt, besteht kein Kündigungsgrund mehr.[415] Besteht keine Gefahr, dass die Programmsperre bei ordnungsgemäßer Benutzung des Programms aktiviert wird und liegt deswegen auch nach der Rechtsprechung des BGH kein Mangel vor, dürfte ein Kündigung aus wichtigem Grund ebenfalls ausscheiden.

442   Ein Kündigungsgrund aus wichtigem Grund könnte auch dann vorliegen, wenn etwa Mitarbeiter des Softwareherstellerunternehmens **Betriebsgeheimnisse** weiterleiten und das Softwareunternehmen nach Abmahnung dagegen nichts unternimmt.

443   Ob eine Kündigung aus wichtigem Grund bei **Nichtvorliegen des wichtigen Grundes** als Kündigung nach **§ 649 BGB zu behandeln ist,** ist streitig.[416] Die Rechtsprechung neigt zu dieser Rechtsfolge.[417] Dies ist in aller Regel auch zweckmäßig, weil bei Entscheidung eines Rechtsstreits eine – sonst notwendige – Fortführung des Werks meist kaum noch möglich ist. Wegen der sehr unterschiedlichen Rechtsfolgen der Kündigungen sollte aber im Einzelfall exakt abgewogen und sollten die Umstände des Falles genau betrachtet werden.

---

[410] BGH, NJW 1993, 1972; NJW-RR 1999, 360; OLG Frankfurt, CR 2001, 503; *Palandt/Sprau,* § 649 Rn. 10; *Schmidt,* NJW 1995, 1313.

[411] Vgl. dazu ausführlich BGH, NJW 1993, 1972 ff.

[412] BGH, NJW-RR 1999, 360.

[413] OLG Düsseldorf, Beil. Nr. 13 zu BB 1993, S. 6 f.

[414] OLG Köln, OLG-Report Köln 1995, 285.

[415] **A. A.** OLG Düsseldorf, Beil. 13 zu BB 1993, S. 6 f.

[416] Näher *Schmidt,* NJW 1995, 1313.

[417] Z. B. OLG Düsseldorf, *Zahrnt,* ECR OLG 228.

Es empfiehlt sich, in der Vertragsgestaltung die Rechtsfolgen solcher Kündigungen jedenfalls bei komplexeren Projekten ausgiebig zu regeln und eventuell je nach Projektfortschritt auch sonstige Teilkündigungsmöglichkeiten, insbesondere unter Verzicht des Unternehmers auf die Rechte aus § 649 BGB vorzusehen. Die Vertragsparteien haben hier zahlreiche Gestaltungsmöglichkeiten.

Eine Klausel in den **allgemeinen Geschäftsbedingungen** des Bestellers, die ein einseitiges **freies Kündigungsrecht** des Bestellers vorsieht, verstößt gegen § 307 Abs. 2 Nr. 1 BGB und ist daher unwirksam. Demgemäß ist auch § 9 Nr. 4 BVB-Überlassung von der Rechtsprechung nicht anerkannt worden.[418] Ob Klauseln in allgemeinen Geschäftsbedingungen, die beiderseitige freie Kündigungsmöglichkeiten nach Fertigstellung einzelner Teilabschnitte vorsehen, als allgemeine Geschäftsbedingungen wirksam sind, ist offen. Da es um definierte Zeitpunkte und beidseitige Rechte geht, dürfte aber keine unangemessene Benachteiligung vorliegen, auch wenn die Vergütungspflicht des Bestellers nach § 649 BGB ausgeschlossen ist. Immerhin geben die Klauseln auch klar an, welche Voraussetzungen vorliegen müssen, damit eine Kündigungsmöglichkeit besteht. Diese Gründe sind auch durch den Projektverlauf sachlich gerechtfertigt. Diese Voraussetzungen genügen auch den Anforderungen des § 308 Nr. 3 BGB.[419] Weiterhin ist zu beachten, dass sich ein Werkvertrag mit solchen Klauseln meist einem Dauerschuldverhältnis annähert.

Allerdings muss beachtet werden, dass sich nicht aus den individuellen Leistungsvereinbarungen bei Vertragsschluss ergibt, dass ein solches Kündigungsrecht nicht besteht. Eine solche Vereinbarung würde nämlich wegen des Vorrang der Individualabrede den Klauseln in den allgemeinen Geschäftsbedingungen vorgehen.

Im Übrigen kann der Unternehmer natürlich dem Besteller ein freies Kündigungsrecht **445** gewähren.[420]

8. Klauseln zur Änderung von Gewährleistung und Haftung

a) Klauseln der Softwareersteller

Der Hersteller von Individualsoftware wird häufig bestrebt sein, die **Mängelansprüche** **446** seines Kunden bzw. seine eigene **Schadensersatzhaftung** generell zu beschränken oder gar ganz auszuschließen. Im Individualvertrag sind hier vielfältige Gestaltungsmöglichkeiten offen. Die Grenze liegt bei Vorsatz und Arglist sowie in Einzelfällen vielleicht bei der sittenwidrigen Ausnutzung einer Vormachtstellung. Generell sind hier wenig Grenzen zu beachten.

Anders ist dies bei Vereinbarungen in **allgemeinen Geschäftsbedingungen**.[421] Jede **447** Regelung der Gewährleistung muss hier die Grenzen der §§ 305 ff. BGB, insbesondere die Vorschriften des **§ 309 Nr. 8 b BGB** beachten.

Diese Vorschriften gelten zunächst nur für neu hergestellte Sachen und Leistungen. Da Computerprogramme keine körperlichen Sachen sind,[422] und auf den ersten Blick nicht unter den Begriff „Leistungen" fallen, könnte zweifelhaft sein, ob die Vorschrift hier anwendbar ist. Es unterliegt aber keinem Zweifel, dass die Vorschrift des § 309 Nr. 8 b BGB auch auf Computerprogramme anwendbar ist. Zunächst ist schon fraglich,

---

[418] BGH, NJW 1997, 2043 (2044) = CR 1997, 470 (471 ff.) m. zust. Anm. *Lehmann;* ebenso für eine ähnliche Klausel OLG Köln, CR 1998, 82 (noch zu § 9 Abs. 2 Nr. 1 AGBG).

[419] Vgl. dazu Ulmer/Brandner/*H.Schmidt*, § 308 Nr. 3, Rn. 10 ff.

[420] OLG Düsseldorf, *Zahrnt*, ECR OLG 172.

[421] Zum Folgenden ausführlich *Schmidt*, in: Lehmann (Hrsg.), Rechtsschutz und Verwertung von Computerprogrammen, S. 701 ff.

[422] Vgl. Rn. 278 ff.

ob der Sachbegriff in der Vorschrift überhaupt mit dem Sachbegriff des BGB übereinstimmt oder nicht ohnehin weitergeht. Jedenfalls der Begriff der Leistung ist aber so weit zu fassen, dass er Computerprogramme auch unabhängig von dem jeweiligen Träger, auf dem sie bei Lieferung abgegeben werden, umfasst. Demgemäß ist die **Vorschrift auf Computerprogramme anwendbar.**[423] Dies gilt auch für Open Source Software, jedenfalls, wenn sie nicht zur Weiterentwicklung, sondern zur Nutzung geliefert wird.[424]

448   § 309 Nr. 8 b aa BGB **verbietet** zunächst den **Ausschluss der Mängelansprüche** sowie die Beschränkung auf die Einräumung von Ansprüchen gegenüber Dritten. Er verbietet auch, in allgemeinen Geschäftsbedingungen vorzusehen, dass Gewährleistungsansprüche von der vorherigen gerichtlichen Inanspruchnahme Dritter abhängig gemacht werden. Hinsichtlich des Gewährleistungsausschlusses gilt die Vorschrift auch im Geschäftsverkehr zwischen Unternehmen.[425]

449   Ein **genereller Ausschluss der Mängelansprüche** kommt daher im Bereich der Individualsoftware in allgemeinen Geschäftsbedingungen auch bei der Überlassung von Open Source Software[426] **nicht in Betracht.** Dies gilt auch für Klauseln, die anstelle der Gewährleistung einen für den Kunden kostenpflichtigen Wartungsvertrag vorsehen oder Gewährleistungsrechte nur während einer Testphase gewähren.[427] Auch ist es nicht zulässig, die Gewährleistung bei Veränderungen der Software durch den Kunden oder von ihm beauftragte Dritte generell auszuschließen.[428] Dadurch wird die Gewährleistung ja auch für Mängel ausgeschlossen, die bei Abnahme vorlagen und von den Änderungen nicht berührt sind. Für das Vorliegen solcher Mängel ist allerdings der Kunde beweispflichtig.[429]

450   Wegen eines Verstoßes gegen das **Transparenzgebot** (jetzt § 307 Abs. 1 S. 2 BGB) soll auch eine Klausel in allgemeinen Geschäftsbedingungen **unwirksam** sein, nach der keine Gewährleistungsansprüche gegen den Softwareersteller bestehen, wenn der Liefergegenstand aufgrund der Vorgaben des Bestellers erstellt wurde und der Mangel hierauf beruht.[430] Bei dieser Klausel kann es nur um Fälle gehen, in denen die Vorgaben allgemein übliche Eigenschaften der Software gefährden. In anderen Fällen bestimmen die Vorgaben ja den Sollzustand der Software, so dass bei vorgabengetreuer Erstellung keine Mängel vorliegen können. Für den sich daraus ergebenden Einsatzbereich der Klausel ist die Entscheidung richtig.

451   **In Verträgen zwischen Unternehmen** ist es allerdings möglich, auch in allgemeinen Geschäftsbedingungen ein Vorgehen gegen Dritte anstelle der Geltendmachung eigener Gewährleistungsansprüche vorzusehen. Ob dies im Einzelnen immer zulässig ist, hängt allerdings auch von weiteren Umständen ab. Sitzt der Dritte z. B. im weit entfernten Ausland, kommt eine Verweisung auf ihn also praktisch einem Ausschluss der Gewährleistung gleich, wird jedenfalls im konkreten Einzelfall die Berufung auf die AGB-Klausel

---

[423] Ebenso *Ulmer/Brandner/Christensen,* § 309 Nr. 8 BGB Rn. 27; *Staudinger/Coester-Waltjen,* § 309 Nr. 8 Rn. 27; *Schmidt,* in Lehmann (Hrsg.), Rechtsschutz und Verwertung von Computerprogrammen, S. 701 (735); wer im Übrigen einer so erweiterten Wortauslegung nicht folgen will, muss nach Sinn und Zweck der Vorschrift eine Gesetzeslücke annehmen, die im Wege der Analogie zu schließen wäre oder das gleiche Ergebnis über § 307 Abs. 2 Nr. 1 BGB erreichen.

[424] **A. A.** *Sester,* CR 2000, 797.

[425] *Palandt/Grüneberg,* § 309 Rn. 60.

[426] *Koch,* ITRB 2007, 285 (286).

[427] Ulmer/Brandner/*H. Schmidt* Bes. Vertragstypen: Softwareverträge, Rn. 9; *Weyer,* CR 1988, 711 (712).

[428] Vgl. dazu OLG Hamm, NJW-RR 2000, 1224 = CR 2000, 811.

[429] *Schmidt,* in: Lehmann (Hrsg.), Rechtsschutz und Verwertung von Computerprogrammen, S. 701 (735 f.).

[430] LG Stuttgart, Urt. v. 10. 8. 1999, 20 O 170/99, JurPC Web-Dok. 230/2000.

unzulässig sein, wenn nicht die Klausel von vornherein unwirksam ist. Wirksam ist auf jeden Fall eine Klausel, die beim Fehlschlagen der Inanspruchnahme des Dritten Ansprüche gegen den Lieferanten gewährt.[431] Unzulässig sind solche Klausel u. U. auch beim Erwerb von EDV-Gesamtsystemen.[432]

§ 309 Nr. 8 a bb BGB **verbietet** es auch im Unternehmensverkehr,[433] die Gewährleistungsansprüche auf **Nacherfüllungsansprüche zu beschränken.** Vielmehr muss der Rücktritt jedenfalls für den Fall des Fehlschlagens der Nacherfüllung vorbehalten bleiben. Die Minderung kann ausgeschlossen werden[434]. Es erscheint jedoch zweifelhaft, ob eine solche Klausel bei Softwareverträgen sinnvoll ist – ist doch ein Rücktritt für den Lieferanten in aller Regel ökonomisch die unsinnigste Lösung, weil er nichts zurückerhält, was er anderweitig zusätzlich veräußern kann. **452**

Der Kunde muss auch Nacherfüllungsversuche zulassen (§ 636 BGB). Erst nach **Fehlschlagen der Nacherfüllung** kommen Rücktritt oder Minderung in Betracht. Dabei ist im Einzelnen sehr streitig, wann denn nun die Nacherfüllung fehlgeschlagen ist, insbesondere wie viele Nacherfüllungsversuche der Abnehmer zulassen und welche Nacherfüllungsfristen er gewähren muss.[435] Der Gesetzgeber vermutet das Fehlschlagen der Nacherfüllung für den Kaufvertrag bei zwei fehlgeschlagenen Nacherfüllungsversuchen (§ 440 S. 2 BGB). Diese Vorschrift gibt auch für den Werkvertrag gewisse Anhaltspunkte.[436] Jedenfalls ist die Nacherfüllung dann fehlgeschlagen, wenn der Ersteller das Vorliegen von Mängeln verneint und weitere Nacherfüllungsversuche ablehnt.[437]

In Softwareverträgen wird oft vorgesehen, dass auch eine den Kunden zumutbare Umgehung des Mangels als Nacherfüllung gelte. Ob dies in allgemeinen Geschäftsbedingungen zulässig ist, ist unklar.[438] Es dürfte davon abhängen, ob die Umgehung auch nach dem Gesetz eine Mangelbeseitigung ist. Ist das nicht so, stellt die Klausel wahrscheinlich einen unwirksamen Ausschluss der Mängelhaftung dar.

Die Klausel muss darüber hinaus textlich strengen Anforderungen genügen. So durften **453** die Worte „Wandlung" und „Minderung" nicht verwendet werden, obwohl sie dem früher geltenden Gesetzeswortlaut entnommen waren, sondern mussten durch entsprechende Worte der üblichen Umgangssprache ersetzt werden.[439] Die Klausel muss auch ausdrücklich alle Fälle umfassen, in denen die Rechte auf Rücktritt und Minderung nach dem Gesetz wieder aufleben müssen. Allerdings reicht die Verwendung der Worte „Fehlschlagen der Nacherfüllung" als Oberbegriff aus.[440] Angesichts der komplexen Struktur der

---

[431] *Staudinger/Coester-Waltjen*, § 309 Nr. 8, Rn. 53; *H.Schmidt*, in: Ulmer/Brandber/Hensen, Bes. Vertragstypen: Softwareverträge, Rn. 10.

[432] Dazu unten Rn. 693.

[433] *Staudinger/Coester-Waltjen*, § 309 Nr. 8, Rn. 67.

[434] *Wolf/Lindacher/Pfeiffer-Dammann*, § 309 Nr. 8 b bb, Rn. 55

[435] Endgültiges Fehlschlagen schon bei einer einzigen fehlgeschlagenen Nachlieferung nimmt an OLG Hamburg, MDR 1974, 577 (578); das AG Mannheim, NJW-RR 1997, 560 hält drei Nachbesserungsversuche für unzumutbar; demgegenüber hält sie das AG Offenburg, CR 1997, 96 für zumutbar; vgl. auch *Brandi-Dohrn*, CR 1990, 312 (313); AG Stuttgart, CR 1988, 923 (LS); *Schmidt*, in: Lehmann (Hrsg.), Rechtsschutz und Verwertung von Computerprogrammen, S. 701 (738 f.); OLG Köln, OLG Report Köln 2000, 325 = CR 2000, 503; ausführlich *Waltl*, CR 1998, 449; *Gaul*, CR 2000, 570; ausgiebig OLG Düsseldorf, Beil. Nr. 18 zu BB 1991, S. 17 ff. mit zust. Anm. *Zahrnt*.

[436] *Palandt/Sprau*, § 636 Rn. 15.

[437] LG München I, CR 1987, 364 (366).

[438] *Brandi-Dohrn*, in: Redeker (Hrsg.): Handbuch der IT-Verträge, Abschn. 1.2, Rn. 148 differiert danach, ob die Umgehungslösung nur eine vorübergehende (wirksam) oder eine endgültige Mängelbeseitigung (unwirksam) darstellen solle.

[439] Näher dazu *Brandi-Dohrn*, CR 1990, 312 (313).

[440] BGH, NJW 1998, 677; 679; OLG Köln, OLG Report Köln 2000, 325 = CR 2000, 503; zustimmend *Heinrichs*, NJW 1998, 1447 (1461); OLG Düsseldorf, BB 1992, 2103; *Schmidt*, in: Lehmann (Hrsg.), Rechtsschutz und Verwertung von Computerprogrammen, S. 701 (738).

neuen Mängelrechte ist eine solche Klausel auch sehr schwer zu formulieren. Sie muss z. B. klar machen, dass ein Rücktrittsrecht auch dann besteht, wenn der Unternehmer die Nacherfüllung zu Recht wegen Unverhältnismäßigkeit verweigert.[441]

454　Angesichts all dieser Umstände ist es **fraglich**, ob der **Hersteller von Individualsoftware durch eine Änderung** der gesetzlichen Gewährleistung überhaupt **viel gewinnen kann**. Praktisch muss er die gleichen Rechte gewähren. Sachlich kann man also nichts gewinnen. Man sollte allerdings das Aufzeigen von zumutbaren Fehlerumgehungsmöglichkeiten als Nacherfüllung definieren – jedenfalls bis zum nächsten Update[442].

455　Wichtig ist weiter noch die Grenze des § 309 Nr. 8 b ee BGB. Danach kann für die Anzeige nicht offensichtlicher Mängel vom Verwender der AGBG's eine **Ausschlussfrist** nicht gesetzt werden, wenn diese kürzer als 1 Jahr ist. Bei Individualsoftware dürften die meisten auftretenden Mängel nicht offensichtlich sein, so dass die Setzung von Mängelrügefristen nur begrenzt möglich ist. Im übrigen geht die Rechtsprechung auch davon aus, dass selbst bei der Rüge von offensichtlichen Mängeln eine Rügefrist von in der Regel mindestens zwei Wochen einzuräumen sei.[443] Diese Frist ist also deutlich länger als die kaufmännische Rügepflicht.[444] Auch eine Untersuchungspflicht kann dem Kunden nicht durch allgemeine Geschäftsbedingungen auferlegt werden.[445]

456　Eine **schriftliche Rüge** kann verlangt werden. Die verbreitete Klausel, dass Mängel auf Formularen des Lieferanten gerügt werden müssen, ist aber unwirksam.[446]

457　Dies alles gilt **nicht** im **Unternehmensbereich**, wo Rügefristen durchaus gesetzt werden können, wenn sie nicht im Einzelfall zu kurz sind oder die Klausel aus anderen Gründen unzulässig ist.[447] Unzulässig wäre etwa eine Klausel, die vorsieht, dass verborgene Sachmängel nur bei Ablieferung gerügt werden können.[448] Dies stünde einem Ausschluss der Gewährleistung für verborgene Mängel gleich. Eine nur dreitägige Frist bei komplexen EDV-Anlagen dürften ebenfalls zu kurz sein.[449] Klauseln, die die Erklärung enthalten, durch Annahme der Software würde deren Mängelfreiheit bestätigt, sind ebenfalls unzulässig.[450]

458　§ 309 Nr. 8 b ff. **verbietet** im Übrigen die **Verkürzung** der Verjährung auf unter ein Jahr. Diese Vorschrift gilt unmittelbar nur im Verbraucherbereich. Angesichts der **Verjährungsfrist** von nunmehr zwei bzw. ggf. zehn Jahren für Mängelansprüche dürfte eine Verkürzung durch allgemeine Geschäftsbedingungen auch möglich sein, soweit kein Verbrauchsgüterkauf vorliegt. Ob freilich im Unternehmensverkehr eine Verkürzung auch auf weniger als 1 Jahr möglich ist, erscheint äußerst fraglich.[451] Immerhin hat der BGH bei

---

[441] *v. Westphalen,* NJW 2002, 12 (24).

[442] *Erben/Günther/Kubert/Zahrnt,* IT-Verträge, S. 98; a. A. *Brandi-Dohrn,* in: Redeker (Hrsg.): Handbuch der IT-Verträge, Abschn. 1.2, Rn. 148: Lösung muss endgültig sein; vgl. dazu auch oben Rn. 452.

[443] Vgl. dazu OLG Zweibrücken, NJW-RR 1998, 348; BGH, CR 1998, 656 (LS); vgl. auch *Gaul,* CR 2000, 570 (574); noch strenger LG Hamburg, Urt. v. 5. 9. 2003, 324 O 224/03, JurPC Web-Dok. 333/2003: Rügepflicht bei offensichtlichen Mängeln in allgemeinen Geschäftsbedingungen unzulässig; a. A. *Schneider,* Handbuch des EDV-Rechts, Rn.J 238; *Schmidt,* in: Lehmann (Hrsg.), Rechtsschutz und Verwertung von Computerprogrammen, S. 701 (740) (eine Woche).

[444] Dazu oben Rn. 380.

[445] LG München I, Urt. v. 14. 8. 2003, 12 O 2393/03, JurPC Web-Dok. 68/2004.

[446] *Schmidt,* in: Lehmann (Hrsg.), Rechtsschutz und Verwertung von Computerprogrammen, S. 701 (740); *Gaul,* CR 2000, 570 (574 f.).

[447] *Thamm,* BB 1994, 2224 (2226); *Staudinger/Coester-Waeltjen,* § 309 Nr. 8, Rn. 86.

[448] BGH, WM 1985, 1145; *Thamm,* BB 1994, 2224 (2227).

[449] Vgl. dazu OLG Hamburg, MDR 1974, 577 (zur Lieferung einer Rechenmaschine).

[450] *Gaul,* CR 2000, 570 (574).

[451] Ähnlich wie hier in: *Ulmer/Brandner/Christensen,,* § 309 Nr. 8, Rn. 106; *Staudinger/Coester-Waeltjen,* § 309 Nr. 8, Rn. 97 neigt zu einer Untergrenze von 6 Monaten; vgl. dazu *Schumacher,* MDR 2002, 973 (980).

Verträgen über die Errichtung von Gebäuden sogar eine Verkürzung der fünfjährigen Verjährungsfrist nicht zugelassen.[452]

Der Gesetzgeber hat im Übrigen für **Werke, die keine beweglichen Sachen** sind, 459 bewusst **lange Gewährleistungsfristen** vorgesehen. Diese durch allgemeine Geschäftsbedingungen deutlich zu **verkürzen,** könnte mit § 307 Abs. 2 BGB nicht vereinbar ein. Der Gesetzgeber hat die langen Gewährleistungsfristen mit zwei Argumenten begründet. Zum Einen hat er betont, dass bei geistigen Gütern, um die es ihm ging, Mängel sich oft erst sehr spät finden lassen. Zum Anderen hat er auf die schwierige Abgrenzung zum Dienstvertrag abgehoben. Diese gesetzgeberische Wertung durch allgemeine Geschäftsbedingungen grundlegend abzuändern und etwa eine kenntnisunabhängige Verjährungsfrist von zwei Jahren einzuführen, dürfte nicht möglich sein.[453] Es ist allerdings möglich, die Verjährungsfrist auf 18 Monate oder 2 Jahre ab Kenntnis, evtl. auch auf 1 Jahr ab Kenntnis zu verkürzen. Möglicherweise kann die kenntnisunabhängige Höchstverjährungsfrist auch auf 5 Jahre ab Abnahme verkürzt werden, weil im Kaufrecht auch die zweijährige Verjährungsfrist halbiert werden darf. Die praktischen Probleme der langen Verjährungsfrist bei der Softwareerstellung werden dadurch aber nur etwas gemildert und nicht gelöst.

Für die Individualsoftware ergibt sich aus dem Vorstehenden, dass eine Änderung der 460 Vorschriften über die Mängelansprüche außer einer Verkürzung der Verjährungsfrist – soweit zulässig – nicht zweckmäßig ist. Dies gilt nicht für Schadensersatzansprüche, auf die noch eingegangen wird. Abschließend sei noch angemerkt, dass die häufig verwendete salvatorische Klausel, die feststellt, dass Software technisch nicht fehlerfrei hergestellt werden kann, schon deshalb wirkungslos ist, weil sie weder einen irgendwie gearteten Gewährleistungsausschluss vorsieht, noch die Kenntnis konkreter Mängel vermittelt.[454] Auf sie sollte daher verzichtet werden.

Oft werden in der Praxis die **Kosten für Fehlerbeseitigungsmaßnahmen** dem Kunden 461 aufgebürdet, wenn sich kein Fehler finden lässt. Da aber auch nicht reproduzierbare Fehler Mängel darstellen können, stellt das einen teilweisen Gewährleistungsausschluss dar, der unzulässig ist. Zulässig wäre eine Klausel nur, wenn nach ihr die Kunden die Kosten dann tragen müssen, wenn nachweisbar kein Fehler vorliegt. Allerdings haben verschiedene Oberlandesgerichte auch solche Klauseln für unwirksam erklärt und eine Kostenüberwälzung auf den Kunden nur zugelassen, wenn dessen Fehlermeldung grob fahrlässig war. Anderenfalls werde der Anwender zu stark an einer Reklamation gehindert.[455] Dies geht aber zu weit. Dass der Veranlasser die Kosten trägt, wenn feststeht, dass kein Mangel vorliegt, kann auch in allgemeinen Geschäftsbedingungen vereinbart werden, jedenfalls dann, wenn der Veranlasser schuldhaft gehandelt hat.[456] Ob dies auch ohne eine solche Regelung gilt,[457] spielt dabei keine Rolle.

Neben dem bislang Diskutierten ist insbesondere von Interesse, inwieweit **Schadens-** 462 **ersatzansprüche begrenzt werden können.** In der Praxis finden sich dabei viele offenkundig unwirksame Klauseln.[458]

---

[452] BGH, BB 1999, 925.

[453] Näher *Redeker,* ITRB 2002, 119 (121).

[454] Ebenso *Zahrnt,* IuR 1986, 252 (256).

[455] So z. B. OLG Hamm, Urt. v. 27. 9. 1999 – 13 U 71/99, JurPC Web-Dok. 95/2001: eine entsprechende Klausel widerspricht § 9 AGBG (jetzt § 307 Abs. 2 BGB).

[456] in: *Ulmer/Brandner/Schmidt,* Bes. Vertragstypen: Softwareverträge, Rn. 11; *Hecht/Becker,* ITRB 2009, 59 (62 f.).

[457] So jedenfalls LG Freiburg, CR 1999, 417 (418); teilweise auch BGH, BB 2008, 1086 m. Anm. Ayad/Halsdorfer; a.A: OLG Köln, OLG Report Hamm/Düsseldorf/Köln 2008, 303; offengelassen bei BGH, CR 2011, 10 (11); vgl. auch *Hecht/Becker,* ITRB 2009, 59 (60 f.); Verschuldensmaßstäbe bei *Brandi-Dohrn,* in: Redeker (Hrsg.): Handbuch der IT-Verträge, Abschn. 1.2, Rn. 163.

[458] Typisches Beispiel bei OLG Köln, BB 1998, 17 = NJW-RR 1998, 1274.

In diesem Bereich sind zunächst die Vorschriften des § 309 Nr. 7 b BGB zu beachten. Gemäß § 309 Nr. 7 b BGB kann die Haftung für **vorsätzliche oder grob fahrlässige** Handlungen des Verwenders, seines gesetzlichen Vertreters oder seines Erfüllungsgehilfen prinzipiell nicht ausgeschlossen werden. Es kommt nur eine Begrenzung der Haftung auf vorsätzliche und grob fahrlässige Vertragsverletzungen in Betracht. Daraus ergibt sich zumindest eine Beschränkungsmöglichkeit im Bereich der leichten Fahrlässigkeit. Dies gilt allerdings nicht für die Haftung aus einer Garantie, die nach § 639 BGB auch in individuell ausgehandelten Verträgen nicht begrenzt werden kann.

463 Ferner kann nach **§ 309 Nr. 7 a BGB** die Haftung für die Verletzung des Lebens, des Körpers oder der Gesundheit nicht begrenzt oder ausgeschlossen werden.

464 Eine **Haftungsbegrenzung** stellt auch die **Verkürzung** der Verjährung dar.[459] Verkürzt man daher die Verjährung für Mängelansprüche nach § 309 Nr. 8 b ff. BGB auf ein Jahr, muss man Schadensersatzansprüche jedenfalls teilweise von dieser Verkürzung ausnehmen. Andernfalls ist diese Klausel unwirksam und zwar wegen des Verbots der geltungserhaltenden Reduktion insgesamt.[460] Diese Rechtslage verbietet z. B. auch die Verwendung der entsprechenden Verjährungsregelung im Deckblatt zu den BVB-Erstellung durch einen Softwareersteller.

465 Die **wichtigste Einschränkung** bei der Gestaltung Allgemeiner Geschäftsbedingungen zur **Begrenzung von Schadensersatzansprüchen** ergibt sich nicht unmittelbar aus dem Gesetz, sondern aus der Rechtsprechung des BGH. Danach ist ein Ausschluss der Haftung im Falle leichter Fahrlässigkeit dann nach § 307 Abs. 2 BGB unzulässig, wenn es um die Erfüllung sogenannter **Kardinalpflichten** geht, also um die Erfüllung solcher Pflichten, die für die Leistung des AGB-Verwenders gerade typisch sind.[461] v. Westphalen leitet daraus sogar ab, dass man sich von Schadensersatz statt Leistung generell nicht freizeichnen kann.[462]

466 Zusammen mit dem generellen Verbot der geltungserhaltenden Reduktion von AGB-Klauseln für den Fall, dass die Reduktion nicht dadurch durchgeführt werden kann, dass einzelne Worte oder Satzteile aus den Klauseln gestrichen werden, ergibt sich aus dieser letzten Einschränkung eine erhebliche Problematik bei der Gestaltung von Haftungsbegrenzungsklauseln. Was nämlich Kardinalpflichten im **Bereich der Softwareerstellung** eigentlich sind, ist **schwer abschätzbar**.[463] Auch Rechtsprechung gibt es zu diesem Thema nach wie vor überhaupt nicht. Lediglich die Prüfung auf Virenfreiheit ist in einem Spezialfall als solche Kardinalpflicht angesehen worden.[464]

Letztendlich wird man zu den Kardinalpflichten jedenfalls die Pflicht zählen, nach den Regeln der Technik ordnungsgemäß zu programmieren. Wegen dieser Fähigkeiten nämlich wird der Besteller dem Unternehmer den Auftrag zu Erstellung der Individualsoftware erteilen. Der Unternehmer wird mit seiner besonderen Sachkenntnis der Softwareerstellung werben. Seine besondere Sachkenntnis kennzeichnet damit den Vertrag. Die nach der Regel der Technik ordentliche Erstellung der Software dürfte demnach zu den Kardinalpflichten gehören.

---

[459] *Palandt/Grüneberg*, § 309 Rn. 44; *Staudinger/Coester-Waeltjen*, § 309 Nr. 7, Rn. 23; *Ulmer/Brandner/Christensen*, § 309 Nr. 7, Rn. 28.

[460] BGH, BB 2007, 177 (178) = NJW 2007, 674; *Schumacher*, MDR 2002, 973 (978, 980); *Lorenz*, NJW 2007, 1 (8).

[461] Grundlegend BGH, NJW 1985, 3016 (Textilveredelung); ebenso *Bartl*, CR 1985, 13 (21); näher *Ulmer/Brandner/Christensen*, § 309 Nr. 7, Rn. 33 ff.

[462] NJW 2002, 1688 (1694); NJW 2002, 12 (22 f.).

[463] Ebenso *Schmidt*, in: Lehmann (Hrsg.), Rechtsschutz und Verwertung von Computerprogrammen, S. 701 (754 ff.).

[464] LG Hamburg, CR 2001, 667 = NJW 2001, 3486; generell so *Rössel*, ITRB 2002, 214 (215).

Dies wird in der Literatur teilweise wesentlich einschränkender gesehen. Die Ein- **467**
schränkung überzeugen aber nicht. Vor einer abschließenden höchstrichterlichen Entscheidung sind alle Klauseln, die in diesem Bereich ernsthafte Einschränkungen über den
gekennzeichneten Rahmen hinaus vorsehen, damit äußerst problematisch. Die Rechtsprechung hat einen pauschalen Haftungsausschluss auch bei einfacher Fahrlässigkeit für
unwirksam erklärt.[465]

Allerdings hat die Rechtsprechung nur einen **Haftungsausschluss für unwirksam** **468**
erklärt. **Möglich** sind Klauselformen, die die **Haftungshöhe** höhenmäßig auf vertragstypisch vorhersehbare Schäden begrenzen oder die Haftung für unvorhersehbare Schäden
ausschließen.[466] Ob man eine höhenmäßige Begrenzung finden kann, die einerseits den
vertragstypisch vorhersehbaren Schaden umfasst und andererseits tatsächlich eine Einschränkung darstellt, muss aber offen bleiben. Möglich ist es freilich, die Verjährungsfrist
für Schadensersatzansprüche bei der Verletzung von Kardinalpflichten auf ein Jahr zu
begrenzen. Schließlich wird Haftung weder ausgeschlossenen noch auf weniger als den
vorhersehbaren vertragstypischen Schaden begrenzt[467].

Letztendlich kann man aber Klauseln verwenden, die die Haftung für die leicht fahr- **469**
lässige Verletzung von Pflichten, die keine Kardinalpflichten darstellen, ausschließen. In
solchen Klauseln darf aber das **Wort Kardinalpflichten nicht verwendet** werden. Die
Verwendung dieses Wortes verstößt nämlich nach Ansicht des BGH gegen das Transparenzgebot des § 307 Abs. 1 S. 3 BGB.[468] Ob man anstelle der Formulierung Kardinalpflichten den Begriff wesentliche Vertragspflichten verwenden darf, ist unsicher.[469] Der
BGH hat empfohlen, seine Definition von Kardinalpflichten in die Klausel aufzunehmen.
Ob dies dem Nichtjuristen hilft, erscheint fraglich. Dennoch sollte man solchen Empfeh-
lungen folgen.

Neuerdings wird in der Literatur bezweifelt, ob Klauseln, die die Haftung der Schadensersatzansprüche begrenzen, auch Ansprüche nach § 284 BGB begrenzen.[470] Da § 284
BGB nach wohl h. M. aber nur eine Variante der Leistungsberechnung darstellt,[471] dürften
diese Bedenken nicht zu Recht bestehen. Allerdings gibt es auch abweichende Rechts-
auffassungen,[472] so dass vorsichtshalber eine solche Formulierung auch in die allgemeinen
Geschäftsbedingungen aufgenommen werden kann. Für sie gelten die gleichen Grenzen
wie für Klauseln zur Begrenzung von Schadensersatzansprüchen[473]. Eine Klausel, die
Schadensersatzansprüche begrenzt, begrenzt freilich keine Kostenerstattungsansprüche
nach § 637 BGB.[474] Klauseln, die solche Ansprüche in allgemeinen Geschäftsbedingungen
einschränken, sind auch unwirksam.

In der Praxis werden außerdem oft Klauseln verwendet, nach denen die **Haftung bei** **470**
Datenverlust auf die Wiederherstellung ordnungsgemäß gesicherter Daten oder auf den
Schaden begrenzt wird, der bei ordnungsgemäßer Datensicherung entstanden wäre. Zu-

---

[465] BGH NRW-RR 1998, 1426; OLG Köln, CR 1998, 80 = NJW-CoR 1998, 178; CR 1997, 736;
LG Augsburg, CR 1989, 22 (26), allerdings fast ohne Begründung, **a. A.** ohne Begründung OLG
Koblenz, *Zahrnt*, ECR OLG 257.
[466] Grundlegend BGH, NJW 1993, 335 ff.; NJW 2001, 292 (302); *Schmidt*, in: Lehmann (Hrsg.),
Rechtsschutz und Verwertung von Computerprogrammen, S. 701 (757); *Schneider/Hartmann*, CR
1998, 517; *v. Westphalen*, NJW 2002, 1688 (1694 f.); *Seffer*, ITRB 2002, 244 (247).
[467] *Stadler* in Redeker (Hrsg.), Handbuch der IT-Verträge, Abschnitt 1.3 Rn. 133; *Ulmer/Brand-
ner/Hensen-Christensen*, Bes. Klauseln: Verjährungsklauseln, Rn. 2
[468] BGH NJW-RR 2005, 1496 = CR 2006, 228; kritisch *Kappus*, NJW 2006, 15.
[469] unwirksam OLG Celle, BB 2009, 129 m. Anm. Ayad.
[470] *Schuster*, CR 2011, 215 (218 f.).
[471] *MünchKomm/Ernst*, § 284, Rn. 8; *Bamberger/Roth/Unberath*, § 284 Rn. 9.
[472] *Staudinger/Otto*, § 284 Rn. 11.
[473] *Ulmer/Brandner/Christensen*, § 309 Nr. 7 Rn. 10.
[474] *Schuster*, CR 2011, 215 (219).

mindest die zweite Klausel ist im Falle einfacher Fahrlässigkeit zulässig.[475] Sie dürfte noch nicht einmal eine Haftungsbegrenzung darstellen, weil sie im Prinzip nur den Rechtsgedanken des § 254 BGB wiedergibt. Die erste Klausel ist eine echte Einschränkung, da die Kosten der Rekonstruktion der zuletzt vorhandenen Daten aus den gesicherten, etwa durch Nachbuchung von Belegen oder Neueingabe anderer Daten, Sache des Geschädigten bleibt, ohne dass der Schaden ersetzt werden muss, der bei ordnungsgemäßer Datensicherung entstanden wäre. Sie dürften dort zulässig sein, wo es nicht um die Verletzung von Kardinalpflichten geht. Im Falle grober Fahrlässigkeit sind beide Klauseln problematisch. Außerdem greifen beide Klauseln nicht ein, wenn der Schadensfall darauf beruht, dass die Datensicherungsmechanismen nicht ordnungsgemäß arbeiten. In diesen Fällen können die Daten ja nicht richtig gesichert werden.

Im Einzelnen herrscht aber auch insoweit erhebliche Unsicherheit.[476]

471   In 14.1 **EVB-IT System** ist hinsichtlich der Haftung geregelt, dass die Haftung insgesamt auf den Auftragswert begrenzt wird. Die Haftungsbegrenzung gilt nicht bei Vorsatz oder grober Fahrlässigkeit und bei Verletzung des Lebens, des Körpers oder der Gesundheit und für das Produkthaftungsgesetz. Ferner ist die Haftung für entgangenen Gewinn ausgeschlossen. Die Klausel ist als Klausel eines Softwareherstellers unwirksam, weil sie die Haftung für die Verletzung von Kardinalpflichten zu stark begrenzt.

Ob diese Klausel bei einer Verwendung der BVB durch Softwareersteller wirksam ist, muss nach dem oben Gesagten offen bleiben. Bei einer Verwendung durch die öffentliche Hand als Softwareabnehmer ist sie dem Softwarehersteller gegenüber wirksam.

472   Das Vorstehende gilt grundsätzlich auch im Bereich von Unternehmern, wobei allerdings in bestimmten Branchen kraft Handelsbrauches auch eine Haftung für grobes Verschulden der Erfüllungsgehilfen ausgeschlossen werden kann. In der Softwarebranche ist ein solcher Handelsbrauch aber nicht festzustellen.

473   § 309 Nr. 8 a BGB verbietet im Übrigen eine Klausel, die bei Verzug oder Unmöglichkeit das Rücktrittsrecht des Bestellers ausschließt. Auch darauf ist bei der Klauselgestaltung zu achten.

b) Klauseln der Kunden

474   Bei der Erstellung von Individualsoftware muss neben der Frage, ob der Unternehmer durch Verwendung allgemeiner Geschäftsbedingungen seine Gewährleistung und Haftung einschränken kann, auch die Frage betrachtet werden, ob der **Besteller die Haftung des Unternehmers kraft seiner** Marktstellung ausnahmsweise auch **ausweiten kann.** Dies gilt insbesondere im kaufmännischen Geschäftsverkehr, wo zahlreiche Firmen durch Einkaufs- bzw. Auftragsbedingungen versuchen, ihrerseits für sich günstigere Regeln bei mangelhafter Lieferung und Schadensersatz als die gesetzliche Rechtslage sie hergibt, zu schaffen. Wichtig sind hier im Wesentlichen Beweislastumkehrungen, Verjährungsverlängerungen und Schadenspauschalen bzw. Vertragsstrafevereinbarungen.

475   Nach dem neuen Recht sind **Vereinbarungen** über die **Verjährung** generell **zulässig** (§ 202 BGB). Dies betrifft auch eine evtl. Verlängerung der Verjährung etwa von Mängelansprüchen. Spezielle Regelungen, die solche Vereinbarungen etwa in allgemeinen Geschäftsbedingungen Grenzen setzen, sind im Gesetz nicht enthalten. Man muss daher für die Inhaltskontrolle auf § 307 Abs. 2 BGB zurückgreifen. Der BGH hat jedenfalls eine Verlängerung der im Kaufrecht geltenden Verjährungsfrist von 24 auf 36 Monate als

---

[475] *Ulmer/Brandner/H. Schmidt,* Bes. Vertragstypen: Softwareverträge, Rn. 13.
[476] Die Unsicherheit spiegelt sich in den verschiedenen Klauselfassungen bei *v. Westphalen,* Allg. Verkaufsbedingen, S. 96; *Roth,* in: Loewenheim/Koch (Hrsg.), Praxis des Online-Rechts, S. 57 (131 f.).

zulässig, auf 10 Jahre aber als zu viel angesehen.[477] Ob eine Verlängerung auf 5 Jahre möglich ist, erscheint zweifelhaft.[478]

Ebenso dürfte es kaum möglich sein, die **Frist zur Untersuchung** von Mängeln gem. §§ 377, 381 HGB durch allgemeine Geschäftsbedingungen unzumutbar z. B. auf zwei Monaten zu verlängern.[479]   **476**

Eine **Veränderung der Beweislast** ist nach § 309 Nr. 12 BGB prinzipiell unmöglich. Dies gilt für § 309 Nr. 12 Buchst. a BGB auch im Geschäftsverkehr. Hinsichtlich § 309 Nr. 12 Buchst. b muss man differenzieren. Hier sind einzelne Klauseln wirksam.[480]   **477**

Bei **Schadenspauschalen** bzw. **Vertragsstrafenvereinbarungen** sind die §§ 309 Nr. 5 und 6 BGB zu beachten. Danach dürfen Schadenspauschalen die Grenze des üblicherweise zu erwartenden Schadens nicht überschreiten. Außerdem muss dem Vertragspartner der Nachweis möglich bleiben, dass ein Schaden überhaupt nicht oder aber wesentlich niedriger als die Pauschale eingetreten ist. Vertragsstrafen sind nur in bestimmten Fällen, für Besteller in der Regel nicht interessanten Fällen gänzlich verboten. Freilich müssen sie immer angemessen sein. Die Regelung für Schadenspauschalen gilt auch im Unternehmensverkehr,[481] die für Vertragsstrafen nicht.[482]   **478**

In 9.3 **EVB-IT System** ist geregelt, dass für den Fall des Verzuges der Ersteller ab dem 8. Verzugstag eine Vertragsstrafe von täglich 0,2% des Auftragswerts bis höchstens 5% zu zahlen hat, um keine Schadenspauschale vorzusehen.   **479**

Aber auch **Vertragsstrafen** können **zu hoch** sein. So hat der BGH wiederholt eine Vertragsstrafe von 0,5% des Auftragswerts für jeden Tag der Verzögerung als zu hoch bezeichnet, auch wenn eine Höchstsumme der Vertragsstrafe (von z. B. 10% des Auftragswertes) festgesetzt wurde.[483] Der Auftragnehmer werde zu sehr unter Druck gesetzt. Für Bauverträge hat der BGH hier eine Höchstgrenze von 5% festgelegt.[484] Die Klausel aus der EVB-IT System hält diese Grenze ein. Allerdings dürfte die vom BGH festgelegte Grenze auf Softwareverträge nicht übertragbar sein, weil in Bauverträgen die Materialkosten sehr hoch und die Gewinnmargen niedrig sind. Für Softwareerstellungsverträge dürfte die Obergrenze eher bei 10% liegen. Wird dagegen neben Software auch sehr viel teure Hardware geliefert oder ist die Software Teil einer komplexen Maschine, dürfte die Grenze von 5% relevant sein. Rechtsprechung zu Softwareverträgen gibt es nicht. Je nach Auftragssumme ist aber die Höhenbegrenzung faktisch oft zu niedrig, um ein wirkliches Druckmittel zu sein.   **480**

Zur **Haftungserhöhung** würde auch eine Klausel führen, nach der alle Angaben des Lieferanten als Garantie behandelt werden. Eine solche Klausel ist unwirksam, weil sie gegen § 307 Abs. 2 Nr. 1 BGB verstößt. Eine **Garantiehaftung** für Rechts- oder Sachmängel kann in allgemeinen Geschäftsbedingungen auch generell **nicht vorgesehen** werden.[485] Die normale gesetzliche Regelung würde auf den Kopf gestellt.[486]   **481**

---

[477] BGH, CR 2006, 221 = NJW 2006, 47; dazu Redeker, CR 2006, 433 (435); *Stadler,* CR 2006, 77 (82 f.).

[478] *Lensdorf,* CR 2008, 1 (5).

[479] *Staudinger/Coester-Waeltjen,* § 309 Nr. 8, Rn. 100; *Gaul,* CR 2000, 570 (572) (schon bei drei Wochen).

[480] Vgl. dazu Ulmer/Brandner/*Hensen,* § 309, Nr. 13, Rn. 25 f.

[481] BGH, BB 1991, 373 (374); *Staudinger/Coester-Waeltjen,* § 305 Nr. 8, Rn. 25; einschränkend Ulmer/Brandner/*Hensen,* § 309 Nr. 5, Rn. 34.: nur § 309 Nr. 5 a gelte.

[482] *Staudinger/Coester-Waeltjen,* § 309 Nr. 6 Rn. 35; *Ulmer/Brandner/Hensen,* § 309 Nr. 6, Rn. 18.

[483] BGH, BB 2000, 1057 = NJW 2000, 2106; BB 2002, 698; NJW 2002, 2322.

[484] BGH, NJW 2003, 1805.

[485] BGH, CR 2006, 221 = NJW 2006, 47; dazu Redeker, CR 2006, 433 (435); ebenso *Erben/Günther/Kubert/Zahrnt,* IT-Verträge, S. 195 f.; *Stadler,* CR 2006, 77 (81); zweifelnd Lorenz, NJW 2007, 1 (2).

9. Besondere Fallgestaltungen

a) Komplexe Softwareentwicklung

482   In Literatur und Praxis spielt ein besonderer Fall der Softwareentwicklung eine immer wieder auftauchende, in der Gerichtspraxis allerdings bislang nicht anerkannte Sonderrolle. Es geht um einen sogenannten **Entwicklungsvertrag**.[487] Darunter wird ein Vertrag über die Entwicklung neuer, **völlig ungewöhnlicher** Software in einer komplexen Umgebung verstanden. Die Vorstellung nicht nur der Softwarehersteller, sondern auch weiter Teile der Literatur ist, dass die alleinige Übernahme des Herstellungsrisikos durch den Softwareersteller, wie es im Werkvertrag vorgesehen ist, in diesen Fällen unangemessen ist. Man muss betonen, dass es in all diesen Fällen ausschließlich um die Entwicklung von Software geht, die in dieser Art und Weise und bei dieser Komplexität noch nicht entwickelt worden ist. Dass von Brandi-Dohrn beispielsweise herangezogene Fallmaterial beschäftigt sich immer mit der Entwicklung einer später für den Weitervertrieb einzusetzenden Software, die dann nach längeren Arbeiten letztendlich schief gegangen ist. Brandi-Dohrn spricht von der Entwicklung eines medizinischen Gerätes zur Messung der Knochenfestigkeit nach großen Brüchen, von einem Entwicklungsauftrag für eine Gerätesteuerung und schließlich von der Entwicklung einer UNIX-kompatiblen CPU-Karte.[488]

In all diesen Fällen hielt er die **Anwendung des Werkvertragrechts** mit der sich daraus ergebenden Erfolgshaftung wie auch die Anwendung der §§ 323 ff. a. F. für beiderseits nicht zu vertretende Unmöglichkeit nicht für angemessen, weil der Entwickler auch unter Anwendung der Vorschriften der §§ 323 ff. a. F. ein sehr hohes Risiko des Wegfalls der Vergütung im Falle einer beidseitig nicht zu vertretenden Unmöglichkeit hat.

Bei Verträgen der vorliegenden Art ist ja häufig nicht vorhersehbar, ob letztendlich das Produkt erfolgreich entwickelt werden kann. Dies erwarten zwar sicher beide Seiten bei Vertragsschluss. Die Verfahren zeigen aber, dass dies oft nicht gelingt.

483   Geht man dann von einem **Vorliegen eines Werkvertrages** aus, trägt das Entwicklungsrisiko weitgehend der Entwickler. Wird das Werk nicht fertig und nicht abgenommen, entsteht eigentlich überhaupt kein Vergütungsanspruch. Ist zwischenzeitlich Vergütung gezahlt worden, weil Abschlagszahlungen vereinbart wurden, oder die Voraussetzungen des § 632 a BGB vorlagen, entfällt nach §§ 634, 323, 346 BGB beim Scheitern des Vertrages der Anspruch auf die Gegenleistung und die Vergütung muss zurückgezahlt werden. Lediglich dann, wenn die schon erbrachten Teilleistungen vermögensrechtlich ein Gewicht haben, entfällt insoweit bei Vorliegen der Voraussetzungen des § 323 Abs. 5 BGB der Anspruch auf Rückvergütung.

484   Anders ist dies Modell im **Dienstvertrag**. Hat der Entwickler ordnungsgemäße Leistung erbracht und nicht schuldhaft Fehler gemacht, steht ihm jedenfalls ein Vergütungsanspruch für die geleisteten Dienste zur Verfügung. Das Entwicklungsrisiko trägt der Auftraggeber.

Möglich ist auch eine gemeinsame Entwicklung und eine beabsichtigte gemeinsame Vermarktung. Es liegt dann nahe, in solchen Fällen ggf. auch die Anwendung des **BGB-Gesellschaftsrechts** anzunehmen. Die Risiken sind dann anteilsmäßig verteilt. Jedenfalls trägt nicht der Entwickler allein das Risiko.

Primär sollte die Risikotragung im Vertrag geregelt werden[489]. Bei so komplexen Entwicklungsmodellen empfiehlt es sich, schon vertragsmäßig die Risiken anders als gesetz-

---

[486] BGH CR 2006, 221 = NJW 2006, 47.
[487] Dazu *Brandi-Dohrn*, CR 1998, 645; *Söbbing*, ITRB 2009, 260.
[488] Letzterer Fall entschieden bei BGH, CR 1993, 85.

lich vorgegeben zu regeln. Dies geht freilich nicht durch allgemeine Geschäftsbedingungen, weil diese in sehr vielen Fällen an der Inhaltskontrolle gemäß §§ 307 ff. BGB scheitern werden. Individuell ausgehandelte, dem Vertragsverlauf angemessene vertragliche Regelungen sind aber zulässig. Bei einem komplexen Softwareprojekt ist auch der entsprechende Verhandlungsaufwand angemessen.

Haben die vertragschließenden Parteien keine Regelung getroffen, sei es, weil sie die Probleme vorher so nicht gesehen haben, sei es, weil die Vertragsmacht des Auftraggebers deutlich größer als die des Entwicklers war, sind die Lösungsmöglichkeiten gering.

Man kann freilich versuchen, durch **Auslegung** den vertraglichen Regelungen das **485** Ergebnis zu entnehmen, das den besonderen Risiken des Vertrages entspricht. Dabei sind alle Umstände des Einzelfalls eingehend zu würdigen.[490] Kommt man dabei aber zur Annahme eines Werkvertrags, wird man die Grundregeln sowohl des Rechts des Vertragstyps als auch des allgemeinen Schuldrechts nicht abändern können. Eine ergänzende Vertragsauslegung scheidet in diesem Fall aus.[491] Vertrag und Gesetz lassen nur wenig Regelungslücken.

Kommt man zu einem Dienstvertrag, stellen sich die Probleme nicht.

Angesichts der Rechtsprechung zur Abgrenzung von Werkvertrag und Dienstvertrag dürfte diese Auslegung allerdings relativ selten in Betracht kommen.

Zur Annahme eines **Gesellschaftsvertrages** wird man wohl dann kommen können, wenn die gemeinsame Entwicklung durch beiseitige Beiträge erfolgt und gemeinsam gesteuert wird und/oder die gemeinsame Vermarktung beabsichtigt ist.[492]

Allerdings wird man bei Auslegung der vorhandenen Umstände insbesondere bei **486** unklaren Vertragsregelungen dem Entwickler möglicherweise helfen können. Wird allerdings von vornherein ein klares Softwareentwicklungsprojekt vergeben und werden gar etwa Abnahmeprozeduren geregelt, dürfte man an der Annahme eines Werkvertrages selten vorbeikommen.[493]

b) Der Subunternehmervertrag

Ein weiterer häufig auftretender Spezialfall ist der **Subunternehmervertrag**. In diesem **487** Fall erarbeitet ein Subunternehmer einen Teil einer Softwareentwicklung. An dieser Stelle betrachtet werden sollen nur der Fall, der Subunternehmervertrag ein echter Werkvertrag ist. Dies bedeutet, dass der Subunternehmer ein eigenes Softwaremodul mit klar definierter Aufgabenstellung selbst erarbeitet. Die bloße Mitarbeit in einem Fallprojekt ist Dienstvertrag und wird unten[494] erörtert.

Die **rechtlichen Grundregeln des Subunternehmervertrags** sind die gleichen wie die **488** des Hauptvertrags. Es handelt sich um einen Werkvertrag. Allerdings ist Auftraggeber für den Subunternehmervertrag der Auftragnehmer des Gesamtvertrags. Für die erfolgreiche Abwicklung ist daher eine ordnungsgemäße Koordinierung der verschiedenen Pflichten im Hauptvertrag und Subunternehmervertrag wichtig.[495]

Wichtig ist insbesondere, dass bei Auftragsvergabe der Auftrag an den Subunternehmer den Anforderungen entspricht, die auch der Hauptauftragnehmer übernehmen muss.

---

[489] Muster: *Häuser,* in: Redeker (Hrsg.): Handbuch der IT-Verträge, Abschn. 6.2

[490] Dazu BGH, BB 2002, 2039.

[491] *V. Westphalen,* CR 2000, 75; **a. A.** *Brandi-Dohrn,* CR 1998, 645 (648 f.).

[492] **A. A.** wohl *Müller-Hengstenberg/Krcmar,* CR 2002, 549 (554 f.), die unklar von einem Kooperationsmodell sprechen.

[493] So auch zum Forschungs- und Entwicklungsvertrag allgemein: Rosenberger, Verträge über Forschung und Entwicklung, Kap. 6, Rn. 6.

[494] Rn. 497 ff.

[495] Näher dazu *Redeker,* CR 1999, 137; *Polenz,* CR 2008, 685; *Bischof/Witzel,* ITRB 2011, 89.

489   Zum zweiten muss sichergestellt werden, dass die Weiterentwicklung und Präzisierung des Auftrags verfahrensmäßig **koordiniert wird** mit der Weiterentwicklung und Präzisierung des Hauptauftrags.[496]

Dies kann in verschiedener Weise geschehen. Denkbar ist es, dass je nach Fortschritt des Detaillierungs- und Änderungsgrades im Hauptvertrag der Hauptauftragnehmer dem Subunternehmer entsprechende einseitige Vorgaben gibt. Das Verfahren ist aber wenig interessengerecht und dürfte in allgemeinen Geschäftsbedingungen nicht wirksam zu vereinbaren sein. Es wird in diesem Fall weder geklärt, ob die Detaillierung oder Änderungen überhaupt möglich sind noch wird geklärt, ob es sich um Detaillierungen oder Änderungen handelt. Der Subunternehmer kann auch nichts zur Zweckmäßigkeit dieser Detaillierung bzw. Änderung sagen. Es wird auch nichts über die Änderung oder Nichtänderung der Vergütung besprochen.

490   Demgemäß muss der **Subunternehmer** hinsichtlich seines Auftrages in das Detaillierungs- und Änderungsverfahren des **Hauptauftrags mit einbezogen werden.** Wie dies praktisch geschieht, muss der Entscheidung im Einzelfall überlassen bleiben. Man kann gemeinsame Gesprächsrunden bilden, man kann auch die Abänderung des Hauptvertrages von der Abänderung des Subunternehmervertrages abhängig werden lassen. Dies wird der Hauptauftraggeber in aller Regel nicht akzeptieren, da der Zweck, einen einheitlichen Auftrag an einen größeren Unternehmer zu erteilen, dadurch unterlaufen würde. Es bleibt also nichts anderes übrig, als verfahrensmäßig sicherzustellen, dass die jeweiligen Änderungsvereinbarungen soweit nötig koordiniert erfolgen.

Für den **Subunternehmervertrag** selbst ist klar, dass **Änderungen** und **Detaillierungen** erst dann wirksam sind, wenn sie im Subunternehmervertrag in dem dort vereinbarten Verfahren ausgehandelt wurden. Der Hauptauftragnehmer darf demgemäß Änderungen und Detaillierungen im Hauptvertrag erst dann zustimmen, wenn der Subunternehmer den entsprechenden Änderungen in seinem Vertrag ebenfalls zugestimmt hat.

Schwierig ist es dabei, Reaktionsfristen zu koordinieren, die in den meisten Vertragen ja enthalten sind. Diese müssen im Hauptvertrag etwas länger als im Subunternehmervertrag sein, damit ggf. der Subunternehmer noch gefragt werden kann.

Eng mit dieser Koordinierung zusammen hängt die Frage des **Informationsaustauschs.** Auch hier muss geregelt werden, wie die Informationen, die letztendlich nur der Subunternehmer erteilen kann, zum Auftraggeber gelangen können.

Die Frage ist allerdings, ob der Hauptauftragnehmer bereit ist, einen unmittelbaren Kontakt zwischen Subunternehmer und Auftraggeber herzustellen.

491   Ein weiteres wichtiges Ziel muss es sein, die **Ansprüche bei der Mangelhaftung** zu koordinieren und zwar sowohl, was ihren Inhalt, als auch, was die Verjährung betrifft.

Zunächst ist dabei wichtig, dass die Leistungsanforderungen im Subunternehmervertrag denen im Hauptvertrag entsprechen. Differieren die Anforderungen, kann im Subunternehmervertrag ein Mangel vorliegen, wenn im Hauptauftrag keiner vorliegt und umgekehrt.

Nicht im vorhinein zu regeln ist die Frage des unterschiedlichen **Verjährungsbeginns** und der unterschiedlichen Abnahme. Das Werk im Hauptvertrag wird erst abgenommen, wenn es vollständig fertig ist. Es mag Teilabnahmen geben. Eine Gesamtabnahme insgesamt kann erst dann stattfinden, wenn das Werk als solches fertig ist. Demgemäß wird das Subunternehmerwerk abgenommen, wenn es selbst fertig ist. Dies kann sehr viel früher als das Gesamtwerk sein, insbesondere bei groß angelegten EDV-Projekten.

492   Es ist jedenfalls in allgemeinen Geschäftsbedingungen unzulässig, den **Abnahmetermin** für das Werk des Subunternehmers auf die Abnahme des Hauptvertrages zu verlegen.[497]

---

[496] Dazu oben Rn. 422 ff.
[497] Vgl. die entsprechende Entscheidungen BGHZ 107, 75; BGH, BB 1997, 176; BGH, NJW-RR 1991, 540, alle zum Baurecht; *Polenz*, CR 2008, 685 (688).

Hintergrund ist, dass die Abnahme des Gesamtwerks aus Gründen scheitern kann, die mit dem Subunternehmerwerk nichts zu tun haben. Allein deswegen kann die Abnahme sich auch sehr lange hinziehen. Es ist dem Subunternehmer nicht zuzumuten, so lange mit dem Beginn der Gewährleistungsfrist – und in der Regel auch mit der Schlusszahlung – zu warten.

Möglich ist allerdings, in jeweils individuell ausgehandelten **Abnahmeprozeduren** spezielle Regelungen zur Abnahme des Subunternehmerprodukts zu treffen. Diese sind individuell ausgehandelt und werden dann, wenn es sachliche Gründe dafür gibt, auch dazu führen können, dass jedenfalls bestimmte Funktionalitäten des Werks des Subunternehmers erst geprüft werden müssen, wenn das Gesamtwerk fertig ist. Es kann ja durchaus sein, dass auch insoweit noch eine Schlussabnahme stattfinden muss. Wichtig ist, dass die Abnahme des Werkes des Subunternehmers durch die Hauptauftragnehmer und nicht durch den Auftraggeber erfolgt.

Es ist auch darauf zu achten, dass die **Verjährungsfristen** nicht so liegen, dass im 493 Hauptvertrag noch Ansprüche wegen mangelhafter Lieferung bestehen, wenn die entsprechenden Ansprüche im Subunternehmervertrag schon verjährt sind. Dies lässt sich wegen der unterschiedlichen Abnahmedaten nur dann regeln, wenn die Verjährungsfristen im Subunternehmervertrag länger als im Hauptauftrag sind. Dies ist sogar in allgemeinen Geschäftsbedingungen in Maßen möglich, wenn denn die Verjährungsfristen im Hauptvertrag im gesetzlichen Rahmen verkürzt werden, im Subunternehmervertrag jedoch verlängert werden.

Achten muss man auch darauf, dass eventuelle Änderungen der gesetzlichen Rechte im Hauptvertrag auch im Subunternehmervertrag auftauchen und umgekehrt. Anderenfalls könnte es sein, dass im Hauptvertrag noch Nacherfüllung geschuldet wird, während der Subunternehmer nicht mehr nacherfüllen muss oder umgekehrt.

Koordiniert werden müssen auch **Zahlungstermine**, da ja in aller Regel mit Vorschüs- 494 sen und Abschlagszahlungen gearbeitet wird.

Wichtig ist auch die Frage, wie **Verträge beendet werden**. Ein einseitiges Kündigungsrecht des Hauptauftragnehmers bei Beendigung des Hauptauftrages gegenüber dem Subunternehmer wird es über den § 649 BGB hinaus nicht geben können.[498]

Alles andere wäre ausgesprochen ungerecht. Wenn der Hauptauftrag scheitert, kann dies nur dann dem Subunternehmer angelastet werden, wenn es um seine Leistung geht. Man sollte daher die gesetzlichen Kündigungsrechte nicht abändern. Eine einvernehmliche Aufhebung unter allen Parteien bleibt dann ja vorbehalten.

Abschließend ist noch zu bemerken, dass auch die **Rechtsübertragung** im Subunter- 495 nehmervertrag dahin gehen muss, dass dem Hauptauftragnehmer jedenfalls die Rechte zustehen, die er dem Auftraggeber zubilligt und die er für die Weiterentwicklung und Pflege des Programms benötigt.[499] In aller Regel reicht nur eine vollständige Rechtsübertragung aus. Auch hier muss aber im Vertrag alles genau verhandelt werden.

Praktisch wichtig sind ferner **Wettbewerbsklauseln**. Sie verbieten in aller Regel dem 496 Subunternehmer während und für eine begrenzte Zeit nach Ende des Subunternehmervertrages für den Auftraggeber unmittelbar tätig zu werden und werden mit einer Vertragsstrafe bewehrt. Solche Vereinbarungen sind sogar in allgemeinen Geschäftsbedingungen zulässig, weil sie das Interesse des Hauptauftragnehmers daran schützen, dass die eigenen Akquisitionsbemühungen, die zu seinem Vertragsverhältnis mit dem Auftraggeber führten, auch vergütet werden.[500] Die Begrenzung auf Kunden des Hauptauftragnehmers und eine zeitliche Befristung der Abrede sind aber nötig.[501]

---

[498] Vgl. BGH, NJW-RR 2004, 1498 (zu einem Subunternehmerdienstvertrag).
[499] *Bischof/Witzel*, ITRB 2011, 89 (92); *Polenz*, CR 2008, 685 (690).
[500] BGH, DB 1998, 1961; *Polenz*, CR 2008, 685 (691).
[501] Näher *Backu*, ITRB 2002, 193; vgl. auch OLG Düsseldorf, Urt. v. 7. 6. 2000, U (Kart.) 12/00, JurPC Web-Dok. 44/2001; LG Wuppertal, CR 2000, 358.

10. Dienstverträge

497   Wie schon erwähnt, können Softwareerstellungsverträge auch ohne Erfolgsverpflich-
tungen vereinbart werden. Sie unterliegen dann dem **Dienstvertragsrecht**. Im Dienstvertragsrecht gibt es keine Regeln wegen mangelhafter Lieferung. Bei Schlechterfüllung
kommt daher keine Kürzung der Vergütung in Betracht. Denkbar sind nur Schadensersatzansprüche aus §§ 280 ff. BGB. Daneben gelten im Falle von Verzug und Unmöglichkeit die oben näher dargelegten allgemeinen Regeln. Für eine Kündigung aus wichtigem
Grund ist die Zwei-Wochen-Frist des § 626 Abs. 2 BGB zu beachten.[502]

498   Ein **Dienstvertrag** liegt nur dann vor, wenn die Parteien **keinen Erfolg vereinbart**
haben. Dies bedeutet bei der Softwareentwicklung, dass es ausschließlich darum gehen
muss, den Auftraggeber in der Entwicklung zu unterstützen oder ihn dabei zu beraten.
Dieser Fall liegt vor allem dann vor, wenn die Projektleitung beim Aufraggeber liegt und
der Auftragnehmer nur unselbständige Beiträge zum Projekt liefert. Hat der Auftragnehmer die Projektleitung oder entwickelt er einzelne selbstständige Teile der Software in
eigener Verantwortung, liegt ein Werkvertrag vor.[503]

499   Soll der Auftragnehmer die Software **selbst entwickeln**, dürfte in aller Regel ein Werkvertrag vorliegen, auch wenn die Parteien den Vertrag anders bezeichnet haben.[504] Das
gleiche gilt, wenn der Auftragnehmer ein Sicherheitskonzept für ein Netzwerk entwickelt
und die Außendienstmitarbeiter in dieses Konzept einbeziehen soll.[505] Umgekehrt liegt bei
Mitarbeit des Auftragnehmers im Projekt auch dann ein Dienstvertrag vor, wenn der
Vertrag als Werkvertrag bezeichnet wird. Unterliegt der Unternehmer bei der Erstellung
der Software **laufenden Einzelweisungen** des Auftraggebers, liegt in der Regel auch ein
Dienstvertrag vor.[506] Bei der Abgrenzung sind alle Umstände des Einzelfalls zu berücksichtigen, zu denen sowohl konkrete vertragliche Vereinbarungen als auch die tatsächliche
Durchführung zählt. Der Vertragscharakter kann sich bei einvernehmlicher Änderung
während Durchführung des Vertrages auch von einem Werk- in einen Dienstvertrag
ändern.[507]

Eine solche Änderung wird insbesondere bei einer zunehmenden Einbindung eines
einzelnen Auftragnehmers in den betrieblichen Ablauf des Auftraggebers anbieten.

500   In der Rechtsprechung gibt es nur wenige Entscheidungen, in denen ein Software-
erstellungsvertrag als **Dienstvertrag** angesehen wird.[508] Am häufigsten treten solche Verträge bei der Einbeziehung freier Mitarbeiter wie z. B. von Studenten in die Softwareerstellung auf. Diese freien Mitarbeiter werden nach Stunden bezahlt und arbeiten ohne
Erfolgsgarantie. Das eigentliche rechtliche Problem bei ihnen ist meist die Frage, ob es sich
angesichts der intensiven Einordnung in den Betrieb des Auftraggebers wirklich um freie
Mitarbeiter oder nicht vielmehr um **Arbeitnehmer** oder zumindest um arbeitnehmerähnliche Personen handelt.[509]

---

[502] BGH, BB 1999, 389.

[503] Wie hier: *Karger,* CR 2001, 357 (359); näher *Redeker,* ITRB 2001, 109; vgl. auch BGH, BB 2002,
2039 = NJW 2002, 3323; BGH, NJW 2002, 3317.

[504] *Junker,* NJW 1999, 1294 (1297).

[505] LG Köln, Urt v. 16. 7. 2003, 90 O 68/01, JurPC WebDok. 62/2004.

[506] *Schneider,* CR 2003, 317 (321).

[507] LG Saarbrücken, NJW-CoR 1999, 304 (LS).

[508] Z. B. OLG Düsseldorf, *Zahrnt,* ECR OLG 79; OLG München, *Zahrnt,* ECR OLG 231.

[509] Hinweise dazu und zu den praktisch wichtigen Problemen der Arbeitnehmerüberlassung bei
Schneider, Handbuch des EDV-Rechts, Rn. B 1350 ff.;E 207 ff.; *Werxhausen,* in: Redeker (Hrsg.):
Handbuch der IT-Verträge, Kap. 5.3; aus der Rspr. vgl. z. B. LG München I, CR 1988, 556; sowie
Beilage Nr. 7 zu BB 1991, S. 7 ff. m. Anm. *Zahrnt;* Arbeitsgericht Stuttgart, Beilage Nr. 7 zu BB 1991,
S. 13 ff. mit Anm. *Zahrnt;* LAG Baden-Württemberg, Beil. Nr. 14 zu BB 1992, S. 11; LAG München,

Dienstverträge[510] treten daneben insbesondere dann auf, wenn lediglich **Beratung** bei 501
einem EDV-Projekt des Kunden oder die **Planung** eines solchen EDV-Projekts Vertragsgegenstand ist. Je nach Gestaltung kann darüber hinaus ein Geschäftsbesorgungsvertrag
vorliegen und damit ergänzend Auftragsrecht Anwendung finden.[511] Während allerdings
die bloße Beratung in der Regel Gegenstand eines Dienstvertrages ist, ist bei der Planung
oder der Vorlage eines Strategiekonzepts ähnlich wie im Architektenrecht eher von einer
werkvertraglichen Gestaltung auszugehen.[512] Bei diesen Verträgen muss der Kunde darauf
achten, dass ihm die Rechte am Produkt möglichst umfassend übertragen werden.[513]

Auch in Dienstverträgen können **Wettbewerbsklauseln** wichtig werden. Bei wirtschaft- 502
lich vom Auftraggeber unabhängigen Dienstnehmern sind sie in dem oben[514] geschilderten
Umfang zulässig. Bei abhängigen Dienstnehmern, insbesondere bei **Arbeitnehmern**, ist
zu ihrer Wirksamkeit eine **Karenzentschädigung** notwendig.[515]

III. Der Erwerb von Hardware gegen Einmalzahlung

Der **Erwerb einer bloßen Hardwareanlage** gegen ein einmaliges Entgelt ist **Kaufver-** 503
trag.[516] Gelegentlich wird aber auch von einem Werklieferungsvertrag gesprochen.[517]
Diese Meinung ist dann richtig, wenn es um die Lieferung einer speziell angefertigten
Anlage geht. In aller Regel werden aber schon vorhandene Hardwareanlagen bestellt. Dass
diese möglicherweise für die konkrete Anwendung aus verschiedenen Fertigbestandteilen
zusammengesteckt werden, ändert an diesem Befund nichts. Im Normalfall ist vom Kaufvertrag auszugehen.

Problematisch ist nur u. U. die Einbeziehung der **Betriebssoftware**. Diese wird häufig 504
gemeinsam mit der Hardware geliefert. Dies gilt auch für den PC-Bereich, zumal dort die
weit verbreitete Praxis der „OEM"-Lieferung von Software zu einem deutlich ermäßigten
Preis sehr nahe liegt, diese Software mit zu erwerben. Bei einem Gesamtkauf wird
gelegentlich der Preis der Betriebssoftware auch nicht gesondert ausgewiesen. Es stellt sich
dann die Frage, ob ein einheitlicher Vertrag über Hardware und Betriebssoftware vorliegt.
Dies muss sicher nach den Umständen des Einzelfalls entschieden werden. Details einer
solchen Bewertung werden an anderer Stelle diskutiert.[518] Wird allerdings eine einheitliche
Lieferung von Hardware und Betriebssoftware gegen Zahlung eines Gesamtpreises vereinbart, so kann man in aller Regel von einem einheitlichen Kaufvertrag ausgehen.[519]
Gelegentlich mag es aber zu anderen Vertragsgestaltungen kommen.[520] Ist in einem Vertrag
über Hardware und Standardsoftware die Betriebssoftware nicht erwähnt, ist sie nicht
geschuldet.

Beil. Nr. 10 zu BB 1992, S. 11; OLG Frankfurt, CR 2002, 638; OLG Karlsruhe, CR 2002, 643; LG
Konstanz, CR 2002, 647 m. Anm. *Erben;* LG Wuppertal, CR 2000, 358; OLG Düsseldorf, CR 2000,
428.
[510] Ausführlich *Intveen,* ITRB 2011, 68.
[511] *Intveen,* ITRB 2011, 68 (69).
[512] Wie hier *Müller-Hengstenberg,* CR 1988, 633 (634).
[513] *Intveen,* ITRB 2011, 68 (69).
[514] Rn. 496.
[515] *Backu,* ITRB 2002, 193 (194).
[516] *Schneider,* Handbuch des EDV-Rechts, Rn. D 36.
[517] LG Konstanz, CR 1991, 93 f.
[518] S. u. Rn. 680 ff.
[519] *Brandi-Dohrn,* CR 1986, 63 (64).
[520] Vgl. *Müller-Hengstenberg,* CR 1986, 441 (442 f.); *Schneider,* Handbuch des EDV-Rechts, Rn. F
6; aus der Rechtsprechung z. B. LG Aachen, CR 1988, 216 = IuR 1987, 298.

505   Zum Lieferumfang gehört in jedem Fall nach der Rechtsprechung auch ein **Hand-buch**.[521] Die Anforderungen an dieses Handbuch entsprechen denen an die Benutzerdo-kumentation bei der Softwareerstellung.[522]

Die für diesen Bereich geltenden EVB-IT Kauf gelten für den Hardwarekauf mit und ohne Betriebs- und anderer Standardsoftware[523]. Demgegenüber ging die **BVB-Kauf**[524] noch davon aus, dass sie sowohl für den Kauf der Hardware als auch für den Erwerb der dort Grundsoftware genannten Betriebssoftware[525] gelten. Dies entsprach der seinerzeit allgemein üblichen Praxis, die Hardware nur gemeinsam mit der Betriebssoftware zu verkaufen (sog. Bundling).

506   Daneben werden in aller Regel auch **Installationsarbeiten** geschuldet, die selbst werk-vertraglichen Charakter haben. Sie können Nebenpflichten sein, können aber in Aus-nahmefällen den gesamten Vertrag zum Werklieferungsvertrag machen.[526] Im alten Recht ist man oft von Werkverträgen ausgegangen. Dies ist im neuen Recht nicht möglich, weil der Kernpunkt der Lieferung, die Hardware, eine bewegliche Sache ist. Ein Ausnahmefall und damit ein Werklieferungsvertrag sollte aber eher selten angenommen werden. Oft sind Installationspflichten ausdrücklich vereinbart. Gibt es eine solche Vereinbarung nicht, ist die Rechtsprechung hinsichtlich von stillschweigenden Vereinbarungen schwankend. Bei PCs wird üblicherweise ein mit Betriebssoftware vorinstallierter PC geliefert, der seiner-seits praktisch nur noch an das Netz angeschlossen werden muss. In der Praxis werden in aller Regel auch die Druckertreiber u. ä. installiert, wenn denn Drucker und Bildschirme mitgeliefert werden. Bei größeren Anlagen empfehlen sich angesichts der schwankenden Rechtsprechung klare Vereinbarungen. Allerdings wird in der Praxis auch oft vereinbart, dass die Erstellung der für die Installation notwendigen Leitungen und die sonstigen Installationsvorbereitungen im Haus des Kunden dessen Sache sind.

507   Soweit Kaufrecht anwendbar ist, gelten die kaufrechtlichen Vorschriften über die Man-gelhaftung. Der **Mangelbegriff** entspricht im Wesentlichen dem oben Geschilderten. Grundlage ist § 434 Abs. 1 BGB, der in weiten Teilen wortgleich mit § 633 BGB ist. Allerdings ist auch § 434 Abs. 1 S. 2 BGB zu beachten. Danach gehören zur geschuldeten Beschaffenheit der Kaufsache auch Eigenschaften, die der Käufer nach den öffentlichen Äußerungen des Verkäufers, des Herstellers oder seines Gehilfen insbesondere in der Werbung oder bei der Kennzeichnung über bestimmte Eigenschaften der Sache erwarten kann. Diese Bestimmung gilt nicht für vertraglich vereinbarte oder aus dem Vertragszweck abgeleitete Eigenschaften, wohl aber für die allgemein zu erwartenden Eigenschaften. Sie begründet eine relativ weite Haftung des Verkäufers für Angaben des Herstellers oder von dessen Gehilfen. Zu den Gehilfen gehört z. B. auch eine Werbeagentur.[527] Letztlich ist die Ware mangelhaft, wenn sie nicht die in der Werbung angepriesenen Eigenschaften hat. Eine Ausnahme gibt es dann, wenn die Werbung berichtigt ist oder der Verkäufer sie weder kannte noch kennen musste. Was Berichtigung bedeutet, ist dabei noch offen. Eine öffentliche Rückrufaktion ist sicher ausreichend,[528] die bloße kommentarlose Änderung eines Internetauftritts sicher nicht. Die mangelnde Kenntnis des Verkäufers kann es

---

[521] OLG Stuttgart, CR 1989, 810 (811 f.); *Gennen*, in: Schwartmann (Hrsg.): Praxishandbuch Medien-, IT- und Urheberrecht, Kap. 19, Rn. 44.

[522] Vgl. oben Rn. 312 ff.

[523] Vgl. Nr. 1.2 der Hinweise für die Nutzung der Ergänzenden Vertragsbedingungen für die Beschaffung von IT-Leistungen

[524] Veröffentlicht in Beilage Nr. 15 zum BAnz. Nr. 135 v. 25. 7. 1974.

[525] Vgl. die Begriffsbestimmungen zu den Anlagen zur BVB-Überlassung, veröffentlicht in Anlage Nr. 26 zum BAnz Nr. 216 v. 19. 11. 1977.

[526] *Schneider*, Handbuch des EDV-Rechts, Rn. F 52; zu weitgehend OLG Celle, *Zahrnt*, ECR OLG 235.

[527] *Palandt/Weidenkaff*, § 434 Rn. 36.

[528] *Palandt/Weidenkaff*, § 434 Rn. 39.

eigentlich nur bei nicht für den deutschen Markt bestimmten Äußerungen geben. Dies wird in der Literatur freilich teilweise weit händlerfreudiger gesehen. Teilweise wird vertreten, dass der Händler den Internetauftritt des Herstellers nicht kennen müsse.[529] Jedenfalls beim Handel mit Hard- oder Software ist dies aber falsch. Der Händler muss jedenfalls einen deutschsprachigen, der Fachhändler wohl auch einen englischsprachigen Internetauftritt kennen.

An **Mängeln** sind in der **Rechtsprechung** folgende Beispiele entschieden worden: 508
Ein sogenannter „Head crash" (Berührung der Platte durch den Lesekopf) sowie Druckerausfälle;[530] Drucker, die die eingezogenen Seiten verrutscht einziehen, übereinander drucken bzw. die Perforation der Randlöcher einreißen; ein thermischer[531] Defekt in einer Controllerplatine.[532] Auch ein dauerhafter Pfeifton bei Nutzung des Computers ist ein Mangel.[533] Demgegenüber ist eine leichte Geräuschentwicklung kein Mangel, wenn der Geräuschpegel innerhalb der Herstellertoleranz liegt.[534]
Ebenso ist es ein Mangel, wenn ein Bildschirm nach ca. 20 minütiger Benutzung ausfällt und bei Wiedereinschalten das zuletzt geladene Programm gelöscht ist.[535] Ein Mangel kann bei Zubehörteilen auch dann vorliegen, wenn sie selbst technisch einwandfrei, aber wegen eines Fehlers der Hauptsache nicht benutzbar sind. Sie sind dann nämlich nicht wie vertraglich vereinbart als Zubehör nutzbar.[536] Werden Originalverbrauchsmaterialien bestellt, aber kompatible Fremdprodukte geliefert, ergeben sich ebenfalls Mängelansprüche. Ob es sich um Mängel oder eine aliud-Lieferung handelt[537], ist gleichgültig.
Auch eine mangelhafte Montage oder Installation und/oder eine mangelhafte Montage- oder Installationsanleitung führt zur Sachmängelhaftung (§ 434 Abs. 2 BGB).
Im Übrigen sei auf die ausführliche Darstellung oben[538] verwiesen.

Betrachtet man die sich bei Mängeln ergebenden Rechte, so gilt der Sache nach fast das 509 Gleiche wie im Werkvertrag. Auch hier muss zunächst Nacherfüllung verlangt werden (§ 437 Nr. 1 BGB). Unter den schon dargestellten Voraussetzungen[539] gibt es dann Rücktritts- und Minderungsrechte (§ 437 Nr. 2 BGB) und die Möglichkeit, Schadensersatz zu verlangen (§ 437 Nr. 3 BGB). Es gibt freilich kein Selbstvornahmerecht. Bessert der Käufer selbst nach, obwohl er von einem Mangel weiß oder einen solchen vermuten konnte, kann er dem Käufer weder seine eigenen Kosten noch dessen durch die Selbstnachbesserung ersparten Aufwendungen in Rechnung stellen.[540] Außerdem kann der Käufer und nicht der Verkäufer die Art und Weise der Nacherfüllung wählen (§ 439 Abs. 1 BGB). Der Verkäufer kann die vom Käufer gewählte Art der Nacherfüllung zurückweisen, wenn sie nur mit unverhältnismäßigen Kosten möglich ist. Bei der Abwägung ist neben dem Wert der Sache in mangelfreiem Zustand und der Bedeutung des Mangels insbesondere zu berücksichtigen, ob ohne erhebliche Nachteile für den Käufer auf die andere Art der Nacherfüllung zurückgegriffen werden kann (§ 439 Abs. 3 BGB). Wann unter Berücksichtigung der hier genannten Kriterien Verweigerungsrechte nach

---

[529] *Augenhofer*, Gewährleistung und Werbung, S. 73.
[530] OLG Hamm, CR 1989, 910 (912) = NJW 1989, 2629 (2630).
[531] Vgl. LG Bielefeld, CR 1989, 915; heute teilweise technisch überholte Fälle.
[532] LG Düsseldorf, IuR 1986, 315.
[533] LG München I, CR 1987, 20.
[534] OLG Köln, NJW 1993, 3143.
[535] OLG München, CR 1987, 506 f.
[536] AG Recklinghausen, CR 1989, 496 f. (fraglich).
[537] OLG Hamm, CR 1998, 135.
[538] Rn. 326 ff.
[539] Oben Rn. 351 f.
[540] BGH, NJW 2005, 1348; NJW 2006, 1195; BB 2011, 129; sehr str. a. A. z. B. *Ebert*, NJW 2004, 1761 (1762 f.); *Herresthal/Riehm*, NJW 2005, 1321; *Oechsler*, NJW 2004, 1825 (1826 f.); *Lorenz*, NJW 2007, 1 (4 f.).

§ 439 Abs. 3 BGB bestehen, wird in der Literatur intensiv diskutiert. Teilweise werden absolute Obergrenzen gesetzt. So sollen Nacherfüllungskosten in Höhe von 150% des Werts der Sache die Nacherfüllung grundsätzlich ausschließen.[541] Es soll auch eine Nachlieferung unzumutbar sein, wenn sie 20% teurer ist als eine Nachbesserung.[542] Solche absoluten Grenzen sind aber problematisch und können dann greifen, wenn beide Arten der Nacherfüllung für den Käufer ansonsten gleichwertig sind[543]. Man wird im Einzelfall entscheiden und praxisbezogen Fallgruppen bilden müssen, bei denen neben weiterer Kriterien die materiellen und immateriellen Vorteile einer Art der Nacherfüllung für den Käufer ebenso u. U. eine Rolle spielen wie auch das Verschulden des Verkäufers berücksichtigt werden muss[544].

Im Bereich der Hardware ist das Wahlrecht durchaus von Bedeutung. Eine Reparatur dürfte hier im Unterschied zur Software, in der meist eine neue Version der Software neu installiert wird,[545] durchaus möglich sein.

510   Ein besonderes Problem besteht dann, wenn der Käufer die gekaufte Hardware an einen **anderen Ort** als den verbringt, an dem sie gekauft wird. Der Verkäufer muss dann bei der Reparatur auch die **Reisekosten** tragen, weil er nach § 439 Abs. 2 BGB alle Reparaturkosten tragen muss[546]. Das Gesetz sieht keine besondere Regel für Reisekosten vor. Allenfalls in Extremfällen kann sich der Verkäufer auf die Unzumutbarkeitsvorschrift des § 439 Abs. 3 BGB berufen, die Reparatur verweigern und nachliefern – etwa dann, wenn der Verkäufer einer preiswerten Netzwerkkarte zu deren Reparatur von München nach Greifswald reisen soll.[547] Eine neue Entscheidung des BGH, nach der die Nacherfüllung im Zweifel am Sitz des Verkäufers zu erbringen ist, kann dem Verkäufer aber Entlastung gewähren.[547a] Allerdings gehören die Kosten für den Ausbau eines mangelhaften Hardwareteils aus einer nicht insgesamt gekauften Hardware nicht zu den Kosten der Rückabwicklung.[548] Dies ist bei einem Verbrauchsgüterkauf aus europarechtlichen Gründen anders.[549] Diese Rechtsprechung gilt für den Unternehmensbereich nicht; ob sie dennoch von der deutschen Rechtsprechung auch dort angewandt wird, ist offen.[550]

511   Bei Kaufleuten ist darüber hinaus zu beachten, dass Mängel rechtzeitig gerügt werden müssen (§§ 377 HGB).[551] Erhält ein Käufer z. B. 840 Netzteile, muss er zumindest Stichproben untersuchen.[552]

512   In **allgemeinen Geschäftsbedingungen** kann man im Unternehmensverkehr das Wahlrecht des Verkäufers im Hinblick auf die Art der Nacherfüllung abbedingen.[553] Beim Verbrauchsgüterkauf geht dies nicht (§ 475 Abs. 1 BGB). Eine entsprechende Klausel dürfte auch im Hinblick auf die angesprochenen Fahrtkosten viele Probleme lösen.

---

[541] Vgl. *Huber*, NJW 2002, 1004 (1007 f.).

[542] LG Ellwangen, NJW 2003, 517.

[543] *Bamberger/Roth/Faust*, § 439 Rn. 47.

[544] Vgl. die umfangreichen Ausführungen bei *Palandt-Weidenkaff* § 439 Rn. 16 a; *Bamberger/Roth/Faust*, § 439 Rn. 42 ff.

[545] Vgl. unten Rn. 552 ff.

[546] *Palandt/Weidenkaff*, § 439 Rn. 11; *Bamberger/Roth-Faust*, § 439 Rn. 13.

[547] *Huber*, NJW 2002, 1004 (1006).

[547a] BGH, BB 2011, 1679 m. Anm. *Ayad/Schell*.

[548] *Thümann*, NJW 2006, 3457; a. A. OLG Karlsruhe, ZGS 2004, 432 (433) = BauR 2005, 109 für Fliesen, die in einem Fliesenboden verbaut waren; zweifelnd *Lorenz*, NJW 2007, 1 (5).

[549] EuGH, BB 2011, 1934 m. Anm. Ayad/Schade.

[550] krit. *Lorenz*, NJW 2011, 2241.

[551] LG München I, CR 1988, 218 (219); 1004 (LS); LG Tübingen, CR 1988, 306 (307); OLG München, CR 1991, 19 (20); BGB, CR 1990, 384 (386 f.); *Brandi-Dohrn*, in: Lehmann (Hrsg.), Rechtsschutz und Verwertung von Computerprogrammen, S. 931 (935).

[552] OLG Köln, OLG Report 2003, 239.

[553] *Roth*, ITRB 2003, 231 (233); a. M. *Koch*, ITRB 2003, 87 (88).

Allerdings wird in den meisten Kaufverträgen die Gewährleistung durch **allgemeine** 513
Geschäftsbedingungen anders geregelt. Zu dem, was hier zulässig ist, ist bereits oben[554]
hinreichend viel ausgeführt worden.

Nr. 4.6 der **EVB-IT Kauf** sieht vor, dass der Käufer dann, wenn der Verkäufer nicht 514
binnen angemessener Frist nachbessert, eine Nachfrist setzen muss, bevor er mindern oder
zurücktreten kann. Der Schadensersatzanspruch neben dem Rücktritt ist auf 8% des Werts
der vom Mangel betroffenen Leistung begrenzt.

Die Verjährungsfrist für alle genannten Ansprüche beträgt 2 Jahre ab Ablieferung 515
(§ 438 Abs. 1 Nr. 3 BGB). Ablieferung liegt dann vor, wenn die Sache dem Käufer so
übergeben wird, dass er sie prüfen kann[555]. Die Prüfung selbst ist nicht Voraussetzung der
Ablieferung, sondern folgt ihr zeitlich nach. Ablieferung ist damit etwas deutlich anderes
als Abnahme. Die Verjährungsfrist wie auch die Rügefrist des § 377 BGB beginnt daher
recht früh und nicht erst nach einem längeren Funktionstest.[556]

Allerdings ist es oft so, dass Kaufverträge über Datenverarbeitungsanlagen hinsichtlich 516
der **Installation** und **Schulung** des Personals auch werk- und dienstvertragliche Elemente
aufweisen und daher die bloße Übergabe der Kaufsache in aller Regel noch nicht die volle
Erbringung der Leistung durch den Lieferanten darstellt.[557] Außerdem gehört nach dem
oben Gesagten[558] auch die Übergabe der Handbücher und der Benutzungsanleitung zur
Ablieferung der Sache. Werden Handbücher und Benutzerdokumentationen nicht übergeben, ist noch keine vollständige Ablieferung eingetreten, so dass insoweit weder Verjährungsfristen noch die Rügefrist beginnen.[559] Das Gleiche gilt auch für die Durchführung einer eventuell geschuldeten **Einweisung**.[560] Insoweit kommt es zu einer Hinaus-
schiebung des **Beginns der Verjährungsfrist**. Auch die kaufmännische Rügefrist beginnt
erst mit vollständiger Lieferung.[561]

Allerdings hat die Rechtsprechung dann, wenn eine Anlage in Betrieb genommen 517
wurde und letztendlich erst im Prozess oder kurz davor **nach jahrelanger Nutzung** das
Fehlen des Handbuchs gerügt wird, angenommen, dass die entsprechenden Einwendungen **verwirkt** oder rechtsmissbräuchlich gebraucht wurden.[562] Diese Meinung dürfte –
jeweils unter Berücksichtigung der Umstände des Einzelfalls – durchaus zutreffend sein.

In der Praxis gibt es weiterhin eine Tendenz, den **Verjährungsbeginn vertraglich** 518
hinauszuschieben und auch im Bereich des Hardwarekaufs eine Abnahme einzuführen. So
sah z. B. § 8 BVB-Kauf ausdrücklich eine Abnahme vor, deren Verfahren in vieler Hinsicht
der entsprechenden Regelung in § 11 BVB-Erstellung entsprach. Die Gewährleistungsfrist
endete gemäß § 9 Nr. 1 Abs. 2 BVB-Kauf frühestens neun Monate nach der Abnahme. Sie
begann freilich bereits mit einem nach der Systematik der BVB-Kauf früher liegenden
Zeitpunkt, nämlich dem Tag nach der Erklärung der Betriebsbereitschaft (§ 5 Nr. 4 BVB-
Kauf). Dies lag wohl daran, dass die Verfasser der BVB-Kauf spätestens diesen Zeitpunkt

---

[554] Rn. 446 ff.
[555] BGH, BB 2000, 638 = CR 2000, 207.
[556] **A. A.** vor der BGH-Entscheidung, allerdings für den Erwerb einer gesamten Datenverarbeitungsanlage, OLG Düsseldorf, CR 1989, 689 (690); OLG Köln, *Zahrnt,* ECR OLG 72; OLG
Koblenz, *Zahrnt,* ECR OLG 108: ähnlich auch LG Offenburg, CR 1988, 1004 (LS); LG Tübingen,
CR 1988, 306 (307); vgl. auch LG München I, CR 1987, 20 (21) mit krit. Anm. *Wandt* ; weniger
weitgehend z. B. OLG Hamm, CR 1989, 486 (488); OLG Köln, CR 1988, 723 (728); LG Freiburg, CR
1988, 829 (830)
[557] Dazu *Brandi-Dohrn,* CR 1986, 63 (64).
[558] Vgl. oben Rn. 312 ff.
[559] BGH, BB 1993, 1755 = NJW 1993, 2436 = DB 1993, 1871.
[560] OLG Nürnberg, *Zahrnt,* ECR OLG 186.
[561] *Junker/Benecke,* Computerrecht, Rn. 249.
[562] OLG Köln, NJW-RR 1995, 1460; NJW-RR 1996, 44; OLG-Report Köln 1997, 121; vgl. auch
BGH, *Zahrnt,* ECR BGH 3.

als Zeitpunkt der Ablieferung gemäß § 477 BGB ansahen und damit mit ihm für sie der primäre Leistungsanspruch wegen Erfüllung unterging. Auch diese Regelung zeigt deutlich die Problematik der Verlagerung des Verjährungsbeginns in den Fällen, in denen keine vertraglichen Regelungen bestehen. In diesen Fällen bleibt letztendlich nichts anderes übrig als die Verjährung an dem Tag beginnen zu lassen, an dem die Anlage geliefert und betriebsbereit aufgestellt ist.[563] Wird eine DV-Anlage vollständig geliefert und erst nach und nach durch den Lieferanten betriebsfertig gemacht, beginnt die Verjährung allerdings erst mit der Betriebsbereitschaft auch des letzten Teils.[564] Sollte die Aufstellung Sache des Käufers sein, beginnt die Verjährung demgegenüber bereits mit der Lieferung. Den Beginn der Verjährung generell an die Abnahme zu knüpfen, ist problematisch, weil die Verjährungsfrist dann in unkalkulierbarer Weise hinausgeschoben wird.[565]

519   Die relativ lange **Verjährungsfrist** lässt eine **Verkürzung** für den Verkäufer wünschenswert sein. Eine Verkürzung auf ein Jahr ist **auch in allgemeinen Geschäftsbedingungen möglich,** soweit es um den Unternehmensbereich geht (§ 309 Nr. 8 b ff. BGB) und Schadensersatzansprüche davon nicht erfasst werden.[566] In Verträgen mit Verbrauchern lässt sich die Verjährung nur beim Kauf gebrauchter Hardware auf ein Jahr verkürzen (§ 475 Abs. 2 BGB).

520   Im Übrigen gibt es die die dargestellten Rechte auch bei Rechtsmängeln, bei denen hinsichtlich der Verjährung evtl. Besonderheiten gelten. Diese Frage wird im Bereich des Erwerbs von Software näher erörtert.[567]

521   Für Voraussetzungen und Folgen allgemeiner Leistungsstörungen gilt sinngemäß das oben Gesagte.[568]

522   Auch beim Hardwarekauf bestehen die oben[569] dargestellten **Beratungspflichten.** Sie können aber nicht so weitgehend sein wie bei der Erstellung eins Individualprogramms. So muss der Lieferant z. B. nicht darauf hinweisen, dass der verkaufte Drucker beim Druckbetrieb in seiner Geräuschentwicklung den nach der Arbeitstätten-Verordnung zulässigen Maximalgrenzwert überschreitet.[570] Für die Einzelheiten kommt es darauf an, wo der Kunde einkauft. Von einem Fachgeschäft kann mehr Beratung erwartet werden als von einem PC-Discounter.[571]

IV. Der Erwerb von Standardsoftware auf Dauer

1. Die rechtliche Einordnung

523   Wird schon vorgefertigte **Software gegen Zahlung eines einmaligen Entgelts** vom Kunden erworben, geht die mittlerweile ganz herrschende Meinung davon aus, dass es sich dabei um einen **Kaufvertrag** handelt.

524   Ausgangspunkt ist eine Entscheidung des BGH schon aus dem Jahre 1987.[572] Danach liegt ein **Kaufvertrag** vor bei Veräußerung von vorgefertigter Standardsoftware gegen

---

[563] Wie hier *Feuerborn/Hoeren*, CR 1991, 513 (515 f.); so jetzt auch 4.5 EVB-IT Kauf
[564] OLG Bremen, Beilage Nr. 7 zu BB 1991, S. 2; vgl. auch OLG Saarbrücken, CR 1990, 713 (714); *Nauroth*, Computerrecht, S. 103 f.
[565] Näher dazu *Redeker*, ITRB 2002,119.
[566] Näher dazu oben Rn. 458, 464 ff.
[567] Unten Rn. 561 ff.
[568] Rn. 385 ff.
[569] Rn. 397 ff.
[570] LG Stuttgart, CR 1997, 547.
[571] OLG Hamm, CR 1997, 691 (LS).
[572] BGHZ 102, 135.

einmaliges Entgelt auf Dauer und zur freien Verfügung. Im Sachverhalt dieser Entscheidung war sogar davon die Rede, dass Eigentum an dem Softwareexemplar auf den Erwerber übergeht. Diese Grundlage ist bestätigt worden in einem Urteil des BGH vom 18. 10. 1989.[573] Dies nimmt einen Kauf bei Annahme gleicher Kriterien an, verzichtet aber auf das Kriterium, dass die Software zur freien Verfügung überlassen wird. Eine Überlassung von Standardsoftware auf unbegrenzte Zeit gegen einmaliges Entgelt ist nach dieser BGH-Entscheidung Kaufvertrag und zwar auch dann, wenn kein Datenträger überlassen wird. In der Entscheidung wurde nämlich die Software schon in den 80er Jahren durch Datenfernübertragung übermittelt, eine Übermittlungstechnik, die dem heutigen Download entspricht. Dieser Rechtsauffassung haben sich Rechtsprechung und Literatur in großem Umfang angeschlossen.[574]

Dennoch ist die Frage nie unumstritten gewesen. In der **frühen softwarerechtlichen** 525 Literatur ist oft davon die Rede, es handele sich in Wirklichkeit um einen Lizenzvertrag oder um einen **Know-how-Vertrag**.[575] Diese Charakterisierung hilft aber nicht weiter, weil weder ein Lizenzvertrag noch ein Know-how-Vertrag der Vertragstypik des BGH bekannt ist und je nach Gestaltung von der Rechtsprechung Lizenzverträge und Know-how-Verträge unterschiedlichen Vertragstypen zugeordnet werden.[576]

Ebenfalls in der älteren Literatur wird auch gelegentlich die Meinung vertreten, es 527 handele sich um **Pachtverträge**.[577] Diese Einordnung ist jedenfalls dann nicht möglich, wenn die Software auf Dauer überlassen wird. In der Regel wird damit nicht die Vorstellung verbunden, dass der Vertrag zwischen den Parteien ordentlich gekündigt und rückabgewickelt werden kann. Dies ist aber notwendige Voraussetzung eines Pachtvertrages.[578]

Der Erwerb von Standardsoftware gegen Einmalzahlung kann auch ein Werkvertrag sein, allerdings nur dann, wenn neben der Überlassung der Software noch **umfangreiche Installations-** und **Einrichtungsmaßnahmen** vom Softwarelieferanten geschuldet sind.[579] Allerdings greift dies nur dann ein, wenn es sich bei diesen zusätzlichen Leistungen um Hauptpflichten handelt, die auch einen gewissen Wert haben. Sonst wird man hier von einem Kaufvertrag ausgehen können. Die Unterscheidung wird nur im Einzelfall zu treffen sein.

---

[573] BGHZ 109, 97.

[574] BGH, CR 1990, 708 (709); OLG Hamm, CR 1989, 486 (487); CR 1989, 490; OLG München, CR 1988, 130 (131); OLG Stuttgart, BB 1986, 1675; OLG Düsseldorf, NJW 1989, 2627; OLG Schleswig, ZIP 1982, 457 (458); OLG Nürnberg, Beil. Nr. 13 zu BB 1993, S. 14; LG Ulm, CR 1988, 921 (LS); LG Freiburg, CR 1988, 829 (830); LG München I, CR 1987, 364 f.; *Bartl,* CR 1985, 13 (15); *Mehrings,* NJW 1986, 1904 (1905); NJW 1988, 2438 (2439); *v. Westphalen,* CR 1987, 477 (487); ausgiebig *Hoeren,* Softwareüberlassung, S. 21 ff.; *Michalski/Bosert,* Vertrags- und schutzrechtliche Behandlung von Computerprogrammen, S. 16 f. *Köhler/Fritzsche,* in: Lehmann (Hrsg.): Rechtsschutz und Verwertung von Computerprogrammen, S. 513 (530 ff.); *Schneider,* Handbuch des EDV-Rechts, Rn. J 84.; *Koch,* Computer-Vertragsrecht, Rn. 806; *Lenhard,* Vertragstypologie, S. 218 ff.; *Söder,* Schutzhüllenverträge und Shrink-Wrap License, S. 82 ff.; auch im UN-Kaufrecht fallen Softwareüberlassungsverträge der vorliegenden Art unter Kaufrecht: *Piltz,* AnwBl. 1991, 57 (59); a. A. *Moritz,* in: Computerrechtshandbuch, Abschn. 31, Rn. 95 ff., der stark auf die Umstände des Einzelfalls abstellen will.

[575] *Müller-Hengstenberg,* CR 1986, 441 (443).

[576] *Bamberger/Roth-Faust,* § 433 Rn. 19; *Bamberger/Roth-C.Wagner,* § 581, Rn. 9.

[577] *Lutz,* GRUR 1976, 331 (334); ähnlich wohl auch von *Westphalen/Seidel,* aktuelle Rechtsfragen, S. 7; aus der jüngsten Zeit so noch BGH, CR 2006, 151 m. A. Plath/Scharrenberg (insolvenzrechtliche Entscheidung).

[578] ebenso *Köhler/Frizsche* in Lehmann (Hrsg.), Rechtsschutz und Verwertung von Computerprogrammen, S. 513 (528).

[579] So z. B. OLG Düsseldorf, CR 1989, 696; LG Köln CR 1986, 23; zum ganzen oben vgl. auch Rn. 506.

528   Gelegentlich ist auch ein **Vertrag sui generis** angenommen worden.[580] Aber auch davon kann man nicht ausgehen, auch wenn der Softwarevertrag eine Reihe von Besonderheiten aufweist, die insbesondere im doppelten Leistungsgegenstand (Rechte und nutzbarer Code) liegt.[581] Bei einer Überlassung der Softwarenutzungsrechte auf Dauer gegen Einmalentgelt wird man insgesamt von einem Kaufvertrag ausgehen können.

529   **Wichtig** ist freilich, dass die Rechte wirklich **auf Dauer** überlassen werden. Wird z. B. in einer besonderen Vertragsgestaltung Software auf Dauer in dem Sinne überlassen, dass der Code nicht zurückgegeben werden muss, werden aber gleichzeitig die Nutzungsrechte nur auf Zeit eingeräumt, liegt kein Kaufvertrag vor. Dies muss im Einzelfall dann analysiert werden, entscheidend sind die konkreten Vereinbarungen der Parteien.

530   Ein maßgebliches Indiz für eine solche **Nutzungsüberlassung auf Dauer** ist immer die einmalige Zahlung des Kaufpreises. Liegt dies vor, kann jedenfalls in allgemeinen Geschäftsbedingungen nicht vorgesehen werden, dass nur eine zeitweilige Überlassung mit der Konsequenz vereinbart ist, dass ein Pacht- oder Mietvertrag vorliegt.[582] Hier geht die Individualvereinbarung vor (§ 305 b BGB). Gerade bei der Verwendung der heutigen Technik einschließlich des Internets kann es allerdings eine ganze Reihe von Einzelfällen geben, wo dies anders liegt. Immer kommt es aber nicht auf die verwendete Technik, sondern auf die konkreten Vereinbarungen der Parteien an.

531   Kauft ein Verbraucher Software, stellt sich die Frage, ob auf diesen Vertrag die Regeln des **Verbrauchsgüterkaufs** (§§ 474 ff. BGB) anwendbar sind. Diese Regeln gelten nach § 474 Abs. 1 BGB nur für den Kauf beweglicher Sachen. Software ist nach den Ausführungen oben[583] keine Sache. Auch die Regel des § 453 Abs. 1 BGB verweist nicht auf den Verbrauchsgüterkauf. Dies alles spricht dafür, die §§ 474 ff. BGB auf den Kauf von Software jedenfalls dann nicht anzuwenden, wenn Software nicht mittels eines Datenträgers, sondern über Telekommunikation geliefert wird.

532   Dennoch kann dieser Argumentation nicht gefolgt werden. Die Regelungen der §§ 474 ff. BGB verfolgen verbraucherschützende Ziele. Der Anknüpfungspunkt bewegliche Sache als Kaufobjekte trifft zwar den Großteil der schutzbedürftigen Kaufverträge. Der Kauf von Rechten oder Unternehmen ist üblicherweise kein Geschäft von schutzbedürftigen Verbrauchern. Der Immobilienkauf unterliegt der Beurkundungspflicht und bedarf daher nicht eines weiteren Verbraucherschutzes. Gerade beim Kauf von informationellen Gütern[584], zu denen auch Software gehört, entstehen aber bei einer zu strengen Wortlautauslegung Lücken, die unbeabsichtigt sind und im Wege der Analogie geschlossen werden müssen. Die tatsächliche Situation eines Verbraucherkaufs von Software ist mit der des Erwerbs anderer Konsumgüter so vergleichbar, dass die §§ 474 ff. BGB auf diesen Fall analog angewendet werden müssen. Softwarekauf unterliegt daher bei Vorliegen der übrigen Voraussetzungen den Regeln über den Verbrauchsgüterkauf.[585]

533   Ein **Kaufvertrag** liegt auch dann vor, wenn der Kaufpreis nicht auf einmal, sondern in Raten gezahlt wird. Dies gilt auch bei er Vereinbarung eines zusätzlichen (Upgrade-) Preises bei Nutzung der Software auf einem leistungsstärkeren Rechner.[586] Die bloße Kreditierung des Kaufpreises ändert an der vertragstypologischen Einordnung nichts. Größere Probleme gibt es dann, wenn an Stelle des ganzen oder eines Teils des Kaufpreises ein **nutzungsabhängiges laufendes Entgelt** gezahlt werden soll, aber dennoch vereinbart wird, dass die Software auf Dauer beim Erwerber bleiben soll. Die regel-

[580] *Lauer*, BB 1982, 1756 (1759); wohl auch *Ulmer*, CR 2000, 493
[581] Dazu oben Rn. 289 f.
[582] **A. A.** wohl LG Köln, CR 2010, 576 m. krit. Anm. Redeker
[583] Rn. 278 ff.
[584] Dazu *Redeker*, CR 2011, 634.
[585] Ebenso *Lenhard*, Vertragstypologie, S. 250 ff.; *Bamberger/Roth/Faust*, § 474 Rn. 9.
[586] *Brandi-Dohrn*, in: Redeker (Hrsg.): Handbuch der IT-Verträge, Abschn. 1.2, Rn. 8.

mäßige Zahlung nähert den Kauf einem Miet- bzw. Pachtvertrag an.[587] Die Vereinbarung, dass das Softwareexemplar auf Dauer beim Erwerber verbleiben soll, führt aber dazu, dass das eigentliche Kriterium für Miete und Pacht, die nur vorübergehende Überlassung des vermieteten bzw. verpachteten Gegenstandes, nicht vorliegt. Es kann daher kein Miet- bzw. Pachtvertragen vorliegen. Vielmehr wird man von einem **Kauf auf Rentenbasis** ausgehen müssen, wie er auch im Recht der Immobilienkäufe vorkommt.[588]

Noch problematischer ist der Fall, das zwar nach den Vorstellungen der Parteien die **534** Überlassung auf Dauer erfolgen soll, dennoch aber ein **außerordentliches Kündigungsrecht** des Softwareunternehmens bei Vertragsverstoß des Kunden bestehen soll. Eine solche Vertragsgestaltung ist als individueller Vertrag zwar möglich, aber rechtlich bedenklich. Hält man diesen Vertrag aber für einen Mietvertrag, ist der dauernde Ausschluss des ordentlichen Kündigungsrechts unwirksam.[589] Nach § 544 BGB bestünde jedenfalls nach 30 Jahren ein ordentliches Kündigungsrecht für beide Seiten. Nimmt man einen Kaufvertrag an, wäre das außerordentliche Kündigungsrecht sehr ungewöhnlich. Dennoch wird man wohl von einem Kaufvertrag ausgehen, allerdings verbunden mit einem Dauerschuldverhältnis, das darin besteht, dass die Leistungsschutzrechte des Vertragspartners zu achten sind und bei einem schwerwiegenden Verstoß ein – möglicherweise vertraglich modifiziertes – Rücktrittsrecht nach § 324 BGB besteht. Auch bei einer solchen Konstruktion wird man allerdings darauf achten müssen, dass die Grenzen des § 138 BGB nicht überschritten werden. Soweit das Kündigungsrecht durch allgemeine Geschäftsbedingungen eingeführt wird, ist es gemäß § 307 Abs. 2 Nr. 2 BGB unwirksam, weil es der Natur des ansonsten bestehenden Kaufvertrags widerspricht.[590]

2. Leistungsumfang, Nebenpflichten

Auch beim Verkauf von Standardsoftware ist es zu empfehlen, den **Leistungsumfang** **535** im Einzelnen vertraglich zu beschreiben. Dies muss allerdings nicht so weit gehen, wie bei der Herstellung von Individualsoftware, wo ein Pflichtenheft erforderlich ist. Es kann völlig ausreichen, wenn nur die einzelnen Softwarepakete, die veräußert werden, benannt werden. Dann sind allerdings nur diese Kaufgegenstände Vertragsinhalt geworden mit den Eigenschaften, die ihnen standardmäßig zustehen. Diese werden in der Regel aus der **Dokumentation** zu entnehmen sein. Gerade hier ist freilich auch § 434 Abs. 1 S. 2 BGB zu beachten.[591]

In den Fällen, wo neben der **Installation** auch kleinere Anpassungsarbeiten vorzuneh- **536** men sind, werden auch diese wohl explizit mit Hilfe eines Pflichtenheftes zu vereinbaren sein. Insoweit ist auf die Ausführungen zum Werkvertrag zu verweisen. Zu beachten ist, dass die Gerichte gelegentlich dazu neigen, aus solchen kleinen Anpassungsarbeiten zu schließen, der ganze Vertrag sei Werkvertrag. Mit solchen Annahmen sollte man aber vorsichtig sein. Im Zweifel sind nur die Anpassungsleistungen werkvertragsrechtlich zu beurteilen.[592] Jedenfalls führt die **Übernahme von Installation und Schulung** durch den Lieferanten **nicht** zu einem **Werkvertrag**.[593] Folgt man der Annahme des BGH, Software

---

[587] Dazu unten Rn. 596 ff.
[588] *Staudinger/Beckmann*, § 433, Rn. 46; MünchKomm/*K. P. Berger*, Vor § 488, Rn. 23.
[589] *Staudinger/Rolfs*, § 542 BGB, Rn. 55.
[590] *Fischl*, ITRB 2004, 286 (287).
[591] S. o. Rn. 507.
[592] Vgl. OLG München, *Zahrnt*, ECR OLG 192 mit. krit. Anm. *Zahrnt;* oben Rn. 526 ff.
[593] OLG Köln, NJW-RR 1995, 1456.

sei eine bewegliche Sache, ist die angesprochene Unterscheidung wegen des Rückverweises des § 651 BGB auf das Kaufrecht weitgehend ohne Belang.[594]

Ob ein erworbenes Programm auf einem Datenträger geliefert werden muss oder ob es ausreicht, wenn es lediglich auf der Festplatte installiert wird, ist eine Frage des Einzelfalls.[595] Dabei ist aber zu berücksichtigen, dass bei der Standardsoftware für PCs in aller Regel die Hersteller der Software die Übertragung der Rechte an dem einzelnen Softwareexemplar an die Übergabe des Datenträgers knüpfen, so dass die reine **Installation** in aller Regel nicht ausreichen dürfte.

537   Ob eine **Installation** des Programms geschuldet ist, richtet sich zunächst nach den getroffenen Vereinbarungen. Fehlen sie, wird man bei einfachen PC-Programmen davon ausgehen können, dass der Kunde sie selbst installiert. Bei umfangreichen Programmen nimmt die Rechtsprechung eine Installationspflicht des Lieferanten an.[596] Viel dürfte sich aber auch hier nach den Umständen des Einzelfalls richten, insbesondere danach, ob der Kunde über eigenes fachkundiges Personal verfügt, also ohne weiteres selbst installieren kann oder ob dies nicht der Fall ist. Eine ausdrückliche Regelung im jeweiligen Vertrag ist freilich allen Vertragspartnern anzuraten.

538   Wird ein **Pflichtenheft** erarbeitet, richtet sich die Frage, was zu leisten ist, nach dem Inhalt des Pflichtenheftes. Eine weitergehende Bedeutung, z. B. im Sinne einer Eigenschaftszusicherung, wird das Pflichtenheft – im Gegensatz zu manchen Äußerungen in der früheren Rechtsprechung[597] – in der Regel nicht haben, weil die in einer solchen Zusicherung liegende Garantieübernahme in der Regel nicht beabsichtigt ist.[598] Meist dürfte das Pflichtenheft lediglich eine Beschaffenheitsvereinbarung darstellen.

539   In aller Regel wird darüber hinaus nur die Überlassung des **Objektcodes,** nicht die des Quellcodes geschuldet sein. Dies ergibt sich in vielen Fällen bereits aus einer ausdrücklichen Vereinbarung.[599] Ansonsten entspricht dies der Interessenlage, weil ja ein standardisiertes, vielfach vorhandenes Programm für eine konkrete Nutzung überlassen wird. Die Änderung oder Ergänzung des überlassenen Programms durch den Erwerber ist nicht beabsichtigt und diesem darüber hinaus vertraglich verboten.

540   Ein **Handbuch** oder eine Benutzerdokumentation ist jedenfalls immer geschuldet, auch bei einem professionellen Nutzer.[600] Die Rechtsprechung verlangt teilweise auch die Lieferung in deutscher Sprache, jedenfalls bei Endanwendern.[601] In Nr. 2.2 EVB-IT Überlassung Typ A ist eine Lieferung in deutscher Sprache ausdrücklich vorgesehen.[602] Hinsichtlich der Vollständigkeit und Verständlichkeit gilt das zur Individualsoftware Gesagte.[603]

In Einzelfällen gehört auch eine Garantiekarte des Herstellers zum Lieferumfang.[604]

541   Im Prinzip bestehen auch beim Kauf von Software für den Verkäufer Pflichten **zur Beratung** des Käufers in ähnlicher Weise, wie sie für den Ersteller von Software im

---

[594] Dazu oben Rn. 297 f.

[595] Vgl. die unterschiedlichen Entscheidungen LG Freiburg, CR 1988, 829 (830) und LG München I, CR 1988, 831 (832) mit Anm. *Engelhardt.*

[596] OLG Hamm, CR 1998, 202.

[597] So z. B. OLG Celle, Urt. v. 3. 7. 1981, zitiert bei *Brandi-Dohrn,* CR 1986, 63 (72); LG Berlin, CR 1985, 145 (LS).

[598] Ebenso *Kilian,* CR 1986, 187 (193); *Nauroth,* CR 1987, 153 (156).

[599] Vgl. dazu *Kilian,* Haftung, S. 22.

[600] BGH, CR 1990, 189 (192); OLG Hamm, CR 1990, 715 (716); OLG Karlsruhe, OLG Report Karlsruhe 2004, 281; AG Essen, CR 1988, 3099 (3100); LG Mannheim, BB 1985, S. 144 f.

[601] Vgl. OLG München, IuR 1986, 114; zustimmend *Schneider,* Handbuch des EDV-Rechts, Rn. D 805.

[602] Ähnlich auch § 13 Nr. 1 BVB-Kauf.

[603] Oben Rn. 312 f.

[604] AG Essen, CR 1988, 309 (310).

Hinblick auf seinen Kunden bestehen.[605] Sie sind aber gewöhnlich weniger weitreichend. Denn zum einen ist die Leistungsbeziehung zwischen Händler und Käufer flüchtiger und weniger einzelfallbezogen als die zwischen Programmersteller und Abnehmer bei der Herstellung von Individualsoftware, und zum anderen ist der Verkäufer nicht ohne weiteres so sachkundig wie ein Softwareersteller. Dies gilt insbesondere dann, wenn der Verkäufer lediglich Händler und nicht Hersteller ist.[606] Aufklären muss der Verkäufer aber z. B. darüber, dass es gegenüber dem von ihm angebotenen Produkt neuere Versionen im Handel gibt. Ebenso hat er z. B. darauf hinzuweisen, dass ein bestimmtes Qualitätssiegel für die verwendete Hardwarekonfiguration nicht gilt. Ein reiner Verkäufer muss sich aber z. B. nicht um Betriebsabläufe des Kunden kümmern.[607] Er muss auch nicht ermitteln, ob ein anderer Anbieter ein Programm anbietet, das für den Kunden wirtschaftlich günstiger ist als das eigene Angebot.[608] Hat er freilich selbst ein geeigneteres – wenn auch billigeres – Programm im Angebot, muss er darauf hinweisen.[609] Je nach Verhalten im Einzelfall kann sich aber auch eine weitergehende Beratungspflicht ergeben, wenn z. B. der Händler die betrieblichen Bedürfnisse des Kunden ermittelt.[610]

In der Rechtsprechung ist darüber hinaus auch noch die Meinung vertreten worden, **542** auch die **Einweisung** sei – abhängig von der Verständlichkeit des Programms und seiner Dokumentation – eine Nebenpflicht, die im Kaufpreis enthalten sei.[611] Dieser Meinung kann aber nur in Ausnahmefällen gefolgt werden. In aller Regel wird die Einweisung getrennt vergütet.[612] Angesichts des erheblichen Zeitaufwandes für eine ordnungsgemäße Einweisung ist dies auch die einzig vertretbare Lösung. Nur in extrem gelagerten Ausnahmefällen mag dies anders sein. Die Rechtslage ist beim Kauf von Software auch insoweit nicht anders als beim Kauf anderer Gegenstände. Eine Ausnahme kann dann vorliegen, wenn Einweisungen in kleinem Umfang schon unentgeltlich erbracht worden sind und der Hersteller nicht darauf hinweist, dass eine neuerliche Einweisung vergütungspflichtig sein soll.[613] Auch aus vertraglichen Klauseln etwa des Inhalts, dass der Kunde vor Installation der Software geschultes Personal zur Verfügung stellen müsse, lässt sich eine Einweisungspflicht des Herstellers nicht entnehmen. Allenfalls lässt sich die Pflicht des Lieferanten herleiten, eine Schulung entweder gegen Entgelt durchzuführen oder einen geeigneten Veranstalter solcher Schulungen zu vermitteln.

Wird dem Lieferanten die Virenbefallenheit der von ihm gelieferten Software bekannt, ist er u. U. vertraglich verpflichtet, dafür eine Hotline einzurichten und evtl. ein Virensuchprogramm zu verbreiten.[614]

Im Übrigen ist der Vertrag durch einmalige Leistung erfüllt. Dies gilt auch für die **543** Lieferung von **Dongles**. Wird dem Kunden der Dongle geliefert, ist sein Anspruch aus dem Kaufvertrag erfüllt. Kommt ihm der Dongle abhanden, kann er keine Nachlieferung verlangen.[615] Dies ist bei Software nicht anders als bei jedem anderen Gut.

Im Kaufvertrag ist es im Allgemeinen unproblematisch zulässig, die **Übertragung von** **544** **Nutzungsrechten** aufschiebend bedingt von der **Zahlung des Kaufpreises** abhängig zu machen. Dies entspricht dem Leitbild des Gesetzes, das einen Leistungsaustausch Zug-

---

[605] Vgl oben Rn. 397 ff.

[606] Vgl. z. B. OLG Saarbrücken, CR 1988, 470 (472); einschränkender *Malzer*, Der Softwarevertrag, S. 113 ff.

[607] OLG Hamm, *Zahrnt*, ECR OLG 246.

[608] OLG Dresden, CR 1998, 598.

[609] OLG Köln, NJW 1994, 1355.

[610] OLG Celle, *Zahrnt*, ECR OLG 226.

[611] OLG Stuttgart, BB 1986, 1675 f.; LG Ulm, CR 1988, 921 (LS).

[612] Ebenso *zur Megede*, NJW 1989, 2581 (2587); vgl. auch AG Konstanz, NJW 1991, 1360.

[613] LG Bielefeld, Beil. Nr. 5 zu BB 1989, S. 6.

[614] *Rössel*, ITRB 2002, 214 (215).

[615] LG Frankfurt/Main, CR 1997, 25 m. Anm. *Raubenheimer*.

um-Zug vorsieht (§§ 433, 320 BGB).[616] Wird dieses Leitbild freilich etwa durch einen Ratenkaufvertrag aufgehoben, bei dem die Software mit der ersten Rate übergeben wird, kann eine solche Bedingung nicht in die allgemeinen Geschäftsbedingungen aufgenommen werden. Durch die Ratenzahlungsvereinbarung ist das gesetzliche Leitbild verändert worden; diese individuelle Regelung kann nicht durch allgemeine Geschäftsbedingungen ihrerseits wieder aufgehoben werden (§ 305 b BGB).[617] Daran ändert sich auch nichts dadurch, dass eine solche Klausel im Prinzip wie ein Eigentumsvorbehalt wirken soll.[618] Eine unter Eigentumsvorbehalt verkaufte Sache kann vom Erwerber genutzt werden, ein Softwareprogramm ohne Einräumung eines einfachen Nutzungsrechts nicht. Deswegen ist die entsprechende Klausel in üblichen Kaufverträgen über Standardsoftware bei Ratenzahlungsvereinbarungen in aller Regel unzulässig.[619]

3. Mängelrechte

545   Die Mängelrechte beim Softwarekaufvertrag entsprechen denen beim Hardwarekauf. Dies gilt auch dann, wenn man Software nicht als bewegliche Sache ansieht. Auch für den Kauf anderer Gegenstände gelten gem. § 453 Abs. 1 BGB die gleichen Regeln wie beim Sachkauf[620]. Das gilt auch und gerade für den Softwarekauf. Hinsichtlich der Mängelrechte kann daher grundsätzlich auf die entsprechenden obigen Ausführungen verwiesen werden.[621]

546   Der Mangelbegriff ist in § 434 Abs. 1 BGB definiert.[622] Er entspricht ist Wesentlichen dem im Werkvertragsrecht. Auf die früheren Ausführungen nebst zahlreichen Beispielen soll daher verwiesen werden.[623] Hinzu kommt aber die Regel des § 434 Abs. 1 S. 3 BGB, nach der auch Angaben in der Werbung des Veräußerers, des Herstellers oder seiner Gehilfen die Sollbeschaffenheit mitbestimmen. Werden z. B. Server als „High-End-Server" beworben, so müssen sie deutlich besser als durchschnittliche Server sein.[624]

Auch die sich bei Mängeln ergebenden Rechte sind denen im Werkvertragsrecht ähnlich. Die Abweichungen sind weitgehend oben dargestellt worden.[625] Eine weitere Abweichung liegt darin, dass im Kaufrecht der Kunde das Wahlrecht über die Art der Nacherfüllung hat. Im Werkvertragsrecht liegt dieses Wahlrecht beim Unternehmer. Im Vertrag zwischen Unternehmen lässt sich aber das Wahlrecht auch im Kaufvertrag auf den Verkäufer übertragen und zwar auch in allgemeinen Geschäftsbedingungen[626]. Im Bereich des Verbrauchsgüterkaufs scheitert eine solche Regelung auch als Individualvereinbarung an § 475 Abs. 1 BGB.

Im Verbrauchsgüterbereich gehören darüber hinaus aus europarechtlichen Gründen bei einer Nacherfüllung die Anpassung von vom Kunden vorgenommenen Parametrisierungen oder gar Ergänzungen durch Individualsoftware sowie eine evtl. Neuinstallation in den Pflichtenkreis des Lieferanten.[627] Ob diese Regelung auch auf den Unternehmensbereich übertragen wird, ist offen, jedenfalls aber europarechtlich nicht geboten.

---

[616] *Palandt/Weidenkaff,* § 433 Rn. 38.

[617] Zu den bilanzrechtlichen Problemen der hier geschilderten Klauseln: *Hörl,* ITRB 2002, 142.

[618] *Karger,* CR 2001, 357 (363).

[619] Näher zum Ganzen *Redeker,* ITRB 2005, 70.

[620] So ausdrücklich auch für Software Regierungsentwurf BT-Drs. 14/6040, S. 242.

[621] Oben Rn. 507 ff.

[622] Vgl. oben Rn. 507.

[623] Oben Rn. 326 ff., 508.

[624] OLG Köln, OLG Report Hamm/Düsseldorf/Köln 2007, 487.

[625] Rn. 297.

[626] *Palandt/Heinrichs,* § 306 BGB, Rn. 61; *Zahn,* DB 2002, 985.

[627] EuGH, BB 2011, 1934 m. Anm. Ayad/Schade; krit. *Lorenz,* NJW 2011, 2241.

a) Garantie

Eine wichtige Rolle können im Verkaufsfall Garantien spielen. Diese sind in § 443 BGB **547** geregelt. Im Garantiefall stehen dem Käufer die in der Garantie genannten Rechte zu den dort genannten Bedingungen zu. Es können also Details – auch Einschränkungen – geregelt werden.[628] Ist nichts Konkretes geregelt, wird man bei einer **Verkäufergarantie** davon ausgehen können, dass dem Käufer im Garantiefall alle in § 437 BGB genannten Rechte zustehen. Wichtig ist dann nur, dass die Haftung für die Garantie nach § 444 BGB auch durch eine individuelle Vereinbarung außerhalb der Garantie im Zweifel nicht eingeschränkt werden kann. Ansonsten ergeben sich aus einer solchen Garantie keine weiteren Rechte. Durch die Formulierung in allgemeinen Geschäftsbedingungen, eine bestimmte Vereinbarung stelle keine Garantie dar, wird das Vorliegen einer Garantie freilich nicht ausgeschlossen, weil dies eine Frage der Auslegung des Individualvertrages ist. Dies gilt auch für Art. 7.2 EVB-IT Überlassung Typ A.[629]

Anders ist dies bei **Drittgarantien**, insbesondere der Hersteller. Hier erhält der Kun- **548** den einen weiteren Anspruchsgegner, der im Garantiefall das tun muss, was er zu tun versprochen hat. Was dies genau ist, ist der Garantieerklärung und ggfs. der Werbung zu entnehmen, auf die § 443 Abs. 1 BGB ausdrücklich Bezug nimmt.

Wann man insbesondere eine Verkäufergarantie annehmen kann, ist noch offen. Nach der Rechtsprechung zum alten Recht kam dies auch konkludent in Betracht. Mit einer solchen Annahme sollte man im neuen Recht sehr vorsichtig sein. Die gravierende Folge des § 444 BGB gebietet Zurückhaltung und ein Bedarf besteht kaum noch. Das Gesetz kennt außerdem ausdrücklich auch Beschaffenheitsvereinbarungen (§ 434 Abs. 1 S. 1 BGB), die keine Garantien sind. Diese Differenzierung muss beachtet werden.[630] Wichtig ist auch, dass eine konkrete **Beschaffenheitsvereinbarung** sich in der Regel **gegenüber** einem wirksam vereinbarten **Gewährleistungsausschluss durchsetzt,** auch bei einer Individualvereinbarung.[631] Mängelansprüche bestehen demnach auch bei einer Beschaffenheitsvereinbarung. Es gibt nur keine verschuldensunabhängigen Schadensersatzansprüche. Auch wegen dieser Rechtsfolge sollte man über Beschaffenheitsvereinbarungen hinausgehende Garantien nur in eindeutigen Fällen annehmen.

Die Rechtsprechung der Obergerichte neigt freilich dazu, die zu einer ganz anderen **548a** Rechtslage entwickelten Kriterien zu übernehmen und auf das neue Recht anzuwenden.[632] Sie will das, was sie früher als Zusicherung angesehen hat, heute als Garantie annehmen. Eine **Zusicherung** ist z. B. angenommen worden bei einer Vereinbarung, nach der ein Programm in deutscher Sprache zu liefern war,[633] bei der Angabe, es werde ein Originalgerät geliefert[634] oder der Zusage, die Software enthalte ein konkretes Verfahren.[635] Möglicherweise ist bei Auswahl von Fremdhardware durch den Softwarelieferanten auch die Kompatibilität der Software mit der ausgewählten Hardware zugesichert.[636] Dies erscheint allerdings schon zweifelhaft, weil es sich eher um einen Beratungsfehler handelt. Zu weitgehend ist jedenfalls die Entscheidung des LG Saarbrücken,[637] die volle Verwendbarkeit

---

[628] BGH, NJW 2008, 214.
[629] Dargestellt bei *Feil/Leitzen*, CR 2002, 407 (409).
[630] *Emmert*, NJW 2006, 1765.
[631] BGH, BB 2007, 573 (576).
[632] OLG Koblenz, NJW 2004, 1670; LG Kleve, NJW-RR 2005, 422; tendenziell auch *Schneider*, ITRB 2006, 42; zurückhaltender: BGH BB 2007, 573.
[633] OLG Hamm, CR 1989, 995 (LS).
[634] OLG Oldenburg, CR 1989, 107 (108).
[635] OLG Düsseldorf, *Zahrnt*, ECR OLG 130.
[636] So OLG Saarbrücken, CR 1990, 713 f.
[637] IuR 1986, 358 (359).

der Anlage für einen beabsichtigten Zweck sei zugesicherte Eigenschaft. Dies kann ohne explizite Zusage in aller Regel nicht sein. Wird allerdings einem professionellen Anwender erklärt, das von ihm erworbene Entwicklungswerkzeug erzeuge auf einem PC Programme mit gleichem Quellcode wie ein – eingeführtes – paralleles Großrechnerprogramm auf einem Großrechner, ist die Annahme einer Zusicherung naheliegend.[638] Keine Zusicherung war die Angabe, es werde ein komplettes Anwendungspaket geliefert, das auch von EDV-Laien und Hilfskräften zu bedienen sei.[639] Keine Zusicherung ist auch die Kennzeichnung einer Kaufsache mit „CE".[640]

Schon die Beispiele zeigen, dass man der Übertragung früherer Ergebnisse auf die neue Rechtslage nur energisch entgegentreten kann. Eine Garantie darf nur bei einer entsprechenden klaren Erklärung angenommen werden. Bei der Vertragsgestaltung sollet man auf eine klare Unterscheidung zwischen Garantien und bloßen Beschaffenheitsvereinbarungen achten.[641]

b) Spezielle Leistungsbeschreibungen

549   Auch im Bereich der Software gibt es darüber hinaus **Gütesiegel** und andere **Qualitätskennzeichen**. Diese können vom Hersteller oder Anwendergruppen vergeben werden.[642] Wer als Vertreiber von Software solche Gütesiegel verwendet, macht sich ihren Inhalt zumindest als Beschaffenheitsbeschreibung zu eigen. Die Soll-Beschaffenheit der Software wird dann auch durch den Inhalt der Qualitätskriterien des jeweiligen Qualitätskennzeichens bestimmt. Aber auch hier muss man streng darauf achten, wie bestimmt die Qualitätskriterien überhaupt sind und was sie besagen. Oft beziehen sich die Prüfungen z. B. nur auf eine bestimmte Handwarekonfiguration, so dass das Gütesiegel bei einer anderen Konfiguration keine Bedeutung hat.

Wenn im konkreten Fall keine solche Konfiguration vorliegt, ist es allerdings oft so, dass der Verwender auf das Problem vor Vertragsabschluss hätte hinweisen müssen, so dass sich eine Haftung aus Beratungsfehlern ergibt.

550   Die **Soll-Beschaffenheit** von Software kann sich auch aus Eigenschaften einer versandten **Demo-Version** ergeben.

551   Rechtlich problematisch ist es dann, wenn sich aus den Prospekten nicht viel ergibt, die gelieferte Software aber für den Zweck, den der Erwerber eigentlich mit ihr verfolgte hat, letztendlich ungeeignet ist, sei es, dass die Bildschirmmasken in der Bedienung so umständlich sind, dass sie gewünschte Arbeitserleichterungen nicht bringen, sei es, dass bestimmte Funktionen, die vorausgesetzt wurden, gar nicht geleistet werden können. Nicht immer führt dies ohne weiteres zu einem Mangel der gelieferten Software, nämlich immer dann nicht, wenn sich aus den Beschreibungen und Darlegungen ergibt, dass genau die Software geliefert wurde, die auch geschuldet war. In diesem Fall kann allerdings ein **Beratungsfehler** des Softwarelieferanten vorliegen. Dieser wird u. U. gegenüber dem wesentlich weniger sachkundigen Erwerber des Software Beratungspflichten haben. Dies gilt insbesondere dann, wenn der Erwerber ausdrücklich auf den beabsichtigten Verwendungszweck hinweist und nach einer geeigneten Software fragt. Soweit also dann keine Mängel vorliegen, wird man unter dem Gesichtspunkt der Verletzung von Beratungspflichten auch zu Ansprüchen des Softwareerwerbers kommen können. Der Umfang der Aufklärungspflichten ist oben näher dargelegt worden.[643]

---

[638] So auch OLG Frankfurt, NJW-RR 1997, 555.
[639] OLG Karlsruhe, CR 1986, 549 (550); ähnlich OLG Düsseldorf, NJW-RR 1999, 563.
[640] OLG Köln, OLG Report Köln 2003, 239.
[641] *Schmidt*, BB 2005, 2763 (2764); *Stadler*, CR 2006, 77 (79).
[642] Vgl. dazu *Harte-Bavendamm*, in: Computerrechtshandbuch, Abschn. 56, Rn. 29.
[643] Rn. 397 ff., 541.

c) Nacherfüllung durch Updates und Patches

Spezielle Probleme entstehen noch dadurch, dass im Bereich des Kaufes von Standard- 552
software oft durch **Lieferung von Updates** und **Patches** nacherfüllt werden soll. Hierzu
wird in der Literatur die Meinung vertreten, solche Lieferung stellten eine Neulieferung
und keine Nacherfüllung dar. Verlange der Kunde Nacherfüllung, könne dies zurückgewiesen werden, weil es sich bei Mängeln der Standardsoftware um Serienfehler handele.[644]

Dies ist sachlich falsch. Die Lieferung von Updates oder Patches soll die auf dem 553
Rechner der Kunden vorhandene Software reparieren. Es handelt sich also um eine
Nachbesserung und nicht um eine Neuerfüllung. Technisch wird diese freilich teilweise so
ausgestaltet, dass eine Neulieferung erfolgt, weil die Reparatur so einfacher wird. Dies
muss aber nicht so sein und ist insbesondere bei Patches auch oft nicht so.

Das **Verlangen** nach einer **Neulieferung** kann der Verkäufer oft zurückweisen. Die 554
Reparatur durch Updates oder Patches ist einfacher und läuft sachlich auf das Gleiche
hinaus. Insbesondere ist es aber so, dass bei Neulieferung der an sich gegebene Anspruch
auf Rückgabe der mangelhaften Erstlieferung (§ 439 Abs. 4 BGB) nur schwer kontrolliert
realisiert werden kann. Dieser Anspruch geht bei Software insbesondere auch auf Löschung aller Kopien der Erstlieferung beim Anbieter, weil ja sonst eine Doppelnutzung
möglich ist. Insbesondere im Massengeschäft ist dies nicht kontrollierbar, während man
Updates und Patches so programmieren kann, dass eine Doppelnutzung ausscheidet.
Unter diesen Umständen kommt eine Zurückweisung des Neulieferungsbegehrens nach
§ 439 Abs. 3 BGB in Betracht, wenn einfache Nachbesserungsmöglichkeiten zur Verfügung stehen. Kommt eine Neulieferung zustande, gibt es jedenfalls im Verbrauchsgüterkauf entgegen §§ 439 Abs. 4, 346 BGB keine Nutzungsentschädigung für die Nutzung
der zurückgegebenen Software.[645]

Technisch können Updates freilich – wie erwähnt – auch Vollversionen sein. In diesem
Fall kann auch bei ihnen eine Doppelnutzung ermöglicht werden. Es liegt aber am Verkäufer, hier technisch Abhilfe zu schaffen. Rechtlich dürfte freilich auch in diesem Fall ein
Rückgabe- und damit ein Löschungsanspruch nach § 439 Abs. 4 BGB analog bestehen.
Updates und Patches können auch zu Verbesserungen der Software führen. Diese zusätzlichen Leistungen sind aber in aller Regel als unverlangte Zusatzleistungen nicht zu vergüten.[646]

Das oben angesprochene Problem der mangelnden Prüfbarkeit der Löschung besteht 555
primär im Massengeschäft mit Verbrauchern. Beim Verkauf größerer Softwarepakete an
Unternehmen dürften Prüfungen eher möglich sein. Hier kann aber der Verkäufer sich das
Wahlrecht hinsichtlich der Art der Nacherfüllung auch in allgemeinen Geschäftsbedingungen vorbehalten[647], so dass sich die Frage der Zurückweisung nach § 439 Abs. 3 BGB
meist nicht stellen wird. Der Lieferant muss die Updates und Patches auch beim Kunden
installieren. Das bloße Bereitstellen zum Download genügt den Anforderungen des § 439
Abs. 1 BGB nicht. Gegenteilige allgemeine Geschäftsbedingungen sind jedenfalls gegenüber Verbrauchern unwirksam.[648]

Ein weiteres Problem bei Updates und Patches besteht darin, dass sie in aller Regel 556
nicht sofort zur Verfügung stehen. Der Nacherfüllungsanspruch muss aber **sofort** erfüllt
werden. Setzt der Käufer eine angemessene Frist zur Nachbesserung, kann sich der Verkäufer nicht auf noch nicht vorhandene Patches und Updates berufen. Bessert er nicht

---

[644] *Hammel/Weber,* AGB, S. 69.
[645] EuGH, NJW 2008, 1433; dazu Osterloh-Konrad, CR 2008, 545.
[646] Näher *Mankowski*, NJW 2011, 1026.
[647] Dazu oben Rn. 512.
[648] *Von dem Bussche/Schelinski*, in: Leopold/Glossner (Hrsg.), IT-Recht, Teil 1, Rn. 173.

nach, kann der Käufer mindern oder zurücktreten. Möglicherweise helfen hier zeitweilige Umgehungslösungen.[649] Diese Rechtsfolge lässt sich auch in allgemeinen Geschäftsbedingungen nicht ändern, weil entsprechende Klauseln einen teilweisen Ausschluss von Mängelbeseitigungsansprüchen darstellten und daher mit § 309 Nr. 8 b aa BGB nicht vereinbar sind. Enthalten die Updates bzw. Patches neue Fehler sollen auch dies wieder Mängel sein, weil ja eine Nachlieferung vorliegt.[650] Sie lösen dann neue Gewährleistungsansprüche aus. Enthalten sie neben der Grundfunktionalität neue Inhalte, muss der Käufer diese kostenfrei erhalten, weil die Nacherfüllung kostenfrei ist.[651]

d) Kaufmännische Rügelast

557   Sind die Parteien Kaufleute, ist auch beim Softwareerwerb § 377 HGB zu beachten.[652] Wird nicht rechtzeitig gerügt, scheiden alle Gewährleistungsansprüche aus. Der Käufer muss den Kaufgegenstand zügig untersuchen und auftretende Mängel unverzüglich rügen, verdeckte Mängel unverzüglich nach der Entdeckung (§ 377 Abs. 3 HGB). Die Vorschrift soll auch auf mangelhafte Nacherfüllung Anwendung finden.[653] Sie gilt auch für die Zwischenhändler, wenn diese die Software prüfen können und dürfen.[654] Dabei beginnt die Rügefrist erst dann, wenn sämtliche Teilleistungen des Veräußerers erbracht worden sind.[655] In der Rechtsprechung ist z. B. schon in der noch nicht durchgeführten Übergabe eines Wartungszertifikats für die zugrunde liegende Hardware das Noch-Nicht-Erbringen einer Teilleistung gesehen worden.[656] Auch die Möglichkeit zum Testen zumindest der Grundfunktionen muss vorhanden gewesen sein.[657] Allerdings muss bei Bestehen der Prüfungsmöglichkeiten das Austesten auch stattfinden, wobei der Prüfungsumfang je nach Einzelfall sehr unterschiedlich ist. Ein Fachmann mit eigenem Prüfungsprogramm wird mehr zu testen haben als ein durchschnittlicher Anwender. Aber auch dieser muss z. B. eine evtl. Kompatibilität mit Industriestandards prüfen.[658] Auf Virenbefall muss getestet werden.[659] Besteht eine Prüfpflicht, kann sogar eine Rüge nach 11 Tagen verspätet sein.[660] Bei einem Fehler im Handbuch kann aber auch eine Rüge nach drei Monaten noch ausreichen, weil die Qualität des Handbuchs erst im Laufe der Zeit festgestellt werden kann.[661]

558   Wichtig ist auch, dass **vor Beginn der Rügefrist** auch das **Handbuch vollständig** ausgeliefert sein muss. Die Fälle des nicht gelieferten Handbuchs sind gerade Fälle der verzögerten Rügepflicht. Dies ist sachlich auch angemessen, weil eine Prüfpflicht ohne Handbuch schwerlich realisiert werden kann. Eine vereinbarte Schulung soll aber nicht Voraussetzung für den Beginn der Frist nach § 377 HGB sein.[662] Dies kann freilich nur für Fehler gelten, die auch ohne Schulung erkennbar sind. Allerdings ist auch hier zu be-

---

[649] dazu oben Rn. 452, 454.
[650] *Koch*, ITRB 2008, 131 (133).
[651] *Koch*, ITRB 2008, 131 (134).
[652] BGHZ 110, 130 (137 ff.).
[653] *Mankowski*, NJW 2006, 865; *MünchKomm/Grunewald*, § 377 Rn. 87.
[654] OLG Nürnberg, BB 2010, 663.
[655] LG Bielefeld, CR 1989, 915 (916); *Junker/Benecke*, Computerrecht, Rn. 249.
[656] OLG Stuttgart, CR 1989, 1093 (1094).
[657] Vgl. *Heussen*, BB 1988, 1835 (1836); OLG Stuttgart, CR 1989, 1093 (1094).
[658] OLG München, CR 1991, 19 (20) zur IBM-Kompatibilität; zum Ganzen vgl. *Nauroth*, Computerrecht S. 108 ff.
[659] *Rössel*, ITRB 2002, 214.
[660] OLG München, CR 1991, 19 (20).
[661] LG Essen, CR 1989, 498 (LS).
[662] OLG München, CR 2000, 731.

achten, dass nach einer länger dauernden Benutzung bei Nichtrügen des nicht gelieferten Handbuchs eine Verwirkung eintreten kann.[663]

Die Rügepflicht besteht nach einer Entscheidung des OLG Köln[664] sogar schon dann, wenn eine Untersuchungsmöglichkeit besteht, auch wenn die Ware noch nicht am Bestimmungsort eingetroffen ist.

Für die Rüge reicht meist die Darlegung **der äußeren Erscheinungsform** der auftretenden Probleme aus.[665] Ursachen müssen nie dargelegt werden. Reicht dem Verkäufer die Darlegung nicht aus, muss er nachfragen und ggf. die Anlage selbst überprüfen.[666] Soweit freilich Systemprogramme an fachkundige Käufer veräußert werden, können die Anforderungen im Einzelfall auch deutlich höher sein.[667] Sind all die eben genannten Voraussetzungen erfüllt, ist unverzüglich zu rügen. 559

Eine Abbedingung der kaufmännischen Rügepflicht nach § 377 HGB in Einkaufsbedingungen der Käufer ist unwirksam.[668] Eine geringfügige Verlängerung der Frist ist möglich.[669]

Für **Rechtsmängel** gilt § 377 HGB nicht.[670] 560

e) Rechtsmängel

Die Rechte des § 437 BGB stehen dem Käufer auch bei **Rechtsmängeln** zu. Rechts- 561 mängel liegen gem. § 435 BGB dann vor, wenn Dritte Rechte an der Software geltend machen, die im Kaufvertrag nicht vorbehalten sind. Faktisch geht es immer darum, dass der Verkäufer Rechte an der Software übertragen will, die er nicht übertragen kann. Er hat z. B. Software verkauft, die er illegal kopiert hat. Oder: In seiner Software, an der er umfassende Rechte übertragen hat, ist ein Bibliotheksprogramm eingebunden, in dem er die Rechte nicht in dem geschuldeten Umfang übertragen kann, weil der Hersteller dieses Programms ihm diese Rechte nicht eingeräumt hat. In allen diesen Fällen gelten jetzt die gleichen Regeln wie bei den Sachmängeln. Rechtsmängel liegen auch vor, wenn die Übertragung der geschuldeten Nutzungsrechte an den Herstellerbedingungen scheitert, und zwar auch dann, wenn wegen der Notwendigkeit der Aktivierung der Software oder Registrierung des Kunden[671] beim Hersteller die Software nicht genutzt werden kann.[672] Es kann allerdings bei eingeschränkter Nutzbarkeit auch ein Sachmangel vorliegen.

Streitig ist freilich, ob beim Verkauf einer Software, an der man überhaupt keine Rechte 562 übertragen hat, ein Fall von Rechtsmängeln vorliegt oder man die Rechtsfolgen aus subjektiver Unmöglichkeit ableiten muss. Weidenkaff[673] geht wohl von den allgemeinen Regeln aus. Rechtsmängelregeln will er erst ab der (nie eingetretenen) Rechtsübertragung anwenden. Eidenmüller[674] geht von der Anwendbarkeit des Sachmängelrechts aus. Jedenfalls bei Software, bei der der Kunde ja auch bei mangelnder Rechtsübertragung etwas erhält, nämlich eine nutzbare Softwarekopie, dürfte der Auffassung Eidenmüllers zu

---

[663] *Köhler/Fritzsche,* in: Lehmann (Hrsg.), Rechtsschutz und Verwertung von Computerprogrammen, S. 517 (575).

[664] NJW-RR 1999, 565 = CR 1998, 335.

[665] OLG Celle, IuR 1986, 311 (313); vgl. auch BGH, WM 1986, 1286 (1287); wie hier auch *Heussen,* BB 1988, 1835 (1837).

[666] BGHZ 102, 135 (147).

[667] Zu weitgehend allerdings die Anforderungen von *Zahrnt,* IuR 1986, 301 f.

[668] *Schneider/Günther,* CR 1997, 389 (390) mwN.

[669] Dazu oben Rn. 476.

[670] *Bartsch,* CR 2005, 1 (4).

[671] Zu den Begriffen oben Rn. 87.

[672] **A. A.** (Sachmagel) *Jobke,* Produktaktivierung, S. 67 ff.

[673] *Palandt-Weidenkaff,* § 435 Rn. 7.

[674] NJW 2002, 1625 (1626).

folgen sein. Auch bei der vollständigen Nichtübertragung des Nutzungsrecht ist daher Sachmängelrecht anzuwenden.[675] Lenhard[676] differenziert zwischen Überlassung der Software (insoweit Rechtsmangel) und Überlassung des Nutzungsrechts (anfängliche subjektive Unmöglichkeit). Eine solche Differenzierung ist aber lebensfremd und daher abzulehnen. Im übrigen dürfte in der Regel schon deswegen kein Fall des anfänglichen Unvermögens vorliegen, weil der Veräußerer ein Weiterverbreitungsrecht gegen ein entsprechendes Entgelt vom Rechteinhaber erwerben kann.[677]

563   In diesem Bereich ist es sehr wichtig, **vertragliche Regelungen darüber zu treffen,** in welcher Weise vorzugehen ist, wenn Dritte Rechte an der Software anmelden. Ohne solche Regeln ist der Käufer nachweispflichtig dafür, dass die Rechte nicht bestehen – eine Obliegenheit, die er in aller Regel nicht erfüllen kann. Daher muss in aller Regel ein Verfahren entwickelt werden, nach dem im Falle der Behauptung Dritter, Rechte an der Software zu haben, von Käufer und Verkäufer gemeinsam vorgegangen wird. Die EVT-IT Überlassung Typ A sehen hier vor, dass der Verkäufer sich nach außen hin mit dem Dritten auseinandersetzt und der Käufer ihn dabei unterstützt (Nr. 8 EVB-IT Überlassung Typ A). Dieses Verfahren dürfte auch in allgemeinen Geschäftsbedingungen eingeführt werden können, weil der Verkäufer in aller Regel den Sachproblemen solcher Auseinandersetzungen näher steht als der Käufer. Denkbar sind aber auch andere Regeln. Wichtig ist nur, dass ein gemeinsames Verfahren vorgesehen wird.

4. Verjährung

564   Gewährleistungsansprüche **verjähren** im Kaufrecht in zwei Jahren ab Ablieferung der Kaufsache (§ 438 Abs. 1 Nr. 3 BGB). Bei **arglistigem Verschweigen** eines Mangels tritt eine Verjährung erst nach der Regelfrist des § 195 BGB ein. Sie beträgt drei Jahre und beginnt mit dem Ende des Jahres, in dem der Käufer Kenntnis vom Mangel und seinem arglistigen Verschweigen erhält, spätestens 10 Jahre nach Entstehung des Anspruchs (§ 199 BGB), bei Schadensersatzansprüchen evtl. erst 30 Jahre nach der Pflichtverletzung. Ist freilich neben Lieferung auch Installation geschuldet, kommt Arglist möglicherweise schon dann in Betracht, wenn der Unternehmer Organisationspflichten im Zusammenhang mit der Ablieferungskontrolle vernachlässigt. Insoweit lassen sich werkvertragliche Pflichten möglicherweise auf Kaufverträge mit einer werkvertraglichen Nebenpflicht übertragen.[678]

565   Die **Verjährungsfrist** beginnt mit der Ablieferung, d. h. mit der Übergabe der Software als Erfüllung des Kaufvertrages in der Weise, dass die Software vom Kunden geprüft werden kann[679]. Ist freilich Installation geschuldet, setzt die Ablieferung auch die Installation voraus. Ferner setzt die Ablieferung jedenfalls die Lieferung von Handbuch und Dokumentation sowie – wenn geschuldet – die Durchführung der Einweisung voraus.[680] Wird zusätzlich eine Schulung vereinbart, soll dies nicht Voraussetzung der Ablieferung sein.[681] In der Literatur wird die Meinung vertreten, bis zur Annahme der Software als Erfüllung nach § 363 BGB sei die Verjährung nach § 293 S. 1 BGB gehemmt, weil die dieser Annahme vorausgehende Prüfung der Software auf Mangelfreiheit durch den Kun-

---

[675] I. E. ebenso *Bartsch,* CR 2005, 1 (3).

[676] Vertragstypologie, S. 233 ff.; 252 ff.

[677] *Sutschet,* NJW 2005, 1404 (1405).

[678] So *Schneider,* Handbuch des EDV-Rechts, Rn. J 264 zu BGHZ 117, 318.

[679] Dazu oben Rn. 515.

[680] OLG Nürnberg, *Zahrnt,* ECR OLG 186; OLG Köln, NJW-RR 1995, 1456; OLG Celle, *Zahrnt,* ECR OLG 234 = DuD 1997, 295; *Schneider,* Handbuch des EDV-Rechts, Rn. D 312 ff.

[681] OLG München, NJW-RR 2001, 1712 = CR 2000, 731.

den als Verhandlung im Sinne dieser Vorschrift gelten müsse.[682] Dieser Meinung kann aber nicht gefolgt werden. Die bloße Aufnahme interner Prüfungen stellt – im Gegensatz zu Prüfungen, die der Lieferant auf Veranlassung des Kunden vornimmt – kein Verhandeln dar.

In **allgemeinen Geschäftsbedingungen** wird die **Abnahme** teilweise auch ausdrücklich   **566** als Beginn der Verjährung vorgesehen. Eine solche Regelung in **Einkaufsbedingungen** erscheint rechtlich zweifelhaft.. Durch eine solche Regelung wird die Verjährung verlängert. Der Zeitpunkt des Verjährungsbeginns wird unbestimmt herausgeschoben. Gerade solche Verlängerungsklauseln hat die Rechtsprechung immer sehr kritisch gesehen.[683] Von daher kann eine Verjährungsregelung, die an die Abnahme anknüpft, allenfalls dann möglich sein, wenn sie die werkvertraglichen Regelungen zur Abnahme einschließlich der Regelungen zu ungerechtfertigten oder verzögerten Abnahmen voll übernehmen.

Die **Abnahme** ist verfahrensmäßig in den BVB-Überlassung ähnlich wie in den BVB-   **567** Erstellung geregelt (vgl. § 9 BVB-Überlassung). Die EVB-Überlassung Typ A kennen eine solche Regelung nicht.

Fraglich ist, ob auch Ansprüche wegen **Rechtsmängeln** in zwei Jahren ab Ablieferung   **568** **verjähren** oder die sehr viel längere, dreißigjährige Verjährungsfrist des **§ 438 Abs. 1 Nr. 1 Buchst. a BGB** eingreift. Eine längere Verjährungsfrist entspricht einem praktischen Bedürfnis: Rechtsmängel lassen sich durch Untersuchungen nicht erkennen. Ein gutgläubiger Erwerb von Nutzungsrechten ist nicht möglich. Die Inhaber von Schutzrechten können somit noch Jahre nach der Lieferung der Software Unterlassungsansprüche geltend machen, während die Ansprüche wegen Rechtsmängeln gegen den Verkäufer längst verjährt sind.

Dennoch ist § 438 Abs. 1 Nr. 1 Buchst. a BGB **nicht anwendbar.** Das Gesetz spricht   **569** hier von dinglichen Rechten. Gemeint sind dabei sachenrechtliche Ansprüche. Richtig ist zwar, dass man auch im Urheberrecht teilweise von dinglicher Wirkung spricht. Dennoch geht auch die urheberrechtliche Literatur davon aus, das urheberrechtliche Ansprüche in der regelmäßigen Verjährungsfrist des § 199 BGB verjähren und nicht den besonderen Verjährungsvorschriften für dingliche Rechte (§ 197 Abs. 1 Nr. 1 BGB) unterliegen.[684] Die Sonderregel des § 438 Abs. 1 Nr. 1 Buchst. a BGB gilt dementsprechend auch nur für sachenrechtliche und nicht urheberrechtliche und/oder patentrechtliche Ansprüche.[685]

Teilweise wird allerdings eine analoge Anwendung der Norm auf Rechtsmängel vor-   **570** geschlagen, die bei einem Rechtskauf zum Entzug der Nutzung führen.[686] Schon die Einschränkung auf den Rechtskauf zeigt die Probleme dieser Analogie. Sie kann daher hier nicht zum Tragen kommen. Dagegen spricht auch, dass der BGH eine Verlängerung der Verjährungsfrist für Rechtsmängel auf 10 Jahre in Allgemeinen Geschäftsbedingungen in Einkaufsbedingungen für unwirksam hält.[687] Dieser Fall betraf gerade urheberrechtliche Ansprüche und solche aus gewerblichen Schutzrechten und zeigt deutlich, dass auch der BGH von einer 2jährigen Verjährungsfrist ausgeht.

Eine **Verlängerung der Verjährungsfrist** auf 3 Jahre ist – wie bei Sachmängeln –   **571** möglich. Denkbar wäre es, auch in **Einkaufsbedingungen** für Rechtsmängel vorzusehen, dass die Verjährungsfrist erst bei Kenntnis beginnt und dann sehr kurz ist (z. B. 6 Monate),

---

[682] *Koch*, ITRB 2002, 221 (223).

[683] BGHZ 107, 75; NJW-RR 1991, 540; BB 1997, 176; vgl. auch oben Rn. 492 und *Redeker*, ITRB 2002, 119.

[684] *Wandtke/Bullinger-Bohne*, § 102 UrhG Rn. 6; *Dreier/Schulze-Dreier*, § 102 Rn. 5.

[685] *Jaeger* in: Wiebe/Leupold, Recht der elektronischen Datenbanken, III B Rz. 54; wohl auch BGH, CR 2006, 221 = NJW 2006, 46; *Palandt/Weidenkaff*, § 438 Rn. 6; § 435, Rn. 8; *Lenhard*, Vertragstypologie, S. 247; a. A. *Bartsch*, CR 2005, 1 (5); *MünchKomm/H. P. Westermann*, § 438 Rz. 12.

[686] *PWW-D. Schmidt*, § 438 Rz. 14; *Eidenmüller*, NJW 2002, 1625 (1626).

[687] BGH CR 2006, 221 = NJW 2006, 46.

wobei sinnvollerweise zusätzlich eine Mindestfrist von einem oder zwei Jahren ab Ablieferung vorgesehen wird. Ob dies vom BGH zugelassen wird, muss abgewartet werden. In Verkaufsbedingungen wäre die Klausel zulässig, wenn die Mindestfrist von einem Jahr ab Ablieferung enthalten ist.

5. Sonstige Leistungsstörungen

572   Die **Konsequenzen von Leistungsstörungen** im Übrigen sind im Kaufrecht denen im Werkvertragsrecht weitgehend gleich. Insbesondere gelten auch im Kaufvertragsrecht vor der endgültigen Erfüllung, d. h. vor der Ablieferung, die Leistungsstörungsregelungen des allgemeinen Schuldrechts, also insbesondere die §§ 323 ff. BGB. Hier ist vor allem die Möglichkeit zu nennen, nach Fristsetzung gemäß § 323 BGB vom Vertrag zurückzutreten oder nach §§ 280 ff. BGB Schadensersatz zu verlangen. Unabhängig davon kann während der Zeitdauer des Verzuges der Verzugsschaden geltend gemacht werden.

573   Zu den Einzelheiten ist auf die Ausführungen oben[688] zu verweisen.

574   Bei handelsüblicher Software kann ein **mehrjähriger Verzug** mit der Ablieferung an einen Zwischenhändler zur **Unmöglichkeit** führen, weil die Software nicht mehr vertrieben werden kann.[689]

6. Schutzhüllenverträge und Entervereinbarungen

575   In der Branche sehr üblich sind insbesondere bei Massenware besondere Vertragsgestaltungsformen.

576   Der Hersteller, der in aller Regel ja nicht mit dem Verkäufer identisch ist, schweißt Benutzungsbedingungen in die **Hüllen** ein, in denen die Datenträger oder das sonstige Material verpackt sind. Angeblich soll durch **Aufreißen** dieser Hüllen ein Vertrag zu den dort genannten Konditionen zustande kommen.

Ähnlich ist es so, dass bei den heute gängigen PC-Programmen bei der **Installation** abgefragt wird, ob die Herstellerbedingungen bekannt sind und man mit ihnen einverstanden ist. Nur dann, wenn man die entsprechende Frage mit ja beantwortet, wird die Installation durchgeführt. Es fragt sich, ob und mit wem hier mit welchem Inhalt Verträge zustande gekommen sind.

577   Zu bemerken ist zunächst, dass Grundlage des **Erwerbs** der jeweiligen Software Verträge mit dem jeweiligen Verkäufer sind, die in den hier gewählten Konstellationen in aller Regel nicht mit dem Hersteller identisch ist. Diesen Verträgen können allgemeine Geschäftsbedingungen zugrunde liegen, die auch Lizenzbedingungen umfassen. Ob und wie dies der Fall ist, ist in Einzelfällen sehr unterschiedlich. Verträge mit den Herstellern will der Kunde nicht abschließen. Er hat das Produkt ja auch schon vom Händler gekauft. Die Hersteller möchten gerne aber direkte Vertragsbeziehungen haben, um auch Nutzungseinschränkungen durchsetzen zu können.

Wird die Installation vom Verkäufer vorgenommen, der ein fertig installiertes Produkt übergibt, was zumindest im PC-Bereich mit der aktuellen Version von Windows und manchen anderen Grundprogrammen häufig geschieht, ist ganz offenkundig, dass ein Vertrag nicht zustande gekommen sein kann. Von den getroffenen Vereinbarungen mit dem Hersteller erfährt der Kunde nichts.

578   Installiert der Kunde selber oder reißt er selbst die Datenträgerpackungen auf, kann die Situation anders sein. Handelt dabei freilich ein zum Abschluss von Verträgen nicht

---

[688] Rn. 385 ff.
[689] OLG Frankfurt/a. M., CR 1997, 734.

bevollmächtigter Mitarbeiter, Freund oder Verwandter des Kunden, kommt ebenfalls kein Vertrag zustande.[690] Auch der Mitarbeiter haftet nicht, weil dem Hersteller keine Erklärung zugeht, auf die er in irgendeiner Weise vertrauen kann.

Handelt der Kunde selbst oder ein bevollmächtigter Vertreter, kann ein Vertragsschluss 579 in Betracht kommen. In diesem Fall geht es allerdings nicht darum, die **Herstellerbedingungen** als Vertragsbestandteile des Vertrages mit dem Verkäufer zu vereinbaren. Dazu müsste der Verkäufer auf die entsprechenden Herstellerbedingungen ausdrücklich hinweisen und diese vor oder spätestens bei Vertragsschluss auch kenntlich machen. Dies ist in aller Regel nicht der Fall.[691] Man wird angesichts der Vertragswirklichkeit nicht davon ausgehen können, dass der Verkäufer zu den Lizenzbedingungen des Herstellers Verträge abschließen kann und will.

In Frage käme noch, dass ein eigener **Vertrag mit dem Hersteller** geschlossen wird. Dies liegt in den vorliegenden Konstellationen nicht im Interesse des Kunden. Er begreift dies auch nicht so. Dies gilt auf jeden Fall für das Aufreißen von Schutzhüllen, weil kein Kunde damit irgendein Erklärungsbewusstsein verbindet, wenn er auf diese Weise nur die Nutzung einer von einem Vertragshändler erworbenen Kopie ermöglicht. Ein solcher Vertrag ist auch nicht erforderlich, da sich die Nutzungsrechte zum einen aus dem Vertrag mit dem Vertragshändler herleiten können und zum anderen sich eben diese Rechte auch aus § 69 d UrhG ergeben.[692] Darüber hinaus sind die Lizenzbedingungen der Hersteller für den Kunden in der Regel nachteilig.[693]

Man wird daher davon ausgehen können, dass die Schutzhüllenverträge zu keinem relevanten Vertragsschluss führen.[694] Allerdings kann dadurch der Umfang der übertragenen Rechte eingeschränkt werden, weil der Hersteller – soweit dinglich wirksam – den Umfang der Rechtsübertragung bestimmen kann. Werden freilich dem Kunden nach den Herstellerbedingungen nicht die Rechte übertragen, die nach dem Händlervertrag geschuldet sind, liegen Rechtsmängel vor.

Anders stellt sich die Situation bei dem Aufruf bei der Installation dar. 580

Selbstverständlich entstehen dadurch keine **neuen AGB-rechtlichen Beziehungen** zum Händler. Dessen Vertrag bleibt unverändert. Möglicherweise ergibt sich aber hier ein zusätzlicher Vertrag mit dem Hersteller. Immerhin wird klar erklärt, dass ein solcher Vertrag geschlossen werden soll. Ergeben sich dadurch Einschränkungen in den Nutzungsrechten gegenüber dem ursprünglichen Kaufvertrag, wäre der Kaufvertrag teilweise nicht erfüllt, so dass möglicherweise die dort vorhandenen Rechte geltend zu machen sind.

Allerdings dürfte es auch hier allenfalls um ein **Entgegennehmen von Nutzungseinschränkungen** hinsichtlich der Nutzung der Software gehen, also allenfalls eine dingliche Nutzungseinschränkung erfolgen. Dazu bedarf es keiner eigenen Erklärung der Kunden. Einen eigenen Vertrag mit eigenen Pflichten des Kunden gegenüber dem Hersteller wird man auch in diesen Fällen in aller Regel nicht ableiten können. Die Hinweise sind insoweit nicht eindeutig. Für die Kunden wird nicht erkennbar, dass ein weiterer Vertrag abgeschlossen werden soll. In der Regel wird nur von Lizenzbedingungen gesprochen, nicht von einem gesonderten Vertrag. Rechte des Herstellers gegenüber dem Kunden lassen sich

---

[690] *Söder*, Schutzhüllenvertrag und Shrink-Wrap-Licence, S. 121 f.

[691] Ebenso *Marly*, Praxishandbuch Softwarerecht, Rn. 984; *Schumacher*, CR 2000, 640 (642).

[692] Vgl. die ausführlichen Erörterungen bei *Marly*, Praxishandbuch Softwarerecht, Rn. 987 ff.; wie hier auch *Pres*, Gestaltungsformen, S. 183 f.; *Schneider*, Handbuch des EDV-Rechts, Rn. J 4 ff.; *Schumacher*, CR 2000, 640 (642); dazu oben Rn. 69 ff.

[693] *Söder*, Schutzhüllenvertrag und Shrink-Wrap-Licence, S. 122 f.

[694] *Lenhard*, Vertragstypologie, S. 98 ff.; *Lejeune*, in Ullrich/Lejeune (Hrsg.): Der internationale Softwarevertrag, Rn. 336 ff.; *Jobke*, Produktaktivierung, S. 52 ff.; offener: *von dem Bussche/Schelinski*, in: Leupold/Glossner (Hrsg.): IT-Recht, Teil 1, Rn. 130 ff.

daraus also über die gesetzlich bestehenden Rechte hinaus nicht ableiten.[695] Die dinglichen Einschränkungen sind aber wirksam, soweit sie zulässig sind.[696]

Gerichtliche Entscheidungen zu den hier vorliegenden Problemen gibt es allerdings so gut wie nicht.

7. Weitere besondere Probleme

a) Kauf auf Abruf

581   Nicht ungewöhnlich ist eine Vertragsgestaltung, in der Software an größere Unternehmen so verkauft wird, dass zwar eine bestimmte Anzahl von Lizenzen gekauft wird, diese aber erst nach und nach abgerufen und auch erst dann bezahlt werden.

Ruft der Kunde nicht ab, hat der Lieferant einen einklagbaren Anspruch auf Abruf, der freilich nach einer Entscheidung des BGH nur eine Nebenverpflichtung darstellt.[697] Allerdings haftet der Lieferant auch bei Verletzung dieser Verpflichtung auf Schadensersatz. Insbesondere muss er bei Vorliegen der Verzögerungsfolgen auch den Verzugsschaden (insbesondere Zinsschäden) ersetzen. Möglicherweise ist freilich § 375 HGB analog anwendbar.

Ob der Lieferant bei mangelndem Abruf und Zahlung gleichzeitig einklagen kann oder ob zwei Verfahren erforderlich sind, hat der BGH aber ausdrücklich offen gelassen.

b) Kauf einer Nutzungsberechtigung

581a   Praktisch immer häufiger wird Software auch in der Weise erworben, dass zwar der Kunde eine **Standardsoftware** „kauft", diese Software aber gar **nicht** an ihn **ausgeliefert** wird. Er erhält zwar eine Nutzungsberechtigung. Die Software wird aber auf dem Server des Veräußerers dem Kunden **zur Nutzung bereitgestellt**. Dennoch wird ein einmaliger Festpreis gezahlt.

Von den beiden geschuldeten Gegenständen eines Softwarevertrages[698] erhält der Kunde hier nur die Nutzungsberechtigung. Ein Softwareexemplar verbleibt aber im Nutzungsbereich des Veräußerers. In alle Regel wird diese Software dort wohl „gehostet", also im Auftrag des Kunden gespeichert und verwaltet. Wird zwischen den Parteien nichts oder nichts anderes vereinbart, wird man von einer solchen Gestaltung auch ausgehen müssen.[699] Nur so kann die in dem Kaufgeschäft liegende endgültige Berechtigung des Kunden an der Software gewahrt werden. Theoretisch denkbar sind auch ASP-Modelle. Dann bleibt aber auch die Verfügungsgewalt über die Software beim Veräußerer. Dies soll ja bei dem hier gewählten Modell nicht so sein.

In der rechtlichen Bewertung wird man dabei weiterhin von einem Kauf ausgehen können. An die Stelle einer Lieferung der Software tritt die Bereitstellung im Internet.

Geregelt werden muss daneben allerdings auch, wie es weitergehen soll, wenn Veräußerer oder Kunde die Software auf eigene Rechner oder an einen Drittprovider übertragen wollen. Hier geht es aber dann um Probleme des Hostproviding, die an anderer Stelle erörtert werden.[700]

---

[695] Noch einschränkender (ganz wirkungslos) *Schneider*, Handbuch des EDV-Rechts, Rn. J 8; *Marly*, Praxishandbuch Softwarerecht Rn. 991; *Lenhart*, Vertragstypologie, S. 102; *Söder*, Schutzhüllenvertrag und Shrink-Wrap-Licence, S. 122 f.; *Jobke*, Produktaktivierung, S. 110 ff.; unbegrenzt wirksam: *Karger*, ITRB 2003, 134.

[696] Dazu oben Rn. 53 ff.

[697] BGH, NJW 1972, 99 ff.; zustimmend *Staudinger/Beckmann*, Vor § 433 Rn. 124 ff.

[698] Vgl. oben Rn. 289.

[699] Näher dazu *Redeker*, ITRB 2008, 65.

[700] Unten Rn. 1103 ff.

Praktisch wird dieser Fall aber in vielen Fällen gar nicht bedacht, so dass es an Kündigungsfristen und Übertragungspflichten fehlt. Hier wird man den Vertragspartner in Fällen wie diesen für verpflichtet halten, die Software während der gesamten wirtschaftlichen Nutzungszeit zur Verfügung des Kunden zu halten. Ist dafür kein gesondertes Entgelt vereinbart, ist auch diese Leistung mit dem Erwerbspreis bezahlt.

8. Softwarehinterlegung

In der Praxis viel verlangt, theoretisch relativ streitträchtig, in Gerichtsurteilen aber völlig unerheblich, ist eine **Art von Sicherung**, die zwischen einem Softwarelieferanten und seinem Kunden häufig dann vereinbart wird, wenn der Kunde weder Quellcode noch umfassende Rechte an der Software erhält, also insbesondere im Bereich des Erwerbs von Standardsoftware.[701] Hintergrund ist die Befürchtung der Kunden, dass dann, wenn das Softwareunternehmen seine Geschäftstätigkeit einstellt und auch kein Ersatzanbieter am Markt vorhanden ist, die Software nicht mehr gepflegt werden kann. Hat dann der Kunde nicht selbst den Quellcode und entsprechende Kenntnisse sowie die hinreichend notwendigen Entwicklungs- und Wartungsdokumentationen, kann er weder Fehler reparieren noch die Software in anderer Weise weiterentwickeln. Er findet am Markt auch niemanden, der dies könnte, weil bei der bloßen Benutzung von Objektcode eine solche Möglichkeit überhaupt nicht besteht. Die Software wird dann möglicherweise kurzfristig unbrauchbar. Dem soll vorgebeugt werden. **582**

Das Problem wäre dadurch **lösbar**, dass der Kunde den **Quellcode** der Software nebst den notwendigen Dokumentationen und entsprechende Änderungsrechte erhielte. In den hier betrachteten Fällen kommt dies nicht in Betracht. Der Quellcode der Software und die Änderungsrechte an ihm sind das entscheidende Kapital des Unternehmens. Ihre Weitergabe an den Kunden mit den sich daraus ergebenden Missbrauchsgefahren ist nicht möglich. Der sich hier ergebenden Konfliktsituation zwischen dem legitimen Interesse des Kunden, in bestimmten Situationen über den Quellcode verfügen zu können und dem Interesse des Unternehmens, seinen Quellcode an möglichst wenig Personen herauszugeben und die daran bestehenden Rechte selbst zu behalten, soll die Softwarehinterlegung entgegenwirken. Nicht der Kunde, sondern eine neutrale Stelle erhält die Software und darf sie nur unter ganz bestimmten Voraussetzungen herausgeben. Nur für den Fall, in dem der Quellcode herausgegeben werden darf, erhält der Kunde die notwendigen Rechte, insbesondere die Änderungsrechte. Man spricht von **Softwarehinterlegung** oder **Software Escrow**. Beteiligt an dem dadurch entstehenden Rechtsverhältnis sind drei Parteien, der Softwarelieferant, der Kunde und die Hinterlegungsstelle. **583**

Hinterlegungsstelle können theoretisch alle Personen sein. Eingebürgert hat sich eine Hinterlegung bei Notaren, gelegentlich auch spezialisierten Rechtsanwälten sowie bei speziellen Firmen, den sogenannten Escrow Agents.

In den **Verträgen** muss insbesondere **geregelt** werden, welche Software wann zu hinterlegen ist. Hier geht es zum Einen darum, welche **Materialien** (insbesondere Dokumentationen)[702] hinterlegt werden sollen, und weiterhin darum, dass nach jeder Fehlerbehebung, sei es durch Patches, sei es durch neue Versionen, nach jeder Weiterentwicklung der Software, überhaupt nach jeder Änderung der Softwarecodes auch das hinterlegte Exemplar des Quellcodes aktualisiert wird. Dies muss ausdrücklich in den Vereinbarungen **584**

---

701 Zum Folgenden vgl. *Kast/Meyer/Wray,* CR 2002, 379; *Karger,* in: Computerrechtshandbuch, Abschn. 21; *Kammel,* in: Computerrechtshandbuch, Abschn. 171, Rn. 113 ff.; *Lensdorf,* CR 2000, 80 ff.; *Grützmacher,* CR 2006, 289; in: Redeker (Hrsg.): Handbuch der IT-Verträge, Abschn. 1.7; *Redeker,* ITRB 2006, 212.

702 Dazu *Kast/Schneider/Siegel,* CR 2006, 446 (452).

zwischen dem Softwarehersteller und seinem Kunden und auch im Vertrag mit der Hinterlegungsstelle geregelt sein. Insbesondere sollte darauf geachtet werden, dass die Hinterlegungsstelle immer wieder prüft, ob bei ihr tatsächlich der aktuelle Code hinterlegt ist und sie zu entsprechenden Nachfragen sowohl beim Softwarehersteller als auch beim Kunden berechtigt und verpflichtet ist.[703] Dieses Problem legt es auch nahe, eine Hinterlegungsstelle zu beauftragen, die dieses Problem sachkundig bearbeiten kann. Gerade die wichtige Situation der Insolvenz verlangt hier sorgfältige Kontrollen, denn das Softwareunternehmen wird bei drohender Insolvenz viele Dinge für wichtiger halten als die sorgfältige Pflege der hinterlegten Quellcodes. In diesem Zusammenhang muss auch geregelt werden, wie und in welcher Weise die Hinterlegungsstelle den Code aufbewahrt, damit nicht etwa durch fehlerhafte Hinterlegung die Speichermedien beschädigt und dadurch der hinterlegte Code unbrauchbar wird.

585   Wichtig ist ferner zu regeln, **wann und unter welchen Umständen** die Hinterlegungsstelle **berechtigt** und **verpflichtet** ist, den Code an den Kunden **herauszugeben.** Widerstreitende Interessen des Softwareherstellers und des Kunden müssen an dieser Stelle zum Ausgleich gebracht werden. Natürlich möchte der Softwarehersteller den Code möglichst in seinem Verfügungsbereich haben und ebenso klar ist, dass der Kunde möglichst immer dann, wenn es aus seiner Sicht sinnvoll erscheint, den Code haben möchte. Im Vertrag sollten Regelungen getroffen, die im Bedarfsfall eine Herausgabe schnellstmöglich ohne größeren Streit erreichen lassen.[704]

586   Einfach sind Fälle der **Insolvenz.** In dem Augenblick, in dem entweder ein vorläufiger Insolvenzverwalter bestellt oder die Insolvenz eröffnet wird, soll eine Herausgabe erfolgen können. Diese Regelung ist als solche zwischen den Parteien relativ leicht zu klären. Hier gibt es allerdings andere juristische Probleme, auf die noch einzugehen sein wird und die eine solche Klausel weitgehend verbieten.

587   Zwischen den Parteien schwieriger zu regeln sind alle **anderen Herausgabefälle.** Noch relativ leicht zu regeln wird auch der Fall sein, dass das Softwareunternehmen seine Tätigkeit einstellt und die Software auch keinem anderen Unternehmen übertragen wird, so dass am Markt überhaupt keine Pflege der Software mehr zu erhalten ist. Hier wird man auch eine entsprechende Herausgabe vereinbaren können. Fraglich ist nur, wie denn ein solcher Fall nachgewiesen werden kann, wenn zwischen den Parteien keine Übereinstimmung herrschte, ob er vorliegt.

Noch schwieriger wird es dann, wenn nur im individuellen Fall die **Wartung eingestellt wird** und im Prinzip eine Weiterwartung noch erhältlich ist, möglicherweise aber der Vertragspartner dem Kunden nicht mehr gut genug erscheint oder schlichtweg nur Streit über die Ordnungsmäßigkeit der Wartung und Pflege herrscht und der Kunde, weil er die Softwarepflege seines Lieferanten für ungenügend hält, jetzt dazu übergehen möchte, selbst zu pflegen oder ein anderes Unternehmen damit zu beauftragen. Hat der Kunde sachlich recht, mag er auch einen entsprechenden Anspruch haben. Hier wird aber schon eine vertragliche Vereinbarung dahingehend, dass ein solches Recht überhaupt besteht, mit dem Softwarehersteller schwer herzustellen sein. Ähnliches gilt für eine Vereinbarung dahingehend, dass der Quellcode während eines Softwareprojekts z. B. wegen einer Kündigung des Kunden herauszugeben ist.[705]

588   Noch viel schwieriger ist, zu regeln, wie denn die entsprechende **Voraussetzung** der Hinterlegungsstelle gegenüber **glaubhaft gemacht werden** kann, so dass diese den Code dann auch herausgeben wird. Immerhin muss ja die Hinterlegungsstelle prüfen, ob sie den

---

[703] Näher: *Karger,* in: Computerrechtshandbuch, Abschn. 21, Rn. 34 f.; *Lensdorf,* CR 2000, 80 (84); *Siegel,* CR 2003, 941 (944 f.).
[704] *Siegel,* CR 2003, 941 (943).
[705] Vgl. *Lennsdorf,* CR 2000, 80 (84 f.).

Code überhaupt herausgeben kann, wenn sich die Parteien über eine solche Voraussetzung streiten. In der Praxis wird meist mit eidesstattlichen Versicherungen gearbeitet. Solche eidesstattlichen Versicherungen mögen wegen einer eventuellen Strafbarkeit bei falscher Abgabe relativ nützlich sein. Sie lösen das Problem aber nur begrenzt.

Möglicherweise wird man hier eine Regelung herbeiführen müssen, nach der bei Streit über das Vorliegen solcher Voraussetzungen relativ kurzfristig eine Schiedsstelle entscheidet, die auch die Hinterlegungsstelle sein kann.[706]

Eine Herausgabe kommt möglicherweise auch bei einem **Gesellschafterwechsel** im Bereich des Softwarelieferanten in Betracht, wenn dadurch lebenswichtige Interessen des Kunden berührt sind (z. B. bei Übernahme des Lieferanten durch einen unmittelbaren Konkurrenten des Kunden). Auch hier kann der Nachweis des Hinterlegungsfalles schwierig werden. **589**

Insgesamt sind der Vertragsgestaltung hier viele Aufgabe gestellt.[707]

Prinzipiell lässt sich zumindest in individuellen Verträgen viel regeln. Eine Pflicht zur Hinterlegung, die sich aus allgemeinen Geschäftsbedingungen ergibt, dürfte jedenfalls problematisch sein, wenn es sich um die Einkaufsbedingungen des Kunden handelt.

Der praktisch wichtigste Fall ist der schon erwähnte Fall der **Insolvenz**. Dieser wirft allerdings unabhängig von dem bisher Diskutierten auch die größten rechtlichen Probleme auf. Diese haben mit den Spezialitäten des Insolvenzrechts zu tun. Insbesondere muss die Vertragsgestaltung so sein, dass der Vertrag wirksam und auch nicht durch den Insolvenzverwalter anfechtbar ist. Auch darf der Kunde nicht dadurch an der Verwirklichung seines Rechts gehindert werden, dass der Insolvenzverwalter bei einem nicht vollständig erfüllten Vertrag die Nichterfüllung wählt (§ 103 Abs. 1 InsO). **590**

Dies bedeutet insbesondere, dass der Kunde die für ihn notwendigen Rechte zur Änderung und Vervielfältigung und zur Nutzung der geänderten Software nicht erst erhält, wenn der Hinterlegungsfall eintritt, sondern sie ihm schon früher übertragen werden und zwar aufschiebend bedingt durch den Eintritt des Hinterlegungsfalls. Solch eine aufschiebend bedingte Verfügung des Schuldners bleibt durch die Wahl der Nichterfüllung durch den Insolvenzverwalter unberührt. Bei Eintritt der Bedingung wird der Kunde Rechtsinhaber.[708] Allerdings darf die Bedingung nicht auf die Insolvenz abstellen, weil sie dann im Insolvenzfall unwirksam, jedenfalls anfechtbar wird.[709] Diese Situation verbiete z. B. Klauseln des Inhalts, dass die Rechte bei Eröffnung der Insolvenz übergehen sollen. Vielmehr muss man auf den Kunden allgemein interessierende Situationen abstellen. Dazu gehört z. B. die Einstellung der Pflege durch den Lieferanten oder die Tatsache, dass die Pflege nur noch zu völlig unzumutbaren Bedingungen angeboten wird.[710] Diese Fälle können auch außerhalb des Insolvenzverfahrens eintreten und sind daher als Bedingungen zulässig.

Ferner ist eine **Hinterlegungsvereinbarung** hinsichtlich des Quellcodes notwendig. Diese muss eine Herausgabe vorsehen, an der der Lieferant nicht mehr mitwirken muss, weil sonst der Insolvenzverwalter durch die Ausübung seines Wahlrechts die Herausgabe verhindern kann. Die Herausgabe muss genau in den Fällen erfolgen, in denen die aufschiebende Bedingung eintritt. **591**

Außerdem ist wichtig, dass die **Hinterlegungsvereinbarung** sozusagen **Teil** des zugrunde liegenden **Erwerbsvertrages** ist – jedenfalls was ihre Grundzüge im Verhältnis **592**

---

[706] Vgl. auch *Karger*, in: Computerrechtshandbuch, Abschn. 21, Rn. 97 ff., 116 ff.; *Lensdorf*, CR 2000, 80 (85).

[707] Vgl. dazu z. B. und zu weiteren Vertragsinhalten: *Karger*, in: Computerrechtshandbuch, Abschn. 21, Rn. 83 ff.; *Grützmacher*, in: Redeker (Hrsg.): Handbuch der IT-Verträge, Abschn. 1.7.

[708] BGH, CR 2006, 151.

[709] *Grützmacher*, CR 2006, 289 (294); *Witte*, ITRB 2006, 263 (265).

[710] Näher *Redeker*, ITRB 2006, 212; sehr vorsichtig *Grützmacher*, CR 2006, 289.

zwischen Softwarelieferant und dessen Kunden betrifft.[711] Dadurch wird deutlich, dass die Hinterlegung nicht unentgeltlich, sondern entgeltlich erfolgt ist. Dies ist sehr wichtig, weil dies im Rahmen der Insolvenzanfechtung nach §§ 130 ff. InsO von Bedeutung ist[712]. Ferner dürfen die Rechte, die der Kunde erhält, nicht weiter gehen als sie zur Wahrung der weiteren Nutzbarkeit seiner Software erforderlich sind.[713] Es wird dadurch deutlich, dass der Kunde nur eine Leistung erhält, die er braucht, um die von ihm bezahlte Software weiter nutzen zu können. Die **Regelung** muss die eingangs geschilderte **Interessenlage wiedergeben** und darf die Insolvenzmasse nicht mehr belasten als unbedingt nötig.

593   Auch bei Berücksichtigung dieser Gesichtspunkte kann man derzeit nicht ausschließen, dass eine Insolvenzanfechtung erfolgreich sein kann. Darüber hinaus könnte die Hinterlegungsstelle **Treuhänder** sein und der Kunde nur ein Absonderungsrecht haben.[714] Gegen diese Möglichkeit hilft es, den Quellcode zunächst für eine logische Sekunde an den Kunden zu übersenden, der ihn an die Hinterlegungsstelle weitergibt. Ein Zugangsrecht nach § 33 Abs. 2 VerlG analog in Vbdg. mit § 25 UrhG[715] scheitert demgegenüber schon daran, dass der Kunde auch bei der Hinterlegungsstelle kein ausschließliches Nutzungsrecht erhält.

Durch gute Regelungen kann man das insolvenzrechtliche Risiko deutlich reduzieren. Die rechtliche Unsicherheit spiegelt sich aber darin, dass in der Literatur hier sehr unterschiedliche Vertragsgestaltungen vorgeschlagen werden.[716] Eine Sicherheit kann man erst bei einer gesicherten höchstrichterlichen Rechtsprechung haben können. Solche Rechtsprechung fehlt aber noch weitgehend.

594   Hinzuweisen ist auch darauf, dass in der Literatur auch die Einräumung von **Nießbrauch** und **Pfandrechten** an der Software als Lösung des hier geschilderten Problems diskutiert werden.[717] Praktische Bedeutung haben diese Möglichkeiten aber bislang nicht.

595   Alle Lösungen können freilich ein Problem nicht lösen: Wird die Software **nach Insolvenzeröffnung weiter entwickelt** und vom Kunden in der weiterentwickelten Version genutzt, beziehen sich alle in diesem Abschnitt diskutierten Vereinbarungen nur auf den Softwarestand bei Insolvenzeröffnung. Alle Weiterentwicklungen sind Massegegenstände, an denen nach § 91 InsO keine Rechte entstehen können.[718]

9. Erwerb von Open-Source-Software

595a   Besondere Probleme ergeben sich beim **Erwerb von Open-Source-Software**. Die eigentliche Open-Source-Software wird dabei ja kostenfrei überlassen. Gibt es daneben kein weiteres Geschäft, wird man von **einer Schenkung** ausgehen können, die keiner Beurkundung bedarf, weil Schenkungsvertrag und Schenkungsdurchführung in einem Akt

---

[711] Vgl. *Karger,* in: Computerrechtshandbuch, Abschn. 21, Rn. 72.

[712] Dazu auch *Roth,* ITRB 2005, 283 (285 f.).

[713] Zum Ganzen: *Kast/Meyer/Wray,* CR 2002, 379 (383 f.).

[714] Dazu *Grützmacher,* CR 2006, 289 (295 f.); *Roth,* ITRB 2005, 284 (285 f.); *Hoeren,* IT-Vertragsrecht, Rn. 498 ff.

[715] So *Berger,* CR 2006, 505 (511 f.).

[716] *Kammel,* in: Computerrechtshandbuch, Abschn. 171, Rn. 115. schlägt z. B. vor, den Quellcode vollständig gegen Zahlung eines Preises an den Kunden zu überlassen; ähnlich *Grützmacher,* in: Redeker (Hrsg.): Handbuch der IT-Verträge, Abschn. 1.7, Rn. 27 ff.,: Übereignung an Kunden mit Pflicht zur Weitergabe an Hinterlegungsstelle; vgl. auch *Haines,* CR 2002, 779; *Roth,* ITRB 2005, 283 (286); *McGuire,* GRUR 2009, 13 meint, dass auch ein Softwarekauf ein Lizenzvertrag sei, der dem Wahlrecht des Insolvenzverwalters gem. § 103 Abs. 1 InsO unterliege .

[717] *Plath,* CR 2005, 613; CR 2006, 217.

[718] *Berger,* CR 2006, 505 (510).

durch Herunterladen der Software geschehen.[719] Alternativ könnte man allenfalls ein Gefälligkeitsverhältnis annehmen. Dem steht aber schon entgegen, dass in aller Regel die Software eine gewisse wirtschaftliche Bedeutung hat, Schadensrisiken bestehen und außerdem auch der Überlassende auf die Vereinbarung seiner Lizenzbedingungen Wert legt. Der Schenker haftet dann für Vorsatz und grobe Fahrlässigkeit (§ 521 BGB). Dies kann insbesondere bei der Überlassung einer virenverseuchten Software eine große Rolle spielen.

Meist wird Open-Source-Software allerdings **zusammen mit weiteren Dienstleistun-** 595b **gen** vertrieben, für die Entgelte verlangt werden. Dies können weitere Softwarepakete sein. Liegt der Open-Source-Software dann eine Copy-Left-Lizenz, insbesondere die GNU GPL, zu Grunde, ist freilich auf den sog. viralen Effekt Rücksicht zu nehmen. Nur bei einer klaren Trennung der beiden Softwareprodukte ist es möglich, die Zusatzleistung entgeltlich und proprietär zu vertreiben.[720] Geschieht dies, wird man den gemeinsamen Vertrieb insgesamt als Kaufvertrag ansehen müssen. Eine Ausgliederung der Open-Source-Software in der Weise, dass diese verschenkt wird, dürfte in aller Regel nicht möglich sein.[721]

Kommt noch eine Installationsverpflichtung hinzu, muss man von einem Werkvertrag ausgehen. Die Anwendung des § 651 BGB hängt dann von den Umständen des Einzelfalls ab. Dabei sind die oben[722] erarbeiteten Kriterien zu Grunde zu legen. Gibt es ferner eine Pflegeverpflichtung, gilt für diese auch, soweit sie die Open-Source-Software einschließt, das Recht des Pflegevertrages.[723] Gegenüber dieser langdauernden Pflichtenbeziehung tritt die einmalige kostenfreie Überlassung der Open-Source-Software vollständig zurück.

Schwieriger ist die Einordnung dann, wenn neben der Überlassung der Open-Source- 595c Software im wesentlichen Beratungsleistungen nach Dienstvertragsrecht treten. Hier wird es wohl um einen typengemischten Vertrag gehen, wobei wegen der Entgeltlichkeit im Gesamtvertrag für die Überlassung des Open-Source-Teils Kaufvertrags- und nicht Schenkungsrecht gilt. Andernfalls würde der Vertrag ja auch der notariellen Beurkundung bedürfen (§ 518 Abs. 1 BGB).

Schenkungsrecht ist wohl anwendbar, wenn GPL-Software als Betriebssystem für eine 595d vermietete Hardware überlassen wird, weil Vermietung und Verleih von GPL-Software nicht erlaubt sind.[724]

Bei anderen Zusatzleistungen müssen noch Einzelfalllösungen erarbeitet werden. Insgesamt ist hier angesichts des neuen Vertriebsmodells noch vieles offen.

Zu bemerken bleibt noch, dass bei der **Erfüllung** der Verträge bei Open-Source in der 595e Tat **zwei Geschäfte** treten: Die Software wird meist vom Vertragspartner überlassen. Demgegenüber regelt insbesondere § 6 Abs. 1 GPL v.2., dass alle Verwertungsrechte, auch das einfache Nutzungsrecht, von der Gemeinschaft der Entwickler eingeräumt wird.[725] Diese Aufspaltung betrifft aber nur die Vertragserfüllung, nicht das schuldrechtliche Grundgeschäft. Ob sie im Geschäft mit Endverbrauchern gilt, ist fraglich.

Der in der GPL vorgesehene **Gewährleistungs- und Haftungsausschluss** ist im deut- 595f schen Recht unwirksam.[726] Die GPL ist eine allgemeine Geschäftsbedingung, in der solche Klauseln unwirksam sind, und zwar auch dann, wenn Schenkungsrecht gilt, weil auch die

---

[719] *Lenhard,* Vertragstypologie, S. 362 ff.; *Koch,* Informatik Spektrum 2004, 55 (56); *Sobola,* ITRB 2011, 168 (169 f.).

[720] Vgl. oben Rn. 91 f.

[721] *Lenhard,* Vertragstypologie, S. 357 f.

[722] Rn. 297 ff.

[723] Unten Rn. 631 ff.

[724] A. A. *Koch,* Informatik Spektrum 2004, 55 (58 f.).

[725] *Lenhard,* Vertragstypologie, S. 348 f.; *Spindler/Wiebe,* CR 2003, 873 **a. A.** *Koch,* Informatik Spektrum 2004, 55 (56).

[726] *Sobola,* ITRB 2011, 168 zu vergleichbaren Regelungen anderer Open-Source-Bedingungen

Haftung für Vorsatz und grobe Fahrlässigkeit ausgeschlossen ist (§ 309 Nr. 7 Buchst. b BGB).[727] Eine einschränkende Auslegung wie sie von Koch[728] versucht wird, ist in allgemeinen Geschäftsbedingungen nicht möglich.

V. Der Erwerb von Hard- und Software auf Zeit

1. Allgemeine Probleme des Mietvertrages

a) Grundsätzliches

596   So problematisch die Einordnung von Softwareüberlassungsverträgen bei Einmalzahlung für eine Nutzung ist, so im Wesentlichen unstreitig ist die **Einordnung von Verträgen** über die Nutzung von Hardware oder Software **auf Zeit** bei zumeist regelmäßigen Zahlungen. Hardwareverträge dieser Art sind **Mietverträge**. Bei Softwareverträgen ist eine Einordnung als Mietvertrag an sich problematisch, wenn man Software nicht als Sache ansieht. Mietverträge können eigentlich nur über Sachen abgeschlossen werden. In der Erstauflage ist daher die Meinung vertreten worden, es handele sich in aller Regel um Pachtverträge.[729] Es hat sich aber die allgemeine Meinung durchgesetzt, auch bei **Software** handele es sich um **Mietverträge**.[730] Letztendlich ist die Frage deswegen nicht so umstritten, weil nach allgemeiner Meinung auf jeden Fall die Regeln des Miet- oder Pachtvertrages, die in fast allen wesentlichen Fragen identisch sind,[731] zumindest analog Anwendung finden sollen.

597   Das **OLG Köln**[732] spricht in einem solchen Fall von einem **Lizenzvertrag** und hält auch einen Lizenzvertrag über noch herzustellende Gegenstände für möglich. Auf diesen Vertrag soll außerdem Werkvertragsrecht Anwendung finden.[733] Die Kennzeichnung als Lizenzvertrag ist jedoch wenig hilfreich, weil der Lizenzvertrag vom BGH vertragsrechtlich unterschiedlich eingeordnet wird.[734] Es bleibt in der Entscheidung auch unklar, ob es um eine Überlassung auf Zeit geht oder nicht. Bei einer Überlassung auf Dauer ist aber die Einordnung als Lizenzvertrag jedenfalls ungewöhnlich, weil es dann um einen Werk- oder Werklieferungsvertrag ginge.[735] Daher ist wohl von einer Überlassung auf Zeit auszugehen. Dann muss man aber von einem Mietvertrag über eine noch herzustellende Sache ausgehen. Solche Verträge gibt es im Bereich der Vermietung noch herzustellender Gebäude durchaus häufig, ohne dass Werkvertragsrecht Anwendung findet. Entsprechendes gilt dann auch für die Softwarebeschaffung.[736] Nebenleistungen wie die Installation ändern an dieser Einordnung nichts[737].

---

[727] Vgl. oben Rn. 462.

[728] Informatik Spektrum 2004, 55 (57).

[729] So auch (in einer insolvenzrechtlichen Entscheidung) BGH, CR 2006, 151 sowie *Lenhard*, Vertragstypologie, S. 220 ff.; *Heydn*, CR 2010, 765 (773).

[730] Z. B. *zur Megede*, NJW 1989, 2581 (2582); *Dörner/Jersch*, IuR 1988, 137 (146); *Köhler/Fritzsche*, in: Lehmann (Hrsg.), Rechtsschutz und Verwertung von Computerprogrammen, S. 517 (604 f.).

[731] Zu den Unterschieden in Einzelfällen: *Karger*, in: Redeker (Hrsg.): Handbuch der IT-Verträge, Abschn. 1.9, Rn. 15.

[732] Urt. v. 14. 2. 2001, 19 U 176/95, JurPC WebDok. 31/2002.

[733] So auch *Lenhard*, Vertragstypologie, S. 224 ff.

[734] Vgl. oben Rn. 525.

[735] Dazu oben Rn. 296 ff.

[736] **A. A.** (Kombination aus Werk- und Mietvertrag): *Karger*, CR 2002, 357 (359); offengelassen in: Redeker (Hrsg.): Handbuch der IT-Verträge, Abschn. 1.9, Rn. 24.

[737] vgl. *Schmidt-Futterer/Blank*, vor § 535 Rn. 169 zur Vermietung von Gerüsten, Zelten und Messeständen.

Festzuhalten bleibt aber, dass es bei den hier vorliegenden Betrachtungen nur um eine 598
von vornherein zeitlich begrenzte oder nach den Vorstellungen der Parteien durch Kündigung zu beendende ebenfalls zeitlich begrenzte Überlassung von Software geht. Es geht
nicht um Verträge, in denen Software bzw. Hardware gegen **mehrfache Zahlung,** aber
von vornherein auf Dauer überlassen werden. Im letzteren Fall greift hier Kaufrecht ein,
wobei bei einem Verbrauchergeschäft die Vorschriften der §§ 499 ff. BGB zu beachten
sind. Umgekehrt kann es auch eine zeitlich begrenzte Überlassung von Software gegen
eine einmalige Zahlung geben. Auch dies wäre ein Mietvertrag.[738] Allerdings ist eine
Einmalzahlung ein starkes Indiz für einen Kaufvertrag[739]. Sie kann nicht durch gegenteilige
Allgemeine Geschäftsbedingungen widerlegt werden.[740]

Wie auch sonst im Miet- oder Pachtrecht üblich, kann die zeitliche Begrenzung entwe- 599
der durch eine befristete Vertragsdauer oder durch **Einräumung** von regulären **Kündigungsmöglichkeiten** zum Ausdruck kommen. Die bloße Einräumung eines außerordentlichen Kündigungsrechts im Falle von Vertragsverstößen in Verträgen, in denen Software
auf Dauer gegen Einmalzahlung überlassen wird, macht diese noch nicht zu Mietverträgen. Denn es ist an sich eine Überlassung auf Dauer vorgesehen. Es geht lediglich um eine
Sanktion für Vertragsverstöße. Die zugrunde liegenden Verträge bleiben Kauf-, Werk-
oder Werklieferungsverträge.[741]

Die **Pflicht zur Mietzahlung** beginnt mit der **Überlassung der Software** in betriebs- 600
bereitem Zustand. In der Praxis wird teilweise vereinbart, diesen Zustand durch eine
Abnahme festzustellen (so z. B. § 8 der für die Miete von Hardware einschlägigen, noch
immer gültigen BVB-Miete[742]). Die Pflicht zur Mietzahlung beginnt konsequenterweise
erst mit der **Abnahme** (so auch sinngemäß § 8 Nr. 6 BVB-Miete). Rechtliche Bedenken
gegen eine solche Gestaltung auch in allgemeinen Geschäftsbedingungen des Mieters sind
nicht bekannt geworden.

Ohne ausdrückliche Vereinbarung kann weder Mieter noch Vermieter das Mietobjekt
während der Mietzeit ändern. Meist werden freilich entsprechende Änderungsklauseln
vereinbart. **Änderungsrechte** des Vermieters können dabei jedenfalls in allgemeinen Geschäftsbedingungen nur dann vereinbart werden, wenn solche Rechte nur in dem Fall
bestehen, in dem durch die Änderungen die Gebrauchsmöglichkeiten des Mieters einschließlich des Betriebs von mit der Mietsache verbundenen Anlagen nicht beeinträchtigt
werden. Alle anderen Klauseln widersprechen § 307 Abs. 2 Nr. 2 BGB. Ein pauschales
Änderungsverbot für den Mieter, das auch Mängelbeseitigungsrechte ausschließt, ist ebenfalls nicht wirksam.[743]

Während der Mietzeit besteht auch eine **Beratungspflicht** des Vermieters, insbesondere 601
zur Abklärung darüber, ob gemeldete Fehler Mängel sind oder es sich um Bedienungsfehler handelt.[744]

Die **Dauer der Mietzeit** ist in der Praxis nicht einheitlich. Sie wird sich oft an der Zeit
orientieren, die benötigt wird, um über die Miete den Laufpreis der Software zu refinan-
zieren. Wenn sich diese Dauer im Rahmen der üblichen Nutzungs- und Abschreibungs-
dauer bewegt (4–5 Jahre), dürfte dies auch in allgemeinen Geschäftsbedingungen zulässig
sein.[745] Wird die Miete freilich vom Softwareanbieter als Mittel flexibler Softwarenutzung
angeboten, dürften auch schon erheblich kürzere Laufzeiten überraschende Klauseln im

---

[738] Wie hier *Koch,* Computer-Vertragsrecht, Rn. 797 ff.
[739] Vgl. oben Rn. 530.
[740] **A. A.** LG Köln, CR 2010, 576 m. Anm. Redeker.
[741] Vgl. oben Rn. 534.
[742] Veröffentlicht in Anl. Nr. 2 zum BAnz. Nr. 23 v. 2. 2. 1973.
[743] Zu verschiedenen Klauseln vgl. *Schneider,* Handbuch des EDV-Rechts, Rn. J 439 ff.
[744] OLG Hamm, *Zahrnt,* ECR OLG 115.
[745] Etwas strenger (nur Laufzeit unter 5 Jahren zulässig): *Gräfin v. Merveldt,* CR 2006, 721 (727).

Sinne von § 305 c Abs. 1 BGB darstellen. Die Obergrenze dürfte hier bei einer Bindung von 12 Monaten liegen. Verlängerungsklauseln dürften bei solchen Verträgen keinen Zeitraum von mehr als sechs Monaten vorsehen.

b) Gewährleistung

602   Probleme ergeben sich im Miet- bzw. Pachtrecht aus den dortigen Gewährleistungsregeln. Der **Mangelbegriff** im Mietrecht entspricht letztlich dem des Werkvertrags- bzw. Kaufrechts.[746] Allerdings ist § 536 Abs. 1 S. 1 BGB der Terminologie von §§ 434 Abs. 1, 633 Abs. 2 BGB nicht angepasst worden, so dass auf den ersten Blick deutliche Unterschiede bestehen. Im Ergebnis ist dies aber nicht so. Es fehlt allerdings im Mietrecht der weitgehende Bezug des § 434 Abs. 1 S. 3 BGB auf die Werbung des Herstellers als Sachbeschreibung. Diese Norm ist daher im Mietrecht nicht anwendbar. Allerdings wurden Beschreibungen in Herstellerprospekten auch vor Einführung des § 434 Abs. 1 S. 3 BGB schon Eigenschaften der Sache entnommen. Dies gilt auch im Mietrecht. Mit dieser Einschränkung kann für den Mangelbegriff im Mietrecht auf die Ausführungen zu Werkvertrags- und Kaufrecht[747] verwiesen werden.

603   Eine mietrechtliche **Besonderheit** ergibt sich bei Mängeln, die auf Umgebungsumständen beruhen, die erst nach Beginn des Mietverhältnisses entstehen. In der Rechtsprechung sind solche Mängel teilweise nicht als Mängel im Rechtssinne behandelt worden. Dies hat das OLG Hamm jedenfalls für den Fall entschieden, dass ein Zahnarztsystem deswegen für den Mieter unbrauchbar wurde, weil es den nach Mietbeginn erlassenen Vorschriften der Kassenzahnärztlichen Vereinigung nicht entsprach.[748] Diese Entscheidung ist aber nicht richtig. Wenn die Unbrauchbarkeit des Systems wegen Unvereinbarkeit mit Vorschriften der Kassenzahnärztlichen Vereinigung einen Mangel darstellt,[749] handelt es sich auch dann um einen Mangel, wenn er nachträglich eintritt. Die Gewährleistungsregeln des Mietrechts – für nachträgliche Mängel – greifen ein. Der Vermieter muss die Sache nämlich während der Dauer des Mietverhältnisses in einem **brauchbaren Zustand halten,** der die Benutzung der Sache zu dem durch die Miete gedeckten Zweck möglich macht. Ändern sich die Vorschriften der kassenzahnärztlichen Vereinigung, muss das Programm entsprechend angepasst werden. Auch sonstige relevante Gesetzesänderungen sind zu beachten.[750] Der Vermieter musste eine gemietete Software z. B. von DM auf Euro umstellen, wenn die Mietdauer den Zeitpunkt der Währungsumstellung erfasst.[751] Ähnliches gilt im Wohnraummietrecht z. B. dann, wenn sich nach Mietvertragsabschluß abstrakte Gesundheitsgefahren der Sache – etwa wegen geänderter Normen – herausstellen. Auch dann liegt jedenfalls ein **nachträglicher Mangel** vor.[752] Es wird nur darüber gestritten, ob es sich um anfängliche Mängel handelt. Dass dies beim Kauf anders ist, liegt ausschließlich daran, dass der Mangel bei Gefahrübergang nicht vorhanden war. Darauf kommt es im Mietrecht als zeitlich begrenzte Überlassung nicht an. Jeder – aus welchem Grund auch immer – während der Mietzeit entstehende Mangel ist ein Mangel.[753]

604   Beim Vorliegen eines **Mangels** gelten folgende Rechte:
Zunächst ist es so, dass während der gesamten Mietdauer ein **Minderungsrecht** gem. § 536 Abs. 1 BGB für den Mieter bzw. Pächter besteht. Die Miete wird sogar kraft

---

[746] Ebenso *Schneider,* Handbuch des EDV-Rechts, Rn. F 230.
[747] Oben Rn. 319 ff., 507 ff.
[748] OLG Hamm, CR 1990, 37 f.
[749] So BGH, NJW 1982, 696 f.
[750] *Orthwein/Bernhard,* CR 2009, 354 (355 f.).
[751] LG Wuppertal, Urt. v. 28. 9. 2001, 11 O 94/01, JurPc Web-Dok. 27/2002.
[752] BayObLG, WM 1999, 568 = NJW-RR 1999, 1533.
[753] *Schneider,* Handbuch des EDV-Rechts, Rn. K 88.

Gesetzes gemindert, ohne dass es neben einer Fehleranzeige (§ 536 c Abs. 1 S. 1 BGB) einer weiteren Erklärung des Mieters/Pächters bedarf. Dabei mindert sich die Miete je nach Einschränkung des Gebrauchs, also nach der Erheblichkeit des Fehlers.[754]

Eine Rechtsprechung, die im EDV-Bereich für unterschiedliche Mängel differenzierte **605** Minderungsquoten entwickelt hat, fehlt noch fast vollständig. Allerdings wird die **Minderungsquote** häufig tendenziell eher **großzügiger** angenommen als im sonstigen Mietrecht.[755] In aller Regel geht es aber bei Entscheidungen über Mietverträge weniger um Minderungen als um die Möglichkeit vorzeitiger Kündigungen. Im Übrigen ist darauf hinzuweisen, dass selbst in dem vergleichsweise mit zahlreichen Entscheidungen bedachten Bereich der Wohnraummiete die Minderungsquoten von Aspekten des Einzelfalles und den jeweiligen Einschätzungen der entscheidenden Gerichte abhängig sehr unterschiedlich ausfallen. Eine Prognose ist selbst in diesem Bereich nur schwer möglich.

Das Minderungsrecht ist im Individualvertrag allerdings abdingbar. **606**

Ob dies auch in allgemeinen Geschäftsbedingungen möglich ist, ist zweifelhaft. Nach **607** der Rechtsprechung des BGH[756] ist § 309 Nr. 8 b BGB hier nicht anwendbar. Diese Frage ist freilich streitig.[757] Die **Überlassung einer mangelfreien Sache** während der gesamten Zeitdauer des Mietverhältnisses ist **Essentialia** jedes Mietvertrages. Der vollständige Ausschluss eines Gewährleistungsrechts durch allgemeine Geschäftsbedingungen wäre ein Verstoß gegen die Grundprinzipien der gesetzlichen Regeln und demgemäß nach § 307 Abs. 2 Nr. 1 BGB unzulässig.[758] Das Minderungsrecht kann daher jedenfalls nicht generell ausgeschlossen werden. Möglich ist aber, es in der Weise auszuschließen, dass ein Abzug von der monatlichen Miete nicht gemacht werden darf, sondern der Minderungsberechtigte auf seine Ansprüche nach § 812 BGB auf Rückzahlung der zu viel geleisteten Miete verwiesen wird.[759] Diese Möglichkeit sollte aber in der Klausel ausdrücklich offengelassen werden[760]. Ob eine solche Einschränkung freilich bei Nichtunternehmenskunden zulässig ist, ist noch nicht geklärt. Ob eine Möglichkeit besteht, das Minderungsrecht während einer Nachbesserungszeit auszuschließen, erscheint fraglich.[761] Eine Haftungsbegrenzungsklausel muss berücksichtigen, dass die Pflicht zur Überlassung einer mangelfreien Sache während der gesamten Mietzeit Kardinalpflicht ist.[762] Die Haftung für leichte Fahrlässigkeit kann daher nur in dem oben[763] beschriebenen Rahmen beschränkt, jedoch nicht ausgeschlossen werden.

Nach § 536 c Abs. 1 S. 1 BGB muss der Mangel **unverzüglich angezeigt** werden. **608** Soweit der Vermieter aufgrund mangelnder Mängelanzeige des Mieters den Mangel nicht beseitigen kann, sind Minderungs-, Schadensersatz- und Kündigungsrechte ausgeschlossen (§ 536 c Abs. 2 S. 2 BGB).

---

[754] *Köhler/Fritzsche,* in: Lehmann (Hrsg.), Rechtsschutz und Verwertung von Computerprogrammen, S. 513 (607).

[755] Vgl. dazu *Köhler/Fritzsche,* in: Lehmann (Hrsg.), Rechtsschutz und Verwertung von Computerprogrammen, S. 513 (607).

[756] BGHZ 94, 180 (186 ff.); ebenso KG, Urt. v. 14. 2. 2002, 8 U 8203/00, jeweils zum früheren § 11 Nr. 10 AGBG.

[757] **A. A.** z. B. OLG Düsseldorf, WuM 1985, 58.

[758] *Schmidt,* in: Lehmann (Hrsg.), Rechtsschutz und Verwertung von Computerprogrammen, S. 711 (740); *Staudinger/Emmerich,* § 536, Rn. 73; a. A. wohl *zur Megede,* NJW 1989, 2581 (2585) (ohne Ausführungen zu § 9 Abs. 2 Nr. 1 AGBG); auch *Lauer,* BB 1982, 1758 (1761) jedenfalls nach einer gewissen Mietdauer.

[759] BGH, NJW-RR 1993, 519 = WM 1993, 914; *Schneider,* Handbuch des EDV-Rechts, Rn. J 452.

[760] BGH, NJW 2008, 947; einschränkend OLG Düsseldorf, IMR 2010, 430.

[761] So *Schmidt,* in: Lehmann (Hrsg.), Rechtsschutz und Verwertung von Computerprogrammen, S. 701 (741).

[762] BGH, NJW 2002, 673 (675).

[763] Rn. 465 ff.

609   Neben dem Minderungsrecht besteht während der gesamten Mietdauer ein Anspruch auf **Mängelbeseitigung.** Dieser ergibt sich bereits aus § 535 BGB. Kommt der Softwarevermieter mit der Mängelbeseitigung in Verzug, so kann der Mieter den Mangel selbst beseitigen und den Ersatz der erforderlichen Aufwendungen verlangen (§ 536 a Abs. 2 BGB). Er kann auch einen Vorschuss verlangen.[764] Werden erhebliche Mängel trotz Fristsetzung mit entsprechender Androhung nicht beseitigt, steht dem Softwaremieter darüber hinaus ein Kündigungsrecht gem. § 543 Abs. 2 Nr. 1 BGB zu.[765]

All dies gilt sinngemäß auch für Hardwaremiete.

610   Die hier skizzierten Gewährleistungsregeln werden in den Regelungen der **BVB-Miete** im Wesentlichen mit kleineren Modifikationen aufgegriffen (§ 9 BVB-Miete). Eine interessante Ergänzung liegt darin, dass die Stellung einer Ersatzanlage während der Dauer der Mängelbeseitigung bzw. des Mangelzustandes vereinbart werden kann.

Ziff. 7.5.2 EVB-IT Überlassung Typ B macht die Minderung ähnlich wie in der für den Softwarekauf geltenden EVB-IT Überlassung Typ A von einer Nachfristsetzung abhängig. Diese Regelung ist bei einer Verwendung der **EVB-IT Überlassung Typ B** durch die Mieter (wie z. B. die öffentliche Hand) zulässig, bei einer Verwendung durch die Vermieter aber wohl kaum, weil das Minderungsrecht für eine gewisse Zeit vollständig ausgeschlossen wird.

Ziff. 5.2 EVB-IT Überlasssung Typ B spricht von einem Ausschluss der Mängelbeseitigung. Dies ist individuell vereinbar, eine solche Vereinbarung in allgemeinen Geschäftsbedingungen des Vermieters dürfte aber kaum möglich sein. Das Formular zur EVB_IT Überlassung Typ B sieht konsequenterweise auch keinen Ausschluss der Mängelbeseitigungspflicht vor. Diese wird daher systematisch immer individuell vereinbart.

c) Schadensersatz

611   Ein schwerwiegendes Problem besteht in der Härte des **Schadensersatzrechts.** Nach § 536 a Abs. 1 BGB haftet der Vermieter für **anfängliche Mängel ohne Rücksicht auf das Verschulden** auf Schadensersatz.[766] Es handelt sich insoweit um eine Garantiehaftung wegen anfänglicher Mängel. Diese Vorschrift ist insbesondere im Softwarebereich von großer Bedeutung, weil auftretende Mängel in aller Regel von Anfang an vorhanden waren. Eine Ausnahme ergibt sich nur aufgrund von Mängeln wegen geänderter Umgebungsbedingungen. Dies bedeutet, dass bei Softwareüberlassung auf Zeit wegen sämtlicher Mängel ein verschuldensunabhängiger Schadensersatzanspruch besteht, während bei Softwareüberlassung auf Dauer ein Schadensersatzanspruch nur bei Verschulden besteht. Dieses auf den ersten Blick überraschende Ergebnis entspricht aber der gesetzgeberischen Wertung bei der Überlassung auch anderer Gegenstände. Der Gesetzgeber hat diese mietrechtliche Besonderheit auch im neuen Mietrecht beibehalten. Diese unterschiedliche Haftung ist Konsequenz der Tatsache, dass bei nur zeitweiliger Überlassung der jeweilige Vermieter Verfügungsberechtigter bleibt und damit auch entscheiden muss, was mit dem jeweils vermieteten Gegenstand konkret geschieht und in welcher Weise er repariert wird oder ob er unrepariert bleibt. Aus den vorgenannten Gründen ist die gesetzliche Regelung Ausdruck der vorhandenen Interessenlage zwischen den Parteien und ist auch im Bereich von Software anwendbar.[767]

---

[764] *Staudinger/Emmerich*, § 536 a, Rn. 33 mwN.

[765] Instruktiv hier der Fall OLG Hamm, NJW 1989, 2629 f. sowie OLG Hamm, CR 1990, 520 f.; vgl. auch LG Stuttgart, CR 1986, 382 f.

[766] Vgl. schon *Lutz*, GRUR 1976, 331 (335); zur möglichen Höhe der Schäden vgl. z. B.LG Essen, CR 1987, 428 (429).

[767] Wie hier *Köhler/Fritzsche*, in: Lehmann (Hrsg.), Rechtsschutz und Verwertung von Computerprogrammen, S. 513 (606); *Malzer*, Der Softwarevertrag, S. 234 f.; **a. A.** *Mehrings*, NJW 1986, 1904 (1908); *Brandi-Dohrn*, CR 1986, 63 (68); *Moritz/Tybussek*, Computersoftware, Rn. 855.

Der eindeutige Wortlaut der gesetzlichen Bestimmungen schließt es auch aus, die Haftung im Wege der Auslegung dann auszuschließen, wenn die Mängel auch bei Anwendung äußerster Sorgfalt für niemanden erkennbar waren.[768] Auch eine Einschränkung der Haftung für bestimmte Schäden ist kaum vorstellbar.[769] Die Schadensersatzhaftung ist demgemäß sehr weitgehend. Aus diesem Grunde sind Mietvertragsregeln für die Überlassung von Software auch schon als grundsätzlich ungeeignet angesehen worden.[770]

Allerdings ist § 538 Abs. 1 BGB dispositiv. Selbst in allgemeinen Geschäftsbedingungen   **612** kann die **Haftung** hier auf eine Verschuldenshaftung **begrenzt werden.** Weitergehende Haftungsbeschränkungen sind nur unter Berücksichtigung der allgemeinen Grundsätze zu Haftungsbegrenzungen zulässig. Sämtliche Klauseln dürfen die Haftung für Vorsatz und grobe Fahrlässigkeit sowie bei Verletzung von Körper, Leben und Gesundheit nicht ausschließen. Außerdem sind die Regeln zu Haftungsausschluss und Haftungsbegrenzung bei **Kardinalpflichten**[771] zu beachten[772].

Eine Haftung besteht außer in den Fällen der anfänglichen Mängel auch dann, wenn ein   **613** Mangel **später** infolge eines Umstandes **entsteht,** den der **Vermieter zu vertreten hat,** oder dann, wenn der Vermieter mit der Beseitigung des Mangels in **Verzug** gerät. Insbesondere der ersten Fall kann dann vorliegen, wenn durch Pflegeverträge neue Softwareversionen übernommen werden und diese sich als fehlerhaft erweisen. In diesem Fall haftet der Vermieter aus dem Gesichtspunkt des Mietvertrages nur bei Verschulden, das in vielen Fällen gegeben sein dürfte. Er haftet nicht garantiemäßig wie bei der zunächst überlassenen Software.

Eine Haftung besteht auch für **zugesicherte Eigenschaften.** Im Mietrecht gibt es diesen Begriff weiterhin. Diese Haftung ist in allgemeinen Geschäftsgeschäftsbedingungen nicht abdingbar. Dies ergibt sich aus § 307 Abs. 2 Nr. 1 BGB, weil durch allgemeine Geschäftsbedingungen nicht aufgehoben werden kann, was individuell vereinbart ist.

In den **BVB-Miete** ist eine Haftung nur für den Fall einer vom Vermieter zu ver-   **614** tretenden nicht rechtzeitigen Mängelbeseitigung bzw. nicht rechtzeitigen Stellung einer Ersatzanlage vorgesehen. Der Begriff des Vertretenmüssens ist aber so weit gefasst, dass er auch ein Eintreten müssen für anfängliche Mängel umfassen kann (§ 9 Nr. 4 Abs. 2 u. 3 BVB-Miete). Die Regelung enthält auch eine AGB-rechtlich zweifelhafte Schadenspauschalierung.

Ziff. 7.5.2 EVB-IT Überlassung Typ B enthält eine Haftungsbegrenzung, die in Bedingungen des Nutzers öffentliche Hand zulässig ist, nicht jedoch als Bedingung für den Softwarevermieter.

d) Weitere Probleme

Für den Mieter bedeutsam ist, dass er **nach Ende** des Vertrages Hard- und Software   **615** **zurückgeben** muss. Dies ergibt sich schon aus § 546 Abs. 1 BGB. Bei Software führt eine Verletzung dieser Pflicht nicht ohne Weiteres zu Schadensersatzansprüchen des Vermieters, weil dieser nicht auf die Rückgabe der Kopie angewiesen ist, sondern meist ohne Weiteres eine neue Kopie ziehen und diese vermieten kann. Als Schaden kämen hier

---

[768] So aber *Köhler/Fritzsche,* in: Lehmann (Hrsg.), Rechtsschutz und Verwertung von Computerprogrammen, S. 513 (606).

[769] So aber *Köhler/Fritzsche,* in: Lehmann (Hrsg.), Rechtsschutz und Verwertung von Computerprogrammen, S. 517 (606).

[770] *Kilian*, Haftung, S. 41.

[771] Dazu oben Rn. 465 ff.

[772] Teilweise weitergehende Haftungsbeschränkungen bei *Schwamb,* CR 1987, 500 (503); *Köhler/Fritzsche,* in: Lehmann (Hrsg.), Rechtsschutz und Verwertung von Computerprogrammen, S. 517 (606); *Schmidt,* in: Lehmann (Hrsg.), Rechtsschutz und Verwertung von Computerprogrammen, S. 701 (751).

allenfalls die Kopierkosten in Betracht. Daher kann die Rückgabeverpflichtung auch durch eine **Vertragsstrafe** bewehrt werden. Dies ist auch in den allgemeinen Geschäftsbedingungen möglich. § 309 Nr. 6 BGB greift hier nicht ein.[773]

Daneben hilft auch die Vorschrift des § 546 a Abs. 1 BGB. Gibt der Mieter danach die gemietete Sache nach Beendigung des Mietverhältnisses nicht zurück, so kann der Vermieter für die Dauer der Vorenthaltung als Entschädigung den vereinbarten Mietzins verlangen.

616   Darüber hinaus kann bei Anmietung von Hard- und Software dem Anwender vom Überlasser untersagt werden, **Geräte und Software dritter Hersteller anzuschließen** bzw. mit der Anlage zu verbinden. Auch in allgemeinen Geschäftsbedingungen dürfte es jedenfalls zulässig sein, einen solchen Anschluss unter Erlaubnisvorbehalt zu stellen, wobei der Mieter bei erlaubtem Anschluss Schadensrisiken übernehmen muss. Diese Situation ergibt sich daraus, dass solch ein Anschluss technisch negative Einflüsse auf den Mietgegenstand haben kann. Der Vermieter muss in jedem Einzelfall überprüfen können, ob solche Gefahren drohen. Das Risiko für den Eintritt von Schäden und Störungen muss dann der Mieter übernehmen.

617   Das Wahlrecht des Insolvenzverwalters nach § 103 InsO erfasst auch Mietverträge über Software. Nur Mietverträge über unbewegliche Gegenstände sind nach §§ 108 ff. InsO von diesem Wahlrecht ausgenommen. Der Insolvenzverwalter kann daher entscheiden, ob ein Mietvertrag über Software weitergeführt wird oder nicht und zwar auch dann, wenn der Schuldner Vermieter der Software ist. Wählt der Insolvenzverwalter nicht die Erfüllung, darf die Software nicht mehr genutzt werden.[774] Hier bestehen erhebliche Risiken für den Kunden. Das Wahlrecht des Insolvenzverwalters kann auch nicht vertraglich ausgeschlossen werden.

2. Besonderheiten des Leasingverhältnisses

a) Grundkonzeption

618   Hardware und Software **können geleast werden.** Dies ist für Hardware unproblematisch. Aber auch für Software wird dies vom BGH anerkannt.[775]

Der **Leasingvertrag** ist nach der ständigen Rechtsprechung des BGH prinzipiell **Mietvertrag.** Dies gilt auch und gerade für den Finanzierungsleasingvertrag. Demgemäß müsste der Leasinggeber dem Leasingnehmer nach den eben beschriebenen Regeln Gewähr leisten. Diese Folge ist mit dem dem Finanzierungsleasing zugrunde liegenden Konzept der Anschaffung des Wirtschaftsgutes auf Raten unter Ausnutzung besonderer steuerlicher Vorteile nur begrenzt vereinbar. Sollte vertraglich freilich nichts anderes geregelt sein, werden dennoch in aller Regel die Mietvertragsregeln zwischen Leasinggeber und Leasingnehmer anzuwenden sein. Zwischen Leasingnehmer und Softwarelieferanten dürfte es in der Regel um Kaufverträge gehen und zwar auch im Hinblick auf die Software.

619   Leasingverträge, in denen keine zusätzlichen Regelungen über **Gewährleistungsrechte getroffen** sind, dürften allerdings in der Praxis nicht vorkommen. Vielmehr wird in sämtlichen gängigen Leasingverträgen eine Regelung des Inhalts getroffen, dass die mietrechtlichen Gewährleistungsvorschriften zwischen Leasinggeber und Leasingnehmer ausgeschlossen sind und statt dessen dem Leasingnehmer die dem Leasinggeber gegenüber dem Hersteller zustehenden kaufrechtlichen Mängelansprüche abgetreten werden. Dabei

---

[773] LG Lüneburg, CR 1989, 606 (LS), näher dargestellt bei *Fehl*, CR 1990, 508 (512 f.).
[774] Zur neueren Diskussion: *Grützmacher*, CR 2006, 289 (293 f.).
[775] BGH, WM 1984, 1091 (1093); BGH, Beil. Nr. 5 zu BB 1989, S. 3 (4); näher dazu *Fehl*, CR 1988, 198 ff.; *Junker/Benecke*, Computerrecht, Rn. 173 mit Nachweisen in Fn. 59; ausgiebig *Beckmann*, Computerleasing.

dürfen auch die mit diesen Gewährleistungsrechten verbundenen Gestaltungsrechte (Rücktritt, Minderung) mit übertragen werden – dies sollte aber ausdrücklich geregelt werden. Alternativ kann dem Leasingnehmer auch die Befugnis eingeräumt werden, diese Gestaltungsrechte im eigenen Namen auszuüben.[776] Eine solche vertragliche Regelung ist **prinzipiell auch zulässig.** Dies gilt auch in allgemeinen Geschäftsbedingungen sowohl gegenüber Unternehmen als auch gegenüber Nichtunternehmen.[777] **§ 309 Nr. 8 b BGB** ist auf den Leasingvertrag **nicht anwendbar.**[778] Darüber hinaus kann der Leasinggeber auch die Gefahr des zufälligen Untergangs der Leasingsache auf den Leasingnehmer abwälzen. Dies gilt auch hinsichtlich der Gegenleistungsgefahr.[779] Auch ein Untermietverbot ist abweichend von § 540 BGB sogar in allgemeinen Geschäftsbedingungen zulässig.[780]

Bei der **Abtretung der Mängel- bzw. Gewährleistungsrechte** muss sorgfältig darauf 620 geachtet werden, dass **sämtliche dieser Rechte** übertragen werden und nicht zu weitgehend Ansprüche ausgeschlossen werden. Anderenfalls droht die Unwirksamkeit des Gewährleistungsausschlusses in seiner Gänze.[781] Konsequenz dieser Abtretung ist, dass der Rücktritt vom Leasingnehmer gegenüber dem Lieferanten durchgesetzt werden muss. Freilich ist es so, dass die Rückabwicklung wiederum im Verhältnis zwischen Leasinggeber und Lieferanten durchgeführt werden muss. Dies ist jedenfalls Konsequenz der ständigen Rechtsprechung des BGH.[782] Dieses Modell geht aber nicht so weit, dass sich der Leasinggeber bei Scheitern der Lieferbeziehung ein Rücktrittsrecht mit der Konsequenz einräumen kann, dass der Kunde wieder in den Liefervertrag eintritt. Eine solche allgemeine Geschäftsbedingung ist unwirksam.[783]

Allerdings kann der Leasingnehmer nur **Zahlung** des Kaufpreises **an den Leasinggeber** 621 **Zug um Zug gegen Rückgabe des Kaufgegenstandes** verlangen. Dies ist Konsequenz der Tatsache, dass der Kaufvertrag prinzipiell zwischen Leasinggeber und Lieferant geschlossen wird.[784] Man könnte hier freilich auch die Meinung vertreten, die Abtretung der Mängel- bzw. Gewährleistungsansprüche führe zu einer Rückzahlung des Kaufpreises an den Leasingnehmer. Dies lässt sich aber mit der sogleich darzustellenden bisherigen Rechtsprechung über den Wegfall der Geschäftsgrundlage des Leasingvertrages durch Vollzug der Wandlung nicht vereinbaren, weil in der Konsequenz der Leasingnehmer sonst keine Leasingraten mehr zahlen müsste, dennoch aber den Kaufpreis zurückerhalten könnte.

Die **Rückabwicklung** des Kaufvertrages zwischen Leasinggeber und Lieferant muss 622 Auswirkungen auf den Leasingvertrag haben. Immerhin ist es ja so, dass der Leasinggegenstand dadurch an den Hersteller zurückgelangt. Für die Zukunft jedenfalls kann der Leasinggeber dem Leasingnehmer den Vertragsgegenstand nicht mehr zur Verfügung stellen. Jedenfalls für die Zukunft müssten daher alle Leistungsverpflichtungen des **Leasingnehmers** entfallen. Dies ließe sich u. U. schon aus den Regelungen des §§ 320 ff. BGB herleiten, ggf. käme man zu einem Kündigungsrecht nach § 543 Abs. 2 Nr. 1 BGB. Der BGH ist allerdings einen anderen Weg gegangen. Mit der Realisierung des Rücktritts entfällt für ihn bislang die **Geschäftsgrundlage des Leasingvertrages ex tunc.**[785] Dies gilt selbst dann,

---

[776] Detailliert *MünchKomm/Habersack,* Leasing, Rn. 80 ff.; *Staudinger/Stoffels,* Leasing, Rn. 215; zur Abtretung der Gestaltungsrechte auch: BGH, NJW 1985, 2642; *MünchKomm/Ernst,* § 323 Rn. 163.
[777] BGHZ 81, 298 (302 f.); BGH, WM 1984, 1089 (1091).
[778] Ausgiebig BGHZ 94, 180 (186 f.); *Fehl,* CR 1988, 198 (199) (noch zu § 11 Nr. 10 AGBG).
[779] BGH, CR 1987, 846 (849).
[780] BGH, BB 1990, 1796.
[781] *Beckmann,* Computerleasing, Rn. 166 ff.; *MünchKomm/Habersack,* Leasing, Rn. 84.
[782] Ausführlich mit krit. Anm. *Fehl,* CR 1988, 200 ff.
[783] OLG Hamm, OLG Report Hamm/Düsseldorf/Köln 2007, 673.
[784] OLG Koblenz, CR 1988, 463 (465) mit zust. Anm. *Kather;* BGH, WM 1988, 979 (982 f.); OLG Köln, *Zahrnt,* ECR OLG 72.
[785] BGHZ 81, 298 (308); kritisch *Beckmann,* Computerleasing, Rn. 329.

wenn die Leasingsache vom Leasingnehmer zeitweilig benutzt wurde und der Leasing-
geber deswegen dem Hersteller Nutzungsentschädigung leisten muss. Insoweit bleibt der
Leasinggeber dem Leasingnehmer gegenüber auf Bereicherungsansprüche verwiesen.[786]
Abweichende Klauseln in allgemeinen Geschäftsbedingungen sind unwirksam.[787]

623   Die Einrede des Wegfalls der Geschäftsgrundlage gegen die **Zahlungsklage** des Leasinggebers kann schon dann erhoben werden, wenn die **Rückabwicklung noch nicht**
endgültig durchgeführt, wohl aber der entsprechende **Prozess anhängig**[788] ist. Der Zahlungsprozess muss dann im Zweifel bis zur Entscheidung über den Rückabwicklungs-
prozess ausgesetzt werden.[789] Während der Dauer des Rückgabestreits ist die Verjährung
der Leasingraten gehemmt.[790] Die Vertragsgrundlage entfällt nach der bisherigen Rechtsprechung sogar dann, wenn die Rückabwicklung deswegen nicht durchgeführt werden
kann, weil der Lieferant in Konkurs gegangen ist.[791] Der Leasinggeber trägt also das
Konkursrisiko für den Konkurs des Lieferanten. Schließt der Leasingnehmer einen Vergleich mit dem Lieferanten, hat dies der Leasinggeber zu akzeptieren. Eine dort vereinbarte Rückabwicklung entzieht dem Leasingnehmer die Geschäftsgrundlage. Die Konsequenzen einer zur Vermeidung des Prozessrisikos vereinbarte Reduzierung der Rück-
zahlungssumme des Lieferanten sind allerdings vom Leasingnehmer zu tragen.[792]

Der Leasingnehmer muss bei der hier diskutierten Vertragsgestaltung alle Ansprüche
des Leasinggebers geltend machen. Dies gilt insbesondere für eventuelle Ansprüche auf
Zinsen für den Kaufpreis.[793] Denkbar ist auch ein **Schadensersatzanspruch des Leasinggebers** auf entgangenen Gewinn.[794]

624   Sollten freilich die Abtretungsklauseln fehlen oder nicht wirksam sein, gilt im Verhältnis
Leasinggeber/Leasingnehmer Mietrecht mit allen Konsequenzen. In diesem Fall muss sich
der Leasingnehmer mit allen Gewährleistungsansprüchen an den Leasinggeber halten und
ggf. ihn abmahnen und ihm gegenüber kündigen.[795] Eigene Ansprüche gegen den Lieferanten hat er nicht.[796]

Zu den Einzelheiten ist auf die Ausführungen zum Mietrecht zu verweisen.

b) Besonderheiten des EDV-Leasing

625   Diese **Grundkonzeption des Leasingrechts** gilt auch für den Bereich der EDV. Besondere Probleme stellen sich freilich bei einem **Beratungsverschulden**. BGH[797] und
OLG Köln[798] hatten den Fall zu entscheiden, dass der Lieferant zunächst Vertragsverhandlungen mit dem Leasingnehmer aufgenommen hatte und dabei umfangreich zur Datenver-
arbeitungsgestaltung beraten hatte. Diese Beratung war teilweise fehlerhaft. Es stellt sich
die Frage, welche Konsequenzen daraus zu ziehen sind. Soweit sich die Beratung dahingehend auswirkt, dass die gelieferte Leasingsache letztendlich fehlerhaft ist, weil sie entwe-

---

[786] BGHZ 109, 139 (143 f.); noch anders BGHZ 81, 298 (309).

[787] OLG Düsseldorf, *Zahrnt*, ECR OLG 104.

[788] *MünchKomm/Habersack*, Leasing, Rn. 88.

[789] *Zur Megede*, NJW 1989, 2581 (2584); *Kather*, CR 1988, 469 (470); *Beckmann*, Computerleasing,
Rn. 339; OLG Koblenz, OLG Report Koblenz 2001, 124.

[790] OLG Koblenz, OLG Report Koblenz 2001, 124 noch zum alten Recht (§ 202 Abs. 1 BGB a. f.).

[791] BGH, WM 1984, 1089 (1091 f.); BGHZ 109, 139 (143); OLG Hamm, *Zahrnt*, ECR OLG 189.

[792] OLG Hamm, *Zahrnt* ECR OLG 82; OLG Düsseldorf, *Zahrnt* ECR OLG 104.

[793] *Kather*, CR 1988, 469 (470).

[794] *Kather*, CR 1988, 469 (470).

[795] BGH, Beil. 5 zu BB 1989, S. 3 (4); vgl. auch BGH, CR 1988, 111 (114) zu einer etwas anderen
Fallkonstellation mit insoweit krit. Anm. *Bokelmann*.

[796] BGH, NJW 1974, 847 f.

[797] WM 1984, 1092 = BB 1984, 1895.

[798] CR 1988, 723 ff.

der für den gewöhnlichen Gebrauch oder für den vertraglich vorausgesetzten Gebrauch ungeeignet ist, ist es überflüssig, hier neben den vorhandenen Gewährleistungsansprüchen noch weitere Beratungspflichten zu konstruieren. Jedenfalls lässt sich die Vertragsrückabwicklung gewährleistungsrechtlich regeln. Nicht immer muss allerdings die Fehlberatung sich in einem Mangel der gelieferten Anlage auswirken. Möglicherweise ist die gelieferte Anlage letztendlich mangelfrei, weil schon die Erstellung des Pflichtenheftes, dass die Charakteristika der Anlage beschreibt, fehlerhaft war, die Anlage aber dem Pflichtenheft entspricht. Vielleicht ergeben sich auch weitergehende Schadensersatzansprüche.[799]

Das eigentliche Problem besteht darin, dass zwischen dem **Leasingnehmer** und dem **Lieferanten** letztendlich **keine vertraglichen Beziehungen** bestehen. Die vertraglichen Beziehungen bestehen zwischen Leasingnehmer und Lieferanten einerseits und Leasingnehmer und Leasinggeber andererseits. Demgemäß sind die auch mit dem Vertrag im Zusammenhang stehenden Ansprüche einschließlich der Ansprüche aus einer Verletzung von Beratungspflichten nicht gegen den Lieferanten, sondern gegen den Leasinggeber zu richten. Dies wäre dann unproblematisch möglich, wenn der Lieferant sozusagen als Erfüllungsgehilfe des Leasinggebers aufgetreten wäre. Dies mag zwar in einzelnen Fällen möglich sein, insbesondere bei engen Beziehungen zwischen Lieferant und Leasinggeber.[800] Es entspricht aber nicht den üblichen Gestaltungen. Hinzu kommt, dass sehr fraglich ist, ob EDV-bezogene Beratungspflichten des Leasinggebers gegenüber dem Leasingnehmer im Normalfall der Leasinganbahnung überhaupt bestehen.[801] Man muss daher versuchen, unmittelbare Ansprüche gegen den Lieferanten zu konstruieren. Hier muss man aber mit der Annahme von Beratungspflichten, die unabhängig von den nachher geschlossenen Verträgen sind, vorsichtig sein. Natürlich ist es denkbar, dass der Lieferant umfangreiche Beratungstätigkeiten aufnimmt und diese mit dem danach geschlossenen Leasingvertrag nichts zu tun haben. Dies kann aber nur in Einzelfällen vorkommen, insbesondere dann, wenn diese Beratungstätigkeit zusätzlich vergütet wird. Eine unentgeltliche Beratungstätigkeit wird man ohne Weiteres nicht annehmen können.

Dennoch haben vor allem der BGH, aber auch das OLG Köln das **Vorliegen solcher Verpflichtungen angenommen,** im konkreten Fall allerdings dadurch erleichtert, dass zunächst sogar Verträge zwischen Leasingnehmer und Lieferanten geschlossen wurden, die später vom Leasinggeber übernommen wurden. Das OLG Köln hat als Schadensersatzanspruch sodann eine Pflicht des Lieferanten angenommen, den Leasingnehmer hinsichtlich seiner Verpflichtungen aus dem Leasingvertrag freizustellen, weil die Anlage für ihn letztendlich unbrauchbar war.

Für den Leasinggeber ist es ferner wichtig, dass er vom Hersteller das Recht erwirbt, **626** die Software zu verleasen. Dieses Recht unterfällt dem Vermietrecht und ist nicht notwendig Teil eines allgemeinen Verbreitungsrechts. Ist der Hersteller als Lieferant in das Leasinggeschäft einbezogen, kann man allerdings eine stillschweigende Einräumung unterstellen.[802] Ist er nicht beteiligt, muss das Vermietungsrecht explizit übertragen werden, weil der Kunde sonst keine Rechte erhält. Die bloße Übertragung des Nutzungsrechts auf den Leasinggeber, wie sie in allgemeinen Softwarevertriebsverträgen enthalten ist, berechtigt den Leasinggeber nicht, die Software dem Leasingnehmer zur Nutzung zu überlassen.[803]

---

[799] Vgl. hierzu auch *v. Westphalen*, CR 1987, 477 (485), der sich aber nicht zum Anspruchsgegner äußert.

[800] So insbesondere *Köhler/Fritzsche*, in: Lehmann (Hrsg.), Rechtsschutz und Verwertung von Computerprogrammen, S. 517 (611 f.); ein interessantes Beispiel bei OLG Frankfurt, CR 1990, 518 ff.; OLG Koblenz, WM 1989, 222 (224) = CR 1990, 41; *MünchKomm/Habersack*, Leasing, Rn. 51.

[801] *Beckmann*, Computerleasing, Rn. 114 f.

[802] *Beckmann*, in: Martinek/Stoffels/Wimmer-Leonhardt (Hrsg.): Leasinghandbuch, § 62, Rn. 34

[803] *Beckmann*, in: Martinek/Stoffels/Wimmer-Leonhardt (Hrsg.): Leasinghandbuch, § 62, Rn. 35; näher *Vander*, CR 2011, 77 auch zu evtl. Beschränkungen des Vermietungsrechts im Einzelfall.

627   Ein weiteres häufig auftretendes Problem ist das der Unterschrift unter eine letztendlich **nicht korrekte Lieferbestätigung.** Viele Leasingfirmen verlangen von ihrem Leasingnehmern eine Unterschrift unter eine Bestätigung, dass der gelieferte Kaufgegenstand vollständig geliefert wurde.

Offenbar kommt es im Bereich der EDV häufig vor, dass solche Lieferscheine unterschrieben werden, obwohl die Anlage noch nicht vollständig geliefert wurde. Daraus soll nach der Rechtsprechung hauptsächlich die Konsequenz gezogen werden, dass eine Beweislastumkehr des Inhalts stattfindet, dass nunmehr der Leasingnehmer nachweisen muss, dass er lediglich eine unvollständige Leistung erhalten hat.[804] Daneben sind Schadensersatzansprüche denkbar,[805] wobei Mitverschulden durch das Verhalten des Lieferanten möglich ist. Immerhin ist der Lieferant hinsichtlich der Lieferverpflichtung Erfüllungsgehilfe des Leasinggebers.[806] Dies gilt besonders dann, wenn der Lieferant zwischenzeitlich in Insolvenz gefallen und den Kaufpreis für eine im Wesentlichen unvollständige Leistung erhalten hat. Hier ist ein Verschulden des Leasingnehmers gegenüber dem Leasinggeber gegeben, da die Unterschrift unter die Vollständigkeitsbescheinigung erkennbar damit zu tun hat, dass der Leasinggeber, der die Sache ja nicht selbst sieht, von seinem Kunden, der als einziger in der Lage ist, die Vollständigkeit zu beurteilen, ordnungsgemäß unterrichtet wird, bevor er seinerseits den Kaufpreis zahlt. Hier wird sorgfältig auf die einzelne Fallkonstellation abzuheben sein, insbesondere darauf, wie eng das Verhältnis zwischen Lieferant und Leasinggeber ist. Dessen Mitverschulden kann eine Haftung des Leasingnehmers ausschließen.[807]

Schließlich kann es vorkommen, dass der Leasingnehmer die Lieferbestätigung nicht unterschreibt, obwohl er die Software vollständig und mangelfrei erhalten hat. Er zahlt keine Leasingraten, nutzt aber die Software. Der Lieferant erhält zunächst den Kaufpreis nicht, weil der Leasinggeber keine Lieferbestätigung erhält.

Der Lieferant hat in dieser Konstellation keinen Anspruch gegen den Leasingnehmer auf Ausstellung der Lieferbestätigung, weil es dazu an einem Vertrag fehlt. Wohl aber hat er einen Anspruch auf Zahlung an den Leasinggeber, weil er seine Leistung erbracht hat. Er muss nur die Lieferung beweisen (z. B. durch Lieferquittung des Kuriers oder durch Zeugenaussage desjenigen, der die Software installiert hat). Etwas anderes kann auch nicht wirksam in allgemeinen Geschäftsbedingungen des Leasinggebers vorgesehen werden, weil er sonst die Zahlung von einer willkürlichen Handlung seines Erfüllungsgehilfen abhängig macht. Bei der Entgegennahme der Leistung ist nämlich der Leasingnehmer Erfüllungsgehilfe des Leasinggebers.[808]

628   Der Abnahmebestätigung kann durch allgemeine Geschäftsbedingungen auch nicht die Bedeutung beigemessen werden, dass der Leasingnehmer durch sie zur unbedingten Zahlungen der Leasingraten verpflichtet wird. Eine solche Klausel ist auch im unternehmerischen Verkehr unwirksam.[809]

Eine Vertragsdauer von 42 Monaten ist beim EDV-Leasing auch gegenüber Endverbrauchern und auch in allgemeinen Geschäftsbedingungen zulässig.[810]

629   Darauf hinzuweisen ist außerdem, dass der **Leasinggeber** zur **Rüge gemäß § 377 HGB** gegenüber dem Lieferanten auch dann **verpflichtet** ist, wenn sein Leasingnehmer dazu

---

[804] BGH, CR 1988, 111 (114 f.); *Zahrnt,* ECR BGH 3; das OLG Nürnberg, *Zahrnt,* ECR OLG 186 hat eine solche Erklärung als unwirksam behandelt; auch das OLG Hamm, *Zahrnt,* ECR OLG 189 lehnt eine Beweislastumkehr im Einzelfall ab.

[805] Vgl. OLG, Köln, BB 2000, 15 (LS); BGH, NJW 2005, 365 (Insolvenrisiko des Lieferanten).

[806] Vgl. BGH, CR 1988, 111 (114 f.) mit ausf. Anm. *Bokelmann.*

[807] OLG Hamm, *Zahrnt,* ECR OLG 189.

[808] *MünchKomm/Habersack,* Leasing, Rn. 58.

[809] BGH, CR 1988, 111 (115 f.) mit zust. Anm. *Bokelmann.*

[810] OLG Celle, OLG Report Celle/Braunschweig/Oldenburg 1999, 149.

nicht verpflichtet ist, weil er kein Kaufmann ist.[811] Innerhalb des Leasingvertrages besteht eine solche Rügepflicht nicht, da es sich um einen Mietvertrag und keinen Kaufvertrag handelt. Um hier nicht Diskrepanzen zwischen dem Leasingvertrag und dem Kaufvertrag entstehen zu lassen, müsste wohl eine unverzügliche **Rügeverpflichtung** auch in den **Leasingvertrag** aufgenommen werden. Im Gegensatz zur allgemeinen Regelung wird eine solche Klausel allgemein als **zulässig** angesehen.[812] Bei Abtretung der entsprechenden Ansprüche muss auf die bestehende Rügepflicht ggf. ausdrücklich hingewiesen werden. Rügen des Leasingnehmers gegenüber dem Lieferanten werden von der Rechtsprechung als solche des Leasinggebers angesehen.[813] Ob eine zu späte Rüge des Leasingnehmers eventuell sogar Schadensersatzansprüche des Leasinggebers auslöst (§ 545 BGB),[814] hängt von den Umständen des Einzelfalls ab. Bei einer vollständigen Gewährleistungsabtretung erscheint dies aber eher unwahrscheinlich.

Treten nach Ende des Leasingvertrages Schwierigkeiten bei der Bewertung des Rest-   **630** wertes der Leasingsache auf, so bietet sich u.U. eine Schiedsgutachtenabrede an. Diese ist in allgemeinen Geschäftsbedingungen jedoch auch gegenüber Unternehmen nicht möglich, weil durch sie eine Beweislastveränderung zu Lasten des Leasingnehmers geschieht.[815]

Ansprüche des Leasingnehmers aus dem Leasingvertrag unterliegen in der Regel der allgemeinen Verjährung der §§ 195, 199 Abs. 1, 4 BGB, Mängelansprüche gegen den Lieferanten auch hinsichtlich der Verjährung Kauf- bzw. Werkvertragsregeln.[816]

VI. Wartung und Pflege von EDV-Anlagen

1. Vertragsinhalt

a) Generelle Bemerkungen

Gängig sind in der Praxis auch Vereinbarungen, deren Gegenstand die **Aufrechterhal-**   **631** **tung der Betriebsbereitschaft** der EDV-Anlage, der Hardware oder der Software ist. Dabei geht es darum, zum einen die laufende Betriebsfähigkeit sicherzustellen und bei Störungen schnell einen Beratungs- und Entstördienst zu haben und zum anderen laufende Verbesserungen der Software im Rahmen eines vertraglichen Verbesserungsanspruchs rasch auf der Anlage verfügbar zu haben. In Anlehnung an die Terminologie der BVB spricht man für die Hardware von **Wartung** und für die Software von **Pflege.**

Die jeweils von den Vertragspartnern geschuldeten **Leistungen** sind sachlich recht   **632** unterschiedlich.[817]

Kernpunkt der in den **Wartungsverträgen** geschuldeten Leistungen ist die **ständige Bereitschaft,** jedenfalls während der Bürozeiten bei auftretenden Hardwarefehlern, zu

---

[811] BGHZ 110, 130 (141 f.) = CR 1990, 384 (386 f.); *Köhler/Fritzsche,* in: Lehmann (Hrsg.), Rechtsschutz und Verwertung von Computerprogrammen, S. 517 (610).

[812] *Köhler/Fritzsche,* in: Lehmann (Hrsg.), Rechtsschutz und Verwertung von Computerprogrammen, S. 517 (610).

[813] OLG Köln, OLG-Report Köln 1995, 33 (LS) = *Zahrnt,* ECR OLG 171.

[814] So *Köhler/Fritzsche,* in: Lehmann (Hrsg.), Rechtsschutz und Verwertung von Computerprogrammen, S. 517 (610).

[815] OLG Frankfurt, BB 1988, 2274.

[816] OLG Koblenz, WM 1989, 222 (224 f.).

[817] Siehe zum Folgenden die ausführlichen Darstellungen von *Fischer,* Wartungsverträge, S. 21 ff.; *Wohlgemuth,* Computerwartung; *Kühnel,* BB 1985, 1227 ff.; *Hartmann/Thier,* CR 1998, 581; *Moritz* in: Computerrechtshandbuch, Abschnitt 31 Rn. 189 ff. und *Schneider,* Handbuch des EDV-Rechts, Abschn. G zum Wartungsvertrag und Abschn. K zum Pflegevertrag.

denen in der Regel auch Fehler der Betriebssoftware gehören, zur Beseitigung der Fehler tätig zu werden. Gelegentlich wird auch eine regelmäßige Überprüfung der Anlage vereinbart.[818] In manchen Verträgen wird vereinbart, dass der Wartende sich verpflichtet, die Anlage in betriebsfähigem Zustand zu halten, d. h. einerseits alles zu tun, um Störungen zu verhüten und andererseits eingetretene Störungen zu beseitigen.[819] Viele wichtige Begriffe werden in der DIN 31051:2003-06 definiert.[820] Auf sie wird aber keinesfalls in allen Wartungs- und Pflegeverträgen rekurriert.

Gelegentlich wird insoweit auch eine **Verfügbarkeitsgarantie** abgegeben.

633   Oft werden Details dieser Leistungen nicht in konkreten Vereinbarungen festgelegt, sondern sind Gegenstand **allgemeiner Geschäftsbedingungen.** Bei Verwendung allgemeiner Geschäftsbedingungen muss man allerdings klare Leistungsbeschreibungen verwenden und darf nicht etwa die eigentlich ausgehandelten und versprochenen Leistungen indirekt reduzieren.[821] Eine Klausel, nach der das Wartungsunternehmen nach seiner Wahl Neuteile oder Austauschteile liefern wollte, ist für unwirksam erklärt worden.[822] In der Praxis wichtig ist vor allem eine Vereinbarung darüber, wie schnell eine Reaktion auf eine gemeldete Störung erfolgen muss (sogenannte **Reaktionszeit**).[823] Zunehmend werden auch für den Pflegeverpflichteten problematische Beseitigungsfristen vereinbart. Diese Regelungen müssen sowohl was den Beginn als auch was die Dauer betrifft klar sein; Gefahr droht z. B. immer dann, wenn nicht vereinbart ist, ob die vereinbarte Stundenzahl auf Zeitstunden oder auf Arbeitsstunden bezogen ist.

Man kann Reaktions- und Beseitigungsfristen auch in sog. Service Level Agreements nach Fehlerklassen oder nach der Bedeutung der gewarteten Anwendungen für das Unternehmen differenzieren.[824]

634   Sehr viel unterschiedlicher sind die Inhalte der **Pflegevereinbarungen.**[825] Ein Schwerpunkt stellt die Beseitigung von Mängeln dar, wobei sehr unterschiedlich teilweise die Beseitigung der Mängel, teilweise nur ein Bemühen um diese Beseitigung versprochen wird. Für diesen Bereich sind die oben geschilderten Vereinbarungen über Reaktionszeiten u. ä. ebenfalls wichtig. Sehr weit verbreitet sind auch sogenannte **Hotline-Verträge.**[826] Danach stehen täglich während üblicher Bürozeiten, die in den einzelnen Verträgen vom Umfang her etwas differieren, Mitarbeiter der pflegenden Firma ihren Kunden zur Beratung zur Verfügung. Diese Verpflichtung wird teilweise dahingehend eingeschränkt, dass nur für schwierigere Fragen diese Hotline zur Verfügung steht, während der Kunde selbst im internen Bereich einen sogenannten First-Level-Support zur Verfügung stellt, d. h. einfache Fragen seiner allgemeinen Anwender durch spezifisch geschulte eigene Mitarbeiter beantworten lässt. Teilweise wird auch noch weiter in Second-Level-Support und Third-Level-Support differenziert, wobei die den einzelnen Aufgaben zugeordneten Ebenen unterschiedlich sind.

---

[818] Vgl. insoweit OLG München, Beilage 10 zu BB 1990, S. 9 f.; instruktiv auch OLG Hamm, Beilage 15 zu BB 1990, S. 8 mit Anm. *Zahrnt.*

[819] So *Schneider,* Handbuch des EDV-Rechts, Rn. G 53 unter Berufung auf OLG München, CR 1989, 283.

[820] *Fischer,* Wartungsverträge, S. 23.

[821] *Schneider,* Handbuch des EDV-Rechts, Rn. K 15.

[822] OLG Frankfurt, BB 1983, 2146.

[823] *Schneider,* Handbuch des EDV-Rechts, Rn. G 47; K 33 ff. 172 ff.; *Wohlgemuth,* Computerwartung, S. 14 f.

[824] Detaillierte Vorschläge z. B. bei *Towle/Bruggemann,* CR Int. 2002, 75; näher dazu unten Rn. 641 a ff.

[825] Ebenso *Schneider,* Handbuch des EDV-Rechts, Rn. K 4; *Heymann/Lensdorf,* in: Redeker (Hrsg.): Handbuch der IT-Verträge, Abschn. 1.12, Rn. 2; *v. Baum,* CR 2002, 705.

[826] Dazu *Schneider,* Handbuch des EDV-Rechts, Rn. K 30 ff.; *Wohlgemuth,* Computerwartung, S. 25 f.

Einen dritten Leistungsbereich in Pflegeverträgen stellt die Verpflichtung dar, nach der   **635**
neue Versionen des jeweiligen Programms dem Pflegeberechtigten kostenlos oder zu
einem gegenüber dem allgemeinen Marktpreis niedrigeren Preis regelmäßig zur Verfügung
gestellt werden. Dabei ist je nach Vereinbarung die Software nur zu liefern oder auch zu
installieren. Ist nichts vereinbart, dürfte sich die Frage, ob installiert werden muss oder
nicht, danach richten, wie dies im Liefervertrag geregelt war.[827] Lieferung und Installation
können – ebenso wie die Fehlerbeseitigung – auch im Wege der **Fernwartung** erfolgen.
Gelegentlich stellt sich die Frage, ob der Kunde die neuen Versionen abnehmen muss,
wenn sie ihm zur Verfügung gestellt werden oder ob er sie nur bei gesonderter Bestellung
abnehmen muss. Diese Frage stellt sich insbesondere dann, wenn die jeweils neuen Versionen gesondert vergütet werden müssen. In den meisten Vereinbarungen dürfte eine
Abnahmepflicht des Kunden nicht geregelt sein.[828]

Die Terminologie, wie diese Versionen genannt werden, ist uneinheitlich. Es wird **von**
Updates, von Upgrades, von neuen Versionen und neuen **Releases** gesprochen. Eine
einheitliche Sprachbildung hat sich nicht herausgebildet.[829] Inhalt ganz einfacher solcher
neuer Versionen ist die bloße Beseitigung der von allen Kunden gemeldeten Fehler. Hinzu
kommen Anpassungen an gesetzliche oder vertragliche Änderungen. Oft machen auch
neue Versionen der Betriebssoftware neue Versionen der Anwendersoftware notwendig.
Insbesondere die Fehlerbeseitigung ist natürlich wichtig. Die Einzelbeseitigung von Fehlern bei einzelnen Kunden ist oft unwirtschaftlich, so dass solche Fehler eben im Wege der
Lieferung neuer Versionen beseitigt werden. In der Regel werden allerdings im Rahmen
der Fehlerbeseitigung zumindest Umgehungsmöglichkeiten für den Einzelfall aufgezeigt.
Auch hier differenzieren wiederum die Verträge manchmal zwischen wichtigen und weni-
ger wichtigen Fehlern. Im Rahmen der Neuinstallationen solcher Versionen muss der
Unternehmer in aller Regel dafür sorgen, dass der aktuelle Datenbestand gesichert wird.[830]

Manche Pflegeverträge differenzieren zwischen kleineren „Updates", die mit der Pfle-
gepauschale abgegolten sind und wichtigen „Upgrades", die gesondert vergütet werden
müssen. In anderen Verträgen wird zwischen „Updates" und neuen Produktfamilien
unterschieden. Ohne klare Abgrenzungen zwischen den jeweiligen in der Pauschale in-
begriffenen und jeweils gesondert zu vergütenden Leistungen verstoßen solche Regelungen aber gegen das Transparenzgebot.[831]

Eine wichtige Frage ergibt sich auch daraus, ob der Pflegeverpflichtete **verpflichtet** ist,   **636**
bei geänderten Rahmenbedingungen **Updates** zur Anpassung der Software an diese Rahmenbedingungen **zu liefern**. Dies wird bei gesetzlichen Änderungen zu bejahen sein.[832]
Durch den Pflegevertrag soll die Software funktionsfähig bleiben. Dazu gehört, dass sie
den jeweils geltenden gesetzlichen Rahmenbedingungen entspricht. Entsprechend wird
eine Anpassung notwendig sein. Demgegenüber besteht ohne entsprechende Vereinbarung
keine Pflicht, die Software der neuesten Version des Betriebssystems anzupassen. Es
besteht ja kein Zwang, die neueste Version des Betriebssystems zu benutzen. Viele Kunden
werden dies auch nicht tun und können daher mit einer Anpassung an dieses Betriebssystem nichts anfangen. Wenn ein Kunde dies anders wünscht und die Sicherheit wünscht,
immer eine Anpassung für ein neues Betriebssystem zu erhalten, wird er eine entsprechende Anpassungspflicht ausdrücklich vereinbaren müssen.[833]

---

[827] So OLG Hamm, CR 1998, 202 f.

[828] So auch *Wohlgemuth*, Computerwartung, S. 23.

[829] Vgl. *Schneider*, Handbuch des EDV-Rechts, Rn. K 21 f.

[830] OLG Köln, NJW-RR 1997, 558.

[831] *Intveen*, ITRB 2004, 138 (140).

[832] OLG Köln, CR 2005, 329; *Orthwein/Bernhard*, CR 2009, 354 (356).

[833] A. A. in einem speziellen Fall, wo der Kunde die Software vertreiben sollte: OLG Brandenburg,
NJW-RR 2000, 931.

637　　Bei der **Vertragsgestaltung** haben insbesondere die Hersteller darauf zu achten, dass nicht zu viele, möglicherweise gar nicht zu erbringende Leistungen versprochen werden, die Anwender müssen demgegenüber darauf achten, dass die für sie wesentlichen Leistungen versprochen werden. Insbesondere beim Abschluss eines Wartungsvertrages ist darüber hinaus zu überlegen, ob dieser beim Umfang der vorhandenen Hardware und der derzeitigen technischen Entwicklung wirklich sinnvoll und notwendig ist oder ob die Einzelreparaturen bei Bedarf auch ausreichen. Erfahrungsgemäß dürfte die Verfügungsbereitschaft des Wartungsdienstes bei laufenden Wartungsverträgen manchmal besser sein. Letztendlich dürfte sich hier eine Kostenfrage stellen.[834]

Die Anbieter müssen darauf achten, dass sie Vorsorge für alle notwendigen Pflegemaßnahmen treffen. Wichtig ist vor allem auch die Weiterführung von individuellen kundenbezogenen Änderungen, Parametrisierungen oder gar Customizing im Hinblick auf die Änderung der Grundsoftware.[835]

Für die Pflege- bzw. Wartungsverpflichteten ist wichtig, dass sie nicht etwa die **Beseitigung von Mängeln** und auftretenden Fehlern verbindlich **zusagen**. Eine solche Zusage ist in vielen Fällen nur beschränkt erfüllbar. In der Regel reicht eine Zusage, entweder die Fehler zu beseitigen oder entsprechende Umgehungsmöglichkeiten aufzuzeigen. Die bloße Bereitschaft, tätig zu werden, dürfte marktmäßig in der Regel nicht ausreichen, obwohl aus Sicht der Hersteller dies das einzige ist, was sie verbindlich zusagen können. Dies gilt insbesondere im Hinblick auf die Software. Unmöglich ist es, zuzusagen, die Anlage bzw. die Software so zu warten oder zu pflegen, dass gar keine Störungen auftreten.[836] Demgemäß werden Zusagen, die Funktionssicherheit aufrecht zu erhalten oder eine Formulierung wie sie oben bei der Leistungsbeschreibung in ähnlicher Weise erwähnt ist, von der Rechtsprechung auch zurückhaltend dahingehend ausgelegt, dass nur das üblicherweise Notwendige an Wartung geschuldet ist. Es kann allerdings sein, dass einer solchen Verfügbarkeitsgarantie eben ein Garantiecharakter zugrunde gelegt wird. Gerade bei solchen Fällen muss der Wartende und Garantiegeber sehr sorgfältig darauf achten, dass er nichts verspricht, was seine Leistungsfähigkeit übersteigt.[837]

638　　Demgegenüber gehört es umgekehrt zu den **Pflichten des Wartungsleistenden**, der Ursache auftretender Fehler nachzugehen und zu überprüfen, ob sie seinem Wartungsbereich zuzurechnen sind. Diese Überprüfung kann er nicht dem Kunden überlassen. Gerade wegen einer solchen Prüfungsmöglichkeit und seiner in dieser Hinsicht besonderen Fähigkeit ist der Wartungsunternehmer ja beauftragt worden.[838]

639　　Gängig ist eine **Einschränkung** der Pflegeleistung auf die Pflege der jeweils **neuesten Softwareversion**.[839] Diese Einschränkung ist in allgemeinen Geschäftsbedingungen aber nur haltbar, wenn dem Kunden die Übernahme dieser Version zumutbar ist, er also bei Übernahme z. B. nicht andere Teile seiner Anlage, das Betriebssystem[840] oder gar seine betriebliche Organisation ändern muss, und die neue Version nicht stark fehlerhaft ist. Dabei ist nicht zu verkennen, dass es für die Herstellerfirma möglicherweise schwierig ist, mehrere Versionen gleichzeitig zu pflegen, zumal dann, wenn eine ältere Version nur noch für ein oder zwei Kunden gepflegt werden muss. Dennoch kann es kaum angehen, dass

---

[834] *Schneider*, Handbuch des EDV-Rechts, Rn. G 10, hält eine Wartung gegen laufende Pauschalzahlung in erster Line noch bei großen Anlagen und großen Netzen für sinnvoll.

[835] *Schneider*, ITRB 2005, 191 (192).

[836] So schon OLG Stuttgart, BB 1977, 118 (119); vgl. dazu auch OLG Düsseldorf, CR 1988, 31 (32); OLG München, CR 1988, 283 (284); ausgiebig *Heymann*, CR 1991, 525 ff.; vgl. *Wohlgemuth*, Computerwartung, S. 18 f.

[837] Zu der Auslegung im Einzelfall vgl. *Schneider*, Handbuch des EDV-Rechts, Rn. G 53 ff.

[838] OLG Hamburg, CR 1998, 297 (302 f.).

[839] Zum Folgenden vgl. auch *Schneider*, Handbuch des EDV-Rechts, Rn. K 208 ff.

[840] Dazu OLG Köln, CR 2003, 329; *Schneider*, CR 2004, 241 (246).

der Kunde indirekt über eine solche Klausel im Pflege- oder Wartungsvertrag gezwungen wird, etwa neuere Betriebssoftware oder gar neuere Hardware zu kaufen. Je nach Einzelfall kann dies zu erheblichen Zusatzkosten und zur Umrüstung eines ganzen Softwaresystems führen. Will man eine solche Vereinbarung mit dem Kunden treffen, kann diese jedenfalls nicht in allgemeinen Geschäftsbedingungen geregelt werden, sondern muss in der konkreten Leistungsbeschreibung enthalten sein.

Das Problem dürfte praktisch nicht sehr zentral sein, wenn man **keine zu langen Laufzeiten** für Pflegeverträge vereinbart. Dann ist auf beiden Seiten eine regelmäßige Kündigung möglich. Auch hier sind die Gebräuche sehr unterschiedlich und ein einheitlicher Marktgebrauch derzeit nicht feststellbar, zumal es an rechtstatsächlichen Untersuchungen über die in der Praxis verwendeten Pflegeverträge fehlt.

Sehr zweifelhaft ist die übliche Praxis, in Standardklauseln vorzusehen, dass sich ein Pflegevertrag auf sämtliche eingesetzte Software, auch die nach Vertragsschluss erworbenem, bezieht. Die darin enthaltene Vertragserweiterungsautomatik verstößt gegen die Vertragsfreiheit und ist in allgemeinen Geschäftsbedingungen schon wegen § 307 Abs. 1 u. 2 BGB unwirksam.[841]

In der Praxis werden in **allgemeinen Geschäftsbedingungen** weitere Pflichten des **640** Kunden geregelt. Dazu gehört z. B. die Pflicht, einen konkreten Ansprechpartner zu stellen oder Fehler möglichst auf bestimmten Formularen zu melden. Manche dieser Pflichten sind angemessen, andere, z. B. die Pflicht, Formulare zu benutzen, dürften den Kunden unangemessen benachteiligen und daher nach § 307 Abs. 2 BGB unwirksam sein.

In vielen Verträgen werden den Kunden **Mitwirkungspflichten** auferlegt.[842] **641**

Als **Entgelt** wird meist eine feste Pauschale, in aller Regel ein Prozentsatz des Erwerbsentgelts für die gewartete oder gepflegte Hard- oder Software verlangt. Hinzu kommen manchmal noch gesonderte Entgelte für Updates, die meist gegenüber dem Neuerwerbspreis reduziert sind. Vereinbarungen dieser Art haben einzelne Gerichte schon für sittenwidrige Knebelverträge gehalten.[843] Dies kann aber nur für Einzelfälle gelten. Generell sind solche Regelungen – soweit sie transparent sind – zulässig.

b) Service-Level-Agreements

In vielen Pflegeverträgen werden sogenannte Service-Level-Agreements (SLA's) abge- **641a** schlossen. Die geschieht darüber hinaus noch bei vielen anderen IT-Verträgen. Service-Level-Agreements sind spezielle Leistungsbeschreibungen. Sie enthalten vor allem konkrete Beschreibungen der Leistungsqualität und der Rechtsfolgen bei mangelnder Qualität. Hinzu kommen Regelungen über die Qualitätskontrolle.[844]

Bei Pflegeverträgen gehören vor allem Reaktions- und Mangelbeseitigungsfristen[845] in solche Vereinbarungen. Hinzu kommen Festlegungen über die Zeiträume der Leistungsbereitschaft. Möglicherweise werden die Reaktions- und Mängelbeseitigungsfristen auch nach Bedeutung der Zeit für den Kunden gestaffelt, also z. B. vorgesehen, dass in der Kernzeit (werktags 8–18 Uhr) die Reaktionszeit 3 Stunden und die Mängelbeseitigungszeit 24 Stunden beträgt, außerhalb dieser Zeit aber 6 und 48 Stunden. Denkbar sind auch

---

[841] I. E. ebenso *Grützmacher,* ITRB 2011, 133.

[842] Auflistung und Systematisierung bei *Schneider,* Handbuch des EDV-Rechts, Rn. K 202 ff.; zu den Grenzen vgl. auch oben Rn. 415 ff.

[843] AG Hanau, NJW-CoR 1998, 434.

[844] Detailliert: *Braun,* Die Zulässigkeit von Service-Level-Agreements, S. 7 ff.; *Schreibauer/Tarasschke,* CR 2003, 557; Checkliste bei *Söbbing,* ITRB 2004, 257; *Gennen,* in Schwartmann (Hrsg.): Praxishandbuch Medien-, IT- und Urheberrecht, Kap. 19, Rn. 105; *von dem Bussche/Schelinski,* in: Leupold/Glossner (Hrsg.), IT-Recht, Teil 1, Rn. 23 ff; *Helwig/Koglin,* in: Büchner/Briner (Hrsg.): DGRI Jahrbuch 2009, 53; *Hartung/Stiemerling,* CR 2011, 617.

[845] Vgl. OLG Köln, OLG Report Köln 2003, 177.

Regelungen, nach denen 95% der Anrufe bei der Hotline innerhalb einer bestimmten Zeit anzunehmen sind.[846] Es sollte ferner geregelt werden, wie die Reaktion erfolgen muss (z. B. durch eine Eingangsbestätigung oder Erstanalyse). Für eine Hotline kann festgelegt werden, welche Qualität an Beratung zur Verfügung stehen muss und für welche Fälle die Hotline dient. Geregelt werden kann ferner, ob der Kunde firmenintern einen First-Level-Support zur Verfügung stellt[847] und der Pflegeverpflichtete nur schwierigere Fragen beantworten muss, die ihm nur ausgewählte Mitarbeiter des Kunden stellen dürfen. Manchmal wird auch vereinbart, dass Fehlermeldungen über ein Help-Desk erfolgen müssen, damit sie für den Pflegeverpflichteten zentral erfasst werden können. Auch Mitwirkungshandlungen des Kunden werden geregelt. Zur Kontrolle und zum Monitoring ist es z. B. sinnvoll, Aufzeichnungen über Fehlermeldungen und Reaktionen vorzusehen.

641b   Werden die Qualitätskriterien nicht erreicht, werden Sanktionen vorgesehen, z. B. Vertragsstrafen oder die Kürzung der Vergütung. Auch pauschalierter Schadensersatz ist möglich. Darüber hinaus gibt es auch fristlose Kündigungen. Es sollte festgehalten werden, welche Rechtsfolgen verschuldensunabhängig eintreten und welche nur verschuldensabhängig.[848] Wichtig ist es auch, Messverfahren zu vereinbaren, mit denen festgestellt wird, ob die Qualitätskriterien eingehalten sind. Dazu gehören auch Regelungen über denjenigen, der diese Messungen durchführen soll.[849] Umfangreiche Vorschläge für Service Level Agreements lassen sich ITIL entnehmen.[850]

641c   Solche Service-Level-Agreements sind **individualvertraglich** jederzeit möglich. Sie können auch den Vertragstyp mit bestimmen.[851] Als **allgemeine Geschäftsbedingungen** werfen sie erhebliche Probleme auf.[852] Dies betrifft zunächst die detaillierte Leistungsbeschreibung. Es stellt sich die Frage, ob sie der Kontrolle von allgemeinen Geschäftsbedingungen unterliegen oder gemäß § 307 Abs. 3 BGB kontrollfrei sind.[853]

Für die Rechtsfolgenseite ist zu beachten, dass die Klauseln dann, wenn sie von dem Pflegeverpflichteten verwendet werden, weder Mängelrechte noch Schadensersatzansprüche des Kunden übermäßig einschränken dürfen. Insbesondere darf die Regelung über die Kürzung der Vergütung das Minderungsrecht nicht beeinträchtigen. Regelungen über pauschalierten Schadensersatz dürfen die Haftung insbesondere für die Verletzung wesentlicher Vertragspflichten nicht beeinträchtigen.[854] Auch das Recht des Kunden auf außerordentliche Kündigung darf nicht eingeschränkt werden. Dagegen dürfen Nachbesserungsansprüche in aller Regel durch Service-Level-Agreements nicht beeinträchtigt sein. Ein Teilrücktritt bzgl. einzelner Leistungen darf freilich nicht (auch nicht indirekt) ausgeschlossen werden, auch wenn er praktisch kaum relevant ist.

641d   Werden die Klauseln vom Kunden gestellt, muss insbesondere beachtet werden, dass keine zu hohen Vertragsstrafen oder Schadenspauschalen vereinbart werden. Außerdem sind die Regelungen des § 309 Nr. 5 BGB zu beachten.[855] Evtl. vereinbarte Schadenspauschalen dürfen den voraussehbaren Schadensbetrag nicht überschreiten. Dem Pflegenden muss es möglich sein, nachzuweisen, dass ein geringerer Schaden entstanden ist. Garantien als verschuldensunabhängige Schadensersatzansprüche dürfen nicht vereinbart

---

[846] *Bräutigam,* CR 2004, 248 (249).

[847] Oben Rn. 634.

[848] *Schneider,* ITRB 2006, 42.

[849] Einzelheiten bei *Bräutigam,* CR 2004, 248; *Schreibauer/Taraschke,* CR 2003, 557 (561 ff.); *Winteler,* in: Moritz/Dreier: Rechts-Handbuch zum E-Commerce, Abschn. B, Rn. 347; *Hartung/Stiemerling,* CR 2011, 617 (620 ff.).

[850] Dazu *Hoppen/Victor,* CR 2008, 199.

[851] *Schuster,* CR 2009, 205.

[852] Dazu *Schuster,* CR 2009, 205 (207); *Hartung/Stiemerling,* CR 2011, 617 (623 ff.).

[853] Dazu näher unten Rn. 929 f.

[854] Näher dazu oben 465 ff.

[855] Dazu oben Rn. 478.

werden. Allerdings kann ein Kündigungsgrund in der Weise vereinbart werden, dass die Kündigung möglich ist, wenn vereinbarte Erfolge nicht erreicht werden. Dies hat das OLG Köln[856] z. B. für die Pflicht angenommen, auftretende Störungen binnen 24 Stunden zu beseitigen.

Sinnvoll kann es auch sein, eine Möglichkeit der **Anpassung** der SLA's vorzusehen.[857]

c) Inhalt der EVB-IT

Die für die Wartung einschlägigen **EVB-IT Instandhaltung**[858] sehen für den Bereich 642 Wartung vor, dass der jeweilig Wartende verpflichtet ist, die Betriebsbereitschaft der im Vertrag spezifizierten Hardware aufrechtzuerhalten und wiederherzustellen (Nr. 1.1 EVB-IT Instandhaltung); die für den Bereich der Pflege von Standardsoftware einschlägigen **EVB-IT Pflege S**[859] sehen in der Grundleistung vor, dass der Auftragnehmer verfügbare Umgehungen, Updates und Patches zur Verfügung stellt (Nr. 1.3 EVB-IT Pflege S). Eine Mängelbeseitigungspflicht kann gegen Aufwandsvergütung vereinbart werden (3.1.2 Vertragsmuster EVB_IT Pflege S). Gepflegt wird nur die aktuelle Version (Nr. 1.2 EVB-IT Pflege S). Die Mängelrechte differieren zwischen der Mängelbeseitigung und anderen Pflegeleistungen (Nr, 7 u. 8 EVB-IT Pflege S). Die letztere Regelung berücksichtigt zutreffend die Unterschiede zwischen den verschiedenen Einzelleistungen im Rahmen des Pflegevertrages. Die Einschränkung der Pflege auf die letzte Version kann in den EVB-IT als Kundenbedingung vereinbart werden, bei Bedingungen der Lieferanten geht dies nur bei einer Einschränkungen auf dem Kunden zumutbare Updates[860]. Die standardmäßige Beschränkung auf Lieferung von Umgehungen, Patches und Updatets ist als Leistungsbeschreibung kontrollfrei, müsste bei Verwendung auf Lieferantenseite aber vor Vertragsschluss dem Kunden klar kommuniziert werden. Die entsprechende Regelung in Nr. 3.1.1 und 3.1.2 des Vertragsmusters ist hier aber klar.

2. Verhältnis zu den Mängelansprüchen

Ein schwieriges Problem wirft die Tatsache auf, dass Wartungs- und Pflegeverträge oft 643 auch für die Zeit abgeschlossen werden, in der gleichzeitig unverjährte Ansprüche aus mangelhafter Lieferung bestehen. Damit wird ein bestehendes gesetzliches oder vertragliches Nacherfüllungsrecht in der Weise verändert, dass zwar weiterhin ein Nacherfüllungsanspruch besteht, für die Erfüllung dieses Anspruchs aber eine Vergütung gezahlt werden müsste. Dies ist jedenfalls in allgemeinen Geschäftsbedingungen unzulässig.[861]

Dies wurde von der BVB berücksichtigt. Nach ihrer Regelung ist die Systematik so gestaltet, dass Verträge über Pflege bzw. Wartung erst nach Ablauf der jeweiligen Gewährleistungsfrist nach BVB-Kauf, BVB-Erstellung oder BVB-Überlassung abgeschlossen werden sollen. Wartung und Pflege während der Gewährleistungsfristen richten sich jeweils nach BVB-Kauf (§ 17), BVB-Erstellung (§ 18) und BVB-Überlassung (§ 21).[862] Die Regelung in Nr. 8 EVB-IT Kauf sieht demgegenüber einen Wartungsvertrag auch schon der Gewährleistungsfrist als möglich an. Auch die EVB-IT Systemlieferung sieht einen Systemservice, der auch Mängelbeseitigung und Lieferung neuer Versionen umfasst (Nr. 4 EVB-IT Systemlieferung), schon während der Gewährleistungsfrist gemäß Nr. 13 EVB-

[856] OLG Report Köln 2003, 177.

[857] *Schreibauer/Taraschke*, CR 2003, 357 (362).

[858] Veröffentlicht in Beilage Nr. 15 zum BAnz. Nr. 135 v. 25. 7. 1974, S. 27–31.

[859] Veröffentlicht in Beilage Nr. 41 zum BAnz. Nr. 239/79 v. 21. 12. 1979.

[860] Vgl. Rn. 639.

[861] Vgl. dazu *Bartl*, CR 1985, 13 (19); OLG Celle, *Zahrnt*, ECR OLG 220.

[862] *Müller-Hengstenberg*, BVB/EVB-IT-Computersoftware, S. 150 f.

IT Systemlieferung vor, ohne diese Leistungen von der Mängelbeseitigung abzugrenzen. Dies ist in Kundenbedingungen zulässig, wirft aber erhebliche Probleme auf, wenn diese Bedingungen als Lieferantenbedingungen verwendet werden.

644   Die Verträge zur **Wartung von Hardware** umfassen allerdings **nicht nur** die **Beseitigung von Mängeln,** die von Anfang an vorlagen, sondern auch die Behebung von später auftretenden Störungen. Inwieweit unter diesem Gesichtspunkt eine vorbeugende Wartung der Hardware sinnvoll ist, muss allerdings gefragt werden. EDV-Anlagen unterliegen in aller Regel weniger Abnutzungserscheinungen als andere technische Anlagen, so dass eine vorbeugende Wartung, z. B. bei üblichen Bürocomputern, technisch möglicherweise nicht geboten ist. Die auftretenden Fehler sind in aller Regel anfängliche Mängel, ohne dass man dies im Hardware-Bereich freilich immer sicher sagen kann. Bei größeren EDV-Anlagen oder gar Anlagen, die mit Produktionsanlagen verbunden ist, mag die Situation u. U. anders sein. Jedenfalls während der Zeit der unverjährten Mängelansprüche ist daher der Abschluss von Wartungsverträgen für Hardware sehr zweifelhaft und auch rechtlich jedenfalls dann zu beanstanden, wenn die Wartung nicht ausdrücklich auf diejenigen Arbeiten beschränkt ist, die keine Mängelbeseitigungsarbeiten sind. Dies gilt insbesondere dann, wenn Wartungsverträge zusammen mit dem Ursprungsvertrag unter Geltung der allgemeinen Geschäftsbedingung des Herstellers abgeschlossen werden. Dann greifen die AGB-rechtlichen Bedenken gegen die Abbedingung der Kostentragung für die Nacherfüllungsleistungen durch den Softwarelieferanten auch gegenüber dem Wartungsvertrag. Für den Bereich der Wartung dürfte im Normalfall die Systematik der BVB nach wie vor angemessen sein.

645   **Anders ist die Situation** bei einer ganzen Reihe von Leistungsbestandteilen der **Pflegeverträge.** Jedenfalls was die Hotline und was die Lieferung neuer Versionen betrifft, so handelt es sich zum einen um Beratungsleistungen, die durchaus nicht nur die Beseitigung oder Umgehung von Mängeln umfassen, sondern etwa auch Hilfestellung bei schwierigen Anwendungsproblemen geben, zum anderen geht es um neue Versionen, die oft funktionale Verbesserungen, in manchen Fällen auch Anpassungen an die Weiterentwicklung technischer oder rechtlicher Gegebenheiten bringen und daher nicht nur Mängelbeseitigung darstellen. Nur die Behandlung oder Beseitigung von Mängeln, die ja auch Gegenstand der meisten Pflegeverträge ist, gehört zum Gewährleistungsrecht. Hinzu kommen Fehlerbeseitigungen durch die Lieferung neuer Versionen. Diese Komponente dürfte daher eigentlich erst nach Ablauf der Verjährungsfrist für Mängelansprüche beginnen. Die Schwierigkeit besteht hier u. a. darin, die ja in der Regel ja pauschale Vergütung auf die verschiedenen Vertragsbestandteile aufzuteilen. Ohne Beachtung dieser Grenzen ist auch die Vereinbarung der Softwarepflege während der Gewährleistungsfristen prinzipiell nicht zulässig, jedenfalls wenn dies im Rahmen allgemeiner Geschäftsbedingungen geschieht.[863]

Die Praxis hilft sich hier **oft** mit der Vereinbarung, dass **während der Dauer der Mängelansprüche** nur der **halbe Pflegebetrag** gezahlt wird. Diese Vereinbarung erscheint aus Sicht des Verfassers angemessen. Ob sie einer Prüfung durch die Rechtsprechung standhält, ist offen.[864] Möglicherweise hilft es, ausdrücklich zu regeln, dass die Mängelbeseitigung nicht Gegenstand des Pflegevertrages ist.[865] Entscheidungen zu diesem Problem gibt es nicht. Auf jeden Fall schließt ein Pflegevertrag die gegebenen Mängelansprü-

---

[863] Ganz h. M. z. B. *Runte,* ITRB 2003, 256 und die in der folgenden Fn. genannten Stellen; **a. A.** *Zahrnt,* CR 2004, 408 (410); *Erben/Günther/Kubert/Zahrnt,* IT-Verträge, S. 163 f.

[864] Kritisch wegen evtl. Nichteinhaltung des Transparenzgebotes: *Schneider,* Handbuch des EDV-Rechts, Rn. K 80; kritisch auch *Heymann/Lensdorf,* in: Redeker (Hrsg.): Handbuch der IT-Verträge, Abschn. 1.12, Rn. 105.; *v. Baum,* CR 2002, 705 (709 f.); seltsame Auslegung bei OLG Celle, *Zahrnt,* ECR OLG 220; vgl. auch *Intveen,* ITRB 2004, 138 (139); *Schneider,* ITRB 2005, 191 (195).

[865] *Runte,* ITRB 2003, 253 (256).

che aus dem Erwerbsvertrag nicht aus.[866] Dazu bedarf es einer – wirksam nur individuell vereinbaren – ausdrücklichen Regelung.

Neben einem **Mietvertrag** dürfte ein **Hardwarewartungsvertrag** in aller Regel un- **646** zulässig sein. Die Aufrechterhaltung der Betriebsbereitschaft der gemieteten Sache gehört zu den Kardinalpflichten des Vermieters. Diese können individualvertraglich, in gewissem Umfang auch durch allgemeine Geschäftsbedingungen dem Mieter übertragen werden. Diese in einem gesonderten Vertrag neben dem Mietvertrag dem Mieter zu übertragen, dürfte zumindest gegen die Unklarheitenregel (§ 307 Abs. 1 S. 2 BGB) verstoßen.

Anderes kann nur dann gelten, wenn in dem gesonderten Vertrag besondere Leistungen des Vermieters vereinbart werden, die über den Umfang der mietvertraglichen Verpflichtungen hinausgehen (z. B. besondere Reaktionszeiten oder Back-up-Verträge).[867] Möglicherweise kann man die Verträge aber als einen einheitlichen Mietvertrag ansehen.

Was die **Softwarepflege** betrifft, so empfiehlt sich auch hier nicht, neben den **Miet-** **647** **vertrag** einen Pflegevertrag zu setzen. Vielmehr sollten die Elemente des Pflegevertrages in den Mietvertrag integriert werden. Anderenfalls würde ja bei jedem Wechsel der Version der Mietgegenstand ausgewechselt. Probleme ergeben sich freilich dann, wenn der Mietvertrag und der Pflegevertrag mit unterschiedlichen Vertragspartnern abgeschlossen werden. Wie allerdings durch einen Dritten der Mietgegenstand ausgewechselt werden kann, der dem Vermieter gehört und welche rechtlichen Konsequenzen sich daraus ergeben, bedarf in diesem Fall einer spezifischen Vereinbarung, die relativ komplex sein dürfte.

Die Vertragskonstruktion erscheint daher schon praktisch unbrauchbar. Allenfalls die Hotlinedienste mögen Dritten übertragen werden. Der gesamte übrige Bereich von Pflege und Wartung sollte nicht parallel zum Mietvertrag in einem gesonderten Vertrag geregelt werden, sondern Bestandteil des Mietvertrages sein.[868] In der Praxis gibt es aber viele Parallelverträge.[869] Gerade bei ihnen stellt sich intensiv die Frage, ob nicht Miet- und Pflegevertrag einen einheitlichen Vertrag darstellen.

3. Rechtliche Einordnung

Die rechtliche Einordnung der Verträge über Wartung und Pflege ist schwierig. Ge- **648** meinhin werden sie als **Werkverträge** angesehen,[870] wobei von einzelnen Autoren auch nach dem jeweils geschuldeten Leistungsumfang differenziert wird.[871] § 651 BGB steht dem nicht entgegen. Es wird ja keine neue Software hergestellt, sondern nur schon vorhandene bearbeitet. Für Verträge, in denen bei Störungsauftritt die Störungsbeseitigung geschuldet wird, wird allerdings auch von fast allen Autoren von einem Werkvertrag

---

[866] *Moritz*, in: Computerhandbuch, Abschn. 31, Rn. 212.

[867] Dazu *Schneider*, Handbuch des EDV-Rechts, Rn. G 20.

[868] Vgl. zum Ganzen *Seitz*, CR 1988, 33 f.

[869] Siehe die Beispiele bei *Schneider*, Handbuch des EDV-Rechts, Rn. I 475 ff.

[870] OLG Stuttgart, BB 1977, 118 (119); OLG München, CR 1985, 138; OLG Düsseldorf, CR 1988, 31; OLG Karlsruhe, CR 1987, 232; OLG Frankfurt, BB 1983, 2140; LG Hagen, Beilage Nr. 5 zu BB 1989, S. 8 f.; LG Hamburg, CR 1989, 1102 (1103); LG Berlin, CR 2001, 743; *Bartl*, CR 1985, 13 (18); *zur Megede*, NJW 1989, 2581 (2587); *Fischer*, Wartungsverträge, S. 33 ff.; krit. *Schneider*, Handbuch des EDV-Rechts, Rn. G 25; K 107 in ähnlicher Differenzierung wie in der Folge auch hier; systematische Untersuchung bei *Wohlgemuth*, Computerwartung, S. 31 ff.; *Bartsch*, NJW 2002, 1526 hält die Unterscheidung nicht für wichtig.

[871] So vor allem *Kühnel*, BB 1985, 1227 (1231 f.); *Hartmann/Thier*, CR 1998, 581; *Schneider*, Handbuch des EDV-Rechts, Rn. G 25 ff., K 107; *Heymann/Lensdorf*, in: Redeker (Hrsg.): Handbuch der IT-Verträge, Abschn. 1.12, Rn. 7 ff.; *Bischof/Witzel*, ITRB 2003, 31; in mancher Hinsicht auch *Heymann*, CR 1991, 525 (526 f.).

ausgegangen. Von ihnen wird eine Ausnahme dann gemacht, wenn der im EDV-Bereich seltene Fall reiner Inspektionen oder reiner vorbeugender Wartung vorgesehen ist. In diesen Fällen ist von **Dienstverträgen** auszugehen.[872] Entsprechendes gilt dann, wenn lediglich Maßnahmen zur Störungsbehandlung, nicht aber eine Störungsbeseitigung vereinbart wird.[873] Eine solche Vereinbarung ist grundsätzlich auch in Formularverträgen möglich. Sie verstößt entgegen Bartl[874] nicht gegen § 307 BGB, weil es sich um eine Leistungsbestimmung handelt, auf die gemäß § 307 Abs. 3 BGB §§ 307 ff. BGB nicht anwendbar sind.[875] Dem steht auch nicht ein Leitbild des Pflegevertrages entgegen, zu dem zwingend auch Mängelbeseitigung gehört.[876] Dieses Leitbild ist jedenfalls in der Geschäftspraxis wegen der großen Vielfalt der verwendeten Vertragsinhalte nicht erkennbar. Allein auf technische Lehrbücher kann nicht abgestellt werden, weil sie nicht die Vertragspraxis, sondern das im Auge haben, was aus technischer Sicht sinnvoll ist.[877]

Allerdings muss die **Beschränkung** auf Maßnahmen zur Störungsbeseitigung eindeutig **in der Leistungsbeschreibung geregelt** sein. Ist sie in der Leistungsbeschreibung nicht enthalten und erfolgt die Beschränkung der Leistungspflichten irgendwo mitten unter Gewährleistungs- oder anderen Klauseln, dürfte die Beschränkung in aller Regel unwirksam sein, weil es sich um eine überraschende Klausel im Sinne von § 305 c Abs. 1 BGB handelt. Jedenfalls wäre eine solche Klausel als Ausschluss einer Hauptpflicht mit § 307 Abs. 2 BGB nicht vereinbar.

649   Die Qualifizierung der **Verträge mit Störungsbeseitigungspflichten** als Werkverträge ist auf den ersten Blick unproblematisch, weil ganz offenkundig die typische Leistung eines Werkvertrags, nämlich die Beseitigung von auftretenden Schwierigkeiten, als Hauptleistung vereinbart ist. Dies gilt uneingeschränkt jedenfalls für Hardwarewartungsverträge. Bei Softwarepflegeverträgen steht oft die Lieferung von Updates unabhängig von auftretenden Problemen sowie die Hotline und/oder das Help-Desk als Beratung bei auftretenden Schwierigkeiten, ebenfalls unabhängig von deren Ursache, im Vordergrund. Für diese Leistungen gilt Kauf- bzw. Dienstvertragsrecht[878]. In diesem Fall kann man insgesamt kaum von einem Werkvertrag ausgehen.

Für die hier vorliegenden Verträge ist Werkvertragsrecht allerdings nicht das allein Entscheidende. Kennzeichnend für einen Wartungs- oder Pflegevertrag ist die ständige Bereitschaft des Wartenden oder Pflegenden, auf Abruf Mängel zu beseitigen. Es geht hier also um eine ständige Leistungsbereitschaft, das typische Zeichen eines **Dauerschuldverhältnisses.**[879]

In der Regel wird für diese Bereitschaft auch das Entgelt gezahlt, ohne dass es darauf ankommt, dass Wartungs- oder Pflegeleistungen tatsächlich erbracht werden.[880]

Demgegenüber ist ein Werkvertrag nach BGB kein Dauerschuldverhältnis. Die im Werkvertrag geregelten Vorschriften betreffen die einmalige Erstellung eines konkreten Werkes, nicht die dauernde Bereitschaft zur Leistung.[881]

650   Aus diesem Grunde ist in der Literatur schon die analoge Anwendung von mietvertraglichen Regelungen befürwortet worden.[882] Dieser Meinung kann nicht gefolgt werden,

---

[872] Auch hier für Werkvertrag: *Fischer,* Wartungsverträge, S. 33 ff.

[873] *Hering,* CR 1991, 398.

[874] CR 1985, 13 (18).

[875] Zur Abgrenzung kontrollfreier und kontrollfähiger Klauseln vgl. Rn. 929 f.

[876] So aber *Bartsch,* CR 2000, 1 (10); NJW 2002, 1526 (1527).

[877] A. A. *Bartsch,* NJW 2002, 1526 (1527).

[878] Dazu Rn. 668 f.

[879] *Palandt/Grüneberg,* § 314, Rn. 2; vgl. auch *Schneider,* Handbuch des EDV-Rechts, Rn. G 79, K 49 ff.

[880] Vgl. z. B. LG Hagen, Beilage Nr. 5 zu BB 1989, S. 8 f.

[881] Ebenso *Wohlgemuth,* Computerwartung, S. 62 ff.

[882] *Löwe,* CR 1987, 219 (220 f.); *Seitz,* CR 1988, 33 f.

da der Mietvertrag mit der beim Wartungsvertrag geschuldeten Leistungs- bzw. Erfolgs-erbringung nicht vergleichbar ist. Man kann auch nicht etwa durch Verweis auf den Mietvertrag dem Wartungsvertrag einen Inhalt geben, den er nach den Vereinbarungen der Parteien nicht hat (etwa den einer ständigen Gewährleistung der Mangelfreiheit).[883] Ist mit dem Wartungsvertrag eine Back-up Vereinbarung verbunden, kann diese freilich einen mietvertraglichen Vertragsteil darstellen. Der Wartungsvertrag wird dadurch aber kein Mietvertrag.[884]

Richtigerweise wird man – wie bei Dauerschuldverhältnissen üblich – zwei Ebenen   **651** unterscheiden müssen: Zum Einen geht es um die jeweils einzeln erbrachten Leistungen, die konkrete Mängelbeseitigung oder andere Leistungen, etwa die Zurverfügungstellung einer Hotline. Die Einzelleistungen sind nach den für sie geltenden Regeln, also bei der Mängelbeseitigung nach Werkvertragsrecht, im Fall der Hotline nach Dienstvertrags-regeln, zu behandeln. Dies gilt insbesondere für die Frage, ob werkvertragliche Gewähr-leistungsregeln anwendbar sind oder aber etwa die Abwicklung von fehlerhaften Leistun-gen über die Regeln der positiven Vertragsverletzung durchzuführen ist. Neben dieser Ebene der Einzelleistungen gibt es noch die Ebene des Gesamtvertrages, die eigenen, im Werkvertragsrecht nicht notwendig enthaltenen Regeln folgt.[885]

4. Einzelleistungen

Wie schon oben ausgeführt, dürfte eine **Pflicht zur Fehlerbeseitigung** im vorliegenden   **652** Fall **Werkvertragsregeln** folgen. Hier wird die Beseitigung des Fehlers als Erfolg geschul-det. Soweit Werkvertragsrecht anwendbar ist, sind alle erbrachten Leistungen auch abnah-mefähig. Der gegenteiligen Ansicht des OLG München[886] ist nicht zu folgen.[887] Dies schließt nicht aus, dass die Fälligkeit der Vergütung unabhängig von der Abnahme geregelt werden kann,[888] zumal die Vergütung in aller Regel nicht wegen der konkret erbrachten Leistungen, sondern wegen der dauernd bestehenden Leistungsbereitschaft, also nicht im Hinblick auf die Einzelleistungen, sondern im Hinblick auf den Gesamtvertrag bezahlt wird.

Tritt eine Schlechtleistung oder sonstige Störung bei den werkvertraglichen Einzelleis-   **653** tungen auf, fragt sich zunächst, ob es sich um einen Mangel im Sinne des § 633 Abs. 2 BGB handelt. Bei der Entscheidung dieser Frage ist nicht nur die Einzelleistung, sondern auch der Zweck des Gesamtvertrages zu berücksichtigen.

Ein Mangel liegt demzufolge nicht nur dann vor, wenn die Beseitigung (bzw. Umge-hung) einer Störung nicht gelingt, sondern auch dann, wenn die Wartungsarbeiten die Anlage in einen Zustand versetzen, in dem Störungen zu erwarten sind.[889] Einzelheiten können sich aus Service-Level-Agreements ergeben.

Primär ergibt sich bei Vorliegen eines Mangels ein **Nacherfüllungsanspruch**. Erst nach   **654** Fristsetzung ergibt sich ein Rücktritts- bzw. Minderungsrecht, das sich jedoch nur auf die konkreten Wartungs- bzw. Pflegeleistungen bezieht. Schadensersatzansprüche entstehen

---

[883] So aber z. B. *Seitz*, CR 1988, 33 f.; wie hier *Hartmann/Thier*, CR 1998, 581 (584); *Fischer*, Wartungsverträge, S. 25 f.

[884] So auch *Wohlgemuth*, Computerwartung, S. 69 ff.

[885] Grundsätzlich ebenso *Schneider*, Handbuch des EDV-Rechts, Rn. K 107; **a. A.** *Wohlgemuth*, Computerwartung, S. 81 f.: insgesamt Dienstvertrag.

[886] CR 1989, 283 (284).

[887] Zweifelnd auch *Junker*, NJW 1990, 1575 (1577, Fn. 43).

[888] So zu Recht OLG München, Beilage 10 zu BB 1990, S. 9 (10); ebenso LG Hagen, CR 1989, 814 (815); OLG Karlsruhe, CR 1986, 366 (LS).

[889] Vgl. dazu OLG München, CR 1989, 283; der Leitsatz 5 der Redaktion gibt den Inhalt des Urteils allerdings nicht ganz vollständig wieder.

nach §§ 280 ff. BGB unter den dort genannten Voraussetzungen. U. U. ist daher eine Fristsetzung erforderlich.[890]

Probleme gibt es dann noch bei der Berechnung der eventuellen Minderung bei Schlechterfüllung, wenn eine Pauschalvergütung vereinbart ist. Diese muss aber im jeweiligen Einzelfall errechnet werden. Zu den Einzelheiten ist auf die Ausführungen oben[891] zu verweisen. Was Ausgangspunkt für solche Minderungsberechnungen ist, ist in der Rechtsprechung noch nicht geklärt. Teilweise wird die Meinung vertreten, die Wartungsleistung müsse um den Minderwert der nur eingeschränkt nutzbaren Software gemindert werden.[892] Dies greift aber eher Schadensgesichtspunkte auf. Man muss auf den Minderwert der Wartungsleistung abstellen. Dabei ist auf den Marktwert abzustellen und daraus die Minderung zu berechnen. Ein Marktwert dürfte in der Regel zu ermitteln sein, weil ja auch Einzelwartungsleistungen erbracht werden. Geht dies nicht, muss anhand vergleichbarer Leistungen geschätzt werden. Diese generellen Probleme erschweren auch die Festlegung von Vergütungskürzungen in Service-Level-Agreements.

655   **Schadensersatzansprüche** ergeben sich bei werkvertraglichen Einzelleistungen nur verschuldensabhängig nach §§ 280 ff. BGB. Demgegenüber sieht insbesondere 7.3 EVB-IT Pflege S einen pauschalierten Schadensersatz ab einer gewissen Mindestdauer der Mängel vor. Der Wartende muss sich hinsichtlich seines Vertretenmüssens entlasten (Nr. 7.4 EVB-IT Pflege S). Diese Klausel ist schon deshalb unhaltbar, weil die Schadenspauschalierung, die an die Höhe der Wartungsvergütung anknüpft, in keinem erkennbaren Zusammenhang mit dem gewöhnlicherweise zu erwartenden Schaden steht und daher gegen § 309 Nr. 5 Buchst. a BGB verstößt.[893]

656   Der **Kunde** muss dem Wartenden die auftretende **Störung möglichst genau beschreiben** und auch sonst bei der Störungsbeseitigung mitwirken, um nicht Gefahr zu laufen, die Mängelrechte zu verlieren. Der Umfang solcher Mitwirkungspflichten wird oft ausdrücklich vereinbart. Ob dabei in Allgemeinen Geschäftsbedingungen eine schriftliche Störungsmeldung – möglichst noch auf einem vom Pflegeverpflichteten vorgegebenen Formular – verlangt werden kann,[894] ist angesichts der Eilbedürftigkeit der Störungsbeseitigung fraglich. Eine Übermittlung durch Telefax genügt freilich dem Schriftformerfordernis (§ 127 Abs. 2 S. 1 BGB), so dass die einfache Schriftform vereinbart werden kann. Das Verlangen nach einem Formular ist aber in allgemeinen Geschäftsbedingungen unwirksam.

657   Ist eine **Reaktionszeit** vereinbart und wird diese überschritten, so gerät der Wartende ohne Mahnung in Verzug, da die Vereinbarung der Reaktionszeiten sonst sinnlos wäre.[895] Er ist daher zum Ersatz des durch die im Einzelfall eingetretene Verzögerung verursachten Verzugsschadens verpflichtet, wie er sich z. B. durch den längeren Ausfall der Anlage ergibt. Für weitergehende Rechte des Kunden wie z. B. das Recht zur Ablehnung der Leistung ist aber eine Fristsetzung gemäß § 323 Abs. 1 BGB erforderlich. Auch hier sind Service-Level-Agreements zu beachten.

Während des laufenden Wartungs- und Pflegevertrages werden die Gewährleistungsrechte in vielen Punkten inhaltlich mit dem Erfüllungsanspruch aus dem fortbestehenden Vertrag identisch sein, weil dieser inhaltlich auch auf die Beseitigung von Störungen gleich welchen Inhalts gerichtet ist. Dies gilt aber keinesfalls für alle Ansprüche, insbesondere

---

[890] *V. Baum,* CR 2002, 705 (708 f.); zum alten Recht: LG Berlin, CR 2001, 743, notwendig: Fristsetzung mit Ablehungsandrohung.

[891] Vgl. oben Rn. 368.

[892] *Hartmann/Thier,* CR 1998, 581 (587); ähnlich wohl *Fischer,* Wartungsverträge, S. 123 f.

[893] Vgl. zu diesem Problem oben Rn. 478.

[894] So viele in der Praxis verwendete Klauseln, vgl. z. B. *Schneider,* Handbuch des EDV-Rechts, Rn. G 109.

[895] *Schneider,* Handbuch des EDV-Rechts, Rn. G 162.

nicht für Schadensersatzansprüche und nicht für alle Mängel. Beide Ansprüche bestehen daher nebeneinander. Der Erfüllungsanspruch verdrängt die Mängelansprüche nicht.[896]

Für manche Einzelleistung gilt freilich **Dienstvertragsrecht.** Dies gilt insbesondere für **658** den **Hotline-Service.** Gibt es Leistungsstörungen, richten sich evtl. Folgen grundsätzlich nach den Regeln des allgemeinen Schuldrechts. Es gibt also im Einzelfall bei Verschulden des Leistungsverpflichteten Schadensersatzansprüche gemäß §§ 280 ff. BGB.

Die **Lieferung neuer Softwareversionen,** ein weiterer Leistungsbestandteil, ist eben- **659** falls **kein Werkvertrag.** In diesem Fall wird ja nicht konkret die Verpflichtung übernommen, eine neue Softwareversion zu entwickeln. Es wird in der Regel nur vereinbart, eine geeignete Softwareversion bei Vertriebsreife auch dem jeweiligen Pflegeberechtigten zu überlassen. Es handelt sich insoweit bei Vorliegen eines Kaufvertrages über das Ursprungsprojekt um die Verpflichtung zur Auswechselung des Kaufobjekts, bei ursprünglichem Werkvertrag um die Pflicht zur Auswechselung des Werkobjektes, in keinem Fall aber um eine einzelne werkvertragliche Leistung, da insoweit der individuelle Bezug der zu erbringenden Leistung auf den konkreten Kunden fehlt. Es handelt sich auch **nicht** um einen **Sukzessivliefervertrag** im üblichen Sinne, eher kann man von einem **Abonnementvertrag** sprechen, wobei allerdings Zeit und Umfang der Lieferungen bei Vertragsschluss nicht feststehen.[897] Man wird daher auf solche nachgelieferten Versionen wohl die Ansprüche der jeweils zugrunde liegenden Ursprungsverträge anwenden müssen und eine jeweils neue Gewährleistungsfrist nach den gesetzlichen Vorschriften für die jeweils neue Softwareversion gewähren müssen, soweit nicht vertraglich etwas anderes vereinbart ist. Dies belastet den Hersteller nicht außerordentlich, da auch bei Annahme eines Werkvertrages hinsichtlich dieser einzelnen Versionen entsprechende Verjährungsfristen entstehen. Das Gleiche gilt für die Annahme eines jeweils neuen Kaufvertrages bei Übernahme der Version. Für den jeweiligen Abnehmer dürfte auch keine zusätzliche Belastung entstehen, da er sich bei der Übernahme neuer Versionen ähnlich verhalten muss wie bei der ursprünglichen Abnahme des Vertrages bzw. bei der Prüfung nach Ablieferung. Die neu eröffneten Mängelansprüche gelten allerdings nur für solche Mängel, die in den neuen Softwareversionen neu auftreten. Für schon früher vorhandene und nicht beseitigte Mängel gelten sie nicht.

Für Regelungen in allgemeinen Geschäftsbedingungen, die die Mängel solcher neuen Versionen betreffen, gelten sinngemäß die Ausführungen zu den Mängelansprüchen beim Softwareerwerb, die an anderer Stelle erörtert sind.[898]

5. Kündigung des Gesamtvertrages

Das Schicksal des Gesamtvertrags ist primär nach den generellen Regelungen über **660** **Dauerschuldverhältnisse** zu behandeln, die die Rechtsprechung aus den einzelnen im BGB enthaltenen Dauerschuldverhältnissen abgeleitet hat.

Dies heißt zunächst, dass es ein nicht abdingbares außerordentliches Kündigungsrecht für beide Seiten bei wichtigem Grund gibt.

Ein wichtiger Grund kann für den Kunden die dauernde Schlechterfüllung des Werkvertrages sein.[899] Neben der häufigen Schlechterfüllung der Wartungs- bzw. Pflegeverpflichtung gehört dazu auch die häufige Überschreitung einer vereinbarten Reaktionszeit. In beiden Fällen muss der Kündigung allerdings eine Abmahnung vorangehen (§ 314 Abs. 2 BGB). Ob die Verlagerung des Sitzes des Anwenders über eine größere Entfernung

---

[896] A. A., LG Bonn, Urt. v. 19. 12. 2003, 10 O 387/01, JurPC Web-Dok. 109/2004.
[897] Hierzu auch *Schneider,* Handbuch des EDV-Rechts, Rn. K 109 f.
[898] Siehe oben Rn. 446 ff.
[899] *Hartmann/Thier,* CR 1998, 581 (585); *Wohlgemuth,* Computerwartung, S. 182 f.

ein wichtiger Grund für den Auftragnehmer, den Wartungsverpflichteten, zur Kündigung ist, ist eine noch nicht entschiedene Frage.

661   Die **Beendigung der Nutzung** der EDV-Anlage ist nach der Rechtsprechung **kein Grund für den Kunden zur Kündigung.**[900] Möglicherweise ist eine unverschuldete Nichtnutzbarkeit der Software (etwa wegen geänderter gesetzlicher Bestimmungen) ein Kündigungsgrund.[901]

Für den Wartungsunternehmer ist vor allem die **mangelnde Zahlung** der Vergütung ein **Kündigungsgrund.** Daneben kann aber z. B. ein solcher Kündigungsgrund auch darin liegen, dass bei der Wartung eines Druckers der Kunde sich trotz großer Störanfälligkeit des Druckers und hohem Schadensrisiko bei Ausfall keinen zweiten Drucker anschafft.[902] Auch Verstöße gegen urheberrechtliche Regelungen oder Geheimhaltungsvereinbarungen können – nach Abmahnung – Kündigungsgründe darstellen.[903]

662   Ob mangels anderweitiger Vereinbarungen neben dem außerordentlichen Kündigungsrecht auch ein **ordentliches Kündigungsrecht** besteht, ist noch offen.

Das Kammergericht[904] hat auf den Wartungsvertrag die im Dienstvertragsrecht geltenden Kündigungsvorschriften analog angewandt. Diese spezielle Beiziehung des Dienstvertragsrechts ist im Ergebnis auch sachgerecht, weil jeder Wartungsvertrag im Hinblick auf seine Dauerverpflichtung stark dienstvertragliche Elemente enthält und anderweitige geeignete gesetzlich geregelte Vertragstypen, die ihm näher stehen, nicht ersichtlich sind. Diese Analogie gilt allerdings nur im Hinblick auf das Kündigungsrecht.

663   In aller Regel werden **Vertragsdauer und Kündigungsmöglichkeiten vertraglich geregelt.**[905] Soweit keine völlig unangemessene Bedingungen gesetzt werden, ist dies auch AGB-rechtlich zulässig. Dabei dürfen die dem Kunden zur Verfügung stehenden Kündigungsfristen nicht zu lang sein. Bei Nichtunternehmern ist § 309 Nr. 9 BGB zu beachten. Die Erstbindungsfrist kann nicht länger als zwei Jahre ab Vertragsschluss (nicht Vertragsbeginn), die Verlängerung nicht mehr als ein Jahr dauern. Im Geschäftsverkehr gilt § 309 Nr. 9 BGB nach allgemeiner Meinung nicht, da es sich um eine typisch verbraucherschützende Vorschrift handelt.[906] Bindungsgrenzen lassen sich nur bedingt festlegen. Das Interesse der Kunden geht in aller Regel in Richtung auf eine Bindung des Leistenden für die gesamte Nutzungszeit der EDV-Anlage, das des Leistenden ist nicht ganz so vorgeprägt. Im kaufmännischen Verkehr hat die Rechtsprechung bei einzelnen Verträgen (etwa bei Telefonmiete) auch lange **Laufzeiten von 10 Jahren** als angemessen angesehen.[907] Dies ist auch Wartungsverträgen über Telefonanlagen von Gerichten so gesehen worden.[908] Möglicherweise gilt dies aber nicht, wenn der Unternehmer Preise verändern darf, ohne dass der Kunde kündigen kann.[909] So lange Zeiten dürften bei den hier vorliegenden Verträgen in aller Regel aber unabhängig von der Preiserhöhungsmöglichkeit nicht angemessen sein. Gerade angesichts der technischen Weiterentwicklung muss dem Kunden Flexibilität bei

---

[900] LG München I, Beilage Nr. 7 zu BB 1991, S. 6 f.; OLG Oldenburg, CR 1992, 722; *Schneider,* Handbuch des EDV-Rechts, Rn. G81; *Wohlgemuth,* Computerwartung, S. 179 ff.

[901] Vgl. *Schneider,* Handbuch des EDV-Rechts, Rn. K 200; a. A. *Wohlgemuth,* Computerwartung, S. 180 f.

[902] OLG Hamm, NJW-RR 1998, 380 (381 f.) = CR 1997, 604 (605).

[903] *Hartmann/Thier,* CR 1998, 581 (588).

[904] CR 1986, 772 (773) (LS); zustimmend *Moritz* in: Computerrechtshandbuch, Abschn. 31, Rn. 205; *Fischer,* Wartungsverträge, S. 36.

[905] Eine ausgiebige Darlegung verschiedener Klauseln bei *Schneider,* Handbuch Praxis des EDV-Rechts, Rn. G 87 ff.

[906] *Staudinger/Coester-Waltjen,* § 309 Nr 9, Rn. 25; *Ulmer/Brandner/Christensen,* § 309 Nr. 9 Rn. 22; *Palandt/Grüneberg,* § 309 Rn. 89.

[907] Nachweise bei *Ulmer/Brandner/Christensen,* § 309 Nr. 9 Rn. 23.

[908] LG Berlin, NJW-RR 1999, 1436.

[909] *Fischer,* Wartungsverträge, S. 101

der Neuanschaffung von Anlagen gewährt werden, die nicht durch zu lange Pflege- oder Wartungsbindungen unterlaufen werden sollte. Umgekehrt sind die Investitionen der Wartenden nicht allzu groß. In aller Regel liegt die Bindungsfrist auch eher bei ein bis zwei Jahren. Längere Bindungsfristen gehen auf Kundenwünsche zurück.[910] Auch eine **5-Jahresbindung mag noch hinnehmbar** sein. Eine weitergehende Bindung dürfte im Normalfall unangemessen sein. Über die hier genannten Grenzen hinausgehende Anforderungen gibt es nicht.[911]

Umgekehrt darf der **Wartende** allerdings sich selbst **keine zu kurzen Kündigungsfristen** einräumen, damit der Kunde ggf. eine Nachfolgewartung sicherstellen kann. Kunden dürfen in ihren Einkaufsbedingungen umgekehrt keine zu langen Bindungsfristen vorsehen. Generell erscheinen auch Klauseln, die die Bindung des Verwenders kürzer festsetzen als die des Vertragspartners – eine Klauselgestaltung, die insbesondere in Einkaufsbedingungen der Kunden häufiger vorkommt – problematisch.[912] Unzulässig ist eine Kündigung dann, wenn ein Kontrahierungszwang für die Pflegeverpflichteten besteht.[913] Zu dieser Frage wird unten[914] Stellung genommen.

Unzulässig ist die **Abbedingung des Kündigungsrechts aus wichtigem Grund.** In § 3   **664** BVB-Wartung ist z. B. eine detaillierte Kündigungsregelung ebenso enthalten wie in § 3 BVB-Pflege.

In seltenen Einzelfällen kann eine an sich zulässige Kündigung nach Treu und Glauben ausgeschlossen sein. Dies gilt aber im Normalfall nicht, wenn der Kündigende den Vertrag beendet, z. B. um seine Software nicht mehr auf das **Jahr 2000** umstellen zu müssen.[915] Das OLG Koblenz[916] hat allerdings eine Kündigung für unwirksam erklärt, die erfolgte, um den Vertragspartner zur Zahlung einer nicht geschuldeten Upgradegebühr zu zwingen. Spezieller Hintergrund war hier freilich die sich aus § 21 BVB-Überlassung ergebende Pflicht zum Abschluss eines Pflegevertrages.

Entgegen der Ansicht des BGH[917] besteht neben den vereinbarten Kündigungsrechten   **665** besteht in der Regel kein **Kündigungsrecht gemäß § 649 BGB.** Es wird durch die vereinbarten Vertragslaufzeiten einschließlich der Möglichkeit der ordentlichen Kündigung verdrängt. Das Kündigungsrecht nach § 649 BGB ist eine spezielle Regelung, die in ihren Rechtsfolgen nur bei einem einmaligen Austauschvertrag passt, bei dem eine solche Lösungsmöglichkeit sonst nicht besteht. Wenn ordentliche Kündigungsmöglichkeiten bestehen, bedarf eines keines weiteren besonderen, an keine weitere Voraussetzung geknüpften besonderen Kündigungsrechts. Jedenfalls verstehen alle Parteien die Vereinbarung einer Vertragslaufzeit als Ausschluss nicht im Vertrag vorgesehener besonderer voraussetzungsloser Kündigungsmöglichkeiten.[918]

---

[910] *Schneider,* Handbuch des EDV-Rechts, Rn. K 186 f.

[911] OLG Oldenburg, CR 1992, 722 f.

[912] *Schneider,* Handbuch des EDV-Rechts, Rn. 185.

[913] Insoweit richtig LG Köln, CR 1999, 218.

[914] Rn. 674 ff.

[915] Wie hier *Moritz,* CR 1999, 541 (544); teilweise a. A. *Bartsch,* Software und das Jahr 2000, S. 129 f.; *Jaeger,* OLG-Report Köln, H. 17, K 9 (12) differenziert für Instandhaltungsverträge im Maschinenbau: *Kühnel/Ulbrich,* BB 1998, 2585.

[916] NJW 1993, 3144 = DuD 1994, 164 = CR 1993, 626; kritisch dazu *Schneider,* Handbuch des EDV-Rechts, Rn. K 75.

[917] CR 2011, 176; 525; ebenso OLG Oldenburg, NJW-RR 2010, 1030; a. A. LG Dresden, CR 2011, 200 (201); *Fischer,* Wartungsverträge, S. 36.

[918] I. E. ebenso: *Schneider,* Handbuch des EDV-Rechts, Rz. G 82; *Marly,* Praxishandbuch Softwarerecht, Rz. 1044; *Bamberger/Roth/Voit,* § 649, Rz. 30; **a. A.** *Staudinger/Peters/Jacoby,* § 649, Rz. 4; OLG Oldenburg, NJW-RR 2010, 1030; LG Düsseldorf, Urt. v. 25. 6. 2010, 22 S 282/09 mit der unzutreff. Annahme, die Kündigung wirke erst zum Ende der Vertragslaufzeit und ändere vorher nur die Leistungsverpflichtungen.

Außerdem ergeben sich aus einer Kündigung nach § 649 BGB eventuelle Weiterzahlungspflichten des Anwenders, eine Konsequenz, die einem Dauerschuldverhältnis fremd ist, so dass auf diesem Wege eine beiden Seiten gerecht werdende Problemlösung schwerlich zu finden ist. Dass sich der Unternehmer ersparte Aufwendungen anrechnen lassen kann, hilft oft auch nicht weiter, weil er gerade im Falle des Wartungs- bzw. Pflegevertrages oft keine solchen Aufwendungen erspart.[919] Dass das Unternehmen bei guter Organisation möglicherweise Drittaufträge annimmt und daher die Arbeitskräfte nicht unbeschäftigt lässt, ist kein Grund für eine Vergütungskürzung, weil solche Aufträge auch bei Weiterlaufen des Wartungsvertrages abgeschlossen worden wären.

Werden allerdings Vertragslaufzeiten und Kündigungsmöglichkeiten vertraglich nicht geregelt, gilt das Kündigungsrecht des § 649 BGB auch im Werkvertrag[920]. Deswegen sollte es bei einer Laufzeit- und Kündigungsregelung ausdrücklich ausgeschlossen werden, auch wenn dies entgegen OLG Oldenburg[921] nach hier vertretener Auffassung sachlich nicht erforderlich ist. Ein solcher Ausschluss ist auch in allgemeinen Geschäftsbedingungen zulässig[922], nur eine Beschränkung des Kunden nur auf die Möglichkeit einer fristlosen Kündigung ist unzulässig[923].

666   Ein spezielles Problem stellt sich bei gleichzeitigem Abschluss von **Leasing- und Wartungs- bzw. Pflegeverträgen.** In vielen praktischen Fällen sind die vertraglich geregelten Kündigungsfristen bzw. die Enddaten der Verträge unterschiedlich. Die Verträge sind dann nach dem Vertragswortlaut nicht gleichzeitig zu beenden. Dies läge aber im Interesse jedenfalls des Anlagenbetreibers, weil die Nutzung der Anlage mit dem Ende des Leasingvertrages beendet wird. Dennoch wird man auch für diesen Fall keine speziellen Kündigungsvorschriften einführen können, weil das Problem bei Vertragsschluss gelöst werden kann und in aller Regel der Zeitraum zwischen den unterschiedlichen Enddaten nicht allzu groß ist.[924]

667   Wird die Wartung mehrerer Hardwareteile oder die Pflege verschiedener Softwarepakete vereinbart, stellt sich auch die Frage einer auf einzelne Hardwarekomponenten oder Softwarepakete beschränkten **Teilkündigung.** Auch hier empfiehlt sich eine ausdrückliche vertragliche Regelung. Fehlt sie, ist die Teilkündigungsmöglichkeit in Dauerschuldverhältnissen normalerweise stark eingeschränkt.[925] Bei Wartungsverträgen hat die Rechtsprechung sie aber schon recht großzügig zugelassen.[926] Es handelt sich aber um Einzelfallentscheidungen, die nur schwer generalisierbar sind.

Bei Kündigungen nach § 649 BGB besteht eine Teilkündigungsmöglichkeit.[927] Eine Besonderheit besteht auch bei der Pflege nachträglich erworbener Softwarepakete. Wird der Pflegevertrag auf diese Gegenstände erweitert, dürfte es sich jeweils um eigenständige Verträge handeln, die auch getrennt gekündigt werden können. Abweichende Regelungen in allgemeinen Geschäftsbedingungen sind unzulässig.[928]

Die Kündigung des Wartungs- und Pflegevertrages hat in der Regel keine Auswirkungen auf den vorangehenden Liefervertrag.[929] Es handelt sich nämlich in aller Regel um zwei Verträge, jedenfalls dann, wenn sie in zwei verschiedenen Dokumenten enthalten

---

[919] **A. A.** *Schweyer,* CR 1989, 1102 f.
[920] *MünchKomm/Busche,* § 649, Rz. 12; *Staudinger/Peters/Jacoby,* § 649, Rz. 4.
[921] NJW-RR 2010, 1030.
[922] Vgl. BGHZ 84, 109; i. E. wie hier *Schneider,* Handbuch des EDV-Rechts, Rz. G 82; Marly, *Praxishanduch Softwarerecht,* Rz. 1044); offen gelassen von BGH, CR 2011, 176.
[923] BGH, NJW 1999, 3261.
[924] Ebenso LG München I, Beilage Nr. 7 zu BB 1991, S. 6 f. mit abl. Anm. *Zahrnt.*
[925] Vgl. *Staudinger/Rolfs* § 542 Rn. 94.
[926] OLG Hamm, NJW-RR 1980, 380 (381).
[927] *Grützmacher,* ITRB 2011, 133 (134 f.).
[928] *Grützmacher,* ITRB 2011, 133 (135).
[929] Teilweise a. A.LG Bonn, Urt. v. 18. 12. 2003, 10 O 387/01, JurPC Web-Dok. 109/2004.

sind. Dafür spricht schon die sonst sehr problematische Regelung des § 103 InsO. Allerdings kann dies anders sein, wenn die Verträge bewusst als ein Vertrag geschlossen wurden. Außerdem kann die Nichterfüllung einer Pflege- oder Wartungsverpflichtung gleichzeitig auch die Nichterfüllung von Mängelansprüchen darstellen, die auch die Rückabwicklung der Lieferbeziehung ermöglicht.

6. Weitere Rechtsprobleme

Viele Verträge sehen **Fälligkeitsregelungen** vor. Häufig wird die Wartungs- und Pflege- **668** gebühr jährlich im Voraus verlangt. Es gibt aber auch Vertragsgestaltungen, die von monatlichen Gebühren ausgehen. Einzelne Verträge sehen sogar vor, dass die Wartung sich monatlich pauschal berechnet, aber jährlich auf einmal im Voraus verlangt wird. Eine solche Klausel wäre als allgemeine Geschäftsbedingung mit Sicherheit unwirksam, weil sie in sich widersprüchlich und intransparent ist.[930] Ob ansonsten eine **Vorauszahlung** jährlich möglich ist, ist umstritten. Sieht man den Wartungsvertrag als reinen Werkvertrag und beachtet die Dauerschuldverpflichtung nicht, dürfte eine solche Klausel unwirksam sein, weil im Prinzip eine Vergütung dann erst nach Abnahme der Werkleistung möglich wäre.[931] Man muss aber den Dauerschuldcharakter des Wartungsvertrages im Auge behalten. Dort ist im Raummietrecht ist jetzt monatliche Vorfälligkeit vorgesehen (§§ 556 b Abs. 1, 579 Abs. 2 BGB). Im Dienstvertrag sieht dagegen § 614 BGB eine nachträgliche Zahlung vor. Dieser Rechtsgedanke dürfte sich auch auf den Wartungsvertrag übertragen lassen, so dass auch unter diesem Gesichtspunkt und auch dann, wenn man den Wartungsvertrag zumindest teilweise als Dienstvertrag ansieht, eine Vereinbarung der Fälligkeit im Voraus eine Abweichung von den gesetzlichen Regelungen darstellt, die an den Vorschriften über allgemeine Geschäftsbedingungen gemessen werden muss. Es handelt sich insoweit um eine **kontrollfähige Preisnebenabreden.**[932]

Betrachtet man diese Klauseln unter diesen rechtlichen Gesichtspunkten, so wäre **669** angesichts der gesetzlichen Regelung im Recht der Raummiete eine mäßige Vorzahlungspflicht der jeweiligen Kunden mit dem AGB-Gesetz wohl vereinbar. Auch im vor dem 1. 9. 2001 geltenden Recht, in dem auch im Mietrecht eine nachträgliche Fälligkeit vorgesehen war, wurde eine Vorauszahlungspflicht des Mieters auch in allgemeinen Geschäftsbedingungen des Vermieters allgemein akzeptiert.[933] Auch die Vorauszahlung im Reisevertragsrecht ist AGB-rechtlich immer akzeptiert worden, knüpft allerdings heute unter europarechtlichen Gesichtspunkten an zusätzliche Voraussetzungen an.[934] Eine Vorauszahlungspflicht für ein Vierteljahr dürfte daher zulässig sein.[935] **Nicht akzeptabel** dürfte aber eine **Vorauszahlung für ein ganzes Jahr** sein. Dies schneidet das Zurückbehaltungsrecht des Kunden bei Mängeln des Wartungsvertrages zu sehr ab. Der Kunde kann praktisch bei Nichterbringung, verzögerter Erbringung o. ä. im Laufe des jeweiligen Vertragsjahres nicht reagieren. Eine solche Vereinbarung wäre daher in allgemeine Geschäftsbedingungen, die ja üblicherweise eingesetzt werden, unzulässig.[936]

---

[930] Ebenso *Schneider*, Handbuch des EDV-Rechts, Rn. G 117.

[931] So für einen Werkvertrag auch *Schneider*, Handbuch des EDV-Rechts, Rn. G 116.

[932] *Fuchs*, in: Ulmer/Brandner/Hensen, § 307 Rn. 75.

[933] Ähnlich AG Schöneberg, Urt. v. 31. 3. 2005, 9 C 516/04, JurPC Web-Dok, 80/2005 für einen Webhostingvertrag.

[934] Vgl. zu Vorauszahlungsklauseln im Detail *Ulmer/Brandner/Christensen*, Bes. Vertragstypen: Reiseverträge, Rn. 6.

[935] OLG München, CR 1989, 283 (285).

[936] So auch OLG München, CR 1992, 402 m. Anm. *Zahrnt; Fischer,* Wartungsverträge, S. 80; a. M. (ohne Begründung): LG Köln, ECR OLG 197; differenzierend *Schneider*, Handbuch des EDV-Rechts, Rn. G 116 ff. mit weiteren denkbaren und zulässigen Klauseln, Rn. K 210 b f.

670   Diskutiert wird auch, ob in allgemeinen Geschäftsbedingungen das Recht des jeweils
Wartenden vorgesehen werden kann, den **Wartungsvertrag** auf einen Dritten **zu übertragen.** Dies ist im Nichtunternehmensverkehr nach § 309 Nr. 10 BGB nur dann zulässig,
wenn der Dritte schon im Vertrag namentlich bezeichnet ist oder dem jeweiligen anderen
Vertragsteil ein Kündigungsrecht eingeräumt wird. Ob dies angesichts der besonderen
Sachkunde, die gerade im EDV-Bereich im Hinblick auf die jeweils konkrete Anlage für
eine ordnungsgemäße Wartung bzw. Pflege erforderlich ist, ausreichend ist, ist allerdings
zweifelhaft. Ein Kündigungsrecht hilft nicht weiter, wenn der jeweilige Kunde auf Wartung bzw. Pflege angewiesen ist und neben dem neuen Unternehmen ein anderes Unternehmen als das ursprünglich vertraglich gebundene nicht zur Verfügung steht. Das OLG
Bamberg[937] hat schon entschieden, dass auch im Unternehmensverkehr generell eine
Klausel, nach der ohne weiteres die Wartung einem Dritten übertragen werden kann,
unzulässig ist.

Ob dieser Rechtsprechung auch bei massenhaft vertriebener Standardsoftware mit
vielen Vertragshändlern des Herstellers zu folgen ist, ist fraglich.

671   Umgekehrt hat das OLG Köln[938] es als möglich angesehen, dass die Weigerung, der
Übernahme des Pflegevertrags auf einen Drittunternehmer zuzustimmen, treuwidrig sei
und daher zur Kündigung durch den Pflegeverpflichteten führen könne. Dies erscheint
aber allenfalls in extremen Einzelfällen denkbar. Niemand kann ohne Verpflichtung zum
Wechsel seines Vertragspartners gezwungen werden.[939]

672   Angesichts der Vertragsdauer sind auch **Preisanpassungsklauseln** oft sinnvoll. Ihre
Zulässigkeit ist ähnlich zu beurteilen wie die der entsprechenden Klauseln im Rechenzentrumsvertrag. Auf die dortigen Ausführungen ist daher zu verweisen.[940] Daneben ist eine
normale Kündigung zum vertraglich vereinbarten Zeitpunkt zulässig, auch wenn mit ihr
eine Preiserhöhung verfolgt wird.

673   Ein weiteres Rechtsproblem stellt sich bei der Frage, inwieweit der Wartende seine
Leistungen aus dem Wartungsvertrag **zurückbehalten** kann, wenn die Vergütung nicht
bezahlt wird. Hinsichtlich der Vergütung aus der laufenden Wartungsperiode ist dies
unproblematisch möglich. Das Zurückbehaltungsrecht ergibt sich hier aus § 320 BGB.
Nur in seltenen Ausnahmefällen dürfte eine Einschränkung des Zurückbehaltungsrechts
gem. § 320 Abs. 2 BGB gegeben sein.

Ähnliches gilt im Ergebnis auch dann, wenn eine Vergütung für eine frühere Wartungs-
bzw. Pflegeperiode nicht gezahlt worden ist.

Ein Zurückbehaltungsrecht nach **§ 273 BGB** besteht dann, wenn die Vergütung aus
dem zugrunde legenden Erwerbsvertrag nicht gezahlt ist und die Vertragspartner des
Pflege- bzw. Wartungsvertrags und des Erwerbsvertrags die gleichen sind. Es besteht hier
nämlich Konnexität. Allerdings ist die Ausübung dieses Zurückbehaltungsrechtes stärker
eingeschränkt als die Ausübung des Zurückbehaltungsrechts nach § 320 BGB. Wartungs-
leistungen sind nicht nachholbar, so dass insbesondere auch die Bereitschaft, ständig zu
warten oder zu pflegen mit Ausübung des Zurückbehaltungsrechts für einen bestimmten
Zeitraum untergeht. Dies gebietet Zurückhaltung bei der Anwendung des Zurückbehaltungsrechts. Anders mag dies bei der Lieferung neuer Versionen sein. Dennoch ist bei der
Ausübung des Zurückbehaltungsrechts Vorsicht geboten.[941]

674   Schließlich wird neben dieser Frage noch oft die Frage erörtert, ob es einen **Kontrahierungszwang** für den jeweiligen Lieferanten gibt, auch einen Wartungs- bzw. Pflegevertrag

---

[937] CR 1987, 234; *Schneider,* Handbuch des EDV-Rechts, Rn. G 141.
[938] OLG-Report Köln 1998, 377.
[939] Im entschiedenen Fall hat das OLG Köln das Kündigungsrecht auch nicht als gegeben angesehen.
[940] Vgl. unten Rn. 790 f.
[941] Näher dazu *Redeker,* CR 1995, 385 ff.; *Fischer,* Wartungsverträge, S. 81 ff.

abzuschließen. Dies kann bei einer Alleinstellung und der Notwendigkeit eines Wartungs-
bzw. Pflegevertrages aus § 20 GWB folgen. Voraussetzung ist allerdings, dass von dem
jeweiligen Unternehmen überhaupt Wartungs- bzw. Pflegeverträge abgeschlossen werden,
weil es bei dieser Vorschrift um ein Differenzierungsverbot für marktbeherrschende oder
marktstarke Unternehmen geht.[942] Kriterien dazu wird sein, ob es eine anderweitige
Pflegemöglichkeit gibt und ob etwa der Quellcode dem Kunden zugänglich gemacht wird,
so dass er vielleicht in der Lage ist, sich eine andere Pflegemöglichkeit zu schaffen. Man
wird hier viel von den Umständen des Einzelfalls abhängen lassen müssen. In der Auto-
mobilindustrie gibt es Selbstverpflichtungen, die die Softwareindustrie in diesem Umfang
nicht kennt. Eine **Notwendigkeit besteht** insbesondere wegen der Tatsache, dass in aller
Regel der **Quellcode nicht zugänglich** ist. Eine Verpflichtung wird sich allerdings nicht
herleiten lassen, wenn Konkurrenzunternehmen ebenfalls einen Pflegevertrag anbieten. In
Nr. 8 EVB-IT Kauf ist eine solche Pflicht freilich vertraglich vorgesehen.

Darüber hinaus wird in der Literatur eine Pflegeverpflichtung und damit ein **Kontra-**   675
hierungszwang auch aus allgemeinen **vertragsrechtlichen Nebenpflichten** hergeleitet
und zwar bis zu einem Zeitpunkt von fünf bis sechs Jahren nach Ende des so genannten
„Lebenszyklus" also des Zeitpunkts, wo die Software vertrieben wird.[943] Diese Pflegeverpflichtung soll sogar dann bestehen, wenn der Hersteller seine gesamte Pflegeabteilung
auf ein Drittunternehmen übertragen hat und dieses zur Pflege bereit ist.[944] Aus diesen
Nebenpflichten ergibt sich dann auch das Recht, den Vertrag nicht etwa wegen technischer
Probleme zu kündigen und zwar auch nicht ordentlich. Eine solche vertragliche Nebenpflicht geht aber über den Rahmen einer üblichen vertraglichen Nebenpflicht weit hinaus.
Es ist selbstverständlich niemandem unbenommen, entsprechende Pflichten im Vertrag
ausdrücklich zu verankern, wie dies in dem BVB ja auch geschehen ist. Bei einer Nicht-
regelung die Annahme zu treffen, es bestehe eine fünfjährige Pflegepflicht, ist mit allgemeinen vertraglichen Grundlagen allerdings kaum vereinbar. Über den Rahmen des § 20
GWB hinaus dürfte daher eine solche Nebenpflicht nicht bestehen.[945] Ganz sicherlich
besteht also die Pflicht dann nicht, wenn ein Drittunternehmen und sei es auch ein
Tochterunternehmen des Lieferanten, zur Pflege bereit ist. Dann kann der Kunde ja die
entsprechenden Probleme lösen. Hätte er Wert darauf gelegt, dies mit dem ganz konkreten
Unternehmen zu lösen, mit dem er am Anfang einen Vertrag abgeschlossen hätte, hätte er
dies vorher vertraglich vereinbaren müssen. Jedenfalls nach Ablauf von vertraglichen Verpflichtungen kann eine Übertragung auf das Drittunternehmen stattfinden. Ein Kontrahierungszwang kommt außerdem nur dann in Betracht, wenn eine **Pflegenotwendigkeit**
besteht. Dies einfach pauschal ohne Betrachtung des Einzelfalls anzunehmen, ist nicht
begründbar. Da Software sich nicht abnützt, kann dies nur daraus begründet werden, dass
auf diesem Wege eine andauernde Mängelbeseitigungspflicht am Gesetz vorbei konstruiert
werden soll. Ansonsten ist eine Pflegenotwendigkeit möglicherweise zur Anpassung an
veränderte gesetzliche Rahmenbedingungen gegeben. Dies betrifft aber keinesfalls alle
Programme. Für eine Buchhaltungssoftware mag die Annahme zutreffen, für eine Lager-

---

[942] Dazu z. B. KG, CR 1986, 772 (LS); ausgiebig *Ebel*, CR 1987, 273 ff.; *Wohlgemuth*, Computerwartung, S. 232 ff.; *Moritz*, in: Computerrechtshandbuch, Abschnitt 31, Rn. 199; *Fischer*, Wartungsverträge, S. 151 ff.; eher skeptisch *Koch*, NJW-CoR 1999, 423 (427 f.); *Witzel/Stern*, ITRB 2007, 215
(216); dagegen *Moritz*, CR 1999, 541 (542 f.).
[943] So *Jaeger*, CR 1999, 209 ff.; LG Köln, Urt. v. 16. 10. 1997, 83 O 26/97; *Zahrnt*, CR 2000, 205;
CR 2004, 408 (410); *Beckmann*, in: Martinek/Stoffels/Wimmer-Leonhardt (hrsg.): Leasinghandbuch,
§ 49, Rn. 62 f.
[944] *Jaeger*, CR 1999, 209 (212 f.).
[945] Ebenso OLG Koblenz, CR 2005, 482; *Moritz*, CR 1999, 541 ff.; *Bartsch*, NJW 2002, 1526
(1530); *Bischof/Witzel*, ITRB 2003, 31 (37 f.); *Kaufmann*, CR 2005, 841 (845); etwas einschränkend
Fritzemeyer/Splittgerber, CR 2007, 209.

verwaltung ist sie eher fern liegend. Ob eine solche Anpassungspflicht im Hinblick auf veränderte Betriebssysteme gegeben ist, ist ohne Weiteres nicht klar. Die pauschale Annahme einer Pflegeverpflichtung aus Nebenpflichten des Vertrages ist nach allen Umständen nicht begründet. Ein Kontrahierungsgang kann vielmehr nur aus § 20 GWB hergeleitet werden.[946]

676   Dies gilt noch viel stärker für den Fall der **handelsüblichen Massensoftware** für den Privathaushalt. In diesen Fällen gibt es ja üblicherweise mittlerweile überhaupt keine Pflegeverträge mehr. Allenfalls in sehr eingeschränktem Rahmen werden diese angeboten. Hier können die vertreibenden Händler ja auch die Pflege selbst gar nicht vornehmen. Eine Annahme, der Hersteller, der gar nicht Vertragspartner ist, sei zur Pflege verpflichtet, verbietet sich aus vertragsrechtlichen Gründen von alleine. Allerdings hilft hier auch das GWB nicht weiter. Hier wird man nur in Ausnahmefällen über allgemeine Grundsätze von Treu und Glauben zu einer Vertragsschlusspflicht kommen. Dies dürfte nur dann gelten, wenn ohne Weiterentwicklung eine zumutbare Ersatzlösung nicht existiert und die Software überhaupt nicht mehr betrieben werden kann und zwar schon nach einer relativ kurzen Dauer der Nutzung.

677   Eher kann sich eine **Pflegeverpflichtung** dann ergeben, wenn es um eine Rechtsbeziehung zwischen dem Hersteller der Software und dessen **Vertriebspartner** handelt und die regelmäßige Pflege der Software erforderlich ist, um den Vertrieb der Software zu marktüblichen Konditionen zu ermöglichen.[947] Aber auch hier ist für den Normalfall davon auszugehen, dass die Parteien dies im Vertrag regeln können. Haben sie nichts geregelt, gilt prinzipiell der Grundsatz der Vertragsfreiheit.

678   Wird der **Wartungsvertrag** mit dem Lieferanten der Hardware bzw. der **Pflegevertrag** mit dem Lieferanten der Software geschlossen, so erlischt der Wartungsvertrag jedenfalls bei wirksamen Rücktritt. Es dürfte sogar so sein, dass bei Rücktritt (oder auch bei der Durchsetzung eines großen Schadensersatzanspruchs) die Geschäftsgrundlage des Wartungsvertrages ex tunc entfällt, so dass auch für die Vergangenheit keine Wartungs- bzw. Pflegevergütung zu zahlen ist.[948] Einzelne Gerichte haben diesen Zusammenhang auch in umgekehrter Richtung gesehen und den Erwerbsvertrag rückabgewickelt, weil der Pflegvertrag außerordentlich gekündigt werden konnte.[949] Dies kann aber ohne ausdrückliche Vereinbarung nicht angenommen werden. Es mag zwar das Amortisationsinteresse des Kunden beeinträchtigen, wenn der Pflegevertrag entfällt. Dies kann aber nur im Rahmen evtl. Schadensersatzansprüche wegen schuldhafter Schlechterfüllung des Pflegevertrags berücksichtigt werden, nicht jedoch dadurch, dass auch das an sich abgewickelte Erwerbsgeschäft rückwirkend aufgehoben wird. Die Schadensersatzansprüche führen auch zu einer deutlich dem tatsächlichen Schaden angepassten Verteilung der finanziellen Risiken.

679   Wird die die **Mangelbeseitigungspflicht** ihrerseits **mangelhaft** erfüllt, so greifen die Rechtskonsequenzen des Mängelrechts ein mit der Konsequenz, dass der Nacherfüllungsanspruch gem. § 634 a Abs. 1 Nr. 1 BGB in zwei Jahren verjährt[950]. Wird der Anspruch aber überhaupt nicht erfüllt, gilt die allgemeine Verjährungsfrist. Diese Unterscheidung gewinnt ihre Bedeutung nach dem Ende der Vertragslaufzeit. Der dann bestehende Nacherfüllungsanspruch verjährt in zwei Jahren, ein evtl. bestehender Erfüllungsanspruch nach §§ 195, 199 BGB in drei bzw. zehn Jahren.[951]

---

[946] *Dreier/Vogel*, Software- und Computerrecht, S. 159 f.

[947] Vgl. den Fall LG Coburg, Urt. v. 29. 1. 2002 – 22 O 398/00 – JurPC Web-Dok. 346/2002.

[948] Ebenso im Ergebnis OLG Hamm, CR 1989, 490 (492); vgl. auch OLG München, CR 1985, 138 (139).

[949] LG Bonn, CR 2004, 414 mit Anm. Zahrnt; *Zahrnt*, CR 2004, 408 (409).

[950] *Fischer*, Wartungsverträge, S. 127 f.

[951] *Bartsch*, NJW 2002, 1526 (1530) übersieht die Differenz.

Die **lange Verjährungsfrist** hat durchaus Konsequenzen. Schuldet der Pflegende die Beseitigung von Mängeln, die während seiner Tätigkeit als Pflegeverpflichteter vorhanden waren, bleibt er dazu auf maximal 10 Jahre verpflichtet, und zwar auch dann, wenn die Mängel damals noch gar nicht bekannt waren. Demgemäß ist in den meisten Pflegeverträgen eine Einschränkung dahingehend enthalten, dass nur Mängel beseitigt werden, die gemeldet worden sind. Dies reduziert die Leistungspflicht. Aus Verjährungsgründen ist auf diese Einschränkung unbedingt zu achten.

VII. Der gemeinsame Erwerb verschiedener IT-Produkte

1. Vorliegen eines einheitlichen Vertrages

Will ein Käufer nicht eine einzelne Software in Ergänzung einer schon vorhandenen   **680** Hardware oder eine Hardware zu einer schon von ihm passend erworbenen Software kaufen, sondern **einheitlich ein gesamtes EDV-System erwerben,** so wird er bei einem Hersteller bzw. Verkäufer ein solches System insgesamt bestellen. Dies ist allen nicht besonders EDV-kundigen Erwerbern auch in Zeiten der PC's nach wie vor dringend zu empfehlen, jedenfalls im Hinblick auf ein Kernpaket von Leistungen, das für betriebliche oder private Bedürfnisse gebraucht wird. Selbst in Zeiten allgemein definierter Industriestandards gibt es immer wieder Fälle, in dem einzelne Softwarepakete, Grafikkarten, Motherboards und andere Bestandteile von Hard- oder Software, die eigentlich zueinander passen sollten, dies nicht tun. Bei komplexeren EDV-Anlagen gibt es vergleichbare Probleme in deutlich gesteigertem Umfang. Schon Entwurf und Installation größerer PC-Netzwerke sind keine triviale Aufgaben. Bei getrenntem Erwerb werden sich die Software-Lieferanten häufig auf Mängel der Hardware und die Hardware-Lieferanten auf Mängel der Software zurückziehen und so jedenfalls ihre Verantwortung für aufgetretene Störungen abzuwenden versuchen. Probleme, die sich aus dem Zusammenspiel verschiedener Komponenten ergeben, werden überhaupt nicht erfasst, weil die einzelnen Teillieferungen korrekt sind, nur das vom jeweiligen Erwerber geplante Zusammenspiel nicht so funktioniert, wie er dies gedacht hat. Es muss also, wenn Fehler auftreten, jeweils im Einzelfall durch intensive Arbeit geklärt werden, wo denn nun der Fehler liegt. Erwirbt man einheitlich, wird ein komplett lauffähiges System geschuldet. Man muss nicht prüfen, wo die Fehler liegen. **Fehler im Zusammenspiel sind Mängel der Anlage.**[952]

Die hier beschriebene praktische Konsequenz kann allerdings nur dann eintreten, wenn   **681** in der Tat **ein einheitlicher Vertrag** über den Erwerb einer gesamten EDV-Anlage vorliegt und nicht getrennte Verträge über den Erwerb von Hardware- und Software. Ob ein solcher einheitlicher Vertrag oder getrennte Verträge vorliegen, richtet sich dabei nach dem nach außen hin erkennbaren Willen der Parteien. Ein solcher Wille zu einer einheitlichen Vertragsgestaltung wird in aller Regel dann anzunehmen sein, wenn der Erwerb der Hard- und Software in einer **einheitlichen Vertragsurkunde** vereinbart wurde.[953]

Allerdings lässt sich eine solche Vermutung **widerlegen.** Der BGH hat in einem Fall[954]   **682** eine solche **Widerlegung** dann **angenommen,** wenn ein **handelsüblicher Computer und**

---

[952] BGH, Urt. v. 29. 1. 2002, X ZR 231/00, JurPC Web-Dok, 108/2002; vgl. auch BGH, BB 2002, 1508 (zu einem Bauträgervertrag).

[953] BGHZ 54, 71 (72); BGH, WM 1977, 390 (391); OLG München, CR 1988, 130; Beilage Nr. 3 zu BB 1993, 11; OLG Koblenz, Beilage Nr. 10 zu BB 1992, S. 4; vgl. zu Folgendem auch *Junker/Benecke,* Computerrecht, Rn. 176 ff.

[954] CR 1987, 358 = NJW 1987, 2004; zustimmend *Gennen,* in Schwartmann (Hrsg.): Praxishandbuch Medien-, IT- und Urheberrecht, Kap. 20, Rn. 37.

Standardsoftware erworben wurden. Dieser Meinung kann aber nicht gefolgt werden, da eine einheitliche Urkunde ein deutliches Indiz für einen einheitlichen Vertrag darstellt und der jeweilige Anwender in der Tat Anlage und Software gemeinsam für einen bestimmten Zweck erwerben will. Die oben genannten Probleme des Zusammenspiels treten im Übrigen auch bei handelsüblichen Computern und Standardsoftware auf. Im Übrigen sind die Preise oft aufeinander abgestimmt, so dass die Einzelpreise insgesamt höher als der Gesamtpreis sind. Dass die beiden einheitlichen erworbenen Teile technisch trennbar sind, mag sein, ist aber für den Willen der Parteien letztendlich nicht maßgeblich. Bestenfalls kann man hier ein sehr weit entfernt liegendes Indiz für eine Trennung der Verträge annehmen, das aber im Hinblick auf die einheitliche Urkunde nicht durchgreift. Demgemäß hat die Rechtsprechung immer wieder auch in solchen Fällen einen einheitlichen Vertrag angenommen.[955]

683   Von einem **einheitlichen Vertrag** wird man **auch dann ausgehen können,** wenn zu einer Hardware eine dafür **passende Software** für einen bestimmten Zweck geliefert bzw. erstellt werden soll. In diesem Fall ist die einheitliche Problemlösung Vertragsgegenstand, eine Trennung in Einzelkomponenten scheidet aus.[956] Freilich können u. U. auch hier wieder einzelne Umstände wie z. B. eine einvernehmliche Reduzierung des Lieferumfangs nach Vertragsschluss gegen eine entsprechende Vertragseinheit sprechen.[957]

Ein einheitlicher Vertrag liegt darüber hinaus z. B. dann vor, wenn zwischen den Parteien vor oder bei Vertragsschluss davon die Rede war, dass ein einheitliches „Paket" aus Hard- und Software erworben werden solle.[958]

684   In beiden Fällen liegt **kein einheitlicher Vertrag** vor, wenn die Software direkt bezogen, die Hardware aber geleast wurde.[959] Gleiches gilt, wenn zwar Hard- und Software geleast werden, die Schulung aber direkt bestellt wurde. Die Schulung ist dann nicht Teil des Erwerbsvertrages.[960] Der BGH ist bei der Annahme eines einheitlichen Vertrages trotz mancher Nuancen in einzelnen Entscheidungen[961] bei seiner früheren, der Annahme eines einheitlichen Vertrags sehr vorsichtig gegenüberstehenden Linie geblieben.[962] Die OLG-Rechtsprechung neigt eher zur Annahme einheitlicher Verträge.[963]

685   Liegt **keine einheitliche Urkunde** vor, spricht dies zunächst für getrennte Verträge.[964] Es gibt aber durchaus Umstände, aus denen sich ergeben kann, dass in einem konkreten Fall keine Trennung beabsichtigt war.[965] Dies ist z. B. dann der Fall, wenn im Zuge des einheitlichen Verkaufes verschiedene Formulare des Herstellers verwendet werden, die sich auf die unterschiedlichen Teile beziehen, aber nicht auf den Einzelfall bezogen hergestellt wurden.[966] In diesem Fall ist davon auszugehen, dass die verschiedenen Formulare mehr der internen Abwicklung des Herstellers dienen und auf die einzelnen Teile bezogene unterschiedliche Geschäftsbedingungen wiedergeben sollen, nicht aber, dass verschiedene Verträge geschlossen werden sollen. Sollte der Hersteller/Veräußerer dies beabsichtigten, müsste er angesichts der Tatsache, dass der Anwender in aller Regel ein einheitliches

---

[955] Vgl. OLG Köln, OLG-Report Köln 1999, 177.

[956] OLG München, CR 1990, 646 (649 f.); OLG Karlsruhe, CR 1991, 280 (281); OLG Frankfurt/ Main, *Zahrnt*, ECR OLG 128; OLG Stuttgart, *Zahrnt*, ECR OLG 168; *Schneider*, Handbuch des EDV-Rechts, Rn. D 31.

[957] BGH, RDV 1990, 178 (180 f.) = CR 1990, 707 (709 f.).

[958] LG München I, CR 1987, 364 (366); vgl. auch OLG München, *Zahrnt*, ECR OLG 76.

[959] OLG München, CR 1989, 295 (LS); **a. A.** wohl *Zahrnt*, Beil. Nr. 5 zu BB 1989, S. 4 (5).

[960] OLG Hamburg, *Zahrnt*, ECR OLG 240.

[961] Vgl. BGH, BB 1988, 20.

[962] Vgl. z. B. BGH, CR 1990, 707 = RDV 1990, 178; dazu auch *Zahrnt*, Beil. Nr. 18 zu BB 1991, S. 15 f.

[963] Vgl. z. B. OLG Karlsruhe, *Zahrnt*, ECR OLG 78.

[964] BGHZ 76, 43 (49).

[965] Plastisch z. B. BGHZ 78, 346 (348 ff.); vgl. auch OLG Nürnberg, Beil. Nr. 7 zu BB 1991, S. 10 (11).

[966] OLG Hamm, *Zahrnt*, ECR OLG 81; ähnlich auch *Brandi-Dohrn*, CR 1986, 63.

Geschäft wünscht, auf die Trennung der Verträge ausdrücklich hinweisen und diese klar fordern.[967] Wann dies in ausreichendem Maße der Fall ist, kann abstrakt nicht gesagt werden. Es kommt auf die Sachkunde und die Geschäftsbeziehungen zwischen den Parteien an. Es sind außerdem viele Umstände des Einzelfalls zu berücksichtigen.

Auch die **Übernahme der Installation** für ein Gesamtsystem führt zur Annahme eines einheitlichen Vertrages über Hard- und Software.[968]

Liegt ein einheitlicher Vertrag vor, kann je nach den Umständen auch eine Auftragserweiterung zum Vertragsumfang gehören.[969]

Kein einheitlicher Vertrag dürfte in aller Regel dann vorliegen, wenn Hardware und **686** Software von **verschiedenen Vertragspartnern** bezogen werden.[970] Dies lässt deutlich den Willen der Parteien erkennen, verschiedene Verträge abzuschließen. Dies gilt auch bei einem ursprünglich einheitlichen Vertrag, wenn dieser (teilweise) aufgehoben und eine neuer Softwarelieferant eingeschaltet wird. Dieser hat mit der Hardware nichts zu tun.[971] Im Einzelfall kann allerdings auch bei verschiedenen Vertragspartnern ein einheitlicher Vertrag vorliegen, wenn allen Parteien klar ist, dass die Verträge so voneinander abhängig sind, dass sie miteinander „stehen und fallen" sollen.[972] Darüber hinaus kann es sein, dass die Verträge in gewisser Weise miteinander verknüpft werden, so dass die Unwirksamkeit oder Rückabwicklung eines dieser Verträge Konsequenzen für den anderen haben kann. Dies alles kann auch für die Konstellation gelten, in der die Hardware geleast, die Software aber gekauft wird.[973] Liegt nach den Umständen des Einzelfalls ein einheitlicher Vertrag vor, so kann durch Klauseln in allgemeinen Geschäftsbedingungen nicht erreicht werden, dass die Vertragsteile getrennt werden. Insoweit gilt der Vorrang der Individualabrede.[974]

Wie schon an anderer Stelle dargelegt,[975] stellen Erwerbsvertrag und Pflege- und/oder Wartungsvertrag in aller Regel kein einheitliches Rechtsgeschäft dar.

Die hier geschilderten Probleme stellen sich in gleicher Weise auch dann, wenn es um den Erwerb verschiedener aufeinander abgestimmter Softwareprodukte oder den Erwerb von Standardsoftware mit umfangreichen Anpassungsleistungen geht. Auch hier kann es einheitliche oder getrennte Verträge geben. Die Abgrenzung richtet sich nach den o. g. Kriterien.[976]

2. Rechtsnatur des Vertrages

Liegt ein einheitlicher Vertrag vor, handelt es sich dann, wenn sowohl der Hardwareteil **687** als auch der Softwareteil als Kaufvertrag zu qualifizieren sind, um einen **einheitlichen Kaufvertrag.** Sind beide Teile aus sich heraus unterschiedlichen Vertragstypen zuzuordnen, wird man in aller Regel von einem **typengemischten Vertrag** ausgehen können. Dies gilt auch dann, wenn wirtschaftlich einer der Teile ganz deutlich dem anderen überlegen ist.[977]

---

[967] Ähnlich z. B. *Knörzer,* CR 1987, 25.
[968] OLG Köln, NJW-RR 1994, 1204.
[969] OLG Hamm, NJW-RR 2000, 1224.
[970] I. E. so auch OLG München, CR 1988, 130 f.
[971] OLG Köln, OLG Report Köln 2001, 21 (LS).
[972] BGH, NJW 1976, 1931 (1932); OLG Karlsruhe, Beil. Nr. 7 zu BB 1991, S. 2 (3).
[973] Vgl. dazu z. B. auch OLG Stuttgart, Beil. 5 zu BB 1989, S. 12; Beil. 11 zu BB 1989, S. 10 ff.; ausgiebig mit Nachweisen *v. Westphalen,* CR 1987, 477 (479 ff.).
[974] *v. Westphalen,* CR 1987, 477 (484).
[975] Oben Rn. 667.
[976] *Intveen,* ITRB 2008, 237
[977] BGH, CR 1990, 707 (708); OLG Saarbrücken, CR 1990, 713; OLG Karlsruhe, CR 1991, 280 (281); **a. A.** wohl OLG Saarbrücken, *Zahrnt,* ECR OLG 185 (im Baurecht); wohl auch *Junker/ Benecke,* Computerrecht, Rn. 176.

Dies wird in der Rechtsprechung teilweise anders gesehen. So hat das OLG Nürnberg einen Vertrag über Hardware und Individualsoftware insgesamt als Werkvertrag angesehen, obwohl der Wertanteil der zu erstellenden Software nur etwas über einem Viertel des Gesamtwertes lag.[978] Dem kann dann gefolgt werden, wenn der Schwerpunkt des Vertrages darin besteht, aus verschiedenen Standardkomponenten und Individualbestandteilen ein einheitliches Werk herzustellen.[979] In diesen Fällen dürfte allerdings die Annahme des LG Konstanz schon zum alten Recht (Werklieferungsvertrag) nahe liegen[980] und § 651 BGB Anwendung finden. Darüber hinaus kann der Auffassung dann gefolgt werden, wenn der Anteil des jeweils nicht berücksichtigten Bestandteils wertmäßig so gering ist, dass er praktisch überhaupt nicht ins Gewicht fällt.[981] In allen anderen Fällen haben die einzelnen Teile eine so große Bedeutung, dass auf sie die jeweils für sie passenden Vertragsregeln Anwendung finden müssen. Keinesfalls können geringfügige Werkleistungen aus einem Kaufvertrag einen Werkvertrag machen.

3. Störungen im einheitlichen Vertrag

a) Anfechtung

688   Liegt ein einheitlicher Vertrag vor, so ist bei der **Anfechtung** auf § 139 BGB abzustellen. Danach ist dann, wenn sich Anfechtung auf einen Teil des Geschäfts beziehen, das ganze Rechtsgeschäft nichtig, wenn nicht anzunehmen ist, dass es auch ohne den nichtigen Teil vorgenommen worden wäre. In aller Regel wird man von einer Gesamtanfechtung des Geschäfts ausgehen können.

b) Rücktritt

689   Anders ist dies beim **Rücktritt** nach § 323 BGB. Nach § 323 Abs. 5 S. 1 BGB kann bei Nichterbringung nur eines Teils der Leistung nur ein Teilrücktritt erfolgen. Ein Rücktritt für das gesamte Geschäft ist nur möglich, wenn der nicht betroffene Teil für den Rücktrittsberechtigten ohne Interesse ist.

Ein **Interessewegfall** kann dann vorliegen, wenn der nicht gelieferte Teil entweder gar nicht oder nicht zu wirtschaftlich vertretbaren Konditionen von dritter Seite bezogen werden kann und außerdem die gelieferten Teile ohne den nicht gelieferten Rest nicht nutzfähig sind. An dieser Stelle kann es durchaus sein, dass ein Teilrücktritt schon deswegen ausscheidet, weil ein eventuell individuell anzupassender Teil der Software nicht geliefert wurde, der von dritter Seite so ohne weiteres überhaupt nicht beschafft werden kann und der Rest der Anlage für sich genommen ökonomisch und wirtschaftlich ohne Bedeutung ist. Es kann auch reichen, dass es für den Gläubiger günstiger ist, das gesamte Geschäft neu abzuschließen und nicht etwa nur den nicht gelieferten Teil nachzubeschaffen.[982]

690   Die Rechtsprechung hat zu der wortgleichen Vorschrift des § 325 Abs. 1 S. 2 BGB a. F. entschieden, dass ein Teilrücktritt auch nicht in Betracht kommt, wenn vereinbart ist, dass die Leistung unteilbar sein soll.[983] Eine solche Vereinbarung war konkludent möglich. An eine solche Annahme waren aber angesichts der Abweichung von § 325 BGB hohe An-

---

[978] OLG Nürnberg, Beil. Nr. 7 zu BB 1991, S. 10 (11); ähnlich OLG Celle, *Zahrnt*, ECR OLG 164; vgl. auch LG Konstanz, CR 1991, 93 f., das insgesamt einen Werklieferungsvertrag annimmt.

[979] So auch OLG Hamm, *Zahrnt*, ECR OLG 81, was angesichts des sehr geringfügigen Aufwands für die Individualprogrammierung im entschiedenen Einzelfall allerdings äußerst zweifelhaft ist; grundsätzlich auch *Schmidt*, in: Redeker (Hrsg.): Handbuch der IT-Verträge, Abschn. 1.5, Rn. 6.

[980] A. A. *Diedrich*, CR 2002, 473 (478 f.): Werkvertrag.

[981] Für 7% Werkvertragsanteil so gesehen von OLG Karlsruhe, *Zahrnt*, ECR OLG 73.

[982] *Palandt/Grüneberg* § 323 Rn. 26.

[983] BGH, CR 1990, 707 (709); OLG Düsseldorf, *Zahrnt*, ECR OLG 103.

forderungen zu stellen, wobei die Rechtsprechung die zur Frage des einheitlichen Vertrages entwickelten Kriterien zur Entscheidung heranzog. Man kann an einem Gesamtrücktritt vor allem dann denken, wenn sich aus den Verhandlungen vor Abschluss des Vertrages ergibt, dass das Gesamtobjekt als Gesamtproblemlösung geliefert werden sollte und nicht etwa einzelne, sich ergänzende Teillösungen gewollt waren.[984] Allerdings dürfte der BGH die Unteilbarkeit der Leistung eher selten annehmen, so dass der Anwender, will er diese geltend machen, von vornherein eine ausdrückliche Vereinbarung anstreben sollte.[985]

Unter den für den Gesamtrücktritt genannten Voraussetzungen kann im Übrigen bei **691** einer schuldhaften **Teilleistung Schadensersatz** statt Leistung für den gesamten Vertrag verlangt werden (§ 281 Abs. 1 S. 2 BGB).

Diese Regeln gelten auch dann, wenn zwar alles geliefert wurde, aber nur ein Teil der **692** Leistungen mangelhaft ist. Zusätzlich muss freilich die Pflichtverletzung des Lieferanten nicht unerheblich sein (§§ 281 Abs. 1 S. 3, 323 Abs. 5 S. 2 BGB). Es ist dann ein Teilrücktritt wegen teilweiser Schlechterfüllung möglich. Ein Gesamtrücktritt kommt nur in Betracht, wenn für das gesamte Geschäft die Voraussetzungen des § 323 Abs. 5 S. 1 BGB vorliegen.[986]

c) Ausschluss von Mängelrechten

Gelegentlich werden **Mängelrechte** auch dadurch **eingeschränkt,** dass der Lieferant **693** seinem Kunden die ihm zustehenden Gewährleistungsrechte gegen Dritte abtritt und verlangt, diese sollten zunächst **gegen die Dritten** vorgehen und erst bei einem – unterschiedlich definierten – Scheitern gegen ihn vorgehen können. Dies ist in gewissem Rahmen zulässig. § 309 Nr. 8 b BGB schließt dies zwar gegenüber Verbrauchern weitgehend aus. Gegenüber Unternehmen gilt diese Einschränkung aber jedenfalls dann nicht, wenn das Scheitern nicht notwendig einen – verlorenen – Prozess gegen den Dritten voraussetzt.[987] Dennoch lassen sich solche Klauseln in einem kombinierten Vertrag über ein EDV-System oder eine vergleichbare Paketlösung in allgemeinen Geschäftsbedingungen nicht wirksam vereinbart, wenn – wie im Normalfall – der Kunde dadurch gezwungen wird, aufzuklären, welcher Vorlieferant für den Mangel verantwortlich ist und ob der Mangel nicht erst durch das Zusammenspiel der verschiedenen Komponenten entstanden ist. Müsste der Kunde dies nämlich tun, gingen dem Kunde wesentliche Vorteile des einheitlichen Vertrages verloren. Eine solche Klausel ist mit § 307 Abs. 2 BGB nicht vereinbar. Dies hat der BGH (noch zu § 9 AGBG) jedenfalls für eine entsprechende Klausel in den allgemeinen Geschäftsbedingungen eines Bauträgers entschieden.[988] Die oben genannten, auch vom BGH betonten Argumente gelten für einen Gesamtvertrag über verschiedene EDV-Leistungen eher stärker als für einen Bauträgervertrag. Die Entscheidung ist daher auf entsprechende Klauseln in allgemeinen Geschäftsbedingungen eines EDV–Vertrages übertragbar.

4. Andere Möglichkeiten der Vertragsverknüpfung

Liegt kein einheitlicher Vertrag vor, ist damit noch nicht gesagt, dass die Verträge kein **694** gemeinsames Schicksal haben können. Es kann durchaus sein, dass zwar kein einheitlicher Vertrag gewollt, aber dennoch klar war, dass das Schicksal des einen Vertrages nicht ohne Einfluss aus dem anderen bleiben sollte. In diesem Falle würde die Rückabwicklung oder

---

[984] BGH, CR 1990, 707 (709 f.).
[985] *Köhler,* CR 1990, 711 (712).
[986] *Lorenz,* NJW 2003, 3097; *Palandt/Grüneberg,* § 323, Rn. 27; a. A. *Koch,* ITRB 2004, 157: Rücktritt, wenn insgesamt die Voraussetzungen des § 323 Abs. 5 S. 2 BGB vorliegen.
[987] Oben Rn. 451.
[988] BGH, BB 2002, 1508.

Nichtigkeit eines Vertrages Auswirkungen auf den Bestand des anderen haben. Es griffen die Regeln für das **Nichtbestehen** oder den **Wegfall der Geschäftsgrundlage** (jetzt § 313 BGB) ein. In diesem Fall würde primär eine Anpassung des anderen Vertrages an die geänderten Umstände in Frage kommen. Wenn eine solche Anpassung nicht möglich oder nicht zumutbar ist, kann ein Gesamtrücktrittsrecht gegeben sein. Dabei hängt hier sehr viel von den Umständen des Einzelfalls ab.[989]

695   Die hier beschriebenen Rechtsfolgen können auch bei Verträgen mit verschiedenen Personen über den Erwerb von Hard- und Software denkbar sein. Dies setzt allerdings eine ausdrücklich Inbezugnahme des jeweils anderen Vertrages in den einzelnen Verträgen voraus.[990] Ohne eine solche ausdrückliche Verknüpfung dürften in solchen Fällen die Regeln über die Geschäftsgrundlage nicht eingreifen.[991]

696   Allerdings kann es sein, dass sich z. B. **Beratungsfehler** hinsichtlich der Software dahingehend auswirken, dass der fehlberatende Hardwarelieferant nach Rückabwicklung des Softwarevertrages als Schadensersatz den Hardwarevertrag rückabwickeln muss.

697   Im Bereich der **Verbrauchergeschäfte** ist auf die Verknüpfung mehrerer Verträge durch die Rechtsfigur der verbundenen Verträge (§ 358 BGB) zu verweisen. Bei verbundenen Verträgen hat der Widerruf eines Vertrages auch die Unwirksamkeit anderer Verträge zur Folge.

5. Besonderheiten bei Mängelrechten

698   Besonderheiten können sich bei einheitlichen Verträgen auch im Rahmen der **Nacherfüllung** ergeben. Wird hier die Software nachgebessert oder neu geliefert und muss für die nacherfüllte Software die Hardware aufgerüstet werden, kann es sein, dass der Lieferant diese Aufrüstung kostenfrei liefern muss. Dies hat das OLG Dresden[992] in dem Fall angenommen, dass ein Pauschalpreis für das System vereinbart war und die Hardware für den Kunden über den notwendigen Einsatz mit der verbesserten Software hinaus keinen Nutzen hatte.

VIII. Prozessuale Fragen

1. Klageformen und Antragstellung

699   Die zuvor erörterten materiell-rechtlichen Probleme werden prozessual meist entweder in Form einer **Zahlungsklage** des EDV-Lieferanten oder in Form einer Mängelklage des Abnehmers auftreten. Dabei kommen bei **Mängelklagen** mehrere Gestaltungsmöglichkeiten in Betracht. Dazu gehören insbesondere die Rückabwicklungsklage, die Minderungsklage wegen der Rückzahlung bereits erbrachter Entgeltzahlungen oder die Schadensersatzklage.

Hinsichtlich der Antragstellung kommen bei Minderung und Schadensersatz keine Schwierigkeiten auf. Es geht um Zahlungsanträge. Gleiches gilt für die Zahlungsklage des Lieferanten.

700   Schwieriger ist die **Rückabwicklungsklage.** Man kann Zahlung nur Zug-um-Zug gegen Herausgabe der gelieferten EDV-Anlage, Hardware oder Software verlangen. Der Antrag

---

[989] Ebenso OLG München, CR 1989, 295 (LS).
[990] Vgl. dazu OLG Hamm, Beil. 15 zu BB 1989, S. 8 f.
[991] Vgl. dazu auch LG Frankfurt, CR 1988, 1004 (LS).
[992] CR 2002, 254 m. Anm. *Bartsch*.

muss in diesem Fall so präzise formuliert werden, dass ein entsprechender **Zug-um-Zug-Zahlungstitel** auch vollstreckbar ist. Hier ist zunächst auf die früheren Ausführungen zur Präzisierung des Antrags bei Beseitigungsansprüchen zu verweisen.[993] Festzuhalten ist, dass eine genaue Bezeichnung der herauszugebenden Gegenstände nötig ist, die insbesondere hinsichtlich der Rückgabe von Programmträgern und Softwarepaketen schwierig ist. Bei Programmträgern muss in der Regel eine Kennzeichnung über die auf ihnen gespeicherten Programme erfolgen. Andere Kennzeichnungen scheiden in aller Regel aus. Insbesondere bei Individualsoftware ist aber auch das ein schwieriger Weg.

Wird der **Antrag nicht präzise genug gestellt**, so kann die Klage nicht abgewiesen   701 werden, wenn im Prinzip feststeht, dass der Rückabwicklungsanspruch besteht. Es wäre unbillig, dem Kläger den Zahlungsanspruch abzuweisen, weil der Titel u. U. nicht vollstreckungsfähig ist.[994] Der BGH hat zwar eine Präzisierung von Zug-um-Zug-Gegenleistungen selbst dann verlangt, wenn sie noch nicht bezifferbar sind.[995] Allerdings hat er in diesen Fällen erwogen, eine Klage ohne Zug-um-Zug-Verurteilung zuzulassen. Im vorliegenden Fall sollte aber unabhängig davon eine Verurteilung möglich sein. Die **unpräzise Beschreibung der Gegenleistung** kann nur zu Schwierigkeiten in der Vollstreckung führen, durch die es zu einer erneuten (Festellungs-)klage kommen kann.[996] Diese Schwierigkeiten können dann, wenn der Beklagte die Berechtigung des Rücktritts bestreitet, durch einen zweiten Antrag im Hauptsacheverfahren ausgeschlossen werden. Wird nämlich ergänzend beantragt, festzustellen, dass der Beklagte sich hinsichtlich der Rückgabe des gelieferten Gegenstandes in **Annahmeverzug** befindet und erkennt das Gericht auch nach diesem Antrag, so kann der Kläger allein aus diesem Urteil auf Zahlung vollstrecken, ohne seinerseits die Rückgabe der gelieferten Gegenstände noch einmal anbieten zu müssen. Denn in diesem Fall ist der Annahmeverzug durch öffentliche Urkunde bewiesen. Nach § 756 ZPO kann ohne Weiteres die Zahlungsvollstreckung durchgeführt werden. In aller Regel ist bei der Rückabwicklungsklage ein solcher Zusatzantrag daher zu empfehlen. Wegen der geschilderten Schwierigkeiten besteht für ihn auch ein Rechtsschutzbedürfnis. Dieses Verfahren ist auch dann möglich, wenn auf Zahlung nach Empfang der Gegenleistung (§ 322 Abs. 2 BGB) geklagt wird.[997]

Sollte der Beklagte an einer vollständigen Rückgabe und daher an einer korrekten Entscheidung interessiert sein, kann er bei der Präzisierung der Zug-um-Zug-Gegenleistung mitwirken. Dies müsste er ohnedies dann tun, wenn er gegen einen unbedingten Zahlungsanspruch den Zug-um-Zug-Einwand erheben will.

Zusätzliche Schwierigkeiten ergeben sich, wenn der Lieferant bei Rückabwicklung   702 eines Softwarekaufs nicht nur die Rückgabe der gelieferten Software auf dem gelieferten Datenträger, sondern auch die **Löschung** aller im Rechner des Softwareerwerbers vorhandenen Kopien verlangt. Ein solches Begehren kann durchaus gerechtfertigt sein, weil die Löschung der Kopien materiell Teil der Herausgabe der erworbenen Software ist.[998] Sollte ein entsprechendes Zug-um-Zug-Urteil ergehen, stellen sich wegen des in § 756 ZPO vorgeschriebenen Vollstreckungsverfahrens u. U. erhebliche Vollstreckungsprobleme, die unten[999] noch näher dargelegt werden.[1000]

---

[993] Oben Rn. 249; sehr strenge Anforderungen bei KG, NJW-RR 1994, 954 = Beil. Nr. 7 zu BB 1994, S. 6; vgl. auch AG Nürtingen, Beschl. v. 25. 9. 2008, 11 C 817/08, JurPC Web-Dok. 158/2008.

[994] OLG Nürnberg, CR 1989; 694; *Redeker,* CR 1988, 277 (279).

[995] BGH, NJW 1994, 587.

[996] Näher *Redeker,* CR 1988, 277 (279 f.); *Ulmer,* ITRB 2003, 276 (278); vgl. auch BGH, MDR 1977, 133.

[997] BGH, BB 2002, 646; dazu oben Rn. 412.

[998] Vgl. oben Rn. 366.

[999] Rn. 779 f.

[1000] Dazu näher *Münzberg,* BB 1990, 1011.

Auch diese Komplikationen lassen sich vermeiden, wenn man im Urteil feststellen lässt, dass hinsichtlich der Herausgabe der Software Annahmeverzug besteht. Dies setzt ggf. einen entsprechenden Beweis im Prozess voraus. Da dort aber in der Regel ohnehin ein Sachverständiger eingeschaltet ist, ist der Zusatzaufwand eher gering. Jedenfalls liegt er weit unterhalb des Aufwands eines neuen Prozesses.

703   Achten muss man bei der Antragstellung bzw. als Rückabwicklungskläger bei Einwänden des Gegners darauf, dass nicht eine Gegenleistung verlangt wird, die aus einer Zug-um-Zug-Verurteilung eine **bedingte Verurteilung** macht.[1001] In diesem Fall greift nämlich § 756 ZPO nicht ein. Der Eintritt der Bedingung muss durch öffentliche oder öffentlich beglaubigte Urkunden geführt werden. Dies ist hinsichtlich der Löschung praktisch unmöglich. Dennoch ist angesichts der klaren gesetzlichen Regelung eine Beweiserleichterung nicht möglich.[1002] Eine Klage nach § 731 ZPO wird im Streitfall unvermeidlich sein.[1003]

704   Bei Rückabwicklungsklagen des **Leasingnehmers** gegen den Lieferanten ist darauf zu achten, dass nach der wohl überwiegenden Meinung ein Zahlungsantrag nur auf **Zahlung an den Leasinggeber** gerichtet sein kann.[1004] Jedenfalls kann ein Streitbeitritt des Leasinggebers einen Folgeprozess vermeiden helfen.[1005] Eine Streitverkündung dürfte freilich nicht in Betracht kommen, weil sich Auswirkungen auf das Leasingverhältnis in erster Linie bei einem günstigen Prozessausgang ergeben und für diesen Fall die Streitverkündung unzulässig ist.[1006]

705   Denkbar ist ja auch eine **Nachbesserungsklage**, auch wenn diese in der Praxis eher selten auftritt. Erhebt man sie, muss auch dann, wenn man Nachbesserung einklagt, der Titel vollstreckbar sein. Das Problem eines solchen Klageantrags liegt in einer hinreichenden Spezifizierung der Nachbesserungsleistung. Der Anwender muss hier nur seine Anforderungen formulieren, d. h. z. B. formulieren, dass der Lieferant dafür sorgen muss, dass bei Annahme einer Bestellung der verfügbare Lagerbestand automatisch gemäß der Bestellung vermindert wird. Er muss nicht die dafür notwendigen Schritte bei der Programmierung beschreiben.[1007]

Allerdings muss der Mangel eindeutig und klar beschrieben sein. Dies ist bei Fehlen der Funktionalität nicht schwierig, problematisch aber dann, wenn der Mangel darin besteht, dass häufige Programmabstürze o. ä. auftreten. In diesen Fällen muss man wahrscheinlich schon zur Antragsvorbereitung eine Aufklärung des Sachverhaltes betreiben und eventuell sogar einen privaten Sachverständigen einschalten, um aufzuklären, welche Ursachen die Abstürze haben können und was der Lieferant eigentlich tun soll.

2. Örtliche Zuständigkeit

706   Die örtliche Zuständigkeit des Gerichts richtet sich zunächst nach einer Gerichtsstandvereinbarung, die in vielen Fällen vorhanden und zwischen Kaufleuten oder juristischen Personen des öffentlichen Rechts gem. § 38 Abs. 1 ZPO auch zulässig ist.

Liegt keine Vereinbarung vor, richtet sich die örtliche Zuständigkeit nach dem Wohn- oder Geschäftssitz der jeweils beklagten Partei (§§ 13, 17 ZPO).

[1001] Beispiele bei *Münzberg*, BB 1990, 1011 (1012).
[1002] **A. A.** wohl *v. Gravenreuth*, BB 1989, 1925 (1927).
[1003] OLG Frankfurt, Beschl. v. 22. 9. 1988, zit. nach *v. Gravenreuth*, BB 1989, 1925 (1926).
[1004] OLG Koblenz, CR 1988, 463 (466); i. E. zustimmend wohl *Kather*, CR 1988, 469 f.; vgl. auch oben Rn. 621.
[1005] Vgl. *Beckmann*, Computerleasing, Rn. 299 ff.
[1006] *Zöller/Vollkommer*, § 72 Rn. 4.
[1007] OLG Stuttgart, NJW-RR 1999, 792; *Brandi-Dohrn*, in: Lehmann (Hrsg.), Rechtsschutz und Verwertung von Computerprogrammen, S. 931 (945 f.); so auch zur vergleichbaren Situation im Baurecht: *Werner/Pastor*, Bauprozeß, Rn. 1566.

Bei **Rückabwicklungsprozessen** interessiert aber auch der Gerichtsstand des Erfül- 707
lungsorts (§ 29 ZPO). Für Wandlungsklagen nach altem Recht war nämlich der Ort, an
dem sich die zurückzugebende Sache vertragsgemäß befand, anerkanntermaßen der Erfüllungsort für den Rückabwicklungsanspruch.[1008]

Hintergrund dieser Meinung ist die Überzeugung, dass Zug-um-Zug-Verpflichtungen,
wie sie auch Gegenstand des Wandlungsbegehrens sind, einen einheitlichen Erfüllungsort
dort haben sollen, wo die sie prägende Leistung erbracht wird.[1009] Dies ist in aller Regel
nicht die Zahlungs-, sondern die Rückgabepflicht. Diese ist dort zu erfüllen, wo sich die
Sache befindet, weil der Lieferant die Sache dort wieder abholen muss.[1010] Demzufolge gilt
dieser gemeinsame Erfüllungsort auch bei einem Rücktritt wegen Nichterfüllung, wie er
insbesondere im Werkvertragsrecht vor Abnahme vorkommen kann.[1011] Dies dürfte sinngemäß auch für Schadensersatzklagen gelten, wenn es um den „großen Schadensersatzanspruch" geht. Das Gleiche gilt auch bei einem Rücktritt wegen Nichterfüllung, der
insbesondere im Werkvertragsrecht vor Abnahme vorkommen kann.[1012] Ähnliches dürfte
auch für die Rückabwicklung nach Rücktritt gemäß § 323 BGB gelten[1013].

Bei reinen Softwareverträgen ist die Übertragung dieser Rechtsprechung nicht ganz
offenkundig, weil die Software nach hier vertretener Ansicht keine Sache ist.[1014] Dies
ändert aber im Ergebnis nichts. Die Software ist in aller Regel dort abzuholen, wo sie der
Kunde benutzt bzw. benutzen will. Der besondere Gerichtsstand der Erfüllung greift also
auch in diesen Rücktrittsfällen ein. Dies gilt ganz besonders dann, wenn Zug-um-Zug
Löschung der Software auf der Anlage des Kunden verlangt wird.

Der Gerichtsstand greift möglicherweise dann nicht ein, wenn die Gegenleistung schon
erbracht ist und der Kunde nur noch Rückzahlung des Geldes verlangt.[1015]

Umstritten ist die Rechtslage auch dann, wenn sich die Sache schon vollständig beim
Lieferanten befindet, z. B. weil er Nachbesserungsarbeiten durchführen wollte. Da der
Lieferant in diesem Fall die Sache tatsächlich ja nicht mehr abholen muss, wird hier
teilweise der besondere Gerichtsstand des Abholungsorts nicht mehr angenommen. Andere Gerichte haben diesen aber angenommen.[1016] Erfüllungsort für die Nacherfüllung ist,
wenn sich im Einzelfall nichts anderes ergibt, der Sitz des Verkäufers.[1017]

Minderungsklagen auf Rückzahlung geleisteter Summen sind auf jeden Fall im all- 708
gemeinen Gerichtsstand des Lieferanten zu erheben.

3. Darlegungslast

Trotz der geschilderten unterschiedlichen Klageformen gibt es bei ihnen in der Darle- 709
gungslast keine größeren Unterschiede.

Der EDV-Lieferant muss bei einer Zahlungsklage Vertragsschluss und Zahlungshöhe
sowie Fälligkeit darlegen. EDV-spezifische Probleme gibt es dabei kaum. Zur Fälligkeit

---

[1008] BGHZ 87, 104 (109 f.); *Zöller/Vollkommer*, § 29, Rn. 25 Stichwort „Kaufvertrag"; a. A. LG
Krefeld, MDR 77, 1018; AK-*Röhl*, § 29 Rn. 6; Stöber, NJW 2006, 2661.
[1009] Vgl. dazu auch OLG Stuttgart, NJW 1982, 529.
[1010] BGHZ 87, 104 (109 f.).
[1011] OLG Nürnberg, NJW 74, 2237; OLG Hamm, MDR 89, 65; a. A. LG Tübingen, MDR 86, 756;
AG Köln, Urt. v. 5. 11. 2009, 137 C 304/09, JurPC Web-Dok. 275/2009.
[1012] AG Münsingen, CR 1993, 502 (503).
[1013] So auch BL-*Hartmann*, § 29 Rn. 26, Stichwort „Kaufvertrag"; *Zöller/Vollkommer*, § 29, Rn. 25
Stichwort „Kaufvertrag".
[1014] Vgl. oben Rn. 278 ff.
[1015] Sehr str. vgl. *Zöller/Vollkommer*, § 29 Rn. 25 Stichwort „Kaufvertrag".
[1016] Insbesondere AG Münsingen, CR 1993, 502 (503); auch LG Kleve, NJW-RR 2003, 196 zum
fernabsatzrechtlichen Widerruf.
[1017] BGH, BB 2011, 1679 m. Anm. Ayad/Schall; a. A. noch OLG München, NJW 2007, 3214

gehört im Bereich des Werkvertrages die Abnahme. Sollte für die Erstellung von Software nach neuem Recht Kaufrecht gelten,[1018] entfällt die Abnahme. Ist die Abnahme verweigert worden, muss der Lieferant eine grundlose Abnahmeverweigerung vortragen, d. h. insbesondere, dass er darlegen muss, dass sein Produkt im Wesentlichen fehlerfrei ist. Das Gleiche gilt im Kaufrecht bis zur Annahme der Software als Erfüllung.[1019] Das Fehlen eines Pflichtenheftes kann sich in diesem Zeitraum für die Lieferanten als sehr negativ erweisen.[1020]

710   Besondere Probleme gibt es dann, wenn **Zusatzvergütungen für Mehraufwand** verlangt werden, über die zuvor keine Einigung erzielt worden ist. Wird eine solche Klage eingereicht, ist darzulegen, dass es sich entweder um einen vom Kunden zu vertretenden Mehraufwand handelt, z. B. wegen einer grundlosen Mängelrüge, oder der Kunde z. B. wegen eines entsprechenden Hinweises oder, weil es um eine Funktionserweiterung geht, erwarten musste, dass die erbrachten Mehraufwendungen vergütet werden müssen.[1021] Dies wird man bei klaren Zusatzleistungen in der Regel unterstellen können.[1022]

Diese Klarheit wird aber oft fehlen, weil die Leistungsbeschreibung, die dem Vertrag zugrunde lag, von Anfang an nicht klar war. In diesem Falle muss der Lieferant schon deutliche Hinweise vortragen und sehr sauber auch unterscheiden, ob es um Mehraufwendungen oder Mängelrügen geht.

Geht es um eine erhöhte Vergütung wegen nicht vorsehbaren Zusatzaufwandes ohne Änderung der Leistungsbeschreibung, müsste der Hersteller zunächst einmal darlegen, dass für ihn dieser Zusatzaufwand nicht vorhersehbar war. Außerdem müsste er noch darlegen, dass die Schmerzgrenze von 20% überschritten ist.

711   Geht es um eine **Vergütung nach Aufwand,** ist es sicher wünschenswert, wenn der Aufwand möglichst nach Tagen und Stunden projektbezogen dargelegt wird. Geschieht dies nicht exakt, steht aber fest, dass Aufwand entstanden ist, genügt auch eine pauschalierte Darstellung, insbesondere wenn der Beklagte nichts einwendet. Gegebenenfalls muss das Gericht den Aufwand nach §§ 286, 287 ZPO schätzen.[1023] Insbesondere die Instanzgerichte fordern allerdings oft mehr als der BGH, so dass zur Vermeidung einer Klageabweisung wegen mangelnder Substantiierung so viel vorgetragen werden sollte wie irgend möglich.

712   Verlangt der Lieferant Vergütung, nachdem der Kunde gemäß § 649 BGB gekündigt hat, ist es an sich Aufgabe des Kunden, Abstriche des Lieferanten an der Gesamtvergütung nach § 649 BGB darzulegen. Handelt es sich allerdings um ein Pauschalangebot, ist der Lieferant verpflichtet, seine Kalkulation des Angebots offenzulegen und auch darzulegen, inwieweit er durch die frühzeitige Kündigung Aufwendungen erspart hat.[1024] Die Rechtsprechung geht zunehmend dahin, hier die Anforderungen an den Lieferanten höher zu schrauben.

Besondere Probleme wirft § 649 S. 3 BGB auf. Danach vermutet der Gesetzgeber, dass sich die ersparten Aufwendungen auf 95% belaufen. Will der Lieferant mehr als 5% der Vergütung, muss er darlegen und beweisen, dass er mit einer höheren Gewinnmarge kalkuliert hat.[1025] Da dies bei Softwareprojekten nahezu immer der Fall ist, hat die Vorschrift hier zu einer Umkehr der Beweislast zu Lasten des Unternehmers geführt. Angesichts des klaren Wortlauts dürfte aber eine andere Auslegung nicht möglich sein.

[1018] Vgl. dazu oben Rn. 296 f.

[1019] Dazu *Koch,* ITRB 2002, 221.

[1020] Vgl. OLG Düsseldorf, *Zahrnt,* ECR OLG 103.

[1021] Vgl. dazu oben Rn. 425 ff.; eher noch einschränkender *Schneider,* Handbuch des EDV-Rechts, Rn. P 96.

[1022] Vgl. *Zahrnt,* DB 1986, 157.

[1023] BGH, NJW-RR 1999, 1586.

[1024] Zuletzt BGH, BB 1999, 926.

[1025] *Staudinger/Peters/Jacoby,* § 649 Rn. 45; vgl. zum Ganzen auch oben Rn. 438.

Verteidigt sich der Kunde gegen einen Zahlungsanspruch mit **Mängeleinreden,** muss er   **713**
dann, wenn er die Ware entgegengenommen bzw. abgenommen hat, grundsätzlich das
Vorliegen der Mängel darlegen und auch beweisen. Dies ergibt sich jedenfalls in analoger
Anwendung des § 363 BGB.[1026] Dies bedeutet, dass er zumindest die Erscheinungsformen
der Mängel darlegen und darüber hinaus im Einzelnen vortragen muss, in welcher Weise
die Mängel die vertraglich vereinbarte oder vorausgesetzte Nutzbarkeit der DV-Anlage
beeinträchtigen.[1027] Der Kunde muss dabei auch darlegen, was zur Leistung des Lieferanten gehört.[1028] Dies gilt für den geschuldeten Leistungsumfang der Software ebenso wie
für eine evtl. Verpflichtung des Lieferanten zur Installation.[1029] Dies gilt auch beim Verbrauchsgüterkauf. § 476 BGB begründet insoweit keine Beweislastumkehr.[1030]

Wird dabei eine **Abweichung vom gewöhnlichen Gebrauch** bzw. vom Stand der   **714**
Technik behauptet, muss auch der gewöhnliche Gebrauch bzw. der Stand der Technik
dargelegt werden.[1031] Ggf. kann auf Herstellerprospekte zurückgegriffen werden (§ 433
Abs. 1 S. 3 BGB). Lässt sich mangels konkreter Vereinbarungen und eines genauen Hand-
buches die vereinbarte Beschaffenheit der Software nicht feststellen, so stellt dies als
solches schon einen Mangel dar. Zumindest muss der Lieferant in diesem Fall darlegen,
dass der vom Kunden geschilderte konkrete Zustand keinen Mangel darstellt.

Die Darlegung der **Erscheinungsform der Mängel** reicht jedenfalls aus, wenn es um   **715**
den Erwerb kompletter DV-Systeme einschließlich Standard- oder Individualsoftware
geht.[1032] Weitere Darlegungen sind nicht erforderlich. Insbesondere müssen die Ursachen
der Mängel nicht dargelegt werden.[1033] Dies gilt insbesondere dann, wenn dargelegt wird,
dass die Datenverarbeitungsanlage bzw. die Software bestimmte, vertraglich geschuldete
Leistungen nicht erbringt. Dabei reicht die Darlegung des fehlerhaften Ablaufs auf der
Benutzeroberfläche aus, wenn eine bestimmte Anwendersoftware mit bestimmten Leistungen geschuldet war.[1034] Der Kunde sollte allerdings darauf achten, den Mangel so
darzustellen, dass er nicht als Kleinigkeit und damit als unerheblich erscheint.[1035] Die bloße
Behauptung, eine Anlage funktioniere nicht, ist keine ausreichende Darlegung.[1036] Entgegen der Ansicht des OLG Hamm[1037] reicht es aber aus, zu behaupten, bei der Installation der Software seien alle Rechner des Netzwerks des Kunden abgestürzt. Es reicht auch
der Vortrag, es sei nur eine Demo-Version und keine Vollversion geliefert worden, da eine
Demo-Version erfahrungsgemäß Einschränkungen bei der Nutzung unterliegt.[1038]

Anders mag dies sein, wenn es nahe liegt, dass die beschriebenen Fehler nicht auf einem   **716**
Fehler der DV-Anlage, sondern auf **anderen Ursachen beruhen können.** Hier ist z. B. an
einen Kläger zu denken, der einen Mangel einer DV-Anlage dadurch darlegen möchte,

---

[1026] Ebenso BGH, NJW 2004, 2299; OLG Köln, NJW-RR 1995, 1460; LG Köln, CR 1987, 234 (236); LG Heilbronn, Beil. Nr. 7 zu BB 1994, S. 7; *Malzer,* Der Computervertrag, S. 184 ff.
[1027] Näher *Redeker,* Computerrechtshandbuch, Abschn. 160, Rn. 93 ff.; *Zahrnt,* NJW 2002, 1531.
[1028] OLG Köln, OLG Report Hamm/Düsseldorf/Köln 2005, 642.
[1029] OLG Köln, CR 2000, 503 (504) = OLG Report-Köln 2000, 325.
[1030] BGH, NJW 2004, 2299.
[1031] Grundsätzlich ebenso *Hartweg* in: Bartsch (Hrsg.), Softwareüberlassung und Zivilprozeß, S. 1 (19).
[1032] Vgl. z. B. LG München I, CR 1987, 364 (365): Fehler in der Anwendung müssen nicht auf ihre Ursachen untersucht werden; LG Düsseldorf, IuR 1986, 315 für Hardwarefehler; zum Ganzen vgl. auch *Zahrnt,* IuR 1986, 301 ff.
[1033] *Bergmann/Streitz,* NJW 1992, 1726 (1727).
[1034] Ebenso *Rehmann,* CR 1990, 575 (576).
[1035] Wichtig vor allem bei häufig auftretenden kleinen Fehlern, vgl. *Schneider,* Handbuch des EDV-Rechts, Rn. P 93.
[1036] OLG Düsseldorf, NJW-RR 1999, 563; ähnlich OLG Köln, CR 1997, 213; CR 1997, 613.
[1037] OLG-Report Hamm, 2000, 197.
[1038] **A. A.** OLG Oldenburg, Urt. v. 6. 7. 2000, 14 U 5/2000, JurPC Web-Dok. 162/2000.

dass er wenige Fehlermeldungen der Anlage aufführt und keine weiteren Ausführungen macht. Meist ist ja schon die **Fehlermeldung** als solche mehrdeutig, so dass außer der Fehlermeldung noch anzugeben ist, in welchem Benutzungszusammenhang der Fehler aufgetreten ist (z. B. letzter Eingabebefehl, Programmteil, der verwendet wurde usw.).[1039] Außerdem liegt nahe, dass solche einzelnen Fehlermeldungen nicht nur durch Fehler der DV-Anlage, sondern auch durch Bedienungsfehler verursacht sein können, wie sie bei jeder DV-Anwendung regelmäßig vorkommen. Aus der bloßen Auflistung solcher Fehler kann man daher einen Mangel der Anlage nicht entnehmen. Der Vortrag dürfte nicht ausreichen. Denkbar wäre es, dass die beschriebenen Fehlermeldungen etwa deswegen bei einer ordnungsgemäß arbeitenden Anlage nicht auftreten dürfen, weil sie Fehler auf einer Ebene darstellen, auf die der Anwender gar keinen Zugriff hat und die Anwendungssoftware nach dem Vertrag oder dem Stand der Technik gerade das Auftreten der durch die Fehlermeldung angezeigten fehlerhaften Zustände der Maschine zuverlässig auch bei Bedienungsfehlern auf der Anwenderebene verhindern soll. Möglicherweise sind auch die Fehlermeldungen unvollständig oder in sonstiger Weise mangelhaft. Das Gleiche gilt dann, wenn ein Fehler dieser Art nach dem Stand der Technik nicht auftreten darf. Zumindest müsste dann aber einer dieser Alternativen neben den Fehlermeldungen vorgetragen werden. Es kann auch sein, dass die **Bedienungsfehler** auf einer ungeeigneten Bildschirmgestaltung oder einer **fehlerhaften Dokumentation** beruhen.[1040] Auch andere Gründe, aus denen sich aus diesen Fehlermeldungen einen Mangel ergibt, sind denkbar. All diese Gründe müssten aber ergänzend vorgetragen werden.

Anders liegt die Situation dann, wenn immer wieder gleiche Fehlermeldungen auftreten, der Hersteller versucht hat, diese abzustellen und dies über einen längeren Zeitraum nicht gelungen ist. In diesem Falle ist die Annahme von Bedienungsfehlern nicht nahe liegend, so dass ein solcher Vortrag als Vortrag für Mängel ausreichend ist. Dem Lieferanten bleibt es überlassen, seinerseits das Nichtvorliegen eines Mangels substantiiert darzulegen.

718 Durch die hier beschriebene **Darlegungslast** wird der **Anwender** auch **nicht überfordert**. Er muss prinzipiell nur das beschreiben, was ihm als Mangelerscheinung zugänglich ist. Eine substantiierte Darlegung ist durch eine sorgfältige Beobachtung der Anlage erreichbar. Dass er daneben auch darlegen muss, dass die aufgetretenen Fehler die Funktionsfähigkeit des Rechners beeinträchtigen, ist ihm ebenfalls zumutbar, weil es dabei um die Abläufe bei der Benutzung des Rechners geht, die dem Kunden jederzeit zugänglich sind.

719 Schwieriger wird der Vortrag dann, wenn es nicht um Fehler in der Anwendungssoftware, sondern um **Fehler in einer anderen Ebene** geht, weil eben solche Software und nicht die Anwendersoftware bestellt und geliefert wird. Dort wird schon die Beschreibung der Fehlererscheinungen schwieriger. Hinzu kommt, dass etwa auf der Betriebssystemebene die Benutzerführung nicht so narrensicher sein muss wie im Bereich der Anwendersoftware. Dennoch ergeben sich auch daraus letztendlich keine übermäßigen Anforderungen an die Darlegungslast des Benutzers. Es kann ja bei solchen Fehlern nur um Fehler gehen, die bei der direkten Benutzung der Betriebssoftware auftreten. Erwirbt der Anwender ein System, in dem er auch die Systemebene benutzen will, muss man davon ausgehen, dass er jedenfalls sachkundig genug ist, die Systemebene zu nutzen. Er dürfte dann auch in der Lage sein, dort auftretende Fehlermeldungen oder Fehlfunktionen zu beschreiben.

Noch weniger als auf der Anwenderebene reicht aber auf der Systemebene die bloße Aufzählung von Fehlermeldungen zur Darlegung eines Mangels aus. Es müsste sowohl zur Beeinträchtigung der Funktionsweise als auch zur Ursache der Fehlermeldung mehr dargelegt werden. Auch dies ist dem insoweit ja sachkundigen Anwender zumutbar.

[1039] *Schneider,* Handbuch des EDV-Rechts, Rn. P 29 ff.
[1040] Vgl. die Nachweise bei *Zahrnt,* IuR 1986, 252 (255 f.).

Der Anwender genügt seiner Darlegungslast auch nicht, wenn er zur Darlegung von Mängeln **Ausdrucke** überreicht, ohne diese näher zu erläutern. Werden solche Ausdrucke vorgelegt, dürfen sie keinesfalls den Sachvortrag ersetzen. Sie dürfen ihn nur erläutern. Außerdem muss dargelegt werden, wer den Ausdruck wann angefertigt hat. Gegebenenfalls ist auch dafür Beweis anzutreten.[1041] Im Übrigen gelten die obigen Ausführungen zu den Problemen der bloßen Mitteilung von Fehlermeldungen.[1042]

Sind Fehler konkret dargelegt, muss der **Lieferant sie konkret widerlegen**, indem er z. B. im Detail darlegt, dass es sich um Bedienungsfehler handelt. Tut er dies nicht, bestreitet er den Mangel nicht substantiiert, so dass die Mängel als zugestanden betrachtet werden.[1043]   **720**

Anders als bislang geschildert ist die Situation dann, wenn es nicht um die Lieferung vollständiger DV-Systeme geht, sondern etwa Hardware, Individualsoftware und Datenübertragungssoftware **von verschiedenen Lieferanten stammen** oder getrennten Vertragsbeziehungen unterliegen. In diesem Fall muss der Anwender bei einer Klage gegen einen Lieferanten darlegen, dass dieser und kein anderer für die Mängel verantwortlich ist. Er muss also **neben dem Erscheinungsbild** des Mangels in diesem Fall auch seine **Ursachen darlegen**.[1044] Diese Konsequenz gemischter Bestellung ist ihm durch eine Beweislastumkehr in der Regel nicht abzunehmen, da sie unmittelbarer Ausfluss seiner Entscheidung zur Bestellung bei verschiedenen Herstellern bzw. aufgrund verschiedener Verträge ist. Auch im Hinblick auf die Darlegungslast ist die Frage der Vertragseinheit daher wichtig. Anders ist dies dann, wenn der Kunde eine einzelne Software erwirbt und diese auf den bei ihm vorher ordnungsgemäß laufenden System Fehler verursacht. Erfüllt das System die vom Lieferanten der neuen Software verlangten Voraussetzungen, reicht der Vortrag aus, die Software verursache Fehler. Der Lieferant muss dann substantiiert darlegen, dass der Fehler aus dem System des Kunden herrührt.   **721**

Bei beiderseitigem Handelsgeschäft muss der Kunde auch die **rechtzeitige Rüge** darlegen.

Trifft den Lieferanten die Pflicht, nach der Installation die Anlage zu prüfen, muss er letztendlich darlegen, dass er geprüft hat oder dass der Mangel auch bei Prüfung nicht beseitigt worden wäre. Faktisch dreht sich hier die Beweislast zu Lasten des Lieferanten um.[1045]

Im Übrigen lassen sich zum **Umfang der Darlegungslast keine generellen Aussagen** treffen.[1046] Viel hängt von der prozessualen Situation, insbesondere auch vom Umfang der Darlegungen des jeweiligen Gegners ab.[1047] Ergibt sich z. B. aus den Ausführungen des Herstellers, dass die an sich überzeugend dargelegten Probleme doch durch Bedienungsfehler verursacht worden sein könnten, muss der Anwender diese Möglichkeit ausräumen.[1048] Er kann vielleicht die möglichen Bedienungsfehler auf Fehler im Handbuch oder der Bildschirmgestaltung zurückführen.   **722**

Darüber hinaus kann sich im Bereich der Herstellung von Individualsoftware der Hersteller darauf berufen, er habe die Vorgaben des Bestellers korrekt erfüllt, diese seien aber fehlerhaft. Ist er in die Herstellung dieser Vorgaben nicht eingeschaltet gewesen,

---

[1041] Ausführlich dazu *Streitz,* NJW-CoR 1996, 309.

[1042] Rn. 716.

[1043] LG München I, Beil. Nr. 14 zu BB 1992, S. 8.

[1044] Vgl. z. B. LG Köln, IuR 1986, 317 (319).

[1045] *Schneider/Günther,* CR 1997, 389 (393).

[1046] Die Rspr. ist auch etwas uneinheitlich, vgl. z. B. zu Bedienungsfehlern die Nachweise bei *Brandi-Dohrn,* CR 1986, 63 (71).

[1047] Statt aller BL-*Hartmann,* § 253, Rn. 32.

[1048] Vgl. zum entsprechenden Problem bei der Beweislast *v. Westphalen/Seidel,* Aktuelle Rechtsfragen, S. 36 f.; sehr plastisch die Entscheidung OLG Nürnberg, CR 1986, 811.

schließt dies eine Mangelhaftigkeit aus. Liegen dann Fehler in den Vorgaben vor, die der Hersteller erst bei Fertigstellung des Produktes bemerken kann, so muss er, wenn er sich darauf beruft, diese Fehler und Widersprüche im Prozess konkret und detailliert vortragen. Eine pauschale Behauptung, die auftretenden Probleme seien durch das Pflichtenheft verursacht, reicht nicht aus.[1049]

Dies alles gilt auch dann, wenn sich der Hersteller auf die Verletzung anderer Pflichten, insbesondere von Mitwirkungspflichten des Auftraggebers beruft.

723   Im **Mietrecht** ist es so, dass bei dargelegter Gebrauchsbeeinträchtigung ein Mangel vorliegt und der Vermieter darlegen und beweisen muss, dass die Mängel vom Mieter zu vertreten sind. Nur in diesem Fall entfällt seine Gewährleistung.[1050]

724   Im Einzelfällen kann es bei Berücksichtigung der oben genannten Gesichtspunkte dazu kommen, dass der Anwender sich **sachverständiger Hilfe** schon dann bedienen muss, wenn er die Klage **schlüssig** machen will. Diese Tatsache allein ist aber nicht geeignet, ihn von seiner Darlegungslast zu befreien.[1051]

Die bislang für Einwendungen im Zahlungsprozess beschriebene Darlegungslast ändert sich nicht, wenn ein Mängelprozess geführt wird, also insbesondere die Rückabwicklung nach Rücktritt begehrt oder wegen Minderung ein Teil des Kaufpreises zurückverlangt wird. Auch hier muss der Kunde die Mängel in eben bezeichnetem Umfang darlegen.

In beiden Fällen muss allerdings der Hersteller/Lieferant darlegen und beweisen, dass die Mängel unerheblich sind.[1052]

725   Bei **Softwarefehlern** kann man meist davon **ausgehen**, dass sie schon **bei Gefahrübergang vorhanden** waren. Jedenfalls dürfte dafür eine Vermutung sprechen.[1053]

Ob dies auch für Hardwarefehler gilt, ist streitig.[1054] Eine solche Vermutung kann aber nur für Fehler der Betriebssoftware gelten, für eigentliche Hardwarefehler ist eine solche Vermutung zu generell. Hardware unterscheidet sich nicht von anderen technischen Geräten.[1055] Im Einzelfall kann aber aus der Art des Fehlers geschlossen werden, dass er schon bei Gefahrübergang vorlag.[1056] Im Bereich des **Verbrauchsgüterkaufs** ist im Übrigen § 476 BGB zu beachten. Danach wird bei einem Sachmangel, der innerhalb von sechs Monaten nach Gefahrübergang auftritt, vermutet, dass er schon bei Gefahrübergang vorlag, es sei denn, dass diese Vermutung mit der Art der Sache oder des Mangels unvereinbar ist. Wann diese Vermutung bei Hardware eingreift, ist von der Rechtsprechung noch nicht entschieden. Die mittlerweile recht differenzierte Rechtsprechung des BGH zu Gebrauchtwagenkäufen lässt sich sicherlich nur begrenzt übertragen.[1057] Allerdings dürfte auch für Hardware gelten, dass die Vermutung des § 476 BGB auch und gerade dann eingreift, wenn der Mangel typischerweise jederzeit auftreten kann.[1058] Die Vermutung greift bei äußeren Mängeln aber dann nicht ein, wenn es sich um Beschädigungen handelt, die der Käufer bei Übergabe hätte erkennen müssen. Kritisch ist die Rechtsprechung des BGH zum sog. latenten Grundmangel.[1059] Tritt ein Mangel nämlich erst nach Gefahrüber-

---

[1049] *Rehmann,* CR 1990, 575 (576).

[1050] Für EDV-Miete entschieden durch OLG Hamm, CR 1989, 910 (912); generell vgl. *Sternel,* Mietrecht, Rn. II 516.

[1051] LG Köln, CR 1987, 234 (236).

[1052] BGHZ 102, 135 (145).

[1053] LG Mannheim, CR 1988, 1004 (LS); LG München I, CR 1987 364 (365).

[1054] Dafür LG Essen, CR 1989, 916 (LS); LG Coburg, IuR 1986, 114; dagegen AG Montabaur, CR 1989, 916 (LS).

[1055] OLG Hamm, CR 1991, 289 (LS).

[1056] LG Bonn, CR 2001, 587.

[1057] Dazu Witt, NJW 2005, 3468.

[1058] BGH NJW 2005, 3490 = BB 2205, 2654; NJW 2006, 1195 = BB 2006, 686; vgl. auch *Lorenz* NJW 2004, 3020; NJW 2007, 1 (3 f.); *Mautzsch,* NJW 2006, 3091.

[1059] BGH BB 2006, 68; NJW 2006, 2250.

gang auf, weil z. B. die Platine eines PC's durchschmort, und ist einer der möglichen Ursachen eine, die schon bei Gefahrübergang vorliegt, kann dies aber auch anders sein, gilt die Vermutung nach der Rechtsprechung des BGH nicht, weil sie nicht für das Vorliegen eines Mangels, sondern nur dafür gilt, wann er aufgetreten ist.

Hat freilich der Kunde die Software verändert, gelten die Vermutungen nicht. Er muss darlegen und ggf. beweisen, dass die Mängel schon in der ihm übergebenen Software-version vorgelegen haben.

Will im Übrigen der Anwender vom Vertrag über eine **gesamte EDV-Anlage zurück-** **726** **treten,** obwohl nur Soft- oder nur Hardware mangelhaft sind, muss er vortragen, dass der mangelfreie Teil der Leistung für ihn ohne Interesse ist (§ 323 Abs. 5 BGB).[1060] Soweit der Lieferant bei einem Rücktritt Nutzungsentschädigung verlangt, ist er für eine tatsächliche Nutzung durch den Erwerber und die Höhe der Nutzungsentschädigung darlegungs- und beweispflichtig.[1061]

Verlangt ein Kunde **Schadensersatz,** belegt die Mangelhaftigkeit Regel der Software **727** bzw. DV-Anlage in aller Regel die objektive Pflichtwidrigkeit.[1062] Der Kunde muss seinen Schaden sowie die Kausalität des Mangels für den Schaden darlegen. Das Verschulden des Herstellers wird vermutet (§ 280 Abs. 1 BGB). Es bleibt dem Hersteller unbenommen, sich zu entlasten.[1063] Er kann z. B. seine Qualitätssicherungsmaßnahmen darlegen und ggf. auch vortragen, dass diese dem aktuellen Stand einer ordnungsgemäßen Softwareentwick-lung entsprechen. Der Hersteller sollte daher seine Qualitätssicherungsmaßnahmen sauber dokumentieren.[1064] Der Verkäufer muss die Durchführung von Stichproben darlegen. Zu hohe Anforderungen sind an seinen Entlastungsbeweis nicht zu stellen.[1065]

Bei der Installation der Software hat der BGH in einzelnen Fällen die **Beweislastum-** **728** **kehr** sogar auf die Tatsache der Schadensverursachung ausgedehnt.[1066] Er hat nämlich entschieden, dass bei fehlerhafter Kontrolle der Funktionsfähigkeit des Datensicherungs-programms des Kunden der Anbieter beweisen muss, dass er für den später eingetretenen Datenverlust nicht verantwortlich ist. Allerdings gilt diese Beweislastumkehr nur dann, wenn der Fehler auf jeden Fall im Bereich des Lieferanten liegt. Kommt auch ein Anwen-derfehler in Betracht, gilt sie nicht. Vielmehr muss dann der Kunde alle Anspruchsvoraus-setzungen voll darlegen und beweisen.[1067]

Außerdem kann immer auch eine **Verletzung von Beratungspflichten** gegeben sein. **729** Dazu muss der Kunde darlegen, dass solche Beratungspflichten bestanden.[1068]

Weiterhin muss er darlegen, dass die Beratungspflichten nicht erfüllt wurden. Dies kann er allerdings nur pauschal dadurch tun, dass er vorträgt, er sei überhaupt nicht beraten worden. In Entgegnung muss dann der Lieferant darlegen, wann er wie beraten hat. Diese Behauptung muss ihm vom Kunden widerlegt werden. Faktisch liegt damit der Schwer-punkt der Darlegungslast bei Lieferanten, die Beweislast aber beim Kunden.[1069]

Behauptet der Kunde, eine Nachbesserung sei fehlgeschlagen, reicht dafür der Vortrag, die Mängel lägen noch vor. Erst wenn der Lieferant darlegt, der Mangel sei durch einen

---

[1060] Näher dazu oben Rn. 689 f.

[1061] LG Aachen, CR 1988, 216 (218); OLG Karlsruhe, *Zahrnt,* ECR OLG 199.

[1062] *Lorenz,* NJW 2007, 1 f.; a. A. *Keilmann,* NJW 2006, 2526.

[1063] Vgl. BGHZ 48, 310 (311 f.) zum Architektenvertrag.

[1064] *Schneider/Günther,* CR 1997, 389 (394).

[1065] *Lorenz,* NJW 2007, 1 (2).

[1066] Vgl. BGH, NJW 1996, 2924 = CR 1996, 663 (noch zum alten Recht); zustimmend *Schneider/* *Günther,* CR 1997, 389 (392).

[1067] OLG Frankfurt/Main, CR 1996, 26 (27).

[1068] Dazu oben Rn. 397 ff.; 522, 541.

[1069] *Brandi-Dohrn,* in: Lehmann (Hrsg.), Rechtsschutz und Verwertung von Computerprogram-men, S. 931 (948); BGH, NJW 1985, 264 (Rechtsanwalt); NJW 1986, 2570 (Steuerberater).

Fehler des Kunden nach erfolgreicher Nachbesserung neu hervorgerufen worden, kann dies anders sein.[1070]

730   Streitig ist die Frage der **Darlegungslast,** wenn es um Schadensersatzansprüche an Stelle der Leistung geht. Die herrschende Meinung geht auch dann davon aus, dass der Kunde darlegen muss, dass die Software mangelbehaftet ist, während bei einer Erfüllung des Lieferanten dieser die Mangelfreiheit der Software darlegen muss.[1071] Dieser Meinung kann aber nicht gefolgt werden. Auch im Rahmen der Schadensersatzansprüche muss man der allgemeinen Darlegungs- und Beweislast folgen. Für die Mangelfreiheit ist daher auch in diesen Fällen der Lieferant darlegungs- und beweispflichtig.[1072] Dies gilt auch für Ansprüche nach § 281 BGB.

731   Bei Schadensersatzansprüchen liegt ein weiteres Problem oft in der Darlegung der **Schadenshöhe** und der **Kausalität** der Mängel bzw. des Beratungsfehlers für den Schaden. Insbesondere die Kausalität des Beratungsfehlers für den Schaden verlangt wegen der dabei notwendigen Darlegung eines hypothetischen Kausalverlaufs eine sorgfältige Behandlung.[1073]

732   Schwierigkeiten ergeben sich auch bei der **Darlegung von Umsatzausfällen.** Prinzipiell hilft hier § 287 ZPO. Die Rechtsprechung ist teilweise sehr weit gegangen und hat die Vermutung aufgestellt, dass dann, wenn der Umsatzrückstand feststehe, er von dem Mangel bzw. der Fehlberatung verursacht sei.[1074] Angesichts der vielfältigen Ursachen, die einen Umsatzrückgang verursachen können, erscheint diese Vermutung aber generell nicht haltbar. Es sind genaue Darlegungen des Geschädigten erforderlich, aus dem sich für den konkreten Fall Anhaltspunkte für die Ursachen eines Umsatzrückgangs der durch die Mängel verursachten Schadenshöhe ergeben. Erst aufgrund solcher Anhaltspunkte kommt eine **Schadensschätzung nach § 287 ZPO** in Betracht.[1075] § 287 ZPO kann auch Hilfe geben bei der Darlegung eines eventuellen Zeitaufwandes, den der Geschädigte nutzlos erbracht hat.[1076] Steht freilich fest, dass ein Schaden entstanden ist, muss das Gericht den Mindestschaden schätzen.[1077]

Beruft sich der Lieferant darauf, dass die geltend gemachten Schadenspositionen **Ohnehin-Kosten** seien,[1078] ist er für diese Behauptung darlegungs- und beweispflichtig.

733   Dies alles gilt auch im Hinblick auf eventuelle Ansprüche aus Wartungs- bzw. Pflegeverträgen. Auch hier muss der Kunde darlegen und beweisen, dass der Unternehmer seinen **Wartungsverpflichtungen** nur mangelhaft nachgekommen ist.[1079] Rügt er z. B. Mängel, die durch eine neue Softwareversion entstanden sind, muss er auch darlegen, dass die Mängel nicht schon vor Übernahme dieser Version vorhanden waren.

734   Bei der **Verjährung** ist es so, dass derjenige, der sich auf sie beruft, die ihr zugrunde liegenden Tatsachen darlegen muss. Der Lieferant muss also das Abnahme- oder Ablieferungsdatum darlegen. Will sich der Kunde umgekehrt auf Hemmung der Verjährung berufen, müssen die dazu notwendigen Voraussetzungen wiederum von ihm dargelegt werden. Im Rahmen des § 639 Abs. 2 BGB muss er vortragen, dass der Lieferant tatsächlich versucht hat, die Mängel, um die es im Prozess geht, zu beseitigen.[1080] Beruft sich der

---

[1070] BGH, BB 2011, 898.

[1071] Vgl. *Brandi-Dohrn* in: Lehmann (Hrsg.), Rechtsschutz und Verwertung von Computerprogrammen, S. 931 (948).

[1072] LG Ulm, CR 1994, 219; OLG Nürnberg, CR 1995, 343.

[1073] Dazu *Schneider,* Handbuch des EDV-Rechts, Rn. P 94.

[1074] LG Freiburg, CR 1988, 382 (384 f.).

[1075] So auch *Chrocziel,* CR 1988, 385 f.

[1076] BGH, *Zahrnt,* ECR BGH 21.

[1077] BGH, BB NJW 2002, 3317 (3320) zum Bereicherungsrecht.

[1078] Dazu oben Rn. 430.

[1079] OLG München, CR 1988, 282 (284).

[1080] Vgl. OLG München, CR 1991, 19 (21).

Kunde auf die Verjährung wegen **Arglist** bzw. Organisationsverschulden, muss er im Prinzip die Voraussetzungen dieser Vorschrift darlegen. Im Prinzip müsste er damit auch die mangelhafte Organisation des Unternehmens darlegen. Hier schließt die Rechtsprechung aus besonders gravierenden Fehlern aber auf das Organisationsverschulden, wofür sich dann der Unternehmer entlasten muss. Dieser muss dann – nach langer Zeit – noch die Organisation seiner Qualitätskontrolle darlegen.[1081]

Es daher zu empfehlen, entsprechende Unterlagen aufzubewahren. Wieweit die Darlegungslasten konkret gehen, ist aber Sache des Einzelfalls.[1082]

4. Der Beweis von Mängeln

Zentraler Punkt von Mängelprozessen dürfte in aller Regel der **Nachweis der Fehler** **735** sein. Als Beweismittel stehen hier Zeugenaussagen und der Sachverständigenbeweis zur Verfügung. Daneben ist in Einzelfällen denkbar, dass das Gericht unmittelbar Augenschein nimmt.

a) Der Beweisbeschluss

Den meisten Beweisaufnahmen geht ein **Beweisbeschluss** voraus. Dieser ist insbesonde- **736** re bei präsenten Zeugen entbehrlich. Es ist allerdings oft sinnvoll, einen förmlichen Beweisbeschluss selbst dann zu erlassen, wenn er nicht zwingend erforderlich ist. Die Formstrenge des Beschlusses zwingt zu einer genauen Formulierung der Beweisfragen und damit zu einem gründlichen Durchdenken des Prozessstoffes.

Wichtig ist, dass der **Beweisbeschluss die Beweisthemen präzise** benennt.[1083] Dies gilt **737** insbesondere im Hinblick auf Sachverständigengutachten. Dem Sachverständigen muss klar und deutlich vorgeben werden, was er untersuchen und begutachten soll. Ein Beweisbeschluss des Inhalts, der Sachverständige solle die streitbefangene Sache dahingehend untersuchen, ob sie dem Stand der Technik entspricht, ist schlichtweg falsch und führt zu einem unzulässigen Ausforschungsbeweis.[1084] Bei Mängeln muss der Beweisbeschluss die einzelnen Mängel, um deren Vorliegen oder Nichtvorliegen es geht, deutlich benennen. Dies kann er nicht ohne hinreichenden Vortrag der Parteien. Auf solchen Vortrag muss das Gericht ggf. gem. § 139 ZPO hinwirken.

Oft ist es sinnvoll, den **Sachverständigen** schon an der Formulierung des Beweisbeschlusses, ggf. auch an der Formulierung von Hinweisen nach § 139 ZPO zu beteiligen. Dies kann in Einzelfällen sogar im Rahmen eines **Erörterungstermins** geschehen. Dies kann den Prozess selbst fördern.[1085]

Es kann auch einen **Einweisungstermin** für den Sachverständigen geben, an dem die Parteien teilnehmen können (§§ 404 a Abs. 2, 5 ZPO). In der Praxis gibt es solche Termine nur äußerst selten. Auch die Kommentarliteratur spricht von Ausnahmefällen.[1086] Gerade in technisch komplizierten Sachverhalten sollte man diese Möglichkeit aber häufiger einsetzen, um die Beweisaufnahme unter Beteiligung aller Parteien vernünftig steuern zu können. In einem solchen Termin können Parteien und Sachverständige auf die Formulierung des Beweisbeschlusses und damit die Beweiserhebung Einfluss nehmen.

[1081] BGHZ 117, 318.
[1082] Vgl. dazu auch *Jansen,* OLG-Report Köln 1999, H. 14, K 5 f.
[1083] Vgl. ausführlich *Bergmann/Streitz,* NJW 1992, 1726.
[1084] *Bergmann/Streitz,* NJW 1992, 1726 (1729).
[1085] Vgl. *Schnupp,* NJW-CoR 1999, 217; näher *Redeker,* in: Computerrechtshandbuch, Abschn. 160, Rn. 177 ff.
[1086] *Zöller/Greger,* § 404 a, Rn. 2.

738   Beim Zeugenbeweis muss der Beweisbeschluss nicht so präzise sein, da allein schon wegen der Frage der Glaubwürdigkeit und Glaubhaftigkeit der Zeuge seine Aussage nicht auf die Beantwortung einzelner präziser Fragen beschränken kann, sondern von sich aus seinen Sachverhalt schildern sollte und damit oft auch über Gesichtspunkte spricht, die die Parteien nicht vorgetragen haben.

b) Augenscheinseinnahme

739   Das erste in der ZPO vorgesehene Beweismittel, das hier besprochen werden soll, ist der **Augenscheinsbeweis.**

Der Augenscheinsbeweis, erhoben durch unmittelbare Untersuchung der DV-Anlage durch das oder die Demonstration des Ablaufs der Software vor dem Gericht, dürfte in der Praxis nur in seltenen Fällen vorkommen. Dazu gehört z. B. der Fall von Verkratzungen an der Hardware. Auch bei einfachen Programmen ist eine solche Möglichkeit gegeben, wenn eine Arbeit nach Vorgaben des Handbuchs zu Fehlern führt. In diesem Fall ist ja entweder die Software oder das Handbuch falsch, ohne dass es darauf für die Entscheidung des Rechtsstreits ankommt. Die Gerichte sind hier aber sehr zurückhaltend und gehen in aller Regel auf einen Sachverständigenbeweis zurück.

In einzelnen Publikationen ist z. B. die Behauptung aufgestellt worden, die Frage, ob eine Anlage „IBM-kompatibel" sei oder nicht, sei dem Beweis durch Augenscheinnahme des Gerichts zugänglich.[1087] Dies ist allerdings nicht der Fall, weil schon die Frage, was „IBM-kompatibel" ist, nur bei guter Kenntnis des EDV-Bereichs beantwortet werden kann.

740   Allerdings kann das Gericht unter bestimmten Umständen den **Augenschein** auch **gemeinsam mit dem Sachverständigen** nehmen.

Dies ist insbesondere bei fehlenden Funktionalitäten möglicherweise deshalb von Belang, weil das Gericht so eher einen Eindruck von den Fehlern erhält und z. B. Minderungsquoten besser bewerten kann. In der Praxis kommt auch dies selten vor. Im Bereich der EDV-Prozesse dürfte sich eine solche Notwendigkeit – im Gegensatz etwa zu der Bewertung von Mietmängeln – auch nicht ganz so häufig aufdrängen, weil dem Gericht auch für die Bewertung der Minderungsquoten oft die Nähe zur Anwendung fehlt. In einzelnen Fällen sollte die gemeinsame Betrachtung aber durchaus in Betracht gezogen werden.

c) Zeugenbeweis

741   Ein **Zeugenbeweis** ist im EDV-Prozess insbesondere dann wichtig, wenn es um die Frage geht, was die Parteien vertraglich vereinbart haben. Neben Urkunden kommt in aller Regel nur ein Zeugenbeweis in Betracht. Besonderheiten zum sonstigen Prozess gibt es allerdings nicht, so dass auf eine detaillierte Erörterung an dieser Stelle verzichtet werden kann.

Der Zeugenbeweis kommt aber auch dann in Betracht, wenn es um relativ **simple Erscheinungsformen von Mängeln** geht. Solche Erscheinungsformen können die Angestellten des Anwenders bzw. Freunde und Bekannte präzise beschreiben. Es geht ja um Mängel auf der Benutzerebene. Es sind Fälle denkbar, in denen allein aufgrund solcher Zeugenaussagen ein Mangel als bewiesen angesehen werden kann. Dies gilt insbesondere dann, wenn bestimmte Teile der Software überhaupt nicht geliefert wurden oder nicht in das System eingebunden worden sind. Darüber hinaus sind präzise Aussagen eigentlich nur zu erwarten, wenn die Zeugen selbst EDV-Fachleute sind und deshalb mehr als nur das Erscheinungsbild schildern sollen. Allerdings sind andere Zeugen nicht prinzipiell

---

[1087] *Ullmann,* in: Bartsch (Hrsg.), Softwareüberlassung und Zivilprozeß, S. 96 (97).

ausgeschlossen, weil ein solcher Ausschluss eine vorweggenommene Beweiswürdigung darstellen würde.[1088] Insbesondere bei vielen Einzelfällen, die nur schwer rekonstruierbar sind, dürften Zeugen von Bedeutung sein. Allerdings dürfte in diesen Fällen allein der Zeugenbeweis nicht ausreichen.[1089] Ein Sachverständiger müsste die Zeugenaussage wohl bewerten. Dies gilt insbesondere dann, wenn der Hersteller sich mit dem Hinweis auf Bedienungsfehler verteidigt. Der Zeugenbeweis ist aber generell schwierig.[1090]

In der Literatur wird gelegentlich auch die Meinung vertreten, der **Sachverständige** **742** **solle Zeugen vernehmen,** insbesondere, um Befundtatsachen für sein Gutachten zu ermitteln.[1091] Dies ist prozessual aber nicht zulässig. Ein Sachverständiger ist kein Richter und kann daher eine Zeugenvernehmung nicht durchführen. Er ist dafür auch nicht notwendigerweise ausgebildet, insbesondere die Beurteilung von Glaubwürdigkeit und Glaubhaftigkeit muss der Richter selbst vornehmen. Letztendlich kommt es insoweit auf seine Bewertung und nicht auf die Bewertung des Sachverständigen an. Dies hindert allerdings den Sachverständigen nicht, bei der Zeugenvernehmung durch das Gericht anwesend zu sein und ggf. selbst Fragen zu stellen oder das Gericht bei der Fragestellung zu beraten. Dies wird sich oft anbieten, weil der Sachverständige so auf die richtige Fragestellung und auf die ordnungsgemäße Ermittlung seiner Befundtatsachen Einfluss nehmen kann.

Die Frage, welche Befundtatsachen dem Gutachten zugrunde zu legen sind, ist letztendlich, insbesondere bei der Beweiswürdigung von Zeugenaussagen, vom Gericht zu entscheiden.[1092]

d) Sachverständigenbeweis

aa) Die Auswahl des Sachverständigen und seine Beauftragung

Eine zentrale Rolle bei dem Beweis von Mängeln kommt nach dem eben Gesagten dem **743** **Sachverständigen** zu. Dabei wird die Rolle des Sachverständigen als Gehilfe des Richters,[1093] der die mangelnden technischen Kenntnisse des Richters ausgleicht, im EDV-Prozess besonders deutlich. Ein Sachverständiger wird vom Gericht beauftragt, wenn die **Sachkunde der Richter** (einschließlich der möglicherweise beteiligten Handelsrichter) nicht ausreicht. Wann dies der Fall ist, wird vom Gericht selbst entschieden. Wenn es sich für nicht sachkundig genug hält, muss es den Sachverständigen auch ohne entsprechenden Beweisantritt beauftragen.[1094] Die Erhebung des Sachverständigenbeweises ist auch von Amts wegen möglich (§ 144 Abs. 1 S. 1 ZPO). Hält sich das Gericht für sachkundig genug, kann es sich aber auch für die entsprechenden Beweisantritte der Parteien hinwegsetzen.[1095] Dies muss den Parteien vor der Entscheidung allerdings mitgeteilt werden.[1096] Trotz dieser Besonderheiten wird der Sachverständige in der ZPO nicht als Richtergehilfe, sondern lediglich als Beweismittel behandelt (vgl. §§ 402 ff. ZPO).

Das Gericht sollte mit der Annahme der eigenen Sachkunde **äußerst vorsichtig sein.**[1097] In vielen Prozessen besteht die Sachkunde auch der Handelsrichter oder sonstigen sach-

---

[1088] LG Rottweil, ECR LG 54.
[1089] So auch BGH, *Zahrnt,* ECR BGH 26.
[1090] Vgl. OLG Düsseldorf, *Zahrnt,* ECR OLG 201.
[1091] *Rehmann,* CR 1990, 575 (577).
[1092] Vgl. BGH, BB 1997, 942 = NJW 1997, 1446; OLG Köln, NJW 1994, 394.
[1093] So ausdrücklich *Pieper,* ZZP 84 (1971), 1 (30 f.).
[1094] Falsch LG Düsseldorf, DuD 1999, 236.
[1095] *Braun,* in: Bartsch (Hrsg.), Softwareüberlassung und Zivilprozeß, S. 83 (85).
[1096] BGH, JZ 68, 670; BGH, NJW-RR 2007, 357 = ITRB 2007, 59.
[1097] BGH, NJW-RR 2007, 357 = ITRB 2007, 59; etwas übervorsichtig allerdings LG Düsseldorf, DuD 1999, 236.

kundigen Beisitzer etwa in Arbeitsgerichtsprozessen in einer sehr rudimentären und ausschnittsweisen Kenntnis der DV-Praxis, gesehen aus ihrer eigenen beruflichen Perspektive. Eine solche Kenntnis ist mit der Sachkunde des besonders ausgebildeten und geprüften, in der Praxis vielfältig als Beurteiler verschiedener Sachverhalte tätigen Sachverständigen nur in den seltensten Fällen vergleichbar. In aller Regel wird sich das Gericht auch einfach nicht die Zeit nehmen, nicht nur den Sachvortrag der Parteien, sondern auch die DV-Anlage entsprechend genau anzusehen und zu begutachten. Von daher ist die Beauftragung eines Sachverständigen fast immer sinnvoll.

744   Kommt es zum Sachverständigenbeweis, ist zunächst die **Auswahl des Sachverständigen** wichtig. Der Sachverständige muss gerade im Hinblick auf die anstehenden Beweisfragen sachkundig sein. Denkbar ist es, die Parteien zu fragen.[1098] Sind sie sich einig, ist das Gericht an ihren Vorschlag gebunden (§§ 404 Abs. 3, 4 ZPO). Sind sie sich nicht einig, sollte das Gericht selbst entscheiden und nicht eine langwierige Korrespondenz mit den Parteien über einen gemeinsam beauftragten Sachverständigen führen wollen. Dadurch können nämlich wieder monatelange Verzögerungen eintreten.

Geht es um normale Anwendersoftware, dürfte ein Sachverständiger mit Hilfe der **Verzeichnisse der Industrie- und Handelskammer**[1099] zu finden sein, wobei angesichts der nicht allzu hohen Anzahl von Sachverständigen allenfalls Zeitprobleme auftreten. Liegt ein Streit um andere Arten von Software vor, so ist das Finden von Sachverständigen schwierig. Die Verzeichnisse weisen nicht allzu viele Sachverständige aus. Es kann leider auch zu Fällen kommen, insbesondere bei komplexeren Programmen der Individualsoftware für im Prinzip neue Anwendungen, dass außerhalb des Herstellerbereichs überhaupt keine Sachverständigen existieren, die die Qualität des Produkts beurteilen können. In diesem Fall steht praktisch kein Sachverständiger zur Verfügung. Dies führt zu einer prozessualen ungünstigen Situation für den Beweisbelasteten, die ihm aber auch durch eine Beweislasterleichterung nicht abgenommen werden kann, weil das Fehlen von Sachverständigen immer zu seinen Lasten gehen muss.

Der Fall solch komplexer Individualsoftware ist letztendlich auch nicht so gravierend, weil in aller Regel eine solche Individualsoftware von einem sachkundigen Anwender bestellt wird, so dass sich manche Probleme schon im Vorfeld aufklären können.

Der Sachverständige sollte allerdings **nicht nur sachverständig** sein, sondern auch in der Lage, sein **Wissen** in der für ein Gerichtsverfahren notwendigen Art und Weise **darzustellen**.[1100] Er muss in der Lage sein, seine Feststellungen nach der Fragestellung des Gerichts zu ordnen und sie auch für den Laien nachvollziehbar darzustellen.[1101] Darüber hinaus muss er in der Lage sein, auch laienhafte Fragen ordnungsgemäß zu beantworten und nicht ungeduldig zu werden. Umgekehrt sollte er selbst die juristische Bedeutung einzelner Fragestellungen zumindest grundsätzlich erkennen, damit er seine Antworten auch an diesen Fragestellungen ausrichten kann.

745   Für den Erfolg eines Sachverständigengutachtens ist es wichtig, dass das **Beweisthema präzise** angegeben wird. Dies ist im Hauptprozess Aufgabe des Gerichts. Die Parteien müssen nur ihre Darlegungen präzise genug machen, damit das Gericht einen ordnungsgemäßen Beweisbeschluss erlassen kann.[1102] Sind diese Angaben dem Gericht nicht präzise genug, muss es weiterführende Hinweise erteilen. Es sollte aber die Sachkunde des Anwenders nicht überfordern und nur auf detaillierten Darlegungen der Erscheinungsform der Mängel bestehen. Umgekehrt ist es aber auch Aufgabe der Parteien, anhand des

---

[1098] So *Ullmann*, in: Bartsch (Hrsg.), Softwareüberlassung und Zivilprozeß, S. 96 (102 f.).

[1099] Ein aktuelles Verzeichnis findet sich auch in: Computerrechtshandbuch, Abschn. 432.

[1100] Sehr weitgehende Anforderungen an den Sachverständigen bei *Goebel*, CR 1987, 571 (574).

[1101] Vgl. dazu auch *Werner/Pastor*, Bauprozeß, Rn. 2316 ff.; großzügig in dieser Hinsicht OLG Oldenburg, NJW 1991, 1241; vgl. auch *Wolff*, NJW 1993, 1510.

[1102] Ebenso v. *Westphalen/Seidel*, Aktuelle Rechtsfragen, S. 40 f.

Beweisbeschlusses z. B. zu überprüfen, ob der Sachvortrag verstanden wurde.[1103] Die hier aufgezeigten praktischen Schwierigkeiten lassen sich am besten überwinden, wenn Sachverständige und Gericht – soweit erforderlich – laufend zusammenarbeiten. Die Verständigungsschwierigkeiten verringern sich dann.[1104] Ein Sachverständiger sollte auch das Ergebnis seiner Tätigkeit kennen lernen, also z. B. auch das Urteil zur Kenntnis erhalten.[1105]

Möglich ist es auch, die Aufgabenstellung des Sachverständigen in einem **Einweisungstermin** zu erörtern (§ 404 a Abs. 2 ZPO). Von dieser Möglichkeit kann in komplexen Fällen mit großem Vorteil Gebrauch gemacht werden.[1106] In der Praxis wird diese Möglichkeit nur selten genutzt.[1107]

Sachverständige können aus den gleichen Gründen wie Richter **abgelehnt werden**   **746** (§ 406 Abs. 1 ZPO). Dies kommt dann in Betracht, wenn engere Beziehungen zu einer der Prozessparteien bestehen. Das bloß gelegentliche frühere Tätigwerden reicht bei freien Sachverständigen für die Annahme einer Besorgnis der Befangenheit nicht aus, wohl aber eine dauernde Beratertätigkeit oder gar ein Anstellungsverhältnis.[1108] Es kann auch Anlass zur Befangenheit sein, wenn der Sachverständige in einem anderen Prozess als Prozesspartei oder maßgeblicher Mitarbeiter einer Prozesspartei beteiligt ist und in ähnlicher Weise angegriffen wird wie die Partei, deren Leistung er bewerten soll, selbst wenn die Prozesse nichts miteinander zu tun haben und nur die Prozessbevollmächtigten die gleichen sind.[1109] In Fällen wie diesen ist allerdings eine sorgfältige Bewertung des Einzelfalls durch das Gericht erforderlich. Jedenfalls ist der Sachverständige befangen, wenn er in der Prozesssache ein Privatgutachten erstellt hat.[1110] Praktisch häufiger tritt der Fall auf, dass der Sachverständige (versehentlich) eine Partei nicht zum Ortstermin lädt. Auch dies rechtfertigt die Besorgnis der Befangenheit.[1111]

bb) Aufgaben und Befugnisse des Sachverständigen

Bei der Vorbereitung des Gutachtens wird der Sachverständige in aller Regel einen   **747** **Ortstermin anberaumen,** um die Anlage zu untersuchen. Die bloße Analyse von Computerausdrucken wird ihm nicht ausreichen.[1112] Bei der Durchführung des Ortstermins wird er nicht nur als Sachverständiger, sondern auch als **Augenscheinsgehilfe** des Gerichts tätig. Er untersucht nämlich das Objekt, um gegenwärtige Tatsachen festzustellen; er vermittelt bei dieser Untersuchung nicht abstrakte Erfahrungssätze an das Gericht und er wendet auch abstrakte Erfahrungssätze nicht auf einen bereits feststehenden Sachverhalt an. Der Sachverständige wird zwar vom Gericht wegen seiner besonderen Sachkunde eingesetzt, er soll aber letztendlich das Vorliegen bestimmter Tatsachen durch Untersuchung einer Sache feststellen. Diese Möglichkeit ist in § 372 ZPO ausdrücklich vorgesehen. Allerdings ist dort nicht die Möglichkeit geregelt, dass der Sachverständige alleine, ohne Gericht, den Augenschein nimmt. Dies ist allerdings in § 485 Abs. 2 Nr. 1 ZPO ausdrücklich als Sachverständigenaufgabe vorgesehen. Schon vor Einführung dieser Möglichkeit wurde diese Tätigkeit allgemein als zulässig angesehen, jedenfalls dann, wenn es für die **Sachverhaltsaufklärung auf die Sachkunde** ankam. Dies gilt auch heute noch.[1113]

[1103] Vgl. hier *Braun* in: Bartsch (Hrsg.), Softwareüberlassung und Zivilprozeß, S. 83 (95).

[1104] Ebenso *Pieper*, ZZP 84 (1971), 1 (34).

[1105] Dazu *Jessnitzer/Frieling*, Der gerichtliche Sachverständige, Rn. 711.

[1106] A. A. *Zöller/Stephan*, § 404 a Rn. 2.

[1107] Vgl. auch oben Rn. 737.

[1108] *Schneider*, Handbuch des EDV-Rechts, Rn. P 104 f.

[1109] OLG Naumburg, MedR 1999, 183 für Arzthaftpflichtprozesse.

[1110] OLG Köln, OLG-Report Köln 1999, 163.

[1111] BGH, WuM 2011, 301.

[1112] *Streitz*, NJW-CoR 1996, 309.

[1113] *Zöller/Greger*, § 402, Rn. 5; *Jessnitzer/Frieling*, Der gerichtliche Sachverständige, Rn. 554 ff.

Die Tätigkeit des Sachverständigen wird sich in aller Regel nicht auf die Feststellung der Tatsachen beschränken, er muss vielmehr darüber hinaus auch **Schlussfolgerungen** ziehen. Er stellt den Zustand der Software bzw. des IT-Systems und/oder Fehlerursachen fest[1114] oder legt dar, dass ein EDV-Produkt den Anforderungen nach dem derzeitigen Stand der Technik, den Vorschriften einer DIN-Norm oder den Beschreibungen des Pflichtenheftes entspricht oder nicht. Oft stellt der Sachverständige faktisch auch den Inhalt des Pflichtenheftes oder den sonstigen Sollzustand der Hard- und/oder Software fest.[1115] Dies muss aber mit Vorsicht erfolgen, weil diese Aufgabe eigentlich Vertragsauslegung und damit Sache des Gerichts ist – jedenfalls dann, wenn nicht ermittelt werden muss, welche Anforderungen sich nach dem Vertragszweck und/oder dem Stand der Technik an die Software im geplanten Verwendungszusammenhang ergeben.

748   Probleme entstehen, wenn derjenige, der im Besitz der EDV-Anlage ist, den **Ortstermin** und damit die Augenscheinnahme **verhindert**. In diesem Fall kann der Sachverständige den Ortstermin ebenso wenig wie das Gericht erzwingen.

749   **Verweigert** eine Partei den Ortstermin, so kann das Gericht die Behauptungen des Gegners nach § 373 Abs. 3 ZPO als bewiesen ansehen, muss dies aber nicht. Vielmehr muss es die Umstände des Einzelfalls betrachten und daraus seine Schlüsse ziehen. Insbesondere wenn der Gegner triftige Gründe für seine Weigerung hat und auch sonst die Umstände eher gegen die Behauptung des Beweisführers sprechen, wird es von der Annahme absehen, die Behauptungen seien bewiesen. Fehlen dagegen triftige Gründe und geben die sonstigen Umstände Anlass dazu, die Behauptungen des Beweisführers als wahr anzusehen, sollte das Gericht diese Behauptungen als bewiesen betrachten.[1116] So ist in einem Softwareverletzungsprozess die Beweisvereitelung des Beklagten durch Nichtzugänglichmachung des Quellcodes angenommen worden, weil es ganz erhebliche Gründe für die Annahme einer identischen Leistungsübernahme gab.[1117]

750   **Verweigert ein Dritter** die Inaugenscheinnahme, kann das Gericht die Vorlage des in Augenschein zu nehmenden Gegenstandes anordnen (§ 144 Abs. 1 S. 2 ZPO), wenn die Vorlage dem Dritten nicht unzumutbar ist und ihm kein Zeugnisverweigerungsrecht zur Seite steht. Theoretisch kann es auch die Duldung des Augenscheins anordnen, allerdings nur dann, wenn keine Wohnung betroffen ist. Da aber hier der Wohnungsbegriff des GG zu Grunde zu legen ist[1118] und dieser auch Geschäfts- und Betriebsstätten[1119] umfasst, dürfte diese Vorschrift ziemlich leer laufen.

Hat die beweisbelastete Partei gegen ihren Gegner bzw. gegen den Dritten einen Anspruch auf Duldung der Inaugenscheinnahme, so kann sie diesen Anspruch in einem getrennten Prozess durchsetzen und ggf. vollstrecken. Im Erstprozess wird ein solcher Anspruch freilich im Rahmen des § 144 Abs. 1 ZPO zu berücksichtigen sein.

751   Aus dieser Tatsache ergibt sich, dass derjenige, der für Mängel bzw. für **Fehlerfreiheit** der Anlage **beweisbelastet ist,** die Anlage, um die es geht, möglichst in seinem Einflussbereich behalten soll, um keine Risiken bei der Beweisführung einzugehen. Er sollte sie auch vor Schädigungen und Veränderungen schützen, weil auch bei solchen Schädigungen und Veränderungen die Gefahr eines Beweismittelverlustes droht. Der Lieferant muss nicht etwa anstelle des Kunden die Software im Auslieferungszustand aufbewahren.[1120]

[1114] *Hoppen/Streitz,* CR 2007, 270 (271).

[1115] vgl. *Hoppen/Streitz,* CR 2007, 270 (271 f.).

[1116] Ein Beispiel nach altem Recht: OLG Köln, CR 2000, 815; eher falsch *Zekolt/Bolt,* NJW 2002, 3129 (3130).

[1117] LG Karlsruhe, Beil. Nr. 7 zu BB 1991, S. 3 f.

[1118] **A.A.** *BL-Hartmann* , § 144 Rn. 14: gemeint ist Wohnung iSd § 178 ZPO.

[1119] *v. Münch/Kunig,* Art. 13, Rn. 11.

[1120] OLG Celle, *Zahrnt,* ECR OLG 234 = DuD 1997, 295; LG Oldenburg, NJW 1992, 1771; LG Köln, Beil. Nr. 7 zu BB 1994, S. 13.

Umgekehrt muss auch der Kunde die Software nicht zu Beweiszwecken aufbewahren oder gar auf seinem Rechner installiert lassen, wenn der Lieferant den Zustand vor Abnahme nicht dokumentiert.[1121]

Die vorgenannten Überlegungen gelten auch für das Zugänglichmachen anderer Dinge **752** als der EDV-Anlage bzw. der jeweiligen Software. Dazu gehört etwa die **Zugänglichmachung des Quellcodes** oder der Schaltpläne der Anlage. Es kann aber hier durchaus sein, dass der jeweilige Beweisgegner vernünftige Gründe hat, etwa den Quellcode nicht herauszugeben. Hier steht die Frage der leichten Vervielfältigung der Software wie auch die Frage der Betriebsgeheimnisse des Softwareerstellers im Vordergrund. Es ist denkbar, dass der Quellcode nur dem Sachverständigen zugänglich gemacht wird, wie dies z. B. im Hinblick auf den Besichtigungsanspruch[1122] auch vertreten wird.

cc) Die Hilfsmittel des Sachverständigen

Gerade im EDV-Prozess ist es nicht ganz unwichtig, die **Hilfsmittel** des Sachverständi- **753** gen zu betrachten. Welche solcher Hilfsmittel der Sachverständige einsetzt, bleibt letztendlich seiner Sachkunde überlassen. Die Parteien können im Ortstermin wie auch später Einwände gegen die Eignung der verwendeten Prüfmittel erheben. Sind diese Einwände einigermaßen plausibel dargelegt, muss sich der Sachverständige zu ihnen äußern, ggf. muss sogar ein weiteres Gutachten über die Geeignetheit der Hilfsmittel eingeholt werden. Dies gilt vor allem für den Einsatz von Prüfgeräten und Prüfsoftware. Dabei ist es dem Sachverständigen grundsätzlich nicht verwehrt, auch ein Prüfhilfsmittel einzusetzen, das eine der Parteien entwickelt hat. Dies sollte er aber aus grundsätzlichen Erwägungen nur dann tun, wenn er wirklich keine anderen Mittel zur Feststellung des Sachverhalts hat oder diese Mittel so unverhältnismäßig aufwendig und teuer sind, dass sie praktisch nicht verwendet werden können. Außerdem kann er das Prüfhilfsmittel dann einsetzen, wenn es allgemein anerkannt wird. Verfährt der Sachverständige anders, wird er sich rasch dem begründeten Verdacht der Befangenheit aussetzen.

dd) Das Gutachten

Meist wird der Sachverständige sein **Gutachten schriftlich fixieren**. Er muss dabei die **754** für ihn maßgeblichen Tatsachen ebenso festhalten wie die für das Gutachten wichtigen wissenschaftlichen Erfahrungssätze und die von ihm aus Tatsachen und Erfahrungssätzen gezogenen Schlüsse nachvollziehbar darstellen. Wichtig ist, dass **Parteien und Gericht** als Laien die Darlegung **verstehen können**. Das Sachverständigengutachten muss von der Partei und insbesondere vom Gericht kritisch gewürdigt werden. Es ist darauf zu achten, dass die aufgeworfenen Beweisfragen vollständig und genau beantwortet werden. Ggf. muss der Sachverständige um eine Ergänzung seines Gutachtens gebeten werden. Dies gilt besonders, weil das Gericht im Urteil die Gründe darzulegen hat, aus denen es dem Sachverständigen folgt. Dies geschieht freilich oft nur rudimentär.

Dieses Defizit ist keinesfalls nur den Gerichten anzulasten. Finden sich die Parteien mit dem Gutachten ab, dürfte es für das in der Regel noch weniger sachkundige Gericht schwierig sein, das Gutachten kritisch zu würdigen, zumal eine Abweichung vom Gutachten noch exakter begründet werden muss als die Übernahme seiner Beweisergebnisse.[1123] Bei nicht zu behebenden Unklarheiten und Unsicherheiten kommt zwar auch eine Neubegutachtung in Betracht (§ 412 Abs. 1, Satz 2 ZPO). Ohne entsprechende Hinweise

---

[1121] LG Köln, CR 2000, 815 f.
[1122] Vgl. dazu oben Rn. 113 f., 155.
[1123] Ausführlich mit Nachweisen dazu *Pieper*, ZZP 84 (1971), 1 (24 ff.); *Zöller/Greger*, § 402 Rn. 7 a.

der Parteien dürfte ein Gericht diesen kosten- und zeitintensiven Weg nur in seltenen Ausnahmefällen gehen.

755   Besonders schwierig ist die **Abgrenzung** zwischen den **Aufgaben des Sachverständigen,** der lediglich **Tatsachenfragen** zu beantworten und keine rechtlichen Wertungen vorzunehmen hat und der **Aufgabe des Gerichts, Rechtsfragen** zu beantworten. Speziell die Frage, ob es sich um Mängel im Rechtssinne handelt und ob diese erheblich oder unerheblich sind, kann vom Sachverständigen lediglich aus technischer Sicht andeutungsweise beantwortet werden. Die verbindliche rechtliche Bewertung, insbesondere die Auslegung der Vereinbarungen zur Soll-Beschaffenheit des gelieferten Produkts, bleibt dem Gericht überlassen.[1124] Der Sachverständige sollte insoweit keine Urteile abgeben. Sehr wichtig ist, darauf zu achten, dass der Sachverständige nicht bislang nicht gerügte Mängel feststellt und wegen dieser Mängel die Software bzw. die Anlage für mangelbehaftet erklärt. Ansprüche wegen solcher Mängel dürften häufig verjährt sein, insbesondere dann, wenn es sich um Mangelerscheinungen oder Mängel handelt, die mit dem bislang im Streit befindlichen Problem nichts zu tun haben. Außerdem kann ihre Geltendmachung an §§ 377, 382 HGB scheitern.

Eine saubere Unterscheidung zwischen technischen Fehlern und der juristischen Einordnung ist freilich nur dann durchzuhalten, wenn im Beweisbeschluss die festzustellenden Fehler hinreichend präzisiert sind und nicht pauschal nach Mängel oder Abweichung vom Stand der Technik oder dem gewöhnlichen Gebrauch gefragt wird.[1125]

Die Durchführung des Beweisverfahrens durch Sachverständige setzt daher eine genaue Durchdringung der Materie seitens der Parteien voraus.

756   Nach Vorlage eines schriftlichen Gutachtens kann der Sachverständige **mündlich gehört** werden (§ 411 Abs. 3 ZPO). Jede Partei hat das Recht, eine solche Anhörung zu erzwingen, wenn das Gutachten entscheidungserheblich ist, ohne dass es darauf ankommt, ob das Gericht dies für erforderlich hält. Die Partei, die einen entsprechenden Antrag stellt, muss nur ungefähr angeben, wo sie noch Fragen hat.[1126] Dies wird in aller Regel von der Partei getan, zu deren Ungunsten das Gutachten ausgefallen ist. Die Partei wird versuchen, den Sachverständigen umzustimmen oder zu erschüttern. In der Praxis gelingt ihr das eher selten. In dieser Phase kann allerdings ein Privatgutachten helfen, wenn es den Sachverständigen erschüttern oder eine neue Begutachtung durch einen neuen Gutachter erzwingen kann.[1127] Besser wird es freilich vor der Begutachtung erstellt, damit sich der Sachverständige mit ihm auseinandersetzen kann, bevor er sich selbst festgelegt hat.[1128]

ee) Weitere Aufgaben des Sachverständigen

757   In der Literatur wird oft angeregt, den Sachverständigen schon **vor Abfassung** des Beweisbeschlusses im Hinblick auf dessen **Formulierung** heranzuziehen.[1129] Noch wei-

---

[1124] Vgl. z. B. LG München I, CR 1987, 364 (365) zur Blindeingabe numerischer Daten; LG Köln, CR 1986, 23 (24) zur Auslegung von AGBs durch Sachverständigen mit zust. Anm. *Mehrings;* grundsätzlich auch *Goebel,* CR 1987, 571 (574); *Jessnitzer/Frieling,* Der gerichtliche Sachverständige, Rn. 447.

[1125] Vgl. *Bergmann/Streitz,* NJW 1992, 1726 (1729).

[1126] H. M., BL-*Hartmann,* § 411 Rn. 10.; BGH, Urt. v. 7. 10. 1997, VI ZR 252/96, Mitt. der RAK Köln 1998, 45 (LS); NJW-RR 2006, 1503; WuM 2006, 694; OLG Köln, OLG-Report Köln 1997, 69; BGH, NJW-RR 2006, 1503; WuM 2006, 634 = NJW-RR 2007, 189; zu Einschränkungen BGH, NJW-RR 1989, 953 (954); zu weitgehend wohl OLG Saarbrücken, OLG Report Saarbrücken 2004, 379; a. A. *Schneider,* Handbuch des EDV-Rechts, Rn. P 106.

[1127] OLG Düsseldorf, OLG Report Hamm/Düsseldorf/Köln 2007, 665.

[1128] *Brandi-Dohrn,* in: Lehmann (Hrsg.), Rechtsschutz und Verwertung von Computerprogrammen, S. 931 (954).

[1129] So z. B. *Jessnitzer/Frieling,* Der gerichtliche Sachverständige, Rn. 269.

tergehend wird vorgeschlagen, den Sachverständigen zur mündlichen Verhandlung zu dem Zweck zu laden, den Prozessstoff dem Gericht zu übersetzen.[1130] Darüber hinaus wird angeregt, den Sachverständigen auch Zeugen vernehmen zu lassen.[1131]

Im Hinblick auf die Beratung des Gerichts bei der Formulierung des Beweisbeschlusses **758** dürften der Tätigkeit des Sachverständigen keine Bedenken entgegenstehen. Diese Beratung hängt eng mit seiner Gutachtertätigkeit zusammen und beschleunigt das Verfahren, da der Sachverständige sonst bei ungeeigneten Formulierungen während der Bearbeitungszeit beim Gericht nachfragen und ggf. Änderungen anregen muss (vgl. § 407 a Abs. 3 ZPO). Sie wird im Gesetz in Form des Einweisungstermins (§ 404 a ZPO) ausdrücklich vorgesehen. Sie sollte dann auch in dieser Form durchgeführt werden.

Hinsichtlich **weiterer Tätigkeiten** finden sich in der ZPO **keine Vorschriften**. Weder **759** die §§ 402 ff. noch § 144 ZPO sehen den Sachverständigen in einer anderen Rolle als der eines Beweismittels. Auch die Aufzählung möglicher Gegenstände eines Beweissicherungsgutachten in § 485 Abs. 2 S. 1 ZPO, die die Aufgaben des Sachverständigen bislang am konkretesten beschreibt, kennt weitere Tätigkeiten nicht. Der Sachverständige darf im Prinzip sogar die seinem Gutachten zugrunde liegenden Tatsachen nur dann selbst ermitteln, wenn dem Gericht dazu die notwendige Sachkunde fehlt[1132] – und zwar in aller Regel durch Augenscheinseinnahme, wo seine Tätigkeit im Gesetz ausdrücklich vorgesehen ist (§§ 372, 485 Abs. 2 S. 1 Nr. 1 ZPO). Als Regelfall geht das Gesetz davon aus, dass das Gericht dem Sachverständigen die **Anknüpfungstatsachen** mitteilt.[1133] Freilich ist es in der Praxis im EDV-Prozess so, dass jedenfalls die Augenscheinseinnahme in aller Regel durch den Sachverständigen selbst durchgeführt wird, so dass sich das Regel-Ausnahme-Verhältnis umkehrt.

Dies liegt aber daran, dass gerade bei der Augenscheinseinnahme die besondere Sachkunde des Sachverständigen von Bedeutung ist. Für andere Beweismittel gilt dies nur in beschränktem Maß. Sicher kann der Sachverständige bei der Zeugenvernehmung geeignete Fragen stellen. Schon die Bewertung der Glaubwürdigkeit und Glaubhaftigkeit des Zeugen fällt aber nicht mehr in seine Kompetenz. Darüber hinaus sind bei der Zeugenvernehmung prozessualer Regeln wie z. B. die Belehrung zu beachten, so dass eine eigenständige Zeugenvernehmung durch den Sachverständigen nicht in Betracht kommt. Diese Vernehmung muss das Gericht durchführen, wobei der Sachverständige anwesend sein und eventuell auf die Stellung zweckmäßiger Fragen hinwirken, möglicherweise auch den Sinngehalt der Antworten bewerten kann, wenn sie sehr technisch ausfallen.[1134]

Ebenso problematisch ist die **Mitwirkung in der mündlichen Verhandlung** zur Über- **760** setzung des Prozessstoffes. Die unmittelbare Befragung der Parteien zur Ermittlung des Streitstoffes und zur Übersetzung der Parteibehauptung ist sogar problematischer als die schon behandelte Mitwirkung bei der Vernehmung von Zeugen. Diese Übersetzungsarbeit ist im Prinzip eine der zentralen Aufgaben der jeweiligen Prozessbevollmächtigten.

Die Hinzuziehung eines Sachverständigen setzt zunächst voraus, dass feststeht, dass überhaupt ein erheblicher Tatsachenstoff streitig ist. Anderenfalls soll der Sachverständige auch nach § 273 ZPO nicht geladen werden (vgl. § 273 Abs. 3 ZPO).[1135] Aus dem Vortrag der Parteien muss sich daher zumindest nachvollziehbar ergeben, warum sich der Streit dreht, bevor die Ladung eines Sachverständigen erfolgen kann. Sie erfolgt auch immer im Hinblick darauf, dass er als Sachverständige im Sinne der ZPO, also als Beweismittel,

[1130] *Schneider,* Handbuch des EDV-Rechts, Rn. P 83.

[1131] Vgl. z. B. *Rehmann,* CR 1990, 575 (577).

[1132] *Zöller/Greger,* § 355 Rn. 2.

[1133] Plastisch OLG Stuttgart, WuM 2011, 244.

[1134] Dies gilt jedenfalls im Zivilprozess: *Jessnitzer/Frieling,* Der gerichtliche Sachverständige, Rn. 273; *Zöller/Greger,* § 355, Rn. 2.

[1135] *Zöller/Greger,* § 273, Rn. 11.

beauftragt wird und nicht zu anderen Zwecken, die nicht der Vorbereitung dieser Tätigkeit dienen, herangezogen werden kann.

Darüber hinaus muss das Gericht bei seinen Ermittlungen den Beibringungsgrundsatz beachten und darf nicht von sich aus Nachforschungen anstellen. Umgekehrt muss es auf eine **vollständige Darlegung des Streitstoffes hinwirken** (§ 139 ZPO). Die **Grenzziehung** zwischen gebotenen Hinweisen und verbotenen Nachforschungen **ist schwierig.** Durch die Hinzuziehung eines Sachverständigen im unmittelbaren Verkehr mit den Parteien wird ihre Einhaltung noch schwieriger. Meist wird nur eine Beratung des Gerichts durch den Sachverständigen sinnvoll sein, die möglichst außerhalb der mündlichen Verhandlung stattfinden sollte.

Es ist sicher nicht zu verkennen, dass sich eine Situation ergeben kann, in der eine nicht sachkundige Partei einem mit der Sachmaterie auch nicht näher vertrauten Prozessbevollmächtigten beauftragt. In diesem Fall kann sachlich durchaus Falsches vorgetragen werden.[1136] In diesem Fall kann das Gericht aber nur im Rahmen des § 139 ZPO helfen, wobei die Frage der Grenzziehung zwischen erlaubten und unerlaubten Hinweisen dem Gericht und nicht dem Sachverständigen überlassen bleiben muss.

Die Hinzuziehung eines Sachverständigen zur Übersetzung des Prozessstoffes sollte daher eine seltene Ausnahme sein.

ff) Die Haftung des Sachverständigen

761　　Die **Haftung** des Sachverständigen richtet sich nach **§ 839 a BGB.** Danach gilt Folgendes:

Wenn der Sachverständige vorsätzlich oder grob fahrlässig ein unrichtiges Gutachten erstellt, haftet er den Verfahrensbeteiligten für den Schaden, der auf einer gerichtlichen Entscheidung beruht, die auf dieses Gutachten zurückzuführen ist. Der Verfahrensbeteiligte muss freilich – wie bei der Amtshaftung – versuchen, diesen Schaden ggfs. durch ein Rechtsmittel zu verhindern. Tut er dies nicht, haftet der Sachverständige nicht (§ 839 a Abs. 2 in Vbdg. mit § 839 Abs. 3 BGB). Für die Haftung kommt es nicht darauf an, ob der Sachverständige vereidigt ist oder nicht.[1137]

5. Die Besonderheiten des selbstständigen Beweisverfahrens

762　　Gerade bei Softwaremängelprozessen wird ein **selbstständiges Beweisverfahren** häufig ein geeignetes Mittel darstellen, die notwendigen Beweise zu erheben. Das Verfahren ist relativ rasch, wobei aber der Zeitgewinn je nach Verfahrenspraxis der einzelnen Amts- und Landgerichte sehr unterschiedlich ist. In vielen Fällen wird aber ein Hauptsacheprozess nach Durchführung eines selbstständigen Beweisverfahrens vermeidbar sein, weil die Mängel, ggf. auch deren Ursachen oder das Fehlen von Mängeln, bereits verbindlich für beide Parteien festgestellt sind. Diese Funktion des selbstständigen Beweisverfahrens ist in § 485 Abs. 2 S. 2 ZPO vom Gesetzgeber ausdrücklich anerkannt worden. Auch in diesem Verfahren wird der Sachverständige verantwortlich durch das Gericht ausgesucht.

a) Zuständigkeit

763　　**Zuständig** für ein selbstständiges Beweisverfahren ist während des laufenden Verfahrens das **Gericht der Hauptsache** (§ 486 Abs. 1 ZPO), nur in Eilfällen das Amtsgericht, in dessen Bezirk sich die Sache bzw. der zu vernehmende Zeuge befindet. Ein selbst-

---

[1136] *Braun,* in: Bartsch (Hrsg.), Softwareüberlassung und Zivilprozeß, S. 83 (87).
[1137] *Bollweg/Hellmann,* Das neue Schadensersatzrecht, S. 63.

ständiges Beweisverfahren während des laufenden Verfahrens ist allerdings praktisch eher selten.

Außerhalb des Hauptsacheverfahrens ist ein selbstständiges Beweisverfahren dort zu betreiben, wo nach den Angaben des Antragstellers das Hauptsacheverfahren durchzuführen wäre (§ 486 Abs. 2 S. 1 ZPO). Mit der Wahl dieses Gerichts bindet sich der Antragsteller auch für das Hauptsacheverfahren (§ 486 Abs. 2 S. 2 ZPO). Auch hier ist nur in Eilfällen das Amtsgericht zuständig, in dessen Bezirk sich die Sache bzw. der zu vernehmende Zeuge befindet.

Abweichende vertragliche Vereinbarungen sind hinsichtlich der Vorschriften des § 486 ZPO unzulässig, da es sich um eine ausschließliche Zuständigkeit handelt. Eine Gerichtsstandsvereinbarung für das Hauptsacheverfahren wirkt sich allerdings auch auf die Zuständigkeit nach § 486 Abs. 2 S. 1 ZPO aus.

b) Gegenstand des Verfahrens, Antragsbefugnis

Gegenstand eines selbstständigen Beweisverfahrens kann zunächst jedes Beweisthema **764** sein (§ 485 Abs. 1 ZPO), wenn entweder der Gegner zustimmt oder der Verlust des Beweismittels oder die Erschwerung seiner Benutzung zu besorgen ist. Nur in diesem Fall kann im Übrigen während eines laufenden Hauptsacheverfahrens die Beweissicherung betrieben werden. Da eine Zustimmung des Antragsgegners selten zu erlangen sein wird, kommt praktisch nur der Fall in Betracht, dass ein **Verlust des Beweismittels** zu besorgen ist. Die kann im EDV-Recht leicht der Fall sein, weil man in aller Regel EDV-Systeme nicht unverändert über Jahre weiterbenutzen, sondern regelmäßig Updates oder sonstige Systemveränderungen durchführt und damit die Beweismittel vernichtet werden.

Wird das selbstständige Beweisverfahren außerhalb eines laufenden Prozesses durch- **765** geführt, ist es dann zulässig, wenn der Antragsteller an der Beantwortung der **Beweisfragen ein rechtliches Interesse hat** (§ 485 Abs. 2 Satz 1 ZPO). Ein solches rechtliches Interesse wird immer dann gegeben sein, wenn **vertragliche bzw. vorvertragliche Beziehungen** zwischen den Parteien des selbstständigen Beweisverfahrens bestehe und der Antragsteller daraus im Hinblick auf den Zustand der Sache **vertragliche Ansprüche herleiten will,**[1138] selbst wenn man hier zusätzlich ein Rechtsschutzbedürfnis des Antragstellers verlangt.[1139] Diese Voraussetzungen dürften im Hinblick auf Mängelansprüche jederzeit vorliegen. Darüber hinaus liegt ein rechtliches Interesse nach § 485 Abs. 2 Satz 2 ZPO immer dann vor, wenn die Beweiserhebung der **Vermeidung eines Rechtsstreits** dienen kann. Dafür reicht schon aus, dass der Antragsteller bei negativem Ausgang des Verfahrens auf die weitere Geltendmachung von Ansprüchen verzichtet.[1140] Dies dürfte in den hier interessierenden Sachverhalten fast immer der Fall sein, so dass ein selbstständiges Beweisverfahren vor Einleitung eines Hauptsacheverfahrens praktisch immer zulässig sein dürfte.

Fraglich könnte allenfalls sein, ob es sich bei Software um eine **Sache** und bei den **766** Mängeln, um die es bei EDV-Prozessen geht, überhaupt um Sachmängel im Sinne von § 485 ZPO handelt. Nach der hier vertretenen Meinung ist Software keine Sache. Dennoch stellen sich in der Praxis hier keine Probleme. Wie bei der Anwendung des Sachmängelgewährleistungsrecht beim Kaufvertrag gem. § 453 BGB ist es auch hier so, dass die Vorschrift des **§ 485 ZPO** im Hinblick auf Software und Softwaremängel **jedenfalls analog** heranzuziehen ist. In vielen Fällen ist es ja auch so, dass so Mängel an Anlagen geht, die

---

[1138] BL-*Hartmann,* § 485, Rn. 8; *Zöller/Herget,* § 485 Rn. 7 a.
[1139] So OVG Koblenz, NVwZ-RR 2006, 853.
[1140] Str., vgl. näher *Redeker,* in: Computerrechtshandbuch, Abschn. 160, Rn. 245 f.; aus der Rechtsprechung wie hier OLG Saarbrücken, NJW 2000, 2439; **a. A.** LG Deggendorf, NJW-RR 2000, 514.

ohne Zweifel Sachen darstellen. Hinsichtlich der analogen Anwendung muss das Prozessrecht dem materiellen Recht folgen.

c) Inhalt des Antrags

767   Im Antrag muss genau bezeichnet werden, über **welche Beweisfragen durch welche Beweismittel** Beweis erhoben werden soll (§ 487 Nr. 2 u. 3 ZPO). Über Fragen, die im Antrag nicht gestellt werden, kann kein Beweis erhoben werden. Der Antragsteller ist daher gehalten, sämtliche ihn interessierenden Mängel und ggf. deren Verursachung aufzulisten und zur Feststellung anzubieten. Eine pauschale Frage des Inhalts, dass Mängel festgestellt werden sollen, ist unzulässig, weil es sich um einen Ausforschungsbeweis handelt.[1141]

Streitig ist die Frage, ob hinsichtlich der **Beseitigungskosten** generell gefragt werden kann, wie hoch diese für konkrete Mängel sind oder ob hier auch im Antrag genaue Zahlen genannt werden müssen. Aus Gründen der Praktikabilität sollte eine generelle Frage zugelassen werden. Anderenfalls erzwingt man entweder teure und sinnlose Privatgutachten oder stimuliert die Parteien zur Behauptung „ins Blaue hinein". Durch die Notwendigkeit der konkreten Mangelbezeichnung ist der Gefahr des Ausforschungsbeweises hinreichend vorgebeugt.

Unzulässig sind Fragen nach eventuellen **Organisationsmängeln,** weil es dabei um eine rechtliche Bewertung geht.[1142]

768   Die Voraussetzungen für ein selbstständiges Beweisverfahren (rechtliches Interesse bzw. Besorgnis des Verlustes des Beweismittels) müssen ebenso **glaubhaft gemacht werden** wie die Tatsachen, wegen derer das Gericht zuständig ist (§ 487 Nr. 4 ZPO). Dies kann ggf. auch durch eidesstattliche Erklärung geschehen.

Außerdem muss der Antragsgegner bezeichnet werden (§ 487 Nr. 1 ZPO). Darauf kann allerdings verzichtet werden, wenn der Antragsteller ihn ohne Verschulden nicht bezeichnen kann. Dies mag bei Unfällen, insbesondere bei Verkehrsunfällen, im Falle der Unfallflucht häufiger vorkommen. Im hier betrachteten Zusammenhang dürfte eine solche Situation nicht auftreten. Allenfalls bei Softwareverletzungsprozessen kann eine solche Lage gelegentlich gegeben sein, wenn der illegale Wettbewerber oder Schutzrechtsverletzter anonym auftritt.

d) Abwehrmaßnahmen des Antragsgegners

769   Der Antragsgegner muss alle ihm zumutbaren **Einwendungen gegen das Verfahren** und die Behauptung des Antragstellers im selbstständigen Beweisverfahren vortragen, soweit diese dort von Bedeutung sein können. Anderenfalls trifft ihn die volle Beweislast dafür, dass das im selbstständigen Beweisverfahren erzielte Ergebnis unzutreffend ist. Die wesentlichen Einwände dürfen sich darauf beziehen, dass die unter Beweis gestellten Behauptungen des Antragstellers nicht stimmen. Dabei wird man oft auch zu ihrer rechtlichen Bewertung Stellung nehmen müssen, insbesondere zu der Frage, ob es sich um Mängel im Rechtssinn handelt oder nicht. Die Entscheidung über diese Frage ist zwar eigentlich nicht Gegenstand des selbstständigen Beweisverfahrens. Dennoch können diese rechtlichen Bewertungsfragen durchaus das Beweisergebnis beeinflussen. Hinzu kommt, dass die Abgrenzung zwischen technischer Fehlerbeschreibung und rechtlicher Bewertung der Fehler als Mängel fließend ist. Entscheidend ist, dass im Hauptsacheprozess eine **Bindung an das Beweisergebnis des selbstständigen Beweisverfahrens** besteht (§ 493 ZPO). Allein schon deshalb sollte auch der Antragsgegner rechtzeitig reagieren.[1143]

[1141] OLG Köln, OLG-Report Köln 2000, 234.
[1142] OLG Köln, Baurecht 1999, 195.
[1143] Ebenso *Bergmann/Streitz*, NJW 1992, 1726.

Dies kann insbesondere dann schwierig werden, wenn die Beweisfragen des Antragstel- 770
lers aus Sicht des Antragsgegners nicht ausreichend sind, um die tatsächlichen Voraussetzungen des Falles hinreichend aufzuklären. Hier müsste der Antragsgegner überlegen,
ob er die Möglichkeit sieht, eine Aufhebung des Beschlusses zu erreichen. Ein Rechtsmittel gegen einen die Durchführung eines selbstständigen Beweisverfahrens anordnenden
Beschluss gibt es freilich nicht. Es sind daher nur formlose **Gegenvorstellungen** möglich.
Eine Aufhebung des Beschlusses kann jederzeit von Amts wegen erfolgen. Ein solches
Vorgehen kann aber nur in Ausnahmefällen sinnvoll sein.

Erscheint es nicht zweckmäßig oder nicht erfolgversprechend, kommen des weiteren 771
zusätzliche Beweisfragen des Antragsgegners in Betracht, mithilfe derer er die aus seiner
Sicht richtigen Untersuchungen veranlasst. Diese müssen bei der Beweissicherung nach
§ 485 Abs. 2 ZPO zwar in sachlichem Zusammenhang mit den Beweisfragen des Antragstellers stehen,[1144] aber von ihnen auch abweichen, da eine doppelte Beweiserhebung
gemäß dem auch hier anwendbaren § 412 ZPO nur dann in Betracht kommt, wenn das
erste Gutachten ungenügend ist.[1145] Über diese Fragen hinaus wird man meist nur vortragen müssen, wenn man an einem Vergleich interessiert ist und diesen im selbstständigen
Beweisverfahren erreichen möchte. Diese Möglichkeit ist in § 492 Abs. 3 ZPO ausdrücklich vorgesehen worden.

Ob die Einwände schriftsätzlich oder beim Ortstermin mündlich vorgetragen werden, 772
ist mehr eine taktische Frage. Rechtliche Vorgaben gibt es nicht. Im Allgemeinen ist es
zweckmäßig, kompliziertere, dem Sachverständigen nicht zu vertraute oder von ihm nicht
unmittelbar überprüfbare Einwände schriftlich vorzutragen, da solche Einwände bei erst-
maligem Erheben im Ortstermin leicht untergehen. Je nach den Umständen kann dies aber
im Einzelfall auch anders sein.

Im Übrigen kann bei Vorliegen der üblichen **Befangenheitsgründe** der Sachverständige 773
auch im selbstständigen Beweisverfahren abgelehnt werden.[1146] Ob diese Möglichkeit
besteht, ist zwar nach wie vor leicht streitig, dennoch ist es dringend zu empfehlen, eine
Ablehnung auszusprechen, wenn Gründe vorliegen. Dies gilt schon deshalb, weil das
Hauptsachegericht mit dem selbstständigen Beweisgericht nicht übereinstimmen muss.
Schließlich ist nur der Antragsteller an seine Gerichtswahl gebunden, nicht jedoch der
Antragsgegner bei einer Rüge.

Lehnt das Beweissicherungsgericht den Befangenheitsantrag ab, weil es diese Möglichkeit im Verfahren für nicht gegeben hält, so kann das Hauptsachegericht einen späteren
Befangenheitsantrag nicht wegen Untätigkeit im selbstständigen Beweisverfahren als verspätet zurückweisen.

In Einzelfällen müsste es wichtig sein, das Ergebnis des selbstständigen Beweisverfahrens auch Dritten gegenüber, insbesondere Vorlieferanten oder Beratern gegenüber, bin-
dend zu machen. In einem solchen Fall muss den Dritten der Streit verkündet werden.
Dies ist auch im selbstständigen Beweisverfahren zulässig.[1147]

e) Verjährung

Das **selbstständige** Beweisverfahren hat eine besondere Bedeutung, weil es die **Ver-** 774
jährung der Mängelansprüche hemmt (§ 204 Abs. 1 Nr. 7 BGB). Diese Hemmung bezieht sich lediglich auf die Mängel, wegen derer es eingeleitet worden ist. Auch unter

---

[1144] LG Konstanz, NJW-RR 2003, 1379; OLG Düsseldorf, OLG Report Düsseldorf 2004, 378;
näher *Ulrich,* AnwBl. 2003, 78 (84).
[1145] OLG Nürnberg, NJW-RR 2001, 859.
[1146] OLG Köln, OLG-Report 1993, 315; OLG Celle, NJW-RR 1995, 1004; OLG Düsseldorf, BauR
1998, 365; KG, NJW-RR 1998, 144; *Zöller/Herget,* § 487 Rn. 5; **a. A.** BL-*Hartmann,* § 487 Rn. 8.
[1147] BGH, NJW 1997, 859; BauR 1998, 172 = ZfBR 1998, 26; OLG Düsseldorf, OLG Report
Düsseldorf 2004, 378; *Ulrich,* AnwBl. 2003, 78 (85 f.).

diesem Gesichtspunkt ist die vollständige Auflistung der Mängel im Beweissicherungs-antrag von großer Bedeutung. Für die Hemmung ist freilich die Zustellung des Antrags beim Gegner notwendig.[1148]
Die Hemmung bezieht sich auf sämtliche Ansprüche, die in irgendeiner Weise auf diese Mängel gestützt werden. Dies gilt für alle Mängelansprüche, aber auch für Schadensersatz-ansprüche etwa aus positiver Vertragsverletzung oder Fehlberatung.[1149]

f) Kosten des selbstständigen Beweisverfahrens

775 Folgt auf ein selbstständiges Beweisverfahren ein Hauptsacheverfahren zwischen den Parteien des selbstständigen Beweisverfahrens und wird das Ergebnis des selbstständigen Beweisverfahrens im Hauptsacheprozess verwendet, sind die **Kosten des selbstständigen Beweisverfahrens Teil der Kosten des Hauptsacheprozesses.** Die Kostentragung folgt dem Ergebnis des Folgeprozesses. Gibt es im selbständigen Beweisverfahren zwei An-tragsgegner, die in gleichem Umfang Beweisgegner sind, wird aber nur einer verklagt und verurteilt, trägt dieser alle Kosten des selbständigen Beweisverfahrens.[1150] Streitig ist dies aber, wenn der Folgeprozess durch Klagerücknahme beendet wird. Für diesen Fall vertritt ein nicht unwesentlicher Teil der Rechtsprechung die Auffassung, die Kosten des selb-ständigen Beweisverfahrens seien nicht von der Kostenentscheidung umfasst,[1151] während ein anderer Teil sie mit einschließt.[1152] Der letzteren Meinung ist aus praktischen Gründen der Vorzug zugeben, um weitere Verfahren zu vermeiden.

776 Ist dies nicht so, gibt es die Möglichkeit, dass das Gericht dem Antragsteller eine Frist zur Klageerhebung setzt (§ 494 a, Abs. 1 ZPO). Wird die **Klage nicht** binnen der gesetzten Frist **erhoben,** trägt der **Antragsteller die Kosten** des selbstständigen Beweisverfahrens (§ 494 a, Abs. 2 ZPO).[1153] Dieser Weg wird in aller Regel dann einzuschlagen sein, wenn das selbständige Beweisverfahren ergeben hat, dass die geltend gemachten Mängel nicht vorliegen und deswegen keine Klage erhoben wird. Allerdings haben einzelne Gerichte die Meinung vertreten, dass diese Regel auch dann eingreife, wenn der Antragsteller zwar selbst keine Klage erhebt, das selbständige Beweisverfahren aber zur Abwehr der gegnerischen Klage erfolgreich einsetzt.[1154] Diese Meinung ist aber ausgesprochen zweifelhaft und muss jedenfalls dann abgelehnt werden, wenn das Ergebnis des selbständigen Beweisverfahrens dazu dient, den gegnerischen Zahlungsanspruch wegen Mängelrügen abzuwehren.[1155] Dann sind die Kosten des selbständigen Beweisverfahrens Kosten der Hauptsache.
Die Fristsetzung wirkt im Übrigen nur zu Gunsten desjenigen, der sie beantragt hat.[1156]

777 Erhebt der Antragsteller eine **Klage,** die **nur einen** der im selbstständigen Beweisver-fahren **beteiligten Antragsgegner** betrifft oder klagt er nur wegen eines **Teils der Forde-rung,** so ergeben sich anteilige Kostenerstattungspflichten. Im ersten Fall hat er die Kosten des Antragsgegners zu tragen, der nicht verklagt wird. Im zweiten Teil trägt er einen von dem nicht eingeklagten Anteil entsprechenden Kostenanteil.[1157] Die Entscheidung darüber ergeht im Hauptsacheverfahren.[1158] Bei Rücknahme des Antrags auf Durchführung des

---

[1148] *Ulrich,* AnwBl. 2003, 78 (79).
[1149] Deutlich Erman/*J. Schmidt-Räntsch,* § 204 Rn. 21.
[1150] BGH, NJW-RR 2004, 1651.
[1151] So OLG Düsseldorf, NJW-RR 2006, 1028 mit zahlreichen Nachweisen.
[1152] So z. B. OLG Düsseldorf, BauR 1997, 349 (350); OLG Karlsruhe, BauR 2005, 1071.
[1153] **A. A.** OLG Frankfurt a. M., AnwBl. 1999, 235.
[1154] Ausführlich etwa LG Kleve, NJW-RR 1997, 1356 ff.; OLG Köln, OLG-Report Köln 1997, 67: OLG Zweibrücken, Beschl. v. 11. 2. 2004, 4 W 111/03.
[1155] Wie hier AG Stuttgart-Bad Cannstatt, NJW-RR 1999, 1370; Ulrich, AnwBl. 2003, 144 (146).
[1156] OLG Stuttgart, NJW-RR 2001, 863.
[1157] *Zöller/Herget,* § 494 a Rn. 4 a.
[1158] BGH, NJW 2004, 3121; NJW 2007, 1282; str.

selbständigen Beweisverfahrens wird allgemein § 269 ZPO analog angewandt.[1159] Die Kosten des Verfahrens trägt der Antragsteller. Das Gleiche gilt, wenn der Antragsteller den angeforderten Kostenvorschuss nicht zahlt.[1160] Auch die einseitige Erledigungserklärung gilt als Rücknahme.[1161] § 91 a ZPO ist nicht anwendbar.[1162]

Der Streitwert des selbstständigen Beweisverfahrens richtet sich nach einer mittlerweile weitgehend verbreiteten Meinung nach der Höhe des Hauptsacheverfahrens, das mit dem selbständigen Beweisverfahren angestrebt wird.[1163]

6. Bemerkungen zur Vorgehensweise bei Mängelauseinandersetzungen

Zeichnet sich eine **Auseinandersetzung** über einen DV-Vertrag ab, so sind neben der **Ermittlung des Sachverhalts** zur Vorbereitung oder auch zur Vermeidung eines Prozesses zunächst taktische Überlegungen anzustellen. Für diese Überlegungen seien hier einige Hinweise gegeben: **778**

Insbesondere bei Auseinandersetzungen über Mängel ist es von zentraler Bedeutung, die aufgetretenen Mangelerscheinungen und evtl. bekannte Mangelursachen exakt aufzuzeichnen. Festzuhalten sind auch evtl. Mängelbeseitigungsversuche. Sehr sorgfältig ist auch zu prüfen, was eigentlich an Leistung geschuldet ist.[1164] Sollte es hier noch an einer exakten Beschreibung der Mängel fehlen, muss diese ggf. noch erarbeitet werden.[1165]

Ist das System nicht komplett aus einer Hand erworben worden, ist es oft dringend erforderlich, Schadensursachen zu überprüfen. Anderenfalls droht die Gefahr, dass sämtliche Angriffe in eine falsche Richtung gehen.[1166]

Je nach vertraglicher Einordnung sind sodann **Fristsetzungen** erforderlich, um zu Kündigungs-, Minderungs- oder Rücktrittsmöglichkeiten zu kommen. Wichtig ist bei diesen Fristsetzungen die möglichst vollständige Aufzählung der Fehler, die Aufforderung zur Mängelbeseitigung und der Hinweis auf die Konsequenzen bei Nichteinhaltung der Frist.

Spätestens nach Fristablauf ist die Möglichkeit und Notwendigkeit eines **selbstständigen Beweisverfahrens** zu prüfen und dieses ggf. einzuleiten und durchzuführen.[1167] Meist wird während oder nach dem selbstständigen Beweisverfahren erneut eine Einigung versucht. Scheitert sie, ist dann das Klageverfahren einzuleiten.

IX. Vollstreckungsprobleme

Die meisten Titel im Bereich des EDV-Vertragsrechts sind **Zahlungstitel.** Für sie stellen   **779** sich keine besonderen Vollstreckungsprobleme.

Anders ist dies mit Zug-um-Zug-Titel.[1168] Diese enthalten als Gegenleistung meist Verpflichtungen, die Herausgabe- und Beseitigungstiteln im Softwareverletzungsprozess ent-

---

[1159] OLG Köln, OLG-Report Köln 1999, 17, 184; zu Spezialfällen: OLG Köln, OLG-Report Köln 2001, 355; Ulrich, AnwBl. 2003, 144 (145).

[1160] OLG Celle, NJW-RR 1998, 1079; OLG Frankfurt, NJW-RR 1995, 1150; **a. A.** OLG Köln, NJW-RR 2001, 1650 (1651); str.: **a. A.** Ulrich, AnwBl. 2003, 144 (145).

[1161] BGH, WuM 2011, 46; 302 = NJW-RR 2011, 931.

[1162] OLG Düsseldorf OLG Report Hamm/Düsseldorf/Köln 2005, 453.

[1163] Übersicht zuletzt bei OLG Köln, OLG-Report Köln 1999, S. 246.

[1164] Vgl. dazu oben insbesondere Rn. 302 ff.

[1165] Dazu Rn. 354 f.

[1166] Plastische Beispiele bei *Schnupp*, NJW-CoR 1999, 217.

[1167] Dazu eben Rn. 762 ff.

[1168] Dazu ausgiebig *Ulmer*, ITRB 2003, 276 (278 f.).

sprechen. Wegen dieser Gegenansprüche wird nicht vollstreckt. Allerdings lässt sich der Zahlungsanspruch aus Zug-um-Zug-Titeln nur dann vollstrecken, wenn entweder der Gerichtsvollzieher die Gegenleistung in einer den Annahmeverzug begründenden Weise angeboten oder die Befriedigung bzw. der Annahmeverzug durch öffentliche oder öffentlich beglaubigte Urkunden nachgewiesen wird. Diese Urkunden müssen dem Schuldner darüber hinaus zugestellt werden (§ 756 ZPO).

Üblicherweise werden Gegenstände, die zurückzugeben sind, dem Gerichtsvollzieher einfach mitgegeben. Dies geht bei EDV-Anlagen und Software nur, wenn diese Gegenstände im Titel exakt beschreiben sind. Insoweit ist auf die Ausführungen zu den Herausgabetiteln[1169] zu verweisen. Ist die Beschreibung nicht exakt genug, muss der Gerichtsvollzieher ggf. einen Sachverständigen mit der Identifizierung beauftragen. Reicht auch dies nicht, wird eine neuerliche (Feststellungs-)klage unvermeidbar. Dabei ist zu beachten, dass Grundlage der Zwangsvollstreckung allein der Titel (einschließlich Begründung) ist. Weitergehende Umstände, insbesondere Listen, Verzeichnisse u. ä. Unterlagen werden nicht herangezogen, wenn sie nicht Teil des Titels sind.[1170]

780   Ist als **Gegenleistung** auch die **Löschung** von Software geschuldet, scheidet ein Anbieten durch den Gerichtsvollzieher aus. Man ist auf den Nachweis des Annahmeverzuges bzw. der Befriedigung durch öffentliche oder öffentlich beglaubigte Urkunden angewiesen.

Eine solche Urkunde ist theoretisch in der Weise zu erreichen, dass die Löschung vor den Augen des Gerichtsvollziehers vollzogen wird. In diesem Fall kann er in seinem Protokoll vermerken, dass die Löschung erfolgt ist. Es liegt dann eine öffentliche Urkunde über die Erfüllung der Verpflichtung vor. Sollte sich der Gerichtsvollzieher für die Errichtung dieser Urkunde – richtigerweise – nicht für sachverständig genug halten, müsste er einen Sachverständigen hinzuziehen. Der Vollstreckungsaufwand nimmt erheblich zu. Dennoch ist dieser Weg rechtlich nur schwer zu umgehen.

Freilich kann sich z. B. der Rücktrittsgegner auch mit einer eidesstattlichen Erklärung über die vollzogene Löschung zufrieden geben. Diese kann dann der Gerichtsvollzieher anbieten und ggf. übergeben, worauf die Voraussetzungen des § 756 ZPO gegeben sind. Einer notariellen Beurkundung der eidesstattlichen Versicherung bedarf es nicht.[1171]

Zu einer solchen Verfahrensweise ist der Rücktrittsgegner aber nicht verpflichtet.

Die öffentliche Urkunde kann – worauf schon hingewiesen wurde[1172] – allerdings auch in einem **Urteil** bestehen, dass den **Annahmeverzug** des Schuldners feststellt. In diesem Fall sind die geschilderten Vollstreckungsprobleme vermieden. Es empfiehlt sich deswegen dringend, einen solchen Feststellungsantrag im Hauptprozess zu stellen.

[1169] Oben Rn. 276.
[1170] KG, NJW-RR 1998, 424 (strenge Anforderungen).
[1171] *Münchberg,* BB 1990, 1011.
[1172] Oben Rn. 701 f.

C. Spezielle Fragen

I. Allgemeines

Neben den bislang erörterten Vertragsgestaltungen beim Erwerb von Software zur **781** eigenen Nutzung gibt es eine ganze Reihe weiterer Verträge mit EDV-Bezug. Die wichtigsten sollen in der Folge erörtert werden. Außerdem wird die gelegentlich auftretende Frage nach einer Produkthaftung für Software oder Datenverarbeitungsanlagen behandelt.

II. Rechenzentrumsvertrag/Outsourcing

1. Der wesentliche Vertragsinhalt des Rechenzentrumsvertrages

Der erste zu erörternde Vertrag ist der sogenannte **Rechenzentrumsvertrag.** Dabei **782** geht es um Verträge, in denen nicht eine konkrete Software oder eine konkrete Datenverarbeitungsanlage einem Kunden zur alleinigen Nutzung überlassen wird. Vielmehr gibt der Kunde einem Rechenzentrum den Auftrag, **für ihn Datenverarbeitungsleistungen durchzuführen.** Im Vordergrund der Verträge standen und steht hier die Nutzung einer vorhandenen Datenverarbeitungsanlage, insbesondere die Nutzung der vorhandenen Hardware einschließlich der vorhandenen Betriebssoftware. In manchen Fällen ist die von Seiten des Rechenzentrumsbetreibers zu erbringende Leistung damit bereits erschöpft. Die spezielle Anwendersoftware wird vom Kunden mit eingebracht. In wohl eher der Mehrheit der Fälle wird demgegenüber auch die Anwendersoftware von Seiten des Rechenzentrumsbetreibers angeboten. Sie kann auf die Bedürfnisse des Kunden speziell abgestimmt, möglicherweise für diesen sogar speziell entwickelt werden. Allerdings wird auch speziell entwickelte Software in aller Regel nicht dem Kunden zur Nutzung überlassen, sondern verbleibt im Bereich des Rechenzentrumsbetreibers, der diese Software auch Dritten anbieten kann, wenn diese Interesse daran haben. In besonderen Fällen bleibt er zwar Nutzungsberechtigter, darf aber eine Drittüberlassung nicht anbieten.

Als Gegenleistung zahlt der Kunde meist eine **monatliche Festvergütung.** Denkbar ist, **783** dass er für spezielle Leistungen spezielle Sonderentgelte entrichtet, insbesondere für die Entwicklung von Software, aber auch für die exorbitante Nutzung der vorhanden Software oder für die einmalige Nutzung von Software, die ihm üblicherweise nicht zur Verfügung steht.[1] Möglich ist auch eine Abrechnung verbrauchter CPU-Zeit oder eine ähnlich aufwandsabhängige Berechnung.

Praktisch sind Verträge dieser Art wieder wichtig, weil viele Unternehmen dazu übergeben, auch ihre EDV-Abteilung oder Teile davon im Rahmen des **Outsourcing** auszulagern. Näheres dazu wird unter 7. erörtert. **784**

---

[1] Zum Vorstehenden *Schneider,* Handbuch des EDV-Rechts, Rn. M 1 ff. und in: Redeker (Hrsg.), Handbuch der IT-Verträge, Abschn. 7.1; *Wächter,* NJW-CoR 1999, 292.

2. Die rechtliche Einordnung

785   Auch für Rechenzentrumsverträge stellt sich zunächst die Frage nach ihrer **rechtlichen Einordnung** in die Vertragstypik des BGB.

In der Literatur wird teilweise angenommen, man könne hier mietvertragliche Regeln anwenden.[2] Dafür spricht, dass in der Tat eine Sache, nämlich die Hardware zur Verfügung gestellt wird. Dagegen spricht allerdings, dass diese Hardware in aller Regel einem Kunden nicht als einzigem Nutzer zur Verfügung gestellt wird. Vielmehr wird die Hardware gleichzeitig von verschiedenen Nutzern in Anspruch genommen. Der Kunde verfügt auch meist nicht selbst über die Hardware. Unmittelbar verfügungsberechtigt bleibt der Rechenzentrumsbetreiber. Ein Mietvertrag scheidet demgemäß im Regelfall aus.

Allerdings kann es auch so sein, dass das Rechenzentrum **stundenweise** oder gar **ganz einzelnen Nutzern zur Verfügung gestellt** wird.[3] In diesem Fall liegt ein Mietvertrag vor.[4] Solche Fälle dürften insbesondere im Bereich des Outsourcing häufiger auftreten.

786   In der Rechtsprechung wird des weiteren die Annahme vertreten, es käme ein **Dienstvertrag** in Betracht.[5] Diese Einordnung ist aber fraglich.

787   Ein anderer Teil der Rechtsprechung geht auch von einem **Werkvertrag** aus.[6] Der für den Werkvertrag erforderlicher Erfolg liegt darin, dass das Rechenzentrum verpflichtet ist, die vom Kunden gelieferten Daten gem. den vertraglichen Vereinbarungen ordnungsgemäß zu verarbeiten und die entsprechenden Ergebnisse an den Kunden zurückzuliefern.

Für ältere Rechenzentrumsverträge, wo in der Tat Daten vom Kunden dem Rechenzentrum entweder in Papierform oder in Form von Lochkarten oder auch Magnetbändern geliefert wurden und die entsprechenden Ergebnisse in ähnlicher Weise zurücktransportiert wurden, spricht vieles dafür, dass man eine entsprechende **vertragstypologische Einordnung** vornehmen muss, wobei allerdings wie schon bei Wartungsverträgen[7] kein reiner Werkvertrag anzunehmen ist, sondern ein **Dauerschuldverhältnis,** dessen wesentliche Leistung Werkvertragsregeln folgt, während etwa Fragen der Kündigung anderen Regeln folgen müssen.

Bei **neueren Rechenzentrumsverträgen,** bei denen die Daten vom Kunden unmittelbar telekommunikativ dem Rechenzentrum übermittelt werden, ist diese Einordnung zweifelhaft. Diese Verträge nähern sich aber den weiter unten noch ausgiebiger zu erörternden **Verträgen** über Applikation Service Provider so dass auf die dortigen Ausführungen zu verweisen ist.[8] Auch dort gilt oft Werkvertragsrecht (mit miet- oder dienstvertraglichem Einschlag).

788   Mit der Rechtsprechung ist daher hier im Wesentlichen von einer **werkvertraglichen Qualifikation** der Hauptleistungspflicht bei Rechenzentrumsverträgen auszugehen. Dies gilt – wie bei allen vertragstypologischen Einordnungen – allerdings nur für den Regelfall. Es kann durchaus Vertragsgestaltungen geben, die abweichend zu qualifizieren sind.

---

[2] Tendenziell so wohl *Schneider,* Handbuch des EDV-Rechts, Rn. M 7 ff.; ebenso OLG Hamm, CR 1987, 910 (911), allerdings in einem untypischen Fall.

[3] So offenbar in dem Fall BGH, *Zahrnt,* ECR BGH 18; *Wächter,* NJW CoR 1999, 292 (296) spricht von Single Customer Systemen.

[4] So BGH, *Zahrnt,* ECR BGH 18; *Staudinger/Emmerich,* Vor § 535, Rn. 38.

[5] LG Düsseldorf, *Zahrnt,* DV-Rechtsprechung I, RZ-2, S. 182 ff.; LG Osnabrück, *Zahrnt,* DV-Rechtsprechung I, RZ-1, S. 180; ähnlich LG Traunstein, *Zahrnt,* DV-Rechtsprechung I, RZ-10, S. 203 ff. (Geschäftsbesorgungsvertrag mit Dienstleistungscharakter).

[6] LG Duisburg, *Zahrnt,* DV-Rechtsprechung I, RZ-3, S. 185 ff.; LG Stuttgart, *Zahrnt,* DV-Rechtsprechung I, RZ-4; OLG Frankfurt, *Zahrnt,* DV-Rechtsprechung II, RZ-12, S. 234; OLG Düsseldorf, *Zahrnt,* DV-Rechtsprechung II, RZ-13, S. 236.

[7] Vgl. oben Rn. 648 ff.

[8] Vgl. unten Rn. 1124 ff.

In der Rechtsprechung wird für ein **Kündigungsrecht auf § 649 BGB** verwiesen.[9] Aus dem beim Wartungsvertrag genannten Gründen ist dies aber nicht richtig. Die Kündigungsrechte folgen wie beim Wartungsvertrag dem Dienstvertragsrecht.[10]

3. Die Leistungspflichten im Einzelnen

Hinsichtlich der **Leistungspflichten** des Rechenzentrumsbetreibers bedarf es noch einiger ergänzender Bemerkungen. Vereinbart wird regelmäßig neben den grundsätzlichen Inhalten der Leistungspflicht insbesondere, in welchem **zeitlichen Umfang das Rechenzentrum** seinen Kunden zur Verfügung steht. Dabei ist zu beachten, dass bei den üblicherweise zugrunde gelegten Vertragsmustern die Zeit der Leistungsbereitschaft positiv vereinbart werden muss, also z. B. zu vereinbaren ist, dass die Leistungsbereitschaft in der Zeit von 8.00 Uhr bis 20.00 Uhr besteht. Solche Klauseln unterliegen nicht der Inhaltskontrolle nach §§ 307–309 BGB, weil sie die Leistungsinhalte des Rechenzentrums-Vertrages festsetzen und deswegen unter § 307 Abs. 3 BGB fallen. Sollte demgegenüber nicht die Leistungszeit festgelegt werden, sondern die Gewährleistung für die ständige Bereitschaft für eine bestimmte Zeit ausgeschlossen werden, unterfällt eine solche Klausel §§ 307–309 BGB. Sie dürfte im Hinblick auf die Einschränkung von Gewährleistungsrechten gemäß § 309 Nr. 8 b BGB in aller Regel unwirksam sein.[11] Im Übrigen sei auf die Ausführungen zur Leistungsbeschreibung verwiesen.[12]

789

Daneben sind im Hinblick auf die Dauer des Vertrages **Preiserhöhungsklauseln** üblich. Solche Preiserhöhungsklauseln sind im Rahmen von Dauerschuldverhältnissen auch in allgemeinen Geschäftsbedingungen grundsätzlich zulässig. Dies ergibt sich aus einem Umkehrschluss aus § 309 Nr. 1 BGB, wo Dauerschuldverhältnisse von dem Verbot kurzfristiger Preiserhöhungen ausdrücklich ausgenommen sind. Insbesondere, aber nicht nur bei **Verträgen mit Verbrauchern** sind aber strenge Anforderungen an solche Preiserhöhungsklauseln zu stellen.

790

Der BGH hat in einer ganzen Reihe von Entscheidungen gerade auch aus der letzten Zeit zusätzliche Erfordernisse an solche Klauseln gestellt.[13] Solche Klauseln sind nach Ansicht des BGH nach § 307 Abs. 1 S. 1 BGB unwirksam, wenn es die Preisanpassungsklausel dem Verwender ermöglicht, über die Abwälzung konkreter Kostensteigerungen hinaus den zunächst vereinbarten Preis ohne Begrenzung anzuheben und so nicht nur eine Gewinnschmälerung zu vermeiden, sondern einen zusätzlichen Gewinn zu erzielen. Das bedeutet, dass in der Klausel die Kostenfaktoren, aufgrund derer die Preise anzupassen sind, zunächst zu nennen sind. Ferner darf bei einer Steigerung einzelner Kostenfaktoren die Preissteigerung nur in dem Umfang erfolgen, in dem die Preissteigerung über diese Kostenfaktoren Auswirkungen auf den Gesamtpreis hat. Es muss also der Anteil dieser Kostenfaktoren am Gesamtpreis Berücksichtigung finden. Außerdem darf eine Kostenerhöhung bei einzelnen Faktoren nur soweit weitergegeben werden, wie sie nicht durch Preissenkung bei anderen Kostenbestandteilen aufgewogen wird. Außerdem müssen die Gründe für die Preisänderung im Erhöhungsschreiben genannt werden. Letztlich muss außerdem dem Recht zur Preiserhöhung auf Seiten des Lieferanten ein – entsprechend

---

[9] LG Duisburg, *Zahrnt*, DV-Rechtsprechung I, RZ-3, S. 185 ff.; OLG Düsseldorf, *Zahrnt*, DV-Rechtsprechung I, RZ-5, S. 191 ff.
[10] Vgl. oben Rn. 662 ff.
[11] Vgl. dazu insbesondere *Fuchs*, in: Ulmer/Brandner/Hensen, § 307 Rn. 37 ff.
[12] Unten Rn. 1003 ff.
[13] BGH BB 2007, 2644 m. Anm. *Härting*; NJW 2008, 360; BB 2008, 1360 m. Anm. *Flasbarth*; NJW 2009, 2051; *Kessel/Schwedler*, BB 2010, 585; zum Ganzen ausführlich *Fischer*, Wartungsverträge, S. 87 ff.

gestalteter – Anspruch auf Preissenkung auf Seiten des Kunden entsprechen, wenn ausnahmsweise einmal Kostensenkungen eintreten.

791   Insbesondere die klare und transparente Beschreibung der möglichen Preisverbesserungsfaktoren ist von zentraler Bedeutung. Daher müssen in der Klausel die Kosten genannt werden, die für die eigene Preisbemessung von Bedeutung sind. Darüber hinaus muss bei der konkreten Preiserhöhung nicht nur angegeben werden, welche Kostenfaktoren in welchem Umfang gestiegen sind, sondern auch, welche Bedeutung diese Kostensteigerung für die eigene Kostenkalkulation haben. Wird in der Preisänderungsklausel eine solche Transparenz nicht verlangt, ist sie unwirksam. Dagegen müssen die Kalkulationsfaktoren nicht schon in der Preisänderungsklausel selbst angegeben werden.[14] Diese Kriterien werden vom BGH genannt, ohne dass ein Hinweis erfolgt, dass es um Verträge mit Verbrauchern geht. Allerdings ist in der veröffentlichten Rechtsprechung zum unternehmerischen Geschäftsverkehr nur selten eine Preisanpassungsklausel aufgehoben worden. Jedenfalls gebilligt wurden Bezugnahmen auf Tagespreise oder Listenpreise. Zulässig sind selbstverständlich auch die Bezugnahme auf Kostenfaktoren. Eine völlig beliebige Preisanpassungsklausel dürfte auch im geschäftlichen Verkehr problematisch sein, jedenfalls dann, wenn sie nicht mit einer kurzfristige Kündigungsmöglichkeit verbunden ist.[15]

792   Über diese Frage hinaus ist zu klären, in welchem Umfang dem **Kunden Rechte** an der von ihm genutzten Software zustehen. Üblicherweise wird lediglich die Möglichkeit eingeräumt, diese Software durch den Rechenzentrumsbetreiber nutzen zu lassen. Bei für den Kunden selbst hergestellter Software ist allerdings fraglich, ob nicht darüber hinausgehend Rechte gewährt werden müssen. Hier ist eine Vereinbarung in jedem Einzelfall anzuraten. Insbesondere dann, wenn die Entgelte für die Erstellung dieser Software den üblichen Marktpreis für die Erstellung von Individualsoftware erreichen, ist eine bloße Nutzungsmöglichkeit auf der Anlage des Rechenzentrumsbetreibers eine zu geringe Gegenleistung. Sie kann jedenfalls in allgemeinen Geschäftsbedingungen nicht vereinbart werden.[16]

793   Zu klären ist weiterhin, in welchem Umfang **Releaseänderungen** und andere Weiterentwicklungen der Software vom Rechenzentrum zur Verfügung gestellt werden müssen, wenn sie auf dem Markt erhältlich sind. Ohne eine konkrete Vereinbarung wird man eine **Anpassungspflicht** des Rechenzentrumsbetriebs nicht ohne weiteres annehme können.[17] Weiterhin sollte in den Verträgen geklärt werden, in welchem Verfahren eventuell zusätzliche Anforderungen des Kunden diskutiert und realisiert werden können.

794   Geklärt werden muss ferner, welche **Pflichten und Obliegenheiten** den Kunden treffen. Sicher ist, dass auch ohne solche Absprachen der Kunde dafür Sorge tragen muss, dass aus dem von ihm zur Verfügung gestellten Materialien oder Daten keine Viren oder trojanische Pferde in die DV-Anlage des Rechenzentrums eindringen. Dies entbindet freilich das Rechenzentrum nicht davon, seinerseits auch insoweit Sicherungsvorkehrungen zu treffen. In aller Regel wird die ordnungsgemäße Eingabe der Daten oder jedenfalls die Übergabe ordnungsgemäßer Daten, die das Rechenzentrum dann eingeben muss, Sache des Kunden sein.

Einzelheiten solcher Pflichten sollten aber konkret festgelegt werden.

Dies geschieht heute in der Regel mit Hilfe von Service Level Agreements,[18] in denen meist auch spezielle Rechtsfolgen bei Vertragsverletzungen vereinbart werden.

---

[14] **A. A.** *Kessel/Schwedler*, BB 2010, 585 (587); näher dazu: *Redeker*, in: Auer-Reinsdorff/Conrad (Hrsg.): IT-Recht, § 11, Rn. 248 ff.

[15] Im Einzelnen streitig; vergleiche *Schneider*, Handbuch des EDV-Rechts, Rn. G122 ff.; *Hensen*, in: Ulmer/Brandner/Hensen § 309 Nr. 1, Rn. 21 f.; *v. Westphalen*, in: v. Westphalen (Hrsg.), Vertragsrecht und AGB-Klauselwerke, Preisanpassungsklauseln, Rn. 48.

[16] *Schneider*, Handbuch des EDV-Rechts, Rn. M 38.

[17] *Schneider*, Handbuch des EDV-Rechts, Rn. M 48.

[18] Dazu oben Rn. 641 a ff.

4. Gewährleistung und Haftung

Folgt man der oben angeführten Qualifizierung des Rechenzentrumsvertrages als 795
Werkvertrag mit Elementen eines Dauerschuldverhältnisses, so ergeben sich die **Mängelrechte bei Schlechtleistung** im Wesentlichen aus dem Werkvertragsrecht. Insbesondere ist zunächst Gelegenheit zur **Nacherfüllung** zu gewähren, sodann sind Rücktritt und Minderung und auch Schadensersatzansprüche gegeben. Dies gilt auch für den Fall, dass etwa durch eine Übernahme von zu vielen Kunden die Bearbeitungszeiten im Rechenzentrum zu langsam werden. Steht das Rechenzentrum zeitweise nicht oder nur teilweise zur Verfügung, kann die Gegenleistung gemindert werden. Eine Nacherfüllung ist wegen Zeitablaufs nicht möglich.

Im letzten Fall dürfte bei Nichtbeseitigung des Mangels trotz Mahnung neben den eben geschilderten Rechten, die sich auf die einzelnen Leistungen beziehen, ein außerordentliches Kündigungsrecht bestehen (§ 314 BGB).

Der **Schadensersatzanspruch** setzt ein Verschulden des Rechenzentrumsbetreibers 796
voraus. Dieses kann aber schon z. B. in der Übernahme von zu vielen Aufträgen bestehen. Auch die Verwendung ungeeigneter Software kann schuldhaft sein.

Was Klauseln betrifft, die die Gewährleistung bzw. die Haftung einschränken oder ausschließen, gelten die oben im Bereich der Individualsoftware näher dargelegten Begrenzungen durch §§ 305 ff. BGB.[19]

Hinsichtlich der Haftung ist insbesondere § 309 Nr. 7 BGB ebenso zu beachten wie die Rechtsprechung des BGH zu den Kardinalpflichten. Es dürfte zu den Kardinalpflichten eines Rechenzentrumsbetreibers gehören, im wesentlichen funktionsgerechte Software zur Verfügung zu stellen, so dass eine Haftung im Hinblick auf diese Kardinalpflicht nicht ausgeschlossen werden kann. Eine Einschränkung ist aber in engen Grenzen möglich.[20]

5. Nebenpflichten

a) Beratungspflichten

Auch im Hinblick auf **Rechenzentrumsverträge** gibt es **Nebenpflichten**. Hierzu 797
gehört insbesondere die Beratung darüber, ob die Angebote des jeweiligen Rechenzentrums für den Kunden wirklich geeignet sind. Insoweit ist auf die Beratungspflichten zu verweisen, die oben schon für die Erstellung und die Überlassung von Software beschrieben worden sind.[21] Die **Beratungspflichten** dürfen eher noch weitergehend sein, da es im vorliegenden Fall um eine werkvertragliche Leistung des Beratenden geht, die in enger Verknüpfung mit der Tätigkeit des Kunden steht.[22]

b) Datenschutz; insbesondere Auftragsdatenverarbeitung

Rechenzentren verarbeiten oft **personenbezogene Daten** ihrer Kunden verarbeiten. 798
Dabei geht es um Auftragsdatenverarbeitung im Sinne des BDSG.[23] Hier regelt das Bundesdatenschutzgesetz gewisse Pflichten sowohl seitens des Auftraggebers als auch auf Seiten des Auftragnehmers (vgl. § 11 BDSG). Dazu gehört, dass der Auftraggeber Herr der Daten bleiben muss, also im Hinblick auf die Verarbeitung der konkreten Daten

---

[19] Vgl. oben Rn. 446 ff.
[20] Dazu oben Rn. 462 ff.
[21] Vgl. oben Rn. 397 ff. bzw. 541.
[22] So jedenfalls *Schneider,* Handbuch des EDV-Rechts, Rn. M 19.
[23] Vgl. dazu näher unten Rn. 924 ff.

weisungsbefugt bleiben muss. Der Auftragnehmer muss bestimmte **Datensicherungsverpflichtungen** erfüllen. Es gehört zu den vertraglichen Nebenpflichten des Rechenzentrumsbetreibers, zum einen selbst die ihm auferlegten Pflichten nach dem Bundesdatenschutzgesetz zu erfüllen und zum anderen dem Auftraggeber zu ermöglichen, seine Verpflichtungen zu erfüllen, also insbesondere konkrete Weisungen über die Verarbeitung von Daten zu geben, die auch befolgt werden können. Darüber hinaus muss es dem Auftraggeber jederzeit möglich sein, seine Daten wieder zurückzuerhalten und sie dem Auftragnehmer zu entziehen. Dies ist ebenfalls Ausfluss der Weisungsmöglichkeiten.

798a   § 11 Abs. 2 BDSG sieht vor, dass diese Pflichten in einem schriftlichen Vertrag (Auftragsdatenverarbeitungsvertrag – **ADV**)[24] detailliert geregelt werden. Im Einzelnen müssen folgende **Details geregelt** werden:

- **Gegenstand** und Dauer des Auftrags,
- **Umfang, Art und Zweck** der vorgesehenen Erhebung, Verarbeitung oder Nutzung von Daten, die Art der Daten und der Kreis der Betroffenen; bei einer Zweckänderung ist ein neuer Auftrag zu erteilen,[25]
- die nach § 9 BDSG zu treffenden technischen und organisatorischen Maßnahmen,
- die Berichtigung, Löschung und Sperrung von Daten,
- eine Vereinbarung, die die nach § 11 Abs. 4 BDSG bestehenden Pflichten des Auftragnehmers, insbesondere die von ihm vorzunehmenden Kontrollen, auch zu Vertragspflichten macht; dabei muss es um über die nach § 9 BDSG ohnehin notwendigen Maßnahmen hinausgehende Pflichten und Kontrollen (z. B. der Back-Up-Systeme) gehen,[26]
- die etwaige Berechtigung zur Begründung von Unterauftragsverhältnissen,
- die **Kontrollrechte des Auftraggebers** und die entsprechenden Duldungs- und Mitwirkungspflichten des Auftragnehmers, insbesondere im Hinblick auf die Verpflichtungen des Auftraggebers nach § 11 Abs. 2 Satz 4 BDSG
- Festlegung, welche Verstöße des Auftragnehmers oder der bei ihm beschäftigten Personen gegen Vorschriften zum Schutz personenbezogener Daten oder gegen die im Auftrag getroffenen Festlegungen gemeldet werden müssen,
- den Umfang der Weisungsbefugnisse, die sich der Auftraggeber gegenüber dem Auftragnehmer vorbehält,
- die Rückgabe überlassener Datenträger und die Löschung beim Auftragnehmer gespeicherter Daten nach Beendigung des Auftrags; bei der Löschung sind die anerkannten Standards (z. B. des BSI) zu beachten.[27]

798b   Zu beachten ist zusätzlich, dass der Auftraggeber die Einhaltung der Vorgaben des BDSG durch Auftragnehmer vor Vertragsschluss und auch während der Leistungsdauer regelmäßig zu **kontrollieren** und diese Kontrollen zu **dokumentieren** hat (§ 11 Abs. 2 Satz 4 u. 5 BDSG). Auch dies muss ihm der Rechenzentrumsbetreiber ermöglichen.

c) Rückgabe der Daten

799   Die **Daten** müssen auch in irgendeiner Weise elektronisch lesbaren Art und Weise **zurückgegeben werden** und nicht etwa als Papierausdruck. Dies muss bei der Auftragsdatenverarbeitung schon gemäß den Anforderungen von § 11 Abs. 2 BDSG ausdrücklich geregelt werden. Eine solche Rückgabepflicht des Rechenzentrumsbetreibers besteht aber am Ende der Vertragsbeziehung unabhängig von einer konkreten Vereinbarung und auch

---

[24] Muster: *Bierekoven,* in Redeker (Hrsg.), Handbuch der IT-Verträge, Abschn. 7.2.
[25] *Söbbing,* ITRB 2010, 36, 37.
[26] *Söbbing,* ITRB 2010, 36, 37.
[27] *Söbbing,* ITRB 2010, 36, 38.

für nicht personenbezogene Daten. Es ist nämlich davon auszugehen, dass der Kunde die seiner Verarbeitung zugeordneten Daten weiter benutzen möchte.[28]

Ob für eine solche Rückgabe eine gesonderte Vergütung verlangt werden kann, hängt mangels anderer konkreter Vereinbarungen von Treu und Glauben ab. Im Zweifel besteht eine solche Vergütungpflicht – jedenfalls für die Überlassung in einem gängigen Format – nicht. Es steht dem Rechenzentrumsbetreiber selbstverständlich frei, eine solche **Vergütungpflicht** gesondert zu vereinbaren.[29] Wünscht der Kunde die Herausgabe der Daten in einem spezifischen, nicht im vorhinein konkret vereinbarten Format, ist die Frage, ob die Herausgabe in diesem Format und wenn ja zu welcher Vergütung verlangt werden, mangels anderer Vereinbarungen auch eine Frage der Auslegung des Einzelfalls und der Zumutbarkeit der Erstellung eines entsprechenden Formats durch den Rechenzentrumsbetreibers. Insgesam empfiehlt es sich, hier auch außerhalb des Anwendungsbereichs des BDSG vertragliche Vereinbarungen zu treffen.

6. Prozessuale Probleme

Hinsichtlich der hier zu führenden Auseinandersetzungen kann im Hinblick auf **Darlegungslasten** im Wesentlichen auf die Ausführungen am Ende des letzten Abschnitts[30] verwiesen werden. Auch hier geht es um einen Vertrag mit im wesentlichen werkvertraglichen Charakter.   **800**

Wichtig ist auch hier, zumindest die Erscheinungsformen etwaiger Mängel präzise darzulegen. Bloße Behauptungen der Art, durchgeführte Arbeiten, z. B. angefertigte Lohnabrechnungen, seien unvollständig, reichen nicht aus.[31]

Zu bemerken ist, dass im Hinblick auf das Verschulden beim Schadensersatzanspruch nach § 280 Abs. 1 BGB eine **Beweislastumkehr** dahingehend besteht, dass der Rechenzentrumsbetreiber nachweisen muss, dass er für die mangelhafte Erfüllung seines Vertrages kein Verschulden trägt.

7. Outsourcing

Der klassische Rechenzentrumsvertrag tritt zunehmend in den Hintergrund. Viele seiner Funktionen hat heute das Application Service Providing übernommen.[32] Daneben tritt das **Outsourcing** in seiner großen Vielfalt.[33] Klassisch hat sich das Outsourcing in der Weise entwickelt, dass der Kunde sein eigenes Rechenzentrum auf einen Dienstleister auslagerte, mit dem ein Rechenzentrumsvertrag geschlossen wurde. Daneben traten Vereinbarungen über den Betriebsübergang nach § 613 a BGB, die hier nicht näher betrachtet werden.   **801**

Mit der Weiterentwicklung der IT-Landschaft und ihrer immer größeren **Komplexität** werden die **vertraglichen Gestaltungsmöglichkeiten** und die Komlexität immer größer. Nach wie vor kann die IT des Unternehmens in ihrer Gänze ausgelagert werden. Nur der   **801a**

---

[28] Ebenso LG Stuttgart, *Zahrnt*, DV-Rechtsprechung I, RZ-4, S. 187 ff.; LG Traunstein, *Zahrnt*, DV-Rechtsprechung I, RZ-10, S. 203 ff. (allerdings gegen Vergütung); OLG München, CR 1999, 484.

[29] Vgl. näher zu den hier erwähnten Problemen *Schneider*, Handbuch des EDV-Rechts, Rn. M 62, 72.

[30] Oben Rn. 709 ff.

[31] LG Düsseldorf, *Zahrnt*, DV-Rechtsprechung I, RZ-2, S. 182 ff.

[32] Dazu unten Rn. 1124 ff.

[33] Eine Übersicht bei *Heymann*, CR 2005, 706; vgl. auch *Heymann/Lensdorf*, in: Redeker (Hrsg.), Handbuch der IT-Verträge, Abschn. 5.4, Rn. 1 ff.; *Söbbing*, Handbuch IT-Outsourcing; *Bräutigam* (Hrsg.): IT-Outsourcing.

Serverbetrieb kann aber auch physisch ausgelagert werden. Die Clients müssen demgegenüber bei den Sachbearbeitern verbleiben. Man kann freilich deren Wartung und Ersatzbeschaffung auslagern. Das kann auch damit verbunden werden, dass der Outsourcingdienstleister Eigentümer auch der Clients und anderer Hardware sowie Inhaber der Nutzungsrechte wird, er aber diese Gegenstände dem Unternehmen zur Nutzung zur Verfügung stellt.

801b   Die **Gestaltung solcher Verträge** ist schon zivilrechtlich komplex. Die Überlassung der Hardware ist als Mietvertrag anzusehen sein. Bei den weiteren Leistungen wird von Einzelfallbewertungen auszugehen sein. Oft wird wird von Dienstverträgen, aber auch von werkvertraglichen Leistungen gesprochen werden können. Häufig wird von typengemischten Veträgen auszugehen sein.[34] Hinzu kommen noch arbeitsrechtliche Probleme.

801c   Angesichts der **zahlreichen Schnittstellen der IT** werden auch die Service Level Agreements immer komplexer.[35] Dies betrifft sowohl die Leistungsanforderungen wie Leistungsumfang und Verfügbarkeit als auch die Regelungen über Qualitätsüberwachung. Neben gängigen Service Level Agreements kommt zumindest vorübergehend auch eine Vereinbarung in Betracht, nach der der Outsourcing-Dienstleister seine Leistungen in Umfang und Qualität mindestens auf dem Niveau erbringen muss, das der Kunde selbst vor dem Outsourcing erreicht hat („service-as-before-Klauseln").[36] Zunehmend werden auch Klauseln vereinbart, nach denen die Leistungen in regelmäßigen Abständen nach in bestimmten Verfahren ermittelten Werten und vorher vereinbarten Kriterien von einem von beiden Parteien akzeptierten Dritten mit Leistungen anderer Anbieter verglichen werden („Benchmarking"). Wird die vereinbarte Qualität nicht erreicht, werden Entgelte automatisch angepasst oder auch Verhandlungen aufgenommen.[37] Oft müssen zusätzlich spezielle Vorgaben beachtet werden, um dem auslagernden Unternehmen die Steuerung und Kontrolle der ausgelagerten Tätigkeit möglich zu machen. Teilweise sind hier auch spezielle gesetzliche Vorschriften zu beachten (so z.B. § 25a Abs. 2 KWG[38] für den Bankensektor oder die InvMaRisk[39]).

801d   Darüber hinaus gibt es zahlreiche unterschiedliche **Preisvereinbarungen**. Neben Indizierungsmodellen gibt es z.B. Meistbegünstigungsklauseln, nach denen dem Kunden die gleichen Preise wie anderen Kunden angeboten werden oder Klauseln, nach denen die Vergütung weitgehend von der vom Kunden erzielten Einsparung abhängt.[40]

801e   Weiterhin müssen Regelungen getroffen werden, wie die **Nutzungsrechte** an der Software auf den Outsourcingdienstleister übertragen.[41] Dazu ist oft noch die Zustimmung des Softwarelieferanten erforderlich – insbesondere bei gemieteter Software.[42] Jedenfalls dürfte die Nutzung der Software durch ein betriebsfremdes Softwareunternehmen auch dann keinen bestimmungsgemäßer Gebrauch gem. § 69d Abs. UrhG durch den Kunden des Rechnungszentrums darstellen, wenn die Software nur dem Kunden zur Verfügung gestellt wird. Allerdings könnte dem Kunden hier der Erschöpfungsgrundsatz helfen.[43] Evtl. sind Rechte des Kunden an der beim Dienstleister entstehenden Software vorzusehen.

---

[34] *Bräutigam,* CR 2004, 248 (249).
[35] Dazu ausführlich *Hörl/Häuser,* CR 2003, 713.
[36] *Heymann,* CR 2005, 706 (709).
[37] Ausgiebig *Nolte,* CR 2004, 81.
[38] Zu letzterem *Witzel,* ITRB 2006, 286; *Gennen/Schneider,* CR 2007, 757.
[39] Dazu *Hörl,* ITRB 2010, 264.
[40] *Nolte,* CR 2004, 81 (86 f.).
[41] *Fritzemeyer/Schoch,* CR 2003, 793.
[42] Vgl. *Wächter,* NJW-CoR 1999, 292 (295 f.); *Schneider,* in: Redeker (Hrsg.), Handbuch der IT-Verträge, Abschn. 7.1, Rn. 44; *Wimmers,* in Büchner/Dreier (Hrsg.): Von der Lochkarte zum globalen Netzwerk, S. 169 (190 ff.); *Hilber,* CR 2008, 749.
[43] Vgl. oben Rn. 70.

Zentral sind auch Regelungen über die Abwicklung am Ende des Outsourcing-Vertrages. Dazu gehören Regelungen über die Rück- oder Weitergabe der Daten, der Rechte an den Programmen und dem sonstigen Know-How. Üblich sind auch Klauseln über die Einarbeitung eines neuen Dienstleisters oder über die Rückführung der Arbeitnehmer. **801f**

Für Vorgaben im Outsourcing liegt mittlerweile auch eine DIN-Norm vor (DIN SPEC 1041).[44]

Ein weiteres Modell ist das sog. **Business-Process-Outsourcing,** bei dem ganze Geschäftsprozesse ausgelagert werden. Hier spielen zwar IT-technische Probleme praktisch eine große Rolle, weil die Kommunikation zwischen outsourcendem Unternehmen und Outsourcing-Dienstleister über technische Schnittstellen abläuft. Die Verträge selbst sind aber keine eigentlichen IT-Verträge. Der Outsourcing-Dienstleister soll eine allgemeine Dienstleistung, z. B. die Lohnbuchhaltung, erbringen – die IT ist dabei nur ein Hilfsmittel. Eine nähere Betrachtung dieser Verträge erfolgt daher hier nicht. **801g**

III. Vertriebsverträge

1. Vorbemerkung; Rückgriffsketten

Auch im Bereich der EDV werden nicht sämtliche Produkte unmittelbar vom Hersteller an den Endkunden geliefert. Wie in allen Produktbereichen gibt es verschiedene Formen **des Vertriebs,** bei dem zwischen Endkunden und Hersteller Vertriebsstufen bestehen. Für den EDV-Vertrieb sind in der Praxis verschiedene spezielle Vertriebsformen aufgetreten, die in der Folge kurz skizziert werden sollen. Allgemeine Probleme des Vertriebsrechts, etwa des Handelsvertreterrechts oder auch Franchise-Verträge sollen hier nicht erörtert werden. Insoweit ist auf die umfangreiche Spezialliteratur zu verweisen. Spezielle rechtliche Probleme, die in den EDV-spezifischen Vertriebsverträgen auch im Gegensatz zu den bislang erörterten Endkundenverträgen auftreten, ergeben sich nur in geringem Umfang. Sie sollen hier soweit diskutiert werden, wie sie EDV-rechtliche Spezifika aufweisen. Mittlerweile ist Software in vielen Produkten enthalten, die nicht primär IT-Produkte sind. Werden diese vertrieben, müssen ggf. die für die Software Vertriebsrechte bestehen. Dies ist besonders bei einem weitweiten Vertrieb erforderlich, weil der Erschöpfungsgrundsatz nur innerhalb von EU und EWR gilt[45]. Auf diese Fragen kann hier aber nicht weiter eingegangen werden. **802**

Spezielle Probleme gibt es aber beim **Verbrauchsgüterkauf.** Dem Verbraucher steht ein weitgehend der vertraglichen Disposition entzogenes Mängelrecht zur Seite, das auf Nacherfüllung aufbaut und weiterhin Rücktritt und Minderung sowie Schadensersatzansprüche vorsieht. Der Vertragspartner des Verbrauchers ist aber in der Regel nicht Hersteller der von ihm vertriebenen Produkte. Gerade im Verbraucherbereich gibt es auch im EDV-Bereich verstärkt Vertriebsketten. Dies gilt insbesondere beim Vertrieb von PCs und Software für Endverbraucher. **803**

Im Verhältnis zwischen Hersteller und Verkäufer gelten zwar im Prinzip auch die Mängelrechte. Diese können aber im Prinzip auch in allgemeinen Geschäftsbedingungen abbedungen werden. Außerdem können Verjährungsfristen wegen unterschiedlicher Ablieferungsdaten unterschiedlich sein.[46]

---

[44] Dazu *Klett/Hilberg,* CR 2010, 417.

[45] Dazu *Grützmacher,* in: Büchner/Dreier (Hrsg): Von der Lochkarte zum gobalen Netzwerk, S. 87 (91 f.)

[46] Vgl. zu den ähnlichen Problemen bei Subunternehmerverträgen oben Rn. 491 ff.

804 Der Gesetzgeber hat allerdings in §§ 478 f. **BGB** für diese Probleme **Sonderregeln** getroffen, die im Bereich der Vertriebsverträge generell zu beachten sind. Danach gilt zunächst, dass dann, wenn der Endhändler ein Produkt vom Verbraucher zurücknehmen muss oder der Verbraucher gemindert hat, der Endhändler gegenüber seinem Lieferanten keine Frist setzen muss, um seinerseits Mängelrechte zu haben, weil in diesen Fällen eine Nacherfüllung sinnlos wäre (§ 478 Abs. 1 BGB). Hat der Endhändler gegenüber dem Verbraucher Nacherfüllung erbracht, hat er gegenüber seinem Lieferanten einen Anspruch auf Aufwendungsersatz (§ 478 Abs. 2 BGB). Die Verjährung der Ansprüche des Endhändlers tritt nach § 479 Abs. 2 BGB erst 2 Monate nach Erfüllung der Ansprüche des Verbrauchers durch den Endhändler ein. Im Übrigen gilt das allgemeine Mängelrecht.

805 Grundsätzlich bleibt es möglich, von diesen Vorgaben durch vertragliche Regelungen abzuweichen. Allerdings sind solche Vereinbarungen unwirksam, wenn dem Endhändler für evtl. ausgeschlossene oder beschränkte Ansprüche kein gleichwertiger Ersatz eingeräumt wird. Lediglich Schadensersatzansprüche können im üblichen Rahmen eingeschränkt werden.

Was gleichwertiger Ersatz ist, ist noch offen. In der Literatur wird z. B. die Meinung vertreten, dies könne in einem deutlichen Rabatt liegen.[47] Für individuell ausgehandelte Rabatte mag das richtig sein, kaum aber für entsprechende Vereinbarungen in allgemeinen Geschäftsbedingungen.[48] Ebenso offen ist es, ob der Endhändler durch allgemeine Geschäftsbedingungen verpflichtet werden kann, vor einer evtl. Erfüllung der Ansprüche des Verbrauchers seinem Lieferanten Gelegenheit zur Nacherfüllung zu geben.

Die dargestellten Regel gelten bei einer mehrgliedrigen Vertriebskette für alle Vertriebsstufen, also nicht nur für den Endhändler im Verhältnis zu seinem Lieferanten (§ 478 Abs. 5 BGB).

806 Wichtig ist, dass für die in der Vertriebskette beteiligten Kaufleute § 377 **HGB** weiterhin gilt.[49] Die gelieferte Ware muss also im Regelfall stichprobenartig untersucht werden. Wenn freilich der Hersteller dies seinem Händler – z. B. durch entsprechende Gestaltung der Nutzungsrechte bei Software – verbietet, gibt es keine Untersuchungspflicht.

2. Hardwarevertriebsverträge

807 Der einfachste Fall des Vertriebs von Hardware ist der, dass ein **Händler** den **Vertrieb für den Hersteller** übernimmt. Er benutzt dabei für den Vertrieb Namen und Zeichen des Händlers. Dabei sind die für den Händler vertragsüblichen Verträge Vorbild. Denkbar sind Großhändler wie auch Kommissionshändler wie auch jede andere übliche Vertriebsform einschließlich des Franchising.

808 Wichtig ist, dass der **Händler** in aller Regel auch das Recht erhält, die für die jeweilige Hardware spezifische **Betriebssoftware** mit zu vertreiben, in aller Regel zu gegenüber dem Einzelvertrieb dieser Betriebssoftware günstigeren Bedingungen. Auch heute noch ist selbst im PC-Bereich der Vertrieb von Hardware ohne entsprechende Betriebssoftware selten, weil ohne die entsprechende Betriebssoftware die Hardware nicht verwendbar ist. Demgemäß muss im Händlervertrag vereinbart werden, dass der Händler die jeweils mit zu liefernde Betriebssoftware weiter vertreiben darf. Er sollte ferner ermächtigt werden, seinen Endabnehmern das üblicherweise eingeräumte Recht, also zumeist das nicht ausschließliche, nicht übertragbare Recht zur Nutzung der Betriebssoftware, einzuräumen,[50]

---

[47] *Palandt/Weidenkaff*, § 478 Rn. 22.

[48] Ähnliche Bedenken bei *Matthes*, NJW 2002, 2505 (2507); *Christensen*, in: Ulmer/Brandner/ Hensen. Anh. § 310, Rn. 480; vgl. auch *Hoeren*, IT-Vertragsrecht, Rn. 549.

[49] OLG Nürnberg, BB 2010, 603.

[50] Ebenso *Schneider*, Handbuch des EDV-Rechts, Rn. N 20.

obwohl er diese Rechte dem Kunden aufgrund von § 69 d UrhG ohnehin übertragen kann.[51]

Oft wird dabei auch vereinbart, dass die Nutzung nur auf den Produkten des Herstellers erfolgen darf. Als Händlerbindung soll eine solche Bedingung wirksam vereinbart werden können. Bei einer Weitergabe an Endkunden ist sie freilich unwirksam.[52]

In dem beschriebenen Händlervertrag bestehen **Mängelrechte** nach den üblichen Regeln. Kauft der Händler als Großhändler die Ware beim Hersteller, so gelten die entsprechenden Mängelrechte des Kaufrechts bzw. des Werklieferungsrechts. Ein Problem besteht nur dann, wenn der Händler zusätzlich noch Software zu diesen Produkten entwickelt und sie mit dieser Software zusammen vertreibt. Er kann nicht erst dann bestellen und kaufen, wenn ihm ein Endabnehmer sicher ist und die Ware sofort an den Endabnehmer ausliefern lassen. Vielmehr muss er die Ware vorher haben und entsprechende Maßnahmen zur Programmierung treffen. In diesem Fall können sich die Verjährungsfristen, die er selbst gegenüber dem Hersteller hat, mit denen, die er dem Kunden einräumt, nicht decken. Ist eine solche Vertriebskonstellation im Vertriebsvertrag grundsätzlich vorgesehen, möglicherweise sogar beabsichtigt, ist daher eine Verlängerung der Verjährungsfrist zu vereinbaren, jedenfalls wenn § 479 Abs. 2 BGB nicht eingreift.[53] Dies dürfte angesichts der hier geschilderten Umstände auch in die allgemeinen Geschäftsbedingungen des Händlers aufgenommen werden. Allerdings sind auch hier Grenzen zu beachten.

In beiden Vertragskonstellationen ist darauf zu achten, dass nicht etwa der Händler die Mängel des Produkts durch unsachgemäßen Umgang während der Entwicklungszeit erst hervorruft. Insoweit muss eine entsprechende Ausnahmeklausel aufgenommen werden.

Händlerverträge sehen in aller Regel auch das Verbot des **Exports** der Gegenstände vor. In vielen Fällen wird auch der Vertriebspartner verpflichtet, sowohl die Exportbestimmungen der Bundesrepublik Deutschland als auch die Exportbestimmungen des Herkunftslandes, z. B. der USA, zu beachten.

Oft wird noch eine gesonderte Geheimhaltungsklausel aufgenommen.[54]

Möglich sind auch **Alleinvertriebsverträge**, in denen der Händler ein Exklusivrecht für den Vertrieb in bestimmten Bereichen erhält. Allerdings bezieht sich der Gebietsschutz nur auf das aktive Ansprechen der Kunden im geschützten Gebiet.[55] Im Gegenzug ergeben sich oft Mindestabnahmepflichten. Wie diese bei Nichterfüllung zu behandeln sind, ist Auslegungssache. Der BGH geht für den typischen Fall davon aus, dass noch kein Kaufvertrag über die Ware vorliegt, sondern der Hersteller auf Abruf der Ware klagen muss.[56] Dies führt zu großen Umständlichkeiten. Es ist daher dringen zu empfehlen, die Konsequenz einer Verletzung der Mindestabnahmepflicht zu regeln.

In vielen Fällen führt die Nichterfüllung der **Mindestabnahmepflicht** auch nur dazu, dass der Hersteller den Vertrag kündigen kann. Jedenfalls dürfte es nicht zulässig sein, in allgemeinen Geschäftsbedingungen formale, in jedem Fall gleich hohe Mindestabnahmepflichten aufzunehmen, die als solche eingeklagt werden können, wenn nicht gleichzeitig Gebietsschutz gewährt wird.[57]

Inwieweit solche Alleinvertriebsverträge kartellrechtlich oder auch allgemein wettbewerbsrechtlich zulässig sind, soll an dieser Stelle nicht weiter erörtert werden.

809

810

811

812

---

[51] *Sahin/Hainer,* CR 2005, 241; *Grützmacher,* ITRB 2004, 199 (202); *Witzel,* ITRB 2004, 180 (182).

[52] Vgl. oben Rn. 81.

[53] Dazu *Schneider,* Handbuch des EDV-Rechts, Rn. N 22.

[54] Zu den Einzelheiten vgl. *Schneider,* Handbuch des EDV-Rechts, Rn. N 26.

[55] *Witzel,* ITRB 2004, 180 (182).

[56] BGH, *Zahrnt,* ECR BGH 26; vgl. auch oben Rn. 581.

[57] OLG Frankfurt a. M., *Zahrnt,* ECR OLG 142; *Witzel,* ITRB 2004, 180 (183); vgl. auch *Grützmacher,* ITRB 2003, 199 (203).

813   Gelegentlich erlaubt der Hardwarehersteller seinem Vertriebspartner, die von ihm hergestellten Hardwareprodukte unter der Marke des Vertriebspartners zu verkaufen. Der Händler vertreibt damit unter seiner Marke Produkte, die er nicht hergestellt hat. Er erreicht, dass seine Produktpalette insgesamt vergrößert wird und er seinen Kunden eine umfangreiche Produktpalette anbieten kann, ohne selbst so umfangreich produzieren zu müssen.[58]

Auch der Vertriebspartner muss vom Hersteller das Recht zum Weitervertrieb der Hardware einschließlich der Betriebssoftware in dem eben bezeichneten Umfang erhalten. Darüber hinaus muss er das Recht erhalten, die Ware mit seinem eigenen Zeichen zu versehen und das Zeichen des Herstellers zu entfernen.

814   Oft werden all diese Vereinbarungen nur in einem Rahmenvertrag festgehalten, der jedenfalls dem Vertriebspartner **keine Abnahmeverpflichtung** auferlegt. In aller Regel wird demgegenüber der Hardwarehersteller eine Lieferverpflichtung übernehmen, allerdings nur nach einer rechtzeitigen Vorankündigung der Abnahme.

Wie in allen langfristigen Lieferbindungen werden regelmäßig auch hier Preisanpassungen vorgesehen. Gegebenenfalls ist von Neuverhandlungen auszugehen. Zweckmäßig ist bei Preisänderungen ein Kündigungsrecht beider Seiten.

815   Zusätzlich wird häufiger vereinbart, dass **Stornierungen** gegen Zahlung einer Abstandssumme zulässig sind. Umgekehrt muss für den Fall des Lieferverzugs auch eine Regelung getroffen werden. Hier ist ein pauschaler Schadensersatz denkbar, wobei allerdings die Grenzen des § 309 Nr. 5 BGB eingehalten werden müssen.

Auch im Bereich solcher Verträge muss darauf geachtet werden, dass die Gewährleistungsfrist für den Vertriebspartner an die angepasst wird, die er seinen Kunden einräumen muss.

816   Darüber hinaus stellt sich noch das Problem, dass möglicherweise der **Vertriebspartner als Quasi-Hersteller** entweder im Sinne von § 4 Abs. 1 Satz 2 ProdHaftG oder im Rahmen des § 823 BGB[59] in Anspruch genommen wird, wenn das Vertriebsprodukt mangelhaft ist und bei dem Abnehmer oder einem Dritten Schaden angerichtet hat. Hier können im Vertrag Regelungen zur angemessenen Schadensverteilung vorgesehen werden.[60] Fehlt es daran, gelten gem. § 5 ProdHaftG die Gesamtschuldregeln.

3. Softwarevertrieb

817   Der Softwarevertrieb ist in vieler Hinsicht dem Hardwarevertrieb ähnlich geregelt. Dabei ist es gelegentlich so, dass Softwarehäuser sich ggf. Hardware hinzukaufen und diese gemeinsam mit ihrer Software, aber mit dem Zeichen des Hardwareherstellers versehen vertreiben. Man spricht in solchen Fällen im Verhältnis zum Hardwarehersteller vom **VAR-Vertrag** (Value-Added Resale-Vertrag).[61]

818   Ansonsten treten beim Softwarevertrieb in aller Regel **übliche Vertriebsverträge** auf. Dabei gibt es durchaus auch Verträge, die Handelsvertretercharakter haben, also den Vertriebspartner nur berechtigen, im Namen und für Rechnung des Herstellers Software zu vertreiben. Dies führt dazu, dass der jeweilige Hersteller die Bedingungen, zu denen seine Software vertrieben wird, besser kontrollieren kann. Umgekehrt geht er ein erhöhtes Risiko deswegen ein, weil er selbst Vertragspartner des Endkunden ist und z. B. Mängelrechte erfüllen muss. Außerdem stellt sich das Problem der Abrechnung mit dem Handelsvertreter.

---

[58] Ausführlich zu diesem Vertrag *Bachofer*, CR 1988, 1 ff.
[59] Dazu gleich Rn. 825, 832.
[60] Ebenso *Schneider*, Handbuch des EDV-Rechts, Rn. N 17.
[61] Zu diesem Vertrag *Bachofer*, CR 1988, 809.

Daneben gibt es Vertragshändler- und Großhändlerverträge. Bei diesen Verträgen kann rein praktisch in zweierlei Weise verfahren werden. Dieser Großhändler kann selbst eine Masterkopie mit der Folge erhalten, dass er selbst Kopien für seine Kunden ziehen kann. Es kann aber auch so verfahren werden, dass er einzelne vom Hersteller hergestellte Kopien der Software bezieht und sie einfach weitervertreibt.[62] Welche Fallgestaltung gewählt wird, hängt u. a. davon ab, wie stark der Hersteller seinen Vertragshändlern vertraut. Die Überlassung solcher Masterkopien, eventuell auch des Quellcodes, geht mit erheblich erleichterten Missbrauchsmöglichkeiten des Zwischenhändlers einher.

Je nach Vertragsgestaltung ist der Vertrag zwischen Softwarehersteller und Großhändler **819** rechtlich unterschiedlich einzuordnen. Werden dem **Großhändler nur einzelne** vom Hersteller erzeugte Kopien geliefert, geht es um reines **Kaufrecht,** wobei natürlich Rahmenverträge zwischen Herstellern und Großhändlern über das reine Kaufrecht hinausgehende Regelungen enthalten können (z. B. Markennutzungsrechte, Vertriebseinschränkung, Alleinvertriebsberechtigung, Pflegevertrag usw.). Die Übergabe der einzelnen vorgefertigten Kopien vollzieht sich aber im Rahmen rein kaufrechtlicher Regelungen. In diesem Rahmen gehen auch Nutzungsrechte gemäß vertraglicher Vereinbarungen, sonst nach § 69 d UrhG über.[63] Stellt demgegenüber **der Großhändler die Kopien selbst her,** überwiegen hinsichtlich dieses Leistungsbestandteils **lizenzvertragliche Elemente.** Reiner Sachkauf dürfte für die Vertragsbeziehungen insoweit nicht einschlägig sein.[64] Hier kann es z. B. möglich sein, dass bei Verletzung wesentlicher Vertragspflichten auch ein Rücktritt möglich ist, der eine Rückabwicklung der Vertriebsbeziehung möglich macht.[65] In der Regel wird aber auch hier nur eine Kündigung in Betracht kommen. Darüber hinaus sollten diese Verträge Regelungen über die Nutzungsrechte des Vertriebspartners an der Software sowie evtl. Kontrollrechte des Softwareherstellers enthalten. Ist nichts geregelt, sind die Rechte übertragen, die zur Erfüllung des Vertriebsvertrags erforderlich sind (§ 31 Abs. 5 UrhG)[66].

Weiterhin kann der Vertrieb auch so organisiert werden, dass der Quellcode komplett und endgültig einem Zwischenhändler übertragen wird und dieser sämtliche Rechte erhält und auf eigene Rechnung und eigenes Risiko weitervertreibt. Auch eine solche rechtliche Regelung dürfte eher einem lizenzrechtlichen Vertragsrahmen als Kaufvertragsrecht unterliegen, weil die Rechtsübertragung im Vordergrund steht.[67]

Geregelt werden muss ferner, wer die Softwarepflege übernimmt. Dies kann der Vertriebshändler tun, es kann aber auch Sache des Herstellers sein. Die Pflege kann auch aufgeteilt werden. Der Vertragshändler übernimmt den First-Level-Support, der Hersteller den Second-Level-Support.[68]

Besondere Vereinbarungen sind dann erforderlich, wenn der Vertriebsvertrag den Softwarevertrieb **per Download** vorsieht und der Download von einem Internetauftritt des Vertriebspartners aus erfolgt. Insbesondere muss der Vertriebspartner dann das Recht zur öffentlichen Zugänglichmachung der Software erhalten. Eine Kontrolle des Vertriebs durch den Hersteller kann z. B. durch die Verwendung von Lizenzschlüsseln erfolgen.[69]

---

[62] *Witzel,* ITRB 2004, 180 (181).

[63] *Sahin/Haines,* CR 2005, 241; *Grützmacher,* ITRB 2004, 199 (202); *Schuppert,* in: Lehmann/Meents (Hrsg.): Handbuch des Fachanwalts Informationstechnologierecht, Teil 2, Kap.5, Rn. 82.

[64] Wie hier *König,* NJW 1992, 1731 ff.

[65] Vgl. LG Coburg, Urt. v. 29. 1. 2002, 22 O 398/01, JurPC Web-Dok. 346/2002.

[66] *Schuppert,* in: Lehmann/Meents (Hrsg.): Handbuch des Fachanwalts Informationstechnologierecht, Teil 2, Kap.5, Rn. 86.

[67] Wie hier auch insoweit *König,* NJW 1992, 1731 ff.; a. A. OLG Karlsruhe, NJW 1992, 1773.

[68] *Witzel,* ITRB 2004, 180 (184); *Schuppert,* in: Lehmann/Meents (Hrsg.): Handbuch des Fachanwalts Informationstechnologierecht, Teil 2, Kap.5, Rn. 160 ff.

[69] *Schuppert,* in: Lehmann/Meents (Hrsg.): Handbuch des Fachanwalts Informationstechnologierecht, Teil 2, Kap.5, Rn. 102 ff.

820　　Zu den möglichen Vertriebsformen gehört auch der sog. **SHAP-Vertrag,** bei dem der Softwarehersteller zwar Hardware (und ggf. auch von ihm nicht hergestellte Software) zusammen mit seiner eigenen Software vertreibt, aber für diese Zusatzsoftware nicht wie bei der eigenen Software im eigenen Namen, sondern im Namen des Herstellers kontrahiert. SHAP ist dabei die Abkürzung von Software House Assistant Program.[70] Soweit hier keine Handelsvertreter tätig werden, sondern eigenständige Händler von Software, erhalten diese in aller Regel lediglich das Recht, Dritten ein nicht ausschließliches und nicht übertragbares Nutzungsrecht an der Software einzuräumen.

IV. Produkthaftung

1. Grundsätzliche Bemerkungen

821　　In der Vergangenheit hat sich gezeigt, dass für Schäden, die sich aus fehlerhaften Produkten ergeben, die **Schadensersatzregelungen,** die das BGB im Rahmen vertraglicher Regelungsmodelle vorgesehen hat, nicht ausreichen. Daneben erwies es sich weiterhin als schwierig, die in §§ 823 ff. BGB geregelte deliktische Haftung dahingehend fruchtbar zu machen, den Hersteller schadhafter Produkte für die Folgen seiner **Herstellungsfehler** verantwortlich zu machen. Dies lag insbesondere daran, dass das Rahmen der Deliktshaftung erforderliche Verschulden dem Hersteller in aller Regeln nicht nachgewiesen werden konnte, weil dazu Kenntnisse der Einzelheiten der Produktherstellung erforderlich waren, über die die meisten Verletzten nicht verfügten und auch bei Anstrengung aller ihrer Möglichkeiten nicht verfügen konnten.

　　Dies hat dazu geführt, dass schon vor vielen Jahren der Bundesgerichtshof in einer ganzen Reihe von Entscheidungen[71] die **Beweislast** im Hinblick auf das Verschulden umgekehrt hat. Nicht mehr der Geschädigte musste dem Hersteller Verschulden nachweisen, umgekehrt musste vielmehr der Hersteller sich im Hinblick auf sein Verschulden entlasten. Diese Rechtsprechung ist in der Folge nicht nur auf Geschädigte angewandt worden, die in keinen vertraglichen Beziehungen zum Hersteller standen, sondern auch auf seine Vertragspartner. Sie ist primär nur auf Gegenstände angewandt worden, die letztendlich verkauft wurden, selten auf Gegenstände, die als Werk hergestellt oder in sonstiger Weise vertrieben wurden.

822　　Daneben tritt das **Produkthaftungsgesetz,** das grundsätzlich eine Gefährdungshaftung für Schäden vorsieht, die durch fehlerhafte Produkte verursacht wurden.

　　Allerdings gelten beide Regelungen nur für die Verletzung absoluter Rechte, also insbesondere für Sach- und Gesundheitsbeschädigungen. Dabei schützt das ProdHaftG nur vor Verletzungen bzw. der Tötung von Personen oder der Beschädigung von Sachen, während die §§ 823 ff. BGB auch die Verletzung anderer absoluter Rechte betreffen.

823　　Auf den ersten Blick erscheint im Bereich der Datenverarbeitungsanlagen die Anwendung dieser Produkthaftungsregeln deswegen unwahrscheinlich, weil die Verletzung fremder absoluter Rechte, insbesondere aber die Verletzung von Gesundheit oder Sachen durch Datenverarbeitungsanlagen nur schwer vorstellbar ist. In Deutschland sind auch bislang demgemäß keine gerichtlichen Entscheidungen über Produkthaftungsfällen von Software veröffentlicht worden.

824　　Dennoch sind solche **Fälle vorstellbar.** Dies gilt nicht nur für Hardwarefehler, die Kabelbrände und Schäden an sonstigen Teilen der Hardware auslösen können, sondern

---

[70] Zu diesem Vertrag *Bachofer,* CR 1989, 89.
[71] Beginnend mit BGHZ 51, 91 „Hühnerpest".

auch für **spezielle Softwareprodukte,** insbesondere im Bereich der **Medizin,**[72] der Sicherungstechnik wie auch der **Verkehrslenkung**[73] oder Fahrerassistenzsysteme.[74] Man stelle sich nur vor, dass eine Ampel fehlgesteuert wird und dadurch Zusammenstöße verursacht werden oder dass etwa die Herz-Lungen-Maschine fehlerhaft gesteuert wird und der Patient deswegen stirbt. Möglich ist es auch, dass durch das fehlerhafte Programm andere Sachen des Bestellers beschädigt werden. Dies kann beim Einbau eines abtrennbaren Einzelteils auch die gesamte Anlage sein, wenn nur das Einzelteil mangelhaft ist und eine Reparatur unverhältnismäßig teuer wird (sog. weiterfressender und Integrationsschaden). Denkbar ist auch die Beschädigung der beim Erwerber eines Softwareprodukts vorhandenen **Programme durch Viren,** die mit dem neu erworbenen Programm in die Anlage transportiert werden.[75] Überhaupt kann eine Änderung von Daten oder Programmen durch eine fehlerhafte Software eine Sachbeschädigung darstellen.[76]

2. Das deliktische Modell der Produkthaftung (Produzentenhaftung)

Entsprechend der herkömmlichen deutschen Rechtstradition wird man bei allen Überlegungen zunächst auf die **Produkthaftung nach §§ 823 ff. BGB** zurückgreifen. Hier kommt als Verantwortlicher der **Hersteller** des fehlerhaften Produkts in Frage, und zwar auch für zugekaufte Produkte.[77] In seltenen Fällen haftet daneben auch der sogenannte **Quasi-Hersteller,** der zwar nicht selbst produziert, aber im eigenen Namen oder mit eigenem Warenzeichen tätig wird.[78] Die Haftung trifft daneben auch den verantwortlichen Geschäftsleiter, wenn ihm einzelne Pflichten wirksam übertragen worden sind.[79]   825

Daneben können in Einzelfällen auch ein Montagebetrieb,[80] der Importeur[81] oder auch ein einzelnes Vertriebsunternehmen als Verantwortlicher in Betracht kommen. Wichtig ist immer, dass die Verantwortlichen eine Verkehrssicherungspflicht für das In-Verkehr-Bringen des Produkts haben, gegen die sie verstoßen haben. Dies ist nämlich der Anknüpfungspunkt der deliktischen Haftung.[82]

Die Verantwortlichen müssen jeweils dafür sorgen, dass das Produkt bei Auslieferung dem **neuesten technischen Standard** entspricht, soweit dieser erkennbar und ermittelbar ist. Dies bedeutete z.B. hinsichtlich der „**Jahr-2000-Problematik**", dass jedenfalls ab Geltung der DIN 50 008, die eine vierstellige Jahreszahl vorsah, eine zweistellige Programmierung fehlerhaft ist. Insoweit ist das entscheidende Jahr 1996. Auch Sicherheitslücken in DV-Programmfunktionen können solche Produktionsfehler darstellen.[83] Die Verantwortlichen müssen die Herstellung des Produkts, insbesondere auch verwandte Teilprodukte von Drittherstellern **kontrollieren.** Sie müssen Gebrauchsanweisungen kor-   826

---

[72] Dazu *Kort,* CR 1990, 251 ff.
[73] Vgl. die Aufstellung bei *Littbarski,* in: Computerrechtshandbuch, Abschn. 180, Rn. 2.
[74] *Meyer/Harland,* CR 2007, 689.
[75] *Rombach,* CR 1990, 101 (105 f.).
[76] *Abel,* CR 1999, 680 (681); *Koch,* NJW-CoR 1999, 423 (424 f.); kritisch zu diesen Fällen *Spindler,* NJW 1999, 3737 (3738); vgl. aber auch *Spindler,* NJW 2004, 3145 (3146).
[77] Zum letzteren Fall OLG Köln, CR 1990, 268 ff.
[78] Näher dazu *Littbarski,* in: Computerrechtshandbuch, Abschn. 180, Rn. 29.
[79] Grundlegend BGH, NJW 1975, 1827; kritisch *Littbarski,* in: Computerrechtshandbuch, Abschn. 180, Rn. 34 f.
[80] Vgl. dazu BGH, CR 1990, 402 f. (LS).
[81] Dazu *Heymann,* CR 1990, 176 (177).
[82] *Meier/Wehlau,* CR 1990, 95 (96 ff.).
[83] *Spindler,* NJW 2004, 3145 (3146 f.); vgl. auch oben Rn. 305, 327.

rekt formulieren und regelmäßig kontrollieren und insbesondere in diesen Gebrauchsanweisungen vor Gefahren bei der Produktnutzung warnen. Darüber hinaus müssen sie
das Produkt im Markt beobachten und eventuelle Fehler feststellen. Bei der bekannten
Fehleranfälligkeit von Software ist diese Kontrollpflicht besonders stark.[84] Bei auftretenden Fehlern kommt eventuell sogar ein Rückruf in Betracht. Eine solche Rückrufpflicht
gibt es z. B. dann, wenn ein Virenbefall des Programms bekannt wird.[85] Ggf. reicht es auch
aus, allen Nutzern auf Anforderung (und nicht nur durch Herunterladen im Internet) ein
Patch zu liefern.

827   Verletzte Güter können alle **absoluten Rechte** sein. Neben den offenkundigen absoluten Rechten wie dem Recht auf körperliche Integrität oder den Eigentumsrechten kommt
auch die Verletzung fremder Software in Betracht. Diese ist jedenfalls dann nach §§ 823 ff.
BGB geschützt, wenn sie urheberrechtlich geschützt ist. Im Hinblick auf die speziellen
Regelungen über den Urheberschutz von Software dürfte dies für alle relevante Software
immer der Fall sein.

828   Praktisch sehr wichtig ist generell im Bereich der Produkthaftung das **Verhältnis** der
Produkthaftung **zu vertraglichen Gewährleistungs- und Haftungsansprüchen.**

In der Rechtsprechung des **BGH** hat sich eine **Abgrenzung** danach durchgesetzt, dass
alle Schäden, die **am gelieferten Produkt allein** entstehen und diesem anhaften, lediglich
dem **Mängelrecht** und damit ausschließlich vertraglichen Ansprüchen unterworfen sind.
Insoweit besteht beim Geschädigten nur ein Nutzungs- und Äquivalenzinteresse, das
durch die Mängelrechte abschließend geschützt ist. Wenn über den Vertragsgegenstand
hinaus Eigentums- oder andere Rechte des Vertragspartners geschädigt werden, kommt
die Produkthaftung in Betracht. Dies führt z. B. bei der Lieferung von fehlerhaftem Putz
dazu, dass dann, wenn lediglich an der verputzten Mauer im Putz Schäden entstanden
sind, keine Produkthaftung eingreift, wohl aber, wenn die Schäden am Putz sich als
Schäden an der unverputzten Mauer, also etwa den Mauersteinen oder dem Mörtel auswirken.[86] Darüber hinaus kann sogar der Wert der gesamten Sache als Schaden liquidiert
werden, wenn diese durch den Einbau eines Teils wertlos wird.[87] Dieser Fall dürfte
allerdings eher selten vorkommen.[88]

Streitig ist im Übrigen die Frage, ob ein Datenverlust eine Sachbeschädigung darstellt,
die zu Ansprüchen nach § 823 Abs. 1 BGB führen kann.[89] Nimmt man dies an, führt ein
Virenbefall, der immer auch Datenveränderungen zur Folge hat, bei Vorliegen der übrigen
Voraussetzungen zur Produkthaftung.

Hinsichtlich der zuletzt genannten Schäden besteht im übrigen eine echte Anspruchs-
konkurrenz zwischen der Produkthaftung und eventuellen Gewährleistungsansprüchen.

829   Zu beachten ist unter Umständen auch ein **Mitverschulden des Geschädigten.** Dies ist
gegeben, wenn er eine regelmäßige Datensicherung unterlassen hat., Bei wichtigen Systemen mit hohen Ausfallschäden aber muss ein Nutzer aber auch Back-up-Systemen bis hin
zum Hot-Standby[90] vorhalten. Tut er dies nicht, ist er für den Umfang des Schadens mit
verantwortlich.

---

[84] *Spindler,* NJW 2004, 3145 (3147).

[85] *Rössel,* ITRB 2002, 214 (215); *Bartsch,* CR 2000, 721 lässt offen, was gegen Virenbefall getan
werden kann.

[86] BGHZ 67, 359 (364 f.); BGH, NJW 1981, 2248 (2250); NJW 1985, 194.

[87] BGHZ 138, 230 (236).

[88] Skeptisch *Spindler,* NJW 1999, 3737 (3738 ff.).

[89] Dafür *Bartsch,* CR 2000, 721 (723); dagegen AG Brandenburg, Urt. v. 22. 4. 2002, 32 C 619/99,
besprochen in ITRB 2002, 199.

[90] Spindler, NJW 2004, 3145 (3150).

3. Produkthaftung nach dem Produkthaftungsgesetz

Das Produkthaftungsgesetz sieht prinzipiell eine **Gefährdungshaftung** des Produkt-   830
herstellers vor. Diese ist für den Fall der Sachbeschädigung beschränkt auf eine Beschädigung einer anderen Sache als des fehlerhaften Produkts und einer Beschädigung nur
von Gegenständen, die ihrer Art nach für den privaten Ge- oder Verbrauch bestimmt
sind und dazu vom Geschädigten auch hauptsächlich verwendet wurden (§ 1 Abs. 1
ProdHaftG).[91] Hier ist zunächst die Frage, ob **Software** im hier bezeichneten Sinne eine
Sache und damit überhaupt ein Produkt im Sinne des ProdHaftG ist. Produkte im
Sinne des ProdHaftG sind nur bewegliche Sachen. Dies ist bei Hardware kein großes
Problem, da Hardware eine bewegliche Sache und damit ein Produkt ist. Wird Hardware gemeinsam mit Software vertrieben, wird man auch das Gesamtprodukt als bewegliche Sache ansehen können, so dass in diesem Falle auch Softwarefehler Produktfehler
sein können. Anders mag dies dann sein, wenn lediglich Software vertrieben wird,
insbesondere wenn dies auf elektronischem Weg (evtl. sogar kabellos) geschieht. Software ist selbst keine bewegliche Sache.[92] Sie kann auch ohne Nutzung von beweglichen
Sachen vertrieben werden. Demgemäß liegt es nahe, Software nicht als Produkt im Sinne
des Produkthaftungsgesetzes anzusehen und damit Software vom Produkthaftungsgesetz
auszuschließen.[93]

Diese Frage ist streitig und bislang nicht entschieden. Wenn man Software für eine
Sache hält, ergeben sich allerdings keine Probleme. Zu beachten ist freilich, dass Elek-
trizität ausdrücklich neben den beweglichen Sachen als Produkt bezeichnet wird. Bei
Software ist dies nicht geschehen, obwohl das Problem der Sacheigenschaft von Software
bei der Vorbereitung des Gesetzes bekannt war. Dies spricht eher gegen die Annahme,
dass Software ein Produkt im Sinne von § 2 ProdHaftG sein soll. Umgekehrt ist zu
beachten, dass dem Sinn des Gesetzes nach jede vertriebene Ware, soweit sie nicht reinen
Dienstleistungscharakter hat, die Entstehung der Produkthaftung auslösen soll. Dies
spricht wiederum für die Annahme, dass Software ein Produkt ist. Ferner ist zu beachten,
dass der Vertrieb von Software auf Datenträgern ein Vertrieb von beweglichen Sachen ist,
so dass er die Produkthaftung auslöst. Im Ergebnis kann der körperlose Vertrieb aber
nicht zum Ausfall der Produkthaftung führen. Wegen dieser Situation ist es sachgerechter,
auch Software als Produkt im Sinne von § 2 ProdHaftG anzusehen, so dass die Produkthaftung nach ProdHaftG auch Software umfassen kann.[94] Dabei kann es nicht darauf
ankommen, ob die Software auf dem Zielrechner dauernd oder nur vorübergehend gespeichert wird.[95]

Ein **Produkt** nach § 3 ProdHaftG **ist fehlerhaft,** wenn es nicht die Sicherheit bietet, die   831
von ihm unter Berücksichtigung aller Umstände, insbesondere seiner Darbietung des
Gebrauchs, mit dem billigerweise gerechnet werden kann, und des Zeitpunkts, in dem es

---

[91] *Meier/Wehlau,* CR 1990, 95 (99).

[92] Vgl. oben 278 ff.

[93] So *v. Westphalen,* NJW 1990, 83 (87); *Taschner/Frietsch,* § 2 ProdHaftG Rn. 22 für online-
übertragene Software.

[94] Wie hier *Koutses/Lutterbach,* RDV 1989, 5 (6 f.); *Meier/Wehlau,* CR 1990, 95 (98 f.); *Heymann,* CR 1990, 176; *Littbarski,* in: Computerrechtshandbuch, Abschn. 180, Rn. 42 ff., 120; *Taeger,*
Außervertragliche Haftung, S. 109 ff.; *Lehmann,* NJW 1992, 1721 (1724); *Spindler,* NJW 1999, 3737
(3742); *Junker/Benecke,* Computerrecht, Rn. 366; *Schneider,* Praxis des EDV-Rechts, Rn. J 297; mit
ausführlicher Begründung: *Günther,* Produkthaftung, S. 668 ff.; *Sodtalbers,* Softwarehaftung im
Internet, Rn. 156 ff.; *Spindler,* VersR 2003, 410 (412); wohl auch *Koch/Schnupp,* Software-Recht I,
S. 162.

[95] **A. A.** *Sodtalbers,* Softwarehaftung im Internet, Rn. 167 ff.

in den Verkehr gebracht wurde, berechtigterweise erwartet werden kann. Hier ist vor allem auf das Zeitmoment hinzuweisen. Ein Produkt kann nicht ex post als gefährlich beurteilt werden, wenn es zum Zeitpunkt seines In-Verkehr-Bringens als sicher angesehen werden musste. Allerdings ist dies kein Freibrief. Speziell bei der Herstellung von Produkten, die nach ihrer Bestimmung sicher sein müssen, kann eine Unsicherheit, die allen Produkten zum fraglichen Zeitpunkt anhaftet, nicht zum Ausschluss der Produkthaftung führen. Möglicherweise hätten auch generell bei unsicheren Produkten die Produkte nicht in Verkehr gebracht werden dürfen, wenn sie nicht sehr umfangreich getestet wurden. Dies gilt ganz besonders natürlich für medizinische Überwachungsinstrumente oder etwa Software für Flugzeuge.

832   Verantwortlich ist zunächst der **Hersteller,** der das Produkt tatsächlich hergestellt und auch in Verkehr gebracht hat. Ihm ist gleichgestellt derjenige, der sich durch das Anbringen seines Namens, seines Warenzeichens oder eines anderen unterscheidungskräftigen Kennzeichens als Hersteller ausgibt, der sogenannte **Quasi-Hersteller.** Im Softwarebereich dürfte faktisch der Lizenzgeber der Hersteller sein.[96]

Verantwortlich als Hersteller ist auch der Importeur, der das Produkt in den Bereich der europäischen Gemeinschaft einführt. Der Importeur aus Ländern der europäischen Gemeinschaft ist nicht mit umfasst.[97] Kann man Hersteller, Quasi-Hersteller oder Importeur nicht finden, gilt der Lieferant als Hersteller. Dieser kann sich von der Haftung entlasten, wenn er den entsprechenden Hersteller nennt.[98]

833   Die Gefährdungshaftung ist der **Höhe nach auf 85 Millionen** € pro Produkthaftungsfall beschränkt. Im Falle einer Sachbeschädigung hat der Geschädigte ein Schaden bis zu einer Höhe von 500 € selbst zu tragen. Gerade die letztere Regelung dürfte dazu führen, dass die Produkthaftung nach §§ 823 ff. BGB weiterhin eine gewichtige Rolle spielen wird. In diesem Bereich gibt es eine solche Ausnahme nicht.[99]

Ferner kommt nach § 8 S. 2 ProdHaftG bei einer Körper- oder Gesundheitsverletzung auch Schmerzensgeld in Betracht.

4. Prozessuale Fragen

834   Prozessual muss im Rahmen der **Verschuldenshaftung** der Anspruchsteller die Tatsache eines Produktfehlers, die Tatsache, dass der in Anspruch Genommene eine Verkehrssicherungspflicht zur Verhinderung gerade des Fehlers und des eingetretenen Schadens hat, die Verletzung eines der Rechtsgüter, die in §§ 823 ff. BGB geschützt sind sowie im Regelfall die Tatsache, dass der Produktfehler im Verantwortungsbereich des in Anspruch Genommenen unter Verletzung der Verkehrssicherungspflicht entstanden ist, darlegen und beweisen. Hinsichtlich des letzteren Bereichs besteht in Sonderfällen eine Beweislastumkehr.[100]

Bei der Konkurrenz mit vertraglichen Ansprüchen muss weiterhin dargelegt werden, dass das Integritätsinteresse verletzt ist.

Der **Verletzte** hat nur die **objektive Pflichtwidrigkeit** darzulegen und zu beweisen. Demgegenüber hat der in Anspruch Genommene sich hinsichtlich seines Verschuldens zu entlasten. Insoweit tritt gegenüber der Regelung des §§ 823 ff. BGB eine **Beweislastum-**

---

[96] *Günther,* Produkthaftung, S. 679 f.
[97] Zu den Problemen des Importeurs *Heymann,* CR 1990, 176 (177 f.).
[98] *Meier/Wehlau,* CR 1990, 95 (99).
[99] *Meier/Wehlau,* CR 1990, 95 (100).
[100] *Littbarski,* in: Computerrechtshandbuch, Abschn. 180, Rn. 20 ff.; *Spindler,* NJW 1999, 3737 (3741 f.) für Produkthaftung im Bereich des „Jahr-2000-Problems".

kehr ein. Bei Virenbefall muss demnach vorgetragen werden, auf welche Weise die Schädigung durch Produktfehler verursacht wurde.[101]

Auch im Bereich des **ProdHaftG** sind sämtliche oben dargelegten Voraussetzungen vom Anspruchsteller vorzutragen. Dazu gehören insbesondere das Vorliegen eines Produktfehlers, die Herstellereigenschaft des in Anspruch Genommenen, die Verletzung eines der im ProdHaftG genannten Rechtsgüter und die Kausalität des Fehlers für den Schaden.[102]

---

[101] A. A. *Deutsch,* CR 2000, 721 (723 f.).
[102] *Littbarski,* in: Computerrechtshandbuch, Abschn. 180, Rn. 151.

D. Rechtsprobleme von Internet und Telekommunikation

I. Einige einführende Bemerkungen

Ein ungleich stärkere Rolle als zur Zeit der ersten Auflage (1992) spielt heute die **835** Telekommunikation. Seit der weiten Verbreitung des **Internet** ist der Einsatz von Telekommunikation und der Kontakt zwischen Rechnern nicht nur Praxis innerhalb großer Unternehmen oder zwischen weltweiten Banken, die entsprechende Systeme in Form von SWIFT schon seit den 70er Jahren einsetzen, sondern Alltagspraxis für viele kleine Firmen und Privathaushalte. Die früher immer nur prognostizierte und nur in seltenen Anwendungsfällen auch praktische Verknüpfung von Telekommunikation und Datenverarbeitung ist allgemeine Praxis geworden. Immer stärker werden auch geschäftliche Aktivitäten über diese Wege abgewickelt. Dabei ist Telekommunikation als solche gar nichts neues. Jedenfalls als Telefon-, Telegrafen- und Funkverkehr gibt es entsprechende Dienste schon seit mehr als einem Jahrhundert, in eingeschränktem Umfang noch länger. Auch der Telex-Dienst existierte schon seit vielen Jahrzehnten. Trotzdem sind die Rechtsprobleme der Telekommunikation erst in den letzten drei Jahrzehnten in einer größeren Fachöffentlichkeit stärker wahrgenommen worden. Erst in den letzten Jahren sind dies Probleme auch für die Allgemeinheit geworden. Dies hängt damit zusammen, dass sich zunächst gerade durch den Einsatz moderner Datenverarbeitungstechniken viele neue Leistungen im Bereich elektronischer Dienste ergeben haben. In der Folge kam es dann zu dem Einsatz von elektronischen Netzwerken, in denen jeweils örtlich vorhandene Datenverarbeitungsanlagen direkt und ohne Zwischenschaltung menschlicher Vermittler mit der jeweiligen Telekommunikationseinrichtung verbunden werden. Das Internet ist die am weitesten verbreitete Einrichtung dieser Art. Man spricht allgemein in diesem Zusammenhang von Telematik als einer Verknüpfung von Telekommunikation und Informatik.

Den speziellen Problemen, die sich aus dem Zusammenhang des Einsatzes elektro- **836** nischer Übermittlungsdienste und der Anwendung von Computern ergeben, sind die folgenden Darstellungen gewidmet. Zentraler Ansatzpunkt ist das Internet. Dabei wird zwischen drei Problemgruppen unterschieden.

Ein erster Teil beschäftigt sich mit den Fragen, die sich im Zusammenhang mit herkömmlichen Geschäften dadurch ergeben, dass die jeweils rechtsverbindlich gemachten **Erklärungen unter Benutzung von elektronischen Medien übermittelt** oder dort auch angestoßen werden. In der Praxis wird dieser Bereich oft als „e-commerce" gekennzeichnet.[1] Hier gab es im BGB seit 1900 im Hinblick auf den Telefondienst in § 147 Abs. 1 Satz 2 eine Regelung. Diese Regelung ist 2001 novelliert und auf moderne Formen der Telekommunikation erweitert worden. Es stellen sich aber über die dort geregelten Probleme hinaus aber noch eine ganze Reihe weiterer Probleme. In den letzten Jahren hat der Gesetzgeber auch viele neue Normen erlassen, die darzustellen sind.

In der Industrie herrschte und herrscht viel Unsicherheit über Rechtsfragen, die als ein **837** **Haupthindernis** für die Einführung des e-commerce angesehen werden.[2] Die Einschätzung war und ist im Großen und Ganzen falsch. Wirkliche Probleme liegen im Beweis-

---

[1] Dazu technisch z. B. *Merz/Tu/Lamersdorf*, Informatik Spektrum 22 (1999), 328; *Esswein/Zumpe*, Informatik Spektrum 25 (2002), 251; umfassend *Schwarze/Schwarze:* Electronic Commerce, 2002.
[2] Vgl. *Schröder/Müller*, Informatik Spektrum 22 (1999), 252.

bereich; die Lösung liegt aber bei der Installierung von technischen Verfahren, die die Beweisbarkeit von Rechtshandlungen sichern. Rechtliche Hindernisse zum Einsatz von Telekommunikationsmittel gibt es seit Einführung der elektronischen Form praktisch nicht mehr (und auch vorher allenfalls in geringem Umfang). Lediglich im Bereich des Verbraucherschutzes hat der Gesetzgeber teilweise die Schriftform beibehalten und damit elektronische Erklärungen zum Schutze des Verbrauchers verhindert.

838   Eine zweite Problemgruppe beschäftigt sich mit den **Rechtsbeziehungen** zwischen den **Anbietern von elektronischen Diensten, insbesondere im Internet** und ihren **Kunden.** Hier besteht juristisch sehr viel Nachholbedarf, da in der Vergangenheit Telekommunikationsdienste praktisch ausschließlich von der Deutschen Bundespost angeboten wurden. Die Weiterentwicklung der Dienste und die Lockerung und schließliche Aufhebung des Monopols durch die verschiedenen Fassungen der Poststrukturreform haben hier viele Änderungen bewirkt. Mittlerweile sind in den kommerziell interessanten Beziehungen viele private Anbieter am Markt vorhanden. Auch die Nachfolgeunternehmen der Deutschen Bundespost handeln privatrechtlich. Dementsprechend bestehen **privatrechtliche Beziehungen** zwischen Anbietern und Kunden. Darüber hinaus werden vielfältige neue Dienstleistungen angeboten, die erst durch die Verknüpfung von EDV und Telekommunikation möglich werden und die einer rechtlichen Untersuchung bedürfen. Dabei kann es durchaus so sein, dass der Anbieter des eigentlichen Telekommunikationsdienstes nicht identisch ist mit dem jeweiligen Anbieter einzelner Dienstleistungen. Im Telefonbereich gilt dies vor allem für die Anbieter von Mehrwertdiensten. Im Internet bieten die sog. Provider (ein äußerst unscharfer Begriff) eine Vielfalt von Leistungen in unterschiedlichen Kombinationen an. Bei der juristischen Bewertung einzelner Dienstleistungen muss man sorgfältig zwischen den jeweiligen Vertragspartnern und ihren Leistungspflichten unterscheiden. Angesichts der Vielzahl möglicher und auch tatsächlich angebotener Dienstleistungen ist eine erschöpfende Behandlung nicht möglich. In der Folge[3] werden vielmehr einzelne häufig angebotene Dienstleistungen (z. B. Zugangsverschaffung zum Internet, Bereitstellung von Speicherplatz, Erstellung und/oder Unterhaltung eines Internetauftritts für einen Dritten) genauer behandelt.

839   Nachdem in diesem gesamten Bereich lange Jahre relativ wenig an juristischer Diskussion stattfand, war im Zuge der **Weiterentwicklung des Internet** geradezu eine Flut von Veröffentlichungen in der Literatur zu verzeichnen. Diese Flut ist seit der letzten Auflage (2007) etwas abgeebbt. Es gibt dennoch viele neue Erkenntnisse. Es gibt aber auch in verschiedenen Rechtsgebieten noch sehr viele offene Fragen. Ein zentraler gemeinsamer Grund für viele kontroverse Diskussionen bei der Beantwortung dieser Fragen besteht darin, dass durch das Internet erstmalig in der Geschichte der Menschheit Informationen jeglicher Art ohne Träger übermittelt und in einer regelmäßig wechselnden Art und Weise auf verschiedenen Datenträgern gespeichert werden.

839a   Die **Übertragung der Informationen** geschieht mit Hilfe elektromagnetischer Signale. Physikalische Speichereinheiten wie Papier, Disketten, Bänder oder auch DVD sind nicht erforderlich. Damit wird erstmalig in der Praxis der Transport von Informationen materielos durchgeführt. Diese Entwicklung ist oben im Hinblick den Vertrieb von auf Software dargestellt worden[4]. Sie betrifft aber nicht nur Software, sondern auch sämtliche anderen Informationen. Ganze Bücher können in elektronischen Formaten von einem Rechner zum anderen transportiert und gelesen werden, ohne dass sich in irgendeiner Weise ausgedruckt oder auf anderen Datenträger außerhalb des Rechners verkörpert werden. Datenspeicherungen erfolgen, ohne dass dabei für den Speichernden interessant ist, wo und wie dies geschieht. Informationen verselbständigen sich so von ihren Trägern.

---

[3] Ab Rn. 1074.
[4] Rn. 62 c.

Eine ganze Reihe von **Gesetzesnormen** greifen aber ohne Berücksichtigung dieser   **839b**
neuen Möglichkeiten darauf zurück, dass der Vertragsgegenstand oder die **Informationen**
verkörpert sind. Dies gilt z. B. für den Mietvertrag, der nur die Miete von Sachen kennt.
Dies gilt aber auch für den Erschöpfungsgrundsatz im Urheberrecht (§ 17 Abs. 2 UrhG),
der an ein einzelnes Werkstück und mithin an eine Verkörperung anknüpft. Auch die
absoluten Schutzrechte des § 823 Abs. 1 BGB knüpfen in erster Linie an Verkörperungen
an. Allerdings haben sich mit Rechtsfiguren wie z. B. dem allgemeinen Persönlichkeitsrecht oder dem Recht am eingerichteten und ausgeübten Gewerbebetrieb schon unabhängig davon definierte absolute Schutzrechte entwickelt. Auch im Strafrecht gibt es solche
Anknüpfungspunkte in großer Fülle. Der Gesetzgeber hat auf die Entwicklung bislang
noch kaum reagiert. Nur im **Strafrecht** und ganz eingeschränkt im **Urheberrecht** hat der
Gesetzgeber reagiert und Normen geändert und ergänzt, weil dort wegen des Analogie-
verbotes der Problemdruck am höchsten ist. Im Zivilrecht ist zumindest in der Gesetzes-
begründung zu § 453 BGB für den Kaufvertrag darauf hingewiesen worden, dass neben
Sachen und Rechten auch andere Gegenstände verkauft werden können und dann z. B.
Sachmängelgewährleistungsrechte eingreifen können.[5] Demgegenüber ist im Mietrecht
nahezu gleichzeitig die Anknüpfung an die Sache bestehen geblieben, was zu erheblichen
Problemen bei der vertragstypologischen Einordnung von Verträgen über im Internet
abgewickelte Geschäfte führt.[6] Auch die gesetzlich geregelten und darüber hinaus anerkannten absoluten Schutzrechte reichen evtl. nicht aus.[7]

Im **Urheberrecht** hat sich auch wenig geändert, was zu der ja oben auch schon   **839c**
geschilderten Konsequenz führt, dass die Rechtsprechung – jedenfalls bis zum Vorlagebeschluss des BGH[8] – und die herrschende Meinung weitgehend eine Anwendung des
Erschöpfungsgrundsatzes nur beim Vertrieb von Software über Datenträger und nicht
beim Vertrieb von Software und Internet annimmt, eine unter wirtschaftlichen Gesichtspunkten kaum vertretbare Folge. Darüber hinaus gibt es Diskrepanzen zwischen Zivilrecht und Urheberrecht, weil im Kaufvertragsrecht die Verkörperung der Information bei
der Einordnung Auslegung der Verträge oft als nicht wesentlich angesehen wird, während
dies im Urheberrecht nicht gilt. Vertragsrechtlich gilt für eine Software, die zur dauerhaften Nutzung heruntergeladen wird, nach h. M. Kaufvertragsrecht. Gleichzeitig tritt im
Urheberrecht nach h. M. keine Erschöpfung ein, obwohl wirtschaftlich die Erschöpfung
dem Kaufvertrag korrespondiert. Ähnliches wird für andere Informationsgüter gelten.
Dieser Befund ist juristisch nach wie vor nicht aufgearbeitet. Ohne gesetzgeberische
Korrekturen wird dies auch schwierig. Sachlich ist die Lösung nur dadurch möglich, dass
man Informationen als Rechtsgut unabhängig von ihrer Verkörperung anerkennt.[9] Insoweit ist die Informationsgesellschaft durch das Internet zwar in der Alltagspraxis ange-
kommen, bedarf noch der juristischen Aufarbeitung.

Einzelne neue gesetzliche Regelungen wie das **Signaturgesetz**, das **Telemediengesetz**   **839d**
sowie das **TKG** und §§ 312 b – e BGB knüpften an einzelne Phänomene an. Den grundsätzlichen Wandel, der insbesondere beim Handeln mit Informationen durch das Internet
eintritt, haben sie noch nicht aufgegriffen. Dies liegt auch daran, dass im Internet nicht nur
Informationen gehandelt werden, sondern auch andere durchaus physikalische Körper
und Gegenstände Gegenstand von Verträgen sind, die im Internet abgeschlossen werden.
Ohne eine Aufarbeitung dieses Problemkomplexes wird man zahlreiche rechtliche Probleme im Internet aber nicht lösen können.

---

[5] Regierungsentwurf BT-Drs. 14/6040, S. 242.
[6] Dazu unten Rn. 1075 ff.
[7] Dazu speziell *Berberich,* WRP 2011, 543
[8] Dazu oben Rn. 62 c.
[9] Dazu *Redeker,* CR 2011, 634.

Die folgenden Ausführungen gehen von der derzeitigen Rechts- und Gesetzeslage aus und können daher diese grundsätzlichen Erwägungen nicht durchgängig berücksichtigen. Es wird aber an vielen Stellen deutlich, wie wichtig die Berücksichtigung dieser Entwicklung auch de lege lata ist.

840   Eine dritte Problemgruppe war und ist besonders streitträchtig. Es geht um **namens-, marken- und wettbewerbsrechtliche Auseinandersetzungen** zwischen verschiedenen Internetanbietern, zu denen neuerdings noch Streitigkeiten hinzutreten, die auf Datenbankrechten beruhen. Ganz besonders wichtig ist hier das System der **Domain-Namen**, das eine Fülle von Streitigkeiten produziert hat. Die große Zahl der Auseinandersetzungen ist ein Indikator für die wirtschaftliche Bedeutung des Internet und des e-commerce. Nachdem der BGH eine ganze Reihe von Grundsatzentscheidungen getroffen hat, lassen sich heute auch wichtige Leitlinien des geltenden Rechts darstellen.

840a   Bei der Internetnutzung stellen sich ferner oft Fragen des **Wettbewerbsrechts** oder des **Schutz** des **geistigen Eigentums**. Das Recht des geistigen Eigentums gilt im Internet genauso wie außerhalb. Marken sind auch im Internet geschützt – genauso wie sie dies im geschäftlichen Verkehr außerhalb des Internets sind. Urheberrechtlich geschützte Werke sind im Internet genauso geschützt wie außerhalb. Der Gesetzgeber hat dies ausdrücklich durch die Regelung des § 19 a UrhG anerkannt. Dort ist das **Recht zur öffentlich Zugänglichmachung** geschützt. Dem Urheber ist das Recht vorbehalten, sein Werk drahtgebunden oder drahtlos der Öffentlichkeit in einer Weise zugänglich zu machen, dass es Mitgliedern der Öffentlichkeit von Orten und zu Zeiten ihrer Wahl zugänglich ist. Dieses Recht galt als nicht genanntes Recht auch schon vor Einführung des § 19 a UrhG in das Gesetz. Aus ihm ergibt sich unmittelbar, dass urheberrechtlich geschützte Werke auch davor geschützt sind, im Internet zum Abruf bereitgestellt zu werden. Werden sie dann abgerufen und auf den eigenen Rechner kopiert, handelt es sich um eine Vervielfältigung, mithin um einen Eingriff in das Vervielfältigungsrecht des § 16 UrhG. Diese Tatsache und die weite Verbreitung des urheberrechtlich geschützter Werke im Internet hat zu erheblichen Auseinandersetzungen über die Frage geführt, durch welche Handlungen in Rechte des Urhebers eingegriffen wird und wer dafür verantwortlich ist. Insbesondere die Frage der Verantwortlichkeit ist internettypisch und wird daher im Einzelnen hier dargestellt. Darüber hinaus gibt es einzelne Internetdienste, die neue urheberrechtliche Fragen aufwerfen, z. B. bei Verwendung von thumbnails in Suchmaschinen. Auf einzelne Aspekte des Urheberrechts- und Markenschutzes im Internet wird darüber hinaus nur eingegangen, wenn es um internettypische Fragen geht. Für rein urheberrechtliche Fragestellungen, die es auch im Internet in vielfältiger Form gibt, sei auf die urheberrechtliche Literatur verwiesen. Gerade in diesem Bereich muss man aber die eben[10] aufgeworfenen Rechtsfragen beantworten.

840b   Eine weitere Besonderheit des Internet ist, dass es über die schon geschilderten Entwicklungen hinaus in vielfältiger Form **traditionelle Kategorien juristischer Einordnung** auflöst. So sind die Nutzer bei vielen Anwendungen gleichzeitig Schöpfer urheberrechtsfähiger Werke und deren Vervielfältiger oder Bearbeiter – das Verhältnis Autor/Konsument ändert sich. Politischen Einfluss nehmen nicht mehr nur redaktionell verantwortete Medien, die eindimensional Informationen vom Verlag/von der Rundfunkanstalt zu den Lesern/Hörern/Zuschauern verbreiten. In Blogs/Wikis/Chatrooms werden vielmehr Nachrichten ausgetauscht, dabei gibt es viele Autoren, redaktionelle Bearbeitung tritt zurück. Die Grenzen zwischen Massen- und Individualkommunikation werden fließend. Dies bedeutet keinesfalls, dass redaktionell bearbeitete und verantwortete Medien überflüssig werden; nach wie vor sind verantwortlich bearbeitete Informationen anderen Informationsformen oft vorzuziehen. Auch Wikis werden von den Nutzern und besonde-

---

ren Redakteuren überprüft – dennoch: die Grenzen werden fließend. Oft ist nicht mehr klar, ob ein Individual- oder Massenmedium vorliegt. Auch darauf hat der Gesetzgeber im Rahmen des verfassungsmäßig Zulässigen mit dem TMG als Nachfolger des rein auf Individualkommunikation bezogenen TDG gesetzt. Viele Fragen bleiben offen – etwa, wo die Grenzen von Presse-, Rundfunk- und Meinungsfreiheit zu ziehen sind und welche Konsequenzen sich daraus für einzelne Dienste ergeben.[11] Neue Fragen stellen sich da, wo sich technische Grundlagen zentraler auch verfassungsrechtlicher Normen neu stellen – etwa bei der Frage, ob man noch von Frequenzknappheit im Rundfunk sprechen kann. Auf all diese Fragen kann in der Folge freilich nur am Rande eingegangen werden, auf die entsprechenden Probleme sei aber hier hingewiesen.

II. Die Übermittlung von Willenserklärungen im Internet

Telekommunikationsdienste, insbesondere verschiedene Internet-Dienste, werden zu-   **841** nehmend häufiger zur **Übermittlung von Willenserklärungen** benutzt, die sich auf ganz normale Geschäfte beziehen. Die einzige Besonderheit gegenüber den herkömmlichen Erklärungen liegt darin, dass diese Erklärungen über elektronische Übermittlungseinrichtungen übertragen werden, in einzelnen Fällen auch durch Datenverarbeitungsanlagen erzeugt und unmittelbar ohne Einschaltung von Menschen dem Erklärungsempfänger zugesandt werden.

1. Formprobleme

Die erste Frage, die sich in diesem Zusammenhang stellt, ist die, ob elektronisch über-   **842** mittelte Erklärungen ausreichend sind, wenn eine bestimmte Willenserklärung **form-gebunden** ist.[12]

Das gängigste Formerfordernis ist das der **Schriftform**. § 126 BGB regelt die Anforde-   **843** rungen an die Schriftform bei gesetzlichen Schriftformvorschriften. Ist im Gesetz die Schriftform vorgesehen, ist gemäß § 126 BGB erforderlich, dass der Erklärende seine Erklärung eigenhändig unterschreibt. Sogar das Überschreiben der Erklärung ist unzulässig.[13] Die Unterschrift muss unter dem Text stehen. Genügt die Erklärung nicht diesen Anforderungen, ist sie gemäß § 125 BGB nichtig. Die Urkunde mit der **eigenhändigen Unterschrift** des Erklärenden muss dem **Erklärungsempfänger** zugehen.[14]

Damit können telekommunikativ übermittelte Erklärungen dem gesetzlichen Schriftformerfordernis nicht genügen. Mit Hilfe von Telekommunikationsmitteln kann eine Originalurkunde nicht übermittelt werden.[15]

---

[11] Zu spezifischen Fragen:: *Degenhart*, CR 2011, 231.

[12] Zum frühere Recht *Köhler*, in: Hübner u. a., Rechtsprobleme des Bildschirmtextes, S. 51 (65); *Swoboda*, Btx-Staatsvertrag, S. 19; *Rott*, NJW-CoR 1998, 420.

[13] BGHZ 113, 48; *Palandt/Heinrichs*, § 126 Rn. 5; zu den entsprechenden Vorschriften der §§ 416, 440 Abs. 2 ZPO, vgl. BGB, BB 1991, 156 (157).

[14] *Palandt/Heinrichs*, § 126 Rn. 11; *Buckenberger*, DB 1980, 289 (291).

[15] H. M. BGHZ 121, 224 = NJW 1993, 1126; NJW 1997, 3169; NJW 2006, 2482; OLG Hamm, NJW 1991, 1185 f.; *Bizer*, in: Kröger/Kellersmann, Internet-Handbuch für Steuerberater und Wirtschaftsprüfer, S. 150 (166 ff.); *Brinkmann*, BB 1981, 1183 (1187); *Buckenberger*, DB 1980, 289 (291); *Florian*, in: Hübner u. a., Rechtsprobleme des Bildschirmtextes, S. 16 (32); *Köhler*, in: Hübner u. a., Rechtsprobleme des Bildschirmtextes, 1986, S. 51 (65); *Probandt*, UFITA 98 (1984), 9 (20 f.); *M. Schneider*, CR 1988, 868 (871 f.); *Kilian*, DuD 1993, 606 (608); *Ernst*, BB 1997, 1057; JuS1997, 776 (777); *Geis*, NJW 1997, 3000; *Fringuelli/Wallhäuser*, CR 1999, 93 (95 f.); *Albrecht*, GRUR 1999, 649 (653) (zur Lizenzbereitschaftserklärung gem. § 23 PatG); *Metternich*, GRUR 2001, 647 (zum Marken-

844   Allerdings enthält § 126 Abs. 3 BGB mittlerweile eine Sondervorschrift für Online-Erklärungen. Danach kann – soweit das Gesetz nicht im Einzelfall Abweichendes regelt – an Stelle der Schriftform die **elektronische Form i. S. v. § 126 a BGB** treten. Die Anforderungen dieser Form sind erfüllt, wenn der Aussteller der Erklärung dieser seinen Namen hinzufügt und das elektronische Dokument mit einer qualifizierten elektronischen Signatur nach dem Signaturgesetz (SigG) versieht. Bei Verträgen müssen beide Parteien jeweils ein gleichlautendes Dokument elektronisch signieren.

845   Der Begriff der **qualifizierten elektronischen Signatur** ist in § 2 Nr. 3 SigG[16] definiert. Um den Begriff zu verstehen, muss man freilich zunächst den Begriff der **elektronischen Signatur** klären. Nach § 2 Nr. 1 SigG besteht eine elektronische Signatur aus Daten in elektronischer Form, die anderen elektronischen Daten beigefügt oder logisch mit ihnen verknüpft sind und die zur Authentifizierung dienen. Dies bedeutet: Irgendwelche Daten, die einem Text oder einem anderen elektronischen Dokument, z. B. einem Bild, beigefügt sind und auf den Verfasser hinweisen, sind elektronische Signaturen. Dazu gehören Unterschriften unter e-mails ebenso wie ein Verfassername, der von einem Bild auf einer Internetseite erst nach mehreren Links erreichbar ist.[17] Ob die Zuordnung der Unterschrift zum Text vom Namensträger stammt – ob er überhaupt an der Erstellung des elektronischen Dokuments beteiligt war, all dies spielt an dieser Stelle noch keine Rolle. Demnach ist eine elektronische Signatur zwar ein Hinweis auf einen Verfasser, im Streitfall belegt sie aber gar nichts.

846   Dies ist anders bei den **qualifizierten elektronischen Signaturen.** Diese werden über eine Zwischenstufe, die fortgeschrittene elektronische Signatur,[18] als elektronische Signaturen definiert, die

- ausschließlich dem Signaturschlüssel-Inhaber zugeordnet sind,
- die Identifizierung des Signaturschlüssel-Inhabers ermöglichen,
- mit Mitteln erzeugt werden, die der Signaturschlüssel-Inhaber unter seiner alleinigen Kontrolle halten kann,
- mit den Daten, auf die sie sich beziehen, so verknüpft sind, dass eine nachträgliche Veränderung der Daten erkannt werden kann,
- auf einem zum Zeitpunkt ihrer Erstellung gültigen qualifizierten Zertifikat beruhen und
- mit einer sicheren Signaturerstellungseinheit erzeugt werden.[19]

Demgegenüber setzt die wirksame elektronische Signatur nicht den Eintrag in ein Verzeichnis des Signaturkartenanbieters voraus.[20]

---

recht); OLG Hamburg, CR 1990, 463 für die Gegendarstellung im Presserecht; BGH NJW 1993, 1126 (1127); OLG Frankfurt, NJW 1991, 2154 f.; OLG Düsseldorf, NJW-RR 1995, 93 = BB 1994, 2101; LG München I, BB 1998, 2599 = NJW 1999, 2127 (zu § 7 Abs. 2 VerbrKrG); ArbG Gelsenkirchen, CR 1989, 823; a. A. wohl nur *Greulich,* DB 1954, 491 für Fernschreiben; OLG Düsseldorf, NJW 1992, 1050 für § 8 Nr. 5 VOB/B; OLG München, NJW 1990, 2895 zur Gegendarstellung sowie AG Köln, WuM 1992, 194 für eine Kündigung; *Hohenegg/Tauschek,* BB 1997, 1541 (1547).

[16] Zum Folgenden und zu anderen Problemen der elektronischen Signatur vgl. die umfassende Darstellungen bei *Roßnagel,* NJW 2001, 1817 und in: Schulte/Schröder (Hrsg.): Handbuch des Technikrechts, S. 887 ff.; *Schmidt,* CR 2002, 508; *Bizer,* in: Kröger/Gimmy (Hrsg.), Handbuch zum Internet-Recht, S. 39 ff.; *Reese:* Vertrauenshaftung und Risikoverteilung bei qualifizierten elektronischen Signaturen, S. 16 ff. und *Brisch/Brisch,* in: Hoeren/Sieber (Hrsg.): Handbuch Multimediarecht, Abschn. 13.3, Rn. 38 ff.

[17] *Micklitz/Ebers,* VersR 2002, 641 (654); *Gramlich,* in: Spindler/Schuster (Hrsg.): Recht der elektronischen Medien, § 2 SigG, Rn. 6; eher einschränkend auf eingescannte Unterschriften: *Schmidt,* CR 2002, 508 (510).

[18] *Gramlich,* in: Spindler/Schuster (Hrsg.): Recht der elektronischen Medien, § 2 SigG, Rn. 7.

[19] *Gramlich,* in: Spindler/Schuster (Hrsg.): Recht der elektronischen Medien, § 2 SigG, Rn. 10; *Menke,* Elektronische Signatur, S. 164.

[20] *Hadidi/Mödl,* NJW 2010, 2097; a. A. BGH, NJW 2010, 2134.

In der eben dargestellten Definition sind wieder **weitere Begriffe**[21] enthalten, die **847** ebenfalls in § 2 SigG definiert sind. So definiert § 2 Nr. 9 SigG den Signaturschlüssel-Inhaber als natürliche Person, die einen oder mehrere Signaturschlüssel besitzt und der die zugehörigen Signaturprüfschlüssel durch qualifizierte Zertifikate zugeordnet sind. **Sichere Signaturschlüsseleinheiten** werden in § 2 Nr. 10 SigG als Software- oder Hardwareeinheiten zur Speicherung und Anwendung des jeweiligen Signaturschlüssels definiert, die mindestens die Anforderungen nach § 17 oder § 23 SigG und der Vorschriften der SigV erfüllen und die für qualifizierte elektronische Signaturen bestimmt sind. **Qualifizierte Zertifikate** sind nach § 2 Nr., 6 und 7 SigG elektronische Bescheinigungen, mit denen Signaturprüfschlüssel einer Person zugeordnet werden und die Identität dieser Person bestätigt wird und die für natürliche Personen bestimmt sind, wenn sie die Voraussetzungen des § 7 SigG erfüllen und von Zertifizierungsdiensteanbietern ausgestellt werden, die mindestens die Anforderungen nach §§ 4–14 oder 23 SigG und den entsprechenden Vorschriften der SigV erfüllen. **Signaturprüfschlüssel** sind nach § 2 Nr. 5 SigG elektronische Daten wie öffentliche kryptografische Schlüssel, die zur Überprüfung einer elektronischen Signatur bestimmt sind. Signaturschlüssel sind nach § 2 Nr. 4 SigG einmalige elektronische Daten wie private kryptografische Schlüssel, die zur Erstellung einer elektronischen Signatur verwendet werden.

Wie man sieht, handelt es sich um eine **höchst komplexe juristisch-technisch gemisch-** **848** **te Begriffswelt** mit zahlreichen Begriffen. Hinzu kommt, dass eine Reihe der hier dargestellten Begriffe in ihrer Subsumtion auf die einzelnen technischen Komponenten eines Signatursystems schwierige Zweifelsfragen aufwerfen. Dies gilt insbesondere für die Frage, welche einzelnen Komponenten eines solchen Systems zu der sicheren Signaturerstellungseinheit gehören, die den Anforderungen nach §§ 17 oder 23 SigG unterliegt. Dabei geht es darum, sicherzustellen, dass der Signaturkarteninhaber weiß, was er signiert.[22] Kein Anwender wird in seinem konkreten Fall prüfen können, ob die von ihm oder seinem Partner verwendete elektronische Signatur wirklich eine qualifizierte elektronische Signatur ist. Vielmehr muss er dem Anbieter der Technik trauen. Noch nach Jahren kann sich herausstellen, dass die verwendete Signatur keine qualifizierte elektronische Signatur ist und daher Beweisvermutungen nicht eingreifen oder gar Formvorschriften nicht eingehalten sind.[23] Um dies zu erleichtern, hat das SigG für solche Anbieter die Möglichkeit geschaffen, sich freiwillig zu akkreditieren und damit eine auf Prüfung beruhende Bescheinigung vorzulegen, mit der der Nachweis der umfassend geprüften technischen und administrativen Sicherheit für auf den qualifizierten Zertifikaten des jeweiligen Anbieters beruhenden qualifizierten elektronischen Signaturen zum Ausdruck gebracht wird (§ 15 Abs. 1 S. 4 SigG)[24].

Ohne eine solche Akkreditierung wird sich ein Anbieter kaum durchsetzen können. Ob sich das Konzept der qualifizierten elektronischen Signaturen wirtschaftlich überhaupt durchsetzen wird, muss man abwarten.[25] Dies setzt jedenfalls voraus, dass nicht nur Waren mit geringem Warenwert elektronisch bestellt werden. Szenarien mit größeren Anwendungsfällen gibt es bislang nur im Bereich der öffentlichen Verwaltung und der Justiz. Insbesondere die öffentliche Verwaltung begnügt sich aber zunehmend mit anderen, weniger sicheren Lösungen (z. B. der fortgeschrittenen Signatur). Die Nutzer ziehen leicht nutzbare Anwendungen vor, auch wenn sie (technisch) nicht so sicher sind. Sie bewerten

---

[21] Näher dazu *Gramlich*, in: Spindler/Schuster (Hrsg.): Recht der elektronischen Medien, § 2 SigG, Rn. 11 ff.

[22] Dazu *Bovenschulte/Eifert*, DuD 2002, 76; *Gramlich*, in: Spindler/Schuster (Hrsg.): Recht der elektronischen Medien, § 2 SigG, Rn. 22 ff.

[23] *Rossnagel*, in: Schulte/Schröder (Hrsg.): Handbuch des Technikrechts, S. 914.

[24] *Gramlich*, in: Spindler/Schuster (Hrsg.): Recht der elektronischen Medien, § 15 SigG, Rn. 10

[25] Äußerst skeptisch *Bizer*, DuD 2002, 276.

tendenziell die Vertrauenswürdigkeit des Kommunikationspartners höher als die technische Sicherheit.[26]

849   Wird freilich eine qualifizierte elektronische Signatur verwendet, kann sie meist auch dort verwendet werden, wo das Gesetz Schriftform vorsieht.

Allerdings enthalten verschiedene Gesetze wieder Vorschriften, die **eine elektronische Form ausschließen**, z. B. bei der privaten Bürgschaft (§ 766 S. 2 BGB), dem Schuldversprechen (§ 780 S. 2 BGB) und dem Schuldanerkenntnis (§ 781 S. 2 BGB). Die praktische Bedeutung der elektronischen Form ist derzeit gering.

850   Im Handelsrecht gibt es weiterhin Formvorschriften, bei denen die Schriftform insbesondere das **Original** kennzeichnet. Bei elektronischen Dokumenten kann es ein solches transportfähiges Original nicht geben.[27] Die **Originalitätsfunktion** muss technisch neuartig substituiert werden. Davon geht auch das Mustergesetz der UNCITRAL aus.[28] Solche elektronischen Mittel sind aber für den breiten Einsatz noch nicht entwickelt worden. Neue internationale Überlegungen sehen daher die Anerkennung elektronischer Dokumente nur bei Vertragslösungen vor.[29]

851   Diese Aussage gilt generell für alle **Wertpapiere**. Digitale Dokumente können die Wertpapierfunktion, bei der ein Recht in einer Sache verbrieft wird, nicht erfüllen, weil es ihr digitaler Charakter ausschließt, dass es ein identifizierbares Original gibt. Es daher keine digitalen Inhaberschuldverschreibungen nach § 793 BGB. Auch ist § 405 BGB bei digitalen Dokumenten nicht anwendbar. Ferner kommt ein gutgläubiger Erwerb des Rechts nach §§ 932 ff. BGB nicht in Betracht, wenn das Recht lediglich digital „verbrieft" ist.[30] Für sämtliche anderen Formvorschriften, wie etwa die notarielle Beglaubigung, die **notarielle Beurkundung** oder gar das eigenhändige Testament gilt das Gleiche.

852   Anders als bislang dargestellt ist es bei vertraglich **vereinbarter Schriftform**. Hier besagt § 127 BGB lediglich, dass die Regelung des § 126 BGB im Zweifel gilt. In der Regel reicht hier aber auch die telekommunikative Übermittlung etwa per Fax aus (§ 127 Abs. 2 BGB). Ist vertraglich elektronische Form vereinbart, so reicht auch eine einfache Signatur aus, wenn nichts anderes vereinbart ist (§ 127 Abs. 3 BGB)[31]. In beiden Fällen kann nachträglich die Übermittlung eines den Vorschriften der §§ 126 oder 126 a BGB entsprechenden Dokuments verlangt werden. § 127 BGB schweigt zu der Frage, ob bei einer vertraglich vereinbarten Schriftform auch die elektronische Form reicht. Man wird davon aber wegen des Verweises auf § 126 BGB in § 127 Abs. 1 BGB und der Regelung des § 126 Abs. 3 BGB, der wieder auf die elektronische Form verweist, ausgehen können. Dann gilt auch hier § 127 Abs. 3 BGB, so dass mangels abweichender Vereinbarung auch ein e-mail die vertragliche Schriftform erfüllt.[32] Sogar eine Erklärung in einem Online-Überweisungsauftrag soll als Schriftform ausreichen.[33] In vielen Fällen wird man diese Konsequenz wegen der Unsicherheit des Mediums ausschließen wollen. Dies sollte man dann explizit tun. Nach der Rechtsprechung[34] soll ein **Faxschreiben** auch dann ausreichend sein, wenn vertraglich ein **Einschreibebrief** verlangt wird.

---

[26] *Kubicek*, DuD 2011, 43.

[27] *Reese:* Vertrauenshaftung und Risikoverteilung bei qualifizierten elektronischen Signaturen, S. 102 ff.

[28] Dazu *Clift*, IBL, Vol. 27 (1999), p. 31.

[29] Vgl. z. B. CMI, Draft Instrument on Transport Law, 10. 12. 01.

[30] *Oberndorfer*, CR 2002, 358.

[31] *Spindler/Anton*, in: Spindler/Schuster (Hrsg.): Recht der elektronischen Medien, § 127 BGB, Rn. 3

[32] *PWW-Ahrens*, § 127 Rn. 3; *Bamberger/Roth/Wendtland*, § 127 Rn. 4.

[33] AG München, Urt. v. 3. 8. 2006 – 122 C 18573/06, NJW 2006, H. 51, S. XII, der Zugang ist allerdings unsicher.

[34] OLG Frankfurt NJW-RR 1999, 455; BGH, NJW-RR 2000, 1560 (1561).

Auch im Bereich strafbewehrter Unterlassungserklärungen kommt im Übrigen eine telekommunikativ übermittelte Unterlassungserklärung in Betracht. Allerdings muss diese auf Anforderung schriftlich bestätigt werden.[35]

Der Gesetzgeber hat im Übrigen mit der **Textform**[36] eine weitere neue Form einge- **853** führt. Die Anforderungen der Textform sind erfüllt, wenn die Erklärung in einer Urkunde oder in einer anderen zur dauerhaften Wiedergabe der Schriftzeichen geeigneten Weise abgegeben, die Person des Erklärenden genannt und der Abschluss der Erklärung durch Nachbildung der Namensunterschrift oder auf andere Weise erkennbar gemacht wird (§ 126 b BGB). Der Abschluss muss also nicht durch die Unterschrift erkennbar sein. Eine Formulierung wie „Textende" reicht, wenn der Erklärende auf anderem Wege erkennbar ist.[37] Eine per **Fax** übermittelte schriftliche Erklärung genügt diesen Anforderungen ohne weiteres. Nach allgemeiner Meinung genügt dieser Form aber auch das **e-mail**, wenn es den Aussteller erkennen lässt und einen klaren Abschluss hat. Das e-mail wird ja zunächst auf dem Server des Providers des Adressaten und, wenn dieser will, auf seinem Rechner so abgespeichert, dass es dauerhaft lesbar ist.[38] Dass der Empfänger es löschen kann, ist unerheblich. Er kann ja auch einen Brief zerreißen oder verbrennen. Die bloße Möglichkeit, den Text von einer Website **herunterzuladen**, reicht für die Textform aber nicht.[39] Diese Rechtsauffassung kann aber nicht mehr grundsätzlich gelten. Keinesfalls jedes e-mail wird heute auf dem Rechner des Adressaten gespeichert. Viele werden insbesondere bei web-mail-Diensten nur auf dem Server des Providers abgelegt.[40] Weil auch solche e-mails der Textform genügen, weil der Dienst so realisiert ist, dass der Kunde – außer in Sondersituationen – allein über die für ihn gespeicherten e-mails verfügt, muss dies auch dann gelten, wenn die Dokumente vom Anbieter auf einen nur vom Kunden verwalteten Speicher im Bereich des Anbieters abgelegt werden. Textform liegt vor, wenn der Kunde in diesem Bereich Herr der gespeicherten Daten ist.[41]

Der Text muss im Übrigen in einem technischen Format zur Verfügung gestellt werden, das der Kunde auch lesen kann. Verwenden dabei Sender und Empfänger unterschiedliche Textverarbeitungsprogramme, können gleiche elektronische Dateien unterschiedliche Texte repräsentieren.[42] Nicht absolut gängige Formate reichen daher nicht.[43] In erster Linie wird man das „txt"-Format verwenden können. Daneben dürfte auch ein pdf-Format ausreichen.[44] Heute dürfte auch kein Hinweis mehr erforderlich sein, dass zum Öffnen der Acrobat

---

[35] BGH, CR 1990, 657 f. (LS).

[36] Sehr kritisch zu dieser Form *Hähnchen*, NJW 2001, 2831 (2832 f.): Form überflüssig.

[37] *Micklitz/Ebers*, VersR 2002, 641 (659); *Lütcke*, Fernabsatzrecht, § 312 c, Rn. 117; *Härting*, in: Redeker (Hrsg.), Handbuch der IT-Verträge, Abschn. 3.1, Rn. 61; *Dörner*, AcP 202 (2002), 365 (393 f.).

[38] *Micklitz/Ebers*, VersR 2002, 641 (656); *Lütcke*, Fernabsatzrecht, § 312 c, Rn. 113; *Ruff*, WuM 2006, 543 (545); unklar LG Kleve, Urt. v. 2. 3. 2007, 8 O 128/06, JurPC Web-Dok- 40/2007.

[39] BGH, NJW 2010, 3560=CR 2010, 804=BB 2010, 2111 m. Anm. Strittmacher; KG, MMR 2006, 678 = NJW 2006, 3115; OLG Hamburg, BB 2006, 2327 = MMR 2006, 674; OLG Naumburg, NJW-RR 2008, 776*Hoffmann*, MMR 2006, 676 (677); *Bonke/Gelmann*, NJW 2006, 3169; *Schirmbacher*, CR 2006, 673 (677); *Micklitz/Schirmbacher*, in: Spindler/Schuster (Hrsg.): Recht der elektronischen Medien, § 312 c BGB, Rn. 160; **a. A.** wohl *Hammel/Weber*, AGB, S. 47 f.; OLG München, CR 2001, 401 = NJW 2001, 2263 noch zu § 8 Abs. 1 VerbrKrG; LG Flensburg, Urt. v. 23. 8. 2006, 6 = 107/06, JuR PC Web-Dok. 116/2006; *Micklitz/Ebers*, VersR 2002, 641 (659); *Lütcke*, Fernabsatzrecht, § 312 c, Rn. 114; Woitke, BB 2003, 2469 (2471); *Dietrich/Hofmann*, CR 2007, 318 (321).

[40] Dazu unten Rn. 1094 ff.

[41] Ähnlich *Strittmacher*, BB 2010, 2113; *Thalmair*, NJW 2011, 14 (18 f.); *Spindler/Anton*, in: Spindler/Schuster (Hrsg.): Recht der elektronischen Medien, § 126 b BGB, Rn. 6.

[42] Vgl. *Gassen*, Elektronische Signatur, passim.

[43] So für „pdf"-Dokumente *Lütcke*, Fernabsatzrecht, § 312 c, Rn. 111, obwohl das entsprechende Leseprogramm leicht kostenfrei im Internet heruntergeladen werden kann; vgl. dazu unten Rn. 885.

[44] *Glaus/Gabel*, BB 2007, 1744 (1746).

Reader erforderlich sei.[45] Bei *doc(m) Formaten gibt es Probleme, weil diese nicht vollständig abwärtskompatibel sind. Nach einer in der Literatur vertretenen Meinung. reicht eine Übermittlung per sms nicht aus, weil sms nicht dauerhaft gespeichert werden können.[46] Dies ist so nicht richtig, weil mittlerweile auch Programme existieren, um sms genauso dauerhaft auf dem PC zu speichern wie e-mails. Nur ist der Umfang der zu übermittelnden Texte in aller Regel nicht ausreichend. Sms lassen sich auch nicht ohne weiteres ausdrucken. Beides ist aber kein Kriterium der Textform, so dass auch sms die Textform erfüllen können.[47]

2. Geschäftsabwicklung im Internet, insbesondere elektronische Willenserklärungen

854   Im **Internet** gibt es mittlerweile eine Fülle von **Geschäftsabschlüssen.** Abgesehen von den Formproblemen handelt es sich dabei um ganz herkömmliche Verträge, die nur mit Hilfe eines neuen Kommunikationsmittels abgeschlossen werden. Betrachtet werden sollen Rechtsbeziehungen zwischen Personen, die sich elektronischer Bestellplattformen oder ähnlicher technischer Mittel entweder als Marketinginstrument oder zur Bestellung von Waren oder Dienstleistungen bedienen.

855   Geschäfte dort gehen in der Regel auf elektronische Kataloge oder ähnliche Werbung zurück, Diese Werbe- und Angebotsmedien stellen in aller Regel keine Willenserklärungen des Anbieters und damit auch keine Angebote im Rechtssinne dar, sondern lediglich eine „**invitatio ad offerendum**".[48] Mit seinem elektronischen Angebot will sich der Unternehmer noch nicht endgültig binden. Ob bei einem im Dialog zwischen Kunden und Rechner des Versandhandelsunternehmers zusammengestellten Warenkorb der letzte Warenkorb, an dessen Inhalt der Unternehmer bzw. sein Rechner intensiv beteiligt waren, abweichend von der Grundregel bereits ein Angebot des Unternehmers darstellt,[49] ist allerdings Frage des Einzelfalls.

856   Der Kunde füllt dann **elektronische Formulare** aus, die auf seine Veranlassung hin an das Unternehmen übermittelt werden. Diese Erklärungen des Kunden sind bindende Angebote, die letztendlich wie herkömmliche Willenserklärungen behandelt werden können, weil sie konkret von dem Erklärenden erstellt und abgeschickt wurden.

857   Nach dem Gesetz muss der Anbieter den **Eingang** dieser **Bestellung** unverzüglich auf elektronischem Wege **bestätigen** (§ 312 g Abs. 1 Nr. 3 BGB[50]). Die Erklärung kann eine Annahme des Angebots des Kunden darstellen, muss dies aber nicht[51]. Vorgeschrieben ist nur eine Empfangsquittung für die Bestellung des Kunden.

---

[45] **A. A.** *Micklitz/Schirmbacher*, in: Spindler/Schuster (Hrsg.): Recht der elektronischen Medien, § 312 c Rn. 61.

[46] So jedenfalls *Ruff*, WuM 2006, 543 (545).

[47] *Funk/Zeifong*, ITRB 2005, 121 (123).

[48] *Waldenberger*, BB 1996, 2365; *Köhler*, NJW 1998, 185 (187); *Waltl*, in: Loewenheim/Koch (Hrsg.), Praxis des Online-Rechts, S. 179 (182); *Härting*, Internetrecht, Rn. 303; *Dilger*, Verbraucherschutz, S. 31 ff.; *Grigoleit*, NJW 2002, 1151 (1158); *Holzbach/Süßenberger*, in: Moritz/Dreier (Hrsg.), Rechts-Handbuch zum E-Commerce, Abschn. C, Rn. 203 ff.; AG Butzbach, CR 2002, 765 = NJW-RR2003, 54; AG Westerburg, Urt. v. 14. 3. 2003, 21 C 26/03, JurPC Web-Dok. 184/2003;OLG Nürnberg, Beschl. v. 23. 7. 2009, 14 U 622/09, JurPC Web-Dok. 178/2009; **a. A.** *Mehrings*, BB 1998, 2373 (2375); differenzierend: *Glatt*, Vertragsschluss im Internet, S. 40 ff.; *Thot/Gimmy*, in: Kröger/Gimmy (Hrsg.), Handbuch zum Internet-Recht, S. 3 (5 f.); *Vogl*, ITRB 2005, 145; AG Moers, NJW 2004, 1330 = CR 2004, 706 mit „sofort Kauf"-Option bei eBay.

[49] So wohl *Holzbach/Süßenberger*, in: Moritz/Dreier (Hrsg.), Rechts-Handbuch zum E-Commerce, Abschn. C, Rn. 266 ff.

[50] Zu dieser Vorschrift näher unten Rn. 895 ff.

[51] Ausführliche Einzeldarstellung *Spindler/Anton*, in: Spindler/Schuster (Hrsg.): Recht der elektronischen Medien, Vorb. §§ 116 ff. BGB, Rn. 7.

Meist ist allerdings die Annahme bereits in der Bestellbestätigung enthalten. Wenn nicht, kommt sie kurze Zeit später, manchmal modifiziert sie die Bestellung (z. B. wegen Lieferproblemen). Manchmal wird auch nur der Empfang bestätigt und mitgeteilt, dass die Bestellung bearbeitet wird. Dies ist noch keine Annahme.[52] Ob eine Eingangsbestätigung oder eine Annahmeerklärung vorliegt, ist Frage des Einzelfalls. Die Auslegungen differieren.[53] Ob dann, wenn die Annahmeeerklärung die Bestellung modifiziert, ein Vertrag zustande kommt, richtet sich nach den allgemeinen Regeln.

Allerdings werden diese Erklärungen in der Regel ohne Beteiligung von Menschen auf der Seite des Anbieters von seiner EDV-Anlage erstellt und an den Kunden übermittelt.

Dogmatisch spannend ist die Frage, **ob solche Erklärungen, sog. elektronische Wil-** **858** **lenserklärungen,** wenn sie eine Annahme darstellen, den Betreibern **der Datenverarbeitungsanlage** als deren eigene **Willenserklärung** zugerechnet werden können. Vom Grundsatz her soll eine Willenserklärung dann vorliegen, wenn ein Mensch durch sie willentlich rechtlich verbindliche Aussagen trifft. Im oben geschilderten Fall ist aber ist aber in vielen Fällen für alle Beteiligten klar erkennbar, dass auf Seiten des Unternehmens bei der Abgabe der konkreten Erklärung keine menschliche Person beteiligt ist. Dies gilt aber auch für andere Fälle wie z. B. bei Bestellungen eines Lagerverwaltungsprogramms, wenn das jeweilige Verfahren zwischen den beteiligten Partnern entsprechend vereinbart ist. Dennoch ist praktisch unstreitig, dass die elektronische Willenserklärung dem Betreiber der elektronischen Datenverarbeitungsanlage als dessen Willenserklärung zugerechnet wird. Die Begründungen für diese Zurechnung sind freilich unterschiedlich.[54] Dieses Ergebnis gilt auch für sogenannte Bietagenten, d. h. Bietprogramme bei Internetauktionen. Wer solche Bietprogramme einsetzt, ist an deren Gebote gebunden.[55] Das Gleiche gilt für die in der Informatik-Wissenschaft schon als Prototypen entwickelten elektronischen Agenten.[56]

Geht man davon aus, dass es sich um Willenserklärungen handelt, gelten für diese **859** Willenserklärungen auch die **Anfechtungsregeln.**[57] Soweit es dabei um Irrtumsanfechtun-

---

[52] AG Butzbach, CR 2002, 765 (766) = NJW-RR 2003, 54 (55); LG Essen, Urt. v. 13. 2. 2003 16 O 416/02, JurPC Web-Dok. 287/2003; LG Hamburg, NJW-RR 2004, 1568; AG Hamburg-Barmbeck, NJW-RR 2004, 1284.

[53] Dazu auch LG Köln, Urt. v. 16. 4. 2003, 2 S 289/02, JurPC Web-Dok. 138/2003; AG Hamburg-Barmbeck, NJW-RR 2004, 412; OLG Frankfurt/M., Urt. v. 20. 11. 2002, 9 U 94/02, JurPC Web-Dok. 91/2003; ausgiebig *Stockmar/Wittwer,* CR 2005, 118.

[54] Vgl. z. B. *R. Schmidt,* AcP 166 (1966), 1 (21); *Köhler,* in: Hübner u. a., Rechtsprobleme des Bildschirmtextes, S. 51 (351); *Redeker,* NJW 1984, 2390 (2392); *Kohl,* in: Scherer (Hrsg.), Telekommunikation und Wirtschaftsrecht, S. 91 (96 f.); *Paefgen,* Bildschirmtext, S. 18; *Geis,* NJW 1997, 3000; ausgiebig dargestellt bei *Kuhn,* Rechtshandlungen, S. 54 ff.; *Mehrings,* MMR 1998. 30 (31); *Kitz,* in: Hoeren/Sieber (Hrsg.), Handbuch Multimediarecht, Abschn. 13.1, Rn. 13 ff.; *Fringuelli/Wallhäuser,* CR 1999, 93; *Glatt,* Vertragsschluss im Internet, S. 32 f.; *Dilger,* Verbraucherschutz, S. 19 f.; *Hähnchen,* NJW 2001, 2831 (2833); *Holzbach/Süßenberger,* in: Moritz/Dreier (Hrsg.), Rechts-Handbuch zum E-Commerce, Abschn. C, Rn. 82 ff.; Wiebe, in: Hoffmann/Leibele/Sosnitza (Hrsg.): Vertretung und Haftung im E-Commerce, S. 29 (69); *Lienhard,* NJW 2003, 3593; LG Köln, Urt. v. 16. 4. 2003, 2 S289/ 02, JurPC Web-Dok. 138/2003; *Kuhlmann,in:* Büllesbach/Dreier: Wem gehört die Information im 21. Jahrhundert?, S. 95 (81); *Spindler/Anton,* in: Spindler/Schuster (Hrsg.): Recht der elektronischen Medien, Vorb. §§ 116 ff. BGB, Rn. 6; ausdrücklich so Art. 12 UN Convention on the Use of Electronic Communication in International Contracts, zur Ratifizierung offen seit Anfang 2006, dazu Hilberg, CR 2006, 859; a. A. lediglich *Möschel,* AcP 186 (1986), 187 (196); *Clemens,* NJW 1985, 1998 (2001).

[55] AG Hannover, NJW-RR 2002, 131.

[56] Dazu die technische Darstellung von *Zehender,* in: Hoffmann/Leibele/Sosnitza (Hrsg.): Vertretung und Haftung im E-Commerce, S. 29 und die juristischen Ausführungen von *Wiebe,* in: in: Hoffmann/Leibele/Sosnitza (Hrsg.): Vertretung und Haftung im E-Commerce, S. 69 ff. sowie *Bergfelder/Nitschke/Sorge,* Informatik Spektrum 2005, 210; *Sester,* Informatik Spektrum 2004, 311 und *Mehrings,* in: Hoeren/Sieber (Hrsg.): Handbuch Multimediarecht, Abschn. 13.1, Rn. 27 ff.

[57] Zum Folgenden vgl. auch die ausführliche Darstellung bei *Kuhn,* Rechtshandlungen, S. 140 ff und *Kitz,* in: Hoeren/Sieber (Hrsg.): Handbuch Multimediarecht, Abschn. 13.1, Rn. 122 ff.

gen geht, stellt sich das Problem, wessen Irrtum überhaupt beachtlich ist. Ein Irrtum der Datenverarbeitungsanlage als solcher ist schon theoretisch nicht denkbar, so dass es nur auf einen Irrtum des Betreibers ankommen kann, aufgrund dessen die Datenverarbeitungsanlage eine Erklärung abgibt, die nicht den grundsätzlichen Vorgaben ihres Betreibers entspricht und daher von ihm eigentlich nicht abgegeben werden sollte. Ein solch **fehlerhafte Erklärung** kann auf **Hardwarefehler,** insbesondere aber auf **Programmierfehler** und auf **Fehler bei der** Eingabe von Daten zurückzuführen sein. Was Programmier- und Hardwarefehler betrifft, so handelt es sich in beiden Fällen um Fehler, die in den Bereich der Erklärungsvorbereitung fallen. Mit der unmittelbaren Erklärung haben sie nichts zu tun. Vielmehr ist die vorhandene Hardware mangelhaft oder die vorhandene Programmierung falsch. Fehler bei der Erklärungsvorbereitung als solcher berechtigen aber nicht zur Anfechtung, so dass eine fehlerhafte Programmierung oder eine fehlerhafte Hardware keine Anfechtungsgründe liefern. Im Prinzip sind die Fälle dem **Kalkulationsirrtum** vergleichbar, der nach außen hin nicht erkennbar ist.[58] Anders hat freilich der BGH den Fall entschieden, in dem der Erklärende den Preis zwar richtig eingab, dieser jedoch durch einen Programmfehler auf der Angebotsseite falsch aufgeführt war. Nach dem BGH besteht hier ein Anfechtungsrecht.[59]

Soweit Daten falsch eingegeben werden, muss man unterscheiden, ob diese Daten vom Erklärenden bzw. seinem Personal falsch eingegeben werden oder ob der Erklärungsempfänger diese Daten selbst eingegeben hat, ein Fall, der im Bereich von Internetbestellungen durchaus denkbar erscheint. Im ersten Fall kann wiederum ein Fehler in der Erklärungsvorbereitung vorliegen.[60] In vielen Fällen wird aber die Zahl unmittelbar eingegeben und dabei ein Fehler gemacht, z. B. eine Null bei Angabe des Startpreises bei ebay vergessen. In diesen Fällen liegt ein Erklärungsirrtum vor, der zur Anfechtung berechtigt.[61] Dieses Ergebnis entspricht auch dem Ergebnis, das bei einem verdeckten Kalkulationsirrtum vertreten wird.

Interessant ist auch der Fall, in dem eine Erklärung beim Absender einen anderen Inhalt als beim Empfänger hat, weil insbesondere Sonderzeichen von unterschiedlichen Textverarbeitungsprogrammen unterschiedlich gelesen werden können. In aller Regel gibt es dann einen Dissens zwischen den Parteien, weil sie bei Angebot und Annahme unterschiedliche Erklärungen abgeben. Allerdings muss prinzipiell jede Willenserklärung so interpretiert werden wie sie ein verständiger Empfänger versteht. Es gilt also die Textversion, die der Empfänger liest. Diese Erklärung wollte aber der Absender nicht abgeben, so dass ein Anfechtungsrecht nach § 119 Abs. 1 S. 1 BGB besteht.[62]

---

[58] Wie hier *Köhler,* AcP 182 (1982), 126 (135); ebenso in: Hübner u. a., Rechtsprobleme des Bildschirmtextes, S. 51 (55); *Paefgen,* Bildschirmtext, S. 51; *Mehrings,* MMR 1998, 30 (32); *Härting,* Internetrecht, Rn. 372; *Spindler/Anton,* in: Spindler/Schuster (Hrsg.): Recht der elektronischen Medien, Vorb. §§ 116 ff. BGB, Rn. 12; **a. A.** *R. Schmidt,* AcP 166 (1966), 1 (21 f.) für den Fall von Hardwarefehlern.

[59] BGH, CR 2005, 355 m. Anm. Ernst; ebenso *Spindler/Anton,* in: Spindler/Schuster (Hrsg.): Recht der elektronischen Medien, §§ 119/120 BGB, Rn. 12 für den Fall falsch übermittelter Preise; technisch ziemlich unwahrscheinlich.

[60] Ebenso *Köhler,* AcP 182 (1982), 126 (135 ff.); AG Frankfurt, CR 1990, 469; LG Frankfurt/M., CR 1997, 738; a. M. *Zuther,* Auswirkungen, S. 116; *Mehrings,* MMR 1998, 30 (31 f.); LG Köln, Urt. v. 16. 4. 2003, 2 S 289/02, JurPC Web-Dok. 138/2003; AG Bad Homburg, NJW-RR 2202, 1282; AG Westerburg, Urt. v. 14. 3. 2003, 21 C 26/03, JurPC Web-Dok. 184/2003; *Spindler/Anton,* in: Spindler/ Schuster (Hrsg.): Recht der elektronischen Medien, §§ 119/120 BGB, Rn. 12

[61] Ähnlich OLG Hamm, NJW 1993, 2321; NJW 2004, 2601 (Anfechtung wegen Übermittlungsirrtum); OLG Oldenburg, NJW-RR 2007, 268; AG Bremen, Urt. v. 25. 6. 2007, 9 C 0142/07, JurPC Web-Dok. 86/2008; *Wiebe,* in: Spindler7Wiebe (Hrsg.): Internet-Auktionen, Kap. 4, Rn. 70.

[62] Vgl. dazu auch *Reese:* Vertrauenshaftung und Risikoverteilung bei qualifizierten elektronischen Signaturen, S. 149 f.

Gibt der **Erklärungsempfänger die Daten selbst falsch ein,** so ist zunächst zu prüfen,   **860** ob diese Teil einer verbindlichen Erklärung sind. Sollte dies der Fall sein, besteht im Hinblick auf die elektronische Willenserklärung keine Anfechtungsmöglichkeit. Dafür besteht auch kein Bedarf, da diese Erklärung dem Angebot des Erklärungsempfängers entspricht. Dieser kann möglicherweise seinerseits seine Erklärung anfechten mit der Folge, dass der Vertrag auf diesem Wege entfällt.

Sollten die eingegebenen **Daten** nicht Teil einer verbindlichen Erklärung des jetzigen Erklärungsempfängers sein, sondern nur unverbindliche Vorabinformationen, so ist die Lage jedenfalls dem des offenen Kalkulationsirrtums vergleichbar. Die fehlerhaften Daten, auf denen die fehlerhafte Erklärung beruht, sind dem Erklärungsempfänger bekannt. In diesem Fall besteht eine **Anfechtungsmöglichkeit wegen Irrtums.** Sollten die Daten absichtlich falsch eingegeben worden sein, so besteht daneben eine Anfechtungsmöglichkeit in analoger Anwendung des § 123 BGB.[63]

3. Weitere Wirksamkeitsvoraussetzungen

a) Zugang

Auch auf eine Reihe weiterer Wirksamkeitsvoraussetzungen von Willenserklärungen   **861** hat der Einsatz von elektronischen Übermittlungsorganen Auswirkungen.

Eine erste solcher Voraussetzung ist die des **Zugangs.** Bekanntlich ist eine Willenserklärung erst ab Zugang wirksam und bindet erst ab diesem Zeitpunkt den Erklärenden. Dabei unterscheidet das BGB zwischen Willenserklärungen **unter Anwesenden** und **Willenserklärungen unter Abwesenden.** Auf den ersten Blick scheint es so, dass Willenserklärungen, die mit Hilfe von Telekommunikationsmitteln abgegeben werden, Willenserklärungen unter Abwesenden sind. Allerdings kennt schon der Gesetzestext Ausnahmen. **§ 147 Abs. 1 Satz 2 BGB** setzt nämlich eine Willenserklärung von Person zu Person voraus, die telefonisch oder auf anderem technischen Weg übertragen wird, jedenfalls für den Fall einer Annahmefrist einer Willenserklärung unter Anwesenden gleich. Damit werden in einem Fall telekommunikativ übermittelte Willenserklärungen ausdrücklich wie Willenserklärungen unter Anwesenden behandelt.

Diese Vorschrift lässt sich aber nur in ganz geringem Umfang auf andere als telefonisch abgegebene Erklärungen verallgemeinern. Sie bezieht sich nämlich ausdrücklich nur auf **Erklärungen von Person zu Person** und geht außerdem von einer Lage aus, in der klar ist, dass eine unmittelbare persönliche Gesprächssituation besteht.

Diese Situation ist außerhalb von Telefongesprächen in nahezu allen anderen Fällen   **862** elektronisch übermittelter Erklärungen nicht gegeben. Deswegen ist dort weitgehend von Erklärungen unter Abwesenden auszugehen[64]. Eine Ausnahme wird von der Literatur zunächst für die Fälle gemacht, wo auf Seiten des **Erklärungsempfängers** eine **Datenverarbeitungsanlage** beteiligt ist, die schon nach ihrer Bestimmung jederzeit auf die Erklärungen des Geschäftspartners reagieren soll und muss. Dann wird von einer Erklärung unter Anwesenden ausgegangen.[65] Dies ist aber nicht richtig. Man wird auch in diesem Fall von einer **Erklärung unter Abwesenden** ausgehen müssen. Eine Erklärung unter Anwesenden ist nämlich dann zugegangen, wenn sie vom Erklärungsempfänger verstanden wird. Schon vom Begriff her dürfte es kaum möglich sein, eine solche Aussage für eine

---

[63] Direkt ist diese Vorschrift nicht anwendbar, weil kein Mensch getäuscht wird; vgl. auch *Holzbach/Süßenberger,* in: Moritz/Dreier (Hrsg.), Rechts-Handbuch zum E-Commerce, Abschn. C, Rn. 107 f.

[64] *Thalmair,* NJW 2011, 14.

[65] So *Köhler,* in: Hübner u. a., Rechtsprobleme des Bildschirmtextes, S. 51 (54, 57); ähnlich auch *Brinkmann,* NJW 1981, 1183 (1185), aufgegeben in: ZUM 1985, 337 (339).

EDV-Anlage zu treffen. Sie führt zu komplizierten Problemen der inneren Gestaltung von Datenverarbeitungsanlagen und letztendlich auch dem grundsätzlichen Problem der Gleichsetzung von Mensch und Maschine. Die Situation des „Dialogs" mit einer EDV-Anlage ist eine ganz andere als die Situation eines Dialogs mit einem anderen Menschen. Daher ist eine Erklärung, die über Telekommunikationsmittel gegenüber einer Datenverarbeitungsanlage abgegeben wird, immer eine **Erklärung unter Abwesenden**.[66] Anderes gilt bei telekommunikativ abgegebenen Erklärungen **nur für den Fall,** dass ein **unmittelbarer Dialog zwischen Menschen** stattfindet, der einem persönlichen Gespräch zwischen Menschen vergleichbar ist.[67]

863   Im Bereich des **Internet** ist eine solche Kommunikation **möglich.** Wichtig ist aber, dass diese Kommunikation tatsächlich aktuell stattfindet und nicht nur unter normalen Umständen stattfinden kann oder stattfinden wird. Dies ist z. B. im Bereich von Chatdiensten gängig, muss aber auch dort nicht so sein.[68] Diese werden aber in aller Regel nicht zum Vertragsschluss benutzt. Dagegen gibt es eine solche Kommunikationssituation im e-mail-Verkehr nicht, zumal e-mails nicht unbedingt sofort zugehen.[69] Rein praktisch dürfte daher im Bereich des Internet nur selten eine rechtlich verbindliche Willenserklärung unter Anwesenden vorliegen.[70] Auch sms werden in aller Regel Willenserklärungen unter Abwesenden sein.[71]

864   **Willenserklärungen unter Abwesenden gehen dann zu,** wenn sie so in den Herrschaftsbereich des Empfängers gelangen, dass dieser sie zur Kenntnis nehmen kann und unter den üblichen Umständen von ihm auch erwartet werden kann, dass er sie zur Kenntnis nimmt.[72]

Wann dieser Zeitpunkt gegeben ist, hängt naturgemäß stark von den Umständen des Einzelfalls ab. Sicher ist, dass die Erklärung beim Empfänger eingehen muss. Eingang ist dabei sicher der Zugang auf dem eigenen Rechner. Im Bereich des **e-mail** ist es aber der Regelfall, dass das **Postfach,** das als E-Mail-Adresse unterhalten wird, gar nicht auf dem Rechner des Anwenders liegt, sondern auf dem Rechner des Internet-Providers. Soweit die **E-Mail-Adresse** des Empfängers dem Absender **mit Kenntnis** des Empfängers **bekannt geworden** ist, dürfte der **Zugang dort** ausreichen.[73] Problematisch ist freilich die Situation dann, wenn aufgrund technischer Störungen der Zugang zu diesem Rechner des Providers nicht gegeben ist. Es bleibt offen, ob unter diesen Umständen schon ein Zugang mit Ablage auf dem Provider-Rechner angenommen wird, selbst wenn technisch für den Empfänger gar keine Möglichkeit besteht, auf diesen Speicher überhaupt zuzugreifen oder ob ein Zugang in diesem Fall nicht angenommen wird. Der Fall ist auch nicht vergleichbar

---

[66] *Glatt,* Vertragsschluss im Internet, S. 39 f.

[67] Wie hier *Kohl,* in: Scherer (Hrsg.), Telekommunikation und Wirtschaftsrecht, S. 91 (95); wohl auch *Rott,* NJW-CoR 1998, 422; ähnlich *Fringuelli/Wallhäuser,* CR 1999, 93 (97 f.); *Thot/Gimmy,* in: Kröger/Gimmy (Hrsg.), Handbuch zum Internet-Recht, S. 3 (7).

[68] *Glatt,* Vertragsschluss im Internet, S. 37 f.; *Dilger,* Verbraucherschutz, S. 24; *Holzbach/Süßenberger,* in: Moritz/Dreier (Hrsg.), Rechts-Handbuch zum E-Commerce, Abschn. C, Rn. 178; *Kitz,* in: Hoeren/Sieber (Hrsg.): Handbuch Multimediarecht, Abschn. 13.1, Rn. 94.; *Spindler*/Anton, in: Spindler/Schuster (Hrsg.): Recht der elektronischen Medien, § 130 BGB, Rn. 3; a. A. *Dörner,* AcP 202 (2002), 363 (373 f.): Erklärung unter Abwesenden; *Härting,* Internetrecht, Rn. 276.

[69] *Glatt,* Vertragsschluss im Internet, S. 35 f.

[70] Ebenso *Hoeren,* in: Computerrechtshandbuch, Abschn. 143 Rn. 10; *Ernst,* BB 1997, 1057; *Geis,* NJW 1997, 3000; *Mehrings,* MMR 1998, 30 (32 f.); *Micklitz/Ebers,* VersR 2002, 641 (644).

[71] *Leupold/Glossner,* in: dies. (Hrsg.): IT-Recht, Teil, Rn. 39.

[72] H. M. z. B. *Palandt/Heinrichs,* § 130, Rn. 5; *Ebnet,* NJW 1992, 2985 (2990).

[73] So schon OLG Köln, NJW 1990, 1608 = CR 1990, 323; ebenso *Franguelli/Wallhäuser,* CR 1999, 93 (99); *Moritz,* CR 2000, 61 (63); *Kitz,* in: Hoeren/Sieber, Handbuch Multimediarecht, Abschn. 13.1, Rn. 41 f.; *Ultsch,* NJW 1997, 3007 (3008); *Härting,* Internetrecht, Rn. 282. für geschäftliche e-mail-Adressen; *Dilger,* Verbraucherschutz, S. 26 f.; a. A. *Waltl,* in: Loewenheim/Koch (Hrsg.), Praxis des Online-Rechts, S. 179 (184).

mit einem zerstörten oder blockierten Briefkasten in einem Mehrfamilienhaus oder großen Geschäftshaus. Die technische Störung muss nämlich vom Empfänger noch nicht einmal bemerkt werden. Allerdings merkt auch der Absender diese Störung nicht. Wem das Risiko solcher Störungen hier zumutbar wird, muss daher als offen bezeichnet werden. Jedenfalls für den Geschäftsverkehr liegt es nahe, sie dem Empfänger zuzumuten, der ja die E-Mail-Adresse auf dem Provider-Rechner eröffnet und der Allgemeinheit bekannt gegeben hat. Ob dies auch für Privathaushalte so gilt, ist offen, jedenfalls, solange die entsprechenden Problematiken noch gar nicht im Bewusstsein der Öffentlichkeit existieren.[74] E-mails, die von einem Spam-Filter des Empfängers aufgehalten und diesem nicht zum Abruf zur Verfügung gestellt werden, sind demgegenüber zu dem Zeitpunkt zugegangen, zu dem sie ohne Spamfilter zugegangen wären.[75]

Eine zweite Frage ist, wie oft ein solches elektronisches Postfach **kontrolliert werden**   865 **muss.** Bei den heutigen geschäftlichen Gebräuchen mit den zahlreichen elektronischen Postfächern muss man von dem **Unternehmer,** der ein solches Postfach unterhält und die Anschrift bekannt gibt, erwarten, dass er den Eingang mehrfach täglich kontrolliert jedenfalls, falls es sich um ein berufliches e-mail-Postfach handelt. Sicherlich muss dies nicht stündlich geschehen. **Jedenfalls unmittelbar vor Büroschluss sollte** und **muss eine solche Kontrolle** erfolgen. Bei einer dauerhaften Verbindung des Unternehmers zu seinem Server dürfte die Kontrolle auch öfter erfolgen. Wird freilich die individuelle Mail-Anschrift eines Mitarbeiters gewählt, muss mit dessen Abwesenheit gerechnet werden. Welche Konsequenzen dies, ob er etwa für einen Vertreter oder die E-Mail-Weiterleitung sorgen muss, ist Frage des Einzelfalls. Auch bei einer häufigen Eingangskontrolle ist freilich nicht von einem sofortigen Zugang auszugehen.[76] Vielmehr ist die E-Mail am gleichen Tag zugegangen.[77] Wird eine Erklärung zur Nachtzeit, am Wochenende oder an Feiertagen im elektronischen Postfach abgelegt, geht sie erst am nächsten Arbeitstag frühestens zu Bürobeginn, eher etwas später zu.[78] Das gilt letztlich auch dann, wenn der Unternehmer einen eigenen Webserver unterhält.[79]

Bei **Privatleuten** ist schon die Frage, wann eine e-mail-Adresse überhaupt zum Empfang   866 rechtlich relevanter Erklärungen bestimmt ist, offen.[80] Auch hier muss man eine aktive Bekanntgabe der e-mail-Adresse durch den Empfänger erwarten – und zwar im Geschäftsverkehr. Die bloße Bekanntmachung auf dem Briefkopf des privaten Briefpapiers reicht nicht ohne weiteres. Es muss klar sein, dass das e-mail nicht nur für soziale, sondern

---

[74] I. E. ähnlich *Ultsch,* NJW 1997, 3007 (3008 f.); *Holzbach/Süßenberger,* in: Moritz/Dreier (Hrsg.), Rechts-Handbuch zum E-Commerce, Abschn. C, Rn. 154 ff. unterscheiden zwischen Störungen vor und nach der Speicherung der E-mails; strenger auch für Privatleute OLG Köln, NJW 1990, 1608 = CR 1990, 323; ausgiebig: *Dörner,* AcP 202 (2002), 363 (369 ff.); eher jedes Risiko beim Sender: *Kirmes,* K&R 2006, 438 (442 f.); differenzierend *Härting,* Internetrecht, Rn. 286 f..

[75] *Härting,* Internetrecht, Rn. 284; *Leupold/Glossner,* in: dies. (Hrsg.): IT-Recht, Teil, Rn. 35 ff.

[76] So aber *Hoeren,* in: Computerrechtshandbuch, Abschn. 143, Rn. 13.

[77] LG Nürnberg-Fürth, NJW-RR 2002, 1721; *Ernst,* BB 1997, 1057; *Geis,* NJW 1997, 3000 (Zugang bei Büroschluss); *Mehrings,* MMR 1998, 30 (33); *Kitz* in: Hoeren/Sieber (Hrsg.), Handbuch Multimediarecht, Teil. 13.1, Rn. 50; *Moritz,* CR 2000, 61 (63); *Glatt,* Vertragsschluss im Internet, S. 63; *Holzbach/Süßenberger,* in: Moritz/Dreier (Hrsg.), RechtsHandbuch zum E-Commerce, Abschn. C, Rn. 169; *Dörner,* AcP 202 (2002), 363 (368); ähnlich, aber noch einschränkender *Schneider,* CR 1988, 868 (872); *Kirmes,* K&R 2006, 438 (441); übertrieben OLG Köln, CR 1990, 323 (324) = NJW 1990, 1608 für einen Zugang im Rahmen von Btx am 31. 12. um 11.37; die Entscheidung ist unter heutigen Gesichtspunkten generell nicht haltbar; *Micklitz/Ebers,* VersR 2002, 641 (644); *Dilger,* Verbraucherschutz, S. 28 f.; *Thalmair,* NJW 2011, 14 (16); wohl auch *Berger,* NJW 2001, 1530 (1534); *Hoeren,* Grundzüge, S. 190 und *Thot/Gimmy,* in: Kröger/Gimmy (Hrsg.), Handbuch zum Internet-Recht, S. 3 (9 f.) gehen während der Geschäftszeiten vom sofortigen Zugang aus.

[78] AG Meldorf, NJW 2011, 2890.

[79] A. A.: sofortiger Zugang: *Kirmes,* K&R 2006, 438.

[80] Sehr zurückhaltend: *Dörner,* AcP 202 (2002), 363 (368).

auch für rechtlich verbindliche Erklärungen bereitgehalten wird.[81] Kann man aus einer solchen Bekanntgabe darauf schließen, dass die e-mail-Adresse für den Geschäftsverkehr eröffnet ist, wird in der Literatur teilweise von längeren Abrufzeiten ausgegangen.[82] Falsch ist es jedenfalls, bei Privatleuten anzunehmen, dass ihnen zugegangenen e-mails in aller Regel zwischen 9.00 Uhr und 18.00 Uhr abgerufen werden. Dies geht in vielen Fällen nicht – insbesondere bei privaten e-mail-Anschlüssen, die nur vom heimischen PC abgerufen werden können.[83] Ein Abruf einmal täglich ist dann aber zu erwarten. Man kann von einem Zugang am gleichen oder nächsten[84] Tag ausgehen. Ist die e-mail-Adresse von Privatleuten nicht für geschäftliche Erklärungen bestimmt worden, gehen solche Erklärungen nur dann zu, wenn sie der Empfänger abruft und liest.[85] Spätesten dann geht die e-mail aber auch in allen anderen Situationen zu.

867   Im Übrigen muss auch die e-mail samt Anhängen in einem **Format** übermittelt werden, von dem der Absender annehmen kann, dass der Empfänger es mit seinen technischen Mitteln **lesen kann.**[86]

868   Der Gesetzgeber geht für die Fälle des § 312 g Abs. 1 S. 2 BGB vom Zugang dann aus, wenn die Partei, für die sie bestimmt ist, sie unter gewöhnlichen Umständen abrufen kann. Damit soll nach dem Willen des Gesetzgebers und der h. M.[87] erreicht werden, dass auch für diese Erklärungen das allgemeine Zugangsrecht gilt. Dies kommt im Wortlaut des Gesetzes freilich nur rudimentär zum Ausdruck, weil der Adressat die Erklärung technisch immer abrufen kann und außerdem die Einschränkung auf den deutschen Zugangsbegriff in der e-commerce-Richtlinie, die diese Regelung umsetzt, nicht enthalten ist. Gerade im Hinblick auf diese Richtlinie wird man eher davon ausgehen müssen, dass die Erklärungen, um die es in dieser Vorschrift geht, auch des Nachts sofort zugehen. Diese Regelung gilt aber nur für bestimmte Erklärungen im Rahmen des elektronischen Geschäftsverkehrs und nicht generell.

Das Vorstehende gilt sinngemäß auch bei dem Eingang auf dem eigenen Rechner. Geht allerdings eine Erklärung auf Empfängerseite bei einer Datenverarbeitungsanlage ein und ist das System so eingerichtet, dass solche Erklärungen von der Datenverarbeitungsanlage entweder sofort selbst verarbeitet werden oder unmittelbar eine Meldung an einen Sachbearbeiter erfolgt, so kann man von einem sofortigen Zugang ausgehen. Gerade bei Bestellungen im Internet kommt dieser Fall oft vor.[88]

Bei Nachrichten, die auf einem für den Empfänger reservierten Teil des Portals des Senders abgelegt werden, wird man einen regelmäßigen Zugang nicht annehmen können, wenn der Empfänger diesen Bereich wie in den meisten Fällen nicht regelmäßig auf einge-

---

[81] *Schmitz/Schlatmann*, NVwZ 2002, 1281 (1285); a. A. *Kitz*, in: Hoeren/Sieber (Hrsg.): Handbuch Multimediarecht, Abschn. 13.1, Rn. 42: Bekanntgabe reicht.

[82] *Micklitz/Ebers*, VersR 2002, 641 (644): alle 2–3 Tage; *Glatt*, Vertragsschluss im Internet, S. 63; *Dilger*, Verbraucherschutz, S. 29; *Hoeren*, Grundzüge, S. 190: Zugang am Tag nach dem Eingang.

[83] Wie hier *Thot/Gimmy*, in: Kröger/Gimmy (Hrsg.), Handbuch zum Internet-Recht, S. 3 (9); a. A. *Lüttcke*, Fernabsatzrecht, § 312 c, Rn. 122.

[84] So *Thalmair*, NJW 2011, 14 (16); *Spindler/Anton*, in: Spindler/Schuster (Hrsg.): Recht der elektronischen Medien, § 130 BGB, Rn. 10.

[85] *Dörner*, AcP 202 (2002), 363 (368).

[86] *Dörner*, AcP 202 (2002), 363 (373 f.); *Schmitz/Schlatmann*, NVwZ 2002, 1281 (1285 f.); vgl. oben Rn. 853.

[87] So ausdrücklich *Grigoleit*, NJW 2002, 1151 (1158); *Micklitz/Ebers*, VersR 2002, 641 (645): *Spindler/Anton*, in: Spindler/Schuster (Hrsg.): Recht der elektronischen Medien, § 312 e, Rn. 17 f.; Zugang nach spätestens 24 Stunden zu fingieren; wohl auch *Glatt*, Vertragsschluss im Internet, S. 95; *Lüttcke*, Fernabsatzrecht, § 312 g, Rn. 50 nimmt einen sofortigen Zugang nur zwischen 9 und 18 Uhr an.

[88] *Dilger*, Verbraucherschutz, S. 29 f.; *Holzbach/Süßenberger*, in: Moritz/Dreier (Hrsg.), Rechts-Handbuch zum E-Commerce, Abschn. C, Rn. 174 ff.

hende Nachrichten prüfen muss. Viel wird hier vom Einzelfall abhängen. Wird auf den Eingang der Nachricht z. B. per e-mail hingewiesen, besteht wohl spätestens am Tag nach Eingang der e-mail die Obliegenheit, den Bereich zu prüfen. An diesem Tag ist dann auch von einem Zugang auszugehen[89].

Streng genommen müsste man im Übrigen bei **einer Erklärung, die in eine Datenver-** **869** **arbeitungsanlage eingeht,** zunächst noch fragen, ob überhaupt ein Zugang gegeben ist, weil der Zugang nach den gesetzlichen Regelungen explizit den Zugang bei Menschen voraussetzt (vgl. §§ 130, 131 BGB). Man wird aber zwanglos davon ausgehen können, dass derjenige, der eine Datenverarbeitungsanlage so programmiert und installiert, dass sie für ihn Willenserklärungen empfangen kann, damit einverstanden ist, dass von diesem Erfordernis eines Zugangs abgesehen werden kann, er also insoweit auf den Zugang verzichtet hat.[90]

Bei einem sofortigen Zugang einer Willenserklärung scheiden Widerrufsmöglichkeiten – außer im Bereich des Verbraucherrechts – aus.

b) Annahme

Eng mit der Frage des Zugangs ist die Frage der **Annahme** eines Angebots verbunden. **870** Eine solche Annahme ist nur dann rechtzeitig und der Vertrag damit zustande gekommen, wenn sie innerhalb einer sogenannten Annahmefrist erfolgt. Für den Bereich der Erklärung unter Anwesenden ist es sogar so, dass die Erklärung nur sofort angenommen werden kann. Bei der Erklärung unter Abwesenden bemisst sich die Annahmefrist danach, in welchen Zeitraum mit dem Eingang der Antwort unter regelmäßigen Umständen gerechnet werden kann (§ 147 Abs. 2 BGB). Bei Verwendung der Telekommunikation wurde in der Literatur jedenfalls in der Vergangenheit weitgehend die Meinung vertreten, eine **Annahme** müsste hier **besonders rasch erfolgen.** Dies lag zum einen daran, dass die sogenannte Überlegungsfrist, die Zeit, die zur Überlegung eines Angebots eingeräumt wird, bei Verwendung von Telekommunikationsmitteln zur Übermittlung von Erklärungen besonders kurz bemessen wurde, weil die Verwendung solcher Telekommunikationsmittel eine besondere Eilbedürftigkeit des Geschäfts erkennen ließe. Darüber hinaus wird noch eine sogenannte Korrespondenz der Beförderungsmittel vertreten, d. h., es wird verlangt, dass auch die Annahme auf dem Wege der Telekommunikation mit gleicher Geschwindigkeit erklärt wird.[91] Diesen Überlegungen kann nur teilweise gefolgt werden. Hinsichtlich der Überlegungsfrist mag in früheren Zeiten der Eingang einer elektronisch übermittelten Erklärung eine besondere Eilbedürftigkeit angezeigt haben. Dies gilt angesichts der massenweisen Verbreitung dieses Übermittlungsmittels für alle möglichen Erklärungen, von denen der Großteil nicht eilbedürftig ist, heute generell nicht mehr. Sowohl Telefax als auch E-Mail wird von denen, die diese Mittel einsetzen, für Erklärungen jeder Art benutzt, sei es, weil die unmittelbare Erklärung vom PC-Arbeitsplatz aus leichter fällt, sei es aus Kostengründen.[92] **Die Verwendung solcher** Telekommunikationsmittel indiziert daher nicht mehr, dass auf ein damit übermitteltes Angebot besonders **schnell geantwortet werden muss.** Dies dürfte nur dann gelten, wenn sich aus dem Angebot die besondere Eilbedürftigkeit ergibt oder zwischen den Parteien bestimmte Reaktionsfristen üblich oder vereinbart sind. Eine rasche Reaktion ist auch dann zu erwarten, wenn eine Bestellung beim Rechner des Vertragspartners aufgegeben wird und dieser von sich aus das Angebot annimmt.

---

[89] *Thalmair,* NJW 2011, 14 (17).
[90] Ebenso für das EDI-Verfahren *Kilian,* DuD 1993, 606 (607).
[91] Vgl. z. B. *Bartl,* DB 1982, 1097 (1100); *Köhler,* in: Hübner u. a., Rechtsprobleme des Bildschirmtextes, S. 51 (57 f.); *Kohl,* in: Scherer (Hrsg.), Telekommunikation und Wirtschaftsrecht, S. 91 (95 f.).
[92] *Glatt,* Vertragsschluss im Internet, S. 59; vgl. dazu auch OLG Hamm, NJW 1991, 1185 (1186).

871   Anders ist dies wohl mit der **Korrespondenz der Beförderungsmittel.** Es spricht viel dafür, dass zumindest Antworten oder Reaktionen auf elektronischem Wege sinnvoll sind und sich aus den üblichen Brieflaufzeiten ergebende längere Antwortfristen nicht toleriert werden können. Allerdings ist auch dies von den Umständen des Einzelfalls abhängig. Generelle Regelungen wird man hier nicht ohne weiteres annehmen können. Eine generelle Korrespondenz der Beförderungsmittel in dem Sinne, dass eine elektronisch übermittelte Erklärung nur elektronisch beantwortet werden kann, gibt es im deutschen Recht nicht.[93]

Die Annahmefrist ist daher jeweils nach den konkreten Umständen des Einzelfalls und ohne Beachtung genereller Regeln zu ermitteln.

4. Handeln unter fremden Namen

872   Der Einsatz von Telekommunikationsmitteln reizt dazu, sich **fremder Namen zur Abgabe** von Willenserklärungen **zu bedienen.** Ein alt bekanntes Beispiel sind die scherzhaften Bestellungen mittels Telefon, durch die z. B. Abiturienten ihrem ehemaligen Klassenlehrer etwas absonderliche Güter vor die Tür laden ließen. Dennoch können solche Fälle auch zu sehr ernst zu nehmenden Problemen führen.[94]

873   Dabei ist mit der herrschenden Meinung davon auszugehen, dass auch für solche Erklärungen unter falschem Namen die **Regeln über die Stellvertretung analog** anwendbar sind, da den beteiligten Parteien gerade an einem Geschäft mit demjenigen gelegen ist, dessen Name benutzt wird.[95] Generell kommt damit ein Vertrag mit dem Namensinhaber nur dann zustande, wenn dieser dem Handelnden die Erlaubnis zur Verwendung seines Namens für die Abgabe der zum Vertrage führenden Willenserklärung erteilt hat oder diese Verwendung nachträglich genehmigt (§ 177 Abs. 1 BGB). Gibt es keine Erlaubnis oder Genehmigung, gibt es keinen Vertrag mit dem Namensinhaber. Vielmehr haftet der unberechtigt Handelnde dem Dritten auf Erfüllung oder Schadensersatz (§ 179 Abs. 1 BGB).

Allerdings gilt für den Fall, dass Familienangehörige tätig werden, die Besonderheit, dass **Kinder unter 7 Jahren** auf diese Weise ihre Eltern nicht verpflichten können, weil sie selbst als bevollmächtigte Stellvertreter keine Erklärungen abgeben können (§ 104 Nr. 1, § 105 Abs. 1 BGB). Bei **Kindern unter 18 Jahren** greift die Vertreterhaftung nicht ein, weil sie nicht unbeschränkt geschäftsfähig sind (§ 179 Abs. 3 Satz 2 BGB). Bei **Ehegatten** haften, soweit es sich um Geschäfte handelt, die zur Deckung des Lebensbedarfs dienen, beide, egal, wer die Erklärungen abgegeben hat (§ 1357 BGB).

Die Haftung aus **§ 179 Abs. 1 BGB** wird darüber hinaus in vielen Fällen der fehlerhaften Verwendung eines fremden Namens nicht greifen, weil der Handelnde nicht gefunden werden kann.

874   Demgemäß besteht auf Seiten des Erklärungsempfängers ein Interesse daran, **den Namensträger haften zu lassen.** Man wird Rechtsscheinsregeln anwenden können[96],

---

[93] **A. A.** insoweit *Kohl*, in: Scherer (Hrsg.), Telekommunikation und Wirtschaftsrecht, S. 91 (95); *Brinkmann*, BB 1981, 1183 (1185); *Köhler*, in: Hübner u. a., Rechtsprobleme des Bildschirmtextes, S. 51 (57); *Härting*, Internetrecht, Rn. 307; *Glatt*, Vertragsschluss im Internet, S. 59; differenzierend *Paefgen*, Bildschirmtext, S. 31 f.; ähnlich wie hier *Kuhn*, Rechtshandlungen, S. 114 ff.

[94] Zum Folgenden ausführlich: *Borges*, NJW 2011, 2400.

[95] So auch *Köhler*, in: Hübner u. a., Rechtsprobleme des Bildschirmtextes, S. 51 (61 ff.) mit einer Ausnahme für Bildschirmtext; *Waldenberger*, BB 1996, 2365 (2366); *Thot/Gimmy*, in: Kröger/Gimmy (Hrsg.), Handbuch zum Internet-Recht, S. 3 (32); OLG München, NJW 2004, 1328.

[96] BGH, NJW 2011, 2421 = BB 2011, 2185 m. Anm. Härting/Strobel; zu Rechtsschutzregeln ausführlich *Reese*: Vertrauenshaftung und Risikoverteilung bei qualifizierten elektronischen Signaturen, S. 49 ff.; **a. A.** *Recknagel*, Vertrag und Haftung beim Internet-Banking, S. 136 ff.

soweit das benutzte Telekommunikationssystem besondere Sicherungssysteme bereitstellt, die zu einer Identifizierung des jeweils Handelnden führen, dementsprechend sicher sind und auch tatsächlich benutzt wurden. Ohne solche Systeme haftet der Namensträger nie. Insbesondere bei der Verwendung nicht speziell gesicherter elektronischer Unterschriften wie der fortgeschrittenen Signaturen gibt es damit keine Haftung des Namensträgers.[97] Umgekehrt ist es so, dass dann, wenn der Namensträger etwa eine Scheckkarte aus der Hand gibt und außerdem seine persönliche Identifizierungsnummer (PIN) einem Dritten mitteilt, er letztlich dafür haften muss, dass der Dritte mit der Karte fehlerhafte Erklärungen abgibt. Er hat letztendlich den entstehenden Rechtsschein mit verursacht.[98] Das gleiche gilt auch bei der Weitergabe einer PIN beim Online-Banking.[99] Ähnliches dürfte auch für die Verwendung einer sicheren elektronischen Signatur gelten, z. B. für die Verwendung einer qualifizierten **Signatur,** die den Anforderungen von SigG und SigV genügt.[100] Hier wird zusätzlich zu verlangen sein, dass der Empfänger die Korrektheit der Signatur auch überprüft. Auch die bewusste Weitergabe eines Passworts begründet den Rechtsschein.

Ansonsten sind bloße Passwörter, die im Internet verwendet werden, nicht sicher   **875** genug, um einen Rechtsschutz zu begründen, jedenfalls nicht, solange die Unternehmen, die sie einsetzen, ihre Sicherungssysteme nicht aufdecken.[101] Auch die ungesicherte Aufbewahrung solcher Zugangsdaten führt nicht zur Rechtsscheinshaftung.[102] Ob bei der Herausgabe von PIN beim Phishing eine Rechtsscheinhaftung entsteht, ist zweifelhaft, weil die Herausgabe nicht freiwillig geschieht.

Dennoch bleiben einige Anmerkungen. Zum einen müssen die **Betreiber des Systems**   **876** **erhebliche Vorkehrungen** getroffen haben, damit ein **Missbrauch durch Dritte** ausgeschlossen bleibt. Das System muss also ein sicheres Identifizierungsverfahren enthalten. Dass am weitesten verbreitete System ist das der persönlichen Identifikationsnummer (PIN), das sowohl bei Scheckkarten als auch bei den bisher üblichen Chipkarten eingesetzt wird.

Zu solch gesichertem System gehört auch die **Einrichtung einer Sperrmöglichkeit** für   **877** abhanden gekommene oder sonstige außer Kontrolle geratene Sicherungsmittel wie z. B. Scheckkarten, Chipkarten, Passworte etc. Die **Zurechnung eines Rechtsscheins** an den Scheckkarteninhaber bzw. Chipkartennutzer setzt voraus, dass dieser dann, wenn die Karte – aus welchem Grund auch immer – abhandengekommen ist, das Risiko rasch begrenzen kann.[103] Wenn dies nicht möglich ist, ist ihm der Rechtsschein nicht mehr zurechenbar, da die Tatsache, dass er den Missbrauch der Karte praktisch nicht mehr stoppen kann, nicht mehr von ihm zu vertreten ist. Dies führt zu Problemen insbesondere in sehr großen Systemen, wo nicht eine zentrale Stelle online die jeweilige Kartennutzung kontrolliert. In diesem Falle müssten sämtliche Außenstellen rasch über die Sperrung unterrichtet werden. Da aber solche Vorkehrungen nur vom Systembetreiber getroffen werden können und nur er dafür Sorge tragen kann, dass ein Missbrauch von außer

---

[97] *Reese:* Vertrauenshaftung und Risikoverteilung bei qualifizierten elektronischen Signaturen, S. 53 f.

[98] Vgl. *Köhler,* in: Hübner u. a., Rechtsprobleme des Bildschirmtextes, S. 51 (59 ff.); ähnlich auch LG Koblenz, NJW 1991, 1360; ausgiebig *Kuhn,* Rechtshandlungen, S. 214 ff.; *Demmel/Skrebolz,* CR 1999, 561 (565 f.) (zu 0190-Nummern); *Borges,* NJW 2011, 2400.

[99] OLG Schleswig, CR 2011, 52.

[100] Ebenso *Jäger/Kussel,* in: Hoeren/Schüngel (Hrsg.), Rechtsfragen der digitalen Signatur, S. 241 (276 ff.).

[101] LG Bonn, CR 2002, 293 m. Anm. *Hoeren;* OLG Köln, CR 2006, 489; OLG Hamm, NJW 2007, 11; *Thot/Gimmy,* in: Kröger/Gimmy (Hrsg.), Handbuch zum Internet-Recht, S. 3 (33 f.); AG Erfurt, CR 2002, 767 m. Anm. *Winter.*

[102] BGH, NJW 2011, 2421 = BB 2011, 2185 m. Anm. *Härting/Strobel; Borges,* NJW 2011, 2400

[103] Vgl. dazu BGH, BB 1991, 1146 (1149).

Kontrolle geratenen Identifizierungsmitteln verhindert wird, muss er solche Vorkehrungen treffen, wenn eine Rechtsscheinshaftung für seinen Kunden überhaupt noch bestehen bleibt.

878 Ein sehr problematischer Bereich betrifft die **Weitergabe etwa von Passworten und PINs innerhalb der Familie,** insbesondere hinsichtlich solcher Passworte, die nicht nur für Rechtsgeschäfte, sondern auch für Unterhaltungsbedürfnisse möglicherweise sogar unentgeltlicher Art gelten. Dies betraf das früher verwendete Hauptpasswort im Bildschirmtext. Dies gilt aber auch für Zugangspassworte etwa im Internet. Hier wird man aus Gründen des Familienschutzes die Weitergabe nicht generell mit einer Haftung für einen Missbrauch etwa durch das Handeln minderjähriger Kinder verbinden können.[104] Anders ist dies mit speziellen Passworten, die nur im geschäftlichen Verkehr (z. B. zu Bestellung bei einem bestimmten Händler) verwendet werden. Wer solche Passworte auch innerhalb der Familie weitergibt, setzt einem ihm zurechenbaren Rechtsschein. Insgesamt wird man hier auf die Anscheinsvollmacht zurückgreifen können.[105]

Die **qualifizierte elektronische Signatur** ist im Übrigen so stark mit den einzelnen Personen verbunden, dass eine Weitergabe von Karten, die diese elektronische Unterschrift beinhalten, generell auch innerhalb der Familie nicht ohne Risikoübernahme durch den Übergebenden möglich ist.[106]

Auch bei **innerbetrieblichen Netzen** müssen Nutzungsmöglichkeiten und Authentifizierung klar geregelt und das System durch Sicherungsmaßnahmen zuverlässig gemacht werden.[107]

879 Der Rechtsscheintatbestand greift darüber hinaus nur dann ein, wenn der Erklärungsempfänger den Erklärungsmangel weder kannte noch kennen musste (vgl. §§ 122 Abs. 2, 173, 179 Abs. 3 S. 1 BGB).[108]

880 Einen letzten Bereich betrifft hier die **Haftung** in den Fällen, in denen **feststeht,** dass die **Karte missbraucht** wurde und die Karte auch nicht vom Handelnden weitergegeben wurde, diese ihm vielmehr entwendet wurde. Hier kommt eine Haftung des Karteninhabers wohl kaum unter Rechtsscheingesichtspunkten, wohl aber unter dem **Gesichtspunkt der positiven Vertragsverletzung** in Betracht.[109] Dies gilt z. B. dann, wenn er etwa auf der Scheckkarte auch die PIN vermerkt hat oder die PIN unmittelbar neben der Scheckkarte aufbewahrt hat. Dies gilt auch für die Herausgabe von PIN oder gar TAN bei Phishing-Attacken,[110] nicht jedoch bei Pharming-Attacken. Auch diese Anforderungen dürften für sichere elektronische Signaturen in gleicher Weise gelten. Ein solcher Anspruch kann freilich nur bei einer bestehenden Vertragsbeziehung gegeben sein, da die Rechtsgüter des § 823 BGB in der Regel nicht verletzt sind.[111]

Die **Rechtsprechung** einzelner Gerichte geht im Hinblick auf die Trennung von PIN und Scheckkarte oder auch PIN und Chipkarte sehr weit. Die **Sorgfaltsanforderungen**

---

[104] I. E. wie hier auch *Borsum/Hoffmeister,* NJW 1985, 1205 (1206); noch einschränkender als hier im Hinblick auf die Rechtsscheinshaftung *Kohl,* in: Scherer (Hrsg.), Telekommunikation und Wirtschaftsrecht, S. 91 (98 ff.); a. A. *Florian,* in: Hübner u. a., Rechtsproblem des Bildschirmtextes, S. 17 (31 f.); *Köhler,* in: Hübner u. a. Rechtsprobleme des Bildschirmtextes, S. 51 (61); *Paefgen,* Bildschirmtext, S. 73; OLG Köln, NJW-RR 1994, 177 f. ohne Diskussion des Problems.

[105] LG Aachen, CR 2007, 605 m. Anm. Machowski; *Härting,* Internetrecht, Rn. 424.

[106] Mit eingehender Begründung i. E. ebenso: *Reese:* Vertrauenshaftung und Risikoverteilung bei qualifizierten elektronischen Signaturen, S. 114 ff.

[107] Dazu *Rawolle/Lassahn/Schumann,* Informatik Spektrum 22 (1999), 181.

[108] *Reese:* Vertrauenshaftung und Risikoverteilung bei qualifizierten elektronischen Signaturen, S. 58 ff.

[109] Dazu z. B. *Rott,* NJW-CoR 1998, 420 (423); LG Hannover, DuD 1999, 235.

[110] Dazu *Gajek/Schwenk/Wegener,* DuD 2005, 639; *Kind/Werner,* CR 2006, 353 (355 f.).

[111] Vgl. *Reese:* Vertrauenshaftung und Risikoverteilung bei qualifizierten elektronischen Signaturen, S. 64.

werden **deutlich überspannt**. Es muss möglich sein, ohne Risiko PIN und Scheckkarte in getrennten Bereichen gleichzeitig mit sich zu tragen, da nicht alle Bürger in der Lage sind, sich die PIN, insbesondere zu Beginn der Nutzung, zu merken.[112] Sicherlich ist es falsch, sie unmittelbar im Zusammenhang aufzubewahren. Sie aber an getrennten Stellen am Körper oder in Taschen mit sich zu führen, dürfte zulässig sein und kein Verstoß gegen vertragliche Verpflichtungen darstellen.

Ist freilich der Erklärungsempfänger kein Vertragspartner des Karteninhabers, was im **881** Bereich der elektronischen Signatur der Regelfall ist, scheidet ein Anspruch aus § 280 BGB aus. Teilweise wird deshalb hier aus Verkehrsschutzgründen eine Rechtsscheinhaftung angenommen.[113] Der BGH vertritt diese Auffassung, wenn es Möglichkeiten gibt, das Handeln des unberechtigten Dritten durch zumutbare Maßnahmen, z. B. durch den Eintrag in eine Sperrdatei, zu verhindern. Dabei verzichtet er auf Elemente eines Vertrauenstatbestandes.[114] Dies ist aber allenfalls denkbar, wenn die Handlungs- und Vorkehrungspflichten, insbesondere die Obliegenheiten zur Ermittlung möglicher Schutzmaßnahmen, nicht zu weit ausgeweitet werden. Generell kann diese Auffassung aber nicht akzeptiert werden, soll hier doch der angebliche Vertragspartner beliebigen Dritten über den Rahmen des Deliktsrechts hinaus haften. Hier trifft also den Erklärungsempfänger das Missbrauchsrisiko. Nur das Vorliegen von Anscheins- oder Duldungsvollmacht kann zu einer Rechtsscheinhaftung führen.[115]

Im Übrigen ist der Kunde natürlich verpflichtet, nach Entdecken des Abhandenkommens sofort eine Sperrung zu veranlassen, zumal die meisten Systeme auch Telefonnummern angeben, unter denen eine Sperrung praktisch zu jeder Tages- und Nachtzeit möglich ist.

5. Einbeziehung allgemeiner Geschäftsbedingungen

Ein weiteres Problem bei der Verwendung des **Internet** im Rahmen allgemeiner Vertragsbeziehungen ist die Frage, wie **allgemeine Geschäftsbedingungen** Bestandteil eines Vertrages werden können, wenn die Erklärungen über diesen Vertrag ausschließlich elektronisch ausgetauscht werden. **882**

Dies ist dann **einfach**, wenn die allgemeinen Geschäftsbedingungen demjenigen, dem gegenüber sie verwendet werden, **bereits schriftlich** vorliegen, er also z. B. aufgrund eines Versandhauskatalogs elektronisch bestellt. Ist dies nicht der Fall, so ist die Einbeziehung allgemeiner Geschäftsbedingen nur gegenüber Unternehmern oder juristischen Personen des öffentlichen Rechts gegenüber ohne besondere Gestaltung des Internetauftritts möglich. Dieser Personenkreis muss ja auf die Geltung allgemeiner Geschäftsbedingungen lediglich hingewiesen werden. Die darüber hinausgehenden Einbeziehungsvoraussetzungen des 305 Abs. 2 BGB gelten für sie nicht (§ 310 Abs. 1 S. 1 BGB).

Gegenüber **anderen Personen** können allgemeine Geschäftsbedingungen nur dann **883** wirksam einbezogen werden, wenn dem jeweiligen Vertragspartner die Möglichkeit gegeben wird, nach einem entsprechend deutlichem Hinweis in zumutbarer Weise vom Inhalt der allgemeinen Geschäftsbedingungen Kenntnis zu nehmen und er darüber hinaus mit der Geltung der allgemeinen Geschäftsbedingungen einverstanden ist.

---

[112] **A. A.** AG Kassel, NJW-RR 1993, 630; geradezu absurd LG Bonn, Urt. v. 16. 6. 1999 – 5 S 41/99.

[113] *Dörner,* AcP 202 (2002), 363 (391 ff.).; Reese: Vertrauenshaftung und Risikoverteilung bei qualifizierten elektronischen Signaturen, S. 133.

[114] BGHZ 166, 369 = CR 2006, 2368 ff.; dazu auch unten Rn. 1066 f.

[115] BGH, NJW 2011, 2421 = BB 2011, 2185 m. Anm. Härting/Strobel; *Borges,* NJW 2011, 2400 (2401).

Es muss also zunächst unmittelbar vor **Geschäftsabschluss ausdrücklich** auf die Geltung der allgemeinen Geschäftsbedingungen **hingewiesen werden.** Dies bedeutet z. B. für Angebot im Internet – aber auch für entsprechend andere Dienste – dass nicht an irgendeiner Stelle des Internetauftritts des jeweiligen Anbieters ein Hinweis darauf erfolgen kann, dass er nur zu seinen Geschäftsbedingungen abschließen wolle, sondern dass dieser Hinweis praktisch auf der Bildschirmseite enthalten sein muss, mit deren Hilfe dann auch bestellt wird.[116] Bei Internetangeboten ist es üblich, den Kunden vor der Bestellung ein Kästchen bzgl. der Kenntnisnahme der allgemeinen Geschäftsbedingungen anklicken zu lassen.[117]

884   Darüber hinaus muss dem **Teilnehmer** in **zumutbarer Weise** die Möglichkeit gegeben werden, von den allgemeinen Geschäftsbedingungen **Kenntnis zu nehmen.** Er muss die Möglichkeit haben, praktisch im Zusammenhang mit dem Vertragsschluss den gesamten Text der allgemeinen Geschäftsbedingungen lesen zu können. Dafür kann im Internet auf der Bestellseite ein Link zu einer Seite gesetzt werden, die die allgemeinen Geschäftsbedingungen enthält.[118] Dies bedeutet auch heute noch, dass die allgemeinen Geschäftsbedingungen **nicht zu lange sein können.** Die Kapazität auch moderner Bildschirme ist im Verhältnis zur Kapazität einer Druckseite nach wie vor relativ gering, so dass umfangreiche Vertragswerke nur unter Verwendung zahlreicher Bildschirmseiten dargestellt werden können. Das Lesen solcher Bildschirmseiten ist u. U. erheblich komplizierter als das Lesen von Papiertexten. Insbesondere wird es schwierig, verschiedene Klauseln miteinander zu vergleichen oder in Beziehung zu setzen.[119]

Der BGH hat es hier ausreichen lassen, dass der Anbieter die Möglichkeit bietet, die allgemeinen Geschäftsbedingungen **auszudrucken**[120]. Dies wird von § 312 g Abs. 1 Nr. 4 BGB sogar ausdrücklich gefordert. Ob diese Möglichkeit alleine, die ja auch nicht unbedingt zu einem übersichtlichen Druckbild führen muss, ausreicht, um die Grenzen zumutbarer Kenntnisnahme zu erweitern, erscheint aber fraglich.[121] Immerhin erfordert sie erhebliche Anstrengungen vom jeweiligen Kunden, der ja nicht notwendig auch einen Drucker installiert haben muss. Dies gilt ganz besonders für die zunehmend genutzte Möglichkeit, Internetangebote nicht nur im Bereich des sog. m-commerce auch von mobilen Stationen aus zu nutzen. Dort steht in aller Regel ein Drucker nicht zur Verfügung.[122] Die letzte Situation hat der BGH bei seiner Entscheidung nicht berücksichtigt. Auch lässt sich ein Verzicht auf die Kenntnisnahme von allgemeinen Geschäftsbedingungen kaum durch allgemeine Geschäftsbedingungen vereinbaren.[123] Darüber hinaus werden Internetbestellungen zunehmend von Smart Phones mit ihren eingeschränkten Bildschirmgrößen getätigt. Auch darauf muss ein Anbieter Rücksicht nehmen.

Nach wie vor müssen daher die Vertragsbedingungen auch bei Verwendung im **Internet kürzer** sein als bei der Verwendung in gedruckter Form.[124] Noch viel kürzer müssen

---

[116] BGH, CR 2006, 773; *Löhnig,* NJW 1997, 1688; *Roth,* in: Loewenheim/Koch (Hrsg.), Praxis des Online-Rechts, S. 57 (113) zu Internetangeboten; *Spindler,* CR 2004, 203 (205); noch strenger (Hinweis auf Bestellseite des Kunden): *Mehrings,* BB 1998, 2373 (2376).

[117] *Schmidt,* NJW 2011, 1633 (1638).

[118] *Berger,* NJW 2001, 1530 (1534); BGH, NJW 2006, 2976 = BB 2006, 1990 = CR 2006, 773; LG Essen, Urt. v. 13. 2. 2003, 16 = 416/02, JurPC Web-Dok. 287/2003; im Anwendungsbereich von Art. 8 CISG wird auch bei Intersendungen teilweise eine Übersendung per Post verlangt (sicher falsch), vgl. OLG Thüringen, BB 2011, 468.

[119] Wie hier zu Bildschirmtext LG Bielefeld, CR 1990, 463 (465); *Paefgen,* Bildschirmtext, S. 38 ff.; *Kuhn,* Rechtshandlungen, S. 131.

[120] BGH, BB 2006, 1990; ebenso *Palandt/Heinrichs,* § 305 Rn. 38; *Hoeren,* Grundzüge, S. 207 f.

[121] strikt ablehnend bzgl. Entervereinbarungen: *Jobke,* Produktaktivierung, S. 116 ff.

[122] *Dilger,* Verbraucherschutz, S. 46 f.; *Leupold/Glossner,* in: dies. (Hrsg.): IT-Recht, Teil, Rn. 130.

[123] A. A. *Rössel,* ITRB 2006, 235 (236).

[124] *Köhler,* NJW 1998, 185 (189); *Waltl,* in: Loewenheim/Koch (Hrsg.), Praxis des Online-Rechts, S. 179 (185 ff.); *v. Leweinski,* DuD 2002, 395 (397 f.); *Münz,* in: Redeker (Hrsg.), Handbuch der IT-

Allgemeine Geschäftsbedingungen sein, wenn sie nicht nur für Internetbestellungen von Smart Phones, sondern allgemein im m-commerce gelten sollen.[125]

Ferner darf es darf auch nicht **zu schwer sein,** zu den allgemeinen Geschäftsbedingun-   **885** gen zu gelangen, wenn man sie lesen will. So ist es z. B. **unzulässig,** vom Kunden zu verlangen, dass er sich **durch zahlreiche Links** durchklicken muss, um zu den Bedingun-gen zu gelangen oder ist der Link auf einer unübersichtlichen Seite versteckt.[126] Ferner dürfen die allgemeinen Geschäftsbedingungen auch nicht aus zahlreichen unübersicht-lichen, untereinander kompliziert verlinkter Klauselwerke bestehen, bei denen das Ver-hältnis untereinander unklar bleibt.[127] Umgekehrt können besonders suggestive Bestell-formulare, die potentielle Käufer zur Bestellung extrem animieren, u. U. dazu führen, dass die allgemeinen Geschäftsbedingungen nicht wirksam einbezogen werden.[128] Angesichts der gegenüber Haustürgeschäften gegenüber dem Verkäufer deutlich distanzierteren Situa-tion[129] wird man aber mit solchen Annahmen sehr vorsichtig sein müssen. Nicht nötig ist es, den Kunden vor Vertragsschluss zu zwingen, die allgemeinen Geschäftsbedingungen auch zu lesen. Es reicht der eindeutige Hinweis auf ihre Geltung, verbunden mit der Möglichkeit, sie zur Kenntnis zu nehmen.[130] Allgemeine Geschäftsbedingungen dürfen auch nicht in ungewöhnlichen Formaten abgespeichert sein, wenn nicht die zum Lesen notwendige Software beigefügt wird.[131] PDF-Dateien reichen,[132] aber auch doc- oder rtf-Formate oder eine html-Darstellung sind möglich. Ggf. ist auch die Speicherung in ver-schiedenen Formaten sinnvoll.

6. Spezialvorschriften

a) Allgemeines

Es gibt eine ganze Reihe spezieller Vorschriften, die beim Rechtsverkehr im Internet zu   **886** berücksichtigen sind. Die wichtigsten werden hier dargestellt. Dabei geht es in weiten Bereichen um Informationspflichten und Widerrufsrechte.[133]

b) Fernabsatzverträge

Für alle telekommunikativ abgeschlossenen Verträge zwischen Unternehmern und   **887** Verbrauchern gelten die Spezialvorschriften der §§ 312 b–312 f BGB. Die Vorschriften gelten für alle Verträge, bei denen die Parteien eine oder mehrere Fernkommunikations-techniken verwendet haben und bei Vertragsschluss nicht gleichzeitig körperlich anwe-

---

Verträge, Abschn. 1.16, Rn. 17 f.; *Lapp,* ITRB 2004, 187 (188); differenzierend: 5–10 Bildschirmseiten, wenn ansonsten klar: *Dilger,* Verbraucherschutz, S. 47 f.; *Köhler/Arndt/Fetzer,* Recht des Internet, S. 92 f.; auch *Rössel,* ITRB 2006, 235 (236); **a. A.** *Waldenberger,* BB 1996, 2365 (2368 f.); *Löhnig,* NJW 1997, 1688; *Ernst,* BB 1997, 1057; JuS 1977, 776 (777); *Fringuelli/Wallhäuser,* CR 1999, 93 (94); *Moritz,* CR 2000, 61 (64 f.);; *Spindler,* in: Spindler (Hrsg.): Vertragsrecht der Internet-Provider, Teil IV, Rn. 34.; differenzierend nach Umfang des Geschäfts: *Mehrings,* BB 1998, 2373 (2378 f.); *Roth,* in: Lowenheim/ Koch (Hrsg.), Praxis des Online-Rechts. S. 57 (117).

[125] Dazu *Bremer,* CR 2009, 12 (14).
[126] *Härting,* Internetrecht, Rn. 441.
[127] Plastisch AG Frankfurt, NJW 2006, 3010.
[128] Beispiele bei *Scheller,* in: Loewenheim/Koch (Hrsg.), Praxis des Online-Rechts, S. 199 (204 ff.).
[129] So auch *Scheller,* in: Loewenheim/Koch (Hrsg.), Praxis des Online-Rechts. S. 199 (206 ff.).
[130] Teilweise **a. A.** *Waltl,* in: Loewenheim/Koch (Hrsg.), Praxis des Online-Rechts. S. 179 (187).
[131] *Spindler,* CR 2004, 203 (205); *Lapp,* ITRB 2004, 187 (188); *Schmidt,* NJW 2011, 1633 (1638).
[132] A. A.: *Spindler,* in: Spindler (Hrsg.): Handbuch der Internet-Provider, Teil IV, Rn. 37; vgl. auch oben Rn. 853.
[133] Zum Folgenden vgl. auch *Ernst,* ITRB 2002, 265; *Voigt/Heilmann,* ITRB 2010, 107.

send sind.[134] Ob **Waren** geliefert oder **Dienstleistungen** erbracht werden, ist ohne Belang. Die Vorschriften betreffen **beide Bereiche.** An der grundsätzlichen Anwendbarkeit der Vorschriften auf die in diesem Abschnitt betrachteten Geschäfte bestehen keine ernsthaften Zweifel. Im Gegensatz zur Ansicht des AG Wiesloch[135] kommt es auch nicht darauf an, ob das Geschäft zwischen den Parteien auch persönlich hätte vereinbart werden können. Allerdings muss das Geschäft nur durch den elektronischen Kontakt zustande gekommen sein. Gibt es bis zum Vertragsabschluss einen persönlichen Kontakt (und nicht nur die Möglichkeit dazu), liegt kein Fernabsatzgeschäft vor.[136] § 312 b Abs. 3 BGB enthält freilich eine Liste zahlreicher Bereiche, die diesen Vorschriften nicht unterfallen. Dazu gehören u. a. Versicherungen (Nr. 3), Hotelreservierungen und Kartenbestellungen für Bahn oder Flugzeug (Nr. 6) und die Benutzung öffentlicher Fernsprecher (Nr. 7 b). Eine Systematik der Ausnahmetatbestände ist nicht erkennbar. Für Finanzdienstleistungen gelten eine ganze Reihe von Sonderregeln, auf die aus Platzgründen aber nicht näher eingegangen wird.

888   Für diese Fernabsatzverträge gelten folgende besondere Regeln:
Der Verbraucher muss gemäß § 312 c Abs. 1 BGB i. V. m. Art. 246 § 1 Abs. 1 EGBGB rechtzeitig vor Abschluss des Vertrages über exakte, klare und verständliche **Informationen über Vertragspartner und wesentliche Vertragskonditionen** verfügen. Dies geht auch durch Linkverweise in gleicher Weise wie bei § 5 TMG.[137] Die Information muss auch in unmittelbaren Zusammenhang mit dem Vertragsschluss erfolgen.[138] Ein wesentlicher Teil der Informationen muss ferner in Textform[139] und in einer hervorgehobenen und deutlich gestalteten Form[140] an den Verbraucher übermittelt werden (§ 312 c Abs. 2 S. 1 Nr. 2 i. V. m. Art. 246 § 2 Abs. 1 EGBGB). Die Übermittlung muss spätestens bis zur vollständigen Erfüllung des Vertrages, bei Warenlieferungen spätestens bei Lieferung der Waren an den Verbraucher erfolgen. Für Finanzdienstleistungen gelten Sondervorschriften (Art. 246 § 1 Abs. 2 EGBGB, Art. 246 § 2 Abs. 1 Nr. 2, Abs. 2 Nr. 3 EGBGB). Zu den per Textform geschuldeten Informationen gehören Informationen über die Identität (Vor- und Zuname[141] bzw. komplette Firma einschließlich Rechtsform), eventuell die Identität eines Vertreters des Unternehmens in dem Mitgliedsstaat der EU, in dem der Verbraucher seinen Wohnsitz hat, wenn es einen solchen Vertreter gibt, die ladungsfähige Anschrift des Unternehmens sowie des Vertreters; Postfachanschrift reicht nicht;[142] Informationen über wesentliche Merkmale der Ware oder Dienstleistung; Informationen darüber, wie der Vertrag zustande kommt, wobei nicht anzunehmen ist, dass der Verbraucher den Vertragsabschlussmechanismus des BGB kennt[143]; über die Mindestlaufzeit des Vertrages bei

---

[134] Zum Folgenden vgl. *Lütcke*, Fernabsatzrecht; *Grigoleit*, NJW 2002, 1151; zur Fernabsatzrichtlinie und früherem Recht: *Scheller*, in: Loewenheim/Koch (Hrsg.), Praxis des Online-Rechts, S. 199 (207 ff.); *Föhlisch*, in: Hoeren/Sieber (Hrsg.), Handbuch Multimediarecht, Abschn. 13.4, Rn. 31; *Gößmann*, MMR 1998, 97; *Bodewig*, DZWiR 1997, 447; *Reich*, EuZW 1997, 581; Formulierungsbeispiele (auch für § 312 e BGB) bei *Roth*, ITRB 2002, 248.

[135] Urt. v. 16. 11. 2001 – 1 C 282/01 – JurPC Web-Dok. 280/2002, zu § 1 Abs. 1 FernAbsG.

[136] Vgl. dazu *Micklitz/Schirmbacher*, in: Spindler/Schuster (Hrsg.): Recht der elektronischen Medien, § 312 b, Rn. 45 f., die aber auf die bloße Informationsmöglichkeit für den Kunden abstellen.

[137] Dazu unten Rn. 900.

[138] *Micklitz/Schirmbacher*, in: Spindler/Schuster (Hrsg.): Recht der elektronischen Medien, § 312 c, Rn. 57

[139] Dazu oben Rn. 853.

[140] BGH, Urt. v. 1. 12. 2010, VIII ZR 82/10, JurPC Web-Dok. 20/2011.

[141] KG, Beschl. v. 13. 2. 2007, 5 W 34/07, JurPC Web-Dok. 41/2007.

[142] OLG Hamburg, Urt. v. 27. 3. 2003, 5 U 113/02, JurPC Web-Dok 150/2003; Stickelbrock, GRUR 2004, 111 (113); *Micklitz/Schirmbacher*, in: Spindler/Schuster (Hrsg.): Recht der elektronischen Medien, § 312 c, Rn. 93.

[143] *Micklitz/Schirmbacher*, in: Spindler/Schuster (Hrsg.): Recht der elektronischen Medien, § 312 c, Rn. 98.

Dauerschuldverhältnissen; über einen evtl. Vorbehalt, statt der geschuldeten Leistung eine gleichwertige erbringen zu wollen oder bei Nichtverfügbarkeit der Leistung nicht zu leisten; über den Preis der Ware einschließlich aller Steuern und Preisbestandteile sowie ggf. anfallende Liefer- und Versandkosten, sowie vom Verbraucher zu tragende weitere Steuern und Kosten;[144] über Einzelheiten der Zahlung, Lieferung oder Erfüllung und über das Bestehen und die Rechtsfolgen eines Widerrufs- oder Rückgaberechts sowie über seinen Ausschluss einschließlich der Angabe von Namen und Anschriften desjenigen, demgegenüber der Widerruf zu erklären ist; greift kein Widerrufsrecht ein, ist der Verbraucher auch darüber zu belehren, damit er nicht irrtümlich von einem Widerrufsrecht ausgeht und weiß, dass der Unternehmer ein solches ausschließt[145]; greift dagegen das Fernabsatzrecht wegen § 312 b Abs. 3 BGB nicht ein, gibt es keine Belehrungspflicht[146]; über evtl. Zusatzkosten für die Telekommunikationsmittel, wenn solche in Zusammenhang mit dem Fernabsatzgeschäft entstehen; über die Befristung der Geltungsdauer von zur Verfügung gestellten Informationen (z. B. ein Preisangebot); über Einzelheiten des Kundendienstes und geltende Gewährleistungs- und Garantiebedingungen und zuletzt über Kündigungsbedingungen bei Dauerschuldverhältnissen mit unbestimmter Dauer oder Dauer über einem Jahr.

Die Pflicht zur Mitteilung in Textform entfällt bei Dienstleistungen, die unmittelbar durch den Einsatz von Fernkommunikationsmitteln erbracht werden, sofern diese Leistungen in einem Mal erfolgen und über den Betreiber der Fernkommunikationsmittel abgerechnet werden (Art. 246 § 2 Abs. 2 S. 1 EGBG). Der Verbraucher muss sich in diesem Fall aber über die Anschrift der Niederlassung des Unternehmens informieren können, bei der er Beanstandungen vorbringen kann. Einen Ausschluss der Informationspflicht vor Vertragsschluss gem. Art. 246 § 1 Abs. 1 EGBG gibt es demgegenüber nicht. Diese muss ggf. durch Bandaussage erfüllt werden.[147]

Besondere Probleme stellen sich hier im Bereich von klassischen mobilen Geräten (M-Commerce), weil Handys, Palms u. a. nur eine geringe Fähigkeit haben, größere Datenmengen darzustellen.[148] Der Gesetzgeber hat hier aber mit Ausnahme der an anderer Stelle[149] dargestellten besonderen Regeln für sofort geleistete Telekommunikationsdienste keine Sonderregeln geschaffen, so dass die Informationen erteilt werden müssen. Die sich aus der technisch begrenzten Kapazität der Kundengeräte ergebenden Probleme muss der Kunde hinnehmen. Wird ein Dienst allerdings speziell für den M-Commerce konzipiert, müssen dessen Besonderheiten auch vom Anbieter berücksichtigt werden.[150]   **889**

Nach § 312 d Abs. 1 i. V. m. § 355 BGB kann der Verbraucher jeden Vertragsabschluss   **890** **binnen zwei Wochen widerrufen.** Dieses Widerrufsrecht tritt nach § 312 d Abs. 5 BGB zurück, wenn ein Widerrufsrecht aufgrund von Finanzierungshilfen nach §§ 499 Abs. 1, 500, 501, 503 BGB oder infolge einer Ratenlieferung nach § 505 Abs. 1 BGB existiert.[151] Die **Widerrufsfrist beginnt** gem. § 312 d Abs. 2 S. 1 BGB **frühestens** mit **Übermittlung**

---

[144] Dazu BGH, CR 2006, 120 (122): es reicht Angabe von Versandkosten in allgemeinen Geschäftsbedingungen (zweifelhaft), zur PreisAngV vgl. unten Rn. 1120.

[145] *Micklitz/Schirmbacher,* in: Spindler/Schuster (Hrsg.): Recht der elektronischen Medien, § 312 c, Rn. 123.

[146] *Micklitz/Schirmbacher,* in: Spindler/Schuster (Hrsg.): Recht der elektronischen Medien, § 312 c, Rn. 124.

[147] *Micklitz/Schirmbacher,* in: Spindler/Schuster (Hrsg.): Recht der elektronischen Medien, § 312 c, Rn. 78.

[148] Dazu näher *Funk,* in: Taeger/Wiebe (Hrsg.): Mobilität.Telematik.Recht, S. 145); *Müllerter Jung/ Kremer,* BB 2010, 1874.

[149] Unten Rn. 1053.

[150] OLG Hamm, Urt. v. 20. 5. 2010, I-4 U 225/09

[151] A. A. zum früheren VerbrKrG: OLG München, NJW-RR 2002, 399 = CR 2002, 287 m. abl. Anm. *Günther.*

der notwendigen Informationen in Textform und bei der Lieferung von Waren nicht vor dem Tag ihres Eingangs beim Verbraucher;[152] bei wiederkehrender Lieferung gleichartiger Waren nicht vor dem Tag des Eingangs der ersten Teillieferung und bei Dienstleistungen nicht vor Vertragsschluss. Fehlt es an der ordnungsgemäßen Übermittlung der Informationen in Textform oder an einer ordnungsgemäßen Widerrufsbelehrung, gibt es keine Widerrufsfrist (§ 355 Abs. 3 BGB).[153]

890a   Wichtig ist daher eine ordnungsgemäße **Widerrufsbelehrung**. Die Anforderungen an diese Belehrung ergeben sich aus § 360 Abs. 1 BGB.[154] Dem Verbraucher müssen durch die Belehrung seine Rechte klargemacht werden.[155] Dazu gehört: Der Verbraucher muss erkennen können, dass er das Geschäft ohne Begründung widerrufen kann, (weitgehend) ohne Nachteile zu erleiden. Ferner muss er darüber aufgeklärt werden, der Widerruf innerhalb der Widerrufsfrist in Textform[156] oder durch Rücksendung der Ware erfolgen kann. Es ist sinnvoll, den Begriff Textform durch Beispiele zu erläutern; ob dies rechtlich erforderlich ist, erscheint aber zweifelhaft.[157] Außerdem müssen Name und ladungsfähige Anschrift des Widerrufsempfängers angegeben werden, eine Telefonnummer darf nach Teilen der Rechtsprechung nicht angegeben werden, weil sie den unzutreffenden Eindruck erweckt, der Widerruf sei auch telefonisch möglich.[158] Weiterhin muss über die **Widerrufsfolgen** (z.B. Rückgewähr gegenseitig erbrachter Leistungen, Wertersatz bei Verschlechterung der Sache, Kostentragung) aufgeklärt werden, allerdings nur über solche, die tatsächlich eintreten können.[159] Am schwierigsten ist es der Erfahrung nach, hinreichend genau den Beginn und die Dauer der Widerrufsfrist zu beschreiben. Je nach den Umständen des Einzelfalls beträgt die Frist zwei Wochen oder einen Monat, sie beginnt bei einer Warenlieferung z.B. erst mit dem Wareneingang. Auch zählt der Tag, an dem das fristbegründende Ereignis fällt, bei der Berechnung nicht mit.[160] Die Transparenzanforderungen sind außerdem hoch. Die Formulierung: „Der Lauf der Widerrufsfrist beginnt mit Aushändigung der Urkunde, nicht jedoch, bevor die auf Abschluss des Vertrages gerichtete Willenserklärung vom Auftraggeber abgegeben wurde", reicht jedenfalls nicht.[161] Letztlich muss der Verbraucher auch darüber informiert werden, dass für die Wahrung der Frist die Absendung des Widerrufs oder der Sache ausreicht. Die hinsichtlich des Fristbeginns auftretenden Schwierigkeiten können in Zukunft auch dort auftreten, wo über den Umfang des Wertersatzes für die Verschlechterung zurückzugebender Sachen aufgeklärt werden muss. Die neue Regelung des § 312e Abs. 1 BGB kann hier möglicherweise Anlass für viele Diskussionen geben. Die Belehrung muss in Textform erfolgen.[162] Angesichts der komplexen Anforderungen empfiehlt es sich, sich bei der Belehrung des Musterformulars der Anl. 1 zu Art. 246 § 2 Abs. 3 S. 1 EGBGB zu bedienen.[163]

---

[152] OLG Frankfurt/M., CR 2002, 638 zu § 2 FernAbsG.
[153] *Tonner*, in: Micklitz/Tonner, Vertriebsrecht, § 355 Rn. 61 f.
[154] *Micklitz/Schirmbacher*, in: Spindler/Schuster (Hrsg.): Recht der elektronischen Medien, § 312d, Rn. 38 ff.
[155] BGH, BB 2007, 1296 m. Anm. Gödde.
[156] BGH, NJW 2010, 989.
[157] *Micklitz/Schirmbacher*, in: Spindler/Schuster (Hrsg.): Recht der elektronischen Medien, § 312d, Rn. 39 a.
[158] OLG Hamm, K&R 2009, 727; a. A. KG, NJW-RR 2008, 353.
[159] BGH, NJW-RR 2011, 785; OLG Dresden, NJW-RR 2011, 921; vgl. auch KG, Beschl. v. 9. 11. 2007, 5 W 304/07, JurPC Web-Dok. 20/2008; OLG Hamm, Beschl. v. 26. 9. 2008, 4 W 85/08, JurPC Web-Dok. 14/2009.
[160] OLG Dresden, NJW-RR 2011, 921 (923); OLG München, K&R 2008, 620.
[161] BGH, NJW 2002, 3396; großzügiger: BGH, Urt. v. 13. 1. 2009, XI ZR 118/08, JurPC Web-Dok. 52/2009; Vgl. auch OLG Düsseldorf, OLG Report Hamm/Düsseldorf/Köln 2008, 398.
[162] Dazu oben Rn. 853.
[163] Dazu sogleich Rn. 890 b.

Will der Unternehmer verhindern, dass auch für Unternehmerkunden ein Widerrufsrecht entsteht, muss er die Belehrung entsprechend gestalten und klar machen, dass nur
Verbrauchern ein Widerrufsrecht zusteht.[164]

Für die **Widerrufsbelehrung** enthält Anlage 1 zu Art. 246 § 2 Abs. 3 S. 1 EGBG ein
amtliches Muster. Ein entsprechendes Muster enthält Anlage 2 zu Art. 246 Abs. 3 S. 1
EGBG für das Rückgaberecht. Aus Art. 246 § 2 Abs. 3 S. 1 EGBGB ergibt sich, dass die
Verwendung dieser Muster als korrekte Belehrung ausreicht. Durch diese ausdrückliche
gesetzliche Regelung ist der Rechtsprechung verschiedener Gerichte, nach der das früher
nur in der BGB-InfoV enthaltene Formular nicht ausreiche, weil es das Gesetz nicht
richtig darstelle und daher der Ermächtigungsgrundlage nicht entspreche,[165] der Boden
entzogen worden. Verwendet ein Unternehmer die Musterwiderrufsbelehrung, muss er
dies – auch im Hinblick auf die graphische Gestaltung[166] – vollständig tun, um sich auf
Art. 246 § 2 Abs. 3 S. 1 EGBGB berufen zu können.[167] **890b**

Ein Teil der in Textform zu übermittelnden Informationen muss **vor Vertragsschluss** **891**
nicht vorhanden sein. Es reicht außerdem nicht, alle Informationen formgerecht vor Vertragsschluss zu übermitteln. Bestimmte, in § 246 § 2 EGBGB genannte Informationen
müssen dann nach Vertragsschluss noch einmal formgerecht übermittelt werden.[168] Demgegenüber soll die Widerrufsbelehrung gem. § 360 BGB spätestens unmittelbar nach Vertragsschluss in Textform zugegangen sein, weil sich sonst die Widerrufsfrist auf einen
Monat (mindestens) verlängert (§ 355 Abs. 2 BGB)

Daher **empfiehlt es sich,** die in Art. 246 §§ 1 u. 2 EGBGB genannten Informationen **892**
zunächst **vorvertraglich** zur Verfügung zu stellen. Dies geschieht zweckmäßig im Rahmen der Benutzerführung durch den Internetauftritt des Unternehmens. Dabei reicht ein
Link, der auf eine Seite führt, auf der die Information enthalten ist. Auch dann, wenn zwei
klar bezeichnete Links verwendet werden müssen, ist dies ausreichend[169]. Jeder Link muss
freilich klar auf den Inhalt der verlinkten Seite hinweisen. Ein Link „Angaben zum
Verkäufer" reicht als Hinweise für alle nach §§ 312 c und 312 d BGB erforderlichen
Angaben beispielsweise nicht aus, weil niemand auf der verlinkten Seite eine Widerrufsbelehrung erwartet.[170] Der Verbraucher muss nicht so geführt werden, dass er die Information zwangsläufig sieht.[171] Ferner muss der Unternehmer spätestens zusammen mit
seiner Auftragsbestätigung die in Art. 246 § 2 EGBGB genannten Informationen einschließlich einer den Anforderungen des § 360 BGB entsprechende Widerrufs- oder
Rückgabelehrung in Textform übermitteln.

Für eine Reihe von Verträgen gibt es freilich **kein Widerrufsrecht**.[172] Dies gilt ins- **893**
besondere für die Lieferung von Audio- oder Videoaufzeichnungen oder von Software,

---

[164] Näher dazu *Staudinger/Schmidt-Bendan*, BB 2005, 732.

[165] LG Halle, CR 2006, 709 mit zust. Anm. *Rössel* = BB 2006, 1817 = K&R 2006, 466; LG Koblenz,
BB 2007, 239 (für Haustürgeschäfte); zustimmend *Kaufmann,* CR 2006, 764 (769); *Bierekoven,* ITRB
2007, 73 (75); a.A. LG Münster, CR 2006, 782, allerdings mit verfassungsrechtlich zweifelhafter
formeller Begründung; ähnlich *Masuch*, BB 2005, 344 (347 f.).

[166] BGH, CR 2011, 257 f.

[167] BGH, Urt. v. 1. 12. 2010, VIII ZR 82/10, JurPC Web-Dok. 20/2011.

[168] *Palandt-Heinrichs,* § 312 c Rn. 8; **a. A.** *Lütcke,* Fernabsatzrecht, § 312 c Rn. 102; *Grigoleit,* NJW
2002, 1151 (1156 f.).

[169] Vgl. dazu auch unten Rn. 901 zu den vergleichbaren Problemen im Rahmen des § 5 Abs. 1 TMG.

[170] OLG Hamm, NJW 2005, 2319 = CR 2005, 666; vgl. dazu auch OLG Frankfurt, Urt. v.
14. 12. 2006, 6 U 1299/06, JurPC Web-Dok. 10/2007.

[171] BGH, NJW 2006, 3633 (3636); LG Stuttgart, NJW-RR 2004, 911; *Mankowski,* CR 2001, 767
(771 f., zum FernAbsG); *Funk,* in: Taeger/Wiebe (Hrsg.): Mobilität.Telematik.Recht., S. 145 (160); wohl
auch *Hammel/Weber,* AGB, S. 47 f.; **a. A.** zum FernAbsG: OLG Frankfurt, CR 2001, 782; offen
gelassen von OLG Karlsruhe, GRUR 2002, 730 = CR 2002, 682.

[172] Dazu *Becker/Föhlisch,* NJW 2008, 3751.

die vom Verbraucher schon entsiegelt wurde oder bei Dienstleistungen, die auf Veranlassung des Verbrauchers unmittelbar per Telefon oder Telefax erbracht wurden und keine Finanzdienstleistungen sind. Die einzelnen Fälle sind in § 312 d Abs. 4 BGB aufgeführt. Ob Software, die elektronisch übermittelt wurde, Software gleichzustellen ist, die entsiegelt wurde,[173] ob es sich bei dieser Übermittlung um Dienstleistungen handelt[174] oder ob es ein Widerrufsrecht gibt,[175] ist noch nicht entschieden. Letztendlich dürfte hier ein Fall vorliegen, der der Entsiegelung von Software vergleichbar ist und eine analoge Anwendung von § 312 d Abs. 4 Nr. 2 BGB verlangt. Teilweise wird für solche Software auch ein Widerrufsausschluss nach § 312 d Abs. 4 Nr. 1 BGB angenommen, weil sie nach ihrer Beschaffenheit nicht zur Rücksendung geeignet sei.[176] Dies ist aber falsch: Software kann zurückgegeben werden.[177] Es ist nur schwer zu kontrollieren, ob der Empfänger dies auch wirklich tut und alle bei ihm vorhandenen Kopien der Software löscht. § 312 d Abs. 4 Nr. 1 BGB ist daher auf Software nicht anwendbar.[178] Überraschend ist nur, dass der Richtliniengesetzgeber und damit auch das novellierte BGB das Problem nicht klar geregelt hat. Wird Treibersoftware zusammen mit Hardware gekauft, geliefert und entsiegelt, hindert auch dies den Widerruf nicht, weil die Hardware die Hauptsache ist.[179]

Bei Hardware kommt in Ausnahmefällen auch eine Ausnahme vom Widerrufsrecht nach § 312 d Abs. 4 Nr. 1 BGB in Betracht, wenn sie sehr speziell auf den Abnehmer zugeschnitten ist. Diese Ausnahme hat aber enge Grenzen.[180] Wird z. B. die Hardware aus Standardbausteinen individuell zusammengesetzt, bleibt das Widerrufsrecht in aller Regel bestehen.[181] Ein weiterer Widerrufsausschluss betrifft Telekommunikationsdienste, die auf Veranlassung des Verbrauchers per Telefon oder Telefax in einem Mal erbracht werden (§ 312 d Abs. 4 Nr. 7 BGB),

894   Bei **Dienstleistungen erlischt das Widerrufsrecht** dann, wenn der Vertrag von beiden Seiten mit ausdrücklicher Zustimmung des Verbrauchers vollständig erfüllt wurde (§ 312 d Abs. 3 BGB). Eine solche ausdrückliche Zustimmung liegt bei Internet-Dienstleistungen jedenfalls dann vor, wenn der Verbraucher die für die Dienstleistung notwendigen Dateien herunterlädt und er auf die Folgen der Zustimmung hingewiesen wurde.[182] Die bloße Bereitstellung der Daten zum Abruf reicht nicht.[183] Widerruft der Verbraucher nach Beginn der Dienstleistung, muss er Wertersatz für die schon erbrachten Leistungen erbringen, wenn er vor Abgabe seiner Vertragserklärung auf diese Rechtsfolge hingewiesen wurde und er ausdrücklich zugestimmt hat, dass der Unternehmer vor Ende der Widerrufsfrist mit der Erbringung seiner Dienstleistung beginnt (§ 312 d Abs. 6 BGB). Der

---

[173] Dagegen *Lütcke*, Fernabsatzrecht, § 312 d, Rn. 84.

[174] So *Moritz*, CR 2000, 61 (67); a. A. *Lütcke*, Fernabsatzrecht, § 312 d Rn. 59.

[175] *Tonner*, in: Micklitz/Tonner, Vertriebsrecht, § 312 d Rn. 23; LG Memmingen, Urt. v. 10. 12. 2003, 1 HO 2319/03, JurPC Web-Dok. 116/2004.

[176] *Hammel/Weber*, AGB, S. 48 f.; *Micklitz/Schirmbacher*, in: Spindler/Schuster (Hrsg.): Recht der elektronischen Medien, § 312 d, Rn. 16; ähnlich wohl auch OLG Köln, CR 2011, 53 (54) für durch Download übermittelte Dateien.

[177] *Münz*, in: Redeker (Hrsg.), Handbuch der IT-Verträge, Abschn. 1.16, Rn. 99; *Hoeren*, Internet- und Kommunikationsrecht, Rn. 523; vgl. auch oben Rn. 366.

[178] So für RAM-Bausteine, Motherboards und Speichermedien: OLG Dresden, NJW-RR 2001, 1710 = CR 2001, 819 = MDR 2002, 79.

[179] *Becker/Fröhlich*, NJW 2005, 3347.

[180] OLG Frankfurt/M., CR 2002, 638 zu § 3 Abs. 2 Nr. 1 FernAbsG; näher *Micklitz/Schirmbacher*, in: Spindler/Schuster (Hrsg.): Recht der elektronischen Medien, § 312 d, Rn. 10 ff.

[181] BGH, NJW 2003, 1665.

[182] *Micklitz/Schirmbacher*, in: Spindler/Schuster (Hrsg.): Recht der elektronischen Medien, § 312 d, Rn. 76

[183] *Leupold/Glossner*, in: dies. (Hrsg.): IT-Recht, Teil, Rn. 196 ff.

Unternehmer sollte sich diese Zustimmung ausdrücklich (etwa durch aktives Anklicken eines entsprechenden Buttons) bestätigen lassen.

Das Widerrufsrecht kann bei der Lieferung von Waren durch ein **Rückgaberecht** nach §§ 356 BGB ersetzt werden (§ 312 d Abs. 1 S. 2 BGB). **894a**

c) § 312 g BGB

Eine weitere Spezialvorschrift enthält § 312 g BGB[184]. Diese Vorschrift setzt Teile der **895** e-commerce-Richtlinie in das deutsche Recht um. Es handelt sich dabei nicht um eine Verbraucherschutzvorschrift. Die Vorschrift gilt vielmehr auch für Verträge zwischen Unternehmern.

Sie ist anwendbar, wenn sich ein Unternehmer zum Zwecke des Abschlusses eines Vertrages über die Lieferung von Waren oder die Erbringung von Dienstleistungen eines Tele- oder Mediendienstes bedient. Diese Begriffe entstammen dem mittlerweile aufgehobenen TDG. Das TMG verwendet sie nicht mehr, sondern geht von einem einheitlichen Begriff Telemedien aus. Dieser dürfte auch dem Begriffspaar in § 312 g BGB entsprechen.[185] Geschäfte im Sinne des § 312 g BGB werden auch als **Verträge im elektronischen Geschäftsverkehr** bezeichnet. Auf die hier betrachteten Verträge ist § 312 g BGB anwendbar, soweit sie nicht Verträge über Telekommunikationsdieste sind, die ganz aus der Übertragung von Telekommunikationssignalen bestehen, oder es sich um telekommunikationsgestützte Dienste nach § 3 Nr. 25 TKG handelt (§ 1 Abs. 1 S. 1 TMG). Dienste, die neben der Signalübertragung noch andere Dienstleistungen anbieten, unterliegen den Vorschriften des TMG und damit auch § 312 g BGB,[186] wenn sie keine telekommunikationsgestützen Dienste sind. Um solche Dienste handelt es sich dann, wenn sie neben der Übertragungsleistung gleichzeitig noch andere Dienstleistungen erbringen. Es geht hierbei insbesondere um Mehrwert- oder andere Premium-Dieste im Sinne von § 3 Nr. 17 a TKG. Für diese Dienste gilt § 312 g BGB nicht.

Dem Wortlaut nach ist die Vorschrift auch auf **reine Internet-Werbung** anwendbar, selbst wenn danach der Vertragsabschluss und die Vertragsabwicklung ganz klassisch per Brief oder persönlich erfolgen müssen. In der Literatur wird für diesen Fall eine teleologische Reduktion dahingehend vorgeschlagen, dass § 312 g BGB nur Fälle des interaktiven Verkehrs mit dem vom Unternehmer bereitgestellten Programm erfasst.[187] Dieser Vorschlag geht jedenfalls zu weit. Jedenfalls wird eine Bestellung per e-mail, auf die der Unternehmer persönlich und nicht automatisch durch sein Programm reagiert, von § 312 g BGB grundsätzlich erfasst (vgl. § 312 g Abs. 2 BGB). Allenfalls für den – praktisch seltenen – Fall, dass auch diese Möglichkeit ausscheidet, mag § 312 g BGB nicht anwendbar sein.[188]

Nach § 312 g Abs. 1 S. 1 Nr. 1 BGB muss der Unternehmer im elektronischen Ge- **896** schäftsverkehr angemessene, wirksame und zugängliche Mittel zur Verfügung stellen, mit deren Hilfe der Kunde **Eingabefehler** vor Abgabe einer Bestellung **erkennen und beseitigen kann.** Dies bedeutet insbesondere, dass die Bestellung vor Absendung dem Kunden zur Korrektur lesbar und korrigierbar auf den Bildschirm gebracht werden muss und erst

---

[184] Bis 4. 8. 2011: § 312 e BGB.

[185] Der Gesetzgeber hat auch bei der Umnumerierung der Normen (§ 312 e zu § 312 g BGB) die Begrifflichkeit nicht angepasst.

[186] *Holznagel/Ricke*, in: Spindler/Schuster, Recht der elektronischen Medien, § 1 TMG, Rn. 6 f.

[187] *Grigoleit*, NJW 2002, 1151 (1152); *Spindler/Anton*, in Spindler/Schuster, Recht der elektronischen Medien, § 312 e, Rn. 3; ähnlich auch Öster. OGH, Beschl. v. 29. 4. 2003, 4 Ob 80/03, JurPC Web-Dok. 318/2003 zur entsprechenden Vorschrift der e-commerce-Richtlinie; viel zu eng: *Döpkens/Poche*, in: Raue/Hegemann (Hrsg.): Urheber- und Medienrecht, § 30, Rn. 3.

[188] Ähnlich wohl *Micklitz*, in: Micklitz/Tonner, Vertriebsrecht, § 312 e Rn. 17 ff.

danach eine Bestellung erfolgen kann.[189] Wie dies geschieht, bleibt dem Unternehmer überlassen. Irgendeine unmittelbare Auswirkung auf das Anfechtungsrecht hat die Vorschrift nicht: Es geht um Möglichkeiten der Korrektur vor Abgabe der Erklärung.[190] Allenfalls kann das Fehlen der Korrekturmöglichkeit bzw. des Hinweises auf sie den Anspruch des Unternehmers auf Ersatz des Vertrauensschadens nach der Anfechtung ausschließen.[191] Eine unübersichtliche Benutzerführung kann außerdem dazu führen, dass ein Anfechtungsgrund vorliegt. Zumindest kann sie auch im Rahmen der Beweiswürdigung beim Streit über das Vorliegen eines Anfechtungsgrundes berücksichtigt werden.[192] Möglicherweise gibt es auch einen Anspruch auf Vertragsaufhebung oder -anpassung wegen Verletzung von Pflichten nach § 311 Abs. 2 BGB.[193] Wichtig ist dies alles im Bereich von Unternehmern. Bei Verbrauchern besteht bei Fehlen der Erkenntnis- und Korrekturmöglichkeit und damit der Informationen über sie ein zeitlich unbegrenztes Widerrufsrecht.[194] Informationen über das Erkennen solcher Möglichkeiten können nachgeholt werden. Geschieht dies korrekt und mit erneuter Widerrufsbelehrung, beträgt die Widerrufsfrist einen Monat.

897   Nach § 312 g Abs. 1 S. 1 Nr. 2 BGB gibt es **Informationspflichten.** Nach Art. 246 § 3 EGBGB muss der Unternehmer informieren über die einzelnen technischen Schritte, die zu einem Vertragsschluss führen; darüber, ob der Vertragstext nach dem Vertragsschluss vom Unternehmer gespeichert wird und ob er dem Kunden zugänglich ist; darüber, wie Eingabefehler erkannt und berichtigt werden können; über die für den Vertragsschluss zur Verfügung stehenden Sprachen und über sämtliche einschlägigen Verhaltenskodizes, denen sich der Unternehmer unterwirft sowie über die Möglichkeit des elektronischen Zugangs zu diesen Regelwerken.

Zu den Verhaltenskodizes gehören satzungsrechtliche Berufsregelungen bei den verkammerten Berufen. Rechtsanwälte, Architekten oder Steuerberater müssen daher in ihren Internetauftritten auf diese hinweisen.

Im Übrigen ist es sicher zweckmäßig, evtl. notwendige Informationen nach §§ 312 c Abs. 1, Art. 246 § 1 EGBG gemeinsam mit den Informationen nach §§ 312 g Abs. 1 S. 1 Nr. 2 BGB, Art. 246 § 3 EGBGB zu erteilen. Vorgeschrieben ist dies nicht. Allerdings beginnt eine evtl. bestehende Widerrufsfrist nicht vor Erfüllung der Informationspflichten nach §§ 312 g Abs. 1 Nr. 2 BGB, Art. 246 § 3 EGBGB (§ 312 g Abs. 3 S. 2 BGB). Ein eigenes Widerrufsrecht schafft § 312 g BGB nicht. Die Informationspflichten entfallen für einzelne Anbieter bei ebay, wenn sie in den ebay-AGB enthalten sind.[195]

898   Nach § 312 g Abs. 1 S. 1 Nr. 3 BGB muss der **Zugang einer Bestellung** unverzüglich auf elektronischem Weg **bestätigt** werden. Dies ist kein Problem, wenn der Unternehmer ein elektronisches System zur Entgegennahme von Bestellungen unterhält. Lässt er dagegen – wie vielfach kleinere Unternehmen – eine Bestellung per e-mail zu, die er wiederum durch individuelle e-mail bestätigt, reicht auch eine e-mail-Eingangsbestätigung. Allerdings finden die bislang geschilderten Regeln in einem solchen Fall wohl ohnehin keine Anwendung, weil nach § 312 g Abs. 2 BGB diese Pflichten für den Fall eines Vertragsschlusses durch individuelle Kommunikation nicht gelten[196]. Die von § 312 g Abs. 1

---

[189] Wie hier: *Glatt,* Vertragsschluss im Internet, S. 94; *Lütcke,* Fernabsatzrecht, § 312 e, Rn. 32; *Grigoleit,* NJW 2002, 1151 (1157).

[190] A. A. *Micklitz/Erben,* VersR 2002, 641 (646).

[191] *Lütcke,* Fernabsatzrecht, § 312 e, Rn. 62; *Klimke,* CR 2005, 582 (590 f.).; *Spindler/Anton,* in Spindler/Schuster, Recht der elektronischen Medien, § 122 BGB, Rn. 5.

[192] *Dörner,* AcP 202 (2002), 363 (382).

[193] *Grigoleit,* NJW 2002, 1151 (1157); *Micklitz,* in: Micklitz/Tonner, Vertriebsrecht, § 312 e Rn. 118 ff.; *Klimke,* CR 2005, 582 (586 ff.).

[194] *Dörner,* AcP 202 (2002), 363 (381); einschränkend *Klimke,* CR 2005, 582 (591).

[195] LG Frankenthal, Urt. v. 14. 2. 2009, 2 HKO 175/07, JurPC Web-Dok. 117/2008.

[196] So wohl *Spindler/Anton,* in: Spindler/Schuster, Recht der elektronischen Medien, § 312 e, Rn. 3.

S. 1 Nr. 3 BGB verlangte Erklärung ist eine bloße Eingangsbestätigung und keine Annahmeerklärung.[197] Die Geltung der Vorschrift kann im Übrigen zwischen Unternehmen auch ausgeschlossen werden (§ 312 g Abs. 2 S. 2 BGB).

Nicht ausschließbar und auch bei individueller Kommunikation anwendbar ist die sich   **899**
aus § 312 g Abs. 1 S. 1 Nr. 4 BGB ergebende **Pflicht,** dem Kunden die Möglichkeit zu verschaffen, die **Vertragsbestimmungen** einschließlich der allgemeinen Geschäftsbedingungen bei Vertragsschluss **abzurufen** und in **wiedergabefähiger Form zu speichern.** Diese Vorschrift gilt unabdingbar auch zwischen Unternehmen. Sie hat aber keine Auswirkungen auf den Vertragsinhalt. Ob allgemeine Geschäftsbedingungen Vertragsinhalt werden oder nicht, entscheidet sich ausschließlich nach § 305 Abs. 2 BGB.[198] Dabei ist im Verhältnis zu Nichtunternehmern der Inhalt von § 312 g Abs. 1 S. 1 Nr. 4 BGB wichtig. Ein Unternehmen, das die Voraussetzungen von § 312 g Abs. S. 1 Nr. 4 BGB nicht erfüllt, wird keine zumutbare Kenntnisnahmemöglichkeit im Sinne von § 305 Abs. 2 Nr. 2 BGB verschaffen. Im Zwischenunternehmensverkehr kommt es darauf nicht an. Hier können allgemeine Geschäftsbedingungen auch dann Vertragsbestandteil werden, wenn die Voraussetzungen des § 312 g Abs. 1 S. 1 Nr. 4 BGB nicht erfüllt sind. In diesem Bereich können daher Verstöße nur über das UWG sanktioniert werden.[199] Soweit es um Verbraucher schützende Vorschriften geht, kommt eine Sanktionierung über das UKlaG hinzu.

d) § 312 h BGB

Eine weitere Sondervorschrift enthält **§ 312 h BGB.** Diese betrifft zwar nach dem Text   **899a**
nicht schwerpunktmäßig den elektronischen Rechtsverkehr, praktisch gewinnt sie hier aber eine große Bedeutung.

Die Vorschrift betrifft Dauerschuldverhältnisse. Dabei geht es um die **Neubegründung** eines Dauerschuldverhältnisses, das ein altes ersetzen soll. Sachlich geht es dabei in erster Linie um Telekommunikationsdienstleistungen und Strom- und Energieversorgung. Wird ein solches Dauerschuldverhältnis in der Weise begründet, dass der neue Anbieter einen alten ersetzen soll und wird der neue Anbieter vom Verbraucher zur Übermittlung oder zum Ausspruch der Kündigung des alten Dauerschuldverhältnisses ermächtigt, bedarf die **Kündigung** des Verbrauchers oder die **Vollmacht** zur Kündigung der **Textform.**

Im Wesentlichen geht es hier um die Verhinderung unerlaubter Telefonwerbung, die Situation kann aber auch im Bereich von Internetdienstleistungen auftreten. Es muss hier auf jeden Fall darauf geachtet werden, dass die entsprechenden Erklärungen des Verbrauchers, entweder die Kündigungserklärung oder die Vollmacht, in einer Weise erfolgen, die den Anforderungen der Textform genügen[200].

e) Informationspflichten nach dem TMG

Weitere Informationspflichten enthält **§ 5 Abs. 1 TMG.** Diese Vorschrift gilt für **ge-**   **900**
schäftsmäßige, in der Regel gegen Entgelt betriebene Telemedien, also ebenfalls für die hier betrachteten Leistungsbeziehungen. Sie gilt nicht für Internetseiten, die nur den Hinweis enthalten, ein Internetauftritt sei noch im Aufbau oder werde überarbeitet.[201]

---

[197] *Lütcke,* Fernabsatzrecht, § 312 e Rn. 42; *Grigoleit,* NJW 2002, 1151 (1158); *Micklitz,* in: Micklitz/Tonner, Vertriebsrecht, § 312 e Rn. 99; wohl auch *Dörner,* AcP 202 (2002), 363 (378).

[198] *Palandt-Heinrichs,* § 312 e Rn. 8; *Lütcke,* Fernabsatzrecht, § 312 e, Rn. 57; *Grigoleit,* NJW 2002, 1151 (1157).

[199] LG Berlin, Urt. v. 28. 5. 2002 – 102 O 48/02 – JurPC Web-Dok. 326/2002.

[200] Zu diesen Anforderungen oben Rn. 853.

[201] LG Düsseldorf, Urt. v. 15. 12. 2010, 12 O 312/10, JurPC Web-Dok. 95/2011.

Die sich aus **§ 5 TMG** ergebenden Informationspflichten **überschneiden** sich teilweise mit den Anforderungen aus der **Art. 246 EGBGB,** wobei auch für ähnliche Zwecke unterschiedliche Begriffe verwendet werden. Dies gilt ganz besonders für die Informationspflicht, die sich aus **§ 5 Abs. 1 Nr. 1 TMG** ergibt. Nach dieser Vorschrift muss der Diensteanbieter Name und Anschrift angeben, unter der er niedergelassen ist; ferner ist bei juristischen Personen der Vertretungsberechtigte anzugeben. Nach **Art. 246 § 1 Abs. 1 Nr. 1 und 3 EGBGB** sind demgegenüber Identität und ladungsfähige Anschrift anzugeben.[202] Zur ladungsfähigen Anschrift gehört bei juristischen Personen auch der Vertretungsberechtigte mit Vor- und Nachnamen,[203] so dass wohl die Angaben nach § 5 S. 1 Nr. 1 TMG jedenfalls auch nach Art. 246 § 1 Abs. 1 Nr. 1 und 3 EGBGB gemacht werden müssen. Ob dies auch umgekehrt gilt, ist offen. Der Adressatenkreis der Normen ist auch teilweise unterschiedlich. Man muss mit dieser Vielfältigkeit teilweise übereinstimmender, teilweise unterschiedlicher Vorschriften leben und sie alle beachten. Der Erleichterung des elektronischen Geschäftsverkehrs dient dieser auf EU-Normen beruhende Wirrwarr nicht.

901   Neben der schon dargestellten Informationen sind nach **§ 5 Abs. 1 TMG** noch folgende **Informationen** leicht erkennbar, unmittelbar erreichbar und ständig verfügbar zu halten: Angaben, die eine schnelle elektronische Kontaktaufnahme und unmittelbare Kommunikation mit dem Diensteanbieter ermöglichen, einschließlich der Adresse der elektronischen Post (§ 5 Abs. 1 Nr. 2 TMG)[204], neben der ein zweiter unmittelbarer und effektiver Kommunikationsweg eröffnet werden muss[205] – beispielsweise durch Angabe von Telefon- oder Telefaxnummer;[206] Angaben zur zuständigen Aufsichtsbehörde, soweit der Teledienst im Rahmen einer Tätigkeit erbracht wird, die der behördlichen Zulassung bedarf (§ 5 Abs. 1 Nr. 3 TMG); Angaben zur Eintragung in das Handelsregister[207], Vereinsregister, Partnerschaftsregister oder Genossenschaftsregister (§ 5 Abs. 1 Nr. 4 TMG) – auch von ausländischen Registern;[208] bei bestimmten Berufen Angaben zur Kammer, in der der Diensteanbieter Mitglied ist, seiner gesetzlichen Berufsbezeichnung und des Staates, in dem die Berufsbezeichnung verliehen worden ist sowie die Bezeichnung der berufsrechtlichen Regelung und dazu, wie diese zugänglich sind (§ 5 Abs. 1 Nr. 5 TMG) sowie der Umsatzsteuer- oder Wirtschaftsidentifikationsnummer, soweit vorhanden (§ 5 Abs. 1 Nr. 6 TMG).[209] Der Zugang zu den berufsrechtlichen Regelungen kann z. B. durch einen Link auf entsprechende Seiten vermittelt werden.

901a   Am besten werden die nach § 5 Abs. 1 TMG erforderlichen **Informationen** auf eine Seite des Internet-Auftritts gestellt, auf die mit einem **Link** schon von der **Eingangsseite** verwiesen wird. Ein Hinweis auf weiteren Seiten ist dann nicht erforderlich.[210] Es reicht ferner auch, wenn sie über zwei Links erreicht werden können, die mit gängigen Bezeichnungen wie „Kontakt" und „Impressum" benannt sind.[211] Auch ein Link unter „mich"

[202] Zu dieser Vorschrift oben Rn. 888; zu den Anforderungen nach § 6 TDG (heute § 5 TMG): LG Berlin, CR 2003, 139; *Schaefer,* DuD 2003, 348 (351).

[203] LG Berlin, Urt. v. 17. 9. 2002, 103 O 102/00, JurPC Web-Dok. 118/2003.

[204] LG Coburg, CR 2007, 59; Details bei Hecht, ITRB 2011, 260 (262).

[205] EuGH, MMR 2009, 25; *Döpkens/Poche,* in: Raue/Hegemann (Hrsg.): Urheber- und Medienrecht, § 30, Rn. 27; *Micklitz/Schirmbacher,* in: Spindler/Schuster, Recht der elektronischen Medien, § 5 TMG, Rn. 43 f.

[206] früher a. A. (Telefon- oder Telefaxnummer zwingend): OLG Köln, NJW-RR 2004, 1570; OLG Oldenburg, NJW-RR 2007; OLG Oldenburg, NJW-RR 2007, 189.

[207] OLG Hamm, Urt. v. 2. 4. 2009, 4 U 213/08, JurPC Web-Dok. 146/2009

[208] LG Frankfurt/M., Urt. v. 23. 8. 2003, 3 – 12 O 151/02 – JurPC Web-Dok. 153/2003.

[209] Zu den Einzelheiten vgl. ferner LG Düsseldorf, CR 2003, 380 = DuD 2003, 447.

[210] A. A. Schaefer, DuD 2003, 348 (352); Schramm, DuD 2004, 472 unter Bezug auf das „two-clicks-away"-Prinzip; *Woitke* NJW 2003, 871; BB 2003, 2469 (2471).

[211] BGH, NJW 2006, 3633 = CR 2006, 850 m. Anm. Zimmerlich = GRUR 2007, 159 = K & R 2006, 460; ähnlich schon Stickelbrock, GRUR 2004, 111; *Föhlisch,* in: Hoeren/Sieber (Hrsg.): Handbuch

reicht aus.[212] Möglich ist auch die Angabe unmittelbar auf der Eingangsseite.[213] Ungewöhnlich bezeichnete und nur durch Scrollen erreichbare Links reichen nach Teilen der Rechtsprechung nicht.[214] Dieser Rechtsauffassung ist zu folgen, soweit sie sich auf das Scrollen über mehrere Bildschirmseiten bezieht.[215] Anders dürfte es bei einem Scrollen über wenige Zeilen sein, das bei unterschiedlichen Bildschirmdarstellungen der gleichen HTML-Seite praktisch unvermeidlich ist. Generelle Aussagen lassen sich nur schwer treffen. Auch Angaben in den allgemeinen Geschäftsbedingungen reichen in der Regel nicht.[216] Darüber hinaus muss für die Information eine Gestaltungsform gewählt werden, die übliche Browser auch bei sinnvollen Sicherheitseinstellungen für unbekannte Internetseiten mit überall erreichbaren Übertragungsgeschwindigkeiten in angemessener Zeit darstellen können. Es empfiehlt sich daher, z. B. auf grafische Darstellungen zu verzichten.[217]

Probleme entstehen, wenn die **Informationspflichten** nach § 5 Abs. 1 TMG in einem Auftritt bei bestimmten **sozialen Medien** wie z. B. Twitter erfüllt werden müssen. Oft fehlt hier schon nach den Vorgaben der Plattform der Raum, um den gesetzlichen Anforderungen zu genügen. Ein Link auf den Webauftritt des Anbieters ist aber möglich und reicht nach h. M. auch aus.[218]

Weitere Informationspflichten bestehen nach § 6 TMG dann, wenn es um **kommerzielle Kommunikation** geht. Was dies ist, ist in § 2 Nr. 5 TMG definiert. Letztendlich liegt bei der üblichen kommerziellen Nutzung des Internet dieser Fall immer vor. § 6 Abs. 1 Nr. 1 TMG verlangten, dass kommerzielle Kommunikationsanbieter als solche klar zu erkennen sind. Nach § 6 Abs. 1 Nr. 2 TMG muss derjenige, in dessen Auftrag kommuniziert wird, klar identifiziert werden. § 6 Abs. 1 Nr. 3 und 4 TMG verlangen vor allen Dingen Klarheit, nämlich über evtl. konkrete Werbemaßnahmen und ihre Bedingungen wie z. B. Preisnachlässen oder Gewinnspielen. § 6 TMG bringt damit insgesamt das Verlangen zum Ausdruck, dem Kunden gegenüber **Klarheit** zu schaffen – ein durchaus berechtigtes Anliegen.

Verstöße gegen die Informationspflichten des § 5 Abs. 1 TMG sind bußgeldbewehrt (§ 16 Abs. 2 TMG). Aller **Verstöße** sind im Übrigen **wettbewerbswidrig**, so dass sie durch Unterlassungsansprüche nach § 1 UWG sanktioniert sind. Allerdings können einzelne Verstöße wegen der Bagatellklausel des § 3 UWG keine wettbewerbsrechtlichen Folgen haben. Der Anwendungsbereich der Bagatellklausel ist freilich umstritten.[219] Au-

902

903

Multimediarecht, Abschn. 13.4, Rn. 73 ff.; ausführlich Hecht, ITRB 2011, 260; **a. A.** *Micklitz/Schirmbacher*, in: Spindler/Schuster, Recht der elektronischen Medien, § 312 c BGB, Rn. 58; OLG München, DuD 2004, 495 = NJW-RR 2004, 913; LG Essen, Urt. v. 4. 6. 2003, 40 O 18/03, JurPC Web-Dok. 312/2003; OLG Frankfurt a. M., NJW-RR 2007, 482; *Schaefer*, DuD 2003, 348 („Kontakt" reicht nicht); *Woitke*, NJW 2003, 871; BB 2003, 2469 (2473) (weder „Kontakt" noch „Impressum" reicht aus); vgl. auch *Schramm*, DuD 2004, 472.

[212] KG, Beschl. v. 11. 5. 2007, 5 W 116/07, JurPC Web-Dok. 91/2007.

[213] LG München I, NJW-RR 2011, 195.

[214] OLG Hamburg, NJW-RR 2003, 985 = DuD 2004, 496; kritisch *Funk*, in: Taeger/Wiebe (Hrsg.): Mobilität.Telematik.Recht, S. 145 (159); OLG München, NJW-RR 2004, 1345; zustimmend *Woitke*, NJW 2003, 871.

[215] **A. A.** *Micklitz/Schirmbacher*, in: Spindler/Schuster, Recht der elektronischen Medien, § 5 TMG, Rn. 18.

[216] LG Berlin, Urt. v. 17. 9. 2002, 103 O 102/00, JurPC Web-Dok. 118/2003.

[217] *Woitke*, NJW 2003, 871.

[218] *Auer-Reinsdorff*, ITRB 2011, 81 (84); *Lapp*, ITRB 2010, 213 (214).

[219] Vgl. LG München I, NJW-RR 2011, 195 einerseits; OLG Hamm,. MMR 2009, 552 andererseits; aus der etwas älteren Rechtsprechung teilweise zu älteren Gesetzesfassungen: LG Berlin, CR 2003, 139; LG Düsseldorf, Urt. v. 29. 1. 2003 – 340 188/02, JurPC Web-Dok. 102/2003; OLG Oldenburg, NJW-RR 2007, 189; *Graf*, ITRB 2007, 45; für § 1 BGBInfoV ebenso KG, Beschl. v. 13. 2. 2007 – 5 W 34/07 – JurPC Web-Dok. 41/2007; OLG Frankfurt a. M., NJW-RR 2007, 482; **a. A.** LG Hamburg, NJW-RR 2001, 1075 zu ersten Fassung des § 6 TDG ; äußerst streitig: vgl. *Stickelbrock*, GRUR 2004,

ßerdem kommt ein Vorgehen nach dem Unterlassungsklagegesetz in Betracht (§ 2 Abs. 1 Nr. 2 UKlaG).[220] Unmittelbare Auswirkungen auf die Wirksamkeit oder den Inhalt von Verträgen haben Verstöße nicht. Indirekte Einflüsse sind aber denkbar. So kann die Unklarheit über einen Vertragspartner z. B. zu Lasten des Diensteanbieters gehen.

f) Informationspflichten nach dem TKG

904   Weitere Informationspflichten ergeben sich aus dem **TKG**. So muss der Anbieter von **Telekommunikationsdienstleistungen für die Öffentlichkeit** seinem Kunden gemäß § 43 a TKG u. a. folgende Informationen zur Verfügung stellen: seinen Namen und seine ladungsfähige Anschrift, bei juristischen Personen auch deren Rechtsform, Sitz und zuständiges Registergericht; die Art und die wichtigsten technischen Leistungsdaten der angebotenen Telekommunikationsdienste; die angebotenen Wartungs- und Entstörungsdienste und Einzelheiten zu seinen Preisen, die Fundstelle für ein Preisverzeichnis, die Vertragslaufzeit und die praktisch erforderlichen Schritte zur Einleitung eines außergerichtlichen Streitbeilegungsverfahrens. Diese Pflicht gilt z. B. auch für Access-Provider.[221] Zu den Leistungsdaten gehören z. B. Übertragungsraten, Verfügbarkeit und Funktionalitäten wie z. B. Anklopfen, Rückruf oder Rufumleitung.[222]

904a   Für **Mehrwertdienste** kommen weitere umfangreiche Preisinformationspflichten hinzu, die dem Kunden gegenüber immer vor Inanspruchnahme des Dienstes zu erfüllen sind (§§ 45 l, 66 a–66 c TKG). Diese Vorschriften werfen gerade im Kontext zunehmender Konvergenz von Technik und Inhalt, von Datenverarbeitung und Telekommunikation zusätzliche Probleme auf. Zunächst ist ihr Verhältnis zu den Informationspflichten insbesondere nach §§ 312 c ff. BGB zu klären. Angesichts ihres engen Anwendungsbereiches und ihrer Spezialität wird man hier davon ausgehen können, dass die Regelungen der §§ 66 a – c TKG den Regelungen des Fernabsatzrechts im Hinblick auf die Preisinformationen ebenso vorgehen wie denen der PreisAngV.[223] Für weitergehende Informationspflichten gilt dies jedoch nicht.

904b   Die **Informationspflichten der §§ 66 a – c TKG** bestehen freilich nur für spezielle Dienste. Die Informationspflicht des § 66 a TKG betrifft Premium-Dienste (§ 3 Nr. 17 a TKG), Auskunftsdienste (§ 3 Nr. 2 a TKG), Massenverkehrs-Dienste (§ 3 Nr. 11 d TKG), Service-Dienste, neuartige Dienste (§ 3 Nr. 12 a TKG) und Kurzwahldienste (§ 3 Nr. 11 b TKG). Diesen Diensten sind in der Praxis weitgehend spezielle Nummerngassen zugeordnet, so z. B. Premium-Diensten die Nummerngasse 0900.[224] Dies ist jedoch nicht zwingend so. Die Definitionen im TKG greifen nur teilweise und dann nur in Form von Regelbeispielen (§ 3 Nr. 17 a TKG – Premium-Dienst) auf die Nummerngassen zurück. Im Übrigen definieren sie die Begriffe unabhängig von Nummerngassen, gelten also auch, wenn die jeweils definierten Dienste andere Nummern verwenden. Dieses Problem wird besonders deutlich bei den **Kurzwahl-Datendiensten**, für die neben § 66 a TKG auch § 66 c TKG gilt. Praktisch sind dabei vor allem Premium-SMS-Dienste gemeint.[225] Definiert sind sie aber als Kurzwahldienste, die der Übermittlung nichtsprachgestützter Inhalte mittels Telekommunikation dienen, die Merkmale eines Premium-Dienstes haben

---

111; *Micklitz/Schirmbacher*, in: Spindler/Schuster, Recht der elektronischen Medien, § 5 TMG, Rn. 71 f.; *Schützle*, CR 2009, 443.

[220] *Micklitz/Schirmbacher*, in: Spindler/Schuster, Recht der elektronischen Medien, § 5 TMG, Rn. 70.

[221] *Ditscheid/Rudloff*, in: Spindler/Schuster, Recht der elektronischen Medien, § 43 a TKG, Rn. 5.

[222] *Ditscheid/Rudloff*, in: Spindler/Schuster, Recht der elektronischen Medien, § 43 a TKG, Rn. 19.

[223] *Ditscheid/Rudloff*, in: Spindler/Schuster, Recht der elektronischen Medien, § 66 a TKG, Rn. 12; § 66 b, Rn. 15.

[224] *Ditscheid/Rudloff*, in: Spindler/Schuster, Recht der elektronischen Medien, § 66 a TKG, Rn. 2.

[225] *Ditscheid/Rudloff*, in: Spindler/Schuster, Recht der elektronischen Medien, § 66 c TKG, Rn. 1.

und spezielle Nummernarten mit kurzen Nummern nutzen. Merkmal eines Premium-Dienstes ist die Tatsache, dass über die Telekommunikationsleistung hinaus weitergehende Leistungen erbracht werden, die gemeinsam mit der Telekommunikationsleistung abgerechnet werden. Diese Leistungsmerkmale können heute technisch nicht mehr nur durch sms, sondern auch über Zusatzprogramme (app´s) erbracht werden. Auch für solche Leistungen gilt dann § 66 c TKG, der eine Preisanzeige vor Inanspruchnahme des Dienstes verlangt. Dass bei sms notwendige **Handshake-Verfahren** ist für diese Dienste technisch nicht erforderlich, wird aber von § 66 c TKG auch nicht verlangt.[226] Die Preisinformation kann auch auf andere Weise erfolgen. Die Angaben nach § 66 a TKG müssen auch für diese Dienste erbracht werden. § 66 b TKG verlangt Preisangaben bei kostenpflichtigen sprachgestützten Premium-Diensten, und zwar vor Beginn der Kostenpflicht. Auch diese Vorschrift gilt zwar primär im Bereich der besonderen Nummerngassen, gilt aber auch dann, wenn eine andere technische Lösung gewählt wird.

Vor dem Abschluss eines Dauerschuldverhältnisses über **Kurzwahldienste** muss der   904c
Anbieter über Preis je eingehender Kurzwahlnachricht, Abrechnungszeitraum, Höchstzahl der eingehenden Kurzwahlnachrichten im Abrechnungszeitraum (soweit möglich), das jederzeitige Kündigungsrecht und die notwendigen praktischen Schritte für eine Kündigung unterrichten (§ 45 l Abs. 3 S. 1 u. 2 TKG).[227] Ohne eine solche Information entsteht kein Dauerschuldverhältnis (§ 45 l Abs. 3 S. 3 TKG)[228] – eine praktische Konsequenz, die bei der Verletzung anderer Informationspflichten nicht gezogen wird.

7. Beweisfragen

Im Hinblick auf sämtliche telekommunikativ übermittelten Erklärungen stellen sich   905
zusätzlich zu den hier gestellten grundsätzlichen rechtlichen Problemen prozessual vor allem Probleme dahingehend, dass die Abgabe, der Empfang und der Inhalt der jeweils elektronisch übermittelten Erklärungen **bewiesen werden muss**.[229] Dies ist bei Erklärungen, die ohne zusätzliche Sicherungsmechanismen übermittelt werden, in aller Regel sehr schwierig, möglicherweise auch unmöglich. Schon bei telefonisch übermittelten Erklärungen lässt sich ein sicherer Beweis darüber, dass sie überhaupt abgegeben wurden, nur in wenigen Fällen führen. Ein solcher Beweis ist insbesondere dann möglich, wenn zufällig ein Zeuge zur Verfügung steht, der den jeweils anderen Telefonpartner anhand seiner Stimme sicher identifizieren kann. Ein solcher Zeuge wird aber oft fehlen.

Bei **unsigniert eingegangenen e-mails** lässt sich meist allenfalls **mit erheblichem**   906
Aufwand, wenn überhaupt **nachweisen,** dass sie überhaupt vom angeblichen **Absender** stammen.[230] In besonderen Konstellationen ist das freilich möglich, allerdings nur unter Analyse der Originaldateien oder der sog. „Envelopes", nicht lediglich anhand der Ausdrucke.[231] Jedenfalls lässt sich der Text oft vom Empfänger leicht verändern. Solche e-mails und ihre Ausdrucke beweisen daher – außer in den erwähnten Sonderfällen – nichts.[232] Ob sich dies durch den Einsatz von DE-Mail für solche Mails ändert[233], muss man abwarten.

---

[226] *Ditscheid/Rudloff,* in: Spindler/Schuster, Recht der elektronischen Medien, § 66 c TKG, Rn. 3.

[227] Näher *Kühling/Elbracht,* in: Leupold/Glossner (hrsg.): IT-Recht, Teil 6, Rn. 212 f.

[228] *Zagouras,* NJW 2007, 1914 (1915).

[229] Umfassend rechtsvergleichend untersucht von *Britz,* Urkundenbeweisrecht und Elektroniktechnologie, 1996. Vgl. auch *Roßnagel/Pfitzmann,* NJW 2003, 1209 ff.

[230] Ernst, MMR 2003, 1091.

[231] Einzelheiten bei *Schmidt/Pruß/Kast,* CR 2008, 267.

[232] OLG Köln, CR 2003, 55 = OLG Report Köln 2002, 396; AG Bonn, CR 2002, 301 = NJW-RR 2002, 1303; AG Erfurt, CR 2002, 767 m. Anm. *Winter; Dästner,* NJW 2002, 3469; Ernst, MMR 2003, 1091 (1092); falsch: AG Hannover, WM 2000, 412; *Mankowski,* NJW 2002, 2822; CR 2003, 44.

[233] Dazu *Roßnagel,* NJW 2011, 1473.

Auch der Einsatz von **Passworten** führt nach Meinung verschiedener Instanzgerichte **nicht** zu einem **sicheren Beweis** dafür, dass die entsprechende Mitteilung vom angeblichen Absender stammt.[234] Ob man bei der Verwendung von Passworten in einem geschlossenen System evtl. doch einen Anscheinsbeweis[235] oder zumindest eine tatsächliche Vermutung annehmen kann, bedarf noch der Diskussion. Dabei dürfte es auch auf die Sicherheit des jeweils verwendeten Systems ankommen. Insbesondere Gefahr des Vortäuschens der Identität (sog. Spoofing)[236] oder auch illegaler Aktionen von Mitarbeitern des Passwortverwalters müssen bewertet werden. Da aber bei entsprechenden Anstrengungen im Gesamtsystem des Internet sehr wohl noch weitere Beweismöglichkeiten außer dem Ausdruck von e-mails oder dem Speicherinhalt des Empfängers zur Verfügung stehen, dürfen die Voraussetzungen für solche zu Lasten des angeblichen Absenders gehenden, von der gesetzlichen Beweislage abweichenden Annahmen keinesfalls zu niedrig angesetzt werden.[237] Außerhalb der geschilderten geschlossenen Passwortsysteme scheiden Beweiserleichterungen jedenfalls aus, die es ja auch im Hinblick auf den Beweis der Echtheit traditioneller Privaturkunden nicht gibt (§ 440 Abs. 1 ZPO).[238]

907   Im Hinblick auf elektronisch übermittelte Erklärungen gibt es mittlerweile die Anforderungen des **Signaturgesetzes**, die in der Signaturverordnung konkretisiert sind, die gerade sicherstellen sollen, dass eine sichere Identifizierung des Erklärenden und darüber hinaus mit Sicherheit bewiesen werden kann, dass auch der übermittelte Text von dem Identifizierten stammt.[239] Auf diese Vorschriften wurde schon oben näher eingegangen.[240] Bei Verwendung einer **qualifizierten elektronischen Signatur** gibt es nach § 371 Abs. 1 S. 2 a ZPO eine tatsächliche Vermutung ihrer Echtheit. Dass es sich bei der jeweils verwendeten elektronischen Signatur tatsächlich um eine qualifizierte Signatur handelt, muss freilich bewiesen werden. Ein solcher Beweis kann von dem, der sich auf die Signatur beruft, vor allem dann erbracht werden, wenn die qualifizierte elektronische Signatur von einem akkreditierten Anbieter stammt (vgl. § 15 Abs. 1 S. 4 SigG).[241] Ist dies nicht der Fall und bestreitet der Gegner die Tatsache, dass die elektronische Signatur eine qualifizierte elektronische Signatur ist, wird der Beweis schwierig.[242]

908   Alle geplanten und in kleinen Teilbereichen verwendeten Systeme beruhen auf der sogenannten **asymmetrischen Verschlüsselung**,[243] auf die sich auch das Signaturgesetz

---

[234] BGH, Urt. v. 11. 5. 2011, VIII ZR 289/09; LG Konstanz, CR 2002, 609; OLG Köln, CR 2003, 55 = OLG Report Köln 2002, 396; CR 2006, 489; OLG Hamm, NJW 2007, 611; *Spindler/Anton,,* in: Spindler/Schuster, Recht der elektronischen Medien, § 126 a BGB, , Rn. 16.

[235] So *Winter,* CR 2002, 767 (769); *Härting/Golz,* CR 2005, 137.

[236] Dazu *Schwarze/Schwarz,* Electronic Commerce, S. 116 f.

[237] Vgl. auch Ernst, MMR 2003, 1091 (1093 f.); *Geis,* in: Hoeren/Sieber (Hrsg.): Handbuch Multimediarecht, Abschn. 13.2, Rn. 7 ff.

[238] Diese Vorschrift übersieht *Mankowski,* NJW 2002, 2822 (2824 f.).

[239] Dazu *Geis,* NJW 1997, 3000 (3001) und in: Hoeren/Sieber (Hrsg.), Handbuch Multimediarecht, Abschn. 13.2, Rn. 20 ff.; *Fischer,* NVwZ 1999, 1284; ausführlich *Brisch/Brisch,* in: Hoeren/Sieber (Hrsg.), Handbuch Multimediarecht, Abschn. 13.3; Fox, DuD 1999, 508; *Altenstein,* in: Hoeren/Schüngel (Hrsg.), Rechtsfragen der digitalen Signatur, S. 1.

[240] Rn. 845 ff.

[241] Wie hier *Reese:* Vertrauenshaftung und Risikoverteilung bei qualifizierten elektronischen Signaturen, S. 37 f.; *Menke,* Elektronische Signatur, S. 164; vgl. dazu *Roßnagel,* NJW 2001, 1817 (1822); zur Akkreditierung oben Rn. 848; vgl. zur früheren (inhaltlich gleichen) Vorschrift des § 292 a ZPO: Jungermann, DuD 2003, 69.

[242] *Lapp,* ITRB 2001, 70 (72); *Ranke/Fritsch/Rossnagel,* DuD 2003, 95 (96); *Rossnagel/Fischer-Dieskau,* NJW 2006, 806.

[243] Technische Systeme sind dargestellt bei *Hammer,* DuD 1993, 636; *Kumbruck,* DuD 1994, 20; *Pordesch/Roßnagel,* DuD 1994, 82; *Eisele,* DuD 1995, 401; *Fumy,* DuD 1995, 607; *Grimm,* DuD 1996, 27; *Raßmann,* CR 1998, 36; kurze Übersicht bei *Fringuelli/Wallhäuser,* CR 1999, 93 (99 f.); *Kühn,* in: Hoeren/Schüngel, Rechtsfragen der digitalen Signatur, S. 65; eine Bewertung des gängigen RSA-Ver-

gelegentlich bezieht (z. B. in § 2 Nr. 4 u. 5 SigG). Sie dienen – wie erwähnt – gleichzeitig der Sicherung der Identifizierung des Absenders und des Inhalts der Erklärung. Im Grundsatz beruhen die Verfahren darauf, dass es zwei Schlüssel gibt, die jeweils einer konkreten Person zugeordnet werden. Ein Schlüssel ist geheim und nur dieser Person bekannt, der sogenannte „geheime Schlüssel". Der zweite, sogenannte „offene Schlüssel", ist allgemein zugänglich. Verschlüsselt nun die jeweilige Person eine Erklärung mit ihrem Geheimschlüssel und übermittelt sie an Dritte, so kann diese von dem Dritten mit dem offenen Schlüssel dieser Person entschlüsselt und gelesen werden. Wird sie in verschlüsselter Form weiter aufbewahrt, so kann man sicher sein, dass die Erklärung jedenfalls mit dem geheimen Schlüssel dieser Person abgegeben worden ist. Eine Manipulation an der verschlüsselten Erklärung ist praktisch nicht möglich.

Die **Sicherheit dieses Verfahrens** beruht im Wesentlichen darauf, dass es nicht möglich **909** ist, mit Hilfe des offenen Schlüssel oder auf anderem Wege den geheimen Schlüssel **zu entschlüsseln**. Die Sicherheit beruht daher in sehr großem Umfang auf der Länge der jeweils verwendeten Schlüssel.[244] Ferner muss das Gesamtsystem des Anbieters organisatorisch und technisch gegen ein Ausspionieren der Schlüssel oder illegale Aktionen von Mitarbeitern geschützt werden. Auch z. B. der Rückruf fehlerhaft ausgestellter oder ungültig gewordener Zertifikate muss zuverlässig organisiert werden.[245] Ferner darf auch die Signaturprüfung keine Lücken für den Angreifer lassen.[246] Hinzu kommt, dass Verfahren, die früher sicher waren, bei fortschreitender EDV-Technologie unsicher werden können. Wie schon erwähnt, dürfte ein von einem akkreditierten Signaturanbieter ausgegebener Schlüssel nach derzeitigem Erkenntnisstand sicher sein.[247] Dies kann sich im Lauf der Zeit ändern.[248] Neben den hier beschriebenen Schlüsseln gehört zu diesem Verfahren auch noch immer die Verwendung der PIN, weil derjenige, der dieses Verfahren einsetzt, beim Einsatz dieser Verfahren von der Verschlüsselungsanlage ja identifiziert werden muss. Dies geschieht noch mit der PIN, soll in Zukunft aber mit Hilfe sogenannter biometrischer Verfahren geschehen.

Mit Hilfe der eben genannten Verfahren ist auch die **Abspeicherung** in elektronischen **910** Datenverarbeitungsanlagen zu einem **relativ sicheren Beweismittel** geworden. Ohne solche Sicherungsmittel ist der Beweiswert der abgespeicherten Erklärungen praktisch gleich Null, weil der Betreiber der Anlage jederzeit die Möglichkeit hat, an den bei ihm gespeicherten Texten Veränderungen vorzunehmen, ohne dass dies hinterher kontrolliert werden kann. Mit den Sicherungen ist eine solche Möglichkeit praktisch auf ganz seltene Fälle reduziert. Man wird allerdings immer dann, wenn ein solches Verfahren ins Spiel gebracht wird, die Sicherheit des Gesamtverfahrens gegen Manipulation ggf. durch ein Sachverständigengutachten zu klären haben. Dieses ist bei Verfahren, die dem Signaturgesetz genügen und bei denen der Anbieter entsprechend akkreditiert ist, nicht erforderlich. Das Gleiche gilt dann, wenn sich ein anderes Verfahren anderweitig hinreichend bewährt hat. Letztendlich unterliegen die Anforderungen der freien Beweiswürdigung des Gerichts.

Nach der Regelung des § 371 a Abs. 1 S. 1 ZPO finden auf Privatdokumente, die **911** qualifiziert elektronisch signiert sind, die Regeln des Urkundsbeweis analog Anwendung.

---

fahrens findet sich bei *Bourseau/Fox/Thiel,* DuD 2002, 84; zu anderen Verfahren: *Benzler,* DuD 1996, 723; eine Sicherheitsanalyse unter Einbeziehung von exemplarischen Einsatzbedingungen findet sich bei *Pordesch,* DuD 1993, 561; eine neue Übersicht bei *Fox,* DuD 2001, 452.

[244] Dazu Weis/Lucks/Bogk, DuD 2003, 360.

[245] Zum Ganzen ausgiebig *Gassen,* Digitale Signaturen; vgl. auch *Mack,* DuD 2001, 464.

[246] Dazu *Kühn,* DuD 2006, 763.

[247] Verfahren dieser Art sind z. B. im Projekt TeleTrusT, aber auch an anderen Stellen entwickelt worden; vgl. dazu z. B. *Rihaczek,* DuD 1983, 116; DuD 1985, 213; *Pütter,* DuD 1987, 67 (72 f.); vgl. dazu auch *v.Sponeck,* CR 1991, 269 ff.; *Peuckerd,* DuD 1991, 393; *Hammer/Bizer,* DuD 1993, 689; *Hammer* DuD 1996, 147.

[248] Vgl. dazu aus technischer Sicht *Weiß/Lucks/Geyer,* DuD 2000, 150.

Solche Dokumente beweisen damit die Echtheit der signierten Erklärung – nicht jedoch deren inhaltliche Richtigkeit.[249]

912   Ferner enthält § 371 a Abs. 1 S. 2 ZPO die **tatsächliche Vermutung** für die Richtigkeit einer qualifiziert elektronisch signierten Erklärung.

913   Die **tatsächliche Vermutung des § 371 a Abs. 1 S. 2 ZPO** kann der Signaturinhaber dadurch entkräften, dass er hinreichende Anhaltspunkte dafür vorträgt und ggf. beweist, dass die signierte Erklärung nicht in seinem Namen abgegeben worden ist (§ 371 a Abs. 1 S. 2. Hlbs. ZPO). Er muss nicht etwa einen vollen Gegenbeweis führen. Es reicht, dass er lediglich tatsächlich Anhaltspunkte dafür vorträgt, dass die Vermutung im konkreten Einzelfall unberechtigt ist.[250]

914   Hat er diese Gesichtspunkte vorgetragen und bewiesen, bleibt noch zu entscheiden, ob ihm nicht aufgrund von **Rechtsschein** auch ein Handeln dritter Personen zurechenbar ist oder er etwa wegen der Verletzung vertraglicher Verpflichtungen **schadensersatzverpflichtet** ist[251]. Dies ist aber keine Frage des Beweises. Praktisch dürfte schon die Beibringung von hinreichenden tatsächlichen Gesichtspunkten zur Erschütterung der tatsächlichen Vermutung des § 371 a Abs. 1 S. 2 ZPO schwierig sein, wenn denn das Vorliegen einer qualifizierten elektronischen Signatur unstreitig oder bewiesen ist. In aller Regel sind diese nur so vorzutragen, dass sich eine Haftung nach Rechtscheinsgrundsätzen oder ein Schadensersatzanspruch ergibt, weil entweder hier der geheime Schlüssel oder die Karte weitergegeben wurden oder möglicherweise sonstige Vertragspflichten verletzt worden sind.[252]

915   Gibt es Anhaltspunkte für einen **Diebstahl**, dürfte dies eine Erschütterung des Anscheinsbeweises nach § 371 a Abs. 1 S. 2 ZPO darstellen[253] und zwar möglicherweise auch dann, wenn Signaturkarte und PIN nicht hinreichend getrennt aufbewahrt wurden. Die bloße falsche Aufbewahrung solcher technischen Gerätschaften dürfte keinen Rechtsschein setzen können; die in geschlossenen, durch Verträge gesteuerten Systemen übliche Argumentation über einen Pflichtenverstoß greift bei beliebigen Partnern in offenen Kommunikationssystemen nicht ein, weil es Vertragspflichten gegenüber jedermann nicht gibt.[254] Man könnte allenfalls über eine Rechtsscheinhaftung aufgrund der Verletzung einer Verkehrssicherungspflicht nachdenken, die aber so generell nicht angenommen werden kann.

916   Ein letztes Problem sei an dieser Stelle noch erwähnt. Sollte ein wie oben skizziert sicheres System vorliegen, das eine **Abspeicherung identifizierbarer Willenserklärungen z. B. mit Hilfe qualifizierter elektronischer Signaturen** vorsieht, so ist es zunächst so, dass die Tatsache, dass eine Willenserklärung von einer Person abgegeben worden ist, jeweils nur vom Erklärungsempfänger nachgewiesen werden kann, weil nur dieser die entsprechend verschlüsselte Erklärung abgespeichert hat. Sollte es zu einem Streit kommen, in dem zugunsten des jeweils Erklärenden der Inhalt von dessen Erklärung nachgewiesen werden muss, so kann er diesen Nachweis selbst möglicherweise gar nicht erbringen. Je nach Systemkonstruktion liegt es aber nahe, dass eine entsprechende Abspeicherung bei seinem Vertragspartner vorliegt. In diesem Falle kann das Gericht nach § 144 Abs. 1 S. 2 ZPO die **Vorlage des elektronischen Dokuments** anordnen, wenn eine solche Vorlage etwa durch Vorlage eines Speichermediums möglich ist. Eine solche Anordnung

---

[249] *Baumbach/Lauterbach/Hartmann*, 371 a Rn. 4; *Schmieszek*, in: *Scherf/Schmieszek/Viefhues*, Elektronischer Rechtsverkehr, § 371 a, Rn. 9.

[250] *Menke*, Elektronische Signatur, S. 166.

[251] Dazu oben Rn. 872 ff.

[252] Vgl. die ausführlichen Hinweise zur Rechtsprechung bei elektronischen Zahlungssystemen unten Rn. 1029 ff.; deswegen irrelevant die Kritik von *Dästner*, NJW 2001, 3469 an § 292 a (heute § 371 a Abs. 1 S. 2) ZPO.

[253] *Menke*, Elektronische Signatur, S. 167; **a. A.** (aber unklar) *Hähnchen*, NJW 2001, 2831 (2833).

[254] *Menke*, Elektronische Signatur, S. 168; vgl. auch oben Rn. 880 f.

kann nach § 371 Abs. 2 S. 1 ZPO auch vom Beweisführer beantragt werden. Vereitelt eine Partei eine ihr zumutbare Inaugenscheinnahme, weil sie einer solchen Anordnung nicht nachkommt, oder auch auf andere Weise, können die Behauptungen des Gegners über die Beschaffenheit der Sache als bewiesen angesehen werden. Dies muss freilich nicht geschlossen werden. Was geschieht, wird der freien Beweiswürdigung des Gerichts überlassen werden. Dies wird insbesondere zu berücksichtigen haben, wie die Beweislage ohne den Augenschein ist, und welche Interessen der Betroffene für seine Weigerung, den Augenschein zu ermöglichen, dargetan hat.

Allerdings muss in diesen Fällen seitens des **Beweisführers der Nachweis** erbracht **917** werden, dass seine Erklärung der Gegenseite überhaupt **zugegangen ist.**[255] Ein solcher Nachweis ist in vielen Fällen schwer zu führen. Die Rechtsprechung hat bekanntlich im Falle der Übermittlung durch einfachen Brief keine tatsächliche Vermutung des Inhalts anerkannt, dass ein abgesandter Brief auch zugegangen ist. Das gleich gilt für die Telefaxübermittlung selbst dann, wenn eine Quittung vorgelegt wird, aus der sich ergibt, dass das Sendegerät keinerlei Störungen bei der Übermittlung gemerkt hat und die deswegen einen „o. K.-Vermerk" enthält.[256]

Ähnliches dürfte auch im Falle elektronischer Übermittlungen gelten, selbst wenn man in diesen Fällen ein Protokoll des Übermittlungsvorgangs vorlegen kann. Auch in diesen Fällen hängt allerdings viel von der technischen Ausgestaltung und der Störanfälligkeit des jeweiligen Systems ab. Im **e-mail Betrieb** kann z. B. eine **Eingangsbestätigung** verlangt werden.[257]

Besondere Schwierigkeiten ergeben sich auch bei der **Einbeziehung von allgemeinen** **918** **Geschäftsbedingungen.** Hier muss der Verwender beweisen, dass zum Zeitpunkt der Bestellung der Hinweis auf die allgemeinen Geschäftsbedingungen an der richtigen Stelle auf seinem Internetauftritt enthalten und dort ein Link zu einer Fassung der allgemeinen Geschäftsbedingungen vorhanden war, die auch die von ihm herangezogenen Klauseln enthielten. Werden die allgemeinen Geschäftsbedingungen im konkreten Fall elektronisch übermittelt, muss nachgewiesen werden, dass sie mit dem vorgetragenen Inhalt beim Vertragspartner eingegangen sind.[258]

Zuletzt sei darauf hingewiesen, dass **Beweisvereinbarungen,** nach denen zwischen den **919** Parteien vereinbart wird, dass bei bestimmten Dingen der Beweis als erbracht gilt, im Hinblick auf die Beweisführung nach ZPO **unwirksam sind.** Die Zuordnung eines Beweisgegenstandes zu den Beweismitteln der ZPO steht nicht zur Disposition der Vertragsparteien.[259] Allerdings könnte es sein, dass bei Einhaltung der entsprechenden Vereinbarungen ein Berufen darauf, dass etwa eine Erklärung nicht zugegangen ist oder einen bestimmten Inhalt nicht habe, vertraglich ausgeschlossen sein kann.[260] **Möglicherweise bindet sie auch ein Schiedsgericht.**[261] In allgemeinen Geschäftsbedingungen dürfte freilich auch die Klausel, nach der ein Bestreiten elektronischer Dokumente unzulässig ist, jedenfalls im Verbraucherbereich nicht wirksam vereinbart werden können (§ 309 Nr. 12 BGB). Im geschäftlichen Bereich können solche Klauseln allerdings zulässig sein.

---

[255] AG Karlsruhe-Durlach, Urt. v. 2. 5. 2001 – 1 C 355/01 – JurPC Web-Dok. 63/2002.

[256] BayObLG NJW 1994, 3172; OLG München, NJW 1993, 2447; OLG Dresden, NJW-RR 1994, 1485; AG Düsseldorf, NJW-RR 1999, 1510; *Schneider,* Handbuch des EDV-Rechts, Rn. B 332; **a. A.** OLG München, NJW 1994, 527; differenzierend OLG Rostock, NJW 1996, 1831 für einen speziellen Einzelfall.

[257] *Spindler/Anton,,* in: Spindler/Schuster, Recht der elektronischen Medien, § 130, Rn. 25.

[258] Vgl. dazu OLG Hamburg, Urt. v. 13. 6. 2002 – 3 U 168/00 – JurPC Web-Dok. 288/2002.

[259] *Kilian,* DuD 1993, 606 (609); *Geis,* NJW 1997, 3000 (3001); *Rott,* NJW-CoR 1998, 420 (424); *Waltl,* in: Loewenheim/Roth (Hrsg.), Praxis des Online-Rechts, S. 179 (195).

[260] Ähnlich auch *Rott,* NJW-CoR 1998, 420 424.

[261] So jedenfalls *Geis,* NJW 1997, 3000 (3001).

8. Internet-Kostenfallen

920   In der alltäglichen Anwaltspraxis und wie in der politischen Diskussion haben sogenannte **Internet-Kostenfallen** eine große Rolle gespielt.

Nach Registrierung für einen scheinbar kostenlosen Dienst erhält der Kunde eine
Rechnung, die anschließend mit **zahlreichen Mahnungen** – auch unter Inanspruchnahme
von Anwaltsbriefköpfen – verbunden ist. Diese Mahnungen erscheinen in aller Regel
zunächst elektronisch. Nur in manchen Fällen erfolgen dann auch Papiermahnungen. Wer
nichts tut, riskiert in aller Regel wenig. Selten werden solche Forderungen eingeklagt. Die
Anbieter leben davon, dass ein nicht unerheblicher Anteil der Angeschriebenen die Rechnung wegen der in aller Regel geringfügigen Beträge (zwischen 80,00 € und 120,00 €)
bezahlt.

921   Juristisch lassen sich die auftretenden Fragen in aller Regel mit den **Grundregeln des
Zivilrechts** lösen. Auch Internetabonnements bedürfen zum Eingehen zweier übereinstimmender Willenserklärungen. Daran fehlt es beim Kunden schon deswegen, weil für
diesen nicht ersichtlich ist, dass er hier einen entgeltpflichtigen Dienst abonniert. Angesichts der Tatsache, dass eine ganze Reihe von Dienstleistungen im Internet für den Nutzer
kostenfrei sind, dennoch aber aus anderen Gründen eine Anmeldung erfordern, ist die
bloße Registrierung mit Namen kein Anlass, anzunehmen, dass hier Kostenpflichten
entstehen. Von daher **fehlt** es schon an einem **Vertragsabschluss.**[262]

922   Darüber hinaus sind in aller Regel **keine ordnungsgemäßen Widerrufsbelehrungen**
erfolgt, so dass auch Widerrufsmöglichkeiten bestehen. Zuletzt dürften Anfechtungstat-
bestände eingreifen[263]. Demgemäß gibt es auch sehr wenige Urteile, die einer Klage solcher
Abofallen-Anbieter stattgeben. Die wenigen bekannt gewordenen Urteile lehnen solche
Forderungen in aller Regel ab.[264] Darüber hinaus handeln die Anbieter selbstverständlich
wettbewerbswidrig[265], weil sie beispielsweise gegen Angabepflicht nach der Preisangabenverordnung verstoßen.[266] Soweit sie die Angebote Dritter als Lockvogelangebote verwenden, kommen auch **Markenverletzungen** in Betracht.[267] In vielen Fällen geht es auch um
Betrug.[268]

923   Die Kunden können möglicherweise die **Kosten der eigenen Rechtsverfolgung**, die
zur Abwehr der Ansprüche erforderlich erscheint, von den Anbietern im Wege des
Schadensersatzes herausverlangen.[269] Dies scheitert in aller Regel daran, dass die Anbieter
praktisch nicht greifbar sind. Einzelne Gerichte[270] haben sogar die **vertretenden Anwälte**
unter dem Gesichtspunkt der Beihilfe zum Betrug oder aufgrund des § 826 BGB für zum
Schadensersatz verpflichtet gehalten. Dies kann allerdings allenfalls in Extremfällen gelten.

---

[262] AG München, Urt. v. 16. 1. 2007, 161 C 23695/06, JurPC Web-Dok. 43/2007; CR 2007, 816;
AG Hamm, Urt. v. 26. 3. 2008, 17 C 62/08, JurPC Web-Dok. 123/2008; MMR 2008, 783; *Bradler,* in:
Brandi-Dohrn/Heckmann (Hrsg.): Jahrbuch 2008, S. 63 (64 f.); *Ellbogen/Saerbeck,* CR 2009, 131;
zweifelhaft AG Witten, Urt. v. 7. 9. 2010, 2 C 585/10, JurPC Web-Dok. 170/2010.

[263] AG Hamburg-St. Georg, CR 2011, 60.

[264] im Einzelnen dazu z. B. die Übersicht bei *Hövel/Hansen* in: Schwarz/Peschel-Mehner (Hrsg.):
Rechte im Internet, Abschn. 22 Abteilung 4, S. 1 ff.; *Blasek,* GRUR 2010, 396.

[265] OLG Frankfurt/M., MMR 2009, 341; OLG Hamm, OLG Report Hamm/Düsseldorf/Köln
2009, 329; LG Mannheim, CR 2009, 378; LG Hamburg, CR 2011, 197 m. Anm. *Eifinger.*

[266] *Eifinger,* CR 2011, 198.

[267] LG Hamburg, CR 2011, 197 m. Anm. *Eifinger; Hövel/Hansen,* CR 2010, 252 (254 ff.).

[268] OLG Frakfurt, NJW 2011, 398 = GRUR 2011, 249 m. Anm. *Hövel.*

[269] LG Mannheim, Urt. v. 17. 1. 2010, 10 S 53/09, JurPC Web-Dok. 31/2010; AG Karlsruhe,
BeckRS 2009, 24147.

[270] AG Osnabrück, CR 2011, 201; AG Marburg, CR 2010, 479.

9. Datenschutzanforderungen

a) Vorbemerkung

Bei Internet- und Telekommunikationsdienstleistungen spielt der **Datenschutz** eine   924
zentrale Rolle, schon deswegen, weil im Rahmen der Diensterbringungen aus technischen
Gründen zahllosen Daten anfallen. In der Folge werden die dafür wichtigen Grundlagen
und die Regeln des für Internet- und Telekommunikationsdienste geltenden Datenschutzrechts kurz dargestellt. Das Datenschutzrecht ist in der Praxis sehr verästelt. In jedem
Einzelfall kann es weitere, für diesen Fall geltende gesetzliche Normen (z. B. für Dienstleistungen im Gesundheitswesen). Für die hier betrachteten Fälle gelten aber im Wesentlichen neben den grundlegenden Normen des Bundesdatenschutzgesetzes (BDSG) noch die
datenschutzrechtlichen Normen im Telemediengesetz (TMG) und im Telekommunikationsgesetz (TKG) eine wichtige Rolle. Auf diese drei Gesetze soll daher in der Folge etwas
näher eingegangen werden. Für vertiefende Auseinandersetzungen sei auf die umfangreiche Spezialliteratur verwiesen.[271]

b) Verfassungsrechtliche Grundlagen

Verfassungsrechtliche Grundlage aller Datenschutznormen ist das vom BVerfG erst-   925
malig im Volkszählungsurteil[272] formulierte **Recht auf informationelle Selbstbestimmung**. Sowohl das Bundesdatenschutzgesetz als auch die Landesdatenschutzgesetze sind
zwar schon vor dem Volkszählungsurteil in den 70er Jahren erlassen worden. Dennoch
spielt das Volkszählungsurteil für die heutige Debatte über den Datenschutz eine zentrale
Rolle, gibt es doch die zentralen Grundlagen wieder, auf der die Datenschutzdebatte noch
heute beruht. Das Volkszählungsurteil hat das Recht auf informationelle Selbstbestimmung als Teilaspekt des Grundrechts der Art. 1 und 2 Abs. 1 GG grundlegend definiert.
Der einzelne soll danach grundsätzlich selbst entscheiden, wann und innerhalb welcher
Grenzen er persönliche Lebenssachverhalte offenbart.[273] Jeder Eingriff in dieses grundrechtlich geschützte Recht bedarf einer gesetzlichen Rechtfertigung. Mit dem Recht auf
informationelle Selbstbestimmung wäre eine Gesellschaftsordnung nicht vereinbar, in der
ein Bürger nicht mehr wissen kann, wer was wann und bei welcher Gelegenheit über ihn
weiß. Der Bürger soll nicht Angst davor haben, dass Dritte etwas über ihn wissen und
daher auf die Ausübung seiner Grundrechte verzichten. Unter den Bedingungen moderner
Datenverarbeitung ergibt sich aus diesem Grundrecht der Schutz des Einzelnen gegen
unbegrenzte Erhebung, Speicherung, Verwendung und Weitergabe seiner persönlichen
Daten.[274]

Diese Formulierungen hören sich sehr umfassend an. Allerdings sind zwei Einschrän-   926
kungen und Bemerkungen wichtig. Zum einen ist die Entscheidung ergangen im Hinblick
auf das Volkszählungsgesetz und damit im Hinblick auf die Erhebung von Daten durch
den Staat. Die kommt in der Begründung auch immer wieder zum Ausdruck. Auch die
weiteren Entscheidungen des Bundesverfassungsgerichts zum informationellen Selbstbestimmungsrecht waren im Wesentlichen **Entscheidungen, die sich mit staatlicher Datenverarbeitung** beschäftigten. Die Situation staatlicher Datenverarbeitung unterscheidet
sich grundlegend von der der privaten Datenverarbeitung wie sie hier betrachtet wird.

---

[271] Z. B. *Simitis (Hrsg.)* BDSG; *Taeger/Gabel* (Hrsg.), BDSG, beide vor kurzem neu bzw. in neuer
Auflage erschienen.
[272] BVerfGE 65, 1.
[273] BVerfGE 65,1 (41 f.).
[274] BVerfGE 65,1 (42 f.), 115, 166 (188); 320 (341 f.), 118, 168 (184).

Private Datenverarbeiter genießen auch im Hinblick auf die Datenverarbeitung **Grund-rechtsschutz.** Diese Grundrechte können in Konflikt mit dem Grundrecht auf informationelle Selbstbestimmung kommen.[275] Dies wird ganz deutlich, wenn es um **Meinungs-freiheit** geht. Der Bundesgerichtshof hat dies im Hinblick auf Lehrerbewertungsportale klar zum Ausdruck gebracht. Die Bewertung von Lehrern ist Ausdruck der Meinungs-freiheit und daher mit dem Recht auf informationelle Selbstbestimmung der betroffenen Lehrer abzuwägen.[276] Wegen der Meinungsfreiheit der Bewertenden ist die Bewertung nach Ansicht des BGH erlaubt. Dieser Grundsatz gilt aber nicht nur für die Meinungs-freiheit, sondern auch für andere Grundrechte, etwa das der Berufsfreiheit. Demgegenüber genießt der Staat keinen Grundrechtsschutz. Er ist an die Grundrechte gebunden, was für Private nicht gilt. Demgemäß spricht man im Privatrechtsverhältnis von der mittelbaren Drittwirkung der Grundrechte[277].

927   Darüber hinaus hat das Bundesverfassungsgericht auch in der grundlegenden Entschei-dung immer betont, dass der **Mensch ein soziales Wesen** ist und daher das Recht auf informationelle Selbstbestimmung keinesfalls unbegrenzt gewährt wird, vielmehr die so-ziale Teilhabe bedingt, dass andere etwas über die andere Mitgliedern der Gesellschaft wissen. Beide Einschränkungen sind bei der Auslegung datenschutzrechtlicher Normen ebenso zu beachten wie das Grundrecht auf informationelle Selbstbestimmung.

928   Ein weiterer Gesichtspunkt wurde zwar schon im Volkszählungsurteil erwähnt, tritt aber erst in neueren Urteilen ins Zentrum. Es kann sein, dass eine Erhebung von Daten erlaubt ist, aber dafür Sorge getragen werden muss, dass die Daten nicht missbraucht werden. **Datensicherungsmaßnahmen,** die gewährleisten, dass die jeweiligen Daten nur am Rande des Erlaubten genutzt werden, können daher **verfassungsrechtlich geboten** sein.[278]

929   Neben dem für das Datenschutzrecht grundlegenden Recht auf informationelle Selbst-bestimmung gilt für Telekommunikationsdienste noch das **Fernmeldegeheimnis.** Soweit es Anwendung findet, enthält es eine spezielle Garantie, die die allgemeine Gewährleistung des Rechts auf informationelle Selbstbestimmung verdrängt.[279] Das Fernmeldegeheimnis schützt die Informationen, die **fernmeldetechnisch übertragen** werden, solange sie sich noch im Übertragungsvorgang befinden, und die Daten, die im Zusammenhang mit einem Fernmeldevorgang anfallen. Die Inhalte sind nach der Rechtsprechung solange geschützt, wie sie sich im Bereich des Telekommunikationsanbieters befinden. Auch **E-Mails,** die z. B. im Rahmen von Web-Mail-Diensten beim Provider gespeichert und vom Nutzer schon gelesen sind, unterliegen weiterhin dem Fernmeldegeheimnis[280]. Offen ist, ob auch Daten, die der Nutzer beim Provider speichert, dem Fernmeldegeheimnis unterliegen. Dagegen spricht, dass sie niemals Gegenstand eines eigentlichen Fernmeldevorgangs wa-ren, weil sie nicht vom Nutzer an Dritte übermittelt wurden. Allerdings liegt rein tech-nisch immer ein Fernmeldevorgang vor, weil die Daten, um beim Provider gespeichert zu werden, in aller Regel über Telekommunikationswege vom Nutzer an den Provider über-tragen werden. Insgesamt dürfte eher kein Gegenstand des Fernmeldegeheimnisses mehr vorliegen. Die Frage ist letztendlich nicht von zentraler Bedeutung, weil die Maßgaben, die das Bundesverfassungsgericht im Volkszählungsurteil entwickelt hat, grundsätzlich auch auf die spezielle Garantie in Artikel 10 Abs. 1 übertragen werden. Das Bundesver-

---

[275] *Giesen,* JZ 2007, 918.
[276] BGH, NJW 2009, 2888; zustimmend *Gounalakis/Klein,* NJW 2010, 566; umfassend dazu *Härting,* CR 2009, 21; **a. A.** *Dorn,* DuD 2008, 98 (102).
[277] Dazu *Sachs,* in: Sachs (Hrsg.): GG, Vor Art. 1, Rn. 32.
[278] So schon BVerfGE 65,1 (49 ff.); besonders betont in der Vorratsdatenspeicherungsentscheidung BVerfG, CR 2008, 287.
[279] BVerfGE 115, 166 (188 f.).
[280] BVerfG, NJW 2009, 2431.

fassungsgericht hat darüber hinaus deutlich gemacht, dass gerade in den **Grenzbereichen** des Fernmeldegeheimnisses, um die es in der hier diskutierten Frage geht, die ansonsten **engen Voraussetzungen** der Eingriffsbefugnisse auch für den Staat in diesem Umfang nicht gelten.[281]

Eine weitere Ergänzung des Rechts auf informationelle Selbstbestimmung hat das 930 Bundesverfassungsgericht mit dem Recht auf Gewährleistung der Vertraulichkeit und Integrität informationstechnische Systeme (sogenanntes **Computergrundrecht**) entwickelt. Dieses Recht bezieht sich aber im Wesentlichen auf Schutzgegenstände, die nicht dem Recht auf informationelle Selbstbestimmung unterliegen und spielt daher im Zusammenhang mit Datenschutzrecht keine zentrale Bedeutung. Es ist nur eine zusätzliche Absicherung von EDV-technischen Systemen gegen das Eindringen Dritter.[282]

c) Grundbegriffe und Grundprinzipien

aa) Personenbezogene Daten

Ein zentraler Grundbegriff für das gesamte Datenschutzrecht ist der Begriff der **per-** 931 **sonenbezogenen Daten.**

Dieser Begriff ist in § 3 Abs. 1 BDSG definiert. Danach sind personenbezogene Daten Einzelangaben für persönliche oder sachliche Verhältnisse einer bestimmten oder bestimmbaren natürlichen Person. Diese natürliche Person wird dann im Datenschutzrecht als Betroffener bezeichnet. Der Begriff ist weitgehend selbsterklärend, weil klar ist, dass es um sämtliche Daten geht, die in irgendeiner Weise auf eine konkrete natürliche Person bezogen werden können. Der Begriff ist sehr weit und umfasst nicht nur Tatsachenbehauptungen, sondern auch Meinungsäußerungen über Personen. Einzelne Daten können auch auf mehrere Personen bezogen werden. So ist die Speicherung einer Meinung von A über B die Speicherung eines personenbezogenen Datums sowohl von A als auch von B.[283] Grundsätzlich werden juristische Personen vom Datenschutzrecht nicht geschützt.

Problematisch ist, was es heißt, dass die natürliche Person nicht bestimmt, sondern **nur** 932 **bestimmbar** sein muss, dass es also mit anderen Worten ausreicht, dass aus den vorhandenen Daten auf die konkrete Person zuverlässig geschlossen werden kann.

Gibt es z. B. in einer Firma nur einen 55-jährigen Arbeitnehmer, so kann bei Angabe des Alters des Arbeitnehmers in einem Datensatz diese konkrete Person von den Mitgliedern des Unternehmens bestimmt werden, ohne dass der Name angegeben werden muss. Es handelt sich somit trotz des Weglassens des Namens um ein personenbezogenes Datum. Wegen dieser Tatsache reicht es oft nicht, wenn man bloß die Namen aus Datensätzen löscht, um zu erreichen, dass es nicht um personenbezogene Daten geht. Die Frage, was denn bestimmbare natürliche Personen sind, ist in der datenschutzrechtlichen Literatur umstritten. Zur Definition hilfreich ist die Definition des **Anonymisierens** in § 3 Nr. 6 BDSG. Danach ist Anonymisieren das Verändern personenbezogener Daten derart, dass die Einzelangaben über persönliche oder sachliche Verhältnisse nicht mehr oder nur mit einem unverhältnismäßig großen Aufwand an Zeit, Kosten und Arbeitskraft einer bestimmten oder bestimmbaren natürlichen Person zugeordnet werden können. Daraus kann man schließen, dass der Gesetzgeber meint, dass nicht nur dann **nicht** um **personenbezogene Daten** handelt, wenn eine natürliche Person überhaupt nicht aus den vorhandenen Daten bestimmt werden kann, sondern auch dann, wenn dafür ein **unverhältnismäßig großer Aufwand** getrieben werden muss.[284]

---

[281] BVerfG, NJW 2009, 2431 (2433 ff.).

[282] BVerfG, NJW 2008, 822; dazu *Hornung*, CR 2008, 299; *Stögmüller*, CR 2008, 435.

[283] *Kamp*, Bewertungsportale, S. 53 f.

[284] So auch *Buchner* in Taeger/Gabel (Hrsg.) BDSG, § 3 Rn. 11; *Spindler/Nink,,* in: Spindler/ Schuster, Recht der elektronischen Medien, § 13 TMG, Rn. 11.

933   Die Frage ist aber in der datenschutzrechtlichen Literatur durchaus **umstritten**. Man könnte die Meinung vertreten, dass auch anonymisierte Daten auch **personenbeziehbar** sind, wenn nur in irgendeiner Weise **technisch** der Personenbezug **hergestellt werden kann**. Diese Rechtsauffassung stützt sich zwar darauf ab, dass zwischen den Definitionen von Anonymisieren und personenbezogene Daten in § 3 BDSG kein unmittelbarer textlicher Bezug hergestellt wird. Dass anonymisierte Daten dennoch Personenbezug haben, lässt sich aber schon mit dem normalen Wortverständnis von Anonymisierung nicht vereinbaren. Auch von der Zweckrichtung her ist nicht erkennbar, warum man anonymisierte Daten als personenbezogene Daten ansehen soll. Es ist daher der erstgenannten Meinung zu folgen.

934   Praktisch wichtiger als diese Frage ist noch die Frage, nach welchen Kriterien entschieden wird, wann es um personenbezogene Daten einer bestimmbaren Person geht. In aller Regel kommt es dabei auf das **Zusatzwissen** der Personen an, die die Daten einer konkreten Person zuordnet. So muss in dem oben genannten Beispiel derjenige, der die Daten dem konkreten Arbeitnehmer zuordnen kann, wissen, dass dieser der einzige 55-jährige Arbeitnehmer der betroffenen Firma ist. Dieses Zusatzwissen steht unterschiedlichen Personen in unterschiedlichem Umfang zur Verfügung. Manche Autoren meinen, dass, wenn nur irgendeiner Person irgendwo das Zusatzwissen so zur Verfügung steht, dass sie den Personenbezug der Daten herstellen kann, es sich um Daten einer bestimmbaren natürlichen Person und damit um personenbezogene Daten handele.[285]
Der Begriff wird daher sehr weit gefasst (**absoluter Begriff**). Andere stellen darauf ab, ob es der konkreten speichernden Stelle, als denjenigen, die die Daten speichern und sonst wie verwenden, ohne weiteres möglich ist, die Daten zuzuordnen (**relativer Begriff**).[286]

935   Im Grundsatz muss man hier auf die speichernde Stelle abstellen, weil nur diese über die Daten verfügt, die zugeordnet werden können. Es kann allerdings nicht nur um das konkret bei dieser Stelle vorhandene Datenmaterial gehen. Einzubeziehen in die Überlegungen sind auch die Informationen, die sich diese Stelle ohne übermäßigen Aufwand beschaffen kann. Dabei kann es nicht darauf ankommen, ob dieses Zusatzwissen legal oder illegal erhalten werden kann. weil es nur darum gehen kann, ob man das Material faktisch zur Verfügung erhält.[287]

936   Praktisch wichtig ist die Frage des absoluten oder relativen Begriffs der Personenbeziehbarkeit in der Internetpraxis, insbesondere im Rahmen der Diskussion über **IP-Adressen**. Der jeweilige Access-Provider kann eine dynamische IP-Adresse, deren Nutzungszeitpunkt er kennt, einem konkreten Nutzer zuordnen. Jeder andere kann dies ohne Mithilfe des Access-Providers nicht. Bei Anwendung eines relativen Begriffes dürften daher IP-Adressen für die meisten Dienstanbieter im Internet keine personenbezogenen Daten sein, für die Access-Provider aber doch. Wendet man den absoluten Begriff an, sind IP-Adressen personenbezogene Daten.[288]

937   Auch wenn man den hier angenommenen **relativen Begriff** der Personenbeziehbarkeit folgt, sind es aber nicht ausschließlich Access-Provider, bei denen dynamische IP-Adressen personenbezogene Daten sind, wenn deren Nutzungszeitpunkt bekannt ist. Dies können auch andere Provider sein, wenn sie etwa durch Verknüpfung der IP-Adressen mit Bestellungen den Namen des jeweils Handelnden kennen. Dies gilt aber **auch** für diejenigen, die nach § 101 Abs. 2 Satz 1 Nr. 2 UrhG gegenüber dem Access-Provider **auskunfts-**

---

[285] *Weichert* in: Däubler-Klebe/Wedde/Weichert, BDSG, § 3 Rn. 3; *Scheja/Haag,* in: Leupold/Glossner (Hrsg.): IT-Recht, Teil 4, Rn. 37 f.
[286] So *Gola/Schomerus,* BDSG, § 3 Rn. 10; *Kazemi/Leopold,* Datenschutzrecht, § 2, Rn. 39; *Härting,* ITRB 2009, 35 (36); *Dammann* in Simitis (Hrsg.), § 3 BDSG, Rn. 24; *Polenz,* in: Computerrechtshandbuch, Abschn. 131, Rn. 68.
[287] A. A. *Kazemi/Leopold,* Datenschutzrecht, § 2, Rn. 39.
[288] Dazu ausgiebig *Härting,* CR 2008, 743 (745 f.); *Sachs,* CR, 2010, 546.

berechtigt sind. Diese können ja mit Hilfe eines richterlichen Beschlusses jederzeit legal die dynamische IP-Adresse, die zu einem bestimmten Zeitpunkt genutzt wurde, einer konkreten Person zuordnen. Damit ist auch für diese Dritten, also insbesondere die Rechteinhaber bei möglichen Rechtsverletzungen die dynamische IP-Adresse ein personenbezogenes Datum.

Die Frage der Personenbeziehbarkeit von Daten stellt sich ferner dann, wenn es um **938** eine **Pseudonymisierung** geht. Oft werden insbesondere wissenschaftliche Untersuchungen in der Form angestellt, dass die Datensätze, die den Forschern zur Verfügung gestellt werden, um Namen und Anschrift der konkreten Personen gekürzt werden, so dass diese vom durchschnittlichen Forscher nicht mehr zugeordnet werden können. Der Zusammenhang muss aber herstellbar bleiben, um weitere spätere Erhebungen den konkreten Datensätzen konkreter Personen wieder zuordnen zu können. Deswegen wird bei einer dritten Stelle festgehalten, welcher Person welcher Datensatz zugeordnet wird. In aller Regel werden dabei Namen und Anschriften in der den Wissenschaftlern zur Verfügung gestellten Datensätzen durch Nummern oder andere eindeutige Kennzeichen ersetzt und bei der Drittstelle eben eine Zuordnung einer konkreten Nummer zu einer konkreten Person erfolgen (vgl. § 30 Abs. 1 BDSG). Dieser Ersatz des Namens und anderer Identifikationsmerkmale ist das Kennzeichen der Pseudonymisierung (§ 3 Abs. 6 a BDSG). Dadurch wird der Personenbezug der Daten erschwert, aber nicht unmöglich gemacht.[289]

Man kann diese Forschungsszenarien so gestalten, dass der Drittstelle **verboten** ist, den **939** Forschern den **konkreten Personenbezug** zu ermöglichen. Wenn dann noch sichergestellt ist, dass die Drittstelle diese Einsparung auch durchhält und entsprechende Datensicherungsmaßnahmen ergreift, könnte man von einer anonymisierten und daher nicht mehr personenbezogenen Daten ausgehen (so auch § 30 Abs. 1 S. 1 BDSG). Dies wird aber in vielen Fällen so nicht zu gewährleisten sein, so dass es wieder um personenbezogene Daten geht. In aller Regel wird man im Einzelfall entscheiden müssen, ob nun die Voraussetzungen der Bestimmbarkeit vorliegen oder nicht. Generelle Regeln lassen sich schwer aufstellen.[290]

Pseudonyme sind auch im Bereich elektronischer Medien ein zentrales Konzept. Dies **940** gilt besonders im Bereich virtueller Welten, aber auch weit darüber hinaus. Wer in einer virtuellen Welt einen **Avatar** schafft, legt oft großen Wert darauf, dass Mitspieler in der virtuellen Welt ihn nur als Avatar kennen und keinen Bezug zu der dahinter stehenden Person herstellen[291]. Dennoch lässt sich der Bezug jedenfalls für den Plattformanbieter praktisch immer herstellen, jedenfalls dann, wenn der Dienst bezahlt wird. Die Eigenschaften des Avatars sind damit für die Mitspieler keine **personenbezogenen Daten**, wohl aber für den Plattformbetreiber. Wenn es freilich in bestimmten Fällen auch für Mitspieler möglich ist, mit Hilfe des Plattformbetreibers den Personenbezug herzustellen, geht es für alle um personenbezogene Daten.

Auch an dieser Stelle zeigt sich, dass der **relative Begriff** des personenbezogenen Datums **richtig** ist.

bb) Verbotsprinzip

Das zentrale Prinzip, das neben dem Begriff der personenbezogenen Daten alle daten- **941** schutzrechtlichen Normen in Deutschland prägt, ist das sogenannte **Verbotsprinzip**. Danach ist die Verarbeitung personenbezogener Daten prinzipiell verboten und nur erlaubt, wenn dies durch ein konkretes Gesetz oder die Einwilligung des Betroffenen erlaubt wird. Dieses Prinzip findet seinen Ausdruck in der entsprechenden Norm des § 4 Abs. 1 BDSG,

---

[289] *Polenz*, in: Computerrechtshandbuch, Abschn. 131, Rn. 79.
[290] So auch *Buchner*, in Taeger/Gabel (Hrsg.), § 3 Rn. 13.
[291] Plastische Darstellung bei Erkling, DuD 2011, 116.

findet sich aber auch in § 12 Abs. 1 TMG. Im TKG wird es vorausgesetzt, ohne konkret genannt zu werden. Es findet sich darüber hinaus in vielen weiteren datenschutzrechtlichen Normen. Auch in der dem Datenschutz zugrunde liegenden EU-Richtlinie findet sich dieses Prinzip wieder. Betrachtet man die zahlreichen gesetzlichen Erlaubnisse, die dieses Prinzip konkretisieren, wird deutlich, dass es sich lediglich um ein **gesetzestechnisches Ordnungsprinzip** und nicht um ein grundlegendes Prinzip dahingehend handelt, nach dem Datenverarbeitung grundsätzlich verboten ist und materiell nur durch Gesetze erlaubt werden kann. Zwischen Privaten würde dies eine andere Auslegung hier auch bedeuten, dass es materiell verboten ist, Aufzeichnungen über Familienangehörige zu sammeln o. ä. mehr. So ist das Verbotsprinzip nicht gemeint. Vielmehr geht es darum, gesetzestechnisch das informationelle Selbstbestimmungsrecht zu realisieren.

Konsequenz dieses sehr weit formulierten Verbots sind allerdings teilweise **sehr unbestimmte gesetzliche Erlaubnisse,** auf die im Einzelnen noch näher einzugehen ist. Immer wieder sehen Normen vor, dass bestimmte Formen der Datenverarbeitung erlaubt sind, wenn keine **schutzwürdigen Belange des Betroffenen** entgegenstehen. Es geht es dabei um die einzelfallbezogene und daher generell nicht konkreter formulierbare Abwägung der Grundrechte der Datenverarbeiter und der Betroffenen unter Wahrung des Verhältnismäßigkeitsprinzips. Wichtig ist aber, festzuhalten, dass datenschutzrechtlich personenbezogene Daten nur gespeichert werden dürfen, wenn entweder ein Gesetz (wenn auch mit Generalklausel) dies erlaubt oder der jeweils Betroffene zustimmt. Dies alles gilt auch, wenn Daten, die für einen Zweck gespeichert wurden, für einen anderen Zweck genutzt werden soll. Diese Zweckentfremdung bedarf einer erneuten Erlaubnis (sog. **Zweckentfremdungsverbot**).

942   Dies kann je nach betroffener Datenart auch eine Vielzahl von Betroffenen sein. so enthält z. B. die Information, dass Herr X Freund der Herren Y und Z und der Damen A und B ist, personenbezogene Daten aller dort genannter Personen. Einer Speicherung müssten sämtlich dort genannten Personen zustimmen, wenn es keine gesetzliche Erlaubnis gibt.

cc) Einwilligung

943   Die **Einwilligung** des Betroffenen kann wirksam nur nach einer den Umständen entsprechenden Belehrung über den Zweck der Datenverarbeitung erfolgen. Sie muss freiwillig sein und bedarf der **Schriftform** (§ 4 a Abs. 1 BDSG), wenn keine besonderen Umstände vorliegen. Im Gegensatz zu den Regelungen des TMG[292] und des TKG[293] ist generell keine elektronische Einwilligung vorgesehen. Nur im Bereich von Adresshandel und Werbung sieht § 28 Abs. 3 a S. 1 BDSG eine **elektronische** Einwilligung vor. Bei rein elektronischen Diensten wird man aber Einwilligungen als wirksam ansehen können, die die Anforderungen des § 13 Abs. 2 TMG erfüllen, weil eine schriftliche Einwilligung in solchen Fällen ohne Medienbruch nicht zu erreichen ist[294].

944   Besondere Probleme stellen sich, wenn die Einwilligung **im Rahmen allgemeiner Geschäftsbedingungen** erreicht werden soll. Dies ist deswegen problematisch, weil § 4 a Abs. 1 Satz 4 BDSG verlangt, dass die Erklärung **besonders hervorgehoben** werden muss.[295] Bei der Verwendung von Daten zu Werbungs- und Marketingzwecken ist dies in § 28 Abs. 3 a, Satz 2 BDSG noch einmal dadurch betont worden, dass diese Einwilligung drucktechnisch besonders hervorgehoben wird. Sobald ein schriftlicher Vertrag geschlos-

---

[292] Dazu unten Rn. 976 ff.
[293] Dazu unten Rn. 989 ff.
[294] Ähnlich auch ein Vorschlag der bayerischen Aufsichtsbehörde, 2. Tätigkeitsbericht, S. 25 f.; zitiert bei *Bergmann/Möhrle/Herb*, § 4 a Rn. 73 b.
[295] Dazu BGH, MMR 2008, 731 (732).

sen wird, reicht es, wenn die Einwilligung unmittelbar vor der Unterschrift im Text steht und die Möglichkeit besteht, die Einwilligung zu verweigern (sogenannte „**opt-Out-Klausel**").[296]

Im **Internet** besteht eine solche Möglichkeit im Rahmen allgemeiner Geschäftsbedingungen nicht. Man wird daher eine von allgemeinen Geschäftsbedingungen **getrennte Vereinbarung** verlangen müssen. Dies ist auch üblich, nicht allerdings bei Facebook und Google[297]. Die entsprechenden Einwilligungen werden meistens mit **Datenschutzerklärungen** umschrieben. Sie können dann angeklickt und ihnen zugestimmt werden. Auch eine Opt-Out Lösung dürfte zulässig sein, da nicht erkennbar ist, warum dies zwar offline, aber nicht online möglich zulässig sein soll[298]. Entgegen der in der Literatur vertretenen Auffassung[299] dürfte eine solche Erklärung völlig ausreichen. Dem durchschnittlichen Internetnutzer ist sehr wohl bewusst, dass solche Datenschutzerklärungen keine einseitigen Erklärungen des Verwenders sind, sondern beschreiben, in welchem Umfang seine Daten verarbeitet werden. Dies ergibt sich im Übrigen auch dadurch, dass diese Erklärungen nicht etwa einseitig erfolgen, sondern eine ausdrückliche Zustimmung verlangt wird. | **945**

In der Datenschutzerklärung muss allerdings **klar gemacht werden**, für die Verarbeitung **welcher Daten** die Zustimmung verlangt wird. Es muss ferner ein Verwendungszweck bezeichnet werden. Der BGH hat nicht verlangt, dass die Daten um die es geht, die Verarbeitungsschritte, die erfolgen sollen und der Zweck der Verarbeitung konkret bezeichnet werden. Es reicht ein Umreißen der Daten und ein genereller Verwendungszweck. Es reicht dem BGH sogar, dass die Adressdaten zu Werbezwecken u. a. von nicht näher bezeichneten Partnerfirmen verarbeitet werden.[300] | **946**

Die bloße **Wiederholung** der gesetzlichen Regelung des § 28 BDSG[301] oder vergleichbarer Vorschriften **reicht allerdings nicht**. Der Gesetzestext dürfte zu unbestimmt sein, um dem Transparenzgebot des § 307 Abs. 1 Satz 2 BDSG zu genügen.[302] Werden diese Gesetzes- und Erlaubnistatbestände aber konkretisiert und dabei etwas erweitert, ist dies zulässig.[303] Eine solche Datenverarbeitungsklausel begrenzt aber gleichzeitig die Rechte auch der datenverarbeitenden Stelle. Es wird dem Diensteanbieter in der Regel verwehrt sein, bei so konkreten Klauseln sich für zusätzliche Verarbeitungsmaßnahmen auf eine gesetzliche Erlaubnis zu berufen. | **947**

dd) Grundsatz der Datenerhebung beim Betroffenen

Ein weiterer wichtiger Grundsatz des Datenschutzrechts ist es, dass die personenbezogenen Daten beim **Betroffenen** zu **erheben** sind. Eine Ausnahme gibt es nur dann, wenn das Gesetz dies ausdrücklich so vorsieht oder voraussetzt oder wenn die Erhebung beim Betroffenen einen unverhältnismäßigen Aufwand erfordern (§ 2 Abs. 1 BDSG). Auch dieses Recht schränkt die Datenverarbeitung bei personenbezogenen Daten deutlich ein. | **948**

---

[296] BGH, MMR 2008, 731 (733); MMR 2010, 138; zustimmend *Hanloser,* CR 2008, 713 (715); kritisch, aber sehr paternalistisch *Wagner,* DuD 2010, 30.

[297] Näher *Härting,* CR 2011, 169 (174).

[298] *Spindler/Nink,,* in: Spindler/Schuster, Recht der elektronischen Medien, § 13 TMG, Rn. 9; **a. A.** *Moos,* in: Taeger/Wiebe, § 13 TMG, Rd. 21; offengelassen bei *Härting,* CR 2011, 169 (174).

[299] Nord/Manzel, NJW 2010, 3756.

[300] BGH, MMR 2008, 731 (733); MMR 2010, 138, a. A. LG Hamburg, CR 2010, 53; Bergmann/Möhrle/Herb, § 4 BDSG, Rn. 27; *Simitis* in: Simitis (Hrsg.): BDSG, § 4 a Rn. 81, Gola/Schomerus, § 4 a BDSG, Rn. 11 a.

[301] Dazu unten Rn. 958 ff.

[302] Bergmann/Möhrle/Herb, § 4 a BDSG, Rn. 33.

[303] **A. A.** Bergmann/Möhrle/Herb, § 4 a BDSG, Rn. 33.

ee) Verantwortliche Stelle; Dritte

949   Eine weitere wichtige Definition ist die Definition der **verantwortlichen Stelle**. Verantwortliche Stelle im Sinne des Datenschutzgesetzes (§ 3 Nr. 7 BDSG) ist jede Person oder Stelle, die personenbezogene Daten für sich selbst erhebt, verarbeitet oder nutzt oder dies durch andere im Auftrag vornehmen lässt.

Im **Privatbereich** ist verantwortliche Stelle die **juristische Einheit,** die die Daten speichert. Keine verantwortlichen Stellen sind nur einzelne Abteilungen oder unselbstständige Zweigstellen eines Unternehmens. Verantwortliche Stelle ist aber auch **nicht** der **Konzern,** sondern das jeweils speichernde Unternehmen.[304]

Jede Stelle außerhalb der verantwortlichen Stelle ist **Dritter** (§ 3 Abs. 8 S. 2 BDSG).

Dies hat eine wichtige Konsequenz: Die Übermittlung von personenbezogenen Daten zwischen verschiedenen Unternehmen eines Konzerns ist eine **Übermittlung** im Sinne von § 3 Abs. 4 Nr. 3 BDSG, weil die Daten von einer verantwortlichen Stelle an eine andere, also an einen Dritten weitergegeben werden. Demgegenüber ist die Weitergabe innerhalb einer einzelnen juristischen Person von einer Abteilung zu einer anderen keine Übermittlung im Sinne des Bundesdatenschutzgesetzes. Es handelt sich sozusagen um ein Internum der datenverarbeitenden Stelle.

ff) Geregelte Verarbeitungsschritte

950   Den Regelungen des Bundesdatenschutzgesetzes und der anderen Datenschutzgesetze unterliegt der Umgang mit personenbezogenen Daten. Dazu gehört im Wesentlichen das **Erheben,** d. h. das Beschaffen von Daten (§ 3 Nr. 3 BDSG), das **Verarbeiten** und das **Nutzen** von Daten. Unter **Verarbeiten** versteht das Bundesdatenschutzgesetz das Speichern, Verändern, Übermitteln, Sperren und Löschen personenbezogener Daten. Die Worte sind im Wesentlichen ihrem natürlichen Wortsinn nach zu verstehen. Im Einzelnen definiert sind sie in § 3 Abs. 4 und 5 BDSG. Wesentlich ist, dass jede Verarbeitung oder Nutzung personenbezogener Daten im oben bezeichneten Sinne nur zulässig ist, wenn es gesetzliche Befugnisse oder eine Einwilligung des Betroffenen gibt.

951   Eine interessante Frage stellt sich beim Begriff der **Übermittlung.** Werden Daten – wie im Internet üblich – Dritten zum **Abruf** bereitgestellt, werden sie erst übermittelt, wenn der Ditte sie abruft (§ 3 Abs. 4 Nr. 3 Buchst. b BDSG). Die **Einrichtung des Abrufverfahrens** regelt § 10 BDSG. Es ist zulässig, wenn es unter Berücksichtigung der schutzwürdigen Belange des Betroffenen und der Aufgaben oder Geschäftszwecke der beteiligten Stellen angemessen ist. Nach § 10 Abs. 5 BDSG gelten diese Voraussetzungen aber nicht für den Abruf allgemein zugänglicher Daten. Dieser Abruf dürfte damit durch das BDSG gar nicht geregelt sein, da nicht anzunehmen ist, dass ein Abruf solcher Daten verboten sein soll.[305] Es erscheint aber fraglich, ob durch diese Regelung nicht nur die Einrichtung des Abrufverfahrens, sondern auch die Speicherung privilegiert wird, die die Absicht verfolgt, Daten zu veröffentlichen. Dafür sprechen manche historischen Argumente.[306] Dagegen spricht der Wortlaut des Gesetzes, der eine solche Ausnahme nur für die Einrichtung des Abrufverfahrens, nicht aber für Speicherung kennt. Man wird daher davon ausgehen müssen, dass die **Speicherung** von Daten auch dann datenschutzrechtlichen Normen unterliegt, wenn die Daten später **öffentlich zum Abruf** bereitgestellt werden.

---

[304] *Buchner* in Taeger/Gabel (Hrsg.), § 3 Rn. 53.
[305] *Kamp*, Personenbewertungsportale, S. 121 ff. unter Berücksichtigung auch der Gesetzgebungsgeschichte.
[306] Näher *Kamp*, Personenbewertungsportale, S. 102 ff.

Eine Einschränkung ergibt sich nur daraus, dass insbesondere bei **Privaten** der Daten- 952
schutz erst dann eingreift, wenn die Daten unter **Einsatz von Datenverarbeitungsanlagen verarbeitet**, genutzt oder erhoben oder Daten in oder aus nicht automatisierten Dateien verarbeitet, genutzt oder dafür erhoben werden sollen. Das BDSG gilt nicht für persönliche oder familiäre Tätigkeiten (§ 1 Abs. 2 Nr. 3 BDSG). Die oben genannte Definition ist unter heutigen Bedingungen wesentlich eine Einschränkung dahingehend, dass das Bundesdatenschutzgesetz bei privaten Stellen nur eingreift, wenn es um automatisierte Datenverarbeitung geht. Eine Rückausnahme davon besteht allerdings für Beschäftigtendaten. In diesem Falle gilt das Bundesdatenschutzgesetz, insbesondere die Regelung des § 32 BDSG, auch bei nicht automatisierter Datenverarbeitung.

gg) Auftragsdatenverarbeitung

Wie oben schon dargestellt, ist Dritter jede Stelle außerhalb der verantwortlichen Stelle 953
mit der Konsequenz, dass eine Weitergabe der Daten an diesen Dritten eine Übermittlung im Sinne des Datenschutzrechts darstellt und damit restriktiven Regeln unterliegt.

Dies ist dann ungerechtfertigt, wenn der Dritte lediglich eine **technische Hilfestellung** leistet und nicht selbst an den Daten interessiert ist wie dies z. B. **Rechenzentren** oder auch Hostprovider tun. Schon in der ersten Fassung des Bundesdatenschutzgesetzes gab es daher eine Ausnahme für solche „Dritte". **Keine Dritten** im Sinne des Bundesdatenschutzgesetzes sind nach § 3 Abs. 8 S. 3 BDSG Personen und Stellen, die **Daten im Auftrag** erheben, verarbeiten oder nutzen, wenn diese Dritten im Inland, in einem anderen Mitgliedstaat der europäischen Union oder einem anderen Vertragsstand des Abkommens über den europäischen Wirtschaftsraum sitzen. Der Sitz in einem von der Kommission anerkannten sicheren Drittstaat reicht nicht.[307] Wann ein solcher Fall der Auftragsdatenverarbeitung vorliegt, ist in § 11 BDSG geregelt. Es geht dabei um die Verarbeitung personenbezogener Daten im Auftrag für andere Stellen, bei denen der Auftraggeber für die Einhaltung der Vorschriften dieses Gesetzes und andere Vorschriften über den Datenschutz verantwortlich ist. Wichtig ist hier insbesondere, dass sich der Auftrag auf die Erhebung, Verarbeitung oder Nutzung personenbezogener Daten für einen anderen beschränkt und nicht darüber hinausgehende umfassende Aufgaben übernommen werden. So jedenfalls wird die Auftragsdatenverarbeitung von anderen Tätigkeiten nach der herrschenden Meinung abgegrenzt.[308]

Demgegenüber wird auch vertreten, dass letztendlich darauf ankommt, wer durch ent- 954
sprechende **Weisungsbefugnisse** über die Durchführung der Datenverarbeitung entscheidet. Wenn also der Auftragnehmer den Weisungen des Auftraggebers im Hinblick auf die Verarbeitung personenbezogener Daten unterworfen werde und auch die übrigen Bedingungen des § 11 BDSG einhalte, soll es sich um Auftragsdatenverarbeitung handeln, auch wenn weit mehr Aufgaben als nur die Datenverarbeitung übernommen werden.[309]

Gegen diese Theorie spricht aber der Sinn einer **Funktionsübertragung** auf Dritte. 955
Wer z. B. die Personalbuchhaltung für einen Kunden übernimmt und gewährleistet, dass diese richtig durchgeführt wird, kann sich letztendlich nicht Einzelweisungen des Kunden im Hinblick auf die konkrete Verarbeitung personenbezogener Daten des Arbeitnehmers unterwerfen, wenn dadurch die **ordnungsgemäße Aufgabenerfüllung** gefährdet sein könnte. Letztendlich muss der Unternehmer selbst entscheiden, wie er seine Aufgaben

---

[307] *Dammann,* in: Simitis (Hrsg.): BDSG, § 3 Rn. 246; zumindest unklar *Splittgerber/Rockstroh,* BB 2011, 2179 (2181); kritisch aus praktischer und europarechtlicher Sicht *Erd,* DuD 2011, 275.
[308] *Gola/Schomerus,* § 11 Rn. 6 ff.; *Petri,* in: Simitis, BDSG, § 11 Rn. 22; *Grützmacher,* ITRB 2007, 183 (184 f.); *Polenz,* in: Computerrechtshandbuch, Abschn. 131, Rn. 48.
[309] *Gabel* in Taeger/Gabel (Hrsg.) BDSG, § 11 Rn. 14 ff.; *Scheja/Haag,* in: Leupold/Glossner (Hrsg.): IT-Recht, Teil 4, Rn. 258.

ordnungsgemäß erfüllt. Der Auftraggeber will sich ja gerade mit konkreten Einzelheiten dieser Aufgabe nicht mehr beschäftigen. Demgemäß muss in solchen Fällen der Auftragnehmer eigenverantwortlich entscheiden, wie die Daten zu verarbeiten sind. Einzelweisungen in Verantwortung des Auftraggebers kann es nur geben, wenn wirklich nur die technische Datenverarbeitung und nicht mehr übernommen wird. Daher ist der h. M. zu folgen: Auftragsdatenverarbeitung liegt nur vor, wenn der Dienstleister sich auf die Übernahme von Datenverarbeitungsaufgaben beschränkt.

956   Es kann sogar in Einzelfällen so sein, dass **technische Hilfestellungen** noch nicht einmal dazu führen, dass dem Dritten Daten übermittelt werden. Der Kunde ist dann allein Herr der Daten. Der Dienstleister hat mit ihnen nichts zu tun. Dies gilt insbesondere dann, wenn ein ganzer Rechner an einen Kunden vermietet wird und dieser den Rechner beherrscht. Zweifelhaft erscheint, ob dies auch dann gilt, wenn die Systemumgebung des Rechners vom Vermieter bereitgestellt und laufend unterhalten wird. In diesem Fall lässt sich die notwendige Abschottung des Dienstleisters vom Kunden im Hinblick auf die Verarbeitung personenbezogener Daten letztendlich technisch kaum darstellen.[310]

957   **Auftragsdatenverarbeitung** liegt in der Praxis beim Rechenzentrumsbetrieb ebenso vor wie bei **Cloud Computing,**[311] wenn denn der Dienstleister im Cloud Computing innerhalb der europäischen Union oder im europäischen Wirtschaftsraum seinen Sitz hat. Ist dies nicht der Fall, gilt die Privilegierung für die Auftragsdatenverarbeitung nicht. Eine Rechenzentrumsnutzung außerhalb von EU und EWR bedarf daher der Einwilligung der Betroffenen bzw. der Rechtfertigung nach § 28 BDSG. Praktisch ist sie damit nahezu immer unzulässig.

Eine ordnungsgemäße Auftragsdatenverarbeitung muss besondere Voraussetzungen einhalten, die schon oben[312] dargestellt wurden.

d) Regelungen des BDSG

958   Die **Grundregeln** für die Erhebung, Verarbeitung und Nutzung personenbezogener Daten im privaten Bereich finden sich in **§§ 28 ff. BDSG.** Jede speichernde Stelle kann Daten erheben, speichern, verändern oder übermitteln, wenn dies für die Erfüllung eigener Geschäfte geschieht und es insbesondere für die Begründung, Durchführung oder Beendigung eines rechtsgeschäftlichen oder rechtsgeschäftsähnlichen Schuldverhältnisses mit dem Betroffenen erforderlich ist. Dies bedeutet, dass immer dann, wenn zur Vertragserfüllung oder zur Vertragsvorbereitung (gesetzliches Schuldverhältnis) Daten des Betroffenen verarbeitet werden müssen, dies erlaubt ist. Rechtsgeschäftsähnliche Schuldverhältnisse sind aber auch mitgliedschaftliche Beziehungen z. B. zwischen Vereinsmitgliedern und Vereinen.[313]

959   Erlaubt ist die Datenverarbeitung aber nur, wenn sie für die **Durchführung des Vertrages** oder des vertragsähnlichen Schuldverhältnisses **erforderlich** ist. Wann dies der Fall ist, wird in jedem Einzelfall anhand des konkreten Vertragsverhältnisses zu entscheiden sein. Bei langfristigen Betreuungsverhältnissen wird mehr zu speichern sein, als bei einer einmaligen Lieferung. Wird eine Abbuchungserlaubnis erteilt, wird mehr zu speichern sein, als wenn die Bezahlung über Nachnahme oder gar bar erfolgt. Es darf aber immer **nur so viel** gespeichert werden, wie zu einer zweckmäßigen und wirtschaftlichen Durchführung des Vertrages **notwendig** ist. Es kommt dabei nicht darauf ankommen, die Vertragserfüllungen in irgendeiner – möglicherweise auch unzweckmäßigen und teuren – Art und Weise ohne die Daten möglich ist, sondern nur darauf, welche Daten erforderlich

---

[310] **A. A.** *Gola/Schomerus*, § 11 Razz. 8.
[311] Vgl. dazu *Söbbing*, in: Leible/Sosnitza, Onlinerecht 2.0: Alte Fragen – neue Antworten, S. 33 (67 ff.); *Schulz/Rosenkranz*, ITRB 2009, 232 (235); *Schuster/Reichl*, CR 2010, 38 (41 f.).
[312] Rn. 798 ff.
[313] *Gola/Schomerus*, § 28 Rn. 13.

sind, um die Vertragserfüllung im Interesse auch des Betroffenen ordnungsgemäß und wirtschaftlich durchzuführen.[314]

Werden zur Erfüllung des Vertrages **andere** Daten **als die des Vertragspartners** verwendet, greift § 28 Abs. 1 Nr. 1 BDSG nicht ein. Die Speicherung etwa von Kontodaten des Ehepartners, von dessen Konto das Entgelt für die Lieferung an den anderen Ehepartner abgebucht werden soll oder dessen Kreditkarte genutzt werden soll oder die Speicherung der Daten des Beschenkten im Vertrag mit dem Schenker ist durch § 28 Abs. 1 Nr. 1 BDSG nicht abgedeckt. Es besteht in diesen Fällen ja kein Vertragsverhältnis oder vertragsähnliches Vertrauensverhältnis mit dem jeweiligen Betroffenen (Ehepartner, Beschenkter).

Sehr wohl ist allerdings abgedeckt, wenn **Daten des Betroffenen** an eine Drittperson weitergegeben werden, derer sich der Vertragspartner zur Erfüllung der Verbindlichkeit bedient, z. B. die Weitergabe der Adressdaten des Betroffenen an den beauftragten Transportunternehmer.

Eine weitere Erlaubnis enthält **§ 28 Abs. 1 Nr. 2 BDSG.** 961

Danach ist das Erheben, Speichern, Verändern oder Übermitteln personenbezogener Daten oder ihre Nutzung zulässig, soweit es zur **Wahrung berechtigter Interessen der verantwortlichen Stelle** erforderlich ist und kein Grund zu der Annahme besteht, dass das schutzwürdige Interesse des Betroffenen an dem Ausschluss der Verarbeitung oder Nutzung überwiegt.

Das Gesetz stellt hier auf eine Interessenabwägung ab. Zum einen sind die Interessen der speichernden Stelle zu berücksichtigen, zum anderen aber auch die schutzwürdigen Interessen des Betroffenen am Ausschluss der Datenverarbeitung.

Zunächst müssen die Interessen der verantwortlichen Stelle ermittelt werden. Diese können sowohl wirtschaftlich als auch ideell sein.[315]

Die Verarbeitung der Daten muss für dieses Interesse **erforderlich** sein. Dies gilt z. B. bei der Feststellung der Bonität von Kunden für Daten, die sich mit dieser Bonität beschäftigen, nicht aber z. B. für Daten über etwaige Sportarten, die der Kunde liebt.

Es muss dann ermittelt werden, ob es **schutzwürdige Interessen des Betroffenen** gibt, 962 die der Datenverarbeitung entgegenstehen können. Dabei ist für die Frage, ob es solche Interessen gibt, auf die Kenntnisse abzustellen, die der jeweilige Datenverarbeiter hat oder haben muss. Die Abwägung selbst muss dann **objektiv** vorgenommen werden – mit anderen Worten: Es muss nach dem Maßstab eines objektiven Dritten festgestellt werden, ob die schutzwürdigen Belange des Betroffenen die Interessen der verantwortlichen Stelle überwiegen.[316] § 28 Abs. 1 Nr. 2 BDSG muss z. B. auf die oben genannten Fälle der Daten der Beschenken oder der Ehegatten angewandt werden. Dies würde normalerweise ohne Einwilligung des betroffenen Ehegatten die Angaben der Abbuchungsdaten verbieten, weil es erhebliche schutzwürdige Interessen des Ehepartners gibt, dass seine Bankdaten nicht gespeichert werden, zumal auch die Abbuchung nur bei einer Einwilligung erlaubt wäre. Die Daten des Beschenkten dürften wohl gespeichert werden, wenn nicht Zweifel daran bestehen, ob er mit dem jeweiligen Geschenk überhaupt beschenkt werden will. Müssen Daten z. B. für eine **gesetzliche Pflichtmaßnahme** der datenverarbeitenden Stelle gespeichert werden, dürften die schutzwürdigen Interessen des Betroffenen umgekehrt zurücktreten.[317] Aber auch hier muss man genau wissen, ob die Maßnahme der verantwortlichen Stelle **tatsächlich** in dem durchgeführten Umfang unter Speicherung der personenbezogenen Daten **erforderlich** ist, um den gesetzlichen Verpflichtungen zu genügen.

---

[314] I. E. ebenso *Gola/Schomerus*, § 28 Rn. 15; *Taeger* in Taeger/Gabel (Hrsg.), BDSG, § 28, Rn. 47 ff.
[315] *Simitis* in Simitis (Hrsg.): BDSG, § 28 Rn. 104.
[316] *Taeger* in Taeger/Gabel (Hrsg.): BDSG, § 28 Rn. 63.
[317] So *Taeger,* in: Taeger/Gabel (Hrsg.): BDSG, § 28. Rn. 65 zum Überwachungssystem der Finanzdienstleister, nach den Maßstäben von KWG und MaRISK.

Soweit Gesetze die Erhebung der konkreten Daten der Betroffenen vorsehen, stellt sich die Frage nicht, weil dann eine gesetzliche Erlaubnis vorliegt. Besteht das Interesse der speichernden Stelle in **Werbemaßnahmen,** wird man das schutzwürdige Interesse immer dann zu berücksichtigen haben, wenn es einen entsprechenden Widerspruch des Betroffenen gibt. Dieser macht damit von seinem informationellen Selbstbestimmungsrecht Gebrauch und verlangt, nicht beworben zu werden. Dies wird auch in den meisten anderen Fällen so sein: Wenn der Betroffene schon ausdrücklich widersprochen hat, wird eine Speicherung nicht mehr erlaubt sein[318]. Im Rahmen der Interessenabwägung sind auch Grundrechte der verantwortlichen Stelle zu berücksichtigen.[319]

963   Eine dritte Norm betrifft die Entnahme aus **allgemein zugänglichen Quellen.**

§ 28 Abs. 1 Nr. 3 BDSG besagt, dass die Datenverarbeitung auch zulässig ist, wenn die Daten allgemein zugänglich sind oder die verantwortliche Stelle sie veröffentlichen dürfte, es sei denn, dass das schutzwürdige Interesse der Betroffenen an dem Ausschluss der Verarbeitung und Nutzung gegenüber den berechtigten Interesse der verantwortlichen Stelle offensichtlich überwiegt.

Auch hier gibt es also eine Einschränkung. Es kann sogar die Verarbeitung personenbezogener Daten verboten werden, die veröffentlich werden können, wenn schutzwürdige Interessen der Betroffenen offensichtlich überwiegen.

Dieser Fall dürfte allerdings nur in seltenen Ausnahmefällen vorliegen.

Allgemein zugängliche Quellen sind dabei Informationsquellen, die sowohl technisch als auch nach ihrer Zweckbestimmung für einen **individuell nicht bestimmbaren Personenkreis** Informationen bereithalten.[320] Dazu gehören öffentliche Register nur, wenn ihre Einsichtnahme nicht von einem besonders berechtigten Interesse abhängig ist.

964   Es gibt in der Folge in § 28 zahlreiche weitere Normen, die sich mit der Verarbeitung von Daten für Zwecke des Adresshandels oder Werbung (§ 28 Abs. 3, 3 a und 3 b, 4 und 5 BDSG)beschäftigen. Ferner gibt es hier Sondervorschriften für besonders geschützte Arten personenbezogener Daten gem. § 3 Abs. 9 BDSG.

All diese Normen gelten für die Datenverarbeitung für **eigene Zwecke** des Unternehmens.

965   Werden **Daten** in erster Linie deswegen **erhoben** und verarbeitet, um sie **Dritten** zu übermitteln, gilt § 29 BDSG. Dies gilt insbesondere für die Tätigkeit von Auskunfteien oder den Adresshandel. § 29 Abs. 1 S. 1 Nr. 1 und 2 BDSG greift dabei im Wesentlichen die Interessenabwägung des § 28 Abs. 1 Nr. 2 und 3 auf und führt einige zusätzliche Voraussetzungen auf.

966   § 30 BDSG beschäftigt sich mit der Datenerhebung zum Zwecke der **Übermittlung** in **anonymisierter** Form. Hier werden Daten personenbezogen gespeichert und dann anonymisiert übermittelt. Deswegen geht es für die verantwortliche Stelle, die die Daten speichert, um personenbezogene Daten. Hier ist ausdrücklich festgehalten, dass die Merkmale, die die anonymisierten Daten personenbezogen machen, gesondert zu speichern sind und mit den Einzelangaben nur zusammengeführt werden dürfen, soweit dies für die Erfüllung des Zwecks der Speicherung oder zu wissenschaftlichen Zwecken erforderlich ist (§ 30 Abs. 1 BDSG). Auch hier ist die Veränderung dann nur zulässig, wenn eine entsprechende Interessenabwägung gem. den Maßstäben nach § 28 Abs. 1 Nr. 2 und 3 BDSG erforderlich ist.

967   Neben diesen Grundnormen, die regeln, wann die Verarbeitung personenbezogener Daten erlaubt ist, gibt es weitere Normen, die dem Betroffenen Rechte zur Wahrung seiner Interessen geben.

---

[318] *Taeger,* in: Taeger/Gabel (Hrsg.): BDSG, § 28, Rn. 63.
[319] Vgl. BGH, NJW 2009, 2888; *Härting,* CR 2009, 21 (25).
[320] *Gola/Schomerus,* § 28 Rn. 32.

So ist der Betroffene bei einer erstmaligen Speicherung für eigene Zwecke zu **benachrichtigen,** wenn dies ohne Kenntnis des Betroffenen geschieht (§ 33 Abs. 1 S. 1 BDSG). Das gleiche gilt für eine entsprechende erstmalige Übermittlung nach § 33 Abs. 1 S. 2 BDSG. Darüber hinaus muss die verantwortliche Stelle dem Betroffenen **Auskunft** erteilen über die zu seiner Person gespeicherten Daten, auch soweit sie sich auf die Herkunft dieser Daten, den Empfänger oder die Kategorien von Empfängern, an die Daten über ihn weitergegeben werden und den Zweck der Speicherung (§ 34 Abs. 1 S. 1 BDSG) beziehen. § 34 Abs. 1 BDSG sieht dabei vor, dass die übermittelnde Stelle die Herkunft der Daten und den Empfänger für die Dauer von zwei Jahren nach der Übermittlung speichern und dem Betroffenen auf Verlangen Auskunft über die Herkunft der Daten und den Empfänger erteilen muss.

Nach § 35 Abs. 1 BDSG sind personenbezogene Daten zu **berichtigen,** wenn sie 968 unrichtig sind.

Darüber hinaus sind personenbezogene Daten zu **löschen,** wenn ihre Speicherung unzulässig ist (§ 35 Abs. 2 Nr. 2 BDSG) oder dann, wenn ihre Kenntnis für die Erfüllung des Zwecks der Speicherung nicht mehr erforderlich ist (§ 35 Abs. 2 Nr. 3 BDSG). Statt einer Löschung werden die Daten **gesperrt,** wenn sie zwar für die ursprünglichen Zwecke nicht mehr benötigt werden, aber gesetzliche, satzungsmäßige oder vertragliche Aufbewahrungsfristen entgegenstehen (§ 35 Abs. 3 Nr. 1 BDSG). Diese Vorschrift ist insbesondere anzuwenden, solange etwa aus handels- oder steuerrechtlichen Gründen Daten über Vertragsabwicklung für ein Unternehmen aufbewahrt werden müssen.

Darüber hinaus dürfen die Daten auch solange aufbewahrt werden, wie sie für die Durchsetzung der eigenen Interessen der speichernden Stelle aus dem Vertrag ggf. erforderlich sind. Dies kann eine Speicherung bis zu einer Dauer von 10 Jahren (Ende der kenntnisunabhängigen Verjährung von Ansprüchen der Gegenseite) bedeuten.

§ 35 Abs. 4 BDSG sieht eine Sperrung der personenbezogenen Daten ferner vor, soweit ihre Richtigkeit von Betroffenen bestritten wird und sich weder die Richtigkeit noch die Unrichtigkeit feststellen lässt

Nach **§ 43 a BDSG** muss die verantwortliche Stelle bei unrechtmäßiger Übermittlung 969 oder sonstiger unrechtmäßiger Kenntniserlangung Dritter in bestimmten Fällen die Betroffenen und die Aufsichtsbehörde **informieren,** wenn schwerwiegende Beeinträchtigungen der Rechte der Betroffenen drohen.[321]

Eine für die Praxis wichtige Norm enthält **§ 9 BDSG.** Danach sind alle verantwort- 970 lichen Stellen, die selbst oder im Auftrag personenbezogene Daten erheben, verarbeiten oder nutzen, verpflichtet, technische und organisatorische Maßnahmen zu treffen, wenn diese erforderlich sind, um die Ausführung der Vorschriften dieses Gesetzes zu gewährleisten. In einer Anlage werden einige Grundnormen geregelt. Mit dieser Norm werden **Datensicherungsmaßnahmen** im Gesetz verankert. Konkretisiert werden sie weder im Gesetz noch in der Anlage. Es ist abzustellen, was im Einzelfall erforderlich ist und wieweit der Stand der Technik eine solche Speicherung verlangt.

Ferner haben private verantwortliche Stellen, die mehr als neun Personen ständig mit 971 der automatisierten Verarbeitung personenbezogener Daten beschäftigen, einen **betrieblichen Datenschutzbeauftragten** zu bestellen (§ 4 f Abs. 1, S. 1, 4 BDSG).

Dabei sind alle Beschäftigten zu zählen, zu denen natürlich auch leitende Angestellte gehören. Nur der Inhaber einer Einzelfirma oder die Firmeninhaber einer Personengesellschaft scheiden hier wohl aus.

Ständige Verarbeitung personenbezogener Daten bedeutet nur, dass dies auf Dauer 972 geschieht. Es heißt nicht, dass etwa die Tätigkeiten überwiegend in der Verarbeitung

---

[321] Übersicht bei *Scheja/Haag,* in: Leupold/Glossner (Hrsg.): IT-Recht, Rn. 344 ff.; *Hornung,* NJW 2010, 1841.

personenbezogener Daten besteht. Es reicht auch eine nur gelegentliche Verarbeitung personenbezogener Daten aus, wenn sie denn nur auf Dauer stattfindet.[322] Jede auch nicht nur ganz kleine Firma wird diese Kriterien erfüllen, so dass dann ein betrieblicher Datenschutzbeauftragter zu bestellen ist.

973   Der **betriebliche Datenschutzbeauftragte** muss die für die Erfüllung seiner Aufgaben erforderliche **Fachkunde** und **Zuverlässigkeit** besitzen. Die Fachkunde bestimmt sich dabei insbesondere nach dem Umfang der Datenverarbeitung der verantwortlichen Stellen und dem Schutzbedarf der personenbezogenen Daten, die die verantwortliche Stelle erhebt oder verwendet (§ 4 f, Abs. 2 S. 1 BDSG). Zum Erhalt der Fachkunde besteht eine Pflicht der verantwortlichen Stelle, den Beauftragten für den Datenschutz eine Weiterbildung zu ermöglichen und diese zu finanzieren. Beauftragter für den Datenschutz kann auch eine externe Person sein (§ 4 f, Abs. 2, S. 3 BDSG). Der Beauftragte für den Datenschutz ist dem Leiter der öffentlichen oder nicht öffentlichen Stelle **unmittelbar zu unterstellen.** Dies bedeutet insbesondere auch, dass der Leiter oder ein Mitglied des Leistungsgremiums der öffentlichen oder nicht öffentlichen Stelle nicht selbst Beauftragter für den Datenschutz sein darf[323]. Der Beauftragte für den Datenschutz ist in Ausübung seiner Fachkunde auf dem Gebiet des Datenschutzes **weisungsfrei** und darf wegen der Erfüllung seiner Aufgaben nicht benachteiligt werden (§ 4 f Abs. 3, S. 2 und 3 BDSG).

974   Solange ein Angestellter Beauftragter für den Datenschutz ist, ist seine **Kündigung nur zulässig,** wenn es die Voraussetzungen einer fristlosen Kündigung vorliegen (§ 4 f Abs. 3, S. 5 BDSG). Selbst nach Abberufung als Beauftragter für den Datenschutz bleibt eine Kündigung innerhalb des nächsten Jahres unzulässig, wenn keine Gründe für eine fristlose Kündigung vorliegen (§ 4 f, Abs. 3, S. 6 BDSG).

975   Der **Beauftragte für den Datenschutz** soll auf die Einhaltung des Gesetzes hinweisen und insbesondere die ordnungsgemäße Anwendung der Datenverarbeitungsprogramme überwachen, mit deren Hilfe personenbezogene Daten verarbeitet werden sollen und die bei der Verarbeitung personenbezogener Daten tätigen Personen mit datenschutzrechtlichen Normen vertraut zu machen.

Ihm ist von der verantwortlichen Stelle eine **Übersicht** über die eingesetzten **Datenverarbeitungsverfahren** mit verantwortlichen Personen und Zweckbestimmung der Datenverarbeitung sowie Beschreibung der von der Verarbeitung betroffenen Personengruppe und der diesbezüglichen Daten oder Datenkategorien sowie dem Empfänger oder Kategorien von Empfängern zu übermitteln, indem die Daten mitgeteilt werden (§ 4 g, Abs. 1 i. V. m. § 4 e BDSG).

Er kann sich ggf. auch an die Datenschutzkontrollinstanz wenden (§ 4 g, Abs. 1, S. 2 BDSG).

e) Regelungen im TMG

976   Besonders wichtig sind insbesondere für Internetdienste die Datenschutzvorschriften im **Telemediengesetz (TMG).**[324]

Das TMG regelt allerdings nur die Verarbeitung von Bestandsdaten und Nutzungsdaten.

Bestandsdaten sind nach der Definition des § 14 Abs. 1 TMG solche Daten, die für die Begründung inhaltlicher Ausgestaltung oder Änderung eines Vertragsverhältnisses zwischen dem Diensteanbieter und dem Nutzer über die Nutzung von Telemedien erforderlich sind. Nur für diesen Zweck dürfen sie gespeichert werden. In begrenztem Umfang ist eine **Zweckentfremdung** namentlich für Zwecke der Strafverfolgung oder im Rahmen der

---

[322] *Scheja* in Taeger/Gabel (Hrsg.), § 4 f, Rn. 20; *Gola/Schomerus*, § 4 f, Rn. 12.
[323] Statt aller: *Gola/Schomerus*, § 4 f BDSG, Rn. 47.
[324] Zum Anwendungsbereich vgl. Rn. 900.

Auskunftspflichten nach § 101 UrhG oder vergleichbarer Vorschriften möglich, wenn sich eine Pflicht dazu aus einer aufgrund anderer Vorschrift ergangener Anordnungen zuständiger Stellen ergibt (§ 14 Abs. 2 TMG). Die Norm regelt selbst allerdings **keine Auskunftsverpflichtung,** sondern sichert nur eine anderweitig bestehende Pflicht datenschutzrechtlich ab.[325] Auskünfte für Privatzwecke über die Auskunftspflichten nach UrhG, MarkenG oder PatG hinaus sind daher **unzulässig.**

Nutzungsdaten sind nach § 15 Abs. 1 TMG solche Daten, die die **Inanspruchnahme**   977
von Telemedien **ermöglichen** und **abrechnen.** Was Nutzungsdaten sind, hängt damit vom jeweils genutzten Telemediendienst ab. Bei Kontaktdiensten wie den sozialen Medien sind Daten, die die Beziehung zwischen den Nutzern herstellen, wie z. B. der Name, Nutzungsdaten. Dies kann man u. U. sogar für die Informationen sagen, die den anderen Nutzern zur Verfügung gestellt werden.[326] Wer demgegenüber für einen Dritten nur einen Webservice hostet, muss Daten über die Nutzer seines Kunden nicht speichern.[327] Daten, die der **Nachrichtenübermittlung** dienen, unterfallen dem TKG und sind daher **keine Nutzungsdaten** im Sinne des TMG.

Bestandsdaten dürfen **auf Dauer** gespeichert werden, **Nutzungsdaten** im Prinzip nur   978
solange, wie der **Nutzungsvorgang** andauert. Danach dürfen sie nur soweit gespeichert werden, wie sie für Zwecke der Abrechnung mit dem Nutzer erforderlich sind (§ 15 Abs. 4 S. 1 TMG). **Abrechnungsdaten** dürfen dann an Dritte übermittelt werden, wenn dies zur Ermittlung des Entgelts und zur Abrechnung mit dem Nutzer erforderlich ist (§ 15 Abs. 5 S. 1 TMG). Die Abrechnung darf darüber hinaus Anbieter, Zeitpunkt, Dauer, Art, Inhalt und Häufigkeit bestimmter von einem Nutzer in Anspruch genommener Telemedien nicht erkennen lassen, es sei denn, der Nutzer verlangt einen Einzelnachweis (§ 15 Abs. 6 TMG). Abrechnungsdaten, die für die **Erstellung von Einzelnachweisen** über die Inanspruchnahme bestimmter Angebote des Nutzers verarbeitet werden, dürfen höchstens bis zum Ablauf des sechsten Monats nach Versendung der Rechnung gespeichert werden. Dies gilt nicht, wenn die Entgeltforderung nicht bezahlt oder binnen **6 Monaten** Einwendungen erhoben werden (§ 15 Abs. 7 TMG). Verlangt der Nutzer keinen Einzelnachweis, dürfen nur die Daten gespeichert werden, die zur Abrechnung der erbrachten Leistungen zwingend erforderlich sind, bei einem volumenabhängigen Dienst also z. B. nur die übertragenen Datenmengen und nicht mehr.[328]

Bestandsdaten und Nutzungsdaten umfassen allerdings nicht alle Daten, die in Tele-   979
medien anfallen, z. B. dann, wenn Telemedien zur Anbahnung von Geschäften genutzt werden, die außerhalb der Telemedien abgewickelt werden, wie z. B. zur Bestellung von Waren. Für diese, **Inhaltsdaten** genannten weiteren Daten gilt dann das BDSG.[329] Das Problem besteht allerdings darin, dass für die Abwicklung dieser externen Leistungen Daten verwendet werden, die auch für die Nutzung der Telemedien etwa als Bestandsdaten erforderlich sind. So ist z. B. das Bestelldatum bei einem Internetshop sowohl für den Teil des Internetshops wichtig, der ein Telemedium darstellt, z. B. um nachzuweisen, dass die Bestätigungspflicht nach § 312 g Abs. 1 S. 3 Nr. 3 BGB erfüllt wurde. Daneben ist das Bestelldatum auch für die Durchführung der Bestellung wichtig, z. B. um Aufträge nach ihrem zeitlichen Eingang abzuarbeiten. Für dieses Datum gelten dann, weil es ein Telemediendatum ist, die Regeln des TMG, daneben aber auch die Regeln des

---

[325] *Müller-Piepenkötter,* ITRB 2011, 162 (163).
[326] I. E. ebenso *Spindler/Nink,,* in: Spindler/Schuster, Recht der elektronischen Medien, § 15 TMG, Rn. 5 a.
[327] *Spindler/Nink,* in: Spindler/Schuster, Recht der elektronischen Medien, § 15 TMG, Rn. 5 a.
[328] *Spindler/Nink,* in: Spindler/Schuster, Recht der elektronischen Medien, § 15 TMG, Rn. 9.
[329] zum folgenden näher: *Redeker,* ITRB 2009, 204; *Spindler/Nink,* in: Spindler/Schuster, Recht der elektronischen Medien, § 12 TMG, Rn. 4; **a. A.** *Schmitz,* in Hoeren/Sieber (Hrsg.): Handbuch Multimediarecht, Abschn. 16.2, Rn. 208 ff.: es gilt nur das TMG.

BDSG.[330] Demgegenüber sind Daten, die nur für einen der beiden Aspekte notwendig sind, nur den Regelungen dieses Aspekts zu unterwerfen. So ist z. B. die Lieferanschrift nur für die Lieferung der Ware erforderlich und unterliegt daher nur dem BDSG, während Daten, die erforderlich sind, um die Internetverbindung aufrecht zu halten, wiederum für die Abwicklung der Bestellung nicht erforderlich und daher nur den Regeln des TMG unterliegen.

980   **Inhaltsdaten** sind aber auch Daten, die in **Telemedien anfallen,** ohne sich auf das konkrete Nutzungsverhalten des Nutzers zu beziehen. Dies gilt z. B. für Meinungen, Bewertungen oder Artikel, die der Nutzer auf Meinungsforen, Bewertungsportalen oder in Blogs einstellt. Sie stellen nicht sein Nutzungsverhalten dar und sollen auch nicht mit Ende der Nutzung gelöscht werden, wenn sie nicht zur Abrechnung des Dienstes nötig sind. Für diese Daten gilt daher nicht das TMG, sondern **das BDSG.**[331]

981   Soweit das TMG gilt, gelten folgende über die schon genannten Vorschriften hinaus folgende besondere Regeln:

Ein **Telemedienanbieter** muss gem. § 13 Abs. 1 TMG den **Nutzer,** d. h. in diesem Fall auch den Betroffenen, in allgemeiner verständlicher Form über Art, Umfang und Zweck der Erhebung personenbezogener Daten sowie über die Verarbeitung seiner Daten außerhalb der EU **unterrichten.** Diese Unterrichtung muss darüber hinaus für den Nutzer jederzeit abrufbar sein. Darüber hinaus muss der Nutzer auch über **automatisierte Verfahren** unterrichtet werden, die eine spätere Identifizierung des Nutzers ermöglichen und eine Erhebung oder Verwendung personenbezogener Daten vorbereiten (§ 13 Abs. 1 S. 2 TMG). Dabei geht es in erster Linie um „Cookies". Auch auf die Tatsache, dass Nutzungsprofile nur pseudonym erstellt werden dürfen, muss hingewiesen werden.[332] Das geschieht meist durch sog. Datenschutzerklärungen.[333]

982   Eine weitere Besonderheit besteht darin, dass der Nutzer die **Einwilligung auch elektronisch** erklären kann, wenn der Diensteanbieter sicherstellt, dass der Nutzer seine Einwilligung bewusst und eindeutig erteilt hat, die Einwilligung protokolliert wird, der Nutzer den Inhalt der Einwilligung jederzeit abrufen kann und der Nutzer die Einwilligung jederzeit mit Wirkung für die Zukunft widerrufen kann (§ 13 Abs. 2 TMG).

983   Auch im Übrigen gibt es eine ganze Reihe von Vorschriften, die insbesondere besondere datentechnische Einrichtungen betreffen, die datenschutzrechtlich wünschenswert sind und vom Diensteanbieter vorgehalten werden müssen, was allgemeine verantwortliche Stellen im Sinne des BDSG nicht tun müssen.

984   Dazu gehört z. B., dass die anfallenden personenbezogenen Daten über den Ablauf des Zugriffs auf ein Telemediendienst oder seine sonstige Nutzung **unmittelbar nach Beendigung** der Nutzung oder des Zugriffs **gelöscht werden** bzw. in besonderen Fällen gesperrt werden müssen (§ 13 Abs. 4 S. 1 Nr. 2 TMG). Darüber hinaus soll gesichert sein, dass die personenbezogenen Daten über die Nutzung verschiedener Telemedien durch denselben Nutzer **getrennt verwendet** werden können und dass bestimmte Daten nur für Abrechnungszwecke zusammengeführt werden können (§ 13 Abs. 4 S. 1 Nr. 4 und BDSG). § 13 Abs. 4 S. 1 Nr. 6 TMG i. V. m. § 15 Abs. 3 S. 1 TMG sieht darüber hinaus vor, dass **Nutzungsprofile** nur **pseudonym** erstellt werden dürfen und die Angaben zur Identifikation des Trägers des Pseudonyms nicht mit dem Nutzungsprofil zusammengeführt werden können.

985   Darüber hinaus muss der Diensteanbieter gem. § 13 Abs. 6 TMG eine Möglichkeit zur **anonymisierten** oder pseudonymisierten **Bezahlung** vorsehen, soweit dies technisch möglich und zumutbar ist.

---

[330] **A. A.** wohl *Spindler,* CR 2007, 239.

[331] *Kamp,* Personenbewertungsportale, S. 50 ff.

[332] Ausführlich *Härting,* CR 2011, 169.

[333] *Kazemi/Leoplod,* Datenschutzrecht, § 3, Rn. 339; vgl. dazu auch Rn. 945.

Nach § 15 Abs. 5 S. 3 TMG können **anonymisierte Daten** zum Zwecke der **Markt-** 986
forschung übermittelt werden. Darüber hinaus enthält das TMG keine Sonderregeln für
die Nutzung von personenbezogenen Daten für Werbungs- und Marketingzwecke. Demgemäß sind solche Möglichkeiten bei Daten, die dem TMG unterlegen, nur mit Einwilligung des Nutzers möglich. Das TMG ist hier deutlich strenger als das BDSG.

Im **Internet** werden zahlreiche **Datenspeicherungen** vorgenommen, die den unter- 987
schiedlichsten Zwecken dienen.[334]

Soweit dabei personenbezogene Daten verwendet werden, ist dies nach deutschem (und
europäischen) Datenschutzrecht meist nur bei einer **Einwilligung** aller Betroffenen **zu-**
lässig, die in vielen Fällen nicht vorliegen wird. Dies gilt selbst dann, wenn die Datenspeicherung etwa auf dem Rechner des Betroffenen vorgenommen wird, dieser aber davon
keine Kenntnis hat und auch die Speicherung nicht beeinflussen kann. Beispiele hierfür
sind **Cookies**, die zumindest Angaben zum betroffenen Rechner enthalten müssen und oft
auch weitere personenbezogene Daten enthalten. Es kann zwar durchaus sein, dass Cookies, die nur während einer bestimmten Internetsitzung benutzt werden, dafür Sorge
tragen, dass ein aufgerufener Internetauftritt erkennen kann, welche Seiten der einzelne
Nutzer während dieses Auftritts aufruft und die der Abwicklung z. B. eines Webshops
dienen, nach § 15 Abs. 1 TMG auch ohne Einwilligung zulässig sind.[335] Bei längerfristigen
Speicherungen, die im Wesentlichen der Analyse des Suchverhalts der einzelnen Kunden
dienen, dürfte dies aber nicht gelten. Auch Logfiles, die die jeweils aufrufenden IP-
Adressen speichern, können unzulässig sein. Man muss allerdings darauf hinweisen, dass
für normale Telemediendiensteanbieter, die keine Access-Provider sind, solche IP-Adressen in aller Regel keine personenbezogenen Daten sind, weil diese Anbieter IP-Adressen
nicht mit zumutbarem Aufwand einzelnen Anschlussinhabern zuordnen können.[336] Diese
Bewertung ändert sich freilich schon dann, wenn in den IP-Adressen auch statische IP-
Adressen enthalten sind, weil statische IP-Adressen personenbezogene Daten sind.

Sind die IP-Adressen aus anderen Gründen, z. B. wegen der Zuordnung der IP-Adressen zu konkreten Rechnungsdaten, personenbezogene Daten gilt diese Wertung ebenfalls
nicht mehr.

Diese Grundsätze gelten für **Analysetools** wie „**Google-Analytics**", soweit diese per- 988
sonenbezogene Daten verwenden[337]. Sie dürften daher in aller Regel schon wegen der
Einbeziehung auch statischer IP-Adressen datenschutzrechtlich unzulässig sein. Google
bietet aber mittlerweile auch Analysetools an, die die IP-Adressen um die letzten Bits
kürzen. Die Analyse kann geografisch immer noch durchgeführt werden. Personenbezogene Daten liegen dann nicht mehr vor[338]. Viele andere Analysetools verwenden von
vornherein personenbezogene Daten, weil sie sonst nicht sinnvoll eingesetzt werden
können. Ihr Einsatz bedarf daher der Einwilligung der Betroffenen. In der Praxis wird dies
sehr oft ignoriert.[339]

Im Einzelnen muss man bei jedem dieser verwendeten Dienste zunächst analysieren, ob
es um personenbezogene Daten geht und dann klären, ob diese eventuell nach §§ 14, 15
TMG erlaub sind. Man muss allerdings auch darauf achten, dass einzelne dieser Analyse-
mittel möglicherweise sich auf Inhaltsdaten beziehen, so dass das TMG nicht eingreift und
die Analyse nach §§ 28, 29 BDSG vorzunehmen ist.

---

[334] Übersicht z. B. bei *Koch*, ITRB 2011, 158; sehr kritisch *Maurer*, Informatik Spektrum 30 (2007),
273; eher großzügig *Härting*, CR 2008, 743.
[335] So jedenfalls *Kazemi/Leopold*, Datenschutzrecht, § 3 Rn. 299.
[336] Vgl. zum Ganzen oben Rn. 932 ff.
[337] Vgl. dazu *Huppertz/Ohrmann*, CR 2011, 449.
[338] Vgl. *Scheja/Haag*, in: Leupold/Glossner 8Hrsg.): IT-Recht, Teil 4, Rn. 422; *Gennen*, in: Redeker
(Hrsg.): Handbuch der IT-Verträge, Abschn. 3.9, Rn. 26; teilweise a. A. *Hoeren*, ZD 2011, 3.
[339] *Lepperhoff/Petersdorf*, DuD 2008, 266.

f) Regelungen des TKG

989   Für **Telekommunikationsdienste** gelten die Datenschutzregeln des TKG.
Diese Regelungen gelten auch für Telemediendienste, die überwiegend in der Übertragung von Signalen über Telekommunikationsnetze bestehen (§ 11 Abs. 3 TMG). Damit gelten sie auch für **E-Mail-Dienste.** Die Unterscheidung zwischen der Übertragung der E-Mails und dem Bereithalten der E-Mails zum Abruf ist irrelevant.[340]

990   Grundlage der Regelungen ist das in § 88 TKG geregelte **Fernmeldegeheimnis.** Durch diese Norm wird das in Art. 10 GG geschützte entsprechende Grundrecht[341] auch für private Anbieter von Telekommunikationsdiensten verbindlich. Der Staat genügt durch diese Regelungen **Schutzpflichten** für die Nutzer der Telekommunikation.[342] Geschützt sind Inhalt und nähere Umstände der Telekommunikation. Dabei geht es um entsprechende Daten nicht nur für Telefon-, sondern auch für andere Telekommunikationsdienste, z. B. Internetzugangs- oder E-Mail-Dienste. Für E-Mails gilt dies sogar dann, wenn sie nach Ende der Übermittlung beim Provider weiter gespeichert werden.[343] Auch **dynamische IP-Adressen** und die ihnen zu bestimmten Zeiten zugewiesenen Nutzer werden durch § 88 TKG geschützt.[344] **Nicht geschützt** sind die **Bestandsdaten** im Sinne von § 3 Nr. 3 TKG.[345] Geschützt sind die Daten aller Teilnehmer, auch die von juristischen Personen.[346] Die Verpflichtung zur Einhaltung des Fernmeldegeheimnisses trifft jeden Diensteanbieter, also auch Unternehmen, die ihren Mitarbeitern die Nutzung der Telekommunikation für private Zwecke gestatten.[347] Auch geschlossene Benutzergruppen können in den Bereich des Fernmeldegeheimnisses fallen.[348] Sachlich besagt das Fernmeldegeheimnis, dass sich die Verpflichteten Kenntnis von den geschützten Daten nur beschaffen dürfen, wenn dies für die Erbringung des Telekommunikationsdienstes eines seines Schutzes erforderlich ist (§ 88 Abs. 3 S. 1 TKG). Dazu gehört auch die Kenntnis und ggf. Unterdrückung von E-Mails, die Schäden anrichten können.[349] Dies gilt aber nicht für Spams. Hier kann zwar ein entsprechender Hinweis an den eigenen Teilnehmer zulässig sein, allerdings nur nach dessen vorherigen Einverständnis. Des Einverständnisses des Absenders bedarf es dazu nicht, weil der Empfänger von E-Mails damit verfahren kann wie er will.[350]

991   Nähere Datenschutzregeln finden sich unter **§§ 91 ff. TKG.** Diese gelten wegen § 88 TKG generell für Teilnehmer und Nutzer, also auch für juristische Personen gelten. Damit geht der Schutz weiter als im allgemeinen Datenschutzrecht. Die Normen konkretisieren das Fernmeldegeheimnis und seine Grenzen.

Dies hat damit zu tun, dass auch das Fernmeldegeheimnis sich auf den Inhalt der Telekommunikation und ihre näheren Umstände bezieht, ohne dass es allein auf natürli-

---

[340] **A. A.** *Eckhardt,* in: Spindler/Schuster (Hrsg.), Recht der elektronischen Medien, § 91 TKG Rn. 11.

[341] Zur zentralen Bedeutung auch dieser Norm vgl. BVerfG, NJW 2010, 853 (Vorratsdatenspeicherung).

[342] *Eckhardt,* in: Spindler/Schuster (Hrsg.), Recht der elektronischen Medien, § 88 TKG, Rn. 2.

[343] BVerfG, MMR 2009, 673 = NJW 2009, 2431.

[344] *Eckhardt,* in: Spindler/Schuster (Hrsg.), Recht der elektronischen Medien, § 111 TKG, Rn. 11 ff.

[345] Zum Begriff unten Rn. 992; *Eckhardt,* in: Spindler/Schuster (Hrsg.), Recht der elektronischen Medien, § 88 TKG, Rn. 11.

[346] *Eckhardt,* in: Spindler/Schuster (Hrsg.), Recht der elektronischen Medien, § 88 TKG, Rn. 14.

[347] *Eckhardt,* in: Spindler/Schuster (Hrsg.), Recht der elektronischen Medien, § 88 TKG, Rn. 18.

[348] *Eckhardt,* in: Spindler/Schuster (Hrsg.), Recht der elektronischen Medien, § 88 TKG, Rn. 19.

[349] *Eckhardt,* in: Spindler/Schuster (Hrsg.), Recht der elektronischen Medien, § 88 TKG, Rn. 27.

[350] *Eckhardt,* in: Spindler/Schuster (Hrsg.), Recht der elektronischen Medien, § 88 TKG, Rn. 29; str., **a. A.** OLG Karlsruhe, CR 2005, 288 ff. m. Anm. *Lejeune.*

che Personen abstellt. Dies ergibt sich nicht nur aus Artikel 10 GG, sondern auch aus der entsprechenden zivilrechtlichen Regelung des § 88 Abs. 1 S. 1 TKG, der die Grundrechtregelung auf die privaten Erbringer von Telekommunikationsdienstleistungen erstreckt.

Auch die telekommunikationsrechtlichen Normen über den Datenschutz kennen die **992** Unterscheidung von **Bestandsdaten** und **Verkehrsdaten.** Die Begriffe entsprechen im Wesentlichen den Begriffen Bestandsdaten und Nutzungsdaten im TMG und finden sich unter § 3 Abs. 1 Nr. 3 bzw. Nr. 30 TKG. Bestandsdaten dürfen gem. § 95 Abs. 1 S. 1 TKG erhoben und verwendet werden, soweit dies für die Begründung, inhaltliche Ausgestaltung, Änderung oder Beendigung eines Vertragsverhältnisses über Telekommunikationsdienste erforderlich ist. Darüber hinaus kann es Vertragsverhältnisse zwischen **zwei verschiedenen Diensteanbietern** geben, bei denen die Erfüllung der Dienste durch den einen Anbieter von einem anderen übernommen wird. Dann darf der jeweilige Diensteanbieter dem anderen Bestandsdaten seiner Teilnehmer und der Teilnehmer der anderen Diensteanbieter erheben und verwenden, soweit dies zur Erfüllung des Vertrages zwischen den beiden Diensteanbietern erforderlich ist (§ 95 Abs. 1 S. 1 TKG). Insoweit greift diese Regelung für spezielle Vertragsverhältnisse inhaltlich die Regelung des § 28 Abs. 1 Nr. 1 BDSG auf. Darüber hinaus eröffnet § 95 Abs. 2 S. 2 TKG eine begrenzte Möglichkeit, einzelne Bestandsdaten auch für **Werbezwecke,** auch zur Wiedergewinnung von Kunden, die gekündigt haben,[351] zu nutzen. Die Bestandsdaten sind relativ rasch nach Ende des Dienstes zu löschen, nämlich mit Ablauf des auf die Beendigung erfolgenden Kalenderjahres (§ 95 Abs. 3 S. 1 TKG). Aber auch hier gilt, dass die Daten nicht gelöscht, sondern nur gesperrt werden müssen, wenn sie denn anderweitig noch benötigt werden.

Was die **Verkehrsdaten** betrifft, so können diese wie bei den Telemedien verwendet **993** werden, soweit dies notwendig ist, um die Telekommunikation notwendig zu machen oder soweit dies zur Entgeltermittlung und Entgeltabrechnung **erforderlich** ist (§§ 96, 97 TKG). Sind sie dafür erforderlich, können sie bis zu 6 Monaten aufbewahrt werden (§ 97 Abs. 3 S. 2 TKG). Notwendig ist die Aufbewahrung freilich nur bis zum Ablauf der mit dem Teilnehmer vereinbarten **Beanstandungsfrist** des § 45 i Abs. 1 S. 1 TKG.[352] Eine frühere Löschung kann der Teilnehmer nicht verlangen. Er kann nur verlangen, dass der Einzelverbindungsnachweis entsprechend gekürzt wird (§ 99 Abs. 1 TKG).[353] Das gilt auch für Verträge, die noch unter der Geltung früheren Rechts geschlossen wurden.[354] Bei **Pauschalvergütungen** ist eine **Speicherung** nicht erforderlich und damit **unzulässig.**[355] Allerdings beinhalten viele Tarife neben einer Pauschalvergütung noch einzelne Bestandteile, die aufwandsabhängig abgerechnet werden (z. B. Auslandsverbindungen). Verkehrsdaten, die für die Abrechnung dieser Entgeltbestimmungen erforderlich sind, dürfen gespeichert werden. Weiterhin dürfen Verkehrsdaten gespeichert werden, wenn dies zum Erkennen, Eingrenzen oder Beseitigen von Störungen oder Fehlern an Telekommunikationsanlagen erforderlich ist (**§ 100 Abs. 1 TKG**). Es geht dabei nicht um Gefahrenvorsorge, nicht um Abwehr von Einzelfällen. Nach § 3 Nr. 23 TKG gehört zu den Telekommunikationsanlagen das Gesamtsystem einschließlich der Empfangsanlagen. Damit sind z. B. auch Denial-of-Service-Angriffe Störungen i. S. v. § 100 TKG[356]. In der Regel wer-

[351] LG Bonn, Urt. v. 15. 9. 2009, 11 O 35/09, JurPC Web-Dok. 10/2010.

[352] Dazu unten Rn. 1045.

[353] *Ditscheid/Rudloff,* in: Spindler/Schuster (Hrsg.), Recht der elektronischen Medien, § 45 i TKG, Rn. 32.

[354] *Eckhardt,* in: Spindler/Schuster (Hrsg.), Recht der elektronischen Medien, § 97 TKG, Rn. 22 a f.

[355] BGH, CR 2011, 178 (179); *Ditscheid/Rudloff,* in: Spindler/Schuster (Hrsg.), Recht der elektronischen Medien, § 45 i, Rn. 37.

[356] Insoweit kritisch *Wüstenberg,* CR 2011, 254.

den als Höchstspeicherfrist 7 Tage genannt[357]; diese Frist beruht aber eher auf einem Kompromiss zwischen dem Bundesbeauftragten für Datenschutz und Informationsfreiheit und der Deutschen Telekom als auf nachvollziehbaren Erwägungen.[358] Die Speicherungsmöglichkeit ist daher sehr weit und wird nur dadurch begrenzt, dass sie geeignet, erforderlich und (auch unter Berücksichtigung des informationellen Selbstbestimmungsrechts) im engeren Sinne verhältnismäßig ist[359]. Eine weitere Speicherungsbefugnis ergibt sich aus **§ 100 Abs. 3 TKG** zur Aufdeckung und Unterbindung von Leistungserschleichung und anderem Missbrauch von Telekommunikationseinrichtungen. Dies setzt aber einen konkreten Verdachtsfall gegen den Betroffenen voraus.[360] Streitträchtig ist hier vor allem die Speicherung dynamischer IP-Adressen.[361] Demgegenüber ergibt sich aus § 99 Abs. 1 S. 1 2. Hlbs. TKG keine Speicherungserlaubnis. Diese Vorschrift erlaubt zwar eine Datenübermittlung auch von Einzelverbindungsdaten bei Pauschalverträgen, sie erlaubt aber nur Übermittlung erlaubt gespeicherter Daten, nicht die Speicherung von Daten im Hinblick auf noch nicht gewünschte Übermittlungen.[362] Eine auf keine der hier genannten Daten gestützte Speicherung von Verkehrsdaten, wie sie nach der Rechtsprechung bei Kabelnetzanbieter üblich sein soll, ist immer unzulässig, auch wenn sie weniger als 7 Tage dauert.[363]

994   Der Diensteanbieter muss seine Teilnehmer bei **Vertragsschluss über Art, Umfang und Zweck** der Erhebung und Verwendung personenbezogener Daten so **unterrichten,** dass die Teilnehmer Kenntnis von den grundlegenden Verarbeitungstatbeständen erhalten und sie ihre Wahl- und Gestaltungsmöglichkeiten erkennen können (§ 93 Abs. 1 S. 1 u. 2 TKG). Die Nutzer, auch die nicht mit ihm vertraglich verbunden, muss er durch allgemein zugängliche Informationen über die Erhebung und Verwendung personenbezogener Daten unterrichten (§ 93 Abs. 1 S. 3 TKG). Außerdem muss er über besonderen Risiken für die Netzsicherheit unterrichten (§ 93 Abs. 2 TKG). Für Bestands- und Verkehrsdaten gilt ferner die Selbstanzeigepflicht bei unrechtmäßiger Übermittlung bzw. einer unrechtmäßigen Kenntniserlangung durch Dritte gem. § 42 a BDSG (§ 93 Abs. 3 TKG). All diese Informationspflichten sollen zur Transparenz der Datenverarbeitung beitragen.

Auch im Telekommunikationsbereich kann die **Einwilligung** in die Verarbeitung geschützter Daten unter den gleichen Voraussetzungen wie bei den Telemedien elektronisch erklärt werden (§ 94 TKG). Die Einwilligung darf nicht Voraussetzung dafür sein, dass der Teilnehmer bestimmte Telekommunikationsleistungen überhaupt erhalten kann (§ 95 Abs. 5 TKG, sog. Koppelungsverbot). Die Leistungen müssen nicht bei einem konkreten Anbieter ohne Einwilligung zu erhalten sein, sie müssen nur bei einem auf dem Markt tätigen Anbieter ohne Einwilligung erhältlich sein.[364]

---

[357] AG Bonn, CR 2007, 640; OLG Köln, Beschl. v. 9. 6. 2011, 6 W 159/10, JurPC Web-Dok. 117/2011.

[358] Insoweit zutreffend *Wüstenberg*, CR 2011, 254 (255).

[359] BGH, CR 2011, 178; m. Anm. *Wüstenberg*, CR 2011, 254; OLG Frankfurt/M. CR 2011, 06; a. A. AG Meldorf, Urt. v. 13. 1. 2011 III ZR 146/10, Beck RS 2011, 02767.

[360] OLG Frankfurt/M., CR 2001, 96 (101).

[361] Gegen eine Speicherung: *Welp*, Auskunftspflicht, S. 298 ff.

[362] **A. A.** *Eckhardt*, in: Spindler/Schuster (Hrsg.), Recht der elektronischen Medien, § 97 TKG, Rn. 21.

[363] **A. A.** OLG Köln, Beschl. v. 9. 6. 2011, 6 W 159/10, JurPC Web-Dok. 117/2011.

[364] *Eckhardt*, in: Spindler/Schuster (Hrsg.), Recht der elektronischen Medien, § 95 TKG, Rn. 26.

III. Internet- und Telekommunikationsdienstleistungen

1. Grundlagen

a) Zum Vorgehen[365]

Im **Internet** bieten einzelne **Dienstleister** vielfältige Dienste an. Viele dieser Dienst- 995
leistungen nutzen dabei allerdings nur ein neues Kommunikationsmittel, sind aber ansonsten **seit langem bekannt**. Dies gilt z. B. für die Angebote von Versandhändlern.

Es gibt aber eine ganze Reihe von Dienstleistern, die Dienste anbieten, die sich gerade
auf das neue Medium elektronischer Dienste über die Telekommunikation beziehen. Zum
Teil werden sie benötigt, um überhaupt Zugang zum Medium zu erhalten oder dort
Auftritte präsentieren können, zum Teil nutzen sie die Möglichkeiten des Mediums aber
auch zu weiteren **neuen Diensten** aus. Nur diese beiden Formen der neuen Dienste, die
sich aus dem neuen Medium ergeben, sollen in der Folge betrachtet werden. Verträge, bei
denen das Internet und seine Dienstleistungen nur als neues technisches Hilfsmittel eingesetzt werden, sollen in der Folge nicht betrachtet werden.

Es gibt daneben Dienste die zwar im Kern bisher erbrachten Dienstleistungen gleich
sind, die aber im Internet technisch weiter entwickelt und mit neuen Fassetten angereichert
werden. Dies gilt z. B. für Maklerdienste oder Handelsplattformen. Diese Dienste werden
in der Folge nicht im Detail betrachtet. Es gibt allerdings einige internetspezifische Probleme, die gesondert betrachtet werden.

Schwerpunkt der folgenden Betrachtungen sind neben den eigentlichen Telekommunikationsdienstleistungen insbesondere solche **Dienstleistungen**, die für das **Internet spezifisch** sind, sei es, weil sie die Nutzung des Internets überhaupt erst ermöglichen oder weil
es sie nur gibt, weil das Internet als technisches Medium zur Verfügung steht.

Insbesondere diese Verträge haben die Besonderheit, dass sie **nicht vertypt** sind. Weder 996
entspricht ihnen ein im Gesetz geregelter Vertragstypus – dies ist bei einer im wesentlichen
Kern seit 1900 unveränderten Vertragstypik auch nicht zu erwarten. Es gibt aber auch
kaum sich aus der wirtschaftlichen Praxis ergebende Vertypung, wie es sie z. B. im Lea-
singvertrags oder bei Franchise-Verträgen der Fall ist. Vielmehr gibt es sehr umfangreiche
Gestaltungsmöglichkeiten, die in der Praxis auch vollständig ausgenutzt werden und die
ständig weiterentwickelt werden, so dass auch eine Vertypung schwierig ist.

Demzufolge werden auch in dieser Auflage neue Vertragsdienstleistungen näher betrachtet.

Vielen dieser Verträge sind aber **allgemeine Regeln** gemeinsam, die internetspezifische 997
Problematiken betreffen. Diese allgemeinen Problematiken werden nicht bei jedem Vertrag
neu behandelt, sondern in einem vorangestellten allgemeinen Abschnitt, der sozusagen
einen allgemeinen Teil des Internetvertragsrecht betrifft.

Nach diesem allgemeinen Teil folgt eine Betrachtung der einzelnen Dienste. Wegen der
besonderen wirtschaftlichen Bedeutung werden Internetauktionen gesondert behandelt.

Das gleiche gilt für die spezifischen Probleme elektronischer Zahlungssysteme.

b) Dauerschuldverhältnis

Den meisten der in der Folge betrachteten **Verträge** ist gemein, dass sie die Leistungs- 998
beziehungen zwischen den Parteien über eine längere **Dauer regeln**. Der jeweilige Pro-

---

[365] Zum Folgenden vgl. auch die ausführliche Darstellung *Redeker,* in: Hoeren/Sieber (Hrsg.):
Teil 12.

vider, rechtlich gesprochen der Dienstleistungserbringer, erbringt seine Dienste entweder für von vornherein längere Zeiten oder – häufiger – auf unbestimmte Zeit. Dieser Verpflichtung des Diensterbringers stehen sehr häufig periodisch geschuldete Zahlungen des Kunden für diese Leistung gegenüber.

Letztendlich geht es um ein **Dauerschuldverhältnis**. Dauerschuldverhältnisse sind auch sonst im Schuldrecht nicht selten. Das Besondere der im Internet betrachteten Dauerschuldverhältnisse ist aber, dass meist sehr unterschiedliche Leistungen Gegenstand der Leistungsverpflichtungen sind. Diese verschiedenen Leistungen folgen unterschiedlichen rechtlichen Regelungen.

999   Hier macht sich ganz besonders bemerkbar, dass es **generelle Regeln** für Dauerschuldverhältnisse im BGB auch heute noch nur in geringem Umfang gibt. Insbesondere taucht der Begriff in **§ 314 BGB** auf, der freilich nur die außerordentliche Kündigung aus wichtigem Grund regelt.

Leistungsstörungen können bei solchen Dauerschuldverhältnissen sowohl im Hinblick auf das Dauerschuldverhältnis insgesamt (im folgenden Gesamtvertrag) als auch im Hinblick auf die einzelnen Leistungskomponenten auftauchen[366]. Es kann z. B. sein, dass das Gesamtverhalten des Diensteanbieters so mangelbehaftet ist, dass die gesamte Vertragsbeziehung darunter leidet. Es können auch Zahlungen nicht erbracht werden, die für alle Dienstleistungen geschuldet sind.

In beiden Fällen geht es um **Leistungsstörungen**, die **sämtliche** Leistungsaspekte betreffen.

Daneben kann es auch nur um **einzelne mangelhafte** Leistungen gehen, während andere Leistungen mangelfrei erbracht werden. Dann gibt es entsprechende Rechte auch nur für die einzelnen Teilkomponenten. Unmittelbare Auswirkungen auf den Gesamtvertrag müssen dabei nicht entstehen. Sie entstehen nur dann, wenn die Leistungsstörungen so gewichtig sind, dass ein Festhalten etwa am Gesamtvertrag der betroffenen Partei nicht mehr zumutbar ist. Diese Unterscheidung der verschiedenen Leistungsebenen, der Einzelleistung und des **Gesamtvertrages** ist für die Betrachtung praktischer Probleme bei Internetverträgen von zentraler Bedeutung.

c) Unterschiedliche Leistungen und Vertragstypologien

1000   Bei der Entscheidung praktischer Rechtsfragen spielt die eigentlich vordergründig sehr dogmatische Frage nach der **vertragstypologischen Einordnung** der Internetverträge oft eine wichtige Rolle. Dies gilt insbesondere für die Frage der Wirksamkeit allgemeiner Geschäftsbedingungen. Die entsprechenden rechtlichen Regelungen knüpfen in der Grundregel des § 307 Abs. 2 Nr. 1 BGB an den Typ des Vertrages an, der abgeschlossen worden ist.

Die AGB-rechtliche Prüfung setzt daher notwendigerweise voraus, den Vertragstyp zu ermitteln. Das gleiche gilt dann, wenn Lücken in der vertraglichen Regelung geschlossen werden sollen. Anerkanntermaßen kann es allerdings auch **atypische Verträge** geben.[367]

1001   Gibt es verschiedene Leistungen, kann zum einen ein atypischer Vertrag vorliegen. Zum anderen können die einzelnen Leistungen unterschiedlichen Vertragstypiken folgen. Welchem Vertragstyp der Gesamtvertrag folgt, richtet sich danach, ob eine der Leistungen im Vordergrund steht, so dass die anderen Leistungen vertragstypologisch absorbiert werden (sogenanntes **Absorptionsprinzip**) oder ob die verschiedenen Leistungen mehr oder minder gleichberechtigt nebeneinander stehen und daher die einzelnen Vertragstypen sozusagen kombiniert werden (**Kombinationsprinzip**). Im ersten Fall richtet sich der Gesamtvertrag nach den Rechtsregeln des vorrangigen Leistungsbereichs, im anderen Fall

---

[366] I. E. ähnlich *Spindler*, BB 1999, 2037 ff.
[367] Dazu *Bamberger/Roth/Gehrlein*, § 311 Rn. 17.

wird für die einzelne Leistung jeweils das Recht des für sie geltenden Vertragstyps anzuwenden sein.

Es gibt in der juristischen Literatur Streit darüber, welcher der beiden Regeln generell gilt.[368]

Richtigerweise gelten aber **beide Prinzipien**. Welches im konkreten Fall Anwendung   1002
findet, richtet sich nach dem Vertragsinhalt. Steht ein Vertragsinhalt klar im Vordergrund, gilt das Absorptionsprinzip, sonst gilt das Kombinationsprinzip. Dies muss im Einzelfall natürlich konkret abgewogen werden. Ein Maßstab wäre z. B., ob man die Leistung konkret teilen kann. Sind die Leistungen nur zusammen zu betrachten, wird man die Gesamtleistung, auch wenn sie teilbar ist, zur Grundlage der vertragstypologischen Einordnung machen. Dies geschieht z. B. in der Praxis bei einer Softwarelieferung mit umfangreicher Parametrisierung. Dies wird als einheitlicher Werkvertrag betrachtet, weil man den Vertragsteil Installation und Parametrisierung nicht von der Softwarelieferung trennen kann[369].

d) Leistungsbeschreibungen

Die mangelnde Vertypung der Internetdienstleistung zwinge dazu, in jedem einzelnen   1003
Vertrag nähere **Regelungen** über die **Leistung** zu regeln.

Es muss also zunächst einmal Klarheit darüber geschaffen werden, was im Kern eigentlich geschuldet ist. Natürlich reicht in vielen Fällen auch für solche Angaben die Angabe von Stichworten. Dies gilt z. B. für Access-Providing-Verträge. Dies ist aber keinesfalls immer so. In vielen Bereichen muss man auch an dieser Stelle schon ziemlich konkrete Regelungen treffen.

Wichtig sind auch Vereinbarungen über **Bandbreiten und Download-Raten** z. B. bei geschuldeten Internetverbindungen, den Umfang providerseitig gespeicherte E-Mails, die Größe von auf Dauer zur Verfügung gestellter Speicherplätze usw. Wird nichts vereinbart, kann in aller Regel nicht auf gesetzliche Regeln oder branchentypische Leistungen zurückgegriffen werden, weil diese fehlen. In vielen Fällen ist es außerdem nützlich, zu regeln, dass und wie die vom Diensteanbieter gespeicherten Daten unverändert bleiben (sogenannte **Integrität**) oder Vereinbarung darüber zu treffen, wie Daten und Programme vor unbefugten Zugriffen gesichert werden (sogenannte **Vertraulichkeit**)[370].

Wird hier nichts vereinbart, ist völlig unklar, was geschuldet ist. Das Niveau wird theoretisch durch die Rechtsprechung, praktisch durch Sachverständige festgelegt.

Ganz wichtig sind die sogenannten **Verfügbarkeitsregeln**. Sämtliche in diesem Zusam-   1004
menhang betrachteten Leistungen werden mit Hilfe komplexer technischer Systeme erbracht. Keines dieser Systeme ist hundertprozentig sicher, auch wenn die Sicherheit und Zuverlässigkeit der Systeme in den letzten Jahren insbesondere bei Standardleistungen deutlich zugenommen hat.

Es wird aber immer Situationen geben, in denen diese Systeme nicht zur Verfügung stehen. Dies beginnt bei notwendigen Wartungsintervallen, kann aber auch bei technischen Ausfällen eine Rolle spielen. Zu regeln, wie zuverlässig diese Systeme sein müssen (sogenannte Verfügbarkeitsregeln) sind daher dringend erforderlich.

Fehlen solche **Verfügbarkeitsregeln**, spricht die Rechtsprechung des BGH in Zivilsa-   1005
chen dafür, hier von einer hundertprozentigen Verfügbarkeit rund um die Uhr auszugehen.[371] Dies ist zwar technisch nicht zu erreichen, stellt aber wohl ein vom BGH voraus-

---

[368] Dazu *Staudinger/Löwisch*, § 311, Rn. 33; *Bamberger/Roth/Gehrlein,* § 311, Rn. 21 ff.
[369] Vgl. dazu auch oben Rn. 527, 687.
[370] Zu den Begriffen vgl. *Schultze-Melling* in: Bräutigam (Hrsg.), IT-Outsourcing, Abschn. C Rn. 97.
[371] BGHZ 146, 138.

gesetztes Idealbild dar. Eine neuere wettbewerbsrechtliche Entscheidung weist in eine andere Richtung, wird doch in dieser Entscheidung davon ausgegangen, dass ein Benutzer nicht erwarten kann, dass versprochene Download-Raten immer hundertprozentig eingehalten werden.[372] Man wird aus beiden schließen können, dass jedenfalls kein Verschulden vorliegt, wenn Systemausfälle nur in dem Umfang vorkommen, wie es auch bei Verwendung geeigneter **Sicherheitsmaßnahmen** einschließlich entsprechender Backup-Systeme nicht zu vermeiden ist.[373] In jedem Fall muss der Systembetreiber aber **Vorkehrungen** ergreifen, um auftretende Ausfälle möglichst kurzfristig zu beheben. Dazu gehören z. B. das Bereithalten von **Back Up-Möglichkeiten,** die Möglichkeit des raschen Ausweichens auf andere Kommunikationsanlagen, wenn der Netzbetreiber oder ein Rechner ausfällt usw. Fehlen solche Vorkehrungen, dürften Mängel- und auch sehr rasch Schadensersatzansprüche eingreifen.[374] Das Internet ist zwar insgesamt sehr stark fehlertolerant konstruiert. Aber auch der Anbieter etwa eines e-mail-Dienstes muss mit Hilfe solcher Techniken dafür sorgen, dass seine Kunden bei ihm gespeicherte e-mails zuverlässig abrufen können.

1006   In vielen Fällen gibt es allerdings vertragliche **Regelungen** über die **Verfügbarkeit.** In ihnen wird die Zuverlässigkeit in aller Regel prozentual angeben. Bei der Berechnung der Prozentsätze muss man darauf achten, dass diese sich nicht etwa auf ein ganzes Jahr beziehen. Auch eine 99,9 %ige Zuverlässigkeit über das Jahr gerechnet erlaubt eine Unterbrechung von mehr als 8 Stunden auf einmal. Um dies zu vermeiden, muss die Zuverlässigkeitsvereinbarung auf kleinere Zeiträume bezogen werden. Außerdem ist oft eine Höchstunterbrechungszeit vorzusehen.

1007   Das Hauptproblem für Verfügbarkeitsregeln besteht darin, dass diese bei den üblichen Massendiensten im Internet **allgemeinen Geschäftsbedingungen** enthalten sind. Dies wirft deswegen erhebliche Probleme bei der Vertragsgestaltung auf, weil nach der Rechtsprechung des BGH Klauseln, die vertraglich versprochene Leistungen in irgendeiner Weise einschränken, in aller Regel unwirksam sind, weil der BGH darin Haftungsbegrenzungsklauseln sieht, die auch für den Fall der groben Fahrlässigkeit und darüber hinaus oft auch im Hinblick auf die Verletzung von Kardinalpflichten die Haftung ausschließen. Dies gilt auch für Verfügbarkeitsregeln[375]

1008   Man muss Verfügbarkeitsregeln daher so gestalten, dass sie Teil der **kontrollfreien Leistungsbeschreibung** und nicht einer AGB-Kontrolle unterliegende Leistungsbegrenzung sind[376]. Die Abgrenzung zwischen diesen Bereichen in allgemeinen Geschäftsbedingungen ist allerdings schwierig. Klar ist nur, dass eine Regelung, die in der Leistungsbeschreibung eine bestimmte Leistung verspricht und dann in AGB zurückgenommen wird, einer Klauselkontrolle unterliegt.

Was bei einer anderen Klauselgestaltung möglich ist, ist weitgehend ungeklärt. Man wird sich wohl daran orientieren müssen, dass kontrollfreie Leistungsbeschreibungen insbesondere dort vorliegen, wo sie das Angebot in der Weise mitbestimmen, dass sich der Kunde gerade auch im Hinblick auf die Begrenzung der Leistung für oder gegen das

---

[372] BGH, GRUR 2010, 744.

[373] Vgl. AG Charlottenburg, CR 2002, 297 (299).

[374] *Roth,* in: Loewenheim/Koch, Praxis des Online-Rechts, S. 57 (62 f.).; AG Charlottenburg, CR 2002, 297 ff.

[375] BGHZ 146, 138; LG Karlsruhe, CR 2007, 396; im Ergebnis ebenso *Schuppert* in: Spindler (Hrsg.), Vertragsrecht der Internetprovider, Teil V, Rn. 52 ff.

[376] *Intveen/Lohmann,* ITRB 2002, 210 (213); *Gottschalk,* in: Kröger/Gimmy (Hrsg.), Handbuch zum Internet-Recht, S. 245 (260 f.); *Leitermann,* in: Hein (Hrsg.), Handbuch Telekommunikationsrecht, S. 527 (561 f.); *Spindler,* in: Spindler/Wiebe, Internet-Auktionen, Kap. 5, Rn. 25 ff.; *Schoengarth,* Application Service Providing, S. 256 ff.; zum Ganzen vgl. auch *Staudinger/Coester-Waltjen,* § 309 Nr. 7, Rn. 12 ff.

Angebot entscheiden kann, die **AGB-Kontrolle** also durch eine **Marktkontrolle** ersetzt wird.[377] Dies ist z. B. dann der Fall, wenn das Angebot ohne die Begrenzungsregelungen für den Kunden nicht ohne weiteres bewertbar und damit zu unbestimmt ist.[378]

Verfügbarkeitsregeln müssen daher ein **Teil der Leistungsbeschreibung** im Angebot   1009 sein. Einschränkungen der Leistungen mit nicht erläuterten Sternchenvermerken auf Folgeseiten oder durch inhaltlich nicht beschriebene Links werden von den Nutzern nicht wahrgenommen und sind daher nicht marktrelevant. Auch sie unterliegen wie Regelungen in AGB der Klauselkontrolle. Die Beschränkung muss sich darüber hinaus im Rahmen des Üblichen halten. Eine Konkretisierung in einem entsprechenden Link nach einem allgemeinen Hinweis auf der Leistungsbeschreibungsseite ist in diesem Rahmen möglich.[379] Man kann daher in der Leistungsbeschreibung vorsehen, dass das System während Wartungsfenstern und im Übrigen nur zu 99,9% der Zeit zur Verfügung steht. Details kann man dann auf Seiten beschreiben, auf die mit entsprechenden Links verwiesen wird.

Für all diese Leistungsbeschreibungen gilt auch das **Transparenzgebot** des § 307 Abs. 3 Satz 2 BGB.[380]

In Verträgen zwischen Unternehmen über umfangreiche Leistungspakete werden auch   1010 die oben[381] schon besprochenen **Service-Level-Agreements** verwendet.[382]

Darüber hinaus gibt es noch **Leistungsänderungsklauseln**. Diese sind deswegen not-   1011 wendig, weil sich das Internet dynamisch weiterentwickelt. Die dem System zugrunde liegende Software wird weiterentwickelt, die Anforderungen, die einzelnen Kunden, insbesondere Neukunden, an die verschiedenen Leistungsangebote stellen, ändern sich. Unterschiedliche Angebote für unterschiedliche Kunden können vom Leistungsanbieter technisch nicht erbracht werden. Um eine entsprechende dynamische Weiterentwicklung der Leistungsinhalte möglich zu machen, muss der Anbieter sich vorbehalten, Leistungen in bestehenden Verträgen **anzupassen**. Dies ist rechtlich weitgehend unproblematisch, wenn lediglich Leistungskomponenten hinzukommen. Problematisch wird es dann, wenn Leistungskomponenten oder Leistungsanforderungen geändert werden. Dies gilt selbst für verbesserte Leistungskomponenten, weil diese oft voraussetzen, dass die vom Kunden verwendete Hardware an sonstige Betriebssoftware angepasst wird. In diesen Fällen werden diese verbesserten Leistungen für Kunden, die nicht anpassen wollen unzumutbar. Insbesondere im Verbraucherbereich werden aber Kunden nicht dauernd ihre vorhandenen Anlagen der technischen Entwicklung anpassen müssen.

Darüber hinaus kann es natürlich sein, dass bestimmte Leistungen im Zuge der technischen Weiterentwicklung reduziert werden oder gar ganz entfallen. Je nach Interesse der Kunden kann sich für diese die Leistung daher verschlechtern. Um all dies auffangen zu können, enthalten die meisten der hier diskutierten Verträge Leistungsänderungsklauseln.

Individualvertraglich ist dies natürlich immer möglich. In **allgemeinen Geschäfts-**   1012 **bedingungen** gibt es allerdings vom BGH gerade in den letzten Jahren zunehmend betonte Grenzen für solche Klauseln. Nach der Rechtsprechung sind Leistungsänderungsklauseln dann unwirksam, wenn die Vereinbarung der Änderung oder Abweichung unter Berücksichtigung der Interessen des Verwenders für den anderen Teil **nicht zumutbar** ist.[383] **Möglich** sind Änderungsklauseln, wenn sie der **sinnvollen technischen Weiterent-**

---

[377] So *Braun*, Die Zulässigkeit von Service-Level-Agreements, S. 94; a. A. wohl *Peter*, CR 2005, 404 (411).

[378] Auf dieses Kriterium stellt wohl ab *Wolf/Lindacher/Pfeiffer/Dammann*, § 307, Rn. 292.

[379] I. E. ebenso *Schuppert* in Spindler (Hrsg.), Vertragsrecht der Internetprovider, Teil V Rn. 54.

[380] *Meurer* in Brumme/Weiß (Hrsg.), Praxis Handbuch Internetrecht, S. 286, 289.

[381] Rn. 641 a ff.

[382] Vgl. z. B. *Schumacher*, CR 2006, 229 (231 ff.) für IP-VPN-Verträge; *Beyer*, ITRB 2005, 287 und 2006, 20 für ASP-Verträge.

[383] Vgl. grundsätzlich dazu *H.Schmidt* in: Ulmer/Brandner/Hensen, AGB, § 308 Nr. 4, Rn. 4 ff.

wicklung des Systems dienen. Sie sind allerdings unwirksam, wenn sie den Betreiber berechtigten, angebotene Leistungen des Systems einseitig wesentlich zu ändern.[384] Dies gilt auch, wenn eine nach den Bedingungen erforderliche Zustimmung des Kunden dann fingiert wird, wenn er einer Änderung nicht binnen einer bestimmten Frist widerspricht.[385] Möglicherweise können Kündigungsmöglichkeiten für den Kunden dazu führen, dass einzelne Leistungsänderungen zulässig bleiben, allerdings nur dann, wenn an den Änderungen des Leistungsangebots des Verwenders ein besonderes technisches Interesse besteht und zumindest das bisherige Leistungsangebot bis zum Ablauf einer regulären Kündigungsfrist aufrechterhalten bleibt. Insbesondere wird es möglich sein, die Dienstleistungen aus dem Angebot zu entfernen, die nur noch für veraltete technische Systeme irgendeinen Nutzen haben, ansonsten aber von der weit überwiegenden Anzahl der Kunden nicht mehr gebraucht werden.

1013   Der BGH verlangt darüber hinaus, dass die Gründe für die Leistungsänderung in der Klausel konkret und für den Vertragspartner **nachvollziehbar beschrieben** werden.[386] Ein Vorbehalt zur Rufnummernänderung ist daher in allgemeinen Geschäftsbedingungen unwirksam.[387]

Diese Anforderungen zu erfüllen und gleichzeitig das Transparenzgebot einzuhalten, ist eine durchaus anspruchsvolle Herausforderung.

e) Preisvereinbarungen; Sperren

1014   Wichtig sind auch **Preisvereinbarungen.** Diese sind einfach, wenn es um Pauschalpreise (sogenannte Flatrates) geht. Sie sind komplexer, wenn Leistungs- und erfolgsbezogene Entgelte möglich sind, z. B. nach Verbindungszeit, Speicherplatzumfang, Ab- und/oder Downloadvolumen oder Klickzahlen. Je nach Komplexität lassen sich diese nur schwer darstellen. Dies muss aber deutlich erfolgen. Die Darstellung auf einer gesonderten Seite, die über einen klar erkennbaren Link erreichbar ist, dürfte ausreichen.

Ganz wichtig ist, dass deutlich wird, dass es um ein **entgeltpflichtiges Angebot** geht, weil im Internet ja viele Angebote auch kostenfrei für den Benutzer sind.

Problematisch sind oft Preise für **selbstverständliche Leistungsbestandteile.** Die Rechtsprechung hat entsprechende Entgeltklauseln oft für unwirksam erklärt. Dies gilt z. B. für Deaktivierungsgebühren[388] oder Entgelte für den Einzelverbindungsnachweis.[389]

1015   Wichtig sind auch **Preisänderungsklauseln.** Dazu ist auf die früheren Ausführungen zu verweisen.[390]

Notwendig sind auch **Fälligkeits- und Bankeinzugsvereinbarungen.**

Hier ist zunächst festzuhalten, dass Bankeinzugsklauseln grundsätzlich erlaubt sind, wenn sie dem Kunden ein Widerspruch gegen den Einzug ermöglichen. Darüber hinaus muss dem Kunden ein Prüfungsvorbehalt vor Einzug verbleiben. Ihm muss auch Gelegenheit gegeben werden, die notwendige Deckungssumme auf das Konto zu stellen. Nach der Rechtsprechung des BGH[391] reicht dafür ein **Zeitraum** von mindestens **fünf Tagen** bis

---

[384] BGH, BB 2007, 2644 m. Anm. *Härting.*

[385] OLG Koblenz, CR 2011, 471.

[386] BGH, NJW 2005, 3420; NJW-RR 2008, 134 = BB 2007, 2644 m. Anm. *Härting;* ähnlich *Spindler,* CR 2004, 203, 208 f. und in Spindler/Wiebe (Hrsg.), Internetauktionen und elektronische Marktplätze, Teil IV, Rn. 104; *Witte,* ITRB 2005, 207; vgl. auch OLG Koblenz, ITRB 2011, 35.

[387] OLG Schleswig, NJW-RR 1998, 54; *Ditscheid/Rudolf,* in: Spindler/Schuster, Recht der elektronischen Medien, § 43 a TKG, Rn. 9.

[388] *Ditscheid/Rudolf,* in: Spindler/Schuster, Recht der elektronischen Medien, § 43 a TKG, Rn. 26; BGH; BB 2002, 1441.

[389] *Ditscheid/Rudolf,* in: Spindler/Schuster, Recht der elektronischen Medien, § 43 a TKG, Rn. 26.

[390] Oben Rn. 390 f.

[391] NJW 2003, 1237 zu Mobilfunkverträgen; zustimmend Ulmer/Brandner/Hensen/*H.Schmidt,* Bes. Klauseln: Lastschriftklauseln, Rn. 2; Wolf/Lindacher/Pfeiffer/*Dammann,* Anhang § 310, Rn. T 99.

zum Bankeinzug. Diese wegen der Kürze des Zeitraums eher anbieterfreundliche Entscheidung dürfte auch auf Internetverträge übertragbar sein. Allerdings hat die Rechtsprechung umgekehrt missbilligt, dass eine Klausel in einem Verbrauchervertrag Verzug abweichend von § 286 Abs. 3 S. 1 BGB schon vor dem Ablauf von 30 Tagen vorsah.[392]

Wirksam ist gegenüber Verbrauchern auch, in allgemeinen Geschäftsbedingungen zu vereinbaren, eine **Rechnung** nur in Form einer **pdf-Datei** zu überlassen[393] oder sie nur zum Abruf bereitzustellen, wenn es Alternativmöglichkeiten gibt.[394] Im B2B-Verkehr muss die Rechnung allerdings einen steuerrechtlich korrekten Mehrwertsteuerausweis enthalten.

Üblich sind auch **Vorauszahlungsklauseln**, insbesondere im Hinblick auf Pauschalen. Eine Vorauszahlung für einen Monat im Voraus ist zulässig, zumal eine entsprechende Regelung im Raummietvertrag im BGB sogar gesetzlich vorgesehen ist (§§ 556 b Abs. 1, 579 Abs. 2 BGB).[395] Dies dürfte auch angesichts der nicht allzu hohen Entgelte auch bei Internetverträgen möglich sein.[396] Fraglich ist es, wenn die Vorauszahlungen für einen längeren Zeitraum in allgemeinen Geschäftsbedingungen vereinbart werden. Das Risiko, über einen längeren Zeitraum trotz Bezahlung keine oder eine mangelhafte Leistung zu erhalten, wird dabei zu stark auf den Kunden abgewälzt. Es mag sein, dass im geschäftlichen Verkehr bei relativ geringwertigen Verträgen auch eine **quartalsmäßige Vorauszahlung** möglich ist, die der Vereinfachung auf beiden Seiten dient. Der BGH hat sogar in einem Spezialfall eine jährliche Vorauszahlung akzeptiert.[397] Es ging aber in diesem konkreten Fall darum, dass über die laufenden Zahlungen auch die Erstellung des Internetauftritts bezahlt wurde und der Lieferant daher in großem Umfang vorleistungspflichtig war. Diese Voraussetzung wird in allgemeinen Fällen nicht vorliegen. Man kann daher davon ausgehen, dass im Endkundenbereich für Verbraucher in allgemeinen Geschäftsbedingungen auch eine quartalsmäßige Vorauszahlung nicht wirksam vereinbart werden kann.

Ein weiteres Problem stellt sich bei den sogenannten **Sperrklauseln**. Viele Verträge sehen vor, dass der Diensterbringer seine Leistungen bei Zahlungsrückständen des Kunden zeitweilig nicht erbringen muss. Für Festnetztelefonverträge enthält § 45 k TKG hier eine spezielle Regelung. Angesichts der klaren Entscheidung des Gesetzgebers, der ausdrücklich nur Festnetztelefonverträge hier einbezieht und noch nicht einmal auf Mobilfunkverträge zurückgreift, dürfte eine analoge Anwendung auf andere Verträge als Festnetztelefonverträge nicht zulässig sein. Es fehlt an einer Gesetzeslücke.[398] Demgemäß sind Sperrklauseln für alle anderen Verträge als Festnetztelefonverträge im Prinzip jederzeit zulässig. Es handelt sich bei einer solchen Sperre nur um eine Konkretisierung des in § 273 BGB geregelten Zurückbehaltungsrechts. Im Hinblick auf den Grundsatz von Treu und Glauben wird man allerdings von der Ausübung eines solchen Zurückbehaltungsrechts bei geringwertigen Rückständen (z. B. unter 10,00 €) absehen müssen.[399]

Ob man eine Sperre ohne besondere Wertgrenzen auch in **allgemeine Geschäftsbedingungen** aufnehmen kann, erscheint freilich fraglich. Immerhin ist in der Rechtsprechung die Regelung des § 45 k TKG als Indiz für die Regelung von Anschlusssperren auch über

1016

1017

1018

1019

---

[392] *OLG Köln* MMR 2010, 238.
[393] OLG Brandenburg, MMR 2009, 343.
[394] BGH, CR 2009, 710.
[395] Statt aller *Schmidt-Futterer/Langenberg*, § 569 BGB Rn. 2.
[396] So auch *Scheffelt* in Redeker (Hrsg.), IT-Verträge, Handbuch der IT-Verträge, Abschn. 4.2, Rn. 85 zu Telefonfestnetzverträgen.
[397] CR 2010, 327 m. Anm. *Hilber;* LG Dresden, ITRB 2011, 107.
[398] **A. A.** LE. Itzehoe, Urteil vom 19. 9. 2008 – C O 91/08: Auf Mobilfunkverträge analog anwendbar.
[399] OLG Koblenz, ITRB 2011, 55.

den Festnetztelefonverbindungsbereich herangezogen worden.[400] Auch aus allgemeinen
Erwägungen dürfte eine Sperre nur bei nicht ganz geringfügigen Rückständen wirksam in
allgemeinen Geschäftsbedingungen vorgesehen werden können.[401]

Unzulässig ist im Übrigen eine Klausel, die die Freischaltung des Anschlusses von einer
vorherigen **Sicherheitsleistung** abhängig macht.[402]

1020   Ferner stellt sich die Frage, wie der Diensteanbieter **beweisen kann,** dass der Kunde
seine Leistungen in Anspruch genommen hat. Hier enthält § 45 i TKG detaillierte Regelungen über ein tatsächliche Vermutung[403]. Diese Regelungen gelten nicht für Internet-
dienstleistungen, die keine Telekommunikationsdienstleistungen darstellen. Die Meinung
des OLG Düsseldorf[404] , nach der die tatsächliche Vermutung auch für **Web-Hosting-
Verträge** gelten solle, weil auch hier die Aufzeichnungen ähnlich zuverlässig seien, kann
jedenfalls nicht auf das TKG gestützt werden, das für Web-Hosting-Verträge nicht gilt.
Aus allgemeinen vertragsrechtlichen Überlegungen lässt sie sich auch nicht ableiten. Die
Parteien können so etwas freilich vereinbaren, sinnvollerweise aber nur dann, wenn auch
für solche Dienstleistungen ein ähnlich detailliertes Prüfsystem aufgebaut wird wie es das
TKG vorsieht.

f) Haftung des Anschlussinhabers

1021   Die allgemeinen Geschäftsbedingungen fast aller Anbieter sehen außerdem von Inter-
net- und Telekommunikationszugangsdiensten sehen ferner vor, dass der **Anschlussinhaber** für die Entgelte **haftet,** die durch eine befugte oder unbefugte Benutzung seines
Anschlusses entstehen, soweit er dies zu vertreten hat. Dieser Fall dürfte immer dann
vorliegen, wenn der Unbefugte nicht ohne Zustimmung des Anbieters in die Wohnung
eingedrungen ist.[405] Die Verpflichtungen des Teilnehmers gehen hier sehr weit.[406]

Hintergrund dieser Klausel ist die besondere Situation aller dieser Anbieter: **Wer** den
jeweiligen Rechner benutzt, **anruft** oder andere Telekommunikationsleistungen in Anspruch nimmt, ist für den Diensteanbieter **praktisch nicht zu kontrollieren.** Dies wäre
zwar möglich, wenn jeder Diensteanbieter vor Leistungserbringung einen schriftlichen
oder elektronischen Vertrag abschlösse und etwa über die Kreditkartendaten prüfte, ob die
Identität des Kunden mit seinen Angaben übereinstimmte wie dies etwa bei Flugbuchun-
gen im Internet geschieht. Ein solches Verfahren ist aber z. B. bei einem Anruf, der Wahl
eines Internetzugangs oder bei der Inanspruchnahme von Mehrwertdiensten über das
Telefon praktisch nicht möglich und auch sonst bei Leistungen, die sofort erbracht werden
sollen, sehr schwierig.

1022   Solche **Klauseln** werden wegen dieser Situation auch allgemein als **wirksam** angesehen.[407] Nach der Rechtsprechung des BGH geben sie auch nur die Rechtslage wieder.
Konkreter Ausdruck dieser allgemeinen Situation ist die Regelung des § 45 i Abs. 4 S. 1
TKG, die die Verpflichtung des Teilnehmers zur Entgeltzahlung dann ausschließt, wenn er
nachweist, dass ihm die Leistungen nicht zugerechnet werden können.[408]

---

[400] BGH, BB 2011, 706; *OLG Köln,* MMR 2010, 398, jeweils zu einer Sperre bei einem Rückstand
von 15,50 € in einem Mobilfunkvertrag; ähnlich *OLG Schleswig,* Beschluss vom 14. 5. 2009 – 6 U 41/
08; *LG Itzehoe,* Urteil vom 19. 9. 2008 – 10 O 91/08.
[401] OLG Koblenz, CR 2011, 471 (473 f.) zu einem Hostingvertrag.
[402] *AG Charlottenburg,* NJW-RR 2007, 1550.
[403] Dazu unten Rn. 1045 ff.
[404] DuD 2003, 443 = CR 2003, 581.
[405] *Scheffelt,* in: Redeker (Hrsg.): Handbuch der IT-Verträge, Abschn. 4.2, Rn. 76 f.
[406] *Ditscheid/Rudolf,* in: Spindler/Schuster, Recht der elektronischen Medien, § 45 TKG, Rn. 43.
[407] BGH, CR 2006, 454 (456); BB 2011, 706 = NJW 2011, 2122; OLG Köln, CR 2010, 369;
Ditscheid/Rudolf, in: Spindler/Schuster, Recht der elektronischen Medien, § 45 i TKG, Rn. 42 ff.
[408] Dazu unten auch Rn. 1064.

Allerdings können die hier besprochenen Klauseln im Verhältnis zu Anbietern, mit denen der Anschlussinhaber keinen Vertrag geschlossen hat, **keine Gültigkeit** beanspruchen[409]. Dies gilt z. B. bei **R-Gesprächen**[410] oder für Forderungen von Mehrwertdiensteanbietern.[411] Hier können allenfalls Rechtsscheinüberlegungen zu Vertragsbeziehungen führen. § 45 i Abs. 4 S. 1 TKG soll nach h. M. auch Grundsätze dieser Rechtsscheinhaftung regeln.[412]

g) Vertragsbeendigung

Dauerschuldverhältnisse werden üblicherweise durch **Kündigung** beendet. Ausnahmen   1023
gelten nur bei von vornherein vereinbarten festen Laufzeiten ohne Verlängerungsmöglichkeit, eine in der Praxis selten vorkommende Situation.

Es gibt allerdings im BGB keine Regelung über die sogenannte ordentliche Kündigung, die auch ohne Grund möglich ist für alle Dauerschuldverhältnisse im Normalfall. Allerdings ist für sämtliche speziellen Dauerschuldverhältnisse, die im BGB geregelt sind, ein solches Kündigungsrecht vorgesehen. Man wird daher davon ausgehen müssen, dass auch bei nicht näher geregelten Dauerschuldverhältnissen ein solches ordentliches Kündigungsrecht besteht.[413]

Diese Möglichkeit wird aber in der juristischen Literatur nicht immer und überall eindeutig erwähnt.[414]

Völlig unklar bleibt außerdem ohne Vereinbarung, mit **welcher Frist** und zu **welchen**   1024
Daten Kündigungsmöglichkeiten bestehen. Die gesetzlichen Regelungen sind hier sehr unterschiedlich. Sie reichen von einer Dreitagesfrist bei einem Mietverhältnis über bewegliche Gegenstände (§ 580 a Abs. 3 Nr. 2 BGB) bis hin zu Fristen von sechs Wochen für den Schluss eines Kalendervierteljahres bei bestimmten Dienstverhältnissen (§ 621 Nr. 4 BGB). Welche dieser Regelungen vielleicht angewandt wird, weil der Vertrag der entsprechenden Vertragstypik unterstellt wird oder welche anderen Regelungen etwa aus § 242 BGB abgeleitet werden, ist daher ohne vertragliche Regelung nicht ersichtlich. Eine vertragliche Vereinbarung ist daher dringend erforderlich. Hier sind **Kündigungsfristen** von sechs Monaten vom BGH akzeptiert worden.[415]

Es sollte dabei darauf geachtet werden, dass die Kündigungsfristen für beide Seiten   1025
gleich sind. Jedenfalls darf die **Kündigungsfrist** für den Gegner des AGB-Verwenders **nicht länger** sein als für die AGB-Verwender selbst.[416] Allerdings muss der Verwendungsgegner auch keine kürzere Kündigungsfrist haben als der Verwender. In Einzelfällen hat der BGH sogar eine Kündigungsfrist von **sechs Werktagen** ausreichend sein lassen, wenn eine solche Kündigungsfrist aufgrund von Verfügungen der Bundesnetzagentur dem Telekommunikationsanbieter auferlegt worden ist.[417]

Darüber hinaus können in allgemeinen Geschäftsbedingungen auch **Mindestbindungs-**   1026
fristen vereinbart werden. Die Voraussetzungen des § 309 Nr. 9 BGB sind in allen Verträgen mit Ausnahme von Mietverträgen zu beachten. Die Rechtsprechung hat hier in Verbraucherverträgen sogar teilweise kürzere Fristen verlangt und zwar sogar bei be-

---

[409] BGH, NJW 2011, 2421.
[410] Dazu unten Rn. 1066 ff.
[411] *Pohle/Dorschel,* CR 2007, 628 (632 f.).
[412] *Ditscheid/Rudolf,* in: Spindler/Schuster, Recht der elektronischen Medien, § 45 i TKG, Rn. 44.
[413] *BGH,* NJW 2008, 1064 (1066); *Bamberger/Roth/Grüneberg/Sutschet,* § 241, Rn. 29, BGH NJW 1972, 1128.
[414] Nicht erwähnt z. B. bei *MünchKomm/Kramer,* Einleitung zu Band II a Rn. 99 ff.; unklar auch *Staudinger/Olzen,* § 241, Rn. 370.
[415] BGH NJW 2008, 1064 (1066) zum Schulvertrag.
[416] *OLG Koblenz,* MMR 2004, 106; CR 2011, 471 (473).
[417] *BGH,* NJW 2009, 1334.

stimmten Arten von Mietverträgen.[418] Im geschäftlichen Verkehr gilt diese Vorschrift allerdings nicht. Hier hat die Rechtsprechung auch längere Fristen gebilligt.[419] Hintergrund dieser längeren Fristen war in der Regel der Gedanke, dass sich Investitionen des Diensteanbieters, die er konkret für den Kunden erbracht hat, amortisieren sollen. Diese Überlegungen dürfen in den hier betrachteten Telekommunikations- und Internetverträgen praktisch nie eingreifen, weil es keine konkret auf den Einzelvertrag bezogenen größeren Investitionen gibt. Nur in sehr spezifischen Verträgen mag dies einmal anders sein. Dennoch sind auch hier Laufzeiten von 3 Jahren in allgemeinen Geschäftsbedingungen anerkannt worden.[420]

1027   Neben den ordentlichen Kündigungsregeln gibt es immer das Kündigungsrecht aus **wichtigem Grund**. Dies kann in allgemeinen Geschäftsbedingungen konkretisiert, aber nicht eingeschränkt werden. Auch eine Erweiterung zugunsten des Verwenders dürfte kaum wirksam vereinbart werden können. Ein solches außerordentliches Kündigungsrecht besteht für die Anbieter insbesondere bei erheblichem Zahlungsverzug des Kunden und für die Kunden bei erheblichen Schlecht- und Minderleistungen seitens des Diensteanbieters, die trotz Abmahnung nicht abgestellt werden (§ 314 Abs. 2 BGB).[421] Dieses Kündigungsrecht ergibt sich bei Dienstverträgen nicht aus § 314 BGB, sondern aus § 626 BGB. Bei Zahlungsrückständen ist für den kündigungsrelevanten Rückstand auch bei Verträgen, die keine Mietverträge sind, auf die Regelung des § 543 Ans. 2 Nr. 3 a BGB zurückzugreifen, die eine Kündigung zulässt, wenn der Teilnehmer an zwei aufeinander folgenden Terminen mit dem gesamten Zahlungsbetrags oder eines nicht unerheblichen Teils davon in Rückstand ist.[422] Diese mietrechtliche Vorschrift passt zu allen hier diskutierten Verträgen, zumal es an anderen Stellen im BGB für vergleichbare Fälle keine Regeln gibt. Hinzu kommen weitere gewichtige Pflichtverletzungen beider Seiten. Dazu gehört insbesondere der gleich noch zu erörternde Fall der Nutzung des Dienstes für verbotene und vertragswidrige Inhalte. **Kein Kündigungsrecht** besteht z. B. dann, wenn der Kunde an einen Ort **verzieht**, an dem der Dienstanbieter seine Leistungen mangels technischer Voraussetzungen nicht erbringen kann.[423]

1028   Ein **außerordentliches Kündigungsrecht** wird noch erörtert bei der Unternehmensveräußerung im Wege des **Asset Deals** insbesondere auf Anbieterseite. Ein Vertragsübergang auf den Erwerber kommt nur bei Zustimmung des Diensteanbieters, des Kunden, und des Erwerbers zustande. Stimmt ein Beteiligter nicht zu, stellt sich die Frage, ob die Vertragspartner außerordentlich kündigen können. Dies dürfte in der Regel nicht der Fall sein. Der Diensteanbieter bleibt Vertragspartner des Kunden und bedient sich bis zum nächstmöglichen Kündigungstermin des Erwerbers als Erfüllungsgehilfen. Dazu dürfte dieser in vielen Fällen in analoger Anwendung des § 415 Abs. 3 BGB verpflichtet sein.[424] Der Kunde kann dann nicht kündigen, weil ja die Leistungen erbracht werden. Der Diensteanbieter hat aber auch kein Kündigungsrecht, weil er sein Unternehmen veräußern kann, ohne vertragsrechtliche Probleme zu bekommen.[425] Der Kunde kann freilich kündigen, wenn diese Lösung getroffenen Vereinbarungen widerspricht oder aus anderen Gründen nicht funktioniert.

---

[418] *Wolf/Lindacher/Pfeiffer/Dammann*, § 309 Nr. 9 Rn. 119 zum Fitnessstudiovertrag.
[419] Wartungsvertrag für Telefonanlagen: 10 Jahre *OLG Stuttgart*, NJW-RR 1994, 952; Miete von Telekommunikationsanlagen: 10 Jahre zulässig: *OLG Düsseldorf*, OLG-Report Hamm/Düsseldorf/Köln 2006, 709; 10 Jahre zu lang bei Telekommunikationsanlagen: *AG Bremen*, NJW-RR 2005, 285.
[420] LG Dresden, ITRB 2011, 107.
[421] AG Montabaur, CR 2009, 197.
[422] *Ditscheid/Rudolf*, in: Spindler/Schuster, Recht der elektronischen Medien, § 45 k TKG, Rn. 29.
[423] BGH, CR 2011, 163.
[424] Bamberger/Roth/*Rohe*, § 415, Rn. 29.
[425] **A. A.** wohl *Cichon*, Internetverträge, § 2 Rn. 63.

h) Rechtswidriges Verhalten der Kunden

Ein für die Internetprovider schwerwiegendes Problem ergibt sich aus **rechtwidrigem**   1029
Verhalten der Kunden. Kunden verwenden Internetdienste häufig dazu, Rechte Dritter
zu verletzen. So werden von Kunden Peer-to-Peer-Netzwerke dazu verwendet, illegal
Musik, Filme oder Software herunter zu laden und sie dabei selbst im Wege des Uploading
zur Verfügung zu stellen. Andere Kunden stellen auf den von den Internetprovidern
gehosteten Seiten urheber- oder markenrechtsverletzende Inhalte ins Netz oder beleidigen
oder verleumden Dritte. Darüber hinaus können solche Kunden natürlich auch strafbare
Inhalte, z. B. pornografische Bilder oder gewaltverherrlichende oder rassistische Propaganda veröffentlichen. Für solche Inhalte können auch die Provider in gewissem Umfang haften.[426] Dies ist jedenfalls dann der Fall, wenn sie von Dritten auf die Rechtswidrigkeit dieser Inhalte hingewiesen werden und diese dann nicht sofort entfernen oder sperren.

Diese Tatsache und die Tatsache, dass solche viele Diensteanbieter natürlich nicht zur   1030
Begehung von Straftaten benutzt werden wollen, führen zu der Frage, wie solches Verhalten zumindest rechtlich missbilligt werden und wie **Internetprovider** auf solches Verhalten **reagieren** können.

Ohne vertragliche Vereinbarung dürfte die Veröffentlichung eindeutig strafbarer Inhalte
auch vertragsrechtlich unzulässig sein. Wer Leistungen seines Vertragspartners zur Begehung von Straftaten missbraucht, ist nicht schutzbedürftig. Solche Inhalte dürfen selbst
dann **gesperrt** und auch ggf. entfernt werden, ohne dass entsprechende Klauseln bestehen.

Es empfiehlt sich dennoch, **Klauseln** in die Verträge aufzunehmen, die diese Rechtslage   1031
wiedergeben. Da sie nur den ohnehin rechtlich gegebenen Inhalt des Vertrags wiedergeben, sind solche Vertragsklauseln auch in allgemeinen Geschäftsbedingungen zulässig.
Fraglich ist allenfalls, ob in solchen Fällen etwa Inhalte **auf Dauer gesperrt** oder **gelöscht**
werden können, ohne gleichzeitig den Vertrag zu kündigen. Hier wird jedenfalls in der
Literatur[427] die Meinung vertreten, dies sei nicht möglich, weil ja so der Provider seine
Leistung verweigern und die Gegenleistung behalten könne. Dies ist allerdings so nicht
richtig. In aller Regel trifft die Sperrung nur einen kleinen Teil der betroffenen Dienstleistung. Allenfalls dann, wenn der komplette Inhalt rechtswidrig ist, würde sich die Frage
der Kündigung stellen. Die Sperre ist aber auch hier das mildere Mittel gegenüber der
Kündigung, weil ja der Vertragspartner hier seine Inhalte noch korrigieren kann.

Die **praktischen Probleme** stellen sich an anderer Stelle: 1032
Es lässt sich oft gar nicht sicher **feststellen**, ob ein Inhalt nun **rechtswidrig** ist oder
nicht. Ob ein ins Internet gestellter Text Rechte Dritter verletzt, ist oft keinesfalls klar.
Abtretungsketten sind für den Internetprovider wie auch für den Kunden oft nicht klar
erkennbar. Auch über die Frage, was etwa gewaltverherrlichend, kinderpornografisch oder
rassistisch ist, kann sehr gestritten werden. Welche kritischen Bemerkungen Ausdruck der
Meinungsfreiheit und welche unzulässige Persönlichkeitsverletzungen sind, hat viele Gerichte bis hin zum Bundesverfassungsgericht mit oft unterschiedlichen Ergebnissen beschäftigt. Dennoch sind die Internetprovider jedenfalls nach Hinweis von Dritten verpflichtet, zu prüfen, ob solche Rechtswidrigkeiten vorliegen (§ 10 Satz 1 TMG). Dies
bedingt, dass der jeweilige Diensteanbieter die rechtliche Möglichkeit haben muss, solche
Inhalte vom Netz zu entfernen.

Vertragsrechtlich ist es allerdings so, dass der Internetprovider gegenüber seinen Kun-   1033
den **verpflichtet** ist, Angebote, die rechtmäßig sind, auch weiterhin **zugänglich zu erhal-**
ten. Wird im Wege der Prüfung durch den Internetprovider also rechtmäßiger Inhalt

---

[426] Dazu unten Rn. 1264 ff.
[427] *Schuppert* in: *Spindler (Hrsg.)*, Vertragsrecht der Internet-Provider, Abschn. V, Rn. 172.

unzugänglich gemacht, liegt ein Vertragsverstoß vor. Behält er rechtswidrige Inhalte, verletzt er die Rechte Dritter.

Darüber hinaus kann es sein, dass gegenüber Dritten eine **Filtersoftware** verwendet werden muss[428], die auch bei bester Einstellung zumindest teilweise vorübergehend rechtmäßige Inhalte herausfiltert, weil sie diese Inhalte dem Filterprinzip entsprechend von der Software für rechtswidrig gehalten werden. Erst nach händischer Prüfung wird festgestellt, dass die Inhalte rechtmäßig sind.

1034   Hier sind **vertragliche Vereinbarungen** notwendig, die nicht jedes Risiko ausschließen, allerdings im Einzelfall helfen. Wichtig ist vor allen Dingen, Klauseln zu vereinbaren, die dem Diensteanbieter das Recht geben, Angebote zu **sperren,** bei denen etwa durch Hinweise der Filtersoftware durch Anspruchsschreiben Dritter der Verdacht besteht, dass die Inhalte rechtswidrig sind, dies aber noch nicht feststeht.[429] Während der Sperre sollten diese Klauseln den betroffenen Kunden die Möglichkeit zur **Stellungnahme** zum Vorwurf der Rechtswidrigkeit einräumen. Außerdem kann eine händische Prüfung vorgenommen werden. Erst nach Ablauf einer entsprechenden Frist können die Inhalte dann entweder wieder freigegeben oder gelöscht werden. Solche Klauseln erlauben dem Kunden, seine Rechte zu wahren und dem Provider, ggf. erst nach entsprechender Stellungnahme des Kunden über die Entfernung der Inhalte zu entscheiden.

1035   Den schwierigen Entscheidungen in Grenzfällen wird sich der Internetprovider so nicht entheben können. Bei einer Fehlentscheidung kann entweder eine Schadensersatzpflicht gegenüber Dritten oder gegenüber dem Kunden entstehen. Da es sich bei der Veröffentlichungspflicht für den Provider in aller Regel um eine Kardinalpflicht handelt, kommt ein Ausschluss und eine wirkliche Begrenzung der Haftung in diesem Zusammenhang auch nicht in Betracht.

Allenfalls könnte man an eine Reduzierung des **Umfangs** der **Prüfpflichten** des Providers denken. Hier hat aber die Rechtsprechung im Verhältnis zu Dritten eine relativ hohe Prüfpflicht angenommen. Dies müsste dann auch vertragsrechtlich gelten.

Der Umfang der Prüfpflichten kann vertragsrechtlich jedenfalls nicht eingeschränkt werden, weil dies der Ausschluss von Schadensersatzpflichten auch für den Fall von Vorsatz und grober Fahrlässigkeit wäre.

1036   Ergänzend sind Vertragsklauseln üblich, die dem Kunden aufgeben, nach dem dieser den Provider von allen Verpflichtungen freistellen muss, die sich daraus ergeben, dass er wegen von Kunden verursachter Rechtsverletzung von Dritten in Anspruch genommen werden muss[430].

Solche Klauseln sind nur unbedenklich, wenn diese Freistellungsverpflichtung nur für Fälle gilt, in denen der Kunde die Rechtsverletzung **zu vertreten** hat. Sie gibt insoweit die gesetzliche Lage wieder. Gibt es keine solche Einschränkung, wird eine verschuldensunabhängige Haftung konstituiert. Dies ist in allgemeinen Geschäftsbedingungen unwirksam.[431]

1037   Die eben genannten Regelungen gelten in erster Linie für **Host-Provider,** aber auch für Anbieter von **Diskussionsforen,** von sozialen Netzwerken und Handelsplattformen. Sie sind auf Accessprovidern nur mit starken Einschränkungen übertragbar. Accessprovider vermitteln nur den allgemeinen Zugang zum Internet. Sie wissen nicht, was ihre Kunden tun und sollen dies auch nicht wissen. Die Ermittlung des Kundenverhaltens verstößt gegen § 88 TKG (Fernmeldegeheimnis).

---

[428] Dazu Rn. 1286 ff.
[429] *Schuppert* in *Spindler(Hrsg.),* Vertragsrecht der Internet-Provider, Abschn. V, Rn. 169 ff.
[430] *Härting,* Internetrecht, Rn. 543; *Schuppert* in Redeker (Hrsg.), Handbuch der IT-Verträge, Teil 3.3, Rn. 90.
[431] Vgl. dazu BGH, NJW 2006, 46.

Diese Vorschrift setzt das entsprechende Grundrecht aus Artikel 10 GG nur in das privatrechtliche Vertragsverhältnis zwischen Internetprovider und Kunden um. Dem Fernmeldegeheimnis im grundrechtlichen Sinne wird vom Grundgesetz ein sehr hoher Rang beigemessen, so dass allenfalls in Ausnahmefällen der Accessprovider überprüfen darf, was seine Kunden tun. Es muss dafür spezialrechtliche Regelungen geben. In aller Regel bedarf es dazu auch einer konkreten Anordnung statttlicher Stellen, die im Hinblick auf Kinderpornografie und nationalsozialistischer Propaganda auch schon vorgekommen sind.

Allerdings können **Accessprovider** bei wiederholten Verstößen eines ihrer Kunden   1038
gegen das Verbot der rechtswidrigen Nutzung schon nach dem Gesetz **kündigen.** Jedenfalls wären entsprechende Klauseln in allgemeinen Geschäftsbedingungen, die ein Kündigungsrecht bei wiederholten Verstößen der Kunden gegen die hier genannten Regeln vorsehen, wirksam.

Vertragsrechtlich kann es in Einzelfällen über die geschilderten Probleme hinaus auch   1039
den Bedarf von Providern geben, Kunden von der Nutzung von **Inhalten auszuschließen,** die zwar **rechtmäßig,** für den Provider aber unerwünscht sind. Dies mag etwa für Inhalte gelten, die etwa eine Religionskritik auf den von den Kirchen zur Verfügung gestellten Seiten betreffen oder die etwa auf diesen Seiten eine Werbung für Verhütungsmittel beinhalten.

Private Anbieter können ihre Dienste entsprechend beschränken, weil sie auch Grundrechtsträger sind. Sie sind nicht verpflichtet, Meinungen zu verbreiten, deren Verbreitung sie nicht unterstützen wollen.[432]

Solche Einschränkungen müssen allerdings vertraglich vereinbart werden. Sie müssen schon in der Leistungsbeschreibung klargemacht werden. Entsprechende Einschränkungen in allgemeinen Geschäftsbedingungen wären als überraschende Klauseln gem. § 305 c Abs. 1 BGB nicht Vertragsbestandteil.

Allerdings müssen auch hier die Grenzen des Fernmeldegeheimnisses beachtet werden, so dass sich solche Klauseln für Accessprovider und für die Anbieter von E-Mail-Diensten nicht empfehlen.

i) Sonderregeln für Telekommunikationsdienste

aa) Vorbemerkung

Ein Zusatzproblem für alle Verträge über Internet- und Telekommunikationsdienst-   1040
leistungen besteht darin, dass neben den mittlerweile im BGB konzentrierten allgemeinen zivilrechtlichen Regelungen auch die **§§ 44 a ff. TKG** zivilrechtliche Regelungen für Verträge über Telekommunikationsleistungen enthalten. Im Wesentlichen geht es um Verträge, die Telekommunikationsdienste für die Öffentlichkeit im Sinne des § 3 Nr. 24 TKG betreffen. Wegen dieser Spezialregelung müssen die Anbieter bei kombinierten Diensten sorgfältig zwischen den Teilen unterscheiden, die als Kommunikationsdienste für die Öffentlichkeit oder in sonstiger Weise den Regelungen des TKG unterliegen und solchen Diensten, die es nicht tun. Zu diesen Abgrenzungen wird bei den einzelnen Diensten Stellung genommen[433]. Dies bedingt insbesondere in allgemeinen Geschäftsbedingungen erhebliche Trennungsaufwände.[434]

bb) Haftungsbegrenzung

Die für die Praxis wichtigste Vorschrift enthält **§ 44 a TKG.** Bei einem Anbieter von   1041
Telekommunikationsdienste für die Öffentlichkeit ist der **Ersatzanspruch** für einen Ver-

---

[432] Teilweise a. A. LG München I, CR 2007, 264 m.krit.Anm. *Redeker.*
[433] Unten Rn. 1075 ff.
[434] Ebenso *Ditscheid/Rudolf,* in: Spindler/Schuster, Recht der elektronischen Medien, § 43 a TKG, Rn. 11.

mögensschaden gegenüber einem Endnutzer auf höchstens 12.500,00 € pro Endnutzer **begrenzt.** Entstehen Schadensersatzpflichten gegenüber mehreren Endnutzern durch eine einheitliche Handlung oder ein einheitliches schadensverursachendes Ereignis, so ist darüber hinaus die Summe auf höchstens 10 Mio. Euro begrenzt. Liegt die Summe aller Schadensersatzbeträge höher, reduzieren sich die Summen aller Schadensersatzansprüche anteilig. Diese Regelung gilt nur bei einer Vorsatztat nicht. Sie tritt von Gesetzes wegen ein und bedarf keiner Regelung in allgemeinen Geschäftsbedingungen oder sonstigen Verträgen. Die Höhe der Haftung kann gegenüber Endnutzern, die keine Verbraucher sind, sogar durch einzelvertragliche Regelungen noch abweichend geregelt werden. Dies gilt gegenüber Verbrauchern nicht.

1042   Die Regelung **weicht** von den in allgemeinen Geschäftsbedingungen für Diensteanbieter generell möglichen Regelungen **weitgehend ab.** Sie begünstigen in erster Linie die Diensteanbieter, weil sie Haftungshöchstgrenzen auch für die Verletzung von Kardinalpflichten einführt und diese sogar auf Fälle grober Fahrlässigkeit erstreckt, während dies in allgemeinen Geschäftsbedingungen nicht möglich wäre[435]. Es gibt nur keinen Haftungsausschluss für die fahrlässige Verletzung von Nebenpflichten, der demgegenüber außerhalb des Anwendungsbereichs des TKG auch in allgemeinen Geschäftsbedingungen möglich wäre. Gegenüber Unternehmen lassen sich eine solche Haftungsbegrenzung allerdings zusätzlich auch in allgemeinen Geschäftsbedingungen vereinbaren, gegenüber Verbrauchern lässt sie sich demgegenüber auch in individuellen Vereinbarungen nicht vereinbaren (§ 44 a Satz 5 TKG). Massenanbietern von Telekommunikationsdiensten für die Öffentlichkeit sollten daher keine haftungsrechtlichen Spezialregelungen in allgemeinen Geschäftsbedingungen vorsehen. Allenfalls kann die Regelung des § 44 a TKG im Wortlaut wiedergegeben werden.

1043   Wegen der **unterschiedlichen Maßstäbe** müssen die Klauseln sorgfältig zwischen Leistungen unterscheiden, die dem TKG unterliegen und solchen, die den Vorschriften über allgemeine Geschäftsbedingungen unterliegen. Ob dies mit der **von § 307 Abs. 1 S. 2 BGB geforderten Transparenz** überhaupt möglich ist, erscheint fraglich, weil die gesetztechnischen Fachbegriffe, die Grundlage des Anwendungsbereichs des TKG sind, komplex sind und teilweise auch vom allgemeinen Sprachgebrauch abweichen. Legt man hier die Rechtsprechung zugrunde, die auch die Verwendung der Gesetzesbegriffe Wandlung (im alten Recht) und Minderung in allgemeinen Geschäftsbedingungen ausschließt, kommt man schnell zu der Überzeugung, dass eine wirksame Abgrenzung zwischen TKG und § 305 ff. BGB in allgemeinen Geschäftsbedingungen kaum möglich ist.

cc) Abrechnung; Sperre

1044   Zur Abrechnung hat der Diensteanbieter eine den Anforderungen des § 45 h TKG entsprechende **Rechnung zu erteilen,** die auch ausweist, für welche Dritten er Leistungen in Rechnung stellt.[436] Ferner muss der Drittanbieter auf Verlangen des Kunden einen Einzelverbindungsnachweis erbringen (§ 45 e TKG), wobei der Teilnehmer auch einen Einzelverbindungsnachweis mit gekürzten Zielnummern verlangen kann (§ 99 Abs. 1 S. 2 TKG).[437]

1045   Nach dem Text des TKG ist der **Anbieter** von Telekommunikationsleistungen für die Öffentlichkeit **darlegungs-** und **beweisbelastet** dafür, dass seine Abrechnung stimmt (§ 45 i Abs. 3 S. 1 TKG). Allerdings gilt dies nur, wenn der Teilnehmer die Rechnung innerhalb der zwischen ihm und dem Telekommunikationsunternehmen vereinbarten Frist von mindestens 8 Wochen **beanstandet.** Tut er dies nicht, gelten die der Rechnung zu

[435] Dazu Rn. 462 ff.
[436] Näher dazu *Kühling/Elbrandt,* in: Leupold/Glossner (Hrsg.): IT-Recht, Kap. 6, Rn. 219 ff.
[437] Näher *Ditscheid/Rudolf,* in: Spindler/Schuster, Recht der elektronischen Medien, § 45 e TKG, Rn. 5 ff.

Grunde liegenden Daten als richtig.[438] Ferner wird zwar nach der Beanstandung eine technische Prüfung durchgeführt, diese überprüft aber nicht die konkrete Ermittlung der der Rechnung zu Grunde liegenden Daten, sondern nur die Zuverlässigkeit des Ermittlungssystems, weil mehr nachträglich nicht überprüft werden kann. Insoweit kann man davon ausgehen, dass tendenziell eine tatsächliche Vermutung für die Richtigkeit der Rechnung spricht[439]. Diese tatsächliche Vermutung gilt auch für Nummern, die den gesetzlichen Vorschriften entsprechend gekürzt gespeichert werden, für Nummern, die auf Wunsch des Teilnehmers nach § 99 Abs. 1 S. 2 TKG gekürzt werden oder, wenn der Anbieter die Daten nach beanstandungsfreiem Ablauf der Beanstandungsfrist oder der gesetzlichen Frist des § 97 Abs. 3 TKG löscht.[440] Löscht der Anbieter die Daten früher, verbleibt die Beweislast bei ihm.[441]

Allerdings muss der Telekommunikationsanbieter bei rechtzeitiger Rüge des Teilneh-   **1046** mers die **Zuverlässigkeit** der von ihm eingesetzten technischen Aufzeichnungssysteme regelmäßig (§ 45 g Abs. 1 Nr. 4 TKG) und bei begründeten Einwendungen auch **im Einzelfall prüfen** lassen (§ 45 i Abs. 1 TKG).[442] Der Umfang der Prüfung kann im Einzelfall variieren. Er hängt zum einen von der Qualität der vom Telekommunikationsunternehmen eingesetzten Überwachungssysteme ab. Gibt es dort regelmäßige Aufzeichnungen, beschränkt sich die Prüfung meist auf die Durchsicht der Log-Files. Ferner spielt die Höhe der streitigen Entgelte und die Qualität der erhobenen Einwendungen eine Rolle. Pauschale Prüfungen reichen nach der Rechtsprechung nicht aus.[443] Prüft der Telekommunikationsbieter nicht binnen zwei Monaten, entfällt die tatsächliche Vermutung. Es wird dann widerleglich angenommen, dass er die Entgelte falsch ermittelt hat (§ 45 i Abs. 3 S. 2 TKG)[444]. Bis zur Durchführung der Prüfung hat der **Kunde** nach Teilen der Rechtsprechung ein **Zurückbehaltungsrecht**.[445] Wird das Ergebnis der Prüfung dem Kunden trotz dessen Verlangen nicht binnen 8 Wochen nach den Beanstandungen vorgelegt, entfallen die Verzugsansprüche. Die Rechnung wird erst mit Vorlage der Ergebnisse fällig (§ 45 i Abs. 1 S. 4 TKG). Sind an einem Verbindungsaufbau mehrere TK-Unternehmen beteiligt, gilt diese Vermutung auch für die Aufzeichnungen dieser TK-Unternehmen. Halten sich die Unternehmen an die gesetzlichen Vorgaben und ergeben auch die technischen Prüfungen im Einzelfall keine Hinweise auf Abrechnungsfehler, scheitern die Kunden meist mit ihren konkreten Einwendungen. Die Kosten der Vorlage der technischen Prüfung trägt der Teilnehmer.[446]

Allerdings gibt es Fälle, in denen die **tatsächliche Vermutung** des § 45 i Abs. 3 TKG auch   **1047** dann **erschüttert werden** kann, wenn die technische Prüfung keine Fehler gefunden hat. Dies gilt z. B. dann, wenn sich aus der Verbindungsübersicht ergibt, dass während eines bestimmten Zeitraums nahezu ausschließlich Premium-SMS-Nummern angerufen wurden.[447] Auch der Nachweis, dass das Handy nicht benutzt wurde, reicht.[447a] Ein Abstand von ca. 7 Sekun-

---

[438] *Ditscheid/Rudolf,* in: Spindler/Schuster, Recht der elektronischen Medien, § 45 i TKG, Rn. 11.
[439] **A. A.** *Ditscheid/Rudolf,* in: Spindler/Schuster, Recht der elektronischen Medien, § 455 i T KG, Rn. 41.
[440] *Grabe,* CR 2004, 262 (264 f.); **a. A.** AG Lübeck, NJW-RR 2004, 636; AG Dachau, BB 2011, 2114; *Mankowski,* CR 2004, 185 (186); *Ditscheid/Rudolf,* in: Spindler/Schuster, Recht der elektronischen Medien, § 45 i, Rn. 6.
[441] *Ditscheid/Rudolf,* in: Spindler/Schuster, Recht der elektronischen Medien, § 45 i, Rn. 34.
[442] Näher *Pohle/Dorschel,* CR 2007, 153 *Ditscheid/Rudolf,* in: Spindler/Schuster, Recht der elektronischen Medien, § 45 i TKG, Rn. 24.
[443] AG Dachau, BB 2011, 2144
[444] Die Frist war in der früheren Regelung des § 16 Abs. 3 S. 2 TKV nicht enthalten.
[445] AG Hannover, Urt. v. 24. 2. 2005, 551 C 15 010/04, JurPC Web-Dok. 148/2005.
[446] *Ditscheid/Rudolf,* in: Spindler/Schuster, Recht der elektronischen Medien, § 45 i TKG, Rn. 28.
[447] AG Aachen, NJW-RR 2004, 1569.
[447a] AG Dachau, Urt. v. 16. 8. 2011, 2 C 1423/10.

den zwischen verschiedenen Versuchen, sms zu verschicken, soll die tatsächliche Vermutung dagegen nicht erschüttern.[448] Ferner entfällt der Anspruch auf Leistungen, wenn der Teilnehmer nachweisen kann, dass sie ihm nicht zuzurechnen sind (§ 45 i Abs. 4 S. 1 TKG). Dies gilt z. B. dann, wenn der Kunde nachweist, dass auf seinem Rechner Schadsoftware vorhanden ist, die die Kosten verursacht haben kann und für die er nicht verantwortlich ist.[449] Allerdings muss die Schadsoftware tatsächlich geeignet sein, die Kosten zu verursachen. Ggf. ist darüber Sachverständigenbeweis zu erheben.[450] Der Kunde muss aber wohl auch darlegen, dass er die üblichen Antivirenprogramme eingesetzt und regelmäßig erneuert hat.

1048   Für die Festnetztelefonie ist außerdem die Regelung des § 45 k TKG zu berücksichtigen. Danach ist eine **Sperre** nur zulässig, wenn der Kunde mit mindestens 75 € in Verzug ist und der Anbieter die Sperre mindestens zwei Wochen zuvor schriftlich angedroht und dabei auf die Möglichkeit des Teilnehmers, Rechtsschutz vor den Gerichten zu suchen, hingewiesen hat. Die Androhung kann zusammen mit einer Mahnung erfolgen. Eine Androhung auf der Rechnung reicht nicht.[451] Sie kann auch vor Ablauf der Beanstandungsfrist erfolgen.[452] Ob der Rückstand aus den Forderungen **aller Unternehmen addiert** wird, für die mit der Rechnung Forderungen geltend gemacht werden, oder nur für solche des rechnungsstellenden Unternehmens, ist streitig. Da aber zuverlässige Informationen über die Rückstände nur hinsichtlich des eigenen Unternehmens vorliegen können (und dürfen), kann sich der Rückstand nur auf das rechnungsstellende Unternehmen beziehen.[453] Sinnvollerweise sollte sich der Rückstand auch nur auf das einzelne Vertragsverhältnis und nicht auf alle evtl. bestehenden Vertragsverhältnisse beziehen, schon deshalb, weil die Berechnungen sonst rasch unübersichtlich werden, aber auch aus datenschutzrechtlichen Erwägungen.[454] Die Sperre darf in der ersten Woche nur die ausgehenden Verbindungen erfassen. Soweit es technisch möglich und sinnvoll ist, kann sie auf einzelne Leistungen beschränkt werden. Das ist insbesondere dann der Fall, wenn auch der Rückstand nur einzelne Leistungen betrifft.[455] Der Teilnehmer muss auch **während der Sperre die Grundgebühr bezahlen**, weil er nach Zahlung die Leistung sofort wieder in Anspruch nehmen kann.[456] Nicht titulierte Forderungen, die der Teilnehmer form- und fristgerecht und schlüssig begründet beanstandet hat, dürfen im Rahmen des Zahlungsrückstands nicht berücksichtigt werden. Dies gilt wiederum nicht, wenn der Diensteanbieter den Kunden zur Zahlung des Durchschnittsentgelts nach § 45 j TKG aufgefordert hat und der Kunde dies nicht binnen zwei Wochen gezahlt hat.

1049   Diese Regelung gilt nur für die Festnetztelefonie. Ihre Grundgedanken werden insbesondere hinsichtlich der Grenze von 75 € aber von manchen Obergerichten auch auf anderen Telekommunikations- und Internetdienste **übertragen**[457]. Auch der BGH hat sie zumindest für übertragbar gehalten, wenn es um Wirksamkeit von allgemeinen Geschäftsbedingungen von Mobilfunkanbietern geht.[458]

---

[448] AG Elmshorn, Urt. v. 12. 10. 2005, 49 C 144/05, JurPC Web-Dok. 132/2005.

[449] LG Stralsund, CR 2006, 616 (im konkreten Fall zweifelhaft); *Ernst*, CR 2006, 590 (594).

[450] BGH, NJW-RR 2007, 357.

[451] *Ditscheid/Rudolf*, in: Spindler/Schuster, Recht der elektronischen Medien, § 45 k TKG, Rn. 17.

[452] *Ditscheid/Rudolf*, in: Spindler/Schuster, Recht der elektronischen Medien, § 45 k TKG, Rn. 18.

[453] *Ditscheid/Rudolf*, in: Spindler/Schuster, Recht der elektronischen Medien, § 45 k TKG, Rn. 21.

[454] **A. A.** *Ditscheid/Rudolf*, in: Spindler/Schuster, Recht der elektronischen Medien, § 45 k TKG, Rn. 21.

[455] *Ditscheid/Rudolf*, in: Spindler/Schuster, Recht der elektronischen Medien, § 45 k TKG, Rn. 35 bezieht sich hier auf Leistungen verschiedener Diensteanbieter (zweifelhaft, weil nicht rückstandsrelevant).

[456] *Ditscheid/Rudolf*, in: Spindler/Schuster, Recht der elektronischen Medien, § 45 k TKG, Rn. 24 b.

[457] Dazu oben Rn. 1019.

[458] BGH, BB 2011, 513.

Die **Kosten der Sperre** hat der Teilnehmer als Schadensersatz zu zahlen. Eine Scha- 1050
denspauschalierung ist möglich, in allgemeinen Geschäftsbedingungen sind aber die Grenzen der §§ 308 Nr. 7 und 309 Nr. 5 b zu beachten.[459] Ein Rückgriff auf § 670 BGB
(analog) ist nicht möglich, weil die Sperre nicht im Interesse des Teilnehmers erfolgt.[460]

Solange die Voraussetzungen des § 45 k Abs. 2 TKG nicht vorliegen, kann der Diens- 1051
teanbieter auch dann **nicht sperren**, wenn er kündigen könnte.[461] Die Sperre ist keinesfalls
immer das mildere Mittel, zumal der Teilnehmer die Grundvergütung zahlen muss, ohne
eine Gegenleistung zu erhalten, während im Falle der Kündigung seine Zahlungspflicht
spätestens zum Ende der regulären Kündigungsfrist endet.

§ 45 k Abs. 4 TKG sieht auch die Möglichkeit vor, den Anschluss zum **Schutze** des 1052
Teilnehmers dann zu sperren, wenn das Gebührenvolumens ungewöhnlich stark steigt.

dd) Einbeziehung allgemeiner Geschäftsbedingungen

Damit nicht genug: Auch der Vertragsschluss und die Einbeziehung allgemeiner Ge- 1053
schäftsbedingungen sind stark erleichtert. Es bedarf für die **Einbeziehung allgemeiner
Geschäftsbedingungen bei Telekommunikationsdienstleistungen** noch nicht einmal eines Hinweises auf ihre Geltung, wenn die allgemeinen Geschäftsbedingungen nur im
Amtsblatt der Bundesnetzagentur veröffentlicht sind und die Dienstleistungen unmittelbar
durch Einsatz von Fernkommunikationsmitteln und während der Erbringung einer Telekommunikationsdienstleistung in einem Mal erbracht werden (§ 305 a Nr. 2 Buchst. b
BGB). Dies gilt allerdings nur dann, wenn die allgemeinen Geschäftsbedingungen dem
Kunden nur unter unverhältnismäßigen Schwierigkeiten zur Kenntnis gebracht werden
können. Eine Anwendung auf im Internet erbrachte Dienstleistungen scheidet daher aus.
Die Vorschrift ist nur im Bereich der Telefonie (wohl auch der Internet-Telefonie) anwendbar.

ee) Mehrwertdienste

Quelle zahlreicher Rechtsstreitigkeiten der vergangenen Jahre war eine besondere Leis- 1054
tungsgestaltung bei Telefondiensten, die sog. **Mehrwertdienste.** Dabei werden Leistungen
nicht von dem eigentlichen Vertragspartner des Kunden, dem Telekommunikationsunternehmen, erbracht, von diesem aber abgerechnet. Diese Fremdleistungen werden in der
Abrechnung nach den Vorgaben des § 45 h Abs. 1 TKG auch als solche ausgewiesen.

Die **Tarifierung** dieser Fremdleistungen waren oft **undurchschaubar**, die Tarife insbesondere der – auch bei den Kunden – sehr beliebten Erotikanbieter hoch, so dass hohe
monatliche Rechnungen, manchmal auch von mehreren tausend € zustande kamen. Zum
Schutz der Kunden muss vor Beginn des zu vergütenden Mehrwertdienstes eine Preis-
ansage erfolgen (§ 66 b TKG). Bei reinen Datendiensten muss ab einem Preis eine entsprechende Preisanzeige erfolgen (§ 66 c TKG)[462]. Außerdem muss eine Verbindung bei
zeitabhängiger Tarifierung von Mehrwertdiensten nach 1 Stunde Nutzungsdauer **unter-
brochen** werden. (§ 66 e TKG).

An diesen **Leistungen** sind **oft viele Parteien** beteiligt sind: Neben dem Telekommu- 1055
nikationsunternehmen des Kunden, dem sog. **Teilnehmernetzbetreiber,** gibt es nicht nur
den eigentlichen Anbieter des Mehrwertdienstes, sondern häufiger auch noch zwischen-
geschaltete andere Telekommunikationsunternehmen, die sog. **Verbindungsnetzbetreiber,**

[459] AG Meldorf, Urt. v. 18. 1. 2008, 84 C 1380/07, JurPC Web-Dok. 27/2008.
[460] **A. A.** *Ditscheid/Rudolf,* in: Spindler/Schuster, Recht der elektronischen Medien, § 45 k TKG,
Rn. 24 a.
[461] **A. A.** *Ditscheid/Rudolf,* in: Spindler/Schuster, Recht der elektronischen Medien, § 45 k TKG,
Rn. 25.
[462] Vgl. dazu schon oben Rn. 904 a ff.

deren Existenz und Identität dem Kunden meist unbekannt bleibt. In den ersten Jahren dieser Dienste hat insbesondere die Deutsche Telekom als Teilnehmernetzbetreiber die Mehrwertdienste nicht nur abgerechnet, sondern teilweise auch bei Einwendungen des Kunden das Inkasso übernommen. Dies geschieht heute in der Regel nicht mehr. Bei Einwendungen, die Drittanbieter betreffen, überlässt die Deutsche Telekom die Auseinandersetzung dem Drittanbieter. Dies führt zu Streitigkeiten zwischen Kunden und Mehrwertdiensteanbietern und/oder Verbindungsnetzbetreibern.

1056   Bei einer Auseinandersetzung muss der Diensteanbieter zunächst darlegen muss, dass zwischen ihm und dem Kunden ein Vertrag zustande gekommen ist und dass er auch Entgelte für von ihm im Rahmen dieses Vertrags erbrachte Leistungen verlangt.[463] Ferner muss der Anbieter auch die gewählten Verbindungen einschließlich des Anrufenden bzw. Versenders von sms[464] angeben. Er kann diese Daten erst löschen, wenn die die mit dem Teilnehmer vereinbarte **Beanstandungsfrist** des § 45 i Abs. 1 S. 1 TKG oder die Frist des § 97 Abs. 3 S. 3 TKG abgelaufen ist, ohne dass der Teilnehmer Einwendungen erhoben hat. Tut er dies früher, muss er die sich daraus ergebenden Folgen für einen evtl. Prozess tragen (vgl. § 45 i Abs. 2 TKG).

1057   Der BGH hat angenommen, dass der eigentliche **Teilnehmernetzbetreiber** des Kunden dessen **Vertragspartner** auch für einen **Mehrwertdienst** ist.[465] Dies ist umstritten[466]. Der Kritik dürfte auch berechtigt sein, weil dies auch der üblichen Abrechnungspraxis widerspricht, die Leistungen Dritter klar als Fremdleistungen ausweist.[467] Durch entsprechende vertragliche Vereinbarungen (auch in allgemeinen Geschäftsbedingungen) kann aber jedenfalls auch der Teilnehmernetzbetreiber Anbieter von Mehrwertdienstleistungen sein. Der eigentliche Diensteanbieter ist dann sein Erfüllungsgehilfe. Er ist allein Vertragspartner des Kunden.[468] Die Annahme, es gäbe zwei Vertragspartner,[469] dürfte aus Teilnehmersicht kaum haltbar sein.[470] Der Teilnehmernetzbetreiber muss sich, wenn er Vertragspartner ist, Einwendungen gegen den Mehrwertdienst (auch z. B. Sittenwidrigkeit) entgegenhalten lassen. Möglich ist auch, dass der Teilnehmernetzbetreiber zwar nicht Erbringer der Mehrwertdienstleistungen ist, die Vergütung aber als eigene Forderung und zwar als Gesamtgläubiger zusammen mit dem Mehrwertdiensterbringer geltend machen kann. Auch dann muss er sich die Einwendungen gegen die Leistungen des Mehrwertdiensterbringers entgegenhalten lassen. Außerdem muss die Rechnung den Voraussetzungen des § 45 h Abs. 1 TKG entsprechen. Abweichende allgemeine Geschäftsbedingungen sind unwirksam.[471]

1058   Im Hinblick auf den Vertragsschluss haben insbesondere die **Verbindungsnetzbetreiber** erhebliche Schwierigkeiten. Ihre Tätigkeit wird dem Kunden gegenüber oft nicht aufgedeckt. Geschieht dies, was z. B. im Bereich von Auskunfts- und Vermittlungsdiensten manchmal der Fall ist, verlangen sie oft Entgelte für von Dritten dem Kunden gegenüber erbrachte Leistungen, die auf einem nach der Vermittlung zwischen dem Kunden und dem Dritten geschlossenen Vertrag beruhen.

---

[463] LG Kiel, Urt. v. 9. 1. 2003, 11 O 433/02, JurPC Web-Dok. 122/2003; vgl. schon AG Hersbruck, NJW-RR 1999, 1510; so auch *Brumme*, in: Taeger/Wiebe (Hrsg.): Mobilität.Telematik.Recht, S. 173 (181).

[464] AG Bremen, NJW-RR 2005, 1287.

[465] BGH, NJW 2002, 361; NJW 2004, 1590.

[466] Dagegen *Hoeren/Welp*, JuS 2006, 389 (390 f.); OLG Köln, CR 2006, 460; umfangreich zur Abrechnung: *Schmitz/Eckhardt*, CR 2007, 560.

[467] *Schmitz*, CR 2006, 170 (171); *Klees*, CR 2003, 331 (335).

[468] So wohl im sog. Online-Billing-Verfahren: *Ditscheid*, CR 2006, 316; *Schmitz/Eckardt*, CR 2006, 323 (324 f.).

[469] *Ditscheid/Rudolf*, in: Spindler/Schuster, Recht der elektronischen Medien, Vorbem. § 66 a , Rn. 2, teilweise abweichend § 45 h, Rn. 4.

[470] So auch *Hoeren*, Internet- und Kommunikationsrecht, Rn. 553.

[471] BGH, BB 2007, 236 = NJW 2007, 438).

Hier gilt folgendes: Wird dem Kunden **nicht offenbart,** dass ein Verbindungsnetzbetreiber an der Verbindung beteiligt ist, hat dieser dem Kunden gegenüber keine eigenen Ansprüche.[472] Entscheidend ist die Sicht des Kunden. Das gleiche gilt dann, wenn er Ansprüche aus einem von Dritten abgeschlossenen Vertrag geltend machen will. Diese kann er nur geltend machen, wenn sie an ihn abgetreten sind.[473] Demgegenüber bestehen berechtigte Ansprüche des Verbindungsnetzbetreibers für Entgelte, die er dem Kunden für eigene Leistungen berechnet, wenn der Kunde erkennen kann, dass er es hier mit einer Dienstleistung des Verbindungsnetzbetreibers zu tun hat. Dies gilt insbesondere dann, wenn der Vermittlungsnetzbetreiber gleichzeitig dem Kunden gegenüber einen Auskunfts- und Vermittlungsdienst betreibt. Für den Vertragsschluss reicht hier auch, dass der Kunde eine diesem Netzbetreiber zugewiesene Auskunftsnummer anwählt. Der Verbindungsnetzbetreiber muss dann bei dem Anruf seine Identität nicht noch einmal sagen. Allerdings muss er, damit ein Vertrag zustande kommt, eine Preisinformation erteilen. Für Preise gilt § 305 a Nr. 2 Buchst. b BGB nicht, weil sie eine essentialia negotii, ein Grundbestandteil des Vertrages sind.[474]

Hat er **unberechtigt** für den Mehrwertdiensteanbieter Beträge **eingezogen** und noch 1059 nicht an diesen ausgekehrt, kann der Kunde evtl. Bereicherungsansprüche auf Rückzahlung gegen ihn geltend machen.[475]

Inkassiert das Mehrwertdiensteunternehmen für seine eigenen Leistungen, kommen ihm aber die oben genannten Erleichterungen zu Gute.

Bei telekommunikationsgestützten Diensten nach § 3 Nr. 25 TKG, die auf Veranlas- 1060 sung des Verbrauchers unmittelbar per Telefon oder Telefax in einem Mal erbracht werden, steht dem Verbraucher **kein** fernabsatzrechtliches **Widerrufsrecht** zu (§ 312 d Abs. 4 Nr. 7 BGB). Zu solchen Diensten gehören auch die Mehrwertdienste. Für sie gelten auch nicht die Regeln des § 312 g BGB, weil sie nach § 1 Abs. 1 TMG keine Telemedien sind[476]. Dies dürfte nach dem Wortlaut nicht für Leistungen wie das Herunterladen von Programmen, Musikstücken oder „App´s" gelten, wenn die Leistungen nicht via Telefon oder Telefax erbracht werden. Das Widerrufsrecht erlischt auch nicht nach § 312 Abs. 3 BGB, bevor der Kunde die Leistung bezahlt hat, weil bis dahin keine vollständige Erfüllung eingetreten ist.

Zu den bislang genannten Problemen kam in der Vergangenheit ein weiteres technisches 1061 Problem: die so genannten **Dialer.** Dies sind Programme, die sich selbst in das Netz einwählen und so eine Verbindung vom häuslichen PC zum Mehrwertdiensteanbieter herstellen. Solche Programme können – bewusst verwendet – hilfreich sein, aber nur dann, wenn der Verwender sie jederzeit kontrollieren und beherrschen kann. Andernfalls verliert er sehr schnell die Kontrolle über die Kosten für Internet und Telekommunikation. Auch der bewusste Einsatz solcher Dialer erfordert erhebliche Kenntnisse. Jedenfalls muss ein Dialer für eine nutzbringende Anwendung so programmiert sein, dass er vor jedem Einsatz nachfragt, ob er sich einwählen darf.

Viele Dialer waren **nicht so programmiert.** Sie wählten sich in bestimmten Nutzungs- 1062 umgebungen ein, ohne darüber zu informieren. Gefährlichere änderten auch die Grundeinstellungen des Systems und sorgten so z. B. dafür, dass nicht der vom Nutzer ausgewählte Access-Provider, sondern ein anderer beim Aufruf des Internet die Verbindung

---

[472] BGH, NJW 2005, 3636; NJW 2006, 286; *Schmitz/Eckhardt,* CR 2006, 323 (326 f.); CR 2007, 560 (563 f.); LG Koblenz, CR 2007, 513.

[473] *Mankowski,* NJW 2005, 3614; LG Koblenz, CR 2007, 513; vgl. auch AG Mönchengladbach, Urt. v. 29. 4. 2003, 5 C 286/02, JurPC Web-Dok. 162/2003; OLG Koblenz, K&R 2006, 470; *Schmitz,* CR 2006, 170.

[474] AG Krefeld, Urt. v. 30. 12. 2003, 79 C 484/03, Jur PC Web-Dok. 108/2004.

[475] Näher *Rehn/Sassenberg,* CR 2009, 290.

[476] Vgl. *Hoeren,* NJW 2007, 801 (802), dazu oben Rn. 895.

herstellte – mit erheblich höheren Kosten. Andere installierten sich unbemerkt und stellten automatisch Verbindungen zu Mehrwertdiensteanbietern her, die nur dazu dienten, Kosten für nicht bestellte (und auch nicht erbrachte) Leistungen berechnen zu können.

1063   **Installiert** sich ein Dialer **heimlich** und wählt sich ebenso heimlich ein, haftet der Anschlussinhaber nach der Rechtsprechung des BGH dafür nicht. Das gilt auch dann, wenn der Dialer zwar offen heruntergeladen wird, sich aber heimlich einwählt oder heimlich einen Mehrwertdienst als Standardinternetverbindung einrichtet[477]. Der Anschlussinhaber muss auch keine Sicherheitsvorkehrungen gegen das heimliche Installieren treffen.[478] Dieser Linie des BGH ist im Prinzip zuzustimmen. Allerdings dürfte die Installation üblicher Virenschutzprogramme (und ihr regelmäßiges Update) heute zu den Obliegenheiten des Nutzers gehören. Außerdem ist durchaus zweifelhaft, ob der Anbieter für bewusst installierte Dialer, die aber ohne sein Zutun heimlich Kosten verursachen, nicht doch haftet, weil er die Gefahrensituation mit verursacht hat.[479] Allerdings bestehen in jedem Fall Anfechtungsrechte des Kunden.[480]

1064   Praktisch stellt sich freilich das Problem, dass das heimliche Installieren von Dialern vom **Kunden bewiesen** werden muss (§ 45 i Abs. 4 S. 1 TKG). Dieser Beweis wird meist nicht möglich sein.

1065   Ein Anschlussinhaber kann bestimmte **Nummernbereiche**, die für Mehrwertdienste vorgesehen sind, auch **sperren** lassen. Umgeht ein Anbieter solche Sperren, handelt er sittenwidrig.[481] Umgeht ein Dritter sie, haftet der Teilnehmer jedenfalls nicht nach § 16 Abs. 3 TKV.[482] Dagegen ist die Verwendung von Auslandsnummern anstelle von klassischen Nummern für Mehrwertdienste zulässig.[483]

ff) R-Gespräche

1066   Ein weiteres Problem hat der BGB gelöst: Anbieter heute an sich völlig überflüssiger und deutlich überteuerter **R-Gespräche** wollten den Anschlussinhaber für die Gespräche haftbar machen, auch wenn er sie nicht selbst angenommen hat, sondern seine minderjährigen Kinder, die dazu von ihm nicht ermächtigt waren. Eine ganze Reihe von Gerichten hat hier die jeweiligen allgemeinen Geschäftsbedingungen des Anbieters herangezogen und den Anschlussinhaber als Vergütungsschuldner betrachtet.[484] Dies ist aber falsch: Die Haftung nach den allgemeinen Geschäftsbedingungen (bzw. §§ 241, 278 BGB) gilt nur für Gespräche, die vom Anschluss aus aktiv geführt werden und damit nicht für R-Gespräche, bei denen der Anschluss angerufen wird. Außerdem besteht mit dem Anbieter von R-Gesprächen keine vertragliche Beziehung, auf die dieser sich berufen könnte. Andere Gerichte haben Rechtsscheingrundsätze herangezogen. Auch das ist falsch: Es gibt keinen Rechtsschein, nach denen der Anschlussinhaber alle, die bei ihm den Telefonhörer auf-

---

[477] NJW 2004, 1590; zustimmend Hoeren/Welp, JuS 2006, 389 (392 f.); i. E. ebenso: Lienhard, NJW 2003, 3593 unter Anwendung von § 241 a BGB; *Rösler*, NJW 2004, 2566; LG Kiel, Urt. v. 9. 1. 2003 – 11 O 433/02, JurPC Web-Dok. 122/2003; vgl. auch KG, Urt. v. 27. 1. 1003, 26 U 205/01, JurPC Web-Dok. 133/2003; kritisch *Schuster*, CR 2005, 730 (735); differenzierend *Hoeren*, Internet- und Kommunikationsrecht, Rn. 564 f.: teilweise nicht anfechtbar.

[478] *Mankowski*, CR 2004, 185 (188).

[479] LG München I, Urt. v. 18. 3. 2004, 27 O 15933/03, JurPC Web-Dok. 202/2004; *Brumme*, in: Taeger/Wiebe (Hrsg.): Mobilität.Telematik.Recht, S. 173 (185); so wohl auch *Hoeren*, Internet- und Telekommunikationsrecht, Rn. 565: Erklärungsbewusstsein vorhanden.

[480] *Hoeren/Welp*, JuS 2006, 389 (393).

[481] LG Essen, NJW-RR 2005, 850; AG Bad Iburg, NJW-RR 2004, 1059.

[482] OLG Frankfurt, OLG Report Frankfurt 2004, 284.

[483] OLG München, Urt. v. 28. 10. 2003, 23 U 1849/03, JurPC Web-Dok. 143/2004.

[484] LG Paderborn, MMR 2005, 480; AG Furth/Odw., MMR 2005, 489; AG Nettetal, MMR 2005, 490; AG Regensburg, CR 2006, 352.

nehmen, oder auch nur seine Haushaltsangehörigen ermächtigt, zu seinen Lasten R-Gespräche anzunehmen.[485] Nur in konkreten Einzelfällen kann dies anders sein.

Allerdings kann sich der Anschlussinhaber nach § 66 i Abs. 2 TKG in eine R-Gespräch-**Sperrliste** eintragen lassen, die die Bundesnetzagentur führt. Diese Sperrmöglichkeit soll ausreichend sein, um denjenigen Anschlussinhaber für R-Gespräche auch seiner minderjährigen Kinder haften zu lassen, wenn er keine Sperreintragung hat vornehmen lassen.[486] Dies ist aber so generell nicht zutreffend. Damit der Teilnehmer sich sperren lassen kann, muss er zunächst von der Sperrmöglichkeit wissen. Erkundigen muss er sich nach der Rechtsprechung[487] nur bei der Einrichtung des Anschlusses, nicht fortlaufend. Bestand also die Sperrmöglichkeit, die es erst seit dem 1. 9. 2007 gibt, bei Vertragsabschluss bzgl. des Anschlusses noch nicht, so fehlt es an der Obliegenheit zur Sperreintragung und damit an der Zurechnung. Dies gilt nur dann nicht, wenn schon Probleme mit R-Gesprächen aufgetreten waren. Dann besteht wieder die Obliegenheit, sich zu schützen. Wer sie verletzt, haftet. Praktisch dürfte sich das Problem schon durch die Regelung des § 66 i Abs. 1 TKG reduziert haben, die es verbietet, dass aufgrund des R-Gesprächs Zahlungen an den Anrufer erfolgen.

1067

gg) Besondere Kündigungsgründe

Ein besonderes Kündigungsrecht normiert § 45 l Abs. 2 TKG für **Kurzwahl-Abonnements**. Sind diese ereignisbasiert (z. B. wegen der Übermittlung von Sportergebnissen), ist eine Kündigung jederzeit ohne Frist möglich, sind sie nicht ereignisbasiert, beträgt die Kündigungsfrist eine Woche jeweils monatlich.[488]

1068

j) Netzneutralität

Eine der weiteren zentralen, allerdings im Augenblick noch mehr politischen Diskussionen ist die Diskussion über die sogenannte **Netzneutralität**. Dabei geht es darum, ob Telekommunikationsunternehmen und Access-Provider im Internet übermittelte Datenpakete gleich behandeln müssen, egal, von welchem Anbieter sie stammen, zu welchen Kunden sie führen und welchem Dienste sie dienen oder ob die Diensteanbieter in der Lage sind, z. B. für unterschiedlich zahlende Kunden unterschiedlich schnelle Übermittlungswege anzubieten oder gar den Datenstrom von bestimmten Anbietern ganz zu unterbinden, weil sie selbst ähnliche Leistungen anbieten und ihren Kunden nur diese zugänglich machen wollen.[489]

1069

Das derzeitige Recht enthält zu diesen Fragen **keine speziellen** Regelungen. Es lassen sich allenfalls in Grenzen **rundfunk- und medienrechtliche** Vorschriften anwenden.[490] Wenn dies überhaupt möglich ist, erfassen diese Regelungen aber jedenfalls keine Individualkommunikation. Auch die Novellierung des Telekommunikationsgesetzes wird hieran wohl nichts Prinzipielles ändern.[491]

1070

---

[485] BGH, CR 2006, 454 m. Anm. Klees; *Spindler/Anton*, in: Spindler/Schuster, Recht der elektronischen Medien, Vorbem. §§ 116 ff. BGB, Rn. 13; LG Potsdam, NJW-RR 2006, 192; AG Crailsheim, NJW-RR 2005, 351; AG Menden, NJW-RR 2005, 850; AG Eisenach K&R 2006, 481; *Zagouras*, NJW 2006, 2368.

[486] *Ditscheid/Rudolf*, in: Spindler/Schuster, Recht der elektronischen Medien, § 66 i TKG, Rn. 8; *Spindler/Anton*, in: Spindler/Schuster, Recht der elektronischen Medien, Vorbem. §§ 116 ff. BGB, Rn. 13 skeptisch: *Kühling/Elbrandt*, in: Leupold/Glossner (Hrsg.): IT-Recht, Teil 6, Rn. 236 ff.

[487] BGH, GRUR 2010, 663 („Sommer unseres Lebens").

[488] *Kühling/Elbrandt*, in: Leupold/Glossner (Hrsg.): IT-Recht, Teil 6, Rn. 210.

[489] Zum Ganzen *Holznagel/Ricke*, DuD 2011, 611.

[490] Näher *Holznagel/Ricke*, DuD 2011, 611 (614 ff.).

[491] So *Holznagel/Ricke*, DuD 2011, 611 (612 f.) zum derzeitigen Entwurf der TKG-Novellierung.

Verfassungsrechtliche Vorgaben fehlen weitgehend. Allerdings ist zum einen zu beachten, dass jedenfalls Telekommunikationsunternehmen, zu denen in diesem Zusammenhang auch die Access-Provider gehören, nicht prüfen dürfen, welche Inhalte ihre Kunden aufrufen, weil eine solche Prüfung gegen das Fernmeldegeheimnis verstößt. Sie können allerdings den Zugang zu bestimmten Dienstleistern sperren oder zu Ports als Adressbestandteilen o. ä. technische Sperreinrichtungen einbauen, wenn sie dies durch eine entsprechende **Leistungsbeschreibung** vertraglich mit ihren Kunden vereinbaren.[492] Gibt es eine solche konkrete Vereinbarung, können auch die dafür notwendigen Inhalte der Daten ermittelt werden, weil insoweit dies für die Diensteerbringung erforderlich ist. Allerdings sind dabei die Grenzen des AGB-Rechts einzuhalten.[493] Wirksam sind entsprechende Einschränkungen insbesondere dann, wenn es klare entsprechende Vorgaben in der Leistungsbeschreibung des Dienstes gibt.[494]

1071   Von daher sind im Augenblick **keine prinzipiellen Schranken** für eine Differenzierung im Diensteangebot zu sehen. Es greift auch der Grundsatz der Meinungs- und/oder Informationsfreiheit nicht ein, da alle Diensteanbieter ja Private sind, die nicht unmittelbar an die Grundrechte gebunden sind.

1072   Dies mag nach der derzeitigen Rechtslage bei marktstarken oder gar **monopolistischen** Anbietern **anders** sein, weil diese jedenfalls gegenüber geschäftlich tätigen Kunden oder geschäftlich tätigen Anbietern diskriminierungsfrei ihre Leistungen anbieten müssen (§ 20 Abs. 1 GWB). Eine intensive Diskussion dieser kartellrechtlichen Fragen kann an dieser Stelle nicht geführt werden. Bei sehr starken Anbietern kann auch die mittelbare Drittwirkung der Grundrechte dazu führen, dass sie bestimmte Angebote nicht gänzlich sperren können, insbesondere, wenn dadurch die objektive Gewährleistung der Meinungsfreiheit gefährdet ist.[495]

1073   Auf den ersten Blick erscheint es weiterhin zweifelhaft, ob Einschränkungen zulässig sind, die nur realisiert werden können, wenn man das **Kommunikationsverhalten** der Kunden **systematisch erfasst**, weil dies mit dem Fernmeldegeheimnis und den Grundsätzen des Rechts auf informationelle Selbstbestimmung kaum vereinbar sein dürfte. Darüber hinaus entsteht eine private Zensurinfrastruktur im Internet, die auch als solche die Kommunikationsgrundrechte wie z. B. die Meinungsfreiheit gefährdet.[496] Demgegenüber dürfte eine unterschiedliche Geschwindigkeit bei der Übertragung spezieller Datenpakete – je nach gezahltem Preis – prinzipiell zulässig sein, immer vorausgesetzt, dass diese Datenpakete ohne Erfassung der Inhalte so gekennzeichnet werden können, dass man schnell und langsam zu befördernde Datenpakete unterscheiden kann.[497]

2. Einzelleistungen

a) Allgemeines

1074   Neben dem Systemvertrag als Dauerschuldverhältnis sind die **Einzelleistungen** zu betrachten. Hier gibt es in der Praxis eine Vielzahl von Leistungen, die Anbieter erbringen.

Für **einzelne Leistungen** soll in der Folge die Frage ihrer **rechtlichen Bewertung** einer näheren Betrachtung unterzogen werden. Dabei ist zu betonen, dass es im jeweils konkreten Fall durchaus sein kann, dass die verschiedenen Einzelleistungen im Rahmen unterschiedlicher Verträge, möglicherweise auch im Falle von Einzelabrufen und Einzel-

---

[492] *Koreng,* Zensur im Internet, S. 184; vgl. dazu oben Rn. 1039.
[493] *Lapp,* CR 2007, 774 (776 ff.).
[494] Dazu oben Rn. 1039; abweichend *Lapp,* CR 2007, 774 (777 ff.).
[495] *Koreng,* Zensur im Internet, S. 177 ff.; CR 2009, 758.
[496] *Koreng,* Zensur im Internet, S. 181, 184 ff.
[497] Ähnlich *Ufer,* CR 2010, 634.

verträgen angeboten werden. Für die hier notwendige und wegen der Kürze der Untersuchung gebotene Betrachtung kommt es auf diese Frage nicht an. Bei der modernen Nutzung von Telekommunikationssystemen kommt es sehr oft zu zahlreichen Verträgen. So ist z. B. bei der üblichen **Internetnutzung** zu unterscheiden zwischen den Verträgen mit dem Anbieter der ursprünglichen Telekommunikationsverbindung, dem Vertrag mit dem Access-Provider und dem Vertrag, der mit Hilfe von Internet mit Dritten abgeschlossen wird. Dabei können auch dies noch Dauerverträge sein, z. B. dann, wenn über Internet etwa mit einem Anbieter kommuniziert, von dem man regelmäßig zu besonderen Bedingungen Daten abfragt. Häufig werden aber auch verschiedene Einzelleistungen in einem Vertrag angeboten. Gängige Pakete sind etwa der Internet-Zugang zusammen mit einem E-Mail-Dienst, häufig jetzt auch verbunden mit einem Telefon- und DSL-Anschluss oder die Gestaltung und Aufrechterhaltung eines Internet-Auftritts, verbunden mit einer Domain-Registrierung für den Kunden.

Unter diesen Rahmenbedingungen sollen jetzt die Einzelleistungen betrachtet werden.

b) Zugang zu Telekommunikation und Internet

Die erste hier zu betrachtende Dienstleistung ist die, die dem Kunden den **Zugang** zur   1075
Telekommunikation und (zusammen oder getrennt) zum Internet **verschafft.** Die Leistung des Anbieters besteht darin, überhaupt Zugang zu Telekommunikation und/oder Internet zu verschaffen. Um diesen Netzzugang zu verschaffen, werden auch oft technische Geräte oder Leitungen überlassen. Dies kann kaufvertraglich oder auch mietvertragsweise[498] geschehen. Es handelt sich aber nicht um die für den Vertrag charakteristische Leistung. In manchen Fällen entfällt allerdings auch diese Leistung, insbesondere dann, wenn etwa der Zugang zum Internet getrennt vom Zugang zur Telekommunikation versprochen wird, die Leistung mithin nur eine Zusatzleistung zu einem anderen Dienst ist. Die eigentliche **Leistung** ist allerdings bei all diesen Verträgen die **Verschaffung** und **Aufrechterhaltung** des Netzzugangs, sei es zum Telekommunikationsnetz, sei es zum Internet. Üblich ist es heute, konkrete **Down- und Upload-Raten** für den Zugang zu vereinbaren. Darüber hinaus wird oft geregelt, mit welcher Zuverlässigkeit der Dienst insbesondere mit den vorgesehenen Down- und Upload-Raten zur Verfügung steht. Der Anbieter stellt insbesondere dabei sein Netz und seine Leitungen zur Verfügung, wobei neben den physikalischen Leitungen, auch Funkverbindungen eine Rolle spielen können, aber auch Rechner wichtig sind, die die Leistung steuern. Bei Internetzugängen geht es auch um einen Einwahlzugang des Providers und sogenannte „Gateway-Rechner", die für eine Übersetzung der digitalen Eingangssignale der vom Nutzer üblicherweise verwendeten Telefonleitung zu internettypischen Signalen sorgt und auch im weiteren Verlauf verschiedene Datenformate übersetzt.[499] Soweit es um einen Internetzugang geht, wird ferner vom Anbieter eine IP-Adresse zugewiesen und zwar entweder dynamisch für jede einzelne Sitzung oder auch statisch für den jeweiligen Nutzer.[500]

Hinsichtlich der **vertragstypologischen** Einordnung wird in der **Literatur** häufig die   1076
Meinung vertreten, der Vertrag über Netz- und/oder Internetzugang sei ein **Mietvertrag.**[501] Diese Auffassung wird damit begründet, dass in all diesen Fällen immer Leitungen (und andere Geräte) zur Verfügung gestellt werden, die körperliche Gegenstände und

---

[498] *Leitermann* in Heun (Hrsg.), Handbuch Telekommunikationsrecht, S. 527 (538 ff.).
[499] Ähnlich *Kosmides*, Providing-Verträge, S. 203.
[500] *Cichon*, Internet-Verträge, § 1, Rn. 32 ff.
[501] *Roth* in Loewenheim/Koch (Hrsg.), Praxis des Onlinerechts, S. 57, 89 ff; *Gottschalk* in: Kröger/Gimmy (Hrsg.), Handbuch zum Internet-Recht, S. 245, 248 f.; Heyms-Prieß, Werbung online, S. 24 ff.; *Braun*, Die Zulässigkeit von Service-Level-Agreements, S. 52; *Cichon*, Internet-Verträge, § 21, Rn. 79 ff.; AG Meldorf, Urt. v. 29. 3. 2011, 81 C 1403/10, Jur PC Web-Dok. 72/2011.

damit Sachen sind. Dies ist aber sachlich aus verschiedenen Gründen nicht richtig. Zum einen werden keinesfalls immer Leitungen genutzt. Zugänge lassen sich auch z. B. mit Hilfe von UMTS-Karten oder –Sticks über Funkleistungen und damit ohne körperliches Substrat erbringen. Darüber hinaus sind die für den Zugang genutzten IT-Systeme und Leitungen keinesfalls die geschuldete Leitung, sondern nur Mittel zum Zweck. Der **Benutzer** wird sich in aller Regel **keine Gedanken** darüber machen und auch nicht machen müssen, **wie** der Anbieter ihm den Zugang zum Telekommunikationsnetz oder Internet verschafft. Wie dies geschieht, entscheidet der Anbieter und nicht sein Kunde. Damit unterscheidet sich der Fall auch von dem oft herangezogenen Fall, in dem die Nutzung eines Fitness-Studios oder der Überlassung eines Parks zum Spazieren gehen dem Mietrecht unterworfen wird.[502] In diesen Fällen entscheidet der Nutzer selbst, wann und wo er spazieren geht und welche Fitness-Geräte er nutzt. Bei dem Zugang zur Telekommunikation und zum Internet entscheidet dies allein der Anbieter. Man wird daher nicht von einem Mietvertrag ausgehen können.

1077 Der **BGH** geht – mit anderen Teilen der Literatur – davon aus, dass es sich um einen **Dienstvertrag** handelt.[503] Die meisten Autoren, die diese Meinung vertreten, begründen dies damit, dass die im Mietvertrag wie auch bei einem Werkvertrag gegebene Erfolgshaftung dem Vertrag nicht angemessen sei. Vielmehr wolle der Anbieter sich **nur bemühen**, den Zugang zum Internet oder zur Telekommunikation zu ermöglichen. Er könne gar nicht mehr versprechen, weil das Telekommunikationsnetz bzw. das Internet von ihm gar nicht beherrscht werden könne. Diese Auffassung widerspricht aber den wesentlichen Vertragsinhalten, was insbesondere durch die Vereinbarung zu bestimmten Up- und Downloadraten mit unterschiedlichen Preisen – wie dies heute marktüblich ist – klar ist. Kein Kunde wird das Bemühen um solche Downloadraten bestellen. Jeder Kunde erwartet, dass diese Downloadraten (im Rahmen der Verfügbarkeit) tatsächlich zur Verfügung gestellt werden.[504] Gerade im technisch schlecht erschlossenen ländlichen Bereich werden hier oft falsche Versprechungen gemacht, die zumindest zu einer Gewährleistungshaftung, ggf. auch zu einer Kündigung führen müssen.[505]

1078 **Richtig** ist, dass viele der Leitungen und anderen Dienstleistungen, die für den wirklich erfolgreichen Zugang zum Netz gebraucht werden, **nicht** in der **Verfügungsgewalt** des **Anbieters** der hier besprochenen Dienstbarkeiten stehen. Dies beginnt bei weiten Teilen der Leitungen, insbesondere dann, wenn der Vertragspartner nicht die Deutsche Telekom oder eine ihrer Töchter ist. Dies betrifft aber auch viele andere Internetteile wie etwa Backbone-Rechner und anderes mehr. Diese Tatsache ändert aber nichts daran, dass der Anbieter sehr wohl einen Erfolg, nämlich eine Kommunikationsverbindung mit bestimmten Leistungsmerkmalen versprochen hat. Da hier ein **Erfolg** versprochen wird, geht es um einen **Werkvertrag**.[506] Die Frage, für welche der genannten Hilfsdienste er haften muss, ist getrennt zu betrachten[507]. Dem Werkvertrag steht auch nicht entgegen, dass es sich um ein Dauerschuldverhältnis handelt.[508]

---

[502] So Cichon, Internetverträge, § 1 Rn. 83.

[503] BGH, MMR 2005, 373 (374) = CR 2005, 816 m. Anm. *Schuppert*; MMR 2010, 398; *Schuppert* in Spindler (Hrsg.), Vertragsrecht der Internet-Provider, Teil II, Rn. 20; *Spindler* in Spindler (Hrsg.) Vertragsrecht der Internetprovider Teil IV, Rn. 88 f. bei Grundvergütung und Flatrate; Härting, ITRB 2002, 218 und Internetrecht, Rn. 528; *Schumacher,* CR 2006, 229 (231); *Lapp,* CR 2007, 774 (775 f.); *Bräutigam,* CR 2004, 248 (250), wenn keine hundertprozentige Verfügbarkeit zugesagt ist; *Kosmides,* Providing-Verträge, S. 200 ff., 209.

[504] *Cichon,* Internetverträge, § 1 Rn. 66; falsch AG Oldenburg, MMR 2010, 497.

[505] AG Montabaur, CR 2009, 197.

[506] Generell so zu Verfügbarkeitsregeln: *Schuster,* CR 2009, 205 (207).

[507] Dazu unten Rn. 1082 ff.

[508] Wie hier *Roth und Haber,* ITRB 2004, 19, *Meurer* in Brumme/Weis (Hrsg.), Praxis Handbuch Internetrecht, S. 286 (297); *Spindler* in: Spindler (Hrsg.), Vertragsrecht der Internet-Provider, Teil IV,

Da es sich um einen Werkvertrag handelt, liegt auch kein Vertrag sui generis vor.[509]

Allerdings muss man beachten, dass es hier um ein **Dauerschuldverhältnis** geht. Dies 1079 ist insbesondere für die Kündigungsregeln wichtig. Soweit diese nicht im Vertrag geregelt sind, wird man wohl auf Dienstvertragsregeln für die Kündigung zurückgreifen müssen. Für den Gewährleistungsbereich dürften eher die Mietvertragsregeln zutreffend sein. Eine Nachbesserung des einmal schlecht gewährten Internetzugangs oder einer nicht möglichen oder schlechten Telekommunikationsverbindung ist nicht möglich. Eine Fehlerbehebung für die Zukunft ist aber selbstverständlich geschuldet. Außerdem ist das Entgelt während der Dauer der Störung zeitanteilig zu mindern. Man wird hier auch das außerordentliche Kündigungsrecht wegen Nichtgewährung des Gebrauchs (§ 543 Abs. 2 Nr. 1 BGB) ergänzend heranziehen ebenso wie die Zwei-Wochen-Frist aus § 626 BGB nicht gilt. Darüber hinaus greift § 649 BGB nicht ein, weil dies bei einem Dauerschuldverhältnis mit der Möglichkeit einer ordentlicher Kündigung nicht angemessen ist.[510]

Für beide hier betrachtete Dienste gelten die Regeln des **TKG** ergänzend.[511] Es ist zwar 1080 teilweise die Auffassung vertreten worden, das Verschaffen des Zugangs zum Internet **(Access-Providing)** sei ein telekommunikationsgestützter Dienst im Sinne des § 3 Nr. 25 TKG[512]. Lünenbürger begründet dies mit der gesetzgeberischen Begründung. Im Gesetz findet diese Auffassung allerdings keine Stütze, da der Hauptteil auch der Access-Providing in der Übertragung von Signalen über Telekommunikationsnetze besteht und damit die Definition des Telekommunikationsdienstes gem. § 3 Nr. 24 TKG erfüllt. Darüber hinaus hat der Gesetzgeber bei den Regelungen zur Vorratsdatenspeicherung, insbesondere in § 113 a TKG ausdrücklich zum Ausdruck gebracht, dass Internetzugangsdienste Telekommunikationsdienste sind. Die Vorratsdatenspeicherpflicht galt nämlich nur für Telekommunikationsdienste (§ 113 a Abs. 1 S. 1 TKG). Da hinsichtlich der Anbieter von Internetzugangsdiensten in der Beteiligung genaue Vorgaben gegeben wurden dahingehend, was sie speichern sollten, ging der Gesetzgeber offenkundig davon aus, dass es sich um Telekommunikationsdienste und nicht um telekommunikationsgestützte Dienste handelt. An dieser gesetzlichen Auffassung ändert die zwischenzeitliche Nichtigkeitserklärung der Vorratsdatenspeicherungsregelung[513] nichts.

Zum **Gewährleistungsrecht** ist schon darauf verwiesen worden, dass hier Mietver- 1081 tragsrecht gilt. Dieses greift dann ein, wenn z. B. die Downloadraten unter Berücksichtigung der Verfügbarkeit unterschritten sind.

Man wird die sich daraus ergebende **Minderungsmöglichkeit** in allgemeinen Geschäftsbedingungen nicht endgültig **ausschließen** können. Man wird allerdings eine Möglichkeit schaffen dürfen, dass die Mietzahlung laufend weiterläuft, der Kunde allerdings eine Vorbehaltszahlung mit Rückforderungsmöglichkeit vorsieht. Dies muss in der Klausel ausdrücklich gewährt werden.[514]

Darüber hinaus gibt es natürlich Schadensersatzansprüche, wenn die Leistungsmerkmale nicht erfüllt sind. Dann muss allerdings beim Anbieter ein Verschulden vorliegen.

Dies gilt dann, wenn die **Leistung von Dritten** kommen nur dann, wenn es sich bei 1082 den Dritten um **Erfüllungsgehilfen** handelt.

Der im deutschen Recht **üblichen Praxis** entspricht es, wenn die anderen im Internet mitwirkenden Unternehmen, die Transportwege und Rechner zur Verfügung stellen, als

---

Rn. 87 bei leistungsabhängiger Vergütung. Grundsätzlich zum Werkvertrag als Dauerschuldverhältnis vgl. auch *Staudinger/Peters/Jacoby*, § 649, Rn. 4.

[509] So *Schuster*, CR 2006, 444 (450 ff.).

[510] *Staudinger/Peters/Jacoby*, § 649, Rn. 65 mit einer gewissen Differenz zur Kommentierung unter Rn. 4; **a. A.** BGH, CR 2011, 176; 525; näher oben Rn. 665.

[511] *Ditscheid/Rudolf*, in: Spindler/Schuster, Recht der elektronischen Medien, § 43 c TKG, Rn. 5.

[512] *Scheuerle/Mayen-Lünenürger*, § 3 Rn. 65.

[513] BVerfG, NJW 2010, 833.

[514] BGH NJW 2008, 947.

Erfüllungsgehilfen betrachtet werden, also insbesondere die Netzübertragungsanbieter, die Betreiber sonstiger Knotenrechner usw. Wer sich der Hilfe Dritter für irgendetwas bedient, haftet für diesen, sobald dieser Fehler macht. Nur dann, wenn die Leistung des Dritten nicht als eigene Leistung des Systemanbieters geschuldet ist, gilt dies nicht. Es können gerade im Bereich der Nachrichtenübermittlung auch erhebliche Schäden auftreten, wenn etwa Vertragsangebote nicht ordnungsgemäß übermittelt werden oder gar Vertragsannahmen nicht ordentlich zugehen. Von daher ist die Entscheidung dieser **Frage von erheblicher Bedeutung.**

1083   Wichtig in diesem Zusammenhang ist, dass der einzelne Dienstanbieter, etwa der **Access-Provider,** nach der Gestaltung der Netze, insbesondere des Internet. meist keinen Einfluss darauf hat, welche Leitungen und welche Rechner im Einzelfall benutzt werden. Von daher kann nur entweder die Ansicht vertreten werden, er habe sämtliche in diesem Netz irgendwo auf der Welt tätigen Betreiber als Erfüllungsgehilfen bewusst eingeschaltet oder die Ansicht, eine Erfüllungsgehilfenschaft und damit eine Haftung scheide aus. Es spricht hier viel für den zweiten Standpunkt, weil anderenfalls die Risiken für die Anbieter unabsehbar werden. Außerdem ist es kaum vorstellbar, dass der Anbieter zahlreiche Erfüllungsgehilfen einschaltet, die er kaum kennt und auf die er keinen Einfluss hat. Allerdings ist auch der erste Gesichtspunkt nicht ganz abseitig, weil die Eröffnung des Zugangs verbunden mit der technischen Zusammenschaltung ja gerade die Dienstleistung des Access-Providers darstellen, der diese Risiken bewusst eingegangen ist und der die Risiken möglicherweise besser beherrschen kann als der jeweilige Nutzer. Dennoch muss man der erstgenannten Argumentation folgen.

1084   Es handelt sich daher bei den **Betreibern anderer Netzkomponenten nicht** um **Erfüllungsgehilfen.**[515] Damit haftet der Nachrichtenübermittler nur für Mängel in seinem eigenen Bereich.

Anders ist es aber z. B. dann, wenn der Zugangsvermittler die eigentliche Zugangsleistung beim Dritten (z. B. der Telekom) ganz oder teilweise eingekauft hat, sei es, dass er Leitungen mietet, sei es, dass es andere Vereinbarungen mit dem eigentlichen Leistungserbringer getroffen hat. Hier hat er diesen Dritten als eigentlichen Leistenden bewusst in den Vertrag einbezogen. Es handelt sich um einen Erfüllungsgehilfen, für den er haftet.

Darüber hinaus haftet der Zugangsprovider auch nicht dafür, dass Telefonanschlüsse besetzt sind oder einzelne Seiten im Internet nicht zugänglich sind.

1085   Die Dienstanbieter haben auch **Nebenpflichten.** Dazu gehört z. B. die Pflicht, die Fortsetzung des Vertrages am neuen Wohnort anzubieten, wenn dies technisch möglich ist der Kunde für eine Anschlussänderung eine angemessene Vergütung zahlt.[516] Es besteht nach der Rechtsprechung auch die Pflicht, den Kunden auf die Tatsache hinzuweisen, dass er (möglicherweise sinnlos) teure ausländische Netze nutzt und zwar unabhängig von einer bestehenden europarechtlichen Verpflichtungen, also auch außerhalb der EU.[517]

1086   In der Vertragspraxis sind in Verträgen dieser Art, insbesondere solchen mit Pauschalvergütungen, oft Klauseln enthalten, die es dem **Kunden verbieten,** die Leistung **Dritten entgeltlich** zur Nutzung anzubieten. Diese Klauseln sind auch in allgemeinen Geschäftsbedingungen zulässig. Ginge man vertragstypologisch von einem Mietvertrag aus, entspräche dies der Regelung des § 540 Abs. 1 S. 1 BGB. Vergleichbare Vertragsklauseln in allgemeinen Geschäftsbedingungen sind aber auch bei anderen Vertragstypen nicht unwirksam. Das verbotene Verhalten würde – insbesondere bei der meist gegebenen Kon-

---

[515] Ebenso *Roth,* in: Loewenheim/Koch (Hrsg.), Praxis des Online-Rechts, S. 57 (119).
[516] AG Lahr, Urt. v. 10. 12. 2010, 5 C 121/10, JurPC Web-Dok. 23/2011.
[517] LG Kleve, Urt. v. 15. 6. 2011, 2 O 9/11, JurPC Web-Dok. 135/2011.

kurrenz durch Preisunterbietung – auch ohne ausdrückliche Vereinbarung gegen vertragliche Nebenpflichten verstoßen.[518] Einzelne Gerichte haben eine solche Leistung insbesondere bei Access-Providing schon als wettbewerbswidrig angesehen.[519]

Zulässig sind auch Vereinbarungen dahingehend, dass bestimmte **Seiten mit strafbaren Inhalten nicht zugänglich** sind. Darüber hinausgehende Zugangssperren können allerdings nur individuell vereinbart werden. In allgemeinen Geschäftsbedingungen geht dies nur in einer klaren Leistungsbeschreibung.

Unwirksam dürfte ein **Verbot** der **kommerziellen** Nutzung des Internetzugangs in   **1087** allgemeinen Geschäftsbedingungen sein.[520] Eine solche Klausel ist intransparent, weil z. B. unklar ist, ob ein Arbeitnehmer im Rahmen seiner beruflichen Tätigkeit den Internetzugang nutzen kann oder nicht. Klauseln dieser Art haben überdies mit der Lebenswirklichkeit von Arbeitnehmer und selbständigen Gewerbetreibenden ohnehin nichts zu tun.

Möglich sind wohl Klauseln, die anderen als dem Internetnutzer seinen Familienangehörigen und Mitbewohnern die berufliche oder gewerbliche Nutzung des Internetanschlusses untersagt. Dies verhindert, dass ein Privatanschluss für ein Unternehmen mit mehreren Mitarbeitern genutzt wird. Dies ist insbesondere bei einer Pauschalvergütung für die Nutzung des Anschlusses notwendig, weil der Anbieter sonst nicht kalkulieren kann.

In manchen AGB finden sich Klauseln, die es **verbieten, Zugangsdaten weiterzugeben.** Solche Klauseln sind beim Access-Providing in aller Regel in allgemeinen Geschäftsbedingungen **nicht wirksam.** Es ist nicht erkennbar, warum der Kunde seinen Zugang Dritten niemals eröffnen kann. Ähnliches gilt für ein generelles Verbot der Benutzung durch Dritte.

Speziell für Internetanschlüsse, möglicherweise aber auch für Telekommunikationsleis-   **1088** tungen besteht ein Problem, wenn der Kunde den Vertrag kündigt, diese Kündigung aber vom Anbieter nicht akzeptiert wird. Es ist nämlich nicht möglich, vom gleichen Telekommunikationsanschluss zwei verschiedene Internetzugänge zu erhalten. Der sogenannte **DSL-Port** steht nur einem Anbieter zur Verfügung. Gibt der Zugangsprovider den Zugang in dem oben beschriebenen Fall nicht frei, kann der Kunde den Internetzugang nicht bei einem Dritten beauftragen.

Dem Kunden steht entgegen LG Koblenz[521] ein **Anspruch auf Freigabe** des DSL-Ports. Schließlich ist er Leistungsempfänger. In seinem Interesse wird die Leistung erbracht. Wenn er sie nicht mehr wünscht, kann er nicht gegen seinen Willen an der Leistung festgehalten werden. Klar ist, dass der Leistungserbringer nach der Freigabe des DSL-Ports seine Leistung nicht mehr bringen kann. Er kann dann allerdings nach § 326 Abs. 2 S. 2 BGB ähnlich wie bei § 649 BGB seine Gegenleistung weiterhin verlangen, muss sich aber ersparte Aufwendungen anrechnen lassen. Diese Folge ist hinzunehmen, auch wenn der Anbieter die ersparten Aufwendungen nach der ständigen Rechtsprechung des BGH zu § 649 BGB[522] umfangreich darlegen muss. Würde man anders entscheiden, bleibt der Kunde gezwungen, bei seinem Anbieter zu bleiben, der aus seiner Sicht mangelhafte Leistung erbringt oder einen teuren Drittanbieter über Mobilfunknetz in Anspruch zu nehmen. Diese Folge ist weit gewichtiger als die zusätzlichen Darlegungslasten für den Anbieter und kann daher nicht hingenommen werden.

---

[518] Kaeding, CR 210, 164.
[519] OLG Köln, CR 2009, 576 m. Anm. Poleacov.
[520] *Cichon*, Internetverträge, § 1 Rn. 116 f.
[521] CR 2009, 166; wie AG Montabaur, NJW-RR 2009, 280, 281 am Ende.
[522] Dazu oben Rn. 712.

c) Nachrichtenübermittlung; E-Mail-Dienst

1089   Die **Übermittlung von Nachrichten** ist das Grundcharakteristikum aller Telekommunikationssysteme. Es ist geradezu das Definitionsmerkmal solcher Systeme, dass es die Möglichkeit gibt, Nachrichten von einem Kunden zu einem anderen zu übermitteln. Nachrichtenübermittlungsdienste sind z. B. **Telefondienste** (einschließlich IP-Telefonie), wo die Nachrichtenübermittlung unmittelbar und sofort geschieht, aber auch **E-Mail-Dienste,** wo die Nachricht auch sofort übermittelt, aber nicht unmittelbar beantwortet werden muss. Auch **Chat-Dienste** gehören in diesen Bereich.

1090   Rein praktisch haben alle diese Dienste zunächst das Merkmal gemeinsam, dass eine **Nachricht** von einem **Sender** zu einem **Empfänger** gelangen muss. Hier liegt es eigentlich sehr nahe, dass ein Erfolg geschuldet ist, nämlich die Übermittlung der Nachrichten. Man muss daher von einem **Werkvertrag** ausgehen.[523] Dennoch wird in der Literatur und Rechtsprechung in großem Umfang angenommen, es ginge um Dienstverträge.[524]

Als Begründung wird wieder die mangelnde Herrschaft der Anbieter über den Nachrichtenübermittlungsweg gesehen. Darüber hinaus dürfte beim BGH insbesondere in einem Telefonvertrag auch ähnlich wie beim Access-Provider-Vertrag die Überlegung zugrunde liegen, dass es hier um ein **Dauerschuldverhältnis** mit dauernder Leistungsbereitschaft und nicht nur um die isolierte Nachrichtenübermittlung geht. Dies ist auch für das Dauerschuldverhältnis nicht richtig. Insoweit ist auf die Ausführungen oben[525] zu verweisen. Für die konkrete Übermittlung in einem konkreten Telefongespräch kann dies ohnehin nicht gelten. Schon gar nicht gilt dies für E-Mail-Dienste.

1091   Insgesamt muss man daher von einem Werkvertrag ausgehen. Auch ein Vertrag sui generis kommt dann nicht in Betracht. Man kann dabei als **Werkerfolg** zunächst die **korrekte Übergabe** der E-Mails an einen Übergabepunkt zwischen eigenem Netzwerk des Betreibers und Internet annehmen.[526] Dies kann aber nur dann der Fall sein, wenn dies dem Kunden konkret in einer Leistungsbeschreibung versprochen wird. Anderenfalls wird man wohl als Werkerfolg die komplette Übermittlung und die jederzeitige Möglichkeit ansehen müssen, eingehende e-mails auch tatsächlich zu empfangen.

Scheitert die Übermittlung, kann sie ja bei E-Mails nachgeholt werden. Das Telefongespräch ist dann abgebrochen. Der Erfolg ist nicht erbracht. Gegebenenfalls müsste – z. B. wenn überhaupt keine Telefongespräche mehr erfolgen können – die Leistung für diesen Zeitraum nicht vergütet werden. Dies ergibt sich beim Werkvertrag aus Minderungsrecht, beim Dienstvertrag gilt es aber auch, weil keine Leistung erbracht wurde[527].

1092   Für das **Gewährleistungsrecht** wird man freilich auf das **Mietrecht** zurückgreifen müssen. Schließlich muss der Fehler für die Zukunft behoben werden, für die Vergangenheit lässt sich nichts mehr ändern[528]. Bei Schadensersatzansprüchen ist darauf hinzuweisen, dass als Erfüllungsgehilfen für die Erbringung aller Nachrichtenübermittlungsleistungen auch hier nur die Dienstleister gelten können, die der jeweilige Diensterbringer bewusst und absichtlich eingeschaltet hat.[529] Alle anderen Dienstleister sind keine Erfüllungsgehil-

---

[523] Wie hier: *Leitermann* in Heun (Hrsg.), Handbuch Telekommunikationsrecht, S. 527 (540 ff.); *Schuppert* in Spindler (Hrsg.), Vertragsrecht der Internetprovider Teil II, Rn. 23.

[524] BGH, Urteil vom 14. 4. 2002, III ZR 199/01, JurPC Web-Dok 187/2002 zum Telefonverkehr, *Härting,* CR 2001, 37 (38); *Spindler* in Spindler (Hrsg.) Vertragsrecht der Internet-Provider, Teil IV Rn. 142 Versand von E-Mails über mehrere Schnittstellen.

[525] Rn. 1078.

[526] So *Schuppert* in Spindler (Hrsg.), Vertragsrecht der Internet-Betreiber, Teil II Rn. 23.

[527] *Ditscheid/Rudolf,* in: Spindler/Schuster, Recht der elektronischen Medien, § 43 a TKG, Rn. 21.

[528] Siehe dazu oben Rn. 1079.

[529] Näher dazu oben Rn. 1082 ff.

fen. Verschuldensunabhängige Schadensersatzansprüche gibt es nicht. Soweit greifen mietvertragliche Analogien nicht.

Darüber hinaus ist z. B. der Erfolg eines E-Mail-Versands nur geschuldet, wenn der
angegebene E-Mail-Account über das Internet überhaupt erreichbar ist. Ist dies nicht der
Fall, was wegen Tippfehlern oder mittlerweile längst aufgelösten E-Mail-Konten durchaus
häufiger passieren kann, ist kein Erfolg geschuldet. Unmögliche Leistungen muss auch ein
E-Mail-Provider nicht erbringen.

Für die **Kündigungsregeln** wird man bei normalen Verträgen dieser Art auf Dienst-   1093
verträge zurückgreifen können.

Im **E-Mail-Bereich** ist die dargestellte Einordnung allerdings **fraglich** und zwar   1094
deswegen, weil alle E-Mail-Dienste die eingehenden E-Mails jedenfalls bis zum Abruf
durch den Kunden auf ihren eigenen Rechnern speichern. Es gibt aber Dienste, insbesondere Web-Mail-Dienste, bei denen dies auch nach dem Abruf geschieht. Bei anderen E-Mail-Diensten werden die E-Mails dann auf den Rechner des Kunden heruntergeladen.[530]

Das Speichern und Weiterspeichern der E-Mails hat spätestens nach Abrufen durch den
Kunden nicht mehr Nachrichtenübermittlungscharakter, sondern dürfte als **dauerndes
Zurverfügungstellen von Speicherplätzen** anzusehen sein.

Mit der h. M.[531] ist bei dieser Leistung von einem **Mietvertrag** auszugehen. Es gibt   1095
zwar erhebliche Abweichungen von den Grundvorstellungen eines Mietvertrages. So hat
der Anbieter die „Obhut" über den Speicherplatz und steht auch für die Verfügbarkeit des
Systems – im Rahmen der vereinbarten Begrenzungen – ein. Dafür betreibt er umfangreiche technische Dienste.[532] Der Nutzer hat auch nie Zugang zu einer ihm genau bekannten Sache[533]. Dennoch ist es gemeinsame Vorstellung der Parteien, dass der Kunde über
einen Speicherplatz als eine Art virtuelles Lager für seine e-mails verfügen soll. Von allen
im BGB vertypten Verträgen entspricht dieser Vorstellung der Mietvertrag am ehesten.
Technisch entspricht der Dienst am ehesten einem Verwahrungsvertrag,[534] aber letztendlich trägt diese Lösung nicht, so dass die Parallelen zum Mietvertrag wohl am größten
sind. Man wird allerdings zur Ausfüllung von Lücken und ggf. auch zur Inhaltskontrolle
von allgemeinen Geschäftsbedingungen in Einzelfällen die Regelungen des BGB zur Ver-
wahrung heranziehen können. Dies gilt ganz besonders für die Pflicht zur ordnungsgemäßen, dem Zugriff Dritter entzogener Speicherung. Es geht ja auch bei der Überlassung von Speicherplatz sachlich um eine fremdnützige Aufbewahrung – nämlich der
von Daten.

An sich müsste angesichts der technischen Gestaltung **Mietrecht** hier nur **analog**   1096
angewandt werden, weil die die vertragstypologische Einordnung auf der Vorstellung über
die Überlassung eines virtuellen Gegenstandes und damit nicht auf die Überlassung einer

---

[530] Zu den besonderen Problemen des Weiterspeicherns der E-Mail unter verfassungsrechtlichen
Gesichtspunkten vgl. BVerfG, MMR 2009, 673.

[531] *Koch*, BB 1996, 2049 (2054 f.): *Roth*, in: Loewenheim/Koch, Praxis des Online-Rechts, S. 57
(78 f., 105): Mietvertrag; *Spindler*, BB 1999, 2037; CR 2004, 203 (204); *Härting*, CR 2001, 37 (39) und
ITRB 2002, 218 (219); *Heyms/Proeß*, Werbung Online, S. 33 f.; AG Charlottenburg, CR 2002, 297;
OLG Köln, CR 2002, 832; *Röhrborn/Sinhart*, CR 2001, 69 (73); *Schuppert*, in: Redeker (Hrsg.),
Handbuch der IT-Verträge, Abschn. 3.3, Rn. 11 f. ; *ders.*, in: Spindler (Hrsg.): Vertragsrecht der
Internet-Provider, Teil V, Rn. 3 ff.; *Nolte/Hecht*, ITRB 2006, 188 (190); *Schoengarth*, Application
Service Providing, S. 120; *Härtimg*, Internetrecht, Rn. 301; *Winteler*, in: Moritz/Dreier (Hrsg.):
Rechts-Handbuch zum E-Commerce, Abschn. B, Rn. 523; *Braun*, Die Zulässigkeit von Service Level
Agreements, S. 53 f.; (zumindest Mietrecht analog) **a. A.** nach Vorauflage Rn. 947.

[532] Näher z. B. *Müglich*, CR 2009, 479 (481 f.).

[533] Vgl. eben Rn. 977.

[534] Zur Abgrenzung Mietvertrag/Verwahrungsvertrag vgl. *Palandt/Weidenkaff*, Einf. V. § 535 BGB,
Rn. 19.

Sache gerichtet sind. Letztendlich führt diese Annahme zu keinen anderen Ergebnissen als die h. M., so dass die Frage hier nicht entschieden werden muss.

1097   Wenn man für diesen Leistungsteil **Mietrecht** anwendet, liegt es nahe, die Kündigungsregeln für den ganzen Vertrag nicht dem Dienstvertragsrecht, sondern dem Mietrecht zu entnehmen. Soweit also vertraglich, auch durch allgemeine Geschäftsbedingungen, nichts Abweichendes geregelt wird, gilt **bei E-Mail-Verträgen** das **Kündigungsrecht des Mietrechts,** bei den anderen Nachrichtenübermittlungen, also insbesondere bei der Telefonie, das des Dienstvertragsrechts. In beiden Fällen gilt § 649 BGB nicht.

1098   **Geregelt** werden muss in solchen Verträgen, in welchem Umfang eingehende E-Mails **gespeichert werden können,** bevor sie abgerufen und heruntergeladen werden können. Das Problem ist heute angesichts des weit größeren Umfangs des zu Verfügung stehenden Speichers nicht mehr von ganz so entscheidender Bedeutung wie früher. Dennoch muss man gewisse Begrenzungen des Speicherplatzes berücksichtigen. Dies gilt insbesondere bei der dauerhaften Speicherung von E-Mails. Die Vereinbarungen müssen klar und deutlich sein. Ein praktisches Problem besteht darin, was zu tun ist, wenn der Speicherplatz erreicht ist und eingehende E-Mails entweder abgewiesen werden oder schon gespeicherte E-Mails gelöscht werden müssen. Praktisch sinnvoll muss man den Kunden darauf rechtzeitig hinweisen und dann, wenn der Kunde nicht reagiert, ankommende E-Mails so abweisen, dass der Absender auf das Problem hingewiesen wird.

1099   Problematisch ist dieses Vorgehen dann, wenn der Kunde das E-Mail-Postfach praktisch **überhaupt nicht** mehr **abruft.** Er wird dann auch eine Benachrichtigung nicht lesen. Allerdings muss der Provider sich auch in AGB nicht verpflichten, den Kunden per Post zu benachrichtigen. Vielmehr ist die oben skizzierte Lösung (Nachricht und Abweisung mit Hinweis an den Absender) auch dort zu vereinbaren.

Die Größe des Speichers muss allerdings auch in der Leistungsbeschreibung umschrieben werden. Sie kann nicht in den AGB getrennt vereinbart werden, da dies wieder eine Einschränkung und Modifikation wäre, die in allgemeinen Geschäftsbedingungen unzulässig ist.

Nicht zulässig wäre eine Klausel, nach der eingehende E-Mails nur eine bestimmte Zeit gespeichert werden. Es mag zwar ein gewisses Interesse dafür geben, die Speicherkapazität nicht zu überspannen. Die Aufbewahrungszeit spielt dabei aber keine Rolle.

1100   Ein wichtiges Problem stellen **Viren und Spams** dar. Der Diensteanbieter muss eingehende E-Mails sowohl zum Schutz seiner eigenen Server als auch zum Schutz anderer Kunden auf Virenbefall untersuchen können.[535] Er muss sich dafür aber vom Kunden eine Berechtigung geben lassen, weil er sonst gegen das Fernmeldegeheimnis (§ 88 TKG) verstößt.[536] Solche Klauseln werden heute vorgesehen und sind auch in allgemeinen Geschäftsbedingungen zulässig, soweit sie sich im Rahmen des technisch Möglichen und des technisch Notwendigen halten. Es ist ferner zulässig, dem Kunden auch in allgemeinen Geschäftsbedingungen zu verbieten, Spams zu versenden. Spams sind ohnehin weitgehend verboten. Dagegen kann nicht in allgemeinen Geschäftsbedingungen **vereinbart werden,** dass eingehende Spams einfach nicht zugestellt werden.[537] Kein Programm, das Spams von Nicht-Spams unterscheiden soll (sogenannte Spamfilter), kann für einen Kunden mit Sicherheit feststellen, ob ein an diesen gerichtetes E-Mail ein Spam ist oder nicht. Eine solche Einschätzung wird in vielen Fällen zutreffen. Es gibt aber immer wieder E-Mails, die fälschlicherweise als Spams behandelt werden und solche, die nicht als Spam-Mails

---

[535] *Spindler* in Spindler (Hrsg.), Vertragsrecht der Internet-Provider, Teil IV, Rn. 154; zur Verwendung von DNS-Blacklisting in diesem Zusammenhang: *Heidrich,* CR 2009, 168; LG Lüneburg, CR 2008, 127 hält Blacklisting für wettbewerbswidrig.

[536] *Spindler* in Spindler (Hrsg.), Vertragsrecht der Internet-Provider, Teil IV, Rn. 154 (Klauselbeispiel bei *Härting,* ITRB 2007, 242).

[537] **A. A.** *Härting,* ITRB 2007, 242; CR 2007, 311 (314).

erkannt werden, obwohl sie es sind. Insbesondere der erste Fall kann dann, wenn dem Kunden das E-Mail einfach nicht zugestellt wird, zu erheblichen Problemen führen[538] und muss daher dringend vermieden werden.

Die Lösung besteht darin, den Spam-Filter so einzurichten, dass diese als Spam identifizierte E-mail in einem **gesonderten Ordner** ablegt, den der Kunde dann überprüfen kann. Tatsächliche Spams kann der Kunde dann löschen. E-Mails, die keine Spams sind, kann er in den normalen Ordner verschieben und/oder bearbeiten. Diese Praxis sollte allerdings durch eine Vereinbarung abgesichert werden, die auch in allgemeinen Geschäftsbedingungen wirksam ist.

Auch der Versand und das Empfangen von E-Mails als E-Mail-Dienst stellt genauso wie die Telekommunikationsdienstleistung und die sonstigen Nachrichtenübermittlungen ein Telekommunikationsdienst im **Sinne des TKG** dar. Werden diese Dienste an die Öffentlichkeit gerichtet, sind es auch Telekommunikationsdienste für die Öffentlichkeit.[539] Es gelten damit für viele dieser Nachrichtungsübermittelungsdienste die speziellen zivilrechtlichen Regelungen des TKG für Telekommunikationsdienste für die Öffentlichkeit. Dies gilt nicht mehr, wenn die E-Mails vom Provider auch nach dem Abruf durch den Kunden auf Dauer gespeichert werden. Dies hat zwar das Bundesverfassungsgericht unter verfassungsrechtlichen Gesichtspunkten im Hinblick auf Art. 10 GG anders gesehen.[540] Die spezifischen telekommunikationsrechtlichen Regelungen gelten aber nur für die Datenübermittlung selbst und **nicht** für den davon getrennt zu sehenden Dienst der weiteren **Aufbewahrung der Nachrichten** durch den Provider.[541] Dieser Dienst könnte auch von einem dritten Anbieter übernommen werden, ohne dass dieser der Regelung des TKG unterliegt, da er ja zu keinem Zeitpunkt Nachrichten übermittelt hat. Es kann nicht sein, dass dann, wenn die gleiche Leistung von demjenigen erbracht wird, der auch die Nachrichtenübermittlung vornimmt, diese Zusatzleistung eine Telekommunikationsleistung ist. **1101**

Die Abgrenzung ist wichtig, weil die **Haftungsregeln** des TKG dann beim Weiterspeichern der Kundendaten nicht gelten, vielmehr die Haftung nur im Rahmen dessen begrenzt werden kann, was in allgemeinen Geschäftsbedingungen zulässig ist.[542] Insbesondere ist zu beachten, dass die sichere Aufbewahrung der E-Mails eine wesentliche Vertragspflicht ist und daher Schadensersatzansprüche für eine Verletzung dieser Vertragspflicht nur in engen Grenzen begrenzt werden können. **1102**

Es kann auch vereinbart werden, dass die jeweiligen Nachrichtenübermittlungsdienste nicht zur Verbreitung **rechtswidriger Inhalte** benutzt werden können. Dies kann aber der Diensteanbieter nicht überprüfen, weil ihm das das Fernmeldegeheimnis des § 88 TKG verbietet. Er kann allenfalls auf entsprechende Hinweise Dritter, insbesondere von staatlichen Stellen, mit Abmahnung, Kündigung oder Sperrung reagieren.

d) Webhosting

Eine weitere zentrale technische Dienstleistung im Internet ist das sogenannte **Webhosting** (auch Host-Providing genannt). **1103**

Dabei geht es darum, dass der Diensteanbieter seinem Kunden die Möglichkeit bietet, dessen **Internetauftritt zu speichern** und für die Nutzer des Internets **zugänglich zu machen** und zu erhalten. Konkret muss dafür Speicherplatz zur Verfügung gestellt werden, damit der Internetauftritt überhaupt technisch erreicht werden kann und zwar für die

---

[538] Z. B. zu einem fingierten Zugang, vgl. oben Rn. 864.
[539] BerlKomm TKG/*Säcker*, § 30 TKG, Rn. 73 a. E.
[540] MMR 2009, 673.
[541] *Schulz*, DuD 2011, 263 (267 f.).
[542] Dazu oben Rn. 462 ff.

aktuelle Internetpräsentation des Kunden, aber auch für frühere Seitenzustände, für ein- und abgehende E-Mails usw.

1104　　Ganz wichtig ist aber auch, dass der Diensteanbieter dafür sorgt, dass dieser Internetauftritt des Kunden **jederzeit** von den Nutzern des Internets **technisch erreicht** werden kann. Dazu muss er eine IP-Adresse verwenden. Diese IP-Adresse muss mit dem Domain Name des jeweiligen Kunden verbunden sein. Es muss auch gesichert werden, dass die Kunden mit einer erträglichen Zugriffgeschwindigkeit auf die Seite zugreifen können. Bei interaktiven Seiten muss darüber hinaus die Reaktionszeit der Seite und die Geschwindigkeit der Rückübertragung der Kommunikation auch bei gleichzeitigem Zugriff zahlreicher Nutzer gesichert sein. Wichtig ist ferner, dass die Seite des Kunden aktualisiert werden kann, entweder durch den Provider oder durch den Kunden selbst. Darüber hinaus sollten keine Seiteninhalte im Rahmen einer eventuellen Speicherung verloren gehen und auch eventuelle Antworten und Kommunikationen der Internetnutzer mit dem Kunden von diesem eingesehen und verwertet werden können. Dabei werden **Zugriffsgeschwindigkeiten, Reaktionszeiten** ebenso zu vereinbaren sein, wie die Art und Weise der Speicherung, oder, welche **Kommunikationsprotokolle** zur Verfügung gestellt werden können, damit die Internetnutzer mit den üblichen Browsern Zugriff auf die Internetseite haben können. Ferner wird man wohl häufig vereinbaren müssen, in welchem geografischen Bereich der Server des Dienstleisters steht, da z. B. die Speicherung personenbezogener Daten auf Servern außerhalb der EU datenschutzrechtlich zweifelhaft ist (vgl. § 4 b Abs. 2 BDSG). Es sollte auch sichergestellt sein, dass die technischen Komponenten der Leistungen des Hostproviders den Fortentwicklungen im Internet angepasst und jeweils technisch geändert werden, wenn dies erforderlich ist.

Bei umfangreichem Host-Providing sind dafür individuelle Vereinbarungen, ggf. auch Service-Levels-Agreements,[543] notwendig. Ansonsten müsste man eine umfangreiche Leistungsbeschreibung entwickeln, die ggf. in AGB auch noch konkretisiert wird, aber ansonsten als Leistungsbeschreibung eindeutig sichtbar ist.

1105　　**Vertragstypologisch** ist das Zurverfügungstellen von Speicherplätzen als **Mietvertrag** anzusehen, eigentlich Mietvertragsrecht analog anwendbar.[544] Stimmen in der Literatur wenden auf den vorliegenden Vertrag auch insgesamt Mietrecht an. Es stünde nicht die Pflicht im Vordergrund, Zugang zum Internet zu verschaffen und zu halten, sondern das passive Element der Gebrauchsgewährung.[545]

Dies entspricht aber weder den technischen Realitäten noch den Vorstellungen der Parteien. Für diese ist wichtig, dass nicht nur Speicherplatz zur Verfügung gestellt wird, sondern die Präsenz im Internet erreicht werden kann. Man kann daher nicht von einem bloßen Mietvertrag mit Nebenpflichten ausgehen.

Wegen der Probleme der Beherrschbarkeit des Internets wird der Vertrag wie in anderen Fällen von anderen Autoren deswegen **dienstvertraglich** eingeordnet.[546]

Aus den schon oben[547] genannten Gründen ist dieser Rechtsauffassung nicht zu folgen. Der Kunde will Sicherheit haben, dass sein Internetauftritt auch erreichbar ist. Allerdings muss der Host-Provider nur sicherstellen, dass die Seite auf seinem Server jederzeit für Zugriffe aus dem Internet abrufbar ist. Ob ein konkreter Abruf dann möglicherweise an Problemen anderer Teile des Internets scheitert, stellt für den Erfolg der Werkleistung keine relevante Frage dar. Man wird daher, da auch Mietvertragsrecht für diesen Leistungs-

---

[543] Dazu oben Rn. 641 a ff.; Beispiele bei Hartung/Stiemerling, CR 2011, 617 (618 ff.).

[544] Dazu oben Rn. 1095.

[545] *Cichon*, Internetverträge, § 2 Rn. 284.

[546] So *Härting*, Internetrecht, Rn. 541; *Schuppert* in Spindler (Hrsg.), Vertragsrecht der Internet-Provider, Teil II, Rn. 48; *Roth* in Loewenheim-Koch, Praxis des Online-Rechts, S. 57 (78); *von Baum* in Lehmann/Meents (Hrsg.), Handbuch des Fachanwalts Informationsrecht, Teil II, Kap. 8, Rn. 29.

[547] Oben Rn. 1078.

teil nicht eingreift, **Werkvertragsrecht** anwenden müssen.[548] Da dieser Leistungsteil auch der zentrale Leistungsteil ist, gilt auch für den ganzen Vertrag Werkvertragsrecht.

Allerdings wird man auch hier das **Gewährleistungsrecht** dem Mietrecht entnehmen 1106 müssen, weil nicht die Nachholung einmal gescheiterter Erfolge, sondern die Sicherheit des Erfolgs für die Zukunft sichergestellt werden muss. Es entfällt allerdings die verschuldensunabhängige Haftung für anfängliche Mängel, die es im Werkvertragsrecht nicht gibt. Wegen des Dauerschuldcharakters dürften auch **Kündigungsregeln** des Mietrechts naheliegend sein. Jedenfalls ist § 649 BGB hier nicht anwendbar.[549]

Auf den hier vorliegenden Vertrag ist das **TKG nicht anwendbar.** 1107

Zu den Nebenpflichten gehört zunächst die Pflicht des Host-Providers, die nach dem 1108 Stand der Technik gebotenen Maßnahmen zu ergreifen, um zu **gewährleisten,** dass die gehosteten Seiten **nicht** von Viren, trojanischen Pferden oder anderer **Schadsoftware** befallen werden. Es muss insbesondere dafür gesorgt werden, dass diese Internetauftritte nicht als Bot-Rechner verwendet werden. Darüber hinaus muss der Host-Provider auch ohne Vereinbarung datenschutzrechtliche Vorschriften auch als vertragliche Nebenpflicht einhalten. Je nach dem Inhalt des gehosteten Objekts kann hier auch – wie z. B. beim Hosten eines Online-Shops – Auftragsdatenverarbeitung vorliegen.[550] Dem Host-Provider stehen auch ohne vertragliche Regelungen Nutzungsrechte des ihm zur Speicherung, zum Bereithalten und zum Abruf überlassenen Materials zu, soweit er diese zur Erfüllung des Vertrages braucht (§ 33 Abs. 5 UrhG). Aus Klarheitszwecken empfehlen sich aber konkrete Regelungen.

Zum Vertrag können auch Nebenleistungen wie z. B. die Erstellung von Statistiken gehören, wenn dies vereinbart ist.

Zur Frage der Haftung für Erfüllungsgehilfen gilt das oben[551] Gesagte.

Problematisch ist die **Beweislast,** wenn die Parteien sich über die **Nichterreichbarkeit** 1109 einer Seite streiten. An sich liegt die Beweislast dafür beim Kunden. Er muss ja nachweisen, dass die Nichterreichbarkeit an mangelnden Leistungen des Host-Providers liegt. Dies wird dem Kunden äußerst schwer fallen. Man wird daher überlegen müssen, ob man die Beweislast nicht etwas ändert. Dies ist allerdings schwierig, weil die Frage, welche Ursache eine Nichterreichbarkeit eines Internetauftritts hat, für den Host-Provider in aller Regel nachträglich ebenso schwer zu beweisen ist wie für den Kunden. Allerdings wird ein Host-Provider in aller Regel Überwachungspflichten haben, eben um zeitnah feststelle zu können, wenn Störungen vorliegen, und ggf. auch ohne Störungsmeldung rasch zu reagieren. Daher wird er Aufzeichnungen über das Vorliegen oder Nichtvorliegen solcher Störungen in seinem Bereich haben und kann sich daher entlasten, indem er darlegt, dass er solche Überwachungseinrichtungen in notwendigem Umfang eingerichtet hat und diese keine Störung gemeldet haben. Die Frage ist bislang in der Rechtsprechung freilich nicht entschieden.

In allgemeinen Geschäftsbedingungen der Host-Provider werden häufig Klauseln ver- 1110 einbart, nach denen der Kunde seine **Zugangsdaten** zu dem Internetauftritt **nicht** an **Dritte** weitergeben kann. Solche Klauseln dürften unwirksam sein. Es ist für den Host-Provider in aller Regel unerheblich, wem der Kunde Zugang zu seinem Internetauftritt etwa zur Abänderung gewährt. Auch wenn ein Dritter tätig ist, gelten für ihn die Vereinbarungen, die den Inhalt der Seite betreffen. Der Kunde haftet für alle Handlungen desjenigen, dem er seine Zugangsdaten weitergibt. Daher ist ein Weitergabeverbot unverhältnismäßig. Es ist aber wirksam, eine Pflicht zu vereinbaren, die Zugangsdaten gegen

---

[548] So auch BGH, MMR 2010, 398.
[549] **A. A.** BGH, CR 2011, 176, 525; näher oben Rn. 665.
[550] *Müglich,* CR 2009, 479 (481 f.).
[551] Rn. 1082 ff.

den unbefugten Zugriff Dritter zu sichern, Solche Dritten können nicht nur die Interessen des Kunden, sondern auch des Host-Providers verletzen. Daher sind solche Sicherungsmaßnahmen auch auf Kundenseite notwendig.

1111   Wesentlich ist, dass bei **Vertragsende** der gespeicherte Internetauftritt an den Kunden **herausgegeben** werden muss. Es muss ihm also eine Kopie dieser Seite in einem normalen Datenformat übergeben werden, damit er sie weiter nutzen kann. Konkrete Datenformate u. ä. sind nur geschuldet, wenn dies vereinbart ist. Hier sind konkrete Vereinbarungen allerdings dringend erforderlich.

1112   Wenn der **Domainname** des Kunden für den Host-Provider **registriert** wird, muss dieser ihn in aller Regel bei Vertragsende gem. § 667 BGB an den Kunden herausgeben, weil davon auszugehen ist, dass dies treuhänderisch geschehen ist.[552] Gegenteiliges muss vereinbart werden.

Der Host-Provider hat allerdings ein Zurückbehaltungsrecht gem. § 273 BGB.[553] Wenn der Kunde etwas anderes will, mag er eine entsprechende vertragliche Vereinbarung treffen. Allerdings sollte wegen der überragenden Bedeutung des Domain Namen für die Internetnutzung von dem Zurückbehaltungsrecht sehr zurückhaltend Gebrauch gemacht werden.

e) Webhousing

1113   Eine Variante des Webhostings ist das sogenannte **Webhousing.** Hier wird der Internetauftritt des Kunden auf einem **Rechner des Kunden** gespeichert. Der Dienstleister stellt aber den Raum zur Verfügung, in dem der Rechner steht und sorgt darüber hinaus dafür, dass der Server des Kunden mit dem Internet verbunden wird und dort jederzeit abgerufen werden kann.[554]

Vertragstypologisch handelt es sich hierbei um zwei Bereiche.

Die Unterbringung des Servers des Kunden in einem Raum unterliegt eindeutig dem Mietrecht. Der weitere Teil, die Verbindung mit dem Internet ist in seiner Einordnung wieder streitig. Man wird aber aus dem beim Host-Providing genannten Gründen von einem Werkvertrag und nicht von einem Dienstvertrag ausgehen müssen.[555] Das Versprechen an den Kunden beinhaltet die jederzeitige Anbindung an das Internet und nicht nur ein Bemühen darum. Beim Webhousing liegt also eine Kombination aus Miet- und Werkvertrag vor.[556]

f) Herstellung und Betreuung des Internetauftritts

1114   Ein weiteres wichtiges Leistungsangebot in und um das Internet ist die **Herstellung und laufende Betreuung** eines **Internetauftritts** des Kunden. Man spricht hier von **Webdesign-Verträgen.**[557] Bei einem solchen Vertrag geht es darum, für vom Kunden vorbereitete sachliche Inhalte zunächst eine Gestaltung des Internetauftritts zu entwickeln und den Internetauftritt danach herzustellen. Der Auftritt muss zunächst grafisch für die

---

[552] BGH, NJW 2010, 3440.

[553] *Schuppert* in Spindler (Hrsg.) Vertragsrecht der Internet-Provider, Teil VI, Rn. 34; LG Hamburg, CR 1997, 157; *Cichon*, Internet-Verträge, § 2, Rn. 213.

[554] *Von Baum* in Lehmann/Meents (Hrsg.), Handbuch des Fachanwalts Informationsrecht, Teil II, Kap. 8, Rn. 23; *Roth/Haber*, ITRB 2007, 21.

[555] Für Dienstvertrag aber *Roth/Haber*, ITRB 2007, 21 (22).

[556] *Cichon*, Internet-Verträge, § 2, Rn. 265.

[557] Zum folgenden vgl. *Cichon* in: Weitnauer (Hrsg.), Beck'sches Formularbuch IT-Recht, Abschnitt D 1 Anm. 1; *Gennen* in: Schwartmann (Hrsg.), Praxishandbuch Medien-, IT- und Urheberrecht, 20. Kapitel, Rn. 338 ff.; *Härting* in: Redeker (Hrsg.) Handbuch der IT-Verträge, Abschnitt 3.1, Rn. 1 ff., 13 f, *derselbe*, Internetrecht, Rn. 476 ff.

Benutzer ansprechend gestaltet werden, zum anderen muss aber auch dafür gesorgt werden, dass die Inhalte von den potentiellen Nutzern (insbesondere mit Hilfe von Suchmaschinen) leicht gefunden werden können, möglicherweise gewünschte Kommunikationsmittel mit dem Benutzer von diesem leicht benutzt werden können usw.. Hinzu kommt oft noch die Einbeziehung von musikalischen oder sonstigen akustischen Bestandteilen des Internetauftritts. Es geht also um eine für den Benutzer angemessene, leicht erreichbare und auch von Suchmaschinen leicht auffindbare Gestaltung eines Internetauftritts. Dieses Produkt muss darüber hinaus auch technisch umgesetzt und entsprechend programmiert werden. Die geschuldete Dienstleistung umfasst damit technische, werbetechnische und designmäßige, ggf. auch künstlerische Aspekte. Zum Leistungspaket kann darüber hinaus die Beistellung von Inhalten durch den Anbieter gehören. So werden etwa für juristische Internetauftritte regelmäßig **Aktualisierungsdienste** für einen entsprechenden Teil des Internetauftritts angeboten.

In einem zweiten Leistungsteil wird oft von den Providern angeboten, den von ihnen   **1115**
entwickelten **Internetauftritt laufend zu überprüfen,** an eventuelle Entwicklungen im Internet grafisch und technisch anzupassen, die Findbarkeit durch Suchmaschinen zu verbessern und an deren Entwicklungen anzupassen bzw. entsprechende Vorschläge zu unterbreiten. Darüber hinaus werden laufend Änderungswünsche des Kunden in die Seiten eingearbeitet. Der Internetauftritt wird damit umfassend inhaltlich und technisch betreut. Dieser Teil des Leistungsangebots kann sowohl von Firmen angeboten werden, die den Internetauftritt entwickelt haben als auch von Host-Providern.

Bei Vertragsabschluss muss klar sein, **welche Leistungen** überhaupt **erbracht** werden.   **1116**
Darüber hinaus kommt es auch darauf an, welchen Inhalt die jeweiligen Leistungspakete haben. Insbesondere kann der Auftraggeber für die Entwicklung des Internetauftritts schon sehr klare Vorstellungen haben, insbesondere dann, wenn es ein „Corporate Design" gibt, das nur noch eins zu eins umzusetzen ist oder wenn frühere Internetauftritte nur auf neuer technischer Grundlage neu hergestellt werden sollen. Neben solchen sehr **klaren Aufträgen** kann es aber auch sein, dass der Kunde **nur grobe Vorgaben** zu den Inhalten der Seite macht und die Gestaltung im Übrigen seinem Dienstleister überlässt. Je mehr Freiheiten es für den Provider gibt, desto mehr muss geregelt werden, wie denn die Entwicklungsarbeit mit den Wünschen des Auftragnehmers abgestimmt werden muss. Je größer die Freiheitsgrade sind, umso mehr Bedarf besteht nach individuellen Regelungen. Allerdings werden viele Leistungen auch standardmäßig angeboten, so dass auch die jeweiligen Leistungsbeschreibungen im Prinzip allgemeine Geschäftsbedingungen sind. Es sind dann bei ihrer Ausgestaltung die im allgemeinen Teil dargelegten, sich aus § 305 ff. BGB ergebenden Grenzen zu beachten.[558]

Vertragstypologisch ist die **Herstellung** eines Internetauftritts die Erzielung eines kon-   **1117**
kreten Erfolgs und unterliegt damit **Werkvertragsrecht.**[559]

Da letztendlich der geschuldete Internetauftritt in gewisser Weise auch ein Programm darstellt, stellt sich allerdings die Frage, ob es bei der Herstellung des Internetauftritts um einen Werklieferungsvertrag im Sinne des **§ 651 BGB** geht.[560] Hier kann auf die obigen Ausführungen zur entsprechenden Fragestellung bei Softwareerstellungsverträgen verwiesen werden.[561] § 651 BGB ist nach hier vertretener Meinung in der Regel nicht anwendbar. Darüber hinaus geht es beim Webdesign-Vertrag in vielen Fällen um die inhaltliche Gestaltung des Internetauftritts, um die Entwicklung von Grafik u. ä. mehr. In solchen Verträgen steht eine geistige Leistung, nämlich die Herstellung des geistigen Internetauf-

---

[558] Vgl. oben Rn. 1008 f.
[559] BGH, MMR 2010, *Härting,* Rn. 478.
[560] So in der Tendenz wohl *Härting,* Internetrecht, Rn. 479 ff.
[561] Oben Rn. 296 ff.

tritts im Vordergrund. Die technische Umsetzung von der Programmierung ist eine notwendige Nebenleistung. Auch deswegen findet hier § 651 BGB keine Anwendung. Dies gilt **umso mehr,** je **mehr Freiheiten** der Gestalter des Internetauftritts bei der Gestaltung hat.[562]

Ob der Internetauftritt dann am Ende dem Kunden als Datei zur Verfügung gestellt wird oder vom Designer auch gehostet[563] oder gar einem Dritten zum Hosten zur Verfügung gestellt wird, dürfte in diesem Zusammenhang keine Rolle spielen.[564]

1118   Es kann durchaus sein, dass der **Dienstleister** beim Webdesign-Vertrag **urheberrechtlich** geschützte Werke nicht nur hinsichtlich der Software herstellt.[565] Gemäß § 31 Abs. 5 UrhG erhält dann ohne weitere Vereinbarung der **Kunde** lediglich die **Rechte,** die nach dem Vertragstext für ihn unbedingt eingeräumt werden müssen, also insbesondere das Recht, den Auftritt im Internet zu nutzen. Schon die Übertragung des Bearbeitungsrechts scheint dann zweifelhaft. Diese Situation ist für den Kunden wirtschaftlich nicht sinnvoll und auch nicht gewollt. Es empfiehlt sich daher dringend, in den Webdesign-Verträgen **Regelungen** über den Umfang der Rechte des Kunden zu treffen. In vielen Fällen wird man dem Kunden die ausschließlichen Nutzungsrechte am Produkt zubilligen müssen, insbesondere wenn sein Corporate Design im Internetauftritt umgesetzt worden ist. Es gibt freilich auch Fälle, in denen für verschiedene Kunden ähnliche Internetauftritte standardmäßig zusammengestellt werden. In diesen Fällen muss zwar der Kunde ein Nutzungsrecht haben, kann aber sicherlich kein ausschließliches Nutzungsrecht an allen Produkten haben. Ein Änderungsrecht wird ihm aber immerhin einzuräumen sein. Sind in dem Internetauftritt umgekehrt Produkte enthalten, die **Rechten des Kunden** unterliegen, z. B. Marken oder geschützte Inhalte des Kunden, muss klargestellt sein, dass diese Rechte an diesen Werken beim Kunden verbleiben und der Designer nur ggf. notwendige einfache Nutzungsrechte erhält.

Bei allen Vereinbarungen ist zu berücksichtigen, dass das **Entstellungsverbot** des § 14 UrhG auch durch Bearbeitungsrechte nicht vollständig ausgeschlossen werden kann. In AGB ist es praktisch nicht begrenzbar.[566]

Weiterhin muss geregelt werden, in welchem Umfang der **Quellcode** des gestalteten Internetauftritts und eine entsprechende **Dokumentation** dem Kunden übergeben werden muss.[567]

1119   Wichtig sind auch **Sicherungsabreden** zu Gunsten des Dienstleisters. Hier wird in der Literatur empfohlen, dem Kunden erst dann die Rechte zur Nutzung des hergestellten Internetauftritts einzuräumen, wenn er vollständig gezahlt hat. Dies ist nur dann zulässig, wenn der Kunde vorleistungspflichtig ist oder die Leistung nur Zug um Zug gegen Zahlung erbracht werden kann, also insbesondere im Fall des Kaufrechts. In allen anderen Fällen geht dies nicht. Wie in Rahmen der Softwareverträge[568] ist es hier nur möglich, die Nutzungsrechte von der rechtzeitigen Zahlung der bis zum geplanten Nutzungsbeginn vorgesehenen Teilzahlungen abhängig zu machen. Es ist darüber hinaus zulässig, etwa Änderungsrechte oder das Recht zur Übergabe des Quellcodes erst einzuräumen, wenn

---

[562] BGH, MMR 2010, 398; *Kosmidis,* Providing-Verträge, S. 260; vgl. auch insoweit *Cichon,* Internet-Verträge, Rn. 416 ff.; vgl. zu diesen Fragen auch BGH, CR 2009, 637.

[563] Vgl. dazu auch oben Rn. 581 a.

[564] A. A. in Interpretation der Entscheidung BGH MMR 2010, 398 bei *Härting,* Internetrecht, Rn. 489 f.

[565] OLG Rostock, CR 2007, 787.

[566] Wandtke-Bullinger/*Wandtke/Grunert,* § 331 ff., Rn. 109; *N. Schmidt* in: Spindler (Hrsg.), Vertragsrecht der Internet-Provider, Abschn. VIII, Rn. 28; **a. A.** wohl *Cichon* in: Weidnauer (Hrsg.), Beck'sches Formularbuch IT-Recht, Abschn. D 1, Anm. 27.

[567] Ebenso *Härting,* Internetrecht, Rn. 500; vgl. auch oben Rn. 312 ff.

[568] Dazu oben Rn. 384.

alle Teilzahlungen erbracht sind. Es geht aber nicht, grundsätzlich vorzusehen, dass der Kunde mit der Nutzung beginnt, bevor das ganze Entgelt gezahlt wird, ihm dann aber die entsprechenden Nutzungsrechte nicht einzuräumen.

Wie bei der Softwareentwicklung müssen im Übrigen Regelungen über den Projekt- 1120 verlauf und Change-Management getroffen werden.[569]

Für Gewährleistungs- und Haftungsregeln gelten die schon getroffenen Aussagen.[570]

Darüber hinaus stellt sich die Frage, in welchem Umfang der Webdesigner den Kunden 1121 **beraten** muss. Ohne solche Regelungen muss der Webdesigner den Kunden sicher aufklären, wenn er erkennt, dass das von Kunden gewünschte Design technisch nicht oder nur unter unzumutbaren Nachteilen herstellt werden kann.[571] Darüber hinausgehende Beratungspflichten können vertraglich vereinbart werden.

Wird zusätzlich die **laufende Betreuung** des Internetauftritts übernommen, so dürfte 1122 für die regelmäßige Überwachung und Überprüfung der Internetseite auf technische und sonstige Entwicklungen **Dienstvertragsrecht** Anwendung finden.[572] Es gibt dann auch möglicherweise immer wieder Einzelaufträge des Kunden, den Internetauftritt zu ändern, für die dann als konkreten Auftrag Werkvertragsrecht gilt.[573]

Auch für diesen Vertrag bedarf es eines **außerordentlichen Kündigungsrechts**, wenn der Internetauftritt auf Dauer rechtswidrige Inhalte hat, die auf Abmahnung nicht entfernt werden. Darüber hinaus kann – ggf. in der Leistungsbeschreibung – auch ein Kündigungsrecht für den Fall zu vereinbaren, dass der Auftrag zwar rechtmäßig ist, vom Dienstleister aus inhaltlichen Gründen nicht betreut werden soll.

Soweit der **Webdesign-Vertrag Werkvertrag** ist, gilt für ihn § 649 BGB, weil es um 1123 eine einmalige Leistung geht. Zur Vergütung, die den Berechnungen der Entschädigung gem. § 649 BGB gehört, gehört dann auch die bis zum ersten möglichen normalen Kündigungstermin geschuldete Vergütung für die Pflege des Internetauftritts. Ist der Internetauftritt allerdings einmal gestaltet, scheidet für den dann folgenden Vertragsteil § 649 BGB aus, weil insoweit Dienstvertragsrecht gilt.

Teilweise anders ist dies wieder dann, wenn der Designer auch Webhoster ist. Insoweit ist auf die dortigen Ausführungen zu verweisen.[574]

g) Application Service Providing und Cloud Computing

Ein weiteres Leistungsangebot im Internet oder auch durch Verwendung anderer Tele- 1124 kommunikationsverbindungen kann darin bestehen, dass der Systembetreiber seinen Kunden von ihm erarbeitete oder von ihm lizenzrechtlich erworbene **Programme** für eine vorher vereinbarte Zeit oder für einzelne Nutzungen in der Weise **zur Verfügung stellt**, dass die Benutzer diese Programme aufrufen und für sich arbeiten lassen können, ohne den Programmtext in irgendeiner Form in ihren Rechner zu kopieren. Man kann diese Leistung als **Nutzungsüberlassung an Programmen für einzelne Nutzungen** charakterisieren.

Diese Dienstleistung wird heute als **Application Service Providing (ASP)** bezeichnet, 1125 wobei der Dienstleister neben der Kernleistung Programmnutzung gegenüber seinem Kunden meist noch weitere Dienstleistungen übernimmt, die allerdings meist in engem

---

[569] Dazu oben Rn. 422 ff.
[570] Dazu oben Rn. 349 ff.
[571] *Cichon*, Internet-Verträge, § 4, Rn. 457.
[572] *Gennen* in: Schartmann (Hrsg.), Praxis Handbuch Medien-, IT- und Urheberrecht, Abschn. 2.14, Rn. 351; *Cichon*, Internet-Verträge, § 4 Rn. 477 ff.; teilweise a. A. *Härting* in: Redeker (Hrgs.), Handbuch der IT-Verträge, Abschn. 3, Rn. 13.
[573] So auch *Härting*, Internetrecht, Rn. 521.
[574] Oben Rn. 1103 ff.

Zusammenhang mit der Programmnutzung stehen. Dazu gehört insbesondere die Pflicht, das Programm zu aktualisieren, wenn dies vom Hersteller angeboten wird, und im überlassenen Programm Fehler zu beheben.[575] Gelegentlich wird auch eine Parametrisierung des Programms für den Kunden angeboten. In vielen Situationen bedient sich der Anbieter für seine Leistungen auch der technischen Dienste Dritter.[576] In aller Regel wird das Programm nicht nur einem, sondern mehreren Kunden zur Verfügung gestellt, die es dadurch kostengünstiger nutzen. Gedacht ist das ASP als Outsourcing für kleinere und mittlere Unternehmen. Daneben tritt oft auch die Beratung des Kunden.

1126   Es gibt aber auch Fälle, in denen eine sehr komplexe Einrichtung des Programms für den jeweiligen Kunden notwendig ist, sei es durch Customizing, sei es auch nur durch eine sehr umfangreiche Parametrisierung. Oft wird das konkrete Programmpaket dann nur einem einzigen Kunden zur Verfügung gestellt.

1127   Die Dienstleistung des **ASP-Anbieters** wird darüber hinaus in letzter Zeit immer noch so **weiterentwickelt**, als dass der ASP-Anbieter selbst die Programme bei Dritten ablaufen lässt oder sie gar jeweils für den konkreten Kunden bei verschiedenen Dritten, die über verschiedene, sich für die Bedürfnisse des Kunden ergänzende Softwarepakete verfügen, zusammenstellt. Man spricht in solchen Zusammenhängen je nach Fallgestaltung von **Grid-Computing** oder **Web-Services**. Weitere Schlagworte in diesem Bereich sind Software as a Service (**SaaS**) oder **Cloud-Computing**. Viele dieser Bezeichnungen sind mehr oder minder Marketingschlagworte.[577] Festzuhalten ist aber, dass in all diesen Fällen Programme von Kunden irgendwo im Netz genutzt werden. Dabei weiß der Kunde immer weniger, wo das Programm überhaupt abläuft. Er nutzt sozusagen eine Wolke.[578] Es wird darüber hinaus nicht nur die Nutzung von Anwendungssoftware angeboten, vielmehr ist auch die Nutzung von Hardware und Systemsoftware möglich.[579] Man spricht oft von Infrastructure as a Service (**IaaS**). Man nutzt dabei die über die Cloud-Computing zur Verfügung gestellte Hardware als Basis für eigene Anwendungssoftware. Man kann aber auch spezielle Anwendungs- bzw. Entwicklungsumgebungen nutzen und spricht dann von Platform as a Service (**PaaS**).[580]

1128   Manchmal wird allerdings von den Programmnutzern in der Leistungsbeschreibung nicht die Nutzung des Programms in den Vordergrund gestellt, sondern eine bestimmte Leistung, die das Programm erbringt (z. B. die Erstellung einer Steuererklärung nach den Eingaben des Kunden). Technisch geht es um das gleiche wie bei den eben geschilderten Verträgen.

Man muss daher zunächst bei der **vertragstypologischen Einordnung** überprüfen, wer hier welche Leistung erbringt. Dazu sind mehr oder minder umfangreiche Beschreibungen der Leistungen durch den Diensteanbieter notwendig, die bei größeren Projekten sicher individuell erfolgen, sonst aber auch im Rahmen allgemeiner Geschäftsbedingungen dargestellt werden. Werden personenbezogene Daten vom Anbieter verarbeitet, geht es um Auftragsdatenverarbeitung.[581]

---

[575] Zu Details vgl. *Witzel*, ITRB 2002, 183; *Intveen/Lohmann*, ITRB 2002, 210; *Bettinger/Scheffelt*, CR 2001, 729; *Röhrborn/Sinhart*, CR 2001, 69; *Schneider*, Handbuch des EDV-Rechts, Rn. M 28 ff.; umfassend *Schoengarth*, Application Service Providing, S. 5 ff.

[576] *Braun*, Die Zulässigkeit von Service Level Agreements, S. 25 f.

[577] Eher literarisch dazu *Dueck*, Informatik Spektrum 32 (2009), 260.

[578] Näher dazu *Pohle-Ammann*, CR 2009, 273; *Schuster/Reichl*, CR 2010, 38.

[579] Schulz/Rosenkranz, ITRB 2009, 232 (233).

[580] *Bierekoven*, ITRB, 2010, 42 (43); *Schuster/Reichl*, CR 2010,38; *Söbbing*, in: Leible/Sosnitza (Hrsg.): Onlinerecht 2.0: Alte Fragen – neue Antworten, S. 35 (41); *Büchner*, in: Conrad (Hrsg.): Inseln der Vernunft, S. 38; eine Übersicht über quelloffene Angebote geben *Baun/Kunze/Kurze/Mauch*, Informatik Spektrum 34 (2011), 242; Standardisierungsüberlegungen finden sich bei *Paukus*, DuD 2011, 317.

[581] Dazu oben Rn. 798 a f.; 953.

Es gibt sogar Gestaltungen, wo ein Anbieter nur Vermittler ist und der Kunde mit mehreren Programmanbietern Verträge schließt. Von diesen komplexen Verträgen ist allein schon wegen der Komplexität des Gewährleistungsrechts und der Frage des anwendbaren Rechts abzuraten.

Rechtlich hat der **BGH** den **ASP-Vertrag** mit der h. M. als **Mietvertrag** eingeordnet, **1129** weil das Programm dem Kunden jeweils zur Nutzung überlassen wird.[582] Der BGH betont ausdrücklich, Mietgegenstand sei das auf einem Datenträger verkörperte Programm und damit eine bewegliche Sache. Worauf das Programm verkörpert sei, sei unwesentlich. Es sei jedenfalls verkörpert. Auch das Buch als verkörperte geistige Leistung sei eine Sache. Dieser Auffassung ist aber **zu widersprechen.** Richtig ist zwar, dass eine Festplatte samt der darauf verkörperten Software eine Sache ist. Diese wird aber gerade nicht vermietet, weil – und dies ist der Unterschied zur Leihe eines Buches – gar nicht feststeht, welche Festplatte oder anderer Datenträger gerade die Verkörperung des Programms enthält, wenn es benutzt wird. Es ist schwer vorzustellen, dass das sachliche Substrat, dass den zentralen Anknüpfungspunkt enthält, den der BGH für seine Argumentation wählt, den Parteien, insbesondere dem Mieter völlig gleichgültig ist. Der BGH argumentiert auch eher damit, da das Programm wo auch immer verkörpert sei, sei es losgelöst von der Verkörperung eine Sache. Diese Argumentation ist aber falsch.[583]

Dem BGH ist zuzugeben, dass eine Anwendung von **Mietvertragsregeln** bei ASP **1130** **praktischen Bedürfnissen** in mancher Weise, insbesondere bei Mängeln, entspricht und daher insbesondere eine analoge Anwendung dieser Regeln durchaus erwägenswert erscheint. Nur die direkte Anwendung der Mietvertragsregeln, die vom Gesetzgeber auf die Überlassung von Sachen beschränkt sind, erscheint nicht passend. Dass dem so ist, zeigt im Übrigen die weitere Argumentation des BGH: Er geht davon aus, dass für die Mängel der Software der Kunde darlegungs- und beweisbelastet ist, wenn er sie nur einmal in Benutzung genommen hat. Diese Verteilung von Darlegungs- und Beweislast entspricht der Situation, in der dem Mieter die Sache überlassen wurde und er sie nutzt – die normalen Situation im Mietvertrag. Sie entspricht schon nicht mehr der Situation, in dem eine Sache nur zum Gebrauch überlassen wurde, ohne in den Besitz des Mieters überzugehen wie bei der Werbenutzung einer Hausfassade. Sie wäre schon kaum noch haltbar für die ebenfalls als Mietvertrag eingeordnete Nutzung eines Fitnesszentrums: Die einmalige Nutzung eines Kraftgeräts führt nicht dazu, dass der Kunde beim erst einige Tage später stattfindenden zweiten Besuch im Gegensatz zum ersten Besuch darlegen und beweisen muss, dass die zwischenzeitlich in der Obhut des Betreibers befindlichen Geräte nicht mehr in Ordnung sind. Noch viel weniger kann dies bei vermieteter Software gelten, bei der – auch im Fall des BGH – Pflege und Updates geschuldet sind. Diese Software wird also durch den Provider regelmäßig geändert, ohne dass dies für den Kunden immer ohne weiteres nachvollziehbar sein kann. Ihre Funktionsfähigkeit hängt im Übrigen von weiteren IT-Bestandteilen des Providers ab, die auch nach der Auffassung des BGH nicht mitvermietet sind, zumal sie im Vertrag nicht erwähnt sind (Betriebssoftware, Hardware u. a.). Auch die Zahl der sonstigen Nutzer kann nichtig sein. Durch eine einmalige Benutzung der Software kann sich die **Beweislast**

---

[582] BGH, CR 2007, 75; *Witzel,* ITRB 2002, 183 (184); *Intveen/Lohmann,* ITRB 2002, 210 (211); *Bettinger/Scheffelt,* CR 2001, 729 (731) und in: Spindler (Hrsg.): Vertragsrecht der Internet-Provider, Teil XI, Rn. 17 f.; *Röhrborn/Sinhart,* CR 2001, 69 (70 f.); *Schneider,* Handbuch des EDV-Rechts, Rn. M 25; *Braun,* Die Zulässigkeit von Service Level Agreements, S. 36 ff.; *Meurer,* in: Brumme/Weis (Hrsg.): Praxishandbuch Internetrecht, S. 286 (328); *Schoengarth,* Application Service Providing, S. 65 ff. spricht von einem Vertrag sui generis, auf den für diesen Leistungsteil Mietrecht analog anwendbar ist.

[583] Dazu oben Rn. 278 ff.

für die **Funktionsfähigkeit** dieses Systems nicht ändern. Diese Besonderheiten ließen sich im Rahmen einer Analogie leichter berücksichtigen als bei einer direkten Einordnung von Mietrecht.

1131   Dennoch ist – anders als bei der Speicherplatznutzung[584] – letztendlich auch eine **analoge Anwendung** der Mietvertragsregeln ebenso wie die Annahme einer Rechtspacht[585] **abzulehnen**. Dazu ist zunächst auf die bei der rechtlichen Einordnung der Rechenzentrumsverträge[586] zu verweisen. Die Datenverarbeitungsanlage des Systembetreibers steht dem Nutzer nie vollständig zur Verfügung. Praktisch schuldet der Systembetreiber die Dienste eines bestimmten Programms innerhalb eines Telekommunikationssystems. Auf welchem Rechner es wo läuft, ist nicht bekannt. Letztendlich wird der Programmablauf aber von der Betriebssoftware des Dienstanbieters gesteuert. Dem Kunden dürfte es auch gleichgültig sein, welche konkrete Software auf welchem Rechner er nutzt, wenn er nur ein seinen Vorgaben entsprechendes, korrekt arbeitendes Programm nutzen kann. Schon wegen dieser intensiven Steuerung der gesamten Verarbeitung durch den Systembetreiber liegt es nahe, von einem **Dienstvertrag** auszugehen.[587]

1132   Das Dienstvertragsrecht enthält keine besonderen Regelungen für den Fall schlechter Leistungen. Daraus ergibt sich, dass für die Folgen von **Leistungsstörungen ausschließlich die allgemeinen Regeln, mithin §§ 280 ff. BGB** gelten. Es gibt also nur eine Verschuldenshaftung. Diese Tatsache wird oft auch als Grund dafür genannt, dass ASP dem Mietrecht unterliegen müsse. Die Einordnung als Dienstvertrag sei nicht interessengerecht.[588] Die Frage vertragstypologische Einordnung kann aber nicht von den Rechtsfolgen her eingeordnet werden. Außerdem unterscheiden sich die Rechtsfolgen nur bei einer Schlechterfüllung. Das zentrale Problem ist hier aber die Zuverlässigkeit. Dazu sollten dringend Vereinbarungen getroffen werden.[589] Fällt das System außerhalb vereinbarter Zeiten oder mehr als vereinbart aus, ist für diese Zeiten auch bei Annahme eines Dienstvertrages keine Vergütung geschuldet, weil der Dienstverpflichtete keine Gegenleistung erbracht hat. Schadensersatzansprüche gibt es sowohl im Miet- als auch im Dienstvertrag nur bei Verschulden. Nur für anfängliche Mängel haftet der Vermieter ohne Verschulden, kann diese Haftung aber auch in allgemeinen Geschäftsbedingungen ausschließen.[590] Außerdem dürften Systemausfälle keinesfalls immer auf anfänglichen Mängeln beruhen. Damit ist die Annahme eines Mietvertrages auch nicht durch dieses Argument zu begründen. Es liegt ein Dienstvertrag vor.

Bei der vertragstypologischen Einordnung muss man im Übrigen **genau auf die Vertragsinhalte** achten[591]. Verspricht nämlich z. B. der Anbieter, dass er mit Hilfe seiner Software eine für den Betreiber möglichst günstige Steuererklärung abgeben wird, liegt ein Werkvertrag vor.[592] Sehr genau muss man auch bei den oben schon dargestellten komplexen Verträgen aus dem Bereich Grid-Computing, Cloud-Computing oder Web-Services die jeweils versprochenen Leistungen analysieren. Bei diesen Verträgen wurde in der Literatur im Übrigen oft nur die Frage diskutiert, ob es sich um Dienst- oder Werkver-

---

[584] Oben Rn. 1095.

[585] So *Alpert*, CR 2000, 345 (349).

[586] Oben Rn. 785 ff.

[587] *Intveen/Lohmann*, ITRB 2002, 210 (212) nehmen dies für Nebenleistungen an.

[588] So Braun, Die Zulässigkeit von Service Level Agreements, S. 36 f.

[589] Dazu oben Rn. 1004 ff.; umfassend zu solchen Vereinbarungen bei SaaS: *Helwig/Koglin,* in: Büchner/Briner (Hrsg.): DGRI Jahrbuch 2009, 553.

[590] Vgl. oben Rn. 612.

[591] *Söbbing,* in: Leible/Sosnitza, Onlinerecht 2.0: Alte Fragen – neue Antworten, AS. 35 (44 ff.).

[592] Ebenso *Kosmides*, Providing-Verträge, S. 251 f. zu einem vergleichbaren Vertrag; *Müller-Hengstenberg/Kirn,* NJW 2007, 2370 (2372).

träge handelt.[593] In der neueren Literatur gibt es aber zunehmend Stimmen, die zumindest teilweise von einem Mietvertrag ausgehen.[594]

Auch hier liegt es nahe, in allgemeinen Geschäftsbedingungen die **Haftung** für Fehlläu- **1133** fe der Programme **auszuschließen** oder **einzuschränken**.

Auch hier ist zunächst auf die Ausführungen oben[595] zu verweisen.

Insbesondere lässt sich die **Haftung** für Vorsatz und grobe Fahrlässigkeit **nicht ausschließen** (§ § 309 Nr. 7 BGB). Darüber hinaus dürfte es aber zu den Kardinalpflichten des Betreibers gehören, **korrekte Programme zur Verfügung** zu stellen, so dass er sich im Hinblick auf die Korrektheit der Programme nicht freizeichnen kann. Wohl kann er aber – da dies Leistungsbeschreibung ist (§ 307 Abs. 3 BGB) – vor Vertragsschluss bzw. vor Aufruf der Programme darauf hinweisen, dass es sich um ungetestete oder in sonstiger Weise unfertige Programme, möglicherweise sogar um Beta-Versionen handelt. Diese Einschränkung kann aber nur explizit vor Vertragsschluss im Hinblick auf das konkrete zur Nutzung geschuldete Programm gemacht werden, nicht generell in allgemeinen Geschäftsbedingungen.

Die **Verwendung der neuesten Programme** einschließlich aller Updates und Upgrades schuldet der Dienstleister nur, wenn dies ausdrücklich vereinbart ist, zumal sich bei neuen Versionen Funktionen der ASP-Software verändern können[596] Der ASP-Anbieter sollte nur vertraglich sicherstellen, dass er seinen Kunden nur eine Version der Software zur Verfügung stellen muss.

Bei länger dauernden oder sehr gravierenden Störungen besteht auch ein **außerordentliches Kündigungsrecht**.[597]

In vielen Fällen empfiehlt es sich darüber hinaus, konkrete Vereinbarungen über die **1134** **Nutzungsrechte des Kunden** zu treffen. Dies kann umgekehrt auch für den Provider gelten, insbesondere dann, wenn er die Daten des Kunden speichert und daran Datenbankrechte auf Dauer bestehen (§ 87 a UrhG). Er muss natürlich dann die Rechte haben, die er zur Erfüllung seiner Verbindlichkeiten braucht.

Wichtig sind auch Regelungen über die Gestaltung der Datenverarbeitung. Insbe- **1135** sondere ist meist eine Vereinbarung zur **Auftragsdatenverarbeitung** abzuschließen.[598] Aber auch die Verarbeitung sonstiger Geschäftsdaten sollte geregelt werden. Besonders schwierig ist es dabei, die von § 11 Abs. 2 S. 4 BDSG geforderte regelmäßige Kontrolle des Cloud Computing-Anbieters sicherzustellen.[599] Auch Compliance-Anforderungen müssen insbesondere bei Cloud-Computing-Anwendungen vertraglich geregelt werden.[600]

Schließlich muss geregelt werden, wie und in welchem Umfang gespeicherte Daten dem Kunden am **Ende des Vertrages** wieder zur Verfügung gestellt werden müssen.[601] Insoweit ist auf die Ausführung zum Host-Providing zu verweisen.[602]

Im Übrigen muss sich der ASP-bzw. Cloud-Anbieter die **notwendigen Nutzungs-** **1136** **rechte** verschaffen.[603]

---

[593] Näher dazu *Koch*, CR 2006, 42; *Koch*, ITRB 2007, 170.

[594] *Pohle/Ammann*, CR 2009, 273 (274 f.); näher auch *Schulz/Rosenkranz*, ITRB 2009, 232 (233 f.).

[595] Rn. 462 ff.

[596] So wohl auch *Bettinger/Scheffelt*, in: Spindler (Hrsg.): Vertragsrecht der Internet-Provider, Teil XI, Rn. 40 ff.

[597] *Intveen/Lohmann*, ITRB 2002, 210 (213).

[598] Vgl. oben Rn. 798 a f.

[599] Skeptisch *Schuster/Reichl*, CR 1010, 38; *Niemann/Henrich*, CR 2010, 686 (690 f.).

[600] Näher *Henrich*, CR 2011, 546 (549, 552).

[601] *Splittgerber/Rockstroh*, BB 2011, 2179 (2181).

[602] Oben Rn. 1111 f.

[603] Vgl. oben Rn. 70 f.; zu Lizenzierungsmodellen *Bierekoven*, ITRB 2010, 42.

h) Informationsabruf

1137   Eine weitere, in der Praxis schon seit langem verbreitete Nutzungsform ist die des so genannten **Informationsabrufs.** Gerade im Internet dürfte dies einen zentralen Teil der Nutzung darstellen. Dabei kann der Betreiber des Systems in dieser Nutzungsform dem Systembenutzer Informationen zur Verfügung stellen, die dieser beliebig abrufen kann. Neben Texten werden zunehmend auch Musik, Graphiken, Filme u. a. zum Download angeboten. Häufiger ist es freilich, dass nicht der Systembetreiber diese Informationen zur Verfügung stellt, sondern dass dies Dritte tun. In diesem Fall ist nicht der Systembetreiber Vertragspartner, sondern diese Dritten. Dies geht bei der Nutzung des Internet in großem Umfang, wobei natürlich große Provider auch eigene Informationen zur Verfügung stellen. Bei größeren Informationsmengen spricht man auch vom **„Downloaden".** Die nachfolgenden rechtlichen Betrachtungen gelten für beide Fälle.

1138   Rechtlich gesehen handelt es sich bei dem Abruf von Informationen gegen Entgelt um den **Kauf von Informationen.**[604] Dies wird in der Literatur teilweise bezweifelt.[605]

Letztendlich ist es aber so, dass eine vorgefertigte Information gegen Entgelt auf Dauer zur Verfügung gestellt wird. Diese Information wird nicht für den Einzelfall konkret hergestellt, so dass ein Werkvertrag ausscheidet. Sie wird dem jeweiligen Partner auch auf Dauer überlassen, so dass eine dauernde Bereicherung beim Käufer vorhanden ist. Freilich verbleibt die Information auch im Bereich des Veräußerers. Dies hindert aber die Annahme eines Kaufvertrages nicht.[606]

Verkauft werden keine Sachen. Nach § 453 Abs. 1 BGB sind aber die Regeln über den Sachkauf analog anwendbar.

1139   Problematisch ist, was man unter einem **Mangel** verstehen kann. Hier ist auf die entsprechende Rechtsprechung zu fehlerhaften Druckwerken zurückzugreifen, da diese Rechtsprechung zu fehlerhaften Informationen ergangen ist und es keinen Grund für eine Differenzierung zwischen Druckwerken und elektronischen Informationen gibt.[607] Danach liegt **kein Fehler** vor, wenn die abgerufene Information dem Abrufenden von ihrer **inhaltlichen Tendenz** her **nicht passt.** Allerdings kann man vertraglich eine bestimmte Tendenz von Textinhalten festlegen.[608] Ein Mangel ist es auch nicht, wenn ein Musikstück den eigenen Vorstellungen nicht entspricht.

Fehlerhaft sind Texte dann, wenn sie an reinen **Editionsfehlern** leiden, also Buchstaben vertauscht, verrutscht o. ä. Dinge passiert sind. Das gleiche gilt bei Fehlern in der Codierung, die dazu führen, dass Musik oder Multimediastücke nicht ordentlich wiedergegeben werden können.

Hier stellt sich nur die Frage, ob die Mängel wesentlich sind und sich aus ihnen die Rechte der §§ 434 ff. BGB ergeben. Bei **elektronischem Informationsabruf** ist darauf zu verweisen, dass unter Umständen auch hier EDV-Anlagen Abrufer sein können und es deswegen möglicherweise auf **syntaktische Korrektheit** mehr ankommt als bei einem menschlichen Abrufer.[609]

---

[604] Ausführlich *Redeker,* DB 1986, 1057; i. E. ebenso *Allgaier,* CR 1990, 762 (766); *Schneider,* Handbuch des EDV-Rechts, Rn. O368; *Koch,* BB 1996, 2049 (2052); *Roth,* in: Loewenheim/Koch (Hrsg.), Praxis des Online-Rechts, S. 57 (99); *Gottschalk,* in: Kröger/Gimmy (Hrsg.), Handbuch zum Internet-Recht, S. 245 (248); *Bettinger/Heide,* in: Redeker (Hrsg.): Handbuch der IT-Verträge, Kap. 3.10, Rn. 15; *Härting/Schätzle,* ITRB 2006, 186.

[605] Insbesondere *Hackemann,* in: Neue Medien für die Individualkommunikation, S. 43 ff. (Vertrag sui generis).

[606] Vgl. oben Rn. 529 f.

[607] Vgl. zu dieser Rechtsprechung insbesondere *Röhl,* JZ 1979, 369.

[608] BGH, LM Nr. 4 zu § 459 Abs. 1 BGB.

[609] Vgl. oben Rn. 973.

Rechtlich am problematischsten sind die **falsch dargestellten Fakten.** Bei Zeitungen ist hier anerkannt, dass einzelne Fehler dieser Art in Zeitungen hinzunehmen sind und keine rechtlichen Sanktionen durch sie ausgelöst werden können.[610] Dies wird damit begründet, dass einzelne falsche Fakten keine wesentliche Mängel für ein komplettes Presseerzeugnis darstellen, da Presseerzeugnisse in ihrer Gesamtheit gelesen werden.

Gerade das letzte Argument zeigt aber den wesentlichen Unterschied zwischen den bisherigen Druckwerken und dem Informationsabruf. Beim Informationsabruf wird nicht eine gesamte Zeitung oder gar ein gesamtes Buch gekauft, vielmehr werden einzelne gezielte Informationen abgerufen. Sind in diesen **Informationen falsche Fakten** enthalten, wird man in der Regel von einem **wesentlichen Mangel** ausgehen müssen, so dass Mängelrechte eingreifen.[611] In erster Linie kommen Rücktritts- und Minderungsrechte in Betracht. Diese dürften allerdings wirtschaftlich in aller Regel nicht interessant sein. Rechtsmängel liegen vor, wenn das herunter geladene Werk nicht kopiert werden darf, nicht aber, wenn es zwar vom Kunden benutzt werden darf, aber noch urheberrechtliche Beschränkungen bestehen.[612]

Interessant können **Schadensersatzansprüche** sein. Für diese gelten die oben[613] genannten Regeln. Für den klassischen Nichterfüllungsschaden kommt § 281 BGB in Betracht, der eine Fristsetzung zur Nacherfüllung als Voraussetzung eines Schadensersatzanspruchs vorsieht. Anders ist dies bei Schäden, die aufgrund der falschen Information an anderen Rechtsgütern des Kunden entstehen. Diese Schäden werden generell nach § 280 BGB entschädigt. Fraglich sind im hier betrachteten Vertrag insbesondere die Maßstäbe, nach denen sich die vertraglichen Pflichten bei der Prüfung der Richtigkeit der übermittelten Informationen richten. So wird man bei unentgeltlichen publizistischen Nachrichten eher geringere Pflicht- und Verschuldensmaßstäbe ansetzen. Dies dürfte anders sein, wenn der **Informationsabruf gezielt zur Beratung** der Abrufenden dient. Hier hat die Rechtsprechung auch bisher durchaus auch schon **Schadensersatzansprüche** anerkannt,[614] obwohl solche Ansprüche im früheren Kaufrecht eher selten waren. **1140**

Häufig werden im übrigen **Informationsabrufe unentgeltlich** zur Verfügung gestellt. Ob solche unentgeltlichen Informationsabgaben überhaupt vertragliche Beziehungen im Hinblick auf diese Einzelinformationen zur Folge haben können, kann durchaus problematisch sein. Die Rechtsprechung nimmt bei unentgeltlichen Auskünften einen Vertrag nur an, wenn von der Auskunft nicht unwesentliche Vermögenspositionen abhängig gemacht werden und dies dem sachkundigen Auskunftgeber auch erkennbar ist.[615] **1141**

Gerade im Rahmen des **Internet** mag dies bei einzelnen Informationsseiten durchaus der Fall sein, wenn es etwa um Informationen über Versicherungsverträge o. ä. geht. Oft liegt dieser Fall aber auch nicht vor. Hier wird man aber viel der Entscheidung im Einzelfall vorbehalten müssen.

Kommt ein Vertrag über den unentgeltlichen Erwerb einer Information zustande, handelt es sich um einen Schenkungsvertrag.[616]

---

[610] *Röhl,* JZ 1979, 369 (372).

[611] I. E. ebenso *Gottschalk,* in: Kröger/Gimmy (Hrsg.), Handbuch zum Internet-Recht, S. 245 (251).

[612] *Härting/Schätzle,* ITRB 2006, 186 (189).

[613] Rn. 369 ff.

[614] Vgl. dazu *Schneider,* Handbuch des EDV-Rechts, Rn. O 372 ff.;

[615] *Palandt/Sprau,* § 675 Rn. 30; *Schuppert,* in: Spindler (Hrsg.), Vertragsrecht der Internet-Provider, Teil II, Rn. 58, spricht von Schenkungen.

[616] *Bettinger/Heide,* in: Redeker (Hrsg.), Handbuch der IT-Verträge, Kap. 3.10, Rn. 16.

i) Einzelauskunft

1142   Möglich ist es auch, dass im Rahmen der hier betrachteten Dienste Programm bereitgehalten werden, die **einem Nutzer** im Hinblick auf dessen Eingaben **konkret auf ihn
bezogene Informationen erteilen.** Es wäre z. B. denkbar, dass ein solches Programm
mögliche Kreditbedingungen für einen Benutzer ausrechnet, wenn dieser dies wünscht.

Diese Fälle unterscheiden sich von den Fällen der reinen Programmnutzung hauptsächlich darin, dass nicht lediglich die Nutzung des Programms, sondern die **Auskunft als
konkreter Erfolg geschuldet** wird. Man wird daher von einem **Werkvertrag** ausgehen
können.[617] Es gelten dann die Gewährleistungsregeln der §§ 633 ff. BGB.

1143   Interessant sind auch **Schadensersatzansprüche.** Dabei geht es in aller Regel bei den
Schäden um die Folgen falscher Dispositionen, die der Auskunftsberechtigte aufgrund der
falschen Auskunft getroffen hat. Bei sich dabei ergebenden Schäden greift § 280 BGB ein.
§ 281 BGB liegt eher fern, weil es nicht um einen Nichterfüllungsschaden geht.

Alle Schadensersatzansprüche setzen ein Verschulden voraus. Die Verwendung funk-
tionsgerechter Hard- und Software gehört dabei zu den Pflichten des Auskunftgebers.
Allerdings ist darauf hinzuweisen, dass die tatsächlich erteilen Auskünfte in der Regel von
den Eingaben der Nutzer abhängen und dass die Eingaben der Nutzer vom Auskunft-
gebenden faktisch nicht kontrolliert werden können. Von daher dürfte die **Haftung für
Fehlauskünfte nur sehr begrenzt** eingreifen.

j) Datenbanknutzung

1144   Ein weiterer Dienst, der im Rahmen von Telekommunikationsbeziehungen den Kunden angeboten wird, ist der der sogenannten **elektronischen Recherche.** Die Kunden
können dabei in Datenbanken oder Dokumentationssystemen für sie interessante Informationen gezielt suchen und sich die dabei gefundenen Informationen ausdrucken. Teilweise können sie auch die entsprechenden Daten im Volltext auf ihre eigene Datenverarbeitungsanlage umladen (sogenanntes „Downloading").

Gerade dieser Dienst wird im **Internet zunehmend** angeboten. Das Datenangebot ist
vielfältig. Zu ihm gehören auch Dokumentationssysteme wie z. B. JURIS. Vorhanden sind
aber auch Datenbanken, die Wirtschaftsinformationen oder technische Informationen
erhalten. Die Entwicklung des Internet hat es hier sehr leicht gemacht, international
vorhandene Datenbanken auch von Deutschland aus zu nutzen.

1145   Die **rechtliche Einordnung** der eben beschriebenen Leistung **ist umstritten.** So wird
in der Literatur die Meinung vertreten, es handele sich um die Kombination eines **Mietvertrages über eine Datenbank mit einem Kaufvertrag** über einzelne Informationen.[618]
Diese Annahme scheitert schon daran, dass der Nutzer der Datenbank im Gegensatz zu
einem Mieter auf die Datenbank nur zur Recherche zugreifen kann und will. In anderer
Weise verfügt der Nutzer nicht über sie. Dabei muss ihm die Datenbank freilich jederzeit
zugänglich sein. Dies ist aber nur nötig, weil sonst die Recherche nicht jederzeit möglich
ist. Es handelt sich um keine eigenständige Leistung. Sie stellt daher auch keinen eigenständigen Vertragsteil dar, der als Mietvertrag zu charakterisieren ist. Annehmen könnte
man auch, dass es sich um einen **Dienstvertrag** bzw. einen Geschäftsbesorgungsvertrag
mit Dienstcharakter handelt. Dies wäre dann richtig, wenn es um eine Leistung ohne

---

[617] Näher *Redeker*, DB 1986, 1057; **a. A.** *Hackemann*, in: Neue Medien für die Individualkommunikation, S. 43; vgl. auch oben Rn. 1132 a. E.

[618] *Roth*, in: Loewenheim/Koch (Hrsg.), Praxis des Online-Rechts, S. 57 (89 ff.); *Koch*, BB 1996,
2049 (2053); *Gottschalk*, in: Kröger/Gimmy (Hrsg.), Handbuch zum Internet-Recht, S. 245 (248 f.);
Holzbach/Süßenberger, in: Moritz/Dreier (Hrsg.), Rechts-Handbuch zum E-Commerce, Abschn. C
Rn. 368; *Bettinger/Heide*, in: Redeker (Hrsg.): Handbuch der IT-Verträge, Kap. 3.10, Rn. 15.

Erfolgscharakter ginge. Hier ist aber ein Erfolg geschuldet. Der Kunde stellt eine konkrete Suchfrage, auf die er eine konkrete Antwort erhält. Geschuldet wird seitens des Dienstanbieters eine korrekte Antwort auf die Anfrage, d. h. eine Antwort, die von einem durchschnittlichen Anbieter für diese Anfrage bezogen auf die konkrete Datenbank oder das konkrete Dokumentationssystem geschuldet wird. Geschuldet wird damit ein konkreter Erfolg. Ein **Dienstvertrag scheidet aus.** Es liegt nahe, **Werkvertragsregeln** anzuwenden.

Allerdings könnte es fraglich sein, dass hier ein Werkvertrag vorliegt, weil die konkrete Antwort auf die konkrete Frage von der Eingabe abhängt. Der Datenbankanbieter prüft diese Suchfrage nicht und hat auch keinen Einfluss auf ihre konkrete Gestaltung. Der Erfolg einer Suchanfrage beruht daher auch auf der mehr oder minder geschickten Anfrage des Kunden, nicht nur auf Leistung der Datenbank.

Im Prinzip ist es auch richtig, dass die konkrete Suchanfrage von konkreten Nutzern gestellt wird und der Inhalt der Antwort von ihr abhängt. Der Einwand geht aber am Problem vorbei. Geschuldet ist nur eine korrekte Antwort auf die Suchanfrage, nicht eine Antwort, die die Erwartung des Benutzers an die Suchanfrage befriedigt. Die Suchfrage ist die Leistungsbeschreibung. Ist die Suchanfrage falsch gestellt, aber korrekt beantwortet, ist der geschuldete Erfolg eingetreten.

Man kann im vorliegenden Fall daher **von einem Werkvertrag ausgehen.**[619]

Es gelten also für die Rechercheleistung die allgemeinen werkvertraglichen Regeln, insbesondere die **Regeln über die Folgen von Mängeln.** Allerdings bedarf die Rechercheleistung keiner Abnahme. Eine solche Abnahme ist bei der elektronischen Leistungserbringung nicht möglich. Vor allem ist eine Abnahmeerklärung gegenüber dem Datenbankanbieter nicht vorgesehen. Anstelle der Abnahme tritt dann gemäß § 646 BGB die Erbringung der Leistung. Damit ist mit Ablieferung der Information das geschuldete Entgelt fällig. Die **Rechercheleistung ist mängelbehaftet,** wenn sie nicht den Erwartungen entspricht, die ein Benutzer für eine Antwort auf seine Fragen im Hinblick auf eine Datenbank hegen kann, die in Art und Umfang dem entspricht, bei der er nachgefragt hat.[620] Beschreibt z. B. ein medizinisches Datenbanksystem seine Leistung so, dass es angibt, die gesamte deutschsprachige medizinische Literatur seit 1900 abgespeichert zu haben, muss es bei einer konkreten Nachfrage zu bestimmten Stichworten alle deutschsprachigen Literaturstellen aus der Zeit ab 1900 nachweisen, die den Stichworten entsprechen. Fehlt eine Literaturstelle, so ist die Information mangelhaft. Dem Nutzer stehen die Rechte der §§ 633 ff. BGB zu. Das Gleiche gilt, wenn Literaturstellen geliefert werden, die nicht den Stichworten entsprechen. Hier wird man allerdings eine etwas größere Toleranzgrenze im Hinblick auf die Erheblich des Mangels annehmen können. Werden zahlreiche Literaturstellen korrekt nachgewiesen, mag die eine oder andere unkorrekte Literaturstelle noch hinzunehmen sein. Soweit technisch gewisse Fehlermengen unvermeidlich sind, muss dies in der Leistungsbeschreibung dargestellt werden. Je nach Umfang der Datenbank werden einzelne Fehler aber zu unerheblichen Mängeln führen.

Eine **Nacherfüllung scheidet im Übrigen** bei der Rechercheleistung in aller Regel **aus,** da eine erneute Recherche aller Wahrscheinlichkeit nach das gleiche Ergebnis bringen wird.

Schadensersatzansprüche ergeben sich in der Regel unmittelbar aus § 280 BGB. Wegen der mangelnden Nacherfüllungsmöglichkeit liegen die Voraussetzungen des § 281 BGB in der Regel auch vor.

Was die **Einschränkung der Haftung** unabhängig von der Gewährleistung betrifft, so sind die oben[621] geschilderten Grenzen zu beachten. Eine ordentliche Gestaltung der

1146

1147

1148

---

[619] *A. A. Hackemann,* CR 1987, 660 (662): Vertrag sui generis; *Hilberg,* ITB 2007, 170.
[620] Ebenso *Hilberg,* ITRB 2007, 170 (171).
[621] Rn. 462 ff.

Datenbank und ihrer Recherchemöglichkeiten könnte durchaus eine Kardinalpflicht im Sinne der Rechtsprechung des BGH sein.

1149   Dies alles gilt jedenfalls dann, wenn die Recherche **jeweils einzeln vergütet** wird. In der Praxis werden z. B. bei Juris Verträge derart angeboten, dass für die Aufrufbarkeit der Datenbank einschließlich der Recherche eine Pauschale und für den Einzelabruf eine Extravergütung zu zahlen ist. Jedenfalls in einem solchen Modell wird man davon ausgehen können, dass der **Dauervertrag** ein **Werkvertrag** ist, während der Einzelabruf kaufvertraglichen Regeln folgt. Der Werkvertrag ist dann zwar ein Dauerschuldverhältnis; dies aber steht der vertragstypologischen Einordnung nicht entgegen.[622] Insbesondere im Bereich des Kündigungsrechts werden dienstvertragliche Regeln gelten. Wird für Recherchen und Abruf ein Pauschalentgelt gezahlt, was auch durchaus üblich ist, wird man von der gleichen vertragstypologischen Einordnung ausgehen müssen.

k) Werbeleistungen

1150   Viele Internetauftritte werden zumindest teilweise über **Werbung finanziert.** Dabei ist der gängigste Werbetyp die Bereitstellung eines sogenannten **Werbebanners** innerhalb eines Internetauftritts. Technisch sind Werbebanner Dateien, die beim Aufruf der entsprechenden Internetseite eine Grafik an eine auf dieser Seite definierten Stelle platzieren. In den Bannern ist darüber hinaus meist ein Hyperlink enthalten, der beim Anklicken auf die Seite des Werbenden führt. Werbebanner können in verschiedenen Größen und verschiedenen technischen Formen verwendet werden. Es gibt statische Banner, die bei jeder Platzierung in gleicher Form auftreten. Es gibt animierte Banner, die Bildfolgen oder Filme erzeugen. Banner enthalten auch interaktive Elemente oder bewegen sich sogar synchron zu den individuellen Bewegungen der vom Endbenutzer bewegten Maus. Einzelne Banner blenden sich auch so ein, dass die an sich aufgerufene Seite nicht oder nur noch teilweise sichtbar ist (Pop-ups). Die für die Gestaltung der Banner benutzten technischen Formate sind (teilweise abhängig vom Inhalt) unterschiedlich (z. B. GIF, HTML)[623] Die **Platzierung der Banner** kann über die geschilderten Dinge hinaus auch vom Kundenverhalten abhängig an verschiedenen Stellen der Seite oder nur dann platziert werden, wenn ein bestimmtes Kundenverhalten vorliegt. Bei Suchmaschinen gibt es auch die Abhängigkeit solcher Einblendungen auch in der Eingabe von Suchworten **(Keyword advertising).** Man spricht insbesondere bei Google von AdWord-Werbung.[624]

1151   Für die Platzierung der Banner wird meist ein **Entgelt** bezahlt und zwar in aller Regel in Abhängigkeit vom Erfolg, der in irgendeiner Weise gemessen wird. Dabei kann maßgeblich die Zahl der Aufrufe der Seite sein, auf der das Banner platziert ist, die Vergütung kann aber auch in Abhängigkeit davon berechnet werden, wie oft das Banner angeklickt wird. Es gibt auch Modelle, bei denen die Bezahlung von den über das Werbebanner vermittelten Verträgen abhängt.[625] Bei statischen Platzierungen kann darüber hinaus auch eine Pauschale vereinbart werden.[626] Es gibt auch Verträge, in denen im **Austausch zur Bannerschaltung** der eigenen Firma auf der Seite des Internetauftretenden auch auf der Seite der zunächst werbenden Firma, die einen eigenen Internetauftritt schaltet, Werbebanner der anderen Firma geschaltet werden. Man spricht von Banner-Austauschverträgen. Sind an diesem Austausch mehr als drei Werbetreibende beteiligt, kommt es zu Mehr-

---

[622] Dazu oben Rn. 648 ff.

[623] Vgl. hierzu auch *Schirmbacher*, ITRB 2010, 41 (42 f.), der auch Lay-ups und Video-ups erwähnt.

[624] umfangreiche Darstellung bei *Schneider* in: Redeker (Hrsg.) Handbuch der IT-Verträge, Abschn. 3.7; *Missling* in Weitnauer (Hrsg.), Beck'sches Formularbuch IT-Recht, Abschn. F.1, Rn. 4.

[625] *Schuppert* in: Spindler (Hrsg.), Vertragsrecht der Internet-Provider, Teil IX, Rn. 43.

[626] Zu den Preismodellen *Schneider* in: Redeker (Hrsg.), Handbuch der IT-Verträge, Abschn. 3.7., Rn. 10 ff.

parteien-Banner-Austauschsystemen mit komplexen Leistungsbeziehungen.[627] Eine besondere Vertragsgestaltung findet sich bei den sogenannten **Affiliate-Programmen.**[628] Dabei stellt ein Anbieter ein Online-Portal zur Verfügung, über das die Werbetreibenden („Advertiser") ihre beabsichtigten Werbekampagnen einschließlich der verwendeten Werbeträger beschreiben und wo sie auch die Werbematerialien bereitstellen sowie die Vertragsbedingungen darstellen. Die Werbeträger („Publisher") bewerben sich über diese Plattform für die Beteiligung an den Werbeprogrammen. Die Verträge kommen dann unmittelbar zwischen Advertisern und Publishern zustande. Es kann aber auch zu Verträgen im Dreiecksverhältnis (Advertiser/Plattformbetreiber einerseits und Plattformbetreiber/Publisher andererseits) kommen.[629] Die Plattform kann darüber hinaus auch vom Advertiser selbst betrieben werden, der den Werbepartner für sich sucht.[630]

Neben diesen Internetwerbeträgen kommen auch klassische Werbeverträge wie das **Sponsoring** einzelner Internetseite vor.[631] Als Sponsorenleistung kommt Geld, aber auch die Zurverfügungstellung von Sachmitteln in Betracht. So kann ein Hardwarehersteller dem gesponserten Internetauftritt z. B. Server und Leitung zur Verfügung stellen.   **1152**

Auch in den mittlerweile sehr erfolgreichen Online-Spielen[632] lassen sich im Spiel Markenprodukte oder andere Werbung in ähnlicher Weise wie bei Filmen platzieren.[633] Dabei ist die technische Gestaltung oft ähnlich wie bei Werbebannern.

Angesichts der **großen Vielfalt** von Leistungsarten muss im konkreten Vertrag immer geregelt werden, welche Leistungen wer erbringt und wie die Vergütung geregelt ist. Bei Affiliate-Programmen sollte auch klar geregelt werden, auf welcher Domain der Internetauftritt erreicht werden soll, in dem die Werbung des Advertisers geschaltet werden soll.[634] Der BGH hat nämlich den Advertiser für rechtswidrige Handlungen verantwortlich gemacht, die auf solchen Seiten begangen werden.[635]   **1153**

Zunehmend werden sämtliche dieser Werbeverträge als **Werkverträge** angesehen. Als Erfolg wird dabei nicht nur der Abdruck der Anzeige, sondern auch die planmäßig erzielte Werbung angesehen.[636] Demgegenüber wird nur noch vereinzelt von Dienstvertragsrecht ausgegangen.[637]   **1154**

Eine dritte Gruppe von Autoren geht von Mietvertragsregeln aus, weil in der Regel das Banner an der gleichen Stelle erscheint.[638]

Gegen den Dienstvertrag spricht allerdings schon, dass hier auf jeden Fall ein Erfolg geschuldet wird, der in der erfolgreichen Platzierung der Banner liegt. Gegen einen Mietvertrag spricht, dass eindeutig keine Sachen überlassen werden. Der BGH hat auch schon früher vergleichbare Verträge außerhalb des Internets dem Werkvertragsrecht unterworfen. So hat er z. B. einen Vertrag, bei dem sich der Auftragnehmer verpflichtete, an geeigneten Standorten Plakate des Auftraggebers anzubringen und dauernd aushängen zu

---

[627] *Schneider* in: Redeker (Hrsg.), Handbuch der IT-Verträge, Abschn. 3.8, Rn. 11.

[628] *Moos,* in: Weitnauer (Hrsg.), Beck'sches Formularbuch IT-Recht, Abschn. F.6, Rn. 1; *Schirmbacher/Ihmor,* CR 2009, 245.

[629] *Schirmbacher,* IPRB 2010, 41 f.

[630] So wohl im Fall des BGH, MMR 2009, 827.

[631] *Von Baum* in: Lehmann/Meents (Hrsg.) Handbuch des Fachanwalts Informationstechnologie, Teil 2, Abschn. B, Kapitel 8, Rn. 47; *Cichon,* Internet-Verträge, § 5, Rn. 613 ff.

[632] Dazu unten Rn. 1163 ff.

[633] Dazu *Schaar,* CR 2006, 619, insbesondere zu den datenschutzrechtlichen Problemen.

[634] *Schirmbacher,* IPRB 2010, 41 (42).

[635] BGH, MMR 2009, 827.

[636] LG Mainz, NJW-RR 1998, 631 f.; Bamberger/Roth/*Voit,* § 631, Rn. 11 m. w. N.; *Härting,* Internetrecht, Rn. 587 ff.

[637] AG Bonn, CR 2008, 740.

[638] So namentlich *Schneider* in: Redeker (Hrsg.), Handbuch der IT-Verträge, Abschn. 3.7., Rn. 10 ff. und Abschn. 3.8, Rn. 16 ff.

lassen dem Werkvertragsrecht unterworfen.[639] Es ist daher insgesamt von einem Werkvertrag auszugehen, für den auch allerdings Dauerschuldverhältnis gilt.

1155   Angesichts der Tatsache, dass der Vertrag im wesentlichen erfolgsorientiert ist, sollten für die **Mängelfolgen mietvertragsrechtliche** Grundsätze gelten, weil auch hier Mängel nur für die Zukunft beseitigt und nicht für die Vergangenheit korrigiert werden können.

Für **Kündigungsfristen** dürfte wie bei Software-Pflegeverträgen eher auf das Dienstvertragsrecht zurückzugreifen sein.[640]

Bei **Banneraustauschverträgen** wird man von einem Werkvertrag mit atypischen Gegenleitungen ausgehen können.[641] Diese vertragstypische Einordnungen gelten auch für die Werbung in Online-Spielen, sei es durch Product-Placement, sei es in anderer Weise.

Sponsoring-Verträge werden auch außerhalb des Internets überwiegend als atypische synallagmatische Verträge betrachtet.[642] Das gilt auch für die hier betrachteten Verträge.

1156   Auch bei Werbeverträgen müssen **Nutzungsrechte** dahingehend eingeräumt werden, dass derjenige, auf dessen Seite der Banner platziert wird, diesen auch im vereinbarten Umfang nutzen darf. Dies gilt insbesondere auch für die in diesem Banner enthaltenen Marken oder anderen Bestandteilen, die auf die Marken und Designentwicklung des Werbetreibenden zurückzuführen sind.

1157   Ein wichtiger Teil der vertraglichen Regelungen muss die Regelung darüber darstellen, wer für eventuelle **Rechtsverstöße haftet**. Dies ist bei Bannerverträgen eine über die allgemeine Problematik[643] hinaus komplizierte Angelegenheit. An sich bedenkenfreie Werbung kann ja durch entsprechende Platzierung u. U. wettbewerbswidrig werden. Dies gilt z. B. dann, wenn die Platzierung dazu führt, dass der Werbecharakter nicht mehr deutlich wird oder der Kontext der Seite, auf der die Banner eingebunden werden, die Werbeaussagen irreführend machen.

Man sollte vereinbaren, dass Rechtsverletzungen, die durch die Gestaltung des Banners selbst entstehen, dem Werbetreibenden zuzurechnen sind, Rechtsverletzungen, die durch die Platzierung entstehen, jedoch dem Werbeträger. Darüber hinaus muss geregelt werden, dass für den Inhalt der Seiten, auf die das Banner verlinkt, der Werbetreibende haftet. Nach außen hin kann es sehr wohl sein, dass beide Vertragspartner haften.[644]

Daher muss es gegenseitige **Freistellungsvereinbarungen** geben.[645] Darüber hinaus muss es entsprechende Kündigungsmöglichkeiten geben, wenn rechtswidrige Inhalte von Verantwortlichen nicht beseitigt werden oder häufiger Verstöße auftreten. Vor einer Kündigung muss dem jeweiligen Vertragspartner die Möglichkeit gegeben werden, den Vertragsverstoß zu beseitigen. Diese Möglichkeit dürfte in AGB angesichts der Regelung des § 314 BGB nicht ausschließbar sein.

Darüber hinaus kann vereinbart werden, dass es **verboten** ist, das Werbebanner in Zusammenhang mit ihm abträglichen Inhalten oder **konkurrierenden Drittprodukten** zu platzieren. Dies muss allerdings entweder individuell ausgehandelt werden oder klar in der Leistungsbestimmung desjenigen Partners enthalten sein, der diese Möglichkeit in seinen Geschäftsbedingungen vorsieht (z. B. also der Advertiser bei Affiliate-Programmen).

1158   Geregelt werden sollte auch die **Größe des Banners**, die Verfügbarkeit der Webseite auf die es geschaltet wird u. ä. Dinge mehr. Gegebenenfalls kann bei mangelhafter Leistung

---

[639] BGH NJW 1984, 2406 ff.

[640] Ähnlich aber unklar Missling in: Weitnauer (Hrsg.), Beck'sches Formularbuch IT-Recht, Abschn. F.1, Rn. 2, § 649 BGB gilt nicht.

[641] *Schneider* in: Redeker (Hrsg.), Handbuch der IT-Verträge, Abschn. 3.8, Rn. 22.

[642] *Weiand/Reich* in: Münchner Vertragshandbuch, Bd. 3, Wirtschaftsrecht 2, Muster XIII.1, Anm. 3.

[643] Dazu oben Rn. 1029 ff.

[644] Dazu unten Rn. 1314.

[645] *Schirmbacher*, IPRB 2010, S. 41 (43).

auch eine Vertragsstrafe oder eine Schadenspauschalierung vereinbart werden. Hier sind die üblichen Grenzen (§ 309 Nr. 5 BGB) zu beachten[646]. Solche Klauseln sind – sobald sie die vorgenannten Vorschriften im Wesentlichen einhalten, auch im Verbraucherverkehr möglich, weil es für den jeweiligen Werbetreibenden kaum möglich sein wird, den Schaden für ein nicht geschaltetes Werbebanner zu beziffern. Diese Vertragsstrafe darf freilich nicht zu hoch sein.[647]

In aller Regel werden darüber hinaus **regelmäßige Berichte** des Werbetreibenden an den Werbekunden über den Erfolg der Werbung (Anzahl der Klicks usw.) vereinbart werden.[648]

Es empfiehlt sich auch eine Regelung über die Art der Vergütung und die **Abrechnung** nebst Fälligkeit zu treffen. Dabei gibt es sogar Klauseln, nach der eine Fälligkeit nur eintritt, wenn feststeht, dass kein Missbrauch des Banners (etwa durch fingiertes Anklicken) seitens des Werbeträgers (Publishers) vorliegt.[649] Ob solche Klauseln insbesondere mit der Konsequenz, dass die **Beweislast** für das Vorliegen dieser Voraussetzung beim Werbeträger liegen soll, wirksam sind, erscheint zweifelhaft. Das LG Berlin hat sie aber als wirksam angesehen.   **1159**

l) Beschaffung von Inhalten

Zunehmend sind auch Verträge über die **Beschaffung von Inhalten** (Webcontent) als wichtiges Problem der Internetwirtschaft in die Diskussion gekommen.[650] Wer über das Internet Inhalte anbietet, muss das Recht zur Verbreitung dieser Inhalte haben. Er kann dies haben, weil er bzw. seine Mitarbeiter die Inhalte erstellt haben. In großem Umfang werden aber Inhalte vertrieben, die der Vertreibende nicht selbst erstellt hat. Dann muss er die Rechte daran erwerben. Dies gilt insbesondere für das Recht, Datenbanken zur Verfügung zu stellen. Es gilt aber auch für andere, durch Urheber- oder Markenrechte geschützte Inhalte wie z. B. Musikrechte.   **1160**

Verträge zum **Erwerb dieser Inhalte** sind klassische Verträge über **Vertriebslizenzen,** allerdings mit internetbedingten Besonderheiten. Inhaltlich muss zumindest das Recht eingeräumt werden, dass geschützte Werk öffentlich zugänglich zu machen. Meist benötigt der Anbieter auch das Recht, das erworbene Werk auf seinem Rechner in bestimmten Umfang zu vervielfältigen. Soll seinen Kunden auch der Download ermöglicht werden, muss der Internetanbieter auch das Recht erhalten, diesen ein Vervielfältigungsrecht einzuräumen.[651]   **1161**

Der Vertrag kann als **Rechtskauf** ausgestaltet sein, in der Regel liegt aber ein Lizenzvertrag vor, der typologisch als Vertrag sui generis angesehen wird. Vertragslücken werden je nach konkreter Gestaltung durch miet-, pacht-, kauf- oder gesellschaftsrechtliche Regelungen ergänzt.[652]   **1162**

---

[646] Vgl. oben Rn. 478.

[647] *Dammann* in Wolf/Lindacher/Pfeifer, AGB-Recht, § 309 Nr. 6, Rn. 61 ff.

[648] Zu entsprechenden Klauseln vgl. schon 1998 getroffene Empfehlung für einheitliche Standards für entsprechende Statistiken, die der deutsche Multimediaverband, der Bundesverband deutscher Zeitungsverleger, der Verband deutscher Zeitschriftenverleger und der Verband privater Rundfunk- und Telekommunikation veröffentlich haben.

[649] LG Berlin, CR 2010, 129.

[650] Ausführlich *Schuppert*, in: Spindler (Hrsg.): Vertragsrecht der Internet-Provider, Teil VII.

[651] *Koch*, ITRB 2004, 131 (132); vgl. auch *Winteler*, in: Moritz/Dreier (Hrsg.): Rechts-Handbuch zum E-Commerce, Teil B, Rn. 379 ff.

[652] Näher *Gennen*, in: Redeker (Hrsg.): Handbuch der IT-Verträge, Kap. 3.9, Rn. 17 ff.; *Winteler*, in: Moritz/Dreier (Hrsg.): Rechts-Handbuch zum E-Commerce, Teil B, Rn. 334.

m) Online-Spiele

1163   Zunehmend haben **Online-Spiele** großen geschäftlichen Erfolg.[653] Online-Spiele stellen als Produkte Weiterentwicklungen der schon erwähnten Computerspiele dar.[654] Anbieter stellen – meist gegen Entgelt – Kunden Spielwelten zur Verfügung, in denen diese gemeinsam mit oder gegen andere Spiele Monster bekämpfen, Welten erobern und anderes tun können. Dazu schaffen sich die Spieler in vielen gängigen Spielen geeignete Spielfiguren und lösen einzelne Aufgaben („Quests"). Die Kunden können auch eine Art zweiter Identität annehmen (**„Second Life"**). **Technisch** stellen die Anbieter dafür **Software zur Verfügung,** deren wesentliche Teile auf ihren eigenen IT-Anlagen (Servern) laufen. Die Kunden erhalten meist ein kleines Stück Software zur Spielsteuerung. Zur Verwaltung der einzelnen Nutzer und der von geschaffenen Spielcharaktere und Spielgegenstände sind umfangreiche Datenbanken erforderlich, die wiederum letztendlich die Anbieter verwalten. Theoretisch denkbar, aber aus Sicherheitsgründen nur wenig sinnvoll, wäre die Abspeicherung solcher Informationen beim Nutzer.

1164   Im Mittelpunkt der **vertraglichen Beziehung** zwischen Provider und Nutzer steht jedoch nicht die technische Gestaltung: Vielmehr für den Nutzer zentral die Möglichkeit, jederzeit ein spannendes und unterhaltsames Spiel zu spielen. Die Ausgestaltung der Spiele im Einzelnen ist sehr unterschiedlich – auch die Spielregeln unterscheiden sich. Einzelne Anbieter bieten aber Spielgegenstände (oder Spielstände u. ä.) gegen Entgelt an. Auch Dritte veräußern solche Gegenstände, wobei ein solches Handeln in einzelnen Spielplattformen erlaubt, in anderen aber verboten ist. Alle diese Regeln sind als Regulierungsrahmen für ein Spiel keine Abweichungen von gesetzlichen Regeln oder der Natur des Spiels und daher auch als allgemeine Geschäftsbedingungen zulässig. Ein Verstoß kann auch zu Sperren oder gar einer Kündigung seitens des Spieleanbieters führen.[655]

1165   Zur **vertraglichen Einordnung** wird die Meinung vertreten, es handele sich um einen **Vertrag eigener Art,** gemischt aus dienst-, werk- und mietvertraglichen Elementen,[656] mithin ein typengemischter Vertrag. Fest steht, dass entscheidendes Kriterium für die Nutzer ist, dass ihnen die virtuelle Spielwelt und die ihrem Stand entsprechenden Spielmöglichkeiten zur Verfügung gestellt wird. Diese Leistung ist erfolgsbezogen, so dass ein Dienstvertrag nicht in Betracht kommt. Stellt man die technische Leistung in den Vordergrund und folgt der Meinung des BGH zum ASP,[657] könnte ein Mietvertrag in Betracht kommen[658]. Für die Nutzer steht hier aber nicht die Überlassung der Spielsoftware in Betracht, sondern die Möglichkeit, virtuell zu spielen. Dazu gehört nicht nur die Überlassung der Spielwelt, sondern auch viel Steuerungs- und Verwaltungsarbeit. Insgesamt muss man daher auch hier von einem **Werkvertrag** ausgehen[659]. Ob der Erwerb einer evtl. notwendigen Zugangssoftware einen eigenen Vertrag darstellt,[660] erscheint zweifelhaft. Denkbar ist dies nur dann, wenn die Zugangssoftware auch ohne Online-Zugang nutzbar ist. In allen anderen Fällen geht es um einen eher nachgeordneten Teil des Vertrages über die Nutzung der Spieleplattform.

---

[653] Zum Folgenden näher *Lober/Weber,* CR 2006, 837.

[654] Dazu oben Rn. 116 ff.

[655] OLG Köln, CR 2010, 531.

[656] *Lober/Weber,* CR 2006, 837 (839); *Weber,* in Brandi-Dohrn/Lejeune (Hrsg.): Recht 2.0, S. 197 (207).

[657] Oben Rn. 1124 ff.

[658] So auch *Diegmann/Kuntz,* NJW 2010, 561 (562).

[659] So auch *Schrader,* in: Leible/Sonitza (Hrsg.): Onlinerecht 2.0: Alte Fragen – neue Antworten, S. 93 (107).

[660] So *Weber,* in Brandi-Dohrn/Lejeune (Hrsg.): Recht 2.0, S. 197 (207).

Soweit der Betreiber oder Dritte Spielgegenstände **veräußern**, gilt **Kaufrecht**.[661] Es dürfte sich um einen Rechtskauf handeln, da nur Ansprüche an den Spielebetreiber auf Zuordnung der Spielgegenstände vom Verkäufer auf den Käufer übertragen werden[662]. Wird dafür freilich virtuelles Geld verwendet, das (wie der Lindendollar bei Second Life) von Plattformbetreiber in reales Geld umgetauscht wird, liegt eher ein Tauschvertrag vor, weil das virtuelle Geld keine Währung ist.[663]

Das Spielunternehmen ist damit in erster Linie für eine **Spielmöglichkeit** auf der Basis der gegebenen Spielregeln verantwortlich. In aller Regel gehen die Pflichten aber weiter: Spielregeln müssen darauf überprüft werden, ob sie auf Dauer ein ordentliches Spielen ermöglichen. Die Software muss gegen evtl. neu auftretende Angriffsszenarien geschützt werden. Spiele werden auch immer weiterentwickelt. Ein entsprechender **Änderungsvorbehalt** im Vertrag dürfte der Natur des Vertrages entsprechen und daher auch in allgemeinen Geschäftsbedingungen zulässig sein.[664] Bei Weiterentwicklungen muss berücksichtigt werden, dass die bisherigen Spieler ihrer Charaktere und Gegenstände behalten und weiterhin fruchtbar einsetzen können.[665] Die Anbieter sollten auch die Einhaltung der Spielregeln überwachen. 1166

Es stellt sich auch die Frage, in welchem Umfang das Spiel **auf Dauer zur Verfügung** stehen muss. Dies sollte vertraglich vereinbart werden. Im hier üblichen Verbraucherbereich kann der Kunde nur im Rahmen des § 309 Nr. 9 BGB gebunden werden. Allerdings dürfte eine zweijährige Bindung zu lang und auch nicht marktüblich sein. Auch der Betreiber kann das Spiel dann fristgerecht kündigen und es einstellen, wenn alle Verträge beendet sind. Geschieht dies im Rahmen rechtlicher Regeln, können die letzten noch verbliebenen Nutzer wohl auch keine Ansprüche daraus herleiten, dass das Spiel wegen weniger noch vorhandener Spieler nicht mehr spannend ist. 1167

In vielen allgemeinen Geschäftsbedingungen der Spielunternehmen wird den Spielern **verboten**, die von ihnen geschaffenen **Gegenstände zu übertragen**. Dies ist sachlich ein Abtretungsverbot: Verboten wird nämlich die Übertragung des Anspruchs des jeweiligen Spielers an den Spielebetreiber auf Zuordnung des veräußerten Gegenstands zu ihm. Ein solches Abtretungsverbot kann generell wirksam auch in allgemeinen Geschäftsbedingungen vereinbart werden, um zu verhindern, dass Berufsspieler Spielgegenstände (aber auch höhere Spielniveaus) erspielen und diese an Spieler mit weniger Zeit und Geld veräußern. Unzulässig wäre es aber, in diesen Klauseln den Verkauf auf Plattformen der Betreiber zu beschränken.[666] 1168

Zulässig ist es weiterhin auch in allgemeinen Geschäftsbedingungen, zu verbieten, die **Spielaccounts** an Dritte **zu übertragen**. Dies geschieht ja unter Aufgabe der Nutzung des Spielers und bedeutet daher nicht nur eine Abtretung, sondern eine Vertragsübertragung, die ohne Zustimmung des Spieleranbieters unzulässig ist.

Bei manchen Spielen werden heute parallel auch **Chat-Dienste** angeboten. Für diese gelten die Regelungen des Telekommunikationsgesetzes, das ansonsten auf die Spiele nicht Anwendung findet. Ansonsten sei auf die Ausführungen unter b)[667] verwiesen. 1169

Eine noch offene Frage ist auch, ob bei längerer Vertragsdauer eine fristlose Kündigung möglich ist, wenn der Nutzer in eine **suchtähnliche Abhängigkeit** von dem Spiel geraten 1170

---

[661] Dazu *Lober/Weber*, MMR 2005, 653; *Geis/Geis,* CR 2007, 721.

[662] *Schrader*, in: Leible/Sonitza (Hrsg.): Onlinerecht 2.0: Alte Fragen – neue Antworten, S. 93 (115 f.).

[663] *Gössl/Vetter*, in: Große Ruse-Khan/Klass/v. Lewinski (Hrsg.): Nutzergenerierte Inhalte, S. 141 (146); *Stögmüller*, in: Brandi-Dohrn/Lejeune (Hrsg.): Recht 2.0, S. 171 (177).

[664] *Lober/Weber*, CR 2006, 837 (841).

[665] *Lober/Weber*, CR 2006, 837 (839 ff.).

[666] *Weber,* in Brandi-Dohrn/Lejeune (Hrsg.): Recht 2.0, S. 197 (215).

[667] Oben Rn. 1089 ff.

ist. Dies wird man wohl annehmen müssen, weil eine Gesundheitsgefahren die Kündigung rechtfertigt. Schwieriger werden hier Beweisprobleme sein.

n) Soziale Netzwerke

1171   **Soziale Netzwerke** sind mittlerweile in aller Munde. Dabei geht es diesen Netzwerken darum, ihren Nutzern eine Plattform zur Kommunikation mit anderen zu geben. Bekannte Plattformen sind insbesondere Facebook, StudiVZ oder professioneller Xing oder LinkedIN[668].

Meist wird die Möglichkeit gegeben, sogenannten „Freunden"[669] **Informationen** aller Art (Texte, Bilder, Filme, Musik) privater oder auch beruflicher Art **zu übermitteln.** Dabei geht es in aller Regel um asynchrone Kommunikation. Daneben bestehen allerdings oft auch Chat-Möglichkeiten, die eine synchrone Kommunikation erlauben. Man kann darüber hinaus Interessengruppen beitreten oder sich mit anderen Internetplattangeboten verlinken.

Meist stellt sich jeder Nutzer in Profilen selbst dar. Die Beschreibungstiefe bestimmt er selbst.

1172   Häufig erfolgt die Nutzung dieser Plattform **unentgeltlich,** bei einzelnen Plattformen gibt es aber auch **kostenpflichtige** Nutzungen. Auf allen Plattformen muss allerdings eine Registrierung erfolgen, die nach den allgemeinen Geschäftsbedingungen unter dem wirklichen Namen und nicht unter einen Pseudonym erfolgen soll, obwohl die Einhaltung dieser Anforderungen vom Plattformbetreiber nicht überprüft werden kann.[670]

1173   Der Schwerpunkt der Leistungen liegt darin, eine **technische Plattform** zur Verfügung zu stellen, die es dem Kunden ermöglicht, sich selbst darzustellen und mit anderen Nutzern in Kontakt zu treten. Damit steht auch hier wieder der Erfolg im Vordergrund, so dass man bei einem entgeltlichen Vertrag von einem Werkvertrag ausgehen muss. Ähnlich wie bei Bannerverträgen muss man allerdings zur Lückenschließung Mietvertragsrecht heranziehen,[671] gegebenenfalls kommt für die Kündigungsregeln auch Dienstvertragsrecht in Betracht.

1174   Die meisten Plattformen sind freilich unentgeltlich. Es liegt dann (auch bei Annahme von Dienstverträgen) ein **Auftrag** vor.[672] Diese Einordnung führt dazu, dass der Auftragnehmer verpflichtet ist, alles das, was er zur Ausführung des Auftrags erhält und was er aus der Geschäftsbesorgung erlangt, herauszugeben hat (§ 667 BGB). Umgekehrt müsste der Auftraggeber dem Auftragnehmer dessen Aufwendungen ersetzen (§ 670 BGB). Beides ist bei den vorliegenden Verträgen eindeutig nicht beabsichtigt und wird von keiner Seite erwartet, obwohl dies nirgendwo klar vereinbart wird. Allerdings sind weder konkret auf den einzelnen Nutzer bezogene Aufwendungen noch konkret aus dessen Vertrag bezogene Erlöse des Plattformbetreibers feststellbar, so dass vermutlich keine konkreten Ansprüche bestehen.

1175   Faktisch ist es allerdings so, dass sich die Plattform über die **Daten der Nutzer finanzieren,** die sie für Werbezwecke selbst nutzen und Dritten zur Verfügung stellen. Dies ist datenschutzrechtlich nur zulässig, wenn die Nutzer über dieses Vorgehen informiert werden und sie ihm – auch in der vorgesehenen Form – zustimmen.[673] Dies

---

[668] Übersicht bei *Heidemann,* Informatik Spektrum 33 (2010), S. 263.

[669] So die Terminologie bei Facebook.

[670] So Ziff. 2.2 der Nutzungsbedingung von Xing; Ziffer 2.3 der AGB für die Nutzung von StudiVZ, wohl auch Nr. 4.1 des Statements of Rights and Responsibilites von Facebook.

[671] Dazu oben Rn. 1155.

[672] *Staudinger/Peters/*Jacoby, Vorbem. zu § 631 ff. Rn. 43; § 631 Rn. 60; *Palandt/Sprau,* Einführung vor § 631 Rn. 12, 17 (zum unentgeltlichen Architektenvertrag); *Staudinger/Richard/Fischingeri,* Vorm. zu § 611 ff., Rn. 65 f.

[673] Dazu oben Rn. 943 ff., 982.

geschieht oft nicht, so dass viele soziale Netzwerke datenschutzrechtlich rechtswidrig sind.

Das TKG ist hier für die **Chat-Dienste** anwendbar, weil es dort um eine Datenüber- 1176 mittlung mit technischen Diensten geht. Entsprechendes gilt auch für eine Möglichkeit, hier etwa über Mikrophone zu telefonieren. Für die **Internettelefonie** wird in der Literatur eindeutig von dem Vorliegen eines Telekommunikationsdienstes ausgegangen.[674]

Ein wichtiger Teil der Plattformverträge besteht darin, dem Plattformbetreiber die 1177 **Rechte** für die vom Nutzer eingestellte Inhalte **zu übertragen,** die er braucht, um die Plattform im Rahmen der Leistungsbeschreibung zur Verfügung zu stellen. Dabei geht es in erster Linie um Urheberrechte. Der Plattformbetreiber bedarf jedenfalls des Rechts, die Inhalte auf seiner Plattform zu veröffentlichen (§ 12 UrhG), sie in dazu notwendigem Umfang zu vervielfältigen (§ 16 UrhG) und öffentlich zugänglich zu machen (§ 19 a UrhG). Je nach technischer und inhaltlicher Gestaltung der Plattform bedarf er eines Bearbeitungsrechts (§ 23 UrhG). Je nachdem, in welchem Umfang die anderen Plattformbenutzer die Inhalte auch selbst nutzen können, indem sie z. B. herunterladen und selbst weiterbearbeiten dürfen, bedarf der Plattformbetreiber des Rechts, diese Rechte den anderen Plattformbenutzern einräumen zu können.[675] Es geht um ein spezielles Verbreitungsrecht im Sinne von § 17 UrhG.

Entsprechende **Klauseln** in den Nutzungsbedingungen sind **wirksam,** wenn sie die Rechte so übertragen, wie man dies im Rahmen der Plattformbenutzung vernünftigerweise vornehmen muss. Deutlich über diesen Rahmen hinausgehende Klauseln sind entweder nach § 7 Abs. 2 Nr. 2 BGB oder als überraschende Klauseln unwirksam. Der Umfang der Rechteeinräumung muss für den Nutzer klar erkennbar sein.[676] Anderenfalls könnte auch das Transparenzgebot verletzt sein.

Zu beachten ist auch, dass neben den Urheberrechten jedenfalls für Bilder **das Recht** 1178 **am eigenen Bild** zu beachten ist. Bilder von Menschen dürfen nach § 22 KUG nur mit Einwilligung der Abgebildeten öffentlich verbreitet werden. Dies gilt auch für die Einstellung auf einer Plattform. Man bedarf daher einer Einwilligung aller Abgebildeten zur Darstellung von Bildern auch auf sozialen Plattformen. Dies ist natürlich bei Bildern, die man selbst auf der Internetplattform einstellt, gegeben.[677] Bei Bildern von Dritten braucht man eine Einwilligung von diesen, die es oft nicht gibt. Eine Rechtseinräumung bedarf es freilich nur für die Bilder von Personen, nicht für die von Sachen, auch wenn diese Personen zuzuordnen sind[678].

Vereinbart werden muss auch, dass nach **Ende der Vertragsbeziehung** zwischen den 1179 Parteien, also nach Abschalten der Plattform und Ende der Registrierung alle Inhalte an den jeweiligen Kunden zurückzugeben sind und auch seine Daten nur noch soweit nutzbar sein bleiben dürfen wie dies für die Abwicklung des Vertragsverhältnisses und sonstige gesetzliche Zwecke erforderlich ist. Der Plattformbetreiber muss darüber hinaus dafür sorgen, dass die Inhalte auch tatsächlich entfernt werden. Gegenteilige Klauseln in allgemeinen Geschäftsbedingungen sind unwirksam. Diese Rückgabepflicht gilt aber nur für Inhalte, die dem jeweiligen Kunden allein zugeordnet werden können. Sie gilt daher z. B. nicht für gespeicherte Beiträge zu Diskussionsplattformen.

[674] BerlKomm TKG/*Säcker*, § 3 Rn. 73.
[675] *Jürgens/Veigel*, AfP 2007, 181 (186 f.).
[676] LG Hamburg, CR 2010, 53.
[677] So zum Umfang vgl. OLG Köln CR 2010, 530.
[678] AG Kerpen, Urt. v. 25. 11. 2010, 102 C 108/10, JurPC Web-Dok. 4/2011.

o) Wirtschaftlich orientierte Plattform

1180   Ein weiteres Angebot sind Plattformen, in denen über soziale Dienste hinaus **wirtschaftliche** und **geschäftliche Leistungen** angeboten werden. Es geht um geschäftliche Beziehungen zwischen den Parteien. Es werden z. B. Nachfragen an einzelne Nutzer gebündelt, um durch größere Bestellmöglichkeiten günstigere Konditionen für diese zu erhalten, – also **virtuelle Einkaufsgemeinschaften** gebildet. Dabei kann es so sein, dass der Plattformbetreiber seinen Kunden nur die Möglichkeit gibt, in unmittelbaren geschäftlichen Kontakt miteinander zu treten, so dass der Kunde X vom Kunden Y Waren oder Dienstleistungen bezieht. Die Plattformbetreiber können hier auch ein Preiswettbewerb der Anbieter zugunsten des Kunden anbieten. Es kann aber auch so sein, dass der Portalbetreiber selbst einkauft und dann an seine Kunden weiterverkauft, indem er seinen Rabatt mit einem kleinen Aufschlag an diese weitergibt.

Es muss in all diesen Fällen vertraglich klargestellt werden, wer für wen welche Dienstleistungen erbringt und zwischen wem Vertragsbeziehungen bestehen.

1181   Bei den **Einkaufsgemeinschaften** bestehen in aller Regel schlichte Kaufverträge oder Dienstleistungsverträge zwischen denjenigen, die letztendlich Vertragspartner sind. Die Vertragstypologie bestimmt sich nach dem außerhalb der Plattform erbrachten Leistungen. Darüber hinaus besteht zwischen dem Plattformbetreiber einerseits und den Anbietern und Kunden andererseits ein gewisser Rahmenvertrag, der deutlich macht, dass jeweils Bereitschaft besteht, Lieferbeziehungen einzugehen. Im Rahmen dieser Rahmenverträge werden u. U. Details der Kondition für Einkauf und Verkauf einschließlich Fälligkeitsregelungen u. ä. getroffen werden. Es dürfte sich im Rahmenkauf- oder Rahmenwerkverträge handeln.

1182   Zu beachten ist, dass dann, wenn der Zwischenhändler **Verträge** nur **vermittelt** und nicht selbst Vertragspartner ist, auf das Vertragsverhältnis zwischen ihm und seinen Kunden **Maklerrecht** anzuwenden ist. Immerhin vermittelt der jeweilige Plattformbetreiber Verträge.[679] Bei der Vergütung führt dies zu Problemen Es ist nämlich unzulässig, in allgemeinen Geschäftsbedingungen erfolgsunabhängige Provisionen für Maklergeschäfte zu vereinbaren.[680] Eine Grundpauschale für die Nutzung der entsprechenden Plattform ist daher mit Maklerrecht nicht vereinbar. Wer eine Grundvergütung haben will, muss ggf. als Zwischenhändler auftreten und für seine Bereitschaft, dies zu tun, eine entsprechende Vergütung vereinbaren. Tritt er nur als Makler auf, dürften entsprechende Pauschalen unzulässig sein.

1183   Wird nur die **Möglichkeit** geschaffen, in geschäftliche Kontakte zu treten, also ein soziales Netzwerk für Geschäftszwecke geboten, wird man wohl von einem Werkvertrag ausgehen müssen, der mit mietvertraglichen Regelungen im Hinblick auf das Dauerschuldverhältnis ergänzt werden muss.

p) Anonymisierungsdienste

1184   Im Internet werden seit einiger Zeit auch **Anonymisierungsdienste** angeboten.[681] Diese sollen sicherstellen, dass der Nutzer einen Zugang zu einem Internetauftritt erhält, ohne dass erkennbar wird, wer er ist. Auch eine Rückverfolgung der Nutzung zu einer konkreten **IP-Adresse** soll ausgeschlossen werden. Eine zweite Anwendung ist das anonyme

---

[679] *Schneider* in Redeker (Hrsg.), Handbuch der IT-Verträge, Abschn. 3.14, Rn. 14; a. A. ohne Begründung obiter dictum BGH, GRUR 2011, 652 (654) bzgl. eines Zahnarztvergleichsportals.
[680] *Schwerdtner/Hamm*, Maklerrecht, Rn. 918.
[681] Dazu *Schuppert* in: Leible/Sosnitza (Hrsg.): Onlinerecht 2.0: Alte Fragen – neue Antworten?, S. 151 ff.

Hochladen von Inhalten auf Server, bei denen die Identität des Hochladenden durch die Anonymisierung verschleiert wird.

Solche Internetdienste werden umsonst oder auch entgeltlich – in der Regel gegen Pauschalvergütung – angeboten. Theoretisch denkbar ist auch eine Bezahlung je nach Hochladen. Dies ist allerdings nicht marktüblich.

Bei der **vertragstypologischen Einordnung** wird man wohl wieder von einem Werk-   1185
vertrag ausgehen müssen, weil als Erfolg die Anonymisierung geschuldet ist. Das bloße Bemühen um Anonymisierung in Form eines Dienstes ist nicht geschuldet. Soweit der Dienst unentgeltlich erbracht wird, handelt es sich um ein Auftragsverhältnis.[682]

Zu den vom Diensterbringer geschuldeten Leistungen gehört neben der Anonymisie-   1186
rungsfunktion meist auch noch die Pflicht, den **Inhalt weiterzuleiten,** und zwar entweder auf die Seite, auf die er hochgeladen werden soll, oder an den anonymen Empfänger. Insoweit dürfte der Dienst dem TKG unterliegen.[683] Im Übrigen handelt es sich um keinen Telekommunikationsdienst.

Interessant ist die Frage, wie weit der **Betreiber** eines Anonymisierungsdienstes **haftet,**   1187
wenn die Anonymisierung nicht erfolgreich war und dadurch sein Kunde von Dritten erfolgreich in Anspruch genommen wird und so Schaden entsteht. Für einen solchen Schaden dürfte ein solcher Dienst haften, weil die Anonymisierung u. a. auch dem Vermeiden solcher Schadensersatzansprüche dient. Dies erscheint zwar auf den ersten Blick verblüffend, weil man den Eindruck gewinnt, dass ein Anonymisierungsdienst so dazu dient, rechtswidrige Handlungen vorzunehmen. Dies muss aber zum einen nicht so sein und zum anderen ergibt sich aus dem Recht auf informationelle Selbstbestimmung auch das Recht auf Anonymität, wie es auch in den Datenschutzgesetzen anerkannt wird.[684] Damit handelt es sich um einen legalen Dienst. Wenn dieser in Anspruch genommen wird und dabei Fehler auftreten, haftet der Betreiber, wenn er die Fehler zu vertreten hat. Der Dienst kann auch durchaus legal in Anspruch genommen werden, etwa bei politischen Äußerungen im Hinblick auf ausländische Staaten zur Vermeidung von negativen Konsequenzen für Familienangehörige oder Freunde. Es kann allerdings im Einzelfall sein, dass derjenige, der diesen Anonymisierungsdienst letztendlich bewusst zur Begehung von Straftaten benutzt, sich auf seinen vertraglichen Anspruch nicht berufen kann.

3. Internet-Auktionen

Großen praktischen Erfolg haben Auktionsplattformen im Internet erreicht. Daher   1188
werden auch viele rechtliche Fragen erörtert. Als erstes stellt sich die Frage, wann und wie **Vertragsschlüsse** im Rahmen dieser **Internet-Auktionen** erfolgen.[685] Zunächst ist festzuhalten, dass derjenige Vertragspartner ist, dem ein bestimmtes Benutzerkonto zuzurechnen ist, nicht derjenige, dessen Namen das Benutzerkonto trägt.[686] Darüber hinaus verbieten sich generelle Aussagen. Die Gestaltungen der verschiedenen Auktionsplattformen

---

[682] Vgl. dazu Rn. 1174.

[683] So auch *Schuppert,* in: Leible/Sosnitza (Hrsg.): Onlinerecht 2.0: Alte Fragen – neue Antworten?, S. 151 (154 f.); *Spindler/Nink,* in: Spindler/Schuster, Recht der elektronischen Medien, § 13 TMG, Rn. 14 a.

[684] So auch *Schuppert,* in: Leible/Sosnitza (Hrsg.): Onlinerecht 2.0: Alte Fragen – neue Antworten?, S. 151 (154).

[685] Dazu LG Münster, MMR 2000, 280 m. Anm. *Wiebe,* CR 2000, 313 = NJW-CoR 2000, 167; AG Neumarkt i. d. Opf., CR 2000, 852 m. Anm. *Tröber;* OLG Hamm, CR 2001, 117 m. Anm. *Ernst* = NJW 2001, 1142 = GRUR 2001, 766; BGH, NJW 2202, 363 = CR 2002, 213 m. Anm. *Wiebe; Günther,* ITRB 2002, 93; *Mehrings,* BB 2002, 469.

[686] LG Kassel, NJW-RR 2009, 781.

und der bei ihnen möglichen Auktionen sind sehr unterschiedlich. Man wird in jedem **Einzelfall** den Erklärungswert der verschiedenen Handlungen des Anbieters und der einzelnen Bieter **bewerten müssen.** Dabei sind auch die vom Plattformbetreiber in seinen allgemeinen Geschäftsbedingungen gegebenen Hinweise zum Ablauf der Auktionen wichtig,[687] sind aber nicht geeignet, konkrete Erklärungen der Parteien außer Kraft zu setzen.[688] Die Bedingungen dieser Plattformbetreiber dürfen z. B. den Vertragsschluss mit dem Höchstbietenden bei Zeitablauf vorsehen.[689] Das Gleiche gilt für den Inhalt von im Rahmen der Auktion verwendeter Formulare. Behält sich z. B. der Anbieter die Annahme des Höchstgebots vor, kommt der Vertrag erst zustande, wenn er diesem Angebot zustimmt. Erklärt er demgegenüber ausdrücklich, der Vertrag käme mit dem bis zum Ende der vorgegebenen Bietzeit höchsten Angebot zustande – unabhängig von dessen tatsächlichem Inhalt und einer eventuellen Bonität des Bietenden – dann kommt der Vertrag am Ende der Bietzeit mit dem höchsten Bieter zustande.[690] Die bloße „Löschung" dieses Angebots ändert an seiner Wirksamkeit nichts.[691] Erklärt der Anbieter nichts, findet aber eine befristete Auktion statt, wird man davon ausgehen können, dass der Vertrag mit dem zustande kommt, der zum Schluss der Auktionszeit das Höchstgebot abgegeben hat.[692] Jedenfalls kann man – entgegen LG Münster[693] – nicht annehmen, dass in dieser Konstellation ein deutlich unterwertiges Höchstgebot den Vertragsschluss ausschließt.[694] Andere Fallgestaltungen (z. B. Mindestgebote, Vorbehalte der Bieter usw.) sind denkbar.[695] Auch eine Gestaltung in der Form ist möglich, dass erst ein Zuschlag wie bei einer traditionellen Auktion zum Vertrag führt. In einem solchen Fall ist erst das Gebot des Bieters ein Angebot, das gilt, bis es überboten oder die Veranstaltung zu Ende ist. Der Zuschlag ist die Annahmeerklärung.[696] Es kann auch besondere Abreden im Einzelfall geben (z. B. durch parallelen E-Mail-Verkehr).[697] Um eine Einzelfallentscheidung wird man nicht herumkommen. Ebenso bleibt es Einzelfallentscheidung, ob Bedingungen des Auktionshauses Bestandteil des Vertrages zwischen den Teilnehmern sein können. Verträge mit Schutzwirkung zu Gunsten Dritter dürften wegen der fehlenden Leistungsnähe der Dritten[698] nicht vorliegen.[699] Auch die Frage, ob eine Auktion abgebrochen werden kann, ohne dass es zu einem Vertrag mit dem zum Zeitpunkt das Abbruchs Höchstbietenden kommt, ist von den Bedingungen des Auktionshauses abhängig. Bei der am meisten verwendeten Plattform ebay ist dies nur in besonderen Fällen, z. B. beim Verlust des Auktionsgegenstands durch höhere Gewalt oder Diebstahl[700] möglich. Die Geschäftsbedingungen von ebay sind aber teilweise verwirrend.[700a]

---

[687] So OLG Hamm, CR 2001, 117 m. Anm. *Ernst.*

[688] AG Kerpen, Urt. v. 25. 5. 2001, 31 C 53/01, JurPC Web-Dok. 167/2002.

[689] KG, NJW 2002, 1583 = BB 2002, 168; **a. A.** LG Berlin, CR 2001, 412.

[690] So BGH, NJW 2002, 363 = CR 2002, 213 m. Anm. *Wiebe;* OLG Köln, OLG Report Hamm/ Düsseldorf/Köln 2007, 565; AG Wiesbaden, CR 2001, 53; AG Menden, NJW 2004, 1329.

[691] KG, NJW 2005, 1053; OLG Oldenburg, NJW 2005, 2557 = CR 2005, 828.

[692] *Glatt,* Vertragsschluss im Internet, S. 49 ff.; *Cichon,* in: Spindler (Hrsg.): Vertragsrecht der Internet-Provider, Teil XII, Rn. 46 ff.

[693] MMR 2000, 280 m. Anm. *Wiebe* = CR 2000, 313 = NJW-CoR 2000, 167; ebenso AG Neumarkt i. d. Opf., CR 2000, 852 m. Anm. *Tröber.*

[694] Wie hier auch AG Syke, Urt. v. 27. 9. 2004, 24 C 788/04, JurPC-Web-Dok. 13/2005; OLG Köln, CR 2007, 598.

[695] Ein Beispiel bei LG Darmstadt, Urt. v. 24. 1. 2002, 3 O 289/01, JurPC Web-Dok. 374/2002.

[696] So der Fall AG Hannover, NJW-RR 2002, 131.

[697] OLG Oldenburg, NJW 2004, 168.

[698] Zu diesem Kriterium *Palandt/Grüneberg,* § 328, Rn. 16.

[699] A. A. *Koch,* CR 2005, 502.

[700] BGH, CR 2011, 608 m. Anm. *Küppers;* vgl. auch LG Koblenz, CR 2009, 466 m. Anm. *P. Redeker;* OLG Koblenz, Beschl. v. 3. 9. 2009 5 U 429/09; AG Gummersbach, NJW-RR 2011, 133.

[700a] Abgedruckt bei AG Hamm, Urt. v. 14. 9. 2011, 17 C 157/11, Juric Web-Dok. 174/2011.

Im Übrigen es gerade im Rahmen von Auktionen wichtig, Mechanismen zu entwickeln, **1189** die einen **Beweis** dafür ermöglichen, wer wann welches **Angebot abgegeben** hat.[701] Die derzeitigen Auktionsplattformen bieten solche Sicherheit nicht. Insbesondere kann in der Regel nicht nachgewiesen werden, dass ein während der Auktion abgegebenes Angebot auch tatsächlich von dem abgegeben wurde, dem es zugeordnet wurde.[702] Ähnliches dürfte auch für das Angebot des Warenanbieters gelten. Sicherheit dürfte auch hier nur mit Hilfe qualifizierter elektronischer Signaturen erreichbar sein.[703] Denkbar wäre es freilich, dass entgegen einer in der Rechtsprechung vertretenen Meinung[704] auch ein Passwortsystem einen genügenden Schutz bietet oder zumindest den Beweis des ersten Anscheins dafür bietet, dass derjenige, der es verwendet hat, derjenige ist, dem es zugeteilt ist oder zumindest in dessen Auftrag handelt. Dies setzt aber voraus, dass der Anbieter der Auktionsplattform sein Sicherheitssystem aufdeckt, weil sonst die Zuverlässigkeit des Systems nicht beurteilt werden kann. Wer unter einem Pseudonym handelt, handelt im eigenen Namen.[705]

Bei **Internet-Auktionen** besteht ein **Widerrufsrecht** nach § 312 d Abs. 1 i. V. m. § 355 **1190** BGB. Die Ausnahmeregelung des § 156 BGB greift nicht ein, weil Internet-Auktionen das Leitbild des § 156 BGB nicht erfüllen.[706] Dann muss der Anbieter vor der Auktion den Verbraucher informieren und ihm auch notwendige Informationen in Textform zur Verfügung stellen. Ferner besteht ein Widerrufsrecht. Dies alles gilt freilich nur dann, wenn der Anbieter ein Unternehmer im Sinne des § 14 BGB ist. Dabei kommt es auf eine dauerhafte Tätigkeit an, wobei jeder Einzelfall zu betrachten ist.[707] Wann dies der Fall ist, dürfte in der Regel danach zu entscheiden sein, wie viele Geschäfte, insbesondere Verkäufe der Anbieter in welcher Zeit durchführt.[708] Anhaltspunkt kann auch die Zahl der Bewertungen oder die Einordnung als „Powerseller" (bei Ebay) sein.[709] Auch der Auftritt in einem eBay-Shop spricht für die Unternehmereigenschaft.[710] Der Einsatz von allgemeinen Geschäftsbedingungen oder gar von Klauseln mit bestimmten Inhalten ist als Indiz ganz ungeeignet, weil solche Bedingungen durchaus auch von Privaten eingesetzt werden

---

[701] Dazu *Steinbrecher,* DuD 2001, 648.

[702] So z. B. LG Konstanz, CR 2002, 609; OLG Köln, OLG-Report Köln 2002, 396 = CR 2003, 55.

[703] Dazu oben Rn. 845 ff.

[704] OLG Köln, CR 2003, 55.

[705] LG Berlin, NJW 2003, 3493.

[706] BGH,. NJW 2005, 53; OLG Hamburg, NJW-RR 2002, 1043 (1044); OLG Karlsruhe, ITRB 2007, 11; LG Hof, CR 2002, 844; Urt. v. 29. 8. 2003, 22 S 28/03, JurPC Web-Dok. 41/2004; LG Mainz, BB 2005, 2264 = NJW 2006, 873; LG Memmingen, NJW 2004, 2389; AG Köln, NJW-RR 2003, 1060; *Ernst,* in: Redeker (Hrsg.), Handbuch der IT-Verträge, Abschn. 3.13, Rn. 17, 26; *Staudinger-Schmidt-Sendun,* BB 2005, 732; **a. A.** *Holzbach/Süßenberger,* in: Moritz/Dreier (Hrsg.), Rechts-Handbuch zum E-Commerce, Abschn. C, Rn. 309; *Cichon,* in: Spindler (Hrsg.): Vertragsrecht der Internet-Provider, Teil XII, Rn. 110; *Wiebe,* in: Spindler/Wiebe (Hrsg.): Internet-Auktionen, Kap. 4, Rn. 94 ff.; *Wiebe/ Neubauer,* in: Hoeren/Sieber (Hrsg.): Handbuch Multimediarecht, Abschn. 15, Rn. 74 ff.; *Meents,* CR 2000, 610 (613 f.); *Braun,* CR 2005, 113; *Leible/Sosnitza,* Versteigerungen im Internet, Rn. 239 ff. (analoge Anwendung des § 312 d Abs. 4 Nr. 5 BGB); AG Osterholz-Scharmbeck, Urt. v. 23. 8. 2002, 3 C 415/02, JurPC Web-Dok. 330/2003; näher *Günther,* ITRB 2002, 92 (95); *Lütcke,* Fernabsatzrecht, § 312 d Rn. 91.

[707] Sehr gründlich LG Coburg, CR 2007, 191.

[708] *Szczesny/Holthusen,* NJW 2007, 2586(2589 ff.); *Leupold/Glossner,* in: dies. (Hrsg.): IT-Recht, Teil 2, Rn. 155 ff.; BGH, GRUR 2009, 871;: LG Coburg, Urt. v. 19. 10. 2006, 1 HKO 32/06, JurPC Web-Dok. 35/2007; a. A. LG Hof, Urt. v. 29. 8. 2003, 22 S 28/03, JurPC Web-Dok. 41/2004.

[709] Übersicht bei *Kaufmann,* CR 2006, 764 (766 f.); ausgiebig *Peter,* ITRB 2007, 18; vgl. auch OLG Frankfurt, Beschl. v. 8. 2. 2004, 6 W 79/04, JurPC Web-Dok. 81/2005; OLG Koblenz, BB 2006, 127; OLG Karlsruhe, CR 2006, 689; LG Mainz, BB 2005, 2264 = NJW 2006, 783 = CR 2006, 131; AG Bad Kissingen, NJW 2005, 2463; AG Radolfzell, NJW 2004, 3342.

[710] *Szczesny/Holthusen,* NJW 2007, 2586 (2588).

können.[711] Für Unternehmen gelten im Übrigen auch bei eBay die oben[712] geschilderten Informationspflichten.

1191   Für die mit Hilfe der Auktionsplattformen abgeschlossenen **Verträge** gelten die **allgemeinen Regeln**. Der Inhalt der Beschreibung ist als Beschaffenheitsvereinbarung anzusehen,[713] auf die sich ein Gewährleistungs- und Haftungsausschluss nicht beziehen kann, weil die Beschaffenheitsvereinbarung vorgeht.[714] Der Veräußerer muss das Produkt also sorgfältig beschreiben. Verharmlosung von Mängeln führt schnell zur Arglist, weil der Erwerber das Produkt technologiegegeben nicht selbst betrachten kann.[715] Jedenfalls ist bei Mängeln, die auf der Abbildung im Internet nicht zu erkennen sind, nicht von einer Kenntnis des Käufers auszugehen.[716] Gewährleistungsausschlüsse werden teilweise eng ausgelegt.[717] § 474 Abs. 1 S. 2 BGB ist auf Internetauktionen nicht anwendbar.[718] Wird auf Mängel hingewiesen, scheiden Ansprüche des Käufers aber aus.[719]

Der Kauf über ein Auktionshaus ist Versendungskauf.[720] Ob der Käufer desungeachtet die Ware beim Verkäufer auch abholen kann, ist streitig.[721]

1192   Wichtig ist auch die Frage, ob und in welcher Weise **Betreiber von Auktionsplattformen** für das **Verhalten ihrer Kunden haften**. Dabei wird das Verhältnis zwischen dem Plattformbetreiber und seinen Kunden (Bieter und Anbieter) in der Literatur als Maklervertrag bezeichnet.[722] Diese Einordnung ist eher zweifelhaft, weil primär eine technische Plattform zur Verfügung gestellt wird. Wichtiger ist die von dieser vertragstypologischen Einordnung unabhängige Frage, ob und inwieweit der Plattformbetreiber die **Bonität** seiner Kunden im Interesse anderer Kunden prüfen muss. Die Betreiber installieren zur Prüfung dieser – und auch anderer Fragen der ordnungsgemäßen Vertragsabwicklung – oft **Bewertungssysteme**,[723] die Stellungnahmen der jeweiligen Vertragspartner über die Vertragsabwicklung auswerten. Sie behalten sich das Recht vor, Anbieter und Bieter bei unseriösem Verhalten auszuschließen. Außerdem prüfen sie oft von sich aus auch Angebote darauf, ob sie gesetzeswidrig (z. B. strafbar) sind. Besteht ein Bewertungssystem und machen die Plattformbetreiber Stichproben, müssen sie die Ergebnisse auch bewerten und Konsequenzen ziehen. Daher sind Klauseln, die den Ausschluss von Anbietern (und bei rechtswidrigem Handeln) vorsehen, auch als allgemeine Geschäftsbedingungen wirksam.[724] Allerdings sind insbesondere Plattformbetreiber mit hohem Marktanteil an § 20 GWB gebunden und dürfen daher geschäftliche Kunden nur bei sachlichem Grund ausschließen. Dabei kommt es als relevanten Markt auf den Markt von Internetverkäufen an. Ladenverkäufe sind nicht zu berück-

---

[711] Zum Ganzen mit vielen Beispielen *Szczesny/Holthusen*, NJW 2007, 2586.

[712] Rn. 887 ff.

[713] OLG Hamm, Urt. v. 12. 5. 2009, 28 U 421/09, JurPC Web-Dok. 217/2009; LG Saarbrücken, Urt. v. 7. 1. 2004, 120 255/03, JurPC Web-Dok. 203/2004; LG Trier, Beschl. v. 22. 4. 2003, 1 S 21/03, JurPC Web-Dok. 149/2003; unklar OLG Celle, CR 2009, 531.

[714] BGH, BB 2007, 573 (576); LG Krefeld, NJW-RR 2008, 213; ähnlich AG Menden, CR 2006, 754, allerdings unter Vermengung von Beschaffenheitsvereinbarung und -garantie.

[715] KG, NJW-RR 2006, 1213; teilweise a. A. LG Berlin, NJW-RR 2044, 1061; zurückhaltend BGH, BB 2007, 573 (575 f.); ausführlich *Hederhoff*, BB 2005, 2533 (2535 ff.).

[716] AG Bitburg, Urt. v. 12. 2. 2003, 6 C 276/02, JurPC Web-Dok. 148/2003.

[717] So AG Aachen, NJW-RR 2005, 1143 und AG Menden, NJW-RR 2006, 638; a. A. AG Kamen, Urt. v. 2. 11. 2004, JurPC Web-Dok. 124/2005.

[718] *Braun*, CR 2005, 113 (116 ff.).

[719] AG Detmold, Urt. v. 27. 4. 2004, 7 C 117/04, Jur PC Web-Dok. 139/2005.

[720] LG Berlin, NJW 2003, 3493; *Bausch*, ITRB 2007, 193 (194).

[721] Dafür AG Koblenz, NJW-RR 2006, 1643; dagegen *Bausch*, ITRB 2007, 193; *Schlömer/Dittrich*, BB 2007, 2129 (2130).

[722] *Wilmer*, NJW-CoR 2000, 94 (98).

[723] Näher *Wilmer*, NJW-CoR 2000, 94 (95).

[724] KG, CR 2005, 818 m. Anm. Spindler = NJW-RR 2005, 1630; vgl. oben Rn. 1029 ff.

sichtigen.[725] Dies verlangt eine sorgfältige Auswertung der Kundenbeschwerden, deren inhaltliche Berechtigung meist nicht überprüfbar ist. Ausschlüsse sind daher nur bei gravierenden Umständen möglich. Auch unabhängig von solchen Bewertungssystemen müssen Plattformbetreiber konkreten Hinweisen auf die fehlende Bonität und Seriosität ihrer Kunden nachgehen und darauf ggf. reagieren. Auch hier ist § 20 GWB zu beachten. Darüber hinausgehende **allgemeine Prüfpflichten bestehen nicht,** insbesondere auch nicht als Vertragspflichten gegenüber evtl. geschädigten Vertragspartnern der unseriösen Kunden.[726]

Die **Bewertungssysteme** werfen noch weitere Rechtsfragen auf. Immer wieder wehren **1193** sich schlecht bewertete Beteiligte gegen die Bewertung und nehmen den **Bewertenden auf Unterlassung** in Anspruch. Dabei ist von einem vertraglichen Anspruch aus der Verletzung vertraglicher Nebenpflichten des zwischen den Parteien bestehenden, bewerteten Vertragsverhältnisses auszugehen. Daneben gibt es Ansprüche wegen Verletzung der in § 823 Abs. 1 BGB geschützten Rechte (Allgemeines Persönlichkeitsrecht, Schutz des eingerichteten und ausgeübten Gewerbebetriebs). Auch Ansprüche aus § 823 Abs. 2 BGB in Vbdg. mit Schutzgesetzen wie z. B. §§ 185, 186 StGB sowie Ansprüche aus § 826 BGB sind denkbar.[727] Für all diese Ansprüche – auch für die vertraglichen – gelten zunächst die allgemeinen Grundsätze für Unterlassungsansprüche gegenüber Äußerungen Dritter[728]: Grundsätzlich sind Bewertungen als Ausdruck der Meinungsfreiheit, aber auch wegen der Wichtigkeit der Bewertungssysteme für das Geschäftsmodell Internetauktionen zulässig. Außerdem haben die Bewerteten – im Gegensatz zu allgemeinen Bewertungsportalen – den Bewertungssystemen zugestimmt und verwenden sie oft selbst. Tatsachenbehauptungen müssen freilich **wahr** sein.[729] Meinungsäußerungen sind prinzipiell erlaubt.[730] Schmähkritik ist jedenfalls verboten. Allerdings muss bei Meinungsäußerungen auch das zwischen den Parteien bestehende Vertragsverhältnis beachtet werden. Aus diesem Vertragsverhältnis und den Regeln der Auktionsplattformen für die Bewertungen haben viele Gerichte den Schluss gezogen, dass nur sachliche Bewertungen zulässig sind.[731] Dies geht aber zu weit. Richtig ist, dass die sich aus dem Vertragsverhältnis ergebenden **gegenseitigen Rücksichtspflichten**[732] eine gewisse Zurückhaltung bei der Bewertung verlangen. Dennoch verlangt sowohl der Sinn der Bewertungssysteme als auch die **Meinungsfreiheit,** den Bewertenden Spielräume zu gewähren, damit auch Bewertungen zu Stande kommen, mit denen andere Kunden etwas anfangen können[733]. In die Bewertung der Zulässigkeit von Meinungsäußerungen ist dabei auch das Verhalten des Bewerteten (etwa zwar zulässige, aber unhöfliche E-Mails) einzubeziehen.[734] Zweifelhaft erscheint, ob der Rechtsschutz in einem einstweiligen Verfügungsverfahren ausgeschlossen ist, wenn der Bewertete eine abweichende Darstellung in das Bewertungsverfahren eingebracht hat.[735]

---

[725] A. A. KG, CR 2005, 818 mit. Anm. Spindler = NJW-RR 2005, 1630.

[726] Ähnlich AG Westerstede, CR 2002, 317.

[727] Zu diesen *Ludyga,* DuD 2008, 277.

[728] Übersicht bei *Petershagen,* NJW 2008, 953.

[729] LG Konstanz, NJW-RR 2004, 1635; AG Schönebeck, Urt. v. 28. 11. 2005, 4 C 525/05, JurPC Web-Dok. 117/2006; AG Dannenberg, Urt. v. 13. 12. 2005, 31 C 452/05 (I), JurPC, Web-Dok. 13/ 2007; OLG Oldenburg, CR 2006, 694; *Janal,* CR 2006, 870 (871); AG Frankfurt/m., CR 2011, 57.

[730] LG Münster, Urt. v. 27. 1. 2008, 8 O 407/07, JurPC Web-Dok. 138/2008; AG Dannenberg, Urt. v. 13. 12. 2005, 31 C 452/05, (I), JurPC, Web-Dok. 13/2007; AG Koblenz, CR 2005, 72 = MMR 2004, 638 (639).

[731] AG Erlangen, NJW 2004, 3720 = CR 2004, 780; AG Hamburg-Wandsbeck, CR 2006, 424.

[732] Dazu auch AG Schönebeck, Urt. v. 28. 11. 2005, 4 C 525/05, JurPC Web-Dok. 117/2006; *Janal,* NJW 2006, 870 (872); *Härting/Golz,* ITRB 2005, 137 (139).

[733] Ähnlich *Hoeren,* CR 2005, 498 (502); *Janal,* NJW 2006, 870 (872 f.).

[734] AG Eggenfelden, CR 2004, 858.

[735] So aber OLG Düsseldorf, Beschl. v. 11. 3. 2011, I-15-W 14/11, JurPC Web-Dok. 75/2011, i. E. aber wohl aus anderen Gründen richtig; vgl. auch *Petershagen,* NJW 2008, 953.

1194   Wettbewerbsrechtlich relevant ist neuerdings auch die Frage geworden, ob der Bieter Software dritter Anbieter als Bietagenten in seinen Bietprozess einbeziehen kann. Das LG Hamburg[736] hat das Angebot dieser Softwareanbieter jedenfalls dann für **wettbewerbswidrig** gehalten, wenn der Kunde dafür sein **Passwort** entgegen den allgemeinen Geschäftsbedingungen des Plattformbetreibers dem Softwareanbieter verraten muss. Im Ergebnis erscheint dies zweifelhaft, weil der Kunde ja letztendlich auf eigenes Risiko einen Erfüllungsgehilfen in seinen Bietprozess einschaltet und diesen normalerweise auch das Passwort verraten darf. Jedenfalls dürfte eine allgemeine Geschäftsbedingung, die ihm dies verbietet, kaum zulässig sein, weil kein schützenswertes Interesse des Plattformbetreibers an diesem Verbot erkennbar ist.[737]

1195   Nach umstrittener Ansicht einzelner Gerichte soll es sich bei **Versteigerungen** im Internet ferner um Veranstaltungen im Sinne von § 34 b GewO handeln.[738] Die Frage steht zwar in engem Zusammenhang mit der oben[739] erörterten Frage des Widerrufsrechts, die Kriterien von § 34 b GewO und § 156 BGB sind aber nicht identisch.

4. Elektronische Zahlungssysteme

1196   **Elektronische Zahlungssysteme** sind heute Alltagspraxis.[740] Man zahlt in Hotels, Tankstellen oder Läden mit Karten – Kreditkarten oder meist EC-Karten. Kreditkarten werden auch – in einem etwas anderen Verfahren – zur Zahlung im Internet eingesetzt. Dort können aber auch elektronische Abbuchungen vereinbart werden. Auch die Überweisungen werden in ganz großem Umfang nur noch elektronisch durchgeführt. Bei vielen dieser Vorgänge gibt es im Grundsatz keine zusätzlichen rechtlichen Probleme. Es geht im Wesentlichen um Probleme der Abgabe und des Zugangs von Willenserklärungen sowie ihre Beweisbarkeit; Probleme, die schon erörtert wurden.[741]

1197   Es hat darüber hinaus Versuche gegeben, **spezifische Zahlungssysteme** für den elektronischen Rechtsverkehr zu entwickeln.[742] In § 1 Abs. 1 S. 2 Nr. 11 KWG ist dies mit der Bezeichnung **E-Geld-Geschäft** auch ausdrücklich erwähnt. Solche Systeme wie E-Cash[743] oder Cyber-Cash[744] haben sich aber in der Praxis ebenso wenig durchgesetzt wie der Einsatz der elektronischen Signatur beim elektronischen Bezahlen. Die Kreditwirtschaft hat eigene Sicherungsmechanismen entwickelt.[745] Die vor einigen Jahren diskutierte Möglichkeit, die Rechnung über den Telekommunikationsanbieter zu bezahlen (**IP-Billing),** hat sich bislang auch nicht durchgesetzt.[746] Neben den eben genannten Zahlungsweisen

---

[736] CR 2002, 763.

[737] Ähnlich LG Berlin, Urt. v. 11. 2. 003, 15 O 704/02, JurPC Web-Dok. 38/2004; *Spindler,* in: Spindler/Wiebe (Hrsg.): Internet-Auktionen, Kap. 5, Rn. 65 ff.

[738] LG Hamburg, K & R 1999, 424; ebenso *Klinger,* DVBl. 2002, 810; *Heckmann,* in: Graf/Paschke/Stober (Hrsg.), Wirtschaftsrecht, S. 69 (76 ff.); *ders.,* NJW 2000, 1370; *Hoeren,* Grundzüge, S. 160 f.; **a. A.** KG NJW 2001, 3272; Bund-Länder-Kommission im Gewerberecht, zit. bei *Hoeren,* Grundzüge, S. 159; *Wilmer,* NJW-CoR 2000, 94 (102 f.).

[739] Rn. 1190.

[740] Zum folgenden vgl. die ausführliche Beschreibung verschiedener Zahlungssysteme der zugrundeliegenden vertraglichen Vereinbarung bei *Werner,* in: Hoeren/Sieber (Hrsg.), Handbuch Multimediarecht, Abschn. 13.5.

[741] Vgl. dazu oben Rn. 861 ff.

[742] eine technische Übersicht über denkbare Modelle findet sich z. B. bei *Beutelspacher/Hueske/Pfarr,* Informatik Spektrum 1993, 99; *Merz/Tu/Lamersdorf,* Informatik Spektrum 1999, 328 (335 f.).

[743] Ausführlich dargestellt bei *Werner,* Geldverkehr im Internet, S. 144 ff.

[744] Ausführlich dargestellt bei *Werner,* Geldverkehr im Internet, S. 160 ff.; *Gramlich,* in: Kröger/Gimmy (Hrsg.), Handbuch zum Internet-Recht, S. 95 (110 f.)

[745] Näher zum Protokoll SET: *Pichler,* NJW 1998, 3234 (3237 ff.); Rechtsnatur, S. 69 ff.; *Werner,* Geldverkehr im Internet, S. 36 f., 54 ff.; SET ist dargestellt bei *Zwißler,* DuD 1998, 711; 1999, 13.

[746] Dazu *Richter,* NJW 2006, H. 46, X. XV; *Bosse/Richter/Schreier,* CR 2007, 79.

gibt es oft die Möglichkeit, eine der elektronischen Karten mit einem gewissen Geldbetrag aufzuladen und diese bei der Bezahlung abbuchen zu lassen. Dieses System ist dort praktisch, wo es um kleine Beträge geht, bei denen nicht jede einzelne Buchung auf Kontoauszügen erscheinen soll. Außerdem ist mit diesem System theoretisch die Möglichkeit verbunden, weiterhin – wie bislang bei Bargeld – anonym zu zahlen, da durch die Abbuchungsfunktion eine Identifizierung des Zahlenden nicht mehr erforderlich ist. Die Karte ist vorab bezahlt worden. In der Praxis ist die Anonymität aber nicht immer gewährleistet, insbesondere bei der Verwendung der EC-Karte als Geldkarte ist die Kontobindung erkennbar und die Karte daher nicht anonym.[747] Auch die Verwendung von Handys mit vorausbezahlten Karten ist nicht anonym, weil der Gesetzgeber im Interesse der Strafverfolgungsbehörden den Dienstanbieter gezwungen hat, die Inhaber solcher Handys zu erfassen und zu speichern (§ 111 Abs. 1 S. 1 TKG).

Die sich aus der Verwendung elektronischer Zahlungsmittel ergebenden **rechtlichen Probleme** sind zunächst **Identifizierungsprobleme** bei elektronisch übermittelten Erklärungen. Die Probleme unterscheiden sich im praktischen Ansatz nicht von den bislang erörterten Problemen[748].   **1198**

Allerdings enthält das Gesetz speziell für Zahlungsverkehrssysteme hinsichtlich dieser Fragen in § 675 b BGB eine **ausdrückliche Norm.** Diese besagt zunächst, dass im Streitfall der Zahlungsdienstleister, also die Bank oder das Kreditkartenunternehmen, nachweisen muss, dass eine Authentifizierung erfolgt ist und dabei die Nutzung eines entsprechenden Authentifizierungsinstruments mit Hilfe eines Verfahrens überprüft worden ist. Zu diesem Authentifizierungsinstrument gehört auch ein personalisiertes Sicherheitsmerkmal, also die übliche PIN, möglicherweise auch die jeweils dann an ein Handy übermittelte TAN (§ 675 b S. 1 und 2 BGB).   **1199**

Ferner muss der Zahlungsvorgang ordnungsgemäß aufgezeichnet, verbucht sowie nicht durch eine Störung beeinträchtigt worden sein.

Dies alles muss der **Anbieter nachweisen.** Erbringt er den Nachweis, spricht in vielen Fällen eine tatsächliche Vermutung dafür, dass die Zahlung von demjenigen ausgelöst wurde, dem das personalisierte Zahlungsauthentifizierungsinstrument zugewiesen wurde oder dieser zumindest grob fahrlässig gegen Aufbewahrungspflichten verstoßen hat. Die Rechtsprechung greift hier sehr rasch zur groben Fahrlässigkeit. Der Gesetzgeber hat ausdrücklich nur geregelt, dass die Vermutung des § 675 b S.1 u. 2 BGB widerleglich sein muss (§ 675 b S. 3 BGB).[749] Für den Bereich der Verwendung von **EC-Karten** zum Geldabheben dürfte sich damit an der bisherigen Rechtsprechung nichts ändern. Wird Geld auch unmittelbar nach einem Diebstahl mit der richtigen PIN abgehoben, spricht eine **tatsächliche Vermutung** zumindest dafür, dass die PIN nicht hinreichend weit von der EC-Karte aufbewahrt wurde.[750] Eine solche tatsächliche Vermutung kann dann nicht mehr   **1200**

---

[747] Näher dazu *Knorr/Schläger,* DuD 1997, 396 (401); *Störmer,* Elektronische Kartensysteme, Heidelberg 1997, S. 211; *Werner,* Geldverkehr im Internet, S. 70 ff.

[748] Oben Rn. 872 ff.; 905 ff.

[749] So *Palandt/Sprau,* § 675 b, Rn. 4.

[750] LG Berlin, Urteil vom 22. 06. 2010 – 10 S 10/09; *Palandt/Sprau,* § 675 b, Rn. 4. Aus der früheren Rechtsprechung: BGH, BB 2004, 2484 = NJW 2004, 3623 (Anscheinsbeweis angenommen); OLG Hamm, BB 1997, 1864; OLG Stuttgart, NJW-RR 2002, 1274 (zu ec-Karten); LG Bad Kreuznach, CR 1997, 215; LG Aachen, CR 1997, 153 (Btx-Verträge); LG Dortmund, CR 1999, 556 (ec-Karte); AG Frankfurt a. M., NJW-RR 1997, 568; CR 1998, 723 (ec-Karte); AG München, NJW-CoR 1998, 494 (495); AG Nürtingen, NJW-CoR 1998, 494; LG Stuttgart, NJW-CoR 1999, 432 (LS); AG Berlin-Mitte, NJW-CoR 1999, 432 (LS); LG Berlin, BB 1996, 818 = DuD 1997, 49 (Mobilfunkgebühren) und DuD 199, 360 (zur ec-Karte); OLG Oldenburg, NJW-RR 1996, 829; OLG Köln; CR 1998, 244 (Btx-Anbieter); LG Wiesbaden, DuD 1999, 299 (Btx); vgl. auch *Schindler* (Gespräch), NJW-CoR 1997, 823; AG Pinneberg, CR 1998, 692 (Btx-Anbieter); AG Hannover, CR 1997, 742 (ec-Karte); vgl. zum Ganzen auch *Pausch,* CR 1997, 174.

gegeben sein, wenn durch technische Entwicklungen die Sicherheit des von der Bank eingesetzten Systems nicht mehr gewährleistet ist.

1201   Demgegenüber gibt es bei der Verwendung von **Kreditkartendaten** im Distanzgeschäft, also insbesondere im Internet, keine solche tatsächliche Vermutung, denn immerhin sind die Identifizierungsmerkmale (Gerätkartennummer, Ablaufdatum und Sicherheitscode) häufig in der Praxis Dritten gegenüber verwendet worden, so dass man nicht davon ausgehen kann, dass diese Daten allein im Besitz des Karteninhabers sind. Darüber hinaus sind sie alle auf der Karte aufgedruckt, so dass sie bei Diebstahl unschwer gefunden werden können.

Auch die tatsächliche Vermutung bei der EC-Karte endet dann, wenn der Verlust gemeldet worden ist, weil dann eine Sperre zu verfügen ist. Im Hinblick auf das elektronische Auslösen von Überweisungen wird auch in der Literatur die Rechtsprechung vertreten, dass eine tatsächliche Vermutung im Sinne des § 675 b BGB nicht besteht.[751] Man wird die Entscheidung aber vom eingesetzten Verfahren und dessen Sicherheitsmechanismen abhängig machen. Rechtsprechung gibt es dazu – soweit ersichtlich – nicht.

1202   Über die erörterten Fragestellungen hinaus sind die Zahlsysteme auch **rechtlich komplex.** Man muss bei ihnen allen zwischen mehreren Rechtsverhältnissen unterscheiden. Bei jeder Benutzung der Karten, auch bei der Ausgabe von Kartennummer und Ablaufdatum per Internet, sind zumindest drei Rechtspersönlichkeiten beteiligt, nämlich der **Betreiber des Kartensystems,** der Händler bzw. sonstige Dienstleister, bei denen das Kartenleseterminal steht oder der sich die elektronischen Angaben übermitteln lässt und der Kunde, der das System nutzt und Waren einkauft oder Dienstleistungen in Anspruch nimmt. Man muss die Rechtsverhältnisse zwischen Betreiber und Kunden, Kunden und Dienstleister bzw. Händler und Händler bzw. Dienstleister und Betreiber unterscheiden.

1203   Die Betrachtung der Rechtsbeziehung zwischen **Händler** bzw. Dienstleister und **Kunden** ist einfach. Dieses Verhältnis wird von den herkömmlichen Vertragsbeziehungen bei Einkauf von Waren oder Bezahlung von Dienstleistungen bestimmt.

Darüber hinaus gestattet der Händler bzw. Diensterbringer dem Kunden, seine Verpflichtungen durch Benutzung der Karte bzw. durch Angabe der maßgeblichen Kartendaten zu erfüllen. Man wird allerdings von einer Leistung erfüllungshalber ausgehen müssen. Erst durch die endgültige Gutschrift der Leistung ist die tatsächliche Erfüllung eingetreten.[752]

1204   Dem Rechtsverhältnis zwischen Betreiber und Kunden liegt ein **Geschäftsbesorgungsvertrag** zugrunde.[753] Inhalt dieses Geschäftsbesorgungsvertrags ist, dass der Kartenausgeber durch den Vertrag verpflichtet wird, bei jeder berechtigten Nutzung der Karte die Summe, die der Kunde im jeweiligen Terminal eingibt oder deren Bezahlung er über Internet anweist, dem Händler bzw. Dienstleister, zu dessen Gunsten die Karte benutzt wird, im Auftrag des Kunden gutzuschreiben.[754]

---

[751] *Palandt/Sprau,* § 675 b, Rn. 4; *Schulte am Hülse/Klabunde,* MMR 10, 84.

[752] *Eckert,* WM 1987, 161 (167); *Pichler,* Rechtsnatur, S. 25, 65; *Harbeke,* Sonderbeilage 1 zu WM 1994, 3 (7); *Escher,* WM 1997, 1173 (1183); *Kümpel,* WM 1998, 365 (370 f.); *Palandt-Sprau,* § 675 f Rn. 43.

[753] So auch ausdrücklich jetzt in § 675 c Abs. 1

[754] So zu Kreditkarten BGHZ 91, 221 (223 ff.) und NJW 1994, 1532 (1534); *Eckert,* WM 1987, 161 (164); zur Internetanwendung *Pichler,* NJW 1998, 3234 (3235); Rechtsnatur, S. 16, 63; *Weber,* Zahlungsverfahren, S. 96 ff.; *Kümpel,* WM 1997, 1037 (1039); *Häde,* ZBB 1994, 33 (35); *Martinek,* in: Schimansky/Bunte/Lwowski (Hrsg.), Bankrecht Handbuch I 1997, § 67 Rn. 7; *Meder,* AcP 1998, 72, 75; *Schwintowski/Schäfer,* Bankrecht 1997, § & Rnd. 22; *Schön,* AcP 198 (1998), 400 (408); zu POS-Systemen: *Rossa,* CR 1997, 138(141).

Es handelt sich dabei um einen **Zahlungsdienstrahmenvertrag** im Sinne von § 675 f **1205**
Abs. 2 BGB.[755] Die Verwendung der Karte im Einzelfall ist ein einzelner Zahlungsauftrag
im Sinne von § 675 f Abs. 3 S. 2 BGB. Der Kunde ist dann verpflichtet, dem Zahlungs-
dienstanbieter die aufgewendeten Gelder als Aufwendungsersatz im Sinne von § 670 BGB
zu ersetzen. Dies wird in aller Regel im Einzelvertrag auch ausdrücklich vereinbart. Soweit
vorher aufladbare Geldkarten verwendet werden, zahlt der Kunde hier einen Vorschuss im
Sinne des § 669 BGB.

In aller Regel wird der Wertersatz durch Belastung des Kontos erfolgen, und zwar in
Deutschland nicht nur bei EC-Karten, sondern in der Regel auch bei Kreditkarten. In aller
Regel wird auch vereinbart, dass der Kunde die Karte nur im Rahmen eines Guthabens
bzw. eines vorher eingeräumten Kreditrahmens nutzen darf. Einwendungen aus dem
Geschäft gegen den Händler oder Dienstleister kann der Kunde dem Zahlungsdienstleis-
tungsanbieter in aller Regel nicht entgegensetzen.[756] Ist der Zahlungsauftrag nicht vom
Kunden ausgelöst worden, hat der Zahlungsdienstleister demgegenüber keinen Anspruch
auf Erstattung seiner Aufwendungen (§ 675 u BGB). Allerdings gibt es Schadensersatzansprüche bei der Nutzung eines verloren gegangenen, gestohlenen oder sonst abhanden
gekommen Zahlungsauthentifizierungsinstruments (sprich Karte), nämlich generell in
einer Höhe von 150,00 € (§ 675 v Abs. 1 S. 1 BGB). Diese Regelung gilt auch bei einer
sicheren Aufbewahrung der Sicherheitsmerkmale. Darüber hinaus gibt es bei grob fahr-
lässiger Verletzung der Pflichten des Kunden zur sicheren Aufbewahrung der personali-
sierten Sicherheitsmerkmale (§ 675 l BGB) eine unbegrenzte Haftung des Kunden (§ 675 v
Abs. 2 BGB).

In § 675 h BGB ist noch die Frage geregelt, wie lange ein Kartenausgeber sein **1206**
System aufrechterhalten muss. Dort ist vorgesehen, dass der Zahlungsdienstleister den
Vertrag kündigen kann, wenn er ein Kündigungsrecht vereinbart hat. Die Mindestkün-
digungsfrist beträgt zwei Monate (§ 675 h Abs. 2 S. 1 und 2 BGB). Die Kündigung
bedarf der Textform. Aus diesem Grundsatz ergibt sich, dass der jeweilige Kartenaus-
gebende das System nicht prinzipiell aufrechterhalten muss, sondern relativ kurzfristig
beenden kann.

Darüber hinaus ist zu bemerken, dass der jeweilige Kartensystembetreiber nicht ge- **1207**
währleisten kann, dass sämtliche Kartenlesegeräte aller Kunden oder auch das Internet
regelmäßig funktionieren. Er haftet insoweit nur für die Sicherheit seiner eigenen Systeme.
Fallen diese längere Zeit aus, kann es auch zu Schadensersatzansprüchen des Kunden
kommen, wenn dieser wegen mangelnder Zahlungsmöglichkeiten Schwierigkeiten hat,
obwohl er sich auf die Zahlungsfähigkeit des Systems verlassen kann.

Das dritte Rechtsverhältnis ist das zwischen dem **Zahlungssystembetreiber** und dem **1208**
Händler bzw. Dienstleister. In diesem System, dem ebenfalls ein Rahmenvertrag zugrunde
liegt[757], übernimmt der Zahlungssystembetreiber die Verpflichtung zur Gutschrift der von
seinen Kunden angegebenen und geschuldeten Summen. In dem Rahmenvertrag wird
insbesondere geregelt, welche Formalia für die Inanspruchnahme der Karte einzuhalten
sind. Werden diese eingehalten, ist der Systembetreiber zur Zahlung verpflichtet. Geschieht dies nicht, ist er dies nicht.[758]

Rechtlich handelt es sich nach der Rechtsprechung des Bundesgerichtshofs um ein **1209**
abstraktes Schuldversprechen des Zahlungssystembetreibers.[759] Wichtig ist dabei nur die
Einhaltung der formellen Voraussetzungen, die im Bereich einer elektronischen Zahlung
selbstverständlich keine Unterschrift des Kunden mehr voraussetzen, wie dies früher bei

---

[755] *Palandt/Sprau*, § 675 f. Rn. 44 zu Zahlungskartensystemen; Rn. 47 zu Kreditkartensystemen.
[756] *Palandt/Sprau*, § 675 f. Rn. 48.
[757] *Palandt/Sprau,* § 675 f Rn. 49.
[758] KG, ZIP 1993, 1303.
[759] BGH, NJW, 2002, 2234; NJW-RR 2004, 481 *Palandt/Sprau*, § 675 f Rn. 49 m. w. N., str.

Kreditkartensystemen der Fall war.[760] Es dürfte dem Händler freilich schwer fallen , nachzuweisen, dass jeweils der konkrete Karteninhaber oder ein ihm zuzurechnender Dritter gehandelt hat. Wie schon erwähnt, sind Kreditkartennummer, Gültigkeitsdauer und Sicherheitscode der Karte Daten, die vielen bekannt sind. Man würde daher davon ausgehen müssen, dass der Händler nicht nachweisen kann, dass das Kreditkartenunternehmen überhaupt haftet, weil dessen Kunde gehandelt hat.[761] Der BGH sieht dies aber anders und geht davon aus, dass im Prinzip das **Kreditkartenunternehmen** auch für einen solchen Missbrauch haftet. Gegenteilige allgemeine Geschäftsbedingungen, die dieses Risiko dem Händler bzw. Dienstleister verschuldensunabhängig auflegen, sind nach dem BGH unwirksam.[762]

Allerdings muss der Händler insbesondere bei ungewöhnlichen Geschäften die Berechtigung seines Geschäftspartners zur Nutzung der Kreditkarte gründlich prüfen. Sonst haftet er wiederum auf Schadensersatz mit der Konsequenz, dass das Kreditunternehmen nur teilweise oder gar nicht zahlen muss.[763]

1210   Das Gesetz enthält zu diesen Fragen **keine ausdrückliche Regelung,** ebenso wenig wie zu der Frage, welche Kündigungsfristen in einem Rahmenvertrag zwischen Systembetreiber und Händler vernünftigerweise enthalten sein müssen. Man wird hier allerdings davon ausgehen müssen, dass angesichts der nicht unbeträchtlichen Investitionen, die zumindest Händler mit der Einrichtung von Kartenlesegeräten u. ä. eingehen, eine Kündigungsfrist von mehr als zwei Monaten erforderlich ist. Rechtsprechung dazu gibt es aber auch nicht.

1211   Im Hinblick auf das schon erwähnte, praktisch aber kaum vorkommende **IP-Billing** gibt es noch komplexere Rechtsbeziehungen. An diesem System sind neben dem Kunden noch der Anschlussinhaber (der mit dem Kunden identisch sein kann, aber nicht muss), das Telekommunikationsunternehmen, ggf. der Access-Provider, der ja auch nicht notwendigerweise das Telekommunikationsunternehmen sein muss, das IP-Billing-Unternehmen und der Leistungserbringer beteiligt. Das System funktioniert nur dann, wenn sich der Anschlussinhaber vertraglich verpflichtet, für alle von seinem Anschluss aus getätigten Geschäfte zu haften. Ob dies freilich als allgemeine Geschäftsbedingung auch in begrenzter Höhe wirksam vereinbart werden kann, erscheint zweifelhaft. Ebenso zweifelhaft erscheint, ob das Telekommunikationsunternehmen so nicht zu einem Zahlungsdiensteanbieter wird und daher den Vorschriften des Kreditwesengesetzes unterliegt.

1212   Im Übrigen ergeben sich die üblichen **Nachweisprobleme.** Der Leistungserbringer muss nachweisen, dass die Leistung unter Nutzung des Anschluss des Kunden bestellt und dem Besteller gegenüber ordnungsgemäß abgerechnet worden ist. Soweit dabei Authentifizierungsinstrumente angewendet werden, dürften auch hier die Regelungen des § 675 d BGB gelten (zumindest analog). § 45 i Abs. 3 TKG gilt nicht.[764] Darüber hinaus muss das IP-Billing-Unternehmen dem Leistungserbringer die notwendigen Informationen zur Verfügung stellen, der Access-Provider muss das IP-Billing-Unternehmen über den Anschlussinhaber informieren, das Telekommunikationsunternehmen ggf. den Access-Provider. Der Anschlussinhaber muss in all diese Vorgänge **datenschutzrechtlich** wirksam **einwilligen.** Dies gilt insbesondere für die Aufbewahrung von Verbindungsdaten in dem Fall, in dem sie für die Abrechnung des Access-Providers nicht erforderlich sind.[765]

---

[760] BGH, NJW 2002, 2234 (2236 ff.).

[761] *Werner*, BB 2002, 1382 (1383 f.); Geldverkehr im Internet, S. 53.

[762] BGH, NJW 2002, 2234 (2236); kritisch *Meder*, in: Hoffmann/Leible/Sosnitza (Hrsg.): Vertretung und Haftung im E-Commerce, S. 99 (103 ff.); *Schnauer*, OLG Report Köln 2004, 183; NJW 2003, 849 (852).

[763] BGH, NJW-RR 2004, 481; BB 2004, 1296 = NJW-RR 2004, 1122; NJW-RR 2005, 1570.

[764] *Bosse/Richter/Schreier*, CR 2007, 79 (81).

[765] *Bosse/Richter/Schreier*, CR 2007, 79 (82).

Streitigkeiten über die hier auftretenden, komplizierten Fragen sind bis jetzt nicht bekannt geworden. Man wird hier also auch die Entwicklung abwarten müssen.

IV. Weitere Probleme im Internet

Im Bereich des **Internets** sind eine Reihe für dieses Medium spezifischer, insbesondere wettbewerbs-, urheber-, namens- und markenrechtlicher Probleme aufgetreten. Diese sollen in einem letzten Abschnitt darstellt werden. **1213**

1. Domain-Namen

a) Namens- und Markenschutz

Nach wie vor sind die Internet-**Domain-Namen** häufig Gegenstand von Rechtsstreitig- **1214** keiten.[766] Diese **Namen** stellen **Adressen dar,** mit deren Hilfe man die Eingangsseite des Internet-Auftritts, die Homepage, aufrufen kann. Sie sind insoweit wichtig, als sie sinn-tragend sind, während die eigentlichen technischen Adressen, die im Netz bislang ver-wendet werden, lediglich alpha-numerische Zeichenkombinationen ohne irgendeinen Sinn darstellen. Um den Benutzern den Zugriff im Netz zu erleichtern, wurden schon vor langer Zeit sinntragende Namen erfunden, die diese alphanumerischen Zeichenkombinationen in der Benutzeroberfläche ersetzen. Die Vergabe dieser sinntragenden Namen ist im Netz bislang bestimmten Organisationen vorbehalten. Jede Organisation vergibt Namen inner-halb sogenannter Top-Level-Domains.[767] **Sinntragende Bestandteile** der Domain-Namen werden von den jeweiligen **Nutzern selbst ausgewählt.** Die meisten Anbieter verwenden ihre eigenen Namen oder Marken, um eine Identifizierung ihrer Homepages mit der einge-führten Firma oder dem eingeführten Namen herzustellen. In Kenntnis dieser Bedeutung hat es vielfach Versuche geschäftstüchtiger Personen gegeben, sich solche Adressen vorab zu sichern, um sie dann teilweise bewusst an die eigentlichen Namensträger zu veräußern, teilweise aber auch nur, um die Namensträger an der Nutzung zu hindern. Darüber hinaus gibt es innerhalb des Netzes namensmäßige Konflikte, weil einzelne Personen ja gleiche oder sehr ähnliche Namen haben. Daraus haben sich vielfältige Gerichtsverfahren ent-wickelt. In Zukunft wird es auch weitere Top-Level-Domains geben.[767a] Für diese werden sich Rechtsprobleme ergeben, die den nachfolgend erörterten entsprechen.

Nach einer Vielfalt von Entscheidungen in diesem Bereich haben sich allerdings in der Rechtsprechung klare Linien ergeben.[768]

Eine Person, die ein **Namensrecht** hat, vermag dies auch gegenüber Internetadressen **1215** durchzusetzen. Mit anderen Worten: Wer selbst einen geschützten Namen hat, kann gem. § 12 BGB gegenüber einem Nichtnamensträger durchsetzen, dass dieser nicht seinen Namen als sinntragenden Teil der Internetadresse verwendet. Dies ist außer von natürlichen Personen insbesondere von deutschen Städten gegenüber Personen durchgesetzt worden, die Städtenamen als Domain-Namen gesichert haben.[769] Der Namensschutz gilt auch für

---

[766] Zum Folgenden ausführlich: *Härting,* Internetrecht, Rn. 1380 ff.

[767] Zum Verfahren vgl. z. B. *Renck,* NJW 1999, 3587 f.

[767a] Dazu *Maaßen/Hübner,* MMR 2011, 148.

[768] Dargestellt auch bei *Härting,* Internetrecht, Rn. 1412 ff.; *Hefermehl/Köhler/Bornkamm,* § 4 UWG, Rn. 10.87 ff.; *Hoeren,* Rechtsfragen des Internet, S. 17 ff.; *Härting,* BB 2002, 2028; knapp auch bei *Schönberger,* GRUR 2002, 478.

[769] Vgl. z. B. BGH, CR 2007, 36 (für „x.info"); KG, NJW 1997, 3321 = CR 1997, 685 (686); OLG Frankfurt, Urt. v. 12. 4. 2000 – 6 W 33/00 – JurPC Web-Dok. 86/2000; OLG München, NJW-RR

sonstige Gemeinden und auch für Teilorte,[770] Stadtteile und eingemeindete Orte[771] sowie für sonstige Gebietskörperschaften.[772] Auch Gerichtsnamen, sogar nicht amtliche, sollen Namensrechtsschutz genießen.[773] Das Gleiche gilt für nichtamtliche Behördennamen wie „Verteidigungsministerium",[774] nicht aber für allgemeine Begriffe wie „Mahngericht".[775] Namensschutz gilt aber auch für Vereine,[776] eingeführte Pseudonyme[777] und Spitznamen.[778] Auch für Unternehmen kann es Namensschutz geben.[779] Gelegentlich kann ein klärender Zusatz gerade die Namensrechtsverletzung begründen wie in der Kombination „kanzler-schroeder", die Altkanzler Gerhard Schröder verbieten lassen konnte.[780] Das Namensrecht für Verstorbene endet spätestens 10 Jahre nach dem Tod.[781] Rechtsschutz von Pseudonymen gegenüber die gleiche Domain beanspruchenden bürgerlichen Namensträgern gibt es nur in den Fällen, in denen das Pseudonym Verkehrsgeltung hat.[782] Dabei scheint der BGH eine Verkehrsgeltung eines bloß im Internet bekannten Pseudonyms trotz der Bedeutung von Pseudonymen gerade in diesem Medium nicht annehmen zu wollen.[783] Namensschutz kommt auch dann in Betracht, wenn lediglich ein prägender Namensteil unbefugt in einer Internet-Domain verwendet wird[784] und zwar auch dann, wenn unter der Domain Ersatzteile für Produkte des Markeninhabers vertrieben werden.[785]

1216   Die Rechtsprechung[786] hat **Namensschutz** auch gegenüber bloß **reservierten Domains** und damit auch gegenüber Domains zugelassen, die bloß auf leere Seiten verweisen. Dies ist

1998, 984 = CR 1998, 556; BB 1999, 2422; MMR 2000, 100 = GRUR 2000, 518; OLG Karlsruhe, WRP 1998, 900; MMR 1999, 304 = CR 1999, 783 (für eine „*.com"-Domain); OLG Köln, NJW-RR 1999, 622; OLG-Report Köln 1999, 141; OLG Nürnberg, Urt. v. 11. 1. 2000, JurPC Web-Dok. 146/2000; LG Mannheim, NJW 1996, 2736 = DuD 1996, 691 = GRUR 1997, 377; LG Lüneburg, GRUR 1997, 470; LG Ansbach, NJW 1997, 2688; LG Braunschweig, NJW 1997, 2687; LG Düsseldorf, NJW-RR 1999, 623 = MMR 1999, 369; LG Frankfurt/M., NJW-RR 1998, 974; LG Hamburg, CR 1999, 47; LG Köln, NJW-RR 1999, 629; LG Mainz, Urt. v. 9. 8. 2001, 1 O 488/00, JurPC Web-Dok. 127/2002; LG München I, NJW-RR 1998, 973; NJW-CoR 19981998, 111; LG Wiesbaden, Beschl. v. 9. 8. 2000, 3 O 129/00, JurPC Web-Dok. 26/2002; **a. A.** nur LG Köln in gleichlautenden Entscheidungen GRUR 1997, 377; NJW-RR 1998, 976; BB 1998, 1121 (LS); wie hier auch *Göbel,* NJW-CoR 1996, 322; *Stratmann,* BB 1997, 689 (692); *Renck,* NJW 1999, 3587 (3588 f.); *Vogt,* NJW 1999, 3601 (3608 f.); *Perrey,* CR 2002, 349; differenzierend *Bücking,* NJW 1997, 1886; für Österreich: Öster. OGH, NJW-CoR 1999, 54 (LS).

[770] LG Münster, Urt. v. 25. 2. 2002 – 12 O 417/01; LG München I, Urt. v. 7. 5. 2002 – 7 O 12 248/01 – dargestellt ITRB 2002, 207.

[771] LG München I, CR 2002, 840 m. Anm. *Eckhardt.*

[772] LG Berlin, CR 2000, 700.

[773] *Schönberger,* GRUR 2002, 478 (481 f.).

[774] LG Hannover, CR 2001, 860; ähnlich LG Potsdam, Urt. v. 16. 1. 2002, 2 O 566/01, JurPC Web-Dok. 85/2002 („Polizeibrandenburg.de").

[775] OLG Köln, NJW-RR 2006, 157 = CR 2006, 493.

[776] OLG München, CR 2002, 449.

[777] OLG Köln, OLG-Report Köln 2000, 377 = DuD 2001, 47 = CR 2000, 696.

[778] LG Frankfurt/M., Urt. v. 27. 2. 2003, 2/3 O 536/02, JurPC Web-Dok. 130/2004.

[779] OLG Hamburg, Beschl. v. 31. 5. 2007, 3 W 1102/07, JurPC Web-Dok. 152/2007

[780] LG Berlin, Urt. v. 11. 8. 2003 – 23 O 374/03, JurPC Web-Dok. 290/2003.

[781] BGH, GRUR 2007, 168 = CR 2007, 101 = NJW 2007, 684.

[782] BGH NJW 2003, 2978 = GRUR 2003, 897 = CR 2003, 845; BVerfG, CR 2006, 770 m. Anm. Ritz = NJW 2007, 671.

[783] Deswegen ist die Entscheidung BGH NJW 2003, 2978 = GRUR 2003, 897 = CR 2003, 845 i. E. falsch.

[784] LG Berlin, Urt. v. 6. 3. 2001, 16 O 33/01, JurPC Web-Dok. 141/2001; OLG München, Urt. v. 10. 1. 2002, 6 U 3512/01, JurPC Web-Dok. 266/2002; OLG Hamburg, Beschl. v. 27. 8. 2002, 3 W 78/02, JurPC Web-Dok. 308/2002; LAG Niedersachsen, Urt. v. 2. 9. 2003, 13 Sa 453/03, JurPC Web-Dok. 132/2004.

[785] LG Düsseldorf, CR 2007, 118.

[786] OLG Düsseldorf, NJW-RR 1999, 626 (627); LG Magdeburg, MMR 1999, 607; OLG München, BB 1999, 2421 = GRUR 2000, 519; BGH, GRUR 2002, 622 (624) = NJW 2002, 2031 = CR 2002, 525

zwar fraglich, weil die namensrechtlichen Tatbestandsvoraussetzungen Namensanmaßung und Namensleugnung nur bedingt vorliegen, praktisch aber sinnvoll.[787] Namensschutz greift auch gegenüber Dispute-Einträgen ein.[788] Erfolgte die Eintragung aber vor Entstehen des Namensschutzes, gilt dies nicht.[789] Namensschutz soll nach Teilen der Rechtsprechung und Literatur auch gegenüber Host-Providern bestehen, weil diese selbst kein Namensrecht haben.[790] Der Provider sollte die Domain direkt im Namen seines Kunden anmelden. Dieser Rechtsprechung kann freilich nicht gefolgt werden, weil die Domainnutzer in solchen Fällen ein Namensrecht haben und in dieser Fallkonstellation die Domainregistrierung keine Verletzung des Namensrechts sein kann. Dass es eine vertragsrechtliche Konstruktion gibt, dem Host die Nutzung der Domain für seinen Kunden zu ermöglichen, zeigt deutlich, dass der Namensträger hier nicht schutzbedürftig ist.[791] Die Rechtsprechung gilt freilich nur dann, wenn die Domain nicht mit der Seite eines Namensträgers verlinkt ist oder der Host-Provider sonst nicht beweisbar treuhänderisch für einen Namensträger tätig ist.[792]

Neben den Namensträgern sind auch **Inhaber eingetragener Marken** berechtigt,   **1217** Dritte, die nicht Inhaber dieser Marke sind, die Verwendung der jeweils geschützten Marke gem. § 15 MarkenG für verwechslungsfähige Waren als Internet-Domain-Name zu verbieten.[793] Ein gleichwertiger Schutz besteht für **Unternehmenskennzeichen und Werktitel** gem. § 5 Abs. 1 MarkenG.[794]

Voraussetzung für einen Unterlassungsanspruch ist jedenfalls, dass die Benutzung der Domain kennzeichenmäßig und im geschäftlichen Verkehr[795] geschieht. Wenn ein Unternehmen als Marken geschützte Bezeichnungen als Domain verwendet, stellen diese in aller Regel einen Hinweis auf die Herkunft von Waren und Dienstleistungen und nicht eine bloße Adressbezeichnung dar.[796] Das gleiche gilt bei einer Registrierung, deren Nutzungszusammenhang bekannt ist und deren Nutzung unmittelbar bevorsteht (Erstbegehungsgefahr).[797] Die bloße Registrierung als solche ist aber üblicherweise noch keine kennzeichenmäßige Nutzung der Domain.[798] Hier wird es also kaum Ansprüche geben. Ansprüche bestehen auch dann nicht, wenn die Internet-Domain rein privat und nicht geschäftsmäßig benutzt wird.[799] In diesem Fall kann aber ergänzend Namensschutz aus § 12 BGB eingreifen[800], eine

---

(526); BGH NJW 2003, 2978 = GRUR 2003, 897 = CR 2003, 845; LG Köln, Urt. v. 8. 3. 2005, 33 O 343/04, JurPC Web-Dok. 3/2006.

[787] *Perrey*, CR 2002, 349 (353 f.); zustimmend auch *Foerstl*, CR 2002, 518 (521 f.); kritisch *Schieferdecker*, Haftung, S. 229 f.

[788] OLG Nürnberg, Urt. v. 5. 6. 2001, 3 U 817/01, JurPC Web-Dok. 357/2002.

[789] BGH, GRUR 2008, 1089.

[790] OLG Celle, CR 2004, 772; CR 2006, 697; *Rössel*, CR 2004, 754.

[791] So auch LG Hannover, Urt. v. 22. 4. 2005, 9 O 174/04, JurPC Web-Dok. 60/2005; OLG Stuttgart, CR 2006, 269; vgl. dazu auch Rn. 1218.

[792] BGH, GRUR 2007, 811.

[793] Vgl. die oben zitierte Rechtsprechung; zum amerikanischen Recht: *Brunel*, IBL 1996, 147 M zum kanadischen: *Odutola*, IBL 1999, 39; zum Markenrecht allgemein und zu den sich daraus ergebenden Ansprüchen vgl. oben Rn. 162 ff.

[794] OLG Hamburg, Urt. v. 2. 5. 2002, 3 U 269/01, JurPC Web-Dok. 319/2001; ausgiebig *Freitag*, in: *Kröger/Gimmy* (Hrsg.), Handbuch zum Internet-Recht, S. 459 (475 f.); im Prinzip auch LG Düsseldorf CR 2003, 64.

[795] *Franke* in: *Götting/Meyer/Vormbrock* (Hrsg.): Gewerblicher Rechtsschutz, § 23 Rn. 96 ff.

[796] BGH GRUR 2009, 685.

[797] BGH, GRUR 2008, 912.

[798] BGH, GRUR 2008, 912.

[799] *Nordemann*, NJW 1997, 1890 (1892); *Stratmann*, BB 1997, 691 (692); LG München I, Urt. v. 9. 11. 2001, 3 HK O2 064/01, JurPC Web-Dok. 345/2002; LG Freiburg, Urt. v. 28. 10. 2003, 9 S 94/03, JurPC Web-Dok. 103/2004; OLG Hamm, GRUR 2002, 722 = NJW-RR 2003, 759.

[800] BGH, GRUR 2002, 622 (623) = NJW 2202,2031 = CR 2002, 525 (526); KG, CR 2002, 760; zustimmen *Ubber*, BB 2002, 1267; ebenso *Althammer/Ströbele/Klauka*, § 15 MarkenG, Rn. 35; a. A. wohl LG Hamburg, Urt. v. 21. 3. 2002 . 315 O 380/00.

Möglichkeit, die im geschäftlichen Bereich neben den Ansprüchen aus dem Markengesetz nicht besteht.[801] Es besteht hier allerdings Streit darüber, wann eine **Privatbenutzung** besteht, wenn der Private auf seiner Seite auch **Werbung** betreibt. Hier haben verschiedene Gerichte unterschiedlich entschieden. Einzelne Gerichte[802] waren der Ansicht, schon eine geringfügige Werbung zur Finanzierung eines Internetauftritts mache diese geschäftsmäßig. Das LG München I hat bei einer bloß geringfügigen Werbung dies anders gesehen.[803]

1218   Für **markenrechtliche Ansprüche** müssen im übrigen – wie auch sonst – Verwechslungsgefahr und Branchennähe bestehen, was oft erst bei Benutzung erkennbar ist.[804] Ist die Domain von einem Internetprovider für einen Kunden registriert, der noch nicht feststeht, kommen markenrechtliche Ansprüche mangels feststellbarer Branchennähe in aller Regel nicht in Betracht. In solchen Fällen kann allenfalls ein Anspruch wegen überragender Verkehrsgeltung oder sittenwidriger Behinderung gegeben sein.[805] Gibt es daneben aber auch namensrechtliche Ansprüche bzw. Ansprüche aus Unternehmenskennzeichen, müssen diese durchgehen, weil der Internetprovider seinerseits keine namensrechtliche Berechtigung vortragen kann.[806] Diese sind auch nicht durch Ansprüche aus dem MarkenG begrenzt, weil auch eine Vergabe an Private nicht ausscheidet. Hier muss der **Internetprovider,** der für seine Kunden Domains registriert, sicherstellen, dass er nachweisen kann, für wen er hier registriert. Dies ist z. B. dann gegeben, wenn eine Holdinggesellschaft die Unternehmensbezeichnung ihrer Tochtergesellschaft mit deren Zustimmung als Domain anmeldet.[807] Darüber hinaus ist dies dann gegeben, wenn der Treuhandvertrag z. B. notariell beurkundet ist.[808] Soweit es in all diesen Zusammenhängen um den Schutz eines Unternehmenskennzeichens geht, ist aber umgekehrt wieder zu berücksichtigen, dass dieses nur für den Funktionsbereich des Unternehmens und damit ähnlich wie eine Marke nur branchenspezifisch geschützt ist.[809] Darüber hinaus sind regionale Tätigkeitsgrenzen zu beachten.[810]

1219   Alle diese Ansprüche bestehen auch gegenüber sog. „**Tippfehler-Domains",** d. h. domains, die sich von geschützten Namen nur durch typische Tippfehler unterscheiden.[811]

1220   Die entsprechenden Rechte **gelten allerdings nicht** gegenüber **Personen,** die selbst ein **eigenes Recht** an dieser Marke oder diesem Namen haben, insbesondere deswegen, weil sie eine gleichlautende Marke oder einen gleichlautenden Namen haben,[812] und zwar auch dann, wenn sie nur einen Teilnamen verwenden.[813] Auch ein seltener Vorname kann genügen.[814] Die Doppelvergabe ist selbst bei Marken durchaus denkbar, weil **gleiche Marken** für **unterschiedliche Waren** vergeben werden können, wenn die Waren nur weit genug auseinander liegen. Markenrechtlich gibt es hier nur ein Verbot verwechslungsfähiger Bezeichnungen bei

---

[801] OLG Hamm, CR 2002, 217; OLG Frankfurt/M., Urt. v. 27. 3. 2003, 6 U 13/02, JurPC Web-Dok. 171/2003; OLG Köln, NJW-RR 2006, 1699 (1701); a. A. LG Hamburg NJW-RR 2007, 338; OLG Hamburg, Urt. v. 31. 5. 2007, 3 W 110/07, JurPC Web-Dok. 152/2007.

[802] Namentlich LG Hamburg, MMR 2000, 436.

[803] LG München I, CR 2008, 668: zustimmend *Franke* in: Götting/Meyer/Vormbrock (Hrsg.): Gewerblicher Rechtsschutz, § 23 Rn. 99.

[804] OLG Frankfurt/M., CR 2000, 698; *Schieferdecker,* Haftung, S. 211 ff.; LG Köln, CR 2006, 206.

[805] OLG Karlsruhe, NJW-RR 2002, 771.

[806] **A. A.** OLG Karlsruhe, NJW-RR 2002, 271; LG Hamburg, Urt. v. 21. 3. 2002 – 315 O 380/01; OLG Hamburg, CR 2002, 883 m. Anm. *Florstedt.*

[807] BGH, GRUR 2006, 158.

[808] Weitere Möglichkeiten diskutiert *Rössel,* ITRB 2007, 255.

[809] BGH, GRUR 2005, 430.

[810] BGH, CR 2007, 655; *Härting,* ITRB 2008, 39 (41).

[811] LG Hamburg, NJW-RR 2007, 338 („bundesliag.de"); *Weckbach,* Anspruch auf Löschung, S. 97 f.

[812] LG Bonn, NJW-RR 1998, 977; ausführlich zum Problem der Namensgleichheit im Internet: *Linke,* CR 2002, 271.

[813] LG Düsseldorf, MMR 2002, 398.

[814] BGH, CR 2009, 679.

gleichen oder ähnlichen Waren. Unternehmenskennzeichen können sogar für gleiche Waren verwendet werden, wenn die Unternehmen nur in regional abgegrenzten Märkten tätig sind.[815] Diese Einschränkung gilt im Internet nicht. Eine Verwendung doppelter Namen ist dort nur dann möglich, wenn die gleichen sinntragenden Bestandteile innerhalb unterschiedlicher Top-Levels verwendet werden. So wären z. B. „Beck.de" und „Beck.com" für unterschiedliche Namensträger nebeneinander verwendbar. Demgegenüber kann es nicht zwei Personen geben, die „Beck.de" nebeneinander verwenden.[816] Damit ist das Konfliktpotential im Internet höher als im Markenrecht herkömmlicher Art. Zur **Lösung dieses Konflikts** gilt prinzipiell das **Prioritätsprinzip:** Der Berechtigte, der seinen Domain-Name zuerst anmeldet, darf den Domain-Namen verwenden.[817] Allerdings kann er u. U. zu klärenden Zusätzen verpflichtet sein.[818] Dies gilt insbesondere, wenn ein Berechtigter eine **Umlautdomain** (z. B. „ö") anmeldet, während die Doppelbuchstabendomain („oe") von einem Gleichnamigen schon längere Zeit nachdrücklich benutzt wurde[819] oder zwischen zwei Gleichnamigen Absprachen über eine regionale Aufteilung bestehen.[820] Eventuell ist auch ein Hinweis auf die Seite weiterer Namensträger nötig.[821] Ein prioritätsälterer Domain-Name eines Berechtigten kann auch durch eine prioritätsjüngere Marke nicht verdrängt werden.[822] Die bloße Anmeldung einer Domain führt auch nicht dazu, dass ein regional beschränkt tätiger Anbieter allein deshalb überregional tätig wird und ihm daher ein Anbieter aus einer anderen Region die Registrierung der Domain verbieten kann.[823] Auch hier gilt das Prioritätsprinzip.

Dieser Grundsatz erfährt eine Ausnahme, wenn der **spätere Anmelder** über einen **1221** sogenannten **bekannten Namen** mit **überragender Verkehrsgeltung** verfügt. Hier setzt sich der bekannte Name auch gegenüber einem ansonsten berechtigten Namensträger durch, selbst dann, wenn dieser seinen Namen auch im geschäftlichen Verkehr – wenn auch in bescheidenerem Umfang und in anderen Warenbereichen – bislang verwendet hat[824] und sogar **gegenüber der privaten Namensverwendung.**[825] Insoweit folgt die Rechtsprechung bei der Entscheidung von Konflikten im Bereich der Internet-Domain-Namen **hergebrachten Grundsätzen** der Konfliktbehandlung bei konfligierenden Firmenbezeichnungen, Namen und Marken. Letztendlich werden Internetadressen wie Namen oder Firmen behandelt. Dies entspricht auch der Interessenlage und wird heute praktisch im Ansatz nicht mehr bezweifelt. Allerdings kommt die Annahme überragender Verkehrsgeltung nur in Ausnahmefällen in Betracht.[826] Gegenüber einem namensrecht-

---

[815] Vgl. z. B. BGH, GRUR 2006, 159 = NJW-RR 2006, 412.

[816] Vgl. auch LG Berlin, NJW-CoR 1999, 248 (LS); LG Düsseldorf, NJW-RR 1999, 623.

[817] *Nordemann,* NJW 1997, 1890 (1894); krit., aber ohne Alternative im geltenden Recht *Omsels,* GRUR 1997, 328 (335); BGH, GRUR 2002, 622 (625) = NJW 2002, 2031 = CR 2002, 525 (527); OLG Frankfurt, NJW-RR 2001, 547; kritisch: *Foerst,* CR 2002, 518 (522 f.); relativierend (Teil einer Güterabwägung): OLG Nürnberg, Urt. v. 5. 6. 2001, 3 U 817/01, JurPC Web-Dok. 357/2002.

[818] LG Düsseldorf, NJW-CoR 1999, 304; *Härting,* Internetrecht, Rn. 1536 ff.; OLG Düsseldorf, CR 2002, 447 (448).

[819] Vgl. *Reinholz/Härting,* CR 2005, 603 (606).

[820] BGH, CR 2010, 519.

[821] BGH, NJW 2002, 2096 (2097) = GRUR 2002, 706 (708) = CR 2002, 678 m. Anm. *Koschorrek.*

[822] LG Magdeburg, NJW-CoR 1999, 431.

[823] BGH, GRUR 2006, 159 = NJW-RR 2006, 412 = CR 2006, 193.

[824] OLG Hamm, NJW-RR 1998, 909 = CR 1998, 241; OLG Düsseldorf, BB 1999, 1287 = NJW-CoR 1998, 175 m. Anm. *Ernst;* OLG Düsseldorf, Urt. 7. 2. 2003, 38 O 144/02, JurPC Web–Dok. 179/2003; LG Düsseldorf, NJW-RR 1999, 841 = K & R 1999, 137; *Nordemann,* NJW 1997, 1890 (1894); zustimmend *Schmieder,* NJW 1999, 3088 (3094).

[825] OLG München, BB 1999, 1287; ebenso BGH,NJW 2002, 2031 (2034)= GRUR 2002, 622 (626) = CR 2002, 525; zustimmend *Ubber,* BB 2002, 1167; i. E. auch *Körner,* NJW 2002, 3442.

[826] Abgelehnt für Hudson von LG Düsseldorf, Urt. v. 27. 8. 2003, 34 O 71/03, JurPC Web-Dok. 320/2003; vgl. auch OLG Oldenburg, Beschl. v. 30. 9. 2003, 13 U 73/03, JurPC Web-Dok. 97/2004; LG Osnabrück, CR 2006, 283.

lichen Anspruch kann der Domaininhaber einwenden, er beabsichtige, selbst ein Unternehmen unter dem mit der Domain identischen Namen aufzubauen und wolle so zu einem Unternehmenskennzeichen kommen. Wenn er dies legitim kann, kann sein beabsichtigter Erwerb im Rahmen einer Interessenabwägung dem Anspruch des Namensinhabers vorgehen.[827] Der Domaininhaber kann ferner u. U. einwenden, der Namenschutz des anderen sei erst nach Domainregistrierung entstanden.[828]

1222   Letztendlich gilt dies auch bei einem **Konflikt** von **privaten Namensträgern** mit **Städten** und **Gemeinden**. Auch hier haben Städte und Gemeinden nur dann Vorrang, wenn sie überragend bekannt sind. Am Fehlen dieser Voraussetzungen sind auch kleinere Städte gescheitert.[829] Das OLG Köln hat im Übrigen einen Schutz wegen überragender Bekanntheit für Privatpersonen ausdrücklich abgelehnt und auch in diesem Bereich eine Abwägung vorgesehen.[830] Ansprüche können sich in solchen Fällen freilich auch wegen gezielter Behinderung oder sonstigen besonderen Umständen aus §§ 826, 1004 BGB ergeben.[831]

1223   Das **Namensrecht** hat dann keinen Vorrang, wenn der Name im Internet als **Sachbegriff** erscheint.[832] So habe der Namensträger „Netz" keinen Vorrang gegenüber dem Gattungsbegriff „Netz", der als „netz.de" verwendet werde. Es fehle nämlich an einer Namensleugnung.

1224   Eine Einschränkung des Namensrechts kann sich auch aus **Art. 5 GG** ergeben, nämlich dann, wenn die Domain-Bezeichnung sozusagen wie der Titel eines Zeitschriftenbeitrages verwendet wird und als Blickfang für die Meinungsäußerung in der Weise dient, dass er Suchmaschinen zu den in dem Internetauftritt enthaltenen Meinungsäußerungen führt.[833]

1225   Auch die Beurteilung, wann **Verwechslungsgefahr** vorliegt, dürfte sich an der bisherigen Rechtsprechung zur Verwechslungsgefahr orientieren, wie sie in großer Fülle zum Marken- und Firmenrecht ergangen ist.[834] Auch die Verwendung des „Kerns" einer Marke kann Verwechslungsgefahr auslösen.[835] Möglicherweise dürfte allerdings die Problematik der Verwechslung von Marken geringer sein, wenn sich die Verwechslungsgefahr nur bei Aussprechen der Marken ergibt.[836] Auch die Branchennähe spielt eine wichtige Rolle, wobei die **Branche** sich nach dem **Inhalt des Internetauftritts** bestimmt[837] – und zwar auch dann, wenn der Internetauftritt an sich zu einer anderen Domain gehört, auf die

---

[827] *Weckbach*, Anspruch auf Löschung, S. 94 ff.

[828] *Weckbach*, Anspruch auf Löschung, S. 96 ff.

[829] OLG Koblenz, CR 2002, 280 m. Anm. *Eckhardt;* OLG München, Urt. v. 11. 7. 2001, 27 U 922/00, JurPC Web-Dok. 236/2001; LG Augsburg, Urt. v. 15. 11. 2000, 6 O 3536/00, JurPC Web-Dok. 89/2001 („boos.de"); LG Coburg, Urt. v. 13. 6. 2001, 12 O 284/01, JurPC Web-Dok. 212/2001; LG Erfurt, CR 2002, 302 (LS); LG Flensburg, Urt. v. 18. 10. 2001, 3 O 178/01, JurPC Web-Dok. 321/2002 und CR 2002, 537; LG Leipzig, Urt. v. 8. 2. 2001, 11 O 8573/00, JurPC Web-Dok. 6/2002; LG Osnabrück, CR 2006, 283; dazu auch *Linke*, CR 2002, 271 (274 ff.).

[830] OLG Köln, OLG-Report Köln 2002, 326 (328 f.) = CR 2002, 533 m. Anm. *Ernst;* i. E. ähnlich OLG Dresden, CR 2001, 408 m. abl. Anm. *Röhrborn*.

[831] Sog. „Domain Grabbing", z. B. LG München I, MMR 2006, 692.

[832] OLG Stuttgart, CR 2002, 529; LG München I, CR 2001, 555; OLG Nürnberg, NJW–RR 2006, 906 = CR 2006, 485 („süß"); OLG München, NJW-RR 2011, 909.

[833] KG, CR 2002, 760 m. zust. Anm. *Graf;* ähnlich OLG Hamm, GRUR 2003, 722 = NJW-RR 2003, 759; LG Frankfurt/M., CR 2007, 126.

[834] So ausdrücklich, OLG Hamburg, CR 2002, 833 m. Anm. *Florstedt*.

[835] LG Hamburg, Urt. v. 6. 9. 2005, 312 O 539/05, JurPC Web-Dok. 42/2006.

[836] Ähnlich wie hier *Renck*, NJW 1999, 3587 (3590 f.); differenzierend *Nordemann*, NJW 1997, 1890 (1893 ff.); Einzelfälle: OLG Hamm, NJW-RR 1999, 631 („Pizza-Direct"); LG Berlin, NJW 1998, 3503; LG Berlin, NJW 1998, 3503.

[837] OLG Hamburg, CR 2002, 833 m. Anm. *Florstedt;* OLG Karlsruhe, NJW-RR 2002, 771; OLG München, CR 2006, 414; LG Hamburg, Urt. v. 21. 3. 2002, 315 O 380/01, JurPC Web-Dok. 185/2002; KG, Urt. v. 5. 2. 2002, 5 U 178/01, JurPC Web-Dok. 268/2002.

automatisch weitergeleitet wird.[838] Ansonsten spielt der Inhalt des Internetauftritts bei der Bestimmung der Verwechslungsgefahr keine Rolle.[839] Es zeichnet sich freilich wegen des geringen Umfangs des Namensraums der Domainnamen eine Tendenz ab, die **Verwechslungsgefahr** auf den Bereich der Identität und sehr ähnlicher Bezeichnungen zu **reduzieren**.[840] So sollen „Westlotto" und „Lotto-privat" nicht verwechslungsfähig sein.[841] Da es im Prinzip nur um den Schutz davor geht, dass die Kunden bei Eingabe des Namens oder der Firma nicht fehlgeleitet werden, ist den Entscheidungen zu folgen. Auch bei der Warenähnlichkeit werden oft sehr enge Schutzgrenzen gezogen.[842] Auch die Welt kann nicht gegen „welt-online" vorgehen.[843] Diese Entscheidung des BGH ist aber falsch und zwar deswegen, weil alle größeren Verlage eigene Online-Auftritte ihrer Zeitungen veranstalten und diese auch mit der Kombination des Zeitungsnamens mit dem Zusatz „online" bezeichnen und/oder bewerben.

Gibt es einen namens- oder markenrechtlichen Anspruch, geht dieser nur auf **Löschung** des Domain-Namens durch den Nichtberechtigten, **nicht** jedoch auf **Übertragung** des Domain-Namens auf den Berechtigten, weil die bessere Berechtigung des Obsiegenden nur im Verhältnis zum Unterlegenen, nicht jedoch gegenüber Dritten festgestellt wird.[844] Es gibt auch keinen Anspruch des Namensrechtsinhabers auf „Sperrung" des Domainnamens im Hinblick auf jeden Antrag eines Dritten.[845] Der Verletzte muss daher zum Schutz eigener Rechte an der Domain einen Dispute-Eintrag[846] veranlassen, der ihn im Falle des Obsiegens die Domain sichert. Ob diese Rechtsprechung bei Kennzeichen überragender Geltungskraft wirklich zutreffend ist, erscheint freilich fraglich. Überragend bekannte Marken und Unternehmenskennzeichen gelten gegenüber jedermann, sogar gegenüber Gleichnamigen, so dass man bei ihnen wohl von einem Übertragungsanspruch, sei es aus Bereicherungsrecht, sei es aus angemaßter Geschäftsführung ausgehen kann.[847]

1226

Auch ein **Löschungsanspruch** ist **nur** gegeben, wenn der Domaininhaber keine relevante Möglichkeit vorträgt, die Domain legal zu nutzen, sei es für Geschäftszwecke außerhalb des für die Marke eingetragenen Waren- und/oder Dienstleistungsbereichs, sei es privat.[848] In allen anderen Fällen geht der Anspruch nur auf Unterlassung der kennzeichenverletzenden Nutzung der Domain. Damit gibt es Löschungsansprüche in erster

1227

---

[838] OLG Köln, NJW-RR 2006, 1699.

[839] OLG Hamburg, NJW-RR 2006, 984.

[840] So explizit KG, Beschl. v. 16. 2. 2001, 5 U 9865/00; *Hoeren*, Grundzüge, S. 38.

[841] OLG Köln, CR 2002, 285; ähnlich OLG Düsseldorf, CR 2002, 447 („duisburg" und „duisburg-info"); anders aber BGH, CR 2007, 36 = NJW 2007, 687 = GRUR 2007, 259 zu „solingen.info"; anders noch LG Köln, Urt. v. 18. 1. 2001, 84 O 66/00, JurPC Web-Dok. 84/2001: „freelotto.de" und „Lotto" sind verwechslungsfähig; vgl. auch LG München I, Urt. v. 13. 8. 2002, 9 HK 08 263/02: „Bioland" und „Biolandwirt" nicht verwechslungsfähig.

[842] Z. B. LG Düsseldorf, CR 2003, 64.

[843] BGH, NJW 2005, 2315 = GRUR 2005, 687; a. A: LG Hamburg, Urt. v. 13. 1. 1999, 315 O 478/98, JurPC Web-Dok. 57/2001; ähnlich auch LG Köln, Urt. v. 23. 5. 2000, 33 O 216/00, JurPC Web-Dok. 221/2000: „wdr.org" und „WDR" verwechslungsfähig sowie LG Hamburg, Urt. v. 18. 10. 2002, 416 O 75/02, JurPC Web-Dok. 353/2002, „Publikom" und „public-com" nicht verwechslungsfähig sowie OLG Hamburg, Urt. v. 31. 7. 2003, 3 U 145/02, JurPC Web-Dok. 47/2004: „Eltern" und „eltern-online" verwechslungsfähig.

[844] BGH, GRUR 2002, 622 (626) = NJW 2002, 2031 (2035) = CR 2002, 525 (528 f.); *Foerstl*, CR 2002, 518 (524); *Freitag*, in: Kröger/Gimmy (Hrsg.), Handbuch zum Internet-Recht, S. 459 (484 f.); **a. A.** LG Braunschweig, Urt. v. 14. 6. 2000, 9 O 1152/99 (170), JurPC Web-Dok. 229/2000; LG Saarbrücken, Urt. v. 30. 1. 2001, 7 IV O 97/00, JurPC Web-Dok. 175/2001.

[845] BGH, NJW 2004, 1793 = GRUR 2004, 619.

[846] Zu diesem *Rössel*, CR 2007, 376.

[847] Ausführlich *Weckbach*, Anspruch auf Löschung, S. 137 ff.

[848] OLG Köln, CR 2010, 612.

Linie bei bekannten Marken oder Grabbing-Fällen.[849] Außerdem lassen sich namensrechtliche Ansprüche leichter durchsetzen als markenrechtliche, weil Namensverwirrungen
schwerer auszuschließen sind als Markenverletzungen, die auf den geschützten Waren-
und/oder Dienstleistungsbereich beschränkt sind.[850]

1228   **Störer** ist in der Regel der Domain-Inhaber. Sein Provider kann es sein, wenn der
Domain-Inhaber praktisch nicht oder nur schwer erreichbar ist. Ein Sitz des Domain-
Inhabers im Ausland reicht dafür oft aus.[851] Dabei herrscht auch Streit darüber, ob der
Administrative Contact (admin-c) für wettbewerbs- oder markenrechtliche Ansprüche
passiv legitimiert ist[852] oder nicht.[853] Eine solche Haftung kommt freilich dann in Betracht,
wenn der admin-c Störer ist und eine weitere Störung durch zumutbare Maßnahmen verhindern kann.[854] Bei der dabei nötigen wertenden Betrachtung ist freilich zu beachten, dass
der Domain-Inhaber immer festgestellt werden kann und dass der admin-c nach Ziff. 8 der
DENIC-Domainrichtlinien Zustellungsbevollmächtigter im Sinne der §§ 174 f. ZPO ist,
wenn der Domain-Inhaber seinen Sitz im Ausland hat. Dies spricht gegen eine Störerhaftung des admin-c. Allerdings wirkt er als technischer Kontakt bewusst bei der Registrierung
der Domain mit. Dies reicht als Beitrag, der seine Störerhaftung begründet.[855] Ob dies dann
anders ist, wenn der admin-c ein bloßer Angestellter des Domaininhabers ist, muss im
Einzelfall entschieden werden.[856] Probleme entstehen bei solchen Personen insbesondere
im Hinblick darauf, ob sie eine weitere Störung überhaupt durch zumutbare Maßnahmen
verhindern können. Letztlich kann dies der admin-c insbesondere dadurch tun, dass er die
Domain löschen lässt. Dies dürfte bei einem angestellten admin-c aber arbeitsrechtlich zu
Problemen führen und daher meist nicht zumutbar sein. Auch bei anderen Personen dürfte
dies ohne Zustimmung des Domain-Inhabers nur in klaren Fällen zumutbar sein, weil es für
den admin-c sonst zu unzumutbaren Schadensersatzrisiken käme.[857] Der admin-c kann
ferner seine Stellung niederlegen und wird dies in vielen Fällen auch tun müssen. Dies führt
aber nicht zu einer Beendigung der Störung, weil dadurch die Domain nicht untergeht.
Diese Maßnahme nützt daher dem Gestörten nur sehr begrenzt, so dass er sie kaum verlangen kann. Insgesamt gibt es daher Unterlassungsansprüche gegen den admin-c nur in
klaren Fällen,[858] vor allem dann, wenn der Domaininhaber nicht greifbar ist.[859]

1229   Neben dem Unterlassungsanspruch gibt es auch **Schadensersatzansprüche.** Schwierig
ist dabei, festzustellen, welchen Wert eine konkrete Domainbezeichnung für den Geschädigten hat. Ohne konkrete Anhaltspunkte hat das LG Hamburg einen Wert von 50 €
monatlich angesetzt.[860]

---

[849] *Weckbach,* Anspruch auf Löschung, S. 86 ff.; *Härting,* ITRB 2008, 38 (41).

[850] *Runkel,* IPRB 2010, 229.

[851] LG Bremen, CR 2000, 549; OLG Hamburg, CR 2000, 385; LG München I, Urt. v. 27. 2. 2002,
1 HK 016 598/01, JurPC Web-Dok. 344/2002.

[852] So OLG München, MMR 2000, 277; OLG Stuttgart, CR 2004, 133; OLG Düsseldorf, MMR
2009, 336; LG Berlin, MMR 2009, 348; LG Stuttgart, Urt. v. 27. 1. 2009, 41 O 101/08 KfH, JurPC
Web-Dok. 30/2009; wohl auch OLG Stuttgart, IPRB 2010, 156; *Hoeren/Eustergerling,* MMR 2006,
132; *Leistner,* in: Brandi-Dohrn/Lejeune (Hrsg.): Recht 2.0, S. 5 AG Bonn, CR 2004, 945; Übersicht
bei *Kunczik,* ITRB 2010, 63.

[853] OLG München, CR 2010, 121; OLG Koblenz, MMR 2002, 466; LG Kassel, Urt. v. 15. 11. 2002,
7 O 343/02, JurPC Web-Dok. 329/2003; differenzierend OLG Koblenz, Urt. v. 23. 4. 2009, 6 U 730/
08, JurPC Web-Dok. 156/2009; OLG Köln, OLG Report Hamm/Düsseldorf/Köln 2008, 803.

[854] Ausführlich dazu Wimmers/Schulze, CR 2006, 754 (763 f.); *Stadler,* CR 2004, 521.

[855] *Hartmann,* Unterlassungsansprüche, S. 140 f.

[856] Dagegen *Stadler,* CR 2004, 521 (523).

[857] A. A. *Hartmann,* Unterlassungsansprüche, S. 140.

[858] Ähnlich *Ackermann/Ivanov,* DuD 2005, 643 (646); i. E. noch einschränkender *Wimmers/Schulz,*
CR 2006, 754; *Franke,* in: Götting/Meyer/Vormbrock (Hrsg.): Gew. Rechtsschutz, § 23, Rn. 118.

[859] *Stadler,* CR 2004, 521 (523).

[860] Urt. v. 2. 7. 2002, 312 O 116/02, JurPC Web-Dok. 324/2002.

Bei Namensrechtsverletzungen ist die Berechnung des **Schadens** im Wege der Lizenzanalogie zulässig.[861] Der Schaden bei einer Marken- oder Namenrechtsverletzung durch bloße Registrierung muss konkret berechnet werden. Dabei spielen Bekanntheit der Marke und Ausnutzung des guten Rufes keine Rolle.[862]

b) Gattungsbezeichnung als Internet-Adresse (generische Domain)

Unterschiedlich haben die Gerichte zunächst die Frage beurteilt, ob es rechtswidrig ist, eine **Gattungsbezeichnung als Internet-Adresse**[863] zu besetzen. Klar ist nur, dass sich Freihalteansprüche hinsichtlich dieser Gattungsbezeichnung nicht aus einer analogen Anwendung der Regeln des Markenrechts über die Nichteintragungsfähigkeit solcher Bezeichnung als Marke herleiten können.[864]   **1230**

Ob sich aus sonstigen rechtlichen Regeln, insbesondere dem Gesichtspunkt des Verbotes der Monopolisierung einer Branchenbezeichnung, die Wettbewerbswidrigkeit solcher Domain-Namen ergibt, wird dagegen unterschiedlich gesehen. Viel wird hier von den Umständen des Einzelfalls abhängen.[865]

Der **BGH**[866] geht allerdings davon aus, dass **Gattungsbezeichnungen** als Domain-Namen **grundsätzlich zulässig** sind. Nur bei Hinzutreten weiterer Umstände kann ein Fall von Wettbewerbswidrigkeit gegeben sein. Ggf. muss gegebenen Monopolisierungstendenzen durch Hinweise entgegengetreten werden. Welche Umstände zu einer Wettbewerbswidrigkeit führen, muss sich in der Praxis noch zeigen. Eine Rolle kann hier neben der Domainbezeichnung auch der mit ihr verbundene Internetauftritt spielen.[867] In einem obiter dictum hat der BGH ausgeführt, die Blockierung aller Schreibweisen eines beschreibenden Begriffs neben der Blockierung des Begriffs in verschiedenen Top-Level-Domains seien solche Umstände, die zur Wettbewerbswidrigkeit führen.[868] Diesem auf den ersten Blick nahe liegenden Argument ist in der Literatur mit beachtlichen Gründen insbesondere im Hinblick auf die im Internet übliche Praxis und den dieser entsprechenden Erwartungen der Benutzer widersprochen worden.[869] Das OLG Köln[870] hat die Neuregistrierung der Gattungsbezeichnung mit Umlaut zusätzlich zu der schon registrierten ohne Umlaut allerdings nicht für eine Behinderung ausreichen lassen. Möglicherweise ist hier auch zwischen kon-   **1231**

---

[861] LG Hamburg, CR 2002, 296.

[862] OLG Karlsruhe, Urt. v. 12. 2. 2003, 6 U 1/02, JurPC Web-Dok. 99/2003.

[863] Übersicht dazu bei *Mulch*, OLG Report Köln, 2002, K 39.

[864] Insbesondere OLG Frankfurt/M, CR 1997, 271.

[865] Vgl. Entscheidungen OLG Hamm, Urt. v. 2. 11. 2000, 4 U 95/00, JurPC Web-Dok. 213/2001; OLG Frankfurt/Main, CR 1997, 271; OLG Braunschweig, CR 2000, 614; LG Hamburg, CR 2000, 617 m. Anm. *Bettinger;* LG Köln, NJW-RR 2001, 549 LG München I, CR 2001, 194; OLG München, CR 2001, 463 (alle gegen Wettbewerbswidrigkeit); OLG Hamburg, CR 1999, 799 m. krit. Anm. *Hartmann;* LG Köln, CR 2001, 193; LG München I, CR 2001, 128 = NJW 2001, 2100; LG Frankfurt/ M., CR 2001, 713 m. Anm. *Pahlow* (alle für Wettbewerbswidrigkeit); OLG Nürnberg, GRUR 2002, 460 f.; für Wettbewerbswidrigkeit auch Buchner, GRUR 2006, 984, der ein System des Domainsharing vorschlägt.

[866] BB 2001, 2080 = GRUR 2001, 1061 = NJW 2001, 3262 = CR 2001, 3262; bestätigt: BGH BB 2002, 1716 (1718 f.) = NJW 2002, 2642 (2645) = GRUR 2002, 902 (905) = CR 2002, 729 (732) = AnwBl. 2002, 603 (605); OLG Frankfurt/M., Urt. v. 12. 9. 2002, 6 U 128/01, JurPC Web-Dok. 322/ 2002; OLG Dresden, MMR 2006, 685 = CR 2006, 856; dazu auch *Heyms/Prieß,* Werbung Online, S. 150 ff. und ausführlich *Schmidt-Bogatzky,* GRUR 2002, 941.

[867] OLG Hamburg, CR 2003, 605 = GRUR 2003, 1058.

[868] BGH, BB 2001, 2080 = GRUR 2001, 1061 = NJW 2001, 3262 = CR 2001, 3262; zustimmend *Beckmann,* CR 2002, 446 (447); OLG Frankfurt, Urt. v. 12. 9. 2002, 6 U 128/01, JurPC Web-Dok. 322/2002.

[869] *Schafft,* CR 2002, 434; skeptisch auch *Wiebe,* in: Leupold/Glossner (Hrsg.): IT-recht, Kap. 3, Rn. 272.

[870] NJW-RR 2006, 479.

kurrierenden Unternehmen und konkurrierenden Verbänden zu unterscheiden. Letztlich läuft die Rechtsprechung auf eine weitgehende Zulässigkeit von Gattungsbezeichnungen als Domains nach dem Prioritätsprinzip hinaus. Für die Rechtsprechung spricht, dass klare Kriterien darüber, welche Begriffe als Gattungsbezeichnungen oder generische Domains unzulässig sein sollen, fehlen.[871] Da es bei einem Verbot der Registrierung im Gegensatz zur Frage des Freihaltebedürfnisses im Markenrecht um einen Eingriff in ein privates System und nicht um eine Ausgestaltung staatlich verliehener Befugnisse geht, sind solche klaren Kriterien aber zu fordern. Der Rechtsprechung des BGH ist daher zu folgen.

1232　　Ferner drohen bei der Verwendung von **Gattungsbezeichnungen** als Domain-Namen Verstöße gegen das **Irreführungsverbot** des § 5 UWG. So soll dies z. B. nach der vom BGH[872] zwischenzeitlich aufgehobenen Entscheidung mit der Verwendung der Domain „presserecht.de" durch eine Anwaltskanzlei sein, weil die Kunden unter dieser Domain keinen Anwalt, sondern allgemeine Informationen über das Presserecht erwarten.[873] „Rechtsanwaelte.dachau.de" soll irreführend sein, weil der Verbraucher sie als Domain einer zentralen Stelle mit einem großen Angebot von Anwaltskanzleien im Raum Dachau ansieht.[874] „Rechtsanwalt.kempten.de" soll aber zulässig sein, weil die Singularform nur auf einen Anwalt und nicht auf eine Mehrheit verweist.[875] Auch „steuerberater-suedniedersachsen.de" für einen Steuerberater ist nicht irreführend.[876] Demgegenüber soll „tauchschule-dortmund.de" irreführende Alleinstellungswerbung sein.[877] Irreführend soll auch „www.steuererklaerung.de" für einen Lohnsteuerhilfeverein sein,[878] ebenso die von „rechtsanwalt.com" durch eine AG.[879] Ähnliches gilt für die Domain „Deutsches-Handwerk.de".[880] Eine etwaige Irreführung soll nach einer Entscheidung des OLG Nürnberg[881] auch nicht durch Hinweise auf der Homepage des Internetauftritts ausgeräumt werden können. Diese Ausführungen widersprechen den Ausführungen des BGH in der oben zum Recht der Gleichnamigen zitierten Entscheidung.[882] Auch die bloße Besetzung einer Gattungsbezeichnung in der Absicht, sie teuer zu verkaufen, soll eine Sittenwidrigkeit nach § 826 BGB begründen.[883] Insgesamt muss die Entwicklung abgewartet werden. Die Tendenz des BGH geht eher gegen die Annahme von Wettbewerbswidrigkeit, wobei der BGH sein Leitbild des mündigen Verbrauchers betont.[884] Insbesondere gibt es beim BGH

---

[871] Kritisch *Buchner,* GRUR 2006, 984.

[872] BGH, NJW 2003, 662.

[873] AnwGH Berlin, CR 2002, 845 = BRAK-Mitt. 2002, 187 mit (zu Recht) krit. Anm. *Hoskamp;* wie AnwGH Berlin *Sobola,* NJW 2001, 1113 (1114); a. A. OLG Braunschweig, Beschl. v. 21. 6. 2002, 2 W 26/02, JurPC Web-Dok. 286/2002 zu „pruefungsrecht.de"; ausführlich zur Irreführungsproblematik für Anwaltsdomains: *Hoß,* AnwBl. 2002, 377 (381 f.).

[874] LG München II, Urt. v. 13. 11. 2001 – 3 O 4826/01, bespr. in ITRB 2002, 157; OLG München, NJW 2002, 2113 = CR 2002, 757.

[875] OLG München, Urt. v. 10. 5. 2001 – 29 U 1594/01, zit. in NJW 2002, 2113; ebenso LG Duisburg, NJW 2002, 2114 für „anwalt.muelheim.de"; a. A. OLG Celle, NJW 2001, 2100: „anwalthannover" ist irreführend.

[876] BGH, NJW-RR 2011, 210 = CR 2011, 125.

[877] LG Dortmund, Urt. v. 21. 10. 2002, 18 O 70/02, JurPC Web-Dok. 134/2003; OLG Hamm, Urt. v. 18. 3. 2003, 4 U 14/03, JurPC Web-Dok. 166/2003.

[878] OLG Nürnberg, GRUR 2002, 460.

[879] OLG Hamburg, NJW-RR 2002, 1582; a. A. wohl LG Mannheim, NJW-RR 2002, 1580.

[880] OLG Hamburg, Urt. v. 15. 11. 2006, 5 U 185/(05, JurPC Web-Dok. 96/2007.

[881] GRUR 2002, 460 f.; ebenso AnwGH Berlin, Beschl. v. 21. 2. 2002 – I AGH 11/01.

[882] BGH, NJW 2002, 2096 (2097) = GRUR 2002, 706 (708) = CR 2002, 674 m. Anm. *Koschorrek;* NJW 2003, 504 (505); NJW-RR 2011, 210; wie BGH auch LG Duisburg, NJW 2002, 2114.

[883] LG Düsseldorf, Urt. v. 6. 7. 2001, 38 O 18/01, JurPC Web-Dok. 8/2002; ähnlich auch LG Hamburg, Urt. v. 23. 3. 2001, 315 O 856/00, JurPC Web-Dok. 7/2002.

[884] BGH, BB 2002, 1716 (1718 f.) = NJW 2002, 2642 (2645) = CR 2002, 729 (732) = GRUR 2002, 902 (905) zur sog. „Vanity"-Nummer „Rechtsanwalt".

auch keinen Anhaltspunkt dafür, dass standesrechtliche Vorschriften im Hinblick auf die Irreführungsproblematik engere Grenzen setzen als das allgemeine Wettbewerbsrecht.[885] Die gegenteiligen Auffassungen einiger Instanzgerichte und einiger Anwaltsgerichtshöfe[886] dürften sich daher nicht durchsetzen.

Auch die bloße Registrierung einer **Vielzahl** beschreibender Domains, z. B. um Internet-Portale für solche Gattungsbezeichnungen zu ermöglichen, führt nicht zur Sittenwidrigkeit.[887]   **1233**

c) Wettbewerbsrechtliche Ansprüche

Seit der UWG-Novelle 2008 geht die h. M. davon aus, dass die Regelung des **§ 5 Abs. 2 UWG** neben den **marken- und namensrechtlichen** Vorschriften anwendbar ist.[888] Nach dieser Vorschrift ist die Vermarktung von Waren oder Dienstleistungen einschließlich der vergleichenden Werbung unzulässig, wenn dadurch eine **Verwechslungsgefahr** mit anderen Waren oder Dienstleistungen oder der Marke oder einem anderen Kennzeichen eines Mitbewerbers hervorgerufen wird. Praktisch greift die Vorschrift in erster Linie dann ein, wenn auch marken- oder namensrechtliche Ansprüche bestehen. Sie geht aber in zweierlei Hinsicht darüber hinaus: Zum einen können wettbewerbsrechtliche Ansprüche von allen Mitbewerbern und auch entsprechenden Verbänden geltend gemacht werden, nicht nur von Markenrechtsinhabern. Zum anderen kann die Verwendung auch für Waren und Dienstleistungen irreführend sein, die markenrechtlich nicht geschützt sind, etwa, weil der Eindruck erweckt wird, die vertriebene Ware stamme vom Markeninhaber, auch wenn solche Waren von diesem nicht vertrieben werden. Ob diese erweiterten Ansprüche praktisch relevant werden, muss man abwarten.[889] Im Einzelfall können sie jedenfalls hilfreich sein. Die Ansprüche gehen in aller Regel aber nur auf Unterlassung der unzulässigen Nutzung der Domain, nicht auf deren Löschung.   **1234**

Wettbewerbsrechtliche Ansprüche bestehen ferner dann, wenn durch die unerlaubte Nutzung der Domain eine **unlautere Behinderung** eines Mitwerbers vorliegt (§§ 3, 4 Nr. 10 UWG).   **1235**

Dies wird insbesondere dann angenommen, wenn entweder eine solche Behinderungsabsicht nachweisbar ist oder die **Domainregistrierung** sich als **rechtsmissbräuchlich** darstellt. Dies gilt insbesondere für den Fall, dass die Eintragung mit der Absicht erfolgt, diese später an den Kennzeicheninhaber zu verkaufen (sog. **Domain-Grabbing**).[890] Dass für den Marken- oder Kennzeicheninhaber die Möglichkeit besteht, auf eine andere Domain auszuweichen, den Rechtsmissbrauch ausschließt, wird teilweise vertreten,[891] erscheint aber nicht überzeugend.

Möglicherweise ist auch die Registrierung einer Tippfehlerdomain als gezielte Behinderung zu bewerten, weil sich daraus die Absicht erschießt, Kunden von dem Internetauftritt unter der Originaldomain abzuwerben.

Die Verwendung generischer Begriffe ist demgegenüber kein Missbrauch.

Neben einer weiteren Anspruchsgrundlage außerhalb des Markenrechts führt ein solcher Anspruch auch zu einem **Löschungsanspruch** in den Fällen, wo markenrechtliche

---

[885] Vgl. insbesondere BGH, BB 2002, 1716 = NJW 2002, 2642 = GRUR 2002, 902 = AnwBl. 2002, 603 = CR 2002, 729.

[886] AnwGH Berlin, BRAK-Mitt. 2002, 187 mit (zu Recht) krit. Anm. *Hoskamp;* vgl. auch *Härting,* BB 2002, 2028.

[887] BGH, NJW 2009, 2388; KG, Urt. v. 5. 2. 2002, 5 U 178/01, JurPC Web-Dok. 268/2002.

[888] näher dazu *Köhler/Bornkamm,* § 5 UWG, Rn. 4.240; *Weckbach,* Anspruch auf Löschung, S. 101 ff.; OLG Düsseldorf, NJW-RR 2011, 687 (688).

[889] Zweifelnd *Weckbach,* Anspruch auf Löschung, S. 101 ff.

[890] BGH, GRUR 2009, 685 (690); *Runkel,* IPRB, 261 (262).

[891] OLG Köln, CR 2009, 118 (120).

Löschungsansprüche zweifelhaft sind, weil eine rechtmäßige Nutzung der Domain denkbar erscheint.[892]

d) Schutz von Domain-Namen

1236   Die bloße Inhaberschaft an einer Domain stellt kein absolutes Recht dar, schon deshalb nicht, weil es sich nur um ein Bündel von relativen Ansprüchen gegen die Denic oder andere Domainregistrierungsstellen geht.[893] Allerdings kann sich eine **benutzte und eingeführte Internet-Adresse** markenrechtlich gegen eine prioritätsjüngere Marke durchsetzen und zwar sowohl als Benutzungsmarke (§ 4 Abs. 2 MarkenG) als auch als besondere Geschäftsbezeichnung oder als Werktitel der Homepage.[894] Schutzbeginn und Prioritätsdatum für den kennzeichenrechtlichen Schutz einer benutzten und eingeführten Domain ist die Aufnahme der Nutzung, nicht die Registrierung der Domain.[895] Eine bloße Registrierung oder private Nutzung reicht dafür ebenso wenig aus wie die Nutzung als Verweis auf eine andere Firma.[896] Hier kommt aber ein Schutz gegen Eingriffe über § 823 Abs. 1 BGB ähnlich wie beim eingerichteten und ausgeübten Gewerbebetrieb (unbenanntes Recht) in Betracht, allerdings nicht beschränkt auf den gewerblichen Bereich.[897] Im Privatbereich kann ein Domain-Name auch Namensschutz nach § 12 BGB genießen. Er muss aber ein Individuum oder eine Vereinigung namentlich bezeichnen.[898] Viele Fragen sind aber noch ungeklärt.

1237   Die Nutzung einer Domain kann darüber hinaus eine **rechtserhaltende Markennutzung** sein.[899]

1238   Ist in der von der Denic e. G. geführten Who-Is-Datei ein **falscher Domaininhaber** für eine Domain registriert, hat der richtige Domaininhaber Berichtigungsansprüche gegen die Denic e. G.. Er kann nicht gegen den falsch Eingetragenen vorgehen.[900]

e) Haftung der Vergabestelle

1239   Mittlerweile ist auch für das **Vergabeverfahren der Organisation DENIC**, die die Domain-Name der deutschen Top-Level „*.de" vergibt, einiges an Rechtsfragen geklärt worden. Der Rechtsprechung lässt sich entnehmen, dass auch gegen DENIC vorgegangen werden kann, wenn diese es unterlässt, trotz einer eindeutigen Situation ihr mögliche

---

[892] Dazu oben Rn. 1227.
[893] OLG Brandenburg, Urt. v. 15. 6. 2010, 3 U 164/09, JurPC Web-Dok. 180/2010; *Weckbach,* Anspruch auf Löschung, S. 23 ff.; *Franke,* in: Götting/Meyer/Vormbrock (Hrsg.): Gew. Rechtsschutz, § 23, Rn. 89.
[894] *Omsels,* GRUR 1997, 328 (331 ff.); *Nordemann,* NJW 1997, 1890 (1892); *Schmieder,* NJW 1999, 3088 (3095); *Kleespies,* GRUR 2002, 764 (774 f.); *Ubber,* Markenrecht im Internet, S. 63 ff.; *Reinholz/ Härting,* CR 2004, 603 (605 f.); *Weckbach,* Anspruch auf Löschung, S. 31 ff.; *Wiebe,* in: Leupold/ Glossner (Hrsg.): IT-Recht, Teil 3, Rn. 264 ff.; BGH, GRUR 2005, 262; GRUR 2009, 1055; OLG Hamburg, NJW-RR 1999, 625; Urt. v. 15. 2. 2001, 3 U 200/00, JurPC Web-Dok. 165/2002; OLG München, CR 1999, 778; OLG Düsseldorf, Urt. v. 19. 6. 2001, 20 U 5/01, JurPC Web-Dok. 38/2002; KG, NJW-RR 2003, 1405; OLG München, GRUR 2006, 686; LG Coburg, Urt. v. 7. 2. 2001, 22 O 9/ 01, JurPC Web-Dok. 83/2001; LG Düsseldorf, Urt. v. 8. 5. 2002, 2 a O 360/01, JurPC Web-Dok. 113/ 2003; Urt. v. 23. 11. 2005, 34 O 218/04, JurPC Web-Dok. 4/2006; LG Frankenthal, GRUR 2006, 161 = NJW-RR 2006, 480.
[895] BGH, GRUR 2009, 1055; OLG Frankfurt, CR 2011, 408
[896] BGH, CR 2006, 54; OLG Hamm, OLG Report Hamm/Düsseldorf/Köln 2005, 377; OLG München, CR 2006, 347; OLG Hamburg, CR 2007, 47; *Franke,* in: Götting/Meyer/Vormbrock (Hrsg.): Gew. Rechtsschutz, § 23, Rn. 91.
[897] Wie hier *Fezer,* Markenrecht, Einl. G, Rn. 15; a. A. *Weckbach,* Anspruch auf Löschung, S. 26 f.
[898] *Franke,* in: Götting/Meyer/Vormbrock (Hrsg.): Gew. Rechtsschutz, § 23, Rn. 94.
[899] OLG Köln, CR 2008, 456.
[900] OLG Brandenburg, CR 2011, 268; ausführlich *Berberich,* WRP 2011, 543.

Maßnahmen gegenüber einem unberechtigten Domain-Namensträger zu ergreifen.[901] Allerdings kann es DENIC nicht zugemutet werden, sich um die Prüfung ungeklärter Konfliktfälle oder schwieriger Rechtsfragen zu kümmern. Dafür reichen weder Kompetenzen noch Prüfungsmöglichkeiten aus. Insbesondere Verwechslungsgefahr und Branchennähe bei Ansprüchen aus dem MarkenG kann die DENIC nicht prüfen.[902] Prüfpflichten gibt es aber der Registrierung berühmter Marken und Namen, z. B. unter Verwendung einer speziellen Liste solcher Namen[903a] oder in Fällen sonstiger offenkundiger Rechtsverletzungen.[903] Die DENIC ist allerdings nicht zur Prüfung von Konflikten verpflichtet, wenn ein Namensträger dies für die Zukunft von ihr verlangt.[904]

f) Verträge über Domains

Auch die **Domainbeschaffung und -erhaltung** kann Gegenstand einer **Provider-** 1240 **dienstleistung** sein. In der Rechtsprechung wird dies als Geschäftsbesorgungsvertrag angesehen.[905] Teilweise wird auch von einem Pachtvertrag ausgegangen.[906] Dies gilt aber nur dann, wenn eine Domain zeitweilig überlassen wird. Ansonsten ist Domainbeschaffung Werkvertrag[907], die Aufrechterhaltung der Domain Dienstvertrag.[908] Auch der Registrierungsvertrag mit der Registrierungsstelle unterliegt den gleichen Regeln.

Der Provider wird dabei[909] dahingehend Vorsorge zu treffen haben, dass ihn sein 1241 Kunde von den Kosten und Konsequenzen evtl. Domainverletzungen freistellt.[910] Umgekehrt hat er die **Registrierung** der Domain innerhalb der **versprochenen Zeit** durchzuführen.[911] Praktisch hat sich ein weiteres Problem ergeben: Provider, die Domain-Namen für sich registriert, aber für ihre Kunden erworben haben, haben diese dem Kunden nach Vertragsende nicht weitergeben oder gar Dritten zum Verkauf angeboten. Ob sie das dürfen oder einer Überschreibung der Namen auf den Kunden zustimmen müssen, ist relativ streitig.[912] Letztlich dürfte es aber unzulässig sein.[913] Es empfehlen sich aber klare vertragliche Regelungen.[914] Es sollte geklärt werden, ob die Domain für den Provider oder für den Kunden **registriert** wird. Ohne eine solche Absprache ist unklar, ob der Provider die Domain auf sich registrieren darf. In aller Regel darf er dies nicht, weil ein anderes Ergebnis dem Sinn des Vertrages widerspricht.[915] Soll die Registrierung durch den Provider für den Kunden erfolgen, muss geklärt sein, wie der Provider die Anforde-

---

[901] LG Frankfurt/M., NJW 1999, 3587 (3593); CR 2001, 785; OLG Frankfurt/M., CR 1999, 707; CR 2003, 607; LG Magdeburg, NJW-CoR 1999, 431 (LS); OLG Dresden, CR 2001, 408 m. Anm. *Röhrborn;* BGH, GRUR 2001, 1038 = NJW 2001, 3265 = CR 2001, 850 m. Anm. *Freytag;* ähnlich OLG Köln, CR 2002, 533 m. Anm. *Ernst* auch für andere Domain-Registrierverfahren; vgl. auch OLG Köln, CR 2001, 622 m. Anm. *Ernst;* weitergehend *Schieferdecker,* Haftung, S. 240 ff.

[902] *Schieferdecker,* Haftung, S. 211 ff.

[903a] *Schieferdecker,* Haftung, S. 224 ff., 235.

[903] BGH, BB 2011, 2753.

[904] BGH, NJW 2004, 1793 = GRUR 2004, 619.

[905] OLG München, NJW-RR 2003, 1423.

[906] OLG Köln, CR 2002, 832.

[907] *Härting,* Internetrecht, Rn. 566.

[908] Näher *Redeker,* ITRB 2003, 82 (84).

[909] LG Görlitz, Urt. v. 31. 8. 2004, 1 = 1271/03, JurPC Web-Dok. 64/2005.

[910] Vorschlag: *Härting,* ITRB 2002, 96 (97).

[911] OLG Hamburg, CR 2005, 1663.

[912] Vgl. LG Hamburg, MMR 1999, 624, m. w. N.; LG Stuttgart, Beschl. v. 26. 4. 2000, 11 KfH O 28/00, JurPC Web-Dok. 194/2000; *Schuppert,* in: Spindler (Hrsg.), Vertragsrecht der Internet-Provider, Teil VI, Rn. 34.

[913] BGH, NJW 2005, 1503 = GRUR 2005, 517; OLG München, NJW-RR 2003, 1423.

[914] Dazu *Nolte/Hecht,* ITRB 2006, 188; vgl. auch *Reinholz,* in: Redeker (Hrsg.): Handbuch der IT-Verträge, Abschn. 3.5.

[915] OLG München, NJW-RR 2003, 1423; *Rössel,* CR 2004, 754 (756).

rungen des BGH[916] an die Domaintreuhand erfüllen kann, um so marken- oder namensrechtliche Ansprüche Dritter abwehren zu können, z. B. durch eine rasche Anbindung an
einen Internetauftritt des Kunden.[917] In diesem Fall muss der Provider die Domain bei
Vertragsende herausgeben. Dem Provider kann allerdings bei Vertragsende dem Kunden
gegenüber ein Zurückbehaltungsrecht am Domain-Namen zustehen.[918] Benutzt der Provider die behaltene Domain freilich, kann darin eine Verletzung der Namensrechte des
früheren Kunden liegen,[919] es sei denn, die Domain war von vornherein nur zeitweilig
überlassen worden.

1242   Domains sind mittlerweile ein **handelbares Wirtschaftsgut. Domains** können auch
übertragen und damit gehandelt werden.[920] Sachlich handelt es sich um einen Rechtskauf[921], wobei kein absolutes Recht, wohl aber ein Bündel von Ansprüchen gegen die
Registrierungsstelle[922] übertragen werden. Solche Übertragungen bedürfen allerdings in
der Regel gewisser Formalitäten.[923] Domains können auch auf Zeit übertragen werden.
Dabei handelt es sich, da keine Sachen, sondern Rechte übertragen werden, um Pacht- und
nicht um Mietverträge.[924] Wird eine Umsatzpacht vereinbart, ergibt sich daraus ohne
weitere Vereinbarungen nicht die Pflicht, möglichst hohe Umsätze zu erzielen.[925]

2. Weitere Probleme des Schutzes geistigen Eigentums im Internet

a) Spezifische urheberrechtliche Fragestellungen

1243   Neben der Problematik der Domain-Namen gibt es noch eine Reihe weiterer Probleme, insbesondere im Urheberecht.

1244   Mittlerweile weist das Internet eine Reihe von Nutzungsformen auf, die **spezifische
urheberrechtliche** Fragestellungen aufweisen, die außerhalb des Internets keine Rolle
spielen. Diese hängt damit zusammen, dass bei der technischen Gestaltung der Inhalts-
nutzung im Rechner und im Internet immer Zwischenspeicherungen vorgenommen werden müssen. Darüber hinaus weisen sie Besonderheiten auf, dass der Transport der
geschützten Werke nicht durch das Verbreiten körperlicher Gegenstände, sondern kör-
perlos durch Download geschieht. Insoweit bestehen Parallelen zu Problemen des Softwarerechts.

Hier gab es in der Vergangenheit zunächst eine lange Diskussion, wie und in welcher
Weise das Recht geschützt würde, Werke im Internet zur Nutzung, sei es durch Download,
ad, sei es nur zum bloßen Lesen, sei es auch im Wege des ASP, zur Verfügung zu stellen.
Dieses Problem ist durch die gesetzliche Regelung des § 19 a UrhG, das **Recht der öffentlichen Zugänglichmachung,** mittlerweile eindeutig gelöst. Alle diese Nutzungsformen
unterfallen diesem Recht.

1245   Werden nun Informationen im Internet **bereitgestellt,** dabei aber gegen das Recht aus
§ 19 a UrhG offensichtlich oder weniger offensichtlich verstoßen, so handeln diejenigen,

---

[916] CR 2007, 590.

[917] *Reinholz,* ITRB 2008, 69.

[918] Dazu oben Rn. 1112.

[919] LG Coburg, Urt. v. 7. 2. 2001, 22 O 9/01, JurPC Web-Dok. 83/2001; OLG Hamburg, CR 2003,
290 = MMR 2003, 280.

[920] AG München, Beschl. v. 17. 1. 2000 – 1551 M 52 605/99 – Jur PC Web-Dok. 164/2000.

[921] Reinholz, in: Redeker (Hrsg.): Handbuch der IT-Verträge, Kap. 3.4, Rn. 30.

[922] Ausführlich *Reinholz,* in: Redeker (Hrsg.): Handbuch der IT-Verträge, Kap. 3.4, Rn. 26 ff.; unter
Berufung auf BGH, Urt. v. 5. 7. 2005, VII ZB 5/05, K&R 2005, 464 (465).

[923] Näher *Härting,* CR 2001, 37 (41 f.) und ITRB 2002, 96 (97 f.); Einzelbeispiel: AG Ettlingen, Urt.
v. 11. 5. 2001 – 2 C 259/00.

[924] *Härting,* ITRB 2002, 96 (98); OLG Köln, CR 2002, 832.

[925] LG Nürnberg-Fürth, NJW-RR 2009, 622.

die die Inhalte zum Abruf oder zur sonstigen Nutzung im Internet bereit stellen, **rechts-widrig**. Es stellt sich aber auch die Frage, ob die **Nutzer** solcher Angebote, also diejenigen, die etwa Musik oder Filme auf solchen Plattformen nutzen, selbst ihrerseits urheberrechts-widrig handeln. Dies ist ohne Zweifel dann der Fall, wenn sie dabei Vervielfältigungshand-lungen vornehmen, also insbesondere dann, wenn sie das Werk auf Dauer vollständig herunterladen. Hier greift auch das Recht auf Privatkopie nicht ein, weil das Kopieren offensichtlich rechtswidriger hergestellter oder offensichtlich rechtswidrig öffentlich zu-gänglich gemachter Vorlagen gem. § 53 Abs. 1 Satz 1 Urhebergesetz unzulässig ist.

Deutlich unklarer ist die Lage dann, wenn eine solche Kopie nicht angefertigt wird, sondern die illegale Vorlage nur aktuell auf dem Bildschirm gezeigt wird (sog. „**Strea-ming**"). Zunächst ist klar, dass je nach Gestaltung des Angebots derjenige, der solche Dienste anbietet, über das Senderecht oder das Recht zur öffentlichen Zugänglichmachung verfügen muss. Beim Live-Streaming geht es um das Senderecht, wird doch die Sendung für alle gleichzeitig bereitgestellt. Wird die Sendung nur zum Abruf bereitgehalten, greift das Recht auf öffentliche Zugänglichmachung ein.[926] Hat der Diensteanbieter das erforder-liche Nutzungsrecht nicht, handelt er urheberrechtswidrig. **1246**

Fraglich ist aber, ob dies auch der **Nutzer** tut. Dies ist nur dann der Fall, wenn er illegal vervielfältigt. Eine dauerhafte Kopie kann bei diesem Vorgang in vielen technischen An-wendungen nicht unterstellt werden.[927] Es werden freilich mehr oder minder **kurze Teile** des urheberrechtlich geschützten Werkes (des Films oder des Musikstücks) aus technischen Gründen kurzfristig **zwischengespeichert**. Der Speicherumfang kann von einer Sekunde bis zu Minuten gehen, in Einzelfällen ist sogar eine kurzfristige Gesamtspeicherung mög-lich. Eine dauerhafte Vervielfältigung ist nicht vorgesehen. Sobald das Gesamtwerk gespei-chert wird, liegt eine Vervielfältigung vor, ebenso bei einer Speicherung urheberrechtlich geschützter Teile. Man wird in vielen Fällen aber nicht sagen können, dass die jeweils einzeln zwischengespeicherten Teilabschnitte selbständig schutzfähig sind. Es wird also in vielen Fällen so sein, dass das, was auf dem Rechner des Nutzers vorübergehend abge-speichert wird, urheberrechtlich niemals geschützt ist. Geschützt ist nur das Gesamtwerk, das jedoch weder insgesamt noch in selbständig schutzfähigen Teilen abgespeichert wird. **1247**

Es stellt sich dann die Frage, ob hier von einer **Vervielfältigung** im urheberrechtlichen Sinne gesprochen werden kann. Dies wird in der Literatur so vertreten[928], insbesondere mit der sehr zweckgerichteten Argumentation, dass dem Urheber schließlich die Werk-nutzung ökonomisch zu Gute kommen müsse und er in vielen Fällen die Ersteller der rechtswidrigen Vorlage nicht belangen könne, weil diese unerreichbar auf kleinen Inseln säßen oder sonst wie unbekannt seien. **1248**

Darüber hinaus könnte das Vervielfältigungsrecht schon deswegen eingreifen, weil bei **verwandten Schutzrechten** (Filmhersteller, Laufbilder) das Recht der Tonträgerhersteller und der Filmhersteller oft auch bei der Vervielfältigung kleinster Teile geschützt seien.[929]

Diese sehr zweckgerichtete Argumentation vermag schon vom Ansatz her **nicht zu überzeugen**. Eine Norm, die ggfs. auch strafrechtlich relevant ist (vgl. § 106 UrhG) mehr oder minder erweiternd auszulegen, nur um Verwertungsinteressen des Urhebers abzusi-chern, die rechtlich auf andere Weise geschützt sind, aber nur tatsächlich möglicherweise nicht durchgesetzt werden können, ist dogmatisch kaum haltbar. Darüber hinaus führt sie auch zu praktischen Schwierigkeiten, weil dadurch eine unerlaubte Vervielfältigung auch dann vorliegt, wenn der einzelne Nutzer nur die Seite aufruft, auf der das jeweilige Musik- **1249**

---

[926] *Poll*, GRUR 2007, 476; *Schack*, GRUR 2007, 639 (641); *Büscher/Müller*, GRUR 2009, 558; *Koch*, ITRB 2011, 266.

[927] Näher zu den verschiedenen technischen Verfahren *Busch*, GRUR 2011, 496 (497 f.); *Koch*, GRUR 2010, 574.

[928] *Busch*, GRUR 2011, 496 (498 ff).

[929] *Busch*, GRUR 2011, 496 (500).

werk, der Film oder das sonstige urheberrechtlich geschützte Werk zum Abruf bereit gehalten werden und er vorher gar nicht erkennen kann, ob dies rechtswidrig ist oder nicht. Auch bei einem solchen Aufruf können einzelne Teile der Seite ggfs. zwischengespeichert werden. Freilich sind solche Zwischenspeicherungen nach § 44 a Nr. 2 UrhG geschützt, wenn es sich bei der Speicherung um eine vollständige oder begleitende Speicherung handelt und diese einen integralen und wesentlichen Teil eines technischen Verfahrens darstellt, wenn es denn um eine rechtmäßige Nutzung eines Werks geht.[930]

Eine solche rechtmäßige Werknutzung läge aber auch bei dem Aufruf der Seite ja nicht vor, so dass dieses Privileg nicht eingreift. Dies versucht die dargestellte Meinung dadurch zu verhindern, dass sie das Wort rechtmäßig dadurch ersetzt, dass eine rechtmäßige Nutzung immer dann vorliegt, wenn eine nicht offensichtlich rechtswidrige Vorlage verwendet wird.[931] Dies ist zum einen schon mit dem Wortlaut der Norm nicht vereinbar, weil das Gesetz sehr wohl zwischen rechtmäßigem Handeln und offensichtlich rechtswidriger Vorlage unterscheidet und im Übrigen die Frage, wann eine offensichtlich rechtswidrige Vorlage benutzt wird, sich beim Aufrufen einer Seite nur sehr schwer entscheiden lässt. § 44 a UrhG greift daher nicht ein. Auch § 44 a Nr. 1 UrhG ist nicht anwendbar, weil die Vorschrift nur Datenvermittler, nicht aber Datenempfänger privilegiert.[932] Die Literaturmeinung ist daher nicht nur dogmatisch falsch, sondern hat auch nicht tragbare praktische Konsequenzen. Ihr ist daher nicht zu folgen.

1250   Es spricht viel dafür, dass in diesem Bereich eine **kurze Zwischenspeicherung** nicht selbständig schutzfähiger Bestandteile, jedenfalls **nicht** das **Urheberrecht** verletzt[933]. Dies mag in Einzelfällen möglicherweise in Vervielfältigungsrechten aus verwandten Schutzrechten eingreifen, für die ja weniger hohe Voraussetzungen der Schutzfähigkeit gelten allerdings auch weniger einschneidende Folgen haben. Andernfalls würden nicht nur dogmatische Grundsätze verletzt, sondern auch praktische Schwierigkeiten entstehen, die der Gesetzgeber vermeiden wollte.

Bei nicht offensichtlich rechtswidrigen Vorlagen ist außerdem eine Speicherung als **Privatkopie** nach § 53 UrhG zulässig.[934]

1251   Ein weiteres hier auftretendes Problem ist das Problem von **digitalen Audio- und/oder Videorekordern.** Hier geht es um ein Geschäftsmodell, das einem einzelnen auf Wunsch Privatkopien einzelner Sendungen herstellt, die dieser dann abrufen kann, wenn ihm die Nutzung zeitlich passt.

Unstreitig ist es zulässig, wenn dies der jeweils einzelne Betroffene in seinem eigenen Fernsehgerät oder Computer entsprechend einrichtet und Sendungen, die er erlaubt empfangen kann, entsprechend speichert. Streitig ist die Frage, ob dies als Dienstleistung auch ein Internetdienstleister tun kann, der dies sozusagen für den Kunden tut und diesen dann später entsprechende Dinge zur Verfügung stellt.

1252   Der BGH hat die **Speicherung** als **zulässig** erachtet, weil der Kunde Hersteller der Kopie ist,[935] die die **gleichzeitige Übertragung** an verschiedene Nutzer aber als Eingriff in das **Senderecht** beurteilt, so dass die Modelle derzeit wohl unzulässig sind.[936] Möglicherweise ergibt sich aber die Möglichkeit, in ihnen eine Kabelweitersendung zu sehen.[937]

---

[930] *Koch,* GRUR 2010, 574 (575); *Vianello,* GRUR 2010, 728 (730).

[931] *Busch,* GRUR 2011, 496 (501 f); i. E. ebenso *Fangerow/Schulz,* GRUR 2010, 677 (680).

[932] *Hullen,* ITRB 2008, 330.

[933] *Koch,* GRUR 2010, 574 (575).

[934] *Vianello,* CR 2010, 128 (130).

[935] **A. A.** *Wimmers/Schulz,* CR 2008, 170 (175) unter Darstellung entsprechender obergerichtlicher Rechtsprechung.

[936] CR 2009, 598 m. Anm. *Lüghausen;* kritisch *Neurauter,* GRUR 2011, 691 (694); anders OLG Stuttgart, CR 2008, 319 m. Anm. *Dornis:* Recht der öffentlichen Zugänglichmachung verletzt.

[937] Dazu *Neurauter,* GRUR 2011, 691 (693 ff.).

Ein weiteres neues, für Urheberrechte aber sehr wichtiges Phänomen im Internet ist die **1253**
weite Verbreitung der Veröffentlichung selbst geschaffener Inhalte durch Internetnutzer.
Im Internetforen, in Wikis, in Blogs und bei vielen anderen Plattformen veröffentlichen
einzelne private Internetnutzer Textbeiträge, selbstgeschaffene oder auch übernommene
Videos, Musikdateien und andere Werke (sog. **nutzergenerierte Inhalte**). Bei Online-
Spielen kommt sogar eine Beteiligung an der Programmierung der Engine in Betracht.[938]
Dies ist sicher ganz unproblematisch, wenn es wirklich um selbst geschaffene Produkte
geht. Urheberrechtlich problematisch ist es dann, wenn im Rahmen dieser Beiträge urheberrechtlich geschützte Werke Dritter mit einbezogen werden. Dies geht von der bloßen
Kopie solcher dritten Werke bis hin zu einer Nacherzählung und Weiterentwicklung von
weit verbreiteten oder von den einzelnen Nutzern besonders geschützten Romanen, Film-
oder TV-Werken. Hinzukommen können auch noch Veröffentlichungen von Fotos Pro-
minenter, die in die Privatsphäre dieser Prominenten eingreift.

Bei der Erzeugung und Veröffentlichung all dieser Beiträge sind in aller Regel zumin- **1254**
dest **zwei Verwertungsrechte** des jeweiligen **Urhebers** betroffen, nämlich das Vervielfältigungsrecht und das Recht der öffentlichen Zugänglichmachung – müssen doch die Inhalte,
bevor sie hervorgeladen werden, zunächst gespeichert werden.

Solche urheberrechtlichen Verwertungshandlungen bedürfen prinzipiell der Zustimmung der betroffenen Urheber. Diese wird in aller Regel nicht vorliegen und kann von
den jeweiligen einzelnen Personen auch kaum eingeholt werden.

Über die genannten Rechte hinaus ist häufig auch noch das **Bearbeitungsrecht** betrof- **1255**
fen, weil urheberrechtlich geschützte Werke in mehr oder minder großem Umfang umge-
staltet werden. Darüber hinaus kann auch das Entstellungsverbot des § 14 UrhG beeinträchtigt sein, ggf. auch das Veröffentlichungsrecht des § 12 UrhG, beides Rechte, auf die
nicht vollständig verzichtet werden kann. Je nach Umständen des Einzelfalls kommen
auch das Namensnennungsrecht in Betracht.

Eine urheberrechtliche Nutzung kommt prinzipiell nur **mit Einwilligung** der betroffe- **1256**
nen Urheberrechtsinhaber in Betracht, die jedoch in den hier betrachteten Fällen praktisch
nicht erreichbar ist. Es gibt aber eine Reihe von Schranken des Urheberrechts, die im
Bereich herkömmlicher Veröffentlichungsmedien und darüber hinaus gelten, die aber auch
für nutzergenerierte Inhalte in Betracht zu ziehen sind.[939]

Zu nennen ist namentlich die Schranken des § 49 UrhG, der es erlaubt, einzelne Rund- **1257**
funkkommentare und **einzelne Artikel** aus Zeitungen sowie mit ihnen im Zusammenhang
veröffentlichte Abbildungen und andere lediglich Tagesinteressen dienende Informationen
in anderen Zeitungen und Informationsblättern zu vervielfältigen und zu verbreiten sowie
öffentlich wiederzugeben. Dieses Recht kann man möglicherweise erweiternd auch auf
Präsentationen solcher Inhalte im Internet ausdehnen. Man muss allerdings beachten, dass
das Recht nur im Zusammenhang mit **Tagesdiskussionen** dient, also insbesondere im
Zusammenhang mit den politischen Diskussionen eine Rolle spielt und dass es im Übrigen
zu einer von einer Verwertungsgesellschaft geltend zu machende Verfügungspflicht gibt.[940]

Vom Wortlaut des § 49 UrhG her ist eine solche erweiternde Auslegung auch auf
Internetveröffentlichungen allerdings zweifelhaft und kann nur wegen der entsprechenden
Bedeutung einer öffentlichen Debatte im Internet vertreten werden. Angesichts der Ver-
gütungspflicht ist sie außerdem in vielen Fällen ohne Bedeutung.

Eine weitere Privilegierung ergibt sich aus § 50 UrhG, nach dem zur Berichterstattung **1258**
über Tagesereignisse durch Funk oder durch ähnliche technische Mittel, in Zeitungen,

---

[938] *Katko,* in: Büchner/Briner (Hrsg.): DGRI Jahrbuch 2009, 167 (170 f.).
[939] Zum Folgenden näher *Bauer* in Große-Ruse-Khan/Klass/von Lewinski (Hrsg.): Nutzergenerierte Inhalte als Gegenstand des Privatrechts, S. 1 (24 ff.).
[940] Dazu näher: Große-Ruse-Khan/Klass/von Lewinski (Hrsg.): Nutzergenerierte Inhalte als Gegenstand des Privatrechts, S. 1 (25 f.); vgl. auch Schricker/Loewenheim/*Melichar,* § 49, Rn. 38 ff.

Zeitschriften und in anderen Druckschriften oder sonstigen Datenträgern, die im wesentlichen Tagesinteressen Rechnung tragen, die Vervielfältigung, Verbreitung und öffentliche Wiedergabe von Werken, die im Verlauf dieser Ereignisse wahrnehmbar werden, in einem durch den Zweck gebundenen Umfang zulässig ist. Dies betrifft insbesondere Berichterstattung über Tagesereignisse, selbst hergestellte Filme oder Audiodateien, wo Musik oder andere Werke zu sehen sind oder etwa auch die Abfilmung von Denkmälern. und vergleichbaren Dingen. Die Veröffentlichung muss dann auch noch in aktuellem Zusammenhang mit der Diskussion über die Tagesereignisse stattfinden[941].

1259   Eine weitere Nutzungsmöglichkeit ergibt sich aus der **Zitatprivilegierung** des § 51 UrhG, die allerdings voraussetzt, dass der nutzergenerierte Inhalt entweder ein selbstständiges wissenschaftliches Werk oder ein selbstständiges Sprachwerk oder ein selbstständiges Musikwerk ist, was in vielen Fällen wegen der notwendigen Werkhöhe nicht der Fall ist. Dabei kann im Rahmen eines wissenschaftlichen Werks sogar ein ganzes Werk als Zitat übernommen werden **(Großzitat)**. Sonst können nur Stellen eines Werkes zitiert werden. Das Großzitat kann dabei zu Problemen führen, weil es von Suchmaschinen u. U. als selbständiges Werk und nicht als Zitat gefunden wird.[942]

Nicht in Betracht kommt die Privilegierung der Vervielfältigung zum **privaten Gebrauch**, weil diese gerade nicht zur öffentlichen Wiedergabe benutzt werden darf (§ 52 Abs. 6 UrhG).

Über die eben genannten Zwecke hinaus können **Werke an öffentlichen Plätzen** dann auch im nutzergenerierten Internet wiedergegeben werden.

1260   Ein weiterer Privilegierungstatbestand ist die sogenannte **freie Benutzung** nach § 24 UrhG. Nach dieser Vorschrift darf ein selbstständiges Werk, das in freier Benutzung eines anderen Werks geschaffen worden ist, ohne Zustimmung des Urhebers des benutzenden Werks veröffentlicht und verwertet werden. Diese Vorschrift setzt allerdings voraus, dass zunächst ein neues Werk entstanden ist, also eine persönliche geistige Schöpfung im Sinne von § 2 Abs. 2 UrhG erzeugt worden ist. Es reicht nicht die bloße Herstellung von Reproduktionsfotos u. ä. mehr.

Darüber hinaus muss ein erheblicher Abstand vom früheren Werk, d. h. eine gewisse Selbstständigkeit vorliegen. Man spricht davon, dass die Eigenpersönlichkeitszüge des älteren Werks gegenüber dem neuen Werk verblassen müssen.[943] Hier werden ganz erhebliche Anforderungen aufgestellt, die in vielen Fällen von nutzergenerierten Inhalten nicht erreicht werden können.

1261   Insgesamt dürfte die Nutzung fremder urheberrechtsgeschützter Inhalte in selbst geschaffenen Werken im Internet **selten erlaubt** sein.

Dies gilt **auch für die Weiterentwicklung** von Geschichten durch Liebhaber solcher Geschichten und ihre **Veröffentlichung** im Internet. Jeder kann solche Geschichten weitererzählen. Wenn er aber dabei von Dritten geschaffene Figuren, ihre Eigenschaften oder die bisherige Story benutzt, dürfte oft keine freie Benutzung, sondern nur eine unfreie Bearbeitung vorliegen, die in die Rechte des früheren Urhebers eingreift.[944]

Auch dies kann zu urheberrechtlichen Problemen führen.

1262   Ob die hier genannte Rechtslage insbesondere dann, wenn der **nutzergenerierte Inhalt gemeinfrei** und ohne wirtschaftliches Interesse im Internet eingestellt wird, auf Dauer eine gerechte Verteilung zwischen Meinungs-, Kunst- und Informationsfreiheit einerseits und Urheberrechtsschutz andererseits darstellt, kann politisch durchaus diskutiert werden. Zu bemerken ist allerdings, dass zumindest die Veröffentlichungsplattformen oft aus dem

---

[941] Dazu Schricker/Loewenheim/*Vogel*, § 50 Rn. 13; *Knopp,* GRUR 2010, 28.
[942] Näher *Bisges*, GRUR 2009, 730.
[943] Dazu Bauer in Große-Ruse-Khan/Klass/von Lewinski (Hrsg.): Nutzergenerierte Inhalte als Gegenstand des Privatrechts, S. 1 (35 ff.).
[944] Dazu Schricker/*Loewenheim*, § 24 UrhG, Rn. 19.

veröffentlichten Inhalt selbst hohe Einnahmen erzielen. Die großen Veröffentlichungsplattformen wie You Tube oder Klickr finanzieren sich durch Werbeeinnahmen und sind
als gewerbliche Unternehmen einzuschätzen, so dass zumindest eine Vergütungspflicht
vorzusehen wäre. Dies sind aber rechtspolitische Diskussionen. De lege lata bleibt es aber
dabei:

Nutzergenerierte Inhalte, die urheberrechtlich Verwertungshandlungen beinhalten, sind
ohne Zustimmung der Urheber im weiten Feld unzulässig.

Ein letztes Problem betrifft **digitale Archive.** Sind in Ihnen urheberrechtlich geschützte   **1263**
Werke enthalten, müssen auch zeitliche Grenzen von Nutzungsbefugnissen beachtet
werden. Neben vertraglichen Regelungen gilt dies z. B. auch für das Recht des § 50 UrhG,
das die Wiedergabe geschützter Werke in der Berichterstattung über Tagesereignisse zulässt. Dieses Recht gilt nur in enger zeitlicher Beziehung zur aktuellen und nicht für die
Aufbewahrung in Archiven.[945]

b) Haftung von Internetdiensteanbietern

aa) Grundfragen

Wie schon in der Einleitung zu diesem Abschnitt erwähnt, spielen bei der Nutzung   **1264**
insbesondere des Internets urheberrechtliche, markenrechtliche und wettbewerbsrechtliche Fragen ebenso eine Rolle wie es vorkommt, dass Persönlichkeitsrechte verletzt
werden. Grundsätzlich gelten für alle diese Fragen die Regeln, die auch außerhalb des
Internets gelten. Auch die Veröffentlichung urheberrechtlich geschützter Texte Dritter im
Internet ist nur mit Erlaubnis der Rechteinhaber zulässig, weil sie zumindest in das Recht
auf öffentliche Zugänglichmachung des § 19 a UrhG eingreift. Umgekehrt sind Texte oder
Bilder, die im Internet veröffentlich werden, unter den gleichen Umständen urheberrechtlich geschützt wie dies allgemein so ist. Ähnliches gilt für Markenrechte. Hier sind die
domainrechtlichen Fragen ja schon aufgegriffen worden. Darüber hinaus können natürlich
auch in anderer Weise geschützte Marken im Internet rechtswidrig verwandt werden. Das
gleiche gilt für Namensrechte. Auch Wettbewerbsverstöße kommen vor. Darüber hinaus
könnten Persönlichkeitsrechte Betroffener verletzt werden, indem falsche Tatsachen über
sie behauptet werden, sie beleidigt werden oder Dinge veröffentlicht werden, die in die
Privatsphäre oder die Intimsphäre der Personen gehören und daher nicht veröffentlicht
werden dürfen. Auch für Einzelheiten all dieser Fragen kann im Grundsatz im Rahmen
dieser Darstellung nicht eingegangen werden. Hier ist auf die allgemeine Literatur zu
Urheberrecht, Markenrecht, Wettbewerbsrecht und Persönlichkeitsschutz zu[946].

Allerdings stellen sich internetrechtlich einige **komplizierte Zusatzprobleme.** An einem   **1265**
Rechtsverstoß im Internet sind nahezu immer **mehrere beteiligt.** Persönlichkeitsverletzen-
de Texte und Bilder werden zwar von Internetnutzern auf Internetplattformen eingestellt.
In aller Regel betreiben die Nutzer aber nicht die Plattformen. Ohne die Dienste von
Access-Providern und Host-Providern werden diese Plattformen nicht zugänglich sein.
Damit sind allein dann, wenn irgendein Internetnutzer beleidigende Inhalte irgendwo ins
Internet stellt, zumindest der Plattformbetreiber, auf deren Plattform er diese Beleidigung
einstellt, der Host-Provider dieses Plattformbetreibers sowie die beiderseitigen Access-
Provider mit beteiligt. Es kann allerdings in einzelnen Fällen sein, dass die verschiedenen
Hilfsdienste von den gleichen Personen erbracht werden oder die Beleidigungen oder
sonstige Persönlichkeitsverletzungen etwa von einer Zeitung begangen werden, die dies
auf der eigenen Plattform tut. Dies reduziert die Zahl der Beteiligten, ändert aber an der zu
Grunde liegenden Situation nichts.

---

[945] BGH, Urt. v. 5. 10. 2010, I ZR 127/08, ITRB 2011, 163.
[946] Vgl. auch *Meyer*, Identität und virtuelle Identität natürlicher Personen im Internet, S. 112 ff.

1266   Wer konkret gehandelt hat, lässt sich in vielen Fällen nicht feststellen, auch bei Beleidigungen nicht, weil diese auf manchen Plattformen oder in manchen Blogs **anonym** erfolgen und auch auf behauptete Klarnahmen ja keinesfalls den Namensträgern zugeordnet werden können, weil dafür die entsprechenden Authentifizierungsmechanismen nicht bereitgestellt werden. Es kann aber auch so sein, dass sehr wohl bekannt ist, wer etwa Urheberrechtsverletzungen begangen oder Persönlichkeitsrechte verletzt hat. Der Handelnde sitzt aber unerreichbar im Ausland, möglicherweise in einem Land, in dem man entsprechende Rechtsverletzungen nicht ernsthaft verfolgen kann oder in dem die Verfolgung für den Verletzten mit erheblichen Schwierigkeiten verbunden ist.

1267   In all diesen Fällen wollen die Verletzten die anderen Beteiligten belangen, sei es sie auf Unterlassung in Anspruch nehmen, sei auch, Schadensersatz von ihnen zu verlangen. Es hat sich daher eine sehr umfangreiche Rechtsprechung zu der Frage entwickelt, wer **für Handeln Dritter** im Internet **verantwortlich** ist. Dies gilt für die Eltern, die plötzlich doch für ihre Kinder haften sollen, obwohl die Kinder entweder erwachsen sind oder die Aufsichtspflicht nicht vernachlässigt wurde, für Ehepartner, die über den Rahmen des § 1357 BGB hinaus für einander verantwortlich sein sollen, aber auch für zu Access-Provider oder Host-Provider, die für das Handeln ihrer Kunden verantwortlich gemacht werden. Zur Begrenzung der Verantwortlichkeiten insbesondere von Providern ist der Gesetzgeber eingeschritten und hat in den Regelungen der §§ 7 ff. TMG Regelungen getroffen, die diese Haftung begrenzen sollen. Welche Fälle diese Haftungsbegrenzung betreffen, ist nun wiederum auch streitig.

1268   All diese Fragen sollen in der Folge im Detail aufgegriffen und diskutiert werden, weil es um internetspezifische Probleme geht. In der folgenden Diskussion wird vorausgesetzt, dass der eigentlich Handelnde Rechtsverletzungen begangen hat und für seine Handlungen ggf. in gleicher Weise haftet wie für Handlungen außerhalb des Internet. Erörtert wird die Frage, ob für diese rechtswidrigen Handlungen einzelner weitere Beteiligte auf Unterlassung oder Schadensersatz in Anspruch genommen werden können.

bb) Eigene Inhalte

1269   Die jeweiligen Provider **haften** immer für ihre **eigenen Inhalte**. Welche dies sind, ist in vielen Fällen klar. Probleme entstehen dann, wenn von Dritten eingestellte Inhalte den Providern als eigene Inhalte zugerechnet werden sollen. Man spricht von Inhalten, die sich der Provider **zu Eigen macht**.[947] Dies muss sicher dann geschehen, wenn diese dritten Inhalte auf einer Homepage im Internetauftritt einer Firma veröffentlicht werden, ohne dass erkennbar ist, dass diese Inhalte von Dritten stammen[948]. Anders ist dies bei Auktionsplattformen. Dort eingestellte Angebote sind keine eigenen Angebote des Plattformbetreibers.[949] Die Rechtsprechung hat allerdings in immer wieder auch in Situationen, wo für jeden erkennbar war, dass es sich um Inhalte Dritter handelt, diese Inhalte als eigene Inhalte des jeweiligen Providers behandelt und ist damit zu einer umfassenden Haftung des Providers für diese Inhalte gekommen.

1270   So hat das OLG Köln entschieden, dass derjenige, der ein **Diskussionsforum** unterhält, dessen Themen er vorgibt, für dort vorhandene Beiträge trotz eines gegenteiligen Hinweises wie für eigene Inhalte haftet[950] – eine sehr fragliche und nur wegen besonderer

---

[947] Umfangreiche Darstellung bei *Döpkens/Poche*, in: Raue/Hegemann (Hrsg.): Münchener Anwaltshandbuch Urheber- und Medienrecht, § 30 Rn. 44 ff. auch zu europarechtlichen Zweifeln an der Rechtsfigur der zu eigen gemachten Inhalte; vgl. auch *Kempel/Wege*, in: Große Ruse-Khan/Klass/v. Lewinski (Hrsg.): Nutzergenerierte Inhalte, S. 95 (101 ff.).

[948] LG München I, MMR 2007, 260 (Framing).

[949] LG Potsdam, Urt. v. 10. 10. 2002, 51 O 12/02, JurPC Web-Dok. 339/2002; OLG Brandenburg, Urt. v. 16. 12. 2003, 6 U 161/02, JurPC Web-Dok. 222/2004.

[950] OLG Report CR 2678 mit ablehnender Anm. Eckhardt = NJW- RR 2000, 1700.

allgemeiner Geschäftsbedingung im konkreten Fall noch vertretbare Entscheidung.[951] Auch die bloße Tatsache, dass die Marke des Providers in unmittelbarem Zusammenhang mit einem fremdem Beitrag steht, ihn aber nicht kennzeichnet, macht entgegen LG Hamburg[952] den Beitrag noch nicht zu einem eigenen des Providers. Ebenso wenig können Navigationshilfen des Betreibers für seine Internetplattform die fremden Inhalte seiner Plattform zu seinen eigenen machen[953]. Anders ist dies dann, wenn der Forumsbetreiber die Beiträge **vor Veröffentlichung prüft**, sich ihre Veröffentlichung **vorbehält** und die Nutzungsrechte am den veröffentlichten Beiträgen weit über die Nutzung im Rahmen seines Internetauftritts hinaus[954] vollständig erwirbt[955]. Wer fremde Meinungen als eigene Inhalte unter einer speziellen mit seiner Firmenbezeichnung benannten News-Rubrik in seiner eigenen Vermarktung in das Internetportal aufnimmt, haftet zu Recht für sie als eigene Inhalte, auch wenn er auf den fremden Ursprung der Meldungen hinweist.[956] Die Rechtsprechung[957] neigt auch dazu, zu eigen gemachte Inhalte schon dann anzunehmen, wenn der Seitenbetreiber die Fremdbeiträge inhaltlich prüft, auch wenn für den Leser die Inhalte als Inhalte Dritter erscheinen. Dies ist deshalb problematisch, weil dadurch sorgfältigere Anbieter gegenüber weniger sorgfältigen haftungsmäßig benachteiligt werden. Die bloße regelmäßige anlasslose Prüfung der eingestellten Inhalte sollte daher alleine noch nicht zur Annahme führen, es handele sich um zu eigen gemachte Inhalte. Bei **Bewertungsportalen** dürften die einzelnen Bewertungen fremde Inhalte, eine vom Portalbetreiber evtl. erstellte Gesamtbetrachtung aber ein eigener Inhalt sein.[958]

Darüber hinaus müssen insbesondere dann, wenn es um **Diskussionsforen**, Wiki's u. ä.   **1271** geht, die Grundrechte auch der Forenbetreiber, insbesondere die Meinungs-, ggf. auch die Pressefreiheit beachtet werden. Vorsorgliche Prüf- und Obhutspflichten dürfen nicht so weit gehen, dass sie die freie Diskussion im Internet verhindern oder übermäßig erschweren, auch nicht dadurch, dass fremde Inhalte zu eigenen des Forumsbetreibers erklärt werden.[959] Diese Grundsätze sind nicht nur im Bereich der Prüfpflichten zu berücksichtigen, sondern haben auch Einfluss auf die Auslegung des BDSG bei seiner Anwendung im Bereich von Meinungsforen, Bewertungsportalen und vergleichbaren Diensten. So hat der BGH die Speicherung von Bewertungen in in bestimmter Weise strukturierten Bewertungsportalen in einer verfassungskonformen Auslegung von § 29 Abs. 2 BDSG zugelassen, um die Freiheiten des Art. 5 GG zu schützen.[960] Dabei ist eine Interessenabwägung vorzunehmen, die neben den Interessen des Bewertenden und des Bewerteten auch die Gestaltung des Portals berücksichtigt. Dabei sind Kriterien zu berücksichtigen, wie sie im Bereich des Persönlichkeitsschutzes in den letzten Jahrzehnten entwickelt wurden.[961]

---

[951] A. A. *Spindler*, NJW 2002, 921 (923).

[952] ITRB 2011, 58 = CR 2010, 818; aufgehoben durch OLG Hamburg, ITRB 2011, 103; noch weitergehend LG Hamburg, AfP 2007, 277; vgl. hier auch OLG Frankfurt/M., Urt. v. 12. 2. 2008, 11 U 28/07, JurPC Web-Dok. 154/2008.

[953] A. A. LG Hamburg, ITRB 2011, 58 = CR 2010, 818.

[954] Dazu OLG Zweibrücken, MMR 2009, 541.

[955] Ähnlich *Stopp*, ITRB 2006, 186 (188 f.); BGH, CR 2010, 469 m. Anm. Hoeren/Plattner; OLG Hamburg, CR 2008, 452; ; insoweit ähnlich LG Hamburg, ITRB 2011, 58.

[956] OLG Düsseldorf NJW-RR 2002, 910; richtig auch OLG München, NJW 2002, 2398 hinsichtlich der Haftung von sog. Verbraucherschutzseiten; LG Hamburg, BB 2011, 2242 zu Hotelbewertungen in Reisebuchungsportalen.

[957] BGH, CR 2010, 469 m. Anm. Hoeren/Plattner.

[958] Dazu *Kamp*, Personenbewertungsportale, S. 30 f.

[959] Dazu näher *Degenhardt*, CR 2011, 231.

[960] NJW 2009, 2888; korrekt wäre die Anwendung von § 29 Abs. 1 BDSG gewesen.

[961] Dazu z. B. *Erman/Klass*, Anh. § 12; kritisch zum Ganzen *Kamp*, Personenbewertungsportale, der das BDSG auf Bewertungsportale nicht anwenden will, sondern auf § 57 RStV zurückgreift.

1272   Die Hinweise der Suchmaschine auf **Treffer** sind eigene **Links der Suchmaschine** und daher eigene Inhalte. Solche Suchmaschinen sind aber für die Nutzung des Internets von zentraler Bedeutung und sind darüber hinaus durch Mediengrundrechte geschützt.[962] Ihre Haftung ist schon deswegen eingeschränkt. Sie haften daher für solche Links nicht, wenn sie die Links nach den Vorgaben des Suchenden herausgeben.[963] Selbst wenn der Betreiber generell von Persönlichkeitsverletzungen weiß, kann er nicht ohne konkreten Anlass alle Internetauftritte, die seine Suchmaschine bei Eingabe eines Namens nennt, auf Persönlichkeitsverletzungen durchsuchen.[964] Er muss allerdings einzelne rechtsverletzende Links entfernen, wenn er auf sie konkret hingewiesen wird und die Rechtsverletzung klar erkennbar ist.[965]

1273   Dies gilt auch, wenn die Zusammenfassung des Inhaltes von angezeigten Treffern zu einer **Verkürzung des Inhalts** des Internetauftritts führen, auf die verlinkt wird. Für sich aus der Verkürzung ergebende Rechtsverletzungen des Inhabers des Internetauftritts oder von Dritten haftet der Suchmaschinenbetreiber in der Regel nicht.[966] Insbesondere technisch bearbeitete, vergröberte und verkleinerte graphische Darstellungen in der Suchanzeige (sog. **thumbnails**) sind oft nur unfreie Bearbeitungen urheberrechtlich geschützter Darstellungen, an denen der Suchmaschinenbetreiber keine Rechte besitzt, deren Nutzung bei der Darstellung der Treffer aber ein öffentliches Zugänglichmachen im Sinne von § 19 a UrhG ist, so dass die Rechte des Urhebers beeinträchtigt werden.[967] Geschieht dies aber in einer auch dem Rechtsinhaber bekannten Art und kann dieser die Darstellung technisch verhindern, tut dies aber nicht, stellt sich die Einstellung der graphischen Darstellung in seinen Internetauftritt zwar nicht als Einräumung von Nutzungsrechten, aber als **Einwilligung** auch zur Nutzung durch die Suchmaschine dar – eine im Ergebnis begrüßte, in der Begründung aber umstrittene Lösung. Letztendlich geht es aber um die Funktionsfähigkeit des Internets.[968] Das Vorgehen der Suchmaschine ist daher rechtmäßig. Dies dürfte auch im Hinblick auf das **Recht am eigenen Bild** für die Bilder gelten, die der Abgebildete selbst oder ein Dritter mit seiner Einwilligung ins Internet gestellt hat.[969] Ob für spezielle **Personensuchmaschinen** im Hinblick auf Persönlichkeitsrechte oder das Recht am eigenen Bild verschärfte Anforderungen gelten, muss noch intensiv diskutiert werden. Dafür spricht angesichts der speziellen Zielsetzung dieser Maschinen aber viel.[970] Ist schon die Veröffentlichung, auf die der Suchmaschinentreffer verweist, unrechtmäßig, ist auch die Darstellung in der Trefferliste der Suchmaschine rechtswidrig. Diese muss die Darstellung nach einem entsprechenden Hinweis löschen und für die Zukunft verhindern.

1274   Interessant ist auch die Auffassung des BGH, selbst ein gegenüber dem Suchmaschinenbetreiber erklärter **Widerruf der Einwilligung** sei **unbeachtlich,** wenn er nicht gegenüber der Allgemeinheit erfolge und keine technisch mögliche Maßnahmen zur Verhin-

---

[962] OLG Hamburg, CR 2011, 667; ausführlich *Schulz*, CR 2008, 470.

[963] LG Frankfurt a. M., NJW-RR 2002, 545; Urt. v. 10. 11. 2000, 3 – 08 O 159/00, JurPC Web-Dok. 182/2001; LG München I, CR 2001, 46; 196; *Hammel/Weber*, AGB, S. 88; KG, NJW-RR 2006, 1481 = CR 2006, 413 für Meta-Suchmaschine; *Volkmann*, GRUR 2005, 200 (205).

[964] *Döpkens/Poche*, in: Raue/Hegemann (Hrsg.): Münchener Anwaltshandbuch Urheber- und Medienrecht, § 30, Rn. 138, OLG Hamburg, MMR 2010, 141; Urt. v. 16. 8. 2011, 7 U 51/10, JurPC Web-Dok. 158/2011Web.

[965] OLG Nürnberg, K&R 2008, 614.

[966] OLG Stuttgart, CR 2009, 187; a. A. *Schuster*, CR 2007, 447.

[967] *Härting*, Internetrecht, Rn. 970; *Leistner/Stang*, CR 2008, 499 (503 ff.); LG Hamburg, CR 2009, 47 m. Anm. Kleinemenke; BGH, CR 2010, 463; dazu *Spindler*, GRUR 2010, 785; *Hüsch*, CR 2010, 452; *Wielsch,,* GRUR 2011, 665 (671 f.); a. A. *Wimmers/Schulz*, CR 2008, 170 (176 f.).

[968] BGH, NJW 2010, 2731 = CR 2010, 463; zur Gesamtproblematik *Wiebe*, GRUR 2011, 888.

[969] LG Köln, Urt. v. 22. 6. 2011, 28 O 819/10, JurPC Web-Dok. 123/2011.

[970] **A.A.** LG Köln, Urt. v. 22. 6. 2011, 28 O 819/10, JurPC Web-Dok. 123/2011; näher zu Personensuchmaschinen: *Seidel/Nink*, CR 2009, 666.

derung des Treffers und/oder des Thumbnails ergriffen würden. Diese Konsequenz hängt aber von der jeweiligen Fallkonstellation ab und greift nicht immer ein.[971] Sie ist allerdings Ausdruck der Tatsache, dass ohne solche technischen Abwehrmaßnahmen der Suchmaschinenbetreiber die Treffer bzw. Thumbnails mit zumutbarem Aufwand nicht sicher verhindern kann.[972]

cc) Die Regelungen des TMG und ihre Anwendbarkeit

Weltweit haben auch Gesetzgeber auf die oben[973] dargestellte Situation reagiert. Grundlage der derzeit geltenden Regelung für Europa ist die sog. E-Commerce-Richtlinie[974].   **1275**

Die Umsetzung der hier relevanten Normen dieser Richtlinie in deutsches Recht findet sich heute in den **§§ 7–10 TMG.** Diese Normen regeln Einschränkungen der Haftung von Diensteanbietern für Inhalte, die nicht ihre eigenen Inhalte sind, und zwar unterschiedlich für Access-Provider, verschiedene technische Hilfsdienste und Hostprovider. In der Folge werden diese Normen noch im Detail dargestellt.

Zuvor ist allerdings eine **Grundsatzfrage** zu klären, nämlich die, ob die Normen des TMG überhaupt auf alle in diesem Zusammenhang interessanten Ansprüche **Anwendung finden.** Dabei unterscheidet die Rechtsprechung zwischen Unterlassungsansprüchen und weitergehenden, insbesondere Schadensersatzansprüchen. Der BGH wendet in ständiger Rechtsprechung die Vorschriften des TMG, die eine Haftungsprivilegierung der Provider bedeuten, auf Unterlassungsansprüche nicht an.[975]   **1276**

Dem Wortlaut des **Gesetzes,** wie auch dem Wortlaut der Richtlinie lässt sich eine solche Einschränkung allerdings **nicht entnehmen.** Vielmehr sieht z. B. § 7 Abs. 2 Satz 1 TMG ausdrücklich vor, dass Diensteanbieter wie Access-Provider oder Host-Provider nicht verpflichtet sind, die von ihnen übermittelten oder gespeicherten Informationen zu überwachen oder nach Umständen zu forschen, die auf eine rechtswidrige Tätigkeit hinweisen. Ohne eine solche Überwachung kann aber ein Diensteanbieter gar nicht wissen, ob Dritte seinen Dienst zu rechtswidrigen Handlungen nutzen – er kann also auch nicht dafür sorgen, dass das nicht geschieht. Unterlassungsansprüche setzen damit die Pflicht zur Überwachung der Inhalte Dritter voraus. Dem Wortlaut nach verbietet § 7 Abs. 2 TMG aber solche Pflichten – Unterlassungsansprüche lassen sich daher nur schwer mit § 7 Abs. 2 TMG vereinbaren. Auch den einzelnen Regelungen der §§ 8 ff. TMG ist eine Einschränkung dahingehend, dass die Vorschriften Unterlassungsansprüche nicht umfassen, nicht zu entnehmen.

Allerdings enthält die **Vorbemerkung 47** der Richtlinie den Hinweis, dass zwar Überwachungspflichten generell verboten sind, aber nicht Überwachungspflichten in spezifischen Fällen. Die **Vorbemerkung 48** der Richtlinien sieht vor, dass die Mitgliedsstaaten von den Diensteanbietern, die von Nutzern ihres Dienstes bereitgestellte Informationen speichern, verlangen können, die nach vernünftigem Ermessen von ihnen zu erwartende und in innerstaatlichen Rechtsvorschriften niedergelegte Sorgfaltspflicht anzuwenden, um bestimmte rechtswidrige Tätigkeiten aufzudecken und zu verhindern. Aus diesen Vor-

---

[971] Kritisch insoweit *Spindler,* GRUR 2010, 785 (790).

[972] Plastisch der Sachverhalt von LG Köln, Urt. v. 22. 6. 2011, 28 O 819/10, JurPC Web-Dok. 123/2011.

[973] Rn. 1264 ff.

[974] Richtlinie 2000/31 EG vom 08. Juni 2000, Amtsblatt L 178 vom 17. 07. 2000 S. 1.

[975] BGH, NJW 2004, 3102 = GRUR 2004, 860 = BB 2005, 293; BGH, MMR 2007, 518; GRUR 2008, 890; MMR 2009, 608; MMR 2010, 556 = GRUR 2010, 616; *Schmitz/Dierking,* CR 2005, 420, 422; *Stadler,* CR 2004, 521, 526; *Spindler* in Spindler/Wiebe (Hrsg.): Internet-Auktionen, Kap. 6 Rn. 34 ff; *Neubauer* in Moritz/Dreier, (Hrsg.): Rechts-Handbuch zum E-Commerce Abschn. D Rn. 52 ff.; *Leistner,* Beilage zu GRUR 2010, H. 1, S. 28;: *Meyer,* Identität und virtuelle Identität natürlicher Personen im Internet, S. 172 ff.

schriften hat die Rechtsprechung die Auffassung entnommen, dass zwar grundsätzlich keine Unterlassungspflichten bestehen, aber dann, wenn es irgendwann einmal zu Rechtsverletzungen gekommen ist oder auch Grund konkreter Umstände des Geschäftsmodells von vornherein solche zu erwarten sind, Prüfpflichten der jeweiligen Diensteanbieter bestehen, deren Verletzung zu Unterlassungsansprüchen führen[976]. Daher seien die Vorschriften der §§ 7 – 10 TMG auf Unterlassungsansprüche nicht anzuwenden.

1277   Trotz der in der Literatur zu dieser Rechtsprechung geübten **Kritik**[977] ist der BGH bei seiner Rechtsprechung geblieben und hat die sich aufdrängende Notwendigkeit, diese europarechtlich schwierige und vom EuGH bislang nicht geklärte Frage diesem vorzulegen, nicht genutzt. Der **EuGH** hat zwischenzeitlich erkennen lassen, dass er **keinen** generellen **Ausschluss** der Anwendung der Haftungsprivilegierungen der E-Commerce-Richtlinie auf Unterlassungsanschlüsse annimmt.[978] Ganz deutlich ist dies aber nicht,[979] so dass weiterhin eine Vorlage sinnvoll wäre. Man muss daher derzeit von einer gefestigten Rechtsprechung dahingehend ausgehen, dass Unterlassungsansprüche den Privilegierungsvorschriften des TMG nicht unterliegen, auch wenn dies nach Text und Beweggrund der E-Commerce-Richtlinie nur begrenzt nachvollziehbar ist, soll die E-Commerce-Richtlinie doch eine gewisse Sicherheit für Diensteanbieter bringen und den E-Commerce fördern, der durch die hier zu diskutierenden Prüfpflichten doch eher eingeschränkt wird.

1278   Ein weiterer **Ausschluss** ergibt sich aus Erwägungsgrund 14 der Richtlinie. Danach bleibt die **datenschutzrechtliche** Verantwortlichkeit des Diensteanbieters unberührt. Diese Regelung wird man auch im Rahmen der datenschutzrechtlichen Vorschriften des TMG und des TKG anwenden müssen. Die Haftung nach diesen Vorschriften wird daher durch die Vorschriften der §§ 7 ff. TMG nicht ausgeschlossen[980].

dd) Unterlassungsansprüche

1279   Wie im vorherigen Abschnitt diskutiert, richten sich **Unterlassungsansprüche** daher vollständig nach deutschem innerstaatlichen Recht ohne Berücksichtigung von E-Commerce-Richtlinie und ohne Anwendung der die Haftung der Provider privilegierenden Vorschriften der §§ 7–10 TMG.

Ansatzpunkt für Unterlassungspflichten ist im Bereich von Immaterialgüterrechten und wohl auch bei Persönlichkeitsverletzung der Grundsatz der **Störerhaftung.** Dieser wird den Rechtsüberlegungen des § 1004 BGB entnommen und besagt, dass prinzipiell derjenige Störer ist, der willentlich und adäquat-kausal einen Beitrag zu der Rechtsverletzung eines anderen leistet, unabhängig davon, welcher Art dieser Beitrag ist[981]. Diese Definition der Störerhaftung ist sehr weitgehend, kann doch jeder kausale Beitrag zu einer Rechtsverletzung Grundlage der Störerhaftung sein.

1280   Da dies zu weitgehend ist, hat die Rechtsprechung in den vergangenen Jahren die **Störerhaftung** dahingehend **eingegrenzt,** dass eine solche Störhaftung insbesondere in

---

[976] Zuletzt BGH, GRUR 2011, 617 m. Anm. Hühner.

[977] U. a. *Rücker,* CR 2005, 347; *Sobola/Kuhl,* CR 2005, 443 (449); *Leible/Sosnitza,* NJW 2007, 3324; *v. Samson-Himmelstjerna,* Haftung von Internetauktionshäusern, S. 200 ff.; *Lehmann/Rein,* CR 2008, 97; vorsichtig skeptisch auch neuerdings *Spindler,* GRUR 2011, 101 (103 f); OLG Düsseldorf, CR 2011, 1126 wendet einerseits § 7 Abs. 2 TMG an und verweist andererseits auf den BGH.

[978] EuGH, CR 2011, 597 ff. m. Anm. Volkmann.

[979] Anders gesehen von *Rössel,* CR 2011, 589 (596).

[980] So *Hoffmann,* in: Spindler/Schuster (Hrsg.): Recht der elektronischen Medien, Vorb. §§ 7 ff. TMG, Rn. 14; *Moos,* in Taeger/Gabel (Hrsg.), BDSG, Einf. zum TMG, Rn. 20; i. E. ebenso *Kamp,* Personenbewertungsportale, S. 48 ff.

[981] So die grundlegende Entscheidung BGH GRUR 1997, 313 (315) sehr schön und knapp dargestellt, insbesondere auch bei *Obergfell,* in Leible/Sosnitza (Hrsg.): Onlinerecht 2.0: Alte Fragen – neue Antworten?, S. 77 (80 ff.).

hier betrachteten oder vergleichbaren Fällen nur dann eingreift, wenn der potentielle Störer nicht nur einen kausalen Beitrag zur Rechtsverletzung des Dritten gesetzt, sondern auch **Prüfpflichten verletzt** hat, bei deren Erfüllung er die Störung verhindert hatte. Dazu ein Beispiel: Jeder Access-Provider trägt natürlich kausal zu einer Rechtsverletzung bei, die ein Dritter dadurch begeht, dass er unter Nutzung des Internetzugangs, den ihm der Access-Provider zur Verfügung gestellt hat, Dritte beleidigt oder Urheberrechte Dritter verletzt. Haften soll der Access-Provider dafür allerdings nur dann, wenn er in der Lage ist, solche Rechtsverletzungen zu erkennen und zu verhindern und dies ihm auch zumutbar ist. Dieser Ansatz ist zwischenzeitlich in der Rechtsprechung für die Störerhaftung im Grundsatz unbestritten.[982] Im **Ergebnis** dürfte er auch vom **EuGH** geteilt werden, auch wenn dieser dazu neigt, die Haftungsprivilegierung der E-Commerce-Richtlinie, die §§ 7 – 10 TMG zu Grunde liegen, auch auf Unterlassungsansprüche anzuwenden.[983]

Die praktische Frage, die sich an diesem Befund anschließt, ist, **wann welcher Provider welche Prüfpflichten hat.** Hier ist zunächst zu den **Access-Providern** auszuführen, dass diese keine Prüfpflichten haben können[984]. Die Annahme von Prüfpflichten setzt nämlich die Möglichkeit zur Prüfung voraus. Access-Provider sind aber nicht berechtigt, zu überprüfen, welche Inhalte über ihren Internetzugang übermittelt werden. Eine solche Ermittlung verstößt gegen das Fernmeldegeheimnis des § 88 TKG, das ein Ausdruck des grundrechtlich durch Art. 10 GG geschützten Fernmeldegeheimnis als spezifische Datenschutznorm ist. Ausnahmen, die die Annahme von Prüfpflichten für Access-Provider ermöglichen, sieht der Gesetzgeber nicht vor und könnte er in genereller Hinsicht angesichts der großen Bedeutung des Grundrechts des Art. 10 GG auch nicht vorsehen.[984a] 1281

Man kann den Access-Provider allenfalls für verpflichtet halten, Internetseiten, auf denen öffentlich rechtswidrige (z. B. gewaltverherrlichende oder nationalsozialistische Propaganda verbreitende) Inhalte zu sehen sind, zu **sperren.**[985] Aber auch dies wird man rein zivilrechtlich nicht annehmen können.[986] Es obliegt nicht Access-Providern, zu entscheiden, welche einzelnen Inhalte irgendwelcher Internetseiten weltweit gegen Rechtspflichten verstoßen. Etwas anderes müsste der Gesetzgeber vorsehen. Ein entsprechendes Gesetz ist im Hinblick auf Kinderpornographie ja in Kraft getreten, soll aber letztendlich nicht verwirklicht werden.[987] Darüber hinaus gehende Gesetze gibt es nicht. Eine solche Möglichkeit sieht § 7 Abs. 2 ErschwG vor. Von dieser Möglichkeit wurde aber nie Gebrauch gemacht. Das Gesetz wird auch wieder aufgehoben. 1282

Allerdings gibt es **öffentlich rechtliche Möglichkeiten,** Access-Providern aufzugeben, den Zugang zu solchen Seiten zu sperren. Solche Verfügungen sind von den Verwaltungsgerichten auch gebilligt worden.[988] 1283

Verstoßen Access-Provider gegen solche bestandskräftigen Verfügungen, könnte auch eine Störerhaftung in Betracht kommen, die allerdings angesichts der durchsetzbaren entsprechenden Verfügung der verschiedenen Behörden faktisch keine größere Bedeutung

---

[982] So auch *Ullmann* in: Hoffmann/Leible/Sosnitza (Hrsg.): Vertretung und Haftung in E-Commerce, S. 121 (125); *Meyer*, Identität und virtuelle Identität natürlicher Personen im Internet, S. 175 ff.
[983] EuGH, CR 2011, 597 (602 ff.) m. Anm. Volkmann; *Rössel,* CR 2011, 589.
[984] Vgl. OLG München, CR 2000, 541 für den Zugang zum Wissenschaftsnetz.; OLG Frankfurt, Beschl. v. 22. 1. 2008, 6 W 10/08, JurPC Web-Dok. 22/2008; LG Düsseldorf, CR 2008, 327; LG München, CR 2009, 81 m. Anm. Schnabel; i. E. auch *Gercke*, CR 2006, 210 (215 f.).
[984a] So auch nach europäischem Recht EuGH, Urt. v. 24. 11. 2011, C-70/10.
[985] So grundsätzlich LG Hamburg, Urt. v. 12. 11. 2008, 308 O 548/08, BeckRS 2069.095335 – im konkreten Fall aber ablehnen.
[986] I. E. ebenso *Koreng*, Zensur im Internet, S. 175 f.; *Backu/Hertneck*, ITRB 2008, 35 (38); LG München, CR 2009, 816 m. Anm. Schnabel; LG Köln, CR 2011, 731 m. Anm. Möller.
[987] Zu diesem Gesetz *Frey/Rudolph*, CR 2009, 644.
[988] OVG Münster, NJW 2003, 2183.

hat. Da es hier um wichtige Abwägungen zwischen Informationsfreiheit und anderen Rechtsgütern geht, muss es bei der öffentlich rechtlichen Regelungsbefugnis bleiben. Ein zivilrechtlicher Anspruch eines Verletzten gegen Access-Provider, den Zugang zu den Seiten zu verbieten, ist nicht gegeben.

Dies hindert die Access-Provider freilich nicht, solche Seiten abzuschalten, wenn sie dies für notwendig und sinnvoll halten. Allenfalls kartellrechtliche oder grundrechtliche Überlegungen können dem entgegensteht, wenn es um Monopolanbieter geht, die es im Access-Provider-Bereich aber so nicht gibt.

1284   All dies gilt entgegen verschiedenen instanzgerichtlichen Entscheidungen[989] auch für **Usenet-Anbieter.** Anderes gilt allerdings für die Bereitstellung von Filesharingdiensten, weil diese weit überwiegend für rechtswidrige Handlungen benutzt werden.[990]

1285   Anders ist die Situation bei Providern, die die Inhalte Dritte speichern oder den Zugang zu ihnen über ihre eigene Seiten verschaffen, insbesondere bei **Host-Providern,** aber auch bei Betreibern von Foren oder Gästebüchern. Diese unterliegen bei den auf ihren Seiten veröffentlichten Inhalten schon deswegen nicht dem Fernmeldegeheimnis, weil es insoweit gar nicht um einen Telekommunikationsdienst geht.[991] Auch das Grundrecht des Art. 10 GG kommt in diesem Zusammenhang nicht in Betracht. Deswegen können hier nach der Rechtsprechung sehr wohl Prüfpflichten bestehen. Deren Umfang ist im Einzelnen streitig und noch in vielen Punkten ungeklärt.

1286   Eine intensive Rechtsprechung dazu hat es im Hinblick auf **Auktionsplattformen** gegeben. Diese haften im Prinzip immer dann, wenn es einen Verstoß gegeben hat, auf den sie hingewiesen wurden, darauf, dass sie Vorkehrungen treffen müssen, dass ein weiterer Verstoß gleicher Art nicht gegeben ist. Insoweit bestehen nach einem angezeigten Erstverstoß Prüfpflichten[991a] und zwar auch zwar nach Ansicht des BGH auch in Zukunft[992] und auch hinsichtlich vergleichbarer Verstöße auch für andere Marken.[993] Dabei soll er z. B. Filtersoftware einsetzten.[994] So wird dann, wenn es schon Markenverletzungen durch Angebote auf diesen Auktionsplattformen gegeben hat, von den Auktionsplattformen verlangt, dass sie das für sie zumutbare tun, um weitere Markenrechtsverletzungen zu verhindern.[995]

Diese Prüfpflichten hat der BGH aber konsequenterweise dahingehend eingeschränkt, dass sie nur eine **programmtechnisch mögliche Prüfung** vorsehen können. Soweit es keine entsprechende Prüfsoftware, insbesondere eine Software, die nach bestimmten Stichworten[996] oder Hash-Werten filtert, gibt, und nur eine händische Prüfung aller entsprechenden Angebote möglich ist, sollen solche Prüfpflichten unzumutbar sein und daher nicht bestehen.[997] Das gilt besonders dann, wenn der Plattformbetreiber dem potentiell

---

[989] OLG Hamburg MMR 2009, 408; LG Düsseldorf, CR 2007, 601 m. Anm. Kitz; wie hier OLG Düsseldorf, OLG Report Hamm/Düsseldorf/Köln 2008, 427.

[990] LG Frankfurt a. M., Urt. v. 30. 9. 2008, 2–18 O 123/08, Beck RS 23684.

[991] Dazu oben Rn. 1107.

[991a] BGH, GRUR 2011, 1088.

[992] Für diesen Fall ebenso OLG Hamburg, CR 2007, 180; OLG Düsseldorf, OLG Report Hamm/Düsseldorf/Köln 2009, 279.

[993] BGH, GRUR 2004, 860; ausführlich, aber sehr rechteinhaberfreundlich *Nordemann*, CR 2010, 653; zustimmend *Lement*, GRUR 2005, 210; ebenso: OLG Brandenburg, NJW-RR 2006, 1193 = CR 2006, 124; LG München I, CR 2006, 564 für Urheberrechtsverstöße; ähnlich: *Ullmann*, in: Hoffmann/Leible/Sosnitza (Hrsg.): Vertretung und Haftung im E-Commerce, S. 121 (130).

[994] BGH, GRUR 2011, 152; *Spindler*, GRUR 2011, 101.

[995] BGH, *GRUR* 2004, 860; **a. A.** früher offenbar LG Potsdam, Urteil vom 10. 10. 2002 – 41 O 12/02 JurPC Web-Dok 339/2002; *Leible/Sosnitza*, NJW 2004, 3225.

[996] Dazu LG Düsseldorf, CR 2009, 404.

[997] BGH, *GRUR* 2011, 152; *Wilmer*, NJW 2008, 1845 (1849), *Leupold(Glossner*, in: dies. (Hrsg.): IT-Recht, Teil 2, Rn. 531 ff.; **a. A.** *Nordemann*, CR 2010, 653 (660).

Verletzen die Möglichkeit gibt, den Plattforminhalt selbst auf eventuelle Verstöße zu überprüfen. Dem wird man sicher folgen müssen.

Diese Rechtsprechung gilt auch für **andere kommerzielle Seiten Internetplattformen.** 1287
Prüfpflichten bestehen dann, wenn entweder schon Rechtsverletzungen eingetreten sind, das Geschäftsmodell auf Rechtsverletzungen ausgerichtet ist oder besondere Gefahrenlagen schafft.[998] Traten schon Verletzungen auf, muss der Anbieter gleichartige Verletzungen verhindern, wenn ihm dies durch zumutbare Maßnahmen möglich ist. Ist das Geschäftsmodell besonders gefährlich oder gar auf Rechtsverletzungen ausgerichtet, muss er ebenfalls Maßnahmen ergreifen, wobei hier auch sehr aufwendige Maßnahmen zumutbar sind.[999] Der Maßstab der Zumutbarkeit ist ansonsten dem bei Auktionsplattformen ähnlich.[1000] Bei der Zumutbarkeit ist auch darauf abzustellen, ob der Anbieter z. B. wegen einer Provision, von der Markenverletzung profitiert, oder nicht[1001]. Die Prüfpflichten entfallen auch nicht, wenn z. B. in Meinungsforen die Identität des Äußernden bekannt ist.[1002]

Grenzen bestehen bei allen Providern da, wo **Filtersoftware nicht** zur Verfügung steht. 1288
Dies gilt insbesondere für Persönlichkeitsrechtsverletzungen, die sich schlechterdings durch Prüfsoftware nicht feststellen lassen[1003]. Darüber hinaus dürfte es den jeweiligen Providern nicht zumutbar sein, schwierige Rechtsfragen der jeweiligen Berechtigung zur Nutzung urheberrechtlich Geschützter oder Texte von Marken zu bewerten. Auch die Frage, ob ein jeweiliger Kunde zur Verwendung heraufgeladener Fotos oder anderer urheberrechtsgeschützter Werke berechtigt ist oder nicht, lässt sich nicht prüfen.[1004] Auch hier bleibt nur die Möglichkeit eines allgemeinen insoweit belehrenden Hinweises und ggf. die Einrichtung von Beschwerdemöglichkeiten für Verletzte.

Die **instanzgerichtliche** Rechtsprechung ist teilweise ausgesprochen **widersprüch-** 1289
lich.[1005] So ist für einen Dienst, der Dritten nur Speicherplatz zur Verfügung stellt und selbst außer für seinen Vertragspartner keinen Zugang zu diesen gespeicherten Inhalten möglich macht, eine Haftung nach der Rechtsprechung verschiedener Oberlandesgerichte[1006] jedenfalls dann nicht gegeben, wenn dieser technische Vorkehrungen zum Auffinden von Rechtsverletzungen getroffen hat. Ebenso lehnt es die Haftung einer Kartenweiterverkaufsbörse für einen vertragswidrigen Weiterverkauf von Karten eines Fußball-Bundesligaspiels durch einen Nutzer ab.[1007] Demgegenüber sieht die Rechtsprechung des OLG Hamburg[1008] eher eine Haftung vor. Für einen Domain-Registrar, der offensichtlich auch Inhalte zusätzlich zu den Domainnamen speicherte, hat das OLG Hamburg[1009]

---

[998] BGH, GRUR 2009, 841; GRUR 2011, 617 (620) m. Anm. Hühner; ähnlich OLG Zweibrücken, Urt. v. 14. 5. 2009, 4 U 139/08, JurPC Web-Dok. 121/2009; vgl. auch *Fülbier*, CR 2007, 515 (519).

[999] BGH, GRUR 2009, 842; eher zurückhaltend OLG Düsseldorf, OLG Report Hamm/Düsseldorf/Köln 2009, 183 zu einem File-Sharing-System.

[1000] BGH, GRUR 2011, 617 (620) m. Anm. Hühner.

[1001] Zuletzt BGH, GRUR 2011, 617 (620 f.) m. Anm. Hühner.

[1002] BGH, CR 2007, 586.

[1003] **A. A.** wohl LG Berlin, ITRB 2006, 253.

[1004] Ein Fall bei OLG Hamburg, Urt. v. 4. 2. 2009, 5 U 180/07, JurPC Web-Dok. 173/2009.

[1005] Eine Systematisierung versucht *Wilmer*, NJW 2008, 1845.

[1006] CR 2011, 476; Urt. vom 21. 12. 2010, I – 20 U 59/10, JurPC Web-Dok 17/2011; CR 2010, 473 m. Anm. Rössel; OLG Frankfurt/M., Urt. v. 25. 2. 2010, 6 U 70/09, JurPC Web-Dok. 89/2010; OLG Köln, OLG Report Hamm/Düsseldorf/Köln 2007, 789; ebenso *Wilmer*, NJW 2008, 1845 (1847 f.); jetzt auch LG Düsseldorf, Urt. v. 19.2010, 12 O 319/08, JurPC Web-Dok. 204/2010; a. A. noch LG Düsseldorf, Urt. v. 23. 1. 2008, 12 O 246/07, JurPC Web-Dok.: 36/2008; LG Hamburg, Urt. v. 12. 6. 2009, 310 O 93/08, JurPC Web-Dok. 168/2009; LG Karlsruhe, CR 2008, 251; *Nordemann*, CR 2010, 653 (659).

[1007] OLG Düsseldorf, CR 2011, 127.

[1008] Beck RS 2008, 20404.

[1009] CR 2011, 55.

Prüfpflichten abgelehnt. Das gleiche gilt für den Verpächter einer Domain.[1010] Demgegen-über soll für den Betreiber eines Webkatalogs die Pflicht bestehen, die in diesem Katalog angebotenen Leistungen zu prüfen.[1011] Auch soziale Netzwerke können Prüfpflichten haben.[1012]Ein Videoportalinhaber soll nicht für Drittinhalte haften, wenn er ein ausrei-chendes und funktionierendes „Notice and Take Down-System" verwendet, das nach einem entsprechenden Hinweis des Verletzten rechtswidrige Inhalte entfernt.[1013] Ein Bild-archivbetreiber muss nicht prüfen, ob die bei ihm von einem Presseunternehmen abge-rufenen Bilder von diesem Unternehme ohne Verletzung der §§ 22, 23 KunstUrhG ver-wendet werden.[1014] Ein Online-Buchhändler haftet nicht für rechtswidrige Inhalte der von ihm vertriebenen Bücher.[1015]

1290   Besonderheiten gelten für **Diskussionsforen:** Zunächst müssen die Teilnehmer hier in der Regel kein Entgelt zahlen, so dass die Anbieter von Rechtsverletzungen nicht un-mittelbar profitieren. Ihnen sind daher eher geringere Prüfpflichten zumutbar[1016]. Darüber hinaus gibt es keine technischen Möglichkeiten, die hier vorkommenden Persönlichkeits-verletzungen zu entdecken. Die übliche Filtersoftware, die bei Markenverletzungen in gewissem Umfang einsetzbar ist, gibt es für Persönlichkeitsverletzungen nicht. Eine hän-dische Prüfung ist selbst großen kommerziellen Anbietern nicht zumutbar.[1017] Demnach sind rechtswidrige Einträge vom Betreiber erst nach Kenntnis des Betreibers von ihnen zu sperren und/oder zu entfernen.[1018]

1291   Dennoch haben insbesondere Hamburger Gerichte hier **Unterlassungsansprüche** an-genommen. Das LG Hamburg die Meinung vertreten, dass der (im entschiedenen Fall kommerzielle) Anbieter eines Meinungsforums im Prinzip wie ein Verlag haftet und die Inhalte regelmäßig, ggf. durch zahlreiche Arbeitsplätze, auf Rechtmäßigkeit prüfen müs-se.[1019] Das OLG Hamburg[1020] hat die generelle Ansicht des LG Hamburg zur Prüfpflicht bei Forumsbetreiber nicht bestätigt, aber angenommen, dass eine Prüfpflicht bestehe, wenn die zu überprüfenden Inhalte Reaktionen auf einen kritischen Artikel des Verlages darstellen. Die komplette Rechtsprechung ist aus verschiedenen Gründen **falsch.**[1021] Zum einen sind solche Prüfpflichten unzumutbar, weil sie das Geschäftsmodell des Forumbe-treibers, schon gar, wenn es nicht kommerziell betrieben, aushebeln. Solche Prüfpflichten sind bei gut besuchten Foren schlichtweg nicht durchführbar. Darüber hinaus stellen sie die Aufforderung zur Zensur dar. Forumsbetreiber sollen verpflichtet sein, komplexe Rechtsfragen, die sich bei Persönlichkeitsverletzungen ja immer wieder stellen und die von den entschiedenen Gerichten bis hin zum Bundesverfassungsgericht unterschiedlich ent-schieden worden sind, selbst zu entscheiden. Solche anlasslosen Prüfpflichten bestehen ja

[1010] BGH, GRUR 2009, 1093.

[1011] OLG Hamburg, Urt.v.8. 9. 2005, 3 U 49/05, JurPC Web-Dok. 43/2006.

[1012] dazu *Härting/Schätzle*, ITRB 2010, 39 (41 f.).

[1013] OLG Hamburg, ITRB 2011, 73.

[1014] BGH, CR 2011, 256.

[1015] LG Hamburg, CR 2011, 544.

[1016] *Meyer*, Identität und virtuelle Identität natürlicher Personen im Internet, S. 177 f.; *Hartmann*, Unterlassungsansprüche, S. 200.

[1017] BGH GRUR 2011, 152; *Nieland*, NJW 2010, 1494 (1497 f.); differenzierend *Hartmann*, Unter-lassungsansprüche, S. 202; a. A. LG Berlin, ITRB 2006, 253 = CR 2006, 418; LG Düsseldorf, CR 2006, 563; vgl. auch OLG Brandenburg, NJW-RR 2006, 1196 = CR 2006, 124.

[1018] OLG Koblenz, Beschl. v. 12. 7. 2007, 2 U 862/09, JurPC web-Dok. 186/2007; LG Berlin, CR 2007, 742.

[1019] LG Hamburg, CR 2006, 638; mit krit. Anm. Wimmers; ähnlich LG Köln, DuD 2004, 437.

[1020] CR 2007, 44 = K & R 2006, 47; ebenso LG Hamburg, CR 2008, 528 zum Einstellen rechts-verletzender Fotos; CR 2008, 738; tendenziell zustimmend *Gennen*, in: Schwartmann (Hrsg.): Praxis-handbuch Medien-, IT- und Urheberrecht, Kap. 20, Rn. 220; einschränkender OLG Hamburg, Urt. v. 4. 2. 2009, 5 U 167/07, JurPC Web-Dok. 68/2009.

[1021] Wie hier AG Ludwigshafen, Urt. v. 23. 10. 2008, 29 C 291/08, JurPC Web-Dok. 99/2011.

auch im Bereich der Markenrechtsverletzung nicht, obwohl diese viel einfacher aufzudecken sind. Auch die Annahme, eine solche Prüfpflicht bestehe dann, wenn ein kritischer Artikel des Forumbetreibers Anlass zu scharfen Reaktionen der Forumsbenutzer gebe, ist mit der grundgesetzlich geschützten Meinungs- und Pressefreiheit nicht zu vereinbaren.[1022]

Die hier genannte Haftung als Störer gilt für Unterlassungsansprüche, allerdings nur bei der Verletzung von Immaterialgüterrechte oder Persönlichkeitsrechten. Sie gilt nicht im **Wettbewerbsrecht,** weil es dort nicht um den Schutz allgemeiner Güter geht. 1292

Dort hat der BGH allerdings ein ähnliches Ergebnis mit der Annahme von **Verkehrssicherungspflichten begründet.**[1023] Solche Verkehrssicherungspflichten sollen im Wettbewerbsrecht dazu führen, dass derjenige, der sie verletzt, wie ein Teilnehmer der für die Wettbewerbsverletzung eines anderen haftet. Verkehrssicherungspflichten sind der allgemeinen Dogmatik des Schadensersatzanspruches ja auch sonst nicht fremd, insbesondere bei der Eröffnung des Straßenverkehrs oder von Spielplätzen bestehen solche Verkehrssicherungspflichten.

Diese Punkte werden deswegen auf das Wettbewerbsrecht übertragen, weil eine Störerhaftung die Verletzung allgemeine absolute Rechte voraussetzt, die im Wettbewerbsrecht nicht gegeben sind.[1024]

Die Verletzung solcher Verkehrssicherungspflichten führt zu einer **Teilnehmerhaftung.** 1293 Letztendlich werden die Verkehrssicherungspflichten wie die Prüfpflichten begründet. Auch ihr Umfang scheint dem der Prüfpflichten ähnlich zu sein. Sie sollen aber auch nach den Ausführungen des BGH insbesondere bei der Verletzung wichtiger Rechtsgüter bestehen[1025]. Ob sie darüber hinausgehen, hat der BGH nicht entschieden. Er scheint aber in dieser Hinsicht skeptisch zu sein[1026]

Das **Prüfprogramm** der Verletzung solcher Verkehrspflichten entspricht aber dem der 1294 Prüfpflichten bei der Störerhaftung, so dass es hier im Detail an dieser Stelle nicht weiter erörtert werden muss. Allerdings kann in Einzelfällen auch ein bloße Belehrung der Nutzer über die gesetzlichen Pflichten ausreichen.[1027]

Ein zweiter Ansatz für die Annahme von **Verkehrssicherungspflichten** ist die **Über-** 1295 **tragung** der einer konkreten Personen zugeordneten **Account-Daten** an eine Dritte oder die mangelhafte Sicherung solcher Account-Daten. Diese Situation war Grundlage der Entscheidung, nach der der Inhaber eines Accounts bei der Auktionsplattform Ebay, die durch seinen Namen angelegt und durch ein Passwort geschützt war, für Handlungen seiner Ehefrau, die unter Benutzung des Accounts und des Passwort geschehen waren, haftet. Hier hat der BGH entschieden, dass die Nutzung solcher im Einzelnen zugeordneter Daten zu einer Haftung des Accountinhabers führt, weil er die Verkehrssicherungspflicht zum Schutz der Daten selbst in der Familie verletzt hat.[1028]

Diese Entscheidung lässt sich nur auf solche spezifischen, einer konkreten Person zugeordneten Accounts übertragen, die auch einen bestimmten Sicherheitsmechanismus haben. Dazu gehört die Nutzung eines Internetanschlusses durch mehrere Personen

---

[1022] *Hartmann,* Unterlassungsansprüche, S. 201 f.; *Jürgens/Veigel,* AfP 2007, 181 (183).

[1023] BGH, GRUR 2007, 890.

[1024] ausdrücklich so BGH *GRUR* 2011, 152 (156); vgl. dazu *Obergfell* in Leible/Sosnitza (Hrsg.) Onlinerecht 2.0: Alte Fragen – neue Antworten, S. 77 (87).

[1025] Ausdrücklich BGH *GRUR* 2011, 152 (154); ausführlich Spindler/Schuster – *Spindler/Link,* § 1004 BGB, Rn. 10.

[1026] So auch *Spindler,* GRUR 2011, 101 (103).

[1027] OLG Frankfurt, Urt. v. 23. 10. 2008, 6 U 139/08, JurPC web-Dok. 26/2009.

[1028] BGH GRUR 2009, 597; dazu ausführlich *Obergfell,* in: Leible/Sosnitza (Hrsg.): Onlinerecht 2.0: Alte Fragen – neue Antworten, S. 77 ff; *Leistner,* Beilage zu GRUR 2010, H. 1, S. 8 f.; früher schon ähnlich OLG Frankfurt, NJW-RR 2005, 1204 = CR 2005, 655.

nicht.[1029] Dies ist üblich und oft auch gar nicht anders zu machen – eine Zuordnung eines Internetanschlusses zu einer konkreten Person gibt es nicht.

1296   Die **Begründung** der Verkehrssicherungspflicht liegt hier in der **Zuordnung** des entsprechenden **Accounts** zu einer Person verbunden mit einer zusätzlichen Authentifizierung durch den Anbieter. Die Frage wird auch hier sein, welche konkreten Sicherungsmaßnahmen der Accountinhaber im Einzelnen treffen muss. Auch hier liegt der Vergleich zur Störerhaftung nahe, weil auch dort die Frage zumutbarer Maßnahmen ein zentraler Teil des Schutzes ist. Auf diese konkreten Sicherungsmaßnahmen wird an anderer Stelle, nämlich bei der Haftung der Anschlussinhaber für die Handlungen, die über seinen Anschluss begangen wurden, noch zu sprechen sein.[1030]

1297   Alles in allem ist festzuhalten:

Unterlassungsansprüche entstehen in aller Regel dann, wenn konkrete Personen **Prüfpflichten** verletzen.

Eine Haftung kann darüber hinaus auch für den entstehen, der einem Dritten Software überlässt, die zu Urheberrechtsverletzungen benutzt werden kann, allerdings nur dann, wenn er über die bloße Überlassung der Software hinaus weiteres zur Tat beigetragen hat, z. B. dadurch, dass er die Software mit ihrer Eignung zur Rechtsverletzung bewirbt[1031].

Es haftet auch der, der **Zusatzinformationen** zur effektiven Nutzung von **Online-Tauschbörsen** zur Verfügung stellt für dort begangenen Urheberrechtsverletzungen wegen Beihilfe, weil er willentlich Urheberrechtsverletzungen unterstützt.[1032]

ee) Weitergehende Ansprüche

1298   Die wichtigsten, über Unterlassungsansprüche hinausgehenden Ansprüche sind **Schadensersatzansprüche**. Sie bestehen für eigene Inhalte, für fremde Inhalte aber nur dann, wenn zusätzlich die Voraussetzungen der §§ 7–10 TMG vorliegen. Diese besagen im Einzelnen, dass **Access-Provider** praktisch nie haften (§ 8 TMG). Sie haften nämlich nur, wenn sie entweder die Übermittlung veranlasst, den Adressaten für die Übermittlung der Informationen ausgewählt oder die übermittelten Informationen ausgewählt oder verändert haben. Darüber hinaus haften sie dann, wenn sie absichtlich mit einem Nutzer zusammenarbeiten, um rechtswidrige Handlungen zu begehen.

1299   Das gleiche gilt für die **kurzzeitige Zwischenspeicherung** von Informationen. Dies gilt sowohl für rein technisch bedingte kurzzeitige Speicherungen als auch für solche, die die Anfrage effizienter gestalten (§ 9 TMG).

1300   Dienste, die Informationen speichern, haften nicht, wenn sie keine Kenntnis von der rechtswidrigen Handlung oder der Information hatten und ihnen im Falle von Schadensersatzansprüchen auch keine Tatsachen oder Umstände bekannt sind, aus denen die rechtswidrige Handlung oder die Information offensichtlich wird und sie unverzüglich tätig geworden sind, um die Information zu entfernen oder den Zugang zu ihr zu sperren, sobald sie die entsprechende Kenntnis erlangt haben. (§ 10 TMG). Zu diesen Diensten zählen auch Betreiber von Wiki´s, Foren u. ä. Diensten, nicht nur reine Host Provider, da auch sie im Gegensatz zur Presse eine inhaltliche Gestaltung der von ihnen übermittelten Inhalte nicht vornehmen.[1033] Die Privilegierung gilt nicht, wenn die Provider neben der

---

[1029] BGH, GRUR 2010, 633 (634).

[1030] Vgl. unten Rn. 1316 ff.

[1031] OLG Hamburg, CR 2006, 299.

[1032] A. A. *Gercke*, CR 2006, 210 (212 f.).

[1033] A. A. *Wilhelmi*, in: Große Ruse-Khan/Klass/v. Lewinski (Hrsg.): Nutzergenerierte Inhalte, S. 123 (137 ff.) a. a. LG Berlin, ITRB 2006, 253 = CR 2006, 418; LG Düsseldorf, CR 2006, 563; vgl. auch OLG Brandenburg, NJW-RR 2006, 1196 = CR 2006, 124.

Speicherung von Inhalten weitere Dienst wie z. B. die Optimierung eines Angebots, anbieten.[1034]

Diese Haftungsprivilegierung greift also bei **mangelnder Kenntnis** ein. Auch grob 1301
fahrlässige Unkenntnis führt nicht zur Haftung. Die Kenntnis muss sich auch auf die Rechtswidrigkeit und nicht nur auf die zugrunde liegenden Tatsachen richten.[1035]

Die Unkenntnis wird durch einen Hinweis des Verletzten auf die von ihm angenommene Verletzung beseitigt. Der Dienstanbieter muss nach der Mitteilung des Verletzten somit den Zugang zu entsprechenden Informationen **sperren,** um sich dann in Ruhe mit demjenigen, der die Information gespeichert hat, abzustimmen.[1036] Er kann die Information auch unmittelbar entfernen, wenn er dazu im Verhältnis zu seinem Kunden berechtigt ist. Sperrt er nicht und stellt sich danach die Rechtswidrigkeit heraus, haftet er auf Schadenersatz. Weitergehende Pflichten hat er aber nicht.[1037]

In der veröffentlichten Rechtsprechung spielen diese Fälle allerdings **kaum eine Rolle.** 1302
Der weit überwiegende Teil der Rechtsprechung beschäftigt sich mit den oben geschilderten Unterlassungsansprüchen – möglicherweise deswegen, weil die Verletzung von Prüfpflichten leichter nachweisbar ist, als die hier vorliegenden weiteren Voraussetzungen und sich die entsprechenden Provider in aller Regel nach einem entsprechenden Hinweis rechtstreu verhalten und die Information sperren oder entfernen.

Zu den nach § 10 TMG privilegierten Diensten gehört nach einer zu der parallelen (und 1303
fast wortgleichen) Norm des Art. 14 e-Commerce-Richtlinie ergangenen Entscheidung des EuGH auch der **adword-Dienst** von Google und damit wohl alle keyword-advertising-Dienste.[1038]

Prozessual ist zu beachten, dass das Vorliegen der Voraussetzungen der Haftung nach 1304
§§ 7–10 TMG eine anspruchsbegründende Tatsache ist, für die der Anspruchssteller darlegungs- und beweisbelastet ist.[1039]

ff) Prüfumfang

Eine auch noch nicht endgültig geklärte Frage besteht dahin, in welcher Tiefe der 1305
jeweilige Provider schwierige Rechtsfragen prüfen muss. Klar ist, dass eine Haftung nur dann bestehen kann, wenn der Dienstanbieter die **Rechtsverletzung erkennen kann.**[1040] In der Literatur wird davon ausgegangen, dass die Prüfung sich auf grob rechtswidrige Inhalte beschränkt und nur diese entfernt werden müssen.[1041] Der BGH hat dies in einer Entscheidung angedeutet, ohne dass dies ein tragender Entscheidungsgrund war.[1042] Letztlich verlangt er jedenfalls keine eingehende rechtliche und tatsächliche Prüfung, macht den Umfang der Prüfung aber im Einzelfall abhängig.[1042a]

Es spricht für eine solche **Einschränkung der Prüfpflicht,** dass ein evtl. vertraglich zur Veröffentlichung des Beitrags verpflichteter Forumsbetreiber bei zweifelhafter Rechtslage sonst das Risiko einer Falschbeurteilung tragen muss. Dennoch scheint diese Einschränkung bei Unterlassungsansprüchen, die erst durch einen Hinweis des Geschädigten entstehen, kaum begründbar. Jedenfalls ist dem Gesetzestext eine entsprechende Einschränkung nicht zu entnehmen. Man muss daher wohl eine Pflicht zur Entfernung für jeden

[1034] EuGH, CR 2011, 597 (603 f.).
[1035] *Hoffmann,* in: Spindler/Schuster, Recht der elektronischen Medien, § 10 TMG Rn. 23.
[1036] BGH, BB 2011, 2689; vgl. oben Rn. 1034.
[1037] **A. A.** *Rössel/Kruse,* CR 2008, 35 (39 f.).
[1038] EuGH, CR 2010, 318 (323 f.) vgl. dazu unten Rn. 1309 ff.
[1039] BGH, NJW 2003, 3764 = GRUR 2004, 74 (noch zur ersten Fassung des § 5 Abs. 2 TDG).
[1040] BGH, Urt. v. 17. 12. 2010, V ZR 44/10 für eine Rechtsverletzung durch Fotos.
[1041] *Janal* CR 2005, 873 (877 f.); tendenziell auch *Fülbier,* CR 2007, 515 (519).
[1042] BGH, GRUR 2011, 152; eher kritisch dazu *Spindler* GRUR 2011, 101 (106).
[1042a] BGH, GRUR 2011, 1038.

rechtswidrigen Inhalt annehmen. Der BGH geht insoweit davon aus, dass der Forumsbetreiber den Inhalt entfernen muss, wenn er keine berechtigten Zweifel am Bestehen eines
Schutzrechtes hat – die evtl. herabgesetzte Prüftiefe wirkt also zu Gunsten des Abmahnen-
den.[1042b] Der Forumsbetreiber sollte durch entsprechende Vereinbarungen mit seinem
Kunden dafür Sorge tragen, dass er diese Ansprüche auch erfüllen kann und keinen übermäßigen Rechtsrisiken entstehen. Schadensersatzansprüche gegen Forumsbetreiber, gibt es
aber vielleicht nur, wenn die Rechtswidrigkeit offenkundig ist (§ 10 Satz 1 Nr. 1 2. Alt.
TMG)[1043]

All diese vorgenannten Grundsätze gelten im Übrigen auch für die Haftung von Wikis
und Diskussionsforen.[1044]

gg) Haftung für Links und Anonymsierungsdienste

1306   Im TMG nicht geregelt ist die **Haftung für Links**.[1045] Für diese haftet der Betreiber des
Internetauftritts, wenn er sich den Inhalt der Seite, auf die er verweist, zu eigen macht.[1046]
Für Unterlassungsansprüche gilt auch hier die Störerhaftung mit Prüfpflichten. Demgemäß ist derjenige, der mit Links auf Seiten verweist, die beleidigenden Inhalt haben und
diesen Inhalt kennen, jedenfalls zur Entfernung des Links verpflichtet[1047]. Generell gilt
dies auch dann, wenn der Link kommentarlos auf eine leicht erkennbare rechtswidrige
oder eine Seite verweist, auf der regelmäßig rechtswidrige Handlungen begangen werden[1048] Hintergrund dieser Annahmen ist die Tatsache, dass derjenige, der einen Link
setzt, in aller Regel auf eine Seite verweist, deren Inhalt er kennt. Demgemäß besteht für
rechtswidrige Inhalte, die zum Zeitpunkt der Setzung des Links bestehen, nicht nur eine
Störerhaftung, sondern auch eine Gehilfenhaftung bestehen. Jedenfalls besteht beim Setzen
eines Links eine Prüfpflicht, deren Verletzung zur Störerhaftung führt. In einem Link auf
ein anderswo veröffentlichtes Bild wird man keine neue Veröffentlichung sehen können.[1049] Auch das **Recht am eigenen Bild** wird dadurch nicht verletzt. Je nach Umgebung
des Links kann freilich eine Beleidigung vorliegen.

1307   Es gibt aber Ausnahmen und Fragen:

Der BGH hat in seiner Rechtsprechung **eine Ausnahme** für redaktionell gestaltete
Links gemacht, die einen Artikel nur ergänzen und für die eindeutig redaktioneller Hintergrund bestand, sofern diese journalistisch einwandfrei eingesetzt wurden, und zwar sogar
für eine Seite, auf der in Deutschland verbotene Glückspiele möglich waren. Dies ist als
Ausdruck der auch in Art. 11 der Charta der Grundrechte der EU geschützten Pressefreiheit auch erforderlich[1050]. Man wird dies auch für Links annehmen müssen, die als Beleg

---

[1042b] BGH, GRUR 2011, 1038; ähnlich wohl auch EuGH, GRUR 2011, 1025 (1032 f.), abweichend
BGH, BB 2011, 2659: Zweifel gehen zu Lasten des Betroffenen.

[1043] *Sobola/Kohl* CR 2005, 443 (444 f.) zur wortgleichen Vorschrift des § 11 Satz 1 Nr. 1 Altern. 2
TDG.

[1044] Vgl. *Koch* ITRB 2006, 285.

[1045] BGH, CR 2004, 613; *Stadler*, Haftung für Informationen im Internet, Rn. 156; *Nickels,* CR
2002, 302; (308); *Spindler*, NJW 2002, 921 (924); *Schmitz/Dierking*, CR 2005, 420 (427); vgl. auch
Wiebe, in: Ernst/Vassilaki/Wiebe, hyperlinks, Rn. 133 ff.; OLG Stuttgart, CR 2006, 542 (543) m. Anm.
Kaufmann.

[1046] BGH, NJW 2008, 1882 m. Anm. Engels/Jürgens.

[1047] OLG Hamburg, NJW 1998, 3650 = DUD 1999, 112; ähnlich OLG München, NJW-RR 2002,
1048, das insoweit auch von einer Verkehrssicherungspflicht spricht.

[1048] *Volkmann*, GRUR 2005, 200 (205); *Spindler*, GRUR, 2004, 724 (728).

[1049] Teilweise a. A. *Petershagen*, NJW 2011, 705.

[1050] BGH *GRUR* 2004, 693 = NJW 2004, 2158; BB 2011, 1089 = GRUR 2011, 513; ebenso LG
Deggendorf, Urteil vom 12. 10. 2004, I S 36/04, JurPC Web-Dok 79, 2005; LG Braunschweig, BB
2011, 2734; ähnlich auch OLG Stuttgart, CR 2006, 542 m. Anm. Kaufmann; *Ullmann* in Kaufmann/
Leible/Sosnitza (HRSG): Vertretung und Haftung im E-Commerce, S. 121 (125 ff); *Spindler GRUR*

für die eigene Meinung dienen, wenn auf die Rechtswidrigkeit der Inhalte ggf. hingewiesen wird.

Darüber hinaus stellt sich die Frage, inwieweit derjenige, der einen Link setzt, nach   **1308**
Setzung des Links den Inhalt der Seite, die er vorweist, **regelmäßig prüfen muss.** Hier ist soweit ersichtlich, bislang eher eine seltene Prüfpflicht angenommen worden, die nicht sehr weit geht.[1051] Für mit Links vergleichbare **RSS-Feeds** sollen solche Prüfpflichten jedoch in gewissem Umfang bestehen.[1052] Sobald der Linksetzer freilich von der Rechtswidrigkeit der Seite erfährt, auf die er verweist, muss er tätig werden.[1053]

Eine Einschränkung der Haftung für Links besteht natürlich nur dann, wenn der Verweischarakter des Links eindeutig erkennbar ist und nicht der Link verborgen ist und der Inhalt der verlinkten Seite als eigener Inhalt des jeweiligen Anbieters erscheint.[1054]

Auch beim Link selbst muss man darauf achten, dass keine fremden Rechte verletzt werden. Im Allgemeinen ist aber z. B. die Anbringung eines Links zu Informationszwecken keine kennzeichenmäßige Benutzung im Sinne von § 14 MarkenG.[1055]

Besondere Probleme stellen sich beim sogenannten **Keyword Advertising.** Dabei wird   **1309**
von Suchmaschinen eine mit einem Link zum werbenden versehene Anzeige so geschaltet, dass sie bei Verwendung bestimmter Suchworte durch den Nutzer der Suchmaschine neben oder über den Treffern so erscheint, dass sie als Werbung erkennbar ist. Der Bekannteste solcher Dienste ist „Adwords" von Google.

Es ist lange umstritten gewesen, ob die Verwendung der Adwords in diesem Zusam-   **1310**
menhang eine **markenmäßige Verwendung** darstellt.[1056] Insbesondere der EuGH, aber auch der BGH haben festgestellt, dass ein Suchmaschinenbetreiber die betroffene Marke zwar im Geschäftsverkehr nutze. Er benutze aber dort erwähnte Marken nicht selbst. Eine Rechtsverletzung durch den Suchmaschinenbetreiber sei daher nicht gegeben, wenn dieser die Anzeigen nicht formuliert und in der Regel auch keine Kenntnis von ihnen habe. Anders sei dies beim **Werbetreibenden.** Bei diesem könne im Einzelfall durch die Verwendung einer fremden Marke eine rechtsverletzende Nutzung dieser Marke vorliegen. Dies gelte insbesondere dann, wenn aus der Anzeige für einen normal informierten/ angemessen aufmerksamen Internetnutzer nicht oder nur schwer erkennbar sei, dass die in der Anzeige beworbenen Waren eben nicht vom Markeninhaber stammen und auch keine wirtschaftliche Verbindung zwischen Werbetreibenden und Markeninhabern bestehen.[1057] Der BGH geht dabei davon aus, dass ein normaler Internetnutzer zwischen Suchtreffern und entsprechend gekennzeichneter Werbung unterscheiden kann.[1058]

Die Instanzgerichte haben solche **Täuschungsabsicht** durchaus häufiger angenommen   **1311**
und sogar eine insoweit vage Anzeige als Marktverletzung bewertet, die nicht deutlich macht, dass der Anzeigende mit dem Markeninhaber wirtschaftlich nicht verbunden sei

---

2004 724; *Hoeren,* GRUR 2011, 503 (504); a. A. LG München I, Urt. v. 14. 11. 2007, 121 O 6742/07, JurPC Web-Dok. 2/2008; *Hoeren,* Internet- und Kommunikationsrecht, Rn. 319.
[1051] So jedenfalls *Volkmann, GRUR* 2005, 200 (205 f).
[1052] AG Hamburg, CR 2011, 58.
[1053] *Döpkens/Poche,* in: Raue/Hegemann (Hrsg.): Münchener Anwaltshandbuch Urheber- und Medienrecht, § 30, Rn. 129.
[1054] LG Lübeck, NJW –CoR 1999, 429 m. Anm. *Ernst* DuD 2000, 368; vgl. auch *Hoeren,* Grundzüge, Seite 282 f.
[1055] LG Berlin, Urt. v. 5. 10. 2001, 15 O 254/01, JurPC Web-Dok. 61/2002.
[1056] Eine umfassende Darstellung der internationalen Diskussion findet sich in der Entscheidung des High Court of Madras v. 30. 9. 2010, No. 977/2009 u. a., Abschn. 50–127; eine Übersicht auch bei *Jaeschke,* CR 2008, 375.
[1057] Näher dazu u. a. Kunzmann in Schwartmann (Hrsg.), Praxis Handbuch Medien-IT- und Urheberrecht, Kapitel 28, Rn. 120; *Leupold/Glossner,* in dies. (Hrsg.): IT-Recht, Teil 2, Rn. 541 ff.; *Spindler/ Prill,* CR 2010, 303; BGH CR 2009, 325; EuGH CR 2010, 318; GRUR 2010, 451; CR 2011, 745; früher schon *Ullmann,* GRUR 2007, 633 (638; kritisch *Ohly,* GRUR 2010, 776 (779 ff.).
[1058] BGH, BB 2011, 1857 m. Anm. Hochbarth auch zu Unterschieden in verschiedenen EU-Staaten

oder bei der nicht klar sei, dass man Ware des Markeninhabers über die beworbene Seite nicht bestellen könne.[1059] Die Rechtsprechung des EuGH ist hinreichend vage[1060], um eine Einzelfallrechtsprechung entstehen zu lassen. Grundsätzlich gibt es aber dann keine Markenverletzung, wenn aus der Anzeige **klar** hervorgeht, dass der Anzeigende mit dem **Markeninhaber nichts zu tun** hat.

Bei einer einigermaßen vernünftig gestalteten Anzeige und einer entsprechend klaren Abgrenzung von Anzeige und Suchtreffern wird daher in aller Regel nicht von einer unzulässigen Markenbenutzung auszugehen sein, auch wenn der Anzeigenkunde mit der Marke als solche nichts zu tun hat. Die Frage ist allerdings in der Rechtsprechung und auch international äußerst umstritten.[1061] Auch in Deutschland war die Rechtsprechung hier durchaus unterschiedlicher Meinung.[1062] Nach der Rechtsprechung des BGH und des EuGH dürfte die Situation für Europa entsprechend entschieden sein.

1312   Wichtig ist darüber hinaus, dass der EuGH entschieden hat, dass das Angebot von Keyword Advertising Systemen unter die Privilegien des Host Providers nach § 10 **TMG** fällt, damit also nicht eigene Inhalte darstellt, wenn der Anbieter keine Kontrolle über die Daten im Einzelfall hat.[1063] Auch diese Frage war umstritten Für Unterlassungsansprüche nach deutschem Recht ist diese Entscheidung aber irrelevant.

1313   Auch für **Anonymisierungsdienste**[1064] gelten die §§ 7 ff. TMG nicht. Aber auch für sie kommt eine Haftung wegen der Verletzung von Prüfpflichten in Frage, und zwar im Hinblick auf die Immaterialgüterrechte wegen der Störerhaftung und im Hinblick auf das Wettbewerbsrecht wegen Verkehrssicherungspflichten.

Je nachdem, welche Leistungen diese Anonymisierungsdienste erbringen, kann man solche Prüfpflichten dann annehmen, wenn im Hinblick auf einen Kunden, der dem Anonymisierungsdienst bekannt ist, schon einmal Rechtsverletzungen aufgetreten sind. Dieser müsste diesen Kunden dann überwachen und weitere Rechtsverletzungen vermeiden. Es gibt allerdings Anonymisierungsdienste, die so konstruiert sind, dass der jeweilige Betreiber nur den nächsten Rechner in einer längeren Kette kennt (sog. **Mixkaskaden**).[1065] Dann können solche Prüfpflichten auf den konkreten Nutzer bezogen nicht bestehen, weil dieser nicht identifizierbar ist. Möglich ist aber, innerhalb solcher Dienste Seiten zu sperren, über die regelmäßig Rechtsverletzungen begangen werden und die selbst zahlreiche rechtsverletzende Inhalte haben. Dies wird in der Praxis von solchen Diensten auch gemacht.[1066] Wenn so etwas praktisch häufiger gemacht wird, kann man eine solche Maßnahme ggf. nach Kenntnis entsprechender Rechtsverletzungen auch von den Betreibern anderer Dienste verlangen. Eine eigenständige Überwachung der aufgerufenen Seiten auf solche Rechtsverletzungen kann allerdings nicht verlangt werden. Die Dienste müssen auf Hinweise Dritter (notfalls auch von Aufsichtspersonen) entsprechend reagieren. Bei Aufsichtsbehörden besteht allerdings die Möglichkeit, die Dienste dazu durch Verwaltungs-

---

[1059] Vgl. hier OLG Düsseldorf, NJW-RR 2011, 687; OLG Braunschweig, CR 2011, 676; LG Frankfurt, CR 2011, 617 (LS).

[1060] Kritisch *Ohly,* GRUR 2010, 776 (781).

[1061] Vgl. dazu die Beiträge von Zadra-Symes/Larson, Intellcutual Property and Entertainment Law, Committee Newsletter Volume 2, Ausg. Issue 1, August 2010, S. 9 (zu den USA); Lam, S. 11 (zu Singapur).

[1062] Insbesondere OLG Braunschweig, z. B. CR 2007, 177; CR 2009, 334 geht in der Regel von einer Markenrechtsverletzung aus.

[1063] EuGH, CR 2010, 318.

[1064] Dazu oben Rn. 1184 ff.

[1065] *Schuppert,* in: Leible/Sosnitza (Hrsg.): Onlinerecht 2.0: Alte Fragen – neue Antworten? S. 151 (153).

[1066] Dazu *Schuppert,* in: Leible/Sosnitza (Hrsg.): Onlinerecht 2.0: Alte Fragen – neue Antworten?, S. 158 unter Berufung des Dienstes AN.ON der TU Dresden.

akte aufzufordern, den Zugang zu solchen Internetauftritten nicht zu ermöglichen, wie dies auch bei allgemeinen Access-Providern gilt.

hh) Affiliate-Systeme

Ein Sonderproblem stellt die Haftung der Advertiser für Fehler der Publisher im Rahmen von **Affiliate-Diensten** dar.[1067] Der Publisher ist dabei nach der Rechtsprechung des BGH[1068] Beauftragter des Publishers, jedenfalls dann, wenn es einen unmittelbaren Vertrag zwischen diesen beiden Parteien gibt, der Publisher für jede erfolgreiche Geschäftsvermittlung eine Provision erhält, der Internetauftritt, der angegriffen wird, im Vertrag genannt ist und der Advertiser seinen Partner vor Vertragsschluss auswählt.[1069] Damit **haftet** der **Advertiser** für rechtswidrige Handlungen des Publishers, auch wenn sie nichts mit seiner Werbung unmittelbar zu tun haben. Die Rechtsprechung der Instanzgerichte hatte diese Haftung teilweise auch auf Internetauftritte ausgedehnt, die im Vertrag nicht genannt sind und hatte auch nicht auf die unmittelbaren Vertragsbeziehungen abgestellt. Teilweise hatten sie eine Haftung auch abgelehnt.[1070] Über den vom BGH entschiedenen Fall hinaus kommt eine Haftung, insbesondere eine Störerhaftung, des Advertisers in Betracht,[1071] sie ist allerdings mangels unmittelbarer Einflussmöglichkeit des Advertisers auf den Publisher schwer begründbar. Der Publisher haftet jedenfalls für Fehler in der von ihm veröffentlichen Anzeige.

1314

ii) Haftung des admin-c

Diskutiert wird auch die Frage der Haftung des **admin-c** für rechtswidrige Inhalte des Internetauftritts. Im Gegensatz zur Situation bei Streitigkeiten über den Domain-Namen hat der admin-c aber mit dem Inhalt des Internetauftritts nichts zu tun. Er ist nur für die Verwaltung der Domain Namen zuständig. Demgemäß haftet der admin-c auch nicht für die Inhalte des Internetauftritts. Insofern ist er nicht Verursacher und damit auch nicht Störer.[1072]

1315

c) Haftung der Inhaber von Telekommunikationsanschlüssen

aa) Haftungsgrund

Eine von der Providerhaftung getrennte Gruppe von Problemfällen entsteht bei der Frage, ob der **Inhaber eines Telekommunikationsanschlusses,** insbesondere eines solchen mit der Möglichkeit des Zugangs zum Internet, für Handlungen Dritter haftet, die mit Hilfe seines Anschlusses begangen wurden. Solche Handlungen können zum einen berechtigte Benutzer begehen, z. B. Familienangehörige, Lebenspartner o. ä., die regelmäßig diesen Internetanschluss benutzen. Diese können aber auch von unberechtigten Dritten begangen werden, die in den Internetanschluss eindringen. Dies ist insbesondere bei WLAN´s auch technisch möglich. Die Rechtsprechung zu Grund und Umfang der

1316

[1067] zu diesen Systemen oben Rn. 1151; umfassend zur Haftung, *Janal,* CR 2009, 317.

[1068] CR 2009, 794.

[1069] ähnlich *Kunzmann,* in: Schwartmann (Hrsg.), Praxishandbuch Medien-, IT- und Urheberrecht, Kap. 28, Rn. 137 ff.; *Auer-Reinsdorff,* ITRB 2008, 164.

[1070] Nachweise bei *Auer-Reinsdorff,* ITRB 2008, 164 (165).

[1071] *Schirmbacher,* IPRB 2010, 41 (42).

[1072] Wie hier *Wimmers/Schulze,* CR 2006, 744; *Stadler* CR 2004, 521 (526);OLG Hamburg, CR 2007, 797; LG Dresden, CR 2007, 462; tendenziell auch *Konczik,* ITRB 2010, 63 (65); vgl. auch oben Rn. 1228; weitergehend KG, CR 2006, 778: Haftung dann, wenn Störung nur durch Löschung der Domains zu verhindern ist und Domaininhaber auf Abmahnung nicht reagiert; **a. A.** *Hoeren/Eustergerling,* MMR 2006, 132; *Hartmann,* Unterlassungsansprüche, S. 140 ff. ; insoweit zustimmend *Leistner,* in: Brandi-Dohrn/Lejeune (Hrsg.): Recht 2.0, S. 55 (62ff:).

Haftung des Anschlussinhabers schwankt stark. Ober- und höchstrichterliche Rechtsprechung gibt es in erster Linie zu **Unterlassungsansprüchen**. Sie knüpft an die Grundsätze der Störerhaftung an.[1073] Der Umfang der Prüfpflichten wird sehr unterschiedlich gesehen.

1317   So gibt es Gerichte, die sehr umfassende Prüfpflichten, einschließlich der **Pflicht zur Sicherung** gegen den Einsatz bestimmter Softwarepakete (insbesondere von Peer-to-Peer-Software) ausgehen[1074] Der Anschlussinhaber soll sogar entgeltlich technische Hilfe in Anspruch nehmen, entsprechende Sicherheitsvorkehrungen treffen zu können.[1075] Diese Prüfpflichten gehen viel zu weit. Ob es überhaupt eine Software gibt, die für einen Nutzer, der in der häuslichen Situation überhaupt Peer-to-peer-Netzwerke wirksam verhindern kann, erscheint fraglich[1076].

Andere Gerichte sind sehr viel zurückhaltender. Insbesondere Umfang der Prüf- und Kontrollpflichten im Verhältnis zwischen Eheleuten, Lebenspartnern oder sonstigen Familienangehörigen ist fraglich. Immerhin genießt das familiäre und partnerschaftliche Vertrauensverhältnis den besonderen verfassungsrechtlichen Schutz des Art. 6 GG. Allgemeine, anlasslose Prüfpflichten Anschlussinhabers widersprechen einem solchen Vertrauensverhältnis insbesondere zwischen Eheleuten[1077] und Lebenspartnern und zwischen Eltern und ihren erwachsenen Kindern.[1078]

1318   Wie weit eine Überwachungspflicht bei **minderjährigen Kindern** besteht, ist im Einzelnen eine Frage, die der Frage der allgemeinen Aufsichtspflicht entspricht. Außerhalb des Internet wird die Aufsichtspflicht mit zunehmenden Alter und Verständnismöglichkeiten der Kinder in der Intensität geringer. Eine allgemeine Haftung der Eltern für ihre Kinder besteht gerade nicht. Warum dies bei Internetfällen anders sein soll, erschließt sich nicht ohne weiteres.[1079] Jedenfalls ist die Eröffnung eines Internetanschlusses nicht die Überlassung eines „gefährlichen Gegenstands" und steht diesem auch nicht gleich.[1080] Der Rekurs auf allgemeine Verkehrssicherungspflichten passt schon deswegen nicht, weil es um das Verhältnis zwischen Eltern und Kindern geht, das im Gesetz eine spezielle Regelung gefunden hat. Auch die Vergabe eines Passworts, das die Kinder nicht kennen,[1081] hilft in der Praxis nicht. Weder ist zu erwarten, dass das Password dauerhaft geheim zu halten ist, noch löst es die Situation, wenn die Kinder eigene PC's haben. Auch die Frage der Privatsphäre älterer oder gar volljähriger Kinder gegenüber den Eltern ist offen. Die Frage stellt sich auch bei der Vergabe eigener Nutzerkonten.[1082]

1319   Letztendlich ließe sich nachträglich nur dann der Verantwortliche für eine Urheberrechtsverletzung feststellen, wenn alle Nutzungsvorgänge anlasslos beweissicher gespeichert würden – ein mit dem Grundrecht auf **informationelle Selbstbestimmung** und

---

[1073] Dazu oben Rn. 1279 f.

[1074] So LG Hamburg MMR 2006, 700 = ITAB 2006, 247; CR 2006, 781; LG Köln, Urt. v. 22. 11. 2006, 28 O 150/06, JurPC Web-Dok. 29/2008; v. 27. 1. 2010, 28 O 237/09, JurPC Web-Dok. 67/2010; Beschl. v. 10. 1. 2011, 28 O 421/10: selbst Portsperre reicht nicht, weil umgehbar; OLG Düsseldorf, OLG Report Hamm/Düsseldorf/Köln 2008, 524.

[1075] LG Hamburg, CR 2007, 54.

[1076] Vgl. auch *Großkopf*, CR 2007, 122; *Hornung*, CR 2007, 88 (91 f.).

[1077] *Leistner*, Beilage zu GRUR 2010, H 1, S. 8; *Kremer*, CR 2010, 337; OLG Frankfurt, CR 2008, 243 m. Anm. Stang/Hübner; vgl. dazu OLG Köln, Beschl. v. 24. 3. 2011, 6 W 42/11, JurPC Web-Dok. 63/2011.

[1078] LG Mannheim, Urteil vom 29. 09. 2006, 7 O 46/06; JurPC Web-Dok 33/2007; CR 2007, 394; AG Frankfurt/M:, CR 2011, 130; OLG Frankfurt, BB 2008, 470.

[1079] Ähnlich LG Mannheim, Urt. v. 28. 9. 2006, 7 O 76/06, JurPC Web-Dok. 93/2007; wie hier *Albrecht/Hatz*, JurPC WEeb-Dok. 134/2011, Abschn. 18.

[1080] A. A. LG München I, CR 2008, 661.

[1081] So der Vorschlag von *Leupold/Glossner*, in: dies. (Hrsg.): IT-Recht, Teil 2, Rn. 112.

[1082] Vorgesehen von LG Hamburg, CR 2007, 54; LG Köln, CR 2009, 684 m. Anm. Ebke/Bergfeld.

dem grundrechtlich geschützten **Fernmeldegeheimnis** nicht zu vereinbarender Vorgang.[1083] Diese Tatsache begrenzt auch die Prüfmöglichkeiten dann, wenn Freunde der Kinder (oder des Anschlussinhabers) den Internetanschluss nutzen. Dies gilt besonders, wenn die Nutzer eigene Lap Tops verwenden.[1084] Nur wenige der hier diskutierten Fragen sind vom BGH mittlerweile abschließend beantwortet worden.[1085]

Der BGH hat für **WLAN´s** entschieden, dass eine Sicherungspflicht besteht.[1086] Es   1320
müssen die zum Zeitpunkt der Einrichtung des WLAN üblichen Sicherungsmaßnahmen eingesetzt werden. Diese müssen allerdings im Laufe der Zeit auch bei längerdauernder Nutzung des WLAN nicht an die technische Entwicklung angepasst werden.[1087] Außerhalb des WLAN-Bereichs drängen sich allerdings besondere Sicherungspflichten gegen ein Eindringen von außen nicht auf.

Der BGH[1088] hat ferner entschieden, dass bei Nutzung eines Internetanschlusses eine   1321
tatsächliche Vermutung dafür besteht, dass der Anschlussinhaber den Anschluss persönlich genutzt hat. Eine solche tatsächliche Vermutung ist allerdings mit der allgemeinen Praxis der Nutzung von Internetanschlüssen mit mehreren Geräten durch Einsatz von WLAN's und/ oder Routern, nicht vereinbar. Praktisch wird jeder Internetanschluss von mehreren Personen genutzt, es sei denn, es lebt nur eine Person in einem Haushalt. Angesichts der Rechtsprechung des BGH muss dennoch von einer eher fiktiven tatsächlichen Vermutung ausgehen. Der Anschlussinhaber muss diese tatsächliche Vermutung widerlegen. Dafür reicht einfaches Bestreiten nicht.[1089] Für die Widerlegung muss es freilich aber reichen, wenn der Anschlussinhaber vorträgt, dass in dem fraglichen Zeitraum neben ihm noch ein oder mehrere weitere Personen den Anschluss benutzt haben[1090] und diese als Zeugen benennt. Diese Personen könnten als Zeugen natürlich aussagen, dass sie den Anschluss benutzt haben[1091]. Sollten Sie gefragt werden, ob sie selbst die Urheberrechtsverletzungshandlung begangen haben, steht ihnen insoweit ein Zeugnisverweigerungsrecht zu. Ggf. reicht auch die Aussage, dass auch sie Rechtsverletzung nicht begangen haben.[1092] Auch ein Vortrag, der Anschlussinhaber sei nicht im Hause und der PC ausgestellt gewesen, reicht aus.[1092a] Praktisch zwingt die Rechtsprechung des BGH hier immer zu einer dezidierten Darlegung, wer alles einen solchen Anschluss benutzt hat und führt daher ggf. zu weiteren Folgeansprüchen. Welcher genaue Vortrag ausreicht, ist in der Rechtsprechung noch nicht endgültig entschieden.

Ein besonderes Problem stellen Internetanschlüsse dar, die in **Internetcafés** oder durch   1322
Hot Spots Dritter zur Verfügung gestellt werden. Auch für diese Anschlüsse gelten die o. g. Grundsätze. Man wird auch davon ausgehen müssen, dass solche Anschlüsse von einzelnen Nutzern zu rechtswidrigem Handeln benutzt werden. Deswegen müssen Anbieter Maßnahmen treffen, um dies zu behindern. Ob bloße Hinweise auf das Urheber-

---

[1083] BVerfG NJW 2010, 853 (Vorratsdatenspeicherung).

[1084] Weitgehende Prüfpflichten bei LG Mannheim, Urt. v. 29. 6. 2006, 7 O 62/06, JurPC Web-Dok. 133/2007; OLG Köln, CR 2010, 336 m. Anm. Kremer.

[1085] Ausgiebig *Mühlberger,* GRUR 2009, 1022; *Leistner,* in: Brandi-Dohrn/Lejeune (Hrsg.): Recht 2.0, S. 55 (77 ff.); vgl. auch LG Düsseldorf, Urt. v. 23. 8. 2009, 12 O 594/07, JurPC Web-Dok. 6 /2010.

[1086] GRUR 2010, 633; früher schon LG Mannheim, CR 2007, 818 (LS); umfassend diskutiert bei *Spindler,* CR 2010, 592.

[1087] Zum derzeitigen Stand vgl. *Sorge,* CR 2011, 273; kritisch zur Beschränkung des BGH: *Borges,* NJW 2010, 2624 (2626); *Sandor,* ITRB 2010, 9.

[1088] GRUR 2010, 633.

[1089] OLG Hamburg, CR 2011, 126.

[1090] OLG Köln, Beschl. v. 24. 3. 2011, 6 W 42/11, JurPC Web-Dok. 63/2011; *Müller,* NJW 2011, 2560 (2561 f.); falsch AG Frankfurt, Urt. v. 16. 4. 2010, 30 C 562/07–47, Jur PC Web-Dok. 105/2010.

[1091] AG Frankfurt/M., CR 2011, 130.

[1092] OLG Hamburg, CR 2011, 269.

[1092a] OLG Frankfurt, Beschl. v. 20. 9. 2011, BeckRS 2011, 23669.

recht ausreichen,[1093] oder weitergehende Maßnahmen (z. B. Portsperren) ergriffen werden müssen[1094], hängt davon ab, ob es technische Mittel gibt, die Rechtsverstöße wirksam verhindern können und gleichzeitig nicht auch den Zugang zu legalen Internetanwendungen verschließen. Das Registrieren der Teilnehmer und ihres Kommunikationsverhaltens ist freilich als Verstoß gegen § 88 TKG (Fernmeldegeheimnis) unzulässig, soweit und solange es nicht zur Erbringung des Dienstes erforderlich ist.[1095]

1323   Interessant ist auch die Frage, welche Vorsorge- und Prüfpflichten **Arbeitgeber** hinsichtlich der Internetanschlüsse ihrer Arbeitnehmer betreffen.[1096] Prinzipiell kann es auch hier eine Störerhaftung geben. Fraglich ist aber, welche Maßnahmen dem Arbeitgeber zumutbar sind. Eine Belehrung über die Achtung der Urheberrechte ist zumutbar. Darüber hinaus dürfte es auch arbeitsrechtlich sicherlich eine entsprechende Anweisung geben.

1324   Denkbar sind auch hier **technische Vorkehrungen**, wenn sie denn die Erfüllung der Aufgaben des Arbeitnehmers im Betrieb nicht unzumutbar behindern.[1097] Darüber hinaus ist zu beachten, dass im derzeitig geltenden § 32 BDSG eine vorbeugende Speichermöglichkeit von Beschäftigtendaten ohne konkreten Tatverdacht nicht vorgesehen ist. Eine Erhebung von Beschäftigtendaten ist nur bei einem konkreten Verdacht auf Straftaten erlaubt, nicht jedoch zu allgemeinen Gefahrenvorsorge. Wieweit hier technische Maßnahmen möglich sind, die eine anonymisierte Speicherung von Beschäftigtendaten nach Auftreten erster Verletzungen möglichen machen, die bei konkretem Verdacht zu einer Aufdeckung der anonymisierten bzw. pseudonymisierten Daten führt, ist ein noch nicht endgültig diskutiertes Problem. An dieser Stelle wird das Spannungsverhältnis zwischen Datenschutz und Prüfpflichten bei der Haftung von Intermediären im Internet besonders deutlich.

Allerdings gilt hier ohnehin § 99 UrhG, nach der eine Haftung des **Unternehmers** für rein privatbezogene Tätigkeiten des Arbeitgebers **rechtlich unzulässig** ist.[1098] Die Vorschrift greift aber wohl für die Störerhaftung nicht ein.

1325   Die hier aufgeworfenen Fragen stellen sich mittlerweile in einer **Vielzahl von Fällen,** weil die Musik- und Filmindustrie zahllose Anschlussinhaber auf Unterlassung und teilweise Schadenersatz bzw. Vergütung von Anwälten in Anspruch genommen hat. Die von einzelnen Gerichten zugesprochenen Anwaltsgebühren bewegen sich in teilweise hohem vierstelligen Bereich und sind dadurch äußerst abschreckend.[1099]

1326   Ob die Einschränkung der Höhe des zu erstattenden Betrages gem. **§ 97 a Abs. 2 UrhG** eingreift, ist offen[1100]. Der BGH hat sich in der **Pressemitteilung** zur Entscheidung zur Haftung des WLAN-Betreibers für eine Anwendung ausgesprochen[1101], diese Frage aber in der Entscheidung selbst nicht diskutiert. Die Begrenzung soll in einfachen Fällen bei einer nur unerheblichen Rechtsverletzung eingreifen. Der Aufwand zur Ermittlung des Verstoßes spielt in diesem Zusammenhang keine Rolle.[1102] Es geht auch nicht um eine Verletzung in gewerblichem Ausmaß.[1103] Ein einfacher Fall liegt bei einem Routinefall vor, der in den hier betrachteten Fällen für den Rechteinhaber anzunehmen ist. Das Problem

---

[1093] So LG Frankfurt a.M, ITRB 2008, 108; LG Frankenthal, GRUR-RR 2009, 382.

[1094] LG Hamburg, K&R 2011, 215.

[1095] Näher *Spindler,* CR 2010, 592 (599 f.); *Redeker,* ITRB 2011, 186.

[1096] Dazu LG München I, CR 2008, 49; *Albrecht/Pfalz,* JurPC Web-Dok. 124/2011, Abschn. 19.

[1097] Vgl. dazu *Leistner* in: Brandi-Dohrn/Lejeune (Hrsg.) Recht 2.0, S. 55 (85 f.).

[1098] *Leistner,* a. a. O., S. 87.

[1099] LG Köln, Urt. v. 18. 7. 2007, 28 O 480/06; Urt. v. 30. 3. 2011, 28 O 716/10.

[1100] Vgl. OLG Köln, Beschl. v. 24. 3. 2011, 6 W 42/11, JurPC Web-Dok. 63/2011.

[1101] Ebenso *Hoeren,* CR 2009, 378.

[1102] *Spindler,* in Spindler/Schuster, Recht der elektronischen Medien, § 97 UrhG, Rn. 11; vgl. auch *Faustmann/Ramsperger,* MMR 2010, 662 (664); **a. A.** AG Frankfurt a. M., Urt. v. 1. 3. 2011, 31 C 3239/10-7, JurPC Web-Dok. 67/2011.

[1103] *Faustmann/Ramsperger,* MMR 2010, 662 (665).

besteht in der Frage, wann eine nur unerhebliche Rechtsverletzung vorliegt. Die vom Gesetzgeber genannten Beispiele sind zur Entscheidung ungeeignet. Die in der Rechtsprechung häufig angesprochene Uploadmöglichkeit für Dritte, die insbesondere bei Tauschbörsen eine wichtige Rolle in der Diskussion spielt, kann nur von Bedeutung sein, wenn sie längere Zeit besteht.[1104] Auch die Tatsache, dass es nach der Abmahnung zu Auseinandersetzungen kommt, ist unerheblich. Man wird daher wohl Einzelfallentscheidungen treffen müssen, bei denen die Dauer der unerlaubten Nutzung und die Qualität der betroffenen Werke eine zentrale Rolle spielen. § 97 a Abs. 2 UrhG findet außerdem nur außerhalb des geschäftlichen Verkehrs Anwendung.

Über Unterlassungsansprüche hinaus haben Gerichte **Schadensersatzansprüche** gegen 1327 den Anschlussinhaber bejaht. Das LG Köln kommt so über eine Verletzung der Aufsichtspflicht zu einem Schadensersatzanspruch gegen die Eltern eines 13-jährigen, weil diese nicht hinreichend oft seine Internetnutzung geprüft haben.[1105] Zum Umfang der Prüfpflichten äußert sich das Gericht nicht näher. Es billigt aber im Wege der Lizenzanalogie hohe Schadensersatzforderungen zu, ohne sich mit den oben diskutierten Fragen des Vertrauensverhältnisses und der Grundrechte des Kindes zu beschäftigen. Die Höhe des Schadensersatzanspruchs wird von Gerichten nach GEU-Tarifen berechnet.[1105a]

bb) Ermittlung des Anschlussinhabers

Praktisch kann die Haftung des Anschlussinhabers nur eintreten, wenn dieser den 1328 **Anschlussinhaber ermittelt** hat.

Dazu muss er zunächst die IP-Adresse ermitteln, unter deren Nutzung die Rechtsverletzung begangen worden ist.

Dafür steht Software zur Verfügung. Diese ist nach deutschem Recht auch einsetzbar. Insbesondere hat der BGH in der schon mehrfach zitierten Entscheidung zur Haftung des WLAN Anschlussinhabers hier keine Probleme gesehen.[1106] Allerdings gibt es erhebliche Zweifel an der **Beweiseignung** dieser Software für die durch sie ermittelten, angeblich unter Nutzung einer bestimmten IP-Adresse begangenen Rechtsverstöße. Die Software genügt und die von ihr dokumentierten Beweismittel genügen jedenfalls nach einer in der Literatur vertretenen Meinung nicht den Anforderungen der Computerforensik.[1107] Stimmt dies, erbringen sie keinen Beweis für die von ihnen ermittelten Tatsachen.[1108] Ob sie geeignet ist, eine tatsächliche Vermutung dafür zu erbringen, dass unter der ermittelten IP-Adresse Urheberrechtsverletzungen begangen wurden[1109], erscheint auch zweifelhaft.

Darüber hinaus wird die Ermittlung der IP-Adressen im **ausländischen Recht** teilweise 1329 als rechtswidrig angesehen, weil es um die Speicherung personenbezogener Daten geht.[1110] Dies ist in der deutschen Rechtspraxis bis jetzt ohne Berücksichtigung geblieben. Die deutschen Gerichte gehen davon aus, dass es sich bei der Ermittlung der IP-Adresse nicht um eine Verletzung im Datenschutzrecht handelt, weil die **IP-Adressen keine personenbezogenen Daten** darstellen.[1111] Dies ist zwar falsch, weil die Herstellung des Personenbe-

---

[1104] Ähnlich *Faustmann/Ramsperger,* MMR 2010, 662 (665).

[1105] Urt. v. 30. 3. 2011 28 O 716/10.

[1105a] LG Düsseldorf, Urt. v. 24. 11. 2010, 12 O 521/09, JurPC Web-Dok. 141/2011.

[1106] GRUR 2010, 633.

[1107] *Morgenstern,* CR 2011, 203.

[1108] Vgl. dazu auch *Gietl/Mantz,* CR 2008, 810 (815 f.); LG Frankfurt/M., Urt. V. 22. 9. 2009, 2–18 O 162/09, JurPC Web-Dok. 74/2010.

[1109] So wohl LG Stuttgart, Urt. v. 28. 6. 2011, 17 O 39/11, JurPC Web-Dok. 119/2011.

[1110] So Eidgenössisches Bundesgericht, Urt. vom 8. September 2010, 1C_285/2009, BGE 136 II 508.

[1111] OLG Hamburg, CR 2011, 126.

zugs leicht möglich und sogar beabsichtigt ist und daher selbst bei einem relativen Begriff der Personenbeziehbarkeit[1112] von personenbezogenen Daten auszugehen ist.[1113]. Der deutsche Gesetzgeber hat es aber ausdrücklich gestattet, den Personenbezug herzustellen, in dem er dem Verletzten gem. § 101 Abs. 2 S. 1 Nr. 3 UrhG einen Auskunftsanspruch auf personenbezogene Daten gegen den Erbringer der Dienstleistung zugebilligt hatte. Man wird daher davon ausgehen können, dass auch eine Ermittlung der IP-Adressen gemäß § 28 Abs. 2 Nr. 1 in Vbdg. mit Abs. 1 Nr. 2 BDSG zulässig ist.[1114]

1330   Eine solche Auskunft darf der Provider freilich für die **dynamischen IP-Adressen,** die nach Ansicht des Gesetzgebers insoweit Verkehrsdaten im Sinne des TKG darstellen, nur nach vorherigem gerichtlichen Beschluss erteilen (§ 101 Abs. 9 TKG).[1115] Die datenschutzrechtliche Erlaubnis für eine Übermittlung dürfte dabei unmittelbar in dem gerichtlichen Beschluss liegen.[1116]

1331   Die entsprechende Auskunft setzt eine Rechtsverletzung in **gewerblichem Ausmaß** voraus (§ 101 Abs. 1 S. 1 UrhG).[1117] Diese ist nach überwiegender Ansicht der Rechtsprechung jedenfalls dann verwirklicht, wenn eine komplette CD mit Musikstücken oder ein ganz neuer Film im Rahmen der ursprünglichen Verwertungszeit (also insbesondere unmittelbar nach Erscheinen) etwa im Internet zum Herunterladen zur Verfügung gestellt wird.[1118] Insbesondere für klassische Musik soll dies sogar noch länger gelten.[1119] Einzelne Oberlandesgerichte halten das Merkmal sogar immer für gegeben, wenn ein urheberrechtlich geschütztes Werk in Tauschbörsen angeboten wird.[1120]

1332   **Löscht** der Access-Provider die IP-Adressen **vor Erlass der Entscheidung** nach § 101 Abs. 9 UrhG, so geht der Anspruch ins Leere.[1121] Der Verletzte hat keinen Anspruch darauf, dass der Provider die IP-Adressen vorsorglich in seinem Interesse länger speichert.[1122] Ob dies für eine konkrete IP-Adresse, für die ein Verstoß vermutet wird, ein Beschluss nach § 101 Abs. 9 UrhG aber noch nicht vorliegt, vielleicht anders ist, ist streitig[1123]. Aber auch hier fehlt es aber im Angesicht von § 88 TKG an einer Speicherungsbefugnis des Providers. Der Gesetzgeber hat sie nicht vorgesehen, obwohl das Problem bei Erlass von § 101 Abs. 9 UrhG bekannt war. Auch eine solche Speicherung ist daher unzulässig.

[1112] Zu diesem Begriff vgl. oben Rn. 932 ff.

[1113] Ebenso *Kazemi/Leopold,* Datenschutzrecht, § 3, Rn. 282; a. A. wohl *Härting,* ITRB 2009, 158.

[1114] *Welp,* Auskunftspflicht, S. 207; vgl. aber auch EuGH, CR 2011, 597 (607), der bei Privaten einen Anonymitätsschutz anzuerkennen scheint.

[1115] *Kuper,* ITRB 2009, 13 (14); *Härting,* ITRB 2009, 35 (38).

[1116] I. E. ebenso *Czychowski/Nordemann,* NJW 2008, 3095 (3096 f.); *Ladeur,* NJW 2010, 2702; OLG München, GRUR 2007, 419 zu § 101a UrhG; a. A. *Welp,* Auskunftsanspruch, S. 277: Auskunftsanspruch datenschutzrechtlich unzulässig; *Gietl/Mantz,* CR 2008, 810.

[1117] LG Köln, Beschl. v. 17. 12. 2008, 28 OH 8/08, JurPC Web-Dok. 32/2009; *Heymann,* CR 2008, 568 (570); a. A.: LG Bielefeld, Beschl. v. 5. 8. 2009, 4 OH 385/09, JurPC Web-Dok. 175/2010; *Bohne,* CR 2010, 104.

[1118] Ausführlich *Wiebe,* in: Leupold/Glossner (Hrsg.): IT-Recht, Teil 3, Rn. 206; *Bierekoven,* ITRB 2009. 158; im einzelnen str.; vgl. die ausführliche Abwägung bei OLG München, Beschl. v. 5. 5. 2011, 6 W 91/11, JurPC Web-Dok. 114/2011.

[1119] OLG Köln, MMR 2009, 334.

[1120] OLG München, Beschl. v. 26. 7. 2011, 29 W 1268/11, JurPC Web-Dok. 145/2011.

[1121] Zur Dauer der Speicherung vgl. oben Rn. 993.

[1122] OLG Hamm, CR 2011, 516; OLG Düsseldorf, Urt. v. 15. 3. 2011, I-20 U 1361/10; *Spindler,* in Spindler/Schuster (Hrsg.), Recht der elektronischen Medien, § 101 UrhG, Rn. 23; *Welp,* Auskunftspflicht, S. 305 f.; a. A. LG Köln, Urt. V. 12. 9. 2007, 28 O 339/07, JurPC Web-Dok. 164/2007; NJW-RR 2008, 915.

[1123] Dafür OLG Hamburg, CR 2009, 657; 2010, 363; OLG Karlsruhe, CR 2009, 806, aber nur nach richterlichem Beschluss; dagegen: OLG Frankfurt, MMR 2010, 62; *Moos/Gosche,* CR 2006, 499; vgl. dazu *Spindler,* in Spindler/Schuster (Hrsg.), Recht der elektronischen Medien, § 101 UrhG, Rn. 23.

Der Auskunftsanspruch nach § 101 Abs. 2 S. 1 Nr. 3 UrhG erstreckt sich über Access- **1333**
Provider hinaus auch auf andere Anbieter wie z. B. **Share-Hoster** oder eine Online-
Handelsplattform, erfasst aber nicht Bank- oder Telefondaten[1124].

Eine Auskunft ist allerdings **unzulässig**, wenn die IP-Adressen oder sonstigen Daten
rechtswidrig gespeichert sind.[1125]

Neben der schon geschilderten Ermittlungsmöglichkeit besteht noch die Alternative, **1334**
Strafanzeige zu erstatten und die von der Staatsanwaltschaft ermittelten Daten dann nach
§ 406 Abs. 1 S. 1 StPO einzusehen.[1126] Hier gibt es eine Bagatellgrenze[1127], die vermutlich
der in § 101 Abs. 9 UrhG entspricht. Praktisch dürfte diese Möglichkeit heute kaum noch
eine Rolle spielen.

Außerhalb der gewerblichen Schutzrechte und des **Urheberrechts** bestehen solche **1335**
Auskunftsansprüche nicht, auch nicht zur Durchsetzung von Ansprüchen wegen einer
Persönlichkeitsverletzung oder von Unterhaltsansprüchen.[1128] Es fehlt hier an einer zum
Eingriff in das Fernmeldegeheimnis berechtigenden Norm. Ob dies aus verfassungsrecht-
lichen Gründen anders ist, wenn ein Kind so erfahren kann, wer sein Vater ist, ist eine
schwierige verfassungsrechtliche Abwägung.[1129]

d) Haftung für überlassene Rufnummern und Domains

Darüber hinaus ist darauf hinzuweisen, dass bei der **Überlassung von Rufnummern** **1336**
oder sonstigen Accounts in einem Telekommunikationsnetz der Gesetzgeber in § 45 o
Satz 2 und 3 TKG vorgesehen hat, dass der Rufnummernvergebende die Rufnummern
sperren kann, wenn er gesicherte Erkenntnisse darüber hat, dass diese Rufnummern
rechtswidrig genutzt werden. Daraus ergibt sich, dass ein Anspruch Dritter auf Sperrung
besteht, aber nur dann, wenn der Rufnummervergebende z. B. wegen wiederholter Verstöße von einer Wiederholungsgefahr gesichert ausgehen kann und keine ernsthaften
Zweifel an der Rechtswidrigkeit bestehen[1130]

Diese Vorschrift gilt aber nur für Rufnummern in Telekommunikationsnetzen. Für die **1337**
Vergabe von **Unterdomains** und ähnlichen Handlungen, gelten die allgemeinen Regeln.
Hieraus können sich aber schwerlich mehr Pflichten ergeben, als dies der Gesetzgeber bei
der nach seiner Vorstellung besonders gefährlichen Vergabe von Rufnummern angeordnet
hat. Auch ist das Fernmeldegeheimnis zu beachten[1131]

Dies wird aber in der Rechtsprechung teilweise anders gesehen und auch eine entsprechende Haftung für Sub-Domains angenommen[1132] Im Übrigen hat das LG München
I entschieden, dass derjenige, der in seinem Internetauftritt eine Option bereit hält, mit der
man Emails verschicken kann, ohne sich identifizieren zu müssen, für einen Missbrauch
als mittelbarer Störer haftet[1133] Diese Rechtsprechung ist dann richtig, wenn der Betreiber

---

[1124] OLG Köln, Urt. v. 25. 3. 2011, 6 U 87/10, JurPC Web-Dok. 92/2011.
[1125] Offengelassen von OLG Köln, Beschl. v. 9. 6. 2011, 6 W 159/10, JurPC Web-Dok. 117/2011.
[1126] LG Saarbrücken, Beschl. v. 2. 7. 2009 2 Qs 11/09, JurPC Web-Dok. 53/2011; OLG Zweibrücken, CR 2009, 42.
[1127] LG Darmstadt, Urt. V. 20. 4. 2009, 9 Qs 99/09, JurPC Web-Dok. 145/2009; LG Saarbrücken,
Beschl. v. 2. 7. 2009, 2 Qs 11/09, JurPC Web-Dok. 53/2011 (im konkreten Fall kein Bagatelldelikt).
[1128] LG Bonn, CR 2011, 379, 106; i. E. zutreffend AG München DuD 2011, 500; a. A. LG Stuttgart,
NJW 2008, 2048.
[1129] Dafür LG Stuttgart, NJW 2008, 2048; dagegen LG Bonn, CR 2011, 379.
[1130] *Spindler/Volkmann* NJW 2004, 808 noch zum alten § 13 a TKV; vgl. hier auch AG Tempelhof-
Kreuzberg, CR 2009, 167.
[1131] *Spindler/ Volkmann* NJW 2004, 808 noch zum alten § 13 a TKV.
[1132] LG Leipzig, Urteil vom 13. 11. 2003, 12 S 2595/03, JurPC Web-Dok 66/2004; zustimmend
Ackermann/ Ivanov, DuD 2005, 643 (646)M; LG Düsseldorf, CR 2007, 114.
[1133] LG München I NJW – RR 2003, 764; CR 2003, 615; ähnlich AG Hamburg, Urteil vom
04. 03. 2003, 36 a C 37/03, JurPC Web-Dok 265/2003; AG Rostock, NJW RR 2003, 1282.

des Internetauftritts auch die Inhalte der Emails mit vorgibt[1134]. Ansonsten bestehen daran erhebliche Zweifel, weil die in § 45 o TKG enthaltene Einschränkung der Haftung auf Fälle gesicherter Kenntnis von der Rechtswidrigkeit von diesen Entscheidungen nicht berücksichtigt wird. Es den jeweiligen Anbietern kaum zumutbar, außerhalb klarer Fälle zu beurteilen, ob ihr Kunden wettbewerbswidrig handeln oder nicht[1135]

1338 Jedenfalls bei Subdomains **fehlt** es außerdem an **gesetzlichen Regeln,** obwohl das Problem bekannt ist und in Teilbereichen eine Regelung erfahren hat. Daraus ergibt sich, dass nur dann, wenn ausländische Kunden die Nummer bzw. Sub-Domains nahezu ausschließlich zu klar wettbewerbswidrigen Handlungen einsetzen, ein Sperren der Nummern bzw. Sub-Domains in Betracht kommen können. Auch der Verpächter einer Domain haftet grundsätzlich nicht für Rechtsverstöße auf der Website seines Partners.[1136]

1339 Wer seinen **ebay-Account** nicht hinreichend sichert oder das Zugangspasswort weitergibt, haftet al Störer für von Dritten über den Account begangene Markenverletzungen.[1137] Diese Rechtsprechung steht in einem deutlichen Wertungswiderspruch dazu, dass eine Rechtsscheinhaftung im Vertragsrecht in solchen Fällen nicht besteht.[1138]

Eine Abschlussbemerkung:

Die **DENIC** haftet außer bei eindeutigen Verstößen durch Domainnehmern im dargestellten Rahmen[1139] für weitere Wettbewerbsverstöße nicht, weil sie insoweit keine Prüfpflichten hat.[1140]

3. Allgemeines Wettbewerbsrecht

a) Verdecktes Profitieren an Leistungen und Rechten Dritter

1340 Eine besondere Art von Wettbewerbswidrigkeit kann sich bei einer bestimmten Homepage-Gestaltung ergeben. Ein Anbieter kann insbesondere an versteckter Stelle und ohne Erkennbarkeit nach außen, aber für Suchmaschinen lesbar mit Hilfe sog. „Meta-Tags", seine Homepage so gestalten, dass der Name des Wettbewerbers auftaucht. Wird nun innerhalb von Suchmaschinen nach dem Namen oder der Marke des Wettbewerbers gesucht, wird dem Kunden dieser Suchmaschine die Homepage des Konkurrenten präsentiert. Dieses versteckte Profitieren am Namen des Gegners ist mit den guten Sitten des Wettbewerbs nicht vereinbar und kann daher ebenfalls untersagt werden.[1141] Daneben bestehen auch Ansprüche aus §§ 14, 15 MarkenG[1142] oder auch namensrechtliche Ansprüche.[1143] Das versteckte Profitieren vom Ruf Dritter ist auch der entscheidende Unterschied

---

[1134] So Grundlage der Entscheidung des AG Rostock NJW RR 2003, 1282.

[1135] LG Wuppertal Urteil vom 25. 03. 2003, 1 O 539/02, JurPC Web-Dok 284/2004; *Spindler/Volkmann,* NJW 2004, 808.

[1136] BGH, CR 2009, 730; OLG Köln, CR 2010, 403.

[1137] BGH, NJW 2009, 1960; OLG Stuttgart, NJW-RR 2008, 199; AG Neumünster, CR 2007, 750.

[1138] So BGH, BB 2011, 1473, näher oben Rn. 875.

[1139] Rn. 1239.

[1140] OLG Hamm, Beschluss vom 01. 07. 2004, 3 U 5/04, JurPC Web-Dok 45/2004.

[1141] OLG München, CR 2000, 461; LG Frankfurt a. M., CR 2000, 462; LG Hamburg, NJW-CoR 1999, 500 (LS); LG Mannheim, DuD 1998, 46; LG Verden, NJW-CoR, 1999, 171 (LS); LG Essen, Urt. v. 26. 5. 2004, 44 O 166/03, JurPC Web-Dok. 73/2005; *Ernst,* ITRB 2005, 91; *Härting/Schirmbacher,* ITRB 2005, 16 f.

[1142] BGH, GRUR 2007, 65 = NJW 2007, 153 = CR 2007, 103; LG München I, Urt. v. 24. 6. 2004, 17 HK = 10 389/04, JurPC Web-Dok. 14/2005 *Ernst,* NJW-CoR 1997, 493; *Koch,* NJW-CoR 1998, 45 (47 f.); *Varadinek,* GRUR 2000, 279; *Kur,* CR 2000, 448; *Strittmatter,* CR 2000, 701; *Heim,* CR 2005, 200; *Ernst,* ITRB 2005, 91; LG Hamburg, NJW-CoR 1999, 500 (LS); OLG München, WRP 2000, 775; *Sobola,* NJW 2001, 113 (114); a. A. OLG Düsseldorf, CR 2003, 133 = NJW-RR 2003, 328; GRUR-CR 2004, 353 (355); CR 2006, 695 (696); *Härting,* Internetrecht, Rn. 1273 f.; *Köhler/Arndt/Fetzer,* Recht des Internet, S. 246.

[1143] OLG Celle, CR 2006, 679 = NJW-RR 2006, 1699; ebenso *Härting/Schirmbacher,* ITRB 2005, 16 (17).

zu den Fällen des Keyword Advertising, die rechtlich anders behandelt werden.[1144] Schwierig wird dies dann, wenn als Metatags Marken verwendet werden, die der Verwender an sich nutzen darf, weil er entsprechende Produkte erlaubt vertreibt oder sein Produkt erlaubt mit Konkurrenzprodukten vergleicht,[1145] die er aber übermäßig nutzt.[1146] Auch namensrechtliche Ansprüche können bestehen.

Manchmal werden als **Metatags** auch **Begriffe** verwendet, die der **Alltagssprache** entlehnt sind, it der Internetpräsenz des Betreibers jedoch nichts zu tun haben. Der Verwender dieser Metatags will erreichen, dass seine Seite von Suchmaschinen auch gefunden wird, wenn diese Begriffe eingegeben werden. Auch dies hat das LG Düsseldorf[1147] für wettbewerbswidrig gehalten und zwar zum einen als irreführende Werbung und zum anderen, weil die Trefferlisten der Suchmaschinen so systematisch mit Fehlhinweisen gefüllt werden, was vor allem die Benutzer störe. Eine solche Irreführung kann möglich sein, hängt aber von den Umständen des Einzelfalls ab.[1148] Darüber hinaus entstehen hier u. U. markenrechtliche Ansprüche. Wer solche Fehlverweise oder Hinweise auf verwechslungsfähige Marken freilich nur duldet und nicht erzeugt, haftet nicht.[1149] **1341**

Problematisch ist unter dem Gesichtspunkt der **Rufausbeutung** auch eine Werbegestaltung, bei der bei der Frage nach bestimmten Produkten in einer Suchmaschine während der Wartezeit Werbebanner mit Links erscheinen, die zu Dritt-, insbesondere zu Konkurrenzprodukten führen,[1150] oder ein fremdes Unternehmenskennzeichen so verwendet wird, dass es für Suchfunktionen von großer Bedeutung ist, etwa durch Verwendung als Hidden Content.[1151] Dies soll sogar dann gelten, wenn die Marke des Verletzten einem nach ihr suchenden Verbraucher so ins Auge springt, dass er auf den Internetauftritt des Verletzers gelockt wird.[1152] **1342**

Unzulässig sind auch sonstige Versuche der **Manipulation von Suchmaschinen** z. B. durch gezielte Verlinkung inhaltsleerer Seiten.[1153]

Unzulässig es auch, wenn ein Anbieter von **Internet-Präsenzen** unter seiner Internet-Domain **gewerbliche Inserenten** eines Konkurrenten aufführt, ohne deutlich zu machen, dass die Homepages dieser Inserenten nicht von ihm, sondern von dem Konkurrenten stammen.[1154] Das Gleiche gilt bei der Verwendung von Links auf Seiten anderer Anbieter, wenn den Benutzern nicht klar gemacht wird, dass er durch die Verwendung dieser Links auf die Homepage eines anderen Anbieters kommt. Dabei kann bei einem durchschnittlichen Internetanbieter unterstellt werden, dass er dies bei einem offenen Link weiß. Wird aber die Tatsache der **Verlinkung verschleiert** oder der sog. Inline-Link verwendet,[1155] ist dies anders. Wer hier Leistungen anderer inhaltlich in sein Angebot einbezieht, nützt deren Leistung unlauter aus und begeht damit einen Verstoß gegen § 1 UWG,[1156] allerdings nur dann, wenn auch wettbewerblich eigenartige Leistungen übernommen werden.[1157] U. U. **1343**

[1144] Dazu oben Rn. 1309 ff.
[1145] BGH, GRUR 2007, 65 (67).
[1146] Dazu *Hoeren*, Grundzüge, S. 178; *Kur*, CR 2000, 448 (451 ff.).
[1147] CR 2002, 610; **a. A.** OLG Düsseldorf, CR 2003, 133.
[1148] OLG Köln, Urt,. v. 23. 2. 2011, 6 U 178/10, JurPC Web-Dok. 94/2011.
[1149] OLG Zweibrücken, NJW-RR 2002, 910; OLG Hamburg, NJW-RR 2004, 1688.
[1150] LG Hamburg, CR 2000, 392.
[1151] BGH, CR 2007, 589; *Härting*, Internetrecht, Rn. 1280.
[1152] KG, CR 2005, 671 (zweifelhaft).
[1153] *Ernst*, ITRB 2005, 91 (93).
[1154] OLG Celle, NJW-CoR 1999, 366; OLG Hamburg, GRUR 2001, 831 = NJW-RR 2001, 1198.
[1155] Zum Begriff: *Stadler*, Haftung für Informationen im Internet, Rn. 193.
[1156] OLG Hamburg, CR 2001, 704 m. Anm. *Dieselhorst*; *Ernst*, NJW-CoR, 1997, 224 (225 f.); *Koch*, NJW-CoR 1998, 45 f.; *Sosnitza*, CR 2001, 693 (703); **a. A.** wohl LG Düsseldorf, DuD 1999, 236 und OLG Düsseldorf, CR 2000, 184; *Hoeren*, Grundzüge, S. 175 f.
[1157] LG Verden, DuD 2000, 52.

kommt auch ein Urheberrechtsverstoß[1158] oder eine Verletzung von Datenbankrechten in Betracht. Auch die **Einbeziehung fremden Inhalts** in einen **eigenen Frame** mit eigener Werbung ist unzulässig, sei es aus wettbewerbsrechtlichen Gründen, sei es, weil dieses Vorgehen die Rechte des Fremden als Datenbankanbieter verletzt.[1159] Demgegenüber ist der offene Link auf die Seiten Dritter im Internet üblich und im Allgemeinen zulässig, auch wenn der Link zu einem Konkurrenten führt.[1160]

1344   Äußerst streitig war die Zulässigkeit von **Diensten,** die es ihren Kunden ermöglichen, unmittelbar auf eine im Internet-Auftritt eines Dritten **tiefer gelegene Seite** zu gelangen, wenn darauf hingewiesen wird, dass es sich nicht um eine Seite des Diensteanbieters, sondern um die Seite eines Dritten handelt und diese Seite prinzipiell von jedermann kostenfrei angewählt werden kann, wenn ihm nur die entsprechende Adresse bekannt ist (sog. **deep links**).[1161] Die Anbieter der angewählten Seiten wandten sich gegen solche Dienste, weil der Kunde dadurch unmittelbar auf die Seite gelangt, ohne vorher von Ihnen dorthin geführt zu werden und sich dabei die lästige Notwendigkeit vom Halse schafft, dauernd Bannerwerbung ignorieren oder gar wegklicken zu müssen. Durch ein solches Vorgehen werden damit Einnahmen aus Bannerwerbung reduziert. Rechtlicher Ansatzpunkt der Angriffe gegen solche Dienste sind § 1 UWG und der Datenbankschutz nach §§ 69 a ff. UrhG. Die Bewertung des Konflikts ist schwierig. Der Anbieter der Such- und Zugangsdienste weist nur den Zugang zu Seiten nach, die frei zugänglich sind. Den Zugang selbst führt der Kunde durch, der urheberrechtlich freien Zugang zu der Seite hat. Ein urheberrechtlich oder wettbewerbsrechtlich geschütztes Interesse, den Zugang zu der Seite nur auf einem Weg zu gestatten, ist nicht erkennbar. Umgekehrt gefährden solche Dienste die gesamte Finanzierungsstruktur solcher für den Kunden kostenfreier Internetauftritte. Der **BGH** hat aber solche Dienste für zulässig erklärt. Weder § 3 UWG noch § 87 b Abs. 1 S. 2 UrhG werden verletzt und zwar sogar dann nicht, wenn dem Kunden einzelne Bestandteile solcher Seiten gezeigt werden, um diesen einen Anhalt zu geben, ob der Aufruf des Volltextes sinnvoll ist.[1162] Unzulässig ist aber wohl die **Umgehung technischer Schutzmaßnahmen** zur Verhinderung von deep links. Dabei müssen diese noch nicht einmal besonders wirksam sein.[1163] Dann wird in das Recht zur öffentlichen Zugänglichmachung (§ 19 a UrhG) eingegriffen.

1345   **Übernimmt** freilich der Diensteanbieter z. B. **Abstracts** der Datenbankinhalte in sein eigenen Such- oder Nachweissystem, dürfte dies schon als Verletzung des Datenbankrechts des durchsuchten Anbieters **unzulässig** sein.[1164]

[1158] LG München I, Urt. v. 10. 1. 2007, 21 O 20028/05, JurPC Web-Dok. 12/2007.

[1159] LG Köln, Urt. v. 11. 4. 2001 – 28 O 141/01, bespr. ITRB 2002, 154; *Härting,* Internetrecht, Rn. 1364 f.; *Hoeren,* Internet- und Kommunikationsrecht, Rn. 387; LG München I, CR 2007, 810; zu einem Spezialfall schon LG München I, Urt. v. 11. 11. 2002, 7 O 4002/02, JurPC Web-Dok. 1304/2003.

[1160] *Freitag,* in: Kröger/Gimmy (Hrsg.), Handbuch zum Internet-Recht, S. 413 (444); *Sosnitza,* CR 2001, 693 (702); a. A. wohl *Müglich,* CR 2002, 583 (586); LG Hamburg, CR 2001, 265 m. abl. Anm. *Metzger.*

[1161] Zulässig: LG München, CR 2002, 452; LG Berlin, Urt. v. 1.100.2002, 16 O 531/02, JurPC Web-Dok. 146/2003; *Stadler,* Haftung für Informationen im Internet, Rn. 204 ff.; OLG Köln, NJW-RR 2001, 904 = CR 2001, 708 = MMR 2001, 387; *Sosnitza,* CR 2001, 693 (702 f.); unzulässig: LG Köln, Urt. v. 28. 2. 2001, 28 O 692/00, JurPC Web-Dok. 138/2001; *Hartmann/Koch,* CR 2002, 441; vgl. auch OLG Frankfurt, NJW-RR 2001, 550 und LG Hamburg, CR 2000, 776 m. Anm. *Metzger;* ausgiebig erörtert: *Wiebe,* in: Ernst/Vassilaki/Wiebe, hyperlinks, Rn. 28 ff.

[1162] BGH, GRUR 2003, 958 = NJW 2003, 3406; zustimmend Heyden, NJW 2004, 1361; a. A. noch LG München I, Urt. v. 18. 9. 2001, 7 O 6910/01; vgl. auch die Rspr. Fn. 633.

[1163] Dazu Hoeren, GRUR 2004, 1 (4 ff.); BGH, NJW 2010, 769

[1164] LG München I, Urt. v. 18. 9. 2001 – 7 O 6910/01.

b) Sonstiges Wettbewerbsrecht

Im Übrigen gilt im Internet und Telekommunikationsbereich **normales Wettbewerbs-** **1346**
recht.[1165] Auch das Verbraucherleitbild ist das gleiche, allerdings sind internetspezifische
Besonderheiten bei der Aufmerksamkeit der Verbraucher zu berücksichtigen.[1166] Somit
müssen auch Bruttopreise für Verbraucher angegeben und dies auch ausdrücklich gesagt
werden (§ 1 Abs. 1 S.1 PAngV).[1167] Diese Angabe kann auch auf einer über einen
einfachen Link oder Sternchenverweis erreichbaren Seite dargestellt sein.[1168] Der Link
muss aber klar erkennbar und verständlich sein.[1169] Zum Endpreis gehören dabei auch
Versandkosten (auch ins Ausland), wenn Waren nicht abgeholt werden können,[1170] aber
nicht die Verpackungskosten.[1171] Die Versandkosten müssen bei Werbung über eine
Preissuchmaschine schon dort genannt werden.[1172] Das Werben mit Lockpräsenten ist
auch für Internetauktionen verboten.[1173] Die PAngV verbietet es auch, ein Angebot als
kostenlos zu kennzechnen, wenn es kostenpflichtig wird, wenn der Kunde es nicht
rechtzeitig kündigt.[1174] Auch sonst gilt das Irreführungsverbot.[1175] Wer z. B. für einen
DSL-Anschluss im Internet wirbt, muss darauf hinweisen, dass Voraussetzung seiner
Dienste ein Telefonanschluss der Deutschen Telekom ist.[1176] Wird aus einer redaktionel-
len Seite auf eine Werbeseite verlinkt, muss beim Link darauf hingewiesen werden.[1177]
Auch weitere Vorschriften wie § 14 Lotteriestaatsvertrag sind einzuhalten.[1178] Wettbewerbswidrig ist auch eine Darstellung, die geeignet ist, Verbraucher von der Geltend-
machung von Mängelrechten abzuhalten und ihn – rechtlich unzutreffend – auf den
Hersteller verweist.[1179]

Die Verwendung von **Pop-Up-Fenstern** kann wettbewerbswidrig sein, wenn sie der **1347**
Nutzer nicht wegklicken kann.[1180] Angesichts der Üblichkeit von Pop-up-Fenstern ist
dies aber selten der Fall.[1181] Der Benutzer kann sich durch Pop-up-Blocker gegen Pop-
up's schützen. Auch diese sind zulässig.[1182] Problematisch ist Werbung, die das eigene

---

[1165] Zu Recht kritisch dazu *Imhof*, in: Graf/Paschke/Stober (Hrsg.), Wirtschaftsrecht, S. 37 (40 ff.).
[1166] BGH, Urt. v. 16. 12. 2004, I ZR 222/02, JurPC Web-Dok. 38/2004 = NJW 2005, 1790 (LS).
[1167] BGH, Urt. V. 29. 4. 2010 I ZR 99/08, JurPC Web-Dok. 50/2011; NJW 2008, 1595; GRUR
2008, 84; LG Ellwangen, NJW-CoR 1999, 500 (LS); LG Hannover, Urt. v. 30. 8. 2001, 25 O 3590/01
– 110, JurPC Web-Dok. 189/2002; OLG Hamburg, Urt. v. 11. 4. 2003, 5 U 69/03, JurPC Web-Dok.
80/2004; Urt. v. 6. 11. 2003, 5 U 48/03, JurPC Web-Dok. 79/2004; Urt. v. 3. 2. 2005, 5 U 128/04,
JurPC Web-Dok. 27/2005; OLG Köln, Urt. v. 7. 5. 2004, 6 U 4/04, JurPC Web-Dok. 210/2004;
OLG Report Köln 2005, 30; BGH, CR 2011, 39; näher *Wörtke*, BB 2003, 2469 (2476); *Sobola*, ITRB
2009, 165.
[1168] OLG Köln, Urt. v. 7. 5. 2004, 6 U 4/04, JurPC Web-Dok. 210/2004; LG Frankfurt/M., Urt. v.
5. 9. 2007, 3–08 O 35/07, JurPC Web-Dok. 43/2008; LG Hanau, Urt. v. 7. 12. 2007. 9 O 870/07,
JurPC Web-Dok. 35/2008; OLG Hamburg, CR 2009, 683.
[1169] *Ott*, ITRB 2005, 64.
[1170] OLG Köln, OLG Report Köln 2005, 30; OLG Hamburg, Urt. v. 15. 2. 2007, 3 U 253/06,
JurPC Web-Dok. 45/2007; LG Berlin, Urt. V. 24. 6. 2008, 16 O 894/07, JurPC Web-Dok. 73/2009;
a. A. wohl BGH, CR 2006, 120 (122); *Rohnke*, GRUR 2007, 381.
[1171] OLG Hamburg, CR 2006, 127; vgl. auch oben Rn. 888.
[1172] BGH, NJW-RR 2010, 1051.
[1173] OLG Hamburg, CR 2002, 291.
[1174] LG Berlin, Urt. V. 28. 11. 2007, 96 O 175/07, JurPC Web-Dok. 79/2008.
[1175] LG München I, Urt. v. 21. 9. 2006, 17 HK O 520/06, GRUR 2006, H. 12, S. VII.
[1176] OLG Hamburg, CR 2006, 832.
[1177] KG, CR 2006, 631 = NJW-RR 2006, 1633 = K&R 2006, 466 = GRUR 2007, 254.
[1178] OLG Düsseldorf, CR 2007, 51.
[1179] LG Leipzig, Urt. v. 23. 12. 2010, 8 O 2315/10.
[1180] LG Düsseldorf, CR 2003, 525; kritisch *Bornkamm/Seichter*, CR 2005, 747 (751).
[1181] *Härting/Schirmbacher*, ITRB 2005, 16 (18).
[1182] *Härting/Schirmbacher*, ITRB 2005, 16 (18).

Angebot einblenden lässt, wenn in Suchmaschinen nach dem Konkurrenten gesucht wird. Dagegen ist es prinzipiell zulässig, bei Suche nach Stichworten bestimmte Anbieter einzublenden, wenn dies als bezahlter Link oder Werbung gekennzeichnet ist und nicht der Zugang zu Mitbewerbern deutlich behindert wird.[1183] Verboten ist auch die Verbreitung von **Beschlussverfügungen,** die ohne Anhörung des Gegners ergangen sind.[1184]

1348   Auch das sog. **„Powershopping",** bei dem ein Anbieter Waren dann billiger an Besteller veräußert, wenn es viele Besteller gibt, ist nach Ansicht verschiedener Oberlandesgerichte rechtswidrig. Wurde die Rechtswidrigkeit zunächst auf das RabattG gestützt,[1185] so wird sie nach Aufhebung des Gesetzes mit dem Gesichtspunkt des übertriebenen Anlockens begründet.[1186] Ob dies auch für einen weltweiten Anbieter gilt, der außerhalb Deutschlands operiert, erscheint allerdings mehr als zweifelhaft. Streitig und von den Umständen des Einzelfalls abhängig ist auch die Zulässigkeit von so genannten **Abwärtsversteigerungen,** bei denen der Preis im Zeittakt sinkt.[1187] Diese stellen jedenfalls keine Auktionen im gewerberechtlichen Sinne dar.[1188]

Unzulässig sind auch öffentliche Schuldnerverzeichnisse im Internet.[1189]

Demgegenüber sind bloße Verstöße gegen die Nutzungsbedingungen einer Internetplattform **nicht wettbewerbswidrig.**[1190]

1349   Wer für Deutsche über das Internet ohne deutsche Erlaubnis **Glücksspiele** ermöglicht, handelt strafbar und wettbewerbswidrig, auch wenn er im Ausland sitzt. Dies gilt auch für Glücksspielunternehmen in einem anderen EU-Staat.[1191] Das Herkunftslandsprinzip gilt nicht (§ 3 Abs. 3 Nr. 4 TMG).[1192] Ein Online-Roulette ist jedenfalls in Hamburg generell unzulässig.[1193]

1350   Ob Verstöße gegen **Datenschutznormen** zu Wettbewerbsverstößen führen, ist in der Rechtsprechung streitig. Richtigerweise muss dies für die einzelnen Datenschutznormen jeweils gesondert geprüft werden.[1194] Angesichts der unmittelbaren Wettbewerbsrelevanz vieler Datenschutznormen ist dies aber in der Regel anzunehmen.[1195] Dies gilt auch für die Regeln des TMG.

1351   Für Verstöße gegen das TKG gibt es neben den wettbewerbsrechtlichen Ansprüchen auch zuvilrechtliche Unterlassungs- und Schadensersatzansprüche nach § 44 TKG.

[1183] *Härting/Schirmbacher,* ITRB 2005, 16 (18).

[1184] LG Düsseldorf, Beschl. v. 30. 3. 2004, 34 O 53/04, JurPC Web-Dok. 198/2004.

[1185] OLG Hamburg, BB 2000, 115 = MMR 2000, 278 = GRUR 2000, 549 = NJW 2000, 2033 = CR 2000, 183: LG Hamburg, CR 2000, 774.

[1186] OLG Köln, BB 2001, 1973 = CR 2001, 545 m. Anm. *Leible/Sosnitza;* OLG Report Köln 2001, 363; außerdem schon LG Hamburg, CR 2000, 774.

[1187] OLG Hamburg, CR 2001, 340; NJW-RR 2002, 1042 = CR 2002, 753 m. abl. Anm. *Sosnitza:* wettbewerbswidrig; OLG München, CR 2001, 338: nicht wettbewerbswidrig; umfassend: *Schafft,* CR 2001, 393; BGH, BB 2003, 1198: jedenfalls bei Gebrauchtwagen nicht wettbewerbswidrig; vgl. auch BGH, GRUR 2004, 249 = NJW 2004, 852: nicht wettbewerbswidrig, wenn sich „Ersteigerer" am Ende frei entscheiden kann.

[1188] BGH, GRUR 2004, 251 = NJW 2004, 854.

[1189] OLG Rostock, DuD 2001, 689.

[1190] OLG Hamburg, BB 2011, 193; LG Bochum, Urt. v. 16. 6. 2010 I-13 O 37/10, JurPC Web-Dok. 162/2010.

[1191] BGH, NJW 2004, 2158; OLG Hamburg, NJW-RR 2003, 760.

[1192] OLG Hamburg, Urt. 10. 1. 2002 – 3 U 218/01; zu Rennwetten: VG Saarlouis, Urt. v. 17. 1. 2000, 1 K 78/99, JurPC Web-Dok. 112/2001.

[1193] Hamb.VerfassungsG, Urt. v. 21. 10. 2003, HVerfG 10/02, JurPC Web-Dok. 308/2003.

[1194] *Huppertz/Ohrmann,* CR 2011, 449

[1195] *Kazemi/Leopold,* Datenschutzrecht, § 3, Rn. 359 ff.; i. E. auch OLG Köln, Urt. v. 14. 8. 2009, 6 U 70/09, Jur PC Web-Dok. 260/2009; **a. A.** LG Berlin, CR 2011, 331; KG, CR 2011, 468.

c) Spamming

Sehr umstritten war die Zulässigkeit des **Spamming**. Es geht dabei um die unverlangte **1352** Zusendung von Werbe-e-mails.[1196] Während ein Teil der Rechtsprechung dies wie das unverlangte Zusenden von Faxen und das unverlangte Anrufen für wettbewerbswidrig und persönlichkeitsverletzend und damit unzulässig hielt,[1197] hielten es andere Entscheidungen in Parallele zum traditionellen Briefverkehr für zulässig.[1198] Diese Parallele trägt aber nicht. Das Versenden von Werbebriefen mit der traditionellen Post ist aufwändig sowohl was das Material als auch was die Versandkosten betrifft. Demgegenüber ist eine Spammingaktion für den Werbenden äußerst billig und verlangt nur geringen Einsatz von Material und Versandkosten. Demgegenüber verursacht sie beim Adressaten zusätzlichen Aufwand. Das Werbe-e-mail beansprucht Speicherplatz, ggf. Kosten beim Herunterladen und Ausdruckkosten. Auch wenn es rasch gelöscht wird, muss es von gewünschten E-mails unterschieden werden. Dies kostet Privatleute Freizeit und Firmen bezahlte Arbeitszeit. Die geringen Kosten für den Versender führen außerdem zu Nachahmeffekten. Es droht eine Überflutung mit solchen Werbe-e-mails. Daher ist **Spamming** eher mit dem unverlangten Zusenden von Faxen als mit der Briefzustellung vergleichbar und daher gem. § 7 Abs. 2 Nr. 3 UWG (auch über SMS und durch Nutzung von Bluetooth[1199]) **unzulässig**[1200]– und zwar auch für e-mails, die an Unternehmen gerichtet sind.[1201] E-Mail-Werbung ist nur eingeschränkt im Rahmen bestehender Geschäftsbeziehungen zulässig (§ 7 Abs. 3 UWG)[1202] und bedarf ansonsten einer ausdrücklichen **Einwilligung** des Beworbenen.[1203] Die Angabe einer e-mail-Adresse auf der Internseite reicht auch bei einem Gewerbetreibenden nicht aus.[1204] Auch die Eintragung einer e-mail-Adresse auf der Internetseite für Werbe-e-mails reicht nicht. Vielmehr muss der Werbetreibende durch ein Double-Opt-In-Verfahren überprüfen, ob die Werbung erwünscht ist.[1205] Diese Nachfrage-E-Mail ist nicht wettbewerbswidrig.[1206] Die Dokumente über das durchgeführte Double-Opt-In-Verfahren sind sorgfältig zu archivieren. Kann der Kunde nachweisen, dass das Bestätigungsmail nicht von ihm stammt, bleibt die Werbung wettbewerbswidrig[1207].

[1196] Ausführlich dargestellt von *Ayad*, CR 2001, 533.

[1197] LG Traunstein, NJW 1998, 1648; KG, CR 2002, 759; OLG Koblenz, Beschl. v. 10. 6. 2003, 1 W 342/03, JurPC Web-Dok. 196/2003; OLG München, CR 2004, 695; LG Augsburg, NJW-CoR, 1999, 52 (LS); LG Berlin, NJW 1998, 3208; CR 2000, 622; Urt. v. 10. 8. 2000, 16 O 421/00, JurPC Web-Dok. 16/2002; Urt. v. 19. 9. 2002, 16 O 515/02, JurPC Web-Dok. 333/2002; LG Ellwangen, Urt. v. 13. 3. 2007, 15 O 821/06, JurPC Web-Dok. 113/2007; LG Kiel, DuD 2000, 737; LG Leipzig, Urt. v. 13. 11. 2003, 12 SD 2595/03, JurPC Web-Dok. 66/2004; LG München I, NJW-RR 2003, 764; AG Brakel, NJW 1998, 3209; AG Mannheim, Urt. v. 12. 11. 2003, 5 C 260/03, JurPC Web-Dok. 95/2004; AG Rostock, NJW-RR 2003, 1282; *Zehentmeier*, BB 2000, 940; US Court of Appeal of the State of California, CR International 2002, 55; wohl auch *Hoeren*, Grundzüge, S. 164 ff.; LG Berlin, CR 2002, 606.

[1198] LG Braunschweig, MMR 2000, 50 m. krit. Anm. *Ernst* = NJW-RR 2000, 924; *Lettl*, GRUR 2000, 977 (981 f.); wohl auch AG Dresden, NJW 2006, 2561; AG Kiel, DuD 2000, 739; LG Kiel, CR 2000, 848 m. abl. Anm. *Schmittmann/Freitag*, in: Kröger/Gimmy (Hrsg.), Handbuch zum Internet-Recht, S. 413 (434 f.); unklar AG Dachau, CR 2002, 455 m. krit. Anm. *Wirth*.

[1199] *Ernst*, in: Taeger/Wiebe (Hrsg.): Mobilität.Telematik.Recht, S. 127 (133 f.).

[1200] BGH, BB 2004, 504 = NJW 2004, 1655 = GRUR 2004, 517 = DuD 2004, 564 OLG Nürnberg, CR 2006, 197; OLG Bamberg, GRUR 2007, 167.

[1201] OLG Bamberg, NJW-RR 2007, 394.

[1202] dazu *Decker*, GRUR 2011, 774.

[1203] a. A. (auch konkludente Zustimmung reicht): *Rudolph,* CR 2008, 713.

[1204] BGH, CR 2010, 525; zum Ganzen auch *Hanloser*, CR 2008, 713.

[1205] LG Essen, NJW-RR 2009, 1856.

[1206] AG München, Urt. v. 30. 11. 2006, 161 C 29 330/06, JurPC Web-Dok. 32/2007; *Rudolph*, CR 2008, 713.

[1207] BGH, GRUR 2011, 936 m. Anm. Leible/Günther.

1353   Ein **Opt-Out Verfahren** zur Erteilung der Zustimmung ist – im Gegensatz zur datenschutzrechtlichen Einwilligung – unzulässig[1208]. Auch eine Nachfragewerbung ist Werbung im Sinne von § 7 Abs. 2 UWG.[1209] Eine einmal erteilte Zustimmung wirkt auch zeitlich nicht unbegrenzt.[1210] Sie muss darüber hinaus vom Werbenden bewiesen werden.[1211] Diese Regelungen gelten auch für die Werbung durch unverlangte **SMS**.[1212]

Die zuvor genannten Grundsätze gelten aber auch für unverlangt zugesandte e-mails, die keine Werbung darstellen und daher von § 7 Abs. 2 Nr. 3 UWG nicht erfasst sind.

1354   Zu beachten ist, dass **Telekommunikationsdienstleister** nach § 95 Abs. 2 S. 2 u. 3 TKG Werbe-sms und Werbe-emails an ihre Kunden senden dürfen, wenn sie diese auf die Möglichkeit hinweisen, dem weiteren Versand solcher sms und e-mails zu widersprechen. Daneben soll aber auch § 7 Abs. 2 Nr. 3 UWG anwendbar sein.[1213] Diese Meinung überzeigt angesichts der Spezialnorm im TKG nicht.

1355   Wer nicht weiß, wer der Absender der Spam ist, kann u. U. über §§ 13, 13 a UKlaG **Auskunft** von dem Telekommunikationsunternehmen erhalten, dass die Spam verteilt.[1214] Evtl. kommt auch eine Haftung des Telekommunikationsunternehmens oder des Verteilers einer Subdomain in Betracht, deren Dienste zur Verteilung der Spams benutzt wird.[1215] Nach § 6 Abs. 3 TMG muss der Spammer sich im Übrigen identifizieren – eine praktisch nicht durchsetzbare Vorschrift.[1216]

1356   **Einzelne Betroffene,** die keine Wettbewerber darstellen und die daher nicht einen Verstoß gegen § 7 UWG rügen können, können **Unterlassungsansprüche** freilich nur dann erheben, wenn sie ihren **absoluten Rechten** verletzt werden. In Betracht kommen Persönlichkeitsrechte und das Recht am eingerichteten und ausgeübten Gewerbebetrieb. Solche Ansprüche werden aber von den Instanzgerichten häufig wegen zu geringer Intensität abgelehnt.[1217] Eine Zusendung von ca. 2000 Werbe-E-Mails ist jedenfalls ein Eingriff in den eingerichteten und ausgeübten Gewerbebetrieb.[1218]

1357   Wird in einem Spam eine **Absenderadresse** verwendet, die die Marke eines Dritten beinhaltet, kann darin eine **Markenverletzung** liegen.[1219] Möglich ist auch die Verletzung eines durch die Benutzung einer Domain entstandenen Unternehmenskennzeichens.

1358   Spamming ist im Übrigen ein **internationales Phänomen,** in dem viele Verstöße über Grenzen begangen werden. Notwendig sind daher internationale Initiativen, die es teilweise schon gibt.[1220]

[1208] BGH, GRUR 2008, 1010 = MMR 2008, 731; OLG Hamm, CR 2011, 539 (541).

[1209] BGH, NJW 2008, 2989.

[1210] LG Berlin, NJW-RR 2004, 1631.

[1211] AG Hamburg, NJW 2005, 3220.

[1212] LG Berlin, Urt. v. 14. 1. 2005, 15 O 420/02, JurPC Web-Dok. 78/2002.

[1213] *Eckhardt,* in: Spindler/Schuster (Hrsg.): Recht der elektronischen Medien, § 95 TKG, Rn. 18.

[1214] Näher *Ackermann/Ivanov,* DuD 2005, 642 (645).

[1215] *Ackermann/Ivanov,* DuD 2005, 642 (646); näher oben Rn. 1117 f.

[1216] *Hoeren,* NJW 2007, 801 (804).

[1217] AG Dresden, NJW 2005, 2561; OLG Koblenz, Beschl. v. 10. 6. 2003, JurPC Web-Dok. 196/2003; zustimmend *Baetge,* NJW 2006, 1037; Kritik aus europarechtlicher Sicht: *Brömmelmeyer,* GRUR 2006, 285; AG Köln, CR 2007, 202 (LS); a. A. OLG Bamberg, CR 2006, 274; AG Charlottenburg, Urt. v. 10. 11. 2006, 220 C 170/06, JurPC Web-Dok. 37/2007; AG Ludwigsburg, MMR 2006, 421.

[1218] OLG Düsseldorf, OLG Report Hamm/Düsseldorf/Köln 2006, 544.

[1219] OLG Karlsruhe, CR 2006, 105 m. krit. Anm. Utz.

[1220] Übersicht bei *Sester/Mutschler,* Informatik Spektrum 2006, 14.

4. Probleme außerhalb des Wettbewerbsrechts

Auch außerhalb des Wettbewerbsrechts gibt es rechtliche Probleme. Auch hier gilt: **1359** Auch im Internet gelten die allgemeinen Regeln.

Insbesondere für **Chaträume** und Diskussionsforen ist zu beachten, dass sie von den Gerichten zu Recht als öffentliche und nicht als private Räume angesehen werden. Für dort verbreitete Texte gelten daher die üblichen Regeln z. B. im Hinblick auf die **Persönlichkeitsrechte**.[1221] Keinesfalls gelten Regeln wie für das gesprochene Wort wie etwa bei Diskussionen unter Freunden oder am Stammtisch.[1222] Dies ist auch richtig, weil der Kreis der Teilnehmer, die die Texte zur Kenntnis nehmen können, jedenfalls potentiell viel größer ist als bei mündlichen Diskussionen und die Texte auch zeitlich viel länger wirksam bleiben, wenn sich die Texte oder Bilder überhaupt endgültig löschen lassen. Wer sich an der Diskussion auf Internetforen beteiligt, muss dies beachten. Allerdings erlaubt die **Meinungsfreiheit** auch deutlich kritische Äußerungen und sachlich gestaltete Bewertungsportale.[1223] Bei der Abwägung zwischen dem Schutz der Meinungsfreiheit und anderen Schutzrechte, namentlich dem Persönlichkeitsschutz, ist auf die allgemeinen Grundsätze zurückzugreifen.[1224] Ob dies die Veröffentlichung von Details zu einer gesperrten Person in einem Internetauftritt eines Sportvereins erlaubt, erscheint zweifelhaft.[1225]

Es ist aber straffrei, dazu aufzurufen, eine **Website** zeitweise zu **blockieren,** indem mit **1360** Hilfe eines im Internet zur Verfügung gestellten Programms durch viele „Demonstranten" auf sie massenhaft zugegriffen wird, um gegen Abschiebung von Ausländern zu protestieren.[1226] Angesichts der stark zunehmenden „Denial-of-Service"-Angriffe muss diese Entscheidung aber sehr zurückhaltend betrachtet und sehr aufgepasst werden, dass die Blockade durch viele Teilnehmer und nicht hauptsächlich durch eine effektive Software erzeugt wird.[1227]

Ein klassischer **Konflikt** ist auch der der Freiheit der **Presseberichterstattung** mit den **1361** **Persönlichkeitsrechten** derjenigen, über die berichtet wird. Dies gilt nicht nur für Politiker, Showstars und andere zumindest relative Personen der Zeitgeschichte, bei denen eine Berichterstattung weitgehend möglich ist und wo auch das Bereithalten solcher Berichte in Archiven bislang ohne erkennbare Probleme erfolgt. Konflikte ergeben sich aber dann, wenn es um Strafberichterstattung über **Straftaten** von Personen geht, die nicht ansonsten auch schon prominent sind.

Dies ist zulässig, wenn es um eine dementsprechend wichtige Tat geht und im unmittelbaren Umfeld der Tat – jeweils mit besonderen Regeln über die Frage, wann man davon sprechen darf, dass eine Straftat von einer konkreten Person auch begangen wurde. Hier gilt für das Internet gegenüber der normalen Presseberichterstattung nichts Besonderes. Anders ist dies allerdings bei der Frage von Archiven. Archive hat die Presse immer geführt. Diese waren aber vor der elektronischen Zeit nur schwer zugänglich, weil man

---

[1221] Vgl. z. B. LG Frankfurt/M. CR 2007, 194 zu Online-Archiven; LG Köln, CR 2007, 195 zur Veröffentlichung von Geschäftsbriefen.

[1222] So AG Charlottenburg, Urt. v. 25. 1. 2002, 230 C 150/01, JurPC Web-Dok. 336/2002.

[1223] BGH, NJW 2009, 2888; OLG Köln, NJW-RR 2008, 203; LG Köln, DuD 2007, 781; LG Hamburg, Urt. v. 9. 2. 2008, 325 O 122/08, JurPC Web-Dok. 225/2009; AG Wolgast, Urt. v. 5. 12. 2008, I C 501/07, JurPC Web-Dok. 198/2009; *Gournalakis/Klein*, NJW 2010, 566; *Härting*, CR 2009, 21; *Dorn*, DuD 2008, 98 (101 f.)

[1224] Vgl. dazu auch *Kempel/Wege*, in Große Ruse-Khan/Klass/v. Lewinski (Hrsg.): Nutzergenerierte Inhalte, S. 71 (84 ff.).

[1225] **A. A.** OLG Karsruhe, CR 2009, 535.

[1226] OLG Frankfurt, ITRB 2006, 246.

[1227] **A. A.** wohl auch OLG Hamburg, ITRB 2006, 250, das Forenbetreiber zum Entfernen von Aufrufen zu solchen, nach OLG Frankfurt erlaubten Angriffen verpflichtet.

normalerweise mindestens bis zur jeweiligen Zeitung fahren musste, um Zugang zum Archiv zu erhalten, wenn dieser überhaupt gewährt wurde.

1362   Mittlerweile gibt es eine Fülle **elektronischer Archive** verschiedener Publikationsorgane, die die Berichterstattung der Zeitung über viele Jahrzehnte und damit auch Berichte über lange zurückliegende Straftaten enthalten, die zum Zeitpunkt ihrer Veröffentlichung zulässig waren. Es stellt sich dann die Frage, ob der öffentliche Zugang zu dieser Berichterstattung Jahrzehnte nach der Tat die Rechte der Straftäter verletzt. Eine neue aktuelle Berichterstattung ist nach der Rechtsprechung des Bundesverfassungsgerichts[1228] unzulässig, um die Resozialisierung der Täter nicht zu gefährden. Die Frage ist, ob dies auch für die Archivberichterstattung gilt, die sich nicht erneut aktiv an die Öffentlichkeit richtet. Die Frage war in der Rechtsprechung intensiv umstritten. Der BGH hat allerdings entschieden, dass eine solche Berichterstattung zulässig ist, wenn sie sich in einem als **Archiv** gekennzeichneten Bereich des Internetauftritts der Zeitung befindet und nur **Nutzern** mit **besonderer Zugangsberechtigung** auf diese Beiträge aufmerksam gemacht werden.[1229] Der BGH hat hier den Vorrang einer weiteren Berichterstattung über in diesem Fall auch historisch nicht ganz unwichtige Straftaten (Mord an einer bekannten Persönlichkeit) für wichtiger als das Persönlichkeitsrecht der Täter gehalten, weil die Beeinträchtigung durch eine solche lediglich im Archiv für Personen mit besonderer Zugangsberechtigung vorgesehener Artikel nicht groß ist. In vergleichbaren Fällen dürften ähnliche Entscheidungen zu treffen sein..

1363   Daneben kann die Verwendung eines **fremden Namens** im Internet eine Namensanmaßung im Sinne von § 12 BGB darstellen und so Unterlassungs- und ggf. Schadensersatzansprüche auslösen.[1230] Der Schutz des Namens erstreckt sich auch auf Pseudonyme wie z. B. Künstlernamen, wenn sie Verkehrsgeltung in den relevanten Kreisen erlangt haben. Wie groß die beteiligten Kreise sind, ist vom Einzelfall abhängig, ebenso der für den Schutz erforderliche Bekanntheitsgrad, der auch von der Unterscheidungskraft des Namens abhängt.[1231] Eine Namensanmaßung dürfte dann auch nur bei einer Verwendung des Falschnamens in den relevanten Kreisen vorliegen. Daneben wird das **Recht am eigenen Bild** insbesondere beim Einstellen von Bildern im Rahmen sozialer Netzwerke oft missachtet.[1232] Verboten ist es auf jeden Fall, ohne Erlaubnis Fotos, insbesondere auch Nacktfotos, im Internet zu veröffentlichen. Verstöße können zu erheblichen Schmerzensgeldansprüchen führen.[1233]

1364   Ein besonderes Problem stellt die Frage dar, ob **virtuelle Identitäten**, seien es Pseudonyme auf Verkaufsplattformen, seien es Avatare in Online-Spielen oder anderen virtuellen Welten, einen eigenständigen Schutz genießen.[1234] Richtig ist, dass auch solche virtuellen Identitäten beleidigt oder missbräuchlich benutzt werden können. Es kann auch sein, dass dadurch der Ruf einer auf der Online-Plattform angesehenen virtuellen Identität beeinträchtigt oder gar (wie bei einer falschen Bewertung bei ebay) ökonomische Interessen gefährdet werden. Dennoch gibt es keinen eigenständigen persönlichkeitsrechtlichen oder sonstigen Schutz von virtuellen Identitäten.[1235] Diese bestehen ja ohnehin nur solange, wie sie der Plattformbetreiber aufrechterhält. Sobald er dies vertragsrechtlich darf, kann er sie z. B. schlicht löschen und damit vernichten. Rechtlich ist er nur solange zur Aufrecht-

---

[1228] BVerfGE 35, 202.

[1229] BGH GRUR 2011, 550.

[1230] *Meyer*, Identität und virtuelle Identität natürlicher Personen im Internet, S. 73; *Härting/Schätzle*, ITRB 2010, 39 (41); vgl. auch oben Rn. 1215 ff. zu Domains.

[1231] *Meyer*, Identität und virtuelle Identität natürlicher Personen im Internet, S. 81 ff.

[1232] *Härting/Schätzle*, ITRB 2010, 39 (41).

[1233] LG Kiel NJW 2007, 1002.

[1234] Näher dazu *Meyer*, Identität und virtuelle Identität natürlicher Personen im Internet, S. 135 ff.

[1235] *Geis/Geis*, CR 2007, 721 (724); *Psczolla*, JurPC Web-Dok. 17/2009.

erhaltung der Identitäten verpflichtet, wie sein Kunde ihm gegenüber einen vertragsrechtlichen Zuordnungsanspruch hat.[1236] Solange die Zuordnung besteht, kann etwa eine
falsche Bewertung eines Pseudonyms Persönlichkeitsrechte der dahinter stehenden Person
verletzen. Dies ist auch in anderen Fallgestaltungen möglich. Verletzt wird aber immer nur
die natürliche oder juristische Person, der die virtuelle Identität zugeordnet wird, nicht die
virtuelle Identität selbst.[1237]

Über diese Persönlichkeitsrechtsverletzungen hinaus können insbesondere graphisch **1365**
oder in ihrem Verhalten besonders gestaltete virtuelle Identitäten im Einzelfall **Urheberrechtsschutz** genießen.[1238]

Ferner stellt sich die Frage, wann und ob und unter welchen Konditionen der Ver- **1366**
anstalter eines solchen Chat-Dienstes oder einer Internetplattform einzelne Personen von
der Benutzung der **Chat-Dienste bzw. der Plattform ausschließen** darf. Verschiedene
Gerichte[1239] gehen davon aus, dass ein solches Ausschließungsrecht als sozusagen **virtuelles Hausrecht** besteht. Dies ist sicherlich dann richtig, wenn der Chat-Dienst auf einem
PC angeboten wird, der dem jeweiligen Veranstalter des Chat-Dienstes gehört. In diesem
Fall liegt in der Speicherung des Beitrags eine Eigentums- oder Besitzbeeinträchtigung vor,
die sachenrechtliche Unterlassungsansprüche auslöst. In Betracht kommt auch eine Verletzung des Rechts am eingerichteten und ausgeübten Gewerbebetriebs, das allerdings eine
gezielte Beeinträchtigung, z. B. durch 652 Aufrufe in 2 Stunden,[1240] voraussetzt und privaten Forumsbetreibern nicht hilft. Möglicherweise lässt sich ein ähnliches Ergebnis dadurch erzielen, dass die Teilnahme am Chat-Dienst oder am Forum ein – möglicherweise
unentgeltlicher – Vertrag ist und jeder sich natürlich weigern kann, Verträge mit Dritten
abzuschließen. Ob man darüber hinaus ein sozusagen virtueller Raum „Forum" mit einem
virtuellen Hausrecht für den Betreiber besteht,[1241] ist zweifelhaft. Evtl. kann man aber ein
den Recht am eingerichteten und ausgeübten Gewerbebetrieb und dem allgemeinen Persönlichkeitsrecht entsprechendes Schutzrecht entwickeln. Ein solches Recht lässt sich ggf.
auch auf den Schutz von Gegenständen in virtuellen Welten (z. B. Second Life) ausdehnen.[1242] Die **dogmatische Begründung** eines solchen Schutzrechts bedarf allerdings noch
erheblich **vertiefter Durchdringung**. Jedenfalls kann man aber nicht über den Bereich des
Deliktsrechts hinaus generell von einem absoluten Recht an virtuellen Gegenständen
sprechen.[1243]

Zu beachten ist auch, dass auch der **Absender** von **E-Mails** oder der Betreiber eines **1367**
Internetauftritts dafür **Sorge tragen** muss, dass von ihm **keine Schadsoftware** (z. B. Viren)
vertrieben wird. Anderenfalls kann er zum Schadensersatz verpflichtet sein, allerdings
außerhalb bestehender Verträge nur bei Verletzung von Rechtsgütern des § 823 Abs. 1
BGB. Denkbar sind Eigentumsbeeinträchtigungen und Verletzungen des Rechts am eingerichteten und ausgeübten Gewerbebetrieb. Mehr als die üblichen Schutzvorkehrungen
durch regelmäßig aktualisierte Virenschutzprogramme muss der private Versender von E-

---

[1236] *Geis/Geis*, CR 2007, 721 (723).

[1237] *Krusemann*, DuD 2008, 194 (195); **a. A.** *Meyer*, Identität und virtuelle Identität natürlicher
Personen im Internet, S. 135 ff.

[1238] *Meyer*, Identität und virtuelle Identität natürlicher Personen im Internet, S. 149 ff.; *Pczolla*,
JurPC Web-Dok. 17/2009; *Geis/Geis*, CR 2008, 721 (724); *Filgueiras*, in: Büchner/Briner (Hrsg.):
DGRI Jahrbuch 2009, S. 201; LG Köln, CR 2008, 463.

[1239] LG Bonn, CR 2000, 245; LG München I, CR 2007, 264 m. Anm. Redeker; OLG Köln, OLG-
Report Köln 2000, 474 = CR 2000, 843; OLG Hamburg, CR 2007, 597; OLG Hamm, CR 2008, 450.

[1240] OLG Hamm, CR 2008, 450.

[1241] So *Feldmann/Heidrich*, CR 2006, 406 (409); wohl auch *Berberich*, WRP 2011, 543; **a. A.**
Hartmann, Unterlassungsansprüche, S. 146.

[1242] Dazu *Berberich*, in: Große Ruse-Khan/Klass/v. Lewinski (Hrsg.): Nutzergenerierte Inhalte, S.
165

[1243] **A. A.** *Weber*, in: Brandi-Dohrn/Lejeune (Hrsg.): Recht 2.0, S. 197 (213 f.).

Mails oder der private Betreiber eines Internetauftritts aber zur Vorsorge nicht einsetzen.[1244] Für professionelle Anbieter mögen – schon wegen des höheren Gefährdungspotentials – höhere Sorgfaltsanforderungen gelten.[1245]

1368   Bei Ansprüchen muss der **Geschädigte** die **Herkunft der Viren** vom Schädiger, dieser aber die Verwendung aktualisierte Antivirenprogramme **beweisen.**[1246] Allerdings dürfte die Frage, ob die jeweilige Schadsoftware von einem üblichen, regelmäßig aktualisierten Programm zum Schadenszeitpunt erkannt werden konnte, beweislastentscheidend sein. War sie erkennbar, spricht zumindest eine tatsächliche Vermutung, wenn nicht gar ein Beweis des ersten Anscheins dafür, dass der Anwender keine aktuelle Schutzsoftware verwendet hat. War sie nicht erkennbar, gilt dies nicht. Außerdem fehlt es dann schon an der Kausalität einer evtl. pflichtwidrigen Handlung für den Schaden. Ist diese Frage nicht aufklärbar, geht dies zu Lasten des Geschädigten.

5. Internationale Fragen

1369   Das Internet ist **weltweit nutzbar.** Jeder Internetauftritt ist im Prinzip von jedem Ort der Welt aus abrufbar. Es ist auch Korrespondenz zwischen allen Orten in der Welt möglich, wenn nur die entsprechenden Kommunikationsmittel zur Verfügung stehen. Diese Möglichkeiten werden auch intensiv genutzt, sei es, um weltweite Geschäfts durchzuführen, sei es um weltweit privat, wissenschaftlich oder politisch in Kontakt zu treten. Damit werden allerdings nicht nur die Möglichkeiten, es wird auch das rechtliche Konfliktpotential größer.

Die **Rechtsordnungen** sind teilweise **uneinheitlich.** Jeder, der eine Internetseite unterhält, gerät in Gefahr, auch dann mit Rechtsordnungen fremder Staaten in Konflikt zu geraten, wenn er die einheimische Rechtsordnung einhält. Fragen danach, welche Rechtsordnung das jeweils konkrete Rechtsverhältnis bestimmt, sind daher für das Internet in weit größerem Umfang bedeutsam als dies außerhalb der elektronischen Kommunikation der Fall ist.

1370   **Vertragsrechtlich** lässt sich dies durch Gerichtsstandvereinbarungen regeln, auch wenn Verbraucherschutzvorschriften des Wohnsitzes des Verbrauchers dann immer noch gelten (Art. 6 Abs. 2 Rom I VO). Wenn nichts vereinbart ist, gilt meist das Recht des Lieferanten (Art. 4 Rom I VO). Jedenfalls gilt normalerweise für einen Vertrag nur eine Rechtsordnung.

1371   Problematischer ist die Frage dann, wenn es um markenrechtliche, wettbewerbsrechtliche oder sonstige deliktsrechtliche Ansprüche geht. Hier können bei Auswirkungen des Internetauftritts an verschiedenen Orten unterschiedliche Rechtsordnungen Anwendung finden.

Ausgangspunkt für die Lösung der hier zu entscheidenden Rechtsprechung ist zunächst, dass im Prinzip **deutsches Recht** in allen Fällen gelten kann, in dem die Internetdomain auch in Deutschland **aufgerufen** werden kann, weil sich eine eventuelle Rechtswidrigkeit dann in Deutschland auswirken kann (Art. 4 Abs. 1 Rom II-VO). Eine **Zuständigkeit deutscher Gerichte** ergibt sich dann aus § 32 ZPO oder Art. 5 Nr. 3 EuGGVO[1247]. Dies

---

[1244] A. A. *Kind/Werner,* CR 2006, 353 (355): Virenschutzprogramme nicht erforderlich.
[1245] Ausführlich *Koch,* NJW 2004, 801; CR 2009, 485 (488); *Speichert,* Praxis des IT-Rechts, S. 83 ff.
[1246] *Koch,* CR 2009, 485 (490).
[1247] KG, CR 1997, 695 = NJW 1997, 3321; LG Braunschweig, CR 1998, 364; OLG Stuttgart, NJW-RR 1998. 1341 = K & R 1998, 263 = WRP 1998, 900; OLG Frankfurt/M., K&R 1999, 138; LG Düsseldorf, NJW-RR 1999, 629; LG Karlsruhe, NJW-CoR 1999, 171 (LS); LG Nürnberg-Fürth, AnwBl. 1997, 276 = DuD 1997, 487; *Köhler/Arndt/Fetzer,* Recht des Internet, S. 18 ff.; a. A. soweit ersichtlich nur OLG Bremen, Urt. v. 17. 2. 2000 – CR 2000, 770 (für einen innerdeutschen Fall Zuständigkeit abgelehnt).

gilt auch dann, wenn es z. B. um eine „*.com-Domain"[1248] oder um eine ausländische Domain[1249] geht. Die Rechtsprechung ist im Ausland oft ähnlich.[1250] Danach müsste derjenige, der einen Internetauftritt unter einer bestimmten Domain unterhält, marken-, urheberrecht- und persönlichkeitsrechtliche Vorschriften weltweit ebenso beachten wie eventuelle wettbewerbsrechtliche Vorschriften. Im Markenrecht kommt noch die Besonderheit hinzu, dass Marken aufeinanderstoßen können, die in verschiedenen Ländern für gleiche Waren registriert und geschützt sind.[1251] Umgekehrt können Unternehmenskennzeichenrechte und andere Rechte durch einen Internetauftritt auch in vielen Ländern begründet werden. Auch kennzeichenrechtliche Priorität in Deutschland kann z. B. durch englische Internetseiten begründet werden.[1252]

Diese Grundsätze müssen allerdings **eingeschränkt** werden. Sie können sich nicht auf   **1372** Internetauftritte beziehen, bei denen sich schon klar ergibt, dass sie von vornherein **keinerlei Bezug für Deutschland** haben, weil sie weder für den deutschen Markt bestimmt sind noch in Deutschland lebende Personen ernsthaft beeinträchtigen können.[1253] Ein Internetauftritt einer Diskothek in den USA wird daher in Deutschland wettbewerbs- und markenrechtlich keine Bedeutung haben.[1254] Eine Veröffentlichung in russischer Sprache und kyrillischer Schrift eines Lokalblattes im Ural oder gar in einem privaten Internetforum, das auf kasachisch in Kasachstan geführt wird, wird auch dann keine Bedeutung für den deutschen Markt haben und auch keinen Bezug zu Deutschland haben, wenn dort Personen genannt werden, die sich gelegentlich in Deutschland aufhalten.[1255] Es stellen sich hier aber schwierige Abgrenzungsfragen. Dies gilt zunächst dann, wenn Waren oder Dienstleistungen im Internet angeboten werden, die versendet werden können, über Grenzen in Anspruch genommen (s. z. B. Reiseleistung) oder gar elektronisch erbracht werden können.[1256] Solche Waren und Dienstleistungen lassen sich leicht international vertreiben. Die geschieht auch praktisch sehr oft. Hier lässt sich eine Beschränkung und ein Ausschluss nationaler Rechtsordnungen möglicherweise dadurch erreichen, dass auf der Seite **ausdrücklich** darauf **hingewiesen** wird, dass Waren und Dienstleistungen z. B. **nicht** für den **deutschen** oder sonstige Teilmärkte bestimmt sind. Dies allein reicht aber nicht. Der Anbieter muss dann **sicherstellen**, dass Bestellungen aus dem ausgeschlossenen Gebiet von ihm auch gar nicht angenommen werden.[1257] Werden solche Hinweise entsprechend deutlich erklärt, wird dies von der Rechtsprechung auch akzeptiert.[1258]

Eine Einschränkung kann sich auch daraus ergeben, dass der Internetauftritt in einer   **1373** in Deutschland **ungebräuchlichen Fremdsprache** genutzt wird. Dieses Indiz ist aller-

---

[1248] So ausdrücklich OLG Karlsruhe, MMR 1999, 604 = CR 1999, 783; OLG München, CR 2002, 449; OLG München, MMR 2000, 277; LG Braunschweig, NJW-CoR 1998, 112 (LS); LG Köln, Urt. v. 8. 3. 2005, 33 O 343/04, JurPC Web-Dok. 3/2006.

[1249] OLG Hamburg, Urt. v. 2. 5. 2002, 3 U 212/01, JurPC Web-Dok. 317/2002; a. A. *Renck,* NJW 1999, 3587 (3592).

[1250] Zur USA z. B. International Technology Newsletter, Vol. 15, No. 1 (May 1997), S. 13; zu Frankreich: *Gaucher,* Technology and e-commerce Newsletter, IBA, Vol. 19, No. 1 (June 2001), p. 10; abweichend teilweise Kanada, IBL Committee R News, Vol. 20 No. 1 (June 2002), p. 6.

[1251] Beispiele bei *Hoeren,* Grundzüge, S. 39 f.

[1252] OLG Hamburg, CR 2006, 278.

[1253] So ausführlich *Renck,* NJW 1999, 3587 (3592); *Omsels,* GRUR 1997, 328 (335 ff.); BGH, CR 2011, 459.

[1254] Ebenso i. E. OLG Hamburg, Urt. v. 2. 5. 2002 – 3 U 212/01, das mit diesem Argument aber nicht seine Zuständigkeit, sondern nur markenrechtliche Ansprüche ausschließt.

[1255] vgl. den Fall BGH, CR 2011, 459.

[1256] OLG Hamburg, Urt. v. 7. 11. 2002, 3 U 122/02, JurPC Web-Dok. 145/2003.

[1257] BGH, GRUR 2006, 512 = NJW 2006, 2630 = CR 2006, 539.

[1258] LG Köln, Urt. v. 20. 4. 2001, 81 O 160/99, JurPC Web-Dok. 148/2001.

dings nicht besonders stark, weil bei allen Fremdsprachen eine durchaus hinreichende Anzahl von Einwohnern der Bundesrepublik Deutschland existiert, die diese Fremdsprache versteht oder für die diese auch eine Muttersprache ist. Es ist daher schon zweifelhaft, ob z. B. portugiesische Seiten nur für Portugal, Brasilien, Angola und Mozambique bestimmt sind. Allein aus dem Indiz der Fremdsprache lässt sich daher ein solcher Ausschluss nur bei selten gesprochenen Fremdsprachen herleiten. Die Sprache kann aber sehr wohl ein Indiz für mangelnden Deutschlandbezug darstellen. Erfolgt dann auch der Internetauftritt unter einer ausländischen Domain und werden gar verschiedene Sprachen angeboten, zu denen deutsch nicht gehört, spricht viel für einen mangelnden Deutschlandbezug.[1259]

Umgekehrt hat das Indiz „Sprache" für englischsprachige Internetauftritte nur sehr geringe Bedeutung, da englischsprachige Internetauftritte international gelesen werden können und sollen und auch von vielen Personen gelesen werden.[1260] Man wird bei einer Entscheidung über den Deutschlandbezug eines Internetauftritts im Einzelnen bewerten müssen, in welcher Währung die Produkte angeboten werden, ob Versand nach Deutschland ausdrücklich angeboten oder ausgeschlossen wird, ob dafür spezielle Kostenpositionen angeboten werden usw.. Es wird häufig auf eine **Einzelfallentscheidung** hinauslaufen.

1374   Noch stärker ist dies dann der Fall, wenn es nicht um Waren und Dienstleistungen geht, sondern um **Verletzung von Persönlichkeitsrechten** etwa durch **Presseartikel**, Einträge in Blogs oder auch nur der Aufbewahrung in Archiven. Hier hat der BGH in einer viel beachteten Entscheidung[1261] zwar grundsätzlich gesagt, dass ein Deutschlandbezug objektiv bestehen muss. Er hat dazu ausgeführt, dass im Inland tatsächlich ein Konflikt zwischen dem Interesse der Presse an der Berichterstattung einerseits und dem Interesse desjenigen, über den berichtet wird, an der Achtung seiner Persönlichkeitsinteressen andererseits auftreten muss. Er hat ferner ausgeführt, dass die bloße Abrufbarkeit eines Internetauftritts als solche nicht ausreicht. Allerdings hat er den Bezug schon dann ausreichen lassen, wenn es um einen Archivbericht im Lokalteil einer in New York beziehbaren Zeitung ging, der sich mit einer in Deutschland lebenden Person beschäftigt. Hintergrund war freilich, dass mehr als 14.000 deutsche Internetbenutzer schon im Registrierungsbereich des entsprechenden Onlineportals registriert waren und der Kläger in Deutschland wohnhaft und geschäftlich tätig war. Umgekehrt hat es in einer anderen Veröffentlichung eines russischen Artikels über ein Klassentreffen in Moskau bei einem auch gelegentlich in Deutschland sich aufhaltende Person nicht ausgereicht.[1262] Vergleicht man die beiden Urteile, zeigt sich deutlich, wie schwierig es ist, hier klare Kriterien für die Entscheidung darüber anzugeben, ob ein Bezug Deutschland vorliegt oder nicht.[1263] Die Frage ist deswegen wichtig, weil z. B. die Freiheit der Berichterstattung in den USA unter dem Vorrang der „Freedom-of-Speech"- Rechtsprechung gegenüber den in Deutschland herrschenden Rechtsregeln deutlich größer und die Persönlichkeitsrechtsverletzung seltener sind.

1375   Soweit es um Markenverletzungen und **Domainstreitigkeiten** geht, ist allerdings auffällig, dass die Mehrheit aller entsprechenden Entscheidungen sich auf Domainnamen bezogen, bei denen eine Benutzung innerhalb Deutschland eindeutig vorlag. Dies mag für die Domainkonflikte auch darin liegen, dass für die internationalen Domains „*.com, *.net und *.org" auch ein **Streitbelegungsverfahren** nach den Regeln der **ICANN** zur Verfügung steht, allerdings nur für klare Missbrauchsfälle und nicht für die meisten nationalen

---

[1259] OLG Köln, NJW-RR 2008, 359 für „uk"-Domain mit den Sprachen Französisch und Spanisch, nicht aber Deutsch.
[1260] OLG Frankfurt/M., K & R 1999, 138.
[1261] GRUR 2010, 1752.
[1262] BGH, CR 2011, 459.
[1263] dazu auch Damm, GRUR 2010, 891

Domainname.[1264] Für die EU-Domains gibt es ebenfalls ein spezielles Verfahren nach Art. 22 der VO (EG) Nr. 874/2004.[1265]

Abschließend sei bemerkt, dass für Internetanbieter, die im EU-Ausland sitzen, nach **1376** § 3 TMG hinsichtlich des Wettbewerbsrechts eine Sonderregelung gilt, um den freien Dienstleistungsverkehr innerhalb der EU zu ermöglichen. Es soll dabei im Prinzip bei einem Konflikt verschiedener Wettbewerbsregeln in den verschiedenen EU-Ländern bei der Geltung der Gesetze des Landes bleiben, in dem der Anbieter seinen Sitz hat, wenn diese für ihn günstiger sind als deutsche Regeln. Ein Verstoß gegen Regeln, die dort strenger als in Deutschland sind, kann allerdings in Deutschland nicht geltend gemacht werden (sogenanntes **Herkunftslandprinzip**).[1266] Diese Regelung gilt allerdings z. B. nicht für das Markenrecht (§ 3 Abs. 3 TMG).[1267] Für diese gelten freilich immer noch die Regeln des europäischen Primärrechts zur Freiheit des Dienstleistungsverkehrs.[1268] Allerdings gilt für die Rechte des geistigen Eigentums das Territorialitätsprinzip, insbesondere sind also ausländische Markenrechte im Ausland zu beachten.[1269] Dies ist beim Markenrecht ganz besonders wichtig, weil Marken in unterschiedlichen Ländern unterschiedlich geschützt sein können.

Im **Datenschutzrecht** gilt in erster Linie das Recht am Sitz der verantwortlichen **1377** Stelle.[1270]

[1264] Näher dazu *Luckey,* NJW 2001, 2527; *Pfeiffer,* GRUR 2001, 92; *Wichard,* Beil. Nr. 13 zu BB 46/2002, S. 13; *Ubber,* Markenrecht im Internet, S. 229 ff.; *Bettinger,* in: Hoeren/Sieber (Hrsg.): Handbuch Multimediarecht, Abschn. 6.2.; *Fink,* in: Spindler/Schuster, Recht der elektronischen Medien, Allgemeines, Rn. 10 ff.; *Hoeren,* Internet- und Kommunikationsrecht, Rn. 94 ff.

[1265] *Schafft,* GRUR 2004, 986.

[1266] Dazu *Henning-Bodewig,* GRUR 2004, 822; OLG Hamburg, GRUR 2004, 880; *Spindler,* in: Ladeur (Hrsg.): Innovationsoffene Regulierung des Internets, S. 227.

[1267] Dazu VGH München, NJW 2006, 715.

[1268] Vgl. EuGH, GRUR 2011, 243 zum Vertrieb von Kontaktlinsen über das Internet.

[1269] Vgl. *Grützmacher,* ITRB 2005, 34 (37 f.).

[1270] Vgl. OLG Köln, Urt. v. 25. 3. 2011, JurPC Web-Dok. 92/2011.

Sachverzeichnis

(Die Zahlen verweisen auf die Randnummern)